Ulrich Baßeler
Jürgen Heinrich
Walter A. S. Koch

Grundlagen und Probleme der Volkswirtschaft

Studienausgabe

14., überarbeitete und erweiterte Auflage

Wirtschaftsverlag Bachem Köln

CIP-Titelaufnahme der Deutschen Bibliothek

Basseler, Ulrich:
Grundlagen und Probleme der Volkswirtschaft/von Ulrich Basseler; Jürgen Heinrich; Walter A. S. Koch. – 14., überarb. Aufl. – Köln : Wirtschaftsverl. Bachem, 1995
(Didaktische Reihe Ökonomie)
ISBN 3-89172-300-8
3-89172-315-6
NE: Heinrich, Jürgen:; Koch, Walter A. S.:

Begleitmaterial:
Übungsbuch zu Grundlagen und Probleme der Volkswirtschaft, Wirtschaftsverlag Bachem, Köln

14. Auflage 1995
147.–161. Tausend

Einbandentwurf: Bettina Hartmann, Köln
Gesamtherstellung: Druckerei J. P. Bachem GmbH & Co. KG Köln
Printed in Germany
ISBN 3-89172-300-8
3-89172-315-6

Inhaltsübersicht

Gliederung

4. Kapitel: Nachfrage der Haushalte

5. Kapitel: Produktion, Kosten und Güterangebot der Unternehmen

6. Kapitel: Preisbildung auf unterschiedlichen Märkten

7. Kapitel: Unternehmenskonzentration in der Bundesrepublik Deutschland

13. Kapitel:
Neuere Entwicklungen in der Einkommens- und Beschäftigungstheorie (Bestimmungsgründe der Beschäftigung, Teil 3)

14. Kapitel:
Einnahmen und Ausgaben des Staates

15. Kapitel:
Staatshaushalt und Staatsverschuldung – Grundlagen der sozialen Sicherung

16. Kapitel:
Der stabilitätsorientierte Einsatz staatlicher Einnahmen und Ausgaben (Fiskalpolitik)

17. Kapitel:
Begriffe, Institutionen und Märkte des Geldbereichs einer Volkswirtschaft

18. Kapitel:
Geldversorgung der Wirtschaft

19. Kapitel: Geldpolitische Instrumente der Deutschen Bundesbank

20. Kapitel: Bedeutung und Bestimmungsgründe des internationalen Handels

21. Kapitel:
Funktionsweise verschiedener Währungssysteme

22. Kapitel:
Internationale Währungsordnung

23. Kapitel: Grundlagen der Europäischen Union

24. Kapitel:
Der Binnenmarkt und begleitende Politikbereiche

25. Kapitel:
Ursachen und Wirkungen inflationärer Prozesse und Möglichkeiten zu ihrer Bekämpfung

26. Kapitel:
Einkommens- und Vermögensverteilung

29. Kapitel:
Ziele und Instrumente der Umweltpolitik

30. Kapitel:
Probleme der Entwicklungsländer

Vorwort zur 1. Auflage

Das vorliegende Buch ist aus der langjährigen Lehrpraxis der Autoren als Dozenten in der Erwachsenenbildung, an Universität, Pädagogischer Hochschule, Fachhochschule und Schule entstanden. Der enge Bezug zur Lehrpraxis ermöglichte es den Autoren, die verschiedenen Problemkreise mit den Teilnehmern intensiv zu diskutieren, die gewonnenen Erfahrungen für dieses Buch nutzbar zu machen und so die notwendige Ausgewogenheit zwischen Praxis und Wissenschaft herzustellen. Bei dem grundlegenden und einführenden Werk handelt es sich um eine Lehrgrundlage für Studenten der Volkswirtschaftslehre an Fachhochschulen und Universitäten, für Teilnehmer volkswirtschaftlicher Kurse an Volkshochschulen sowie an betrieblichen und überbetrieblichen Weiterbildungseinrichtungen, für Studenten der Lehrerausbildung und Teilnehmer der Lehrerfort- und -weiterbildung sowie für Schüler an Wirtschafts- und allgemeinbildenden Gymnasien der Sekundarstufe II.

Ziel des Buches ist es, dem Benutzer in einem überschaubaren Zeitabschnitt einen umfassenden und fundierten Überblick über Grundlagen und Grundprobleme der Volkswirtschaftslehre zu geben. Als Rahmen dient dabei weitgehend die soziale Marktwirtschaft der Bundesrepublik Deutschland, die die Erfahrungswelt des Lesers bildet. Auf diese Weise kann der Leser mit wichtigen Daten unserer Volkswirtschaft vertraut gemacht werden, die Funktionsweise der sozialen Marktwirtschaft und insbesondere die in dieser Wirtschaftsordnung vorhandenen Möglichkeiten einer Verbindung von Leistungs- und Sozialprinzip kennenlernen.

Trotz der vorfindbaren Vielfalt an einführenden Werken zur Volkswirtschaftslehre glauben die Autoren, mit ihrem Beitrag eine Lücke ausfüllen zu können. Nach ihren Erfahrungen liegen „Einführungen" häufig auf einem, für den hier angesprochenen Adressatenkreis zu hohen theoretisch-abstrakten Niveau oder vereinfachen das wirtschaftliche Geschehen in einer Weise, die den Bezug zur wirtschaftlichen Wirklichkeit vermissen läßt und jeglichen wissenschaftlichen Anspruch aufgibt. Verbreitet ist auch eine nur exemplarische, auf theoretisch-begriffliche Grundlegung verzichtende Darstellung ausgewählter Probleme. Demgegenüber versuchen die Autoren, dem Leser einen Gesamtüberblick zu verschaffen.

Innerhalb der einzelnen Problemkreise wird dabei so vorgegangen, daß der Problemanalyse eine Klärung fundamentaler begrifflicher und ursächlicher Zusammenhänge vorangestellt wird. Dabei werden die Zusammenhänge so verständlich wie möglich dargestellt, ohne daß auf die Erkenntnisse aktueller volkswirtschaftlicher Forschung verzichtet wird. Das ist nicht immer leicht und hat zur Folge, daß das vorliegende Buch nicht ohne Anstrengung „konsumiert" werden kann, sondern erarbeitet werden muß. Es ist eine Illusion zu glauben, man könne das vielschichtige wirtschaftliche Geschehen in einfachen Faustregeln angemessen erfassen. Die Zielsetzung, dem modernen wissenschaftlichen Erkenntnisstand Rechnung zu tragen, spiegelt sich auch in der Gewichtung der Themenbereiche. So wird z. B. der in „Einführungen" häufig sehr stiefmütterlich behandelte Geldbereich der Volkswirtschaft, dem in der Wissenschaft in den letzten Jahren mehr und mehr Gewicht zugemessen wird, ausführlich in vier Kapiteln untersucht.

Die Darstellung bemüht sich, dem Leser die Erarbeitung des Stoffes zu erleichtern. Durchweg werden pro Kapitel überschaubare Themenkreise auf 10 bis 20 Seiten abgehandelt. Zusätzlich zu der detaillierten Gliederung wird der Stoff durch lernzielorientierte Leitfragen und Fragenkomplexe, durch zusammenfassende und akzentuierende Randbemerkungen, durch Hervorhebungen im Text und Arbeitsaufgaben strukturiert. Um auch die ausgewählte Behandlung einzelner Themenbereiche zu ermöglichen, sind Wiederholungen bewußt in Kauf genommen und zahlreiche Verweise eingearbeitet worden. Die Lektüre der Einleitung, in der die der Behandlung sämtlicher Einzelprobleme zugrundeliegende Methode volkswirtschaftlichen Arbeitens und Denkens dargestellt wird, muß nicht notwendig den Anfang bilden, sondern kann im Zusammenhang mit speziellen Sachfragen erfolgen.

Die Zahl derer, denen die Autoren zu danken haben, ist groß. Besonders danken wir dem Kuratorium „Staat, Wirtschaft, Gesellschaft" (Rendsburg), das die Entstehung des Buches angeregt, es finanziell großzügig gefördert und uns ein erstes „Testen" im Rahmen der volkswirtschaftlichen Zertifikatskurse in Schleswig-Holstein ermöglicht hat. Dank gebührt auch dem „Verein für Didaktik und Methodik des sozial-ökonomischen Unterrichts e. V.", der das Werk in seiner Entwicklung gefördert und in seine „didaktische reihe ökonomie" aufgenommen hat. Wir danken auch denen, die durch zahlreiche Hinweise und Anregungen wesentlich zur Verbesserung des Buches beigetragen haben, insbesondere den Teilnehmern der Zertifikatskurse und unseren dort tätigen Kolleginnen und Kollegen sowie Fach- und Bildungsexperten der Betriebe und nicht zuletzt vielen Studenten und Schülern. Für kritische Hinweise sind die Autoren auch in Zukunft dankbar.

Berlin, Kiel, August 1978

Vorwort zur 14. Auflage

Die 14. Auflage ist eine grundlegend überarbeitete und erweiterte Auflage. Vorrangig war die Aktualisierung des Zahlenmaterials, das sich jetzt, soweit die verfügbaren Statistiken das zulassen, auch auf die neuen Bundesländer bezieht. An inhaltlichen Erweiterungen ist vor allem auf die Analyse des Transformationsprozesses in den neuen Bundesländern (Kapitel 3) hinzuweisen. Daneben ist im 6. Kapitel näher auf das Monopol eingegangen, im 10. Kapitel die neue Zahlungsbilanzsystematik der Deutschen Bundesbank eingearbeitet und im 11. Kapitel der Arbeitsmarkt ausführlicher behandelt worden. Im 13. Kapitel wurde die Phillips-Kurven-Diskussion präziser gefaßt und der „Neue Keynesianismus" eingearbeitet. Schließlich sind im 22. Kapitel die Ausführungen zur Europäischen Währungsunion und im 24. Kapitel die zur Europäischen Wirtschaftsunion dem Stand der Diskussion angepaßt worden.

Berlin – Dortmund – Flensburg, Juli 1995

Einleitung: Aufgaben der Volkswirtschaftslehre

Jeder von uns wird täglich mit einer Vielzahl wirtschaftlicher Vorgänge und Sachverhalte konfrontiert:

Vielfalt wirtschaftlicher Vorgänge und Sachverhalte

- die Mieten steigen;
- der Arbeitsplatz ist gefährdet;
- die Gewerkschaften kündigen Tarifverträge;
- das reale Wachstum der Volkswirtschaft beträgt 2 %;
- die Bundesbank will eine Erhöhung der Geldmenge M 3 zwischen 3 % und 6 % zulassen;
- der Wechselkurs der Deutschen Mark steigt;
- ein Konjunkturprogramm der Regierung wird angekündigt;
- geplante Beschlüsse des Ministerrats der Europäischen Union scheitern an nationalen Interessen;
- der Internationale Währungsfonds gewährt einen Stützungskredit;
- die Arbeitslosenquote beträgt 8 % usw.

Einige dieser Vorgänge sind auch für den Nichtökonomen – zumindest vordergründig – ohne weiteres verständlich, andere lassen sich ohne die Kenntnis der Bedeutung bestimmter Fachausdrücke – wie Wechselkurs, reales Wachstum, Internationaler Währungsfonds, Stützungskredit, Geldmenge usw. - nicht verstehen. Darin kommt zum Ausdruck, daß die Ökonomik (die Lehre von der Wirtschaft) wie jede andere Wissenschaft eine eigene **Fachsprache** hat, die unter anderem für die kurze und präzise Beschreibung des wirtschaftlichen Geschehens – wie „die Leistungsbilanz der USA ist defizitär" oder „die terms of trade der Bundesrepublik haben sich verbessert" – von Bedeutung ist. Eine solche Beschreibung des Wirtschaftsprozesses ist eine erste Aufgabe der Volkswirtschaftslehre. Was dabei die ökonomische Fachsprache betrifft, so ließe sich manches sicherlich verständlicher ausdrücken, z. B. kann man anstatt von „terms of trade" auch vom „realen Austauschverhältnis" oder anstatt vom „floating" von frei beweglichen Wechselkursen sprechen, doch selbst wenn es gelänge, rein sprachlich alles verständlich zu machen, bliebe ein solches „Verständnis" vordergründig. Dem Nichtökonomen fehlt es im allgemeinen an der Kenntnis wirtschaftlicher Zusammenhänge und Prozesse. Er kann häufig keine gesicherte Antwort auf die Frage des „Warum" geben: Warum beträgt das reale Wachstum 2 %? Warum ändert sich der Wechselkurs der Deutschen Mark? Warum haben wir Arbeitslosigkeit?

Ökonomik hat eine eigene Fachsprache

Beschreibung und Erklärung des wirtschaftlichen Geschehens sind zwei Aufgaben der Volkswirtschaftslehre

Welche Probleme es aufwirft, wirtschaftliche Zusammenhänge zu erklären, sei anhand eines Beispiels erläutert. Gegenwärtig ist in vielen

Erläuterung der Erklärungsproblematik anhand eines Beispiels

Ländern der westlichen Welt eine hohe Arbeitslosigkeit zu beobachten. Sofort stellt sich die Frage nach dem „Warum". Welches sind die Gründe für die Arbeitslosigkeit? Will man sich bei der Beantwortung dieser Frage nicht von vornherein mit allgemeinen, wenig stichhaltigen und häufig interessengebundenen Behauptungen begnügen, so muß man sich in einem ersten Schritt Gedanken darüber machen, welche Faktoren die Arbeitslosigkeit bewirkt haben **könnten.** So kann Arbeitslosigkeit bestehen, weil zum Beispiel

- die Nachfrage nach Konsumgütern zu gering ist;
- die Investitionstätigkeit zurückgegangen ist;
- die Löhne zu hoch sind;
- der technische Fortschritt Arbeitskräfte freisetzt;
- der Wert der Deutschen Mark im Ausland gestiegen ist;
- das Arbeitskräfteangebot zugenommen hat.

Zusammenstellung vermuteter Erklärungsfaktoren (Hypothesenbildung)

Eine solche Zusammenstellung von vermuteten Erklärungszusammenhängen (sog. Hypothesen) muß äußerst sorgfältig erfolgen. Ein bekannter Wirtschaftswissenschaftler der Gegenwart, HERBERT GIERSCH, bemerkt hierzu sehr illustrativ: „Wie dem Detektiv, der ein Verbrechen aufklären soll, muß uns zunächst alles, was überhaupt von Bedeutung sein könnte, verdächtig erscheinen."

Für eine präzise Erklärung wirtschaftlicher Zusammenhänge reicht aber auch eine solche Zusammenstellung möglicher Erklärungsursachen nicht aus. Es müssen vielmehr Aussagen über die vermutete genaue Form der Ursachen(Kausal-)Zusammenhänge gemacht werden, etwa dergestalt: Wenn die Nachfrage nach Konsumgütern um soundsoviel Prozent zunimmt, dann nimmt die Arbeitslosigkeit um soundsoviel Prozent ab. Bei weniger exakten Untersuchungen wird häufig auf eine solche Quantifizierung der Hypothesen verzichtet.

Quantifizierung von Hypothesen

Überdenkt man die oben beispielhaft genannten Ursachen der Arbeitslosigkeit, so erkennt man, daß die in Betracht gezogenen Faktoren ihrerseits wiederum erklärungsbedürftig sind. Die Nachfrage nach Konsumgütern kann zum Beispiel zurückgegangen sein, weil die Einkommen der Haushalte zu gering sind oder weil die Haushalte mehr sparen wollen. Die höhere Sparneigung wiederum kann auf pessimistische Zukunftserwartungen, auf erwartete Preissenkungen oder auf allgemeinen Konsumüberdruß und ähnliches zurückzuführen sein. Und die pessimistischen Zukunftserwartungen schließlich könnten durch allgemeinpolitische Krisensituationen bedingt sein. In ähnlicher Weise müßten die übrigen genannten Einflußfaktoren ihrerseits erklärt werden; etwa die Zunahme des Arbeitsangebots durch geburtenstarke Jahrgänge, die auf den Arbeitsmarkt drängen, durch verstärkte Frauenarbeit oder durch eine zunehmende Gastarbeiterzahl.

Einflußfaktoren sind ihrerseits erklärungsbedürftig

Wechselbeziehungen zwischen Ursache und Wirkung

Man erkennt ferner, daß Ursache und Wirkung in einer untrennbaren Wechselbeziehung zueinander stehen können: eine zu niedrige private

Konsumnachfrage als Begründung der Arbeitslosigkeit und Arbeitslosigkeit als Begründung für eine zu niedrige private Konsumnachfrage.

Und schließlich wird im allgemeinen auch zwischen den verschiedenen Ursachen der Arbeitslosigkeit eine kausale Beziehung bestehen: Eine abnehmende Konsumgüternachfrage kann die Investitionstätigkeit negativ beeinflussen: ein hoher Lohn kann den technischen Fortschritt (Rationalisierung) fördern oder den Wert der Deutschen Mark im Ausland vermindern usw. Festzuhalten ist, daß es sich nicht um monokausale Beziehungen, sondern um ein komplexes Beziehungsgeflecht handelt.

Kausalbeziehungen zwischen Einflußfaktoren

Damit wird deutlich, daß man eine außerordentliche Fülle möglicher Ursachen und gegenseitiger Abhängigkeiten beachten muß und man häufig auch auf Zusammenhänge stößt, die man nicht mit Hilfe der Volkswirtschaftslehre, sondern mit Hilfe anderer Wissenschaften wie der Psychologie, Politologie, Soziologie oder Medizin erklären muß.

Vollständige Erklärung macht die Einbeziehung anderer Wissenschaften notwendig

Abbildung 1 verdeutlicht und verallgemeinert diese Zusammenhänge:

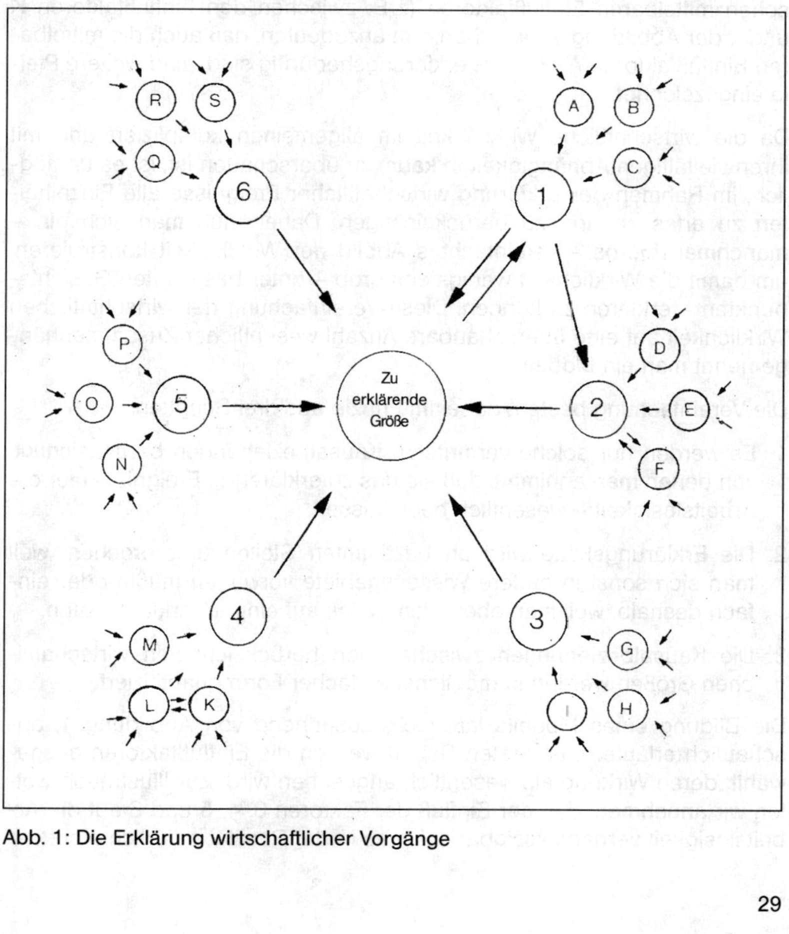

Abb. 1: Die Erklärung wirtschaftlicher Vorgänge

Die zu erklärende Größe (die Arbeitslosigkeit) ist hier von den unmittelbaren Einflußgrößen 1 bis 6 abhängig, wobei die Einflußrichtung durch die Pfeilrichtung gekennzeichnet ist. Auf eine Quantifizierung der Kausalbeziehungen ist zur Vereinfachung verzichtet worden. Es ist angenommen worden, daß der unmittelbare Einflußfaktor 1 gleichzeitig von der zu erklärenden Größe beeinflußt wird (im obigen Beispiel wäre der private Konsum Einflußfaktor 1. Außerdem wird in Abbildung 1 davon ausgegangen, daß der unmittelbare Einflußfaktor 1 auch auf den unmittelbaren Einflußfaktor 2 wirkt (bei der Erklärung der Arbeitslosigkeit: der Konsum wirkt auf die privaten Investitionen). Die unmittelbaren Einflußfaktoren werden ihrerseits durch weitere Einflußfaktoren bestimmt, die in der Abbildung durch große Buchstaben (A bis S) gekennzeichnet sind.

Es ist unterstellt, daß auf jeden unmittelbaren Einflußfaktor drei mittelbare Einflußfaktoren wirken. Selbstverständlich können auch Wechselbeziehungen zwischen unmittelbaren und mittelbaren Einflußfaktoren (wie z. B. zwischen Einflußfaktor F und Einflußfaktor 2 in Abbildung 1) sowie zwischen mittelbaren Einflußfaktoren (z. B. zwischen den Einflußfaktoren K und L der Abbildung 1) bestehen. Um anzudeuten, daß auch die mittelbaren Einflußfaktoren A, B, ..., S erklärungsbedürftig sind, sind weitere Pfeile eingezeichnet.

Erklärungen erfolgen im Rahmen eines Modells

Da die wirtschaftliche Wirklichkeit im allgemeinen kompliziert und mit ihren vielfältigen Abhängigkeiten kaum zu überschauen ist, ist es unmöglich, im Rahmen der Erklärung wirtschaftlicher Ereignisse alle Einzelheiten zu erfassen und zu berücksichtigen. Daher muß man sich ein – manchmal rigoros – vereinfachtes Abbild der Wirklichkeit konstruieren, um damit die Wirklichkeit wenigstens grob – unter bestimmten Gesichtspunkten – erklären zu können. Diese Vereinfachung der wirtschaftlichen Wirklichkeit auf eine überschaubare Anzahl wesentlicher Zusammenhänge nennt man ein **Modell.**

Die Vereinfachung besteht dabei im Prinzip aus drei Schritten.

Vereinfachungen bei der Modellbildung

1. Es werden nur solche vermuteten Kausalbeziehungen berücksichtigt, von denen man annimmt, daß sie das zu erklärende Ereignis – hier die Arbeitslosigkeit – wesentlich beeinflussen.
2. Die Erklärungskette wird an bestimmten Stellen unterbrochen, weil man sich sonst in andere Wissensgebiete vorwagen müßte oder einfach deshalb, weil man eben nicht „alles auf einmal" erklären kann.
3. Die Kausalbeziehungen zwischen den berücksichtigten wirtschaftlichen Größen werden in möglichst einfacher Form quantifiziert.

Beschränkung auf die wesentlichen Einflußfaktoren

Die Bildung eines Modells läßt sich, ausgehend von Abbildung 1, anschaulich erläutern. Im ersten Schritt werden die Einflußfaktoren ausgewählt, deren Wirkung als wesentlich angesehen wird. Zur Illustration wollen wir annehmen, daß der Einfluß der Faktoren 3, 4, 5 und 6 auf die Arbeitslosigkeit vernachlässigbar sei (was in der Realität natürlich nicht der

Fall sein muß), so daß diese Kausalbeziehungen in dem Modell unberücksichtigt bleiben können. Es verbleiben dann die unmittelbaren Einflußfaktoren 1 und 2 (Konsum- und Investitionsgüternachfrage). Im zweiten Schritt wird die Erklärungskette unterbrochen, z. B. bei den mittelbaren Einflußfaktoren A, B, C, D, E und F. Man berücksichtigt dann zwar, daß die Konsumnachfrage vom Einkommen der Haushalte (A), von ihrer Sparneigung (B) und ihrem Vermögen (C) abhängt und die Investitionstätigkeit von der Höhe der erwarteten Gewinne (D), dem erwarteten Absatz (E) und dem Zinssatz (F) bestimmt wird; Einkommen, Sparneigung, Vermögen, Gewinne, Absatz und Zinssatz werden ihrerseits aber nicht mehr erklärt. Sie sind **Daten** (exogene Variable) des Modells. Schließlich werden in einem dritten Schritt die aufgezeigten Kausalbeziehungen quantitativ in möglichst einfacher Form erfaßt, indem zum Beispiel angenommen wird, daß zwischen der Höhe des Konsums der Haushalte und ihrem Einkommen eine proportionale Beziehung besteht.

Unterbrechung der Erklärungskette

Einfache mathematische Formulierung der Kausalbeziehungen

Abbildung 2 zeigt die Struktur des sich so ergebenden Modells, wobei (wie in Abbildung 1) zur Vereinfachung auf eine Quantifizierung der Hypothesen verzichtet worden ist.

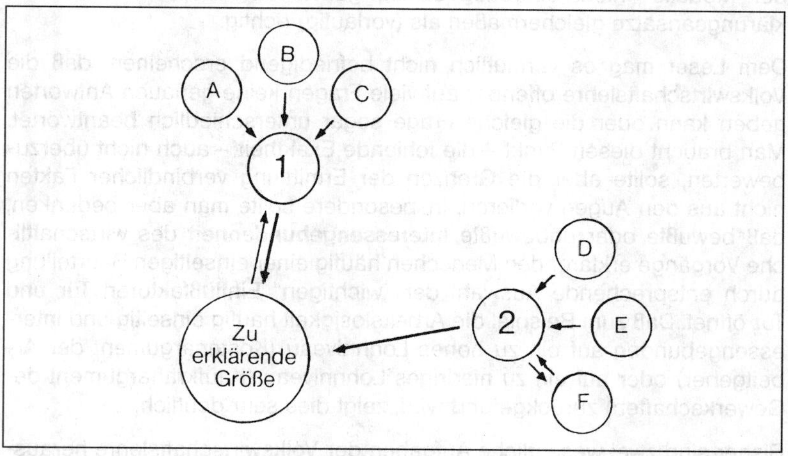

Abb. 2: Die Struktur eines einfachen Modells

Welchem Erklärungsanspruch kann ein solches Modell grundsätzlich gerecht werden? Offenbar kann das Modell nur dann die Wirklichkeit erklären, wenn die Auswahl der als wesentlich angesehenen Einflußfaktoren richtig getroffen und ihr genauer Einfluß auf die zu erklärende Größe exakt eingeschätzt wird. Beides wird in der Praxis nur unvollkommen gelingen. Die uneingeschränkt richtige Auswahl der wichtigen Einflußfaktoren scheitert im allgemeinen daran, daß die exakte Trennung zwischen Wesentlichem und Unwesentlichem streng genommen voraussetzt, daß man die Erklärung schon kennt. Da dies in der Praxis eben nicht der Fall

Erklärungsanspruch eines Modells ist begrenzt…

…weil die Auswahl der wesentlichen Einflußfaktoren sehr schwierig ist…

…und menschliche Verhaltensweisen Schwankungen unterliegen

ist – sonst gäbe es nicht mehr viel zu erklären –, hat man in der Volkswirtschaftslehre nicht selten mehrere, miteinander **konkurrierende Erklärungsansätze** bzw. Modelle. Die genaue Quantifizierung scheitert, weil die Kausalbeziehungen zwischen wirtschaftlichen Größen sehr häufig vom menschlichen Verhalten bestimmt werden. Menschliche Verhaltensweisen aber unterliegen Schwankungen und können deshalb nie so exakt berechnet werden wie zum Beispiel die Umlaufbahn von Satelliten um die Erde.

Beide Faktoren bewirken, daß ein Modell praktisch niemals geeignet ist, ein konkretes wirtschaftliches Ereignis genau zu erklären.

Modelle müssen an der Wirklichkeit überprüft werden

Für welches Modell soll man sich aber entscheiden, wenn unterschiedliche Erklärungen desselben wirtschaftlichen Vorgangs geliefert werden? Allgemein kann gesagt werden, daß dem Modell der Vorzug zu geben ist, das – konfrontiert mit der tatsächlichen Entwicklung der entsprechenden wirtschaftlichen Größe in der Vergangenheit – den geringsten Teil der Veränderungen der zu erklärenden Größe unerklärt läßt. Solange das verfügbare statistische Material einen solchen Rückschluß durch „Testen der Modelle" nicht eindeutig zuläßt, gelten die konkurrierenden Erklärungsansätze gleichermaßen als (vorläufig) richtig.

Interessengebundene Erklärungen bilden keine Ausnahme

Dem Leser mag es vermutlich nicht befriedigend erscheinen, daß die Volkswirtschaftslehre offenbar auf viele Fragen keine genauen Antworten geben kann oder die gleiche Frage sogar unterschiedlich beantwortet. Man braucht diesen Punkt – die fehlende Exaktheit – auch nicht überzubewerten, sollte aber die Grenzen der Ermittlung verbindlicher Fakten nicht aus den Augen verlieren. Insbesondere sollte man aber bedenken, daß bewußte oder unbewußte **Interessengebundenheit** des wirtschaftliche Vorgänge erklärenden Menschen häufig einer einseitigen Beurteilung durch entsprechende Auswahl der „wichtigen" Einflußfaktoren Tür und Tor öffnet. Daß zum Beispiel die Arbeitslosigkeit häufig einseitig und interessengebunden auf ein zu hohes Lohnniveau (Kostenargument der Arbeitgeber) oder auf ein zu niedriges Lohnniveau (Kaufkraftargument der Gewerkschaften) zurückgeführt wird, zeigt dies sehr deutlich.

Vier Aufgaben:
- Beschreibung
- Erklärung
- Prognose
- Beeinflussung

Bisher sind zwei wesentliche Aufgaben der Volkswirtschaftslehre herausgearbeitet worden:

- Die Beschreibung des wirtschaftlichen Geschehens mittels geeigneter Begriffe und Methoden;
- die Erklärung (warum?) des wirtschaftlichen Geschehens.

Darüber hinaus hat die Volkswirtschaftslehre die Aufgaben,

- den zukünftigen Ablauf des Wirtschaftsgeschehens zu prognostizieren und
- Möglichkeiten zur Beeinflussung des Wirtschaftsablaufs aufzuzeigen.

Beide Aufgaben sollen hier nur skizziert werden.

Für eine wissenschaftliche Prognose wirtschaftlicher Vorgänge – also z.B. zur Beantwortung der Frage, wie sich die Arbeitslosigkeit im kommenden Jahr entwickeln wird – ist die Kenntnis der kausalen Zusammenhänge eine notwendige Voraussetzung. Als zusätzliches Element enthält die Prognose eine Schätzung der erwarteten Entwicklung der Einflußfaktoren. Kausalbeziehungen und erwartete Entwicklung der Einflußfaktoren bestimmen zusammen die erwartete Entwicklung der zu prognostizierenden Größe (bzw. Größen). Wir illustrieren dies anhand unseres obigen Modells zur Erklärung der Arbeitslosigkeit (vgl. Abb. 2). Unterstellt man eine bestimmte Entwicklung der mittelbaren Einflußfaktoren A, B, C, D, E und F (also des Einkommens der Haushalte, der Sparneigung, des Vermögens, der Gewinne, des Absatzes und des Zinssatzes), so ist aufgrund der im Modell angenommenen ursächlichen Zusammenhänge die erwartete Entwicklung der unmittelbaren Einflußfaktoren 1 und 2 (also des Konsums und der Investitionen) bestimmt. Damit ist wiederum wegen der im Modell angenommenen Kausalbeziehungen auch die Entwicklung der zu prognostizierenden Größe (bzw. Größen, also z. B. der Arbeitslosigkeit) bestimmt. Durch Berücksichtigung der erwarteten Entwicklung der Erklärungsgrößen wird also aus dem Erklärungsmodell ein **Prognosemodell.** Über die beschriebenen Schwierigkeiten bei der Erklärung wirtschaftlicher Vorgänge hinaus ist die Prognose mit Fehlern behaftet, die sich aus der Abweichung zwischen der tatsächlichen und der erwarteten Entwicklung der Erklärungsfaktoren ergeben.

Prognose des wirtschaftlichen Geschehens als dritte Aufgabe der Volkswirtschaftslehre

Durch Abschätzung der zukünftigen Entwicklung der Einflußfaktoren kommt man vom Erklärungs- zum Prognosemodell

Die Kenntnis der Ursachenzusammenhänge bildet auch die Grundlage für die vierte Aufgabe der Volkswirtschaftslehre, die darin besteht aufzuzeigen, wie die Wirtschaftsentwicklung im Sinne bestimmter Ziele – z. B. in bezug auf die Beschäftigungslage – **beeinflußt** werden kann: Auf der Grundlage der in das Erklärungsmodell eingehenden Ursachenzusammenhänge kann ermittelt werden, wie eine bewußt herbeigeführte Veränderung von Erklärungsfaktoren auf die Zielgröße wirkt. Auf unser Beispiel bezogen: Aus dem Erklärungsmodell der Arbeitslosigkeit ergibt sich, welche Veränderung der Arbeitslosigkeit z. B. mit einer bestimmten Veränderung des Einkommens der Haushalte (bewirkt z. B. durch eine Steueränderung) verbunden ist. Ähnlich kann man feststellen, welche Veränderungen eines oder mehrerer Einflußfaktoren erfolgen müssen, damit ein bestimmter Wert der Zielgröße erreicht wird, welche Verminderung z. B. der Einkommensteuer also notwendig wäre, um die Arbeitslosigkeit um 1 % zu senken. Fragen dieser Art sind zentral für die **Wirtschaftspolitik,** womit gleichzeitig deutlich wird, daß eine Wirtschaftspolitik sich ohne vernünftige Erklärungsmodelle im luftleeren Raum bewegt.

Beeinflussung des wirtschaftlichen Geschehens als vierte Aufgabe der Volkswirtschaftslehre

Ob schließlich die Festsetzung wirtschaftspolitischer Ziele zu den Aufgaben der Volkswirtschaftslehre gehört, ist seit langem umstritten. Das Problem liegt darin, daß Ziele bereits eine **Bewertung** wirtschaftlicher Sachverhalte voraussetzen und etwas Gewolltes, Angestrebtes zum Ausdruck bringen, also ein Urteil über das enthalten, was „sein soll", ein sog. Werturteil. Setzt man z. B. als Ziel eine gleichmäßigere Einkommens- und Ver-

Ist eine wissenschaftliche Formulierung derZiele möglich?

mögensverteilung fest, so beinhaltet dies das **Werturteil,** daß eine solche Verteilung erstrebenswert ist. Ob und inwieweit nun Werturteile Platz in einer Wissenschaft haben, darüber waren und sind die Meinungen sehr geteilt (sog. Werturteilsproblematik) – eine Frage, die weit über den Bereich der Volkswirtschaftslehre hinausgehend zu den Grundproblemen der Wissenschaften überhaupt zählt. Vielfach wird die Meinung vertreten, daß Werturteile (und damit auch Ziele) wissenschaftlich nicht ableitbar und überprüfbar sind und deshalb mit Wissenschaft im strengen Sinn nichts zu tun haben. Wo sie dennoch in die Beschreibung, Erklärung oder Prognose des Wirtschaftsprozesses einfließen, sind sie eindeutig als Wertungen kenntlich zu machen, um der Argumentation jede Scheinobjektivität zu nehmen. Um Mißverständnisse zu vermeiden: Auch diese „wertfreie" Position erkennt natürlich die Existenz von Werturteilen, z. B. in Form der Zielsetzungen von Unternehmen, Haushalten und politischen Entscheidungsträgern, an. Sie nimmt diese Wertungen aber als „von außen gegeben", als Daten hin. Die Festsetzung von gesellschaftspolitischen Zielen jedenfalls kann nach dieser Auffassung niemals Aufgabe der Wissenschaft sein, sondern muß rein politisch erfolgen. Dies wird an der gesellschaftspolitischen Diskussion über Einkommens- und Vermögensverteilung, Mitbestimmung und Investitionslenkung besonders deutlich.

Andere Auffassungen gehen davon aus, daß auch das „Sein-Sollen" wissenschaftlich abgeleitet werden kann oder daß Wertungen und Sachaussagen gar nicht voneinander getrennt werden können (weil in dieser philosophischen Sicht das Sein das Bewußtsein und damit die Wertungen bestimmt oder weil Sein und Bewußtsein in einer wechselseitigen Abhängigkeit stehen).

Zwischen diesen Extremen gibt es zahlreiche Kompromißpositionen. Doch welche Auffassung im einzelnen auch vertreten wird, unbestritten ist, daß Aufgabe der Volkswirtschaftslehre ist, die Zusammenhänge, die Bedeutung und die Folgen der Ziele der Wirtschaftspolitik zu erörtern, z. B. die positiven Begleiterscheinungen eines stabilen Preisniveaus oder die Bedeutung des wirtschaftlichen Wachstums herauszuarbeiten.

Gesamtwirtschaftliche Ziele des Staates in der Bundesrepublik

In der Bundesrepublik Deutschland sind die gesamtwirtschaftlichen Ziele im „Gesetz zur Förderung der Stabilität und des Wachstums der Wirtschaft" vom 8. Juni 1967 (im sog. „Stabilitätsgesetz", vgl. Kapitel 16, Abschnitt 5) festgelegt worden.

Für die Bundesrepublik gilt es, die vier Ziele Vollbeschäftigung, Stabilität des Preisniveaus, außenwirtschaftliches Gleichgewicht und stetiges und angemessenes Wirtschaftswachstum im Rahmen einer marktwirtschaftlichen Ordnung zu erreichen. Ein weiteres wichtiges Ziel, das häufig genannt wird, ist eine gleichmäßigere Einkommens- und Vermögensverteilung.

Je nachdem, wie viele Ziele in den gesamtwirtschaftlichen Zielkatalog einbezogen sind, spricht man vom "magischen" Dreieck, Viereck oder allgemein vom „magischen" Vieleck.

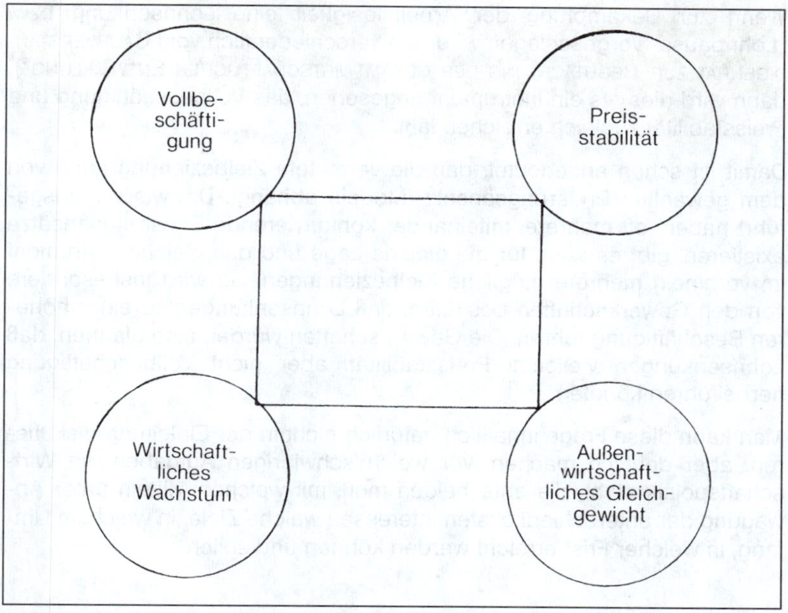

Abb. 3: Das „magische" Viereck in der Bundesrepublik

Die Bezeichnung „magisch" soll dabei zum Ausdruck bringen, daß das Verhältnis zwischen den Zielen sehr kompliziert und allgemein kaum zu erfassen ist und daß es meist schwierig ist, alle Ziele zugleich zu erreichen.

Das Verhältnis zwischen den Zielen ist kompliziert, und die Ziele sind nur schwer gleichzeitig erreichbar

Insbesondere, wenn ein Ziel nur auf Kosten eines anderen (in stärkerem Ausmaß) verwirklicht werden kann, ist offenbar die gleichzeitige Erreichung aller Ziele unmöglich. Man spricht in diesem wichtigen Fall von einer **Zielkonkurrenz.** So wird z. B. häufig von einer Konkurrenz der Ziele Vollbeschäftigung und Preisstabilität oder Wachstum und Preisstabilität ausgegangen. Das hieße, ein Mehr an Beschäftigung oder Wachstum würde zu Lasten der Preisstabilität gehen. Nun sind aber die Beziehungen zwischen den Zielen nicht ein für allemal gegeben. Ob eine Zielkonkurrenz vorliegt, hängt entscheidend von der wirtschaftlichen Lage und den gewählten Instrumenten der Wirtschaftspolitik ab.

Die Zielbeziehung hängt ab…

So kann bei bestehender Massenarbeitslosigkeit und Preisstabilität eine Zunahme der staatlichen Nachfrage nach Gütern im allgemeinen die Beschäftigung erhöhen, ohne das Ziel der Preisstabilität kurzfristig zu ge-

…von der Ausgangslage…

…von den gewählten Instrumenten…

fährden. Besteht hingegen schon eine Inflation, dann wird die Erhöhung der Staatsnachfrage zwar die Beschäftigungssituation verbessern, aber gleichzeitig die Preissteigerungstendenzen verstärken.

Wenn zur Bekämpfung der Arbeitslosigkeit eine Lohnsenkung bzw. „Lohnpause" vorgeschlagen wird, wie verschiedentlich vom SACHVERSTÄNDIGENRAT ZUR BEGUTACHTUNG DER GESAMTWIRTSCHAFTLICHEN ENTWICKLUNG[1]), dann wird dies als ein Instrument angesehen, das Vollbeschäftigung und Preisstabilität zugleich erreichen läßt.

…und von dem gewählten Erklärungsansatz

Damit ist schon angedeutet, daß die vermutete Zielbeziehung auch von dem gewählten Erklärungsansatz (Modell) abhängt. Da, wie wir ausgeführt haben, oft mehrere, miteinander konkurrierende Erklärungsansätze existieren, gibt es auch für die gleiche Lage und das gleiche Instrument im vorhinein mehrere mögliche Zielbeziehungen. So wird insbesondere von den Gewerkschaften bestritten, daß Lohnsenkungen zu einer höheren Beschäftigung führen. Die Gewerkschaften würden also glauben, daß Lohnsenkungen vielleicht Preisstabilität, aber nicht Vollbeschäftigung herbeiführen könnten.

Man kann diese Frage inhaltlich natürlich nicht in der Einleitung diskutieren, aber deutlich machen, vor welch schwierigen Aufgaben die Wirtschaftspolitik steht, die entscheiden muß, mit welchen Mitteln unter Abwägung der unterschiedlichsten Interessen welche Ziele, in welchem Umfang, in welcher Frist erreicht werden können und sollen.

---

[1]) Der SACHVERSTÄNDIGENRAT ZUR BEGUTACHTUNG DER GESAMTWIRTSCHAFTLICHEN ENTWICKLUNG wurde vom Gesetzgeber 1963 ins Leben gerufen. Seine Aufgabe ist die periodische Begutachtung der gesamtwirtschaftlichen Entwicklung in der Bundesrepublik Deutschland zwecks Erleichterung der Urteilsbildung bei allen wirtschaftlichen Instanzen und in der Öffentlichkeit. Der SACHVERSTÄNDIGENRAT ist ein unabhängiges Gremium, das aus fünf Mitgliedern besteht, die – so fordert es das Gesetz – über besondere wirtschaftswissenschaftliche Kenntnisse und volkswirtschaftliche Erfahrungen verfügen müssen. Die Mitglieder des SACHVERSTÄNDIGENRATES werden auf Vorschlag der Bundesregierung vom Bundespräsidenten für die Dauer von fünf Jahren ernannt. Turnusmäßig scheidet jährlich ein Mitglied aus und wird ein neues Mitglied ernannt. Zu dem jeweiligen Jahresgutachten des SACHVERSTÄNDIGENRATES über die gesamtwirtschaftliche Lage und deren absehbare Entwicklung nimmt die Bundesregierung in ihrem Jahreswirtschaftsbericht Stellung. Treten auf Teilgebieten der Volkswirtschaft Entwicklungen ein, die die gesamtwirtschaftlichen Ziele gefährden, so erstellt der SACHVERSTÄNDIGENRAT ein Sondergutachten.

D. Literatur

Einen guten Überblick über die in der Einleitung angesprochenen Problemkreise gibt:

BARTEL, Rainer, Charakteristik, Methodik und wissenschaftsmethodische Probleme der Wirtschaftswissenschaften. In: Wirtschaftswissenschaftliches Studium (WiSt), H. 2 1990.

Aufgaben und Methoden der Volkswirtschaftslehre werden übersichtlich dargestellt in:

STOBBE, Alfred, Volkswirtschaftliches Rechnungswesen, 8. Aufl., Berlin u. a. 1994

LIPSEY, Richard G., Einführung in die positive Ökonomik, Köln 1971, Erster Teil

HEERTJE, Arnold, Die Bedeutung der deduktiven Methode für das Studium der Wirtschaftswissenschaften. In: Wirtschaftswissenschaftliches Studium (WiSt), 8. Jg. (1979), S. 145–149.

Speziell zur Modellbildung in der Ökonomik informiert allgemeinverständlich

BOMBACH, Gottfried, Die Modellbildung in der Wirtschaftswissenschaft. In: Studium Generale 18 (1965), S. 339-346.

Anspruchsvoll, aber sehr gelungen ist der Beitrag:

EICHHORN, W., Die Begriffe Modell und Theorie in der Wirtschaftswissenschaft. In: Wirtschaftswissenschaftliches Studium (WiSt), 1. Jg. (1972), S. 281–288 und 335–344.

Eine intensivere Beschäftigung mit der ökonomischen Denkweise führt bald zu speziellen Methodenproblemen, in denen sich der Leser allerdings nicht verlieren sollte. In sich geschlossene Darstellungen methodologischer Grundlagen bieten:

KROMPHARDT, Jürgen, CLEVER, Peter, KLIPPERT, Heinz, Methoden der Wirtschafts- und Sozialwissenschaften, Wiesbaden 1979.

Einzelbeiträge zu Themenbereichen der Wissenschaftstheorie enthalten die Sammelbände:

ALBERT, Hans (Hrsg.), Theorie und Realität. Ausgewählte Aufsätze zur Wissenschaftslehre oder Sozialwissenschaften, 2. Aufl., Tübingen 1972.
(Das Buch enthält „klassische“ [nicht immer einfach zu lesende] Beiträge zur Wissenschaftstheorie.)

JOCHIMSEN, Reimut und KNOBEL, Helmut (Hrsg.), Gegenstand und Methoden der Nationalökonomie, Köln 1971

Besonders zu empfehlen ist in dem letztgenannten Sammelband der (anspruchsvolle) Beitrag von RICHTER, Rudolf, Methodologie aus der Sicht des Wirtschaftstheoretikers, S. 188–203

RAFFÉE, Hans und ABEL, Bodo (Hrsg.), Wissenschaftstheoretische Grundlagen der Wirtschaftswissenschaften, München 1979.

Eine vielbeachtete wissenschaftstheoretische Position vertritt

KUHN, T. S., Die Struktur wissenschaftlicher Revolutionen, 8. Aufl., Frankfurt a. M. 1986.

1. Kapitel
Grundtatbestände von Wirtschaftsgesellschaften

A. Lernzielorientierte Leitfragen und Fragenkomplexe

Leitfrage:
Was sind systemunabhängige Grundtatbestände des Wirtschaftens?

- *Sind Bedürfnisse naturgegeben oder manipuliert?*
- *Wie werden Güter produziert?*
- *Wie lassen sich die Produktionsmöglichkeiten einer Volkswirtschaft beschreiben?*
- *Warum besteht Knappheit, und welche Möglichkeiten gibt es, sie zu vermindern?*
- *Welche Vor- und Nachteile sind mit der Arbeitsteilung verbunden?*
- *Inwiefern ergeben sich aus der Arbeitsteilung Abhängigkeiten und Abstimmungsprobleme?*

Leitfrage:
Was sind systemabhängige Grundtatbestände des Wirtschaftens?

- *Was versteht man unter den Begriffen Wirtschaftsordnung, Wirtschaftsverfassung und Wirtschaftssystem?*
- *Worin liegt der zentrale Unterschied im Koordinationsmechanismus einer Marktwirtschaft und einer zentralgeleiteten Wirtschaft?*
- *Welche Eigentumsordnung kennzeichnet ein kapitalistisches, welche ein sozialistisches Wirtschaftssystem?*
- *Welche „reinen" Formen von Wirtschaftssystemen gibt es?*

B. Sachanalyse

1. Systemunabhängige Grundtatbestände der Wirtschaft

In jeder Wirtschaftsgesellschaft haben die Menschen eine Fülle von Wünschen und Bedürfnissen. Die Mittel, die zur Befriedigung dieser Bedürfnisse dienen, nennt man Güter. Güter müssen in der Regel produziert werden, d. h. man benötigt Mittel zur Erstellung von Gütern (Produktionsmittel). Die Produktionsmittel, über die eine Volkswirtschaft verfügt, sind begrenzt und damit auch die Güter, die maximal produziert werden können. Im Gegensatz zu im Prinzip unendlichen Bedürfnissen gibt es also in jeder Wirtschaftsgesellschaft nur in begrenztem Umfang Güter, so daß Knappheit existiert. Diese Knappheit kann nur vermindert werden, wenn man entweder die Bedürfnisse einschränkt oder die Produktionsmöglichkeiten erhöht. Der wichtigste und in praktisch sämtlichen Volkswirtschaften verwirklichte Weg zur Erhöhung der Produktionsmöglichkeiten sind Arbeitsteilung und technischer Fortschritt. Damit ergeben sich folgende **systemunabhängige Grundtatbestände** der Wirtschaft:

- Bedürfnisse
- Produktion
- Knappheit
- Arbeitsteilung und technischer Fortschritt

1.1 Bedürfnisse

Bedürfnisse sind Gefühle des Mangels

Bedürfnisse lassen sich allgemein definieren als Gefühle des Mangels, die von dem Wunsch, den Mangel zu beseitigen, begleitet sind. Über die häufig zu findende Gliederung der Bedürfnisse in „primäre“ (angeborene, triebhafte) und „sekundäre“ (aus den sozialen Kontakten erworbene) Bedürfnisse hinaus kann man mit dem amerikanischen Psychologen A. MASLOW mehrere **Bedürfnisebenen** unterscheiden:

Mehrere Bedürfnisebenen können unterschieden werden

(1) Grundbedürfnisse, also Hunger, Durst, Verlangen nach Schlaf, Wohnung und Sexualität.

(2) Sicherheitsbedürfnisse, die sich darauf richten, die Befriedigung der Grundbedürfnisse auch für die Zukunft zu sichern.

(3) Soziale Bedürfnisse, die aus den sozialen Kontakten des Individuums hervorgehen und sich in dem Wunsch nach Leben in der Gemeinschaft, nach Geselligkeit und ähnlichem niederschlagen.

(4) Wertschätzungsbedürfnisse, die sich auf Anerkennung und Bestätigung durch andere richten.

(5) Entwicklungsbedürfnisse, die insbesondere auf Selbstverwirklichung zielen und sich von dem Wunsch nach Bestätigung durch die Gesellschaft lösen.

Stufenleiter der Bedürfnisse

Die verschiedenen Bedürfnisebenen stehen nicht beziehungslos nebeneinander, sondern bauen aufeinander auf: Solange die Grundbedürfnisse nicht ausreichend befriedigt sind, sind sie bestimmend für die menschlichen Bedürfnisse überhaupt und überdecken die übrigen Bedürfnisebenen. Erst wenn die Grundbedürfnisse befriedigt sind, will der Mensch mehr, zunächst eine gewisse Sicherheit. Wenn diese gegeben ist, strebt er nach sozialen Kontakten, innerhalb derer der Mensch Anerkennung und Bestätigung von außen sucht, was schließlich das Bedürfnis, auch vor sich selbst bestehen zu können, entstehen läßt.

Auch innerhalb der einzelnen Bedürfnisebenen kann man eine Stufenleiter erkennen, die von dem Wunsch nach einer beliebigen und möglichst ausreichenden bis zu einer qualitativ hochwertigen und exzessiven Form der Bedürfnisbefriedigung reicht. Auf das Grundbedürfnis Hunger bezogen bedeutet dies: In Zeiten akuter Mangellage ist es dem Menschen nahezu gleichgültig, durch welche Güter („Brot oder Kaviar") sein Hunger gestillt wird. In Zeiten des Überflusses aber entsteht im Zusammenhang mit der Entwicklung der übrigen Bedürfnisebenen der Wunsch nach qualitativ immer besseren, differenzierteren und quantitativ umfassenderen Formen der Befriedigung des Grundbedürfnisses. Abbildung 1.1 zeigt die verschiedenen Bedürfnisebenen in Form der sog. MASLOW-Pyramide:

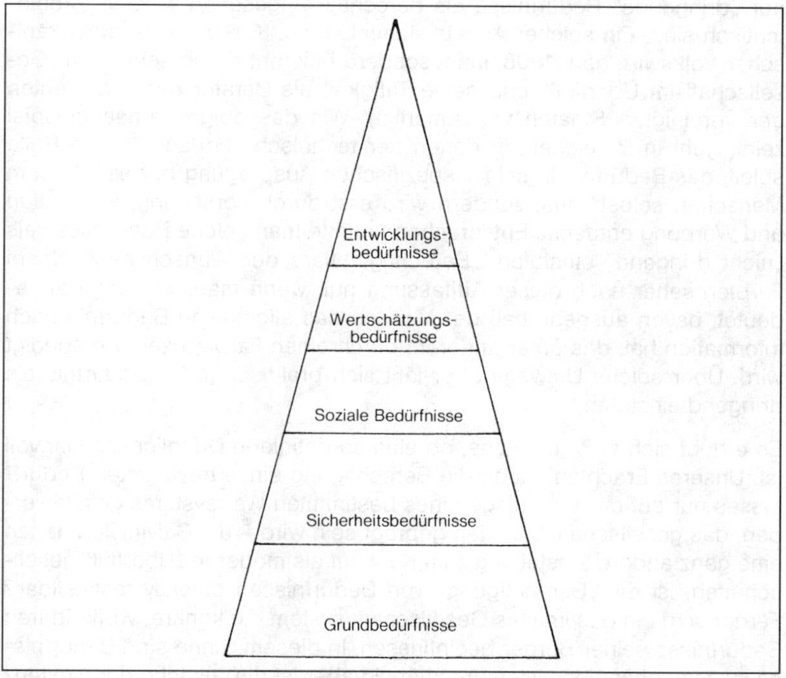

Abb. 1.1: Die verschiedenen Bedürfnisebenen

Wichtig ist, zu erkennen, daß eine Wechselbeziehung zwischen den auftretenden Bedürfnissen und dem Grad der Bedürfnisbefriedigung besteht. Es scheint, als wenn in doppelter Beziehung eine bessere Bedürfnisbefriedigung zu einer Zunahme der Bedürfnisse führt: Einmal durch die Erschließung „höherer" Bedürfnisebenen, zum anderen durch eine angestrebte bessere Befriedigung (qualitativ und quantitativ) der schon bisher vorhandenen Bedürfnisse.

Wechselbeziehungen zwischen Bedürfnisbefriedigung und Bedürfnissen

Die Wechselbeziehung zwischen Bedürfnissen und den Gütern zu ihrer Befriedigung ist noch unter einem anderen Gesichtspunkt von Bedeutung. In bezug auf die Konkretisierung der Bedürfnisse sind die bekannten Güter maßgeblich: Das Bedürfnis nach einem Farbfernseher als Konkretisierung des allgemeinen Bedürfnisses nach Kommunikation konnte erst (zumindest auf breiter Ebene) entstehen, nachdem eine entsprechende Erfindung gemacht, das Gut produziert und durch Werbung propagiert worden war. Umgekehrt ist keine Produktion sinnvoll, ohne daß hierauf gerichtete Bedürfnisse bestehen, latent vorhanden sind oder zumindest durch Werbung suggeriert werden.

Ist die „Berechtigung" von Bedürfnissen objektiv feststellbar?

Auf diesem Hintergrund wird deutlich, daß Ansätze, die **Berechtigung** eines Bedürfnisses „objektiv" bestimmen zu wollen, etwa dergestalt, daß nur „dringende" Bedürfnisse als berechtigt angesehen werden, problematisch sind. Ein solcher Ansatz stammt von J. K. GALBRAITH (amerikanischer Volkswirt, geb. 1908, insbesondere bekannt durch sein Buch „Gesellschaft im Überfluß" und seine Tätigkeit als Berater des Präsidenten der Vereinigten Staaten von Amerika). Wie das obige Fernsehbeispiel zeigt, geht in Bereichen, in denen der technische Fortschritt eine Rolle spielt, das Bedürfnis in seiner spezifischen Ausprägung nur selten „vom Menschen selbst" aus, sondern wird erst durch Forschung, Produktion und Werbung entdeckt. Entsprechend müßte man solche Bedürfnisse als „nicht dringend" einstufen. „Berechtigt" wäre der Wunsch nach einem Farbfernseher nach dieser Auffassung nur, wenn man, wie oben angedeutet, davon ausgeht, daß der Mensch das allgemeine Bedürfnis nach Information hat, das unter anderem durch einen Farbfernseher befriedigt wird. Über solche Umwege aber läßt sich praktisch jedes Bedürfnis als dringend einstufen.

Die „Berechtigung" von Bedürfnissen hängt von den gesellschaftlichen Wertvorstellungen ab

Es erhebt sich also die Frage, ob eine so definierte Dringlichkeit sinnvoll ist. Unseres Erachtens kann die Berechtigung eines bestimmten Bedürfnisses nur auf der Grundlage eines bestimmten Wertsystems gefällt werden, das gesellschaftsbezogen geprägt sein wird – die Calvinisten hatten eine ganz andere Einstellung zum Konsum als moderne „Überfluß"gesellschaften. Ist die „Berechtigung" von Bedürfnissen objektiv feststellbar? Ferner wird ein bestimmtes Gesellschaftssystem die konkret vorfindbaren Bedürfnisse seiner Bürger beeinflussen. In diesem Sinne sind Bedürfnisse systemabhängig; systemunabhängig aber ist dieTatsache der Existenz von Bedürfnissen.

„Unberechtigte" Bedürfnisse in der Bundesrepublik

Betrachten wir unter den angesprochenen Aspekten die in der Bundesrepublik vorfindbaren Bedürfnisse. Nach den vorherrschenden Wertvorstellungen gibt es einige Bedürfnisse, die nicht berechtigt erscheinen. Für die Entstehung und Förderung solcher Bedürfnisse wird zum Teil eine weniger informierende als suggestive Werbung verantwortlich gemacht. Diese Probleme müssen vor dem Hintergrund einer Wirtschafts- und Gesellschaftsordnung gesehen werden, die dem einzelnen grundsätzlich zugesteht, am besten zu wissen, was gut für ihn ist (methodologischer

Individualismus), und die auf die Initiative des dynamischen Unternehmers setzt (vgl. auch Kapitel 2, 7 und 8). Hiervon ausgehend ist es unmöglich zu entscheiden, in welchem Umfang man z. B. einen manchem als Verschwendung erscheinenden schnellen Modewechsel und die entsprechende Werbung allgemein ablehnen kann. Zu beachten ist schließlich, daß viele Menschen dazu neigen, bestimmte Bedürfnisse, deren Befriedigung ihre Zukunft sichern hilft, wie Bildung und Gesundheit, aus welchen Gründen auch immer, unterzubewerten. Hier ist staatliche „Werbung" zur Förderung solcher Bedürfnisse, ja sogar ein zwangsweiser Eingriff des Staates, wie bei der allgemeinen Schulpflicht, notwendig und richtig.

Man unterscheidet häufig Individual- und Kollektivbedürfnisse

Man unterscheidet üblicherweise zwischen Individual- und Kollektivbedürfnissen. Diese Unterscheidung ist insofern fragwürdig, als Bedürfnisse letztlich nur von Individuen empfunden werden können. Die Unterscheidung kann sich also nur darauf beziehen, wie die Bedürfnisse befriedigt werden

- durch den Staat (Kollektivbedürfnisse), wie z. B. Bildung und innere und äußere Sicherheit, oder
- durch Private (Individualbedürfnisse), wie z. B. Nahrung und Kleidung.

1.2 Produktion und Produktionsmöglichkeiten

Güter sind Mittel zur Bedürfnisbefriedigung

Güter sind Mittel zur Bedürfnisbefriedigung. Sie werden zum Teil von der Natur in ausreichender Menge bereitgestellt (**freie** Güter), zum Teil müssen sie vom Menschen hergestellt werden (**wirtschaftliche** Güter). Im folgenden beschäftigen wir uns nur mit den zu produzierenden Gütern.

Man unterscheidet zahlreiche Güterarten

Eine Produktion von Gütern erfolgt im allgemeinsten Fall, indem in einer Produktionsstätte Arbeitskräfte, Maschinen, Gebäude und Grundstücke eingesetzt werden, um neue Güter zu schaffen. Diese Definition von Produktion ist unmittelbar einsichtig für die Erstellung von **Sachgütern,** z. B. für die Erstellung von Autokarosserien aus Stahlblechen, sie gilt indes ebenso für die Produktion von **Dienstleistungen,** z. B. für die Tätigkeit eines Zahnarztes. Auch in einer Zahnarztpraxis werden Arbeitskraft, Maschinen, Räumlichkeiten und ein Grundstück eingesetzt, um z. B. unter Verwendung von Gold die zahnärztliche Dienstleistung „Zahninstandsetzung" zu erbringen. Weitere Beispiele für produzierte Dienstleistungen sind Transportleistungen, die Tätigkeit eines Lehrers, die Tätigkeit eines Rechtsanwaltes. Natürlich unterscheiden sich unterschiedliche Produktionen unter anderem durch den Umfang, in dem Arbeitskraft, Maschinen, Gebäude und Grundstücke sowie Vorprodukte eingesetzt werden. Zum Beispiel kann man sich Produktionen vorstellen, bei denen gar keine Maschinen und Vorprodukte benötigt werden (die Dienstleistung eines Sängers). Die oben gegebene Begriffsbestimmung stellt also auf den allgemeinsten Fall ab.

Sämtliche Güter, die in einem Produktionsprozeß eingesetzt werden, nennt man **Produktionsmittel.** Betrachten wir die Produktionsmittel Arbeitskraft, Maschinen, Gebäude und Grundstücke etwas näher: Diese Produktionsmittel gehen nicht selbst in die produzierten Güter ein, sondern nur die von ihnen abgegebenen Leistungen (beim Boden und bei Gebäuden spricht man auch von „Nutzungen"). Die Leistungsträger Arbeitskraft, Maschinen, Gebäude und Grundstücke bleiben – zumindest über einen längeren Zeitraum – erhalten. Solche Produktionsmittel nennt man auch dauerhafte Produktionsmittel oder **Produktionsfaktoren.** Üblicherweise unterscheidet man zwischen den Produktionsfaktoren Boden, Arbeit und Kapital, wobei man gelegentlich den Boden mit zum Kapital rechnet. Bezogen auf die gesamte Volkswirtschaft gehören zum Produktionsfaktor **Boden** die gesamte für landwirtschaftliche, industrielle und verkehrsmäßige Nutzung verwendete Bodenfläche sowie die Bodenschätze. Der Produktionsfaktor **Arbeit** wird durch das gesamte Arbeitskräftepotential einer Volkswirtschaft gebildet. Insbesondere in einzelwirtschaftlicher Sicht wird häufig zwischen ausführender und leitender Arbeit (dem „dispositiven Faktor") unterschieden. Zum Produktionsfaktor **Kapital** (auch Kapitalstock oder Realkapital genannt) gehören die Maschinen und Anlagen, die Gebäude und die Verkehrswege, aber auch das technische und sonstige Wissen einer Volkswirtschaft (häufig wird der technische Fortschritt wegen seiner Bedeutung sogar als eigenständiger Produktionsfaktor aufgefaßt). Veränderungen des Bestandes an Kapitalgütern heißen **(Netto-)Investitionen.** Sie erhöhen die zukünftigen Produktions- und Einkommensmöglichkeiten einer Volkswirtschaft. Da in geschichtlicher Sicht sämtliche Kapitalgüter aus dem Zusammenwirken der Faktoren Arbeit und Boden entstanden sind, bezeichnet man Arbeit und Boden auch als ursprüngliche (originäre) Produktionsfaktoren und Kapital als abgeleiteten (derivativen) Produktionsfaktor, als „produziertes Produktionsmittel".

Dauerhafte Produktionsmittel nennt man Produktionsfaktoren

Der Bestand einer Volkswirtschaft an Boden, Arbeit und Kapital ist kurzfristig praktisch eine gegebene Größe. Zwar lassen sich die Produktionsfaktoren in begrenztem Ausmaß auf längere Sicht vermehren (Eindeichung, Fruchtbarmachung von Boden, Bevölkerungspolitik, Anwerbung ausländischer Arbeitskräfte, Kapitalbildung), für eine gegebene Periode, z. B. ein Jahr, kann jedoch praktisch nur über den gegebenen Bestand verfügt werden.

Nicht dauerhafte Produktionsmittel werden innerhalb einer Periode verbraucht

Neben den dauerhaften Produktionsmitteln werden in einer Produktionsstätte, wie oben schon erwähnt, Vorprodukte zur Gütererzeugung eingesetzt, die sich dadurch auszeichnen, daß sie in einem Produktionsakt (oder zumindest innerhalb eines Jahres) verbraucht werden **(nicht dauerhafte Produktionsmittel).**

Die produzierten Güter lassen sich vor allem danach gliedern, ob
- es sich um Produktions- oder Konsumgüter handelt;
- die produzierten Güter dauerhaft oder nicht dauerhaft sind.

Auf die Produktionsgüter brauchen wir nicht nochmals einzugehen. Die zweite große Gruppe von Gütern bilden die Konsumgüter. Wenn wir eingangs dieses Abschnittes Güter allgemein als „Mittel zur Bedürfnisbefriedigung" definiert haben, so ist dies bei den Konsumgütern besonders einsichtig: Konsumgüter werden „um ihrer selbst willen begehrt" (wie Brot, Kleidung, Fernseher) und nicht, wie Kapitalgüter, um die zukünftigen Produktionsmöglichkeiten einer Volkswirtschaft zu erhöhen oder zu erhalten (wie Maschinen, Schulen, Verkehrswege). Konsumgüter dienen also unmittelbar der Bedürfnisbefriedigung und erhöhen unmittelbar die Wohlfahrt der Bevölkerung, während Kapitalgüter mittelbar zur Bedürfnisbefriedigung beitragen und damit mittelbar die Wohlfahrt erhöhen. Nach dem Gesichtspunkt der Zeitdauer ihrer Verwendung für den Konsum kann man dauerhafte (Gebrauchsgüter: Eisschrank, Fernseher) und nicht dauerhafte (Verbrauchsgüter: Zigarette, Bier) Konsumgüter unterscheiden.

Konsumgüter dienen unmittelbar der Bedürfnisbefriedigung

Verbrauchs- und Gebrauchsgüter

Leider wird in der volkswirtschaftlichen Fachsprache die klare (funktionale) Trennung zwischen Produktionsgütern und Konsumgütern derzeit noch nicht beibehalten. Die Unterscheidung wird vielmehr (institutionell) danach vorgenommen, ob ein Betrieb oder ein Haushalt die Güter kauft. Da das Gros der Produktionen in Betrieben erfolgt und der Konsum sich fast ausschließlich in Haushalten vollzieht, führt die Definition nach Käufergruppen und nach wirtschaftlichen Funktionen zwar häufig zu demselben Ergebnis, keineswegs aber immer: Nach dem Kriterium „Käufergruppe" stellt eine Nähmaschine, die von einer Textilfabrik gekauft wird, ein Produktionsgut dar, während dieselbe Maschine, von einer Hausfrau gekauft, als Konsumgut angesehen wird. Von ihrer Funktion her ist die Maschine in beiden Fällen ein Produktionsgut.

Eine weitere Einteilung der Güter läßt sich im Hinblick auf den Grad ihrer Fertigstellung vornehmen. In einem arbeitsteiligen Produktionsprozeß sind danach Rohstoffe, Vorprodukte und Endprodukte zu unterscheiden. Was dabei aus der Sicht des einzelnen Betriebes als Fertigprodukt erscheint, kann gesamtwirtschaftlich, da es noch durch Produktion oder Handel weiterverarbeitet wird, Vorprodukt sein. Alles, was in irgendeinen Produktionsprozeß der Volkswirtschaft als Vorprodukt eingeht, wird deshalb aus gesamtwirtschaftlicher Sicht auch als **Zwischenprodukt** bezeichnet.

Güter haben unterschiedliche „Reifegrade"

Schließlich ist noch zwischen **privaten** und **öffentlichen Gütern** zu unterscheiden: Während private Güter von privaten Haushalten und von Unternehmungen erstellt werden, werden die öffentlichen Güter vom Staat (d. h. vom Bund, den Ländern oder Gemeinden) bereitgestellt. Der Staat produziert diese Güter im Prinzip wie eine Unternehmung: Er setzt Arbeitskraft (Arbeiter, Angestellte und Beamte), Kapitalgüter (Gebäude, Straßen, Brücken, Wasserwege) und Boden ein, um z. B. die Güter innere und äußere Sicherheit, Rechtspflege, Verwaltung und Bildungsangebot zu produzieren. Auf die Frage, warum der Staat diese Dienstleistungsproduktionen übernimmt, wird später einzugehen sein.

Öffentliche Güter werden vom Staat bereitgestellt

Da die Bestände an Produktionsfaktoren begrenzt sind, kann auch nur eine begrenzte Menge an Gütern hergestellt werden.

Die Produktionskapazität einer Volkswirtschaft ist begrenzt

Diese Tatsache kann anhand einer einfachen Modelldarstellung – der Kurve der volkswirtschaftlichen Produktionsmöglichkeiten – verdeutlicht werden. Wir nehmen an, in einer Volkswirtschaft werden nur zwei Güter – ein Konsumgut (Nahrungsmittel) und ein Investitionsgut (Maschinen) – hergestellt. Setzt man alle vorhandenen Produktionsfaktoren zur Produktion von Nahrungsmitteln ein, ohne Produktionsfaktoren zu verschwenden, so kann man höchstens eine bestimmte Menge Nahrungsmittel herstellen (z. B. 1000 Tonnen). Setzt man hingegen alle vorhandenen Produktionsfaktoren zur Produktion von Maschinen ein, so kann man auch hiermit nur eine bestimmte Höchstmenge (z. B. 500 Maschinen) erzeugen (vgl. Abb. 1.2).

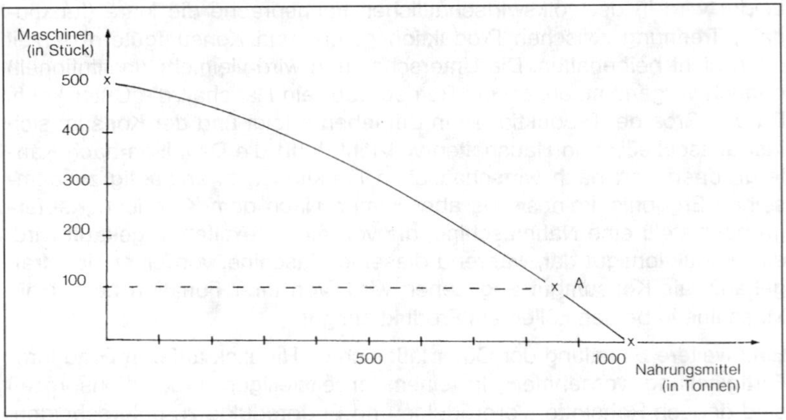

Abb. 1.2: Die Transformationskurve

Bei vollständigem und effizientem Einsatz der Produktionsfaktoren kann die Produktion eines Gutes nur auf Kosten der Produktion eines anderen Gutes ausgedehnt werden

Die entscheidende Überlegung ist nun: Will man, ausgehend von der Höchstmenge an überhaupt produzierbaren Nahrungsmitteln, auch einige Maschinen erstellen (z. B. 100), so ist dies nur möglich, wenn ein Teil der Produktionsmittel, die bisher für die Nahrungsmittelproduktion eingesetzt wurden, jetzt zur Maschinenproduktion verwendet wird. Folglich können jetzt nur weniger als 1000 Tonnen Nahrungsmittel erzeugt werden (z. B. 860). In der Volkswirtschaft wird damit der Punkt A in Abb. 1.2 verwirklicht. Ausgehend von diesen Produktionsmengen (100 Maschinen, 860 Tonnen Nahrungsmittel), kann die obige Überlegung wiederholt werden: Will man noch mehr Maschinen erzeugen, so müssen weitere Produktionsfaktoren für die Maschinenproduktion abgezogen werden. Die Mehrproduktion von einem Gut ist also nur auf Kosten der Produktion des anderen Gutes möglich. Diesen Verzicht auf die Produktion des „anderen“ Gutes nennt man auch **Opportunitätskosten.** Sämtliche Produktionsmengen der beiden Güter, die in der betrachteten Volkswirtschaft hergestellt werden können, liegen also auf einer fallenden Kurve (vgl. Abb. 1.2).

Man nennt diese Kurve die Kurve der volkswirtschaftlichen Produktionsmöglichkeiten oder auch (volkswirtschaftliche) **Transformationskurve.** Sie bringt in Modellform die Begrenztheit der Güterproduktion jeder Volkswirtschaft unabhängig von der Wirtschaftsordnung plastisch zum Ausdruck.

Definition der Transformationskurve

Die Transformationskurve gibt alle Gütermengenkombinationen an, die in der Volkswirtschaft mit dem gegebenen Bestand an Produktionsfaktoren maximal produziert werden können.

Erklärung der Krümmung der Transformationskurve

Der Leser mag sich fragen, warum die Transformationskurve nach oben gekrümmt (konkav) gezeichnet worden ist. Ökonomisch bedeutet dies, daß die Produktion weiterer Mengeneinheiten des einen Gutes nur durch Verzicht auf immer größere Mengen des anderen Gutes erreicht werden kann. Die einfachste Erklärung ist die, daß es immer schwieriger wird, die Produktionsfaktoren, die bisher für die Herstellung von Nahrungsmitteln eingesetzt wurden, bei der Erzeugung von Maschinen zu verwenden, weil die Ergiebigkeit eines bestimmten Produktionsfaktors in der Regel in einer der beiden Produktionen größer ist („Ein Dreher ist meist kein guter Melker“).

Verschiebung der Transformationskurve

Erhöht sich der Bestand an Produktionsfaktoren, so ist klar, daß mehr von jedem Gut erzeugt werden kann: Die Transformationskurve verschiebt sich nach außen. Zu einer solchen Verschiebung kann es z. B. dadurch kommen, daß die Volkswirtschaft mit der Zeit ihren Bestand an Kapitalgütern erhöht. Eine andere Möglichkeit, die Transformationskurve nach außen zu verschieben, stellt der technische Fortschritt dar, der, einfach ausgedrückt, die Qualität der Produktionsfaktoren verbessert.

Produktionsfaktoren können unterbeschäftigt sein

Es ist keine Selbstverständlichkeit, daß der Produktion der Volkswirtschaft ein Punkt auf der Transformationskurve entspricht. Werden nicht alle Produktionsfaktoren beschäftigt (z. B. infolge Arbeitslosigkeit), so verzichtet die Volkswirtschaft auf einen Teil ihrer Produktionsmöglichkeiten. Es besteht **Unterbeschäftigung** eines oder mehrerer Produktionsfaktoren. (Vgl. Abb. 1.3, Punkt B, der eine Gütermengenkombination darstellt, bei der ungefähr 330 Maschinen und 135 t Nahrungsmittel erstellt werden, während z. B. ca. 330 Maschinen und 580 t Nahrungsmittel bzw. 135 t Nahrungsmittel und 480 Maschinen erstellt werden könnten).

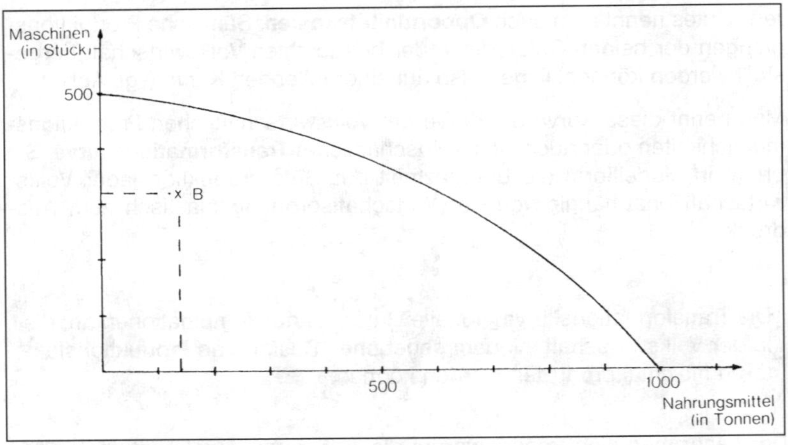

Abb. 1.3: Unterbeschäftigung eines oder mehrerer Produktionsfaktoren

1.3 Knappheit

Wir haben bisher die Bedürfnisse und die Produktionsmöglichkeiten betrachtet. Wie wir festgestellt haben, sind die Produktionsmöglichkeiten einer Volkswirtschaft zu einem gegebenen Zeitpunkt begrenzt. Wie aber sieht es mit dem Wunsch aus, Güter zur Befriedigung der Bedürfnisse zu erhalten? Es ist schwierig, die Bedürfnisse einer Volkswirtschaft mengenmäßig zu erfassen. Man wird u. E. aber davon ausgehen können, daß sich bei vollständiger Erfüllung sämtlicher Bedürfnisse Gütermengenkombinationen ergeben, die außerhalb der Transformationskurve der Volkswirtschaft liegen (vgl. Punkt A in Abb. 1.4).

Güter sind knapp

Das aber bedeutet, daß die Güter, gemessen an den Bedürfnissen, knapp sind.

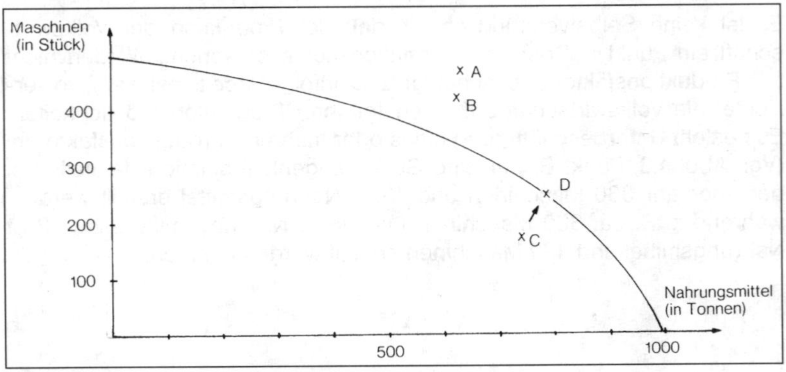

Abb. 1.4: Bedürfnisse und Produktionsmöglichkeiten

Gelegentlich wird behauptet, daß die Knappheit nur künstlich sei, weil eine Vielzahl von Bedürfnissen durch Werbung erst geschaffen würde und zugleich die Produktionsmöglichkeiten aufgrund von Mängeln des Wirtschaftssystems nicht voll ausgenützt würden. Nach dieser Anschauung kann also das behauptete Spannungsverhältnis zwischen den Bedürfnissen und den Mitteln zu ihrer Befriedigung beseitigt werden, indem man die Bedürfnisse auf ihr „natürliches Maß" reduziert und die Produktionsmöglichkeiten der Volkswirtschaft voll ausnutzt.

Ist die Knappheit überwindbar?

Wie ist diese Position zu beurteilen? Wie schon ausgeführt, gibt es in der Bundesrepublik sicherlich Bedürfnisse, deren Berechtigung individuell in Frage gestellt werden kann. Außerdem kann bei der derzeit bestehenden Unterbeschäftigung der Produktionsfaktoren die Produktion ausgedehnt werden. Es ist jedoch ausgeschlossen, daß durch eine Einschränkung der Bedürfnisse (die mit unseren Vorstellungen von Freiheit vereinbar ist) und/oder durch eine bessere Ausnutzung der Produktionsmöglichkeiten die Knappheit in absehbarer Zukunft beseitigt werden kann. (Auf Abbildung 1.4 bezogen bedeutet diese Argumentation: In bezug auf die Bedürfnisse kann man sich möglicherweise vom Punkt A z.B. zum Punkt B bewegen, nicht aber die Produktionsmöglichkeitskurve erreichen; bezüglich der Produktionsmöglichkeiten erscheint es annähernd möglich, vom Punkt C z.B. zum Punkt D zu gelangen, nicht aber zum Punkt A oder B.)

Diese Auffassung von einer echten Knappheit wird belegt durch die Fülle der ungelösten Aufgaben, die sowohl in industrialisierten als auch vor allem in nicht industrialisierten Volkswirtschaften bestehen. Neben einem Aufklärungsprozeß zur Beseitigung oder Einschränkung bestimmter Bedürfnisse bleibt also nur die Möglichkeit, die Knappheit so gering wie möglich zu halten, indem man die Produktionsmöglichkeiten durch das Wachstum der Volkswirtschaft zu erweitern sucht. Dabei ist zu beachten, daß in der Regel mit zunehmenden Produktionsmöglichkeiten – d.h. ja auch mit zunehmender Kenntnis überhaupt produzierbarer Güter – im allgemeinen auch die Bedürfnisse steigen.

Knappheit ist im Kern kein systemabhängiges Problem

1.4 Arbeitsteilung

Vor einigen Jahrhunderten spielte sich das Wirtschaftsleben in wesentlich einfacheren Formen ab als heute. Die meisten privaten Haushalte waren mit den Stätten der Produktion eng verbunden (Selbstversorgungswirtschaft, vor allem in der Landwirtschaft). Erst langsam entwickelte sich die **Tauschwirtschaft,** in der man weitgehend nicht mehr für den eigenen Bedarf, sondern für andere Wirtschaftssubjekte, sei es auf Bestellung, sei es für einen „anonymen Markt", produzierte.

Die Entwicklung der Tauschwirtschaft und die Ausdehnung der Märkte war verknüpft mit einer zunehmenden **Arbeitsteilung** zwischen Menschen, Betrieben und Volkswirtschaften. Die Vorteilhaftigkeit der Arbeitsteilung wird besonders anschaulich im berühmten Stecknadelbeispiel von ADAM SMITH (1723–1790, Begründer der Volkswirtschaftslehre) dargestellt:

Stecknadelbeispiel von ADAM SMITH

> „Der eine Arbeiter zieht den Draht, ein anderer streckt ihn, ein dritter schneidet ihn ab, ein vierter spitzt ihn zu, ein fünfter schleift ihn am oberen Ende, damit der Kopf angesetzt werden kann. Die Anfertigung des Kopfes macht wiederum zwei oder drei verschiedene Tätigkeiten erforderlich: das Ansetzen desselben ist eine Arbeit für sich, das Weißglühen der Nadeln ebenso, ja sogar das Einwickeln der Nadeln in Papier bildet eine selbständige Arbeit. Auf diese Weise zerfällt die schwierige Aufgabe, eine Stecknadel herzustellen, in etwa achtzehn verschiedene Teilarbeiten, die in manchen Fabriken alle von verschiedenen Händen ausgeführt werden, während in anderen zuweilen zwei oder drei derselben von einem Arbeiter allein besorgt werden. Ich habe eine kleine Manufaktur dieser Art gesehen, in der nur zehn Mann beschäftigt waren und folglich einige zwei oder drei verschiedene Arbeiten zu übernehmen hatten. Obgleich sie nur sehr arm und infolgedessen mit den nötigen Maschinen nur ungenügend versehen waren, so konnten sie doch, wenn sie sich tüchtig daranhielten, an einem Tage zusammen etwa zwölf Pfund Stecknadeln anfertigen. Ein Pfund enthält über viertausend Nadeln mittlerer Größe. Diese zehn Arbeiter konnten demnach täglich über achtundvierzigtausend Nadeln herstellen. Da nun auf jeden der zehnte Teil von achtundvierzigtausend Nadeln entfällt, so kann man auch sagen, daß jeder täglich viertausendachthundert Nadeln herstellte. Hätten sie dagegen alle einzeln und unabhängig voneinander gearbeitet und wäre niemand besonders angelernt gewesen, so hätte gewiß keiner zwanzig, vielleicht sogar nicht einmal einer eine Nadel täglich anfertigen können, d. h. sicher nicht den zweihundertvierzigsten, vielleicht nicht einmal den viertausendachthundertsten Teil von dem, was sie jetzt infolge einer entsprechenden Teilung und Vereinigung der verschiedenen Arbeitsvorgänge zu leisten imstande sind."
>
> (SMITH, ADAM, Eine Untersuchung über Natur und Wesen des Volkswohlstandes, S. 5 ff. Dieses „klassische" Buch ist einer der größten Erfolge der wirtschaftswissenschaftlichen Weltliteratur.)

Aus dem Stecknadelbeispiel läßt sich der Begriff der Arbeitsteilung ableiten. Man versteht darunter die Zerlegung der Produktion in Teilverrichtungen, die von spezialisierten Arbeitern oder Betrieben durchgeführt werden. Vollzieht sich die Spezialisierung innerhalb eines Betriebes, so spricht man von **innerbetrieblicher** Arbeitsteilung, vollzieht sie sich zwischen Betrieben, so spricht man von **zwischenbetrieblicher** Arbeitsteilung. Gehören die Betriebe dabei zu unterschiedlichen Volkswirtschaften, so liegt internationale Arbeitsteilung vor.

Die Vorteile der Arbeitsteilung liegen auf der Hand:

Vor- und Nachteile der Arbeitsteilung

- Die Spezialisierung auf einige wenige Tätigkeiten erhöht die Schnelligkeit, mit der diese Tätigkeiten ausgeführt werden können;
- Arbeitsteilung ermöglicht den Einsatz spezialisierter Maschinen und damit kostengünstige Massenproduktion;
- Menschen mit den unterschiedlichsten Fertigkeiten können so im Produktionsprozeß eingesetzt werden, daß ihre speziellen Fertigkeiten am besten ausgeschöpft werden.

Es darf aber nicht übersehen werden, daß mit der Arbeitsteilung auch einige Nachteile verbunden sind:

- Die Arbeit wird fremdbestimmt, d. h. man produziert nicht mehr das, was man konsumiert, und konsumiert nicht mehr das, was man produziert. Dies begründet die Notwendigkeit von Hierarchien und die Schaffung von Leistungsanreizen.
- Arbeitsteilung zwingt zu einer straffen Arbeitsdisziplin.
- Arbeitsteilung schafft Abhängigkeiten der Menschen, Betriebe usw. voneinander, die in Krisenzeiten zu Versorgungsproblemen führen können.
- Sofern die Art und Menge der Nachfrage im voraus nicht mit Sicherheit bekannt ist, kann es zu Über- und Unterproduktion kommen.
- Da nur noch Teile gefertigt werden, geht die Beziehung zum Arbeitsprodukt verloren.
- Mit der Fließbandfertigung können auch negative psychologische Rückwirkungen verbunden sein. Einseitige Beanspruchung des Beschäftigten und vorgegebenes Arbeitstempo vermindern oft die Arbeitslust.

Problem der Abstimmung der Produktionspläne untereinander und auf die Bedürfnisse der Konsumenten

Je weiter die Arbeitsteilung entwickelt ist, desto größer wird die Notwendigkeit, die verschiedenen Produktionsvorgänge aufeinander und auf die Wünsche der Verbraucher abzustimmen. Aufeinander abstimmen heißt z. B., daß die Stahlindustrie die Bleche im benötigten Umfang für die Automobilproduktion bereitstellt. Auf die Wünsche der Verbraucher abstellen heißt: Güter zu produzieren, die vom Verbraucher benötigt werden, bzw. Güter, die nicht benötigt werden, nicht zu produzieren. Da alle entwickelten Volkswirtschaften hochgradig arbeitsteilig produzieren, ist es also ein Problem jeder Wirtschaftsordnung, die Pläne der Produzenten aufeinander und auf die Wünsche der Verbraucher abzustimmen. Es bestehen unterschiedliche Vorstellungen darüber, wie dieses **Koordinationsproblem** am besten gelöst werden kann. Dies ist ein wesentlicher Aspekt eines Wirtschaftssystems, dessen Behandlung wir uns jetzt zuwenden wollen.

2. Systemabhängige Grundtatbestände der Wirtschaft

Wie gezeigt, ergibt sich aus der Tatsache der hochgradig arbeitsteiligen Produktion die Notwendigkeit, eine Wirtschaftsordnung zu konzipieren, die insbesondere das Problem der sinnvollen Abstimmung der Wirtschaftspläne (Koordination) löst. Soll ein ungeordnetes Nebeneinander einzelwirtschaftlicher Tätigkeiten vermieden werden, so sind Regeln, Normen und Institutionen erforderlich. Bevor wir uns diesem Problem näher zuwenden, sind zunächst einige Begriffe zu klären.

2.1 Wirtschaftsordnung, Wirtschaftsverfassung, Wirtschaftssystem

Die Begriffe Wirtschaftsordnung, Wirtschaftsverfassung und Wirtschaftssystem werden in der Literatur unterschiedlich verwendet. Wir wollen hier folgende Sprachregelung treffen:

Die Wirtschaftsordnung wird durch den organisatorischen Aufbau und Ablauf einer Volkswirtschaft bestimmt

Als **Wirtschaftsordnung** bezeichnen wir den gesamten organisatorischen Aufbau und Ablauf einer Volkswirtschaft. Da diese Organisationsstruktur in einer hochgradig arbeitsteiligen Volkswirtschaft sehr kompliziert ist und viele Elemente umfaßt, ist eine genauere inhaltliche Bestimmung des Begriffs Wirtschaftsordnung komplex. Trotzdem wird eine solche Konkretisierung häufig vorgenommen, indem man die Wirtschaftsordnung definiert als die

Gesamtheit der

- rechtlichen Vorschriften,
- Koordinationsmechanismen,
- Zielsetzungen, Verhaltensweisen und
- Institutionen,

die den Aufbau und Ablauf einer Volkswirtschaft bestimmen.

Dabei gehören zu den Institutionen sowohl die für die Wirtschaftspolitik des Staates (Bund, Länder und Gemeinden) verantwortlichen Parlamente, Ministerien, Ausschüsse als auch z. B. die Bundesbank, das Bundeskartellamt, Gewerkschaften und Arbeitgeberverbände. Zu den Zielen gehören die einzelwirtschaftlichen Zielsetzungen der Unternehmungen (z. B. höchstmöglicher Gewinn) und Verbraucher (z. B. größtmögliche Bedürfnisbefriedigung) ebenso wie gesamtwirtschaftliche Ziele (z. B. Vollbeschäftigung und Preisstabilität). Das Verhalten von Wirtschaftseinheiten, etwa bei Tarifverhandlungen, im Arbeitsprozeß, bei Entscheidungen über Arbeitsplatzbesetzung und -gestaltung, ist entscheidend geprägt durch ihre Interessenlage und Machtposition. Ergänzend kommen mit unterschiedlichem Gewicht religiöse und weltanschauliche Bestimmungsfaktoren hinzu.

Bei dem Koordinationsmechanismus – der noch eingehend dargestellt wird – geht es um das schon angesprochene Problem, wie die Vielzahl von Wirtschaftsplänen aufeinander abgestimmt wird. Zentrale und dezentrale Planung sind die Pole, an denen sich konkrete Koordinationsmechanismen orientieren.

Die rechtlichen Vorschriften einer Volkswirtschaft, die in den wirtschaftlichen Bereich eingreifen, beeinflussen oder bestimmen die bisher angesprochenen Elemente der Wirtschaftsordnung. Die Gesamtheit der in einer Volkswirtschaft bedeutsamen wirtschaftsrechtlichen Vorschriften nennt man auch **Wirtschaftsverfassung.** Zu beachten ist, daß zur Wirtschaftsverfassung keineswegs nur die in den Verfassungen von Bund und Ländern verankerten Vorschriften gehören, sondern auch wirtschaftlich bedeutsame Bundes- und Landesgesetze (z. B. das Aktiengesetz, das Gesetz gegen Wettbewerbsbeschränkungen, die Steuergesetze, das Bundesbankgesetz) sowie das Tarifvertragsrecht.

Die Wirtschaftsverfassung ist die Gesamtheit der für die Wirtschaftsordnung bedeutsamen rechtlichen Vorschriften

Der Bereich der Wirtschaftspolitik, der sich mit der Gestaltung der Wirtschaftsordnung beschäftigt, heißt **Wirtschaftsordnungspolitik.**

Im Gegensatz zur Wirtschaftsordnung, die sich auf die konkrete Ausgestaltung des Wirtschaftsgeschehens einer Volkswirtschaft bezieht, bezeichnet das Wirtschaftssystem eine gedankliche Ordnung der Wirtschaft (Ordnungsmodell). Gedanklich werden die wichtigsten Elemente (z. B. Koordinationsmechanismus und Eigentumsordnung) einer Wirtschaftsordnung herausgearbeitet und untersucht.

Ein Wirtschaftssystem ist ein Ordnungsmodell

2.2 Bausteine von Wirtschaftssystemen

Zur vollständigen Beschreibung eines Wirtschaftssystems müßten sämtliche Bausteine herangezogen werden.

Zwei der Bausteine spielen indes in der Diskussion eine besondere Rolle:

- der Koordinationsmechanismus und
- die Eigentumsordnung für Produktionsmittel.

Es ist fraglich, ob diese beiden Elemente eines Wirtschaftssystems voneinander unabhängig sind: Funktioniert die Marktkoordination bei Privateigentum genauso wie bei gesellschaftlichem Eigentum an Produktionsmitteln? Wahrscheinlich nicht! Trotzdem wollen wir idealtypisch eine solche Unabhängigkeit unterstellen.

2.2.1 Der Koordinationsmechanismus

In jedem Wirtschaftssystem stellen sich infolge der Knappheit der Güter drei zentrale Fragen:

Was soll produziert werden?
(Welche Güterarten sollen in welchen Mengen hergestellt werden, und wer entscheidet darüber: die Konsumenten, die Produzenten oder der Staat?)

Wie soll produziert werden?
(Welche Produktionsfaktoren sollen in der Produktion in welchen Mengen eingesetzt werden; wo soll produziert werden; wer entscheidet darüber: die Produzenten oder der Staat?)

Für wen soll produziert werden?
(Wer erhält was und wieviel vom Produktionsergebnis; wieviel soll konsumiert bzw. investiert werden, und wer entscheidet darüber: die Konsumenten, die Produzenten oder der Staat?)

Koordinationsmechanismus: Wie werden die Fragen des „Was", „Wie" und „Für wen" der Produktion gelöst?

Wie diese Fragen bezüglich der Allokation der Ressourcen und der Verteilung der Güter beantwortet werden, entscheidet der zugrunde gelegte Koordinierungsmechanismus. Man unterscheidet die

- Koordinationsform der dezentralen Planung und die
- Koordinationsform der zentralen Planung.

Bei der **dezentralen Planung** entscheiden Millionen von Unternehmen und Haushalten – gesteuert durch den Preis- und Gewinnmechanismus (Marktmechanismus) –, was, wie und für wen produziert wird. Man spricht daher von einer **Marktwirtschaft.** Bei **zentraler Planung** übernimmt diese Entscheidungen eine zentrale staatliche Instanz. Man spricht hier von einer **zentralen Verwaltungswirtschaft.**

2.2.2 Die Eigentumsordnung für Produktionsmittel

Als weiteres entscheidendes Bauelement eines Wirtschaftssystems wird die Eigentumsordnung für Produktionsmittel (des „Kapitals") angesehen. Eigentum an Produktionsmitteln kann grundsätzlich zwei Formen annehmen:

- Privateigentum und
- Gemeineigentum (Gesellschafts-, Volks- oder Staatseigentum).

Kapitalistisches und Sozialistisches Wirtschaftssystem

Eine Gesellschaft, in der die Produktionsmittel Privaten gehören, bezeichnet man als **kapitalistisches** Wirtschaftssystem. Eine Gesellschaft, in der die Produktionsmittel Gemeineigentum sind, nennt man ein **sozialistisches** Wirtschaftssystem. Hervorzuheben ist, daß die Begriffe „kapitalistisch" und „sozialistisch" hier ohne jede Wertung als Fachbegriffe nur für die bestehende Eigentumsordnung verwendet werden.

2.3 Wirtschaftssysteme

Aus der Kombination der beiden Bauelemente ergibt sich folgende Einteilung der Wirtschaftssysteme:

Eigentumsordnung → / ↓ Koordinationsprinzip	Privateigentum an Produktionsmitteln	Gemeineigentum an Produktionsmitteln
Dezentrale Planung	Kapitalistische Marktwirtschaft	Sozialistische Marktwirtschaft
Zentrale Planung	Kapitalistische Zentralverwaltungswirtschaft	Sozialistische Zentralverwaltungswirtschaft

Es sei betont, daß diese Aufstellung Modellcharakter hat. Die in der Wirklichkeit zu beobachtenden Wirtschaftsordnungen stellen Mischformen dar, bei denen das Koordinationsproblem überwiegend marktwirtschaftlich oder überwiegend dirigistisch gelöst ist und die Eigentumsordnung überwiegend kapitalistisch oder sozialistisch ist. Das Modell der „sozialistischen Marktwirtschaft“ war z.B. in Ansätzen in Ungarn und Jugoslawien verwirklicht. Außerdem sind die Eigentumsordnung und der Koordinierungsmechanismus nur zwei, wenn auch besonders wichtige, Systemelemente einer Volkswirtschaft. Daneben sind, wie ausgeführt, andere Bausteine, wie die Organisation der Märkte, die Ziele, Mittel und Träger der Wirtschaftspolitik, der Grad der Mitbestimmung, die Bedeutung genossenschaftlichen Eigentums u.a., für die Beschreibung eines konkreten Wirtschaftssystems von Bedeutung. Von daher ist eine sich auf Berücksichtigung der Systemelemente Eigentumsordnung und Koordinierungsmechanismus beschränkende Benennung der Wirtschaftssysteme problematisch.

Im folgenden 2. Kapitel werden wir die Funktionsweise der kapitalistischen Marktwirtschaft und im 3. Kapitel die Funktionsweise der sozialistischen Zentralverwaltungswirtschaft näher erörtern. Zur terminologischen Vereinfachung sprechen wir im folgenden gelegentlich einfach von Marktwirtschaft und Zentralverwaltungswirtschaft.

C. Arbeitsaufgaben

1. *Definieren Sie folgende Begriffe:*
   - Produktion,
   - Güter,
   - Knappheit,
   - Arbeitsteilung,
   - Kapital,
   - Investitionen.
2. *Diskutieren Sie die Wechselbeziehung zwischen Bedürfnissen und Produktion anhand von Beispielen. Welche Rolle spielt die Werbung in diesem Zusammenhang?*
3. *Warum kann man Bedürfnisse nicht objektiv gesamtgesellschaftlich bewerten?*
4. *Warum führt Arbeitsteilung zur Notwendigkeit von Leistungsanreizen und Hierarchien?*
5. *Diskutieren Sie Vor- und Nachteile der Arbeitsteilung.*
6. *Grenzen Sie die Begriffe Wirtschaftsordnung, Wirtschaftsverfassung und Wirtschaftssystem gegeneinander ab.*
7. *In einer Volkswirtschaft kann bei Einsatz sämtlicher Produktionsfaktoren eine Produktion von 5 000 Einheiten Investitionsgütern und 20 000 Einheiten Konsumgütern erstellt werden. Stellen Sie das Wahlproblem dieser Volkswirtschaft mit Hilfe der volkswirtschaftlichen Transformationskurve dar.*
8. *Illustrieren Sie das Knappheitsproblem mit Hilfe der Transformationskurve.*
9. *„Die angebliche Knappheit in kapitalistischen Volkswirtschaften verschwindet mit der Beseitigung der Bedürfnismanipulation und der künstlichen Schranken der Produktion." Nehmen Sie Stellung zu diesem Satz.*
10. *Nennen und erläutern Sie die zentralen Fragen, die der Koordinierungsmechanismus einer Volkswirtschaft beantworten muß.*

Lösungsvorschläge für die Arbeitsaufgaben im „Übungsbuch zu Grundlagen und Probleme der Volkswirtschaft".

D. Literatur

Die Grundbegriffe des ersten Kapitels werden in zahlreichen einführenden Werken zur Volkswirtschaftslehre erklärt. Wir empfehlen insbesondere

ALTMANN, Jörn, Volkswirtschaftslehre, 5. Auflage, Stuttgart 1992

SIEBERT, Horst, Einführung in die Volkswirtschaftslehre, 10. Auflage, Stuttgart u. a. 1991, 1. Kapitel

STOBBE, Alfred, Volkswirtschaftliches Rechnungswesen, 8. revidierte Auflage, Berlin u. a. 1994, 1. Kapitel

WOLL, Artur, Allgemeine Volkswirtschaftslehre, 11. Auflage, München 1993, 2. Kapitel.

Speziell zum Themenkreis „Bedürfnisse" siehe

MAY, Hermann, Die menschlichen Bedürfnisse, In: MAY; H., (Hrsg.), Handbuch zur ökonomischen Bildung, München 1992, Kapitel 1.1

sowie das Standardwerk von

KROEBER-RIEL, Werner, Konsumentenverhalten, 5. Auflage, München 1992.

Zum Themenkreis „Wirtschaftsordnung, Wirtschaftsverfassung und Wirtschaftssystem" informieren kurz

LAMPERT, Heinz, Die Wirtschaftsordnung. Begriff, Funktionen und typologische Merkmale, in: Wirtschaftswissenschaftliches Studium (WiSt), 2. Jg. (1973), S. 393-399 und

THIEME, H. Jörg, Wirtschaftssysteme, in: Vahlens Kompendium der Wirtschaftstheorie und Wirtschaftspolitik, Band 1, 5. Auflage, München 1992, S. 1-49.

2. Kapitel
Funktionsweise der Marktwirtschaft (Überblick)

A. Lernzielorientierte Leitfragen und Fragenkomplexe

Leitfrage:
Wie arbeitet im Modell die Marktwirtschaft, und wo liegen prinzipiell die Vorzüge von marktwirtschaftlicher Koordination und Privateigentum an Produktionsmitteln?

- *In welcher Beziehung stehen der klassische Liberalismus und die Marktwirtschaft?*
- *Welches sind die Grundprinzipien dieses Wirtschaftssystems?*
- *Wie sieht der einfache Wirtschaftskreislauf in einer Marktwirtschaft aus?*
- *Wie werden die Fragen des „Was", „Wie" und „Für Wen" der Produktion im marktwirtschaftlichen Modell gelöst?*
- *Welche ökonomischen Funktionen hat das Privateigentum an Produktionsmitteln?*

Leitfrage:
Wo liegen mögliche Nachteile des Marktmechanismus, und welche Abweichungen zwischen Marktmodell und Wirklichkeit sind zu beobachten?

- *Inwiefern hat der Preismechanismus eine unsoziale Zuteilungsfunktion?*
- *Warum besteht eine Tendenz zu einer ungleichen Einkommens- und Vermögensverteilung?*
- *Warum muß der Staat die Produktion bestimmter Güter übernehmen?*
- *Welche Ursachen und Konsequenzen hat das Auseinanderfallen von privaten und sozialen Kosten und Erträgen?*
- *Besteht eine automatische Tendenz zur Vollbeschäftigung und Effizienz der Produktionsfaktoren?*

Leitfrage:
Wie grenzt sich die Soziale Martwirtschaft vom klassischen marktwirtschaftlich-kapitalistischen System ab?

- *Welches sind die beiden Pole, auf die sich die Soziale Marktwirtschaft stützt?*
- *Wie stellt man sich den Wettbewerb in der Sozialen Marktwirtschaft vor?*

- *Warum und in welcher Form erfolgen Korrekturen des Marktergebnisses?*
- *Schreibt das Grundgesetz ein bestimmtes Wirtschaftssystem vor?*

B. Sachanalyse

1. Idee des klassischen Liberalismus

Die beherrschende Idee des klassischen Liberalismus war die Forderung nach individueller Selbständigkeit und Freiheit.

Ausgehend von der Annahme, daß jeder seine eigenen Interessen am besten kenne und verfolgen könne, sind die Vertreter des klassischen Liberalismus für freie Konsumwahl und freie Entscheidung beim Einsatz der Produktionsfaktoren eingetreten.

Grundgedanken der freien Marktwirtschaft

Der marktwirtschaftliche Wettbewerbsmechanismus (Marktmechanismus) erschien ihnen am besten geeignet, die Interessen der Produzenten mit denen der Konsumenten in Übereinstimmung zu bringen. Die Betonung des **Individualismus** kann durch die damalige Verbreitung des Naturrechts begründet werden, nach dem das Individuum als vernünftiges Wesen verstanden wird, das rational handelt und deshalb ein natürliches Recht auf Freiheit hat. Die Freiheit findet nach dieser Auffassung ihre beste wirtschaftliche Entsprechung in der Marktwirtschaft.

Konsumenten- und Produzentensouveränität

> „Die reine Marktwirtschaft ist auf dem Grundsatz der vollen Selbstverantwortung und wirtschaftlichen Handlungsfreiheit der Individuen aufgebaut. Hier gibt es eine Unzahl von selbständig wirtschaftenden Menschen, die alle trachten, ihre Bedürfnisse so weit als möglich zu befriedigen, und die alle wenigstens über ihre Arbeitskraft im Prinzip frei verfügen können, z. T. aber auch sachliche Produktionsmittel wie Kapital oder Grund und Boden besitzen, über die sie gleichfalls disponieren können. Der Staat greift keineswegs in das freie Spiel der Kräfte ein, der einzelne kann im Bereich der Wirtschaft tun und lassen, was er will, sofern er nicht mit dem Strafgesetz in Konflikt kommt. Jeder kann seine Arbeitskraft verwenden, wie es ihm beliebt, aber es bleibt ihm überlassen, die entsprechende Gelegenheit zu finden; wenn er Kapital besitzt, darf er es nach seinem Gutdünken anlegen; er darf eine Fabrik errichten, ein Kaufmannsgeschäft eröffnen, Ackerbau und Viehzucht betreiben usw.; er darf für Güter und Leistungen, die er anbietet, beliebige Preise fordern, vorausgesetzt, daß er zu diesen Preisen Abnehmer findet. Es herrscht völlige Freiheit des Konsums, jeder kann die Güter und Mengen verbrauchen, die er begehrt, natürlich soweit sein Einkommen dazu ausreicht.

Auf den ersten Blick scheint es wohl, daß es sich um eine geradezu chaotische Form der gesellschaftlichen Wirtschaft handelt. In Wahrheit gibt es jedoch einen Regulator: das sind der Markt und die sich auf ihm vollziehende ‚Preisbildung'". (A. MAHR, Der bewältigte Wohlstand, Probleme der modernen Industriegesellschaft, Berlin 1964, S. 13).

Dem Staat haben die Vertreter des klassischen Liberalismus dabei die Aufgabe zugedacht, für die Verwaltung, die Rechtsordnung, die innere und äußere Sicherheit, für das Verkehrswesen und das Bildungs- und Gesundheitswesen zu sorgen. Verschiedentlich wird die Meinung vertreten, die Klassiker (insbesondere die Engländer ADAM SMITH [1723–1790], DAVID RICARDO [1772–1823], JOHN STUART MILL [1806–1873] und der Franzose JEAN BAPTISTE SAY [1767–1832]) hätten dem Staat nur eine – gemessen an heutigen Vorstellungen – untergeordnete Rolle zugewiesen. Man spricht dann auch vom **Nachtwächterstaat.** Der obige – recht umfangreiche – Aufgabenkatalog rechtfertigt diese Bezeichnung jedoch nicht in vollem Umfang.

Aufgaben des Staates

2. Koordinierungsmechanismus Markt

Bevor wir den Koordinationsmechanismus „Markt" näher betrachten, wollen wir zunächst den Wirtschaftskreislauf modellhaft darstellen. Wir fassen sämtliche privaten Haushalte zu einer großen Gruppe Haushalte (man spricht auch vom **Sektor** Haushalte) zusammen. Ebenso verfahren wir mit den Unternehmen, die zusammengefaßt den Sektor Unternehmen bilden. In unserem einfachen Modell sehen wir von staatlicher wirtschaftlicher Tätigkeit und von außenwirtschaftlichen Beziehungen ab. Die beiden Sektoren Haushalte und Unternehmen sind auf zweierlei Weise miteinander ökonomisch verbunden. Wenn die privaten Haushalte Konsumgüter kaufen wollen, treten sie auf den Konsumgütermärkten als Nachfrager auf, wo die Unternehmen ihrerseits Konsumgüter anbieten. Da Käufe mit Geld bezahlt werden, fließt dem Strom der Konsumgüter von Unternehmen an die Haushalte ein wertgleicher Strom von Konsumausgaben (Geldstrom) entgegen. Zum anderen begegnen sich Haushalte und Unternehmen auf den Märkten für produktive Leistungen. Für die Produktion müssen die Unternehmen Produktionsfaktoren einsetzen, für deren Nutzung sie den Haushalten ein Geldeinkommen zahlen. Dem Strom der produktiven Leistungen (z. B. der Arbeitskraft) fließt auch hier ein Geldstrom entgegen.

Konsumgüter fließen von Unternehmungen an Haushalte; eine entsprechende Konsumausgabe fließt von den Haushalten an die Unternehmungen

Wie in Abb. 2.1 dargestellt, fließt also zwischen dem Sektor private Haushalte und dem Sektor private Unternehmen ein Güterstrom und entgegengesetzt ein Geldstrom. Man spricht daher in Anlehnung an den Blutkreislauf vom **Wirtschaftskreislauf.**

Produktivleistungen fließen von den Haushalten an die Unternehmungen; entsprechende Einkommen von den Unternehmungen an die Haushalte

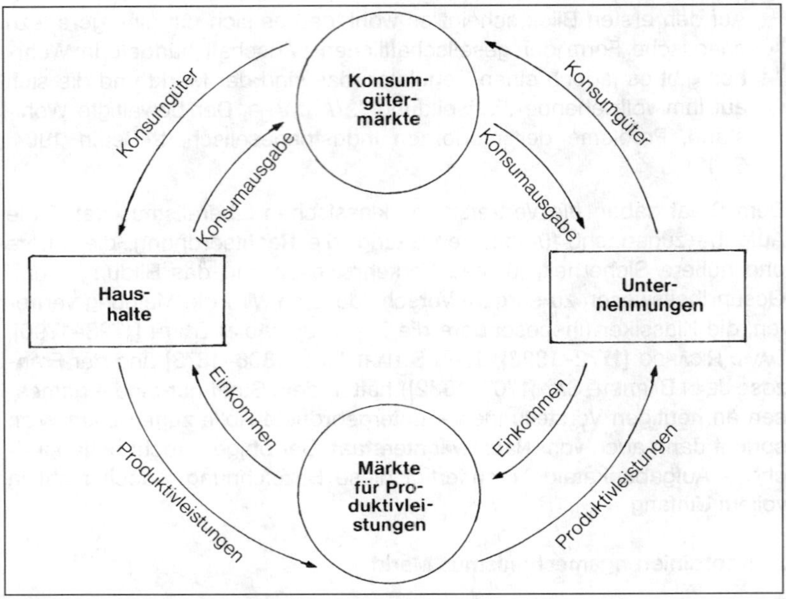

Abb. 2.1: Der einfache Wirtschaftskreislauf

Mit Hilfe des Wirtschaftskreislaufs und seiner Märkte soll die marktwirtschaftliche Lösung des Koordinationsproblems erläutert werden. Dabei sind einige Vorgriffe auf die Preisbildung, die wir im 6. Kapitel eingehend behandeln werden, notwendig. Zudem ist hervorzuheben, daß es sich bei den folgenden Erörterungen um eine reine Modellbetrachtung handelt. Erläutert wird, wie der Marktmechanismus in idealer Weise funktioniert. Beobachtbare Mängel marktwirtschaftlicher Systeme und die sich daraus ergebenden Einschränkungen für die folgenden Ausführungen werden unter Punkt 4 des Kapitels behandelt werden.

Wie wird in der Marktwirtschaft entschieden, welche Güter in welchen Mengen produziert werden? (Das **„Was“** der Produktion.)

Das „Was“ der Produktion

Auf den Konsumgütermärkten treffen Angebot und Nachfrage nach Gütern zusammen und bestimmen die Preise der Güter. Bei diesen „gleichgewichtigen“ Preisen sind Angebot und Nachfrage ausgeglichen, und die Unternehmen erzielen einen bestimmten Gewinn.

Angenommen, die Nachfrage nach einem Gut (z. B. nach Einfamilienhäusern) steigt, ohne daß sich zunächst die Produktionskosten wesentlich verändern. Die Folge wird sein, daß der Preis für dieses Gut steigt und der Gewinn in diesem Produktionszweig erhöht wird. Dies veranlaßt die Unternehmer, ihre Produktion des Gutes auszudehnen, und lockt neue Unternehmer auf den lukrativen Markt. D. h. aber zugleich, daß insbesondere mehr Arbeiter und Maschinen, Boden und Rohstoffe zur Produktion von Einfamilienhäusern gebraucht werden.

Was bedeuten diese Vorgänge für das **„Was“** der Produktion? Die gestiegene Nachfrage, die letztlich Käuferwünsche widerspiegelt, regt über den gestiegenen Preis und Gewinn die Produktion dieses Gutes an.

Die Nachfrager entscheiden also letztlich durch ihre Käufe („Stimmzettel“), was in der Volkswirtschaft in welchen Mengen produziert wird.

Man spricht deshalb auch von der **Konsumentensouveränität.** Mit der Entscheidung über die Menge der zu produzierenden Güter wird gleichzeitig entschieden, in welche Verwendungen die knappen Produktionsfaktoren der Volkswirtschaft fließen. Preise und Gewinne haben in diesem Prozeß die wichtige Aufgabe, dem Unternehmer zu signalisieren, welche Produktion die Konsumenten wünschen. Nur solche Unternehmer, die diese Signale beachten, können langfristig am Markt bleiben.

Das „Für Wen“ der Produktion

Wenden wir uns der Frage zu, **„Für Wen“** in der Marktwirtschaft produziert wird.

Güter kann nur kaufen, wer ein Einkommen erzielt. (Zur Vereinfachung wollen wir von Käufen aus Vermögen absehen.) Ein Einkommen erzielt nur, wer seine Arbeitskraft oder sonstige Produktivleistungen für Produktionsprozesse erfolgreich anbietet. Die Höhe des Einkommens ergibt sich dabei – abgesehen vom Gewinn, der sich als Restgröße ergibt (Umsatz – Kosten) – als mathematisches Produkt aus der Menge der verkauften Leistungen und ihrem Preis. Die Preise und die ge- bzw. verkauften Mengen der Produktivleistungen ergeben sich auf den sogenannten Faktormärkten, die Preise für die Arbeitskraft z. B. auf dem Arbeitsmarkt.

Die Angebots- und Nachfragesituation auf den Faktormärkten entscheidet also über die Höhe der Einkommen und damit über das „Für Wen“ der Produktion.

Das „Wie“ der Produktion

Wie, d. h. durch Einsatz welcher Produktionsfaktoren werden die produzierten Güter erzeugt?

Angenommen, der Faktor Arbeit ist aufgrund einer hohen Nachfrage nach Arbeit relativ (d. h. im Verhältnis zu anderen Produktionsfaktoren) teuer. Es leuchtet ein, daß die Unternehmer, die zum Zwecke der Gewinnerhöhung möglichst niedrige Kosten anstreben, in einem solchen Fall versuchen werden, möglichst wenig Arbeitskraft einzusetzen, Arbeitskraft also durch Kapital zu ersetzen.

Da sich der Preis des Faktors Arbeit (Lohn) und des Faktors Kapital (Zins) auf den Faktormärkten bildet, entscheidet – bei gegebenem Stand des technischen Wissens – die Preisbildung auf den Faktormärkten über das Einsatzverhältnis der Produktionsfaktoren und damit über das „Wie“ der Produktion.

Abschließend ist auf zwei wichtige Punkte hinzuweisen. (1) über die Fragen des „Was“, „Wie“ und „Für Wen“ der Produktion wird – was zum Teil schon anklang – nicht isoliert auf den Güter- bzw. Faktormärkten entschieden.

Die Vorgänge auf den Gütermärkten haben ebenso Rückwirkungen auf die Faktormärkte wie die Vorgänge auf den Faktormärkten auf die Gütermärkte.

Nachfrage nach Produktionsfaktoren ist eine abgeleitete Nachfrage

Wenn im obigen Beispiel der Preis eines Konsumgutes steigt und daraufhin die Produktion ausgedehnt wird, so nimmt in der Volkswirtschaft die Nachfrage nach Arbeitskräften für diese Branche zu. Die Nachfrage nach Arbeit ist also, wie die Nachfrage nach Produktivleistungen überhaupt, eine **abgeleitete Nachfrage.** Die Löhne steigen, und damit verändert sich die Kostensituation auf dem Gütermarkt, was nicht ohne Rückwirkungen auf die Produktionsentscheidungen bleibt: Einerseits lohnt es sich in dieser Branche tendenziell, Arbeit durch Kapital zu ersetzen, andererseits führen die gestiegenen Kosten im Marktmodell zu einer Abnahme der Produktion. Ferner ist zu berücksichtigen, daß die gestiegenen Löhne Einkommen darstellen und damit nachfragewirksam werden. Hier wird der wechselseitige Zusammenhang zwischen den Märkten einer Volkswirtschaft – die **generelle ökonomische Interdependenz** – sehr deutlich.

Tendenz zur Vollbeschäftigung

(2) Es ist hervorzuheben, daß im klassischen Modell der Marktmechanismus nicht nur die Funktion erfüllt, die Einzelinteressen mit dem Gesamtinteresse in Einklang zu bringen. Vielmehr wird auch davon ausgegangen, daß dem Marktmechanismus eine automatische Tendenz zur Vollbeschäftigung und bestmöglichen Ausnutzung der Produktionsfaktoren innewohnt.

3. Funktion des Privateigentums an Produktionsmitteln

Kern der Befürwortung des Privateigentums an Produktionsmitteln ist die Nutzbarmachung des Eigeninteresses für das Wohl der Gesamtwirtschaft (Leistungsanreiz).

Eigentumsrechte (property rights) sind Rechte in Form von Nutzungsrechten (Recht auf die Erträge) und Verfügungsrechten (Recht auf Erwerb, Verwendung und Übertragung). Eigentumsrechte definieren das Ausmaß der Zurechnung von Handlungsfolgen und sind damit ein optimales Instrument für Leistungsanreiz und Erfolgskontrolle. Wenn eine Zurechnung von Handlungsfolgen möglich ist, kann mit Eigeninitiative, Innovationsbereitschaft und positiven gesamtwirtschaftlichen Effekten gerechnet werden. Immer dann, wenn Eigentumsrechte nicht angemessen definiert und durchgesetzt werden können, führt privatopportunistisches Verhalten zu einer Fehlallokation der Ressourcen.

Wenn z. B. der Unternehmer das Privateigentum an Produktionsmitteln hat, also über den Einsatz der Produktionsmittel frei entscheiden und über erwirtschaftete Gewinne frei verfügen kann, ist nach dieser Ansicht die Gewähr dafür gegeben, daß der Unternehmer die Signale des Marktes, die die Käuferwünsche übermitteln, im eigenen Interesse beachtet. Denn beachtet er die Käuferwünsche, so erhöht er seinen Gewinn und damit sein Privateigentum, mißachtet er die Käuferwünsche, so macht er einen Verlust und vermindert sein Privateigentum (Privateigentum mit voller persönlicher Haftung).

Privateigentum soll: Im Zusammenhang mit persönlicher Haftung die Beachtung der Marktsignale sichern…

Der tragende Gedanke der Befürwortung des Privateigentums an Produktionsmitteln – der Eigeninitiative einen möglichst großen Freiraum zu schaffen – findet seinen Niederschlag auch in anderen liberalistischen Rechtsnormen. So verankern die allgemeine Vertragsfreiheit, die Gewerbe- und Niederlassungsfreiheit und andere Freiheitsrechte den Grundsatz, der Entfaltung der Privatinitiative keine unnötigen Hindernisse in den Weg zu legen.

…die Eigeninitiative fördern

Fassen wir die Grundgedanken der kapitalistischen Marktwirtschaft zusammen:

> Der Rahmen wird durch eine Wettbewerbswirtschaft gesetzt, in der die Unternehmen miteinander um die „Stimmzettel" der Verbraucher konkurrieren und sich bemühen, durch kostengünstige Produktion wettbewerbsfähig zu bleiben. Es besteht die Vorstellung, daß die täglich zu wiederholenden Wahlentscheidungen der Konsumenten – anders als in einem politischen System mit mehrjährigem Wahlturnus – den Unternehmen jeweils nur ein zeitlich eng begrenztes Mandat zur Verfügung über die knappen Produktionsfaktoren der Volkswirtschaft geben. Üben sie dieses Mandat nicht im Sinne der Konsumenten aus, wird ihnen die Verfügungsmacht durch den Markt wieder entzogen. Damit wird gleichzeitig sichergestellt, daß die Entfaltung des Eigeninteresses als treibende Kraft der Marktwirtschaft jederzeit so kanalisiert wird, daß es zu einer Übereinstimmung von Eigen- und Gesamtinteressen der Gesellschaft kommt. Zentrale Merkmale der Marktwirtschaft sind Effizienz – es wird so kostengünstig wie möglich das produziert, was die Konsumenten wünschen – und Freiheit in Form der Konsumenten- und Produzentensouveränität sowie der Arbeitnehmerfreiheit.

Zeitlich begrenztes Mandat des Unternehmens zur Verfügung über knappe Produktionsfaktoren

Übereinstimmung von Einzel- und Gesamtinteresse

Effizienz und Freiheit als zentrale Merkmale

4. Kritik am Markt

Um die Wohlfahrt der Wirtschaftssubjekte zu maximieren, müssen die Produktionsfaktoren der Volkswirtschaft so eingesetzt werden, daß ein Maximum an Gütern und Dienstleistungen gemäß den Präferenzen der Konsumenten produziert wird (optimale Allokation der Ressourcen). Diese optimale Allokation wird im Prinzip unter bestimmten Voraussetzungen – vor allem im Modell vollkommener Konkurrenz – in einem System mit Privateigentum und Wettbewerb gewährleistet. Es gibt aber eine Reihe von Ausnahmetatbeständen, bei denen der Markt nicht optimal funktioniert. Es sind dies die Existenz öffentlicher Güter, die Existenz externer Effekte und die mangelnde Transparenz für die Konsumenten. In diesen Fällen spricht man häufig von Marktversagen im engeren Sinne (Abschnitt 4.1). Daneben funktioniert der Markt nicht optimal, wenn der Wettbewerb beschränkt ist (Abschnitt 4.2) und wenn Konjunkturschwankungen zu Arbeitslosigkeit oder Inflation führen (Abschnitt 4.3). Ein ganz grundsätzliches Problem ist schließlich die Ungleichheit der Einkommens- und Vermögensverteilung als funktionale Notwendigkeit und als Resultat marktwirtschaftlicher Ordnungen (Abschnitt 4.4).

4.1 Marktversagen im engeren Sinne

(1) Öffentliche Güter

Ein Gut hat den Charakter eines reinen öffentlichen Gutes, wenn es ohne Rivalität von allen Nachfragern konsumiert werden kann (Nicht-Rivalität) und wenn ein Ausschluß vom Konsum nicht möglich ist (Nicht-Ausschluß). Dies steht im Gegensatz zu einem privaten Gut, wie z. B. Champagner, bei dem Nicht-Zahler von der Nutzung im Regelfall ausgeschlossen werden und der Konsum durch einen Konsumenten den Konsum durch einen anderen Konsumenten ausschließt.

Nicht-Rivalität im Konsum liegt dann vor, wenn ein Gut von vielen Personen gleichzeitig konsumiert werden kann, ohne daß der Konsum einer Person den Konsum anderer Personen beschränkt. Beispiele sind zahlreich zu finden, etwa die Nicht-Rivalität im Konsum der Güter Sicherheit, saubere Umwelt, Straßenbeleuchtung, Fernsehprogramme usw.

Nicht-Ausschluß (Versagen des Marktausschlußprinzips) liegt vor, wenn potentielle Konsumenten nicht von der Nutzung des Gutes ausgeschlossen werden können – auch dann nicht, wenn sie keinen (angemessenen) Beitrag zur Finanzierung der Produktion leisten (free-rider oder Trittbrettfahrer). Die Möglichkeit des Ausschlusses bzw. Nicht-Ausschlusses ist, viel mehr als bei der Nicht-Rivalität, eine Frage des Grades, nicht der Existenz. Dies liegt daran, daß die Anwendbarkeit des Ausschlußprinzips in der Regel eine Frage der Technik und der Kosten ist. So könnte man Nicht-Zahler von der Straßennutzung oder der Nutzung eines Leuchtturms oder der Nutzung eines Rundfunkprogramms ausschließen, aber dies ist in der Regel teuer.

Die Konsequenzen dieser Tatbestände sind zweierlei. Wenn Nicht-Rivalität im Konsum besteht, dann ist es nicht sinnvoll, Preise zu fordern und damit einen Konsumenten vom Konsum auszuschließen, denn dieser zusätzliche Konsument würde ja keine zusätzlichen gesellschaftlichen Ressourcen verbrauchen. In der Sprache der Theorie der Eigentumsrechte ausgedrückt, ist die Definition und Durchsetzung von Eigentumsrechten nicht effizient, sie würde unnötige volkswirtschaftliche Kosten verursachen. Andererseits wird gesehen, daß die Produktion eines solchen

Gutes auch Kosten verursacht und daß diese Kosten gedeckt werden müssen.

Hieraus resultiert ein Dilemma: Entweder finanzieren die privaten Konsumenten – sofern möglich – ihren privaten Konsum doch durch Preise, die die Nutzung durch andere dann ausschließen (z. B. Pay TV), oder ein Typ kollektiver Finanzierung durch alle bezahlt die Produktion, was dazu führt, daß der individuelle Finanzierungsbeitrag im allgemeinen nicht der individuellen Nutzung entspricht (z. B. bei der Gebührenfinanzierung des öffentlich-rechtlichen Rundfunks). Aus diesem Dilemma resultieren die volkswirtschaftlich nicht optimale Produktionsmenge, Produktionsstruktur und Zuteilung dieses Gütertyps. Man spricht von **Suboptimalität:** Es wird zu viel, zu wenig oder in falscher Zusammensetzung produziert.

Öffentliche Güter werden nicht gemäß den Präferenzen der Konsumenten produziert

Wenn Nicht-Ausschluß gegeben ist, dann können Preisforderungen nicht durchgesetzt werden. In der Sprache der Theorie der Eigentumsrechte können Eigentumsrechte also nicht definiert und durchgesetzt werden. Kein ökonomisch rational handelnder Konsument würde nämlich für ein Gut zahlen, von dessen Nutzung er nicht ausgeschlossen werden kann. Er könnte vielmehr als free-rider unentgeltlich in den Genuß solcher Güter kommen. Da Preisforderungen also nicht durchgesetzt werden können, wird auch kein privater Unternehmer bereit sein, ein solches öffentliches Gut zu produzieren. Gemessen an den ja durchaus vorhandenen Präferenzen der Konsumenten für ein solches Gut wird das Gut dann in zu geringem Umfang oder gar nicht produziert. Man spricht von **Unterproduktion;** das klassische Beispiel ist der Umweltschutz.

(2) Externe Effekte

Keine optimale Allokation bei externen Effekten

Externe Effekte sind die unmittelbaren Auswirkungen der ökonomischen Aktivitäten eines Wirtschaftssubjekts, die vom Verursacher nicht berücksichtigt werden und – im Gegensatz zu anderen ökonomischen Transaktionen – zwischen den Beteiligten keine Rechte auf Entgelt oder Kompensation begründen. Es sind also Wirkungen auf unbeteiligte Dritte (Drittwirkungen). Wenn es externe Effekte gibt, kann die Marktproduktion die optimale Allokation nicht gewährleisten, weil die Drittwirkungen ex definitione nicht in die privaten Kosten-Nutzen-Kalküle der Produzenten eingehen.

Die privaten Kosten und Erträge entsprechen somit nicht den sozialen (gesellschaftlichen) Kosten und Erträgen.

Typisches Beispiel ist eine Unternehmung, die ihre Abwässer und Abgase an die Umwelt abgibt, ohne für die Schädigung zu zahlen. Da niemand Privateigentum an Luft und Wasser besitzt, werden den Verursachern die entstandenen Schäden nicht in Rechnung gestellt. Entsprechende Überlegungen gelten für den privaten Konsumenten – man denke z. B. an die Luftverschmutzung durch Autoabgase.

(3) Mangelnde Transparenz für die Konsumenten

Ob der Wettbewerb eine vom Konsumenten gewünschte Qualität hervorbringt, hängt auch davon ab, ob Konsumenten die Qualität der Produkte erkennen und bewerten können. Hier gibt es erhebliche Mängel. Ganz generell besteht ein strukturelles Informationsgefälle zwischen Produzent und Konsument. Der Produzent kennt die Qualität seiner Produkte in der Regel ungleich besser als der Konsument und kann die Transparenz zudem durch Werbung beeinflussen. Und generell gibt es Güter, deren Qualität nur schwierig bestimmt werden kann. Dies gilt z. B. für die Qualität von Arzneimitteln, von Lebensmitteln allgemein oder für die Qualität „komplizierter" Produkte wie Bankkredite und Versicherungen.

4.2 Konzentration und Wettbewerbsbeschränkung

Ungleiche Machtverteilung

In der Marktwirtschaft besteht die Tendenz, Einkommen und Vermögen zu kumulieren (vgl. Abschnitt 4.4) und konzentriert anzulegen. Die Vermögensbesitzer können ihr Vermögen als Produktivvermögen anlegen und dadurch auf den Märkten als Produzenten eine Größe erreichen, die die nach dem Modell beabsichtigte Gleichgewichtigkeit von Anbietern und Nachfragern stört. Die Anbieter könnten Machtpositionen aufbauen, die sie in die Lage versetzen, sowohl Konkurrenten auszuschalten als auch überhöhte Preise zu verlangen. Kommt es so zu nicht mehr wettbewerbsgemäßen Preisen und Gewinnen, so verlieren die Preise graduell die Funktion, Knappheiten anzuzeigen. Gewinne verlieren graduell die Funktion als „Zuckerbrot und Peitsche" die Tüchtigkeit der Unternehmer zu belohnen und Trägheit zu bestrafen. Die Harmonie von Einzel- und Gesamtinteressen wird dann gestört, wenn ungleiche Machtverteilung ungleichen Einfluß auf den Wirtschaftsprozeß beinhaltet. Die Tendenz zur Einschränkung des Wettbewerbs wird noch verstärkt, wenn die Anbieter die im marktwirtschaftlichen System verankerte Vertragsfreiheit dazu mißbrauchen, durch Absprachen der Konkurrenz aus dem Weg zu gehen (z. B. durch Kartelle, vgl. Kap. 8)

Großunternehmen können für den technischen Fortschritt notwendig sein

Daneben gibt es einen ökonomischen Grund für die Bildung von konzentriertem Produktivvermögen. Der technische Fortschritt und die Vorteile der Massenproduktion bedingen oft die Bildung von Großunternehmen, so daß es in diesem Bereich u. U. gar nicht wünschenswert ist, die vom Modell vorausgesetzte Vielzahl kleiner Anbieter zu erreichen (vgl. Kapitel 7).

4.3 Schwankungen der wirtschaftlichen Aktivitäten

Wie die geschichtliche Entwicklung gezeigt hat, stürzt die Marktwirtschaft mehr oder weniger periodisch in Wirtschaftskrisen, die durch Erscheinungen wie Unternehmenszusammenbrüche (Konkurse), Arbeitslosigkeit, allgemeine wirtschaftliche Stagnation oder sogar wirtschaftlichen Rückgang gekennzeichnet sind (vgl. Kapitel 27).

Dies könnte als Indiz dafür gewertet werden, daß die im klassischen Modell behauptete automatische Tendenz zur **Vollbeschäftigung** in der Wirklichkeit nicht gegeben ist. Man müßte dann durch staatliche Beeinflussung des Wirtschaftsablaufs versuchen, die Schwankungen der wirtschaftlichen Aktivitäten (insbesondere der Beschäftigung und der Preise) möglichst gering zu halten. Dieser Standpunkt ist jedoch nicht unbestritten. Manche Ökonomen sind der Meinung, daß gerade die Beeinflussung der Wirtschaftsprozesse durch den Staat solche Schwankungen erst hervorruft (vgl. Kapitel 27).

Besteht eine automatische Tendenz zur Vollbeschäftigung?

Die in Marktwirtschaften häufig zu beobachtenden permanenten Preissteigerungen (Inflation, vgl. Kapitel 25) könnte man als Zeichen dafür ansehen, daß das marktwirtschaftliche System nicht automatisch zur **Preisstabilität** führt. Auch hier ist jedoch nicht sicher, inwieweit nicht Fehler in der vom Staat geregelten Geldversorgung zumindest mitverantwortlich sind.

Ist Inflation notwendige Begleiterscheinung?

4.4 Ungleiche Einkommens- und Vermögensverteilung

Ein zentraler Mangel des marktwirtschaftlichen Systems wird meist in der sich ergebenden ungleichen Einkommens- und Vermögensverteilung gesehen (vgl. Kapitel 26). Eine solche Tendenz zur Ungleichheit ist dem marktwirtschaftlichen System deshalb systemeigen, weil die Tatbestände, die letztlich zum Einkommens- und Vermögenserwerb auf der Grundlage des Leistungsprinzips führen, in der Bevölkerung ungleich verteilt sind. Man denke an Geschicklichkeit, Intelligenz, Vermögen, Ausdauer, Durchsetzungsvermögen. Diese Tendenz wird mit fortschreitender Zeit – sofern keine Korrekturen vorgenommen werden – verstärkt, weil die zunächst entstehenden Ungleichheiten sich selbst verstärken: Wer niedrige Einkommen verdient, kann weniger für seine Ausbildung tun und kein Vermögen bilden. Damit werden zwei der entscheidenden Bestimmungsgründe der Einkommenshöhe durch niedrige Einkommen selbst negativ beeinflußt. Zudem sind Einkommensunterschiede als Leistungsanreize und Steuerungsinstrumente in der Marktwirtschaft funktional notwendig.

Bei ungleicher Einkommens- und Vermögensverteilung wird schließlich deutlich, daß das grundlegende Steuerungsprinzip der Marktwirtschaft, der Preis, ein unsoziales Zuteilungsprinzip ist. Um dies mit einem extremen Beispiel zu demonstrieren: Es ist denkbar, daß – weil Milch knapp und teuer ist – wohl die Reichen Milch für ihre Katzen, nicht aber die Armen Milch für ihre Kinder kaufen können. Man kann die Allokationswirkung von Preisen nicht von der Verteilungswirkung trennen.

Preis als unsoziales Zuteilungsprinzip

5. Soziale Marktwirtschaft

Ausgehend von den erkannten Abweichungen der wirtschaftlichen Wirklichkeit vom Modell der klassischen liberalen Marktwirtschaft und den Mängeln eines rein marktwirtschaftlichen Systems sind eine Reihe von ordnungspolitischen Ergänzungs- und Verbesserungsvorschlägen gemacht und realisiert worden. Grundlegend für eigentlich alle Marktwirtschaften sind die staatliche Gewährleistung der Produktion öffentlicher Güter (z. B. Sicherheit, Rechtsordnung, Bildung...) und die staatliche Regulierung im Falle externer Effekte (z. B. Umweltpolitik) und bei mangelnder Transparenz (z. B. Bundesaufsicht über das Gesundheitswesen, Kontrolle von Lebensmitteln...). Daneben werden in unterschiedlicher Weise Konzeptionen zur Wettbewerbspolitik, zur Verteilungspolitik und zur Stabilisierungspolitik verwirklicht. Wegen ihrer Bedeutung für die Wirtschaftsordnung der Bundesrepublik Deutschland beschränken wir unsere Darstellung auf die Konzeption der **Sozialen Marktwirtschaft.**

5.1 Grundidee

„Die Soziale Marktwirtschaft wird von ihren Initiatoren als ‚Dritter Weg' angesehen, der zwischen der Scylla[1]) eines ungebändigten, bewußt gestalteter Ordnungsformen entbehrenden marktwirtschaftlichen Kapitalismus, wie er im 19. und frühen 20. Jahrhundert in den meisten westlichen Nationen vorherrschte, und der Charybdis totalitärer Verwaltungswirtschaften, wie Hitler und Stalin sie durchgesetzt hatten, hindurchführt zu einer freiheitlichen, wirtschaftlich leistungsfähigen, dauerhaften, sozialen und gerechten Ordnung von Gesellschaft und Wirtschaft. Die Soziale Marktwirtschaft zielt als eine wirtschaftspolitische Konzeption auf eine Synthese zwischen rechtsstaatlich gesicherter Freiheit, wirtschaftlicher Freiheit – die wegen der Unteilbarkeit der Freiheit als notwendiger Bestandteil einer freiheitlichen Ordnung überhaupt angesehen wird – und den sozialstaatlichen Idealen der sozialen Sicherheit und der sozialen Gerechtigkeit. Diese Zielkombination von Freiheit und Gerechtigkeit gibt der Begriff Soziale Marktwirtschaft wieder: Marktwirtschaft steht für wirtschaftliche Freiheit. Sie besteht in der Freiheit der Verbraucher, Güter nach beliebiger Wahl aus dem Sozialprodukt zu kaufen (Konsumfreiheit), in der Freiheit der Produktionsmitteleigentümer, ihre Arbeitskraft, ihr Geld, ihre Sachgüter und unternehmerischen Fähigkeiten nach eigener Wahl einzusetzen (Gewerbefreiheit, Freiheit der Berufs- und Arbeitsplatzwahl, Freiheit der Eigentumsnutzung), in der Freiheit der Unternehmer, Güter eigener Wahl zu produzieren und abzusetzen (Produktions- und Handelsfreiheit), und in der Freiheit jedes Käufers und Verkäufers von Gütern oder Leistungen, sich neben anderen um das gleiche Ziel zu bemühen (Wettbewerbsfreiheit). Ihre Grenzen finden diese Freiheitsrechte da, wo die Rechte Dritter, die verfassungsmäßige Ordnung oder das Sittengesetz verletzt werden (Art. 2 GG). Das Attribut ‚sozial' soll zum Ausdruck bringen:

Synthese von Freiheit und Gerechtigkeit als Ziel

1. daß die Marktwirtschaft allein wegen ihrer wirtschaftlichen Leistungsfähigkeit, wegen der Schaffung der wirtschaftlichen Voraus-

[1]) Zwischen Scylla und Charybdis: von zwei Übeln bedrängt, denen man kaum entrinnen kann.

setzungen eines ‚Wohlstands für alle' und wegen der Gewährung wirtschaftlicher Freiheitsrechte, die an den Rechten Dritter ihre Schranken finden, einen sozialen Charakter trägt,

2. daß die Marktfreiheit aus sozialen Gründen dort beschränkt werden soll, wo sie sozial unerwünschte Ergebnisse zeitigen würde, bzw. daß die Ergebnisse eines freien Wirtschaftsprozesses korrigiert werden sollen, wenn sie nach den Wertvorstellungen der Gesellschaft nicht sozial genug erscheinen."

H. LAMPERT, Die Wirtschafts- und Sozialordnung der Bundesrepublik Deutschland, 8. Auflage, München-Wien 1985, S. 86.

Daher kann nach MÜLLER-ARMACK der Begriff der Sozialen Marktwirtschaft

„als eine ordnungspolitische Idee definiert werden, deren Ziel es ist, auf der Basis der Wettbewerbswirtschaft die freie Initiative mit einem gerade durch die marktwirtschaftliche Leistung gesicherten sozialen Fortschritt zu verbinden. Auf der Grundlage einer marktwirtschaftlichen Ordnung kann ein vielgestaltiges und vollständiges System sozialen Schutzes errichtet werden."

A. MÜLLER-ARMACK, Soziale Marktwirtschaft. In: E. V. BECKERATH u. a. (Hrsg.), Handwörterbuch der Sozialwissenschaften (HdSW), Bd. 9, Stuttgart, Tübingen, Göttingen 1956, S. 390.

In der gesellschaftspolitischen Diskussion ist man sich nicht immer darüber einig, ob die derzeitige Ausgestaltung der Sozialen Marktwirtschaft in der Bundesrepublik Deutschland den Intentionen der Väter der Sozialen Marktwirtschaft (insbesondere LUDWIG ERHARD und ALFRED MÜLLER-ARMACK) entspricht. So haben Unternehmerverbände und Gewerkschaften, Regierungs- und Oppositionsparteien graduell durchaus unterschiedliche Vorstellungen von der anzustrebenden konkreten Ausgestaltung unserer Wirtschaftsordnung. Wir beschreiben daher im folgenden einige Grundzüge der Wirtschaftsordnung der Bundesrepublik Deutschland und verstehen diese als Prototyp der Sozialen Marktwirtschaft.

5.2 Wettbewerb als Aufgabe

Im Marktmodell ist das Prinzip des Wettbewerbs von entscheidender Bedeutung: Nur wenn Wettbewerb herrscht, werden über die Preise und Gewinne die Wirtschaftspläne so aufeinander abgestimmt, daß die Wirtschaft quasi automatisch dem bestmöglichen Zustand zustrebt. Und generell besteht die Einsicht, daß sich Wettbewerb nicht von selbst veranstaltet, sondern vor Beschränkungen geschützt werden muß (Wettbewerb als staatliche Aufgabe). Die Ordoliberalen wie WALTER EUCKEN und FRANZ BÖHM nehmen diesen Gedanken folgerichtig auf. Im Prinzip schwebt ihnen auf jedem Markt der Volkswirtschaft ein Wettbewerb zwischen sehr vielen Anbietern und sehr vielen Nachfragern vor, so daß jeder Anbieter oder Nachfrager nur einen winzigen Anteil des Gesamtangebotes bzw.

der Gesamtnachfrage auf dem Markt repräsentiert. Man spricht hier sehr plastisch von der **atomistischen bzw. vollkommenen Konkurrenz** (vgl. Kapitel 6). Sie ist ursprünglich das wettbewerbspolitische Leitbild der Wettbewerbsordnung der Bundesrepublik gewesen und hat noch eine Rolle bei der Konzeption des 1957 verabschiedeten „Gesetzes gegen Wettbewerbsbeschränkungen" (GWB) gespielt. Nachfolgend hat sich indes eine bedeutsame Veränderung in der Auffassung vom Wettbewerb entwickelt. Strebten die Ordoliberalen noch „atomistische Konkurrenz" auf den Märkten an, so zeigte sich doch sehr bald, daß im Zuge des technischen Fortschrittes und damit letztlich auch im Interesse des Konsumenten in manchen Bereichen der Volkswirtschaft große, leistungsfähige Betriebe mit Massenproduktion erforderlich sind. Schon von der Technik her kann es deshalb auf manchen Märkten nur sehr wenige Anbieter geben. Die Wettbewerbskonzeption des **„funktionsfähigen Wettbewerbs"** trägt dieser Entwicklung Rechnung. Nicht die Devise: „15 Anbieter sind besser als 14, 16 besser als 15 usw." gilt; entscheidend ist allein, daß das Marktergebnis befriedigend ist, d. h. daß sich bei steigender Produktivität, sinkenden Kosten und Preisen eine steigende Produktion und Qualitätsverbesserungen ergeben.

Funktionsfähiger Wettbewerb als Ziel der Wirtschaftsordnungspolitik

5.3 Umverteilung von Einkommen und Vermögen

Ausgehend von der sich ergebenden Ungleichheit der Einkommens- und Vermögensverteilung im Modell der reinen Marktwirtschaft haben die Initiatoren der Sozialen Marktwirtschaft die Notwendigkeit einer Umverteilung von Einkommen und Vermögen im Prinzip ebenso erkannt wie die Repräsentanten der Parteien und der Tarifpartner. So hieß es z. B. im Aktionsprogramm des Deutschen Gewerkschaftsbundes von 1971:

> „Der Anteil der Arbeitnehmer am Ertrag der Wirtschaft muß erhöht werden, der Lebensstandard ihrer Familien steigen ... Die Benachteiligung der Arbeitnehmer bei der Vermögensbildung ist zu beseitigen. Diesem Ziel müssen die Wirtschafts-, Finanz-, Steuer- und Sozialpolitik entsprechen. Die Gewerkschaften werden ihre tarifpolitischen Möglichkeiten zur besseren Vermögensbildung nutzen."

Notwendigkeit einer Umverteilung wird von den Gewerkschaften hervorgehoben, aber auch von den Arbeitgebern im Prinzip anerkannt

Und in der Erklärung zu gesellschaftspolitischen Grundsatzfragen „Fortschritt aus Idee und Leistung" der Bundesvereinigung der Deutschen Arbeitgeberverbände von 1975:

> „Die Arbeitgeber bejahen eine Verbesserung der Einkommenssituation der Arbeitnehmer im Rahmen der wirtschaftlichen Möglichkeiten, insbesondere über den Weg einer breiteren Vermögensstreuung, die zu einer gleichmäßigeren personellen Vermögens- und Einkommensverteilung führt".

Auf eine solche Umverteilung sind heute bestimmte Bereiche der staatlichen Einnahmen- und Ausgabenpolitik ansatzweise ebenso angelegt wie die Lohnpolitik der Gewerkschaften. Auf Instrumente zur Umverteilung, wie z.B. die Progression bestimmter Steuern (vgl. Kapitel 14) oder Sparprämien und die aktive (aggressive) Lohnpolitik der Gewerkschaften und Beteiligungsfonds (vgl. Kapitel 26), wird später eingegangen.

Gerade in Verbindung mit der ungleichen Einkommens- und Vermögensverteilung zeigt sich die ungerecht erscheinende Zuteilung der Güter durch den Preismechanismus, der die jeweils weniger kaufkräftigen Nachfrager nicht zum Zuge kommen läßt. Mithin gehört auch die unentgeltliche Bereitstellung bestimmter Güter wie Bildung, Gesundheit und Sicherheit durch den Staat prinzipiell zu den Umverteilungsmaßnahmen.

Die Einkommensverteilung ist auch regional und sektoral ungleichmäßig. So ergibt sich die Notwendigkeit, bestimmte Regionen der Bundesrepublik, wie z.B. die neuen Bundesländer oder die Westküste Schleswig-Holsteins, oder einzelne Sektoren der Volkswirtschaft, wie z.B. die Landwirtschaft und den Bergbau, durch spezielle staatliche Maßnahmen zu stützen (sog. regionale und sektorale Strukturpolitik).

Auf- und Ausbau des Systems der sozialen Sicherung

Der **soziale Aspekt** der Sozialen Marktwirtschaft kommt vor allem solchen Mitgliedern der Gesellschaft zugute, die kein eigenes Einkommen erzielen und durch staatliche Fürsorge unterstützt werden (z.B. Alte, Kranke, Behinderte, Arbeitslose). Eine solche Umverteilungspolitik wird in der Bundesrepublik Deutschland in breitem Umfang durch Zahlungen und Leistungen im System der **sozialen Sicherung** betrieben. Der Aufbau dieses Systems wurde 1883 von OTTO V. BISMARCK mit der Schaffung der Krankenversicherung für gewerbliche Arbeiter (1884: Unfallversicherung; 1889: Rentenversicherung) begonnen und seitdem ständig weiter ausgebaut (1927: Arbeitslosenversicherung; 1938: Altersversicherung für das Handwerk; 1957: Altershilfe für Landwirte; 1960: Wohngeld usw.). Dabei gilt als Prinzip, nicht nur das Existenzminimum derjenigen zu sichern, die am Leistungswettbewerb nicht, noch nicht oder nicht mehr teilnehmen können, sondern ihnen auch eine **Teilhabe am wirtschaftlichen Fortschritt** der Volkswirtschaft zu gewähren. Aus diesem Grund ist die Höhe der Rentenzahlungen an die Entwicklung der Löhne und Gehälter der Volkswirtschaft gekoppelt (Prinzip der „dynamischen" Rente).

5.4 Stabilisierung der Konjunktur

Konjunkturzyklen kennzeichnen die Entwicklung von Marktwirtschaften

Bis Mitte der 60er Jahre praktisch nur ordnungspolitische Maßnahmen in der Bundesrepublik

Die geschichtliche Erfahrung zeigt, daß die Intensität wirtschaftlicher Tätigkeit in marktwirtschaftlichen Systemen Schwankungen unterworfen ist. Es existieren relativ ausgeprägte **Konjunkturzyklen** (vgl. Kapitel 27). In der ersten Phase der Entwicklung der Sozialen Marktwirtschaft der Bundesrepublik traten Konjunkturschwankungen allerdings nicht deutlich hervor, konjunkturelle Schwankungen wurden überlagert durch den kräftigen Wachstumsprozeß der Wiederaufbauphase. Staatliche Wirtschaftspolitik konnte sich – entsprechend den zu der Zeit vorherrschenden klassisch-liberalen Ideen – weitgehend auf die Setzung von Rahmenbedingungen beschränken. Ordnungspolitische Aufgaben (die „Veranstaltung" des Wettbewerbs) standen im Vordergrund, **Ablaufspolitik** (also eine auf die Beeinflussung der ökonomischen Aktivität zielende staatliche Wirtschaftspolitik) gab es nur im Rahmen der Geldpolitik (Veränderung der Geldmenge und Zinssätze, vgl. Kapitel 17 bis 19).

Seit Mitte der 60er Jahre versuchte man verstärkt, auch den Wirtschaftsablauf zu beeinflussen

Erst als Mitte der 60er Jahre deutlicher wurde, daß mit einer solchen Politik ein fühlbarer Rückgang der Produktion und Beschäftigung nicht wirksam zu bekämpfen war, setzte sich der Gedanke einer auch die **Finanzpolitik** (Veränderung der Staatseinnahmen und -ausgaben) umfassenden **Globalsteuerung** durch. Diese Entwicklung fand ihren Niederschlag im Gesetz zur Förderung der Stabilität und des Wachstums der Wirtschaft (1967). Grundgedanke der Globalsteuerung ist es, daß der Staat zwar aktiv mit geld- und fiskalpolitischen Mitteln eine Stabilisierungspolitik betreibt, sich aber auf **marktkonforme** Maßnahmen beschränkt (vgl. Kapitel 16). Dies bedeutet, daß die Maßnahmen den Marktmechanismus nicht außer Kraft setzen dürfen. Direkte Eingriffe wie Lohn- und Preisstopps scheiden also nach dieser Konzeption aus.

Erneute Skepsis bezüglich der Steuerbarkeit der Marktwirtschaft

Die Vorstellung, der Staat könne mit den Instrumenten der Globalpolitik – nach ihrem „Erfinder", dem Engländer JOHN MAYNARD KEYNES (1883–1946) auch keynesianische Wirtschaftspolitik genannt – den Wirtschaftsablauf steuern, wurde in der Bekämpfung der kleinen Wirtschaftskrise von 1967 zunächst glänzend bestätigt. Die 1974/75 beginnende erste „Ölkrise" und die folgende Krise von 1981/82 haben dann allerdings die Euphorie bezüglich der Steuerbarkeit der kapitalistischen Marktwirtschaft wieder erheblich gedämpft. Und auch in der Wissenschaft wird der Keynesianismus zunehmend wieder durch den mehr an klassischen Ideen orientierten Monetarismus verdrängt (vgl. Kapitel 12 und 13).

Die Globalpolitik wurde im weiteren Verlauf der Entwicklung der Bundesrepublik ergänzt um Instrumente zur **Struktur- und Wachstumspolitik**. Strukturpolitik bezieht sich, wie der Name sagt, auf Strukturen, d. h. auf die relative Bedeutung einzelner Branchen und Regionen der Volkswirtschaft. Zum Teil wird argumentiert, daß eine Strukturpolitik den Marktmechanismus außer Kraft setze und deshalb mit Skepsis betrachtet werden müsse.

5.5 Wirtschaftsverfassung und Soziale Marktwirtschaft

Grundgesetz und Soziale Marktwirtschaft

Bisher ist die Frage offen geblieben, ob im Grundgesetz und in sonstigen rechtlichen Vorschriften ein bestimmtes Wirtschaftssystem zwingend vorgeschrieben ist und ob die oben aufgezeigten Merkmale der Sozialen Marktwirtschaft dieser Wirtschaftsverfassung entsprechen. Wir wollen dieser Frage getrennt für die entscheidenden Bauelemente eines Wirtschaftssystems, den Koordinierungsmechanismus und die Eigentumsordnung, nachgehen.

5.5.1 Wirtschaftsverfassung und Koordinierungsmechanismus

Zentrale Lenkung ist durch das Grundgesetz ebenso ausgeschlossen …

Das Grundgesetz der Bundesrepublik garantiert dem einzelnen Bürger eine Vielzahl von Freiheitsrechten: Die freie Entfaltung der Persönlichkeit schließt Konsumfreiheit, Unternehmensfreiheit und Wettbewerbsfreiheit ein. Hinzu kommen die persönliche Freizügigkeit, die Freiheit der Berufs- und Arbeitsplatzwahl sowie die Vereinigungsfreiheit, die z. B. die Bildung von Gewerkschaften und Arbeitgeberverbänden zuläßt. Damit ist nach herrschender Meinung eine zentrale Lenkung des Wirtschaftsprozesses ausgeschlossen. Andererseits bestimmt Art. 20 Abs. 1 Grundgesetz:

> „Die Bundesrepublik Deutschland ist ein demokratischer und sozialer Bundesstaat."

… wie ein extrem liberalistisches Wirtschaftssystem

Damit wird auch ein extrem liberalistisches Wirtschaftssystem ausgeschlossen, das nicht genügend Raum für soziale Korrekturen des Marktergebnisses läßt. Welcher Spielraum für direkte Eingriffe in den Wirtschaftsprozeß besteht und welche Einengung insbesondere der Unternehmensfreiheit möglich ist, ist im Grundgesetz nicht eindeutig beantwortet.

5.5.2 Wirtschaftsverfassung und Eigentumsordnung

Grundsätzliche Entscheidungen über die Eigentumsordnung sind in Art. 14, 15 Grundgesetz verankert:

> Art. 14 Eigentum, Erbrecht, Enteignung
> (1) Das Eigentum und das Erbrecht werden gewährleistet. Inhalt und Schranken werden durch die Gesetze bestimmt.
> (2) Eigentum verpflichtet. Sein Gebrauch soll zugleich dem Wohle der Allgemeinheit dienen.
> (3) Eine Enteignung ist nur zum Wohle der Allgemeinheit zulässig. Sie darf nur durch Gesetz und auf Grund eines Gesetzes erfolgen, das Art und Ausmaß der Entschädigung regelt …
>
> Art. 15 Sozialisierung
> Grund und Boden, Naturschätze und Produktionsmittel können zum Zwecke der Vergesellschaftung durch ein Gesetz, das Art und Ausmaß der Entschädigung regelt, in Gemeineigentum oder in andere Formen der Gemeinwirtschaft überführt werden …

Grundsatz des Privateigentums auch für Produktionsmittel

Es gilt also der Grundsatz des **Privateigentums**, und zwar trotz des Wortlautes des Artikels 15 nach herrschender Meinung auch für Produktionsmittel. Gegenüber der Eigentumsauffassung des radikalen Liberalismus des 19. Jahrhunderts, der die Schrankenlosigkeit des Privateigentums betont, wird heute aber von einer **Sozialbindung** des Eigentums ausgegangen. Das schlägt sich vor allem in der Verpflichtungsklausel des Art. 14 Absatz 2 Grundgesetz nieder, aber auch in der Möglichkeit zur Enteignung zum Wohle der Allgemeinheit (Art. 14.3, 15). Eine Einengung des Eigentumsrechtes ergibt sich darüber hinaus aus der Möglichkeit einer

Sozialbindung des Eigentums

entschädigungsfreien Begrenzung des Eigentumsrechts, wie sie z. B. im Wohnraumbewirtschaftungsgesetz, im Städtebau- und Raumordnungsgesetz und in den Gesetzen über die wirtschaftlichen Mitbestimmungsrechte der Arbeitnehmer festgelegt ist.

Zusammenfassend ist festzuhalten, daß es keinem Zweifel unterliegen kann, daß die in der Bundesrepublik Deutschland verwirklichte Form der Sozialen Marktwirtschaft fest auf dem Boden des Grundgesetzes steht, also die im Grundgesetz festgelegten Rahmenbedingungen für eine Wirtschaftsverfassung positiv umsetzt. Das bedeutet aber nicht, daß eine Soziale Marktwirtschaft nur in dieser spezifischen Ausprägung vorgeschrieben ist, sondern das Grundgesetz läßt noch Raum für entsprechende Veränderungen.

C. Arbeitsaufgaben

1) *Nennen Sie wesentliche Ideen des klassischen Liberalismus.*
2) *In einer Volkswirtschaft gebe es nur Unternehmungen und private Haushalte. Die Unternehmungen produzieren Konsum- und Investitionsgüter, die Haushalte liefern Arbeitskraft und sonstige Produktivleistungen an die Unternehmungen. Zeichnen Sie den entsprechenden Wirtschaftskreislauf.*
3) *Erläutern Sie die Vorgänge, die in einer marktwirtschaftlich organisierten Volkswirtschaft durch eine Nachfragesteigerung nach Automobilen ausgelöst werden. Zeigen Sie an diesem Beispiel, wie in einer Marktwirtschaft über die Fragen des „Was", „Wie" und „Für Wen" der Produktion entschieden wird.*
4) *Nehmen Sie Stellung zu folgender These: „Der marktwirtschaftliche Koordinierungsmechanismus sorgt dafür, daß diejenigen Güter produziert werden, die den Bedürfnissen der Bevölkerung entsprechen. Es herrscht also Konsumentensouveränität."*
5) *Nennen Sie Beispiele für das Auseinanderfallen von privaten und sozialen Kosten und Erträgen. Welche Probleme werden durch die Unterschiede zwischen privaten und sozialen Kosten und Erträgen aufgeworfen?*
6) *Nennen Sie Beispiele für öffentliche Güter, die Sie in Anspruch nehmen. Nennen Sie mögliche Gründe für die Produktion dieser Güter durch den Staat.*
7) *In der wirtschaftlichen Wirklichkeit sind in der Regel beachtliche Einkommens- und Vermögensunterschiede zu beobachten. Erläutern Sie, wie sich solche Ungleichheiten bei marktwirtschaftlicher Koordination ergeben, selbst wenn in der Ausgangssituation Einkommen und Vermögen vollkommen gleich verteilt sind.*
8) *Nennen Sie Beispiele aus Ihrem eigenen Erfahrungsbereich, wo Sie mit der „sozialen" und mit der „marktwirtschaftlichen" Komponente der Sozialen Marktwirtschaft konfrontiert werden.*
9) *Erläutern Sie den Begriff der Marktkonformität anhand einiger Beispiele aus der Wirtschaftspolitik (Konjunkturprogramme, Steueränderungen u. ä.).*
10) *Welche Aussagen enthält das Grundgesetz über die Wirtschaftsverfassung der Bundesrepublik?*

Lösungsvorschläge für die Arbeitsaufgaben im „Übungsbuch zu Grundlagen und Probleme der Volkswirtschaft".

D. Literatur

Speziell die Marktwirtschaft und die Soziale Marktwirtschaft werden umfassend beschrieben von:

THIEME, H. Jörg, Soziale Marktwirtschaft, 2. Auflage, München (Reihe Beck-Wirtschaftsberater im dtv) 1994

LAMPERT, Heinz, Die Wirtschafts- und Sozialordnung der Bundesrepublik Deutschland, 9. Auflage, München 1988

PILZ, Frank, Das System der sozialen Marktwirtschaft, 2. Auflage, München 1981

DÜRR, Ernst, Die Soziale Marktwirtschaft, in: Wirtschaftswissenschaftliches Studium (Wist), Heft 6, Juni 1988, S. 270–276.

Zur Vertiefung, insbesondere in theoretischer Perspektive, werden empfohlen:

KROMPHARDT, Jürgen, Konzeptionen und Analysen des Kapitalismus, Göttingen 1980

STREISSLER, Erich und Christian WATRIN (Hrsg.), Zur Theorie marktwirtschaftlicher Ordnungen, Tübingen 1980

DOBB, Maurice, Entwicklung des Kapitalismus vom Spätkapitalismus bis zur Gegenwart, Köln, Berlin 1970.

Im Rahmen breiter angelegter Publikationen zum Gesamtkomplex von Wirtschaftssystemen wird die Marktwirtschaft behandelt von:

BASSELER, Ulrich und Jürgen HEINRICH, Wirtschaftssysteme, Würzburg, Wien 1984

LEIPOLD, Helmut, Wirtschafts- und Gesellschaftssysteme im Vergleich, 5. Auflage, Stuttgart 1988.

THIEME, H. Jörg, Wirtschaftssysteme, in: Vahlens Kompendium der Wirtschaftstheorie und Wirtschaftspolitik, Band 1, 5. Auflage, München 1992, S. 1–49.

Speziell die Beziehung zum Grundgesetz stellt her:

NIPPERDEY, Hans Carl, Soziale Marktwirtschaft und Grundgesetz, Köln u. a. 1965.

Eher philosophische Abhandlungen zum Problem von Marktwirtschaft und Freiheit sind die grundlegend vom Liberalismus geprägten und umgekehrt den modernen Liberalismus prägenden:

HAYEK, Friedrich August von, Die Verfassung der Freiheit (dt. Übersetzung), Tübingen 1983

FRIEDMAN, Milton, Kapitalismus und Freiheit (dt. Übersetzung), Stuttgart 1971.

3. Kapitel
Funktionsweise der Sozialistischen Zentralverwaltungswirtschaft

A. Lernzielorientierte Leitfragen und Fragenkomplexe

Leitfrage:
Mit welchen Argumenten kritisiert Marx Privateigentum an Produktionsmitteln und marktwirtschaftliche Koordination?

- *Was ist der Mehrwert (das Mehrprodukt)?*
- *Wie eignet sich nach Marx der „Kapitalist" das Mehrprodukt (den Mehrwert) in einer Marktwirtschaft an?*
- *Was ist die Aussage der Marxschen Arbeitswertlehre?*
- *Was ist nach Marx die Quelle jeden Mehrwertes?*
- *Warum kommt es nach Marx zu einem Fall der Profitrate?*
- *Warum hat die marktwirtschaftliche Produktion nach Marx anarchischen Charakter?*

Leitfrage:
Wie funktioniert prinzipiell ein Wirtschaftssystem zentraler Planung?

- *Wie sieht die Grundkonzeption einer zentralen Planung aus?*
- *Was ist eine Mengenplanung, und wie wird diese mit Produktbilanzen durchgeführt?*
- *Was sind die wesentlichen Informationsprobleme der zentralen Planung?*
- *Was sind die wesentlichen Sanktionsprobleme der zentralen Planung?*
- *Warum ist der technische Fortschritt in zentralen Verwaltungswirtschaften so schwierig durchzusetzen?*

Leitfrage:
Nach welchen Prinzipien gestaltete und gestaltet sich der Transformationsprozeß in der ehemaligen DDR bzw. in den neuen Bundesländern?

- *Welche Strategien der Transformation gibt es?*
- *Was waren die institutionellen Bedingungen des Transformationsprozesses in der ehemaligen DDR?*
- *Wie war die wirtschaftliche Ausgangslage?*
- *Wie lief der Prozeß der Umgestaltung bis jetzt ab?*

B. Sachanalyse

Die sozialistische Zentralverwaltungswirtschaft gibt es vorläufig wohl nur noch für eine Übergangsperiode in wenigen Ländern der Welt. Im übrigen ist dieses Wirtschaftssystem durch Mißerfolg obsolet geworden. Dennoch soll es in seinen Grundzügen beschrieben werden. Dies hat folgende Gründe:

- MARX' Beschreibung und Kritik der kapitalistischen Marktwirtschaft als theoretisches Fundament der sozialistischen Zentralverwaltungswirtschaft ist von bleibendem Wert und vermittelt Einsichten in ihre Funktionsweise, die zum Verständnis „unseres" Wirtschaftssystems unverzichtbar sind. KARL MARX (1818–1883, deutscher Philosoph und Volkswirt) gehört nach wie vor zu den großen Ökonomen der Geschichte. Der entscheidende Fehler war, mit dem Marxismus an die Existenz einer „objektiven Wahrheit" zu glauben, statt, wie in den pluralistischen westlichen Gesellschaften, auf die prinzipielle Offenheit und den Wandel des Erkenntnisprozesses zu setzen.
- Die immer wieder diskutierten Vorschläge zur Gestaltung einer Wirtschaftsordnung „zwischen Kapitalismus und Sozialismus" setzen stets auf einige Elemente der zentralen Planung und/oder des Sozialismus. Daher ist es sinnvoll, die Funktionsweise dieser Elemente in Grundzügen zu kennen.

Es sei vorab darauf hingewiesen, daß es falsch ist, aus der Kritik an einem Wirtschaftssystem darauf zu schließen, daß die Alternative besser ist. Die Alternative kann sehr wohl wesentlich schlechter sein.

1. Marxistische Kapitalismuskritik

In seiner Analyse der kapitalistischen Marktwirtschaft formuliert MARX vor allem eine Kritik am kapitalistischen Privateigentum und am marktwirtschaftlichen Koordinationsmechanismus.

1.1 Kritik am Privateigentum an Produktionsmitteln

MARX lehnt das kapitalistische Privateigentum, d. h. das Privateigentum an Produktionsmitteln, das die Arbeit fremder Menschen verwertet, ab. Seine Argumente sind im wesentlichen:

- Privateigentum an Produktionsmitteln führt zur Ausbeutung der Arbeiter;
- Privateigentum an Produktionsmitteln erfüllt keine positiven ökonomischen Funktionen, sondern behindert die schrankenlose Entwicklung der Produktivkräfte durch den Fall der Profitrate und die damit verbundenen Krisen.

Um diese Argumente verstehen zu können, müssen die Grundlinien marxistischer Wirtschaftstheorie entwickelt werden. Hier wird wie folgt argumentiert:

Mit Ausnahme völlig unterentwickelter Gesellschaften wird in jeder Gesellschaft – auch in einer sozialistischen – ein Gesamtprodukt erzeugt, das über den notwendigen Konsum der an seiner Erstellung Beteiligten und den Ersatzbedarf an bei der Produktion verbrauchten Maschinen, Werkzeugen, Vorprodukten und Rohstoffen hinausgeht. Es wird also ein Überschuß, ein **Mehrprodukt** erzeugt (vgl. Abb. 3.1).

Produktion	Mehrprodukt
	Notwendige Konsumgüter für die produktiv Tätigen
	Ersatz der verbrauchten Maschinen, Werkzeuge, Vorprodukte und Rohstoffe

Abb. 3.1: Das Mehrprodukt

Vorsozialistische Gesellschaften zeichnen sich dadurch aus, daß das von anderen Menschen hergestellte Mehrprodukt mit dem Ziel, sich zu bereichern, **privat angeeignet** wird. Entsprechend wird die Geschichte als Geschichte von Klassenkämpfen interpretiert, als Kämpfe um das Mehrprodukt. Vorsozialistische Gesellschaften beruhen auf Ausbeutung, auch wenn die Art und Weise der Aneignung des Mehrprodukts sich in der Sklavenhalter-, der feudalen und der kapitalistischen Gesellschaft voneinander unterscheidet.

Die Entstehung des Mehrprodukts in einer kapitalistischen Wirtschaft erläutert MARX anhand des durchschnittlichen Arbeitstages:

Zweiteilung des durchschnittlichen Arbeitstags in „notwendige" Arbeit und Mehrarbeit

Die Arbeiter arbeiten z. B. im Durchschnitt zehn Stunden pro Tag. Sie erhalten dafür einen Lohn, der ausreicht, ihre Arbeitskraft zu „reproduzieren", der also ausreicht, die notwendigen Ausgaben für Essen, Wohnen, Kleidung und Unterhalt für sich und ihre Familien zu bestreiten. Die Produktion dieser Güter (Konsumgüter, Wohnungen etc.) beansprucht nun eine durchschnittliche Arbeitszeit der Arbeiter von weniger als zehn Stunden; z. B. sieben Stunden („notwendige" Arbeit). Drei Stunden („Mehr"- oder „Surplus"arbeit) erarbeiten die Arbeiter also einen Überschuß. Marx bezeichnet den Wert dieses Überschusses als **Mehrwert** und als Mehrwertrate das Verhältnis der Mehrarbeit zur notwendigen Arbeit. (Im Beispiel beträgt der Mehrwert 3 Stunden und die Mehrwertrate $^3/_7$.)

1.1.1 Kapitalistische Ausbeutung

Charakteristisch für die kapitalistische Produktionsweise ist nach MARX die Form, wie dieser Überschuß aus der Produktion entnommen wird. Um die spezielle Form der kapitalistischen Ausbeutung, die nach MARX durch die freie Lohn- und Preisbildung nur verschleiert wird, zu verstehen, muß die MARXSCHE **Arbeitswertlehre** skizziert werden.

MARX sagt, daß der Wert eines Gutes sich nach der durchschnittlichen, gesellschaftlich notwendigen Arbeitszeit bemißt, die benötigt wird, um dieses Gut zu produzieren.

Wenn also zur Produktion eines Tisches im Durchschnitt 12 Stunden und zur Produktion eines Zentners Kartoffeln im Durchschnitt 2 Stunden benötigt werden, verhält sich der Wert von einem Tisch zu einem Zentner Kartoffeln wie 12 zu 2.

Waren tauschen sich zu ihrem Wert

Grundprinzip der MARXschen Analyse ist der wertäquivalente Tausch: Alle Waren (Waren sind in der Marxschen Begriffswelt Güter, die für den Austausch produziert werden) tauschen sich zu ihrem Wert, dem Arbeitswert. So wird auch die Ware Arbeitskraft auf dem Markt zu ihrem Wert – der in ihr steckenden Arbeitskraft – getauscht, d. h. die Ware Arbeitskraft erhält einen Lohn, der ausreicht, den Arbeiter und seine Familie zu „reproduzieren". Für den besitzlosen Arbeiter besteht nämlich der ökonomische Zwang, die einzige Ware, die er besitzt – seine Arbeitskraft –, an die Eigentümer der Produktionsmittel zu verkaufen. Der Kapitalist erwirbt also die Arbeitskraft und setzt sie im Produktionsprozeß ein.

Die Arbeit hat nach MARX die einzigartige Fähigkeit, mehr Wert zu produzieren, als der Wert der Arbeitskraft selbst beträgt.

Lohn ist kleiner als der Wert des Arbeitsproduktes

In unserem Beispiel hat die Arbeitskraft einen Wert von 7 (7 Arbeitsstunden sind erforderlich, um die existenznotwendigen Konsumgüter zu erzeugen) und produziert insgesamt einen Wert von 10. Die Differenz, den Mehrwert, eignet sich auf dem Wege des wertäquivalenten Tausches der Eigentümer der Produktionsmittel (der Kapitalist) an, der als Eigentümer der Produktionsmittel auch das Eigentum an den produzierten Waren erwirbt und diese auf dem Markt in der Regel zu den in ihnen steckenden Arbeitswerten (in unserem Beispiel 10) verkaufen kann. In diesem Sinne spricht MARX von Ausbeutung: ausgebeutet wird also der Arbeiter, der einen größeren Wert produziert, als er an Lohn erhält.

„Die Rate des Mehrwerts ist daher der exakte Ausdruck für den Exploitationsgrad [Ausbeutungsgrad] der Arbeitskraft durch das Kapital oder des Arbeiters durch den Kapitalisten."

(KARL MARX, Das Kapital, Kritik der politischen Ökonomie, Erster Band, S. 232)

Die Ausbeutung bleibt im Kapitalismus hinter dem Prinzip des wertäquivalenten Tausches verborgen – Kapitalisten erwerben ja die Arbeitskraft zu ihrem Wert –, sie wird nicht so deutlich erkennbar wie z. B. die Fronarbeit als Form der Ausbeutung im Feudalismus.

In der Beurteilung dieser Analyse ist zunächst drei häufigen Fehlinterpretationen vorzubeugen.

(1) Es ist müßig, darüber zu streiten, ob der Wert eines Gutes „wirklich" durch die notwendige Arbeitszeit bestimmt wird. Es reicht, diese Aussage als Arbeitshypothese im Rahmen eines ökonomischen Modells anzusehen. Diese Arbeitshypothese gibt jedenfalls das Fundament für eine gehaltvolle Erklärung der Entstehung des Gewinns ab.

(2) MARX behauptet nicht, daß man durch Mehreinsatz von Kapital (Maschinen) nicht eine größere Gütermenge mit entsprechend höherem Wert produzieren kann. MARX behauptet lediglich, daß der Wert der Produktion allein von der eingesetzten Menge an durchschnittlich notwendiger Arbeit bestimmt wird und ein Mehrwert nur von der eingesetzten (lebendigen) Arbeit erzeugt wird.

Wir wollen dies kurz anhand der MARXschen Wertformel verdeutlichen. Nach MARX setzt sich der Wert einer Ware aus drei Elementen zusammen:

- dem Wert der in der Produktion verbrauchten Maschinen, Werkzeuge, Vorprodukte und Rohstoffe (das sog. „konstante" Kapital);
- dem Wert der unmittelbar eingesetzten Arbeitskraft („variables" Kapital);
- dem Mehrwert.

Diese Form der Bestimmung des Wertes einer Ware steht keineswegs im Gegensatz zur Arbeitswertlehre, sondern ergibt sich unmittelbar aus dieser. Arbeitskraft fließt ja in zweifacher Form in das Produkt ein:

- in Form der Arbeitskraft, die in den verbrauchten Maschinen, Werkzeugen, Vorprodukten und Maschinen gespeichert ist (sog. „geronnene" Arbeit);
- in Form von „lebendiger" Arbeit bei der laufenden Produktion.

Entscheidend ist nun, daß die geronnene Arbeit nur ihren eigenen Wert auf das neue Produkt überträgt (deshalb wählt MARX die Bezeichnung „konstantes" Kapital). Die lebendige Arbeit dagegen reproduziert wertmäßig ihr eigenes Äquivalent und einen Überschuß darüber, den Mehrwert (deshalb wählt MARX die Bezeichnung „variables" Kapital).

Bezeichnet man den Wert des Gutes mit w, das konstante Kapital mit c, das variable Kapital mit v und den Mehrwert mit m, so gilt also nach MARX:

$$w = c + v + m$$

Mehrwert = m	Mehr- = Surplusarbeit		
Wert der bei dieser Produktion eingesetzten Arbeitskraft = variables Kapital = v	notwendige Arbeit = Reproduktionskosten der Arbeitskraft (Lohn)	lebendige Arbeit	Wert der Ware = w (entspricht im Durchschnitt dem Preis)
Wert der verbrauchten Maschinen, Werkzeuge, Vorprodukte, Rohstoffe = konstantes Kapital = c	Reproduktionskosten des konstanten Kapitals	geronnene Arbeit	

Abb. 3.2: Die Wertbildung bei MARX

Der Mehrwert ist für Marx primär kein Verteilungsproblem

(3) Auch in einer sozialistischen Volkswirtschaft wird ein Mehrprodukt geschaffen. MARX fordert nicht, daß den Arbeitern der gesamte Mehrwert für Konsumzwecke zufließen soll. Einen Teil des Mehrwertes braucht man in jeder Gesellschaft, die sich weiterentwickeln soll, zur Investition (Akkumulation von konstantem Kapital), den Rest für den individuellen Konsum der nicht produktiv Tätigen und für den gesellschaftlichen Konsum (die öffentlichen Güter). Es ist deshalb ein Irrtum zu glauben (und auch MARX hat vor diesem Irrtum gewarnt), daß sich der Lebensstandard der Arbeiter kurzfristig nennenswert erhöhen würde, wenn die Kapitalisten sich den Mehrwert nicht länger aneignen. Letztlich verbliebe zum Mehrkonsum der Arbeiter nur das, was man Luxuskonsum der Unternehmer nennt, und dieser ist gesamtwirtschaftlich verhältnismäßig unbedeutend.

Eigentümer der Produktionsmittel besitzen Entscheidungsbefugnis über Produktion und Beschäftigung

Beachtenswert ist das Argument von MARX, die Übertragung der Entscheidungsbefugnis über Produktion, Beschäftigung, Investitionen und Preise an die relativ kleine Gruppe der Eigentümer an Produktionsmitteln spalte die Gesellschaft in eine kleine Gruppe von Verfügungsberechtigten und eine große Gruppe von Befehlsempfängern. Dem werden einmal die oben beschriebenen Funktionen des Privateigentums in einer Marktwirtschaft (vgl. Kapitel 2), die angestrebte breitere Streuung des Produktiveigentums und die Mitbestimmung der Arbeitnehmer, zum anderen die auch in sozialistischen Ländern zu beobachtende faktische Trennung zwischen Befehlsempfängern und Verfügungsberechtigten entgegengehalten.

Beurteilung

Ein gewisses Maß an Ausbeutung im MARXschen Sinne existiert in der Tat in kapitalistischen Marktwirtschaften. Zwar erhalten die Arbeiter nicht nur einen Lohn in Höhe ihrer „Reproduktionskosten", wie auch immer der Umfang des existenzminimalen Konsums festgelegt werden mag, aber die Arbeiter erhalten im Durchschnitt und in der Regel auch nicht den gesamten Gegenwert ihrer Arbeitsleistung. Üblicherweise verbleibt den Eigentümern der Produktionsmittel ein Gewinn, und dieser Gewinn ist im Sinne von MARX Ausbeutung; aber der Gewinn (und damit die „Ausbeutung") ist funktional notwendig als Leistungsanreiz und Erfolgskontrolle.

Ausbeutung und Gewinn sind funktional notwendig

Dies war wohl der entscheidende Fehler in der MARXschen Analyse: Übersehen zu haben, daß die beschriebene Form der Organisation von Arbeitsbeziehungen – die Ausbeutung – funktional notwendig oder zumindest funktional sinnvoll ist. Das Konzept der Ausbeutung – die Aneignung der Arbeit anderer Menschen – ist ja letztlich nur dann eine sinnvolle Bezeichnung, wenn eine materiell bessere Alternative realisierbar ist. Die denkbare Alternative ist die Arbeiterunternehmung: Arbeiter schließen sich zusammen, beschaffen sich Kapital, produzieren gemeinsam und teilen das Arbeitsergebnis unter sich auf. Solche Arbeiterunternehmungen haben in der Praxis nicht funktioniert, vor allem weil eine erfolgreiche Unternehmung offenbar Hierarchien, Leistungsanreize und Erfolgskontrollen voraussetzt, die in einer Arbeiterunternehmung nur schwer durchsetzbar sind. Umgekehrt scheint die kapitalistische Unternehmung ein ausreichendes Maß an Organisationseffizienz aufzuweisen und damit den Arbeitern – trotz Ausbeutung – einen höheren Lohn zahlen zu können als Arbeiterunternehmungen.

Arbeiterunternehmungen haben nicht funktioniert

1.1.2 Tendenzieller Fall der Profitrate

Neben der Ausbeutung begründet das Privateigentum an Produktionsmitteln nach MARX ein Hindernis für die Entwicklung der Produktivkräfte. Das Hemmnis ist der „tendenzielle Fall der Profitrate" (**Profitrate** = Verhältnis von Gewinn zu eingesetztem Kapital) und die damit verbundenen Krisen. Damit erhebt der Sozialismus, was häufig übersehen wird, nicht nur den Anspruch, eine „gerechtere", sondern auch den Anspruch, eine materiell wohlhabendere Gesellschaft zu schaffen.

MARX argumentiert, daß die Profitrate die Tendenz habe, im Zuge der langfristigen Investitionstätigkeit (Kapitalakkumulation) zu fallen. Und da die Profitrate nach MARXscher Ansicht die treibende Kraft der „kapitalistischen Produktion" ist, produziert diese Produktion gleichsam die eigene Schranke für ihre ungehinderte Expansion.

Ohne auf die Einzelheiten einzugehen, wollen wir die Grundstruktur der MARXschen Erklärung skizzieren. Im Zuge des Wachstumsprozesses zwingt die Konkurrenz zu dauernder **Kapitalakkumulation,** weil jeder einzelne Unternehmer danach strebt, jeweils modernere Produktionsverfahren anzuwenden und damit einen Extraprofit zu machen. Das Verhältnis der Produktionsfaktoren Kapital zu Arbeit – die **Kapitalintensität** – nimmt laufend zu. Relativ immer weniger Arbeiter produzieren mit relativ immer mehr Kapital. Da nach MARX nur die Arbeit einen Mehrwert (letztlich einen Gewinn) erzeugt, wird das **Verhältnis** von Gewinn zu eingesetztem Kapital **(Profitrate)** dann abnehmen, wenn der Profit, den der einzelne Arbeiter produziert, im Zuge der Entwicklung konstant bleibt.

Die Profitrate fällt, weil die Kapitalintensität zunimmt

Drücken wir die Aussage in der Terminologie von MARX aus. Im Zuge der wirtschaftlichen Entwicklung steigt der Wert des konstanten Kapitals c (Materialaufwand und Abschreibung pro Periode) stärker als der Wert des variablen Kapitals v (notwendige Lohnkosten pro Periode). Da das konstante Kapital lediglich seinen eigenen Wert auf das Produkt überträgt und nur die im variablen Kapital verkörperte Arbeit einen Mehrwert m produziert, wird die Profitrate p

$$p = \frac{m}{c + v}$$

dann abnehmen, wenn die **Mehrwertrate** $\frac{m}{v}$ konstant bleibt. (Es steigt ja nur das c im Nenner des obigen Ausdrucks. Im übrigen sind weitere spezielle Kombinationen denkbar, die hier nicht beschrieben werden sollen.) Der Leser wird bemerken, daß für MARX Kapital etwas anderes ist, als nach dem heutigen Sprachgebrauch üblich, doch trifft die obige Darstellung in heutigen Begriffen den Kern der MARXschen Behauptung.

Von fundamentaler Bedeutung für die Richtigkeit des berühmten **Gesetzes vom tendenziellen Fall der Profitrate** ist die Annahme, daß die Mehrwertrate bei fortgesetzter Kapitalakkumulation tatsächlich konstant bleibt oder mindestens nicht stärker steigt als zur Aufrechterhaltung des Gesetzes notwendig. Und dies ist fraglich, weil die Entwicklung der Arbeitsproduktivität im Lohngütersektor im Zuge der Kapitalakkumulation eben auch die Tendenz hat, die Mehrwertrate zu erhöhen.

Entscheidender ist ein zweiter Einwand. Eine fallende Profitrate und im Extremfall eine Profitrate von Null bedeutet, daß eine Investition gerade noch so viel einbringt, wie sie kostet. Und in einem solchen Fall lohnt die Investition im Sozialismus genauso wenig wie im Kapitalismus.

Konjunkturkrisen begleiten den Fall der Profitrate

Der Fall der Profitrate wird nun nach MARX von **Konjunkturkrisen** begleitet. Eine mögliche Erklärung bietet die „Selbstreinigungskrise". Wenn die Profitrate allgemein sinkt, versucht jeder Unternehmer für sich, dies zu verhindern, indem er besonders fortschrittliche Produktionsmethoden anwendet und damit einen Extraprofit erwirtschaftet und/oder die Produktionsmenge ausdehnt, um das, was er an der Profitrate verliert, durch die Profitmenge zu kompensieren. Die Konkurrenz zwingt mithin zu allgemeiner Überproduktion, die Kaufkraft der Arbeiter steigt nicht entsprechend, weil die Unternehmen mit dem Fall der Profitrate auch die Ausbeutungsrate erhöhen, es kommt zur Krise, zu Konkursen, zur Vernichtung von Kapital. Wenn genügend Kapital vernichtet ist, steigt die Profitrate wieder an, der Akkumulationsprozeß kann wieder beginnen.

Krisen werden größer und führen zur Revolution

Nach MARX werden diese Krisen immer größer, die Arbeiter verarmen im Zyklus immer mehr, bis es sich für sie lohnt, zu revoltieren und die Kapitalisten zu enteignen. Dies sei ein unvermeidbarer geschichtlicher Prozeß.

Es genügt, darauf zu verweisen, daß die Ausbeutung im Trend und im Zyklus nicht zugenommen, sondern abgenommen hat, produktivitätsorientierte Löhne (vgl. Kapitel 26) und Vermögensbildung der Arbeitnehmer waren die wesentlichen Elemente der Beteiligung der Arbeitnehmer am wirtschaftlichen Fortschritt.

1.2 Kritik am Koordinationsmechanismus

In marxistischer Sicht ist die private Aneignung des von den eigentlichen Produzenten (den Arbeitern) hervorgebrachten Mehrprodukts durch die „Kapitalisten" die eigentliche Ursache für den bemängelten „anarchischen" (ohne jede Ordnung) Charakter der Produktion.

„Anarchischer" Charakter der Produktion in der Marktwirtschaft

Die Entscheidung über die Produktion von Gütern und die Entscheidung über die Nachfrage nach Gütern wird nach marxistischer Auffassung von zwei unabhängig voneinander entscheidenden Gruppen auf der Grundlage unterschiedlicher Motivation gefällt.

Während die „Kapitalisten" solche Güter produzieren, von denen sie sich den höchsten Profit versprechen, haben die Haushalte ein Interesse an den Gütern, die sie am meisten benötigen. Damit ist nicht von vornherein sichergestellt, daß die Waren, die produziert werden, auch den Konsumentenbedürfnissen entsprechen.

Unterschiedliche Interessenlage von Produzenten und Konsumenten

Ergibt sich schon aus diesem Grund ein anarchischer Charakter der Produktion, so wird dieser Aspekt noch verstärkt durch die Tatsache, daß die Unternehmen ihre Produktionsentscheidungen unabhängig voneinander treffen, der einzelne also nicht weiß, was der andere produziert. Selbst wenn der einzelne Produzent eine vorhandene Nachfrage richtig abschätzt, kann es sein, daß die Gesamtheit der Unternehmer an der Nachfrage vorbeiproduziert. Jedenfalls stellt sich die Richtigkeit der unternehmerischen Entscheidung erst nachträglich an Hand nicht absetzbarer Gütermengen oder Fehlmengen heraus. Die Unternehmen produzieren in dieser Sicht also ins „Blaue" hinein.

Unternehmer treffen ihre Produktionsentscheidungen unabhängig voneinander

Bei nicht absetzbaren Mengen hat eine Vergeudung knapper volkswirtschaftlicher Produktionsfaktoren stattgefunden, bei Fehlmengen wird die falsche Entscheidung über steigende Preise sogar noch honoriert.

Schließlich begründet die Ausrichtung der Produktion auf die Tauschprozesse eines anonymen Marktes mit unbekannten Käufern und unbekannten Bedürfnissen eine Entfremdung des Menschen. Der Mensch entfremdet sich nach MARX von seiner Tätigkeit, von „seinem" Produkt, von den Mitmenschen und schließlich von sich selbst als gesellschaftlich schöpferischem Menschen.

Entfremdung

Will man eine Bewertung dieser Argumentation vornehmen, so ist richtig, daß der Marktmechanismus über Gewinne und Verluste die Unterneh-

Markt bewertet Unternehmerentscheidungen erst nachträglich

merentscheidungen erst nachträglich bewertet. Das bringt sicherlich wegen der Unabhängigkeit der unternehmerischen Entscheidungen und der subjektiven Ungewißheit im gewissen Umfang eine Verschwendung volkswirtschaftlicher Produktivkräfte mit sich. Andererseits wird die Verbindung zwischen Gewinnstreben und Nachfrageanalyse der Unternehmer verkannt: Kein Unternehmer wird sein Kapital riskieren, ohne sich vorher so gut wie möglich Informationen über die Nachfrage zu beschaffen. Abgesehen davon ist es für eine letztendliche Bewertung des marktwirtschaftlichen Systems entscheidend, in welchem Verhältnis die Verschwendung volkswirtschaftlicher Produktivkräfte im Vergleich zu Alternativsystemen steht. Diese Frage hat die Geschichte eindrucksvoll zugunsten der Marktkoordination beantwortet.

Verbindung zwischen Gewinnstreben und Nachfrage wird übersehen

Das Konzept der Entfremdung ist schwer faßbar, schwer nachvollziehbar, aber auch hier hat jedenfalls der „real existierende Sozialismus“ seine behauptete Überlegenheit nicht nachweisen können.

Marx beschreibt das alternative Wirtschaftssystem nicht

MARX’ Kritik der kapitalistischen Marktwirtschaft hat ein Wirtschaftssystem begründet, in dem das kapitalistische Privateigentum an Produktionsmitteln aufgehoben wird und die Marktkoordination durch „etwas anderes“ ersetzt wird. Dabei ist die positive Beschreibung der Alternative durch MARX unterblieben. Es war auch nicht ganz klar, ob die zentrale Planung notwendigerweise zur Sozialisierung der Produktionsmittel gehört. Allerdings ermöglicht das gesellschaftliche Eigentum an Produktionsmitteln die zentrale Planung, und die Kritik der Marktkoordination legt ja eine Form der zentralen Planung nahe. Jedenfalls ist Sozialismus im wesentlichen – von früheren Reformversuchen in Jugoslawien und Ungarn abgesehen – immer mit zentraler Planung verbunden gewesen. Diese zentrale Planung, die in ihrer Grundkonzeption in der Sowjetunion nach dem 1. Weltkrieg entwickelt worden ist und später u. a. auch in der DDR übernommen worden ist, soll im folgenden in ihren Grundzügen beschrieben werden.

2. Zentrale Planung

2.1 Grundkonzeption der zentralen Planung

In einer zentralgeleiteten Verwaltungswirtschaft (Zentralplanwirtschaft) – häufig auch Planwirtschaft genannt – wird versucht, die wirtschaftliche Tätigkeit der Millionen Produktions- und Konsumeinheiten (Betriebe und Haushalte) in einem zentralen Plan **im voraus** aufeinander abzustimmen und festzulegen.

Ausgangspunkt und Grundlage dieses Planes sind die gesellschaftlichen Zielsetzungen und Produktionsmöglichkeiten. Im Grundsatz bestimmen also die für die Volkswirtschaft festgelegten Gesamtziele (z. B. größtmögliches Wachstum, forcierter Ausbau der Schwerindustrie) über entsprechende Planauflagen zwingend die wirtschaftliche Tätigkeit der planausführenden Betriebe und Haushalte. Hierin liegt ein ganz **wesentlicher Unterschied zum Modell der Marktwirtschaft,** in dem die individuellen Ziele der Millionen von Haushaltungen und Unternehmungen unmittelbar deren wirtschaftliches Handeln und damit mittelbar auch das gesamtwirtschaftliche Geschehen bestimmen. Daß man in der marktwirtschaftlichen Praxis das gesamtwirtschaftliche Geschehen seit geraumer Zeit ebenfalls im Sinne bestimmter gesamtwirtschaftlicher Ziele (wie Vollbeschäftigung und Preisstabilität) zu beeinflussen versucht, beeinträchtigt diese Feststellung nicht, da grundsätzlich keine direkten Eingriffe in die einzelwirtschaftliche Tätigkeit (durch sog. Einzel- oder Mikrosteuerung) vorgenommen werden, sondern die einzelwirtschaftlichen Pläne nur indirekt (im Rahmen einer sogenannten Gesamt- oder Makro- oder Globalsteuerung) beeinflußt werden.

Gesellschaftliche Ziele sollen zwingend die wirtschaftlichen Handlungen der Betriebe und Haushalte bestimmen

Wie kann man sich die **Funktionsweise** einer zentralgeleiteten Volkswirtschaft im Prinzip vorstellen?

Eine aus Experten bestehende zentrale Plankommission legt den politischen Entscheidungsinstanzen (auf der Grundlage ihrer Erfahrung und in Zusammenarbeit mit untergeordneten Planbehörden und den Betrieben) Möglichkeiten für die gesamtwirtschaftliche Produktion vor (sie zeigt gewissermaßen einige Punkte der volkswirtschaftlichen Transformationskurve auf). Die politischen Entscheidungsträger wählen aufgrund ihrer gesellschaftlichen Zielvorstellungen eine Kombination aus, die damit zum verbindlichen zentralen Plan für die Volkswirtschaft wird. Die zentrale Planungskommission setzt auf dieser Grundlage (wieder in Kooperation mit untergeordneten Planbehörden) die Produktion der entsprechenden Güter für die einzelnen Betriebe der Volkswirtschaft fest und ordnet eine dem Plan entsprechende Verteilung der Güter an. Die Betriebe handeln auf der Grundlage dieser Planauflagen und melden das Ergebnis ihrer Tätigkeit der zentralen Planbehörde, die damit die Durchführung kontrollieren kann.

Zentrale Plankommission arbeitet Alternativen aus

Politische Zentrale wählt eine Alternative aus

Zentrale Plankommission leitet aus dem Gesamtplan Plandirektiven für die Betriebe ab

2.2 Grundprinzip der Mengenplanung

Das Planverfahren ist überaus kompliziert. Die Planbehörde muß genaue Kenntnisse von den Produktionsbedingungen in den einzelnen Betrieben der Volkswirtschaft haben. Sie muß z. B. für einen bestimmten Betrieb X wissen, wieviel Arbeitskräfte und Maschinen zu Beginn der Planungsperiode (z. B. eines Jahres) zur Verfügung stehen, welche Lagerbestände an Vorprodukten im Betrieb vorhanden sind, welche zusätzlichen Vorprodukte und welche Kapitalgüter dem Betrieb X von anderen Betrieben der Volkswirtschaft oder durch Importe zu welchen Zeitpunkten zur Verfügung gestellt werden können, welche Produkte in dem Betrieb beim gegenwärtigen Stand des technischen Wissens mit welchen Produktionsverfahren in welcher Zeit hergestellt werden können usw. Aus der Zusammenfügung solcher Informationen für die gesamte Volkswirtschaft kann die Planungsbehörde dann letztlich die gesamten Produktionsmöglichkei-

Hoher Informationsbedarf

ten in der Volkswirtschaft bestimmen. Wird auf dieser Grundlage der endgültige Volkswirtschaftsplan beschlossen, so kann die Planbehörde auf der Basis der bei der Planaufstellung verwendeten Informationen den einzelnen Betrieben entsprechende Planauflagen machen.

Hauptinstrument der zentralen Planung war das System der sog. **Planbilanzen,** mit dem Produktionsmengen geplant wurden. So gab es in der DDR in der Mitte der 80er Jahre etwa 4500 solcher Bilanzen. Das Prinzip sei an Hand eines Beispiels erläutert.

Angenommen, das Industrieministerium meldet einen Bedarf von 1100 Automobilen an und läßt die Möglichkeit zur Bedarfserfüllung von der Plankommission durchrechnen. Die Plankommission stellt diesen Bedarf dem angenommenen Lagerbestand von 50 und den geplanten Importen von 50 gegenüber und ermittelt so eine notwendige Produktion von 1000 Autos:

Bedarfsbilanz Autos			
Geplante Möglichkeiten der Bedarfsdeckung		Bedarf für	
Lagerbestand Importe Produktion	50 50 1 000	inländischen Konsum	1 100
	1 100		1 100

Im nächsten Schritt werden die notwendigen Gütereinsatzmengen zur Produktion der 1000 Autos bestimmt. Ausgehend von Erfahrungswerten für den Faktorenverbrauch (sog. „Normen") kommt man zu folgender Aufstellung (wir beschränken uns der Einfachheit halber auf drei homogene Produktionsgüter):

Produktionsbilanz Autos			
Notwendige Faktoreinsatzmengen		Produktion	
Arbeit Maschinen Blech	5 000 Std. 500 Std. 10 000 m^2	Produktion	1 000 Stück

Um die Durchführungsmöglichkeiten zu überprüfen, muß die Planungskommission nun für sämtliche Faktoren feststellen, ob sie im notwendigen Umfang zur Verfügung stehen (d. h. Produktbilanzen aufstellen). Das bedeutet, daß die Produktion sämtlicher Güter mit in die Betrachtung einbezogen werden muß, für die diese spezielle Form der Arbeitskraft, der Maschinenleistung sowie Blech notwendig sind.

In unserem Beispiel verfolgen wir nur die Verfügbarkeit des Produktionsgutes Blech.

Die für Blech zuständige Abteilung des Planungsstabes erhält die Bedarfsmeldung für die sonstigen blechverarbeitenden Industrien (z. B. 50 000 m^2 für Panzer und 20 000 m^2 für Schiffe). Sie stellt dem Gesamtbedarf (einschließlich der Automobilindustrie) in Höhe von 80 000 m^2 den Bestand von 5 000 m^2 und die Importe von 5 000 m^2 gegenüber und ermittelt so die notwendige Produktionsmenge von 70 000 m^2 (wir unterstellen dabei vereinfachend, daß es sich immer um die gleiche Blechsorte handelt).

Bedarfsbilanz Blech			
Geplante Möglichkeiten der Bedarfsdeckung		Bedarf für	
Lagerbestand	5 000 m^2	Automobile	10 000 m^2
Importe	5 000 m^2	Panzer und Schiffe	70 000 m^2
Produktion	70 000 m^2		
	80 000 m^2		80 000 m^2

Anschließend werden die notwendigen Gütereinsatzmengen für die Blechproduktion von 70 000 m^2 ermittelt.

Produktionsbilanz Blech			
Notwendige Faktoreinsatzmengen		Produktion	
Arbeit	1 500 Std.	Blech	70 000 m^2
Maschinen	1 000 Std.		
Stahl	7 000 t		
davon für die Produktion von			
Autos:	1 000 t		
Panzern:	4 000 t		
Schiffen:	2 000 t		

Um die Produktionsmöglichkeiten für Blech zu ermitteln, muß die Plankommission die Verfügbarkeit sämtlicher Produktionsgüter weiter verfolgen. Wir beschränken uns hier auf den Faktor Stahl, dessen Verbrauchsmengen deshalb in obiger Aufstellung schon aufgegliedert sind.

Die Stahlabteilung erhält die Bedarfsmeldungen der Blechabteilung (7 000 t) und der übrigen stahlverarbeitenden Industrien (z. B. für den Maschinenbau 8 000 t). Aufgrund von Anfangsbeständen (1 000 t) und Importen (1 000 t) ermittelt die Stahlabteilung eine Produktionsmenge von 13 000 t.

Bedarfsbilanz Stahl			
Geplante Möglichkeiten der Bedarfsdeckung		Bedarf für	
Lagerbestand	1 000 t	Blech	7 000 t
Importe	1 000 t	Sonst. stahlverarb.	
Produktion	13 000 t	Industrien	8 000 t
	15 000 t		15 000 t

Wiederum sind die Verbrauchsmengen an Produktionsgütern zu ermitteln.

Produktionsbilanz Stahl			
Notwendige Faktoreinsatzmengen		Produktion	
Arbeit	200 Std.	Stahl	13 000 t
Maschinen	100 Std.		
Eisenerz	33 000 t		
davon für:			
Blechindustrie	14 000 t		
1 000 Autos	2 000 t		
100 Panzer	8 000 t		
10 Schiffe	4 000 t		
Maschinenbau	19 000 t		
200 Kräne	10 000 t		
3 000 Werkzeugmaschinen	9 000 t		

Zu prüfen ist wiederum, ob die notwendigen Arbeitsstunden, Maschinenstunden und das notwendige Eisenerz zur Verfügung stehen. Wir beschränken uns auf das Produktionsgut Eisenerz.

Die Eisenerzabteilung erhält nun die Bedarfsmeldung der Stahlabteilung (33 000 t) und ermittelt aufgrund von Anfangsbeständen (0 t) und Importen (15 000 t) eine notwendige Produktionsmenge von 18 000 t Eisenerz. Damit sind wir bei der Grundstoffindustrie angelangt, deren Produktionskapazitäten durch die Abbaumöglichkeiten in der Planperiode begrenzt sind.

Angenommen, es können nur 15 000 t Eisenerz abgebaut werden. Es verbleibt eine **Fehlmenge** von 3 000 t Eisenerz.

Bedarfsbilanz Erz			
Geplante Möglichkeiten der Bedarfsdeckung		Bedarf für	
Anfangsbestand	0 t	Blech	14 000 t
Importe	15 000 t	davon für	
Produktion	15 000 t	1 000 Autos 2 000 t	
Fehlmenge	3 000 t	100 Panzer 8 000 t	
		10 Schiffe 4 000 t	
		Maschinenbau	19 000 t
		davon für	
		200 Kräne 10 000 t	
		3 000 Werkzeugbänke 9 000 t	
	33 000 t		33 000 t

Das Beispiel gibt uns einen guten Einblick in das Kernstück der Mengenplanung in einer zentralgeleiteten Volkswirtschaft, das System von miteinander verbundenen **Produktbilanzen.**

Mengenplanung mittels eines Systems miteinander verbundener Produktbilanzen

In unserem Beispiel ergibt sich kein „stimmiges" System von Produktbilanzen, da beim Eisenerz eine Fehlmenge von 3 000 t entsteht (Eisenerz ist offenbar ein sehr knappes Produktionsmittel). Die Plankommission steht deshalb vor der Aufgabe, für einen Ausgleich zu sorgen. Hierzu hat sie mehrere Möglichkeiten, die einzeln oder kombiniert zur Anwendung kommen können.

Möglichkeiten des Ausgleichs der Produktbilanzen

(1) Sie kann versuchen, zusätzliches Eisenerz durch Importe zu beschaffen.

(2) Sie kann versuchen, die Normen zu ändern, z. B. für die Automobilindustrie nur 8 m² Blech pro Auto anzusetzen („Normendruck").

(3) Sie kann prüfen, ob einzelne Produkte nicht auch mit Hilfe von anderen Rohstoffen erzeugt werden können (z. B. Kunststoff für Autos).

(4) Sie kann die Produktion von Gütern, bei denen Eisenerz benötigt wird, vermindern, also z. B. die Automobilproduktion, den Maschinenbau usw.

In der Praxis zentralgeleiteter Verwaltungswirtschaften wurde von sämtlichen Möglichkeiten Gebrauch gemacht.

Nehmen wir an, die Möglichkeiten 1–3 würden ausscheiden, so daß der Plan bezüglich des „Was" der Produktion revidiert werden müßte. Es muß dann entschieden werden, wie die Produktion von Autos, Panzern, Schiffen, Kränen oder Werkzeugmaschinen eingeschränkt werden soll. Eine Entscheidungshilfe wird den politischen Instanzen durch die an Eisenerz gemessenen Alternativkosten der Produktion der verschiedenen Güter gegeben. Im obigen Beispiel:

1 Auto kostet in Erz	2 Tonnen
1 Panzer kostet in Erz	80 Tonnen
1 Schiff kostet in Erz	400 Tonnen
1 Kran kostet in Erz	50 Tonnen
1 Werkzeugmaschine kostet in Erz	3 Tonnen

Es ergeben sich mithin folgende Transformationsraten:

1 Schiff = 5 Panzer = 8 Kräne = 133⅓ Werkzeugmaschinen = 200 Autos.

Kosten- und Nutzenüberlegungen bei Produktionseinschränkungen

Die Rangordnung der Bedürfnisse muß jetzt herangezogen werden, um zu einer Entscheidung über das „Was" der Produktion zu kommen. Um zu einer Entscheidung über die endgültige Zusammensetzung der Produktion zu gelangen, müssen zusätzlich zu der Kostenüberlegung Nutzenüberlegungen herangezogen werden. Es muß also berücksichtigt werden, welchen Nutzen z. B. 1 Auto, 1 Kran oder 1 Panzer für die Gesellschaft hat. Kennt man diesen Nutzen, so kann man unmittelbar den Nutzen pro Tonne Eisenerz bestimmen, die für Autos, Kräne etc. verwendet wird. Die Produktionseinschränkung ist dann so vorzunehmen, daß

(1) die Fehlmenge verschwindet und
(2) der Nutzen jeder Tonne Eisenerz, die in Autos, in Panzer, in Schiffe, in Kräne und Werkzeugmaschinen gesteckt wird, für die Gesellschaft gleich groß ist.

Wir haben dieses Beispiel so ausführlich geschildert, damit wenigstens ungefähr eine Vorstellung über die ganz gewaltigen Planungsprobleme einer zentralen Verwaltungswirtschaft vermittelt werden kann. Zugleich soll dabei auch noch einmal deutlich werden, welche Koordinierungsaufgaben der Markt quasi nebenbei erfüllt. Eine solche Planung konnte wegen ihrer Komplexität nur für eine begrenzte Zahl wichtiger Güter, sog. Prioritätsgüter, erstellt werden. In der DDR wurde die Mengenplanung in etwa 4 500 Produktbilanzen durchgeführt. Die Mengenplanung wurde ergänzt durch eine **Wertplanung,** eine Planung unter Zuhilfenahme von Preisen, die hier allerdings nicht mehr beschrieben werden soll.

2.3 Probleme zentraler Planung

Die grundlegenden Probleme zentraler Planung waren die Unmöglichkeit, das Informationsproblem und das Sanktionsproblem zu lösen.

2.3.1 Das Informationsproblem

Die Aufstellung des zentralen Planes erfordert die zentrale Kenntnis

- der vorhandenen Ressourcen,
- der (optimalen) Produktionsverfahren und,
- jedenfalls idealiter, der Präferenzen der Konsumenten.

Weil die relevanten Informationen von den Betrieben selbst geliefert werden und die Betriebe nicht an „harten" Plänen interessiert sind, die schwer zu erfüllen sind, liefern die Betriebe in der Regel nach unten manipulierte Informationen. Es resultieren dann die sog. „weichen" Pläne, die das volkswirtschaftliche Produktionspotential nicht ausschöpfen. Aber selbst wenn die „richtigen" Informationen geliefert würden, bleibt zu bezweifeln, daß eine zentrale Behörde diese Informationen befriedigend verarbeiten kann.

Tendenz zu weichen Plänen

Das Grundproblem ist die prinzipielle Unfähigkeit der Planbehörde, die Produktion **optimal** zu koordinieren. In kapitalistischen Marktwirtschaften existieren Knappheitspreise, und diese Knappheitspreise reflektieren hinlänglich genau

- die Knappheit der vorhandenen Ressourcen,
- den Stand moderner Produktionstechnik und
- die Präferenzen der Konsumenten.

Solche Knappheitspreise existieren in der sozialistischen Planwirtschaft nicht, und daher ist es für die Planbehörde unmöglich, den optimalen Plan zu erstellen. Die Planbehörde kann z. B. nicht wissen, ob Strom billiger durch Braunkohle, durch Atomkraftwerke oder Importe geliefert wird, und sie kann nicht wissen, ob Automobile besser vertikal integriert in einem großen Werk oder eher dezentralisiert in kleineren Betrieben produziert werden sollten usw. Die Planbehörde kann mithin **allenfalls** einen Plan aufstellen, der in sich stimmt, aber niemals eine optimale Koordination erreichen. Die zentrale Planung vergeudet mithin volkswirtschaftliche Ressourcen.

Knappheitspreise existieren nicht…

…daher konnte der optimale Plan nicht aufgestellt werden

2.3.2 Das Sanktionsproblem

Die Hoffnung, in sozialistischen Wirtschaftssystemen eine Übereinstimmung von Handlungsmotiv und gesellschaftlicher Funktion erreichen zu können, hat getrogen. Es war falsch anzunehmen, daß Individuen die Interessen der Gesellschaft kennen, sich mit diesen identifizieren und nach ihnen handeln. Auch im Sozialismus verfolgen die Menschen ihre eigenen Interessen, und Leistungsanreize und Erfolgskontrollen müssen daher geschaffen werden.

Während in kapitalistischen Marktwirtschaften der Preis- und Gewinnmechanismus Leistungsanreiz und Erfolgskontrolle quasi automatisch und nebenbei produziert, muß dies in sozialistischen Planwirtschaften veranstaltet werden. Erfolgsmaßstab ist hier die Planerfüllung

Leistungsanreize und Kontrollen mußten veranstaltet werden

$$\text{Erfolg} = \text{Istproduktion} - \text{Sollproduktion}.$$

Der Erfolgsmaßstab war falsch

Aus leicht einsichtigen Gründen ist das Interesse der produktiv Tätigen dabei niemals auf eine Maximierung der Istproduktion, sondern immer auf eine Minimierung der Sollproduktion gerichtet. Dies, weil die Planerfüllung dieses Jahres die Basis für die Planfestsetzung des nächsten Jahres ist. Alle Versuche, dies zu ändern, waren erfolglos.

2.3.3 Fehlende Innovationsdynamik

Bei der Innovation kumulieren sich die Informations- und Sanktionsprobleme

Sozialistische Planwirtschaften sind durch einen ganz zentralen Mangel an Innovationsdynamik gekennzeichnet. Die Entwicklung neuer Produkte (Produktinnovation) und die Entwicklung neuer Verfahren (Prozeßinnovation) sind hier ungleich geringer als in kapitalistischen Marktwirtschaften. Dies ist einsichtig, denn in diesem Feld kumulieren sich die Informations- und Sanktionsprobleme.

- Eine Prozeßinnovation ist kaum planbar, woher soll die Planbehörde wissen, wie man effizienter produziert?
- Eine Produktinnovation ist ebenfalls kaum planbar, weil die Mengenplanung mit quantifizierbaren Produktionsauflagen arbeiten muß und eine Qualitätsverbesserung oder eine Neuerung nicht quantifiziert werden kann (wie soll man die Schönheit von Sommerkleidern oder den Geschmack von Wurst quantifizieren?).
- Vor allem haben die Produzenten – die Betriebe und die Arbeitnehmer – kein Interesse an Innovationen. Diese würden in der Einführungsphase den eingefahrenen Betriebsablauf und damit den zentralen Plan nur stören und in der Folgezeit zu entsprechend revidierten Planauflagen führen. Die Nachteile für den Betrieb würden die Vorteile bei weitem übersteigen.

2.3.4 Fazit: Effizienzmangel

Diese zentralen Mängel lassen sich vielfältig ergänzen. Genannt seien die folgenden Punkte:

- Die Kumulation von Fehlplanungen und Planuntererfüllungen;
- die darauf folgende Neigung, „strategische Reserven" zu bilden, um bei ausbleibenden Lieferungen dennoch weiter produzieren zu können;
- der schrittweise Übergang zu bilateralen Tauschgeschäften;
- die „Tonnenideologie", die Neigung, Produktionsauflagen, die in Gewicht, Menge usw. formuliert werden, durch die Produktion besonders schwerer, besonders großer oder besonders vieler Produkte zu erfüllen. Damit wird z. B. ein Speditionsbetrieb, dessen Planproduktion in Tonnenkilometern vorgegeben wird, besonders viel und besonders umwegreich fahren, ein Anreiz, Transportwege zu minimieren, besteht jedenfalls nicht;

– die ausgeprägte Beharrungstendenz: Fehler werden schwerer erkannt und werden, wenn überhaupt, nur mühsam beseitigt (z. B. die Konzentration auf die Braunkohleproduktion in der DDR).

Das Resultat war eine ganz deutliche ökonomische Ineffizienz der sozialistischen Planwirtschaft. Folgende grobe Kalkulation gibt sicherlich die Größenordnung richtig wieder: „Im Endergebnis liegt der Lebensstandard in der DDR heute (1989) bei etwa einem Drittel des unsrigen. Das also ist das Ergebnis der besten aller Planwirtschaften“ (Wirtschaftswoche Nr. 48 v. 24. 11. 1989, S. 174).

Eine Wertung des politischen Systems soll hier unterbleiben. Faktisch hat sich indes in allen sozialistischen Zentralverwaltungswirtschaften die „Unteilbarkeit der Freiheit“ bestätigt: Wirtschaftliche Freiheit war ohne politische Freiheit nicht zu realisieren.

3. Der Transformationsprozeß in der ehemaligen DDR und in den neuen Bundesländern

3.1 Der Begriff der Transformation

Transformation heißt Veränderung eines zentralen Systemelementes

Wenn man, wie im ersten Kapitel erläutert, die Eigentumsordnung an den Produktionsmitteln und den Koordinationsmechanismus als zentrale unabhängige Elemente eines Wirtschaftssystems ansieht und nur die extremen Ausprägungsformen dieser Elemente – also Privateigentum und Staats- (Gemeinschafts-) Eigentum bzw. Marktkoordination und Koordination über einen zentralen Plan – betrachtet, so bedeutet die Veränderung dieser Ausprägungen eines Systemelementes eine **Transformation** des Wirtschaftssystems. Im diesem weiten Sinne versteht man unter der Transformation einer Volkswirtschaft also z. B. sowohl die Umwandlung einer sozialistischen in eine kapitalistische Marktwirtschaft (oder umgekehrt) als auch die Umwandlung einer sozialistischen Zentralplanwirtschaft in eine sozialistische Marktwirtschaft. Betrachtet man nicht nur die extremen Ausprägungsformen der Systemelemente, sondern auch Mischformen (graduelle Abstufungen), berücksichtigt man also z. B. bei der Eigentumsordnung auch die Merkmalsausprägung „überwiegend Privateigentum gemischt mit Staatseigentum“ u. ä., so entsteht die Frage, in welchem Umfang ein Systemelement verändert werden muß, damit es sich um eine Systemtransformation und nicht nur um eine Systemreform handelt.

Überführung einer sozialistischen Zentralplanwirtschaft in eine kapitalistische Marktwirtschaft

Im Zuge der politisch-ökonomischen Entwicklung seit 1989 hat sich eine engere Verwendung des Transformationsbegriffes herausgebildet: Mit Transformation ist praktisch durchgängig die Überführung einer sozialistischen Zentralplanwirtschaft oder einer sozialistischen Marktwirtschaft in eine kapitalistische Marktwirtschaft gemeint. Wir beschränken uns hier auf den Fall, daß eine sozialistische Zentralplanwirtschaft in eine kapitalistische Marktwirtschaft überführt werden soll, und beziehen uns konkret auf den Transformationsprozeß in der ehemaligen DDR bzw. in den neuen Bundesländern.

Vermutlich zeitpfadabhängige Kosten und Nutzen der Transformation

Was sind die grundsätzlichen Probleme, die bei einer solchen Transformation auftreten und wie können sie optimal gelöst werden? Die in den letzten Jahren entwickelte „Theorie der Transformation" versucht, hier Antworten zu geben, die allerdings häufig eher Bekenntnischarakter zu haben scheinen, als daß sie aus einem zwingenden ökonomischen Kalkül bezüglich der Nutzen und Kosten der Transformation, insbesondere auch in Abhängigkeit vom einzuschlagenden Zeitpfad, abgeleitet sind.

3.2 Strategien der Transformation

In bezug auf das Tempo der Transformation wird häufig zwischen **„Schocktherapie"** und **„Gradualismus"** unterschieden. Am sinnvollsten lassen sich diese Konzepte wohl mit möglichst schneller bzw. behutsamer, zeitlich stärker gestreckter Umgestaltung des Wirtschaftssystems charakterisieren.

Schocktherapie versus Gradualismus

Bezogen auf den Koordinationsmechanismus würden Vertreter der Schocktheorie dafür plädieren, zu einem sehr frühen Zeitpunkt und auf allen Märkten der Volkswirtschaft eine möglichst vollständige Deregulierung, d. h. ein Inkraftsetzen des marktwirtschaftlichen Preismechanismus, vorzunehmen. Sie würden ferner fordern, die Betriebe der Volkswirtschaft möglichst rasch zu privatisieren, wobei unter marktwirtschaftlichen Bedingungen mittelfristig nicht existenzfähige Unternehmen zu liquidieren sind. **„Gradualisten"** würden zunächst nur einzelne Märkte, und diese eventuell auch nur teilweise, deregulieren wollen und die Betriebe der Volkswirtschaft (bei gewissen Entflechtungen) zwar grundsätzlich dem Gewinn- und Verlustprinzip (also der sog. harten Budgetrestriktion) unterwerfen, temporären Subventionierungen aber positiv gegenüberstehen. In bezug auf die Eigentumsordnung würden sie dafür eintreten, die Betriebe zunächst noch weitgehend in Staatseigentum zu belassen und die Privatisierung zeitlich strecken.

Beide Transformationsstrategien berufen sich dabei auf das Argument der politischen Akzeptanz, nur daß die Vertreter der „schnellen Transformation" der Meinung sind, die Bereitschaft zu solchen grundlegenden Veränderungen würde während eines zeitlich zu sehr gestreckten Prozesses (beispielsweise durch die Aktivitäten der ehemaligen Nomenklatura) nur verwässert, während die Gradualisten die „scheibchenweise" Umwandlung für politisch eher durchsetzbar halten. Außerdem führen die Vertreter der Schocktheorie an, daß die Preise der Volkswirtschaft so schnell wie möglich ihre volle volkswirtschaftliche Lenkungs-(Allokations-) Funktion übernehmen müßten, um die allokative Ineffizienz des alten Systems baldmöglichst zu überwinden. Eine Subventionierung mittelfristig nicht konkurrenzfähiger Betriebe lehnen sie ab und empfehlen statt dessen die Verwendung der entsprechenden Mittel zur Unterstützung des Neuaufbaus, also z. B. der Förderung der öffentlichen Infrastruktur. Dem würden Gradualisten entgegenhalten, daß die radikale Veränderung der relativen Preise mit gewaltigen Strukturveränderungen einhergehen würde, die kurzfristig zum Ruin vieler Unternehmen führen und damit eine Arbeitslosigkeit mit untragbaren Ausmaßen heraufbeschwören würde. Sie glauben, daß die Kosten einer forcierten Reinigungskrise in Form von hoher Arbeitslosigkeit und unzumutbar hohem Anpassungsdruck letztlich mögliche Effizienzgewinne überkompensieren.

In pragmatischer Sicht ist ein dreistufiges Schema für den Transformationsprozeß entwickelt worden, in das schocktherapeutische und gradualistische Elemente einfließen können. Notwendig sind:

Dreistufenschema des Transformationsprozesses

- eine Vorbereitungsphase,
- ein Startzeitpunkt (bzw. eine Startphase) und
- eine Anpassungsphase.

In der **Vorbereitungsphase** sind die **gesetzlichen Rahmenbedingungen** und die **institutionellen Grundlagen** für das neue Wirtschaftssystem zu entwickeln. Damit sollen die Voraussetzungen geschaffen werden, daß die Märkte zum Startzeitpunkt funktionieren und die wirtschaftspolitischen Instanzen mit den notwendigen Instrumenten ausgestattet sind. Konkret bedeutet dies u. a.:

- den Entwurf und die Inkraftsetzung einer demokratischen Verfassung, die das Prinzip der Gewaltenteilung festschreibt und die bürgerlichen Freiheitsrechte und damit u. a. auch Vertragsfreiheit, Gewerbefreiheit, Freiheit der Berufswahl, Koalitionsfreiheit, Freizügigkeit und Niederlassungsfreiheit garantiert und über ein funktionierendes Rechtssystem absichert;

- die Organisation des Geldwesens, d. h. die Schaffung einer Zentralbank und eines privaten Bankensystems. Die Organisation des Geldwesens schließt auch eine Lösung des Problems des in ehemaligen sozialistischen Zentralplanwirtschaften existierenden Kaufkraftüberhanges (zurückgestaute Inflation) ein, damit es bei Freigabe der Preise zum Startzeitpunkt nicht zu schwer zu steuernden Inflationstendenzen kommt. Häufig wird eine Währungsreform unvermeidlich sein;

- die Entwicklung funktionsfähiger Kapitalmärkte;

- die Etablierung eines Steuersystems einschließlich einer funktionierenden Finanzverwaltung, so daß die staatlichen Institutionen zumindest zum Teil mit den notwendigen Mitteln versorgt werden können, ohne daß die Notenpresse in Gang gesetzt werden muß;

– den Aufbau einer funktionierenden Verwaltung (Polizei, Kommunalbehörden, z. B. Katasterämter etc.);
– die Einrichtung eines leistungsfähigen Sozialsystems (Arbeitslosenversicherung, Rentenversicherung, Krankenversicherung) zur Abfederung der sozialen Verwerfungen im Zuge des Transformationsprozesses;
– eine Entscheidung über das Wechselkurssystem, d. h. die Festlegung, ob gegenüber dem Ausland ein fester oder ein flexibler Wechselkurs bestehen soll;
– die Institutionalisierung der Tarifparteien;
– die Einsetzung einer Wettbewerbsaufsichtsbehörde;
– die Entflechtung der großen staatlichen Betriebe, die zukünftig prinzipiell dem Wettbewerbsprinzip unterworfen sind. Außerdem sollte die Privatisierung dieser Betriebe institutionell vorbereitet werden.

Preise übernehmen Allokationsfunktion

Der **Startzeitpunkt** ist jener Stichtag, an dem die Preise freigegeben werden und die Volkswirtschaft damit prinzipiell über den Preis- und Gewinnmechanismus gesteuert wird („marktwirtschaftliche Allokation", d. h. Koordinationsmechnismus ist der Markt).

Dabei muß nicht auf allen Märkten der Volkswirtschaft gleichzeitig eine vollständige Freigabe der Preise erfolgen. Zum Beispiel ist es denkbar, den außenwirtschaftlichen Bereich zunächst noch „reguliert" zu lassen, was von Import- und Exportbeschränkungen bis zur Devisenbewirtschaftung reichen kann. Zum Beispiel könnte ein Einfrieren des Wechselkurses zunächst sinnvoll sein, damit nicht die bei seiner Anpassung an den Marktkurs zu erwartende, drastische Abwertung der heimischen Währung die Volkswirtschaft praktisch ihrer Importmöglichkeiten beraubt. Denn eine Abwertung der heimischen Währung verteuert die Importe, ohne daß die Verbilligung der inländischen Güter für das Ausland in der für Transformationsländer typischen Situation dazu führt, die für den Import notwendigen Devisen zu beschaffen: Es gibt in der Regel kaum exportfähige Produkte (sei es, weil ehemalige Exportmärkte wegbrechen und/oder auf den Weltmärkten noch keine konkurrenzfähigen Produkte angeboten werden können). Gegen die außenwirtschaftliche Abschottung kann allerdings eingewandt werden, daß regulierte Märkte, wenn die Regulierung wirksam sein soll, einen sehr hohen Kontrollbedarf haben (schwarze Märkte usw.) und außerdem die Anpassung der heimischen Märkte an die internationalen Wettbewerbsbedingungen verhindert wird und damit Fehlallokationen verursacht werden. Andere potentielle Felder für eine temporäre Außerkraftsetzung des unverzerrten Preiswettbewerbs sind der Arbeits- und der Wohnungsmarkt. In bezug auf den Arbeitsmarkt kann es sinnvoll sein, Unternehmen, die mittelfristig aus eigener Kraft wettbewerbsfähig werden könnten, durch Lohnsubventionen und Förderung von Investitionen „über Wasser zu halten" oder sogar – mit Blick auf die gesellschaftlichen Kosten der Arbeitslosigkeit – Unternehmen „ohne langfristige Perspektive" zeitlich begrenzt bei den Lohnkosten zu entlasten, bis die Ökonomie über die notwendigen Ressourcen verfügt, um die Umgestaltung durchführen zu können. Ähnlich kann es unter sozialpolitischen Aspekten sinnvoll sein, den Wohnungsmarkt nicht vollständig freizugeben, sondern temporär zu bewirtschaften.

Letztlich hängt die Gestaltung der Startphase (Gradualismus versus Schocktherapie) davon ab, wie man die gesellschaftlichen Erträge und Kosten der jeweiligen Alternativen einschätzt. Diese Einschätzung aber ist von der Auswahl und der Gewichtung der in das Kalkül eingehenden Ertrags- und Kostenkomponenten abhängig und damit nicht objektiv leistbar.

In der **Anpassungsphase,** die nach der teilweisen oder vollständigen Inkraftsetzung der marktwirtschaftlichen Mechanismen beginnt, **muß eine angemessene Wirtschaftspolitik den Transformationsprozeß abfedern und unterstützen.** Diese Unterstützung bezieht sich auf die unterschiedlichsten Bereiche und kann deshalb nur beispielhaft erläutert werden.

Vermeidung einer Rezessionsspirale

Nach einem Währungsschnitt und einer Freigabe der Preise für Güter und Dienste müßte die Geldpolitik mit Blick auf das Ziel der Herstellung der internationalen Wettbewerbsfähigkeit der Volkswirtschaft die Spielräume für Lohnerhöhungen knapp halten. Bei Preissteigerungen bisher subventionierter Güter können dann Nachfragedefizite entstehen. Eine staatliche Defizitfinanzierung für investive Bereiche (Verkehr, Bildungswesen, Verwaltungsinfrastruktur usw.) und für die Stabilisierung der Konsumnachfrage ist dann angezeigt, um eine Rezessionsspirale zu vermeiden. Daneben müssen die Wettbewerbsstrukturen der Volkswirtschaft verbessert werden, indem Firmenneugründungen gefördert und der Marktzugang erleichtert wird. Investitionen müssen generell gefördert werden, um von der Angebotsseite weitere Impulse zur Verbesserung der Wettbewerbsfähigkeit und für mehr Beschäftigung zu geben. Angesichts eines sich einstellenden drastischen Strukturwandels ist die Arbeitsmarktpolitik in Form von Umschulungs- und Arbeitsbeschaffungsmaßnahmen besonders gefordert. Stark in die Verantwortung genommen ist auch die Sozialpolitik, da sonst die zwangsläufig entstehende Arbeitslosigkeit zu einem politischen Sprengsatz werden kann, der den gesamten Transformationsprozeß in Frage stellen kann.

Tempo der Privatisierung

In der Anpassungsphase ist auch **die Privatisierung der großen Staatsbetriebe in Angriff zu nehmen.** In welchem Tempo die Privatisierung unter Wettbewerbsbedingungen vonstatten gehen soll, hängt einmal von der Position ab, die die für die Wirtschaftspolitik verantwortlichen Politiker bezüglich Schocktherapie und Gradualismus einnehmen. Zum anderen sind die Möglichkeiten der Gesellschaft, den Prozeß der **„schöpferischen Zerstörung"** durchzuhalten, bedeutsam, insbesondere dann, wenn Hilfe von außen kaum erwartet werden kann.

Dies gilt insbesondere deshalb, weil mit der Freigabe der Preise in der Regel der existierende Kapitalstock infolge der völlig neuen Nachfragestruktur zumindest teilweise entwertet wird, da die mit diesem Kapitalstock produzierbaren Güter nur noch begrenzt absetzbar sind. Die Umgestaltung und der Neuaufbau des Kapitalstocks erfordern relativ viel Zeit.

3.3 Die institutionellen Bedingungen des Transformationsprozesses in der DDR

Die Entwicklung, die mit der Öffnung der innerdeutschen Grenze im Herbst 1989 einsetzte, ist in der neueren Wirtschaftsgeschichte ohne vergleichbares Beispiel. Hatte es zunächst noch den Anschein, als würde die ehemalige DDR eine eigenständige staatliche und wirtschaftliche Entwicklung anstreben, richtete der Wahlerfolg der Regierung DE MAIZIÈRES schon bald den Blick auf eine Vereinigung der beiden deutschen Staaten.

Wirtschafts-, Währungs- und Sozialunion

Die aus den ersten freien Wahlen in der DDR vom 18. 3. 1990 hervorgegangene Regierung DE MAIZIÈRE schloß am 18. 5. 1990 mit der Bundesregierung den ersten Staatsvertrag, der die Errichtung einer Währungs-, Wirtschafts- und Sozialunion zum 1. 7 .1990 zum Gegenstand hatte.

Dem ersten Staatsvertrag entsprechend, wurde zum 1. Juli der Geltungsbereich der DM auf die DDR ausgeweitet und die Deutsche Bundesbank mit der Schaffung der institutionellen Voraussetzungen für ein Geldwesen nach westdeutschem Muster und mit der Durchführung der Geldpolitik betraut. Im Zuge der Währungsumstellung in der DDR wurde für Löhne, Gehälter, Mieten, Renten und sonstige Transfers (einschließlich Steuern und Abgaben) ein Umrechnungskurs von 1 : 1 zugrundegelegt.

Die Geld- und Sparguthaben der DDR-Bürger wurden bis zu einem altersabhängigen Höchstbetrag zwischen 2000 und 6000 Mark im Verhältnis 1 :1 umgetauscht, darüber hinausgehende Beträge im Verhältnis 2:1. Damit wurden ca. ⅔ der Ersparnisse der DDR-Bürger im Verhältnis 1:1 umgetauscht, eine beachtliche Relation bei einem „Währungsschnitt“.

Übernahme der sozialen Marktwirtschaft

Gemäß Artikel 1 des ersten Staatsvertrages wurde auch die Wirtschaftsverfassung der Bundesrepublik Deutschland, also die „Soziale Marktwirtschaft“ mit Privateigentum, Leistungswettbewerb, freier Preisbildung und grundsätzlich voller Freizügigkeit von Arbeit, Kapital, Gütern und Dienstleistungen, von der DDR übernommen.

Mit Ausnahme der Mieten und der Tarife für öffentliche Dienstleistungen (Verkehr, Energie, Wasser u. a.) wurden deshalb alle Preise zum 1. Juli freigegeben, die Reste der staatlichen Planung beseitigt und die Lohnbildung den Tarifvertragsparteien übertragen.

Da auch eine Sozialunion vereinbart wurde, wurde prinzipiell auch die bundesdeutsche Arbeitsrechtsordnung und das System der sozialen Sicherung auf die DDR übertragen.

Mit dem **zweiten Staatsvertrag (Einigungsvertrag)** vom 31. 8. 1990 wurde festgelegt, daß die DDR zum 3. 10. 1990 der Bundesrepublik gem. Art. 23 S. 2 Grundgesetz beitritt und somit das Grundgesetz sowie grundsätzlich das gesamte Rechtssystem der Bundesrepublik Deutschland in den fünf neu zu bildenden Bundesländern und in Ost-Berlin verbindlich wurde.

Mit dem ersten und zweiten Staatsvertrag waren auch bezüglich der Eigentumsordnung für die ehemalige DDR bzw. die neuen Bundesländer neue Normen gesetzt. Parallel hierzu liefen die Vorbereitungen zur konkreten Umwandlung des Staatseigentums in Privateigentum. Damit sollte ein zentrales Funktionselement einer kapitalistischen Marktwirtschaft, nämlich die Anreizwirkung privater Verfügungs- und Nutzungsrechte zwecks Schaffung einer effizienten Nutzung der volkswirtschaftlichen Ressourcen realisiert werden.

Anreizwirkung des Privateigentums an Produktionsmitteln

Eine zentrale Stellung im Privatisierungsprozeß hat die **Treuhandanstalt** eingenommen. Die Treuhandanstalt wurde noch vor den Wahlen im März 1990 per Verordnung von der damaligen DDR-Führung gegründet. In einem am 17. 6. 1990 im Zusammenhang mit dem ersten Staatsvertrag von der Volkskammer beschlossenen Gesetz wurden Stellung und Aufgaben der Treuhand neuformuliert und später in dieser Fassung in den Einigungsvertrag übernommen. Die Treuhand war formal eigenständig, im Prinzip aber als bundesunmittelbare Anstalt des öffentlichen Rechts der Rechtsaufsicht des Bundesfinanzministeriums unterworfen. Ihre zentrale Aufgabe war es, den Unternehmenssektor der ehemaligen DDR wettbewerblich zu strukturieren und die Unternehmen zu privatisieren. Die Privatisierung sollte dabei so rasch wie möglich durchgeführt werden und sich auf mittelfristig potentiell wettbewerbsfähige Unternehmen beschränken, um so schnell zu effizienten Wirtschaftsstrukturen zu gelangen. Unternehmen ohne zukünftige Marktchancen sollten aufgelöst (liquidiert) werden.

Treuhand unterlag der Rechtsaufsicht des Bundesfinanzministers

...ihre zentrale Aufgabe war die Umsetzung des Privatisierungsgebots des Grundgesetzes

Damit stand die Treuhand vor einer riesigen, schier unlösbar scheinenden Aufgabe. Zum ursprünglichen Aufgabenbereich der Treuhand gehörten über 9.000 Unternehmen, die aus mehr als 45.000 Betriebsstätten bestanden. Außerdem waren 20.000 Handelseinrichtungen, 7.500 Hotels und Gaststätten sowie Tausende von Apotheken, Buchhandlungen und Kinos zu privatisieren. Ferner wurden der Treuhand 2,3 Millionen Hektar landwirtschaftliche Fläche und 1,9 Millionen Hektar Wald übertragen.

Nach einer ersten Entflechtung der Kombinate und volkseigenen Betriebe stieg die Zahl der zu privatisierenden Betriebe noch deutlich. Die angegebenen Zahlen schwanken, weil während des gesamten Privatisierungsprozesses immer wieder Betriebsausgliederungen vorgenommen wurden. Die Rede ist von über 12.000 bis knapp 14.000 Unternehmen.

Grundsatz „Rückgabe vor Entschädigung"

Ein wesentliches Hindernis für die Arbeit der Treuhand stellt zunächst der im Einigungsvertrag festgeschriebene **Grundsatz der „Rückgabe vor Entschädigung"** im „Gesetz zur Lösung offener Vermögensfragen" dar. Deshalb ist dieser Grundsatz später zugunsten von Investitionsvorhaben bzw. Unternehmensweiterführungen relativiert worden.

3.4 Die wirtschaftliche Lage, ihre Entwicklung und der Verlauf des Privatisierungsprozesses

Mit der schlagartigen Einführung marktwirtschaftlicher Bedingungen wurde die ostdeutsche Wirtschaft einem in der neuen Wirtschaftsgeschichte einmaligen Schock ausgesetzt. Zwar brachte die Wirtschafts-, Währungs- und Sozialunion den Bürgern mit der DM eine der härtesten Währungen der Welt, andererseits konfrontierte sie die Unternehmen in der ehemaligen DDR mit deutlich überlegenen ausländischen Wettbewerbern, da die Wirtschaft Ostdeutschlands sich in einem **desolaten Zustand** befand.

Die **Produktionsanlagen** waren überwiegend **verbraucht,** da ihre Erneuerung, auch weil man dem Konsum auf Druck der Bevölkerung schon seit Jahren einen höheren Stellenwert einräumen mußte, stark vernachlässigt worden war: Konsum statt Investitionen. Der im Vergleich zu anderen Ostblockländern hohe Lebensstandard der DDR-Bevölkerung wurde also aus der Substanz gespeist.

Die Ausrüstungen entsprachen nur selten dem **Stand der Technik.** Selbst in Schlüsselindustrien, wie in der Mikroelektronik, war der technische Standard in der DDR gegenüber westlichen Industrieländern rückständig. Zudem waren die eingesetzten Produktionsverfahren höchstens zufällig kostenoptimal, da volkswirtschaftliche Knappheiten anzeigende Produktionsmittelpreise in der zentralplangeleiteten Wirtschaft fehlten. So kennzeichneten hoher Energie- und Materialeinsatz viele Produktionsprozesse, die zudem eine hohe Umweltbelastung mit sich brachten. Systembedingt gab es kaum Anreize für Produkt- und Prozeßinnovationen.

Schließlich war das **Produktsortiment** stark auf die osteuropäischen Partnerländer zugeschnitten und bestenfalls in bezug auf den RGW-Wirtschaftsraum durch komparative Kostenvorteile bestimmt. Die Struktur des volkswirtschaftlichen Produktionsapparates entsprach deshalb nicht den Weltmarkterfordernissen. Für die produzierbaren Güter gab es deshalb außerhalb des Ostblocks kaum Absatzchancen. Erschwerend kam die schlechte Produktqualität hinzu.

Das wirtschaftliche Erbe der DDR

In Verbindung mit überhöhter Personalausstattung der Betriebe führten diese Faktoren dazu, daß die **Arbeitsproduktivität** der DDR nur ca. 20–30 Prozent der westdeutschen ausmachte, ganz abgesehen davon, daß sich diese Produktivität faktisch noch drastisch verminderte, als man bald nach der Einführung der „Wirtschafts-, Währungs- und Sozialunion“ und dem Wegbrechen der Ostmärkte buchstäblich „auf den Waren sitzen blieb“. In gewissem – im allgemeinen wohl überschätztem – Umfang wirkte das 1989 in der DDR herrschende niedrige Lohnniveau (es betrug ca. ein Drittel des westdeutschen Niveaus) zwar positiv auf die Wettbewerbsfähigkeit der ostdeutschen Betriebe, aber schon bald gab es erhebliche Lohnsteigerungen, die zu einer Angleichung der Lebensverhältnisse in Ost- und Westdeutschland führen sollten, zugleich aber zu einem Abschmelzen der komparativen Lohnkostenvorteile führten.

Ein wichtiger Grund für die fehlende Wettbewerbsfähigkeit war auch die katastrophale öffentliche Infrastruktur. Im Bereich der materiellen Infrastruktur sind besonders der schlechte Zustand und die unzureichende Dichte von Straßen, Eisenbahnnetz und Einrichtungen des Personennahverkehrs zu nennen sowie die praktisch nicht vorhandene telekommunikative Infrastruktur. In bezug auf die institutionelle Infrastruktur waren die Engpässe vor allem im Bereich leistungsfähiger Verwaltungen auf Landes- und Gemeindeebene sowie in dem mangelhaften Rechtssystem zu sehen.

Der katastrophale Einbruch

Abbildung 3.3 zeigt die Konsequenzen des „Strukturschocks“ für den Zeitraum Anfang 1990 bis 1. Quartal 1994. Insgesamt sank im Verarbeitenden Gewerbe (Elektrizitäts- und Gasversorgung, Bergbau, Grundstoff- und Produktionsgütergewerbe, Investitionsgüter produzierendes Gewerbe, Verbrauchsgüter produzierendes Gewerbe, Nahrungs- und Genußmittelgewerbe, Bauhauptgewerbe) die Bruttowertschöpfung (das ist der Wert der Produktion vermindert um den Wert der bei dieser Produktion verbrauchten nichtdauerhaften Produktionsmittel) schon im 4. Quartal 1990 gegenüber dem 1. Quartal 1990 um ca. 63 %, nämlich von 22,3 Mrd. DM auf 8,3 Mrd. DM. Der Output sank dann im 1. Quartal 1991 weiter auf 7,0 Mrd., um dann langsam wieder auf 10,4 Mrd. im 1. Quartal 1992 anzusteigen. In diesem Bereich stabilisierte sich die Produktion bis Anfang 1993 und begann dann wieder leicht zu steigen.

Andere Bereiche, wie das Baugewerbe, erlitten während der vergangenen 4½ Jahre von Mitte 1990 bis heute kaum nennenswerte Einbrüche. Seit Anfang 1992 expandiert der Baubereich stark und ist gegenwärtig der am stärksten wachsende Sektor. Gut behaupten konnten sich während des gesamten Umstrukturierungsprozesses auch die Dienstleistungen, die zuletzt deutliche Zuwachsraten verzeichneten.

Gegenwärtig (Mai 1995) gilt, daß die Dynamik im Verarbeitenden Gewerbe an Gewicht gewinnt. Immer mehr Unternehmen der Industrie stellen nach der Erneuerung der Produktpalette und der Modernisierung ihres Produktionsapparates konkurrenzfähige Erzeugnisse her und behaupten sich z. T. auch auf überregionalen Märkten, wobei der Anteil dieser Unternehmen allerdings immer noch deutlich zu gering ist, um einen selbsttragenden, forcierten Aufschwung einleiten zu können. Bei ihrer Aufwärts-

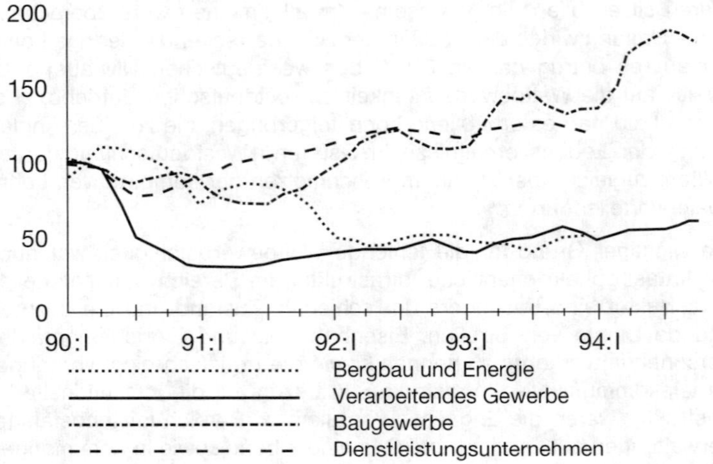

Abb. 3.3: Bruttowertschöpfung der Wirtschaftsbereiche in Ostdeutschland (1991 = 100)
Quelle: Statistisches Bundesamt, DIW Wochenberichte 52/1992, 31/1994

Eine leichte Erholung zeichnet sich ab

entwicklung profitieren die ostdeutschen Unternehmen verstärkt vom konjunkturellen Aufschwung in den alten Bundesländern und in Westeuropa. Auch die bisher in Ostdeutschland noch stagnierenden Zweige, wie die Chemische und die Elektrotechnische Industrie sowie der Maschinenbau, beginnen, sich zu erholen.

Analysiert man die Zahlen, so fällt auf, daß die Bereiche, die am schnellsten privatisiert wurden und demzufolge als erste ihren Bestand an Gebäuden und Ausrüstungen radikal modernisieren konnten, bemerkenswert gut über die Runden kamen. Das ist nicht überraschend, denn nur über Investitionen in Sach- und Humankapital können Arbeitsplätze geschaffen bzw. erhalten werden. Betrachten wir deshalb die Investitionen und die Kapitalstockentwicklung in den neuen Bundesländern:

Ein Großteil des alten Kapitalstocks wurde entwertet

Rückblickend (Anfang 1995) wird das Anlagevermögen der DDR im Jahre 1989 (ohne Wohnungen) auf ca. 500 Mrd. DM geschätzt. Große Teile dieses Altbestandes wurden im Zuge des Transformationsprozesses entwertet, zunächst zum Großteil nachfrageseitig, im weiteren Verlauf der **„Reinigungskrise"** aber auch aus technischen, umwelt- und arbeitsschutzrechtlichen Gründen.

Der Neuaufbau des Kapitalstocks kam nur schleppend in Gang

Im Durchschnitt des Jahres 1994 wurde der Wert der noch verwendeten DDR-Altanlagen auf 200 Milliarden geschätzt. Gegenüber dem Prozeß der Kapitalentwertung kam der Prozeß der Erneuerung nur sehr schleppend in Gang, wofür verschiedene Gründe maßgeblich waren. Einige Ursachen für diese Entwicklung zeigt Abb. 3.4:

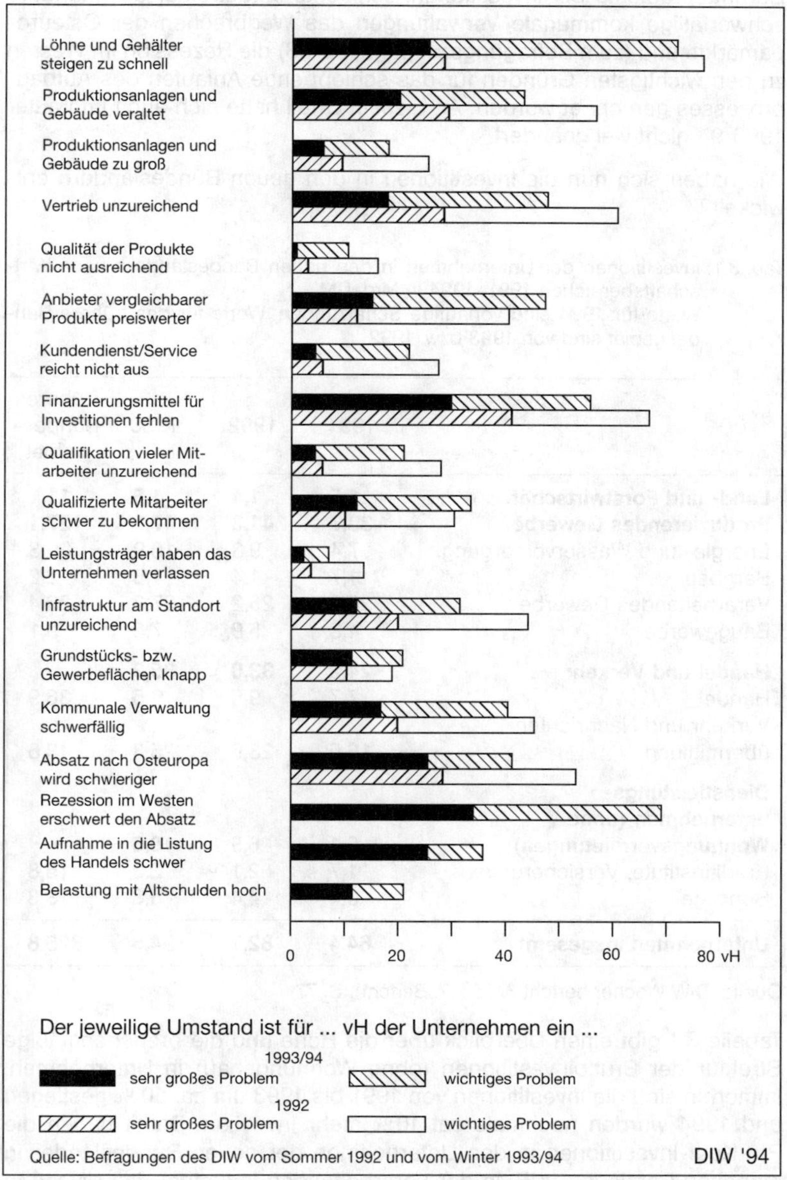

Abb. 3.4 Probleme der ostdeutschen Industrieunternehmen

Quelle: Wochenberichte des DIW, 15/94, S. 211

Die Abbildung, die das Ergebnis von Befragungen ist, zeigt, daß hohe Löhne und Gehälter, veraltete Produktionsanlagen und Gebäude, Finanzierungsprobleme bei Investitionen, schlechte Infrastruktur am Standort, schwerfällige kommunale Verwaltungen das Wegbrechen der Osteuropamärkte und (zum Befragungszeitpunkt 92/93) die Rezession im Westen zu den wichtigsten Gründen für das schleppende Anlaufen des Aufbauprozesses gerechnet wurden. An diesem Urteil hatte sich auch im Winter 1993/94 nicht viel geändert.

Wie haben sich nun die Investitionen in den neuen Bundesländern entwickelt?

Tab. 3.1: Investitionen der Unternehmen in den neuen Bundesländern nach Wirtschaftsbereichen 1991–1994 in Mrd. DM.
Werte für 1994 sind vorläufige Schätzungen, Werte für das frühere Bundesgebiet sind von 1993 bzw. 1992.

	1991	1992	1993	früheres Bundesgebiet
Land- und Forstwirtschaft	**1,5**	**1,4**	**1,5**	**11,1**
Produzierendes Gewerbe	**33,7**	**41,8**	**47,1**	**127,1**
Energie- und Wasserversorgung	7,4	9,3	10,9	26,3
Bergbau	1,7	1,4	1,5	2,2
Verarbeitendes Gewerbe	20,2	25,2	27,3	89,4
Baugewerbe	4,3	5,9	7,5	9,1
Handel und Verkehr	**24,2**	**33,0**	**35,3**	
Handel	7,7	9,5	9,5	36,9
Verkehr und Nachrichtenübermittlung	16,5	23,6	25,8	43,6
Dienstleistungsunternehmen (ohne Wohnungsvermietungen)	**5,1**	**6,5**	**10,6**	
Kreditinstitute, Versicherungen	1,7	2,1	2,3	15,8
Sonstige	3,4	4,4	8,3	113,3
Unternehmen insgesamt	**64,4**	**82,7**	**94,5**	**325,8**

Quelle: DIW Wochenbericht 3/95 (12. Bericht), S. 77

Tabelle 3.1 gibt einen Überblick über die Höhe und die branchenmäßige Struktur der Bruttoinvestitionen (ohne Wohnungsbau) in Unternehmen. Immerhin sind die Investitionen von 1991 bis 1993 um ca. 50 % gestiegen und 1994 wurden nochmals ca. 10 % mehr investiert. Damit haben die Pro-Kopf-Investitionen in den Unternehmen der neuen Bundesländer in manchen Bereichen (z. B. in der Verarbeitenden Industrie) das Niveau in Westdeutschland erstmals erreicht bzw. leicht überschritten (vgl. auch Abb. 3.8).

Eine nicht unbedeutende Rolle im Investitionsprozeß in den neuen Bundesländern hat die Treuhandanstalt gespielt. Die in ihrem Besitz befindlichen Unternehmen haben 1991, 1992, 1993 und 1994 11 Milliarden, 7 Milliarden, 2 Milliarden und 1,4 Milliarden DM investiert. Wenn auch die absoluten Zahlen wegen der ab Mitte 1992 stark abnehmenden Zahl der noch im Treuhandbesitz befindlichen Betriebe deutlich gesunken ist, so hat die Treuhandanstalt doch 1993 und 1994 verstärkt auf die Modernisierung ihrer Betriebe hingewirkt, indem sie entsprechende Darlehen vergeben hat. Sehr viel bedeutsamer für Investitionen in den Unternehmen der neuen Bundesländer sind jedoch die indirekte Investitionsförderung der Treuhandanstalt gewesen: Käufern, die bestimmte Investitionsvolumina fest zusagten, gewährte die Treuhandanstalt einen entsprechenden Kaufpreisnachlaß. Vertraglich zugesagt und einklagbar sind ab 1995 noch 94,4 Mrd. DM. Bis 1995 resultierten aus solchen Investitionszusagen Investitionen in Höhe von 33 Mrd. DM.

Der Kapitalstock ist gegenwärtig noch deutlich zu gering

Trotz der alles in allem erfreulichen Entwicklung der Unternehmensinvestitionen ist der Bestand an Ausrüstungen und Bauten der ostdeutschen Unternehmen, verglichen mit dem westdeutschen Kapitalstock, noch viel zu gering. Knapp ein Zehntel des gesamten Bruttoanlagevermögens in der BRD wird derzeit von den neuen Bundesländern gestellt, während der auf die Bevölkerungszahl bezogene Anteil zwanzig Prozent ausmachen sollte. Nur über eine weiter forcierte Investitionstätigkeit in Ostdeutschland kann aber das Sozialprodukt pro Kopf in Ostdeutschland nach einer längeren Waschstumsphase das Niveau in Westdeutschland erreichen.

Bei der Wertung der Entwicklung der Unternehmensinvestitionen in den neuen Bundesländern darf auch nicht vergessen werden, daß diese Investitionen durch ein kaum noch zu überschauendes Bündel von Maßnahmen (Investitionszulagen, Sonderabschreibungen usw.) massiv gefördert wurden. Es muß sich erst noch zeigen, ob der Investitionsprozeß in Ostdeutschland zu einem sich selbst tragenden Prozeß wird.

Neben den Investitionen der gewerblichen Wirtschaft sind infrastrukturelle Investitionen für die Wettbewerbsfähigkeit der Unternehmen einer Volkswirtschaft entscheidend. Die Infrastrukturausgaben (unter Einbezug der Wohnungsbauinvestitionen, die eigentlich nicht in diese Rubrik gehören) beliefen sich zwischen 1991 und 1994 auf ca. 180 Mrd. DM, darunter z. B. von 1990–1993 38 Mrd. DM für den Verkehr und 29,1 Mrd. DM für die Telekommunikation.

Was den Transformationsprozeß in der ehemaligen DDR und in den neuen Bundesländern so dramatisch gemacht hat und noch macht, ist die fatale Entwicklung auf dem Arbeitsmarkt. Die Abbildungen 3.5 a und 3.5 b geben einen Überblick über die Entwicklung auf dem ostdeutschen Arbeitsmarkt.

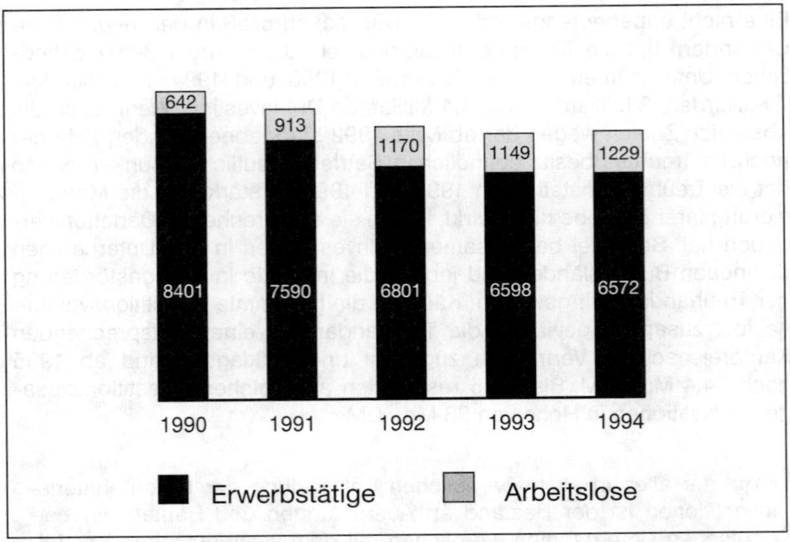

Abb. 3.5 a: Erwerbspersonen, Erwerbstätige und Arbeitslose in Ostdeutschland
Erwerbspersonen = Erwerbstätige + Arbeitslose

Quelle: Jahresgutachten des Sachverständigenrates 1994/95, S. 339, DIW-Wochenbericht 31/1994 (11. Bericht), S. 539

Fataler Einbruch auf dem Arbeitsmarkt

Abb. 3.5 a zeigt, daß die Zahl der Erwerbspersonen (unselbständig Beschäftigte, Selbständige und registrierte Arbeitslose)sich im Jahresdurchschnitt von 1990 über 9 Millionen auf 1994 7,8 Millionen vermindert hat, wobei sich die Zahl der Beschäftigten 1994 gegenüber 1993 allerdings leicht erhöht hat. Die (wieder auf den Jahresdurchschnitt bezogene) Zahl der registrierten Arbeitslosen ist im gleichen Zeitraum von 0,642 Millionen auf 1,23 Millionen angestiegen. Rechnet man die versteckt Arbeitslosen, also Kurzarbeiter, Vorruheständler und ABM-Beschäftigte sowie solche Personen, die sich nicht mehr als Arbeitslose registrieren lassen, hinzu, so ergibt sich ein bedrückendes Bild. Auch für 1995 zeichnet sich keine signifikante Änderung ab, allerdings scheint der Abwärtstrend bei den registrierten Arbeitslosen gestoppt zu sein und sich die leichte Aufwärtsbewegung bei den Erwerbstätigen fortzusetzen. Abbildung 3.5 b zeigt die nach Wirtschaftszweigen differenzierte Entwicklung der Zahl der Erwerbstätigen. Es wird deutlich, daß das Verarbeitende Gewerbe besonders hart betroffen ist, hier hat sich die Zahl der Erwerbstätigen fast halbiert. Auch die Land- und Forstwirtschaft ist stark von einer Negativentwicklung betroffen, während im Dienstleistungsbereich (einschließlich der

Neben registrierter hohe versteckte Arbeitslosigkeit

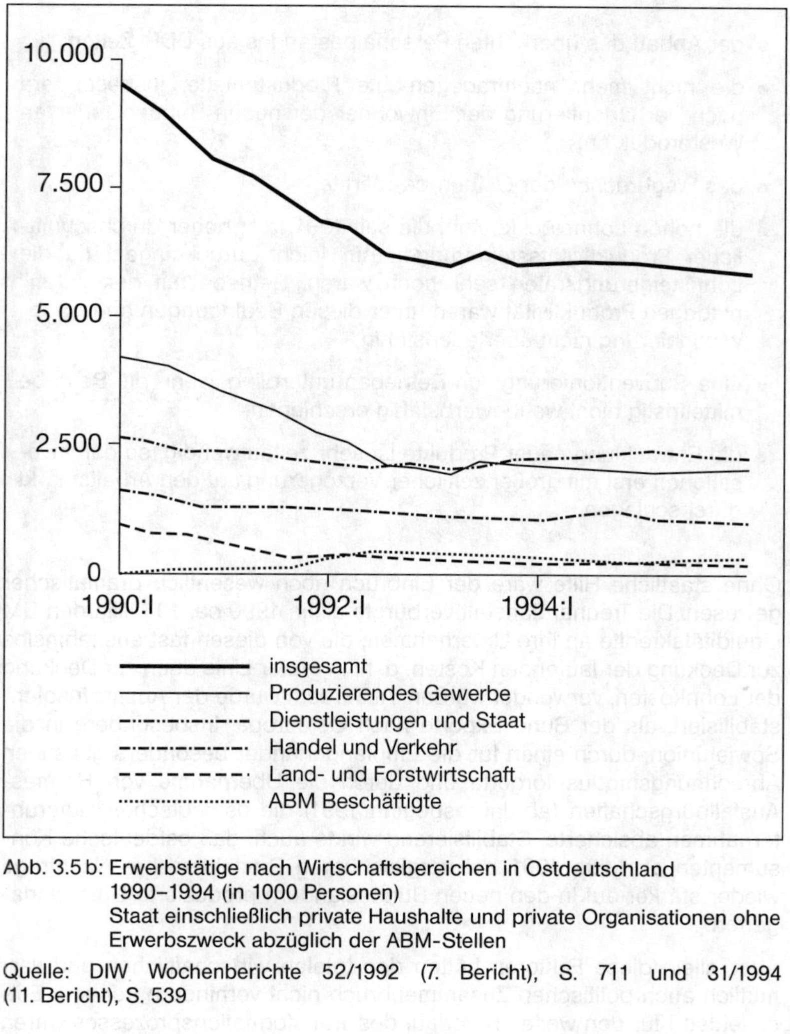

Abb. 3.5 b: Erwerbstätige nach Wirtschaftsbereichen in Ostdeutschland 1990–1994 (in 1000 Personen)
Staat einschließlich private Haushalte und private Organisationen ohne Erwerbszweck abzüglich der ABM-Stellen

Quelle: DIW Wochenberichte 52/1992 (7. Bericht), S. 711 und 31/1994 (11. Bericht), S. 539

staatlichen Beschäftigten) nur bis zur ersten Jahreshälfte 1992 ein leichter Einbruch bei der Zahl der Erwerbstätigen zu verzeichnen war, der im weiteren Verlauf praktisch wieder wettgemacht wurde.

Wie ist die Entstehung einer solch gewaltigen Arbeitslosigkeit zu erklären? Die wichtigsten Gründe sind:

- der Abbau des überhöhten Personalbestandes aus DDR-Zeiten;
- die nicht mehr nachfragegerechte Produktpalette, insbesondere nach der Orientierung der Einwohner der neuen Bundesländer an Westprodukten;
- das Wegbrechen der Osteuropa-Märkte;
- die hohen Lohnstückkosten, die seit 1991 trotz hoher durchschnittlicher Produktivitätssteigerungen nur leicht zurückgingen, da die Lohnsteigerungsraten sehr hoch waren. Betriebe mit der **„alten“** niedrigen Produktivität waren unter diesen Bedingungen ohne Subventionierung nicht überlebensfähig;
- eine Subventionierung von Betrieben unterblieb, wenn die Betriebe mittelfristig nicht wettbewerbsfähig erschienen;
- die Entwicklung neuer Produkte ist sehr zeitaufwendig, so daß Investitionen erst mit großer zeitlicher Verzögerung auf den Arbeitsmarkt durchschlagen.

Ohne staatliche Hilfe wäre der Einbruch noch wesentlich dramatischer gewesen. Die Treuhandanstalt verbürgte allein 1990 ca. 10 Milliarden DM Liquiditätskredite an ihre Unternehmen, die von diesen fast ausnahmslos zur Deckung der laufenden Kosten, d. h. in erster Linie auch zur Deckung der Lohnkosten, verwendet wurden. Außerdem wurde der Absatz insofern stabilisiert, als der Bund Exporte nach Osteuropa, insbesondere in die Sowjetunion, durch einen für die Empfängerländer besonders günstigen Abrechnungsmodus förderte und durch die Übernahme von Hermes-Ausfallbürgschaften (ab Jahresbeginn 1991) die ostdeutschen Lieferunternehmen absicherte. Stabilisierend wirkte auch, daß ostdeutsche Konsumenten ab Mitte 1991 bei vergleichbaren Produkten ihre Nachfrage wieder stärker auf in den neuen Bundesländern produzierte Güter verlagerten.

Vielfältige staatliche Transfers

Aber allein diese Faktoren hätten den totalen wirtschaftlichen und vermutlich auch politischen Zusammenbruch nicht verhindern können. Entscheidend für den weiteren Verlauf des Transformationsprozesses waren die vielfältigen Transfers aus den alten Bundesländern, dem Bund und der Europäischen Gemeinschaften. Finanztransfers betrafen dabei Einkommenshilfen, Mittel zur Förderung der privaten und öffentlichen Investitionen sowie allgemeine Finanzbeiträge für die ostdeutschen Länder- und Gemeindehaushalte.

...in Form von Einkommenshilfen, Mitteln zur Förderung privater und staatlicher Investitionen sowie allgemeine Finanzzuweisungen an Länder und Gemeinden

Zu den Einkommenshilfen gehörten und gehören vor allem Leistungen der Bundesanstalt für Arbeit im Rahmen der Arbeitslosenversicherung, für Arbeitsbeschaffungs- und berufliche Aus- und Weiterbildungsmaßnahmen, aber auch Kindergeld, Erziehungsgeld, Wohngeld, Ausbildungsförderung, sowie Leistungen der Rentenversicherung. Aber auch andere

Leistungen waren konsumorientiert. Dies machte es möglich, daß während des gesamten Transformationsprozesses (bis heute) der private Konsum in den neuen Bundesländern über dem Volkseinkommen, vermindert um die Einkommensteuer, liegen konnte.

Abbildung 3.6 zeigt, daß auch die gesamtwirtschaftliche Nachfrage durchweg fast doppelt so hoch war wie das Bruttoinlandsprodukt in Ostdeutschland.

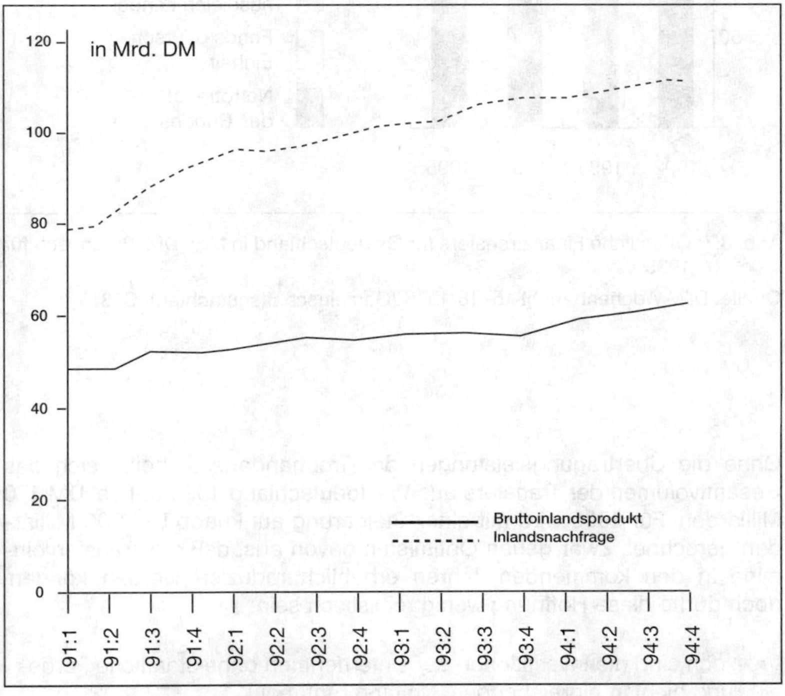

Abb. 3.6: Bruttoinlandsprodukt und Inlandsnachfrage in Ostdeutschland

Diese konnten realisiert werden, da neben den Einkommenstransfers in erheblichem Umfang auch Transfers zur Förderung der privaten und öffentlichen Investitionen und allgemeinen Finanztransfers an die ostdeutschen Gebietskörperschaften in die neuen Bundesländer flossen. Abb. 3.7 gibt einen Überblick über die Gesamttransfers (ohne die Übertragungen der Treuhandanstalt) in den Jahren 1992–1995.

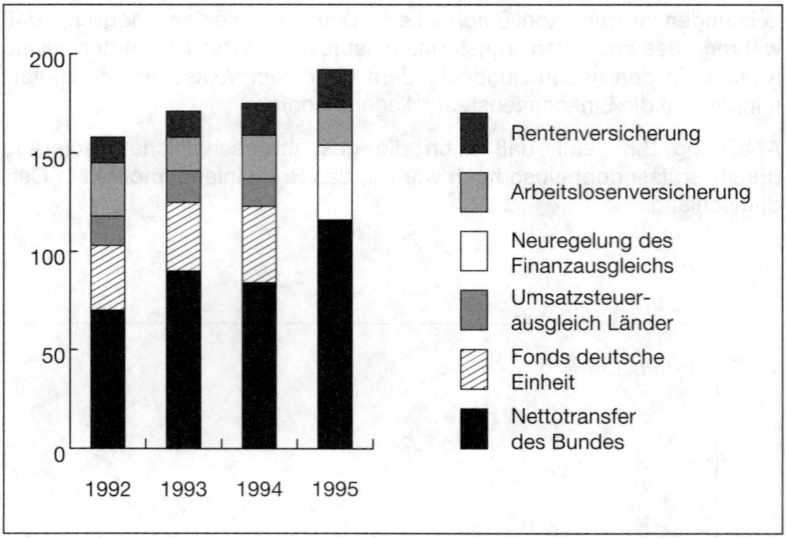

Abb. 3.7: Öffentliche Finanztransfers für Ostdeutschland in Mrd. DM, Prognosen für 1995

Quelle: DIW-Wochenbericht 15–16/1995 (Gemeinschaftsgutachten), S. 316

Ohne die Übertragungsleistungen der Treuhandanstalt belief sich das Gesamtvolumen der Transfers aus Westdeutschland 1994 auf ca. DM 170 Milliarden. Für 1995 wird mit einer Steigerung auf knapp DM 200 Milliarden gerechnet. Zwar gehen Optimisten davon aus, daß die Transfervolumina in den kommenden Jahren erheblich reduziert werden können, doch dürfte diese Hoffnung wenig realistisch sein:

- Noch sind die Investitionen der Unternehmen ohne staatliche Förderung nicht in hinreichendem Umfang rentabel;
- noch ist der auf die Bevölkerungsgröße bezogene Sachkapitalbestand quantitativ nicht mit dem Westdeutschlands vergleichbar;
- noch fehlen häufig wichtige Unternehmensinvestitionen jenseits der reinen Sachinvestitionen (Optimierung von Produktionsabläufen, Auslagerung von Fertigungslinien, Straffung von Forschungs-, Verkaufs-, Verwaltungs- und Einkaufsaktivitäten u. ä.), was sich immer noch in einem deutlichen Abstand der Arbeitsproduktivität gegenüber Westeuropa niederschlägt und zur Konsequenz hat, daß nur relativ wenige Unternehmen auf überregionalen Märkten konkurrenzfähig sind;

- noch sind die Defizite im Infrastrukturbereich nicht soweit beseitigt, daß die ostdeutschen Gebietskörperschaften die verbliebene Lücke schon aus eigener Kraft schließen könnten.

Ohne Frage boomt das Baugewerbe und gewinnt auch der Wachstumsprozeß im Verarbeitenden Gewerbe an Dynamik. Das Bruttoinlandsprodukt wird in Ostdeutschland nach neuesten Prognosen um ca. 8½ % wachsen, das Westdeutschlands demgegenüber nur um 3 %.

Aus der Wachstumstheorie aber ist bekannt, wieviel Zeit ein Aufholprozeß selbst bei einer solchen dauerhaft hohen Differenz der Wachstumsraten beansprucht, wenn die Ausgangsniveaus der Länder so unterschiedlich sind wie die zwischen Ost- und Westdeutschland heute: mindestens 20 Jahre!

Schocktherapie ohne den großen Bruder?

Und eines sollten die obigen Ausführungen ebenfalls klargemacht haben: die Schocktherapie mag als ein gangbarer Weg für solche Länder angesehen werden, die einen **„großen Bruder“** haben: **„The big bang with the big brother!“,** für sozialistische Volkswirtschaften mit hohem Anpassungsbedarf ohne umfassende Unterstützung von außen ist sie selbstmörderisch!

Abb. 3.8 wirft ein Licht auf die gegenwärtige Situation im Ost-West-Vergleich. Zu beachten ist dabei, daß es sich um Pro-Kopf-Zahlen handelt.

Kommen wir abschließend zu einer kurzen Darstellung des Privatisierungspozesses durch die Treuhandanstalt. Wie schon ausgeführt, stand die Treuhand vor der in der neueren Wirtschaftsgeschichte wohl einmaligen Aufgabe, den Großteil einer ganzen Volkswirtschaft von Staatseigentum in Privateigentum zu überführen. Nach anfänglichen, verständlichen Informations- und Organisationsproblemen sowie nach Überwindung von Schwierigkeiten, die sich aus dem Grundsatz **„Rückgabe vor Entschädigung“** sowie Engpässen bei den Grundstücksämtern ergaben, zeigt die Arbeit der Treuhandanstalt zu Beginn des Jahres 1991 erste, größere Privatisierungserfolge. Bei ihrer Tätigkeit ließ sich die Treuhandanstalt von folgenden Prinzipien leiten:

Der Privatisierungsprozeß durch die Treuhandanstalt

- Privatisierung ist die beste Form der Sanierung, da der private Investor am besten die Möglichkeiten einschätzen kann, die der Markt bietet.
- Noch nicht privatisierte Unternehmen, von denen aber angenommen werden kann, daß sie insgesamt oder in Teilbereichen überlebensfähig sind, sollen von der Treuhand finanzielle Überbrückungshilfen erhalten. Außerdem soll die Treuhandanstalt die Umstrukturierung dieser Unternehmen aktiv mitgestalten.

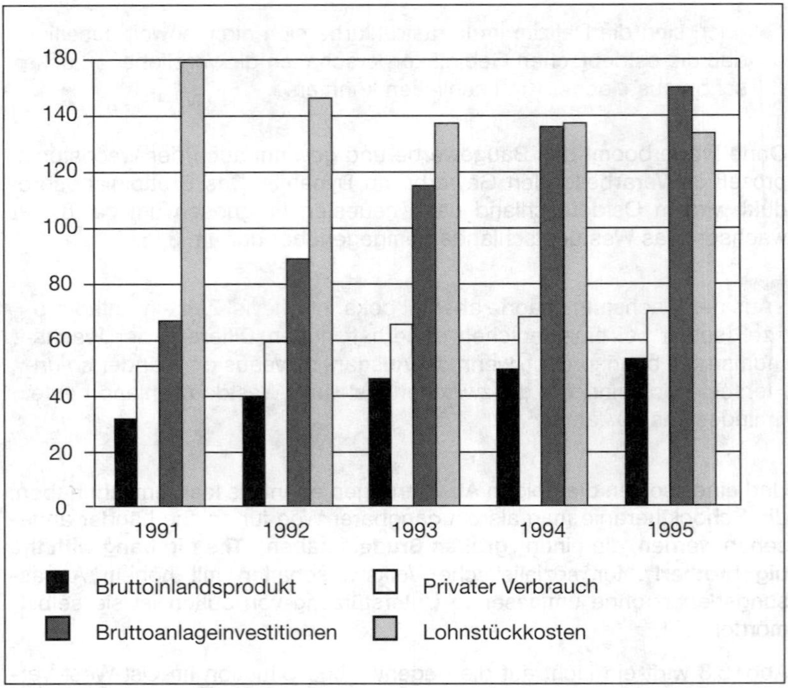

Abb. 3.8: Ost- und Westdeutschland im Vergleich[1])

Quelle: DIW-Wochenbericht 15–16/1995 (Gemeinschaftsgutachten), S. 312

- Unternehmen oder Unternehmensteilen, die auf Dauer als nicht wettbewerbsfähig eingestuft werden, sollen stillgelegt werden. Der Stillegungsprozeß soll zeitlich gestreckt und sozial abgefedert werden.

Insbesondere in der Industrie ging die Privatisierung zunächst sehr schleppend voran. Ende April 1991 waren hier erst ca. ein Siebtel der Betriebe privatisiert. Besonders mager waren die Ergebnisse in der Chemieindustrie, im Schiffsbau, der Eisen- und Metallerzeugung, im Stahlbau sowie bei der Textilerzeugung. Problematisch war ferner, daß in regional konzentrierten Branchen, die für den Arbeitsmarkt der Region von besonderen Bedeutung waren, kaum Privatisierungen gelangen. Große Privatisierungsfortschritte waren dagegen zunächst in der Baustoffindustrie sowie in der Nahrungs- und Genußmittelindustrie zu verzeichnen. Konzep-

---

[1]) Je Einwohner basierend auf Angaben in jeweiligen Preisen; Westdeutschland = 100 Lohnstückkosten = Bruttoeinkommen aus unselbständiger Arbeit (Inlandskonzept) in v.H. des nominalen Sozialprodukts

tionell verbesserte die Treuhand ihre Verkaufsmöglichkeiten, indem sie verstärkt potentiellen Käufern Kaufpreisminderungen in Form der Übernahme von Altschulden, der Übernahme von ökologischen Altlastensanierungen sowie Verlustübernahmen anbot. Trotzdem verlief der Privatisierungsprozeß im Verarbeitenden Gewerbe, insbesondere bei den großen Unternehmen, schleppend. Im Sommer 1992 waren zwar nur noch 19 % der Unternehmen des Verarbeitenden Gewerbes im Besitz der Treuhand, jedoch arbeiteten in diesen Unternehmen 55 % der im Verarbeitenden Gewerbe Beschäftigten.

Kaufanreize durch direkte und indirekte Kaufpreisminderung

Ab Herbst 1992 beschleunigte sich das Tempo der Privatisierung stark. Von der Gesamtheit der in allen Wirtschaftszweigen übernommenen Unternehmen hatte die Treuhandanstalt Ende Januar 1993 ca. 7.100, also deutlich über die Hälfte, abgegeben, davon 5.500 an neue Investoren, 1.200 Unternehmen wurden den ehemaligen Eigentümern zurückgegeben, über 300 gingen an ostdeutsche Gebietskörperschaften. Bei fast der Hälfte der noch im Besitz der Treuhandanstalt befindlichen Unternehmen wurde Anfang 1993 die Liquidation eingeleitet.

Auch im Verarbeitenden Gewerbe ging die Privatisierung nun rasch voran, was auch darin seinen Niederschlag fand, daß Anfang 1993 nur noch ca. ⅓ der Beschäftigten im Verarbeitenden Gewerbe bei Treuhandunternehmen arbeitete. Dabei ist allerdings zu berücksichtigen, daß der Personalbestand auch durch Entlassungen stark reduziert wurde. An Industriebetrieben besaß die Treuhand im Februar 1993 – sieht man von den in Liquidation befindlichen Unternehmen ab – noch rund 1.200 Betriebe, das ist ca. ein Fünftel der ihr ehemals gehörenden Industrieunternehmen, in denen Anfang 1993 noch ca. 220.000 Arbeitskräfte beschäftigt waren. Ende 1994, bei Auflösung der Treuhand, hatte diese fast alle Unternehmen privatisiert oder liquidiert. Allerdings weisen die wenigen verbliebenen Unternehmen, die in die Obhut einer Nachfolgeorganisation übergegangen sind, häufig eine besondere regionale Bedeutung als Arbeitgeber auf. Auch die Kontrolle der ca. 50.000 Privatisierungsverträge mit ihren Beschäftigungs- und Investitionszusagen, die Verwertung der landwirtschaftlichen Flächen und die Veräußerung der übrigen Liegenschaften wurden von Nachfolgeorganisationen übernommen.

Das kumulierte Defizit der Treuhand belief sich am Jahresende auf rund 230 Mrd. DM, die in den Erblastentilgungsfond, dessen Schuldner der Bund ist, übernommen wurden. Dieser Betrag ist, ebenso wie die erwarteten Defizite der Treuhandnachfolger in Höhe von 45 Mrd. DM, als mittelbare Subventionen des Bundes anzusehen. Man darf bei der Wertung dieser Subventionen nicht vergessen, daß die Treuhandanstalt einen wesentlichen Teil hiervon durch Aufwendungen zur temporären Verlustabdeckung, zur Sanierung von Altlasten und für Anlageinvestitionen in ihren Unternehmen und damit zur Erhaltung alter und Schaffung neuer Arbeitsplätze beigetragen hat. Über Kaufpreisnachlässe hat sie darüber hinaus umfangreiche Beschäftigungs- und Investitionszusagen der Erwerber erwirken können. Natürlich bleibt die Frage, ob die erzielten Preise tatsächlich den Ertragswert der Erwerbsojekte abdecken. In der Literatur hat es auch deshalb zahlreiche Hinweise auf alternative Privatisierungsstrategien gegeben. Es wird interessant sein, die ersten Statistiken über die Verteilung des Produktivvermögens in den neuen Bundesländern auszuwerten. Hoffentlich wird die Befürchtung von G. Sinn/H.-W. Sinn sich nicht bestätigen, die schon früh mit dem Verkaufsprozedere der Treuhandanstalt die Gefahr einer Spaltung der Gesellschaft in westdeutsche (und westeuropäische) Kapitalbesitzer und ostdeutsche abhängig Beschäftigte gesehen haben.

3.5 Würdigung

Gab es sinnvolle Alternativen?

Während des bisherigen Transformationsprozesses ist viel darüber diskutiert worden, ob es **Alternativen** gegeben hätte und ob – unter welchen Gesichtspunkten auch immer – diese zu besseren Ergebnissen geführt hätten. Die Frage wird sich nie objektiv beantworten lassen, aber doch waren zumindest aus heutiger Sicht viele Alternativen keine wirklichen. So ist z. B. vor Einführung der **„Wirtschafts-, Währungs- und Sozialunion“** von vielen Experten, darunter auch der Deutschen Bundesbank und dem Sachverständigenrat zur Begutachtung der gesamtwirtschaftlichen Entwicklung, bezweifelt worden, ob dies der richtige Weg sei. Sie hielten die Währungsunion und ihre Modalitäten, insbesondere die Umstellung der Löhne im Verhältnis 1:1 für falsch, ja geradezu verhängnisvoll. Aber hat man bei diesem Urteil auch die politische Dimension berücksichtigt, die letztlich untrennbar mit der wirtschaftlichen Dimension verbunden ist? Wer hätte 1990 den Bürgern der damaligen DDR ernsthaft die DM verwehren wollen. **„Entweder die DM kommt zu uns, oder wir kommen zur DM“** lautete die Parole der Mehrheit der Bevölkerung. Wer hätte angesichts der enormen Wanderungsbewegungen nach Westdeutschland die Löhne anders als 1 :1 umstellen wollen und damit den DDR-Bürgern praktisch den Konsum der damals heißbegehrten Westgüter aus dem laufenden Einkommen praktisch unmöglich machen wollen? Es hätte wohl einer neuen Mauer bedurft, um den Standortwechsel von Ost nach West von Hunderttausenden zu verhindern. Oder wer hätte ernsthaft ein eigenes Währungsgebiet für die DDR mit einem Wechselkurs Mark : DM = 4 : 1 schaffen wollen, wie damals von vielen Sachverständigen gefordert? Sicher wäre damit die Wettbewerbssituation der DDR entschieden günstiger gewesen, aber welcher leistungsfähige und -willige junge DDR-Bürger wäre in seiner Heimat geblieben? Und ganz abgesehen davon, wie hätte der vermutlich permanente Abwertungsdruck der Mark gestoppt werden sollen? Kurz, hier gab es wohl keine Alternative.

…z. B. ein anderer Umstellungskurs der Löhne?…

…ein eigenes Währungsgebiet Ost mit Wechselkursgefälle?

Eine andere Frage ist es, ob man die Vereinigung unbedingt durch den Beitritt gem. Artikel 23 Grundgesetz vollziehen mußte oder ob nicht eine neu erarbeitete, gemeinsame Verfassung für ein stärkeres Gefühl der Gemeinsamkeit gesorgt hätte. Zu fragen ist ferner, ob die Betriebe der ehemaligen DDR so abrupt der westlichen Konkurrenz schutzlos ausgesetzt werden mußten, wie dies dann tatsächlich geschehen ist. Insbesondere im anglo-amerikanischen Raum wurden vielfach Lohnsubventionen für einen längeren Zeitraum empfohlen. Wieviel Zeit hat sich die alte Bundesrepublik mit ihren Strukturkrisen an Rhein und Ruhr gelassen? Schon längst wäre eine Gehaltsfortzahlung zu 100 % an alle Beschäftigten des Kohlebergbaus in Westdeutschland billiger als die Kohlesubventionen! Was schreckt die Politiker hier? Die Angst vor zu hoher Arbeitslosigkeit im Westen, die Angst vor den nächsten Wahlen? Und weiter, mußte die Privatisierung praktisch einer ganzen Volkswirtschaft wirklich so schnell vollzogen werden? Bekanntlich drückt ein hohes Angebot den Preis, und im Einigungsvertrag war vorgesehen, daß die erwarteten Überschüsse bei der Privatisierung zum Ausgleich der Verluste der DDR-Bevölkerung beim Umtausch 2 : 1 verwendet werden sollten. Die tatsächlich erzielten Kauferlöse waren jedoch verschwindend klein, und geblieben ist ein Defizit von 230 Mrd. DM. War der im Einigungsvertrag festgeschriebene Grundsatz „Rückgabe vor Entschädigung" wirtschaftlich vernünftig und moralisch zwingend? Haben nicht durch die unmittelbaren und mittelbaren Kriegsfolgen viele Deutsche Eigentum verloren, das sie nie zurückfordern konnten? Was ist mit Wiedergutmachungsleistungen für jene DDR-Bürger, die zum Teil über Jahrzehnte in der DDR physischen und psychischen Druck erleiden mußten? Wir wollen diesen Fragen hier nicht weiter nachgehen, doch eines scheint sicher: die „Big Bang"-Lösung hat trotz des großen Bruders für mancherlei Bitterkeit und Polarisierung gesorgt.

...eine neue Verfassung anstelle des Beitrittsgebiets gemäß Artikel 23, S. 2 des Grundgesetzes

...eine zeitlich stärker gestreckte Privatisierung

C. Arbeitsaufgaben

1) *Erläutern Sie folgende Konzepte von* M*ARX:*
   - *Mehrprodukt*
   - *Profitrate*
   - *Mehrwert*
   - *Entfremdung*
   - *Ausbeutung*

2) *Welche Voraussetzungen müssen erfüllt sein, damit kapitalistische Ausbeutung im Sinne von* M*ARX stattfindet?*

3) *Diskutieren Sie die* M*ARXsche Ausbeutungskonzeption. Was erscheint Ihnen auf die heutige Zeit als übertragbar, was erscheint Ihnen als fragwürdig?*

4) *Beschreiben Sie Voraussetzung, Wirkung und Ergebnis des Gesetzes vom tendenziellen Fall der Profitrate.*

5) *Was ist die theoretische Basis der Konzeption der zentralen Planung?*

6) *Warum kann die Planbehörde nicht einen Plan aufstellen, der die volkswirtschaftlichen Ressourcen optimal nutzt?*

7) *Beschreiben Sie das Sanktionsproblem im Rahmen einer zentralen Wirtschaftsplanung.*

8) *Warum ist technischer Fortschritt eher Fremdkörper im System sozialistischer Zentralverwaltungswirtschaft?*

9) *Diskutieren Sie das Konzept der „Unteilbarkeit der Freiheit“.*

10) *Diskutieren Sie das Konzept der Arbeiterunternehmung unter dem Gesichtspunkt der Effizienz.*

Lösungsvorschläge für die Arbeitsaufgaben im „Übungsbuch zu Grundlagen und Probleme der Volkswirtschaft“.

D. Literatur

Die sozialistische Zentralverwaltungswirtschaft wird in den zahlreichen Werken zum Vergleich der Wirtschaftssysteme beschrieben, zu nennen sind insbesondere

LEIPOLD, Helmut, Wirtschafts- und Gesellschaftssysteme im Vergleich, 5. Aufl., Stuttgart 1988

BASSELER, Ulrich und HEINRICH, Jürgen, Wirtschaftssysteme, Würzburg-Wien 1984

HAMEL, Hannelore (Hrsg.), Soziale Marktwirtschaft – Sozialistische Planwirtschaft. Ein Vergleich Bundesrepublik–DDR, 5. Aufl., München 1989.

Speziell die sozialistische Zentralverwaltungswirtschaft beschreiben eher theoretisch

DOBIAS, Peter, Theorie und Praxis der Planwirtschaft, Paderborn 1977

und eher umfassend theoretisch, empirisch und historisch

KOSTA, Jiri, Sozialistische Planwirtschaft. Theorie und Praxis, Opladen 1974.

Die zahlreichen Reformbemühungen beschreibt der Sammelband

BRESS, Ludwig und Karl Paul HENSEL u. a. (Hrsg.), Wirtschaftssysteme des Sozialismus im Experiment, Frankfurt 1973.

Die Marxistische Wirtschaftstheorie wird knapp und klar dargestellt in

KROMPHARDT, Jürgen, Konzeptionen und Analysen des Kapitalismus, 3. Aufl., Göttingen 1991, Kapitel III, D.

Speziell das Wirtschaftssystem der ehemaligen DDR wird beschrieben von

GUTMANN, Gernot (Hrsg.), Das Wirtschaftssystem der DDR. Wirtschaftspolitische Gestaltungsprobleme, Stuttgart, New York 1983

sowie sehr detailliert in den vom früheren

BUNDESMINISTERIUM FÜR INNERDEUTSCHE BEZIEHUNGEN herausgegebenen Bänden:

- Materialien zum Bericht zur Lage der Nation im geteilten Deutschland 1987, Bonn 1987 und
- DDR-Handbuch, Köln 1985.

In die Theorie der Transformation führen ein:

SCHÜLLER, A., Ansätze einer Theorie der Transformation. In ORDO, BD. 43 (1992), S. 35–63

KLOTEN, K., Zur Transformation von Wirtschaftsordnungen. In: ORDO, Bd. 40 (1989), S. 99–127.

Einen guten Überblick über Grundprinzipien und Empirie des Transformationsprozesses in der ehemaligen DDR bzw. in den neuen Bundesländern bis Ende 1991 gibt:

PETERS, H.-R., Transformation der Wirtschaftsordnung in Ostdeutschland. In: Wirtschaftswissenschaftliches Studium (WiSt), H. 9 1992.

Hervorragende Informationen über die Grundprobleme und den tatsächlichen Verlauf des Transformationsprozesses in Ostdeutschland liefern:

DEUTSCHES INSTITUT FÜR WIRTSCHAFTSFORSCHUNG, Berlin, und INSTITUT FÜR WELTWIRTSCHAFT, Kiel, Gesamtwirtschaftliche und unternehmerische Anpassungsprozessse in Ostdeutschland, erster bis zwölfter Bericht

sowie

DEUTSCHES INSTITUT FÜR WIRTSCHAFTSFORSCHUNG, Berlin, lfd. Wochenberichte.

4. Kapitel
Nachfrage der Haushalte

A. Lernzielorientierte Leitfragen und Fragenkomplexe

Leitfrage:
Was bestimmt die Höhe und Struktur der Konsumgüternachfrage der Haushalte?

- *Was ist ein Markt und welche Funktionen erfüllt er?*
- *Welche Größen haben Einfluß auf die Konsumgüternachfrage der Haushalte?*
- *Was ist eine Nachfragefunktion?*

Leitfrage:
Wie mißt man die Preis- und Einkommensempfindlichkeit der Nachfrage?

- *Was gibt die Preiselastizität an?*
- *Was gibt die Einkommenselastizität an?*
- *Welche Bedeutung hat die Preiselastizität für die Ausgaben der Haushalte und die Preisbildungsspielräume der Firmen?*
- *Welche Bedeutung hat die Einkommenselastizität für die Entwicklung einzelner Wirtschaftszweige?*

Leitfrage:
Wie kann die Nachfrageentscheidung eines Haushalts erklärt werden?

- *Welche Konsumgüterbündel kann der Haushalt mit seinem Einkommen erwerben?*
- *Wie kann man die Rangordnung, in die der Haushalt unterschiedliche Konsumgüterbündel bringt, näher beschreiben?*
- *Wodurch ist das beste Konsumgüterbündel gekennzeichnet?*
- *Wie verändert sich das beste Konsumgüterbündel mit den Preisen der Güter und dem Haushaltseinkommen?*

B. Sachanalyse

1. Vorbemerkungen

Jede entwickelte Wirtschaft, in der die Güter in einem arbeitsteiligen Produktionsprozeß erstellt werden, ist eine **Tauschwirtschaft in Form einer Geldwirtschaft,** da die Vielzahl der notwendigen Tauschakte ohne die Zwischenschaltung des Tauschmediums Geld gar nicht zu realisieren wäre. Deshalb wird der in grauer Vorzeit übliche Tausch Ware gegen Ware seit langem ersetzt durch einen Verkaufsakt Ware gegen Geld, womit der Verkäufer allgemein verwendbare Kaufkraft erwirbt, und einen Kaufakt Geld gegen Ware. Im allgemeinen wird der Tausch heute auch nicht mehr direkt zwischen den ursprünglichen Produzenten und den Verbrauchern durchgeführt, sondern der Zwischenhandel konzentriert die Nachfrage und bringt das Angebot in die Reichweite der Käufer und erfüllt damit eine wichtige ökonomische Funktion. Bei jedem Tausch muß es nun ein **Tauschverhältnis** geben, und bei dem Tausch Ware gegen Geld und Geld gegen Ware muß es in Geld ausgedrückte Preise der Güter geben. Setzt man zwei Geldpreise zueinander ins Verhältnis, so ergibt sich das reale **Austauschverhältnis** zwischen den beiden Gütern:

Preise bestimmen das reale Tauschverhältnis zwischen Gütern

$$\frac{p_1}{p_2} = \frac{x\ \text{DM/ME}_1}{y\ \text{DM/ME}_2} = \frac{\frac{x}{y}\ \text{ME von Gut 2}}{1\ \text{ME von Gut 1}}$$

Beträgt der (Geld-)Preis eines Buches $p_1 = 10$ DM und der einer Aktentasche $p_2 = 30$ DM, so wird eine Aktentasche gegen drei Bücher getauscht. Die **Güterpreise** „bilden sich auf dem Markt", sie hängen ab von Angebot und Nachfrage, von den Kosten der Produktion, vom Gewinnstreben der Marktteilnehmer und von der Möglichkeit, Gewinne gegen Konkurrenz und Nachfrageinteressen durchzusetzen.

Die folgende Abbildung 4. 1 gibt einen Überblick über die Bestimmungsgründe der Preisbildung:

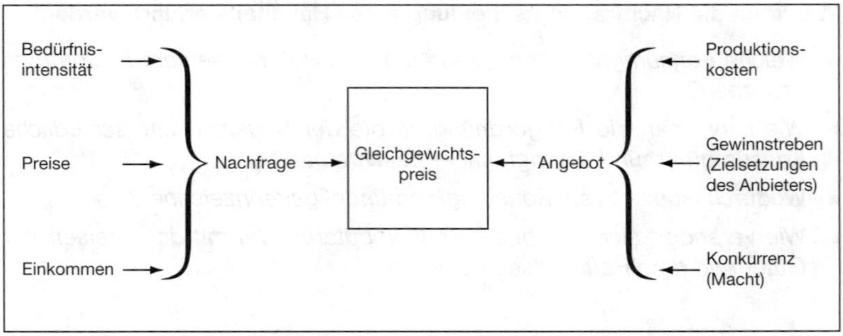

Abb. 4.1: Die Bestimmungsgründe der Preisbildung

Wichtig ist, daß der Leser sich daran erinnert (vgl. 2. Kapitel, Abschnitt 2), daß es die Preise sind, die in einer Marktwirtschaft die Wirtschaftspläne der unabhängig voneinander handelnden Anbieter (meist Produzenten) und Nachfrager (oft Konsumenten) aufeinander abstimmen und für einen Ausgleich der Interessen von Anbietern und Nachfragern sorgen sollen.

Der Preismechanismus übernimmt die Lenkung des Wirtschaftsprozesses in Marktwirtschaften.

Nach einer Klärung des Begriffes „Markt" wollen wir die oben aufgezählten Bestimmungsgründe der Preisbildung erörtern.

Selbststeuerung der Marktwirtschaft durch den Preismechanismus

2. Markt

Wenn man das Wort „Markt" hört, denkt man vielleicht zunächst an einen Wochenmarkt. Hier treffen sich zu bestimmten Tagen Anbieter (Verkäufer) und Nachfrager (Käufer) an einem bestimmten Ort, um Güter zu kaufen und zu verkaufen. Ein ähnlich **organisiertes** Zusammentreffen von Anbietern und Nachfragern kann man auf Waren- und Wertpapierbörsen, bei Auktionen und Versteigerungen beobachten, so z. B. auf dem Frankfurter Wertpapiermarkt oder dem Hamburger Fischmarkt. Nun sind solche örtlich konzentrierten Märkte vergleichsweise selten. „Der" Markt für Wohnungen in einer großen Stadt manifestiert sich in den Zeitungsangeboten und -nachfragen sowie den Karteien der Wohnungsmakler für Wohnungen bestimmter Größe, Lage und Qualität zu einem bestimmten Zeitpunkt. Ähnlich wird „der" Arbeitsmarkt in den Stellenangeboten und -gesuchen in Zeitungen sowie in den Karteien der Arbeitsämter sichtbar. Bei näherem Hinsehen entpuppt sich „der" Markt als eine Vielzahl von Teilmärkten, die sich durch qualitative, räumliche oder zeitliche Charakteristika des gehandelten Objektes unterscheiden. Genau genommen ist es häufig recht schwer, einen Markt, den man allgemein als die Gesamtheit der Angebots- und Nachfragebeziehungen für ein Gut oder eine Gütergruppe definieren kann, abzugrenzen und zu bestimmen. Ein in der Praxis häufig verwendetes Kriterium ist die Enge der Substitutionsbeziehung zwischen den Gütern (vgl. hierzu Kapitel 8, Abschnitt 4).

Der Markt als Gedankenkonstruktion

Der Markt ist letztlich eine Einrichtung, die die für einen geplanten Tausch notwendigen Informationen (Preise, Kauf- und Verkaufswünsche anderer Personen) und Gelegenheiten (Kontakte zwischen Tauschpartnern) bietet und damit die Tauschmodalitäten gegenüber dem individuellen direkten und indirekten Tausch wesentlich erleichtert.

Der Markt ökonomisiert die Tauschprozesse

Die Nachfrage nach Konsumgütern hängt ab von den Preisen, vom verfügbaren Einkommen und von der Bedarfsstruktur

3. Nachfrage privater Haushalte

3.1 Bestimmungsgründe der Nachfrage privater Haushalte

Als typischen Nachfrager wählen wir den privaten Verbraucher (Konsumenten), behalten jedoch in Erinnerung, daß auch der Unternehmer Güter und Dienstleistungen nachfragt, die er im Produktionsprozeß einsetzen will, und der Staat Güter zur Befriedigung von Kollektivbedürfnissen erwirbt. Da wir alle Konsumenten sind, werden wir die **Bestimmungsgründe** unserer Nachfrage nach dauerhaften und nicht-dauerhaften Konsumgütern unschwer erkennen. Die Nachfrage eines Haushalts, z. B. nach einem Auto, hängt ab:

(1) vom Preis dieses Autos,

(2) vom Preis vergleichbarer Automobile und von den Preisen der Güter, die mit der Nutzung eines Automobils verbunden sind (Benzin, Öl, Versicherung, Reparatur, Steuer, Garagenmiete usw.),

(3) von den Preisen sonstiger von den Haushalten nachgefragter Güter,

(4) von seinem verfügbaren Einkommen, d. h. dem Einkommen nach Abzug der Abgaben (Steuern und Sozialversicherung) bzw. genauer von dem Teil seines verfügbaren Einkommens, den der Haushalt für Konsumgüter auszugeben plant (seine Konsumsumme). Zur Vereinfachung sprechen wir im folgenden vom Einkommen;

(5) von der subjektiven Wertschätzung, die der mögliche Nachfrager mit dem Auto im Vergleich zu anderen Gütern verbindet (z. B. Komfort, Schnelligkeit, Unabhängigkeit etc.). Diese subjektive Nutzenvorstellung wird auch Bedarfsstruktur oder Präferenzordnung genannt.

Neue Produkte und Werbung beeinflussen die Bedarfsstruktur

Die **Bedarfsstruktur** eines Haushaltes ist nun nicht unveränderlich, sondern wesentlich bestimmt von der Einführung neuer Produkte (Produktinnovation), der Werbung und der Altersstruktur des Haushaltes. So ist unmittelbar einsichtig, daß das Bedürfnis nach einem Fernsehgerät oder einem Kassettenrecorder im wesentlichen erst nach deren Produktion entstanden sein kann und der Kaufentschluß bzw. die Auswahl zwischen verschiedenen Geräten sich nicht unbeeinflußt von der Werbung vollzieht. Das Ausmaß der Beeinflussung der Verbraucher durch Werbung und Produktinnovation ist im Grunde nicht bekannt. Sicher wird man nicht sagen können, daß alle Bedürfnisse angeboren sind, und sicher auch nicht, daß alle Bedürfnisse durch Werbung bestimmt sind. Grundbedürfnisse und Wünsche allgemeiner Art sind dem Menschen wohl eher angeboren, wie z. B. das Bedürfnis nach Essen, Trinken, Wohnung, Kleidung oder die Wünsche nach Freiheit, Abenteuer, Unterhaltung, Gemütlichkeit etc. Daß allerdings das Bedürfnis nach Trinken wesentlich von der Brause X oder der Wunsch nach Freiheit vom Rasierwasser Y und der Wunsch nach Abenteuern vom Rauchen einer Zigarette Z befriedigt wird, ist als Ergebnis der Werbung anzusehen (vgl. hierzu auch Kapitel 1, Abschnitt 1. 1).

Die Nachfrage, die ein Haushalt nach Konsumgütern entfaltet, hängt also von den Preisen der Konsumgüter, von seinem verfügbaren Einkommen und von seiner Bedarfsstruktur ab.

Die Nachfrage eines Haushaltes ist – um einen auch in der Volkswirtschaftslehre häufig verwendeten Begriff zu gebrauchen – eine **Funktion** (d. h.: ist abhängig von) einer Vielzahl von Einflußgrößen. Wir können an diesem Beispiel sehen, daß unsere Aufgabe, die wirtschaftliche Wirklichkeit zu erklären, außerordentlich schwierig ist. Die Wirklichkeit ist von so unübersehbarer Vielfalt, daß es unmöglich wäre, sie in all ihren Spielarten zu beschreiben oder gar zu erklären. Und selbst wenn dies möglich wäre, wäre es im allgemeinen nicht einmal zweckmäßig. Wir sind also zum einen gezwungen, für unwichtig gehaltene Einzelheiten zu vernachlässigen, von uns unwesentlich Erscheinendem zu abstrahieren. Zum anderen ist es oft schwierig, die Wirkung der aufgezählten Einflußgrößen Einkommen, Preise und Bedarfsstruktur gleichzeitig zu erklären. Zum Beispiel wird es nicht oder nur unter sehr großen Schwierigkeiten möglich sein zu erklären, wie sich die Nachfrage nach Butter verändern wird, wenn der Butterpreis sinkt, das Einkommen sinkt, die Preise anderer Güter ebenfalls eine Veränderung erfahren und sich schließlich noch die Bedarfsstruktur verschiebt.

Komplexität der wirtschaftlichen Wirklichkeit

Um mögliche Gesetzmäßigkeiten erkennen zu können, müssen wir also zwei Dinge tun:

(1) Wir müssen von Einzelheiten absehen, die für das untersuchte Problem weniger wichtig erscheinen. Wir vereinfachen die vielfältigen Erscheinungsformen in der Realität auf ein einfaches System, das wir **Modell** nennen. Anhand dieses Modells versuchen wir, die wesentlichen Erkenntnisse zu gewinnen. Die Methode des Modelldenkens ist für die Volkswirtschaftslehre unabdingbar, doch sollte man sich ihrer Problematik bewußt bleiben. Zum einen kann man im vorhinein nicht sicher wissen, welche Einzelheiten als unwesentlich vom Wesentlichen getrennt werden können, zum anderen muß man bei der Anwendung der Erkenntnisse auf konkrete Probleme immer prüfen, inwieweit die Voraussetzungen und Vereinfachungen angemessen sind.

Notwendigkeit des Modelldenkens

(2) Die Wirkung der als wesentlich erkannten Einflußgrößen können wir in aller Klarheit nur erkennen, wenn wir sie einzeln betrachten. Daher nehmen wir in einem Denkmodell häufig an, daß bis auf eine Einflußgröße alle übrigen Determinanten fest vorgegeben sind, d. h. für unsere Untersuchung ein Datum sind. Wir arbeiten mit der Annahme, „daß alles übrige gleich bleibt" **(ceteris-paribus-Klausel).**

Notwendigkeit der ceteris-paribus-Methode

3.2 Nachfrage nach einem Gut in Abhängigkeit von seinem Preis

Entsprechend der Notwendigkeit des Modelldenkens und der ceteris-paribus-Methode nehmen wir nun an, daß Einkommen, Bedarfsstruktur und

Güterpreise mit Ausnahme des Preises des Gutes, das wir betrachten, eine vorgegebene konstante Höhe bzw. Struktur haben. Wir wollen also wissen, wie die Nachfrage z. B. nach Butter vom Butterpreis allein abhängt. Zu diesem Zweck befragen wir einen Haushalt nach seiner geplanten Butternachfrage bei unterschiedlichen Butterpreisen und konstanten Preisen der übrigen Güter sowie konstantem Einkommen. Das Ergebnis sei in folgender Tabelle aufgezeichnet:

Tab. 4.1: Geplante Butternachfrage des Haushalts X pro Monat

Butterpreis pro Pfund in DM	Nachgefragte Menge in Pfund pro Monat
10,–	0
9,–	2
8,–	4
7,–	6
6,–	8
5,–	10
4,–	12
3,–	14
2,–	16
1,–	18
0,–	20

Bevor wir auf den Verlauf der Nachfrage eingehen, wollen wir das Ergebnis der Befragung in einer anderen Form – in einer Zeichnung – darstellen:

Auf der senkrechten Achse (Ordinate) tragen wir den Butterpreis ein, auf der waagerechten Achse (Abszisse) die zu diesem Preis nachgefragte

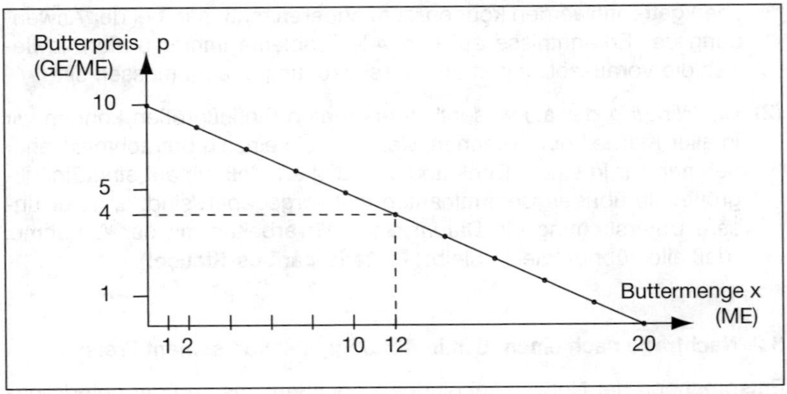

Abb. 4.2: Die Nachfragekurve

Buttermenge. Dann tragen wir die Preise und Mengen obiger Tabelle ein und verbinden die Punkte. Damit haben wir eine (in diesem Fall gerade) Linie, die uns jetzt angibt, welche Menge Butter bei verschiedenen Preisen nachgefragt wird, z. B. 12 Pfund Butter bei einem Preis von 4,– DM pro Pfund (vgl. Abb. 4.2, dabei steht GE für Geldeinheiten [z. B. DM], ME für Mengeneinheiten und GE/ME für Geldeinheiten pro 1 ME). Da die nachgefragte Menge vom Preis abhängt, kann man auch sagen, der Preis ist die Ursache (die unabhängige Variable) und die nachgefragte Menge die Wirkung (die abhängige Variable).

Schließlich können wir das Nachfrageverhalten des Haushaltes auch algebraisch ausdrücken:

$$x = f(p).$$

Dies soll einfach bedeuten: x [die nachgefragte Gütermenge] ist f [eine Funktion] von p [vom Preis]. Für unser Beispiel nimmt diese Funktion eine spezielle Form an:

$$x = 20 - 2\,p.$$

Setzt man jetzt für den Preis p bestimmte Werte ein, z. B. p = 2,50 DM, so erhält man die nachgefragte Menge an Butter

$$x = 20 - 2 \cdot 2{,}50 = 15 \text{ Pfund Butter.}$$

Nachfragefunktion

Eine solche Funktion wird als **Nachfragefunktion** bezeichnet. Sie gibt an, welche Mengen des betreffenden Gutes der Haushalt nachfragen würde, wenn der Preis des Gutes verschiedene Höhen annehmen würde, bei Konstanz des Einkommens, der übrigen Preise und der Bedarfsstruktur.

Das graphische Abbild der Nachfragefunktion wird als Nachfragekurve bezeichnet.

Begründung für eine fallende Nachfragekurve

Die Erfahrung zeigt, daß die nachgefragte Menge eines Gutes in der Regel mit sinkendem Preis des Gutes ceteris paribus zunimmt und umgekehrt mit steigendem Preis abnimmt. Die Steigung der Nachfragekurve ist also im Regelfall negativ. Es lassen sich hierfür zwei Begründungen angeben:

(1) Der **Substitutionseffekt**

Steigt z. B. der Butterpreis, und bleiben die anderen Preise konstant, so wird Butter relativ teurer, andere Güter wie Margarine und Öl relativ billiger. Dann lohnt es sich für jeden Verbraucher, das relativ teurer gewordene Gut durch das relativ billigere zu ersetzen (zu substituieren).

(2) Der **Realeinkommenseffekt**

Hat man ein bestimmtes Geldeinkommen, das man zum Kauf von Konsumgütern verwenden will, so wird man merken, daß bei gegebener nominaler Höhe des Einkommens mit steigenden Preisen eines Gutes geringere Mengen davon gekauft werden können. Jede Preissteigerung führt also – sofern das teurer gewordene Gut noch nachgefragt wird – zu einer Senkung des **Realeinkommens,** die besonders spürbar wird, wenn es sich um Preise für Güter handelt, die einen großen Raum im Rahmen der Haushaltsausgaben einnehmen, z. B. Mieten, oder wenn es sich um allgemeine Preissteigerungen in Zeiten der inflationären Entwicklung ohne entsprechende Einkommenssteigerungen handelt. Mit Ausnahme einiger weniger Spezialfälle wird der Realeinkommenseffekt in die gleiche Richtung wirken wie der Substitutionseffekt: Mit steigendem Preis eines Gutes wird die nachgefragte Menge sinken.

Beschränkter Aussagegehalt der Nachfragefunktion

Es ist wichtig, daß der Leser über den Aussagewert einer Nachfragefunktion völlige Klarheit besitzt und sich insbesondere der Einschränkung ihres Aussagegehaltes durch die ceteris-paribus-Klausel stets bewußt ist. Die Nachfragefunktion

$$x = 20 - 2\,p$$

Unterscheidung zwischen Veränderung der nachgefragten Menge bei gegebener Nachfragefunktion und Verschiebung der Nachfragefunktion

gilt nur bei gegebenem Einkommen, gegebener Bedarfsstruktur und konstanten Preisen der übrigen Güter. Nur unter dieser Voraussetzung wird die nachgefragte Menge in der durch die Befragung ermittelten Weise auf Preisänderungen reagieren. Wir sprechen dann von einer **Bewegung auf der Nachfragekurve** (Veränderung der nachgefragten Menge aufgrund von Preisänderungen bei unveränderter Nachfragefunktion, vgl. Abb. 4.3).

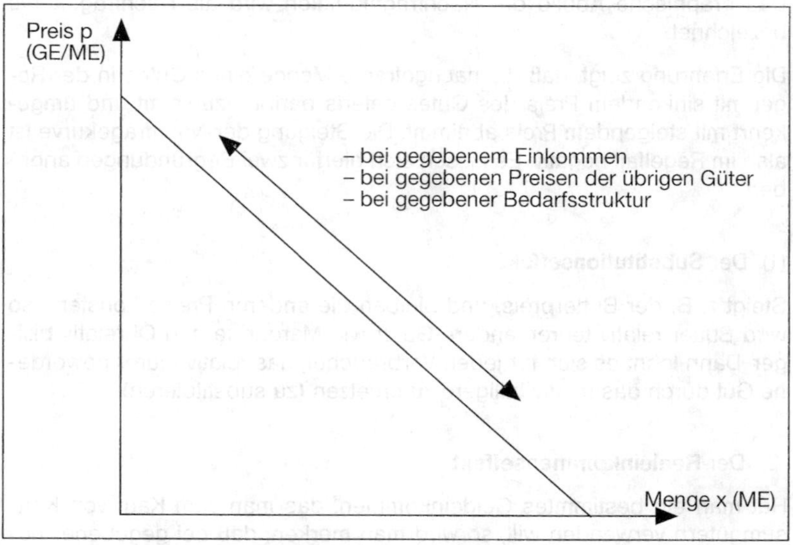

Abb. 4.3: Bewegung auf der Nachfragekurve

Streng von Bewegungen auf der Nachfragekurve zu unterscheiden sind **Verschiebungen** der Nachfragekurve selbst. Immer dann, wenn die übrigen Preise oder das Einkommen andere Werte annehmen oder die Bedarfsstruktur sich verändert, wird die ceteris paribus ermittelte Nachfragefunktion eine Verschiebung erfahren. So könnte sich die in Abb. 4.4 dargestellte Rechtsverschiebung der Nachfragekurve nach dem Gut X dadurch ergeben, daß der Preis des Gutes Y steigt.

Beobachtungen zeigen, daß – oftmals in scheinbarem Gegensatz zu dem in Abb. 4.3 dargestellten Zusammenhang – die nachgefragte Menge vieler Güter zugenommen hat, obwohl deren Preise gestiegen sind. Diese Tatsache widerlegt jedoch nicht die übliche Erfahrung, daß die Haushalte **ceteris paribus** planen, bei steigendem Preis eines Gutes weniger von diesem nachzufragen. Daß trotz steigender Preise in der Praxis häufig mehr nachgefragt wird, kann damit erklärt werden, daß

(1) das Einkommen gestiegen ist,

(2) die Bedarfsstruktur sich verschoben hat,

(3) die Preise anderer Güter stärker gestiegen sind,

(4) in der Zukunft weiter steigende Preise erwartet werden und man daher lieber heute kauft als morgen, wenn es noch teurer geworden ist (Inflationsmentalität).

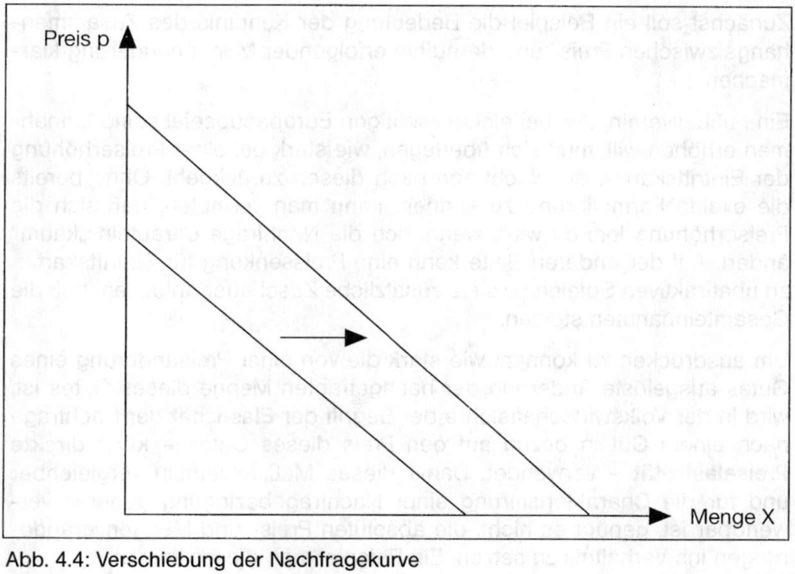

Abb. 4.4: Verschiebung der Nachfragekurve

Daneben kann es Güter geben, die von einigen Haushalten mehr nachgefragt werden, gerade weil ceteris paribus ihr Preis gestiegen ist. Man spricht in der Literatur vom sog. **Prestigeeffekt** (VEBLEN-Effekt).

Außerdem werden in der Realität der sog. Mitläufereffekt und der Snobeffekt beobachtet.

Der **Mitläufereffekt** besteht darin, daß die Nachfrage eines Haushaltes nach einem Gut ceteris paribus zunimmt, wenn der Gesamtabsatz des Gutes auf dem Markt steigt.

Der **Snobeffekt** ist das Gegenstück zum Mitläufereffekt: Die Nachfrage eines Snobs nimmt ab, wenn die Gesamtnachfrage nach dem Gut steigt. Darin drückt sich das Streben nach Exklusivität aus, das Streben anders zu sein, mit der großen Masse nichts zu tun zu haben.

4. Preis- und Einkommensempfindlichkeit der Nachfrage

4.1 Preiselastizität

Mit der einfachen Feststellung, daß die Nachfrage nach einem Gut ceteris paribus vom Preis dieses Gutes abhängt und im Regelfall mit steigendem Preis abnimmt, kann sich der Volkswirt nicht begnügen.

Die Nachfrage nach den Gütern reagiert unterschiedlich stark auf Preisänderungen

Da man bei den verschiedenen Gütern beobachten kann, daß die Nachfrage auf Preisänderungen unterschiedlich stark reagiert, will man auch das **Ausmaß** dieser Reaktion erkennen und messen; man will wissen, wie „stark" oder wie „schwach" die nachgefragte Menge eines Gutes auf eine Preisänderung reagiert.

Zunächst soll ein Beispiel die Bedeutung der Kenntnis des Zusammenhangs zwischen Preis- und daraufhin erfolgender Mengenänderung klarmachen:

Ein Fußballverein, der bei einem wichtigen Europacupspiel seine Einnahmen erhöhen will, muß sich überlegen, wie stark bei einer Preiserhöhung der Eintrittskarten die Nachfrage nach diesen zurückgeht. Ohne bereits die exakte Formulierung zu kennen, kann man vermuten, daß sich die Preiserhöhung lohnen wird, wenn sich die Nachfrage daraufhin „kaum" ändert. Auf der anderen Seite kann eine Preissenkung für Eintrittskarten zu unattraktiven Spielen so viele zusätzliche Zuschauer anlocken, daß die Gesamteinnahmen steigen.

Die direkte Preiselastizität der Nachfrage mißt die Intensität der Reaktion der Nachfrage

Um ausdrücken zu können, wie stark die von einer Preisänderung eines Gutes ausgelöste Änderung der nachgefragten Menge dieses Gutes ist, wird in der Volkswirtschaftslehre der Begriff der **Elastizität** der Nachfrage nach einem Gut in bezug auf den Preis dieses Gutes – kurz: **direkte Preiselastizität** – verwendet. Damit dieses Maß allgemein vergleichbar und für die Charakterisierung einer Nachfragebeziehung generell verwendbar ist, genügt es nicht, die absoluten Preis- und Mengenveränderungen ins Verhältnis zu setzen. Ein Beispiel mag dieses zeigen:

Ein Haushalt kauft bei einem Bierpreis von 0,50 DM pro Flasche 100 Flaschen pro Monat und bei einem Schokoladenpreis von 1,– DM pro Tafel 10 Tafeln pro Monat. Angenommen, die Preise für beide Güter steigen. Der neue Bierpreis betrage 0,75 DM pro Flasche, die Nachfrage sinke auf 80 Flaschen. Der Schokoladenpreis steige auf 1,25 DM, die Nachfrage sinke auf 5 Tafeln.

Abgesehen davon, daß es sich bei diesem Beispiel um verschiedene Güter und Maßeinheiten handelt (Tafeln Schokolade und Flaschen Bier) und schon daher ihre Vergleichbarkeit außerordentlich schwierig ist, besagt der Vergleich der absoluten Änderungen nichts. Um ihre Bedeutung zu erkennen, muß man sie auf ihre Ausgangsgrößen beziehen, also **relative Änderungen** betrachten, also dem Verhältnis der Änderung zur Ausgangsgröße. So ist die Information, daß bei einer Bierpreiserhöhung von 0,25 DM die Nachfrage um 20 Flaschen sinkt, sehr viel weniger aussagekräftig als die folgende Behauptung: Bei einer Bierpreiserhöhung um 50 % sinkt die nachgefragte Menge pro Monat um 20%.

Daher – und es ist wichtig, sich dies ganz klar zu machen – handelt es sich bei dem Begriff der Elastizität immer um zwei relative Änderungen, die miteinander in Beziehung gesetzt werden. Allgemein mißt die Elastizität die Stärke eines Ursache-Wirkungszusammenhanges. Es gilt folgende Formulierung:

$$\textbf{Elastizität} = \frac{\text{relative Änderung der Wirkung (z. B. in \%)}}{\text{relative Änderung der Ursache (z. B. in \%)}}$$

Direkte Preiselastizität der Nachfrage

Man versteht dann speziell unter der **direkten Preiselastizität** der Nachfrage das Verhältnis der relativen (prozentualen) Änderung der nachgefragten Menge eines Gutes, bezogen auf die sie bewirkende relative (prozentuale) Änderung des Preises dieses Gutes.

Etwas einfacher, wenn auch nicht ganz exakt, kann man sagen: Die direkte Preiselastizität der Nachfrage gibt an, um wieviel Prozent sich die nachgefragte Menge ändert, wenn sich der Preis um 1% ändert.

Sagt man z. B., die Nachfrage nach Zigaretten der Marke X habe eine direkte Preiselastizität von –5, so bedeutet dies, daß bei einer Preiserhöhung von 1% die nachgefragte Menge sich um 5 % verringern wird.

Berechnung der Preiselastizität der Nachfrage an Hand unseres Beispiels

Umgekehrt könnte man aus der Beobachtung des Nachfrageverhaltens die Preiselastizität berechnen. Verwenden wir hierfür unser Beispiel, um die Elastizität der Bier- und Schokoladennachfrage zu berechnen, und schreiben wir unsere Elastizitätsdefinition in einer Formel auf. Die direkte Preiselastizität ist

$$E = \frac{\text{relative Mengenänderung}}{\text{relative Preisänderung}}$$

Bezeichnen wir die Ausgangsmenge mit x, ihre Änderung mit Δ x, den Ausgangspreis mit p und seine Änderung mit Δ p, so können wir auch schreiben:

$$E = \frac{\frac{\Delta x}{x}}{\frac{\Delta p}{p}}$$

Die relative Änderung der Biernachfrage beträgt dann:

$$\frac{\Delta x}{x} = \frac{-20 \text{ Flaschen}}{100 \text{ Flaschen}} = -\frac{1}{5};$$

die relative Preisänderung:

Strenggenommen kann von einer Elastizität nur bei einem bestimmten Preis gesprochen werden

$$\frac{\Delta p}{p} = \frac{0{,}25 \text{ DM}}{0{,}50 \text{ DM}} = +\frac{1}{2}.$$

Die Preiselastizität der Biernachfrage ist also:

$$\frac{\frac{\Delta x}{x}}{\frac{\Delta p}{p}} = \frac{\frac{-20 \text{ Flaschen}}{100 \text{ Flaschen}}}{\frac{0{,}25 \text{ DM}}{0{,}50 \text{ DM}}} = \frac{-\frac{1}{5}}{+\frac{1}{2}} = -\frac{2}{5}.$$ [1]

Entsprechend berechnen wir die direkte Preiselastizität der Schokoladennachfrage:

$$\frac{\frac{\Delta x}{x}}{\frac{\Delta p}{p}} = \frac{\frac{-5 \text{ Tafeln}}{10 \text{ Tafeln}}}{\frac{0{,}25 \text{ DM}}{1{,}00 \text{ DM}}} = \frac{-\frac{1}{2}}{\frac{1}{4}} = -2.$$

Die numerische Größe der Elastizität kann nun zur Charakterisierung des Nachfrageverhaltens dienen.

Es muß jedoch darauf hingewiesen werden, daß immer nur von der **Elastizität bei einem bestimmten Preis** gesprochen werden kann, und daß diese Elastizität bei einem anderen Ausgangspreis in aller Regel einen anderen Wert aufweist.

---

1) Die direkte Preiselastizität ist im Regelfall negativ, weil eine Preiserhöhung (+) mit einer Nachfragesenkung (–) einhergeht. Häufig läßt man jedoch das Minuszeichen weg.

Sehen wir uns zur Erläuterung die Nachfragefunktion x = 20 – 2 p noch einmal an. Jeder Preiserhöhung von 1,– DM entspricht eine jeweils gleiche absolute Verringerung der nachgefragten Menge von 2 Einheiten. Die relativen Änderungen weisen jedoch erhebliche Unterschiede auf:

Steigt der Preis von 1,– DM auf 2,– DM, so sinkt die nachgefragte Menge Butter von 18 auf 16 Pfund. Die Elastizität beträgt dann

$$E = \frac{\Delta x}{x} : \frac{\Delta p}{p} = -\frac{2}{18} : \frac{1}{1} = -\frac{1}{9}$$

Steigt der Preis aber von 8,– DM auf 9,– DM, so sinkt die nachgefragte Menge von 4 auf 2 Pfund Butter, und die Elastizität beträgt

$$E = \frac{\Delta x}{x} : \frac{\Delta p}{p} = -\frac{2}{4} : +\frac{1}{8} = -4 \cdot$$

Man kann die einer geradlinigen (linearen) Nachfragekurve entsprechenden Elastizitätswerte allgemein wie in folgender Zeichnung ermitteln (wir lassen im folgenden das Minuszeichen weg): Punkt X ist ein Punkt auf der Nachfragekurve. Die direkte Preiselastizität in diesem Punkt der Nachfragekurve ist dann gegeben durch das Verhältnis der Strecken $\overline{XB} : \overline{XA}$. Daraus ergeben sich die eingezeichneten Elastizitätswerte.

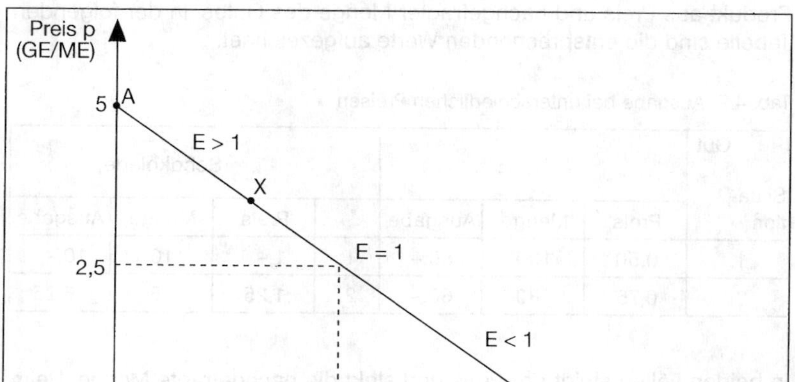

Abb. 4.5: Veränderung der direkten Preiselastizität bei linearer Nachfragekurve

Beim Höchstpreis 5 (in Punkt A) ist E unendlich groß, bei dem halben Preis ist E = 1, und bei dem Preis von 0 (in Punkt B) beträgt der Wert von E null.

Elastische und unelastische Nachfrage

Wichtig ist, ob die Elastizität größer oder kleiner als 1 ist. Bei einer Elastizität zwischen unendlich und 1 spricht man von einer **elastischen Nachfrage.** Steigt der Preis um 1%, so wird die nachgefragte Menge um mehr als 1% sinken. Bei einer Elastizität zwischen 1 und Null spricht man von einer unelastischen Nachfrage. Eine Preissteigerung von 1% führt hier zu einem Nachfragerückgang von weniger als 1%.

Einige Werte für die direkte Preiselastizität der Nachfrage nach einigen Gütern seien im folgenden angegeben[2]):

Kraftfahrzeugnutzung −0,36, Kraftfahrzeugreparaturen −0,29, Brot- und Backwaren −1,8, Bildung und Unterhaltung −2,9, Körper- und Gesundheitspflege +0,3.

Dabei ist zu beachten, daß diese Werte zu einer bestimmten Zeit gemessen wurden, insbesondere bei den gegebenen Preisverhältnissen. Die Elastizitäten können sich mithin inzwischen durchaus verändert haben oder zukünftig verändern.

Reaktion der Ausgabe auf Preisänderungen

Um die Bedeutung des Unterschiedes zwischen einer elastischen und unelastischen Nachfrage zu erkennen, kehren wir zu unserem Bier-Schokolade-Beispiel zurück. Insbesondere interessiert uns, wie der dem Konsum von Bier bzw. Schokolade gewidmete Geldbetrag – die **Ausgabe** des Haushalts (und damit die Einnahme, der Umsatz des Unternehmens) – mit Preisänderungen variiert. Die Ausgabe für ein Gut ergibt sich als Produkt aus Preis und nachgefragter Menge des Gutes. In der folgenden Tabelle sind die entsprechenden Werte aufgezeichnet.

Tab. 4.2: Ausgabe bei unterschiedlichen Preisen

Gut / Situation	Bier			Schokolade			
	Preis	Menge	Ausgabe		Preis	Menge	Ausgabe
1.	0,50	100	50,–	1.	1,–	10	10,–
2.	0,75	80	60,–	2.	1,25	5	6,25

Bei unelastischer Nachfrage steigt die Ausgabe bei einer Preiserhöhung

In beiden Fällen steigt der Preis und sinkt die nachgefragte Menge. Beim Bier steigt die Ausgabe jedoch von 50,– auf 60,–; im Falle der Schokolade sinkt die Ausgabe von 10,– auf 6,25. Dies liegt daran, daß die Biernachfrage mit $E = 2/5$ unelastisch ist. Der Preis steigt relativ stärker als die nachgefragte Menge prozentual sinkt; damit muß das Produkt aus beiden Größen zunehmen. Auf der anderen Seite ist die Schokoladennachfrage elastisch, d. h. die nachgefragte Menge sinkt relativ stärker als der Preis steigt, und das Produkt aus diesen Größen nimmt in diesem Falle ab. Als geeignete Regel kann man folgenden Satz aufstellen:

2) Quelle: A. Woll, Allgemeine Volkswirtschaftslehre, 11. Aufl., München 1993, S. 4.

Ist die Nachfrage bei einem bestimmten Preis elastisch (unelastisch), so nimmt bei einer kleinen Preiserhöhung die Ausgabe für dieses Gut ab (zu).

Bei elastischer Nachfrage nimmt die Ausgabe bei einer Preiserhöhung ab

So ist z. B. die Nachfrage nach Wohnraum relativ preisunelastisch; bei einer Mieterhöhung wird also die Mietausgabe steigen und bei einer Mietsenkung abnehmen. Auf der anderen Seite ist die Nachfrage nach Limonade der Marke X vermutlich preiselastisch, hier wird bei einer Preiserhöhung (-senkung) die Ausgabe abnehmen (zunehmen).

Eine sehr preiselastische Nachfrage begrenzt den Spielraum für Preiserhöhungen

Eine hohe Preiselastizität der Nachfrage begrenzt also den Spielraum für Preiserhöhungen der Hersteller sehr wirksam.

4.2 Kreuzpreiselastizität

Ebenfalls von Bedeutung ist der Zusammenhang zwischen der nachgefragten Menge x_1 eines Gutes Nr. 1 (z. B. eines Volkswagens) und dem Preis p_2 eines anderen Gutes Nr. 2 (z. B. eines Opel-Astra), dem Benzinpreis oder dem Preis für Schallplatten (ceteris paribus). Wie schon den Beispielen zu entnehmen ist, kann dieser Zusammenhang prinzipiell drei Formen annehmen:

(1)

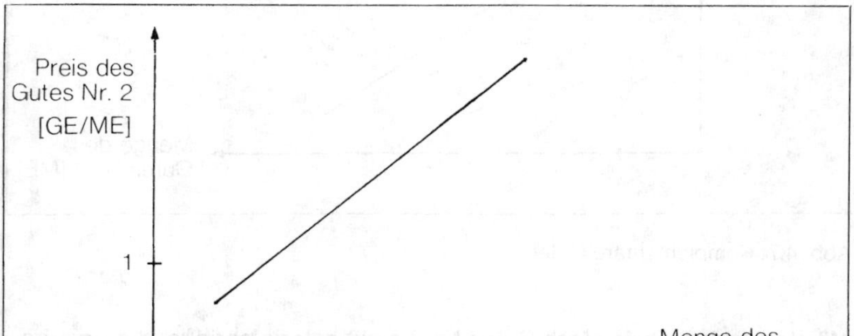

Abb. 4.6: Substituierbare Güter

Bei substituierbaren Gütern steigt die Nachfrage nach dem einen Gut, wenn der Preis des anderen Gutes steigt

Mit steigendem Preis eines Gutes Nr. 2 (Opel Kadett) steigt ceteris paribus die Nachfrage nach dem Gut Nr. 1 (Volkswagen). In diesem Fall spricht man von **substituierbaren Gütern** oder kurz: **Substituten.** Der Grad der Substituierbarkeit und damit das Ausmaß einer möglichen Konkurrenz zwischen den Anbietern der beiden Güter wird häufig durch die **Kreuzpreiselastizität** gemessen. Die Kreuzpreiselastizität gibt an, um wie-

Die Kreuzpreiselastizität bringt die Stärke der potentiellen Konkurrenzbeziehungen zum Ausdruck

viel Prozent sich die nachgefragte Menge eines Gutes Nr. 1 ändert, wenn der Preis eines Gutes Nr. 2 um 1% verändert wird. Oder noch genauer: die Kreuzpreiselastizität ist das Verhältnis der relativen Änderung der nachgefragten Menge eines Gutes Nr. 1 zur relativen Preisänderung eines anderen Gutes Nr. 2. Diese Elastizität ist bei Substituten immer positiv. Je größer die Kreuzpreiselastizität, desto stärker werden die Nachfrager bei einseitigen Preiserhöhungen das Konkurrenzprodukt kaufen. So wird die Kreuzpreiselastizität bei Gütern, die im Urteil der Nachfrager als gleichwertig angesehen werden (homogene Güter), wie verschiedenen Benzinmarken, Zigarettensorten und Reifenmarken, sehr hoch sein.

Der Spielraum für einseitige Preiserhöhungen der Hersteller ist bei hoher Kreuzpreiselastizität gering.

(2)

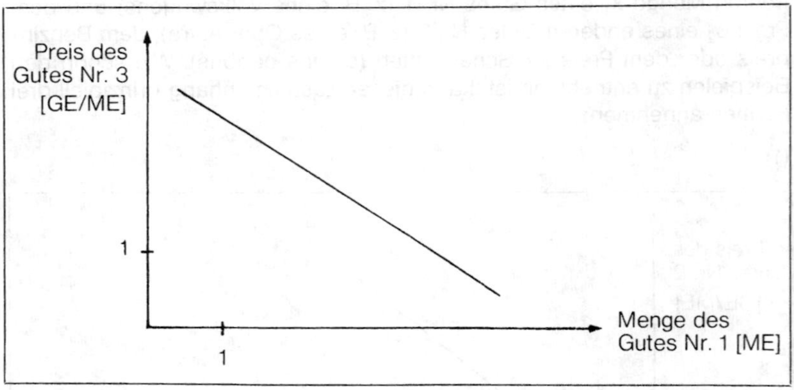

Abb. 4.7: Komplementäre Güter

Bei komplementären Gütern steigt die Nachfrage, wenn der Preis des anderen Gutes sinkt

Mit steigendem Preis eines Gutes Nr. 3 sinkt ceteris paribus die Nachfrage nach dem Gut Nr. 1. Dies ist der Fall bei den sogenannten **Komplementen** bzw. **komplementären Gütern** (z. B. Auto und Reifen, Pfeife und Tabak). Bei komplementären Gütern ist die Kreuzpreiselastizität negativ. Erhöht der Hersteller des Gutes Nr. 1 seinen Preis, so beeinflußt er damit auch die Nachfrage nach komplementären Produkten anderer Hersteller negativ.

Schließlich kann die nachgefragte Menge des Gutes Nr. 1 gänzlich **unabhängig** sein vom Preis des Gutes Nr. 4 (z. B. Klavier/Spazierstöcke; Möbel/Salz). In diesem Fall ist die Kreuzpreiselastizität gleich Null. Von der Preiserhöhung eines Gutes gehen dann keine Nachfragewirkungen auf das andere Gut aus.

(3)

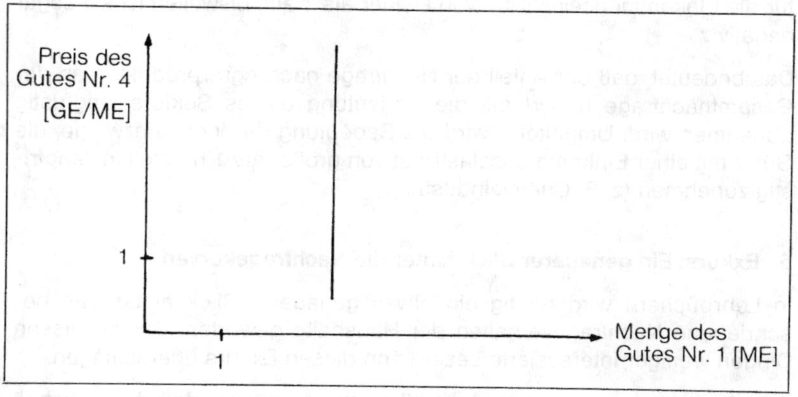

Abb. 4.8: Unabhängige Güter

4.3 Einkommenselastizität

Aus Untersuchungen weiß man, daß der Betrag, den man insgesamt für Konsumgüter ausgeben will – die Konsumsumme – mit steigendem Einkommen zunimmt. Die Frage ist dann, wie sich dieser Betrag auf die einzelnen Güter verteilt. In der Regel wird die Nachfrage nach einem Gut mit steigendem Einkommen zunehmen. Ganz sicher gilt dies für „Güter des gehobenen Bedarfs" – wie Möbel, Reisen, Automobile und Luxusgüter. Daneben gibt es einige Ausnahmen: Vor allem Güter einfacher oder minderer Qualität, wie z. B. Margarine, Kunsthonig, billiger Alkohol, Textilien aus Reißwolle etc., werden mit steigendem Einkommen weniger nachgefragt. Man kann es sich eben leisten, statt Margarine und Kartoffeln mehr Butter, Fleisch und Obst zu kaufen. Güter, deren nachgefragte Menge mit steigendem Einkommen sinkt, nennt man **inferiore Güter.**

Einkommenselastizität der Nachfrage

Etwas genauer kann man den Zusammenhang von Einkommen und Nachfrage mit Hilfe der **Einkommenselastizität** der Nachfrage beschreiben. Die Einkommenselastizität ist das Verhältnis der relativen Änderung der nachgefragten Menge zur relativen Änderung des Einkommens. Anschaulicher ausgedrückt gibt diese Elastizität an, um wieviel Prozent die nachgefragte Menge eines Gutes ceteris paribus steigt, wenn das Einkommen um 1% zunimmt.

Die Werte der Einkommenselastizität für verschiedene Produkte bzw. Produktgruppen entscheiden über die Entwicklung der Nachfrage nach diesen Gütern und damit über die wirtschaftliche Zukunft der entsprechenden Herstellergruppen.

So weist die Nachfrage nach Agrarprodukten im allgemeinen einen Wert für die Einkommenselastizität von kleiner als 1 auf, bisweilen ist sie sogar negativ.

Das bedeutet, daß der Anteil der Nachfrage nach Agrarprodukten an der Gesamtnachfrage und damit die Bedeutung dieses Sektors langfristig abnehmen wird. Umgekehrt wird die Bedeutung der Industriezweige, die Güter mit einer Einkommenselastizität von größer als 1 herstellen, langfristig zunehmen (z. B. Chemieindustrie).

5. Exkurs: Ein genauerer Blick hinter die Nachfragekurven

In Lehrbüchern wird häufig ein etwas genauerer Blick hinter das beschriebene Nachfrageverhalten der Haushalte geworfen. Der an diesen Dingen weniger interessierte Leser kann diesen Exkurs überschlagen.

Den Ausgangspunkt der Analyse bildet die Annahme, daß der Haushalt bei seiner Entscheidung über die Nachfrage nach Konsumgütern versucht, das für ihn **„beste" Güterbündel** zu kaufen, das er sich leisten kann. Unterstellt wird also, daß der Haushalt das Konsumgüterbündel wählt, welches er allen anderen mit seinem Einkommen „kaufbaren" Konsumgüterbündeln vorzieht.

Dieses Entscheidungsproblem des Haushaltes kann in drei Schritte zerlegt werden:

Das Entscheidungsproblem des Haushalts

(1) Welches sind die Mengen der Konsumgüter (die Konsumgüterbündel), die der Haushalt mit seinem Einkommen maximal kaufen kann?

(2) Wie läßt sich die Rangordnung bestimmen und beschreiben, in die der Haushalt die alternativen Konsumbündel bringt?

(3) Wie wird auf der Basis der Rangordnung des Haushaltes das beste Konsumgüterbündel bestimmt?

5.1 Die möglichen Konsumgüterbündel

Welche Konsumgüterbündel kann sich der Haushalt leisten?

Welche Konsumgüterbündel kann der Haushalt mit seinem Einkommen (seinem „Budget") kaufen, wenn die Preise der Güter gegebene Größen sind, auf die der einzelne Haushalt keinen Einfluß hat?

Das Preisverhältnis zeigt, in welchem Umfang der Haushalt über die Märkte das eine Gut durch das anderen ersetzen kann

Abbildung 4.9 zeigt die sogenannte **Budgetgerade,** die angibt, welche Güterbündel (d. h. Mengenkombinationen der hier allein betrachteten Güter 1 und 2) der Haushalt bei Verausgabung seines gesamten Einkommens kaufen kann. Wir finden diese Linie mittels einer einfachen Überlegung: Wenn der Haushalt sein gesamtes Einkommen für den Kauf des Gutes 1 ausgibt, so kann er e/p_1 Mengeneinheiten dieses Gutes kaufen (vgl. Abb. 4.9, Punkt A), verwendet der Haushalt sein ganzes Budget für den Kauf des Gutes 2, so kann er die Menge e/p_2 erwerben (vgl. Abb. 4.9, Punkt G). Da das Preisverhältnis als gegeben und damit insbesondere als unabhängig vom Nachfrageverhalten des einzelnen Haushaltes angenommen wird, kann der Haushalt durch Umschichtung seiner **Ausgaben** für die beiden Güter eine durch das Preisverhältnis bestimmte Menge des Gutes 1 gegen eine Mengeneinheit des Gutes 2 (und umgekehrt) eintauschen. Beträgt das Preisverhältnis

$$p_1 / p_2 = \frac{20}{10} = 2,$$

so kann der Haushalt anstelle einer Einheit von Gut 1 zwei Einheiten von Gut 2 kaufen (Markttauschrate). Bei einer Konsumsumme von 120 ergeben sich also in Abb. 4.9, ausgehend von Punkt A, zunächst die Punkte B, C, D, . . ., G als mögliche Punkte auf der Budgetgeraden.

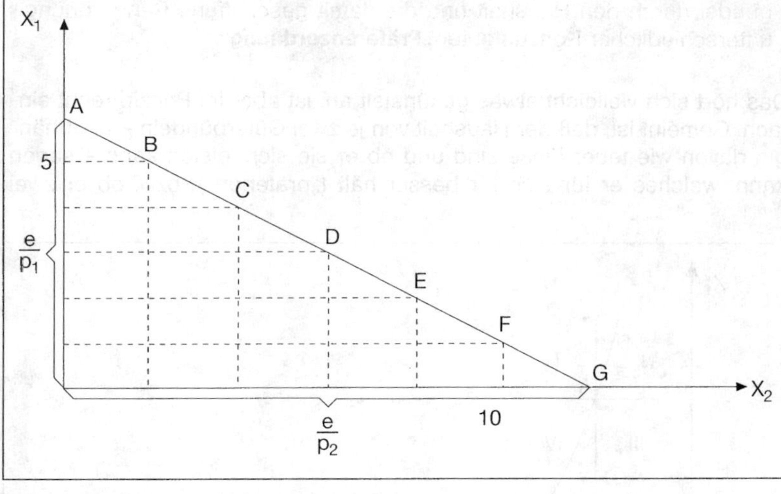

Abb. 4.9: Budgetgerade

Nimmt man an – was wir im folgenden unterstellen wollen –, daß die Güter in beliebig kleine Einheiten zerlegt werden können (wie etwa Mehl in Gramm und Milligramm), so sind auch die Punkte auf der Verbindungslinie zwischen den Punkten A, B, C, . . ., G durch Kauf realisierbare Güterbündel für den Haushalt.

Die Gerade $\overline{AG}$ ist die Budgetgerade des Haushaltes. Auf ihr liegen alle Konsumgüterbündel, die der Haushalt bei vollständiger Verausgabung seines Einkommens zu gegebenen Preisen kaufen kann.

Die Budgetgerade spiegelt die einkommensmäßige Beschränkung des Haushalts bei seiner Konsumentscheidung wider

Zum „Möglichkeitsbereich" des Haushaltes gehören natürlich auch die unterhalb der Budgetgeraden (einschließlich der Achsen) liegenden Güterbündel. In der Regel kommen diese aber – wie wir noch sehen werden – für eine Wahl nicht in Frage.

Doch welche Mengeneinheiten der Güter 1 und 2 wird der Haushalt wählen, was ist seine beste Position? Um diese Frage zu beantworten, müssen wir etwas darüber wissen, wie der Haushalt unterschiedliche Güterbündel in bezug auf sein Wohlergehen (seine „Wohlfahrt") einschätzt und wie diese Rangordnung in der Ökonomie beschrieben wird.

5.2 Die Bedarfsstruktur (Präferenzordnung) des Haushaltes

Der Ökonom nennt die Bewertung unterschiedlicher Konsumgüterbündel durch den Haushalt und die damit geschaffene Rangordnung unterschiedlicher Konsumgüter **„Präferenzordnung"**.

Die Präferenzordnung sagt, in welche Rangordnung der Haushalt unterschiedlich zusammengesetzte Güterbündel bringt

Das hört sich vielleicht etwas gekünstelt an, ist aber im Prinzip recht einfach. Gemeint ist, daß der Haushalt von je zwei Güterbündeln – unabhängig davon wie teuer diese sind und ob er sie sich leisten kann – sagen kann, welches er für sich für besser hält („präferiert"), bzw. ob er zwei

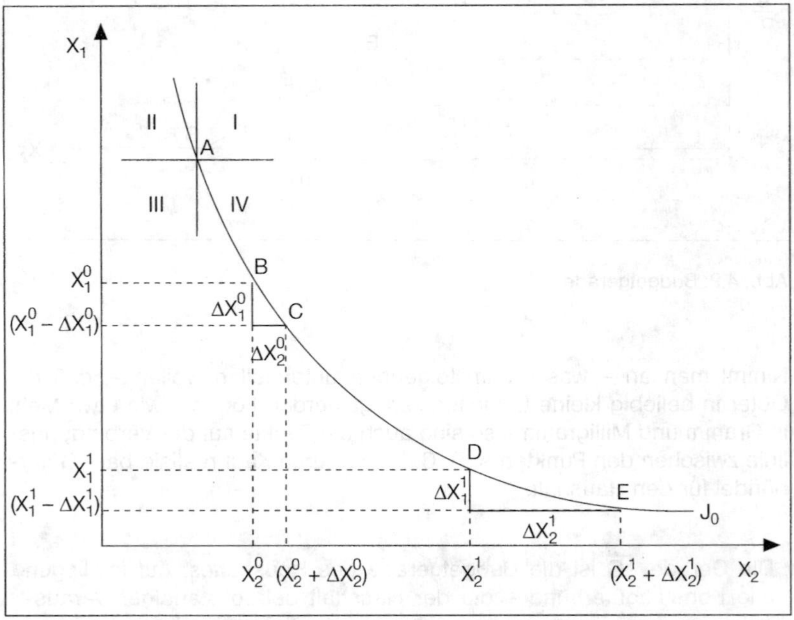

Abb. 4.10: Indifferenzkurve

Güterbündel als gleichwertig einschätzt. Der Leser beachte die Annahme, daß der Haushalt diese Bewertung unabhängig von seinem Einkommen und den herrschenden Preisen vornehmen soll – eine Annahme, die häufig zu Verständnisschwierigkeiten führt.

Stellt man einige recht allgemeine Anforderungen an die Eigenschaften der Präferenzordnung eines Haushaltes[3]), so läßt sich die Präferenzordnung durch ein System sich nicht schneidender **Indifferenzkurven** darstellen. Jede dieser Indifferenzkurven, die durch Güterbündel gebildet werden, welche der Haushalt als gleichwertig einschätzt, hat wegen der Annahme der Nicht-Sättigung notwendig fallenden Verlauf[4]) und wird als zum Ursprung des Koordinatensystems gekrümmt verlaufend (streng konvex) angenommen (vgl. Abb. 4.10). Wie wir gleich sehen werden, ist die Annahme der „strengen Konvexität" nicht so willkürlich, wie es zunächst vielleicht den Anschein hat, sie ist aber auch nicht selbstverständlich.

Konvexer Verlauf der Indifferenzkurve

Die Krümmung der Indifferenzkurve (formal ihre Steigung) gibt in jedem Punkt an, welche sehr kleine zusätzliche Menge von Gut 2 der Haushalt gerade als Ausgleich für den Verlust einer sehr kleinen Menge von Gut 1 ansieht. In Abb. 4.10 sieht der Haushalt z. B. die Güterbündel B (x_2^0, x_1^0) und C ($x_2^0 + \Delta x_2^0$, $x_1^0 - \Delta x_1^0$) als gleichwertig an. $\Delta x_1/\Delta x_2$ wird als **„Grenzrate der Substitution"** bezeichnet. Abb. 4.10 zeigt, daß die Grenzrate der Substitution entlang einer Indifferenzkurve, also mit zunehmender Menge x_2, abnimmt (vgl. $\Delta x_1/\Delta x_2$ ausgehend von Punkt B und von Punkt D).

Die Grenzrate der Substitution zeigt, in welcher Relation der Haushalt die Nützlichkeit der Güter sieht

Das scheint im allgemeinen plausibel, da für den Haushalt Gut 2 immer reichlicher vorhanden ist und Gut 1 immer knapper wird. Insoweit ist auch der konvexe Verlauf der Indifferenzkurven plausibel.

Wir halten fest:

Die Grenzrate der Substitution ist dasjenige Austauschverhältnis zwischen den Gütern, bei dem das Versorgungsniveau sich aus der Sicht des Haushaltes (also subjektiv) nicht verändert.

---

3) „Vollständigkeit" (der Haushalt kann alle Konsumgüterbündel vergleichen), „Nicht-Sättigung" (mehr von einem Gut bei Konstanz der Versorgung mit dem anderen Gut bedeutet immer, daß der Haushalt das „größere" Güterbündel vorzieht), „Widerspruchsfreiheit" (wenn der Haushalt Güterbündel 1 Güterbündel 2 vorzieht und Güterbündel 2 gegenüber Güterbündel 3 präferiert, so soll er auch Güterbündel 1 dem Güterbündel 3 vorziehen).

4) Dies wird in Abb. 4. 10 anhand von Punkt A deutlich. Jedes Güterbündel, das im Quadranten I und III liegt (einschließlich der Achsen) muß (da es zumindest mehr oder weniger von einem Gut enthält als das durch den Punkt A gekennzeichnete Bündel) im Urteil des Haushaltes besser oder schlechter sein als das durch A gekennzeichnete Güterbündel. Also kann ein gleichwertiges Güterbündel nur im Quadranten II oder IV liegen (ohne die Achsen). Das aber heißt, daß die Indifferenzkurve „fallend" verläuft.

Jede Indifferenzkurve, die oberhalb einer anderen liegt, enthält Güterbündel, die der Haushalt denen der näher zum Ursprung liegenden Indifferenzkurve I_0 vorzieht. Das folgt, wie in Abb. 4.10 für den Punkt A erläutert, unmittelbar aus der Nicht-Sättigungsannahme. Erhöht sich bei Konstanz der Gütermenge x_1 (x_2) die Gütermenge x_2 (x_1) um einen beliebigen kleinen Betrag Δx_2 (Δx_1), oder erhöht sich die Versorgungsmenge mit beiden Gütern, so verbessert sich wegen der Annahme der Nicht-Sättigung die Versorgungsposition des Haushalts. Eine entsprechende Überlegung kann man für jeden Punkt der Indifferenzkurve I_0 durchführen, so daß „oberhalb" der Indifferenzkurve I_0 immer eine Indifferenzkurve mit Güterbündeln liegen muß, die der Haushalt höher einschätzt als die, welche auf der Indifferenzkurve I_0 liegen. Diese Überlegungen machen auch deutlich, daß Indifferenzkurven – wie oben schon erwähnt – sich nicht schneiden können. Außerdem würden die Indifferenzkurven, die sich schneiden, die Annahme der Widerspruchslosigkeit der Präferenzordnung verletzen. Die Präferenzordnung des Haushaltes kann also durch ein System sich nicht schneidender Indifferenzkurven beschrieben werden, die strenggenommen unendlich „dicht" beieinander liegen. Je höher eine Indifferenzkurve liegt, desto höher ist das Versorgungsniveau (die Wohlfahrt), das (die) der Haushalt den Güterbündeln beimißt (vgl. Abb. 4.11).

Die Präferenzordnung kann grafisch durch ein System von Indifferenzkurven ausgedrückt werden

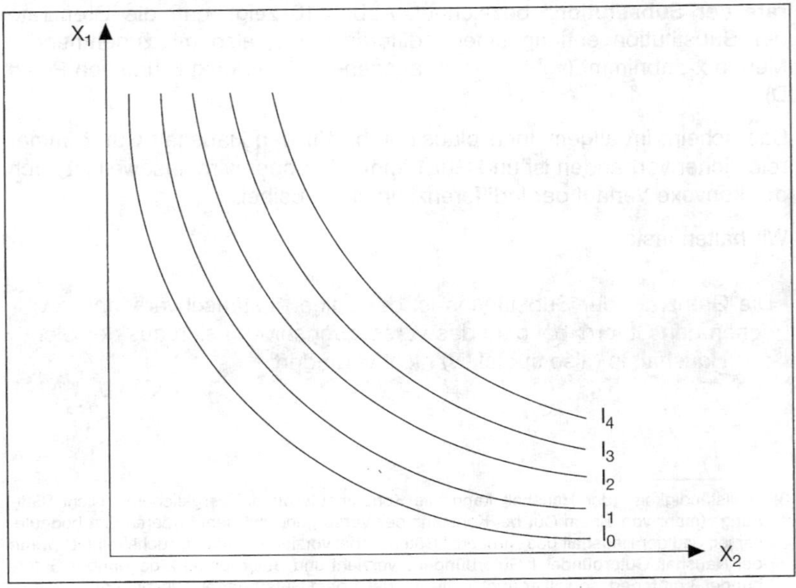

Abb. 4.11: Indifferenzkurvensystem

5.3 Die Auswahl des besten Konsumgüterbündels

Durch Zusammenführung der Budgetgeraden und der Präferenzordnung in Gestalt des Indifferenzkurvensystems können wir nun die Auswahl des besten Güterbündels für den Haushalt beschreiben.

Wandern wir (in Abb. 4.12), ausgehend von Punkt A, auf der Budgetgeraden (die der in Abb. 4.9 entspricht, wobei ein Preisverhältnis von $p_1/p_2 = 20/10 = 2$ und ein Einkommen von 120 unterstellt sind), nach rechts unten, so erreicht der Haushalt Schritt für Schritt ein Güterbündel, das er, wie die Indifferenzkurven zeigen, den weiter oben auf der Budgetgeraden liegenden vorzieht. Das liegt daran, daß der Haushalt, wenn er sich auf der Budgetgeraden nach unten bewegt, auf den Märkten beim Preisverhältnis $p_1/p_2 = 2$ zwei Mengeneinheiten vom Gut 2 anstelle von einer Mengeneinheit des Gutes 1 erhält. Subjektiv reichen aber gemäß der Grenzrate der Substitution (bei die Budgetgerade von oben schneidenden Indifferenzkurven) weniger als zwei Gütereinheiten von Gut 2 aus, um den Haushalt für den Verlust einer Mengeneinheit von Gut 1 zu entschädigen. Die beschriebene Wanderung auf der Budgetgeraden ist also für den Haushalt vorteilhaft. Dies gilt solange, bis der Haushalt den Punkt T erreicht hat. Hier stimmt das Verhältnis, zu dem er durch Umschichtung seiner Ausgaben von Gut 1 auf Gut 2 die beiden Güter über den Markt substituieren kann, mit seiner subjektiven Tauschrate (der Grenzrate der Substitution) überein. Er bekommt also über den Markt genau jene zwei Gütereinheiten von Gut 2 für eine Gütereinheit von Gut 1, die nach seiner subjektiven Einschätzung den Verlust einer Mengeneinheit von Gut 1 gerade ausgleichen, so daß keine weitere Substitution lohnend ist. Eine ent-

Der Haushalt sucht auf seiner Budgetgeraden die Indifferenzkurve, die er gerade noch erreichen kann

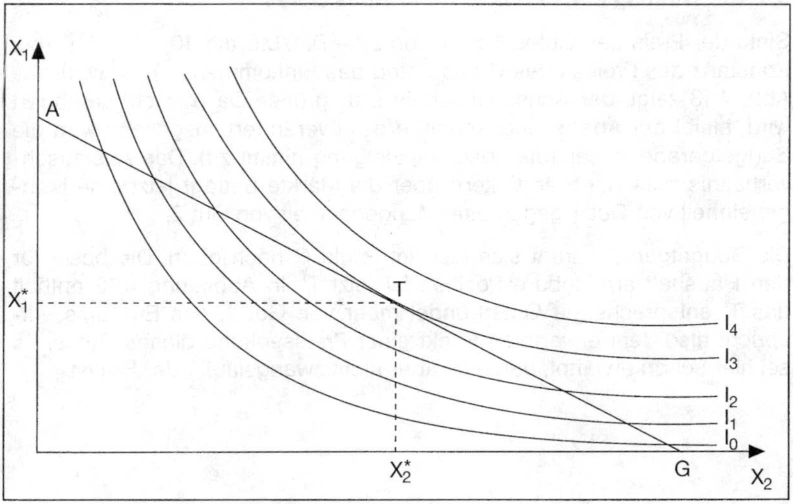

Abb. 4.12: Haushaltsgleichgewicht

sprechende Überlegung gilt, wenn man, ausgehend vom Punkt G, nach links oben auf der Budgetgeraden wandert: Durch Umschichtung seiner Ausgaben von Gut 2 auf Gut 1 bekommt der Haushalt auf dem Markt die Hälfte einer Mengeneinheit von Gut 1 für eine Mengeneinheit von Gut 2. Subjektiv fühlt er sich aber – wie die Grenzrate der Substitution an dieser Stelle zeigt – für den Verlust von einer Mengeneinheit des Gutes 2 schon durch weniger als eine halbe Mengeneinheit des Gutes 1 entschädigt. Nimmt der Haushalt also die Umschichtung seiner Ausgaben vor, so stellt er sich subjektiv besser als vorher, d. h., das jeweils neue Güterbündel wird von ihm als besseres eingestuft. Dies gilt, bis der Punkt T erreicht ist.

Im Haushaltsgleichgewicht entspricht das Tauschverhältnis zwischen den Gütern, das über den Markt erreicht werden kann, der subjektiven Tauschbereitschaft des Haushaltes

Im Haushaltsgleichgewicht ist das Preisverhältnis gleich dem (absoluten) Wert der Grenzrate der Substitution. Bei gegebener Rangordnung der Güter, wie sie durch das Indifferenzkurvensystem beschrieben ist, wird der Haushalt bei dem Einkommen e also das durch den Punkt T gegebene Güterbündel (x_1^*, x_2^*) wählen, wenn er sich so gut wie möglich stellen will. Güterbündel auf höheren Indifferenzkurven kann er bei den gegebenen Preisen mit seinem gegebenen Einkommen nicht realisieren. Güterbündel unterhalb der Budgetgeraden wird er nicht wählen, wenn er sich so gut wie möglich stellen will.

Wie ändern sich die nachgefragten Mengen des Haushaltes nach einem Gut mit dem Preis dieses Gutes und dem Einkommen? Um diese Frage zu beantworten, betrachten wir hier die Auswirkungen einer Preissenkung des Gutes 1 bei Konstanz des Einkommens und des Preises p_2 sowie die Wirkung einer Erhöhung des Einkommens bei Konstanz beider Preise.

5.4 Die Wirkung einer Preissenkung eines Gutes

Die Preisänderung verändert das Markttauschverhältnis zwischen den Gütern und das Realeinkommen des Haushaltes

Sinkt der Preis des Gutes 1 z. B. von 20,– DM/ME auf 10,– DM/ME (bei Konstanz des Preises des Gutes 2 und des Einkommens e), so wird, wie Abb. 4.13 zeigt, der Achsenabschnitt e/p_1 größer. Da p_2 nicht verändert wird, bleibt der Abszissenabschnitt e/p_2 unverändert. Insgesamt wird die Budgetgerade steiler (die absolute Steigung nimmt zu). Das Austauschverhältnis zwischen den Gütern über die Märkte beträgt jetzt eine Mengeneinheit von Gut 1 gegen eine Mengeneinheit von Gut 2.

Die Budgetgerade dreht sich also im Punkt G nach oben. Die beste für den Haushalt erreichbare Position ist jetzt T'. In Abbildung 4.13 enthält das T' entsprechende Güterbündel mehr von Gut 1, das Ergebnis entspricht also dem erwarteten Effekt einer Preissenkung dieses Gutes. Es sei hier schon erwähnt, daß dies aber nicht zwangsläufig der Fall ist.

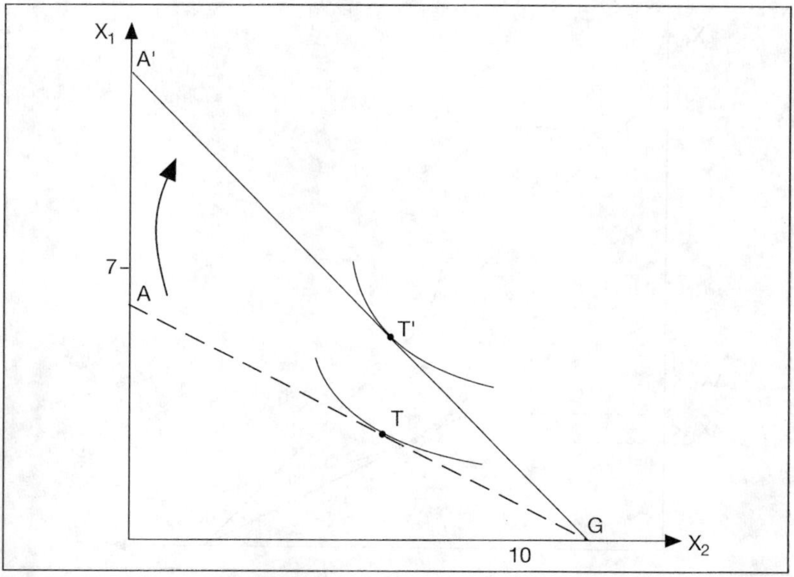

Abb. 4.13: Wirkung einer Preissenkung beim Gut 1

5.5 Einkommens- und Substitutionseffekt

Die Wirkungen der Veränderung der Tauschrelation und die der Veränderung des Realeinkommens werden gedanklich isoliert

Wie kann man nun die mengenmäßige Veränderung der Nachfrage nach Gut 1 als Folge der ceteris paribus durchgeführten Preissenkung des Gutes 1 in den im Abschnitt 3.2 dieses Kapitels erwähnten **Substitutions-** und **Einkommenseffekt** aufspalten? Hierzu überlegen wir uns, daß durch die Preissenkung des Gutes 1 der Haushalt (abgesehen von Punkt G) mehr von beiden Gütern erwerben kann, sein in Güterkaufkraft gemessenes Einkommen (das sogenannte Realeinkommen) also gestiegen ist. Es ist plausibel, daß dieses gestiegene Realeinkommen in der Regel zu einem höheren Konsum von Gut 1 führt. Die gedankliche Aufspaltung der sich aus der Preisänderung ergebenden Änderung von x_1^* in den Einkommens- und den Substitutionseffekt erfolgt nun so, daß man fiktiv die Realeinkommenserhöhung des Haushalts rückgängig macht, aber das neue Preisverhältnis beibehält. Die sich dann ergebende Änderung von x_1 ist allein auf die Veränderung der Austauschrelation zwischen Gut 1 und Gut 2, also die Veränderung des Preisverhältnisses p_1/p_2 zurückzuführen. Fiktiv kann man die aus der Preissenkung von Gut 1 resultierende Erhöhung des Realeinkommens rückgängig machen, indem man unterstellt, daß der Haushalt nach wie vor nur die Indifferenzkurve I_0 erreichen und damit ein Güterbündel kaufen kann, das in der Einschätzung des Haushaltes dem in T gleichwertig ist. Wenn der Haushalt seine bestmögliche Position realisieren will, so muß er das neue Preisverhältnis berücksichti-

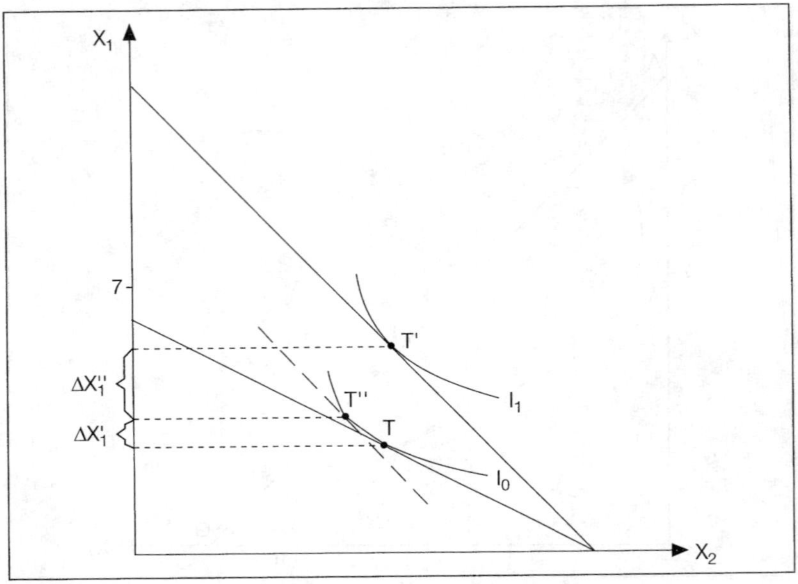

Abb. 4.14: Substitutions- und Einkommenseffekt

gen, was in Abb. 4.14 durch die (gestrichelt gezeichnete) fiktive Budgetgerade mit der Steigung 1/1 geschieht (vgl. Abb. 4.14).

Wo diese Budgetgerade die Indifferenzkurve I_0 (also in Punkt T") berührt, ist die beste Position des Haushaltes unter Berücksichtigung der Veränderung des Preisverhältnisses und der gedanklichen Eliminierung der sie begleitenden Realeinkommensänderung realisiert. $\Delta x_1'$ ist dann der Teil der Nachfrageänderung nach Gut 1, der allein auf die Änderung des Preisverhältnisses zurückzuführen (also der **Substitutionseffekt**) ist. $\Delta x_1''$ gibt den Teil der Nachfrageänderung nach Gut 1 an, der auf die aus der Preissenkung folgende Realeinkommenserhöhung zurückführen ist (also der **Einkommenseffekt**).

5.6 Erhöhung des Nominaleinkommens

Nach den vorangegangenen Erläuterungen ist es relativ einfach, die Wirkungen einer Zunahme des Einkommens auf die Nachfrage nach einem Gut bei Konstanz der beiden Preise zu untersuchen. Steigt das verfügbare Einkommen des Haushaltes, etwa weil sein Bruttoeinkommen steigt oder weil die Steuern sinken, so steigen die maximal realisierbaren Mengen der Güter 1 und 2. Da das Preisverhältnis annahmegemäß unverändert bleibt, verändert sich die Steigung der Budgetgeraden nicht, sie verschiebt sich also parallel nach außen.

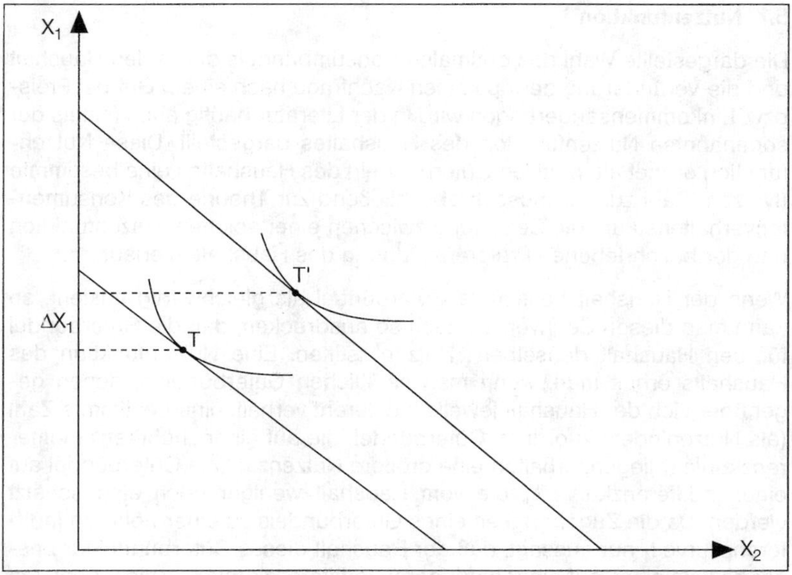

Abb. 4.15: Wirkung einer Erhöhung des Geldeinkommens

Abbildung 4.15 zeigt den Fall des sogenannten normalen Gutes. Die Nachfrage nach diesem Gut steigt, wenn das Geldeinkommen des Haushaltes zunimmt.

Denkbar ist allerdings bei entsprechender Gestalt der Indifferenzkurven auch (der hier grafisch nicht dargestellte Fall), daß die Nachfrage nach Gut 1 ceteris paribus bei einer Erhöhung des Einkommens abnimmt. Man nennt ein solches Gut **„inferior"** (Gut minderwertiger Qualität), weil dieser Effekt bei – am Einkommen des Haushalts gemessen – eher minderwertigen Gütern eintreten kann. Ein Beispiel könnte die Nachfrage nach Kartoffeln sein, wenn der Haushalt bei steigendem Einkommen seine Ernährung stärker von Kartoffeln auf Gemüse, Fleisch und höherwertigen Reis umstellt. Die mögliche negative Reaktion der nachgefragten Menge nach einem Gut auf eine Erhöhung des Geldeinkommens bei konstanten Preisen erklärt auch, warum eine Preissenkung nicht notwendig zu einer Erhöhung der Nachfrage nach einem inferioren Gut führen muß: Zwar wird eine Preissenkung von Kartoffeln tendenziell die Neigung des Haushaltes erhöhen, den Kartoffelkauf auf Kosten anderer Güter zu erhöhen, der nachfragemindernde Einkommenseffekt kann aber bei einem inferioren Gut den nachfragevermehrenden Substitutionseffekt überkompensieren. Man spricht in so einem Fall auch von einem **GIFFEN-Gut.**

5.7 Nutzenfunktion

Die Nutzenfunktion ordnet den Güterbündeln eine (Nutzen-) Zahl zu

Die dargestellte Wahl des optimalen Konsumbündels durch den Haushalt und die Veränderung der optimalen Nachfrage nach einem Gut bei Preis- bzw. Einkommensänderungen wird in der Literatur häufig auch mittels der sogenannten Nutzenfunktion des Haushaltes dargestellt. Diese Nutzenfunktion ordnet alternativen Güterbündeln des Haushaltes eine bestimmte (Nutzen-)Zahl zu. Wir müssen abschließend zur Theorie des Konsumentenverhaltens kurz die Beziehung zwischen einer solchen Nutzenfunktion und der beschriebenen Präferenzordnung des Haushaltes erläutern.

Wenn der Haushalt bestimmte Güterbündel als gleichwertig ansieht, so kann man diesen Sachverhalt auch so ausdrücken, daß die Güterbündel für den Haushalt denselben „Nutzen" stiften. Eine Nutzenfunktion des Haushalts erhält man, wenn man sämtlichen Güterbündeln, denen gegenüber sich der Haushalt jeweils indifferent verhält, eine bestimmte Zahl (als Nutzenindex) zuordnet. Güterbündel, die auf einer „höheren" Indifferenzkurve I_1 liegen, erhalten eine größere Nutzenzahl als Güterbündel auf einer Indifferenzkurve I_0, die vom Haushalt weniger hoch eingeschätzt werden. Da die Zugehörigkeit eines Güterbündels zu einer höheren Indifferenzkurve I_1 nur aussagt, daß der Haushalt dieses Güterbündel für besser hält als eines auf einer niedrigeren Indifferenzkurve I_0 – nicht aber, um wieviel besser – geben die Nutzenzahlen nur eine Rangordnung der Güterbündel an. Man spricht von einer **ordinalen Nutzenfunktion,** die die Präferenzordnung des Haushalts spiegelt. Früher gingen die Volkswirte davon aus, daß der Nutzen **kardinal** gemessen werden könne: Ein Güterbündel mit der Nutzenzahl 30 wäre für den Haushalt dann genau dreimal so gut wie ein Güterbündel mit der Nutzenzahl 10. Nur wenn man eine solche kardinale Meßbarkeit des Nutzens annimmt – was heute weitgehend abgelehnt wird – ist der sogenannte **Grenznutzen** eine sinnvolle Größe. Er gibt dann an, um wieviel Einheiten der Nutzen des Haushalts zunimmt, wenn er ceteris paribus (also bei unveränderter Versorgung mit anderen Gütern) eine Einheit von einem Gut mehr erhält.

Erstes GOSSENsches Gesetz

Wegen der aufgezeigten Problematik in bezug auf den Begriff des Grenznutzens soll hier eine Gesetzmäßigkeit, die vom deutschen Volkswirt Herrmann GOSSEN (1810–1858) zu Beginn des 19. Jahrhunderts beschrieben worden ist, nur am Rande erwähnt werden. Nach GOSSEN nimmt der Nutzenzuwachs, der sich aus dem Konsum einer zusätzlichen Mengeneinheit eines Gutes bei Konstanz des Konsums der übrigen Güter ergibt, also der Grenznutzen, mit zunehmender Verfügbarkeit des Gutes ab (Gesetz vom abnehmenden Grenznutzen, 1. GOSSENsches Gesetz).

C. Arbeitsaufgaben

1) *Erläutern Sie die folgenden Begriffe:*

Markt	*Budgetgerade*
Nachfragefunktion	*Präferenzordnung*
direkte Preiselastizität der Nachfrage	*Indifferenzkurve*
Kreuzpreiselastizität	*inferiores Gut*
Konsumfunktion	*GIFFEN-Gut*

2) *Geben Sie allgemein die Bestimmungsgründe der Nachfrage eines Haushaltes nach einem Konsumgut an.*

3) *a) Geben Sie genau die Dimension des Preises eines Gutes an.*
b) Was gibt das Preisverhältnis zwischen zwei Gütern X und Y an?

4) *In welche Richtung und um wieviel Prozent verändert sich die Ausgabe eines Haushalts für Rindfleisch, wenn seine entsprechende Preiselastizität der Nachfrage – 0,5 beträgt und der Rindfleischpreis um 10 % steigt?*

5) *Wie verändert sich die direkte Preiselastizität entlang einer linearen Nachfragefunktion und wie kann man die Elastizität graphisch bestimmen?*

6) *Worin sehen Sie den Sinn des Elastizitätsmaßes?*

7) *Was bedeutet für ein Land, welches im wesentlichen nur Bananen exportiert, die Aussage, daß die Einkommenselastizität der Nachfrage nach Bananen*
a) positiv, aber kleiner als 1 ist
b) negativ ist?

8) *Es wird gesagt, daß die nachgefragte Menge mit steigendem Preis abnimmt. Diese Aussage ist offenbar falsch, da die Preise, wie man weiß, meist steigen und die Nachfrage dennoch nicht zurückgeht. Versuchen Sie, diesen Widerspruch zu lösen.*

9) *Wie verschiebt sich die Budgetgerade eines Haushaltes*
a) wenn die Preise beider Güter und das Einkommen (die Konsumsumme) um 10 % zunehmen?
b) die Konsumsumme ceteris paribus fällt?
c) ceteris paribus der Preis des Gutes 1 steigt und der des Gutes 2 fällt?

10) *Spalten Sie grafisch die Wirkung einer Preiserhöhung des Gutes 2 bei Konstanz des Konsumsumme und des Preises des Gutes 1 in den Substitutions- und den Einkommenseffekt auf.*

Lösungsvorschläge für die Arbeitsaufgaben im „Übungsbuch zu Grundlagen und Probleme der Volkswirtschaft“.

D. Literatur

Elementare Einführungen in die Theorie der privaten Nachfrage bieten:

DEMMLER, Horst, Einführung in die Volkswirtschaftslehre. Elementare Preistheorie, 4. Aufl., München, Wien 1993

KRUBER, Klaus-Peter, Konsum und Arbeit, München 1977, Abschnitt II.

Dieses Buch besitzt den Vorteil, daß es den Erklärungswert der hier dargestellten traditionellen Theorie problematisiert und auch alternative Erklärungsansätze diskutiert.

Eine sehr klare Darstellung (unter Verwendung einfacher formaler Instrumente) findet der Leser bei

SCHNEIDER, Erich, Einführung in die Wirtschaftstheorie, Bd. 2, 13. Aufl., 1972, Kapitel I, §§ 1–4.

Elementare und vertiefende Aspekte der Nachfragetheorie sind dargestellt bei:

CEZANNE, Wolfgang, Allgemeine Volkswirtschaftslehre, München 1993, 5. Kapitel

LANCASTER, Kelvin, Moderne Mikroökonomie, 4. Aufl., Frankfurt a. M. 1991

LIPSEY, Richard G., Eine Einführung in die positive Ökonomie, Köln 1971, Dritter Teil

VARIAN, Hal, R. Grundzüge der Mikroökonomik, 2. Aufl., München 1991, Kapitel I–VI.

5. Kapitel
Produktion, Kosten und Güterangebot der Unternehmen

A. Lernzielorientierte Leitfragen und Fragenkomplexe

Leitfrage:
Welcher Zusammenhang besteht zwischen Produktion, Faktoreinsatz und Kosten?

- *Was ist eine Produktionsfunktion?*
- *Wodurch ist eine linear-limitationale Produktionsfunktion gekennzeichnet?*
- *Wie ergeben sich die minimalen Kosten bei einer linear-limitationalen Technologie?*
- *Was ist eine substitutionale Produktionsfunktion?*
- *Was sind die Eigenschaften einer substitutionalen Produktionsfunktion bei partieller Faktorvariation und bei Skalenvariation?*
- *Wie bestimmt man bei einer substitutionalen Produktionsfunktion die Minimalkostenkombination und die Kostenfunktion?*
- *Welche Rolle spielen „economies of scale" für den Kostenverlauf?*

Leitfrage:
Welche wichtigen Kostenbegriffe werden unterschieden?

- *Was sind variable Kosten?*
- *Was sind fixe Kosten?*
- *Was sind Grenzkosten?*
- *Was sind Durchschnittskosten, und wie hängen sie mit den Grenzkosten zusammen?*

Leitfrage:
Was ist die Durchschnittsproduktivität eines Faktors, und welchen Einfluß hat diese auf die Kosten?

- *Was versteht man unter der Durchschnittsproduktivität eines Faktors?*
- *Welche Produktivitätsbegriffe sind gebräuchlich?*
- *Wie werden über den Preis und die Durchschnittsproduktivität eines Produktionsmittels seine Durchschnittskosten bestimmt?*

Leitfrage:
Wie läßt sich die Güterangebotskurve eines Unternehmens bei vollständiger Konkurrenz bestimmen?

- *Von welcher Zielsetzung des Unternehmens wird ausgegangen?*
- *Wann herrscht auf einem Markt vollständige Konkurrenz?*
- *Was ist der Gewinn eines Unternehmens?*
- *Wie ist die Produktmenge gekennzeichnet, bei der der Gewinn am größten wird?*
- *Welches ist bei unterschiedlichen Preisen des Produktes die gewinnmaximierende Angebotsmenge des Unternehmens?*
- *Wie gelangt man von der Angebotskurve des einzelnen Unternehmers zur gesamten Marktangebotskurve?*

B. Sachanalyse

1. Die Produktionsfunktion

Bevor Güter auf den Märkten ver- und gekauft werden, müssen sie in aller Regel unter Einsatz von Produktionsmitteln wie Arbeit, Boden, Kapital, Material, Energie und technisches Wissen produziert werden. Da der Einsatz der Produktionsmittel (im folgenden auch kurz „Faktoren“ genannt) Kosten verursacht, muß man sie wirtschaftlich einsetzen. Hierzu muß der Produzent zunächst wissen, wie die **technische Beziehung** zwischen den Faktoreinsatzmengen und der Produktionsmenge aussieht, d. h. er muß die sog. Produktionsfunktion kennen.

Begriff der Produktionsfunktion

Die Produktionsfunktion gibt an, welche Produktionsmenge (welchen Output) man maximal erstellen kann, wenn die Faktoreinsatzmengen (Inputs) vorgegeben sind.

Im Gegensatz zum Nutzen, der nach herrschender Auffassung nur ordinal gemessen werden kann (vgl. Kapitel 4.5), ist die Produktionsmenge mit sogenannten Kardinalzahlen (kardinal) meßbar, d. h. es werden absolute Beträge gemessen. Das liegt daran, daß man das Produktionsergebnis genau zählen, wiegen oder abmessen kann, während dies beim Nutzen nicht möglich ist.

Produktionsfunktion als Gedankenkonstruktion

Die Produktionsfunktion kann man sich als ein Verfahrenshandbuch vorstellen, in dem angegeben ist, welche verschiedenen Möglichkeiten bestehen, z. B. Getreide, Stahl oder Automobile zu produzieren. Mit wachsendem technischen Fortschritt ändern sich die Verfahren und damit die Produktionsfunktionen. Es ist wichtig, daß der Leser den Charakter der Produktionsfunktion als nützliche und einfache Gedankenkonstruktion erkennt. So ist es für manche Fragestellungen sinnvoll, sich die Produktion z. B. der Bundesrepublik Deutschland an Hand einer Produktionsfunktion vorzustellen:

$$Y = f\ (A, B, K, TW), \text{ d. h.}$$

die maximal mögliche (technisch effiziente) Produktion der Bundesrepublik pro Jahr (Y) ist eine Funktion (f) der zur Verfügung stehenden Produktionsfaktoren Arbeit (A), Boden (B), Kapital (d. h. Maschinen und Gebäude und Anlagen einschließlich des Bestandes an Zwischenprodukten) (K) und technisches Wissen (TW). Es gibt sehr unterschiedliche Produktionsfunktionen, mit denen wir uns im folgenden etwas näher beschäftigen wollen.

2. Typen von Produktionsfunktionen

Zwei besonders wichtige Typen von Produktionsfunktionen (Technologien) sind die

(1) linear-limitationale Produktionsfunktion,
(2) substitutionale Produktionsfunktion.

Zwei wichtige Beispiele für Technologien

Bei der ersten Technologie müssen die Produktionsmittel, wenn man von der Möglichkeit der Verschwendung von Faktoren absieht, in einem festen Verhältnis zueinander eingesetzt werden; bei der zweiten Technologie kann das Einsatzverhältnis zwischen den Faktoren (zumindest in bestimmten Grenzen) variiert werden.

2.1 Linear-limitationale Produktionsfunktion

Konstante Faktorproportionen

Betrachten wir das Ausheben einer Baugrube mittels eines Baggers und eines Baggerführers im Ein-Schicht-Betrieb. Die Hinzufügung eines zweiten Baggers ohne zusätzlichen Führer erhöht ebensowenig die Produktion wie die alleinige Erhöhung der Zahl der Baggerführer. Die Produktionsmittel stehen in einem komplementären Verhältnis zueinander. Will man die Produktionsleistung verdoppeln, so muß man die Zahl der eingesetzten Bagger und Baggerführer verdoppeln. Ähnlich stehen bei einer typischen Fließbandfertigung die Zahl der eingesetzten Arbeiter, das verarbeitete Material und die eingesetzten Maschinen in einem (praktisch) fixen Verhältnis zueinander. Es erhöht die Produktion nicht, wenn allein ein zusätzlicher Arbeiter an das Band gestellt wird.

2.2 Substitutionale Produktionsfunktion

Variable Faktorproportionen

Einen ganz anderen Technologietyp spiegelt die substitutionale Produktionsfunktion wider.

> Die substitutionale Produktionsfunktion ist dadurch gekennzeichnet, daß (zumindest innerhalb bestimmter Grenzen) der verminderte Einsatz eines Faktors durch vermehrten Einsatz eines anderen Faktors ausgeglichen werden kann.

Eine bestimmte Produktmenge kann also mit vielen Faktormengenkombinationen technisch effizient erstellt werden.

Beispiel für Substitutionalität der Produktionsmittel

Als praktisches Beispiel für eine substitutionale Produktionsfunktion wird häufig eine landwirtschaftliche Produktion herangezogen: Es ist möglich, eine bestimmte Menge Weizens mit den unterschiedlichsten Kombinationen von Arbeit, Boden, Saatgut und Düngemitteln zu erzeugen. Bei intensiver Bewirtschaftung werden viel Arbeit und viele Düngemittel auf wenig Bodenfläche eingesetzt. Bei extensiver Bewirtschaftung ersetzt die zunehmende Bodenfläche Arbeitsstunden und Düngemittel.

2.2.1 Ertragsgesetz

Positives Grenzprodukt

Bei substitutionaler Produktionsfunktion ist es möglich, den verminderten Einsatz des Faktors 1 (2) bei unveränderter Produktion durch den Mehreinsatz des Faktors 2 (1) auszugleichen. Das impliziert, daß ein einzelner Faktor auch bei isoliertem Mehreinsatz zusätzlich produktiv ist. Erhöht man also die Einsatzmenge des Faktors 1 (2) bei Konstanz der Einsatzmenge des Faktors 2 (1) – nimmt man also eine sogenannte **partielle Faktorvariation** vor –, so ergibt sich eine zusätzliche Produktion (ein positives **Grenzprodukt**). Diese Zusammenhänge sind Gegenstand des Ertragsgesetzes. Betrachten wir hierzu das folgende Beispiel:

Ertragsgesetz

Tab. 5.1: Abhängigkeit des Ernteertrages von der Düngung

Düngung in Gramm pro Flächeneinheit (1)	Körnerertrag von Roggen in Gramm pro Flächeneinheit (2)	Durchschnittliche Roggenproduktion pro 1 Gramm Düngemittel (3) = (2) / (1)	Zusätzliche Roggenproduktion (Grenzprodukt) in Gramm pro 1 Gramm zusätzlich eingesetztes Düngemittel (4) = $\frac{\Delta (2)}{\Delta (1)}$
0	5,8	–	–
2,5	10,4	4,16	1,84
5,0	15,5	3,1	2,04
7,5	19,3	2,57	1,52
10,0	21,7	2,17	0,96
15,0	17,8	1,19	–0,78
20,0	16,2	0,81	–0,32

Quelle: Laur, Wirtschaftslehre des Landbaus, Berlin 1930, S. 143

Wir halten in einem Experiment den Einsatz der Faktoren Boden, Saatgut und Arbeit konstant und erhöhen lediglich den Einsatz des Düngemittels. Das Ergebnis dieses Experiments ist in Tabelle 5. 1 festgehalten.

Die Tabelle zeigt, daß die Produktion mit zunehmendem Düngemitteleinsatz – bei Konstanz der Menge der übrigen Produktionsfaktoren – zunächst deutlich zunimmt, dann immer langsamer zunimmt und schließlich sogar abnimmt. Anders ausgedrückt: der Produktions**zuwachs** – das Grenzprodukt – (4. Spalte der Tabelle) nimmt – von einem bestimmten Punkt an – ab und wird schließlich sogar negativ, wenn lediglich ein Produktionsmittel vermehrt eingesetzt wird.

Grafische Illustration des Ertragsgesetzes

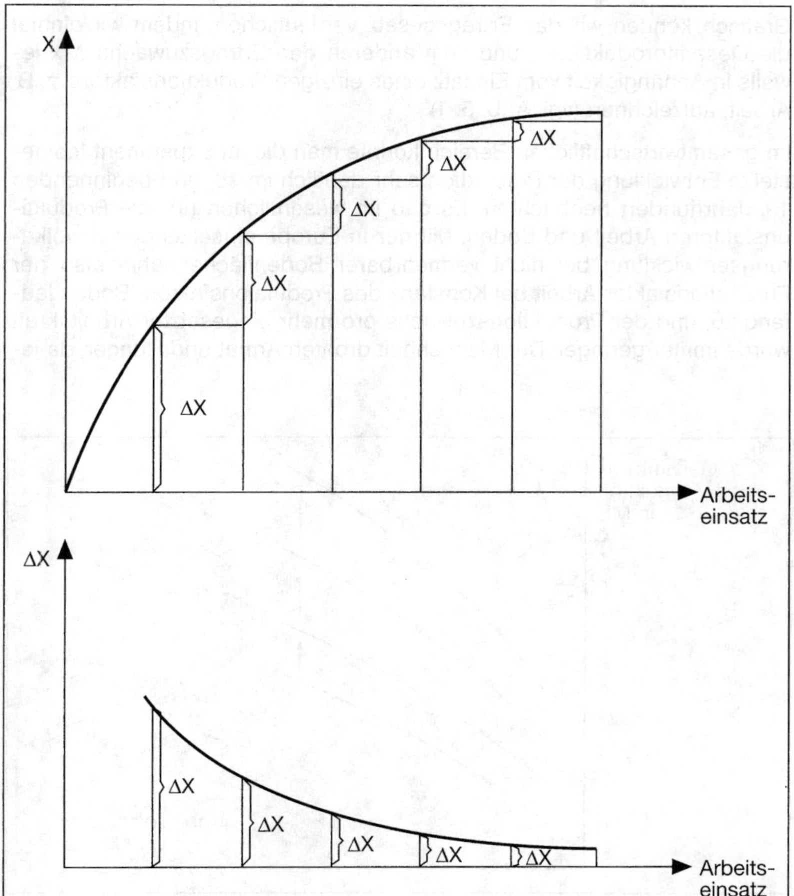

Abb. 5.1: Das Ertragsgesetz

Diese Aussage ist – verallgemeinert – Inhalt des berühmten **„Gesetzes vom abnehmenden Ertragszuwachs“,** das schon Mitte des 18. Jahrhunderts formuliert worden ist:

Wird der Einsatz eines Produktionsfaktors bei Konstanz der Menge der übrigen Faktoren kontinuierlich erhöht, so wird von einem bestimmten Punkt ab der Ertragszuwachs abnehmen, möglicherweise schließlich sogar negativ werden.

Die Aussage des Ertragsgesetzes ist plausibel, weil der variable Faktor bei zunehmender Einsatzmenge schließlich in ein immer größer werdendes Mißverhältnis zu den konstant gehaltenen Faktoren gerät.

Grafisch können wir das Ertragsgesetz verdeutlichen, indem wir einmal die Gesamtproduktion x und zum anderen den Ertragszuwachs Δ x jeweils in Abhängigkeit vom Einsatz eines einzigen Produktionsfaktors, z. B. Arbeit, aufzeichnen (vgl. Abb. 5. 1).

Historische Bedeutung des abnehmenden Produktionszuwachses der Arbeit

Im gesamtwirtschaftlichen Bereich konnte man die im Experiment festgestellte Entwicklung der Produktion sehr deutlich im 18. und beginnenden 19. Jahrhundert beobachten. Es gab im wesentlichen nur die Produktionsfaktoren Arbeit und Boden. Mit der in Europa einsetzenden Bevölkerungsentwicklung bei nicht vermehrbarer Bodenfläche nahm also der Produktionsfaktor Arbeit bei Konstanz des Produktionsfaktors Boden laufend zu, und der Produktionszuwachs pro mehr eingesetzter Arbeitskraft wurde immer geringer. Der Menschheit drohten Armut und Hunger, da je-

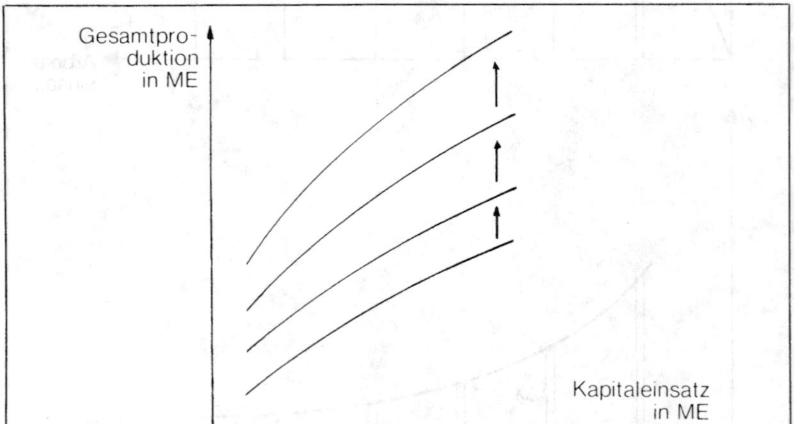

Abb. 5.2: Die Verschiebung der „speziellen“ Produktionsfunktion mit zunehmendem technischen Wissen

der zusätzlich geborene Mensch nur einen immer kleiner werdenden Produktionszuwachs an Nahrungsmitteln erzeugen konnte. Die Bedeutung des abnehmenden Produktionszuwachses der Arbeit wurde von dem berühmten klassischen Nationalökonomen ROBERT THOMAS MALTHUS (1766–1834) in aller Klarheit erkannt. Er glaubte, daß sich die Bevölkerung in geometrischer Progression (1, 2, 4, 8, 16,...) entwickeln werde, während auf Grund des abnehmenden Arbeitsertragszuwachses die Nahrungsmittelproduktion nur in arithmetischer Progression (1, 2, 3, 4, 5...) wachse. Daß die prophezeite Katastrophe nicht eintrat, lag schließlich u. a. an dem vermehrten Kapitaleinsatz und dem mit ihm einhergehenden technischen Fortschritt.

Den technischen Fortschritt hatten auch jene zahlreichen Ökonomen unterschätzt, die abnehmende Grenzerträge des Kapitals prognostizierten, als im Zuge der industriellen Revolution der Einsatz von Kapital im Verhältnis zum Arbeitseinsatz gewaltig anstieg. Durch den technischen Fortschritt verschob sich aber die Kurve der Gesamtproduktion in Abhängigkeit vom Kapitaleinsatz bis heute laufend nach oben (vgl. Abb. 5.2), das Kapital wurde immer produktiver.

2.2.2 Isoquanten

Isoquante bei abnehmenden Grenzerträgen

Bei Substituierbarkeit der Produktionsmittel kann man, wie schon erwähnt, den verminderten Einsatz eines Faktors durch vermehrten Einsatz eines anderen Faktors so ausgleichen, daß die Produktmenge konstant bleibt. Wie sieht unter diesen Bedingungen eine **Isoquante** aus, die alle

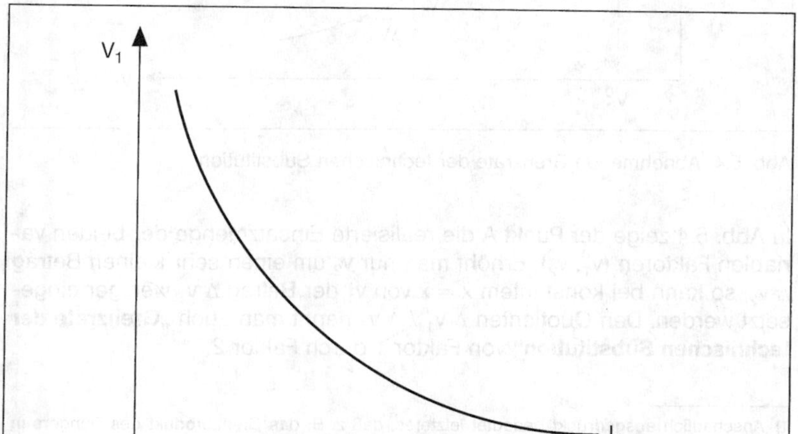

Abb. 5.3: Isoquante

Faktormengenkombinationen angibt, mit der eine bestimmte Produktmenge $\overline{x}$ produziert werden kann?

Unterstellt man bei 2 variablen Produktionsmitteln für beide Faktoren positive, aber abnehmende Grenzerträge und nimmt weiterhin an, daß der Grenzertrag des Faktors 1 (2) mit zunehmendem Einsatz des Faktors 2 (1) zunimmt[1]), so verlaufen die Isoquanten wie die in Abb. 5.3 dargestellte Isoquante I_1 „konvex zum Ursprung".[2])

Praktisch beinhaltet der konvexe Verlauf, daß sich bei einer Wanderung auf einer Isoquante das Substitutionsverhältnis zwischen den Faktoren permanent verändert. Betrachten wir diesen Zusammenhang etwas genauer.

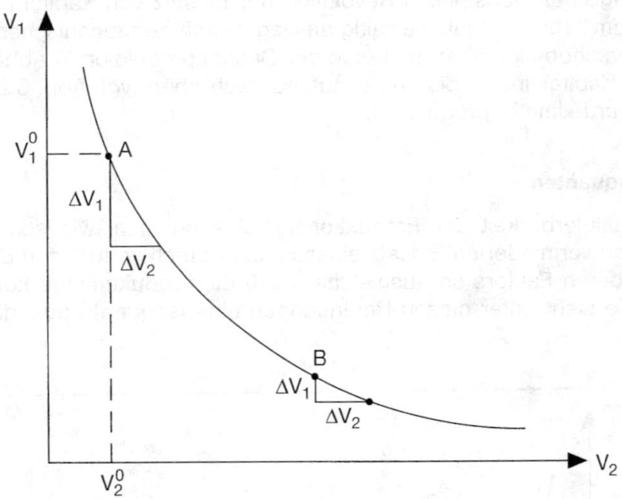

Abb. 5.4: Abnehmende Grenzrate der technischen Substitution

Abnehmende Grenzrate der technischen Substitution

In Abb. 5.4 zeige der Punkt A die realisierte Einsatzmenge der beiden variablen Faktoren (v_1^0, v_2^0). Erhöht man nur v_2 um einen sehr kleinen Betrag Δv_2, so kann bei konstantem $x = \overline{x}$ von v_1 der Betrag Δv_1 weniger eingesetzt werden. Den Quotienten $\Delta v_1 / \Delta v_2$ nennt man auch **„Grenzrate der technischen Substitution"** von Faktor 1 durch Faktor 2.

1) Anschaulich ausgedrückt bedeutet letzteres, daß z. B. das Grenzprodukt des Düngers in Tabelle 5.1 für jede Düngermenge größer wäre, wenn die bearbeitete Bodenfläche etwas größer wäre. In Abb. 5.2 ist ein ähnlicher Zusammenhang für die Erträge des Faktors Kapital bei technischem Fortschritt dargestellt.

2) Die genannten Bedingungen sind hinreichend, aber nicht notwendig für den streng konvexen Verlauf der Isoquanten. Dies kann hier nicht näher erläutert werden.

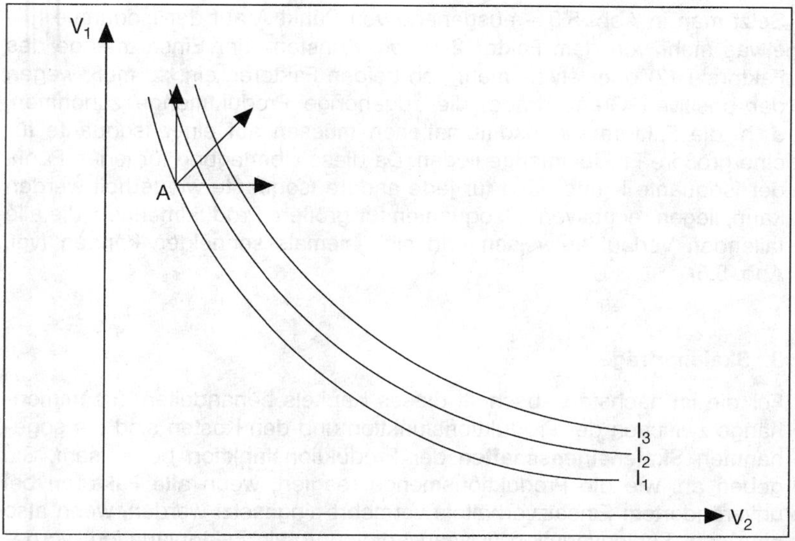

Abb. 5.5: Partielle Faktorvariation und gleichzeitige Erhöhung der Einsatzmengen beider Faktoren

Betrachtet man nur den absoluten Wert der Grenzrate, so zeigt Abb. 5.4, daß dieser bei fortgesetzter Substitution von Faktor 1 durch Faktor 2 permanent abnimmt. Dies wird deutlich, wenn man in Abb. 5.4 $\Delta v_1 / \Delta v_2$, ausgehend von Punkt A und von Punkt B, vergleicht.

Die substitutionale Technologie, dargestellt durch eine Schar von Isoquanten

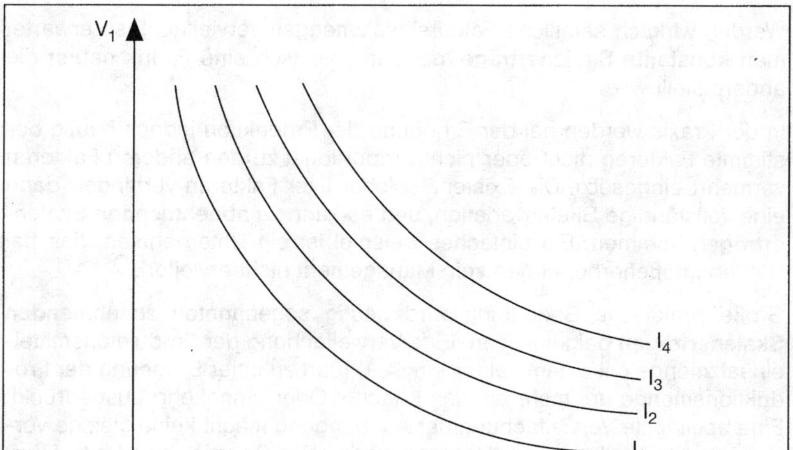

Abb. 5.6: Isoquantenschar

Setzt man in Abb. 5.5 – ausgehend von Punkt A auf der Isoquante I_1 – etwas mehr von dem Faktor 2 (1) bei Konstanz der Einsatzmenge des Faktors 1 (2) oder etwas mehr von beiden Faktoren ein, so muß, wegen der positiven Grenzerträge, die zugehörige Produktmenge zunehmen, d. h. die Faktormengenkombinationen müssen auf einer Isoquante für eine größere Produktmenge liegen. Da diese Überlegung für jeden Punkt der Isoquante I_1 und auch für jede andere Isoquante wiederholt werden kann, liegen rechts von I_1 Isoquanten für größere Produktmengen, die alle fallenden Verlauf aufweisen und sich niemals schneiden können (vgl. Abb. 5.6).

3. Skalenerträge

Für die im nächsten Abschnitt dieses Kapitels behandelten Zusammenhänge zwischen der Produktionsfunktion und den Kosten sind die sogenannten **Skaleneigenschaften** der Produktionsfunktion bedeutsam. Sie geben an, wie die Produktionsmenge reagiert, wenn **alle** Faktoren bei unverändertem Einsatzverhältnis vermehrt eingesetzt werden, wenn also eine sog. Skalenvariation (Niveauvariation, totale Faktorvariation) vorgenommen wird.

Konstante Skalenerträge

Denkbar ist eine zur Erhöhung der Faktoreinsatzmenge proportionale, unterproportionale oder überproportionale Erhöhung des Outputs. Man spricht von konstanten, abnehmenden oder zunehmenden Skalenerträgen.

Werden wirklich sämtliche Faktoreinsatzmengen vervielfacht, so erwartet man **konstante Skalenerträge,** da man praktisch eine Fabrik neben die andere stellt.

Abnehmende Skalenerträge

In der Praxis werden bei der Erhöhung der Produktion jedoch häufig bestimmte Faktoren nicht oder nicht proportional zu den anderen Faktoren vermehrt eingesetzt. Die Existenz solcher fixer Faktoren verhindert dann eine vollständige Skalenvariation, und es kann zu **abnehmenden Skalenerträgen** kommen. Ein einfaches Beispiel ist ein Unternehmen, das bei Betriebsgrößenerhöhungen sein Management nicht erweitert.

Zunehmende Skalenerträge

Große praktische Bedeutung wird häufig sogenannten **zunehmenden Skalenerträgen** beigemessen: Eine Vervielfachung der Produktionsmitteleinsatzmenge mit einem Faktor k ($k > 1$) führt zu einer Erhöhung der Produktionsmenge um mehr als das k-fache. Oder umgekehrt ausgedrückt: Eine bestimmte Vervielfachung der Ausbringung macht keine gleiche Vervielfachung der Faktoreinsätze notwendig. Ein Beispiel bietet der Flugzeugbau. Eine Verdoppelung, Verdreifachung, Verzehnfachung des Outputs ist hier häufig möglich, ohne daß die Faktoreinsatzmengen entsprechend vervielfacht werden, da bei der Produktion der ersten Maschinen

Lerneffekte auftreten. Ähnliche **„economies of scale"** werden häufig Forschungsaufwendungen und Aufwendungen für die Organisation und die Werbung zugeschrieben.

4. Produktionsfunktion und Kosten

Bei linear-limitationaler Produktionsfunktion legt die Technik eindeutig die Faktoreinsatzmengen für einen bestimmten Output fest. Bei gegebenen Preisen q der Produktionsmittel sind damit auch die Kosten bestimmt.

Bei einer substitutionalen Produktionsfunktion existieren sehr viele Einsatzmengenkombinationen der variablen Faktoren, die es gestatten, dieselbe Produktmenge $\overline{x}$ zu produzieren. Für den Unternehmer entsteht dann das Problem, die billigste Faktormengenkombination („Minimalkostenkombination") zu finden.

4.1 Minimalkostenkombination bei substitutionaler Produktionsfunktion

Wir nehmen wieder an, daß die Preise der Produktionsmittel Größen sind, die der Unternehmer nicht beeinflussen kann und die unabhängig von den gekauften Mengen sind. Zwecks einfacher grafischer Darstellungsmöglichkeit gehen wir von zwei variablen Faktoren aus. Die variablen Kosten K^v sind dann:

$$K^v = v_1\, q_1 + v_2\, q_2,$$

und das Problem besteht darin, jene Faktoreinsatzmengen v_1^* und v_2^* zu bestimmen, bei denen die variablen (und damit auch die gesamten) Kosten so niedrig wie möglich sind.

Für eine gegebene Summe der variablen Kosten $K^v = \overline{K}^v$ läßt sich die obige Kostengleichung anschaulich grafisch darstellen. Sind z. B. $q_1 = 4$, $q_2 = 2$ und $\overline{K}^v = 20$, so gilt:

$$20 = 4\, v_1 + 2\, v_2.$$

Konstruktion der Isokostengeraden

Würde das Unternehmen die gesamte Kostensumme für den Kauf des Faktors 1 verwenden, erhielte es 5 Mengeneinheiten von diesem. Entsprechend ergibt sich der Achsenabschnitt $\overline{0A}$ der Abb. 5.7. Würde das Unternehmen die gesamte Kostensumme für den Kauf des Faktors 2 verwenden, so erhielte es 10 Mengeneinheiten. Entsprechend ergibt sich der Achsenabschnitt $\overline{0B}$ der Abb. 5.7.

Kauft der Unternehmer nun, ausgehend vom Punkt A, sukzessive eine Mengeneinheit von Faktor 2 hinzu – anstatt das Geld für den Faktor 1 auszugeben –, so vermindert sich die vom Faktor 1 erwerbbare Menge bei dem gegebenen Preisverhältnis jeweils um ½ Mengeneinheit.

Die sogenannte **Isokostengerade,** die alle Faktormengenkombinationen angibt, die dieselben variablen Kosten verursachen, hat also eine konstante, durch das Preisverhältnis q/q_1 gegebene Steigung und verläuft im Beispiel durch die Punkte A und B.

(Dabei ist angenommen worden, daß beliebig kleine Mengeneinheiten der Faktoren gekauft werden können.)

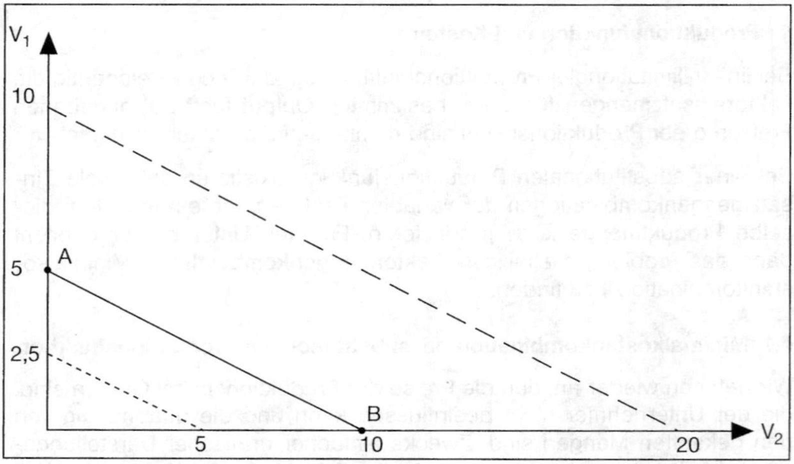

Abb. 5.7: Isokostenlinien für unterschiedliche Kostensummen

Steigt die Kostensumme auf 40, so verdoppeln sich die Achsenabschnitte auf der Abszisse und der Ordinate ($v_1 = 10$, $v_2 = 20$), wobei die Neigung der Kurve unverändert bleibt (grob gestrichelte Gerade in Abb. 5.7). Entsprechend liegt die Isokostenlinie für eine Kostensumme von $K^v = 10$ näher zum Ursprung (fein gestrichelte Gerade in Abb. 5.7). Insgesamt kann man sich die v_1, v_2-Ebene als von sehr vielen Isokostenlinien für un-

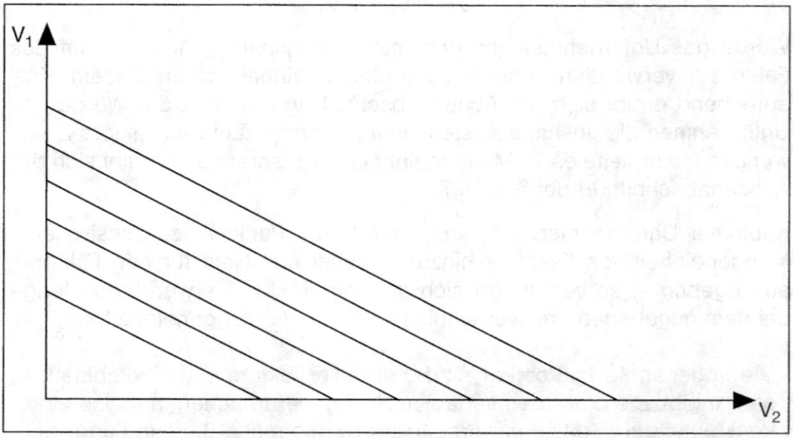

Abb. 5.8: Schar von Isokostenlinien

terschiedliche Kostensummen, die jeweils eine gleiche Steigung aufweisen, überdeckt vorstellen (vgl. Abb. 5.8). Je weiter rechts die Kurve liegt, desto größer die Kostensumme, die sie repräsentiert.

Welches sind nun für eine **bestimmte Produktmenge** die Faktoreinsatzmengen, die diese Produktmenge mit den geringsten variablen Kosten herzustellen gestatten? Um dies herauszubekommen, betrachten wir die Isoquante für $x = \bar{x}$, die durch die in Abb. 5.9 eingezeichnete Kurve gegeben sein soll, und eine Schar von Isokostenlinien.

Grafische Bestimmung der Minimalkostenkombination

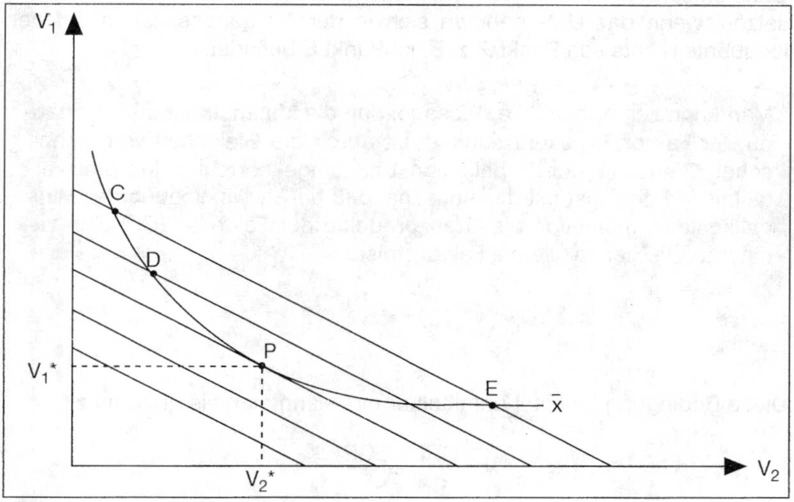

Abb. 5.9: Die Minimalkostenkombination

Kann der Punkt C der obigen Abbildung 5.9 die billigste Faktormengenkombination angeben? Dies ist offenbar nicht der Fall, denn wenn der Unternehmer z. B. Punkt D verwirklichen würde (der durch eine kleinere Menge von v_1 und eine größere Menge von v_2 gekennzeichnet ist), so würde er auf eine Isokostenlinie gelangen, die durch geringere variable Kosten gekennzeichnet ist. Dies ist auch nicht verwunderlich: Die Technik, die für eine bestimmte Produktmenge in der Isoquante für $\bar{x}$ ihren Ausdruck findet, gestattet in der Nähe von Punkt C **bei unveränderter Produktion** eine Einschränkung der Einsatzmenge von Faktor 1 um mehr als ½ Mengeneinheit, wenn die Einsatzmenge von Faktor 2 um eine Einheit erhört wird. Wenn der Unternehmer aber Faktor 1 um mehr als ½ Mengeneinheit einschränkt, spart er bei einem Faktorpreis $q_1 = 4$ mehr als 2 DM, während er nur 2 DM für eine zusätzliche Einheit des Faktors 2 zahlen muß. Seine Kosten müssen also durch die Faktorsubstitution sinken.

Unter Verwendung des Begriffs der „Grenzrate der technischen Substitution" kann man den soeben beschriebenen Sachverhalt auch ausdrücken, indem man sagt: In Punkt C ist die Grenzrate der technischen Substitution von Faktor 1 durch Faktor 2 $\Delta v_1/\Delta v_2$ absolut (d. h. ohne Berücksichtigung des wegen $\Delta v_1 < 0$ negativen Vorzeichens) größer als die durch das Faktorpreisverhältnis ausgedrückte Marktsubstitutionsrate. Offenbar lohnt sich eine Substitution von Faktor 1 durch Faktor 2, bis Punkt P erreicht ist, in dem die technische Grenzrate der Substitution gleich ist der durch die Faktorpreise bestimmten Marktsubstitutionsrate.

Wie ist die billigste Faktormengenkombination gekennzeichnet?

Ganz entsprechend lohnt es sich, Faktor 2 durch Faktor 1 teilweise zu ersetzen, wenn das Unternehmen sich in der Ausgangssituation auf der Isoquante rechts von Punkt P, z. B. im Punkt E befindet.

Übereinstimmung von Grenzrate der technischen Substitution und (umgekehrtem) Faktorpreisverhältnis

Man kann zeigen, daß die Aussage, daß die **Minimalkostenkombination der Faktoren** gekennzeichnet ist durch die Gleichheit von technischer Grenzrate der Substitution und umgekehrtem Faktorpreisverhältnis identisch ist mit der Aussage, daß bei Verwirklichung der Minimalkostenkombination die Grenzprodukte der Faktoren (GP) sich zueinander verhalten wie die Faktorpreise:

$$\frac{GP_1}{GP_2} = \frac{q_1}{q_2}$$

Diese Bedingung leuchtet unmittelbar ein, wenn man sie umformt zu

$$\frac{GP_1}{q_1} = \frac{GP_2}{q_2}$$

Gleiches Grenzprodukt pro letzter verausgabter DM für alle Faktoren

Diese Gleichung besagt, daß bei Verwirklichung der Minimalkostenkombination die letzte für jeden Faktor ausgegebene DM dasselbe Grenzprodukt hervorbringt. Wäre dies nicht der Fall, so wäre für den Unternehmer offenbar eine Umschichtung seiner Kostensumme lohnend. Er würde sich besser stellen, wenn er mehr (weniger) von dem Faktor mit dem größeren (kleineren) Grenzprodukt pro letzter verausgabter DM kaufen und in der Produktion einsetzen würde.

Betrachten wir kurz, wie sich eine Erhöhung des Preises eines Faktors bei Konstanz des Preises des anderen Faktors auswirken würde.

Konsequenzen einer isolierten Faktorpreiserhöhung

Die Zunahme von q_2 bedeutet in Abb. 5. 10, daß der Achsenabschnitt auf der v_2-Achse kleiner wird: Bei gegebener Kostensumme kann bei vollständiger Verausgabung der Kostensumme nur für diesen Faktor weniger von diesem gekauft werden als bisher. Da q_1 unverändert bleibt, ändert sich die maximal erwerbbare Menge des Faktors 1 nicht. Insgesamt dreht sich also die Isokostenlinie in Punkt A, wobei die Veränderung der Steigung das veränderte Preisverhältnis q_2/q_1 und damit das veränderte reale Marktaustauschverhältnis zwischen den Faktoren zum Ausdruck

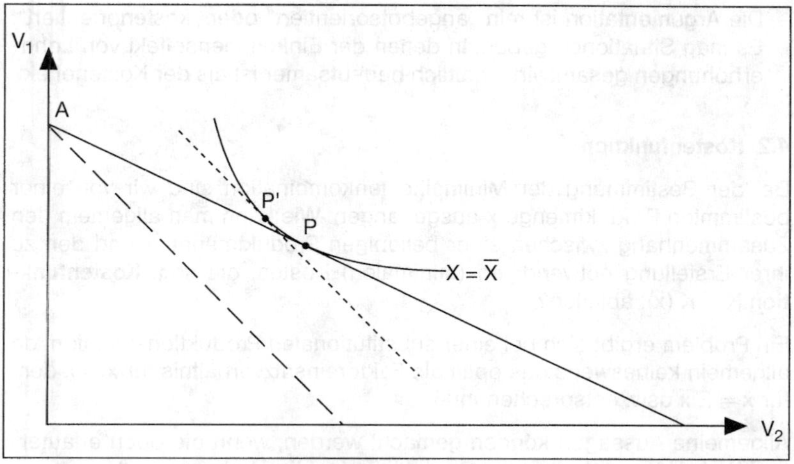

Abb. 5.10: Auswirkungen der Erhöhung eines Faktorpreises

Gleiches Grenzprodukt pro letzter verausgabter DM für alle Faktoren

bringt. Für eine Mengeneinheit des Faktors 1, die der Unternehmer weniger kauft, kann er jetzt weniger Mengeneinheiten von Faktor 2 kaufen als bisher. Hieraus ergeben sich zumindest drei Konsequenzen:

(1) Die alte Kostensumme reicht – wie Abb. 5.10 zeigt – nicht mehr aus, um $\bar{x}$ zu produzieren: Die Kosten für $\bar{x}$ steigen.

– die Produktion wird teurer,

(2) Zur Produktion von $\bar{x}$ wird der Unternehmer die höhere Kostensumme so aufteilen, daß er mehr von Faktor 1 und weniger von dem teurer gewordenen Faktor 2 einsetzt. Diesen Substitutionseffekt zeigt Abb. 5. 10, in der P' die Minimalkostenkombination für x bei dem gestiegenen Preis q_2 zeigt.

– der teurer gewordene Faktor wird substituiert,

(3) Wegen der gestiegenen Kosten wird vermutlich für den Unternehmer die Herstellung einer kleineren Produktmenge $x < \bar{x}$ lohnend sein und damit eine weitere (über den unter (2) beschriebenen Substitutionseffekt hinausgehende) Nachfragesenkung für Faktor 2 eintreten.

– die Produktion sinkt.

Stellt man sich nun vor, der teurer gewordene Faktor 2 sei der Faktor Arbeit, so erkennt man in den beschriebenen Konsequenzen die Argumente, die in Wirtschaft und Politik immer wieder als Argument gegen Lohnerhöhungen (oder „zu hohe“ Lohnerhöhungen) ins Feld geführt werden.

Man beachte bei der Würdigung dieser Argumente:

- Der Substitutionseffekt ergibt sich nur, wenn der Preis des zweiten Faktors unverändert bleibt und sich damit das Faktorpreisverhältnis ändert.
- Es wird von unveränderter Technik ausgegangen.

- Die Argumentation ist rein „angebotsorientiert“ oder „kostenorientiert“. Es mag Situationen geben, in denen der Einkommenseffekt von Lohnerhöhungen gesamtwirtschaftlich bedeutsamer ist als der Kosteneffekt.

4.2 Kostenfunktion

Bei der Bestimmung der Minimalkostenkombination sind wir von einer bestimmten Produktmenge x ausgegangen. Wie kann man allgemein den Zusammenhang zwischen einer beliebigen Produktmenge x und den zu ihrer Erstellung notwendigen (minimalen) Kosten, die sog. **Kostenfunktion** $K = K(x)$, ableiten?

Ein Problem ergibt sich bei einer substitutionalen Produktionsfunktion, da allgemein keineswegs das optimale Faktoreinsatzverhältnis für $x = \overline{x}$ dem für $x = 2\,\overline{x}$ usw. entsprechen muß.

Allgemeine Aussagen können gemacht werden, wenn die oben erläuterten **Skaleneigenschaften** der Produktionsfunktion bekannt sind.

Bei konstanten Skalenerträgen führt eine Verdoppelung aller Faktorinputs zu einer Verdoppelung der Produktionsmenge. Der Unternehmer kann also die doppelte Produktmenge zu den doppelten (variablen) Kosten produzieren. Konstante Skalenerträge implizieren also variable Kosten, die proportional mit der Produktmenge variieren.[3)]

Bei zunehmenden Skalenerträgen ist es möglich, die doppelte Produktmenge mit weniger als der doppelten Faktoreinsatzmenge zu erzeugen, so daß die variablen Kosten unterproportional zur Produktmenge steigen. Entsprechend führen abnehmende Skalenerträge zu einer progressiven Veränderung der variablen Kosten bei Zunahme der Produktmenge.

Mit den unterschiedlichen Kostenverläufen und einigen weiteren Kostenbegriffen beschäftigen wir uns im nächsten Abschnitt.

5. Kostenverläufe

Der Kostenverlauf in einer Unternehmung hängt von den Skaleneigenschaften der Produktionsfunktion ab.

Wie erläutert, ergeben sich bei konstanten, zunehmenden und abnehmenden Skalenerträgen die folgenden Kostenverläufe:

---

3) Strenggenommen bezieht sich dieses Argument auf die gesamten Kosten, da es bei einer Skalenvariation eigentlich keine fixen Kosten gibt.

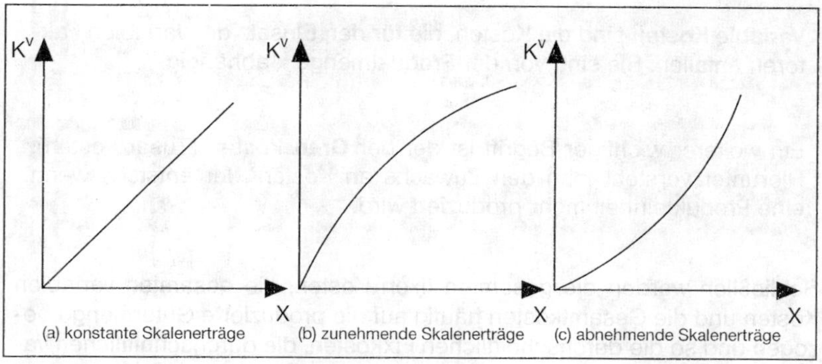

Abb. 5.11 (a)–(c): Skalenerträge und Kostenverlauf

Häufig nimmt man zunächst steigende, dann fallende Skalenerträge an, so daß sich der berühmte (umgekehrt) S-förmige Kostenverlauf ergibt:

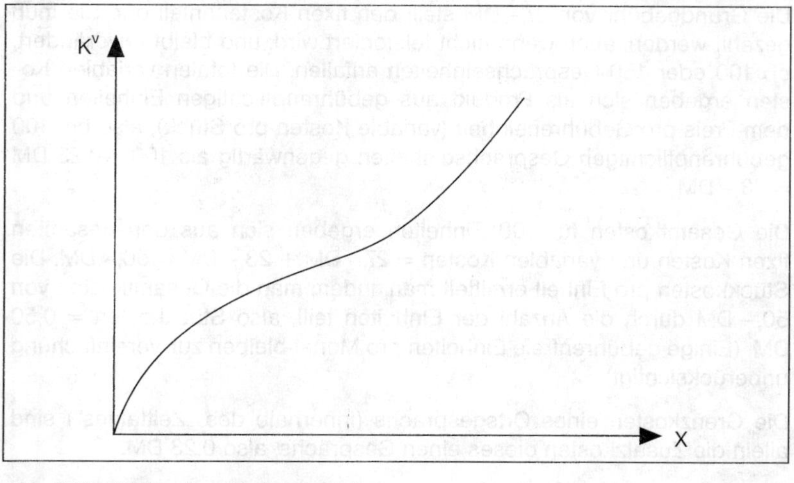

Abb. 5.12: „S"-förmiger Kostenverlauf

Zur Erläuterung einiger weiterer Kostenbegriffe verwenden wir im folgenden die in Abb. 5.11 a dargestellte Kostenkurve, unterstellen aber die Existenz fixer Kosten.

Fixe Kosten plus variable Kosten ergeben die **Gesamtkosten,** auch totale Kosten genannt.

Fixe (feste) Kosten sind die Kosten, die für den Einsatz der fixen Produktionsfaktoren anfallen. Sie fallen auch dann an, wenn in der Periode nichts produziert wird, und sind damit unabhängig von der Größe der Produktion.

Variable Kosten sind die Kosten, die für den Einsatz der variablen Faktoren anfallen. Sie sind von der Produktmenge x abhängig.

Die Grenzkosten sind ein für die Wirtschaftswissenschaften sehr wichtiger Begriff

Ein weiterer wichtiger Begriff ist der der **Grenzkosten** (Zusatzkosten). Hierunter versteht man den Zuwachs an Kosten, der entsteht, wenn eine Produkteinheit mehr produziert wird.

Schließlich werden die gesamten fixen Kosten, die gesamten variablen Kosten und die Gesamtkosten häufig auf die produzierte Gütermenge bezogen und so die durchschnittlichen Fixkosten, die durchschnittlichen variablen Kosten und die durchschnittlichen totalen Kosten **(Stückkosten)** bestimmt.

Beispiel für die Kostenbegriffe

Am Beispiel des Telefons seien die verschiedenen Kostenbegriffe noch einmal erläutert:

Die Grundgebühr von 27,– DM stellt den fixen Kostenanteil dar. Sie muß gezahlt werden, auch wenn nicht telefoniert wird, und bleibt unverändert, ob 100 oder 150 Gesprächseinheiten anfallen. Die totalen variablen Kosten ergeben sich als Produkt aus gebührenpflichtigen Einheiten und dem Preis pro Gebühreneinheit (variable Kosten pro Stück), also bei 100 gebührenpflichtigen Gesprächseinheiten gegenwärtig als 100 x 0,23 DM = 23,– DM.

Die Gesamtkosten für 100 Einheiten ergeben sich aus den gesamten fixen Kosten und variablen Kosten = 27,– DM + 23,– DM = 50,– DM. Die Stückkosten pro Einheit ermittelt man, indem man die Gesamtkosten von 50,– DM durch die Anzahl der Einheiten teilt, also Stückkosten = 0,50 DM. (Einige gebührenfreie Einheiten pro Monat bleiben zur Vereinfachung unberücksichtigt).

Die Grenzkosten eines Ortsgesprächs (innerhalb des „Zeittaktes") sind allein die Zusatzkosten dieses einen Gesprächs, also 0,23 DM.

Den Zusammenhang zwischen den verschiedenen Kostenbegriffen wollen wir nochmals am Beispiel einer linear steigenden Gesamtkostenfunktion veranschaulichen (vgl. Abb. 5. 13), wobei wir uns vom Telefonbeispiel lösen.

Grenzkostenverlauf

Den Grenzkostenverlauf kann man aus der Gesamtkostenkurve ermitteln, wenn man sich vergegenwärtigt, daß die Steigung der Gesamtkostenkurve als Maß für die Grenzkosten interpretiert werden kann. So kann man aus der Zeichnung ersehen, daß die Mehrproduktion einer Einheit 0,50 DM kostet oder daß die Steigung der Kostenfunktion konstant ½ beträgt. Den Verlauf der Stückkostenkurve kann man ermitteln, indem man für jede Ausbringunsmenge die Gesamtkosten durch die Stückzahl dividiert.

Stückkostenverlauf

Die angenommene Kostenkurve zeigt ein stetiges Sinken der Stückkosten mit steigender Ausbringung. Dies liegt daran, daß mit steigender Produktion der Anteil der fixen Kosten pro Stück immer kleiner wird. Man spricht von **Fixkostendegression.**

Stückkosten sinken mit steigender Ausbringung

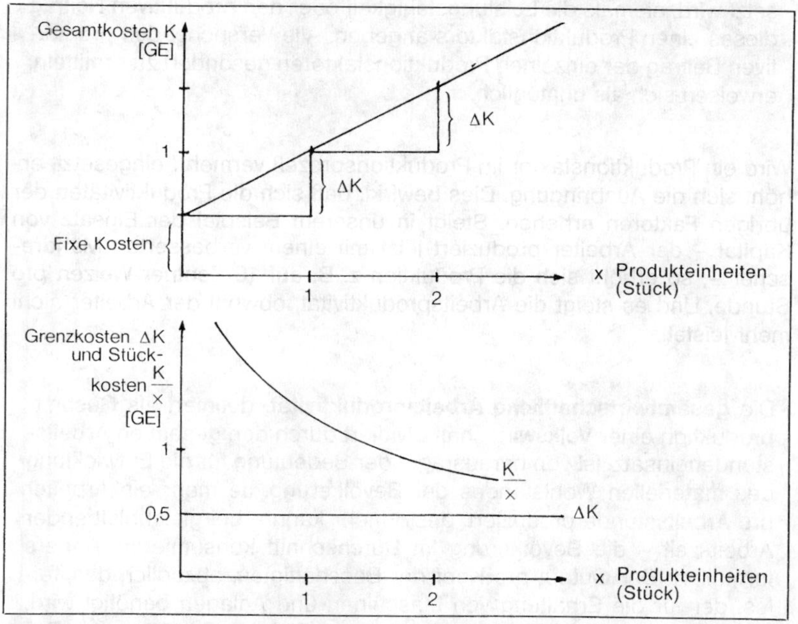

Abb. 5.13: Gesamtkosten, Grenzkosten und Durchschnittskosten bei linearem Gesamtkostenverlauf

6. Durchschnittsproduktivität und Kosten

6.1 Durchschnittsproduktivität

Als Durchschnittsproduktivität (häufig auch nur Produktivität genannt) bezeichnet man das Verhältnis von gesamter Produktionsmenge zur Einsatzmenge eines einzigen Produktionsfaktors. Produziert z. B. ein Arbeiter mit einem Mähdrescher auf zwei Hektar Ackerfläche 10 Zentner Weizen pro Stunde, kann man die Arbeitsproduktivität, die Kapitalproduktivität und die Bodenproduktivität berechnen.

$$\textbf{Arbeitsproduktivität} = \frac{\text{10 Zentner Weizen}}{\text{1 Arbeitsstunde}}$$

$$\textbf{Kapitalproduktivität} = \frac{\text{10 Zentner Weizen}}{\text{1 Traktorstunde}}$$

$$\textbf{Bodenproduktivität} = \frac{\text{10 Zentner Weizen}}{\text{2 Hektar Boden}} = \frac{\text{5 Zentner}}{\text{1 Hektar Boden}}$$

Die Produktivität mißt nicht den produktiven Beitrag der einzelnen Faktoren

Die Durchschnittsproduktivität (im folgenden sprechen wir nur von Produktivität) ist also eine reine Mengengröße und kann, da in diesem Begriff die von allen Produktionsfaktoren gemeinsam erstellte Ausbringung ins Verhältnis zum Einsatz eines einzigen Produktionsfaktors gesetzt wird, niemals die Leistungsfähigkeit oder den produktiven Beitrag dieses einen Produktionsfaktors angeben. Alle Versuche, den produktiven Beitrag der einzelnen Produktionsfaktoren gesondert zu ermitteln, erweisen sich als unmöglich.

Wird ein Produktionsfaktor im Produktionsprozeß vermehrt eingesetzt, erhöht sich die Ausbringung. Dies bewirkt, daß sich die Produktivitäten der übrigen Faktoren erhöhen. Steigt in unserem Beispiel der Einsatz von Kapital – der Arbeiter produziert jetzt mit einem verbesserten Mähdrescher –, so erhöht sich die Produktion z. B. auf 15 Zentner Weizen pro Stunde. Und es steigt die Arbeitsproduktivität, obwohl der Arbeiter nicht mehr leistet.

Bedeutung der gesamtwirtschaftlichen Arbeitsproduktivität

Die **gesamtwirtschaftliche Arbeitsproduktivität,** definiert als Gesamtproduktion einer Volkswirtschaft dividiert durch den gesamten Arbeitsstundeneinsatz, ist von herausragender Bedeutung für die Entwicklung des materiellen Wohlstandes der Bevölkerung. Je mehr ein Arbeiter pro Arbeitsstunde produziert, desto mehr kann – bei gleichbleibender Arbeitszeit – die Bevölkerung im Durchschnitt konsumieren. Anders formuliert: Der Output pro Kopf der Beschäftigten, abzüglich des Teiles, der für die Erhaltung von Maschinen und Anlagen benötigt wird, bleibt für den Konsum der Bevölkerung und für eine Erhöhung des Bestandes an Maschinen und Anlagen (Nettoinvestitionen) übrig.

6.2 Zusammenhang von Produktivität und Kosten

Kostenbestandteile:

– in einzelwirtschaftlicher Sicht

Die Produktionskosten eines Gutes setzen sich im allgemeinen aus einer Vielzahl von Kostenarten zusammen, wie Material- und Energiekosten, wie Abschreibungen, Steuern, Zinsen, Löhne, Gehälter, Versicherungsbeiträge usw. Überdenkt man, welche Kostenarten nun wiederum in den aufgezählten Kosten stecken, so erkennt man, daß letztlich alle Kosten sich zusammensetzen aus

– in gesamtwirtschaftlicher Sicht

- Löhnen (Arbeit),
- Zinsen und Abschreibungen (Kapital),
- Bodenpacht (Boden),
- Steuern (Staat) und
- Kosten importierter Produktionsfaktoren (Ausland).

Läßt man – der Einfachheit halber – einmal den Staat und das Ausland außer acht, so bleiben nur die Kosten der Produktionsfaktoren Arbeit, Kapital und Boden übrig.

Will man die Kosten der Produktion einer Einheit eines Gutes – die Stückkosten – ermitteln, so setzen sich diese zusammen aus den:

- Lohnstückkosten
- Kapitalstückkosten und
- Bodenstückkosten.

Und diese jeweiligen Stückkosten hängen ab von Preis und Produktivität der Produktionsfaktoren. Ein einfaches Beispiel, in dem auch von den im allgemeinen nicht besonders ins Gewicht fallenden Bodenpachten abgesehen werden soll, kann dies zeigen:

1 Arbeiter produziert mit einem einfachen Mähdrescher 10 Zentner Weizen pro Stunde. Der Lohnsatz betrage 10,– DM pro Stunde, die Zinskosten für den Mähdrescher betragen 100,– DM pro Stunde. Andere denkbare Kosten, die aber immer auf Löhne, Zinsen oder Pachten zurückgeführt werden könnten, sollen nicht berücksichtigt werden.

Dividieren wir den Faktorpreis durch die entsprechende Produktivität, so erhalten wir die Lohn- bzw. Kapitalstückkosten.

$$\textbf{Lohnstückkosten} = \frac{\textbf{Lohnsatz}}{\textbf{Arbeitsproduktivität}} = \frac{\text{10 DM Lohnkosten pro Stunde}}{\text{10 Zentner Weizen pro Stunde}} = \frac{\text{1 DM Lohnkosten}}{\text{1 Zentner Weizen}}$$

$$\textbf{Kapitalstückkosten} = \frac{\textbf{Kapitalkosten pro Stunde}}{\textbf{Kapitalproduktivität}} = \frac{\text{100 DM Kapitalkosten pro Stunde}}{\text{10 Zentner Weizen pro Stunde}} = \frac{\text{10 DM Kapitalkosten}}{\text{1 Zentner Weizen}}$$

Vernachlässigen wir die Kosten für Boden, Düngemittel und Saatgut, so ergeben sich die Produktionskosten pro Stück als Summe von Lohn- und Kapitalstückkosten zu 11,– DM pro Zentner Weizen.

Die Stückkosten hängen ab von Preis und Produktivität der Produktionsfaktoren

Diese Stückkosten ändern sich mit veränderter Produktivität und/oder Faktorpreisen. Wird in unserem Beispiel jetzt ein besserer Mähdrescher eingesetzt, der 200,– DM pro Stunde kostet und die Produktion pro Stunde verdoppelt, so ergeben sich folgende Werte:

$$\textbf{Lohnstückkosten} = \frac{\text{10 DM pro Stunde}}{\text{20 Zentner Weizen pro Stunde}} = \frac{\text{0,50 DM}}{\text{1 Zentner Weizen}}$$

$$\textbf{Kapitalstückkosten} = \frac{200 \text{ DM pro Stunde}}{20 \text{ Zentner Weizen pro Stunde}} = \frac{10 \text{ DM}}{1 \text{ Zentner Weizen}}$$

Die Lohnstückkosten haben sich halbiert, die Kapitalstückkosten bleiben konstant, und die Produktionskosten pro Stück ergeben 10,50 DM pro Zentner Weizen. Der Mehreinsatz von Kapital in Form eines besseren und teureren Mähdreschers hat sich also gelohnt, vorausgesetzt, die Mehrproduktion kann auch verkauft werden.

Verdoppelt man nun den Lohnsatz auf 20,– DM pro Stunde, so erhöhen sich die Lohnstückkosten wiederum auf den Ausgangswert von 1,– DM pro Zentner. Bei Verdoppelung von Lohnsatz und Arbeitsproduktivität bleiben die Lohnstückkosten konstant. Bleiben dann auch noch die Kapitalstückkosten konstant, dann verändern sich auch die Produktionskosten pro Stück, wie in unserem Beispiel, nicht.

Produktivitätsorientierte Lohnpolitik

An Hand unseres Beispiels sollen die Grundlagen der **produktivitätsorientierten Lohnpolitik** (vgl. Kapitel 26) aufgezeigt werden, die eine Lohnerhöhung im Ausmaß der Zunahme der Arbeitsproduktivität vorsieht.

Steigen die Löhne um denselben Prozentsatz wie die Arbeitsproduktivität, so bleiben die Lohnstückkosten konstant. Wenn die Preise so gebildet werden, daß immer ein konstanter Aufschlag auf die Lohnstückkosten erhoben wird, dann bleiben bei der produktivitätsorientierten Lohnpolitik auch die Preise konstant. Wenn die Preise aber so gebildet werden, daß immer ein konstanter Aufschlag auf die gesamten Produktionskosten pro Stück erhoben wird, ist für die Preisbildung auch die Veränderung der Kapitalstückkosten (und der hier vernachlässigten Bodenstückkosten) bedeutsam.

In unserem Beispiel blieben die Kapitalstückkosten bei Einsatz des verbesserten Mähdreschers konstant, mithin könnten trotz Verdoppelung der Lohnsätze und bei konstantem Gewinnaufschlag die Preise konstant bleiben. Nun setzt dies aber voraus, daß die Kapitalstückkosten tatsächlich konstant bleiben, was dann der Fall ist, wenn bei einer Verdoppelung der Kapitalkosten sich auch die Produktion verdoppelt (also doppelt so teurer = doppelt so produktiver Mähdrescher). Dies war in der Bundesrepublik in den letzten Jahrzehnten in der Tat näherungsweise der Fall. Ob dies in Zukunft so bleibt, hängt wesentlich davon ab, ob der technische Fortschritt, der seiner Natur nach nicht vorausberechenbar ist, auch weiterhin dafür sorgt, daß „doppelt so teure Maschinen auch doppelt so produktiv sind".

7. Güterangebot eines einzelnen Unternehmens

Welche Gütermenge wird ein Unternehmer auf dem Markt anbieten? Diese Frage ist nur beantwortbar, wenn man die Zielsetzung des Unternehmers, die technischen Bedingungen der Produktion, die schließlich ihren Niederschlag in der Kostenfunktion finden, und die Organisation der Märkte, auf denen der Unternehmer sein Produkt verkauft bzw. auf denen er die eingesetzten Produktionsmittel erwirbt, kennt.

Gewinnmaximierung als Verhaltensannahme

Üblicherweise wird angenommen, daß der Unternehmer nach Gewinnmaximierung strebt. Das mag in der Praxis nicht in jedem einzelnen Fall zutreffen, und ergänzende Zielsetzungen können auch Bedeutung besitzen. Zur Vereinfachung vernachlässigen wir solche ergänzenden Ziele hier und unterstellen Gewinnmaximierung.

Der Markt sei durch „vollständige Konkurrenz" gekennzeichnet

Die Absatz- und die Beschaffungsmärkte des Unternehmens sollen Märkte mit **„vollständiger Konkurrenz"** sein, auf denen der Unternehmer als Anbieter oder Nachfrager „einer" von „sehr vielen" ist. Dementsprechend soll der Preis des Produktes und sollen die Preise der Produktionsmittel für den Unternehmer vorgegebene Größen sein. Die Technik des betrachteten Unternehmers soll so sein, daß der Unternehmer sich steigenden Grenzkosten gegenübersieht. Wie oben ausgeführt, ergeben sich eine zur Outputveränderung überproportionale Veränderung der gesamten variablen Kosten und damit steigende Grenzkosten häufig aufgrund der Existenz fixer Faktoren. Auf den Fall konstanter Grenzkosten werden wir abschließend kurz eingehen.

Wenn ein Unternehmer auf dem Absatzmarkt für sein Produkt einen so geringen Marktanteil hat, daß er den Produktpreis nicht beeinflussen kann und bei dem gegebenen Produktpreis jede beliebige Menge absetzen kann, so wird er diese abgesetzte Menge so festzulegen versuchen, daß sein Gewinn maximiert wird. Man spricht auch vom **Mengenanpasserverhalten** des Unternehmers auf dem Absatzmarkt.

Die Überlegungen eines gewinnmaximierenden Unternehmers

Der **Gewinn** des Unternehmers ist gegeben als Differenz aus seinem Umsatz (verkaufte Menge multipliziert mit dem Preis) und den Kosten der verkauften Produktmenge:

$$G = x \cdot p - K(x)$$

Um herauszufinden, bei welcher Produktmenge der Unternehmer seinen Gewinn maximiert, führen wir die folgende Überlegung durch: Angenommen, der Unternehmer bietet bisher eine bestimmte Produktmenge x_0 auf dem Markt an. Bei dieser Produktmenge x_0 erzielt er den Umsatz $U_0 = x_0 \cdot p$, und die Kosten betragen $K_0 = K(x_0)$. Wie kann der Unternehmer feststellen, ob x_0 seine gewinnmaximierende Produktmenge ist? Das einfachste wird sein, er überlegt sich, wie sich sein Gewinn verändert, wenn er seinen Absatz um eine Mengeneinheit erhöht oder vermindert. Überlegen wir, was passiert, wenn der Unternehmer seinen Absatz um eine Mengeneinheit erhöht. Da der Umsatz das Produkt aus abgesetzter Menge und dem fest vorgegebenen Preis ist, wird die Erhöhung des Absatzes x um eine Mengeneinheit den Umsatz gerade um den Preis erhöhen. Diese Absatz- und Umsatzerhöhung ist für den Unternehmer auch mit einer Erhöhung der Kosten verbunden, und zwar in Höhe der Grenzkosten.

Offenbar nimmt als Folge der Erhöhung der Absatzmenge um eine Einheit sein Gewinn zu, wenn der zusätzliche Umsatz, den er durch die zusätzliche Mengeneinheit realisiert, also der Preis, größer ist als die mit der zusätzlichen Mengeneinheit verbundenen zusätzlichen Kosten (die Grenzkosten).

Preis = Grenzkosten

Der Unternehmer wird also seine Produktion so lange ausdehnen, bis der mit der letzten Mengeneinheit verbundene zusätzliche Umsatz, der wegen des angenommenen Konkurrenzmarktes gleich dem Preis ist, den Grenzkosten der letzten Produktionseinheit entspricht.

Wir verdeutlichen diese Überlegung grafisch, indem wir auf der Ordinate den Produktpreis sowie die als steigend angenommenen Grenzkosten des Unternehmers und auf der Abszisse die Produktions- und Absatzmenge eintragen.

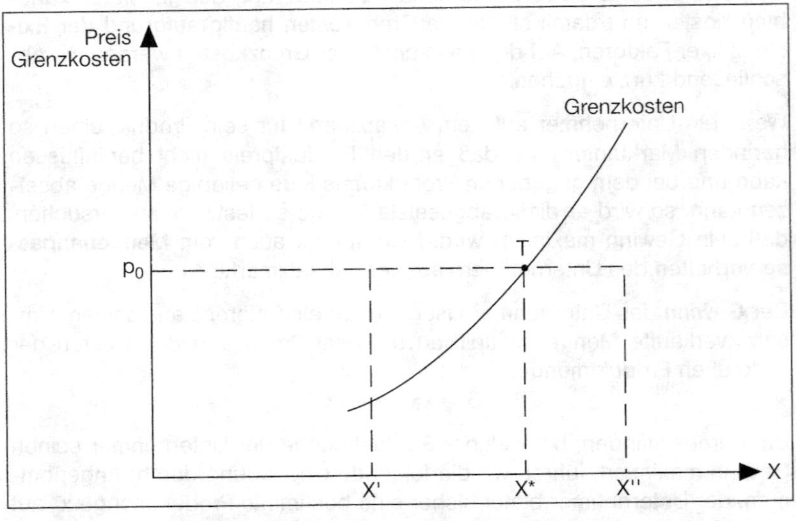

Abb. 5.14: Gewinnmaximierende Produktion eines einzelnen Unternehmers

Zeichnen wir in dieses Koordinatensystem den Verlauf der Grenzkosten des Unternehmers ein, so finden wir die gewinnmaximierende Produktmenge bei einem gegebenen Produktpreis p_0, indem wir jenen Punkt suchen, bei dem die Grenzkosten gerade gleich dem Preis sind, in der obigen Abbildung der Punkt T mit der Menge x*. Bei Produktmengen links von x* (z. B. bei x') könnte der Unternehmer durch Ausdehnung der Produktion seinen Gewinn steigern, da der zusätzliche Umsatz p_0 immer größer ist als die zusätzlichen Kosten; rechts von x* (z. B. bei x") könnte er seinen Gewinn erhöhen, indem er die Produktionsmenge senkt, denn nun wäre die Einschränkung der Produktion mit einer Kostensenkung verbunden, die größer ist als der Umsatzrückgang.

Ändert sich der auf dem Markt gültige Produktpreis für den Unternehmer, so ändert sich, bei dem angenommenen Verlauf der Grenzkosten, auch seine angebotene Produktmenge: Ein steigender Produktpreis zieht eine steigende gewinnmaximierende Produkt- und Absatzmenge des Unternehmers nach sich.

Wir können also festhalten: Die steigende Grenzkostenkurve stellt die Angebotskurve des Unternehmers für unterschiedliche Marktpreise dar.

Die Angebotskurve des Unternehmers

Einschränkend ist lediglich hinzuzufügen, daß der Preis natürlich so hoch sein muß, daß er (langfristig) die Durchschnittskosten der Produktion deckt. Außerdem haben wir bisher steigende Grenzkosten vorausgesetzt. Überlegen wir kurz, wie sich die Argumentation ändert, wenn die Grenzkosten konstant (und kleiner als der Preis) sind. Da bei jeder Produktmenge der Preis über den konstanten Grenzkosten liegt, lohnt sich für den Unternehmer stets eine Ausdehnung der Produktion. Kurzfristig wird er also immer so viel anbieten, wie er kann: er produziert an der Kapazitätsgrenze.

Besonderheiten bei konstanten Grenzkosten

Wir können die Überlegungen zur gewinnmaximierenden Güterangebotsmenge noch in einer etwas anderen Form illustrieren: In einem Koordinatensystem tragen wir in Abb. 5.15 auf der Ordinate den Umsatz und die Gesamtkosten des Unternehmens und auf der Abszisse die Produkt- und Absatzmenge x ab. Da sich der Umsatz als Produkt aus dem vorgegebenen Marktpreis und der Produktmenge ergibt, ist die Umsatzkurve für einen gegebenen Preis gegeben durch eine Ursprungsgerade, deren Steigung durch den Produktpreis bestimmt ist. Beträgt der Produktpreis z. B. 10, so ergibt sich für eine Absatzmenge von 10 der Umsatz von 100; ist die Absatzmenge 20, so beträgt der Umsatz 200. Tragen wir in das gleiche Diagramm die totalen Kosten des Unternehmens ein, so stellt die vertikale Differenz zwischen Umsatzlinie und Kostenlinie den Gesamtgewinn des Unternehmers dar. Wie sich nachweisen läßt, ist die Produktmenge, bei der der vertikale Abstand zwischen Umsatzlinie und Kostenkurve am größten ist, diejenige, bei der die Neigung (Steigung) beider Kurven gleich ist. Da die Steigung der Umsatzlinie durch den Preis bestimmt ist und die Steigung der Kostenkurve die Grenzkosten angibt, ist die gewinnmaximierende Produktmenge x* durch die Gleichheit von Grenzkosten und Preis charakterisiert.

Ein Umsatz-Gesamtkostendiagramm

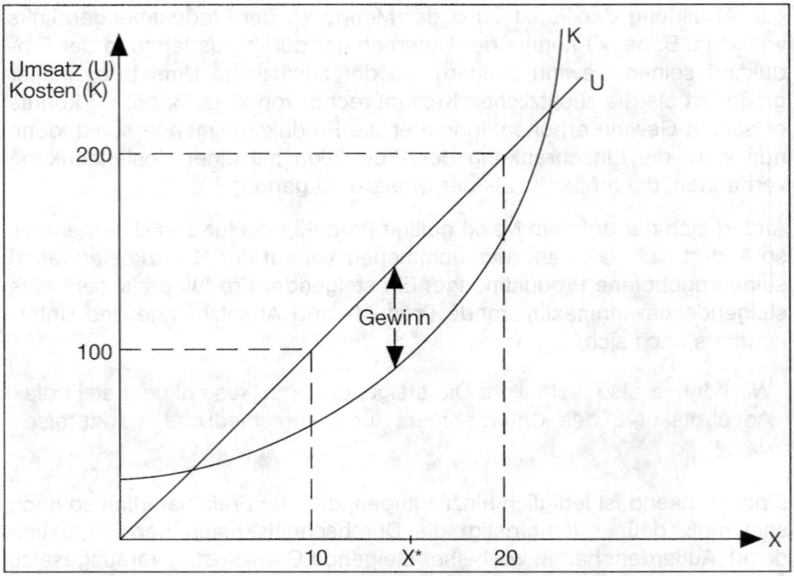

Abb. 5.15: Das Gewinnmaximum im „Total"-Diagramm

8. Marktangebot

Wir haben im 7. Abschnitt dieses Kapitels gezeigt, daß – bei steigenden Grenzkosten, die bei Existenz eines oder mehrerer kurzfristig konstanter Faktoren in einem Unternehmen (Gebäude, Boden, Maschinenbestand) realistisch sind – die kurzfristige Angebotskurve eines Unternehmens durch den steigenden Teil seiner Grenzkostenkurve gegeben ist:

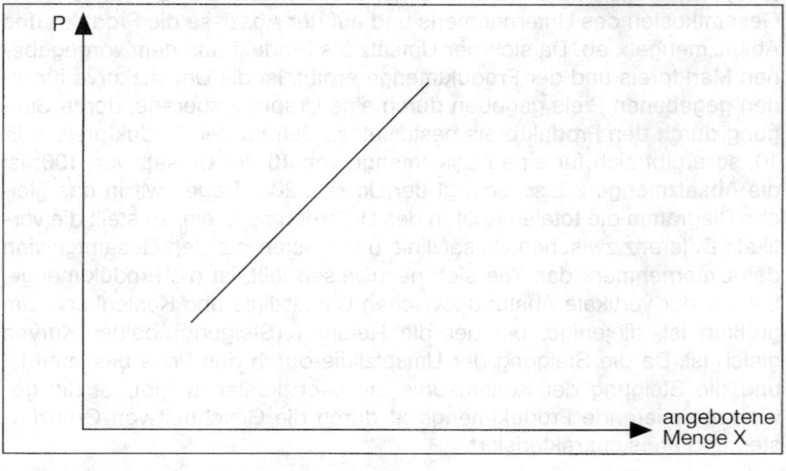

Abb. 5.16: Individuelle Angebotskurve

Befindet sich eine Vielzahl von Anbietern dieses Produktes auf dem Markt, so erhält man das von ihnen getätigte Gesamtangebot, indem man bei jedem Preis die individuellen Angebotsmengen zusammenzählt. Abb. 5.17 zeigt die individuellen Angebotskurven und die Marktangebotskurve für 2 Unternehmungen U_1 und U_2.

Die Gesamtangebotsmenge auf dem Markt ergibt sich, indem bei jedem Preis die individuellen Angebotsmengen addiert werden

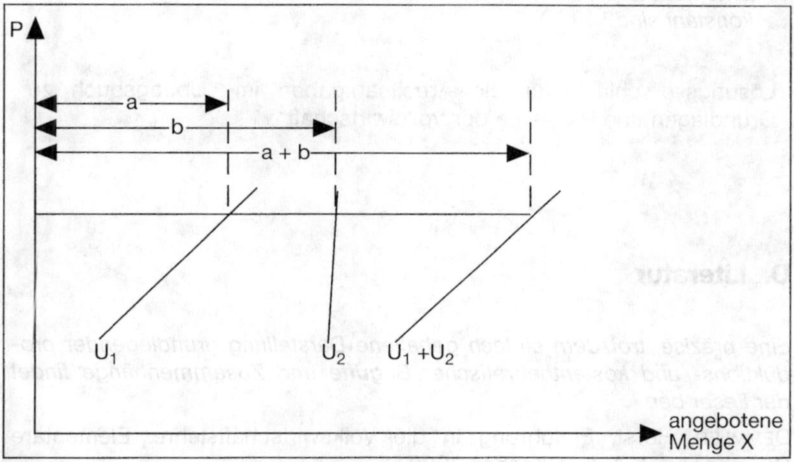

Abb. 5.17: Ableitung der Marktangebotskurve

C. Arbeitsaufgaben

1) *Was verstehen Sie unter einer Produktionsfunktion?*
2) *Wodurch ist eine limitationale, wodurch eine substitutionale Produktionsfunktion gekennzeichnet?*
3) *Was versteht man unter einer Isoquante, und wie verläuft diese bei einer substitutionalen Produktionsfunktion?*
4) *Was besagt das „Gesetz vom abnehmenden Ertragszuwachs"?*
5) *Wie ist die Minimalkostenkombination gekennzeichnet? Interpretieren Sie die Bedingung(en).*
6) *Erläutern Sie, warum der Verlauf der Kostenkurve von den Skaleneigenschaften der Produktionsfunktion abhängt?*
7) *Zeichnen Sie bei „S"-förmigem Gesamtkostenverlauf die*
   - *Grenzkostenkurve*
   - *Kurve der durchschnittlichen variablen Kosten*
   - *Kurve der durchschnittlichen totalen Kosten*

8) *Erläuten Sie die der produktivitätsorientierten Lohnpolitik zugrundeliegenden theoretischen Zusammenhänge.*

9) *Erläutern Sie die Preis = Grenzkosten-Regel für einen als Mengenanpasser handelnden Unternehmer.*

10) *Wie sieht die Angebotskurve eines als Mengenanpasser handelnden Unternehmers aus, wenn in seiner Unternehmung die Gesamtkosten konstant sind?*

Lösungsvorschläge für die Arbeitsaufgaben im „Übungsbuch zu Grundlagen und Probleme der Volkswirtschaft".

D. Literatur

Eine präzise, trotzdem einfach gehaltene Darstellung grundlegender produktions- und kostentheoretischer Begriffe und Zusammenhänge findet der Leser bei:

DEMMLER, Horst, Einführung in die Volkswirtschaftslehre. Elementare Preistheorie, 4. Aufl., München 1990

Unter Verwendung einfacher formaler Instrumente informiert umfassender:

LANCASTER, Kelvin, Moderne Mikroökonomie, 4. Aufl., Frankfurt a. M. 1991

VARIAN, Hal R., Grundzüge der Mikroökonomik, 2. Aufl., München 1991, Kapitel XVIII ff.

Empfehlenswert – aber mathematische Kenntnisse voraussetzend – ist der Übersichtsartikel von:

GABISCH, G., Haushalte und Unternehmungen. In: Vahlens Kompendium Bd. 2, 5. Aufl., 1992.

6. Kapitel
Preisbildung auf unterschiedlichen Märkten

A. Lernzielorientierte Leitfragen und Fragenkomplexe

Leitfrage:
Wie bilden sich die Preise auf einer Börse?

- *Wie beeinflussen Angebot und Nachfrage den Preis?*
- *Wie beeinflußt der Preis Angebot und Nachfrage?*
- *Wie hängen die Einnahmen der Anbieter von der Preisbildung ab?*

Leitfrage:
Welche Faktoren begrenzen den Preissetzungsspielraum eines den Preis selbst festsetzenden Anbieters?

- *Wie wird üblicherweise der Preis kalkuliert?*
- *Welche Kontrollmechanismen begrenzen den Preisbildungsspielraum eines Monopolisten?*
- *Wie wird der gewinnmaximierende Monopolpreis ermittelt?*
- *Was ist ein natürliches Monopol?*
- *Welche Kontrollmechanismen begrenzen den Preisbildungsspielraum eines Oligopolisten?*

Leitfrage:
Welche Bedeutung hat die Marktform „vollkommene Konkurrenz"?

- *Wie bilden sich Preise bei vollkommener Konkurrenz?*
- *Welche Vorzüge weist die vollkommene Konkurrenz auf?*
- *Warum ist vollkommene Konkurrenz nicht realisiert?*

B. Sachanalyse

1. Einteilung der Märkte

Märkte werden häufig nach der Zahl der Marktteilnehmer und der Organisationsform eingeteilt

Bereits im Kapitel 4 wurde angedeutet, welche verschiedenen Erscheinungsformen ein Markt annehmen kann. Diese unterschiedlichen Ausprägungen üben einen Einfluß auf den Preisbildungsprozeß aus. Wir wollen uns damit begnügen, zwei Einflußgrößen herauszugreifen, nämlich die Organisationsform des Marktes und die Zahl der Anbieter und Nachfrager.

Hinsichtlich der Organisationsform sind zu unterscheiden:

Börsen

(a) Märkte, auf denen die Preise durch einen **Auktionator** nach Angebot und Nachfrage festgesetzt werden. Auf solchen Märkten werden z. B. Rohstoffe gehandelt. (Man denke an internationale Rohstoffbörsen und Gemüse-, Fleisch- und Fischgroßmärkte.) Auf diesen Märkten spielt die Zahl der Anbieter und Nachfrager meistens keine wesentliche Rolle; in der Regel sind die Marktteilnehmer zahlreich.

Preisfixierer

(b) Märkte, auf denen der Anbieter den Preis seines Produktes festsetzt **(Preisfixierer)** und die Käufer entscheiden, wieviel sie bei diesem Preis kaufen wollen. Diese Form der Preisbildung ist üblich für Industrie, Handwerk und Handel. Auf diesen Märkten ist – neben der Nachfragekonstellation – die Zahl der Mitkonkurrenten von wesentlichem Einfluß auf den Preisbildungsspielraum des Herstellers. Wir wollen daher die Preissetzung durch den Hersteller für den Fall des **Monopols** (der Anbieter hat keine Konkurrenten) und des **Oligopols** (der Anbieter hat einige wenige Konkurrenten) untersuchen.

Preisbildung auf dem Arbeitsmarkt

Von Spezialformen der Preisbildung wollen wir absehen, lediglich einige Hinweise geben. Von Bedeutung ist die Preisbildung auf dem **Arbeitsmarkt.** Hier stehen sich ein Anbieter (Gewerkschaft als Vertreter der Arbeitnehmer) und ein Nachfrager (Arbeitgeberverband als Nachfrager nach Arbeit) in einem sog. bilateralen (zweiseitigen) Monopol gegenüber. Hier hängt die Preis- = Lohnbildung von der Stärke der Vertragsparteien (die unter anderem durch die gesamtwirtschaftliche Lage bestimmt wird), der Verhandlungsstrategie und -taktik der Tarifpartner, wegen der großen gesamtwirtschaftlichen Bedeutung der Löhne als Kosten und Einkommen allerdings auch von den Zielen und Mitteln der Wirtschaftspolitik ab.

Staatliche Preise

Von Bedeutung ist die Festsetzung staatlicher Preise (z. B. bei Post-, Verkehrs- und kommunalen Versorgungsbetrieben) und staatlich kontrollierter Preise (insbesondere beim Agrarmarkt der Europäischen Gemeinschaften). Wir beschränken uns auf die Beschreibung der Preisbildung im Bereich der privaten Wirtschaft und bei staatlichen Monopolen.

2. Preisbildung durch einen Auktionator (Börse)

2.1 Ermittlung des Gleichgewichtspreises bei gegebener Angebots- und Nachfragebeziehung

Wählen wir als Beispiel ein landwirtschaftliches Produkt wie Kaffee. Eine Reihe von Produzenten produziert Kaffee und bietet – unabhängig von der Höhe des Preises – eine bestimmte Menge Kaffee (z. B. 10 t) auf der Kaffeebörse an. Auf der anderen Seite fragen die Nachfrager – vertreten durch Händler – Kaffee nach. Dabei gelte die im 4. Kapitel für den Normalfall gemachte Feststellung, daß die nachgefragte Menge von Kaffee mit sinkendem Preis zunimmt. Wir können die Konstellation im Angebots-/Nachfragediagramm aufzeichnen (Abb. 6. 1)

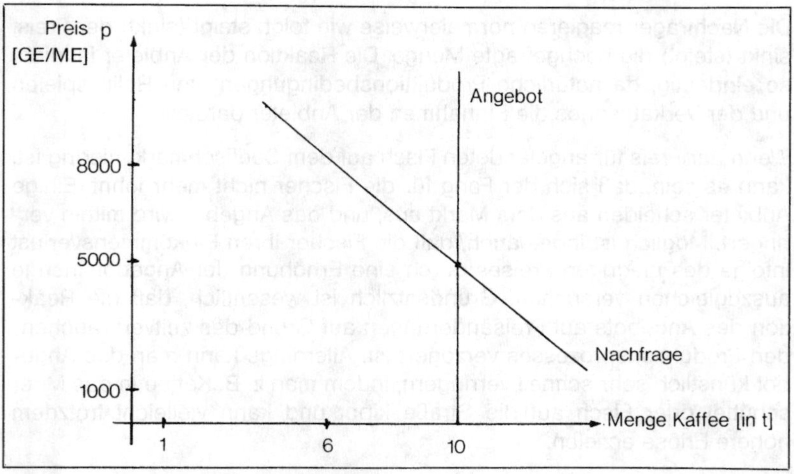

Abb. 6.1: Angebots-/Nachfragebeziehung von Kaffee

Der Auktionator ermittelt nun – da er über die Kauforder die Nachfragevorstellungen der Händler kennt – den Preis, zu dem die angebotene Menge von 10 t gerade nachgefragt wird, in Abb. 6.1 also einen Preis von 5000,– DM pro t. Setzte der Auktionator probeweise einen Preis von 8000,– DM pro t, stellte er fest, daß die zu diesem Preis gewünschte Nachfragemenge nur 6 t beträgt, also kleiner wäre als die Angebotsmenge **(Angebotsüberhang).** Diese Feststellung ist für den Auktionator ein Signal, den Preis zu senken. Setzte der Auktionator einen Preis von z. B. 3000,– DM pro t fest, würde er einen sog. **Nachfrageüberhang** bemerken, also ein Signal, den Preis zu erhöhen.

Es gibt nur einen Preis, bei dem, bildlich gesprochen, die Kräfte, die auf eine Änderung des Preises drängen, sich die Waage halten. Dies ist der Preis im Schnittpunkt der Angebots- und der Nachfragekurve. In unserem Beispiel wollen bei einem Preis von 5000,– DM die Nachfrager genausoviel Kaffee kaufen, wie die Anbieter verkaufen wollen. Man sagt, bei diesem Preis herrscht Gleichgewicht zwischen geplantem Angebot und geplanter Nachfrage. Der **Gleichgewichtspreis** ist der Preis, bei dem das geplante Angebot der geplanten Nachfrage gleich ist.

Marktgleichgewicht

Hier ist ein Teil der Wirkungsweise des Preismechanismus erkennbar: Ist das geplante Angebot größer als die geplante Nachfrage, senkt der Auktionator den Preis, und ist die geplante Nachfrage größer als das geplante Angebot, so erhöht der Auktionator den Preis.

Ist die Nachfrage größer als das Angebot, so erhöht der Auktionator den Preis und umgekehrt

2.2 Reaktion von Angebot und Nachfrage auf Preisänderungen

Wie reagieren nun Anbieter und Nachfrager wiederum auf die Preisänderung?

Die Nachfrager reagieren normalerweise wie folgt: steigt (sinkt) der Preis, sinkt (steigt) die nachgefragte Menge. Die Reaktion der Anbieter ist nicht so eindeutig, da natürliche Produktionsbedingungen eine Rolle spielen und der Verkaufserlös die Einnahmen der Anbieter darstellt.

Verzögerte Reaktion des Angebotes

Wenn der Preis für angelandeten Fisch auf dem Seefischmarkt niedrig ist, kann es sein, daß sich der Fang für die Fischer nicht mehr lohnt. Einige Anbieter scheiden aus dem Markt aus, und das Angebot wird mithin verringert. Möglich ist indes auch, daß die Fischer ihren Einkommensverlust infolge des niedrigen Preises durch eine Erhöhung der Angebotsmenge auszugleichen versuchen. Grundsätzlich ist wesentlich, daß die Reaktion des Angebots auf Preisänderungen auf Grund des zeitverbrauchenden Produktionsprozesses verzögert ist. Allerdings kann man das Angebot künstlich sehr schnell verringern, indem man z. B. Kaffee in das Meer schüttet oder Fisch auf die Straße kippt und kann vielleicht trotzdem höhere Erlöse erzielen.

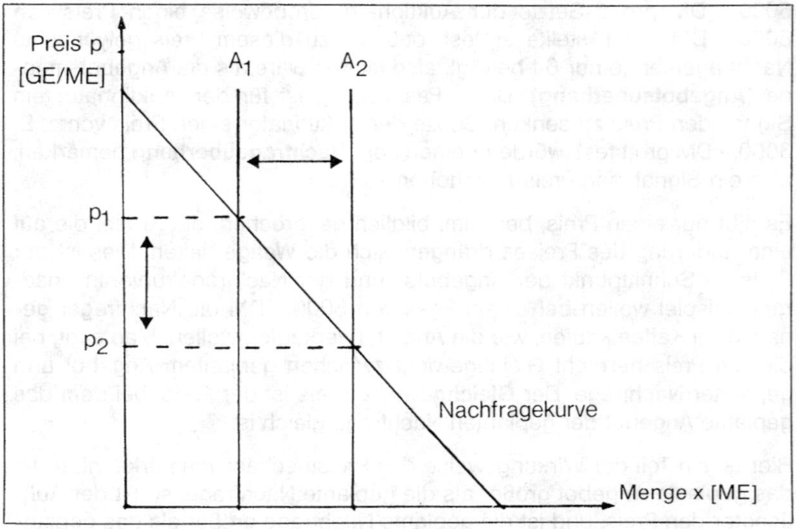

Abb. 6.2: Verschiebung der Angebotskurve

2.3 Wirkungen von Angebots- und Nachfrageverschiebungen auf den Gleichgewichtspreis

Wie wirken nun Angebots- und/oder Nachfrageverschiebungen auf die Höhe des Gleichgewichtspreises? Dies kann man sehr einfach durch Verschiebungen der Kurven in unserem Angebots-/Nachfragediagramm aufzeigen (Abb. 6.2, 6.3).

Bei unveränderter Nachfragekurve bewirkt eine Erhöhung des Angebots (Rechtsverschiebung des Angebots von A_1 auf A_2) einen Preisrückgang (von p_1 auf p_2) und umgekehrt eine Verringerung des Angebots (von A_2 auf A_1) eine Preiserhöhung (von p_2 auf p_1).

Steigt das Angebot bei unveränderter Nachfrage, so sinkt der Preis

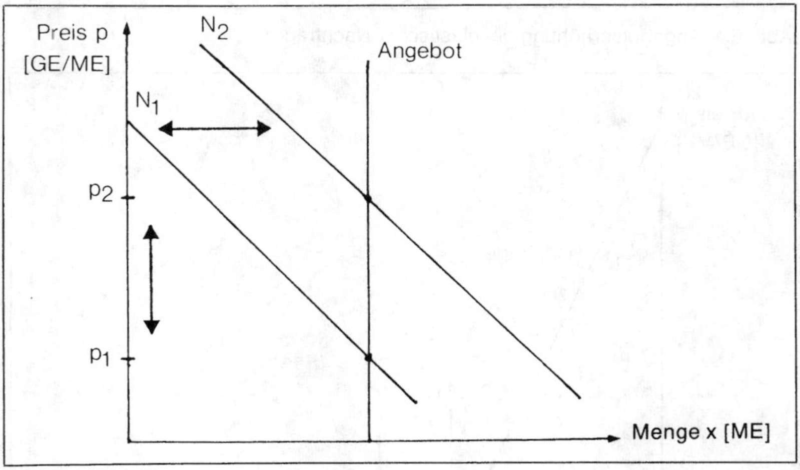

Abb. 6.3: Verschiebung der Nachfragekurve

Bei unverändertem Angebot bewirkt eine Erhöhung der Nachfrage (Rechtsverschiebung der Nachfragekurve von N_1 auf N_2) einen Preisanstieg (von p_1 auf p_2). Umgekehrt würde ein Rückgang der Nachfrage (von N_2 auf N_1) eine Preissenkung (von p_2 auf p_1) hervorrufen.

Steigt die Nachfrage bei unverändertem Angebot, so steigt der Preis

2.4 Wirkung von Veränderungen der Angebotsmenge auf die Einnahmen der Anbieter

Da die Einnahmen der Anbieter sich aus Angebotsmenge mal Preis ergeben, ist es entscheidend, wie sich der Preis bei einer Variation der Angebotsmenge verändert, d. h. wie **preiselastisch** die Nachfrage ist.

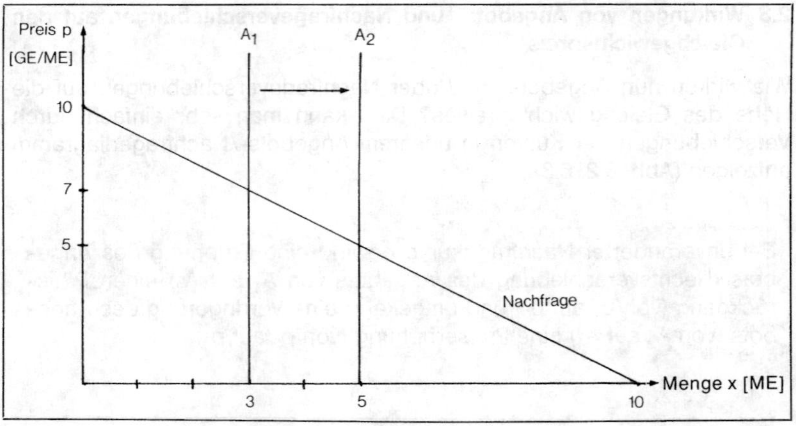

Abb. 6.4: Angebotserhöhung bei elastischer Nachfrage

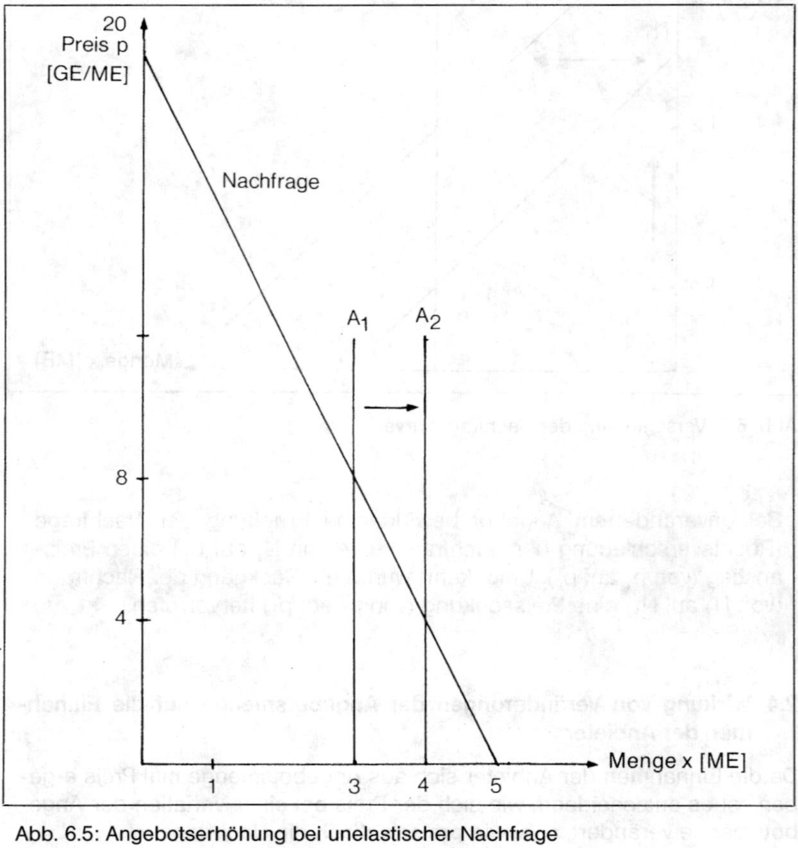

Abb. 6.5: Angebotserhöhung bei unelastischer Nachfrage

Gehen wir von einer unveränderten Nachfragebeziehung aus und untersuchen wir die Wirkung von Angebotsverschiebungen auf die Einnahmen der Anbieter (vgl. Abb. 6.4.).

Bei elastischer Nachfrage steigen die Einnahmen mit einer Angebotserhöhung der Anbieter

Das Angebot steigt von $A_1 = 3$ ME auf $A_2 = 5$ ME, der Preis sinkt von 7 auf 5 GE. Die Nachfrage ist elastisch ($E = -7/3$, wenn man die Änderungen auf die Ausgangswerte bezieht), d. h., die relative Mengenänderung ist größer als die relative Preisänderung. In diesem Fall erhöhen sich die Einnahmen (E) der Anbieter bei der angenommenen Ausweitung des Angebots von 3 auf 5 ME von $E_1 = 7 \cdot 3 = 21$ GE auf $E_2 = 5 \cdot 5 = 25$ GE. Umgekehrt würden sich bei einer Verringerung des Angebots von 5 auf 3 die Einnahmen vermindern (vgl. Abb. 6.4.).

Bei unelastischer Nachfrage sinken die Einnahmen der Anbieter bei einer Angebotserhöhung

In Abb. 6.5 steigt das Angebot von $A_1 = 3$ auf $A_2 = 4$ ME; der Preis sinkt daraufhin von 8 auf 4 GE. Die Nachfrage ist unelastisch ($E = -2/3$), d. h., die relative Mengenänderung ist kleiner als die relative Preisänderung. In diesem Fall vermindern sich die Einnahmen der Anbieter von $E_1 = 3 \cdot 8 = 24$ GE auf $E_2 = 4 \cdot 4 = 16$ GE. Umgekehrt würden sich die Einnahmen der Anbieter bei unelastischer Nachfrage erhöhen, wenn das Angebot vermindert würde. Aus diesem Grund wird „Kaffee in das Meer geschüttet".

Gesetz von Angebot und Nachfrage

Fassen wir die vorangegangenen Überlegungen zusammen: Auf einem Markt, auf dem ein Auktionator den Preis ermittelt, bestimmen Angebot und Nachfrage die Preishöhe. Hier – und in aller Reinheit nur hier – gilt das viel zitierte **„Gesetz von Angebot und Nachfrage"**. Steigt ceteris paribus die Nachfrage bzw. sinkt ceteris paribus das Angebot, so steigt der Preis; sinkt ceteris paribus die Nachfrage bzw. steigt ceteris paribus das Angebot, so sinkt der Preis. Und der Auktionator ermittelt stets den Preis, der Angebot und Nachfrage gerade ausgleicht.

Häufige Preisänderungen und Fluktuationen der Einnahmen der Anbieter

Charakteristisch für solche Märkte sind die häufigen z. T. starken Preisänderungen (der Leser vergleiche die Häufigkeit der Preisänderungen von Autos oder Kühlschränken mit den Preisbewegungen von Sojabohnen oder Rotbarschfilet) und mithin die starken Fluktuationen der Einnahmen der Anbieter solcher Produkte.

Bei unelastischer Nachfrage – dies dürfte der Regelfall sein – vermindern sich die Einnahmen der Anbieter, wenn ihr Angebot steigt, und steigen die Einnahmen, wenn ihr Angebot sinkt. Daher war früher für die Bauern eine „gute Ernte" oft schlechter als eine „schlechte Ernte". Heute werden Agrarpreise in der Europäischen Gemeinschaft staatlich reguliert, u. a. deswegen, weil man starke Einkommensschwankungen der Landwirte für nicht tragbar hält.

Der Leser bedenke, daß die beschriebene Organisationsform des Marktes weitreichende Konsequenzen bezüglich der Schwankungen des Einkommensstromes für ganze Berufszweige und Länder hat. Entwicklungsländer, die im wesentlichen landwirtschaftliche Produkte und Roh-

Die Produzenten von Gütern, deren Preis sich auf einer Börse bildet, leiden unter starken Einkommensschwankungen

stoffe exportieren, sind im Hinblick auf ihre Erlöse der Gnade des Marktes ausgeliefert. Versuche, durch Zusammenschlüsse das Angebot zu regulieren und zu beschränken, schlagen meist fehl, weil jedes Land von den übrigen verlangt, Angebotseinschränkungen durchzuführen, selbst aber von den resultierenden Preiserhöhungen durch Angebotserhöhung am meisten profitieren möchte. Vor diesem Hintergrund sind die Forderungen der Entwicklungsländer nach stabilen Rohstoffpreisen zu beurteilen (vgl. Kapitel 30).

3. Preisfestsetzung durch Hersteller

3.1 Grundvorstellung

Industrie und Handwerk bringen ihre Produkte nicht auf den Markt, um dann abzuwarten, welchen Preis der Auktionator ermittelt, sondern sie setzen einen Preis fest, zu dem sie ihre Produkte zu verkaufen bereit sind. Dieser Preis soll im allgemeinen die Herstellkosten decken und den Produzenten einen Gewinn erbringen.

Streben nach Gewinnmaximierung

In volkswirtschaftlichen Lehrbüchern wird in diesem Zusammenhang häufig davon ausgegangen, daß die Anbieter nach maximalem Gewinn streben (**Gewinnmaximierungshypothese,** vgl. Kapitel 5). Ob dies tatsächlich der Fall ist, oder ob häufig nicht eher ein „angemessener“ Gewinn angestrebt wird, sei hier dahingestellt. Jedenfalls ist Gewinnstreben in einer Marktwirtschaft durchaus ein notwendiges und legitimes Ziel, da die Gewinne bei Wettbewerb dem Unternehmer anzeigen, ob er seine Produktionsentscheidungen auch im gesamtwirtschaftlichen Interesse fällt.

Jede unternehmerische Planung muß sich nun im Grunde auf den Vergleich der zusätzlichen Kosten (Grenzkosten) einer Maßnahme mit dem daraus resultierenden zusätzlichen Umsatz (Grenzumsatz = Grenzerlös) zurückführen lassen. Und solange die Grenzkosten von Produktion und Absatz kleiner sind als der zusätzliche Umsatz, erhöht die in Frage stehende Maßnahme den Gewinn des Anbieters (möglicherweise vermindert sie auch nur seinen Verlust). Entsprechendes gilt umgekehrt. Wenn Anbieter also nach maximalem Gewinn streben, müßten sie Preis und Verkaufsausgaben für ihr Produkt so festsetzen, daß **Grenzumsatz (= Grenzerlös) gleich Grenzkosten** ist.

Gewinnmaximierung bei Gleichheit von Grenzumsatz und Grenzkosten

In der Praxis scheint eine solche Grenzkalkulation jedoch häufig zu kompliziert zu sein, insbesondere da Grenzumsatz und Grenzkosten oft gar nicht bekannt sind. Anbieter setzen ihre Preise deshalb häufig so, daß sie auf die Stückkosten der Produktion, die bei normaler Kapazitätsauslastung anfallen (Normalkosten), einen Aufschlag erheben. Bei fallendem Verlauf der Stückkostenkurve kann die Preisbildung in folgender Abb. 6.6 illustriert werden.

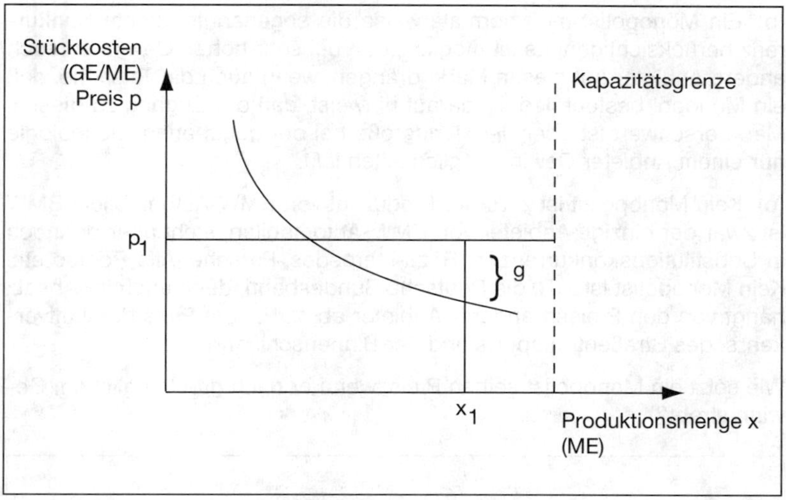

Abb. 6.6: Gewinnaufschlag auf die Stückkosten

In der Praxis erfolgt häufig ein Aufschlag auf die Normalkosten

Geht die Firma von einer üblichen Kapazitätsauslastung z. B. x_1 aus und setzt den Preis p_1, hat sie einen Gewinnaufschlag in Höhe von g. Diese Gewinnspanne wird bei konstantem Preis steigen, wenn die Firma ihre Kapazität zu mehr als x_1 auslasten kann, und sinken, wenn sie ihre Kapazität auf Grund geringer Nachfrage zu weniger als x_1 auslasten kann. Daß die Gewinne mit sinkender Kapazitätsauslastung sinken, ist ein Argument, mit dem Anbieter Preiserhöhungen bei sinkender Nachfrage begründen. Es wären dann umgekehrt mit steigender Nachfrage – die bei konstantem Preis ja Gewinnspanne und Gesamtgewinn erhöht – sinkende Preise zu erwarten. Doch fehlt bei steigender Nachfrage der Druck, Preise zu senken, sofern nicht Anbieterkonkurrenz dafür sorgt. Mit der Existenz bzw. Nichtexistenz dieser Konkurrenz wollen wir uns im folgenden befassen.

3.2 Preissetzung im Monopol

Man spricht von einem **Monopol,** wenn auf einem Markt nur ein Anbieter vorhanden ist, dessen Absatz nur von seinem Preis und nicht fühlbar von den Preisen anderer Anbieter abhängt. Man kann auch sagen: Ein Monopolist hat keine Konkurrenten. Um falsche Vorstellungen zu vermeiden, wollen wir auf drei Dinge hinweisen:

Ein Monopolist hat keine Konkurrenten

(a) Ein Monopolist kann nicht seinen Preis und gleichzeitig die Menge festsetzen, die er verkaufen will. Er muß sehr wohl das Verhalten der Nachfrager in Rechnung stellen und berücksichtigen, daß er in der Regel um so weniger absetzen kann, je höher er seinen Preis setzt. Er steht also einer fallenden Nachfragekurve für sein Produkt gegenüber.

Ein Monopolist kann nicht einen beliebig hohen Preis festsetzen

(b) Ein Monopolist muß normalerweise die sogenannte latente Konkurrenz berücksichtigen. Es ist möglich, daß bei sehr hohen Gewinnen auch andere Anbieter auf diesen Markt drängen, wenn auch die Tatsache, daß ein Monopol besteht, i. d. R. darauf hinweist, daß der Zugang zu diesem Markt erschwert ist oder die Marktgröße bei der gegebenen Technologie nur einem Anbieter Gewinnmöglichkeiten läßt.

(c) Kein Monopolist ist z. B. der Produzent von BMW-Automobilen. BMW ist zwar der einzige Anbieter von BMW-Automobilen, steht aber dennoch in Substitutionskonkurrenz z. B. zu Mercedes, Porsche, Alfa Romeo etc. Kein Monopolist ist z. B. die Deutsche Bundesbahn, denn auch ihr Absatz hängt von den Preisen anderer Anbieter ab, z. B. vom Preis des Luftverkehrs, des Straßentransports und der Binnenschiffahrt.

Wie setzt ein Monopolist seinen Preis, wenn er nach größtmöglichem Gewinn strebt?

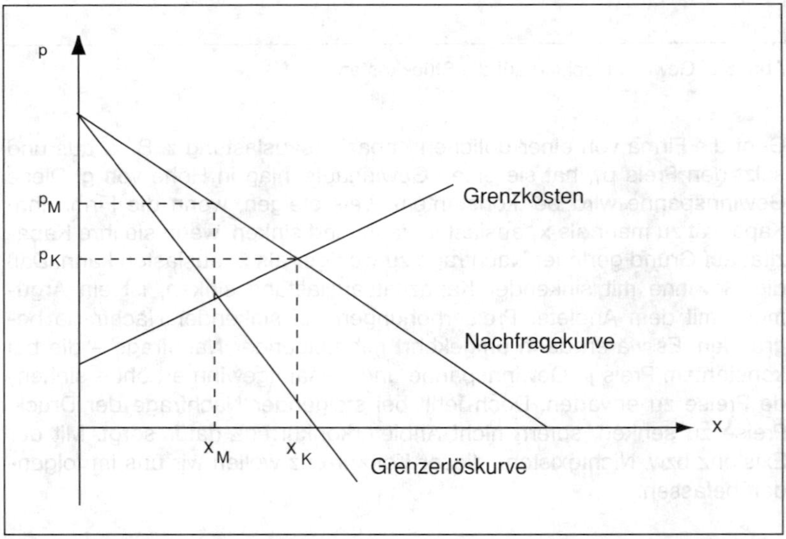

Abb. 6.7: Gewinnmaximierende Preissetzung im Monopol

Gewinnmaximierender Preis im Monopol

Abb. 6.7 zeigt eine normal verlaufende Nachfragekurve, der der Monopolist gegenübersteht und die ihm bekannt sein soll. Welchen Punkt auf der Nachfragekurve wird er bei der angenommenen Zielsetzung realisieren? Wie schon ausgeführt, ist die grundsätzliche Überlegung die des Vergleichs zwischen Grenzerlös (Grenzumsatz) und Grenzkosten. Das Gewinnmaximum ist durch die Gleichheit von Grenzerlös und Grenzkosten gekennzeichnet. Da der Monopolist, ausgehend von einer beliebigen Preis-Mengen-Kombinationen auf der Nachfragekurve, seinen Absatz nur steigern kann, wenn er mit dem Preis heruntergeht, ist der Grenzerlös kleiner als der Preis. Für die zusätzlich abgesetzte Gütereinheit erhält er den (gesenkten) Preis, gleichzeitig müssen die bisher abgesetzten Produkteinheiten ebenfalls zu dem niedrigeren Preis abgesetzt werden. Die Grenzerlöskurve verläuft deshalb in ihrem ganzen Bereich unterhalb der Nachfragekurve. Bei einer linearen Absatzfunktion hat sie den in Abb. 6.7 eingezeichneten Verlauf. Man beachte, daß – abhängig von der Elastizität der Nachfrage – der Grenzerlös auch negative Werte annimmt, eben dann, wenn die aufsummierten Preiseinbußen bei der bisherigen Absatzmenge den Preis der letzten Absatzeinheit überschreiten. Durch den Punkt, in dem sich Grenzerlöskurve und Grenzkostenkurve schneiden und damit die Grenzkosten den Grenzerlösen entsprechen, ist die gewinnmaximierende Menge x_M bestimmt. Der dieser Menge entsprechende Monopolpreis ist auf der Nachfragekurve durch p_M gegeben. Würde sich der Monopolist wie die Anbieter bei vollständiger Konkurrenz verhalten, so würde er der „Preis = Grenzkosten"-Regel folgen und die Menge x_K zum Preise p_K anbieten.[1]) Aus diesem Grund wird der Monopolist in der Volkswirtschaftslehre kritisch beurteilt: Er produziert weniger und verlangt einen höheren Preis als Anbieter unter Konkurrenzbedingungen. Kritisch ist zu dieser Argumentation anzumerken, daß sie eine Identität von aggregierter Grenzkostenkurve der Konkurrenzanbieter und des Monopolisten unterstellt. Mit der Marktgröße für den einzelnen Anbieter ändert sich jedoch die Technologie, die wirtschaftlich ist.

Was sind die **Gründe für die Entstehung eines Monopols**? Zwei Gründe sind zentral:

Warum entstehen Monopole?

1. Der Zugang zu einem Markt, auf dem aufgrund der Marktgröße mehrere Unternehmen mit Gewinn oder zumindest kostendeckend anbieten, ist künstlich oder aufgrund natürlicher Umstände auf einen Anbieter beschränkt. Das kann durch Patente oder durch willkürliche staatliche Setzung, aber auch durch ruinösen Verdrängungswettbewerb des Alleinanbieters geschehen.

2. Aufgrund der gegebenen technischen Bedingungen liegt das Minimum der Durchschnittskosten der kostengünstigsten Unternehmung bei einer das Marktvolumen abdeckenden (oder sogar überschreitenden, vgl. unten zum natürlichen Monopol) Produktmenge. Solche technischen Bedingungen liegen häufig bei Unternehmen vor, deren Gründung enorm hohe Investitionen erfordern und mit denen in der Folgezeit hohe Fixkosten verbunden sind, während die Grenzkosten sehr niedrig sind. Ein typisches Beispiel ist ein Erdgaslieferant, der hohe Kosten zur Errichtung des flächendeckenden Rohrnetzes (und damit der Lieferbereitschaft überhaupt) aufbringen muß, während die zusätzlichen Kosten der Erhöhung des Gasdurchsatzes sehr gering sind. Andere Beispiele sind Telefon- oder Postverteilungsdienstleistungen.

---

1) Für den Anbieter bei vollständiger Konkurrenz ist der Grenzerlös (Grenzumsatz) gleich dem Preis, da er zum Marktpreis annahmegemäß jede beliebige Menge absetzen kann (Mengenanpasser, vgl. Kapitel 5).

Monopole sind relativ selten

Für die Marktform des Monopols lassen sich nur relativ wenige Beispiele finden. Zu der unter (1) genannten Gruppe gehört das Branntweinmonopol des Staates, für das gesundheitspolitische Gesichtspunkte ins Feld geführt werden, das aber vor allem der staatlichen Einnahmensicherung dient. Zum Feld der durch künstliche Marktbegrenzung geschaffenen Monopole gehört auch das staatliche Geldnotenmonopol, wenn auch seine Notwendigkeit für ein funktionierendes Geldwesen mit privaten Geschäftsbanken kaum bestritten wird (vgl. Kapitel 17–19). Private Monopole mit größerer wirtschaftlicher Bedeutung sind kaum zu finden. Häufig gibt es kleinere, meist regional beschränkte Monopole, wie die Skischule eines Wintersportortes.

Bestimmte technische Bedingungen in Verbindung mit der Marktgröße führen zum natürlichen Monopol

Die unter 2. erläuterten besonderen technischen Bedingungen werden i. d. R. als Rechtfertigung monopolistischer kommunaler Versorgungsunternehmen, wie Elektrizitätswerke, Erdgasanbieter oder Telefongesellschaften, angeführt. Solche Versorgungsunternehmen werden häufig als Beispiel für ein **„natürliches" Monopol** genannt, weil die Technologie so gewaltige Investitionen voraussetzt, daß das Minimum der Durchschnittskosten erst bei einer Produktionsmenge erreicht wird, die rechts von der

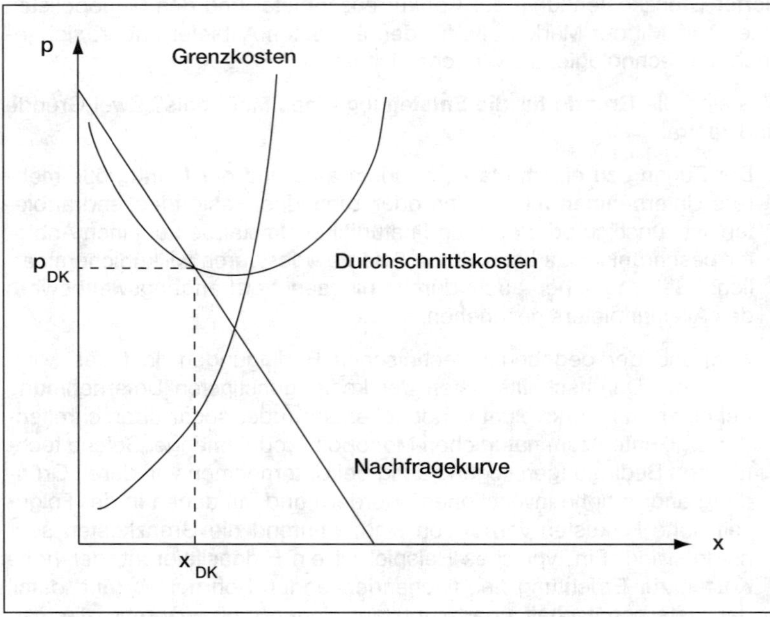

Abb. 6.8: Das natürliche Monopol

Nachfragekurve liegt. Bei gegebener Marktgröße ist normales gewinnmaximierendes Verhalten des Monopolisten wegen entstehender Verluste nicht möglich. Abb. 6.8 illustriert eine solche Konstellation.

Sinnvoll kann es in einer solchen Situation sein, dem Staat die entsprechende Produktion zu übertragen und ihn zu verpflichten, zu kostendeckenden Preisen anzubieten, also zum Preis p_{DK}, bei dem die Durchschnittskostenkurve die Nachfragekurve schneidet. Problematisch an dieser Argumentation ist vor allem, daß solche staatlichen Unternehmen häufig nicht sehr auf Kostensenkung achten und/oder die Kosten zu hoch beziffern.

Monopolisten sind, wenn wir den Fall des natürlichen Monopols außer Betracht lassen, in ihrer Preiswahl vergleichsweise frei, sie werden darin nur durch die Nachfrage eingeengt. So können Monopolisten, wie in Abb. 6.7 gezeigt, den gewinnmaximierenden Preis setzen.

Monopole sind unerwünscht, weil eine Kontrolle ihrer wirtschaftlichen Macht, den Preis nach ihrem Belieben festzusetzen, nur von der Nachfrageseite ausgeübt werden kann. Es fehlt ein Kontrollmechanismus durch Konkurrenten, mit der Folge, daß Monopolisten einen Gewinn erzielen können, der nicht ihrer Tüchtigkeit oder ihren rationellen Fertigungsmethoden, sondern einer nur wenig auf Preisänderungen reagierenden (unelastischen) Nachfrage zuzuschreiben ist. Es fehlt der dauernde Druck, die Produktivität zu erhöhen und Produktionskosten zu senken oder neue Produkte anzubieten, die den Wünschen der Nachfrager mehr entsprechen als die Produkte der Konkurrenten.

Beim Monopol fehlen Kontrollmechanismen und Leistungsdruck

Glücklicherweise sind wirtschaftlich bedeutsame Monopole relativ selten, aber das Gesagte gilt auch für Kartelle, die nicht so selten sind (vgl. hierzu Kapitel 8).

3.3 Preissetzung im Oligopol

Befinden sich auf einem Markt einige **wenige, relativ große Anbieter,** so spricht man von einem Oligopol. Sind die angebotenen Produkte im Urteil der Käufer (praktisch) identisch, so handelt es sich um ein **homogenes Oligopol,** sonst um ein **heterogenes Oligopol.** Beim Oligopol hängt der Absatz eines Anbieters nicht nur von seinem eigenen Preis ab (wie beim Monopol), sondern auch von den Preisen der übrigen Anbieter, und zwar vom Preis jedes einzelnen der übrigen Anbieter. Die wechselseitige Abhängigkeit ist um so größer, je homogener die Produkte in den Augen der Käufer sind. Beispiele für die Marktform des Oligopols sind in großer Zahl zu finden: der Markt für Automobile bestimmter Klassen, Reifen, Mineralöl, Zigaretten, Stahl und Kunststoffe.

Oligopol als vorherrschende Marktform einer modernen Wirtschaft

Man kann sagen, daß das Oligopol die vorherrschende Marktform einer modernen Wirtschaft ist.

Während ein Monopolist bei seiner Preissetzung nur die Reaktion der Nachfrager berücksichtigen muß und gegebenenfalls die latente Konkurrenz, hat ein Oligopolist gewissermaßen zwei Fronten zu berücksichtigen: Da der Absatz seiner Konkurrenten fühlbar von seinem Preis abhängt, werden seine Konkurrenten bei seinen Preisänderungen reagieren. Ein Oligopolist muß also sowohl die Marktseite der Nachfrager beobachten als auch das Verhalten seiner Konkurrenten in seine Planungen einbeziehen.

Der Preissetzungsspielraum eines Oligopolisten wird begrenzt durch die Preise seiner Konkurrenten

Generell gilt, daß die Preise, die ein oligopolistischer Anbieter fordern kann, im wesentlichen durch die Preise der Konkurrenten bestimmt sind. So können die Benzinpreise verschiedener Firmen nicht wesentlich differieren, so kann ein VW Golf nicht merklich teurer sein als ein Ford Fiesta, so muß ein VW Golf billiger sein als ein Opel Omega und dieser wiederum billiger als ein Mercedes der gehobenen Klasse. Die Gewinnspanne der Hersteller hängt mithin auch wesentlich von ihrer Kostenkurve ab. Je rationeller die Fertigungsmethoden, desto größer die Gewinnspanne.

Besonders deutlich wird die wechselseitige Preisabhängigkeit bei beabsichtigten Preisänderungen, die ein Anbieter sehr sorgfältig planen muß.

Überlegungen bei

– einer beabsichtigten Preissenkung

Senkt ein oligopolistischer Anbieter seinen Preis, werden die Konkurrenten einen großen Teil ihres Absatzes verlieren, wenn die Nachfrager keinen wesentlichen Unterschied bei den Produkten sehen. Um den Absatzverlust zu verhindern, werden die Konkurrenten ebenfalls ihre Preise senken müssen, möglicherweise in gleichem Ausmaß oder verstärkt. So wird jeder Anbieter die auf ihn entfallende Nachfrage unter der Voraussetzung schätzen müssen, daß bei einer Preissenkung die Konkurrenten folgen werden. Die Konsequenz ist, daß jeder Anbieter sich eine Preissenkung sehr genau überlegen muß, vor allem, da er nicht sicher sein kann, daß sich nicht aus der ursprünglichen Preissenkung ein ruinöser Preiskampf entwickelt.

– einer beabsichtigten Preiserhöhung

Erhöht ein oligopolistischer Anbieter seinen Preis, wird sein Absatz fühlbar zurückgehen, der Absatz der übrigen hingegen zunehmen, wenn diese ihre Preise konstant lassen. Während bei einer Preissenkung eines einzelnen Anbieters für diesen zu „befürchten" ist, daß die anderen folgen, muß er jetzt „befürchten", daß sie einer Preiserhöhung nicht folgen. Daher muß auch eine Preiserhöhung vom Anbieter gründlich überlegt sein.

Preisstarrheit in Oligopol

Aus dieser Unsicherheit über die Reaktion der Konkurrenten ergeben sich Risiken für den Anbieter, der mit der Preisänderung beginnt. Dies ist eine Erklärung dafür, daß man auf oligopolistischen Märkten häufig lange Perioden fester Preise beobachten kann, auch wenn sich Kosten und Nachfrage verändern. Diese Preisstarrheit bei Kosten und/oder Nachfrageverschiebungen bezeichnet man oft mit dem Begriff **„administrierte Preise"**[4])

---

4) Administrierte Preise sind nicht mit administrativen Preisen, also staatlich festgesetzten Preisen, zu verwechseln.

Die Gewinnspanne und der Gesamtgewinn oligopolistischer Anbieter hängen mithin – bei vergleichsweise großer Preisstarrheit und gegebenem Stückkostenverlauf – von der Höhe der Nachfrage ab (vgl. Abb. 6.9).

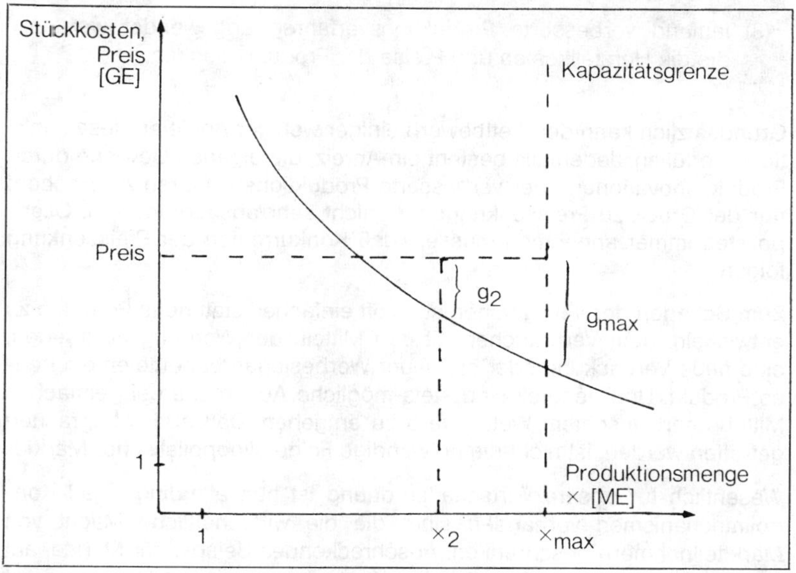

Abb. 6.9: Veränderung der Gewinnspanne g

Wegen der starken gegenseitigen Abhängigkeit der Anbieter können sich in einem Lernprozeß bestimmte Verhaltensregeln herausbilden mit dem Ziel, das Risiko von Einzelaktionen zu vermindern. Möglich ist z. B. die Anerkennung eines Preisführers. Ein Anbieter erhöht seine Preise und gibt seinen Konkurrenten damit das Signal zu Preiserhöhungen ihrerseits. Wenn sie alle ihre Preise erhöhen, so haben alle einen Vorteil, sofern die Nachfrage nicht drastisch reagiert; wenn die Konkurrenten dagegen der Preiserhöhung nicht folgen, wäre auch der Preisführer gezwungen, seinen Preis wieder zu senken, und kein Anbieter hätte dann einen Vorteil. Weitergehende Möglichkeiten, die Rivalität unter den Anbietern zu verringern, wären direkte Absprachen über gemeinsame Preisänderungen oder andere Formen eines Kartells.

Mögliche Gruppensolidarität

Die Frage ist, ob der Wettbewerb im Oligopol seine Funktionen erfüllt. Der Wettbewerb zwischen Anbietern sollte unter anderem dafür sorgen, daß (eine umfassendere Beschreibung der Aufgaben des Wettbewerbs enthält Kapitel 8):

(1) die Gewinnspanne der Hersteller auf die Dauer nicht ungerechtfertigt hoch ist;

(2) laufend neue Produkte eingeführt werden, die den Verbraucherwünschen besser entsprechen als die alten;

(3) laufend verbesserte Produktionsverfahren angewendet werden, die die Herstellkosten und Preise der Produkte senken.

Grundsätzlich kann der Wettbewerb einiger weniger Anbieter diese Funktionen erfüllen. Jedenfalls besteht ein Anreiz, die eigenen Gewinne durch Produktinnovationen oder verbesserte Produktionsverfahren zu erhöhen; nur der Druck zu Preissenkungen ist nicht sehr ausgeprägt, weil Oligopolisten immer annehmen müssen, daß Konkurrenten der Preissenkung folgen.

Zum Schaden der Verbraucher ist es oft einfacher, statt neue Produkte zu entwickeln, dem Verbraucher mit den Mitteln der Werbung einzureden, eine neue Verpackung oder ein neuer Werbeslogan bedeuteten ein neues Produkt. Und generell sind stets mögliche Absprachen ein einfaches Mittel, unerwünschtem Wettbewerb zu entgehen. Daß aber Absprachen getroffen werden, ist nicht die notwendige Folge oligopolistischer Märkte.

Fehlende Kontrollmechanismen auf dem Markt für medizinische Leistungen

Wesentlich für unsere Wirtschaftsordnung ist nun allerdings, daß Kontrollmechanismen vorhanden sind, die die wirtschaftliche Macht von Marktteilnehmern beschränken. Abschreckendes Beispiel für Märkte, auf denen so gut wie überhaupt keine Kontrollmechanismen existieren, ist der Markt für einen weiten Bereich medizinischer Leistungen. Auf der Anbieterseite existiert keine Preiskonkurrenz, da die Preise durch Gebührenordnungen festgelegt sind. Latente Konkurrenz ist nur begrenzt zu befürchten, da auf Grund des stark beschränkten Zugangs zum Medizinstudium der Zugang zum Markt eingeengt ist. Neuerdings wird allerdings trotzdem verschiedentlich vor einer angeblichen „Ärzteschwemme" gewarnt. Deshalb wird faktisch die Niederlassungsfreiheit für Kassenärzte beschränkt. Warum läßt man hier nicht den Markt entscheiden? Es ist zu befürchten, daß die Lobby der schon niedergelassenen Ärzte hier eine zentrale Rolle spielt.

Bedenklich ist auch die Tatsache, daß einige Marktteilnehmer praktisch kaum einen Anreiz zum Sparen haben: Der Patient, der in aller Regel versichert ist, hat ein Interesse an möglichst kostspieligen Behandlungsmethoden („je teurer, desto besser"), die ja die Gesamtheit der Versicherten zahlen muß, und kennt im übrigen die Preise kaum. Auch der Apotheker hat kein wirtschaftliches Motiv, auf sparsamen Gebrauch und billige Preise von Arzneimitteln hinzuwirken. Zudem besteht auch zwischen Apothekern nur beschränkter Preiswettbewerb.

Der Leser mag an diesem Beispiel erkennen, wie notwendig die Kontrolle wirtschaftlicher Macht ist. Einerseits durch Konkurrenz der Anbieter untereinander, andererseits durch das Interesse der Nachfrager hat der Konsument die Möglichkeit, Güter möglichst billig zu kaufen. Nun kann die Volkswirtschaftslehre sich nicht damit begnügen, die Mängel der in der Realität vorherrschenden Preisbildung zu konstatieren, sie muß auch in der Lage sein aufzuzeigen, wie es sein sollte. Klassisches „Leitbild" ist die vollkommene Konkurrenz.

4. Preisbildung bei vollkommener Konkurrenz als traditionelles Leitbild der Funktionsweise des Preismechanismus in einer Marktwirtschaft

4.1 Preisbildung bei vollkommener Konkurrenz

Vollkommene Konkurrenz als Leitbild?

Wir beschreiben die Preisbildung bei vollkommener Konkurrenz, weil sie lange Zeit Leitbildcharakter für den Koordinationsmechanismus in einer Marktwirtschaft besaß und auch heute zum Teil noch besitzt.

Man spricht von **vollständiger Konkurrenz** bzw. von einem **vollkommenen Polypol,** wenn ein Markt folgendermaßen beschrieben werden kann:

Große Zahl der Marktteilnehmer

(1) Es stehen sich auf jeder Marktseite eine **sehr große Zahl** von Anbietern und Nachfragern gegenüber, deren individuelle Größe für den Gesamtmarkt unbedeutend ist. Ihr jeweiliger Anteil an der Gesamtkapazität von Angebot und Nachfrage ist verschwindend gering (Polypol).

Vollkommener Markt

(2) Der Markt ist vollkommen in dem Sinn, daß alle Anbieter und Nachfrager ein praktisch **identisches Gut** handeln (Bedingung der Homogenität der Güter), daß sie über die geforderten und gebotenen Preise bestens informiert sind (vollständige Information oder vollkommene Transparenz), und daß sie auch ansonsten keinen Grund haben, einen Marktteilnehmer einem anderen vorzuziehen **(keine persönlichen oder räumlichen Präferenzen).**[5])

Zielsetzung Gewinnmaximierung

Wir versetzen uns nun in die Situation eines Anbieters, der einen größtmöglichen Gewinn erzielen will (Zielsetzung Gewinnmaximierung). Dieser Anbieter muß überlegen, welchen Preis er verlangen will.

Preissetzung des Anbieters

Setzt dieser Anbieter seinen Preis über den Marktpreis, so werden die Nachfrager das homogene Gut bei den übrigen Anbietern kaufen, zumal sie auch über die Preise voraussetzungsgemäß vollkommen informiert sind. Setzt dieser Anbieter den Preis unter den Marktpreis, so werden alle Nachfrager bei ihm kaufen wollen. Wegen seiner geringen Kapazität kann der Anbieter die große zusätzliche Nachfrage nicht befriedigen und hat von der Preissenkung also keinen Vorteil, zumal er sein Angebot schon zum Marktpreis verkaufen kann.

---

5) Die unter (2) genannten Merkmale eines vollkommenen Marktes werden häufig zusammengefaßt, indem man sagt: Anbieter und Nachfrager haben keine sachlichen, räumlichen und persönlichen Präferenzen und sind über die Marktlage vollkommen informiert.

Anpassung an den Marktpreis

So wird der einzelne Anbieter den Marktpreis als eine gegebene, von ihm nicht beeinflußbare Größe (als ein Datum) ansehen, an die (das) er sich sinnvollerweise mit seiner Produktionsmenge anpaßt. Daher spricht man auf diesem Markt von einem **Mengenanpasserverhalten** der Anbieter (und Nachfrager). Jeder Anbieter kann seinen Gewinn vergrößern, solange die Kosten der zusätzlichen Produktion und des Absatzes – also die Grenzkosten – kleiner sind als der zusätzliche Umsatz – der Grenzumsatz –, der sich aus der Mehrproduktion ergibt. Für den Mengenanpasser ist nun der Grenzumsatz gleich dem Marktpreis, weil der Anbieter bei vollkommener Konkurrenz jede zusätzliche Mengeneinheit zum Marktpreis verkaufen kann. So wird ein Kartoffelproduzent bei vollkommener Konkurrenz so viel Kartoffeln anbieten, bis die Grenzkosten der Produktion des letzten Zentners Kartoffeln dem Marktpreis gleich sind[6]).

Handlungsmaxime: Grenzkosten der Produktion = Marktpreis

Wir fragen nun, wie sich der Marktpreis z. B. für Kartoffeln einstellen wird. Ist der Kartoffelpreis hoch, z. B. 50,– DM pro Zentner, so werden die Anbieter viel Kartoffeln produzieren und anbieten, die Nachfrager aber nur wenig Kartoffeln nachfragen (vgl. Abb. 6.10.).

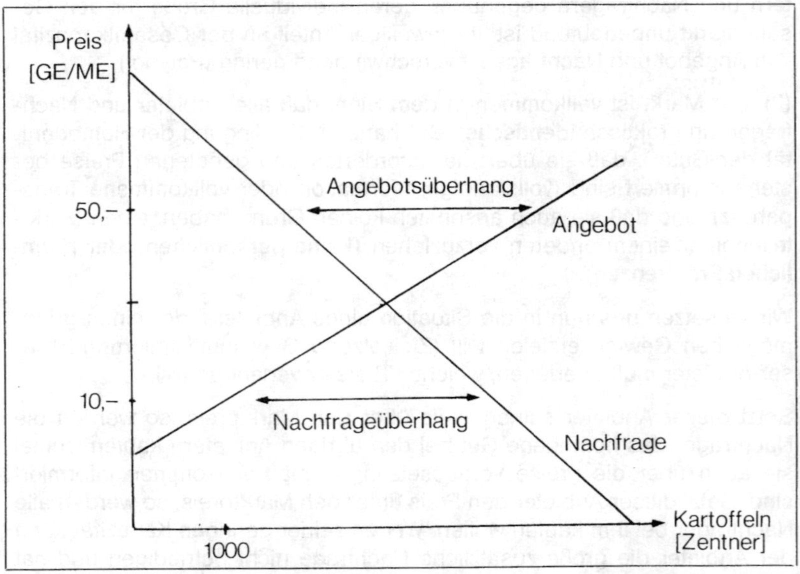

Abb. 6.10: Angebots-/Nachfragekonstellation bei vollkommener Konkurrenz

6) Bei konstanten Grenzkosten (die unter dem Preis liegen) wird er also soviel anbieten, wie seine Kapazität es gestattet (solange der Marktpreis seine Stückkosten deckt), bei steigenden Grenzkosten ist die Grenzkostenkurve seine Angebotsfunktion (vgl. Kapitel 5).

Wir stellen einen Angebotsüberhang fest. Die Anbieter häufen Kartoffelvorräte an. Um diese verkaufen zu können, konkurrieren sie mit Preissenkungen um die Nachfrage. Es besteht also im Falle eines Angebotsüberhanges eine Tendenz zur Preissenkung. Gleichzeitig mit der Preissenkung geht ein Rückgang des geplanten Angebots einher: Für einige Anbieter lohnt es, ihre Produktion einzuschränken, für andere (mit hohen Kosten), die Produktion ganz einzustellen. Mit sinkendem Preis wird also weniger angeboten.

Preissenkung bei Angebotsüberhang

Betrüge der Preis nur DM 10,–, so würden nur wenig Bauern es für lohnend halten, Kartoffeln zu produzieren (sie würden es vielleicht vorziehen, Schweine zu züchten oder Milch zu produzieren). Die Nachfrager würden dagegen zum Preis von 10,– DM viele Kartoffeln kaufen wollen. In dieser Situation haben wir einen Nachfrageüberhang, und jetzt treiben die Nachfrager die Preise in die Höhe. Bei steigendem Preis wird dann auch wieder mehr angeboten.

Preiserhöhung bei Nachfrageüberhang

Die Preisbildung vollzieht sich also ähnlich wie auf einer Börse, und wie dort gibt es hier einen Preis, bei dem geplantes Angebot und geplante Nachfrage gleich sind, den **Gleichgewichtspreis.** Der Unterschied liegt darin, daß hier die Marktteilnehmer, nicht der Auktionator, den Preis festsetzen.

4.2 Zusammenfassung wesentlicher Funktionen des Preismechanismus

Wenn auf den Märkten vollkommene Konkurrenz herrscht, werden sich Anbieter und Nachfrager von Gütern gegenseitig und untereinander kontrollieren. Kein einzelner Marktteilnehmer kann eine ins Gewicht fallende wirtschaftliche Macht ausüben und wirtschaftliche Abhängigkeiten schaffen. Jeder muß sich dem Marktpreis anpassen, der als Kompromiß zwischen den Wünschen der Anbieter, einen möglichst hohen Preis zu erzielen, und den Wünschen der Verbraucher, einen möglichst geringen Preis zu zahlen, angesehen werden kann.

Kontrolle wirtschaftlicher Macht

Der Preis hat die zentrale Funktion, die Pläne der Anbieter und Nachfrager ohne dirigistische Maßnahmen aufeinander abzustimmen. Dies gelingt durch die **Funktionsweise des Preismechanismus,** die hier dargestellt werden soll:

Koordination der Wirtschaftspläne

Ist das geplante Angebot größer als die geplante Nachfrage, so sinkt der Preis. Daraufhin steigt die nachgefragte Menge, und das geplante Angebot geht zurück bis Gleichgewicht herrscht. Ist umgekehrt die geplante Nachfrage größer als das geplante Angebot, so steigt der Preis. Mit steigendem Preis sinkt die nachgefragte Menge, und es erhöht sich das geplante Angebot so lange bis Gleichgewicht herrscht **(Gleichgewichtsfunktion des Preises).** Es gibt auf die Dauer weder unverkäufliche Mengen bei den Produzenten (kein Angebotsüberhang) noch eine Nachfrage, die bei diesem Preis nicht befriedigt wird (kein Nachfrageüberhang).

Unsoziale Rationierungsfunktion des Preismechanismus

Man muß dabei aber sehen, daß die Koordination durch den Preis in einem bestimmten Sinn unsozial ist: Ein steigender Preis „rationiert" die Nachfrage und beschränkt tendenziell die Nachfrage der weniger Kaufkräftigen. Wegen dieser unsozialen Rationierungsfunktion des Preises (vgl. Kapitel 2) werden bei der Koordination der Wirtschaftspläne von Produzenten und Konsumenten also eher die Bedürfnisse der kaufkräftigen Nachfrager berücksichtigt als die Wünsche aller Verbraucher. So wird teures Hundefutter produziert, während manche Menschen sich kein Fleisch kaufen können.

Informationsfunktion des Preises

Der Preis ist weiterhin ein ideales Instrument, die für die Entscheidungen von Produzenten und Konsumenten notwendigen Informationen zu liefern. Verschiebt sich z. B. die Nachfragekurve nach rechts (Erhöhung der Nachfrage), so wird bei dem alten Preis ein Nachfrageüberhang entstehen, und die Konkurrenz unter den Nachfragern wird den Preis in die Höhe treiben. Dies ist dann ein Signal für die bisherigen Anbieter, mehr zu produzieren, und für andere Anbieter, ebenfalls auf diesem Markt zu produzieren und anzubieten **(Informationsfunktion des Preises).** Es müssen dann mehr Produktionsfaktoren (Arbeitskräfte und Rohstoffe) für die Produktion auf diesem Markt nachgefragt werden, und somit lenkt der Preis auch die Verteilung der Produktivkräfte **(Allokation der Ressourcen)** auf die Produktion von Gütern, die von den kaufkräftigen Verbrauchern begehrt werden. Andererseits „lenken" die Preise wiederum die Nachfrage: Wird z. B. ein Rohstoff (etwa Zinn) knapp, so werden die steigenden Preise für Zinnprodukte dem Verbraucher signalisieren, weniger davon zu kaufen. Es sollte gesehen werden, daß der Preis die Informationen, so wirtschaftlich wie möglich zu kaufen, vor allem an diejenigen liefert, für die sie von Bedeutung sind (z. B. nur an mögliche Nachfrager von Zinnprodukten) und nur in einem Ausmaß, das notwendig ist (so braucht man nicht zu wissen, warum Zinn knapp und teuer ist).

Allokation der Ressourcen

Sanktionsmechanismus

Die Information durch den Preis genügt jedoch nicht; es muß auch erreicht werden, daß die Produzenten das Gewünschte produzieren. Dazu ist ein **Sanktionssystem** erforderlich, das in einer Marktwirtschaft durch die freie Verfügbarkeit der erzielten Gewinne geschaffen wird. Anbieter, die sich einer veränderten Marktlage schneller anpassen als ihre Konkurrenten, werden durch vorübergehend höhere Gewinne oder geringere Verluste belohnt, Nachzügler durch entgangene Gewinne oder größere Verluste bestraft. Daß auf diese Weise der Egoismus der einzelnen Produzenten zu einem gesamtwirtschaftlichen Vorteil führen soll, ist eine Erkenntnis, die der Begründer der Volkswirtschaftslehre, ADAM SMITH, bereits vor über 200 Jahren formulierte:

> „Nicht von dem Wohlwollen des Fleischers, Brauers oder Bäckers erwarten wir unsere Mahlzeit, sondern von ihrer Bedachtnahme auf ihr eigenes Interesse. Wir wenden uns nicht an ihre Humanität,

sondern an ihren Egoismus und sprechen ihnen nie von unseren Bedürfnissen, sondern von ihren Vorteilen" (Adam Smith, Der Reichtum der Nationen, englischsprachige Originalausgabe 1776).

Der Gewinn ist auf dem Markt mit vollkommener Konkurrenz eine Belohnung für kostengünstige Produktion, für schnelles Eingehen auf die Wünsche der Nachfrager; also Leistungsanreiz und Erfolgskontrolle.

Vor allem die **optimale Allokation der Ressourcen** (bestmögliche Verteilung der Produktivkräfte), die **optimale Koordination der Wirtschaftspläne** von Produzenten und Verbrauchern und die **optimale gegenseitige Kontrolle wirtschaftlicher Macht** läßt die vollkommene Konkurrenz vielfach als Ideal erscheinen. Sie prägte die Grundvorstellung von der idealen Funktionsweise einer freien Marktwirtschaft. Leider ist nichts vollkommen. Wollten wir vollkommene Konkurrenz auf den Märkten einführen, so müßten z. B. 500 oder sogar mehr Firmen ein gleichartiges Automobil produzieren. Die Vorteile der Massenproduktion und technischer Fortschritt aber sind in sehr vielen, sehr kleinen Firmen nicht zu realisieren. Es bleibt indes die Aufgabe, die optimalen Eigenschaften der vollkommenen Konkurrenz auch im Wettbewerb weniger großer Anbieter anzustreben.

C. Arbeitsaufgaben

1) *Erklären Sie folgende Begriffe:*

   Monopol
   Oligopol
   Vollkommene Konkurrenz
   Latente Konkurrenz
   Administrierte Preise

2) *Wie verändern sich die Einnahmen der Anbieter, die bei unelastischer Nachfrage ihre Angebotsmenge erhöhen (verringern)?*

3) *Warum ist einem Bauern bei freier Marktwirtschaft eine gute Ernte oft weniger lieb als eine schlechte Ernte? Versuchen Sie die Voraussetzungen zu erkennen, unter denen diese Behauptung richtig sein muß.*

4) *Schildern Sie die Organisationsform der Preisbildung vieler Rohstoffe und erläutern Sie die Probleme, die sich daraus für eine Reihe von Entwicklungsländern ergeben.*

5) *Überlegen Sie, welche Möglichkeiten es gibt, Stabilität der Rohstoffpreise zu erhalten.*

6) *Wie wirkt sich eine Preiserhöhung eines monopolistischen Anbieters auf seine Gewinnsituation aus, wenn im Bereich der Preiserhöhung die Nachfrage unelastisch (elastisch) ist?*

7) Erläutern Sie den folgenden Satz: Der Preissetzungsspielraum eines Monopolisten ist um so größer, je unelastischer die Nachfrage.

8) Schildern Sie die Überlegungen, die ein oligopolistischer Anbieter bei geplanten Preisänderungen anstellen muß.

9) Stellen Sie eine Liste der Kontrollmechanismen auf, die eine schrankenlose Preiserhöhung von Anbietern verhindern.

10) Inwiefern ist die Preisbildung bei vollkommener Konkurrenz optimal, und warum gibt es vollkommene Konkurrenz dennoch in der Praxis kaum?

Lösungsvorschläge für die Arbeitsaufgaben im „Übungsbuch zu Grundlagen und Probleme der Volkswirtschaft".

D. Literatur

Fachwissenschaftlich vertretbare, allgemeinverständlich gehaltene Einführungen existieren kaum. Der Leser sei verwiesen auf:

DEMMLER, H., Einführung in die Volkswirtschaft. Elementare Preistheorie. München 1990

LANCASTER, Kelvin, Moderne Mikroökonomie, 4. Aufl., Frankfurt a. M. 1991

LIPSEY, Richard G., Eine Einführung in die positive Ökonomie, Köln 1971, Zweiter Teil, Abschnitt 5–10.

Einen sehr fundierte, ökonomische Grundkenntnisse voraussetzende Übersicht gibt

SIEBKE, Jürgen, Preistheorie, in BENDER, D. u. a. (Hrsg.), Vahlens Kompendium der Wirtschaftstheorie und Wirtschaftspolitik, 5. Aufl., München 1992, Bd. 2.

Anspruchsvollere Standardlehrbücher sind

SCHUMANN, Jochen, Grundzüge der mikroökonomischen Theorie, 6. Aufl., Berlin u. a. 1992

HENDERSON, James M., QUANDT, Richard E., Mikroökonomische Theorie, 5. Aufl., München 1983

VARIAN, Hal R., Grundzüge der Mikroökonomik, 2. Aufl., München 1991.

Einzelaspekte behandeln:

BERG, Hartmut, Wettbewerbsprozeß, Wettbewerbsbeschränkung und Wettbewerbspolitik im Oligopol. In: Wirtschaftswissenschaftliches Studium (WiSt), 8. Jg. (1979), S. 449–454

RÖPER, Burkhardt, Börsen. In: Wirtschaftswissenschaftliches Studium (WiSt), 6. Jg. (1977), S. 566–571.

7. Kapitel
Unternehmenskonzentration in der Bundesrepublik Deutschland

A. Lernzielorientierte Leitfragen und Fragenkomplexe

Leitfrage:
Was versteht man unter der Unternehmenskonzentration, und welche wichtigen Formen sind zu unterscheiden?

- *Was heißt Konzentration im wirtschaftlichen Bereich?*
- *Auf welche Merkmale kann sich die Unternehmenskonzentration beziehen?*
- *Welches sind die wichtigsten Formen der Unternehmenskonzentration?*

Leitfrage:
Wie ist der Konzentrationsgrad in der Bundesrepublik Deutschland?

- *Wie kann man die Konzentration statistisch messen?*
- *Welche prinzipiellen Einwände kann man gegen die häufig verwendeten Konzentrationsmaße Gini-Koeffizient und Lorenzkurve vorbringen?*
- *Wie ist der Konzentrationsgrad der Gesamtindustrie in der Bundesrepublik Deutschland im internationalen und zeitlichen Vergleich zu beurteilen?*
- *Welches sind die Wirtschaftsbereiche mit der höchsten Konzentration?*

Leitfrage:
Wie ist die Konzentration gesamtwirtschaftlich zu beurteilen?

- *Was sind eher ökonomische Ursachen der Konzentration?*
- *Was sind eher politische Ursachen der Konzentration?*
- *Inwiefern kann es zu einem Konflikt zwischen Wettbewerb und produktiver Effizienz kommen?*

B. Sachanalyse

1. Begriff und Formen der wirtschaftlichen Konzentration

Unter wirtschaftlicher Konzentration versteht man eine „Ballung ökonomischer Größen“. Diese etwas vage Definition läßt sich wie folgt illustrie-

Konzentration heißt Ballung ökonomischer Größen

ren: Konzentration liegt vor, wenn wenige Mitglieder einer Gruppe sich ein größeres Stück aus dem „Kuchen“ dieser Gruppe herausschneiden, als ihnen nach ihrem zahlenmäßigen Anteil an der Gruppe zusteht, oder wenn die Zahl der Gruppenmitglieder klein ist. Je nachdem, um welche Gruppe (z. B. Unternehmungen, Haushalte, Teilgruppen hiervon) und um welchen „Kuchen“ (Gesamtumsatz, Gesamtkapital, Beschäftigte, Gesamtvermögen, Gesamteinkommen) es sich handelt, unterscheidet man unterschiedliche Konzentrationsbereiche. Wir wollen uns hier nur mit der Unternehmenskonzentration beschäftigen, bei der es darum geht, daß wenige Unternehmungen einer Gruppe einen verhältnismäßig hohen Anteil am Gesamtumsatz der Gruppe (gelegentlich werden als Merkmal auch das Kapital oder die Beschäftigten verwendet) auf sich vereinigen oder die Gruppe nur aus wenigen Unternehmen besteht.

Absolute und relative Konzentration sind zu unterscheiden

Zu unterscheiden ist die absolute und die relative Konzentration. Die **absolute Konzentration** erfaßt die Zahl der Unternehmen im Markt, unabhängig von ihrer relativen Größe. Die übliche Maßgröße ist die sog. **Konzentrationsrate,** auch Konzentrationskoeffizient genannt (nach der englischen Bezeichnung concentration ratio häufig mit CR abgekürzt). Gemessen wird hier der Merkmalsanteil (meist Umsatzanteil) der jeweils größten 3 oder der größten 6 oder der größten 10 Unternehmen eines Marktes usw. In Kurzform spricht man dann von CR-3, CR-6, CR-10 usw. und fügt die Konzentrationsrate an. CR-10 = 80 bedeutet dann, daß die 10 größten Firmen des Marktes 80 % des Umsatzes auf sich vereinen.

Die **relative Konzentration** erfaßt dagegen die Unterschiedlichkeit der Größe der Firmen, ihre Disparität. So würden z. B. drei (und nur drei) gleich große Firmen im Markt eine große absolute, aber gar keine relative Konzentration bedeuten. Die relative Konzentration wird oft mit dem Gini-Koeffizienten gemessen, zur bildlichen Darstellung wird die Lorenzkurve verwendet (vgl. Abschnitt 2).

Zur Unternehmenskonzentration kann es – abgesehen von vom Markt ausscheidenden oder neu gegründeten Unternehmungen – auf zwei Arten kommen:

Unternehmenskonzentration durch internes und externes Unternehmenswachstum

(1) durch **internes Wachstum** eines Unternehmens, d. h. durch die Umsatzerweiterung eines bestehenden Unternehmens, die über dem Durchschnitt des Umsatzzuwachses anderer Gruppenmitglieder liegt, oder

(2) durch **externes Wachstum**, d. h. durch einen Zusammenschluß bestehender Unternehmen.

Formen des externen Wachstums, also Formen von Unternehmensverbindungen, stehen im Mittelpunkt wettbewerbspolitischer Analysen und Aktivitäten, weil sie wesentlich häufiger als internes Wachstum zu beobachten sind und weil ihre Auswirkungen auf den Wettbewerb besonders problematisch sind.

Unternehmen können auf vielfältige Weise miteinander verbunden sein. Alle möglichen Verbindungen liegen zwischen den Transaktionsformen Markt und unternehmensinterne Integration. Dabei beschreibt die Dichotomie Markt versus Unternehmung nur die Pole möglicher Strukturen von Unternehmensverflechtungen. Dazwischen liegt ein Spektrum mehr oder weniger enger Unternehmensbeziehungen. Von zentraler wettbewerbspolitischer Bedeutung ist, daß durch Unternehmensverflechtungen das Marktverhalten ex ante koordiniert wird. Eine solche Koordination reduziert im Prinzip den Entscheidungs- und Handlungsspielraum aller Beteiligten, reduziert also die Freiheit des Wettbewerbs. Nach dem Grad der Verbindlichkeit der ex-ante-Koordination unterscheidet man die Fusion, den Konzern, die Gemeinschaftsunternehmung (Joint Venture), Kartelle und ein kooperatives Marktverhalten selbständig bleibender Unternehmen. Die Grenzen sind fließend.

Formen der Unternehmenskonzentration

Bei einer **Fusion** vereinigen sich die Unternehmen zu einer neuen rechtlichen (und wirtschaftlichen) Einheit. Diese Konzentrationsform ist praktisch unbedeutend.

Eine **Konzernbildung** liegt vor, wenn mehrere rechtlich selbständige und selbständig bleibende Unternehmen sich zu einer wirtschaftlichen Einheit unter einheitlicher Leitung zusammenschließen. Dabei ist die Einheitlichkeit der Leitung das entscheidende Merkmal. In der Praxis wird diese einheitliche Leitung in der Regel begründet durch

- einen Beherrschungsvertrag
- einen Gewinnabführungsvertrag und
- eine Mehrheitsbeteiligung.

Neben den Konzernbeteiligungen gibt es eine kaum übersehbare Zahl von Beteiligungen zwischen Unternehmen, die unter 50 Prozent liegen und in der Regel Abhängigkeiten begründen, ohne indes zu einem Konzern zu führen.

Eine **Gemeinschaftsunternehmung** (GU), auch Joint Venture genannt, entsteht, wenn sich mehrere Unternehmen gleichzeitig oder nacheinander an einem anderen Unternehmen beteiligen oder ein Unternehmen entsprechend neu gründen. Diese Art von Zusammenarbeit spielt zunehmend eine große Rolle. Wettbewerbspolitisch problematisch ist dabei vor allem, daß die beteiligten Unternehmen auf dem gemeinsamen Markt ebenso wie auf anderen Märkten auf die Zusammenarbeit im GU Rücksicht nehmen, eine Abnahme des Wettbewerbs ist daher auf Dauer zu erwarten.

Eine sehr bedeutsame Form der Konzentration ist das **Kartell.** Es handelt sich dabei um einen Zusammenschluß juristisch und zum Teil auch wirtschaftlich selbständig bleibender Unternehmen der gleichen Wirtschaftsstufe (z. B. von Unternehmen der Ölindustrie) mit dem Ziel, den Wettbewerb zwischen den Kartellmitgliedern zu beschränken.

Kooperatives Marktverhalten selbständig bleibender Unternehmen kann außerordentlich viele Formen annehmen. Nach dem Grad der eingegangenen Bindungen reicht das Spektrum der Verhaltenskoordination von Absprachen, verschiedenen Formen vertraglicher Vereinbarungen bis hin zu „Gentleman Agreements", und die Verhaltenskoordination kann sich auf ganz unterschiedliche Wettbewerbsparameter beziehen, z. B. auf den Einkauf, den Vertrieb oder Forschung und Entwicklung.

Formen strategischer Verbindungen

Neuerdings werden viele Unternehmensverbindungen „strategisch" genannt. Als **strategische Allianz** bezeichnet man förmliche, langfristige Verbindungen von rechtlich und wirtschaftlich selbständig bleibenden Unternehmen, die bestimmte Aspekte der Geschäftstätigkeit aneinander binden, z. B. Lieferverträge, Lizenzverträge, Vertriebsverträge oder Vereinbarungen zu gemeinsamen Forschungs- und Entwicklungsaktivitäten. Eine **strategische Gruppe** ist die Gruppe der Unternehmen in einer Branche, die dieselbe oder eine ähnliche Strategie entsprechend den strategischen Dimensionen (Lieferanten, Abnehmer, Wettbewerb) verfolgt. Als **strategische Familie** werden mehrere Unternehmen bezeichnet, deren Erfolg am Markt entscheidend voneinander abhängt und deren Strategien komplementär sind, etwa Abnehmer und Lieferanten oder Unternehmung und Hausbank.

Horizontale, vertikale und diagonale Konzentration

Bei den Verflechtungsebenen differenziert man nach der Art der betroffenen Märkte. Bei der **horizontalen Konzentration** sind die beteiligten Unternehmen auf dem gleichen relevanten Markt tätig, ein Beispiel ist der Zusammenschluß von Krupp und Hoesch. Bei der **vertikalen Konzentration** sind Unternehmen beteiligt, die auf vor- und/oder nachgelagerten Produktionsstufen tätig sind und in einer Abnehmer-Lieferanten-Beziehung stehen, ein Beispiel ist die Beteiligung des Filmhändlers Leo Kirch an SAT 1 und an Filmproduktionsfirmen sowie Kinos. Bei der **diagonalen (konglomeraten) Konzentration** sind Unternehmen beteiligt, die auf unterschiedlichen relevanten Märkten tätig sind und nicht in einer Abnehmer-Lieferanten-Beziehung stehen.

In der Statistik der angezeigten Zusammenschlüsse für Deutschland von 1973 bis 1992 dominieren horizonale Zusammenschlüsse mit 72 Prozent der 16.146 Fälle, konglomerate Zusammenschlüsse (16 Prozent) und vertikale Zusammenschlüsse (11 Prozent) sind ungleich seltener angezeigt worden.

Neben den beschriebenen Konzentrationsformen haben in der Praxis oft **Kreditverflechtungen** zwischen Unternehmen (insbesondere zwischen Banken und Produktionsunternehmen) sowie **personelle Verflechtungen** einen konzentrationsfördernden Aspekt.

2. Konzentration in der Gesamtindustrie der Bundesrepublik Deutschland

Die Unternehmenskonzentration in der Bundesrepublik wird vom Statistischen Bundesamt und vor allem in den Hauptgutachten der Monopolkommission[1]) dargestellt und analysiert. Auf diese sehr detaillierten Untersuchungen wollen wir in einigen Grundzügen eingehen.

Tabelle 7.1 gibt zunächst einen Überblick über Anzahl und Umsatz der Unternehmen der „Industrie" in der Bundesrepublik, geordnet nach Umsatzgrößenklassen. Dabei ist darauf hinzuweisen, daß sich die ausgewiesenen Zahlen auf rechtlich selbständige Unternehmungen beziehen, also nur solche Konzentrationsformen berücksichtigen, die durch internes Unternehmenswachstum und Fusionen (im engeren Sinn) entstehen. Unberücksichtigt bleiben Konzernbildungen, Beteiligungen, Kartelle und sonstige Konzentrationsformen. Aber auch so wird aus Tabelle 7.1 schon auf den ersten Blick eine erhebliche Konzentration ersichtlich: So erreinen die 2629 größten Unternehmen – das entspricht einem Anteil von 7,1 % an allen Unternehmen – 71,7 % des Umsatzes auf sich.

7,1 % der umsatzstärksten Unternehmungen vereinen über 71,7 % des Gesantumsatzes auf sich

Tab. 7.1: Zahl und Umsatz der Unternehmen im Bergbau und im Verarbeitenden Gewerbe mit 20 und mehr Beschäftigten in der Bundesrepublik Deutschland 1992

Umsatz (von … bis unter … DM)	Anzahl der Unternehmen		Umsatz (Mrd. DM)	
	absolut	Prozent	absolut	Prozent
unter 5 Mio.	9.924	27,0	31,3	1,6
5 bis 10 Mio.	8.636	23,5	62,1	3,1
10 bis 25 Mio.	8.785	23,9	138,8	7,0
25 bis 50 Mio.	4.244	11,5	148,7	7,5
50 bis 100 Mio.	2.582	7,0	179,3	9,1
100 Mio. und mehr	2.629	7,1	1.415,5	71,7
Gesamt	36.800	100,0	1.975,7	100,0

Quelle: Statistisches Bundesamt, Fachserie 4, Reihe 4.2.1, Beschäftigte, Umsatz und Investitionen der Unternehmen im Bergbau und im Verarbeitenden Gewerbe 1992

1) Die Monopolkommission ist vom Gesetzgeber 1973 ins Leben gerufen worden, um in zweijährigem Abstand in einem Gutachten den jeweiligen Stand der Unternehmenskonzentration sowie deren absehbare Entwicklung unter wettbewerbspolitischen Gesichtspunkten zu beurteilen und die Anwendung der Vorschriften über das Verbot der mißbräuchlichen Ausübung von Marktmacht und die Fusionskontrolle zu würdigen. Sie soll auch nach ihrer Auffassung notwendige Änderungen des Gesetzes gegen Wettbewerbsbeschränkungen aufzeigen. Die fünf Mitglieder der unabhängigen Kommission werden auf Vorschlag der Bundesregierung durch den Bundespräsidenten für die Dauer von vier Jahren berufen. Turnusmäßig scheidet jährlich ein Mitglied der Monopolkommission aus. Die Monopolkommission hat bisher zehn Hauptgutachten (zuletzt 1994) und mehrere Sondergutachten erstellt.

Tab. 7.2: Kumulierte Zahl und kumulierter Umsatz der Unternehmungen der Tabelle 7.1 (in Prozent)

Umsatz (von … bis unter … DM)	Addierte Prozentwerte der Unternehmenszahl	Addierte Prozentwerte der Unternehmensumsätze
0 bis 5 Mio.	27,0	1,6
0 bis 10 Mio.	50,5	4,7
0 bis 25 Mio.	74,4	11,7
0 bis 50 Mio.	85,9	19,2
0 bis 100 Mio.	92,9	28,3
0 bis Höchstwert	100,0	100,0

Die Zahlen der Tabelle 7.1 lassen sich noch in etwas anderer Weise auswerten und dann grafisch darstellen: Wir zählen jeweils die Prozentzahlen bis zu den verschiedenen Umsatzklassen zusammen (ermitteln also die sogenannten kumulierten Prozentwerte) und erstellen aus diesen Werten Tabelle 7.2.

Zum Beispiel ergeben sich die kumulierten Werte für die Umsatzklasse 0 bis 25 Millionen der Tabelle 7.2, indem man bei den Unternehmenszahlen die Prozentwerte 27,0; 23,5 und 23,9 zusammenzählt (die Summe ergibt 74,4) und bei den Umsätzen die Prozentzahlen 1,6; 3,1 und 7,0 addiert (die Summe ergibt 11,7).

Lorenzkurve als Darstellungsform der Unternehmenskonzentration

Abbildung 7.1 gibt eine grafische Darstellung der Zahlen der Tabelle 7.2. Man bezeichnet die sich ergebende Kurve als eine Lorenzkurve (nach dem amerikanischen Statistiker M. O. LORENZ, 1905). Da sie sich auf Konzentrationstatbestände bezieht, spricht man gelegentlich auch von einer Konzentrationskurve.

Die Lorenzkurve zeigt, welcher Anteil des Gesamtumsatzes auf einen bestimmten Anteil der Unternehmen entfällt. Dabei werden die Unternehmen nach Größenklassen gegliedert.

Auf der waagerechten Achse sind die kumulierten Prozentwerte der Unternehmenszahl und auf der senkrechten Achse die kumulierten Prozentwerte der Unternehmensumsätze abgetragen. Durch Verbindung der eingetragenen Punkte ergibt sich dann die Lorenzkurve. Die Kurve beginnt bei den Null-Prozentwerten des Koordinatensystems und endet bei den Hundert-Prozentwerten. Bei völliger Gleichverteilung der Umsätze (10 % der Unternehmungen vereinigen 10 % der Umsätze auf sich, 20 % der Unternehmungen vereinigen 20 % der Umsätze auf sich usw.) würde sich die eingezeichnete Diagonale, die **Kurve der Gleichverteilung,** ergeben. Je

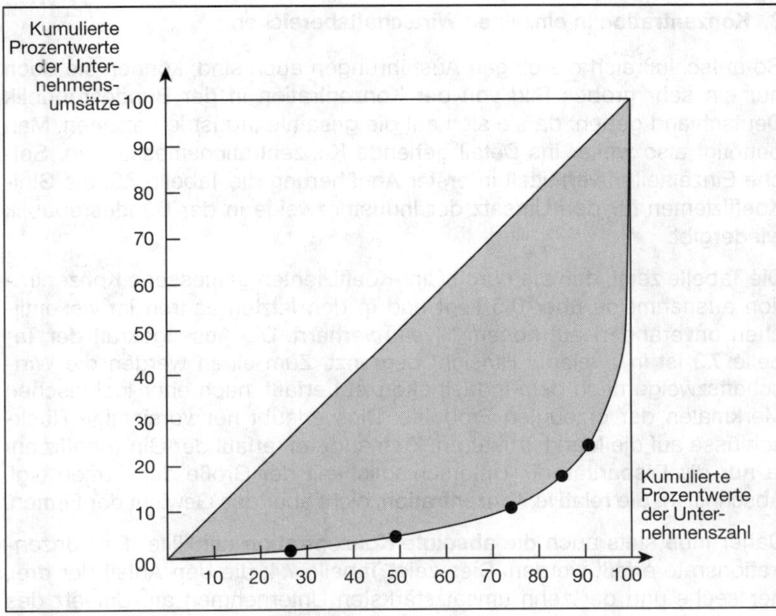

Diagonale zeigt Gleichverteilung an

Abb. 7.1: Lorenzkurve der Umsatzkonzentration

weiter die Lorenzkurve tatsächlich unterhalb dieser Diagonalen verläuft, desto ungleichmäßiger ist die Umsatzverteilung, desto größer die so gemessene Konzentration. Je näher sich die Lorenzkurve an die Kurve der Gleichverteilung anschmiegt, desto gleichmäßiger ist die Umsatzverteilung, desto geringer ist die so gemessene Konzentration. Ausgehend von diesen Erläuterungen zur Lorenzkurve läßt sich leicht ein häufig verwendetes Konzentrationsmaß erklären, das auf der Lorenzkurve aufbaut, der **Gini-Koeffizient** (bezeichnet nach C. GINI, 1912).

Gini-Koeffizient: Verhältnis der Fläche zwischen der Lorenzkurve und der Diagonalen zur Fläche zwischen der Diagonalen und den Achsen

Wie ausgeführt, läßt sich als Maß für die Konzentration die Fläche zwischen der Lorenzkurve und der Kurve der Gleichverteilung (graue Fläche) wählen. Um das Maß unabhängig von dem zufällig gewählten Maßstab – und damit vergleichbar – zu machen, nimmt man nun nicht den absoluten Wert des Flächeninhaltes, sondern nach C. GINI das Verhältnis der grauen Fläche zur Fläche zwischen der Diagonalen und den Achsen des Koordinatensystems (graue + weiße Fläche). Da das zuletzt beschriebene Dreieck (graue + weiße Fläche) immer größer ist als die zwischen Lorenzkurve und Diagonalen liegende Fläche (graue Fläche), ist der Gini-Koeffizient immer kleiner als 1. Je mehr er sich 1 annähert, desto größer ist die Konzentration (um so größer ist ja die Fläche zwischen der Diagonalen und der Lorenzkurve), je mehr er sich Null nähert, desto kleiner ist die Konzentration.

3. Konzentration in einzelnen Wirtschaftsbereichen

So aufschlußreich die obigen Ausführungen auch sind, können sie doch nur ein sehr grobes Bild von der Konzentration in der Bundesrepublik Deutschland geben, da sie sich auf die gesamte Industrie beziehen. Man benötigt also weiter ins Detail gehende Konzentrationsmessungen. Solche Einzelheiten vermittelt in erster Annäherung die Tabelle 7.3, die Gini-Koeffizienten für den Umsatz der Industriezweige in der Bundesrepublik wiedergibt.

Gini-Koeffizienten für einzelne Wirtschaftsbereiche

Die Tabelle zeigt, daß die durch Gini-Koeffizienten gemessene Konzentration ausnahmslos über 0,5 liegt und in den letzten Jahren im wesentlichen unverändert auf hohem Niveau verharrt. Die Aussagekraft der Tabelle 7.3 ist in zweierlei Hinsicht begrenzt. Zum einen werden die Wirtschaftszweige nach dem Industriekonzept erfaßt, nach eher technischen Merkmalen der erzeugten Produkte. Dies erlaubt nur vorsichtige Rückschlüsse auf die Marktstrukturen. Zum anderen erfaßt der Gini-Koeffizient ja nur die Disparität, die Unterschiedlichkeit der Größe der Firmen (vgl. Abschnitt 1), **die relative Konzentration,** nicht aber das Gewicht der Firmen.

Daher muß stets auch **die absolute Konzentration** mit Hilfe der Konzentrationsrate erfaßt werden. Dies zeigt Tabelle 7.4, die den Anteil der drei, der sechs und der zehn umsatzstärksten Unternehmen am Umsatz des jeweiligen Wirtschaftszweiges ausweist.

Zieht man jetzt beide Tabellen heran, dann erkennt man z. B., daß der Bergbau und die Tabakverarbeitung nach beiden Maßen als hochkonzentriert gelten können, während z. B. das Textilgewerbe eher wenig konzentriert ist.

Weitere Analysen der Konzentration

Tabellen 7.3 und 7.4 sollten einen Einblick in die Konzentration der „Industrie" (Bergbau, Verarbeitendes Gewerbe und Baugewerbe) vermitteln und mit zwei häufig verwendeten Konzentrationsmaßen vertraut machen. Daneben existiert eine Fülle weiterer Analysen. Insgesamt untersucht die Monopolkommission die Konzentration nach folgenden Kriterien:

- Konzentration in den einzelnen Wirtschaftsbereichen (Bergbau, . . . Ernährungsgewerbe . . .)
- Konzentration nach Güterklassen (Braunkohle, . . . Zucker . . .)
- Konzentration im Bereich der jeweils 100 größten Unternehmen in verschiedenen Sektoren (Industrie, Handel, Banken . . .)
- Konzentration im Medienbereich (Presse, Rundfunk, neue Medien), sowie die
- Konzentration in ausgewählten, wechselnden Branchen (z. B. 1992/93 in der Energiewirtschaft und auf dem Arbeitsmarkt).

Dabei werden z. T. auch weitere Konzentrationsmaße verwendet, die aber im Prinzip auf den hier verwendeten – Gini-Koeffizient und Konzentrationsrate – aufbauen.

Tab. 7.3 Unternehmenskonzentration im Bergbau und im Verarbeitenden Gewerbe 1980 – 1990 – Gini-Koeffizienten für Umsatz

Wirtschaftszweig	Umsatzkonzentration					
	1980	1984	1987	1988	1989	1990
Bergbau	0,92	0,91	0,90	0,90	0,88	0,88
Mineralölverarbeitung	0,84	0,83	0,83	0,83	0,85	0,85
Gewinn und Verarbeitung von Steinen und Erden	0,63	0,64	0,63	0,63	0,62	0,61
Eisenschaffende Industrie	0,84	0,82	0,82	0,82	0,82	0,81
NE-Metallerzeugung, NE-Metallhalbzeuge	0,73	0,74	0,72	0,74	0,74	0,75
Gießerei	0,74	0,72	0,72	0,71	0,69	0,68
Ziehereien, Kaltwalzwerke, Stahlverformung	0,65	0,63	0,63	[1])	[1])	[1])
Stahl- und Leichtmetallbau, Schienenfahrzeugbau	0,71	0,70	0,69	0,70	0,69	0,68
Maschinenbau	0,75	0,75	0,73	0,73	0,74	0,73
Straßenfahrzeugbau	0,92	0,93	0,93	0,93	0,93	0,93
Schiffbau	0,80	0,83	0,83	0,82	0,79	0,80
Luft- und Raumfahrzeugbau	0,88	0,89	0,88	0,89	0,90	0,87
Elektrotechnik, Reparatur von Haushaltsgeräten	0,86	0,85	0,86	0,86	0,86	0,85
Feinmechanik, Optik	0,73	0,71	0,74	0,73	0,75	0,75
Musikinstrumente, Spielwaren	0,61	0,60	0,61	0,62	0,62	0,63
Chemische Industrie	0,86	0,85	0,84	0,84	0,84	0,84
Feinkeramik	0,75	0,76	0,75	0,75	0,76	0,76
Holzbearbeitung	0,65	0,64	0,64	0,64	0,62	0,63
Holzverarbeitung	0,63	0,62	0,62	0,62	0,63	0,63
Papier- und Pappeverarbeitung	0,70	0,70	0,68	0,68	0,69	0,73
Druckerei, Vervielfältigung	0,63	0,61	0,60	0,60	0,60	0,60
Ledererzeugung	0,54	0,57	0,58	0,55	0,54	0,55
Lederverarbeitung	0,66	0,66	0,68	0,68	0,68	0,67
Textilgewerbe	0,65	0,66	0,65	0,65	0,66	0,66
Bekleidungsgewerbe	0,69	0,70	0,71	0,72	0,73	0,73
Ernährungsgewerbe	0,75	0,76	0,75	0,75	0,77	0,77
Tabakverarbeitung	0,87	0,84	0,82	0,83	0,82	0,83

[1]) Zahlen nicht verfügbar.

Quelle: Statistisches Bundesamt, Fachserie 4, Konzentrationsstatistische Daten für den Bergbau und das Verarbeitende Gewerbe, Reihe 4.2.3, laufende Jahrgänge

Rückschlüsse auf Wettbewerb sind nicht zulässig

Zur Gesamtinterpretation sei noch einmal darauf hingewiesen, daß die vorliegende Art der Analyse keine konkreten Rückschlüsse auf die Wettbewerbssituation zuläßt, einmal, weil Unternehmen als rechtliche Einheiten, nicht als wirtschaftliche Einheiten erfaßt werden, und zum anderen, weil Wirtschaftsbereiche und Güterklassen nicht notwendigerweise den sogenannten relevanten Markt definieren, den Bereich wirksamer Konkurrenz (vgl. dazu Kapitel 8, Abschnitt 4).

Tab. 7.4: Unternehmenskonzentration im Bergbau und im Verarbeitenden Gewerbe 1991 – Konzentrationsraten für den Umsatz –

Wirtschaftszweig	Umsatz des Wirtschaftszweiges (Millionen DM)	Anteil der drei (sechs, zehn) umsatzgrößten Unternehmen am Umsatz des jeweiligen Wirtschaftszweiges (%)			Zahl der Unternehmen im Wirtschaftszweig
		drei	sechs	zehn	
Bergbau	29.128	•	•	88	79
Mineralölverarbeitung	107.411	54	83	94	79
Herstellung und Verarbeitung von Spalt- und Brutstoffen	•	•	•	•	2
Gewinnung und Verarbeitung von Steinen und Erden	39.262	7	12	16	1.584
Eisenschaffende Industrie	49.081	34	53	70	102
NE-Metallerzeugung, NE-Metallhalbzeugwerke	27.064	30	45	56	162
Gießerei	16.286	•	27	35	442
Ziehereien, Kaltwalzwerke, Stahlverformung, Mechanik	•	•	•	•	1.964
Stahl- und Leichtmetallbau, Schienenfahrzeuge	35.884	12	18	24	1.522
Maschinenbau	216.994	5	8	11	5.486
Straßenfahrzeugbau, Reparatur von Kraftfahrzeugen usw.	288.910	50	69	74	1.849
Schiffbau	7.822	42	60	74	90
Luft- und Raumfahrzeugbau	17.077	70	86	•	53
Elektrotechnik, Reparatur von elektr. Haushaltsgeräten	225.457	•	35	40	3.065
Feinmechanik, Optik, Herstellung von Uhren	23.285	16	23	28	1.147
Herstellung von Eisen-, Blech- und Metallwaren	67.898	7	12	15	2.229
Chemische Industrie	198.619	29	38	44	1.216

noch Tab. 7.4

Wirtschaftszweig	Umsatz des Wirtschaftszweiges (Millionen DM)	Anteil der drei (sechs, zehn) umsatzgrößten Unternehmen am Umsatz des jeweiligen Wirtschaftszweiges (%)			Zahl der Unternehmen im Wirtschaftszweig
		drei	sechs	zehn	
Herstellung von Büromaschinen, Datenverarbeitungsgeräten und -einrichtungen	38.298	77	84	89	143
Feinkeramik	5.308	47	57	76	145
Herstellung und Verarbeitung von Glas	14.284	23	37	47	297
Holzbearbeitung	9.585	●	22	29	390
Holzverarbeitung	42.664	●	7	10	2.152
Zellstoff-, Holzschliff-, Papier- und Pappeerzeugung	20.224	●	43	54	124
Druckerei, Vervielfältigung	31.505	7	12	15	2.067
Herstellung von Kunststoffwaren	60.585	6	9	13	2.206
Gummiverarbeitung	20.623	36	49	61	222
Ledererzeugung	1.247	30	46	62	42
Lederverarbeitung	6.979	●	27	34	374
Textilgewerbe	40.652	6	10	14	1.153
Bekleidungsgewerbe	27.874	8	12	15	1.621
Ernährungsgewerbe	194.941	●	8	12	3.759
Tabakverarbeitung	27.732	71	84	98	30
Hoch- und Tiefbau	110.672	7	11	14	8.336
Spezialbau	6.134	●	35	41	428
Bauinstallation	24.852	●	8	10	3.878

● bedeutet: Wegen der für die amtliche Statistik geltenden Geheimhaltungsbestimmungen nicht veröffentlicht bzw. keine Angaben vorhanden. Angaben sind gerundet. Angaben nur für alte Bundesländer, da der rasche Strukturwandel in Ostdeutschland eine verzerrte Darstellung ergäbe.

Quelle: Monopolkommission, 10. Hauptgutachten 1992/93, Baden-Baden 1994, Anlagenband S. 3 ff.

4. Ursachen und Folgen der Konzentration

Ursachen und Folgen der Konzentration sind kaum zu trennen, weil erwartete Folgen oft die Ursache von Konzentrationsprozessen sind. Dennoch soll wenigstens gedanklich eine Trennung versucht werden.

4.1 Ursachen der Konzentration

Die folgende Übersicht enthält die wesentlichen Ursachen der Konzentration. In der Regel liefert die zunehmende Firmengröße – als begleitendes Element der Konzentration – ökonomische Vorteile für die beteiligten Unternehmen.

Ursachen der Unternehmenskonzentration			
Finanzierungsvorteile großer Firmen	Größenvorteile (economies of scale; Lernkurveneffekte)	Diversifizierungsvorteile (economies of scope)	Staatliche Rahmenbedingungen (Steuersystem; Patentrecht; Umweltpolitik; Forschungs- u. Technologiepolitik u. a. m.)

Quelle: Berg, Hartmut, Wettbewerbspolitik, in: Vahlens Kompendium der Wirtschaftstheorie und Wirtschaftspolitik, 5. Auflage, München 1992, S. 271

Größenvorteile (economies of scale)

Unteilbarkeiten

Größenvorteile liegen vor, wenn mit wachsender Betriebsgröße die Produktionskosten langsamer wachsen als die Ausbringungsmenge, wenn also die Stückkosten der Produktion mit steigender Betriebsgröße sinken. Die Ursachen hierfür sind wiederum vielfältig. Man kann unteilbare Maschinenkapazitäten besser nutzen, man kommt mit relativ weniger Reserven an Ersatzteilen aus, die sog. ⅔-Regel begründet, daß der Materialaufwand für zylindrische Produktionskapazitäten (z. B. Hochöfen, Pipelines, aber auch annähernd Schiffe usw.) in der zweiten, das Volumen hingegen in der dritten Potenz wächst. Auch Lerneffekte (learning by doing) sind relevant: Wenn ein Betrieb immer das gleiche produziert, steigt die Geschicklichkeit der Arbeiter, die Werksleitung lernt besser zu organisieren, und die Werkzeuge können optimal angepaßt werden. So hat man z. B. in der Flugzeugindustrie eine 80-%-Lernkurve ermittelt, d. h. bei jeder Verdoppelung der Ausbringung sinkt der durchschnittliche Arbeitsinput um 20 % auf 80 % des vorangegangenen Arbeitsinputs pro Stück. Das bedeutet dann, daß ein kleinerer Betrieb, der nur wenige Flugzeuge pro Jahr produziert, diese Lernkurveneffekte sehr viel geringer nutzen kann als ein Großbetrieb.

2/3 Regel

Lerneffekte

Diversifizierungsvorteile (economies of scope)

Diversifizierungsvorteile – auch Verbundvorteile genannt – liegen vor, wenn die Herstellung mehrerer Produkte durch das gleiche Unternehmen zu niedrigeren Gesamtkosten führt, als wenn die einzelnen Produkte von jeweils unterschiedlichen Unternehmen produziert würden. So hat eine Unternehmung, die, wie z. B. Bertelsmann, sowohl Bücher, Zeitschriften und Zeitungen produziert als auch Filme und Fernsehprogramme, gewisse Vorteile gegenüber Firmen, die sich auf nur eine Produktion spezialisieren. Die Vorteile ergeben sich z. B. daraus, daß bestimmte Produktionsfaktoren oft nicht teilbar sind und daher in einer einzigen Aktivität nicht ganz verbraucht werden – z. B. Leistungen des Managements und der Verwaltung –, daß bestimmte Produktionsfaktoren überhaupt nicht verbraucht werden – z. B. Urheberrechte an Büchern und Filmen – oder daß an den gleichen Nachfrager verkauft wird – z. B. verkaufen Buchhandlungen Bücher und Zeitungen, und das nutzt die Kapazitäten besser, als wenn nur Bücher oder nur Zeitungen verkauft würden.

Unteilbarkeiten

Nichtverbrauch von Produktionsfaktoren

Solche und ähnliche Effekte begründen die Vorteilhaftigkeit wachsender Betriebsgrößen. In der Regel existiert für jeden Produktionszweig eine **mindestoptimale Betriebsgröße (MOB),** das ist diejenige Produktionskapazität, bei der das Minimum der Stückkosten erreicht wird. Nachfolgend gibt es Effekte, die die Vorteilhaftigkeit einer wachsenden Betriebsgröße wieder zunichte machen, insbesondere Transportkosten und die Effizienzverluste einer zunehmenden Bürokratisierung. Schematisch werden diese Zusammenhänge in Abb. 7.2 dargestellt: Zunächst sinken die Stückkosten mit steigender Produktionskapazität, dann bleiben sie für eine Weile etwa konstant, um schließlich wieder anzusteigen.

Bei der MOB wird das Minimum der Stückkosten erreicht

Finanzierungsvorteile bestehen für große Firmen, weil diese in der Regel sowohl leichter als auch billiger Kredite erhalten als kleine Firmen. Dies hat aus der Sicht von Banken im wesentlichen den Grund, daß das Rückzahlungsrisiko kleiner ist.

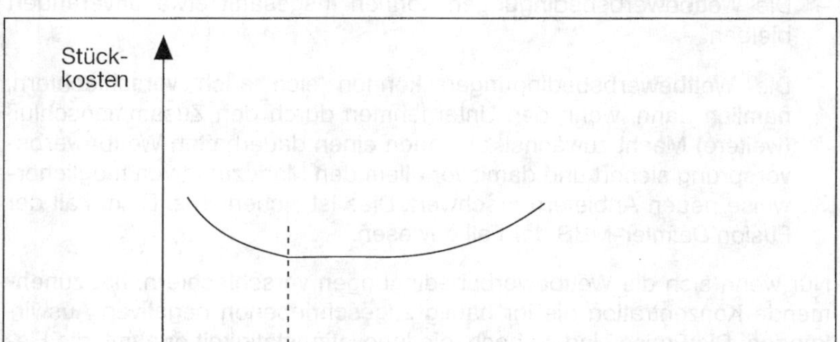

Abb. 7.2: Die mindestoptimale Betriebsgröße (MOB)

Auch die **Rahmenbedingungen des staatlichen Handelns** begünstigen häufig die größeren Firmen.

„In Bedrängnis geratene Großunternehmen werden durch Subventionen gestützt, die die Wettbewerbsposition ihrer kleineren Konkurrenten verschlechtern; Forschungs- und Technologiepolitik fördert erfahrungsgemäß häufig die größeren Unternehmen einer Branche oder macht die Gewährung von Mitteln davon abhängig, daß zuvor durch Unternehmenszusammenschlüsse größere Unternehmenseinheiten gebildet werden. Umweltauflagen können Finanzierungserfordernisse begründen, die nur die großen Betriebe einer Branche zu erfüllen vermögen. Auch das Steuersystem und das Patentrecht sind zumeist nicht so ausgestaltet, daß sie in ihren Wirkungen ‚konzentrationsneutral' wären. Schließlich führt vermutlich auch Protektionismus zu einem höheren Konzentrationsgrad, als er bei Freihandel zu erwarten wäre, da Importbeschränkungen den Markteintritt leistungsfähiger ausländischer Anbieter verhindern können, ohne daß der Marktaustritt ineffizienter heimischer Produzenten dauerhaft vermieden werden könnte." (BERG, Hartmut, Wettbewerbspolitik, a. a. O., S. 272.)

4.2 Folgen der Konzentration

Konzentration kann den Wettbewerb verbessern und verschlechtern

Die in diesem Zusammenhang zentrale Frage ist die nach den Wettbewerbswirkungen einer zunehmenden Konzentration. Leider kann man diese Frage nicht eindeutig beantworten.

- Die Wettbewerbsbedingungen können sich verbessern, z. B. wenn auf einem Markt, auf dem bisher ein großer und 17 kleine Anbieter vorhanden waren, diese 17 sich zu 3 großen Anbietern zusammenschließen, die dann als gleich starke Wettbewerber auftreten **(„Aufholfusion")**.
- Die Wettbewerbsbedingungen können insgesamt etwa unverändert bleiben.
- Die Wettbewerbsbedingungen können sich auch verschlechtern, nämlich dann, wenn den Unternehmen durch den Zusammenschluß (weitere) Macht zuwächst, die ihnen einen dauerhaften Wettbewerbsvorsprung sichert und damit vor allem den Marktzutritt von möglicherweise neuen Anbietern erschwert. Dies ist sicherlich z. B. im Fall der Fusion Daimler-MBB der Fall gewesen.

Negative Folgen bei Verschlechterung des Wettbewerbs

Nur wenn sich die Wettbewerbsbedingungen verschlechtern, hat zunehmende Konzentration die ihr häufig zugeschriebenen negativen Auswirkungen: Die Preise sind zu hoch, die Innovationstätigkeit erlahmt, die Flexibilität der Anpassung an veränderte Marktbedingungen nimmt ab, und die Möglichkeit, die marktbeherrschende Stellung zu einer Behinderung der Wettbewerbsmöglichkeiten anderer zu mißbrauchen, nimmt zu (vgl. hierzu Kapitel 8).

Zum **Konflikt** zwischen Wettbewerb an sich und produktiver Effizienz kommt es immer dann, wenn ein Markt von gegebener Größe weniger kostenoptimalen Unternehmen – die aber die mindestoptimale Betriebsgröße (MOB) aufweisen – Raum bietet, als ein „guter" Wettbewerb erfordert. Wenn man in solchen Fällen die Märkte nicht erweitern kann – etwa durch eine Zollunion oder einen Binnenmarkt (vgl. z. B. die Integration der EU, Kapitel 23 und 24) –, dann bleibt abzuwägen zwischen ökonomischen Effizienzgesichtspunkten und den machtbegrenzenden Aspekten eines Wettbewerbs per se. Hier wird je nach wettbewerbspolitischer Grundüberzeugung unterschiedlich entschieden.

Konflikt zwischen Wettbewerb und Effizienz denkbar

Für die Entscheidung in einer solchen Konfliktsituation muß dann auch bedacht werden, daß die ökonomische Macht, die als Konzentrationsfolge entsteht, als politische Macht gegenüber staatlichen Entscheidungsträgern mißbraucht werden kann, indem z. B. Entscheidungen in der Steuerpolitik, Verkehrspolitik (Bau von Autobahnen oder Testzentren . . .) oder der Subventionspolitik zugunsten von Großunternehmen beeinflußt werden. Die berühmte Frage: „Does concentration matter?" („Spielt Konzentration eine Rolle?") ist also nicht einfach und eindeutig zu beantworten. Es kommt, wie generell in der Wettbewerbspolitik, immer auf den Einzelfall an, und selbst dieser ist oft nicht eindeutig zu beurteilen.

Ökonomische Macht bedingt politische Macht

C. Arbeitsaufgaben

1) *Definieren Sie folgende Begriffe:*
   - *Unternehmenskonzentration*
   - *Fusion*
   - *Konzern*
   - *Kartell*
   - *Beteiligung*
   - *horizontaler, vertikaler und diagonaler Zusammenschluß*
   - *mindestoptimale Betriebsgröße*

2) *Was verstehen Sie unter dem internen Wachstum eines Unternehmens? Wie kann es zu einem solchen Wachstum kommen?*

3) *Für die Messung der Unternehmenskonzentration finden unterschiedliche Maße Verwendung, von denen Konzentrationsrate und Gini-Koeffizient am häufigsten verwendet werden. Diskutieren Sie die Vor- und Nachteile der unterschiedlichen Maße.*

4) *Angenommen, für eine Volkswirtschaft liegen Ihnen folgende Informationen über die Umsatzanteile der nach Umsatzgrößenklassen geordneten Unternehmungen vor:*

   10 % (der kleinsten Unternehmungen) vereinigen 1 % des Umsatzes auf sich

   30 % (der kleinsten Unternehmungen) vereinigen 5 % des Umsatzes auf sich

   50 % (der kleinsten Unternehmungen) vereinigen 10 % des Umsatzes auf sich

   70 % (der kleinsten Unternehmungen) vereinigen 20 % des Umsatzes auf sich

   90 % (der kleinsten Unternehmungen) vereinigen 35 % des Umsatzes auf sich

   95 % (der kleinsten Unternehmungen) vereinigen 40 % des Umsatzes auf sich.

- *Zeichnen Sie eine Lorenzkurve für die Unternehmenskonzentration in dieser Volkswirtschaft.*
- *Zeigen Sie in der Zeichnung, wie der Gini-Koeffizient bestimmt wird.*

5) *a) Welche Gestalt hat die Lorenzkurve, wenn 5 Unternehmungen je 20 % des Gesamtumsatzes einer Branche auf sich vereinigen?*

   b) Wie verändert sich die Lorenzkurve, wenn ein kleines Unternehmen mit einem Umsatzanteil von 5 % neu auf den Markt kommt (gehen Sie davon aus, daß sich der Umsatzanteil der alten Unternehmungen um je 1 Prozentpunkt vermindert)?

c) Diskutieren Sie anhand Ihrer Ausführungen zu den Teilen a) und b) dieser Aufgabe die Problematik des Gini-Koeffizienten als Konzentrationsmaß.

6) Erläutern Sie das Konzept der economies of scale. Welche Formen der Konzentration (horizontal, vertikal, diagonal) werden dadurch begründet?

7) Erläutern Sie das Konzept der economies of scope. Kann dies zur Begründung der Fusion Daimler-MBB herangezogen werden?

8) Wovon hängt es entscheidend ab, wie viele Anbieter auf einem Markt vertreten sind? Dabei sei die Marktnachfragekurve gegeben.

9) Beschreiben Sie den Konflikt der Konzentrationsproblematik zwischen Wettbewerb und produktiver Effizienz.

10) Zeigen Sie die wesentlichen Felder, in denen staatliche Wirtschaftspolitik auch als Ursache der Konzentration herangezogen werden kann.

Lösungsvorschläge für die Arbeitsaufgaben im „Übungsbuch zu Grundlagen und Probleme der Volkswirtschaft“.

D. Literatur

Zum Problembereich der Konzentration informieren kurz:

LENEL, Hans-Otto, Konzentration, in: Albers, W. u. a. (Hrsg.), Handbuch der Wirtschaftswissenschaft (HdWW), Bd. 4, Tübingen 1978

SCHMIDT, Ingo; RÖHRICH, Martina, Zielkonflikte zwischen dem Erhalt kompetitiver Marktstrukturen und der Realisierung von Effizienzsteigerungen durch externes Unternehmenswachstum?, in: Wirtschaftswissenschaftliches Studium (WiSt), 21. Jg. (1992), S. 179–184

sowie die entsprechenden Abschnitte über Konzentration in den Beiträgen zur Wettbewerbspolitik, z. B. sehr kurz in

BERG, Hartmut, Wettbewerbspolitik, in: Vahlens Kompendium der Wirtschaftstheorie und Wirtschaftspolitik, Bd. 2, 5. Auflage, München 1992, S. 239–300

und etwas ausführlicher in

SCHMIDT, Ingo, Wettbewerbspolitik und Kartellrecht, 4. Auflage, Stuttgart/New York 1993, 6. Kapitel.

Auch in den Publikationen zur Industrieökonomik finden sich wichtige Ausführungen zur Konzentration. Grundlegend ist hier

KAUFER, Erich, Industrieökonomik. Eine Einführung in die Wettbewerbstheorie, München 1980, Teil A.

Umfassend zur Konzentration informiert

ARNDT, Helmut (Hrsg.), Die Konzentration in der Wirtschaft, 2. Auflage, Berlin 1971 und

DERSELBE, Wirtschaftliche Macht. Tatsachen und Theorien, 3. Auflage, München 1980.

Die Konzentration in der Bundesrepublik untersucht regelmäßig in ihren Hauptgutachten und Sondergutachten die MONOPOLKOMMISSION, zuletzt: Hauptgutachten 1992/93. Wettbewerbspolitik vor neuen Herausforderungen, Baden-Baden 1994.

Einzelne Märkte in der Bundesrepublik werden umfassend und damit auch unter Konzentrationsaspekten untersucht in den Bänden von OBERENDER, Peter (Hrsg.), Marktstruktur und Wettbewerb in der Bundesrepublik Deutschland, München 1984 und

DERSELBE (Hrsg.), Marktökonomie, Marktstruktur und Wettbewerb in ausgewählten Branchen der Bundesrepublik Deutschland, München 1989.

Zu den Standardwerken der Kapitalverflechtung deutscher Unternehmen gehört die Publikation

COMMERZBANK (Hrsg.), Wer gehört zu wem? Mutter- und Tochtergesellschaften von A–Z, 18. Auflage 1994, erscheint im 3-Jahres-Rhythmus.

8. Kapitel
Aufgaben und Schutz des Wettbewerbs

A. Lernzielorientierte Leitfragen und Fragenkomplexe

Leitfrage:
Worin liegt die Bedeutung des Wettbewerbs für die Funktionsfähigkeit einer Marktwirtschaft?

- *Was bedeutet Wettbewerb?*
- *Inwiefern lenkt der Wettbewerb die Produktionsfaktoren einer Volkswirtschaft und sorgt für ihre sparsame Verwendung?*
- *Wie kommt es zur Innovationsfunktion des Wettbewerbs?*
- *Wie verhindert der Wettbewerb die Entstehung dauerhafter wirtschaftlicher Macht?*

Leitfrage:
Welche Kennzeichen müssen die Märkte einer modernen Volkswirtschaft aufweisen, damit der Wettbewerb seine Funktionen ausüben kann?

- *Ist vollständige Konkurrenz ein sinnvolles wettbewerbspolitisches Leitbild?*
- *Was versteht man unter funktionsfähigem Wettbewerb?*
- *Ist ein funktionsfähiger Wettbewerb im Oligopol gesichert? Welche Rolle spielt ein freier Marktzutritt?*

Leitfrage:
Wie schützt der Gesetzgeber die Volkswirtschaft gegen Wettbewerbsbeschränkungen?

- *Was sind Kartelle, und wie werden sie im Gesetz gegen Wettbewerbsbeschränkungen (GWB) behandelt?*
- *Welche Maßnahmen zum Schutz des Wettbewerbs sind bei Unternehmenszusammenschlüssen vorgesehen?*
- *Was sind marktbeherrschende Unternehmen und wann üben sie ihre Macht mißbräuchlich aus?*
- *Was versteht man unter wettbewerbsbeschränkenden „aufeinander abgestimmten Verhaltensweisen“, und wie sind sie wettbewerbspolitisch zu beurteilen?*
- *Welche Teile der Volkswirtschaft werden durch das GWB nicht geschützt, und wie sind diese Bereichsausnahmen zu beurteilen?*
- *Welche „Strafen“ sieht das GWB vor?*

B. Sachanalyse

In den vorangegangenen Kapiteln ist wiederholt auf die Bedeutung des Wettbewerbs für eine Marktwirtschaft hingewiesen worden. Wir wollen in diesem Kapitel das Wesen und die Aufgaben des Wettbewerbs konkreter fassen und aufzeigen, in welcher Form ein Wettbewerbsschutz in der Bundesrepublik angestrebt wird. Wir behandeln damit einen Bereich, der der Wirtschaftspolitik zugerechnet wird.

1. Wettbewerbsbegriff

Wettbewerb ist ein dynamisches Ausleseverfahren, bei dem die Wettbewerber (z. B. Unternehmen) das gleiche Ziel haben und außenstehende Dritte (z. B. Käufer) darüber entscheiden, wer das Ziel in welchem Umfang erreicht. Daraus ergibt sich eine **Rivalität** und ein **gegenseitiges Abhängigkeitsverhältnis** zwischen den Wettbewerbern, eine sogenannte parametrische Interdependenz.

> Wettbewerb läßt sich damit – auf die Wirtschaft bezogen – verstehen als ein Verhältnis wechselseitiger Abhängigkeit und Rivalität zwischen Marktteilnehmern.

2. Aufgaben des Wettbewerbs

Wettbewerb ist kein Selbstzweck

Wettbewerbsfreiheit hat als individuelles Freiheitsrecht auch einen individuellen Nutzen, aber vor allem soll der Wettbewerb gesamtwirtschaftlich vorteilhafte Ergebnisse erbringen.

> Wettbewerb soll den Marktteilnehmern die fundamentalen ökonomischen Freiheitsrechte gewähren:
> - Freiheit der Unternehmertätigkeit,
> - Freiheit der Konsumwahl und
> - Freiheit der Arbeitsplatzwahl.
>
> Daneben soll Wettbewerb die optimale Allokation der Ressourcen sichern:
> - die Produktionsfaktoren nachfrage- und kostengerecht lenken (Allokationsfunktion),
> - zu Produkt- und Verfahrenserneuerungen anregen (Innovationsfunktion),
> - eine leistungsgerechte Einkommensverteilung gewährleisten (Verteilungsfunktion),
> - und schließlich soll der Wettbewerb die Entstehung dauerhafter wirtschaftlicher Machtpositionen verhindern (Kontrollfunktion).

Diese Funktionen werden im folgenden modellhaft erläutert.

(1) Der Wettbewerb soll die knappen Produktionsfaktoren der Volkswirtschaft in die von den Nachfragern gewünschte Verwendung lenken und dafür sorgen, daß die Produktionsfaktoren in den einzelnen Unternehmungen möglichst sparsam verwendet werden **(„Allokationsfunktion"** des Wettbewerbs).

Lenkung der Produktionsfaktoren

(2) Der Wettbewerb soll zur Einführung kostengünstigerer Produktionsverfahren und zur Entwicklung und Durchsetzung neuer Güter und besserer Produktqualitäten führen (**Prozeß- und Produktinnovationen**). Zur Entwicklung und Anwendung neuer, kostengünstigerer Produktionsverfahren werden die Unternehmer im Wettbewerb angeregt, da die entsprechenden Kostenvorteile ihnen Gewinnvorteile gegenüber weniger fortschrittlichen Konkurrenten verschaffen. Zur Erstellung und marktmäßigen Durchsetzung neuer und qualitativ verbesserter Produkte bieten die auf neuen Märkten durchsetzbaren höheren Preise und die guten Absatzchancen Anreiz. Im Wettbewerb haben die durch Produkt- und Verfahrenserneuerungen erzielbaren Sondergewinne der „Pionierunternehmer" (SCHUMPETER) jedoch nur kurzfristig Bestand. Mittelfristig führt das Nachziehen der Wettbewerber (durch Nachahmung oder eigene Entwicklungen) zu einem Abbau der Pioniergewinne, da die Kostenvorteile infolge des Konkurrenzdrucks in Form sinkender Preise an die Nachfrager weitergegeben werden müssen und auch die Preise auf den neuerschlossenen Märkten bei zunehmendem Angebot sinken. In diesem Sinne kommt es zu einer Abfolge von Innovation und Imitation, zu einem „Prozeß der schöpferischen Zerstörung" (SCHUMPETER).

Verfahrens- und Produktneuerungen

„Pionierunternehmer"

(3) Da bei funktionierendem Wettbewerb nur die Unternehmen Gewinne erzielen, die sich nachfragegerecht und kostenbewußt verhalten, trägt der Wettbewerb zu einer der Marktleistung entsprechenden Einkommensverteilung bei. Ob diese Verteilung gerecht ist, ist eine andere Frage (vgl. Kapitel 26).

(4) Unternehmen besitzen **wirtschaftliche Macht**, wenn sie einen Preis durchsetzen können, der deutlich über den Kosten (einschließlich der Entwicklungskosten und normaler Kapitalverzinsung) liegt, ihnen also die Erzielung überdurchschnittlicher Gewinne gestattet. Die Möglichkeit hierzu ist im Wettbewerbssystem in Form der erwähnten Pioniergewinne vorgesehen und erwünscht. Der Wettbewerb soll aber zugleich dafür sorgen, daß diese wirtschaftliche Machtposition nicht dauerhaft ist.

Wirtschaftliche Macht darf nicht dauerhaft sein

Eine erfolgreiche Bekämpfung dauerhafter wirtschaftlicher Machtpositionen durch den Wettbewerb hat über den wirtschaftlichen Bereich hinaus einen bedeutsamen gesamtgesellschaftlichen Aspekt: Die Umsetzung wirtschaftlicher Macht in politische Macht wird erschwert.

3. Wettbewerbsvoraussetzungen

Nachdem der Begriff und die Aufgaben des Wettbewerbs geklärt sind, ist zu fragen, wie die Märkte der Volkswirtschaft beschaffen sein müssen,

Vollständige Konkurrenz als wettbewerbspolitisches Leitbild?

damit sich ein Wettbewerb mit den beschriebenen positiven Auswirkungen auch tatsächlich entfaltet. Die Auffassungen hierüber sind laufenden Veränderungen unterworfen und auch heute keineswegs einheitlich. Lange Zeit – auch noch für die Väter der sozialen Marktwirtschaft – war die **vollständige Konkurrenz** das **wettbewerbspolitische Leitbild**. Als ideal wurde ein Zustand angesehen, bei dem sehr viele Anbieter und Nachfrager auf einem Markt ein einheitliches Gut bei möglichst vollkommener Marktübersicht handeln. 800 Anbieter eines einheitlichen Gutes sind also nach dieser Auffassung für den Wettbewerb besser als 100, 100 sind besser als 70 usw.; vollkommene Marktübersicht ist besser als unvollkommene Marktübersicht.

Allerdings waren solche Vorstellungen angesichts der Realität oligopolistisch strukturierter Märkte immer wirklichkeitsfremd, und vor allem hat sich die Vorstellung von den Bedingungen für einen wirksamen Wettbewerb inzwischen wesentlich geändert. Dies wird besonders vor dem Hintergrund der Neuerungsfunktion des Wettbewerbs verständlich:

Neuerungsfunktion des Wettbewerbs ist für das Wettbewerbskonzept bedeutsam

- Eine Wirtschaft, in der sich ständig ein dynamischer Prozeß des schöpferischen Wandels vollziehen soll (Wachstum braucht Innovationen, Innovationen und Wachstum bewirken Strukturänderungen der Volkswirtschaft), kann ihrer Natur nach nicht durch atomistische Märkte gekennzeichnet sein, da die Schaffung neuer Produkte gerade neue Märkte entstehen läßt, auf denen, zumindest zeitweise, nur ein oder wenige Anbieter auftreten.
- Wenn man auch nicht generell sagen kann, daß Großunternehmen immer effizienter produzieren als kleine Firmen, so bieten sie doch in der Regel die Möglichkeit, die Vorteile der Massenproduktion, die economies of scale und scope, besser auszuschöpfen.

Entscheidend ist das Marktergebnis

Betont man die Neuerungsfunktion, die dynamische Funktion des Wettbewerbs sowie die produktive Effizienz, so ist das Modell der vollständigen Konkurrenz auch als wettbewerbspolitisches Leitbild nicht mehr zu vertreten. Konsequenterweise wird in der Bundesrepublik etwa seit Mitte der 60er Jahre das Konzept des sog. **arbeitsfähigen (funktionsfähigen) Wettbewerbs** zu Grunde gelegt, das weniger auf die Marktform, sondern mehr auf das Marktergebnis abstellt:

Das Konzept des arbeitsfähigen Wettbewerbs

> „Wesentlich für dieses Konzept ist die Vorstellung von Wettbewerb als einem dynamischen Prozeß, in dem initiative Unternehmen unternehmenspolitische Vorstöße vornehmen – sie senken Preise, verbessern die Qualität der Produkte, schaffen neue Produkte oder Verfahren – und in dem Imitatoren nachstoßen, nicht sofort, aber auch nicht mit großer Verzögerung, damit der Vorsprung einholbar bleibt und alle Kunden bald am Vorteil billigerer oder besserer Produkte teilhaben." (KOMMISSION FÜR WIRTSCHAFTLICHEN UND SOZIALEN WANDEL, Wirtschaftlicher und sozialer Wandel in der Bundesrepublik Deutschland, 1976, S. 722.)

Bei einem solchen Wettbewerbskonzept kann die Zu- oder Abnahme der Zahl der Wettbewerber nicht ohne weiteres als Zu- oder Abnahme des Wettbewerbs interpretiert werden. Schließen sich z. B. auf einem Markt zwei Unternehmen zusammen, so können sie gerade durch diesen Zusammenschluß eine Marktstärke erlangen, die es ihnen ermöglicht, mit den übrigen Anbietern des Marktes in Wettbewerb zu treten und so den Wettbewerb auf dem Markt in Gang zu bringen. Auch ist keineswegs sicher, daß eine zunehmende Marktübersicht sich immer positiv auf den Wettbewerb auswirkt. Häufig kann der einzelne Anbieter sogar nur im Schutze einer unvollständigen Marktübersicht seiner Konkurrenten Preissenkungen durchführen, die er bei vollkommener Marktübersicht wegen der zu befürchtenden parallelen Reaktion der Konkurrenten (vgl. Kapitel 6, Abschnitt 3.3) unterlassen müßte.

Ein Unternehmenszusammenschluß oder eine Abnahme der Marktübersicht beschränken nicht immer den Wettbewerb

Mit dem Konzept des arbeitsfähigen Wettbewerbs sind im Prinzip auch oligopolistische Märkte, die bei dem hohen Konzentrationsgrad in der Bundesrepublik Deutschland typisch sind, vereinbar. Allerdings nur, solange sichergestellt ist, daß zwischen den verbleibenden Marktparteien tatsächlich Wettbewerb herrscht. Ob und inwieweit dies im allgemeinen der Fall ist, bleibt strittig. In der Regel wird aber angenommen, daß Märkte, die durch einen hohen Grad an Konzentration gekennzeichnet sind, für die zudem hohe Marktzutrittsschranken bestehen und die sich in der Marktsättigungsphase befinden **(„enge" und „reife" Oligopole),** keine günstigen Wettbewerbsvoraussetzungen bieten. Infolge der starken gegenseitigen Absatzinterdependenz wird sich in der Regel eine Gruppensolidarität der Marktteilnehmer herausbilden, die einen Wettbewerb in Frage stellt.

Wettbewerb im Oligopol

Günstige Wettbewerbsvoraussetzungen werden häufig auf solchen Märkten vermutet, die weder eine sehr hohe noch eine sehr niedrige Wettbewerbsintensität aufweisen, sondern die sog. **optimale Wettbewerbsintensität.** Die optimale Wettbewerbsintensität wird nach KANTZENBACH zu vermuten sein bei

Gruppensolidarität ist möglich

- weiten Oligopolen, also Oligopolen, in denen aufgrund der Vielzahl der Konkurrenten die gegenseitige Abhängigkeit nicht so groß ist, daß wettbewerbliche Aktionen unterbleiben, aber auch nicht so klein, daß Reaktionen ausbleiben, und
- mäßiger Produktdifferenzierung, also mäßiger Unterschiedlichkeit der Produkte.

Wenngleich dieses Konzept der optimalen Wettbewerbsintensität vermutlich zu stringent ist – ein funktionsfähiger Wettbewerb ist letztlich nicht an die Erfüllung bestimmter Strukturmerkmale gebunden – so dient es doch als Grundlage für eine grobe Orientierung.

Freier Marktzutritt spielt eine große Rolle für den Wettbewerb

Im Laufe der letzten Zeit ist die Bedeutung eines freien **Marktzutritts** für die Funktionsfähigkeit des Wettbewerbs wieder – wie bei den Klassikern – stärker in den Vordergrund gerückt worden, also die Möglichkeit der potentiellen (latenten) Konkurrenz stärker beachtet worden. Damit verbunden ist die Einsicht, daß wirksamer Wettbewerb dauerhaft nur dann erhalten bleibt, wenn für neue Anbieter die Möglichkeit des Marktzutritts besteht, und umgekehrt die Vorstellung, daß die Möglichkeit des Marktzutritts hinreichend für die Funktionsfähigkeit des Wettbewerbs ist. Die stärkere Betonung der Rolle des Marktzutritts ist sicher richtig, die bisweilen damit verbundene Ausschließlichkeit indes zu rigoros.

Wettbewerb muß durch den Staat geschützt werden

Wettbewerb – in welcher Ausprägung auch immer – bleibt zentrale Ordnungsregel der Marktwirtschaft und bedarf des ausdrücklichen Schutzes durch den Staat. Und dies ist eine schwierige Aufgabe, da die Zahl der in der Praxis vorfindbaren Wettbewerbsbeschränkungen groß ist und dem Erfindungsreichtum der Marktteilnehmer kaum Grenzen gesetzt sind.

Da sich Wettbewerb auf Märkten vollzieht, ist vor einer Beschreibung des Wettbewerbsschutzes das Konzept des relevanten Marktes zu klären.

4. Marktabgrenzung – Der relevante Markt

Wettbewerb und Wettbewerbspolitik beziehen sich auf Märkte. Wieviel Anbieter auf einem Markt anbieten, wie hoch die Konzentration ist, wie ausgeprägt die Marktbeherrschung ist, kann nur für einen konkreten Markt untersucht werden. Die Abgrenzung dieses sog. **relevanten Marktes** ist sowohl theoretisch als auch insbesondere praktisch äußerst schwierig.

Allgemein ist der relevante Markt der Bereich wirksamer Konkurrenz, und den relevanten Markt definieren alle die Produkte, die aus der Sicht der Nachfrager kurzfristig substituierbar sind.

Diese Substitutionsmöglichkeiten werden durch Substitutionselastizitäten gemessen, insbesondere durch die Kreuzpreiselastizität (vgl. Kapitel 4). Denn ein absolut genommen hoher Wert der **Kreuzpreiselastizität** bedeutet, daß eine Änderung des Preises des Gutes 1 um beispielsweise 10 % bei einem anderen Gut 2 zu einer deutlich spürbaren Nachfrageänderung führt. Eine solche hohe Kreuzpreiselastizität wird dann als Indiz dafür genommen, daß die Güter substituierbar sind, daß zwischen ihnen Konkurrenz besteht, daß sie mithin den relevanten Markt bilden. In diesem Sinn gehören sicherlich Autos der gleichen Klasse, z. B. der unteren Mittelklasse, zum gleichen relevanten Markt, aber es ist schon fraglich, ob Autos der gehobenen Mittelklasse dazu gehören.

Eine hohe Kreuzpreiselastizität zeigt Konkurrenz an

Da in der Praxis solche Kreuzpreiselastizitäten in der Regel nicht ermittelt werden können, stützt man sich häufig auf Befragungen und Plausibilitätserwägungen. So verwendet das Bundeskartellamt – die Behörde, die in der Bundesrepublik den Wettbewerb überwacht und ihren Sitz in Berlin hat – das Konzept der **„funktionalen Austauschbarkeit aus der Sicht des verständigen Verbrauchers (Abnehmers)“.** Dabei wird in erster Linie die funktionale Austauschbarkeit anhand einer vergleichenden Analyse der Produkteigenschaften und Verwendungszwecke erfaßt. So kann man z. B. sicher vermuten, daß Erdöl und Erdgas auf dem Brennstoffmarkt miteinander funktional austauschbar sind.

Die Praxis verwendet das Konzept der funktionalen Austauschbarkeit

5. Wettbewerbsgesetzgebung in der Bundesrepublik

Am 1. Januar 1958 ist das Gesetz gegen Wettbewerbsbeschränkungen (GWB), häufig auch verkürzt „Kartellgesetz“ genannt, in Kraft getreten. Es ist zum einen geprägt durch die ordnungspolitischen Vorstellungen des Neoliberalismus, zum anderen beeinflußt durch das US-amerikanische Antitrustrecht. In seiner ursprünglichen Fassung konnte das auch „Grundgesetz der Wirtschaftsordnung“ genannte GWB seine Aufgaben nur unvollkommen erfüllen. Es ist daher bisher insgesamt fünfmal überarbeitet und verschärft worden (1965, 1973, 1976, 1980 und 1989). Die zentralen Bereiche des GWB sind

Das Gesetz gegen Wettbewerbsbeschränkungen (GWB) als Grundgesetz der Wirtschaftsordnung

- das Kartellverbot (§ 1, § 25,1),
- die Mißbrauchsaufsicht (vor allem § 22) und
- die Fusionskontrolle (§ 23, § 24)

Daneben existieren weniger bedeutsame Regelungen zu vertikalen Wettbewerbsbeschränkungen (§ 15, 16, 18, 20 und 21), zu zahlreichen Ausnahmebereichen (§§ 99–103 a GWB) und zu Verfahrensfragen.

Das GWB betrifft sämtliche Wettbewerbsbeschränkungen, die sich im Inland auswirken, auch wenn sie im Ausland veranlaßt sind. Daneben sind internationale Wettbewerbsregeln relevant, insbesondere im Rahmen der EU das Kartellverbot, die Mißbrauchsaufsicht und die Fusionskontrolle, die im Prinzip ähnlich ausgestaltet sind wie im GWB (vgl. hierzu Kapitel 24). Im folgenden beschränken wir uns auf das GWB.

5.1 Grundsatz des Kartellverbots

Kartelle sind eine sehr alte, schon im alten Rom bekannte Form der Wettbewerbsbeschränkung. Das zeigt auch das Wort „Kartell“, das aus dem Lateinischen kommt und Schutzbündnis bedeutet. Nach geltendem Recht versteht man unter einem Kartell einen

Vertrag zwischen juristisch und zum Teil auch wirtschaftlich selbständig bleibenden Unternehmen der gleichen Wirtschaftsstufe (des gleichen Marktes) mit dem Ziel, den Wettbewerb zwischen den Vertragspartnern zu beschränken.

Begriff des Kartells

Da die Vertragspartner Anbieter auf demselben Markt sind, stellt das Kartell eine horizontale Wettbewerbsbeschränkung dar. Nach dem Ansatzpunkt der Wettbewerbsbeschränkung unterscheidet man verschiedene Arten von Kartellen, von denen hier beispielhaft die wichtigsten genannt seien:

Wichtige Kartellarten

- das **Preiskartell,** bei dem verabredet wird, einen bestimmten Preis beim Verkauf nicht zu unterschreiten;
- das **Gebietsschutzkartell,** bei dem der Markt regional zwischen den Mitgliedern aufgeteilt wird;
- das **Kontingentierungs-(Quoten-)Kartell,** bei dem die Mitglieder sich verpflichten, einen bestimmten Absatz (bzw. einen bestimmten Anteil am Absatz) nicht zu überschreiten.

Ein Kartellvertrag enthält häufig Vorschriften zur Sicherung des Kartellzwecks, insbesondere über Konventionalstrafen. Solche Konventionalstrafen sind insbesondere dann notwendig, wenn die Zahl der Kartellmitglieder verhältnismäßig groß ist, so daß Zuwiderhandlungen nicht ohne weiteres erkannt werden. Im engen Oligopol braucht man solche Vertragsstrafen in der Regel nicht, da die Einhaltung des Kartellvertrags wegen des Parallelverhaltens der Konkurrenten meistens im eigenen Interesse der Vertragspartner liegt.

Nach dem GWB sind Kartelle grundsätzlich verboten. § 1 GWB lautet:

> „Verträge, die Unternehmen … zu einem gemeinsamen Zweck schließen …, sind unwirksam, soweit sie geeignet sind, die … Marktverhältnisse … durch Beschränkung des Wettbewerbs zu beeinflussen."

Grundsatz des Kartellverbots

Zwar wird hier nur die Unwirksamkeit eines Kartellvertrags festgestellt, da aber an anderer Stelle des Gesetzes der Abschluß solcher Verträge (und anderer Wettbewerbsbeschränkungen) mit Geldbußen bedroht wird, ist es gerechtfertigt, von einem Verbot zu sprechen.

Deutschland ist historisch ein Land der Kartelle

Kartelle waren in Deutschland nicht immer verboten. Anfang des 20. Jahrhunderts war Deutschland das klassische Land der Kartelle mit den bekannten Kohle-, Kali- und Stahlsyndikaten. Eine erste ernsthafte Gegenmaßnahme stellten die Dekartellisierungsgesetze der Alliierten nach dem 2. Weltkrieg dar, obwohl ihr Erfolg sehr bescheiden blieb.

Umstritten war lange Zeit, ob das Kartellverbot des § 1 GWB auch das **aufeinander abgestimmte Verhalten** erfaßt. Ein aufeinander abgestimmtes Verhalten liegt vor, wenn Unternehmen ihr Verhalten bewußt und gewollt voneinander abhängig machen und damit die Risiken des Wettbewerbs, insbesondere die Unsicherheiten über das wechselseitige Verhalten, beseitigen. Im Gegensatz zum Kartell, das eine vertragliche, rechtliche Bindung begründet, liegt bei einem aufeinander abgestimmten Verhalten eine nur schwer zu beschreibende und vor allem schwer zu erfassende wirtschaftliche Bindung vor. Um diese Gesetzeslücke zu beseitigen, wurde im Rahmen der zweiten Novelle zum GWB 1973 in § 25 Abs. 1 festgelegt:

Verbot eines aufeinander abgestimmten Verhaltens

Ein aufeinander abgestimmtes Verhalten von Unternehmen oder Vereinigungen von Unternehmen, das nach diesem Gesetz nicht zum Gegenstand einer vertraglichen Bindung gemacht werden darf, ist verboten. Seinem Wortlaut nach bezieht sich § 25 Abs. 1 auch auf die Verbote der vertikalen Wettbewerbsbeschränkungen (§§ 15, 20 und 21), sein Hauptanwendungsbereich liegt aber eindeutig bei dem Kartellverbot.

Der Nachweis einer solchen formlosen Verhaltensabstimmung ist außerordentlich schwer zu führen, ein bloßes **Parallelverhalten** reicht als Indiz für ein aufeinander abgestimmtes Verhalten nicht aus. Von einem Parallelverhalten spricht man, wenn Konkurrenten ihre Wettbewerbsparameter – insbesondere die Preise – in (etwa) gleichem Ausmaß und in gleicher Richtung variieren. Ein solches Parallelverhalten kann die Folge einer formlosen Abstimmung sein, kann aber genauso gut die Folge einer starken wechselseitigen Abhängigkeit der Marktteilnehmer sein (vgl. Kapitel 6). Daher kann von außen nicht beurteilt werden, ob z. B. die häufigen und in der Regel gleichgerichteten Preisänderungen bei Benzin nur Parallelverhalten darstellen – was nicht verboten ist – oder Ergebnis eines aufeinander abgestimmten Verhaltens sind.

Teerfarben-Fall als Beispiel

Ein schönes Beispiel für ein aufeinander abgestimmtes Verhalten ist der sog. Teerfarben-Fall, der seinerzeit intensiv diskutiert worden ist und der Anlaß für die entsprechende Gesetzesergänzung gewesen ist. Der Sachverhalt sei daher kurz geschildert. „In den Jahren 1964, 1965 und 1967 führten die europäischen Farbenhersteller einheitliche Preiserhöhungen für ihr gesamtes, sehr umfangreiches Farbenprogramm durch. Die erste Preiserhöhung von 1964 wurde auf jedem der bis heute getrennten, nationalen Märkte von dem dortigen Preisführer angekündigt und sofort von allen übrigen Unternehmen befolgt. Hingegen kündigten bei den Preiserhöhungen von 1965 und 1967 die Preisführer ihre Absicht, die Preise zu erhöhen, schon längere Zeit vorher an, um den anderen Unternehmen Zeit zur Beobachtung der Reaktionen ihrer Konkurrenten und zur Anpassung hieran zu lassen.

Für die Preiserhöhung von 1967 geschah dies auf einem Treffen in Basel am 18. 8. 1967 dadurch, daß der Vertreter der schweizerischen Firma Geigy erklärte, seine Firma werde ihre Preise am 16. 10. 1967 um 8 % erhöhen. Daraufhin betonten auch die Vertreter der meisten übrigen Firmen die Notwendigkeit derartiger Preiserhöhungen. Tatsächlich setzten dann später sämtliche Firmen in im wesentlichen gleichlautenden Ankündigungen ihre Preise für ihr durchweg außerordentlich umfangreiches Produktionsprogramm zum 16. 10. 1967 einheitlich um 8 % herauf." (EMMERICH, VOLKER, Fälle zum Wahlfach Wettbewerbsrecht, 2. Auflage München 1981, S. 61).

Dies war kein Kartell, aber ein – ausnahmsweise – deutlich erkennbares und nachweisbares aufeinander abgestimmtes Verhalten.

5.2 Ausnahmen vom Kartellverbot

Kartellverbot des GWB ist von zahlreichen im Gesetz aufgezählten Ausnahmen „durchlöchert". Diese Ausnahmen betreffen:

Ausnahmen vom Kartellverbot

- bestimmte Kartellarten (Normen-, Typen-, Konditionen-, Rabatt-, Rationalisierungs-, Export-, Import-, Strukturkrisenkartelle), die – abgestuft nach ihrer Bedeutung für den Wettbewerb – unmittelbar oder nach Erlaubnis des Bundeskartellamtes zulässig sind/zugelassen werden;
- Kartelle, die der Bundesminister für Wirtschaft ausnahmsweise erlauben kann, wenn die Beschränkungen des Wettbewerbs aus überwiegenden Gründen der Gesamtwirtschaft und des Gesamtwohls notwendig sind;
- bestimmte Wirtschaftszweige, die vom Kartellverbot ausgenommen sind (vgl. hierzu Abschnitt 5.6 dieses Kapitels).

Die zahlreichen Ausnahmen vom grundsätzlichen Kartellverbot des GWB haben zu dem Vorwurf geführt, der Gesetzgeber sei beim Wettbewerbsschutz nicht hinreichend konsequent gewesen. So heißt es z. B. in einem Lehrbuch zum Wettbewerbsrecht:

„Es gibt kein Kartellverbot, das nicht durch Ausnahmen durchbrochen wäre. Auch im deutschen Recht finden sich in und z. T. sogar außerhalb des GWB derart zahlreiche Ausnahmen von dem Verbot des § 1, daß tatsächlich das Kartellverbot heute praktisch die Ausnahme, die Zulässigkeit eines Kartells hingegen schon fast die Regel ist. Generell verboten sind im Grunde nur noch reine Preiskartelle, namentlich bei Beteiligungen von Großunternehmen. Jedoch kann selbst in diesen Fällen (fast) dasselbe Ziel auch auf durchaus legalem Wege erreicht werden, etwa durch eine Kombination von Rabatt- und Konditionenkartellen nach den §§ 2 und 3." (EMMERICH, VOLKER, Kartellrecht, 6. Auflage 1991, S. 73 f.)

5.3 Mißbrauchsaufsicht über marktbeherrschende Unternehmen

Mißbräuchliche Ausübung von Marktmacht ist untersagt

Wettbewerbsbeschränkungen können sich daraus ergeben, daß ein Unternehmen oder eine Gruppe von Unternehmen den Markt beherrscht, völlig unabhängig davon, wie es zu dieser Marktbeherrschung gekommen ist (durch Zusammenschluß, durch internes Unternehmenswachstum, durch Ausscheiden von Konkurrenten). Nimmt das GWB die Existenz solcher Unternehmungen hin, so ist doch wenigstens eine **mißbräuchliche Ausübung ihrer Marktmacht** untersagt. Entscheidend für die Eingriffsmöglichkeit des Kartellamtes sind die Tatbestandsmerkmale:

- Marktbeherrschung und
- Mißbrauch der Marktmacht

Marktbeherrschung definiert § 22 GWB:

(1) Ein Unternehmen ist marktbeherrschend im Sinne dieses Gesetzes, soweit es als Anbieter oder Nachfrager einer bestimmten Art von Waren oder gewerblichen Leistungen

1. ohne Wettbewerber ist oder keinem wesentlichen Wettbewerb ausgesetzt ist (Monopolfall) oder
2. eine im Verhältnis zu seinen Wettbewerbern überragende Marktstellung hat; hierbei sind insbesondere sein Marktanteil, seine Finanzkraft, sein Zugang zu den Beschaffungs- oder Absatzmärkten, Verflechtungen mit anderen Unternehmen, rechtliche oder tatsächliche Schranken für den Marktzutritt anderer Unternehmen, die Fähigkeit, sein Angebot oder seine Nachfrage auf andere Waren oder gewerbliche Leistungen umzustellen, sowie die Möglichkeit der Marktgegenseite, auf andere Unternehmen auszuweichen, zu berücksichtigen.

Kriterien der Marktbeherrschung

(2) Als marktbeherrschend gelten auch zwei oder mehr Unternehmen, soweit zwischen ihnen für eine bestimmte Art von Waren oder gewerblichen Leistungen allgemein oder auf bestimmten Märkten aus tatsächlichen Gründen ein wesentlicher Wettbewerb nicht besteht und soweit sie in ihrer Gesamtheit die Voraussetzungen des Absatzes 1 erfüllen (marktbeherrschendes Oligopol).

Um den schwierigen Nachweis der Existenz einer marktbeherrschenden Stellung durch das Kartellamt und die Gerichte zu erleichtern, besteht nach dem GWB die Vermutung einer solchen Marktbeherrschung, wenn von dem oder den Unternehmen ein bestimmter Marktanteil sowie bestimmte Jahresumsätze erreicht werden.

Marktbeherrschungsvermutung

Diese Marktanteile, die die Vermutung einer marktbeherrschenden Stellung begründen, sind:

1 Unternehmen $\geqq$ ein Drittel
3 Unternehmen $\geqq$ die Hälfte
5 Unternehmen $\geqq$ zwei Drittel

Dabei müssen die Jahresumsätze 100 bzw. 250 Mill. DM übersteigen. In diesem Verfahren ist also die Abgrenzung des relevanten Marktes (vgl. Abschnitt 4 dieses Kapitels) von großer Bedeutung.

Mißbrauch von Marktmacht

Neben der Marktbeherrschung muß **Mißbrauch** der Marktmacht vorliegen, damit das Kartellamt einschreiten kann. Zwei Fälle von mißbräuchlicher Ausübung von Marktmacht werden unterschieden, der Behinderungsmißbrauch und der Ausbeutungsmißbrauch.

Behinderungsmißbrauch

Behinderungsmißbrauch liegt vor, wenn ein marktbeherrschendes Unternehmen als Anbieter oder Nachfrager eines Gutes

– die Wettbewerbsmöglichkeiten anderer Unternehmen in einer für den Wettbewerb erheblichen Weise ohne sachlich gerechtfertigten Grund beeinträchtigt.

Ein solcher Behinderungswettbewerb wurde z. B. vom Bundeskartellamt als gegeben angenommen, als die Firma Meto, die Handauszeichnerapparate herstellt, Abnehmer verpflichtete, 5 Jahre lang nur Etiketten von Meto zu beziehen und vertragsbrüchige Kunden mit Belieferungsstopp und Reparaturverweigerung belegte.

Ausbeutungsmißbrauch

Ausbeutungsmißbrauch ist nach dem Gesetz gegeben, wenn ein marktbeherrschendes Unternehmen:

- Entgelte oder sonstige Geschäftsbedingungen fordert, die von denjenigen abweichen, die sich bei wirksamem Wettbewerb mit hoher Wahrscheinlichkeit ergeben würden **(Als-ob-Konzept);** hierbei sind insbesondere die Verhaltensweisen von Unternehmen auf vergleichbaren Märkten mit wirksamem Wettbewerb zu berücksichtigen (sog. **sachliches Vergleichsmarktkonzept);**
- ungünstigere Entgelte oder sonstige Geschäftsbedingungen fordert, als sie das marktbeherrschende Unternehmen selbst auf vergleichbaren Märkten von gleichartigen Abnehmern fordert, es sei denn, daß der Unterschied sachlich gerechtfertigt ist (sog. **räumliches Vergleichsmarktkonzept).**

Problem der Bestimmung des Wettbewerbspreises

Den Maßstab dafür, ob der Preis eines marktbeherrschenden Unternehmens mißbräuchlich überhöht ist, bildet also der Preis, der sich bei Existenz echten Wettbewerbs einstellen würde (Vorstellung von der „Als-ob-Konkurrenz“). Doch wie soll dieser Konkurrenzpreis bestimmt werden? Und selbst wenn dieses Problem gelöst wäre und sich herausstellte, daß der tatsächliche Preis über dem fiktiven Konkurrenzpreis liegen würde, muß dann unbedingt Mißbrauch vorliegen? Können nicht insbesondere intensive Forschungsvorhaben einen höheren Preis rechtfertigen? Oder kann es sich nicht um einen Gewinn für die Durchsetzung einer neuen Erfindung am Markt (Innovationsgewinn) handeln, der ein wesentliches Element einer dynamischen Marktwirtschaft bildet?

Vergleichsmarktkonzept

Sockeltheorie

Die Rechtsprechung hat in den letzten Jahren versucht, das schwierige Problem des mißbräuchlich überhöhten Preises durch das Vergleichsmarktkonzept zu lösen. Dabei werden z. B. die Preise für ein bestimmtes Gut auf dem deutschen Markt mit den Preisen verglichen, die auf wettbewerbsintensiveren Märkten für dasselbe oder ein ähnliches Gut verlangt werden. Dieses Verfahren, das vom Bundeskartellamt im Verfahren gegen das Schweizer Pharmaunternehmen Hoffmann LaRoche wegen mißbräuchlich überhöhter Preise für Valium und Librium angewendet worden ist, ist durch Entscheidung des Bundesgerichtshofes zugunsten der Firma LaRoche praktisch gescheitert. Auch der Versuch des Bundeskartellamtes, durch Kostenvergleiche vor und nach Preiserhöhungen (sog. Sockeltheorie) zu einer Beurteilung des Preisverhaltens von Anbietern zu gelangen, ist in den Verfahren gegen die Mineralölindustrie und gegen das Volkswagenwerk wegen der Anhebung der Benzin- bzw. Kraftfahrzeugpreise gescheitert. Es scheint eine gewisse Resignation im Spiel zu sein, wenn die Monopolkommission empfiehlt, das Schwergewicht bei der Mißbrauchsaufsicht wegen der unlösbar erscheinenden Probleme bei der Feststellung eines fiktiven Konkurrenzpreises von der Preisüberwachung auf die Kontrolle des Behinderungsmißbrauchs zu verlegen und die Fusionskontrolle zu verstärken. Tatsächlich hat das Bundeskartellamt in den letzten Jahren die Verfolgung von Ausbeutungsmißbrauch so gut wie aufgegeben und sich stärker auf der Verfolgung von Behinderungsmißbrauch konzentriert.

Wenn das Kartellamt die mißbräuchliche Ausübung von Marktmacht feststellt, kann es die entsprechende Behinderung bzw. Setzung eines überhöhten Preises untersagen. Das Kartellamt kann aber niemals seinerseits einen bestimmten Preis festsetzen, allenfalls eine Obergrenze festlegen, deren Überschreitung es als Mißbrauch ansehen würde.

5.4 Unternehmenszusammenschlüsse

Fusionen stellen – soweit sie den Wettbewerb einschränken – eine starke Bedrohung des Wettbewerbs dar

Besonders bedeutsam sind in den letzten 20 Jahren in der Bundesrepublik Wettbewerbsbeschränkungen geworden, die durch eine kapitalmäßige oder personelle Verflechtung von Unternehmungen entstehen. Wir haben solche Formen des externen Unternehmenswachstums im letzten Kapitel bereits kennengelernt: Konzernbildung, Verschmelzung (Fusion im engeren Sinn), Anteilserwerb, personelle Verflechtung. Gegenüber dem Kartell stellen solche Zusammenschlüsse – sofern sie wettbewerbsbeschränkend wirken, was nicht zwangsläufig der Fall sein muß – die größere Bedrohung des Wettbewerbs dar. Unternehmenszusammenschlüsse sind sehr viel stabiler, als Kartelle dies im allgemeinen zu sein pflegen. Ein Kartell „platzt" in der Regel, wenn ein Mitglied ohne Kartell besser zu stehen glaubt.

Für Unternehmenszusammenschlüsse gilt:

Das Bundeskartellamt verbietet einen Zusammenschluß, wenn dadurch eine

- marktbeherrschende Stellung entsteht oder verstärkt wird und
- wenn durch den Zusammenschluß nicht Verbesserungen des Wettbewerbs eintreten, die die Nachteile der Marktbeherrschung überwiegen (§ 24, Absatz 1 und 2 GWB).

Fusionen können unter bestimmten Voraussetzungen verboten werden

Diese Verbotsmöglichkeit besteht allerdings nicht, wenn

- die beteiligten Unternehmen insgesamt einen Jahresumsatz von weniger als 500 Millionen DM haben, oder wenn
- sich ein „kleines" Unternehmen mit einem Umsatz von nicht mehr als 50 Millionen DM einem anderen Unternehmen anschließt. (Ausnahme: Wenn das kleine Unternehmen einen Umsatz von mindestens 4 Millio-

nen DM und das große einen Umsatz von mindestens 1 Milliarde DM besitzt, gilt die Verbotsmöglichkeit.)

Wichtig ist, daß das GWB den Begriff **„Zusammenschluß"** sehr weit faßt. Insbesondere gelten als Zusammenschluß:

Zusammenschlüsse im Sinne des GWB

- die Verschmelzung von Unternehmen (Fusion im engeren Sinn);
- der Anteilserwerb an einem anderen Unternehmen, wenn damit 25% oder 50% und mehr des stimmberechtigten Kapitals erworben werden;
- die Bildung und Erweiterung eines Konzerns;
- die Herbeiführung der Personengleichheit von mindestens der Hälfte der Mitglieder des Aufsichtsrates oder Vorstandes; und
- jede Verbindung, wenn dadurch unmittelbar oder mittelbar ein wettbewerblich erheblicher oder ein beherrschender Einfluß auf ein anderes Unternehmen ausgeübt werden kann (§ 23, Absatz 2 GWB).

Diese weite Fassung des Zusammenschlußbegriffs verliert allerdings dadurch an Bedeutung, daß

(1) die beteiligten Unternehmen nachweisen können, daß durch den Zusammenschluß auch Verbesserungen der Wettbewerbsbedingungen eintreten und daß diese die Nachteile der Marktbeherrschung überwiegen. Gelingt dieser Nachweis, so darf das Kartellamt den Zusammenschluß nicht verbieten;

Ministererlaubnis

(2) der Bundesminister für Wirtschaft – auch wenn das Bundeskartellamt oder die Gerichte den Zusammenschluß untersagt haben – auf Antrag die Erlaubnis zu dem Zusammenschluß geben kann, wenn die Wettbewerbsbeschränkung von gesamtwirtschaftlichen Vorteilen des Zusammenschlusses aufgewogen wird oder der Zusammenschluß durch ein überragendes Interesse der Allgemeinheit gerechtfertigt ist. Beispiele einer Ministererlaubnis sind die Fusion VEBA/Gelsenberg und die (allerdings nur unter Auflagen gestattete) Fusion Daimler Benz/MBB.

Marktbeherrschungskriterien

Voraussetzung für das Verbot eines Zusammenschlusses ist, wie ausgeführt, die Entstehung oder Verstärkung einer marktbeherrschenden Stellung. Die Kriterien hierfür entsprechen zum einen den Marktbeherrschungskriterien, die im Zusammenhang mit der Mißbrauchsaufsicht marktbeherrschender Unternehmen gelten. Zum anderen gelten darüber hinaus einige weitere Vermutungstatbestände wie z. B. der Anschluß einer kleinen Unternehmung eines mittelständisch strukturierten Marktes an ein Großunternehmen (§ 23 a GWB).

Neben den Verbotsmöglichkeiten kennt das GWB zwei ergänzende Instrumente der Zusammenschlußkontrolle:

- Zusammenschlüsse von bestimmter Größenordnung (Gesamtumsatz 500 Millionen DM oder über 10 000 Gesamtbeschäftigtenzahl), durch die ein bestimmter Marktanteil (20 % auf dem relevanten Markt oder 20 % auf einem beliebigen sonstigen Markt eines beteiligten Unternehmens) erreicht werden, sind dem Bundeskartellamt **anzuzeigen.**

Anzeige- und Anmeldepflicht bei „Elefantenhochzeiten“

- **Anmeldepflichtig** – und nichtig, wenn der Zusammenschluß ohne eine vorherige Anmeldung erfolgt – sind Mammutzusammenschlüsse, bei denen ein beteiligtes Unternehmen einen Jahresumsatz von mindestens 2 Milliarden DM oder zwei beteiligte Unternehmen einen Umsatz von je 1 Milliarde DM aufweisen.

Keine Entflechtung

Hervorzuheben ist, daß bestehende Machtzusammenballungen, die in der Zeit vor 1973 ihren Ursprung haben, und generell Großunternehmen noch internem Wachstum nicht „entflochten“ werden können. Hier bleibt nur die Möglichkeit der Mißbrauchsaufsicht.

Das prinzipiell einfache, im einzelnen aber komplizierte Verfahren der Zusammenschlußkontrolle ist in Abb. 8. 1 schematisch veranschaulicht.

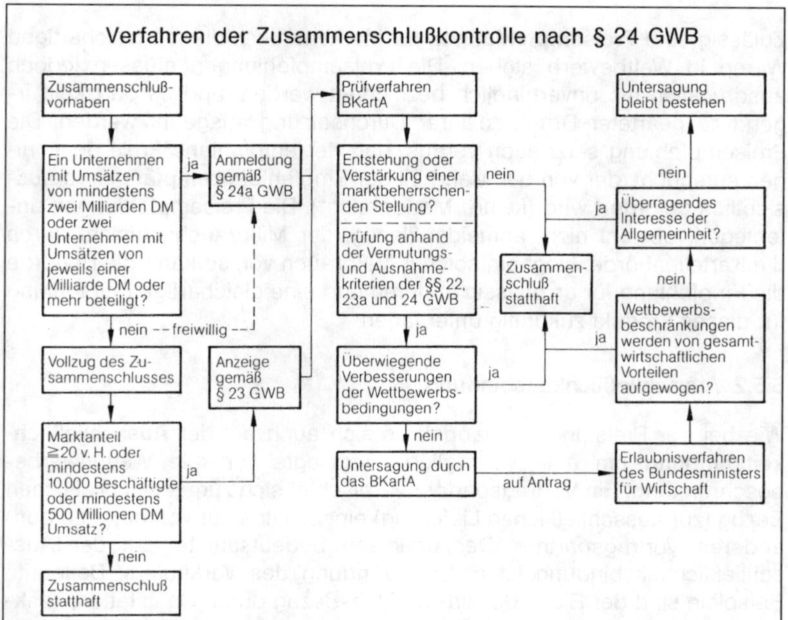

Abb. 8.1: Verfahren der Zusammenschlußkontrolle nach GWB

Quelle: Berg, Hartmut, Wettbewerbspolitik, in: Vahlens Kompendium der Wirtschaftstheorie und Wirtschaftspolitik, Bd. 2, 5. Auflage, München 1992, S. 286

5.5 Vertikale Vertriebsbindungen

5.5.1 Preisbindung und Preisempfehlung

Preisbindung der zweiten Hand

Preisbindung („der zweiten Hand") liegt vor, wenn ein Unternehmer den Abnehmer seines Gutes durch Vertrag verpflichtet, das Gut nur zu einem bestimmten Preis zu verkaufen.

Preiswettbewerb auf der Handelsstufe entfällt

Die Wettbewerbsbeschränkung bei der Preisbindung ist offensichtlich. Auf der Handelsstufe entfällt der Preiswettbewerb. Häufig ist allerdings auch eine Abnahme des Wettbewerbs auf der Ebene der Hersteller zu beobachten, wenn es nämlich ihren Abnehmern weniger auf niedrige Preise als auf hohe gebundene Handelsspannen ankommt.

Preisbindungen sind verboten

Ausnahme: Verlagserzeugnisse

Das GWB erklärt vertikale Preisbindungen grundsätzlich für nichtig (§ 15 GWB). Dies gilt seit 1973 auch für die sog. **Markenartikel,** d. h. Waren mit gleichbleibender Qualität und einem sie kennzeichnenden Markenzeichen. Für solche Markenartikel kannte das bis dahin gültige Wettbewerbsgesetz die Möglichkeit einer Preisbindung der zweiten Hand. Eine Ausnahme vom Verbot der Preisbindung besteht nunmehr nur noch bei Verlagserzeugnissen (z. B. Bücher und Zeitungen). Diese Preisbindung unterliegt jedoch einer Mißbrauchsaufsicht durch die Kartellbehörde.

Zulässigkeit von Preisempfehlungen

Zulässig sind **Preisempfehlungen** für Markenartikel, die mit gleichartigen Waren in Wettbewerb stehen. Die Preisempfehlungen müssen jedoch ausdrücklich als unverbindlich bezeichnet werden, und es darf kein irgendwie gearteter Druck zu ihrer Durchsetzung ausgeübt werden. Die Preisempfehlung setzt auch voraus, daß der empfohlene Preis demjenigen entspricht, der von der Mehrheit der Empfehlungsempfänger voraussichtlich gefordert wird (keine „Mondpreise"). Die Preisempfehlungen unterliegen, obwohl nicht anmeldepflichtig, der Mißbrauchsaufsicht durch die Kartellbehörde. Liegt ein solcher Mißbrauch vor, so kann die Behörde die Empfehlung für unzulässig erklären und eine gleichartige Empfehlung für dieses Produkt zukünftig untersagen.

5.5.2 Ausschließlichkeitsbindung

Ausschließlichkeitsbindungen sind erlaubt . . .

Wie bei der Preisbindung handelt es sich auch bei der **Ausschließlichkeitsbindung** um eine vertraglich festgelegte vertikale Wettbewerbsbeschränkung: Ein Vertragspartner verpflichtet sich zum ausschließlichen Bezug (zur ausschließlichen Lieferung) eines Gutes nur von dem (an den) anderen Vertragspartner. Der praktisch bedeutsamste Fall der Ausschließlichkeitsbindung ist der der Bindung des Verkäufers. Bekannte Beispiele sind der Bier-, Benzin- und Kfz-Bezug durch Gaststätten, Tankstellen und Autohändler. Die Wettbewerbsbeschränkung ist offensichtlich: Der gebundene Vertragspartner kann sich seinen Verkäufer (oder Käufer) nicht von Fall zu Fall nach Belieben aussuchen, wodurch der Wettbewerb zwischen den Anbietern (oder Nachfragern) abnimmt.

So kann man sich z. B. gut vorstellen, daß die Brauereien sich in saisonbedingten Flautezeiten gegenseitig ohne Ausschließlichkeitsverträge unterbieten würden, um mehr Bier an die Gaststätten verkaufen zu können. Mit Ausschließlichkeitsbindungen beschränkt sich der Wettbewerb auf das Konkurrieren um die dauerhaften Abnehmer, wobei räumliche Abgrenzungen häufig für zusätzliche Wettbewerbshemmnisse sorgen. Andererseits wird argumentiert, daß die Ausschließlichkeitsbindung einem neu auf den Markt drängenden Anbieter (Erzeuger) eine wertvolle „Einstiegshilfe" in einen erstarrten Oligopolmarkt bieten könne.

Nach dem GWB sind Ausschließlichkeitsbindungen zulässig, unterliegen aber einer Mißbrauchsaufsicht.

. . . unterliegen aber der Mißbrauchsaufsicht

5.6 Bereichsausnahmen im GWB

Auf wichtige Bereiche der Volkswirtschaft findet das Gesetz gar keine oder nur teilweise Anwendung.

Zahlreiche Bereichsausnahmen im GWB

Vom GWB völlig ausgenommen **(totale Ausnahmebereiche)** sind:

- die Bundesbank
- die Kreditanstalt für Wiederaufbau
- die Finanzmonopole des Bundes und
- die Unternehmen des Montanbereiches (Kohle- und Stahlwirtschaft).

Letztere unterliegen nur der Wettbewerbskontrolle der EU.

Partielle Ausnahmebereiche (in bezug auf Absprachen und einige Bindungen nach § 1 und §§ 15–18 GWB) sind

- weite Bereiche der Verkehrswirtschaft (See-, Küsten- und Binnenschiffahrt, Fluglinienunternehmen)
- Land- und Forstwirtschaft
- Kreditinstitute und Versicherungsunternehmen
- Versorgungsunternehmen (Strom, Gas, Wasser).

Für die Ausnahmebereiche gelten jeweils gesonderte gesetzliche Grundlagen (wie z. B. das Kreditwesengesetz, Bundesbankgesetz, Landwirtschaftsgesetz usw.). Außerdem unterliegen die partiellen Ausnahmebereiche der Mißbrauchsaufsicht durch das Kartellamt.

Unbedenklich sind diese **Bereichsausnahmen** eigentlich nur bei der Kohle- und Stahlwirtschaft, für die die Wettbewerbsvorschriften des Montanvertrages gelten. Für die anderen Bereiche werden zwar „Besonderheiten" geltend gemacht, die es angeblich nicht zulassen, daß der Wettbewerb hier seine Funktionen erfüllt. Das Mißtrauen bezüglich der Berechtigung dieser Sonderregelungen ist jedoch weit verbreitet.

Bedenken gegen Bereichsausnahmen

So heißt es z. B.: „Verfolgt man die Entstehungsgeschichte der Ausnahmeregelungen, so wird deutlich, daß die in den §§ 99–103 GWB geregelten Freistellungen zum überwiegenden Teil tatsächlich nicht auf den behaupteten Besonderheiten, sondern vorwiegend auf dem außerordentlich starken Einfluß der betreffenden Wirtschaftszweige beruhen. Zum Teil handelt es sich hierbei aber auch um Märkte, in denen der Staat selbst in erheblichem Umfang als Anbieter von Leistungen auftritt. Beide Gründe haben insbesondere für die Freistellung der Verkehrswirtschaft eine bedeutende Rolle gespielt." (KOMMISSION FÜR WIRTSCHAFTLICHEN UND SOZIALEN WANDEL, Wirtschaftlicher und sozialer Wandel in der Bundesrepublik Deutschland, 1976, S. 761.)

5.7 Sanktionsmöglichkeiten des GWB

Sanktionsmöglichkeiten bestehen im wesentlichen aus Bußgeldern

In der Bundesrepublik gelten die Verstöße gegen die Verbote des GWB grundsätzlich nicht als Straftaten und damit nicht als kriminelles Unrecht, sondern nur als Ordnungswidrigkeiten (§§ 38, 39 GWB). Diese Ordnungswidrigkeiten werden mit Geldbußen bestraft. Der Bußgeldrahmen beläuft sich auf 1 Mill. DM und darüber hinaus auf das Dreifache des durch die Zuwiderhandlung erzielten Mehrerlöses.

So hat das Bundeskartellamt z. B. ein Verfahren gegen 13 Unternehmen des pharmazeutischen Großhandels und deren verantwortliche Personen wegen Rabattabsprachen durchgeführt. Insgesamt sind Bußgeldbescheide über 37,785 Millionen Mark rechtskräftig verhängt worden (Bericht des Bundeskartellamtes über seine Tätigkeit in den Jahren 1991/92, S. 37).

Daneben besteht eine Schadensersatzpflicht bei schuldhaften Verstößen gegen Schutzgesetze oder Schutzverfügungen, und schließlich kann unter bestimmten Voraussetzungen ein Unternehmen, das über ein Kartell z. B. den Zuschlag für ein Bauvorhaben erhält, wegen Submissionsbetrugs bestraft werden. Ein Beispiel aus jüngster Zeit ist das vom „Stern" aufgedeckte Kartell von vier Baufirmen im Stuttgarter Raum, die Preise und Auftragsquoten abgesprochen haben („Stern" vom 1. 12. 1994).

5.8 Beurteilung und Ausblick

Das GWB hat die ordnungspolitische Aufgabe, den Wettbewerb in unserer Volkswirtschaft zu sichern. Auch in seiner derzeitigen Fassung hat das Wettbewerbsgesetz indes starken Kompromißcharakter. So geht es zwar grundsätzlich vom Kartellverbot aus, kennt aber eine Reihe wichtiger funktionaler Ausnahmen – ganz abgesehen von den zahlreichen Bereichsausnahmen. Trotz der Abschaffung der Preisbindung der zweiten Hand für Markenartikel durch die Kartellnovelle vom August 1973 ist auch das Verbot vertikaler Wettbewerbsbeschränkungen nicht konsequent durchgeführt, insbesondere sind Preisempfehlungen weiter zulässig und praktisch an die Stelle der Preisbindungen getreten. Einen beachtlichen Fortschritt stellen die wesentlich verschärften Bestimmungen zur Fusionskontrolle dar. Zwangsentflechtungen von vor 1973 zustande gekommenen Zusammenschlüssen sind aber nicht möglich. Das Verbot der vom Gesetzgeber untersagten vertraglichen Wettbewerbsbeschränkungen wurde erweitert auf die aufeinander abgestimmten Verhaltensweisen.

Die 1990 in Kraft getretene fünfte Gesetzesänderung brachte weitere Verbesserungen:

Die Marktmacht wurde genauer definiert, es ist versucht worden, der Konzentration von Nachfragemacht im Handel etwas differenzierter gegenüberzutreten, bei den Ausnahmebereichen ist eine gewisse wettbewerbliche Auflockerung erzielt worden und die Umgehung des Fusionstatbestandes wurde erschwert.

Es fehlt indes nach Auffassung der Monopolkommission die Einbettung in ein Gesamtkonzept (Hauptgutachten der Monopolkommission 1988/1989, S. 17).

Generell können auch Änderungen des Gesetzestextes die grundsätzliche Schwierigkeit des Kartellamtes nicht beseitigen, Verstöße gegen das Gesetz beweisen zu müssen. Die Beweislast ist bei einem Kartell offensichtlich, aber auch Ausbeutungs- und Behinderungsmißbrauch ist in der Regel sehr schwer zu beweisen. Zudem ist jedenfalls das deutsche Kartellamt mit seinen rund 300 Mitarbeitern eine kleine, unzureichend ausgestattete Behörde.

Beweislast ist groß

C. Arbeitsaufgaben

1) *Definieren Sie folgende Begriffe:*
   - *Kartell,*
   - *Unternehmenszusammenschluß,*
   - *Preisbindung,*
   - *Ausschließlichkeitsbindung,*
   - *„enges" oder „reifes" Oligopol.*
2) *Inwiefern kann man beim GWB vom „Grundgesetz der Wirtschaftsordnung" sprechen?*
3) *Erläutern Sie das Konzept der optimalen Wettbewerbsintensität. Nennen Sie einige Beispiele.*
4) *Diskutieren Sie die Bedeutung eines freien Marktzutritts für den Wettbewerb.*
5) *Welche speziellen wettbewerbspolitischen Probleme ergeben sich im „engen" Oligopol?*
6) *Warum hat das Kartellamt seine Bemühungen, einen Preismißbrauch zu verfolgen, so gut wie aufgegeben?*
7) *Was verstehen Sie unter Behinderungsmißbrauch? Suchen Sie hierzu einige Beispiele aus dem Bericht des Bundeskartellamtes über seine Tätigkeit.*
8) *Welche Regelungen sieht das GWB bei Unternehmenszusammenschlüssen vor?*
9) *Stellen Sie dar, welche Kriterien das Kartellamt bei der Beurteilung einer Wettbewerbsbeschränkung verwendet und welche gegebenenfalls der Bundesminister für Wirtschaft bei einer Sondererlaubnis anwendet?*
10) *Wie wird in der Theorie und wie in der Praxis der relevante Markt abgegrenzt?*

Lösungsvorschläge für die Arbeitsaufgaben im „Übungsbuch zu Grundlagen und Probleme der Volkswirtschaft"

D. Literatur

Funktionen des Wettbewerbs, Konzept des Wettbewerbs und die Grundzüge der Wettbewerbspolitik werden knapp, aber doch umfassend dargestellt von

BERG, Hartmut, Wettbewerbspolitik, in: Vahlens Kompendium der Wirtschaftstheorie und Wirtschaftspolitik, Band 2, 5. Auflage, München 1992, S. 239–300.

Eher ökonomisch orientierte Lehrbücher sind

HERDZINA, Klaus, Wettbewerbspolitik, 4. Auflage, Stuttgart 1993

SCHMIDT, Ingo, Wettbewerbspolitik und Kartellrecht, 4. Auflage, Stuttgart, New York 1993.

Eher juristisch orientiert ist das Lehrbuch von

EMMERICH, Volker, Kartellrecht, 6. Auflage, München 1991, *das durch eine Fallsammlung ergänzt wird*

DERSELBE, Fälle zum Wahlfach Wettbewerbsrecht, 3. Auflage, München 1990.

Eine kurze Darstellung und Erläuterung des GWB bietet

BARTLING, Hartwig, Politik gegen Wettbewerbsbeschränkung, in: Wirtschaftswissenschaftliches Studium (WiSt), Heft 2, 1980, S. 97–103.

Zur Praxis der Wettbewerbspolitik in der Bundesrepublik informieren regelmäßig

BUNDESKARTELLAMT, Bericht des Bundeskartellamtes über seine Tätigkeit in den Jahren . . . (alle zwei Jahre)

MONOPOLKOMMISSION, Hauptgutachten . . . (alle zwei Jahre)

sowie monatlich die Zeitschrift

WIRTSCHAFT UND WETTBEWERB (WuW).

Über zahlreiche ausgewählte Märkte in der Bundesrepublik, wobei Fragen des Wettbewerbs immer eine zentrale Rolle spielen, liegen Analysen vor in

OBERENDER, Peter (Hrsg.), Marktstruktur und Wettbewerb in der Bundesrepublik Deutschland, München 1984 *und*

DERSELBE, (Hrsg.), Marktökonomie, Marktstruktur und Wettbewerb in ausgewählten Branchen der Bundesrepublik Deutschland, München 1989.

9. Kapitel
Grundaufbau und Bedeutung der Volkswirtschaftlichen Gesamtrechnung (VGR)

A. Lernzielorientierte Leitfragen und Fragenkomplexe

Leitfrage:
Welche Aufgabe und methodischen Grundlagen hat das Volkswirtschaftliche Rechnungswesen?

- *Welche Aufgabe hat das Volkswirtschaftliche Rechnungswesen?*
- *Wie gewinnt man ein überschaubares Bild vom wirtschaftlichen Geschehen in der Volkswirtschaft?*

Leitfrage:
Wie erfaßt man die Produktion und die Einkommensbildung einer Volkswirtschaft im Rahmen der Volkswirtschaftlichen Gesamtrechnung?

- *Wie ist der Grundaufbau eines Produktions-, Einkommens-, Vermögensänderungs- und Auslandskontos?*
- *Welche ökonomische Bedeutung haben die Begriffe Produktionswert, Vorleistungen, Bruttowertschöpfung, Abschreibungen, Nettowertschöpfung?*
- *Welche Besonderheiten sind bei der Produktion des Staates und der privaten Haushalte zu beachten?*
- *Welche Größe und Struktur haben Produktion und Einkommen in der Bundesrepublik?*

Leitfrage:
Wie erfaßt man in der VGR den Prozeß der Einkommensverteilung, -umverteilung und -verwendung?

Leitfrage:
Wie läßt sich der Prozeß der Vermögensbildung in der VGR darstellen?

B. Sachanalyse

1. Warum ein Volkswirtschaftliches Rechnungswesen?

In dem Kapitel über die Funktionsweise des marktwirtschaftlichen Systems wurde bereits gesagt, daß hier Millionen von privaten Wirtschaftseinheiten auf Grund eigener Zielvorstellungen im Rahmen der ihnen gesetzten Rahmendaten (wie technische Gegebenheiten, Steuersätze u. a.) unabhängig ihre Produktions-, Verbrauchs-, Investitions-, Finanzierungs- und sonstigen Wirtschaftspläne aufstellen.

Gesamtwirtschaftliche Ziele

In den marktwirtschaftlich orientierten Volkswirtschaften unserer Zeit sind indes die privaten Haushalte und Unternehmungen nicht die einzigen Akteure. Bekanntlich greift der Staat insbesondere zwecks Verwirklichung gesamtgesellschaftlicher Wertvorstellungen in das „freie Spiel der Kräfte" ein. Neben die Ziele der einzelnen Wirtschaftseinheiten treten damit die gesamtwirtschaftlichen Ziele wie Vollbeschäftigung, Preisstabilität, gerechte Einkommensverteilung.

Um diese gesamtwirtschaftlichen Ziele erreichen zu können, braucht der Staat vielfältige Informationen über die Ausgangssituation der Volkswirtschaft: über die Höhe der derzeitigen Produktion, über die bestehende Einkommens- und Vermögensverteilung, über die Bedeutung einzelner Wirtschaftsbereiche usw.

Volkswirtschaftliches Rechnungswesen: Buchhaltung der Volkswirtschaft

Volkswirtschaftliches Rechnungswesen ist nur in aggregierter Form sinnvoll

Diese Informationen bereitzustellen, ist eine wesentliche Aufgabe des **Volkswirtschaftlichen Rechnungswesens,** das man als die Buchhaltung der Volkswirtschaft ansehen kann und das viele Parallelen zur Buchhaltung eines einzelnen Unternehmens aufweist. Natürlich kann eine volkswirtschaftliche Buchhaltung nicht die unüberschaubare Vielzahl der individuellen Wirtschaftspläne bzw. -handlungen berücksichtigen. Vielmehr faßt man in einem ersten Schritt sämtliche gleichartigen Wirtschaftseinheiten zu einer Gruppe (Sektor) zusammen, so daß die gesamte Volkswirtschaft nur aus wenigen Sektoren besteht. In einem zweiten Schritt werden alle gleichartigen Vorgänge, die die Wirtschaftssubjekte des Sektors durchführen, zu einem Posten zusammengefaßt. So **aggregiert** man z. B. häufig sämtliche privaten Haushalte zum Sektor „private Haushalte" und weist für diesen Sektor alle Käufe an Konsumgütern in einem Posten „Konsum", alle Steuerzahlungen der Haushalte in einem Posten „Steuern" usw. aus.

Durch diese Zusammenfassung von Wirtschaftseinheiten und wirtschaftlichen Vorgängen gehen zwar Informationen verloren – so ist nach erfolgter Aggregation z. B. nicht mehr erkennbar, wieviel Konsumgüter der Haushalt Müller oder der Haushalt Meier gekauft haben – der große Vorteil dieses Vorgehens besteht jedoch darin, daß man ein **überschaubares Bild** von den wirtschaftlichen Vorgängen (Stromgrößen) und Bestandsgrößen in der Volkswirtschaft gewinnt. Das wirtschaftliche Geschehen und die Struktur der Volkswirtschaft werden praktisch „in großen Strichen" dargestellt.

Die Volkswirtschaftliche Gesamtrechnung (VGR) erfaßt systematisch die mit der Entstehung, Verteilung, Umverteilung und Verwendung von Sozialprodukt und Volkseinkommen verbundenen ökonomischen Aktivitäten einer Volkswirtschaft für eine abgelaufene Periode (ex post).

Der Begriff der VGR wird also – in Übereinstimmung mit dem Statistischen Bundesamt, das in der Bundesrepublik Deutschland für die Erstellung der Volkswirtschaftlichen Gesamtrechnung zuständig ist – auf eine **Strömungsrechnung** beschränkt. Da Sozialprodukt und Volkseinkommen international weitgehend übereinstimmend definiert sind, bestimmen diese Definitionen entscheidend, welche ökonomischen Vorgänge zu erfassen und wie diese zu klassifizieren sind.

VGR ist eine Strömungsrechnung

Ziel dieses und des nachfolgenden Kapitels ist es, die wichtigsten Zweige des volkswirtschaftlichen Rechnungswesens in ihren Grundzügen darzustellen und dabei Begriffe wie Sozialprodukt und Zahlungsbilanzsaldo, die in der wirtschaftspolitischen Tagesdiskussion eine besondere Rolle spielen, näher zu beleuchten. Gleichzeitig werden wir versuchen, dem Leser durch Verwendung aktuellen Zahlenmaterials einen Überblick über die Volkswirtschaft der Bundesrepublik Deutschland zu geben.

Das wichtigste Kriterium, nach dem die wirtschaftlichen Aktivitäten eines Sektors untergliedert werden, sind die sogenannten ökonomischen Funktionen, denen die Vorgänge zugeordnet werden. Obwohl die Gliederungstiefe der **Funktionsbereiche** in der VGR unterschiedlich gestaltet werden kann, hat sich die Unterscheidung der Funktionsbereiche (1) Produktion und Einkommensentstehung, (2) Einkommensverteilung, -umverteilung und -verwendung sowie (3) Vermögensbildung als besonders nützlich erwiesen.

Funktionsbereiche

Im folgenden behandeln wir den Aufbau der Funktionskonten, nämlich der **Produktions-, Einkommens- und Vermögensänderungskonten.** Dabei wird das Produktionskonto ausführlich dargestellt, da aus diesem Konto zahlreiche volkswirtschaftliche Größen abzuleiten sind. Die übrigen Konten werden aus Platzgründen nur in ihren Grundzügen dargestellt.

2. Produktion und Einkommensentstehung

2.1 Aufbau eines Produktionskontos

Auf dem Produktionskonto sollen, wie der Name schon andeutet, die gesamte Güterproduktion und die hiermit zusammenhängenden Aufwendungen des betrachteten Jahres erfaßt werden. Entsprechend wird auf der **Habenseite** des Produktionskontos der **Wert der gesamten Güterproduktion** (einschließlich Dienstleistungen) eines Sektors in einem Jahr verbucht. Dabei ist es für die Buchung auf dem Produktionskonto zunächst

Habenseite: Produktionswert

gleichgültig, ob diese Güter verkauft oder auf Lager genommen werden. Die Unterscheidung, ob die Güter verkauft oder im Unternehmen verblieben sind, ist nur für die Bewertung von Bedeutung: verkaufte Güter werden mit ihren Marktpreisen bewertet, während die im Unternehmen verbliebenen Güter zu Herstellkosten bewertet werden.

Marktpreisbewertung

Den Wert der zu Marktpreisen oder Herstellkosten bewerteten Produktion einer Periode bezeichnet man als den **Produktionswert.** Wegen der grundsätzlichen Dominanz der Verkäufe in einer Marktwirtschaft sprechen wir im folgenden überwiegend vom „Produktionswert zu Marktpreisen". Auf der Habenseite des Produktionskontos werden ebenfalls die empfangenen staatlichen Subventionen an Unternehmen erfaßt, da diese als ein Ausgleich für vom Markt nicht vergütete (d. h. in den Marktpreisen nicht enthaltene) Leistungen der Unternehmen aufgefaßt werden (was nicht unproblematisch ist). Häufig werden die Subventionen mit negativem Vorzeichen auf der Sollseite des Produktionskontos ausgewiesen, eine Konvention, der wir hier folgen wollen.

Sollseite – Vorleistungen

Da es in der VGR u. a. um die Ermittlung eines volkswirtschaftlichen **Netto-Produktionsmaßes** geht, muß man zunächst die **Vorleistungen,** das sind Sachgüter und Dienstleistungen, die inländische Produktionseinheiten von anderen in- und ausländischen Produktionseinheiten bezogen und im betrachteten Zeitraum im Zuge der Produktion verbraucht haben, vom Produktionswert abziehen und erhält die **Bruttowertschöpfung.** Sie stellt den Beitrag des Sektors zu einem ersten volkswirtschaftlichen Netto-Produktionsmaß, dem Bruttoinlandsprodukt zu Marktpreisen, dar. Neben den Vorleistungen muß der Anlagenbestand (z. B. der Maschinenpark) des Sektors zur Produktion der Güter eingesetzt werden. Der dabei entstehende Verzehr an dauerhaften Produktionsmitteln heißt Abschreibungen und muß ebenfalls auf der Sollseite des Produktionskontos erfaßt werden. Zieht man vom Beitrag des Sektors zum Bruttoinlandsprodukt zu Marktpreisen (also von seiner Bruttowertschöpfung) die **Abschreibungen** ab, so erhält man den **Beitrag des Sektors zum Nettoinlandsprodukt zu Marktpreisen.** Auf der Sollseite des Produktionskontos werden auch die indirekten Steuern erfaßt. Es handelt sich hierbei um die bei der Gewinnermittlung abzugsfähigen Steuern wie Umsatzsteuer, Verbrauchsteuern, Realsteuern und Zölle. Wird vom Beitrag des Sektors zum Nettoinlandsprodukt zu Marktpreisen der Saldo aus indirekten Steuern und Subventionen subtrahiert, so ergibt sich wieder der Beitrag des Sektors zum Nettoinlandsprodukt, diesmal allerdings **bewertet zu Faktorkosten (zu Faktorpreisen).** Man spricht auch von der **Nettowertschöpfung des Sektors.**

– Abschreibungen

– (Indirekte Steuern minus Subventionen)

– Nettowertschöpfung

Die Bewertung zu Faktorkosten stellt neben der Bewertung zu Marktpreisen eine häufig verwendete Bewertungsmethode in der VGR dar. Allgemein gilt: eine Bewertung zu Faktorkosten (-preisen) ist gleich einer Marktpreisbewertung minus der Differenz aus indirekten Steuern und Subventionen. Ziel der Faktorpreisbewertung ist es, die von den volkswirtschaftlichen Produktionsfaktoren Boden, Arbeit und Kapital abgegebenen Leistungen als Maßstab für die Bewertung der Produktion heranzuziehen und damit die „Verfälschungen“ durch indirekte Steuern und Subventionen zu eliminieren.

Habenseite: Produktionswert Marktpreisbewertung Sollseite:

Die Nettowertschöpfung kann man als Saldo des Produktionskontos auffassen. In Höhe der Nettowertschöpfung sind Einkommen durch die Produktion des Sektors entstanden. Diese sogenannten **Leistungs-** oder **Faktoreinkommen** schlagen sich als Löhne, Zinsen, ausgeschüttete und nicht ausgeschüttete Gewinne nieder. Wir unterscheiden hier nur zwei Einkommensarten: Einkommen aus unselbständiger Arbeit (das sind Löhne und Gehälter) und Einkommen aus Unternehmertätigkeit und Vermögen (das sind Zinsen sowie ausgeschüttete und nicht ausgeschüttete Gewinne). Zur Abkürzung sprechen wir häufig einfach von Löhnen bzw. Gewinnen.

Die Nettowertschöpfung eines Sektors, d.h. die durch seine Produktion geschaffenen Löhne und Gewinne repräsentieren den **Beitrag des Sektors zum Inlandseinkommen.**

Soll	Produktionskonto	Haben
Vorleistungen Abschreibungen Indirekte Steuern – Subventionen Nettowertschöpfung		Produktionswert
Produktionswert	=	Produktionswert

Wichtig ist zu erkennen, daß jede Produktion „zwei Seiten“ hat: die Güter, die „netto“ (d.h. neu und zusätzlich) produziert werden, und die Einkommen, die gleichzeitig im Zuge der Produktion geschaffen werden. Sieht man von den indirekten Steuern und Subventionen ab, so entspricht der Wert der von einem Sektor neu und zusätzlich (d.h. über die eingesetzten Vorleistungen und Abschreibungen hinaus) geschaffenen Güter genau den im Zuge der Produktion insgesamt geschaffenen Einkommen. Hier hat die grundsätzliche **Symmetrie** zwischen Einkommens- und Netto-Produktionsgrößen in der VGR ihre Wurzel. Indirekte Steuern und Subventionen stören diese Symmetrie nur deshalb, weil sie in der VGR nicht als Faktoreinkommen des Staates, sondern als Nettotransfers an den Staat angesehen werden. Dies führt dazu, daß der Marktwert der zusätzlich und neu produzierten Güter um die indirekten Steuern, vermindert um die Subventionen, von den entstandenen Einkommen abweicht.

Zwei Seiten der Produktion: neue und zusätzliche Güter, geschaffene Einkommen

2.2 Besonderheiten beim Produktionskonto der Sektoren Staat und Private Haushalte

Das Produktionskonto ist zugeschnitten auf die wirtschaftliche Tätigkeit von Produktionsunternehmungen, die auch einen Großteil der Produktion der Volkswirtschaft erstellen. Neben den Unternehmen produzieren indes auch der Sektor Staat und die Privaten Haushalte. Von besonderer Bedeutung ist dabei die **staatliche Produktion.** Da die staatlichen Unternehmungen überwiegend zum Unternehmenssektor gerechnet werden, könnte man der Meinung sein, daß der Staat keine Güter produzieren würde. Wir haben aber schon im ersten Kapitel dieses Buches die öffentlichen oder Kollektiv-Güter wie öffentliche Sicherheit (nach innen und außen), Nutzung der Verkehrswege, Ausbildungsmöglichkeiten und ähnliche kennengelernt. Diese Güter werden vom Staat mit Hilfe seiner Arbeitskräfte (Beamte, Arbeiter und Angestellte), Gebäude und sonstigen Anlagen (Straßen, Wasserwege, Schulen, Universitätsgebäude) sowie der von ihm eingekauften Vorleistungen (Bleistifte der Beamten) produziert und der Öffentlichkeit normalerweise ohne direktes Entgelt zur Verfügung gestellt. Zwar zahlt der Bürger Steuern für diese staatlichen Leistungen, jedoch läßt sich hier keine unmittelbare Zuordnung zwischen Steuern und Inanspruchnahme der öffentlichen Güter herstellen. So ist es z. B. für Ihre Steuerschuld unerheblich, ob Ihre Kinder höhere Schulen besuchen, ob Sie häufig oder selten den Stadtpark benutzen. Die vom Staat produzierten Güter müssen - wenn man die Produktion der Volkswirtschaft vollständig erfassen will - auf der Habenseite des staatlichen Produktionskontos verbucht werden. Da diese Güter nicht verkauft werden, haben sie keinen Marktwert, und es erhebt sich die Frage, wie man ihren Wert feststellen kann. Man behilft sich hier, indem man die bei ihrer Produktion entstehenden Kosten addiert: Löhne und Gehälter des Staates, Abschreibungen auf öffentliche Gebäude und Anlagen, Vorleistungskäufe des Staates. Zu den Vorleistungen des Staates rechnet man auch die Käufe von militärischen Gütern wie Flugzeuge, Panzer, Kanonen usw., mit denen der Staat mit Hilfe weiterer Produktionsfaktoren das Gut „äußere Sicherheit“ produziert. Eine Ausnahme bilden lediglich Militärflughäfen und Kasernen, die zu den staatlichen Investitionen gehören.

Kollektivgüter stellt der Staat den Unternehmungen und Haushalten „unentgeltlich“ zur Verfügung

Bewertungsproblem bei öffentlichen Gütern

Als nächstes muß gefragt werden, wer die staatliche Produktion in Anspruch nimmt, d. h. verbraucht. Genaugenommen müßte sie den entsprechenden privaten Haushalten als Konsum und den Unternehmen als Vorleistungen zugerechnet werden. Da es hier aber an einem geeigneten Aufteilungsschlüssel fehlt, tut man so, als ob der Staat diese Güter selbst verbrauchen würde und bezeichnet die entsprechende Produktion auch als **staatlichen Konsum** (Eigenverbrauch).

Die Bezeichnung „staatlicher Konsum“ ist nicht ganz korrekt

Neben den der Volkswirtschaft unentgeltlich zur Verfügung gestellten Gütern produziert der Staat in geringem Umfang auch Güter, die verkauft werden, ohne daß er hierdurch zum Unternehmer wird. Es handelt sich hier vor allem um staatliche Dienstleistungen, die gegen Gebühren „verkauft" werden (Paßgebühren, Heiratsurkundengebühren, Anliegerbeiträge usw.).

Private Produktion der Haushalte bleibt weitgehend unberücksichtigt

Schwierigkeiten ergeben sich auch bei der Erfassung der Produktion der Haushalte. Soweit Haushalte als Arbeitnehmer ihre Dienstleistungen bei Unternehmen oder staatlichen Stellen erbringen, wirken sie bei der Produktion dieser Sektoren mit. Unberücksichtigt bleiben aber die vielfältigen Produktionsaktivitäten, die Menschen im Rahmen ihrer Haushalte ohne monetäres Entgelt durchführen (Essen kochen, Wohnungen putzen, selbst durchgeführte Malerarbeiten u. ä.). Diese stellen strenggenommen eine Produktion dar und müßten deshalb auf dem Produktionskonto der Haushalte erfaßt werden. Da man nun aber nicht weiß, mit welchem Wert man diese Produktion ansetzen soll und wo man die Grenze zwischen Freizeitbeschäftigung und Produktion ziehen soll, läßt man diese Produktion nach internationaler Übereinkunft unberücksichtigt.[1]) Erfaßt wird lediglich die Produktion, die Hausangestellte erbringen, da man hier in Form ihrer Gehälter einen guten Bewertungsmaßstab hat. Ein weiteres Problem stellt die Erfassung der durchaus marktgerichteten wirtschaftlichen Aktivitäten dar, die im Gegensatz zur Eigenwirtschaft der privaten Haushalte jedoch illegal sind (Schattenwirtschaft bzw. „underground economy", Schwarzarbeit).

Auf gleicher Ebene wie die Tätigkeit der Hausfrauen liegt prinzipiell

- die Produktion der Landwirtschaft, die in den bäuerlichen Haushalten direkt verbraucht wird, ohne über den Markt zu laufen,
- das Gut Wohnungsnutzung, das in den Einfamilienhäusern und Eigentumswohnungen produziert und von den Eigentümern selbst verbraucht wird.

Da man in beiden Fällen über entsprechendes statistisches Zahlenmaterial verfügt, wird diese Produktion – im Gegensatz zur Hausarbeit – nach internationaler Übereinkunft in der Volkswirtschaftlichen Gesamtrechnung erfaßt, um die Vergleichbarkeit der Rechnungen zu gewährleisten (Eigenkonsum der Landwirtschaft und Mietwert der von Eigentümern bewohnten Gebäude).

Zur Illustration der obigen Ausführungen und um einen ersten Eindruck von den Größenordnungen der im Bereich der Produktion zu erfassenden Wertströme zu gewinnen, betrachten wir die (leicht veränderten) Produktionskonten für Sektoren Unternehmen, Haushalte und Staat für das Jahr 1993.[2])

---

1) Um der unbefriedigenden Situation zu begegnen, entwickelt das Statistische Bundesamt ein Satellitensystem „Haushaltsproduktion" zur VGR. Für 1992 ermittelte das Statistische Bundesamt für die unbezahlte Hausarbeit eine Wertschöpfung von 1.051 Mrd. DM, d.h. mehr als ein Drittel des offiziell ausgewiesenen Sozialprodukts. Bewertet wurde die Stunde Hausarbeit mit dem Lohn einer Hauswirtschafterin von 25,– DM.

2) Quelle: Statistisches Jahrbuch für die Bundesrepublik Deutschland 1994, S. 680 ff und lt. Auskunft des Statistischen Bundesamtes.

Produktionskonto Unternehmen (Mrd. DM)[1]

Vorleistungen	3.654		
Abschreibungen	355		
Indirekte Steuern[2])	256	Produktionswert	6.035
Nettowertschöpfung	1.770		
	6.035		6.035

Produktionskonto Staat (Mrd. DM)

Vorleistungen	311		
Abschreibungen	20	Produktionswert	611
Wertschöpfung	280		
	611		611

Produktionskonto Private Haushalte[3]) (Mrd. DM)

Vorleistungen	31		
Abschreibungen	5	Produktionswert	106
Wertschöpfung	70		
	106		106

1) Früheres Bundesgebiet.
2) Abzüglich der Subventionen und einschließlich der nicht abzugsfähigen Umsatzsteuer und Einfuhrabgaben.
3) Einschließlich der privaten Organisationen ohne Erwerbscharakter, wie Kirchen, Gewerkschaften und politische Parteien. Von den offiziellen Zahlen ergeben sich durch mehrfache Rundungen leichte Abweichungen.

Eine Betrachtung der Konten zeigt, daß der **Produktionswert** der Volkswirtschaft – also das, was insgesamt im Jahre 1993 in der Bundesrepublik Deutschland (alte Bundesländer) produziert worden ist – 6.752 Mrd. DM, also über 6,7 Billionen DM beträgt. Die Vorleistungen machen knapp 60 % des Produktionswertes aus, was die Bedeutung der Eliminierung der Vorleistungen bei der Bestimmung eines Netto-Produktionsmaßes unterstreicht. Der überwiegende Anteil des Produktionswertes (90 %) wird von Unternehmen erzeugt. Beachtlich ist noch der Anteil des Staates (9 %), während der Anteil der Privaten Haushalte nur 1,6 % beträgt. Das liegt im wesentlichen an zwei Dingen:

(1) Ein Großteil der Produktion der Haushalte läuft nicht über den Markt und wird daher nicht in der Volkswirtschaftlichen Gesamtrechnung erfaßt.

(2) Der Wert der Arbeitskraft, die die Arbeitnehmer produzieren, wird nicht als Produktionswert der Haushalte und als Vorleistungen der Unternehmen angesehen. Vielmehr werden die auch mit der Arbeitskraft in den Unternehmen produzierten Güter vollständig als Produktionswert der Unternehmen behandelt.

2.3 Nationales Produktionskonto

Wir vollziehen nun den Übergang von der sektoralen zur **gesamtwirtschaftlichen Betrachtungsweise,** indem wir sämtliche Produktionssektoren in der Volkswirtschaft zusammenfassen, um das Nationale Produktionskonto zu erhalten. Faßt man sämtliche Produktionskonten der inländischen Wirtschaftseinheiten zusammen, so kann man die Vorleistungslieferungen zwischen inländischen Produzenten **(intranationale Vorleistungslieferungen),** die auf der Soll- und der Habenseite aufgeführt werden, gegeneinander aufrechnen (konsolidieren). Üblicherweise werden die importierten Vorleistungen nicht auf der Sollseite, sondern – was gleichbedeutend ist – mit negativem Vorzeichen auf der Habenseite ausgewiesen. So ergibt sich das folgende **Nationale Produktionskonto** auf **Inlandsbasis;** auf Inlandsbasis, weil nur die Produktionsaktivitäten innerhalb der geographischen Grenzen des Landes berücksichtigt werden.

Konsolidierung intranationaler Vorleistungslieferungen

Nationales Produktionskonto (Inlandbasis)

Abschreibungen	Privater Konsum aus inländischer Produktion
Indirekte Steuern – Subventionen	Bruttoinvestitionen aus inländischer Produktion Selbsterstellte Anlagen Verkäufe an Unternehmen Verkäufe an den Staat
Inlandseinkommen (= Summe der inländischen Nettowertschöpfungen)	Staatskonsum
	Exporte (Sachgüter- und Dienstleistungsexporte ohne die Exporte von Faktorleistungen – Importe (Vorleistungskäufe aus dem Ausland)
Bruttoinlandsprodukt zu Marktpreisen	Bruttoinlandsprodukt zu Marktpreisen

Das Konto zeigt, daß das **Bruttoinlandsprodukt zu Marktpreisen** von der **Verwendungsseite** als Summe des Wertes der **aus inländischer Produktion stammenden Endprodukte** (Konsum, Bruttoinvestitionen, Exporte)

Bruttoinlandsprodukt von der Verwendungsseite …

vermindert um die Vorleistungsimporte bestimmt ist. Das Inlandsprodukt ist ein wichtiges volkswirtschaftliches Nettoproduktionsmaß.

... und der Entstehungsseite

Betont man den Einkommensaspekt der gesamtwirtschaftlichen Produktion, die sogenannte **Entstehungsseite,** so ist das Bruttoinlandsprodukt zu Marktpreisen als Summe von Inlandseinkommen, indirekten Steuern (minus Subventionen) und Abschreibungen definiert. Zieht man die Abschreibungen ab, so ergibt sich das **Nettoinlandsprodukt zu Marktpreisen.** Vermindert man dieses um die indirekten Steuern, vermindert um die Subventionen, erhält man das **Nettoinlandsprodukt zu Faktorkosten**, das also dem Inlandseinkommen entspricht. Das Inlandseinkommen spaltet sich auf in im Inland entstandene Einkommen aus unselbständiger Arbeit und in (im Inland entstandene) Einkommen aus Unternehmertätigkeit und Vermögen.

Inländerkonzept

In **international verflochtenen Volkswirtschaften** ist es die Regel, daß Teile der im Inland entstandenen Einkommen an Ausländer fließen (z. B. als Löhne für Grenzgänger, die im Ausland leben, aber im Inland arbeiten, oder als Kapitalerträge ausländischer Unternehmen, die an inländischen Unternehmen beteiligt sind) und Inländer an der Nettowertschöpfung im Ausland partizipieren. Diesen Faktoreinkommen vom Inland an Ausländer bzw. vom Ausland an Inländer entsprechen wertgleiche Faktorleistungsimporte bzw. -exporte. Addiert man auf beiden Seiten des Nationalen Produktionskontos die vom Ausland an Inländer gezahlten Faktoreinkommen und subtrahiert die vom Inland an Ausländer gezahlten Faktoreinkommen, so erhält man eine Produktions- und Einkommensrechnung auf **In-**

Nationales Produktionskonto (Inländerbasis)

Abschreibungen	Privater Konsum
Indirekte Steuern – Subventionen	Bruttoinvestitionen
Volkseinkommen	Staatskonsum
	Exporte (Sachgüter- und Dienstleistungsexporte einschließlich der Faktoreinkommen vom Ausland an Inländer)
	– Importe (Vorleistungs-, Konsumgüter- und Investitionsgüterkäufe einschließlich der Faktoreinkommen vom Inland an das Ausland)
Bruttosozialprodukt zu Marktpreisen	Bruttosozialprodukt zu Marktpreisen

länderbasis. Darin sind das Inländerprodukt, das sogenannte **Sozialprodukt,** und Inländereinkommen **(Volkseinkommen)** ausgewiesen.

Man beachte, daß auf diesem Konto der gesamte inländische Konsum und die gesamte inländische Bruttoinvestition – und nicht nur die aus inländischer Produktion stammenden Güter – ausgewiesen sind. Kompensierend werden importierte Konsum- und Investitionsgüter bei den Importen mit abgezogen, so daß das Sozialprodukt nicht verfälscht wird.

Die vielleicht etwas verwirrend erscheinenden Schritte zur Berechnung der unterschiedlichen Varianten der beiden volkswirtschaftlichen „Netto"-Produktionsmaße Inlands- und Sozialprodukt sollen zusammenfassend noch einmal systematisiert werden. Die unterschiedlichen Inlands- bzw. Sozialproduktsgrößen (und, wegen der erläuterten Symmetrie, auch die Inlands- und Volkseinkommensgrößen) unterscheiden sich durch drei Kriterien, die zum Teil kombiniert zur Anwendung kommen:

(1) Die Anwendung des **Inlands-** oder des **Inländerkonzepts.** Bei letzterem werden die Faktoreinkommen ans (vom) Ausland subtrahiert (addiert). Je nach dem verwendeten Konzept hat man es einerseits mit dem Produktionswert, dem **Inlands**produkt bzw. dem **Inlands**einkommen oder andererseits mit dem **Sozial**produkt bzw. **Volks**einkommen zu tun.

(2) Dem Grad, in dem die Produktion **„netto"** gemessen wird. Werden nur die Vorleistungen oder die Vorleistungen **plus** den Abschreibungen vom Produktionswert (bzw. vom Produktionswert plus der Netto-Faktoreinkommen aus dem Ausland) abgezogen? Entsprechend ergibt sich das **Brutto-** oder **Netto-**Inlandsprodukt bzw. das **Brutto-** oder **Netto-Sozialprodukt.**

(3) Die **Bewertung** der Produktion zu Marktpreisen oder zu Faktorkosten. Dabei gilt: Bewertung zu Faktorkosten = Bewertung zu Marktpreisen minus (Indirekte Steuern minus Subventionen). Es ergeben sich Inlands- bzw. Sozialproduktsgrößen **zu Marktpreisen** oder **zu Faktorkosten**.

Abbildung 9.1 veranschaulicht die Zusammenhänge.

3. Einkommensverteilung, -umverteilung und -verwendung

3.1 Aufbau eines Einkommenskontos

Neben der Produktion werden auch die Einkommen und deren Verwendung auf einem Konto, dem sogenannten Einkommenskonto, erfaßt. Dieses übernimmt auf der **Habenseite** den Saldo des Produktionskontos (die Nettowertschöpfung). Außerdem werden auf der Habenseite die dem Sektor von anderen Sektoren (einschließlich Ausland) zufließenden **Faktoreinkommen** ausgewiesen. Schließlich kann der Sektor **Transfers** von anderen Sektoren empfangen. Darunter fallen z. B. Renten, Arbeitslosengeld und Sozialhilfezahlungen an die privaten Haushalte oder Steuern an den Staat.

Habenseite:

Nettowertschöpfung

Faktoreinkommen

Transfers

<table>
<tr><td colspan="4">Produktionswert zu Marktpreisen</td><td></td></tr>
<tr><td>Vorleistungen</td><td colspan="3">Brutto-Inlandsprodukt zu Marktpreisen
(= Bruttowertschöpfung)</td><td></td></tr>
<tr><td></td><td>Abschreibungen</td><td colspan="2">Netto-Inlandsprodukt
zu Marktpreisen</td><td></td></tr>
<tr><td></td><td></td><td>Ind. Steuern
minus
Subventionen</td><td>Netto-Inlandsprodukt
zu Faktorkosten
= Inlandseinkommen</td><td></td></tr>
<tr><td></td><td></td><td></td><td>Netto-Inlandsprodukt
zu Faktorkosten</td><td>Faktoreinkommen
vom Ausland minus
Faktoreinkommen
ans Ausland</td></tr>
<tr><td></td><td></td><td></td><td colspan="2">Netto-Sozialprodukt
zu Faktorkosten
= Volkseinkommen</td></tr>
<tr><td></td><td></td><td colspan="3">Netto-Sozialprodukt
zu Marktpreisen</td></tr>
<tr><td></td><td colspan="4">Brutto-Sozialprodukt zu Marktpreisen</td></tr>
</table>

Abb. 9.1: Varianten volkswirtschaftlicher Netto-Produktionsmaße

Die **Sollseite** gibt Auskunft darüber, wie die Einkommen aufgeteilt werden: Die Haushalte und der Staat konsumieren, und es werden von den Sektoren **Faktoreinkommens- und Transferzahlungen** geleistet.[1] Als Saldo ergibt sich die (positive oder negative) **Ersparnis** aller Sektoren.

Sollseite:
- Faktoreinkommen
- Transfers
- Konsum
- Ersparnis

Einkommenskonto eines Sektors

	Nettowertschöpfung
Geleistete Faktoreinkommen	Empfangene Faktoreinkommen
Geleistete Transfers (ohne indirekte Steuern)	Empfangene Transfers (Ohne Subventionen)
Konsum	
Ersparnis	
Summe =	Summe

Bei diesem Konto ist – wie bei den meisten übrigen Konten – zu beachten, daß einige Posten für einzelne Sektoren einen Wert von Null haben können. So sind z. B. für den Sektor Private Haushalte die Nettowertschöpfung und die geleisteten Faktoreinkommen von einer vernachlässigbaren Größe. Beim Staat spielen die Subventionen und auch die indirekten Steuern eine beachtliche Rolle, nicht dagegen für die Privaten Haushalte.

3.2 Nationales Einkommenskonto

Auf **gesamtwirtschaftlicher Ebene** können bei der Aggregation der sektoralen Einkommenskonten die intranationalen Einkommens- und Transferströme saldiert werden. Dies gilt allerdings nicht für die empfangenen indirekten Steuern und die geleisteten Subventionen, da die Gegenpositionen auf dem Produktionskonto erfaßt sind. Man erhält das **Nationale Einkommenskonto:**

Gesamtwirtschaftliches Einkommenskonto

Auf der Sollseite des Kontos ergibt sich die **Aufteilung** des Nettosozialproduktes: Die Volkswirtschaft als Ganzes kann ihre im Inland geschaffenen Faktoreinkommen, erhöht um die Netto-Faktoreinkommen aus dem Ausland und den Saldo aus indirekten Steuern und Subventionen, entweder konsumieren, netto transferieren oder sparen.

Die Habenseite des Kontos gibt noch einmal die schon erläuterten Zusammenhänge zwischen Inlands- und Inländerkonzept sowie zwischen Faktorpreis und Marktpreisbewertung wieder.

---

[1]) Als Transfers werden in diesem Kapitel nur sog. laufende Transfers berücksichtigt und damit sog. Vermögenstransfers als nicht existent angesehen.

Nationales Einkommenskonto

Konsum der privaten Haushalte des Staates	Summe der Wertschöpfungen (Inlandseinkommen)
Transferzahlungen vom Inland an das Ausland – Transferzahlungen vom Ausland an das Inland	+ Faktoreinkommen vom Ausland an Inländer – Faktoreinkommen vom Inland an Ausländer = Volkseinkommen
Ersparnis	Indirekte Steuern – Subventionen
Nettosozialprodukt zu Marktpreisen	Nettosozialprodukt zu Marktpreisen

4. Vermögensänderung

Reinvermögen = Sachvermögen + Geldvermögen

Das Reinvermögen einer Wirtschaftseinheit (Ersparnis) ist definiert als die Summe aus dem Sachvermögen und dem Geldvermögen. Geldvermögen entsteht, wenn die Forderungen größer sind als die Verbindlichkeiten. Jeder Änderung des Reinvermögens muß die Summe der Änderungen des Sach- und Geldvermögens entsprechen. Diese Bestandsveränderungen werden auf dem Vermögens(ver)änderungskonto eines Wirtschaftssubjektes erfaßt; sie beschreiben insgesamt den Vorgang der **Vermögensbildung.** Allerdings sind einige terminologische Besonderheiten zu beachten: In der Sprache der VGR heißt die Sachvermögensänderung „Nettoinvestition" und die Geldvermögensänderung „Finanzierungssaldo". Aufgrund der funktionalen Gliederung der VGR wird kein Sachvermögen der privaten Haushalte ausgewiesen. Wohnungseigentum würde nicht dem Haushalts-, sondern dem Unternehmenssektor zugeordnet werden. Für private Haushalte ist damit ihre Ersparnis identisch mit der Geldvermögensänderung.

Vermögensänderungskonto eines Sektors

Bruttoinvestitionen	Ersparnis
Finanzierungssaldo	Abschreibungen
Summe	= Summe

Die Aggregation über sämtliche inländischen Wirtschaftseinheiten führt zum **Nationalen Vermögensänderungskonto,** das ähnlich aufgebaut ist wie das obige Konto, so daß es hier nicht gesondert dargestellt wird.

Man erkennt jedoch, daß bei einem Finanzierungssaldo von Null, der in einer geschlossenen Volkswirtschaft immer gegeben ist (da die Forderungen und Verbindlichkeiten und damit auch deren Veränderungen sich innerhalb des Inlands immer entsprechen), gilt:

Ex-post-Identität von Nettoinvestitionen und Ersparnis

Bruttoinvestitionen – Abschreibungen = Ersparnis

Nettoinvestitionen = Ersparnis

Diese wichtige Ex-post-Identität leuchtet auch unmittelbar ein, da die Reinvermögensänderung in einer geschlossenen Volkswirtschaft nur in der Änderung ihres Sachvermögens bestehen kann.

5. Einbeziehung des Auslands

Hochaggregiertes Auslandskonto

Bislang wurden überwiegend die Vorgänge zwischen inländischen Wirtschaftseinheiten betrachtet. Um das System der VGR zu schließen, wird ein weiterer Pol benötigt, welcher die „zweite Seite" der aus den ökonomischen Aktivitäten zwischen In- und Ausländern resultierenden Ströme zu erfassen gestattet. Dieser Pol oder Sektor ist das **Ausland** („Rest der Welt"), dessen wirtschaftliche Tätigkeiten mit Inländern in komprimierter Form auf einem Konto „Ausland" erfaßt werden. Auf der **Sollseite** werden die Posten aufgeführt, welche prinzipiell zu einem monetären Strom in das Inland führen, nämlich die **Exporte** von Gütern und Dienstleistungen einschließlich der Faktoreinkommen vom Ausland an Inländer sowie **Transferzahlungen aus dem Ausland.** Die **Habenseite** enthält die monetären Abflüsse, die aufgrund der **Importe** von Gütern und Dienstleistungen sowie der Faktoreinkommenszahlungen und **Transfers an Ausländer** entstehen. Als Saldo ergibt sich das **Finanzierungsdefizit** des Auslandes (Inlandes) mit positivem (negativem) Vorzeichen auf der Habenseite.

Auslandskonto

Exporte (einschließlich der Faktoreinkommen vom Ausland an Inländer)	Importe (einschließlich der Faktoreinkommen vom Inland an Ausländer)
Transfers vom Ausland an Inländer	Transfers vom Inland an Ausländer
Summe =	Summe

6. Kreislaufbild der ökonomischen Aktivitäten

Die oben auf Konten vorgenommene Darstellung der ökonomischen Aktivitäten läßt sich sehr plastisch auch in Form einer Graphik, eines sogenannten **Kreislaufbildes,** darstellen. Geht man von dem oben gewählten hohen Aggregationsgrad aus, so sind im einfachsten Falle als „Pole" dieses Kreislaufs die volkswirtschaftlichen Funktionsbereiche Produktion, Einkommen, Vermögensbildung sowie das Ausland zu berücksichtigen. Abb. 9.2 gibt eine Darstellung des entsprechenden Kreislaufs.

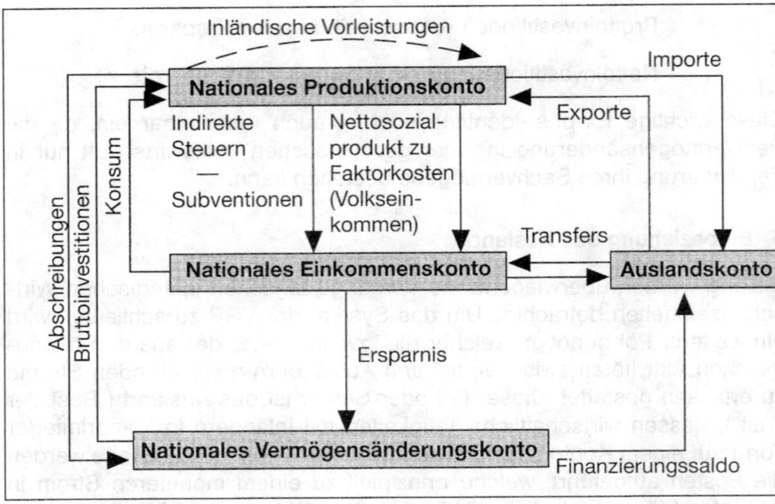

Abb. 9.2: Kreislaufbild der ökonomischen Aktivität einer Volkswirtschaft (rein funktionale Gliederung)

Noch informativer wird die Darstellung bei Disaggregation und damit expliziter Berücksichtigung der inländischen Sektoren. Allerdings wird das Kreislaufbild dann sehr bald unübersichtlich. Wir wollen hier auf eine solche Darstellung verzichten.

7. Erweiterungen und Probleme

Im Kontensystem des Statistischen Bundesamtes wird eine stärkere als die hier gezeigte funktionale Disaggregation durchgeführt: So spaltet sich das oben vorgestellte Produktionskonto in ein Produktions- und ein Einkommensentstehungskonto, und das Einkommenskonto wird in ein Einkommensverteilungs-, -umverteilungs- und -verwendungskonto disaggregiert. Das Kontensystem des Statistischen Bundesamtes sieht dann wie in Abbildung 9.3 dargestellt aus.

Nur marktgerichtete Produktion wird erfaßt

Abschließend sei darauf hingewiesen, daß es zentrale Abrenzungsschwierigkeiten in der VGR gibt. So wird nur die **marktgerichtete Produktion** erfaßt. Dies bedeutet, daß z.B. Hausarbeit, sofern sie nicht von Hausangestellten verrichtet wird, in der VGR nicht berücksichtigt wird. Zentral ist ferner die genaue Abgrenzung der **Vorleistungen,** ein Problem, das teilweise mit der Abgrenzung des Produktionsbegriffs zusammenhängt. Würde man z.B. die nicht-marktgerichtete Produktion der Haushalte in den Produktionswert einbeziehen, so würden einige, jetzt als Konsum klassifizierte Güterkäufe zu Vorleistungen. Quantitativ noch bedeutsamer wären die Auswirkungen, wenn man das Erbringen von Arbeitsleistungen gegen Entgelt als Produktion des Haushaltes auffassen würde. Auch die Behandlung des **staatlichen Konsums** in der VGR ist problematisch: Sieht man Produktion und Konsum von Unternehmungen

Problematische Abgrenzung der Vorleistungen

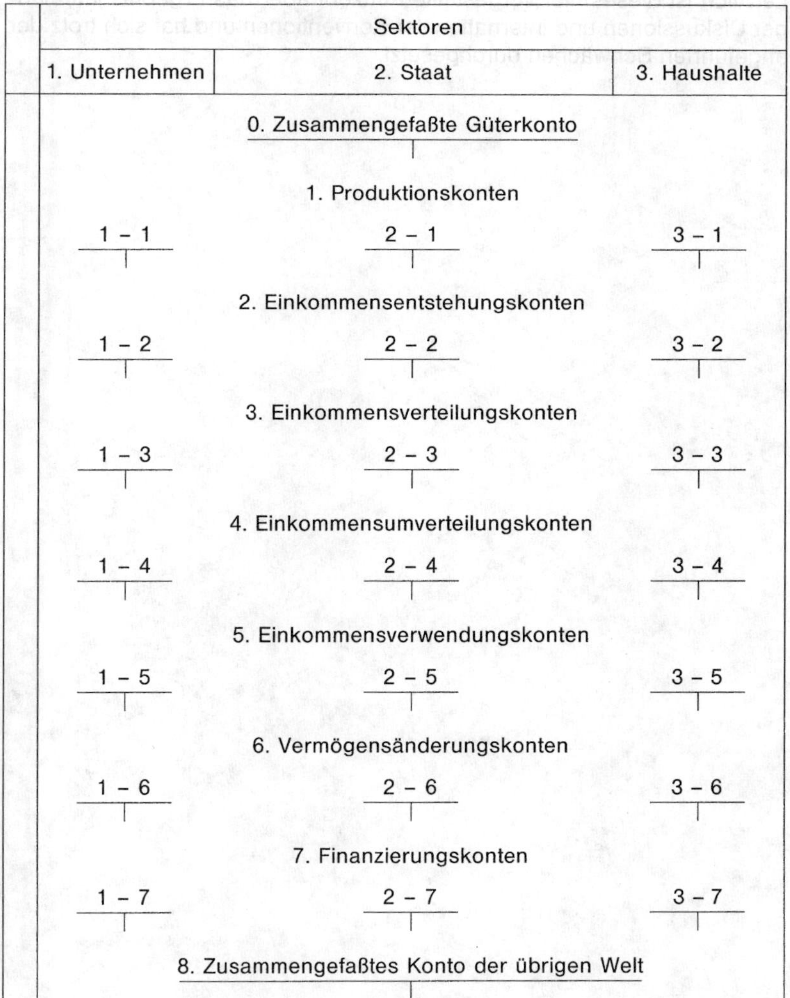

Abb. 9.3: Kontensystem des Statistischen Bundesamtes

Problematische Behandlung des staatlichen Konsums

und Haushalten im weiteren Rahmen eines gesellschaftlichen Prozesses, so haben viele staatliche Dienstleistungen Vorleistungscharakter und sind nicht – wie in der VGR unterstellt – Endprodukte. Diskussionswürdig ist auch die in der VGR vorgenommene Behandlung der indirekten Steuern und Subventionen als Transfers. Denn man könnte sie auch als Entgelt für die Lieferung bestimmter staatlicher Vorleistungen oder für die Leistungen eines spezifischen staatlichen Produktionsfaktors – und damit als Faktoreinkommen – ansehen.

Letztlich ist dieses hier vorgestellte Konzept aber das Ergebnis jahrelanger Diskussionen und internationaler Konventionen und hat sich trotz der angeführten Schwächen durchgesetzt.

C. Arbeitsaufgaben

1) *Klären Sie folgende Begriffe:*
   - *Produktionswert,*
   - *Vorleistungen,*
   - *Bruttowertschöpfung,*
   - *Abschreibungen,*
   - *Indirekte Steuern,*
   - *Subventionen,*
   - *Nettowertschöpfung.*
2) *Was ist die Aufgabe des Volkswirtschaftlichen Rechnungswesens?*
3) *Welche Bedeutung hat die Aggregation für das Volkswirtschaftliche Rechnungswesen?*
4) *Beschreiben Sie den Grundaufbau*
   - *eines Produktionskontos,*
   - *eines Einkommenskontos,*
   - *eines Vermögensänderungskontos.*
5) *Warum ist es begrifflich nicht korrekt, den Verbrauch der vom Staat unentgeltlich bereitgestellten Dienstleistungen als „staatlichen Konsum" zu bezeichnen?*
6) *Nennen Sie Beispiele für nicht über Märkte laufende Sachgüter- und Dienstleistungsproduktionen privater Haushalte.*
7) *Zeigen Sie, daß in einer geschlossenen Volkswirtschaft ex post die Nettoinvestitionen gleich der Ersparnis sind.*
8) *Wie kommt es in der VGR zu der grundsätzlichen Symmetrie von Volkseinkommen und Nettosozialprodukt (zu Faktorkosten)?*
9) *Das Sozialprodukt soll ein Netto-Produktionsmaß für die gesamte Volkswirtschaft sein. Wie wird dies erreicht?*
10) *„Eine Erhöhung der Beamtengehälter erhöht ceteris paribus das Nettosozialprodukt." Nehmen Sie Stellung zu dieser Behauptung.*

Lösungsvorschläge für die Arbeitsaufgaben im „Übungsbuch zu Grundlagen und Probleme der Volkswirtschaft".

D. Literatur

Einen ersten Überblick über die wichtigsten Probleme, vor allem unter Berücksichtigung des Kreislaufschemas, geben:

BASSELER, Ulrich, Grundsystematik der Volkswirtschaftlichen Gesamtrechnung: Die einzelwirtschaftliche Perspektive, in: Das Wirtschaftsstudium, 4/1991, S. 313–322

BASSELER, Ulrich, Grundsystematik der Volkswirtschaftlichen Gesamtrechnung: Die gesamtwirtschaftliche Perspektive, in: Das Wirtschaftsstudium, 5/1991, S. 390–395

HÜBL, Lothar, Wirtschaftskreislauf und Gesamtwirtschaftliches Rechnungswesen, in: Vahlens Kompendium der Wirtschaftstheorie und Wirtschaftspolitik, Bd. 1, 5. Aufl., München 1992, S. 49–85

HÜBL, Lothar, Die Aktivitätskonten der VGR, in: Wirtschaftswissenschaftliches Studium, 9/1990, S. 426–430.

Ansonsten muß auf die Standardliteratur zum Volkswirtschaftlichen Rechnungswesen verwiesen werden, insbesondere auf:

STOBBE, Alfred, Volkswirtschaftliches Rechnungswesen, 8., neu bearb. u. erw. Aufl., Berlin, Heidelberg, New York, 1994

sowie auf:

BRÜMMERHOFF, Dieter, Volkswirtschaftliche Gesamtrechnungen, 4. Aufl., München, Wien 1992

HASLINGER, Franz, Volkswirtschaftliche Gesamtrechnung, 6. Aufl., München, Wien 1992.

10. Kapitel
Sozialprodukt und Zahlungsbilanz

A. Lernzielorientierte Leitfragen und Fragenkomplexe

Leitfrage:
Welches sind die zentralen Größen der Sozialprodukts- und Volkseinkommensrechnung, und welchen Aussagegehalt haben sie?

- *Wie gelangt man vom Produktionswert einer Volkswirtschaft zum Sozialprodukt? Was versteht man unter dem Sozialprodukt?*
- *Was ist das Volkseinkommen, und in welche Einkommensarten läßt es sich gliedern?*
- *Wie wird das Sozialprodukt verwendet?*
- *Was ist der Unterschied zwischen dem nominellen und dem realen Sozialprodukt, und warum ist dieser Unterschied bedeutsam?*
- *Durch welche Sozialproduktsgrößen läßt sich die Struktur der deutschen Volkswirtschaft beschreiben?*

Leitfrage:
Ist das Sozialprodukt eine geeignete Maßgröße für die Wohlfahrt einer Volkswirtschaft, und stellen Soziale Indikatoren eine geeignete Alternative dar?

- *Inwiefern wird die Produktion einer Volkswirtschaft im Sozialprodukt unzureichend erfaßt?*
- *Wie wirkt sich die Nichtberücksichtigung wichtiger Kapitalgüter in der Sozialproduktsrechnung aus?*
- *Warum erweist sich der staatliche Konsum bei näherer Betrachtung (zumindest teilweise) als Vorleistung?*
- *Welche die Wohlfahrt beeinflussenden Größen sind nicht auf den „gemeinsamen Maßstab des Geldes" zu bringen?*
- *Was sind Soziale Indikatoren, und welche Hauptprobleme ergeben sich bei ihrer Aufstellung?*

Leitfrage:
Was ist eine Zahlungsbilanz, und welche Struktur weist die Zahlungsbilanz der Bundesrepublik auf?

- *Welche Vorgänge werden in der Zahlungsbilanz erfaßt?*

- *Wie ist der Grundaufbau einer Zahlungsbilanz?*
- *Welche Strukturdaten der Bundesrepublik lassen sich aus den in der Zahlungsbilanz erfaßten Strömen erkennen?*

B. Sachanalyse

1. Begriffsbestimmung und Berechnung des Sozialprodukts

1.1 Ableitung des Sozialproduktbegriffs

Nach der Darstellung der Produktionskonten der Sektoren sind wir in der Lage, wiederholend und vertiefend einen der zentralen Begriffe der Volkswirtschaftslehre schrittweise zu erarbeiten: den **Sozialproduktsbegriff.**

Ausgangspunkt für die Berechnung des Sozialproduktes ist der Produktionswert der Volkswirtschaft

Erinnern wir uns an das Produktionskonto eines Sektors. Auf der Habenseite des Kontos steht als wichtigster Posten die bewertete Produktion des Sektors, der Produktionswert. Addiert man die Produktionswerte der Sektoren Unternehmen, private Haushalte und Staat, so erhält man den Produktionswert der Volkswirtschaft[1]). Es wäre falsch, diese Summe als Maßstab für die „letztlich neu produzierten Güter" des Jahres anzusehen. Jeder Sektor muß zur Erstellung der Produktion Vorleistungen – d. h. von anderen Sektoren in der gleichen Periode produzierte und bereitgestellte Güter – im Produktionsprozeß einsetzen. Würde man die Produktionswerte einfach addieren, so würde man die Güter, die Vorleistungen darstellen, **doppelt** zählen: einmal bei dem Produktionswert des die Vorleistungen produzierenden Sektors, zum anderen beim Produktionswert des die Vorleistungen verwendenden Sektors, da sie in dessen Produktionswert ebenfalls eingehen.

Vorleistungen gehören nicht zum Sozialprodukt

Besonders klar wird dieser Zusammenhang anhand eines einfachen Beispiels. Wir betrachten den Werdegang eines Brotes unter der vereinfachenden Annahme, daß Mehl der einzige Rohstoff bei der Brotproduktion sei und keine Abschreibungen anfallen. Ein Bauer produziere in einem Zeitabschnitt eine bestimmte Menge Weizen, ohne irgendwelche Vorleistungen in Anspruch zu nehmen. Er verkaufe den Weizen für 100,– DM an den Müller, der ihn in der gleichen Periode zu Mehl verarbeite und dieses für 200,– DM an den Bäcker weiterverkaufe. Der Bäcker schließlich produziere aus Mehl Brot, das er ebenfalls in derselben Periode für 400,– DM an die Haushalte weiterverkaufe. Der Produktionswert sämtlicher Unternehmungen beträgt in dem Beispiel:

$$100 + 200 + 400 = 700 \text{ DM.}$$

---

1) Zum Unternehmenssektor werden auch die staatlichen Unternehmungen gerechnet; zum Staat gehören die Gebietskörperschaften der verschiedenen Ebenen (Bund, Länder, Gemeinden und Gemeindeverbände) sowie die Sozialversicherung.

Ist dies aber der Wert der in der Volkswirtschaft in dieser Periode letztlich neu produzierten Güter? Sicher nicht, denn der Müller mußte Weizen im Werte von 100,– DM verwenden, um daraus Mehl im Werte von 200,– DM zu erstellen, und der Bäcker brauchte Mehl im Werte von 200,– DM, um daraus Brot im Werte von 400,– DM produzieren zu können. Müller und Bäcker brauchen für ihre Produktion also Vorleistungen von insgesamt 300,– DM. Der Gesamtwert der letztlich neu produzierten Güter sämtlicher Unternehmungen beträgt also nur:

Produktionswert	+ Vorleistungen =	Bruttoinlandsprodukt
700 DM	300 DM	400 DM.

Man erhält dieses **Bruttoinlandsprodukt** also, indem man vom Produktionswert die Vorleistungen abzieht.

Bruttoinlandsprodukt = Produktionswert minus Vorleistungen

Für die Bundesrepublik Deutschland[1]) ergaben sich 1993 (vgl. Kapitel 9) folgende Produktionswerte und Vorleistungen der Sektoren:

Bruttoinlandsprodukt der Bundesrepublik 1993

Produktionswert Unternehmungen		6.035 Mrd. DM
Produktionswert Staat		611 Mrd. DM
Produktionswert Private Haushalte[2])		106 Mrd. DM
Produktionswert des Inlandes		6.752 Mrd. DM
Vorleistungen bei den Unternehmungen		3.654 Mrd. DM
Vorleistungen beim Staat und privaten Haushalten		342 Mrd. DM
Vom Inland in Anspruch genommene Vorleistungen		3.996 Mrd.DM
Das Bruttoinlandsprodukt betrug also:		
Produktionsprodukt		6.752 Mrd. DM
– Vorleistungen		3.996 Mrd. DM
+ Nichtabziehbare Umsatzsteuer	76 Mrd. DM	
(+ Einfuhrabgaben)		
Bruttoinlandsprodukt zu Marktpreisen		= 2.832 Mrd. DM

Zieht man vom Bruttoinlandsprodukt (zu Marktpreisen – wir haben die Produktion ja zu Marktpreisen berechnet –) noch die Abschreibungen ab, so erhält man das **Nettoinlandsprodukt** (zu Marktpreisen).

1) Früheres Bundesgebiet
2) Einschließlich der Vorleistungen der Privaten Organisationen ohne Erwerbscharakter.

Nettoinlandsprodukt = Bruttoinlandsprodukt minus Abschreibungen

Bruttoinlandsprodukt zu Marktpreisen	2.832 Mrd. DM
– Abschreibungen	– 380 Mrd. DM
Nettoinlandsprodukt zu Marktpreisen	= 2.452 Mrd. DM

Vom Inlandsprodukt ...

Von hier aus ist es nur noch ein Schritt zum Nettosozialprodukt. Das Nettoinlandsprodukt gibt den Wert der in der Periode im Inland letztlich neu erzeugten Güter an. An dieser Produktion haben inländische, aber auch ausländische Produktionsfaktoren, die im Inland beschäftigt waren, mitgearbeitet. Man denke z. B. an die „Grenzgänger", die im Ausland (z. B. Dänemark) leben (also Ausländer sind), aber im Inland (z. B. in der Bundesrepublik Deutschland) arbeiten, oder an einen ausländischen Patentinhaber, dessen Erfindung im Produktionsprozeß des Inlandes Anwendung findet. (Gastarbeiter gelten, da sie ihren ständigen Wohnsitz in der Bundesrepublik haben, als Inländer.) Diese ausländischen Produktionsfaktoren haben einen Teil des Inlandsproduktes mit erzeugt und dafür ein entsprechendes Faktoreinkommen erhalten.

Umgekehrt haben inländische Produktionsfaktoren an der Produktion im Ausland mitgewirkt und dafür ein Faktoreinkommen aus dem Ausland bezogen.

... zum Inländerprodukt

= Sozialprodukt

Das **Inländerprodukt,** also die Güter, die in dem betrachteten Zeitraum **von Inländern** (im Inland oder Ausland) netto erzeugt worden sind, ergibt sich also dadurch, daß man vom Inlandsprodukt die ans Ausland gezahlten Faktoreinkommen abzieht (als Ausgleich für die entsprechenden Güter) und die vom Ausland empfangenen Faktoreinkommen addiert (als Ausgleich für die entsprechenden Güter). Das Inländerprodukt bezeichnet man als Sozialprodukt.

Wir können also definieren:

Das **Sozialprodukt** umfaßt – mit Ausnahme der Vorleistungen – den Gesamtwert der Güter, die während eines Jahres von Inländern erzeugt worden sind.

Für die Bundesrepublik Deutschland ergab sich 1993 – ausgehend von dem oben errechneten Nettoinlandsprodukt – folgendes Nettosozialprodukt:

Nettosozialprodukt in der Bundesrepublik 1993

Nettoinlandsprodukt	2.452 Mrd. DM
– Faktoreinkommen an das Ausland	154 Mrd. DM
+ Faktoreinkommen vom Ausland	142 Mrd. DM
= Nettosozialprodukt	= 2.440 Mrd. DM

Zieht man die Abschreibungen (D) bei der Berechnung des Sozialproduktes nicht ab, so erhält man anstelle des Nettosozialproduktes (Y) das Bruttosozialprodukt (Y^b). Für 1993 ergibt sich ein Bruttosozialprodukt von 2.820 Milliarden DM. Natürlich erhält man das Bruttosozialprodukt auch, wenn man zum Nettosozialprodukt die Abschreibungen wieder hinzuzählt. Es gilt also:

Bruttosozialprodukt = Nettosozialprodukt + Abschreibungen

$$Y^b = Y + D$$

(für 1993:
2.820 Mrd. DM = 2.440 Mrd. DM + 380 Mrd. DM)

bzw.

Nettosozialprodukt = Bruttosozialprodukt – Abschreibungen

$$Y = Y^b - D$$

1.2 Volkseinkommen

Wir stellen uns nun die Frage, welche Einkommen bei der Produktion des Sozialproduktes entstanden sind. Wie wir gesehen haben, entstehen in jedem Sektor (Leistungs-)Einkommen in Höhe seiner Nettowertschöpfung (vgl. Kapitel 9), die sich aus Einkommen aus unselbständiger Arbeit und aus Einkommen aus Unternehmertätigkeit und Vermögen zusammensetzt. Die Summe der Nettowertschöpfung der Sektoren macht den Löwenanteil der gesamten bei der Erstellung des Sozialprodukts erzielten Einkommen aus. Hinzu kommen noch die Faktoreinkommen vom Ausland, abzuziehen sind die Faktoreinkommen an das Ausland. Man hat dann das **Volkseinkommen,** das (Leistungs-)Einkommen sämtlicher Inländer. Das Volkseinkommen setzt sich aus Einkommen aus unselbständiger Arbeit (L) und aus Einkommen aus Unternehmertätigkeit und Vermögen (G) zusammen.

Das Volkseinkommen besteht aus dem Leistungseinkommen der Inländer

$$\text{Volkseinkommen} = L + G$$

Man nennt das Volkseinkommen auch Sozialprodukt zu Faktorkosten. 1993 betrug das Volkseinkommen 2.108 Milliarden DM (wie sich durch Addition der Nettowertschöpfung der Sektoren [vgl. Kapitel 9, Abschnitt 2.2] und Addition bzw. Subtraktion der Einkommen vom bzw. ans Ausland leicht nachprüfen läßt [alle Zahlen in Milliarden DM]):

$$1.770 + 280 + 70 + 142 - 154 = 2.108$$

Die Einkommen aus Unternehmertätigkeit und Vermögen machten dabei 580 Mrd. DM aus, die Einkommen aus unselbständiger Arbeit 1.528 Mrd. DM.

1.3 Verfügbares Einkommen der privaten Haushalte

Ein Teil des Volkseinkommens fließt den privaten Haushalten nicht zu, kann also von ihnen weder konsumiert noch gespart werden. Es sind

Volkseinkommen – nicht ausgeschüttete Gewinne – Faktoreinkommen des Staates – direkte Steuern von Haushaltungen und Unternehmungen + Übertragungen an Haushalte = Verfügbares Einkommen

dies die nicht ausgeschütteten Gewinne der Unternehmen, die Faktoreinkommen des Staates aus Unternehmertätigkeit und Vermögen und die direkten Steuern, die die Haushalte und Unternehmen an den Staat zu leisten haben (einschließlich der Sozialversicherungsabgaben). Andererseits erhalten die Haushalte vom Staat sog. Übertragungen (Transfers) in erheblichem Umfange (Rente, Arbeitslosenunterstützung u. ä.). Korrigiert man das Volkseinkommen entsprechend, so ergibt sich für 1993 ein verfügbares Einkommen der privaten Haushalte von 1.833 Milliarden DM.

Das verfügbare Einkommen ist ein wesentlicher Bestimmungsfaktor für den privaten Konsum

Diesem **verfügbaren Einkommen** der privaten Haushalte werden wir weiter unten als Bestimmungsgröße für die Höhe des Konsums der Haushalte wieder begegnen. Die privaten Haushalte können über das verfügbare Einkommen auf zwei Arten verfügen (von Transfers der Haushalte, die bei der Berechnung der verfübaren Einkommens nicht berücksichtigt werden, z. B. Spenden privater Haushalte an andere Sektoren, wird hier abstrahiert): Sie können es konsumieren (C_H) oder nicht konsumieren, d. h. sparen (S_H). Unabhängig von der Sparform (ob im Sparstrumpf, bei der Sparkasse, durch Wertpapierkäufe oder bei der Bausparkasse) gilt die Beziehung:

$$\text{Verfügbares Einkommen} = C_H + S_H$$

1.4 Verwendung des Sozialprodukts

An Gütern stehen einer Volkswirtschaft insgesamt die netto selbst produzierten Güter (das Bruttosozialprodukt Y^b) und die importierten Güter (Im) zur Verfügung. Diese Güter können für drei Zwecke verwendet werden:

Formen der Güterverwendung in einer Volkswirtschaft

- Für den **Konsum** der privaten Haushalte (C_H) und des Staates (C_S). Zum privaten Konsum zählen sämtliche Güterkäufe der Haushalte (abgesehen von Häusern und Grundstücken), also auch langlebige Güter wie Autos und Kühlschränke.
- Für die Ausfuhr = **Export (Ex).**
- Für die Erhaltung und Erweiterung des Kapitalbestandes der Unternehmen und des Staates, also für die **Brutto-Investitionen** der Unternehmen (I_U^b) und des Staates (I_S^b). Man spricht von „Brutto"-Investitionen, weil die Güter nicht in voller Höhe den Kapitalbestand erhöhen, da in Höhe der Abschreibungen eine Abnutzung der Kapitalgüter im betrachteten Jahr ausgeglichen werden muß.

Zu den Kapitalgütern und damit zu den Investitionsgütern der Unternehmen gehören Gebäude, Grundstücke, Maschinen und Anlagen, Läger; zu den Kapitalgütern des Staates Gebäude, Straßen, Flughäfen, Kanäle und ähnliches.

Da also in Höhe von Y^b + Im Güter zur Verfügung stehen für den privaten Konsum (C_H), für den staatlichen Konsum (C_S), für die Bruttoinvestitionen der Unternehmen (I_U^b) und des Staates (I_S^b) sowie für die Exporte, gilt die Beziehung:

$$Y^b + Im = C_H + C_S + I^b_U + I^b_S + Ex$$

$$C_H + C_S = C + I^b_u + I^b_s = I^b$$

$$Y^b = C + I^b + Ex - Im$$

Diese Gleichung gibt eine zweite gebräuchliche Definition des Sozialproduktes wieder:

Eine gebräuchliche Definition des Sozialproduktes von der Verwendungsseite

> Unter dem (Brutto-)Sozialprodukt versteht man den Gesamtwert der Güter, die während eines Jahres in einer Volkswirtschaft konsumiert, (brutto) investiert oder exportiert worden sind, abzüglich der Importe.

Setzt man die entsprechenden Zahlenwerte für die Bundesrepublik 1993 ein, so ergibt sich (in Milliarden DM):

$$2.820 = 1.560 + 506 + 540 + 214$$

55,3 % des Bruttoinlandsproduktes wurden 1993 also für den privaten Verbrauch verwendet, 17,9 % für den Staatsverbrauch, 19,2 % wurden brutto investiert, also für die Zukunftsversorgung der Volkswirtschaft verwendet, und 7,6 % des Bruttosozialproduktes wurden per Saldo (also nach Abzug der Importe) dem Ausland zur Verfügung gestellt. Ex – Im nennt man auch den **Außenbeitrag.**

1.5 Nominelles und reales Sozialprodukt

Um die mengenmäßige Entwicklung des Sozialproduktes verfolgen zu können, genügt es nicht, die Gütermengen mit laufenden Preisen zu bewerten und dann die Veränderungen dieses Sozialproduktes zu laufenden Preisen **(nominelles Sozialprodukt)** zu betrachten. Die Wertsumme kann ja durch Gütermengen- und durch Preiserhöhungen zunehmen. Will man also die mengenmäßige Entwicklung des Sozialproduktes – etwa um das Wachstum der Volkswirtschaft zu messen – bestimmen, so dürfen Preissteigerungen das Sozialprodukt nicht verändern. Dies erreicht man, indem das Sozialprodukt zu Preisen eines Basisjahres (zu konstanten Preisen), z. B. des Jahres 1995 bewertet wird. Die Gütermengen der Jahre 1996, 1997 usw. werden dann jeweils mit den Preisen des Jahres 1995 gewichtet. Man erhält dann das **„reale“** Sozialprodukt des Jahres, dessen Veränderungen die gütermäßige Entwicklung der Produktion anzeigen.

Veränderungen von Gütermengen und Preisen verändern das nominelle Sozialprodukt

„Real“ ist gleichbedeutend mit „güterwirtschaftlich“

Das folgende Beispiel veranschaulicht diese Überlegungen. Es sei angenommen, daß das Sozialprodukt nur aus Konsum- und Investitionsgütern besteht. In vier betrachteten Jahren 1–4 werden folgende Gütermengen und Preise und die sich hieraus ergebenden Sozialproduktgrößen beobachtet.

Jahr	1	2	3	4
Konsumgüter (in Mengeneinheiten)	100	110	105	100
Investitionsgüter (in Mengeneinheiten)	50	60	55	50
Preis je Mengeneinheit des Konsumgutes	10	11	10	12
Preis je Mengeneinheit des Investitionsgutes	20	30	20	35
Sozialprodukt in jeweiligen Preisen = (nominelles Sozialprodukt)	2000	3010	2150	2950
Sozialprodukt in Preisen des Jahres 1 (reales Sozialprodukt)	2000	2300	2150	2000

Vergleichen wir jetzt das nominelle Sozialprodukt der Jahre 2, 3 und 4 mit dem des Jahres 1, so zeigt sich, daß die Zunahme gegenüber Jahr 1 mehrere Gründe haben kann:

- eine Zunahme von Gütermengen und -preisen (Jahr 2);
- eine Zunahme von Gütermengen bei unveränderten -preisen (Jahr 3);
- eine unveränderte Gütermenge bei steigenden Preisen (Jahr 4).

Die Versorgung der Wirtschaft mit Gütern hat nur in den Jahren 2 und 3 zugenommen, was in einer Zunahme des realen Sozialproduktes (Sozialprodukt zu Preisen des Jahres 1) zum Ausdruck kommt (Jahr 2: 2300 gegenüber 2000; Jahr 3: 2150 gegenüber 2000). Im Jahr 4 ist die Güterversorgung gegenüber Jahr 1 unverändert geblieben, was sich in einem unveränderten realen Sozialprodukt ausdrückt.

Die Unterscheidung zwischen nominellen und realen Größen ist nicht nur für das Sozialprodukt von Bedeutung. Wichtig ist die Unterscheidung vor allem auch bei den verschiedenen Bestandteilen des Sozialproduktes (also insbesondere beim Konsum, den privaten Investitionen, den Exporten und Importen) sowie beim Volkseinkommen und seinen Bestandteilen (also insbesondere bei der Lohnsumme, der Gewinnsumme und dem verfügbaren Einkommen der Haushalte).

Abb. 10.1 zeigt die Entwicklung des realen Bruttoinlandsproduktes (in Preisen von 1991) und des nominellen (in jeweiligen Preisen) Bruttoinlandsproduktes für die Bundesrepublik.[3])

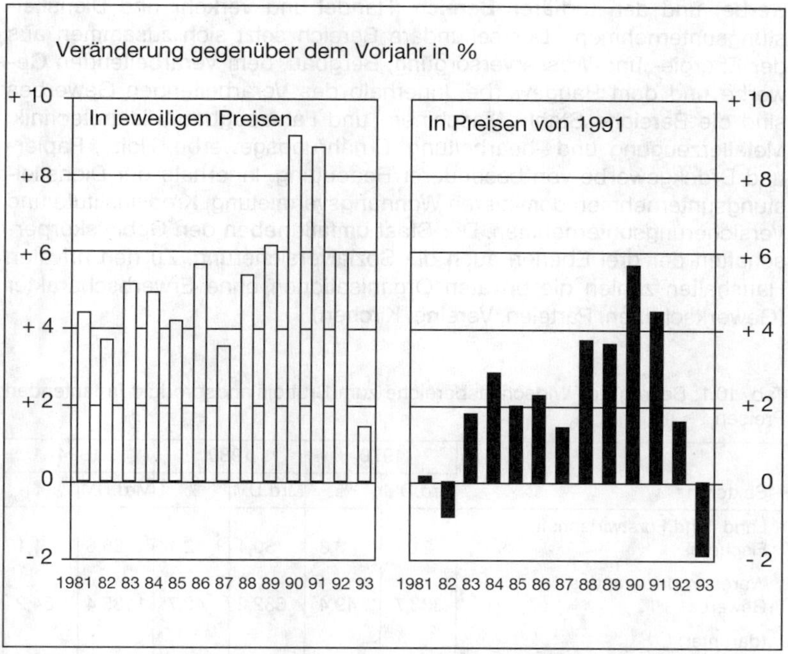

Abb. 10.1: Reales und nominelles Bruttoinlandsprodukt[1]) in der Bundesrepublik
Quelle: Statistisches Jahrbuch 1994, S. 691

2. Strukturdaten der Volkswirtschaft

Struktur einer Volkswirtschaft

Das Verhältnis von Teilen der Volkswirtschaft zueinander oder zur gesamten Volkswirtschaft beschreibt die **Struktur** dieser Volkswirtschaft. Einige solcher Strukturdaten haben wir unter Punkt 1 dieses Kapitels schon kennengelernt (Verwendung des Sozialproduktes, Aufteilung des Volkseinkommens auf Löhne und Gewinne). Wir wollen uns im folgenden mit weiteren wichtigen – durch Sozialproduktsdaten darstellbaren – Strukturdaten der deutschen Volkswirtschaft beschäftigen.

3) Das Statistische Bundesamt orientiert sich – einer internationalen Konvention folgend – seit einigen Jahren am Bruttoinlandsprodukt (BIP). Wir verwenden daher an dieser Stelle anstatt Y_b nun BIP.

2.1 Beitrag der Wirtschaftsbereiche zum Bruttoinlandsprodukt

Der gesamte Unternehmensbereich in Tabelle 10.1 kann in drei Teilbereiche untergliedert werden: den **primären Bereich** (Land- und Forstwirtschaft, Fischerei), den **sekundären Bereich** (warenproduzierendes Gewerbe) und den **tertiären Bereich** (Handel und Verkehr und Dienstleistungsunternehmen). Der sekundäre Bereich setzt sich zusammen aus der Energie- und Wasserversorgung, Bergbau, dem Verarbeitenden Gewerbe und dem Baugewerbe. Innerhalb des Verarbeitenden Gewerbes sind die Bereiche Stahl-, Maschinen- und Fahrzeugbau, Elektrotechnik, Metallerzeugung und -bearbeitung, Ernährungsgewerbe, Holz-, Papier- und Druckgewerbe von besonderer Bedeutung. Innerhalb der Dienstleistungsunternehmen dominieren Wohnungsvermietung, Kreditinstitute und Versicherungsunternehmen. Der Staat umfaßt neben den Gebietskörperschaften der drei Ebenen auch die Sozialversicherung. Zu den privaten Haushalten zählen die privaten Organisationen ohne Erwerbscharakter (Gewerkschaften, Parteien, Vereine, Kirchen).

Tab. 10.1: Beitrag der Wirtschaftsbereiche zum Bruttoinlandsprodukt in laufenden Preisen

Sektoren	1970		1980		1994	
	Mrd. DM	%	Mrd. DM	%	Mrd. DM	%
Land- und Forstwirtschaft, Fischerei	21,8	3,3	30,4	2,1	35,6	1,1
Warenproduzierendes Gewerbe	333,7	49,4	632,2	42,7	1135,4	34,2
(darunter:						
– Energie, Wasserversorgung, Bergbau	(22,7)	(3,4)	(50,2)	(3,4)	(·)	(·)
– Verarbeitendes Gewerbe	(259,5)	(38,4)	(482,8)	(32,6)	(·)	(·)
– Baugewerbe)	(51,5)	(7,6)	(99,2)	(6,7)	(·)	(·)
Handel und Verkehr	103,5	15,3	225,6	15,3	455,4	13,7
Dienstleistungsunternehmen	114,4	16,9	335,1	22,7	1132,3	34,1
Staat	62,9	9,3	172,4	11,6	} 450,2	} 16,3
Private Haushalte (einschl. private Organisationen ohne Erwerbscharakter)	10,0	1,5	27,2	1,8		
abzüglich: unterstellte Entgelte für Bankdienstleistungen	17,9	2,7	53,9	3,6	(·)	(·)
zuzüglich: nichtabzugsfähige Einfuhrabgaben	+47,2	+7,0	+110,0	+7,4	(·)	(·)
insgesamt (BIP)	675,3	100,0	1479,0	100,0	3320,0	100,0

Quelle: Statistisches Jahrbuch, diverse Jahrgänge. Wirtschaft und Statistik, Jan. 1995, S. 13 (für 1994 einschl. neue Bundesländer). (·) = Angaben noch nicht verfügbar.

Die Werte können aufgrund von Rundungen und statistischen Meßungenauigkeiten geringfügig von denen anderer Tabellen dieses Kapitels abweichen.

Das Schwergewicht der Produktionstätigkeit liegt noch auf dem warenproduzierenden Gewerbe (insbesondere dem Verarbeitenden Gewerbe), gefolgt von den Dienstleistungsunternehmen, Handel und Verkehr und dem Staat. Es zeigt sich, daß die relative Bedeutung des primären Sektors (gemessen an seinem Beitrag zum Bruttoinlandsprodukt) von 1970 bis 1994 deutlich abgenommen hat. Die relative Bedeutung des warenproduzierenden Gewerbes hat stark abgenommen, während die der Dienstleistungsunternehmen deutlich zugenommen hat. Wenn man den Staat einbezieht, bestätigt sich die These, daß mit fortschreitender Entwicklung die relative Bedeutung des Dienstleistungsbereichs in einer Volkswirtschaft zunimmt; ein Tatbestand, der auch für angebliche Grenzen des Wachstums bedeutsam ist, da im Dienstleistungsgewerbe verhältnismäßig wenig Rohstoffe benötigt werden.

Die Bedeutung des Dienst leistungs- bereichs hat zugenommen

2.2 Bruttoinlandsprodukt in der Bundesrepublik nach Ländern

Nachdem wir die relative Bedeutung einzelner Wirtschaftsbereiche in der Bundesrepublik betrachtet haben, soll abschließend die relative Bedeutung der einzelnen Länder untersucht werden. Maßstab ist wieder das Bruttoinlandsprodukt.

Tab. 10.2: Bruttoinlandsprodukt nach Ländern

Land	1970		1980		1993	
	Mrd. DM	%	Mrd. DM	%	Mrd. DM	%
Schleswig-Holstein	23,0	3,4	53,3	3,6	98,7	3,2
Hamburg	33,6	4,9	68,2	4,6	123,9	4,0
Niedersachsen	66,4	9,8	148,8	10,1	277,6	8,9
Bremen	11,0	1,6	22,3	1,5	36,8	1,2
Nordrhein-Westfalen	193,5	28,7	406,4	27,5	709,2	22,8
Hessen	62,5	9,3	144,4	9,8	307,0	9,9
Rheinland-Pfalz	35,9	5,3	79,0	5,3	140,5	4,5
Baden-Württemberg	105,3	15,6	231,2	15,6	466,1	15,0
Bayern	107,4	15,9	249,7	16,9	526,6	16,9
Saarland	9,9	1,5	22,3	1,5	40,1	1,3
Berlin (West)	26,8	4,0	53,4	3,6	105,6	3,4
Berlin (Ost)	.	.	.	.	25,8	0,8
Brandenburg	.	.	.	.	45,1	1,5
Mecklenburg-Vorpommern	.	.	.	.	31,5	1,0
Sachsen	.	.	.	.	81,5	2,6
Sachsen-Anhalt	.	.	.	.	49,9	1,6
Thüringen	.	.	.	.	41,7	1,3
insgesamt (BIP)	675,3	100,0	1479,0	100,0	3107,5	100,0

Quelle: Statistisches Jahrbuch 1994, S. 707

Dominierende Stellung Nordrhein-Westfalens

Die dominierende Stellung Nordrhein-Westfalens gegenüber anderen Ländern fällt ins Auge. Der Beitrag dieses Landes zum Bruttoinlandsprodukt ist 1993 fast so groß wie der von Baden-Württemberg, Hamburg und Schleswig-Holstein zusammen. Betrachtet man die Entwicklung von 1970 bis 1993, so zeigt sich, daß die relative Bedeutung Nordrhein-Westfalens abgenommen hat. Durch die neuen Bundesländer nehmen die Prozentanteile für die alten Bundesländer leicht ab.

3. Sozialprodukt als Maßstab für die Wohlfahrt

Eine Zunahme des realen Sozialproduktes (oder eine Zunahme des realen Sozialproduktes pro Kopf der Bevölkerung) wurde in der Vergangenheit regelmäßig und wird auch heute verschiedentlich noch als Zunahme der **Wohlfahrt der Bevölkerung interpretiert.**

Eine Gleichsetzung von Wohlfahrts- und Sozialproduktsänderungen ist aus mehreren Gründen nicht zulässig:

Produktion wird nicht vollständig erfaßt

(1) Im Sozialprodukt werden im wesentlichen nur die Produktionen erfaßt, die über Märkte laufen (die **marktgerichtete** Produktion). Der gesamte Bereich der nichtmarktgerichteten Produktion bleibt, abgesehen von wenigen, mengenmäßig kaum bedeutsamen Ausnahmen (vgl. Kapitel 9) unberücksichtigt. Dies betrifft vor allem die nichtmarktgerichtete Produktion der privaten Haushalte: die Hausarbeit der Familienmitglieder, die Heimwerker-Arbeiten der Familie, die Erziehungsarbeit der Eltern. Diese Produktionen berühren sicher die Wohlfahrt, werden im Sozialprodukt aber nicht erfaßt. Das folgende Beispiel zeigt die Unzulänglichkeit des Sozialproduktes als Wohlfahrtsmaß, die sich u. a. hieraus ergibt: Heiratet ein Junggeselle seine bisherige (bezahlte) Haushälterin, so vermindert sich das Sozialprodukt, obwohl man unter sonst gleichen Umständen wohl nicht sagen sollte, daß sich die Wohlfahrt vermindert hat.

(2) Führt die Nichtberücksichtigung wichtiger Produktionsleistungen in der Volkswirtschaft zu einer systematischen Unterschätzung des Sozialproduktes, so hat ein weiterer Mangel der Sozialproduktsrechnung zur Folge, daß das Sozialprodukt zu hoch ausgewiesen wird. Bei der Produktion (und auch beim Konsum) der Güter sind mehr Kapitalgüter beteiligt, als bei der Berechnung des Sozialproduktes berücksichtigt werden. Man denke vor allem an die natürliche Umwelt, die einerseits Rohstoffe (Kohle, Erdöl, Eisenerze usw.) zur Verfügung stellt und deren Qualität zum anderen durch Luft- und Wasserverschmutzung, Raubbau an Wäldern u. a. vermindert wird. Diese Abnutzung der natürlichen Umwelt wird bei der Sozialproduktsrechnung nicht als Abschreibung berücksichtigt. Anders ausgedrückt: die gesellschaftlichen Kosten der Produktion und des Konsums sind höher als bei der Sozialproduktsrechnung in Form von Vorleistungen und Abschreibungen als private Kosten berücksichtigt.[4]) Ähnli-

Umweltschäden werden nicht berücksichtigt

4) Das Statistische Bundesamt bereitet ein Statistisches Umweltberichtssystem (STUBS) sowie ein Umweltsatellitensystem zur VGR vor. Die Verbindung zu den Benutzern soll eine Umweltdatenbank mit der Bezeichnung UGR-Informationssystem (UGRIS) bilden.

che Überlegungen gelten für langlebige Konsumgüter der Haushalte, die nicht als Kapitalgüter, sondern als Verbrauchsgüter behandelt werden. Das führt zu sehr unbefriedigenden Ergebnissen, wie das folgende Beispiel zeigt: Ein Autounfall mit Sachschaden, der in einer Werkstatt beseitigt wird, erhöht das Sozialprodukt, obwohl die Reparatur ja nur den alten Zustand wieder herstellt. Wären Autos im Rahmen der Sozialproduktsrechnung Kapitalgüter, so könnte der Unfallschaden als Abschreibung berücksichtigt und damit wohlfahrtsadäquat behandelt werden.

Gesellschaftliche Kosten sind höher als private Kosten

(3) Viele Vorleistungen werden nicht als solche erfaßt und deshalb auch nicht vom Produktionswert in Abzug gebracht, so daß das Sozialprodukt zu hoch ausgewiesen wird. Das praktisch bedeutsamste Beispiel bilden die vom Staat produzierten Dienstleistungen, die der Bevölkerung ohne spezielles Entgelt zur Verfügung gestellt werden. Wie schon erwähnt, behandelt man diese Dienstleistungen als Staatsverbrauch. In Wirklichkeit schaffen diese Dienstleistungen (innere und äußere Sicherheit, Verwaltungsarbeiten) weitgehend erst die Rahmenbedingungen, die die eigentliche Produktion der Unternehmungen ermöglichen. Sie sind deshalb strenggenommen als Vorleistungen zu betrachten.

Staatliche Leistungen stellen oft Vorleistungen dar

(4) Schon die bisherigen Ausführungen zeigen, daß es sehr problematisch ist, das Sozialprodukt als Wohlfahrtsmaßstab zu verwenden: Für die Wohlfahrt bedeutsame Produktionen werden nicht erfaßt, der Verschleiß wichtiger Kapitalgüter, der die Wohlfahrt mindert (man denke an verschmutztes Wasser, verschmutzte Luft und ruinierte Wälder), bleibt unberücksichtigt usw. Das Gemeinsame dieser Unzulänglichkeiten des Sozialproduktes als Wohlfahrtsmaßstab ist, daß sie prinzipiell im Rahmen der Sozialproduktsberechnung berücksichtigt werden könnten: Die entsprechenden Größen könnten auf den **„gemeinsamen Maßstab des Geldes“** gebracht werden, wenn auch zum Teil erhebliche statistische Schwierigkeiten bei ihrer Erfassung auftreten würden. Die Wohlfahrt der Bevölkerung ist jedoch von einer Vielzahl von Faktoren abhängig, die im Sozialprodukt nicht oder nur unter äußerst willkürlichen Annahmen berücksichtigt werden können, weil die Wirkung dieser Faktoren eben nicht auf den „gemeinsamen Maßstab des Geldes“ gebracht werden kann. Wichtige Beispiele für solche Faktoren sind:

Wohlfahrtswirksame Faktoren, die nicht auf den “gemeinsamen Maßstab des Geldes” gebracht werden können

- die Verteilung der Güter auf die Gruppen der Bevölkerung bzw. die Regionen der Volkswirtschaft;
- die gesellschaftlichen Bedingungen der Produktion;
- Arbeitsbedingungen;
- die Freizeit.

Diese Ausführungen zeigen, daß das Sozialprodukt kein geeigneter Maßstab für die Wohlfahrt einer Volkswirtschaft sein kann. Daraus folgt auch, daß – wenn Wachstum eine Zunahme der Wohlfahrt anzeigen soll – es nicht allein unter Verwendung der Maßgröße Sozialprodukt gemessen werden darf.

Sozialprodukt ist kein hinreichender Maßstab für die Wohlfahrt

Zur Wohlfahrtsmessung bedarf es über das Sozialprodukt hinaus ergänzender Informationen, die als „Soziale Indikatoren“ bezeichnet werden.

4. Soziale Indikatoren

Soziale Indikatoren sollen den Zustand und die Veränderung wichtiger ökonomisch-gesellschaftlicher Bereiche einer Volkswirtschaft aufzeigen

Unter **Sozialen Indikatoren** versteht man meßbare statistische Größen, die Urteile über den Zustand und die Veränderungen wichtiger ökonomisch-gesellschaftlicher Bereiche einer Volkswirtschaft ermöglichen (z. B. die Zahl der Lehrer, Ärzte, Professoren pro tausend Einwohner, die Säuglingssterblichkeit pro tausend Geburten, Zahl der Unfalltoten, Zahl der psychisch Gestörten und ähnliches).

Bei der Erstellung Sozialer Indikatoren treten vor allem zwei Probleme auf:

a) die Auswahl der Indikatoren, die im Prinzip die Leistung („output“) bzw. den resultierenden Wohlstand und nicht die Kosten („input“) messen sollen;
b) die Gewichtung von Teilindikatoren, um daraus einen Gesamtindikator berechnen zu können.

Bezüglich der Auswahl ist zunächst zu berücksichtigen, daß die Indikatoren geeignete Hilfsgrößen für das eigentliche Meßziel – z. B. den Wohlstand – sein müssen. Darüber, was Wohlstand ist bzw. welche Zielbereiche in der Untersuchung berücksichtigt werden, gehen die Meinungen auseinander und damit auch über die angemessenen Indikatoren. Zum anderen sind die meisten derzeit verwendeten Indikatoren „Inputgrößen“, wie die obigen Beispiele – Zahl der Ärzte auf 1000 Einwohner anstatt des Gesundheitszustandes der Bevölkerung – zeigen.

Bezüglich der Gewichtung der Teilindizes benötigt man letztlich eine gesamtgesellschaftliche Übereinstimmung über die Bedeutung der Teilindikatoren für die Gesamtwohlfahrt, die in der Praxis nur schwer erreichbar sein dürfte. (Wie soll man z. B. höhere Kriminalität und eine bessere Güterversorgung der Bevölkerung in bezug auf ihre Wohlfahrtswirkung miteinander vergleichen?)

soziales Indikatoren-System der OECD

Als Beispiel für ein System sozialer Indikatoren sei hier auf den Vorschlag der „Organisation für wirtschaftliche Zusammenarbeit und Entwicklung“ hingewiesen. Darin werden 8 für die individuelle Wohlfahrt als bedeutsam angesehene Hauptzielbereiche festgelegt, auf die sich die Indikatoren beziehen sollen:

- Ausbildung
- Gesundheit
- Arbeit und Qualität des Arbeitslebens
- Freizeit
- Kaufkraft
- physische Umwelt
- Sicherheit
- soziale Beteiligungschancen

Diese Hauptbereiche werden untergliedert in Unterbereiche, diese Unterbereiche wiederum in Teilgebiete usw., bis man schließlich zu meßbaren Größen gelangt.

5. Zahlungsbilanz

Neben der Volkswirtschaftlichen Gesamtrechnung stellt die Zahlungsbilanz ein wichtiges gesamtwirtschaftliches Rechnungssystem dar.

> Unter der **Zahlungsbilanz** eines Landes versteht man eine – nach bestimmten Gesichtspunkten gegliederte – Aufzeichnung der wirtschaftlichen Vorgänge, die in einem Zeitabschnitt (in der Regel 1 Jahr) zwischen Inländern und Ausländern stattgefunden haben.

Die Zahlungsbilanz registriert die wirtschaftlichen Vorgänge zwischen Inländern und Ausländern innerhalb eines Jahres

Diese Begriffsbestimmung zeigt schon, daß der Name „Zahlungsbilanz" sehr unglücklich gewählt ist: Erstens handelt es sich nicht um eine Bilanz, d. h. um eine Zeitpunktrechnung, sondern um eine auf einen Zeitraum bezogene Rechnung, und zweitens werden keineswegs nur „Zahlungs"-Vorgänge erfaßt. Der Aufbau der Zahlungsbilanz wird besonders deutlich, wenn man sie in Kontenform darstellt. Sie läßt sich dann sehr einfach als ein System doppelter Buchhaltung verstehen, in der jeder Vorgang doppelt, einmal im Soll und einmal im Haben des Kontos, erfaßt wird. Die Gliederung des Kontos in Unterkonten erfolgt nach den unterschiedlichen Arten ökonomischer Vorgänge zwischen Inländern und Ausländern:

a) Warenex- und -importe,

b) Dienstleistungsex- und -importe,

c) Übertragungen (Schenkungen) von Gütern und Forderungen,

d) finanzielle Vorgänge.

Damit ergibt sich der folgende Grundaufbau einer Zahlungsbilanz:

Soll	Haben		
a) Warenexporte	Warenimporte	Handelsbilanz	Leistungsbilanz
b) Dienstleistungsexporte	Dienstleistungsimporte	Dienstleistungsbilanz	
c) empfangene Übertragungen	geleistete Übertragungen	Schenkungsbilanz	
d) Zunahme der Verbindlichkeiten, Abnahme der Forderungen	Zunahme der Forderungen, Abnahme der Verbindlichkeiten	Kapitalverkehrsbilanz	
Summe =	Summe		

Der Aufbau der Zahlungsbilanz wird verdeutlicht, wenn wir uns klarmachen, wie einige wirtschaftliche Vorgänge die Zahlungsbilanz berühren:

a) Warenverkauf an das Ausland gegen bar im Werte von 100.
Buchung: Warenexport 100
Zunahme an Forderungen 100 (der Erwerb ausländischen Geldes stellt eine Zunahme an Forderungen gegenüber dem Ausland dar).

b) Wareneinkauf im Ausland im Werte von 50 gegen Kredit.
Buchung: Warenimporte 50
Zunahme der Verbindlichkeiten 50.

c) Urlaubsreise im Ausland im Werte von 20.
Buchung: Dienstleistungsimport 20
Abnahme der Forderungen 20 (Verlust ausländischen Geldes).

d) Der Staat verschenkt Industriegüter als Entwicklungshilfe an das Ausland im Werte von 30
Buchung: Warenexport 30
geleistete Übertragungen 30

e) Der Staat leistet Entwicklungshilfe in bar im Werte von 10
Buchung: Abnahme der Forderungen 10
geleistete Übertragungen 10

f) Ein Inländer kauft eine ausländische Staatsschuldverschreibung im Werte von 80
Buchung: Zunahme der (langfristigen) Forderungen 80
Abnahme der (kurzfristigen) Forderungen 80

Die Zahlungsbilanz als Ganzes ist immer ausgeglichen

Wichtig ist, daß die Zahlungsbilanz von ihrer Grundkonzeption als Ganzes immer ausgeglichen ist, da jeder Vorgang sowohl im Soll als auch im Haben der Zahlungsbilanz erscheint. Salden können nur die Teilbilanzen aufweisen. Wenn in der Zeitung trotzdem häufig einfach vom Saldo der Zahlungsbilanz die Rede ist, so ist dies eine unpräzise Ausdrucksweise und immer der Saldo einer Teilbilanz, häufig der der Leistungsbilanz, manchmal aber auch der der Handelsbilanz oder einer anderen Teilbilanz gemeint!

Die Teilbilanzen

- Handelsbilanz
- Dienstleistungsbilanz,
- Übertragungsbilanz,
- Kapitalverkehrsbilanz

werden, wie in der obigen Darstellung des Grundschemas schon vermerkt, häufig in bestimmter Weise zusammengefaßt. Die wichtigste Form der Zusammenfassung ist dabei die der Handels-, Dienstleistungs- und Übertragungsbilanz zur sogenannten **Leistungsbilanz.** Der Saldo der Leistungsbilanz ist dann identisch mit dem Saldo der Kapitalverkehrsbilanz

Tab. 10.3: Zahlungsbilanz der Bundesrepublik 1992–1994

Wichtige Posten der Zahlungsbilanz (Mrd. DM)			
Position	1992	1993	1994
I. Leistungsbilanz			
– Außenhandel			
Ausfuhr (fob)	671,2	628,4	685,1
Einfuhr (cif)	637,5	566,5	611,2
Saldo	+33,7	+61,9	+73,9
– Ergänzungen zum Warenverkehr	– 3,6	– 7,1	– 3,6
– Dienstleistungen (Saldo)	31,3	–41,3	–50,8
– Erwerbs- und Vermögenseinnahmen (Saldo)	+22,5	+19,7	+ 3,0
– Laufende Übertragungen (Saldo)	–55,1	–57,7	–61,2
Saldo der Leistungsbilanz	–33,7	–24,3	–38,6
II. Vermögensübertragungen (Saldo)	+ 1,1	+ 0,9	+ 1,2
III. Kapitalbilanz (Nettokapitalexport-)			
– Direktinvestitionen	–26,8	–25,2	–23,7
– Wertpapiere	+43,3	–177,3	–55,0
– Kreditverkehr	+74,6	–144,8	+133,2
– Sonstige Kapitalanlagen	– 2,3	– 2,6	– 2,8
Saldo der Kapitalbilanz	+90,3	+ 4,7	+51,7
IV. Saldo der statistisch nicht aufgliederbaren Transaktionen (Restposten)	+11,1	–17,0	– 2,0
V. Veränderung der Nettoauslandsaktiva der Bundesbank (Zunahme +)	+68,7	–35,8	+12,2

Quelle: Monatsberichte der Deutschen Bundesbank, März 1995, S. 52

und gibt die Veränderung der Nettogläubiger- oder Nettoschuldnerposition der Volkswirtschaft gegenüber dem Ausland an.

Abweichungen tatsächlicher Zahlungsbilanzstatistiken vom Modell

Die tatsächlich veröffentlichten Zahlungsbilanzstatistiken unterscheiden sich von dem beschriebenen Grundschema vor allem durch fünf Merkmale:

1. Die Vorgänge in den Teilbilanzen werden weiter aufgegliedert; so werden die Warenex- und -importe oft nach einzelnen Warenarten (Wei-

zen, Spirituosen usw.) aufgespalten und die Veränderungen der Forderungen und Verbindlichkeiten nach ihrer Fristigkeit unterschieden.

2. Innerhalb einzelner Teilbilanzen wird häufig danach gegliedert, welcher inländische Sektor bzw. welche inländische Institution an dem Vorgang beteiligt ist. So ist es z. B. in der Kapitalverkehrsbilanz üblich, die Veränderungen der Forderungen und Verbindlichkeiten der Deutschen Bundesbank gesondert auszuweisen („Veränderung der Nettoauslandsaktiva der Bundesbank").

3. Sie werden häufig statt in Kontenform in Tabellenform veröffentlicht.

4. Es taucht ein zusätzlicher Restposten auf. Der Restposten erklärt sich folgendermaßen: In der Realität gibt es keinen „gesamtwirtschaftlichen Buchhalter", der jeden wirtschaftlichen Vorgang zwischen dem Inland und dem Ausland fein säuberlich gleichzeitig im Soll und im Haben der Zahlungsbilanz verbucht. In der Praxis werden die Zahlen der Zahlungsbilanz aus einer Vielzahl anderer Statistiken gewonnen, so daß leicht eine Diskrepanz zwischen der Summe der Soll-Buchungen und der Summe der Haben-Buchungen auftreten kann. Der Restposten besteht aus dieser Differenz und gleicht die Zahlungsbilanz somit „künstlich" aus.

5. Der zusätzliche Ausgleichsposten zur Auslandsposition der Deutschen Bundesbank erfaßt Änderungen des DM-Wertes der Aktiva, die sich aufgrund einer Neubewertung der auf Fremdwährung lautenden Aktiva und Passiva zum Jahresende ergeben.

Im Jahr 1994 hat die Deutsche Bundesbank eine Revision in der Systematik der Zahlungsbilanz vorgenommen. Sie folgt damit den Vorschlägen, die vom Internationalen Währungsfonds (IWF) 1993 unterbreitet wurden (vgl. Balance of Payments Manual, 5. Aufl., Washington, D.C. 1993), um zu einer größeren Übereinstimmung mit der VGR zu kommen und wichtigen außenwirtschaftlichen Entwicklungen Rechnung zu tragen. Die wesentlichen Änderungen betreffen:

- Die Leistungsbilanz enthält nur noch die laufenden Übertragungen. Die Vermögensübertragungen (Schuldenerlasse, Erbschaften, Schenkungen) werden ausgegliedert.

- Die „laufenden Übertragungen" enthalten jetzt auch Teile der bisher unter „Versicherungsleistungen" in der Dienstleistungsbilanz verbuchten Transaktionen.

- Der Transithandel wird aus dem Warenhandel herausgenommen und den Dienstleistungen zugerechnet.

- Aus der Dienstleistungsbilanz werden die Kapitalerträge und Einkommen aus unselbständiger Tätigkeit herausgelöst und nun als „Erwerbs- und Vermögenseinkommen" als eigenständige Kategorie in die Leistungsbilanz aufgenommen.

- Im Kapitalverkehr wird die Unterscheidung in lang- und kurzfristige Transaktionen weitgehend fallengelassen, da sie zunehmend zweifelhaft geworden ist.
- Die Direktinvestitionen werden neu abgegrenzt. Neben Kapitalbeteiligungen und langfristigen Darlehen werden nun auch die kurzfristigen Finanzbeziehungen zwischen verbundenen Unternehmen als Direktinvestition angesehen. Hinzu kommt der grenzüberschreitende Erwerb / die Veräußerung von Immobilien. Damit sollen alle wirtschaftlichen Beziehungen zusammengefaßt werden, die ihrer Natur nach ein besonderes unternehmerisches Engagement erkennen lassen.

Die Zahlungsbilanzsituation in der Bundesrepublik

Tabelle 10.3 zeigt, daß die Bundesrepublik seit mehreren Jahren hohe Leistungsbilanzdefizite aufweist, die durch den Außenhandelsüberschuß nicht mehr ausgeglichen werden können. Die Dienstleistungsbilanz ist insbesondere wegen des starken Reiseverkehrs von Deutschen im Ausland negativ; auch die Übertragungsbilanz ist defizitär, wozu entscheidend Überweisungen von Gastarbeitern (die Inländer im Sinne der Statistik sind) und die Beiträge zum EU-Haushalt beitragen. Dem Leistungsbilanzdefizit von 1994 in Höhe von 38,6 Mrd. DM entspricht konzeptionell eine Abnahme der Forderungen inländischer Wirtschaftseinheiten ohne die Bundesbank gegenüber dem Ausland (ein Nettokapitalimport) in Höhe von 51,7 Mrd. DM korrigiert um die Veränderung der Nettoauslandsaktiva der Bundesbank in Höhe von 12,2 Mrd. DM. Die auftretende Diskrepanz ist auf die erwähnten „Ausgleich“- und „Restposten“ in Höhe von 2 Mrd. DM zurückzuführen.

C. Arbeitsaufgaben

1) *In einer Volkswirtschaft werden in einem Jahr Güter im Werte von 2000 erzeugt. Bei der Produktion dieser Güter werden Vorleistungen im Werte von 700 eingesetzt; es tritt ein Verschleiß an Kapitalgütern von 100 ein. Die Unternehmungen müssen indirekte Steuern in Höhe von 150 zahlen.*
   a) Wie groß ist das Brutto-(Netto-)Sozialprodukt?
   b) Wie groß ist das Volkseinkommen?

2) *Wie groß war das Bruttosozialprodukt zu Marktpreisen in der Bundesrepublik Deutschland 1994? Was versteht man genau unter dem Bruttosozialprodukt?*

3) *Was verstehen Sie unter dem Volkseinkommen, und wie berechnen Sie es? Wie hoch war 1994 der Anteil aus unselbständiger Arbeit am Volkseinkommen?*

4) *Was verstehen Sie unter dem Konsum der Haushalte, was unter dem Konsum des Staates? Nennen Sie Beispiele für staatliche und private Investitionen.*

5) *Wie wird das Bruttosozialprodukt verwendet? Welche numerischen Werte hatten die einzelnen Verwendungskomponenten im Jahr 1994 in der Bundesrepublik?*

6) *Beurteilen Sie die Eignung des Sozialproduktes als Wohlstands- bzw. Wachstumsmaß.*

7) *Was verstehen Sie unter der Zahlungsbilanz eines Landes?*

8) *Beschreiben Sie den Grundaufbau einer Zahlungsbilanz. Wie heißen die wichtigsten Teilbilanzen?*

9) *Was versteht man unter der Leistungsbilanz?*

10) *Nennen Sie Beispiele für wirtschaftliche Vorgänge, welche die*
    - *Handelsbilanz,*
    - *Dienstleistungsbilanz,*
    - *Schenkungsbilanz,*
    - *Kapitalverkehrsbilanz*

    berühren.

Lösungsvorschläge für die Arbeitsaufgaben im „Übungsbuch zu Grundlagen und Probleme der Volkswirtschaft“.

D. Literatur

Eine sehr ausführlliche Darstellung zum volkswirtschaftlichen Rechnungswesen bietet:

STOBBE, Alfred, Volkswirtschaftslehre I, 8. Aufl., Berlin, Heidelberg, New York, 1994.

Im 3. Kapitel dieses Standardwerkes wird ein Überblick über den Wirtschaftskreislauf gegeben; im 6. Kapitel der Aufbau der Zahlungsbilanz erläutert. Die Volkswirtschaftliche Gesamtrechnung des Statistischen Bundesamtes wird im 8. Kapitel dargestellt.

Ähnlich umfangreich und grundlegend sind:

BRÜMMERHOFF, Dieter, Volkswirtschaftliche Gesamtrechnungen, 4. Aufl., München, Wien 1992

HASLINGER, Franz, Volkswirtschaftliche Gesamtrechnung, 6. Aufl., München, Wien 1992.

Zum Problem des Sozialprodukts als Maßstab für die Wohlfahrt informiert kurz:

BASSELER, Ulrich, Sozialprodukt und Wohlfahrtsmessung, in Das Wirtschaftsstudium 4/1975, S. 531-537

und ausführlich:

LEIPERT, Christian , Gesellschaftliche Berichterstattung. Eine Einführung in Theorie und Praxis sozialer Indikatoren, Berlin u. a. 1978.

Die Revision der Zahlungsbilanzstatistik wird beschrieben in:
Monatsberichte der DEUTSCHEN BUNDESBANK, März 1995, S. 33–43.

Zur Umweltökonomischen Gesamtrechnung vgl. z. B.

HÖLDER, E. (Hrsg.), Wege zu einer Umweltökonomischen Gesamtrechnung. Ein Diskussionsbeitrag des Statistischen Bundesamtes, Stuttgart 1991.

Empirisches Material bieten insbesondere:

STATISTISCHES JAHRBUCH der Bundesrepublik Deutschland

Monatsberichte der DEUTSCHEN BUNDESBANK.

11. Kapitel

Gesamtwirtschaftliche Märkte und das System der klassischen Ökonomie (Bestimmungsgründe der Beschäftigung, Teil 1)

A. Lernzielorientierte Leitfragen und Fragenkomplexe

Leitfrage:
Welches sind die Grundstrukturen der zentralen gesamtwirtschaftichen Märkte?

- *Wie hängen die Vorgänge auf den gesamtwirtschaftlichen Märkten zusammen?*
- *Was ist die wesentliche Aussage der Kreislaufkonzeption?*
- *Was bestimmt Arbeitsangebot und Arbeitsnachfrage?*
- *Was versteht man unter Arbeitsmarktgleichgewicht?*
- *Welche verschiedenen Arten der Arbeitslosigkeit gibt es?*
- *Welche Faktoren beeinflussen die Güternachfrage?*
- *Welche Bedeutung haben Gleichgewichts- und Ungleichgewichtssituationen für die Bestimmungsgründe des Güterangebots?*
- *Warum wird Geld nachgefragt?*

Leitfrage:
Was bestimmt die Höhe von Sozialprodukt und Beschäftigung im System der Klassik?

- *Was ist die zentrale Annahme über die Funktionsweise von Märkten?*
- *Welche Bedeutung hat das Theorem von SAY?*
- *Welche Rolle spielt das Geld im System der Klassik?*

B. Sachanalyse

1. Vorbemerkungen

In den folgenden drei Kapiteln wollen wir untersuchen, welche Faktoren die Höhe des Sozialprodukts und der Beschäftigung bestimmen. Dies ist Aufgabe der **Makroökonomik,** d.h. einer gesamtwirtschaftlichen Analyse, in der stark aggregierte (zusammengefaßte) Größen, wie z.B. das Volkseinkommen und das Preisniveau, nicht jedoch das Einkommen einzelner Individuen oder der Preis bestimmter Güter, untersucht werden. Dieses Zusammenfassen zu gesamtwirtschaftlichen Größen ist notwendig, um – wie in der Einleitung dargelegt – die kaum überschaubare wirtschaftliche Wirklichkeit zu vereinfachen.

Eine weitere Vereinfachung besteht darin, daß wir weitgehend von der ökonomischen Aktivität des Staates und des Auslands absehen und zudem eine **kurzfristige Analyse** durchführen. Dabei wird unterstellt, daß die im betrachteten Zeitraum stattfindende Veränderung im Bestand an Produktionsfaktoren (Arbeit, Kapital, Boden und technisches Wissen) zumindest relativ so klein ist, daß sie vernachlässigt werden kann.

Kreislaufidee

Zentrale Bedeutung der Kreislaufidee

Von zentraler Bedeutung für die Makroökonomik ist die **Kreislaufidee,** die von dem französischen Arzt François QUESNAY (1694–1774) in Analogie zum Blutkreislauf in das ökonomische Denken eingeführt wurde. Diese Kreislaufidee läßt sich in der folgenden Figur darstellen. Der gesamtwirtschaftlichen Produktion, die abzüglich der Vorleistungen als Bruttoinlandsprodukt (vgl. Kapitel 10) erfaßt wird, steht – wenn wir zur Vereinfachung von der Existenz indirekter Steuern und Subventionen absehen – ein in gleicher Höhe geschaffenes Bruttoinlandseinkommen gegenüber. Addiert man zum Inlandsprodukt und zum Inlandseinkommen die Nettofaktoreinkommen aus dem Ausland, so ergeben sich Bruttosozialprodukt und Volkseinkommen. Das Volkseinkommen ist eine zentrale Bestimmungsgröße der Nachfrage der privaten Haushalte und des Staates nach Konsum- und Investitionsgütern. Ist die Nachfrage gerade dem produzierten Sozialprodukt und dem dabei geschaffenen Volkseinkommen gleich, so spricht man vom **Kreislaufgleichgewicht.**

Im Kreislaufgleichgewicht entspricht die Nachfrage der Produktion und dem Einkommen

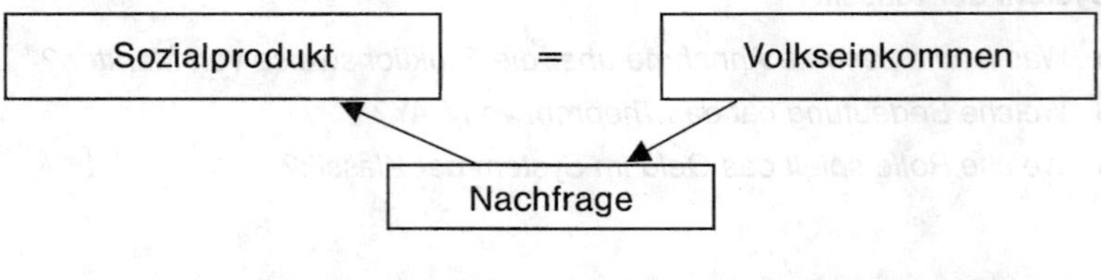

Zuflüsse und Abflüsse können das Kreislaufgleichgewicht durchbrechen

Ein solches Kreislaufgleichgewicht kann und wird in aller Regel durch Zuflüsse und Abflüsse unterbrochen: Wird ein Teil des Einkommens nicht verausgabt, so ist die Nachfrage kleiner als Produktion bzw. Einkommen; wird vorhandenes Vermögen aufgelöst, um Nachfrage nach neu produzierten Güter zu entfalten, oder wird solche Nachfrage mit Krediten finanziert, so übersteigt die Nachfrage Produktion und Einkommen. Durch solche Nachfragedefizite und -überschüsse werden Kräfte wirksam, die auf eine Änderung der Höhe des Sozialprodukts und damit der Beschäftigung hinwirken. An dieser Stelle kann indes noch nicht entschieden werden, ob die Produktion die Nachfrage oder die Nachfrage die Produktion bestimmt. Das Kreislaufbild zeigt nur, daß Produktion und Nachfrage wechselseitig voneinander abhängen.

Interdependenz der Märkte

Das wirtschaftliche Geschehen auf den Märkten einer Volkswirtschaft ist miteinander verbunden. Letztlich kann man sagen, daß die Nachfrage nach den einzelnen Gütern wie auch das Angebot der Güter jeweils von den Preisen aller Güter abhängt, wenn auch teilweise fast unmerklich (vgl. Kapitel 4). Da man im Rahmen einer ökonomischen Analyse nicht Millionen von Märkten gleichzeitig betrachten kann, ist die wirtschaftliche Wirklichkeit auf eine überschaubare Anzahl wesentlicher Zusammenhänge zu vereinfachen. Im Einklang mit der üblichen makroökonomischen Darstellungsweise reduzieren wir die Zahl der betrachteten Märkte auf vier: den Arbeitsmarkt, den Gütermarkt, den Geldmarkt und den Wertpapiermarkt (der für die Gesamtheit der Märkte für als homogen angesehene zinstragende Aktiva steht). Mit dem extrem hohen Aggregationsgrad werden also Unterschiede zwischen den verschiedenen Arten von Arbeit, Gütern und Wertpapieren ignoriert.

Reduktion auf vier Märkte: Arbeits, Güter-, Geld- und Wertpapiermarkt

Die Interdependenz (gegenseitige Abhängigkeit) der Märkte wird formal besonders deutlich durch das **„Gesetz von Walras“** (Léon Walras, französischer Nationalökonom 1834–1910). Für jede rational handelnde Wirtschaftseinheit gilt, daß sie Ausgaben (Käufe) für die unterschiedlichen Zwecke (z. B. auch für den Erwerb von Wertpapieren oder von Bankguthaben) nur in Höhe der geplanten Einnahmen (Verkäufe) aus den unterschiedlichen Quellen (z. B. auch durch Verschuldung oder Auflösung von Bankguthaben oder Bargeldbeständen) planen wird.[1]) Was für die einzelnen Wirtschaftseinheiten gilt, gilt auch für die gesamte Volkswirtschaft, so daß die Summe der von allen Wirtschaftseinheiten auf allen Märkten geplanten Ausgaben (Käufe) der Summe der auf allen Märkten geplanten Einnahmen (Verkäufe) entspricht.

Interdependenz wird deutlich durch das Gesetz von Walras

Betrachten wir dies für die vier makroökonomischen Märkte. Wenn z. B. auf dem Arbeitsmarkt für 1.000 DM Arbeitsleistungen verkauft wurden, müssen diese 1.000 DM irgendwie verwendet werden. Sind in der gleichen Periode auf dem Gütermarkt für 800 DM Güter und auf dem Wertpapiermarkt für 100 DM Wertpapiere gekauft worden, dann muß der Geldbestand um 100 DM gestiegen sein. Mithin ist der Wert der Verkäufe (1.000 DM) dem Wert der Käufe (800 DM + 100 DM + 100 DM) gleich. Aus diesen Überlegungen folgt, daß die Vorgänge auf einem jeweils „letzten“ Markt aus den Transaktionen auf den übrigen Märkten abgeleitet werden

1) Der Leser erkennt, daß die Begriffe Ausgaben (Käufe) und Einnahmen (Verkäufe) hier sehr weit gefaßt sind. Man spricht gelegentlich auch von „Quellen“ und „Verwendungen“ finanzieller Mittel.

können. Insbesondere gilt in einem vier Märkte umfassenden System: Ist der Wert der Käufe und Verkäufe auf drei Märkten der Volkswirtschaft ausgeglichen, so muß dies auch auf dem vierten Markt der Fall sein (WALRAS-Gesetz).

Dieses „Gesetz" rechtfertigt die übliche Vorgehensweise, nur drei Märkte zu untersuchen. Meist wird der Wertpapiermarkt vernachlässigt, so auch von uns.

Konkurrierende Erklärungsansätze

Wie in kaum einem anderen Zweig der Ökonomie konkurrieren in der makroökonomischen Analyse der Beschäftigung insbesondere zwei Erklärungsansätze mit jeweils einigen verschiedenen Ausprägungen. Es läßt sich aber rechtfertigen, letztlich von nur zwei Erklärungsmustern (Paradigmen) zu sprechen.

In der Makroökonomik konkurrieren die Erklärungsansätze der klassischen und keynesianischen Theorie

Auf der einen Seite steht die **klassische Makroökonomik,** die durch den Monetarismus und die **Neue Klassische Makroökonomik** neubegründet und verfeinert wurde. Wir beschränken uns darauf, als Einstieg die klassische Makroökonomik zu beschreiben (vgl. Abschnitt 5 dieses Kapitels) und dann im 13. Kapitel Monetarismus und Neue Klassische Makroökonomik als Einheit unter dem Begriff Neue Klassische Makroökonomik zu behandeln.

Auf der anderen Seite steht die **keynesianische Makroökonomik,** geprägt durch den Engländer John Maynard KEYNES (1883–1946). Eine bestimmte Interpretation seiner Theorie, später angereichert durch einige klassische Elemente, hat sich in vielen Jahren in ökonomischen Lehrbüchern zu einem relativ starren Lehrgebäude entwickelt. Diesen sogenannten **traditionellen Keynesianismus** stellen wir im 12. Kapitel dar. Als Antwort auf die Herausforderung durch die Neue Klassische Makroökonomik hat auch der Keynesianismus eine Neubegründung und Verfeinerung seines Paradigmas versucht. Hier sind die **Rationierungstheorie,** der **Post-Keynesianismus** und der **„Neue Keynesianismus"** zu unterscheiden, die wir im 13. Kapitel, Abschnitt 1, beschreiben.

Im folgenden geben wir einen Überblick über das System der Märkte, um die Einordnung der verschiedenen Erklärungsansätze zu erleichtern. Einige Vorgriffe und Wiederholungen erweisen sich dabei als hilfreich.

2. Arbeitsmarkt

Auf dem Arbeitsmarkt wird Arbeit gegen Lohn getauscht. Arbeitsanbieter sind die, die ihre Arbeitskraft verkaufen wollen (kurz: Arbeiter) und Arbeitsnachfrager sind die, die diese Arbeitskraft im Produktionsprozeß einsetzen wollen, also die Unternehmer.

2.1 Arbeitsnachfrage

Unternehmer fragen Arbeit nach – d. h. stellen Arbeiter ein – wenn es sich für sie lohnt. Dabei läßt sich die unternehmerische Planung sinnvoll stets auf den Vergleich der zusätzlichen Kosten (Grenzkosten) einer Neueinstellung mit dem daraus resultierenden zusätzlichen Umsatz (Grenzumsatz) zurückführen (vgl. Kapitel 5). Sieht man zur Vereinfachung von Material- und Kapitalkosten ab, so wird der Unternehmer den Arbeitseinsatz solange steigern, wie der Wert des Grenzprodukts des Arbeiters (dies entspricht dem Grenzumsatz einer zusätzlichen Arbeitseinheit) größer ist als der Nominallohn (dieser entspricht den Grenzkosten einer zusätzlichen Arbeitseinheit). Das Gewinnmaximum ist erreicht, wenn der Wert des Grenzprodukts der Arbeit dem Nominallohn gleich ist. Dabei ist der Wert des Grenzprodukts der Arbeit gleich der Gütermenge, die zusätzlich produziert wird, multipliziert mit dem Verkaufspreis. Mithin hängt die Arbeitsnachfrage ab von folgenden Größen:

Der Reallohn ist das Tauschverhältnis zwischen Arbeit und neuproduzierten Gütern

- dem Grenzprodukt
- dem Preis des Produkts P
- und dem Nominallohn (auch Geldlohn genannt) W

Das Verhältnis von Nominallohn zum Güterpreis bezeichnet man als **Reallohn.** Er gibt als sogenannter relativer Preis das Tauschverhältnis zwischen Arbeit und neuproduzierten Gütern an. Der Reallohn bringt letztlich zum Ausdruck, wieviel Zeit der Arbeiter arbeiten muß, um eine Einheit von Gut X kaufen zu können, und umgekehrt, welchen Teil der Produktionsmenge der Unternehmer den Arbeitern überlassen muß, damit sie bereit sind, ihre Arbeitskraft zu verkaufen. Der Vergleich zwischen Reallohn und Grenzprodukt entscheidet also über die Vorteilhaftigkeit, Arbeiter einzustellen, **sofern die Produkte auch absetzbar sind.**

Abhängigkeit der Arbeitsnachfrage vom Reallohn

Mithin wird die Arbeitsnachfrage üblicherweise als vom Reallohn abhängig angesehen. Da nach dem Gesetz vom abnehmenden Ertragszuwachs (vgl. Kapitel 5, Abschnitt 2) das Grenzprodukt der Arbeit mit steigendem Arbeitseinsatz abnimmt, wird ceteris paribus nur ein fallender Reallohn die Einstellung weiterer Arbeiter lohnend machen. Umgekehrt kann man sehen, daß mit steigendem Reallohn die Arbeitsnachfrage sinkt: Es werden dann immer weniger Arbeiter ein Grenzprodukt erstellen, das dem Reallohn entspricht. Dies bringt Abb. 11.1 zum Ausdruck.

Man sollte indes die Bedingungen für die Existenz einer negativ geneigten Arbeitsnachfragekurve beachten. Diese sind insbesondere

- abnehmendes Grenzprodukt,
- Konstanz des Einsatzes der übrigen Produktionsfaktoren und
- Gleichgewichtsposition des Produktpreises, so daß die geplante Menge auch verkauft werden kann.

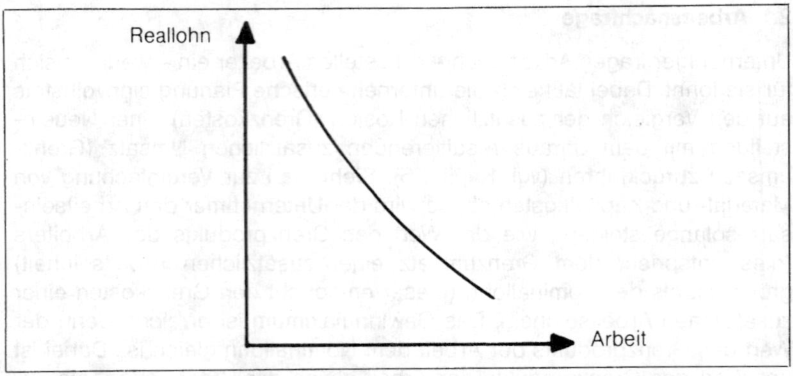

Abb. 11.1: Arbeitsnachfragekurve

Voraussetzung: konstanter Einsatz von Technik und Kapital

Konstanz des Einsatzes der übrigen Faktoren bedeutet vor allem konstante Technik und konstanten Kapitaleinsatz. Typisches Erscheinungsbild moderner Industriegesellschaften ist aber ein zunehmender Kapitaleinsatz und technischer Fortschritt. Dies verschiebt die Arbeitsnachfragefunktion nach rechts. Man kann dies so interpretieren, daß die durchschnittliche Arbeitsproduktivität – also die Produktionsmenge pro Arbeiter – mit steigendem Kapitaleinsatz und technischem Wissen zunimmt und damit einen höheren Reallohn ermöglicht. Abbildung 11.2 zeigt die Entwicklung von Arbeitsproduktivität, Reallohn und Beschäftigung für das ehemalige Bundesgebiet.. Mit Ausnahme der Jahre 1981, 1982 und 1983 hat die Zahl der beschäftigten Arbeitnehmer bei steigendem Reallohn zugenommen.

Man erkennt die insgesamt zyklische Entwicklung der Änderungsrate des Reallohnes mit positiven Spitzen in den Jahren 1964, 1970, 1977, 1986 und 1991, wobei das Niveau der Zuwachsraten seit 1970 erheblich abgenommen hat. 1981–1983 sowie 1993 waren die Zuwachsraten sogar negativ. Die Entwicklung der Arbeitsproduktivität folgt, bei zeitweisen Phasenverschiebungen, der des Reallohnes, wobei bis Mitte der 70er Jahre das Niveau der Wachstumsraten der Arbeitsproduktivität deutlich unter dem der Reallöhne lag. Hervorzuheben ist der gleichgerichtete (prozyklische) Verlauf von Reallohn und Beschäftigung: Phasen besonders hoher Reallohnsteigerung werden also begleitet von Phasen zunehmender Beschäftigung und vice versa – ein empirischer Befund, der der häufig reklamierten Rolle von Reallohnsteigerungen als Erklärung für eine zunehmende Arbeitslosigkeit zu widersprechen scheint. Allerdings ist zu beachten, daß aus statistischen Korrelationen keine kausalen Schlüsse gezogen werden können.

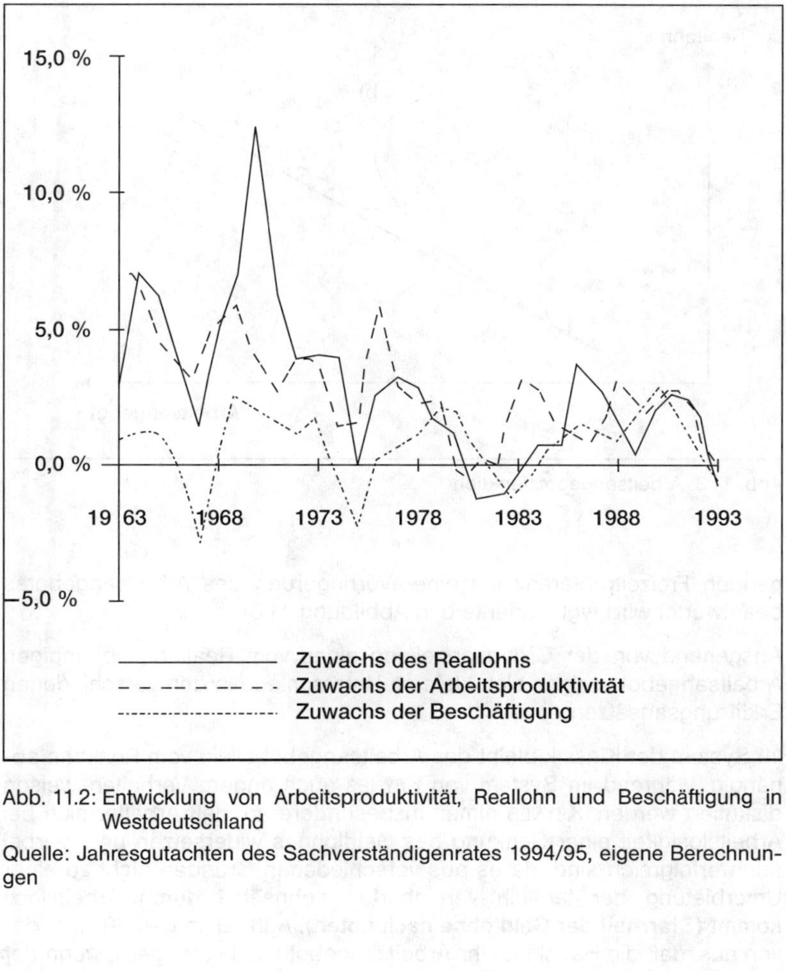

Abb. 11.2: Entwicklung von Arbeitsproduktivität, Reallohn und Beschäftigung in Westdeutschland

Quelle: Jahresgutachten des Sachverständigenrates 1994/95, eigene Berechnungen

2.2 Arbeitsangebot

Grundsätzliche Abhängigkeit des Arbeitsangebotes vom Reallohn

Das Arbeitsangebot eines Haushaltes hängt im theoretischen mikroökonomischen Kalkül einmal von der relativen Vorteilhaftigkeit des Tausches zwischen Arbeit und neu produzierten Gütern (also von dem Reallohn), zum anderen von der Freizeitpräferenz des Haushaltes ab. Der Verlauf der Arbeitsangebotskurve ist dann nicht ganz eindeutig, da die Wirkung einer Reallohnsteigerung von dem Größenverhältnis zwischen dem Substitutions- und dem Einkommenseffekt abhängen (vgl. hierzu die Ausführungen zum Güterkauf in Kapitel 4, die analog für die Ableitung des Arbeitsangebotes angewendet werden können). Insbesondere bei hohen Reallöhnen ist es möglich, daß eine Reallohnerhöhung wegen der stei-

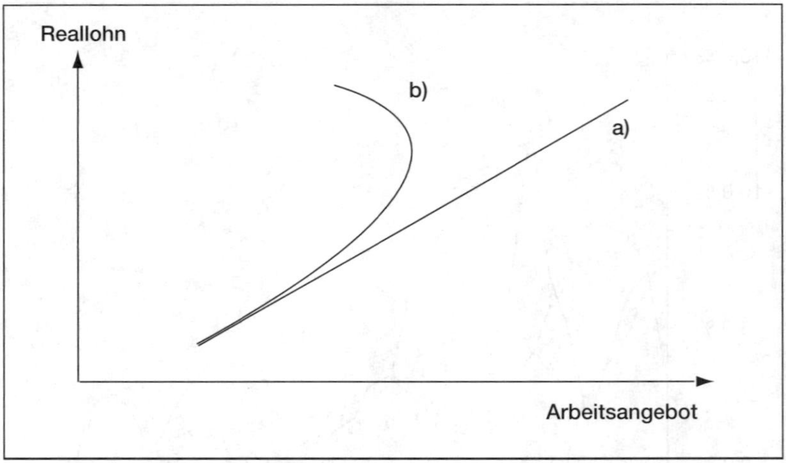

Abb. 11.3: Arbeitsangebotsfunktion

genden Freizeitpräferenz mit einer Verringerung des Arbeitsangebotes beantwortet wird (vgl. Variante b in Abbildung 11.3).

Ausgehend von der Grundvorstellung eines vom Reallohn abhängigen Arbeitsangebots zeigen sich kleinere Unterschiede in den verschiedenen Erklärungsansätzen:

Abweichende Hypothesen zum Arbeitsangebot

Im System der Klassik bleibt das Arbeitsangebot allein vom Reallohn abhängig, während im System von KEYNES auch andere Verhaltensweisen diskutiert werden. KEYNES nimmt insbesondere an, daß Arbeiter sich bei Arbeitslosigkeit einer Senkung des Geldlohnes widersetzen und hierbei auch erfolgreich sind, da es aus verschiedenen Gründen nicht zu einer Unterbietung der tariflich vereinbarten Lohnsätze durch Arbeitslose kommt **(Starrheit der Geldlöhne nach unten).** Außerdem geht KEYNES davon aus, daß die Haushalte ihr Arbeitsangebot nicht verringern, wenn der Reallohn aufgrund eines Preisniveauanstiegs abnimmt. Hintergrund ist eine unterstellte Geldillusion der Arbeitsanbieter, die irrtümlich von konstanten Reallöhnen ausgehen, weil sie den Preisanstieg nicht (so schnell) bemerken. Für möglich hält KEYNES auch den Fall eines völlig elastischen Arbeitgebots in dem Sinne, daß Arbeiter bereit sind, bei dem historisch gegebenen Geldlohnsatz jede beliebige Arbeitsmenge bis zum Vollbeschäftigungsniveau hin anzubieten. Erläutert wird dies Verhalten häufig mit dem Hinweis, daß der normale Arbeiter bei der üblichen täglichen Arbeitszeit und der tariflich vereinbarten Wochenarbeitszeit nicht – wie im mikrökonomischen klassischen Arbeitsangebotskalkül unterstellt – die Möglichkeit hat, die Anzahl seiner Arbeitsstunden frei zu bestimmen. Da er infolge seines fehlenden Eigentums an Produktivvermögen aber arbeiten muß, um seinen Lebensunterhalt zu verdienen, bietet er beim herrschenden Geldlohnsatz seine gesamte Arbeitskraft an. Im 12. Kapitel werden wir nur den Fall nach unten starrer Geldlöhne kombinierte mit der Geldillusion berücksichtigen.

Im System der Neuen Klassik wird ebenfalls die Möglichkeit der Geldillusion infolge falscher Erwartungen der Arbeiter und auch der Unternehmer eingeräumt, überwiegend aber von der Übereinstimmung zwischen Erwartung und Realität ausgegangen (Konzept der **rationalen Erwartungen,** vgl. genauer Kapitel 13, Abschnitt 2.1).

2.3 Arbeitsmarktgleichgewicht

Im Arbeitsmarktgleichgewicht sind geplante Arbeitsnachfrage und Arbeitsangebot gleich

Unter bestimmten Bedingungen existiert ein Gleichgewicht auf dem Arbeitsmarkt, vom dem, bei völlig flexiblen Preisen und Löhnen, auch angenommen wird, daß es schnell erreicht wird. Bei dem Reallohnsatz $(\frac{W}{P})^*$ sind geplante Arbeitsnachfrage und geplantes Arbeitsangebot einander gleich, es gibt keine unfreiwillige Arbeitslosigkeit.

Bei **Vollbeschäftigung** findet jeder, der zum Gleichgewichtsreallohn arbeiten will, einen Arbeitsplatz; und jeder Unternehmer, der zum Gleichgewichtsreallohn Arbeiter einstellen will, findet Arbeitswillige.

Mit der Vollbeschäftigungskonzeption sind zwei weitere Arten von Arbeitslosigkeit vereinbar, die auf mangelnde Transparenz und mangelnde Mobilität zurückzuführen sind und letztlich als **freiwillig** gelten können: die friktionelle und die strukturelle Arbeitslosigkeit.

Mangelnde Transparenz begründet die friktionelle …

Die **friktionelle Arbeitslosigkeit** entsteht aus der unvollständigen Markttransparenz von Arbeitern und Unternehmern. Beide Marktseiten kennen die jeweils optimale Beschäftigung für sie nicht: So wird mancher Arbeiter

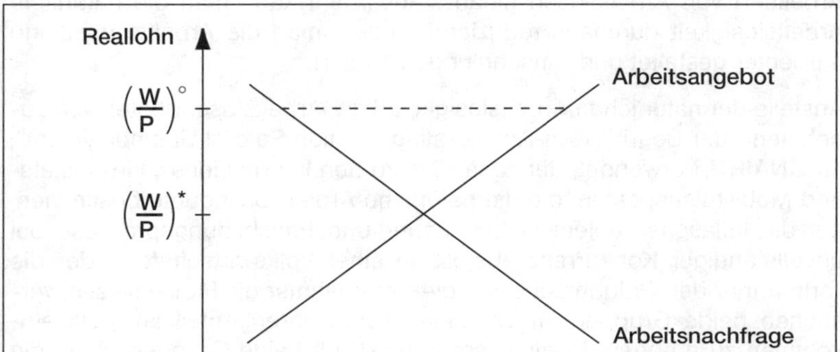

Abb. 11.4 a: Gleichgewicht auf dem Arbeitsmarkt

seinen Arbeitsplatz kündigen und eine neue, bessere Stelle suchen (Sucharbeitslosigkeit); und mancher Unternehmer wird eine Einstellung hinauszögern, weil er noch besser geeignete Bewerber sucht.

… und mangelnde Mobilität die strukturelle Arbeitslosigkeit

Die **strukturelle Arbeitslosigkeit** entsteht infolge mangelnder Mobilität und Flexibilität der Arbeiter und Unternehmer, die bei sich ändernder Produktionsstruktur nicht bereit und/oder in der Lage sind, schnell den Standort oder den Beruf oder die Branche zu wechseln. Man spricht in diesem Zusammenhang in der neueren Literatur auch von „qualifikationsmäßiger und regionaler ‚Mismatch'-Arbeitslosigkeit".

Friktionelle und strukturelle Arbeitslosigkeit werden auch zusammengefaßt unter dem von FRIEDMAN (Begründer des Monetarismus) geprägten Begriff der **„natürlichen Arbeitslosigkeit",** die im Konzept der Neuen Klassik eine zentrale Rolle spielt. (vgl. auch Kapitel 13, Abschnitt 2.3). Der Terminus „natürlich" ist etwas unglücklich gewählt ist, da man mit ihm assoziieren könnte, daß diese Arbeitslosigkeit naturgegeben unabänderlich ist, was, wie noch ausgeführt wird, nicht der Fall ist.

Im Fall der natürlichen (= friktionellen + strukturellen) Arbeitslosigkeit besteht kein Gesamtmangel an Arbeitsnachfrage und Arbeitsplätzen. Es dauert lediglich eine gewisse Zeit, bis sich Arbeiter und Arbeitsplätze „gefunden" haben.

Die Begriffswahl „freiwillige" bzw. „natürliche" Arbeitslosigkeit sollte nicht zu Fehlinterpretationen führen. So ist z. B. der Buchhalter der stillgelegten Bremer Werft, der nicht bereit und/oder in der Lage ist, sehr rasch eine freie Stelle als Metallarbeiter in Stuttgart anzunehmen, freiwillig arbeitslos. Das Konzept geht also weit über die in der Bundesrepublik geltenden Zumutbarkeitsregelungen hinsichtlich eines Wechsels von Beruf und/oder Arbeitsort von Arbeitslosen hinaus. Außerdem kann man die natürliche Arbeitslosigkeit durchaus reduzieren, indem man die Arbeitsvermittlung effizienter gestaltet und Umschulungen forciert.

Anstelle der natürlichen Arbeitslosigkeit (bzw. Arbeitslosenquote) wird zunehmend der Begriff „Non-Accelerating Inflation Rate of Unemployment", kurz **NAIRU**, verwendet, der zusätzlich zu den Informations-, Flexibilitäts- und Mobilitätsaspekten, die die natürliche Arbeitslosenquote bestimmen, auf die Inflationsproblematik der Lohn- und Preisbildungsprozesse bei unvollständiger Konkurrenz abstellt. In einer Volkswirtschaft, in der die Tarifpartner den Geldohnsatz und die Unternehmer die Preise setzen, versuchen beide Gruppen im Verteilungskampf ihren Anteil am Volkseinkommen zu erhöhen. Disziplinierend wirkt auf beide Gruppen dabei die Arbeitslosigkeit, indem sie bei zunehmender Höhe die Kompromißfähigkeit der Gewerkschaften erhöht und – wegen der sich verschlechternden Absatzlage – die Preiserhöhungspielräume der Unternehmer einschränkt. Man kann sich dann ein solches Niveau der Arbeitslosigkeit vorstellen, bei der die von den verschiedenen gesellschaftlichen Gruppen (z. B. Arbeiter und Unternehmer) gestellten Forderungen nach Anteilen am Sozialprodukt so koordiniert sind, daß keine Inflation entsteht. Diese am besten als **„inflationsneutrale Arbeitslosenquote"** bezeichnete NAIRU, bei der das Preisniveau nicht akzeleriert, wird für unterschiedliche Länder und Zeiträume unterschiedlich geschätzt: Die Schätzung reicht für die Bundesrepublik von einer Arbeitslosenquote von 1 % in den sechziger Jahren über 2,5 % (1973–1975), 6,1 % (1976–1980), 7,6 % (1819–1985) bis zu 9 % (1986–1988).

2.4 Arbeitsmarktungleichgewicht

Unfreiwillige Arbeitslosigkeit bedeutet, daß die Arbeitsnachfrage kleiner ist als das Arbeitsangebot. In der herrschenden neoklassischen ökonomischen Theorie kann dies nicht anders interpretiert werden, als daß der bestehende Reallohn höher ist als der Gleichgewichtsreallohn. Eine solche Arbeitslosigkeit zeigt Abb. 11.4 bei dem Reallohn $\left(\frac{W}{p}\right)^{\circ}$.

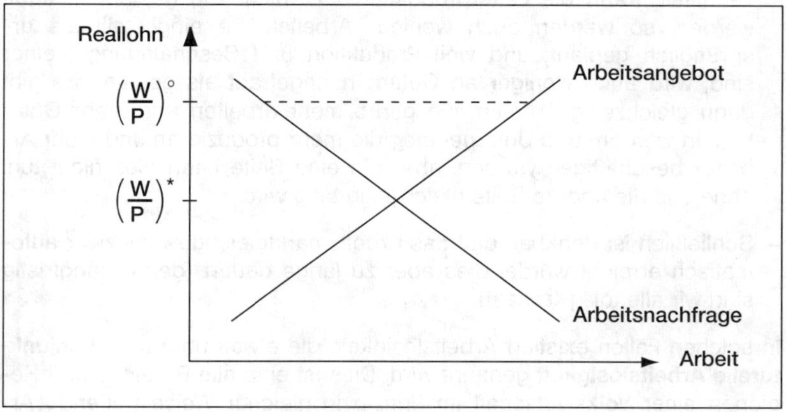

Abb. 11.4 b: Ungleichgewicht auf dem Arbeitsmarkt

In der Ökonomie ist es notwendig, zwei Dinge strikt zu unterscheiden: Die Frage der **Existenz** eines Gleichgewichts und die Frage der **Stabilität**, d. h. ob dieses Gleichgewicht bei Abweichungen von sich aus erreicht wird.

Existenz eines Arbeitsmarktgleichgewichts?

Wenn es einen Gleichgewichtsreallohn gibt – und davon gehen die hier beschriebenen Erklärungsansätze aus –, dann **entfallen die meisten der üblichen Begründungen für unfreiwillige Arbeitslosigkeit als eigentliche Ursache.** Dann kann jede Wachstumsrate und jeder technische Fortschritt, jede Bevölkerungsentwicklung und jede gewünschte Arbeitszeit vom zugehörigen Gleichgewichtsreallohn arbeitsmarktpolitisch abgefangen werden. Die Höhe des Gleichgewichtsreallohnes muß sich nur entsprechend einstellen: In Abb. 11.5 müßte der Reallohn „nur“ auf $(\frac{w}{p})^*$ sinken um Vollbeschäftigung zu erreichen.

Stabilität eines Arbeitsmarktgleichgewichts?

Es erhebt sich aber die Frage, ob ein existierendes Arbeitsmarktgleichgewicht mit Sicherheit und genügend schnell automatisch erreicht wird, d. h. ob das Arbeitsmarktgleichgewicht **stabil** ist. Wir wollen den folgenden Erörterungen ein wenig vorgreifen und auf drei insbesondere von KEYNES hervorgehobene Möglichkeiten hinweisen:

- Die Konkurrenzsituation auf dem Arbeitsmarkt bestimmt lediglich den Nominallohn. Wie sich das Preisniveau entwickelt, hängt von den Angebots- und Nachfragekonstellationen auf dem Gütermarkt ab. Mithin ist es möglich, daß der Lohnmechanismus nicht zum Gleichgewicht führt. Dies nicht, weil die Arbeiter sich einer Reallohnsenkung widersetzen, sondern weil sie den Reallohn nicht senken *können.*

- Möglicherweise liegen Steuerungsfehler des Preissystems in dem Sinne vor, daß das bestehende Preis- und Lohnsystem keine vollständige Information über die Kauf- und Verkaufsmöglichkeiten der Individuen vermittelt. Kann die Güterproduktion z. B. nicht wie geplant verkauft werden, so werden auch weniger Arbeitskräfte eingestellt als ursprünglich geplant; und weil Produktion und Beschäftigung kleiner sind, wird auch weniger an Gütern nachgefragt als geplant. Es gibt dann gleichzeitig Arbeiter, die gerne mehr arbeiten und mehr Güter kaufen würden, und Unternehmer, die mehr produzieren und mehr Arbeiter beschäftigen würden, aber die eine Seite kann dies nicht tun, ohne daß die andere Seite gleichzeitig tätig wird.

- Schließlich ist denkbar, daß das Arbeitsmarktgleichgewicht zwar automatisch erreicht würde, dies aber zu lange dauert (denn: „langfristig sind wir alle tot“ [KEYNES]).

In solchen Fällen existiert Arbeitslosigkeit, die etwas unpräzise **konjunkturelle Arbeitslosigkeit** genannt wird. Dies ist eine alle Bereiche und Regionen einer Volkswirtschaft im Prinzip in gleicher Weise treffende Arbeitslosigkeit, die vordergründig durch einen allgemeinen Nachfragerückgang hervorgerufen wird. Eigentliche Ursache ist indes das Koordinationsversagen des Preismechanismus.

Arten der konjunkturellen Arbeitslosigkeit

In der wissenschaftlichen Diskussion ist es üblich geworden, die konjunkturelle Arbeitslosigkeit nach verschiedenen Erklärungsansätzen zu klassifizieren:

Klassische Arbeitslosigkeit: Der Reallohn ist höher als der Vollbeschäftigungsreallohn, mit der Folge, daß das Arbeitsangebot die Arbeitsnachfrage übersteigt. Zugleich ist die Güternachfrage größer als das Güterangebot. Einfacher gesagt: Die Güterproduktion lohnt für die

Unternehmer nicht im Umfang der Vollbeschäftigungsproduktion, obwohl sie bei den herrschenden Preisen absetzbar wäre.

Keynesianische Arbeitslosigkeit: Die Arbeitsnachfrage ist kleiner als das Arbeitsangebot, und zugleich übersteigt das Güterangebot die Güternachfrage, oder das Güterangebot ist der Güternachfrage gleich. Im letzteren Fall spricht man vom **„Gleichgewicht bei Unterbeschäftigung".**

Etwas vereinfacht kann man sagen: Bei klassischer Arbeitslosigkeit ist die gewinnmaximale Produktion die relevante Schranke für Produktion und Beschäftigung, bei keynesianischer Arbeitslosigkeit die effektive Nachfrage.

Damit wird es ein Problem der Diagnose, die Art der Arbeitslosigkeit zu erkennen. Harald GERFIN (bekannter deutscher Nationalökonom) hat diagnostiziert, daß für die Bundesrepublik die Periode von 1973–1977 starke Züge klassischer Arbeitslosigkeit, aber auch gewisse Merkmale einer keynesianischen Arbeitslosigkeit aufwies und daß ab der Jahreswende 1979/80 sich immer klarer keynesianische Arbeitslosigkeit herausbildete.

Kapitalmangelarbeitslosigkeit

Neben den beschriebenen Formen der Arbeitslosigkeit wird gelegentlich noch die Kapitalmangelarbeitslosigkeit unterschieden. Man spricht von **Kapitalmangelarbeitslosigkeit,** wenn das Angebot an Arbeitsplätzen hinter der Nachfrage nach Arbeitsplätzen zurückbleibt, weil die Kapitalbildung durch Sparen und Investitionen nicht ausreicht, neue Arbeitsplätze entsprechend dem Wachstum des Erwerbspersonenpotentials und/oder der Freisetzung durch technischen Fortschritt zu schaffen. Problematisch an dieser Begriffsbildung ist, daß der Kapitalmangel seinerseits auf bestimmte Ursachen, z. B. eine zu geringe Güternachfrage oder zu hohe Kapitalgüterpreise und damit auf andere konjunkturelle Elemente zurückzuführen ist.

2.5 Arbeitslosenquote

Die amtliche Statistik erfaßt den Stand der Arbeitslosigkeit mit der **Arbeitslosenquote. In der Bundesrepublik wird definiert:**

$$\text{Arbeitslosenquote} = \frac{\text{registrierte Arbeitslose}}{\text{Erwerbspersonen in abhängiger Beschäftigung}}$$

Versteckte Arbeitslose sind ca. ein Drittel der offiziell gemeldeten Arbeitslosen

Erfaßt werden also nur die Arbeitslosen, die sich auf dem Arbeitsamt als arbeitslos melden, nicht hingegen diejenigen, die zwar gerne arbeiten würden, aber sich nicht registrieren lassen. Dies sind die nicht-arbeitslosen Erwerbslosen; sie bilden die sog. **versteckte Arbeitslosigkeit.** Das Nürnberger Institut für Arbeitsmarkt- und Berufsforschung schätzt, daß zu den offiziellen Arbeitslosen etwa ein Drittel versteckte Arbeitslose hinzukommen.

Zu beachten ist auch, daß die registrierten Arbeitslosen nur auf die Erwerbspersonen in abhängiger Beschäftigung (= Arbeiter, Angestellte, Beamte) bezogen werden, nicht auf alle Erwerbspersonen. In anderen Ländern sind z. T. andere Berechnungsmethoden üblich. Abb. 11.5 zeigt die Arbeitslosigkeit in der „alten" Bundesrepublik.

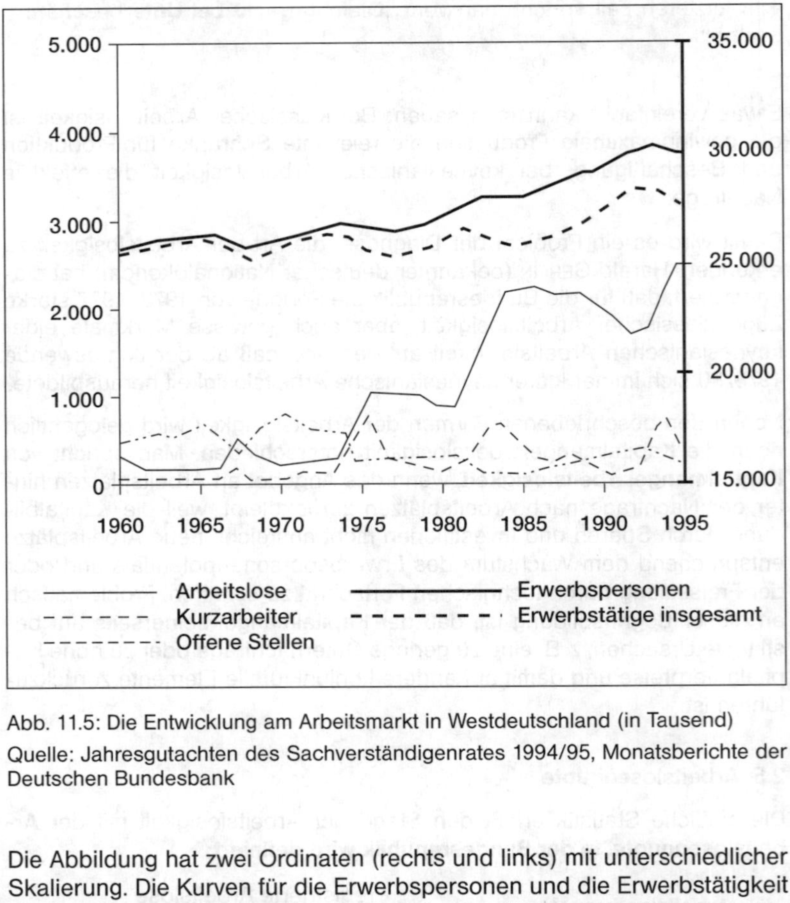

Abb. 11.5: Die Entwicklung am Arbeitsmarkt in Westdeutschland (in Tausend)

Quelle: Jahresgutachten des Sachverständigenrates 1994/95, Monatsberichte der Deutschen Bundesbank

Die Abbildung hat zwei Ordinaten (rechts und links) mit unterschiedlicher Skalierung. Die Kurven für die Erwerbspersonen und die Erwerbstätigkeit beziehen sich auf die rechte Skala (die bei 15 Millionen Personen beginnt), während die Kurve der Arbeitslosen, der offenen Stellen und der Kurzarbeiter der linken Skala (die bei null beginnt) zugeordnet sind. Die Abbildung zeigt, daß sich die Schere zwischen den Erwerbspersonen (abhängig Beschäftigte, Selbständige und Arbeitslose) und den Erwerbstätigen (abhängig Beschäftigte plus Selbständige) immer weiter geöffnet hat. Entsprechend ist die Zahl der Arbeitslosen von 1973 deutlich unter 300.000 auf 1975–1977 über eine Million und von 1983 bis 1989 klar über die Zwei-Millionen-Grenze gestiegen. 1990–1992 gab es eine leichte Erholung auf dem Arbeitsmarkt. Danach stieg die Arbeitslosenzahl wieder kontinuierlich an und stagniert 1994/95 bei ca. 2,5 Millionen. Kurzarbeiter, ABM-Beschäftigte und Vorruheständler erhöhen die tatsächliche Arbeitslosigkeit noch weit über dieses erschreckende Niveau hinaus.

3. Gütermarkt

Auf dem Gütermarkt wird die gesamte marktgerichtete Produktion einer Volkswirtschaft – also das Bruttosozialprodukt und die erforderlichen Vorleistungen – angeboten und nachgefragt. Im folgenden setzen wir der Einfachheit halber die Produktion mit dem Sozialprodukt gleich, vernachlässigen also die Vorleistungen und die Unterschiede zwischen Brutto- und Nettosozialprodukt.

Anbieter der neuproduzierten Güter sind die Unternehmer. Nachfrager sind die privaten Haushalte, die Konsumgüter kaufen, und die Unternehmer, die Investitionsgüter erwerben.

3.1 Güternachfrage

Wie in Kapitel 4 gezeigt, hängt die Nachfrage eines Haushaltes nach einem Gut bei gegebener Bedürfnisstruktur (d. h. bei gegebenen Präferenzen) im wesentlichen ab vom Preis des Gutes, vom Preis anderer Güter und vom Einkommen.

Betrachtet man jetzt den Gütermarkt insgesamt, so ist die Preisabhängigkeit der Nachfrage anders zu begründen. Es geht jetzt um die Abhängigkeit der gesamtwirtschaftlichen Güternachfrage vom Preisniveau für das Sozialprodukt. Ändert sich dieses Preisniveau, so ändern sich nicht notwendig die relativen Preise der einzelnen Güter und selbst wenn sie dies tun, ist die Wirkung auf die Gesamtnachfrage unbestimmt. Außerdem ändert sich mit der Preisniveauänderung nicht automatisch das Realeinkommen der Gesamtheit der Haushalt Es ist möglich, daß z. B. das Preisniveau sinkt und dabei das reale Sozialprodukt und damit das reale Volkseinkommen unverändert bleibt oder sogar sinkt. Und warum sollte dann die gesamtwirtschaftlichen Nachfrage nach neuproduzierten Gütern steigen? Als plausibel erscheinende Gründe könnten angeführt werden, ein

- **Substitutionseffekt:** Mit sinkendem Preisniveau des Sozialproduktes werden neuproduzierte Güter im Verhältnis zu anderen Aktiva relativ billiger und – ceteris paribus – die Nachfrage nach existierenden Aktiva durch die Nachfrage nach neuproduzierten Gütern, also nach Sozialprodukt substituiert. Statt existierende Häuser, Grundstücke, Maschinen oder Aktiva wie Staatsobligationen und Aktien nachzufragen, werden die Nachfrager tendenziell auf neuproduzierte Güter zurückgreifen.

- **Vermögenseffekt:** Neben dem Einkommen hat auch das Vermögen einen Einfluß auf die Güternachfrage, in der Form, daß mit zunehmendem Vermögen die Nachfrage steigt. Und wenn das Preisniveau für neuproduzierte Güter sinkt, steigt der reale Wert vorhandenen Finanzvermögens, sei es in Form von Geld oder nichtrealwertgesicherten Wertpapieren gehalten.

Mithin ergibt sich ein negativer Richtungszusammenhang zwischen Preisniveau und gesamtwirtschaftlicher Nachfrage, also eine negative Steigung der gesamtwirtschaftlichen Nachfrage, aus dem Substitutionseffekt (der oben beschriebenen Art) und dem realen Vermögenseffekt von Preisänderungen.

Weitere zentrale Bestimmungsgründe der Güternachfrage:

Darüber hinaus gilt, daß die Güternachfrage nicht nur vom Preisniveau, sondern entscheidend auch von Größen beeinflußt wird, die von anderen Märkten bestimmt werden (darunter insbesondere der Zins). In der Beurteilung dieser Einflüsse gibt es Differenzen zwischen Klassikern und Keynesianern, die im folgenden skizziert werden. Zur genaueren Beschreibung siehe Kapitel 12 und 13.

Laufendes Einkommen

KEYNES trennt die Gesamtnachfrage in die Komponenten Konsumgüternachfrage und Investitionsgüternachfrage. Dabei hängt für ihn der Konsum im wesentlichen vom laufenden Einkommen und geringfügig auch vom Vermögen ab. Die Investitionsgüternachfrage ergibt sich bei ihm aus dem Vergleich zwischen der Rendite von Finanzaktiva (etwa Staatobligationen) und der erwarteten Rendite von Investitionen in Realkapital (etwa Fabriken, Maschinen, Anlagen). Dabei repräsentiert die Rendite von Finanzaktiva den Marktzins, und man kann sagen, daß bei gegebener Erwartung hinsichtlich der Rendite von Realkapitalinvestitionen der Marktzins die Investitionstätigkeit bestimmt.

Marktzins

Weil der Marktzins auch von der vorhandenen realen Geldmenge abhängt, diese wiederum bei gegebener nominaler Geldmenge vom Preisniveau, führt ein steigendes Preisniveau zu einem steigenden Zins und zu einer sinkenden Investition (von speziellen Konstellationen sei dabei abgesehen). Damit ergibt sich eine weitere – jetzt indirekte – Preisabhängigkeit der gesamtwirtschaftlichen Nachfrage. Diesen sogenannten **Keynes-Effekt** verdeutlicht folgende Wirkungskette:

Preisniveau ↑ ➔ reale Geldmenge ↓ ➔ Zins ↑ ➔ Investitionen ↓ ➔ nachgefragtes Sozialprodukt ↓

Langfristig erwartetes Durchschnittseinkommen

In der **klassischen,** insbesondere in der **Neuen Klassischen Makroökonomik,** hängt der Konsum überwiegend vom langfristig erwarteten Durchschnittseinkommen ab, während der Zins einen wesentlichen Einfluß auf die intertemporale Aufteilung des Konsums auf Gegenwarts- und Zukunftskonsum hat. So führt eine Zinssenkung ceteris paribus zu einer Vergrößerung des gegenwärtigen Konsums auf Kosten des zukünftigen und umgekehrt. Die Investitionstätigkeit hängt ähnlich (wenn auch umfassender) als bei KEYNES vom Vergleich der jeweiligen Ertragsraten der verschiedenen Anlageformen ab. Verbessern sich ceteris paribus die Ertragsaussichten für neu produziertes Realkapital, so wird die Investition zunehmen.

In beiden Systemen spielt der Zinssatz eine wichtige Rolle, wenn auch die Bedeutung unterschiedlich ist. Mit einiger Einschränkung kann man sagen, daß im System von KEYNES der Zinssatz die Höhe der Investition bestimmt, während er im klassischen/neuklassischen System nur die Aufteilung der Produktion in Gegenwarts- und Zukunftskonsumgüter bestimmt.

3.2 Güterangebot

In der Vorstellung darüber, welche Faktoren das Güterangebot, also die Produktion und damit die Beschäftigung, bestimmen, liegt der praktisch entscheidende Dissens zwischen Klassik/Neuer Klassik und Keynesianismus.

Unmittelbar bestimmen in einer Marktwirtschaft die Produktionsbeschlüsse der Unternehmen (und des Staates) über die Menge neuproduzierter Güter. Mithin ist zu fragen, welche Überlegungen in die Produktionsentscheidungen der Unternehmen eingehen. Da gewöhnlich eine gewisse Zeit zwischen Produktion und Verkauf der Güter vergeht, muß der Unternehmer Erwartungen bilden über die Menge, die er von „seinem" Produkt wird verkaufen können, und über den Preis, den die Nachfrager zu zahlen bereit sein werden. Dieser Preis wird dann entscheiden, ob sich die Produktion bei den anfallenden Produktionskosten (in dieser Menge) lohnt, und wenn ja, in welchem Umfang.

In einer Marktwirtschaft bestimmen die Beschlüsse der Unternehmer unmittelbar die Produktionsmenge

Im System der **Klassik/Neuen Klassik** wird davon ausgegangen, daß die Preise sich durch Angebot und Nachfrage bilden. Zugleich wird unterstellt, daß der Preis, von dem der Unternehmer erwartet, daß die Nachfrager bereit sein werden, ihn zu zahlen, **Gleichgewichtspreis** ist, daß also zu diesem Preis genau die Menge verkauft werden kann, die der Unternehmer verkaufen will, weil gerade diese Menge seinen Gewinn maximiert. Daher braucht der Unternehmer in diesem System keine speziellen Erwartungen hinsichtlich der Nachfrage zu bilden, er muß nur versuchen, den **Preis** richtig vorauszuschätzen und diesen Preis dann mit den Produktionskosten alternativer Produktionsmengen vergleichen. Da generell der Einfachheit halber unterstellt wird, der einzige Kostenfaktor der Produktion seien die Löhne, entscheidet – bei gegebenem Kapitalstock und technischem Wissen – im System der Klassik/Neuen Klassik allein der Reallohn, das Verhältnis zwischen Löhnen und Preisen, über Güterproduktion und Beschäftigung.

Im System der Klassik bestimmt der erwartete Preis in Relation zu den Kosten die Produktion

Im Keynesianismus spielt die Nachfrage eine wichtige Rolle bei der Bestimmung der Produktion

Im **traditionellen Keynesianismus** wird – anders als im System der Klassik/Neuen Klassik – zum einen der Möglichkeit Rechnung getragen, daß der Nominallohn nach unten starr ist und zusammen mit dem sich aus Angebot und Nachfrage ergebenden Gleichgewichtspreisniveau einen Reallohn bestimmt, bei dem das geplante Güterangebot kleiner ist als die Vollbeschäftigungsproduktion. Ursache der Arbeitslosigkeit wäre hier die Starrheit bzw. die Höhe des Geldlohnes.

Zum anderen – und dies erscheint als der bedeutsamere Fall – wird bezweifelt, daß im Fall der Arbeitslosigkeit sinkende Löhne, Preise und Zinsen zur Vollbeschäftigung führen. Es wird vielmehr mit der Möglichkeit gerechnet, daß die gesamtwirtschaftliche Nachfrage bei sinkenden Löhnen, Preisen und gegebenenfalls Zinsen nicht zunimmt, sondern auf dem Unterbeschäftigungsniveau verharrt oder sogar abnimmt. In diesem Fall bestimmt die Nachfrage die Höhe von Produktion, Güterangebot und Beschäftigung.

In der neueren Entwicklung des **Keynesianismus** werden umfassende Ungleichgewichtskonstellationen als möglich angesehen. Damit können Güterpreise generell Ungleichgewichtspreise in dem Sinne sein, daß nicht jede geplante Produktion auch verkauft werden kann, vielmehr beschränkt (rationiert) die Nachfrage die Verkäufe. Mithin gewinnt die Nachfrage eine große Bedeutung bei der Bestimmung der Produktion.

3.3 Gütermarktgleichgewicht

Unter bestimmten – meist als erfüllt geltenden – Bedingungen existiert ein Gleichgewicht auf dem Gütermarkt in der Form, daß das geplante Güterangebot der geplanten Güternachfrage gleich ist. In diesem Fall müssen die vielfältigen Bestimmungsgründe der Güternachfrage (wie Einkommen, Zinssatz und Preisniveau) sich gerade so einstellen, daß das von anderen Bestimmungsgründen (wie Reallohnniveau und effektiver Nachfrage) abhängige Güterangebot gleich groß ist. Aufgrund der Vielfalt der Bestimmungsgründe ist zu vermuten, daß dieses Gleichgewicht nicht leicht erreicht wird.

4. Geldmarkt

Geld als Gegenstand von Angebot und Nachfrage

Der Geldmarkt ist ein Markt, der sich auf den ersten Blick der üblichen Vorstellung von einem Markt entzieht. In der Volkswirtschaftslehre hat sich jedoch zunehmend Einigkeit darüber eingestellt, das Geld als ein Marktobjekt zu interpretieren, für das ebenso wie für andere Güter ein Angebot und eine Nachfrage existiert. Als **Geld** wird dabei das Zahlungsmittel bezeichnet, das im Tauschprozeß zur Erfüllung von Verbindlichkeiten akzeptiert wird. In einer modernen Volkswirtschaft gelten folgende Medien als Geld: Banknoten, Münzen und Sichtguthaben (auf dem Girokonto) bei Banken (vgl. zur genaueren Beschreibung Kapitel 17).

Zu jedem Zeitpunkt existiert in einer Volkswirtschaft eine bestimmte Menge an Geld, ein Geldbestand. Für die Bereitstellung dieses Geldbestandes sorgt die sogenannte Zentralbank (in der Bundesrepublik die Deutsche Bundesbank) zusammen mit dem Geschäftsbankensystem. Wie dies geschieht, wird hier nicht untersucht (vgl. dazu Kapitel 17 und 18), es wird vielmehr unterstellt, daß der nominelle Geldbestand exogen gegeben ist.

Der existierende Geldbestand wird von den Wirtschaftssubjekten als Kasse gehalten, man spricht hier von einer Bestandsnachfrage. Die Geldnachfrage ist Eigennachfrage, wenn sich das nachgefragte Geld schon im eigenen Besitz befindet, oder Neunachfrage. Entsprechend würde man z. B. von einer Eigennachfrage nach einem Haus sprechen, wenn man es bereits hat und zu behalten beabsichtigt, während man den Erwerb des Hauses als Neunachfrage bezeichnet. In diesem Sinn ist der Begriff der Geldnachfrage etwas anders konzipiert als der Begriff der Güter- oder Arbeitsnachfrage; beide werden, ohne dies explizit so zu nennen, nur als Neunachfrage gedacht. Zu fragen ist dann, warum Individuen Geld, also **nichtzinstragende** Banknoten, Münzen und Sichtguthaben, halten, statt dafür Konsumgüter, Produktionsmittel oder Wertpapiere zu kaufen, die direkt einen Nutzen oder Ertrag erbringen.

Geldnachfrage als Eigennachfrage

4.1 Geldnachfrage

Wird Geld gehalten, so ist dies nur damit zu erklären, daß die Geldhaltung in diesem Umfang gegenüber sonst möglichen Formen der Einkommens- und Vermögensverwendung Vorteile aufweist. Die Klassiker haben hier lediglich daran gedacht, daß Geld als Tauschmittel zur Finanzierung von täglichen Auszahlungen gebraucht wird, d. h. aus dem sogenannten Transaktionsmotiv heraus gehalten wird.

Geldnachfrage aus dem Transaktionsmotiv

Weil es zu unbequem – ökonomisch ausgedrückt zu zeitraubend und teuer – ist, für jede kleine Auszahlung Sparguthaben oder ähnliche Formen zinstragender Vermögensanlagen in Geld zu verwandeln, wird ein Geldbestand für solche Transaktionszwecke gehalten. Diese Geldnachfrage zu Transaktionszwecken hängt ab vom nominalen Sozialprodukt $^{r}Y \cdot P$, das die Höhe der Zahlungen für Endproduktkäufe beziffert, und von den Zahlungssitten der Gesellschaft, also etwa von der Regelmäßigkeit von Einkommenszahlungen, der Verbreitung von Kreditkarten u. ä. Man kann somit als Gleichung schreiben:

Nachfrage nach Geld als Zahlungsmittel

$$L_T = \frac{1}{v} \cdot P \cdot {}^{r}Y$$

Dabei ist: L_T die Geldnachfrage für Transaktionszwecke,
P das Preisniveau,
^rY das reale Volkseinkommen.

v wird als Einkommenskreislaufgeschwindigkeit des Geldes bezeichnet, es ist definiert als

$$v = \frac{P \cdot {}^rY}{M.} \qquad (M = \text{nominale Geldmenge})$$

Die Größe v ist damit letztlich das Abbild der Zahlungssitten. Ihr Kehrwert $k = 1/v = M/P \cdot {}^rY$ ist der sogenannte Kassenhaltungskoeffizient, der angibt, wieviel Geld im Durchschnitt pro Einheit des nominalen Sozialproduktes gehalten wird. Ist v durch die Zahlungssitten bestimmt, so gilt dies natürlich auch für k. Würde man davon ausgehen, daß k vom herrschenden Marktzins beeinflußt wird (je höher der Zins, desto größer sind die Opportunitätskosten der Kassenhaltung), so wäre auch v zinsabhängig.

Geldnachfrage aus dem Spekulationsmotiv

Nachfrage nach Geld als Wertaufbewahrungsmittel

Damit Geld als Zahlungsmittel akzeptiert wird, muß es in gewissem Umfang eine **Wertaufbewahrungsfunktion** haben. Man würde Geld zur Bezahlung eines Verkaufs nicht mehr akzeptieren, wenn es sehr schnell, sozusagen von Stunde zu Stunde, seinen Wert verlöre, wie z. B. in Deutschlands großer Inflation 1923. So ist eine gewisse Wertbeständigkeit des Geldes notwendige Bedingung dafür, daß es als Geld akzeptiert wird. KEYNES entdeckte, daß die Wertaufbewahrungsfunktion des Geldes als eigenständiges Motiv für die Geldnachfrage herangezogen werden kann. Er dachte an Menschen, die beabsichtigen, ihr Geld in Wertpapieren anzulegen und dabei ein Fallen der Wertpapierkurse erwarten. In diesem Fall wäre es offenbar vernünftig, mit der Geldanlage so lange zu warten, bis wieder ein Kursanstieg erwartet wird. In der Zwischenzeit wird Geld als sogenannte **Spekulationskasse** gehalten, also insbesondere in Zeiten der Unsicherheit und erwarteter Kurssenkungen. Dieser Gedanke läßt sich unschwer auf den heute allerdings unwahrscheinlichen Fall einer allgemeinen Preissenkung (Deflation) übertragen: Wenn (erwartet wird, daß) alle Preise sinken, kann Geld das beste Wertaufbewahrungsmittel sein. Es lohnt sich, Geld zu horten, weil in Zukunft alles billiger zu haben sein wird.

FRIEDMAN hat die Motive für die Geldnachfrage umfassend formuliert: Geld wird gehalten, wenn und solange sein Nutzen in Form von Sicherheit, Bequemlichkeit und sozialem Ansehen vermehrt um seine eventuellen Erträge bei möglichen Preissenkungen, den Nutzen und die Erträge anderer Verwendungsmöglichkeiten übersteigt.

4.2 Geldmarktgleichgewicht

Unter bestimmten – meist als erfüllt geltenden – Bedingungen existiert ein Gleichgewicht auf dem Geldmarkt in dem Sinne, daß der vorhandene

Geldbestand gerade nachgefragt (gewünscht) wird. In diesem Fall müssen die Bestimmungsgründe der Geldnachfrage, also z. B. reales Volkseinkommen, Preisniveau, Zinssatz oder Deflationserwartung, sich gerade so einstellen, daß der Geldbestand nachgefragt wird.

5. Das System der Klassik

Als erstes in sich geschlossenes System makroökonomischer Märkte beschreiben wir das System der Klassik. Der Begriff Klassik wird leider nicht einheitlich verwendet: Meist versteht man darunter das theoretische Gedankengebäude von Adam SMITH, David RICARDO und anderen Ökonomen des 18. und frühen 19. Jahrhunderts. Gerade in dem Problembereich der makroökonomischen Beziehungen zwischen Güter-, Geld- und Arbeitsmarkt hat es sich indes eingebürgert, den Begriff Klassik auch für das Gedankengebäude der Ökonomen, die gegen Ende des 19. Jahrhunderts bis zum Erscheinen von KEYNES „General Theory" (1936) gelehrt haben, zu verwenden, also etwa WALRAS, FISHER und PIGOU, obwohl sonst für diese Zeit der Begriff Neoklassik gebräuchlicher ist.

Kennzeichnend für das klassische System ist die Vorstellung einer großen **Flexibilität** von Zinsen, Preisen und Löhnen und einer sehr raschen **Anpassung** der Wirtschaftssubjekte an veränderte Bedingungen. Im Fall eines Ungleichgewichts reagieren die Preise jeweils schneller als Angebots- und Nachfragemenge und führen sehr rasch zum Gleichgewicht zurück (Stabilität des Gleichgewichtes).

5.1 Arbeitsmarkt im klassischen System

Auf dem Arbeitsmarkt stellt sich nach Vorstellung der Klassiker stets der Vollbeschäftigungsreallohn ein. Hierfür sorgt bei flexiblen Löhnen der Lohnmechanismus. Besteht Arbeitslosigkeit, so wird die Konkurrenz unter den Arbeitslosen den Lohnsatz so lange sinken lassen, bis Vollbeschäftigung erreicht ist. Entsprechendes gilt, wenn die Arbeitsnachfrage größer ist als das Arbeitsangebot. Bei gegebenem Kapitalstock und gegebener Produktionstechnik bestimmt dann die Vollbeschäftigungsarbeitsmenge die reale Produktion = reales Volkseinkommen. Diese Zusammenhänge zeigt Abb. 11.6.

Stets Vollbeschäftigung

Beim Gleichgewichtsreallohn $(\frac{w}{p})^*$ entspricht das Arbeitsangebot der Arbeitsnachfrage; bei der eingesetzten Arbeitsmenge von N* wird – gemäß der Produktionsfunktion – das Vollbeschäftigungsrealeinkommen $^rY^*$ produziert.

5.2 Gütermarkt im klassischen System (SAYsches Theorem)

Das der Vollbeschäftigung entsprechende Produktionsniveau wird von den Unternehmen dauerhaft nur dann erstellt, wenn das aus der Produk-

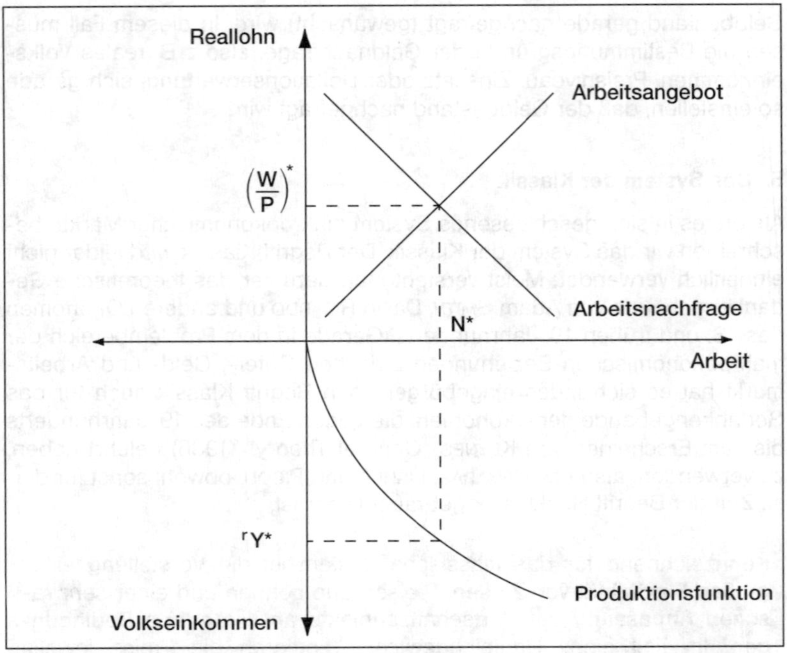

Abb. 11.6: Einfaches System der Klassik

tion resultierende Güterangebot stets auf eine gleich große Güternachfrage trifft. Diese Bedingung wird im System der Klassik als gesamtwirtschaftlich immer erfüllt angesehen. Man geht von der Gültigkeit des **SAYschen Theorems** aus, wonach sich jedes Angebot gesamtwirtschaftlich seine eigene Nachfrage schafft (J. Baptiste SAY, französischer Nationalökonom 1767–1832).

Dieses Theorem stützt sich im wesentlichen auf zwei Überlegungen:

(1) Jeder Produktion entspricht ein in gleicher Höhe geschaffenes Einkommen. Dies ergibt sich aus der Kreislaufidee und ist immer erfüllt. Trotzdem ist nicht sichergestellt, daß das gesamte Einkommen für Güterkäufe verwendet wird und damit das gesamte Angebot auch nachgefragt wird. Hier kommt die zweite Überlegung ins Spiel.

Die Vollbeschäftigungsproduktion wird stets nachgefragt

(2) Der Zinsmechanismus sorge dafür, daß das gesamte Einkommen jeweils auch nachfragewirksam ausgegeben wird. Würde nämlich ein Teil des Vollbeschäftigungseinkommens nicht ausgegeben, so würde es gespart. Da Geld im System der Klassik nur zu Transaktionszwecken verwendet wird und nicht als Wertaufbewahrungsmittel, würde die Ersparnis als zusätzlicher Kredit angeboten und – weil dadurch eine entsprechende Zinssenkung eintritt – auch als zusätzlicher Kredit nachgefragt, der zur Finanzierung einer entsprechen-

den zusätzlichen Güternachfrage, meist Investition, verwendet würde. Der Nachfrageausfall an einer Stelle wird in der Sicht der Klassiker mithin durch eine Nachfrageerhöhung an anderer Stelle gerade ausgeglichen. Dafür sorge letztlich der Zins, der eine solche Höhe erreiche, daß die Vollbeschäftigungsproduktion auch nachgefragt wird.

5.3 Geldmarkt im klassischen System (Quantitätstheorie)

Das Geld wird in der Sicht der Klassiker lediglich als Transaktionskasse zur Durchführung von Tauschgeschäften verwendet, und die Einkommenskreislaufgeschwindigkeit

$$v = \frac{P \cdot {}^{r}Y}{M}$$

ist, wie die Klassiker annehmen, durch Zahlungssitten, Konzentrationsgrad der Volkswirtschaft u. ä., institutionell gegeben. Als Abbild dieser institutionellen Gegebenheiten des Zahlungsverkehrs kann die sog. **Quantitätsgleichung** angesehen werden, die sich durch bloße Umformung ergibt:

$$M \cdot v = P \cdot {}^{r}Y$$

Diese Quantitätsgleichung ist als **Definition** immer erfüllt, sie stellt eine Identität dar. Die Quantitätsgleichung wird erst zur **klassischen Quantitätstheorie,** wenn man, wie die Klassiker, annimmt, daß v nicht von Geldmengenvariationen beeinflußt wird und das reale Sozialprodukt ^{r}Y allein vom Reallohn abhängt. Dann nämlich resultiert aus obiger Gleichung die (falsifizierbare) Aussage der klassischen Quanitätstheorie, daß eine Veränderung der Geldmenge zu einer proportional gleichen Veränderung des Preisniveaus P führt.

Das Geld spielt in diesem System nur eine geringe Rolle: Es bestimmt lediglich die Höhe der absoluten Preise (das Preisniveau), hat aber keinerlei Einfluß auf die relativen Preise und den realen Sektor der Wirtschaft. In diesem Sinne spricht man von der **klassischen Dichotomie,** der Trennung von realem und monetärem Bereich der Wirtschaft, und der klassischen **Neutralität des Geldes,** d. h. Geld liegt wie ein Schleier über den realen Transaktionen, beeinflußt diese aber nicht.

5.4 Wertung

Das System der Klassik ist als Darstellung eines in sich geschlossenen interdependenten Marktsystems von großem Wert gewesen. Es soll – wie jedes Modell – keine Photographie der Wirklichkeit sein. Verglichen mit der komplexen Wirklichkeit ist jedes Modell falsch. Die zentrale Botschaft des klassischen Modells, die Volkswirtschaft befinde sich immer im allgemeinen Gleichgewicht, macht es zumindest ungeeignet zur Erklärung von Konjunkturkrisen und Massenarbeitslosigkeit. Die – jedem Beobachter erkennbare – Diskrepanz zwischen der Massenarbeitslosigkeit der Weltwirtschaftskrise und der behaupteten globalen Selbststeuerungsfähigkeit der Marktwirtschaft hat die Akzeptanz des klassischen Modells dann für längere Zeit stark eingeschränkt. Es bedurfte indes auch eines theoretischen Fundaments, die klassische Theorie zu erschüttern. Dies lieferte KEYNES.

C. Arbeitsaufgaben

1. *Erläutern Sie folgende Begriffe: Friktionelle, strukturelle und natürliche Arbeitslosigkeit, Arbeitslosenquote, Transaktionsmotiv und Spekulationsmotiv der Geldhaltung.*

2. *Was verstehen Sie unter einem „Kreislaufgleichgewicht“?*

3. *Was verstehen Sie unter dem Gesetz von WALRAS? Erläutern Sie die für eine einzelne Wirtschaftseinheit gültige Budgetrestriktion anhand eines Beispiels.*

4. *Wie läßt sich eine negativ geneigte Arbeitsnachfragekurve begründen und wie ist es zu erklären, daß langfristig gesehen die Beschäftigung zugenommen hat, obwohl der Reallohn gestiegen ist?*

5. *Erläutern Sie die Preisabhängigkeit der gesamtwirtschaftlichen Güternachfrage. Warum können hier die aus der Theorie des Haushalts (vgl. Kapitel 4) bekannten Substitutions- und Einkommenseffekte gar nicht, nur begrenzt oder modifiziert zur Begründung der Nachfragereaktion herangezogen werden?*

6. *Beschreiben Sie den Arbeits- und den Gütermarkt im klassischen System und erläutern Sie in diesem Zusammenhang das SAYsche Theorem.*

7. *Was besagt die Quantitätsgleichung und wie wird aus der Quantitätsgleichung die klassische Quantitätstheorie?*

8. *Was verstehen Sie unter der Existenz und unter der Stabilität eines Gleichgewichts? Warum ist es wichtig, zwischen beiden Konzepten zu unterscheiden?*

9. *Nehmen Sie an, die Grenzproduktivität der Arbeit würde infolge technischen Fortschritts zunehmen. Wie wirkt sich diese Veränderung im klassischen Modell aus?*

10. *Interpretieren Sie die Begriffe „Neutralität des Geldes“ und „klassische Dichotomie“.*

Lösungsvorschläge für die Arbeitsaufgaben im „Übungsbuch zu Grundlagen und Probleme der Volkswirtschaft“.

D. Literatur

Eine anschaulich gehaltene Einführung in die Einkommens- und Beschäftigungstheorie auf gutem Niveau findet man bei

MAJER, H., Makroökonomik, 5. Aufl., München-Wien 1992.

Eher traditionelle Einführungen, die nur geringe Kenntnis der Mathematik voraussetzen, sind

BLÜMLE, Gerold, Wirtschaftskreislauf, Beschäftigung und Inflation, Freiburg 1979

RETTIG, Rolf, VOGGENREITER, Dieter, Makroökonomische Theorie, 5. Auflage, Düsseldorf 1985

RITTENBRUCH, Klaus, Makroökonomie, 8. Auflage, München 1993.

Die Grundlage der Einkommens- und Beschäftigungstheorie, das System der makroökonomischen Märkte und ihrer Interdependenzen, findet sich in präziser Darstellung nur in wenigen einführenden Werken.

Vorbildlich, bei beschränktem Einsatz formaler Methoden, ist immer noch:

RICHTER, Rudolf u. a., Makroökonomik, Eine Einführung, 4. Auflage, Berlin u. a. 1981, 4. Kapitel, § 21, sowie 5. bis 8. Kapitel.

Häufig genügt es, nur die ersten Paragraphen der jeweiligen Kapitel zu lesen.

Sehr gute Zusatzinformationen liefern die jeweiligen Kapitelanhänge.

Sehr konzise beschrieben finden sich wichtige Zusammenhänge bei:

NEUMANN, Manfred, Theoretische Volkswirtschaftslehre I, 4. Auflage, München 1991, Teil A, IV.

Hier wird auch das System der Klassik beschrieben.

Speziell zum Arbeitsmarkt ist sehr zu empfehlen:

FRANZ, W., Der Arbeitsmarkt. Eine ökonomische Analyse, Mannheim u. a. 1993.

Etwas älter, aber immer noch empfehlenswert sind

BOLLE, Michael (Hrsg.), Arbeitsmarkttheorie u. Arbeitsmarktpolitik, Opladen 1976

SCHMID, Alfons, Beschäftigung und Arbeitsmarkt, Frankfurt a. M./New York 1984.

Über Aufgaben und Aufbau der Bundesanstalt für Arbeit informiert

GEMÄHLICH, Peter, Bundesanstalt für Arbeit, Wirtschaftswissenschaftliches Studium (WiSt), 8. Jahrgang (1979), S. 281–282.

Die wesentliche Informationsquelle für empirische Fragen zur Arbeitslosigkeit ist

AMTLICHE NACHRICHTEN DER BUNDESANSTALT FÜR ARBEIT.

Arten und Ursachen der Arbeitslosigkeit untersucht ausführlich und gut verständlich

KROMPHARDT, Jürgen, Arbeitslosigkeit und Inflation, Göttingen und Zürich 1987, S. 38–106.

12. Kapitel
Traditioneller Keynesianismus (Bestimmungsgründe der Beschäftigung, Teil 2)

A. Lernzielorientierte Leitfragen und Fragenkomplexe

Leitfrage:
Worin liegen die besonderen Annahmen und Ergebnisse der traditionellen keynesianischen Theorie?

- *Welches sind die Komponenten der gesamtwirtschaftlichen Güternachfrage, und was sind ihre Bestimmungsgründe?*
- *Welche Annahme wird in vereinfachenden Modellen bezüglich des Güterangebotes gemacht?*
- *Was bedeutet Gleichgewicht auf dem Gütermarkt?*
- *Von welchen Faktoren wird das Gütermarktgleichgewicht bestimmt?*
- *Welche Besonderheiten weist der keynesianische Geldmarkt auf?*
- *Wie bestimmt sich das simultane Gleichgewicht auf dem Güter- und Geldmarkt (IS-LM-Gleichgewicht)?*
- *Was versteht man unter dem keynesianischen Unterbeschäftigungsgleichgewicht?*
- *Welche Besonderheiten weist der keynesianische Arbeitsmarkt auf?*
- *Welche Rolle spielen Arbeitsnachfrage und Güterangebot für das gesamtwirtschaftliche Gleichgewicht?*
- *Welche Möglichkeiten zur Beseitigung eines Unterbeschäftigungsgleichgewichts sind erfolgversprechend?*

B. Sachanalyse

Wie schon im 11. Kapitel angedeutet, besteht unter Nationalökonomen keineswegs eine einheitliche Meinung darüber, wie die Schriften von John Maynard KEYNES, insbesondere seine weithin als zentral angesehene „Allgemeine Theorie der Beschäftigung, des Zinses und des Geldes" (1936), zu interpretieren sind. Über ca. zwei Jahrzehnte beherrschte die von den Ökonomen HICKS und HANSEN entwickelte Version, in der versucht wurde, die Kernaussagen der KEYNESschen Theorie auf zwei einfache Gleichungen für den Güter- und Geldmarkt zu reduzieren, die

Unter traditionellem Keynesianismus verstehen wir die HICKS-HANSENsche Interpretation von KEYNES sowie die keynesianisch-neoklassische Synthese

volkswirtschaftliche Diskussion. Zwei zunehmend als Schwachpunkte angesehene Elemente dieses IS-LM-Modells, das als konstant angenommene Preisniveau und die nicht aus einem Gewinnmaximierungskalkül abgeleitete Güterangebotshypohese, wurden im folgenden modifiziert. Ergebnis war die „keynesianisch-neoklassische Synthese", kurz oft auch als „neoklassische Synthese" bezeichnet. Wir wollen diese Interpretationen der KEYNESschen Theorie – die auch heute noch, durch verschiedene Versatzstücke angereichert, weit verbreitet sind – als **traditionellen Keynesianismus** bezeichnen. Der traditionelle Keynesianismus wird im folgenden in seinen Grundzügen dargestellt. Dabei gehen wir so vor, daß wir zunächst nur das Gütermarktgleichgewicht betrachten, das schon wesentliche Aspekte keynesianischen Denkens deutlich werden läßt. Im Anschluß hieran werden der Geldmarkt und das gleichzeitige Gleichgewicht auf dem Güter- und Geldmarkt vorgestellt. In diesem Zusammenhang wird das keynesianische Unterbeschäftigungsgleichgewicht – zunächst in stark vereinfachter Form – erläutert. Durch explizite Einbeziehung des Arbeitsmarktes wird das makroökonomische System schließlich vervollständigt. Der Leser, der an den Feinheiten des traditionellen Keynesianismus weniger interessiert ist, kann die Ausführungen zur Einbeziehung des Geld- und Arbeitsmarktes überschlagen.

1. Gütermarkt

1.1 Vorbemerkungen

Auf dem Gütermarkt wird das Sozialprodukt angeboten und nachgefragt. Wir erinnern hier an die rigorosen Vereinfachungen, die wir im Rahmen der makroökonomischen Einkommens- und Beschäftigungstheorie häufig vornehmen: Wir tun so, als wenn in der Volkswirtschaft nur ein einziges Gut mit einer einzigen Art von Arbeitsleistung und mit vorgegebenem Kapitalstock hergestellt wird. Dieses Gut kann konsumiert und investiert werden. Praktisch kann man sich die Vereinfachung zu dem „Ein-Güter-Fall" so plausibel machen, daß man von einer konstanten Zusammensetzung der volkswirtschaftlichen Produktion, einem in seiner Struktur unveränderten Güterbündel ausgeht. Eine solche Annahme ist sinnvoll, wenn die Analyse nur auf die Höhe der volkswirtschaftlichen Produktion insgesamt abstellt und ihre Struktur vernachlässigt. Als weitere Vereinfachung wollen wir im ersten bis dritten Abschnitt dieses Kapitels das Preisniveau konstant und gleich 1 setzen, so daß in Geld angegebene Größen zugleich reale Größen sind und umgekehrt. Bis zum 4. Abschnitt dieses Kapitels braucht deshalb insbesondere nicht zwischen dem nominalen und dem realen Sozialprodukt (Volkseinkommen) unterschieden zu werden.

1.2 Komponenten der gesamtwirtschaftlichen Güternachfrage und ihre Bestimmungsgründe

Wie wir im Kapitel 9. und 10. gesehen haben, kann man die volkswirtschaftliche Güternachfrage in mehrere Komponenten der Endnachfrage gliedern. In der volkswirtschaftlichen Gesamtrechnung, die sich in engem Zusammenhang mit dem Keynesianismus entwickelt hat, unterscheidet man in dem Bemühen, Teilaggregate zu erhalten, für die jeweils relativ **einheitliche Bestimmungsgründe** vermutet werden können, den privaten Konsum, die privaten Investitionen, die staatlichen Ausgaben für Güter und Dienste, den Export und den Import. Da die Höhe der staatlichen Ausgaben für Güter und Dienste (kurz als Staatsausgaben bezeichnet) A_{St} politisch determiniert ist, wollen wir sie im folgenden als gegeben annehmen. Zur Vereinfachung vernachlässigen wir - abgesehen vom Abschnitt 1.3.2 - den Außenbeitrag, unterstellen also eine „geschlossene Volkswirtschaft". Teilweise lassen wir auch die staatliche ökonomische Aktivität außer acht.

Komponenten der gesamtwirtschaftlichen Endnachfrage sind: Privater Konsum, Private Investitionen, Staatsausgaben für Güter und Dienste, Außenbeitrag

Die Güternachfrage in der Volkswirtschaft besteht dann aus der privaten Konsumnachfrage C, der privaten Investitionsnachfrage I und - sofern in unserer Betrachtung berücksichtigt - den als vorgegeben angenommenen Staatsausgaben A_{St}.

1.2.1 Der private Konsum

Im Keynesianismus wird in Anlehnung an KEYNES unterstellt, daß der private Konsum abhängig ist von der Höhe des laufenden Volkseinkommens (Sozialprodukts): C = C (Y). Es wird angenommen, daß mit steigendem Einkommen der Konsum zunimmt, wobei der Zuwachs des Konsums kleiner ist als der Zuwachs des Volkseinkommens (KEYNES „psychologisches Gesetz"). Man nennt den unterstellten Zusammenhang zwischen Sozialprodukt und Konsum auch **absolute Einkommenshypothese** des Konsums, und grenzt sie damit von anderen, ebenfalls auf das Einkommen als entscheidende Determinante des Konsums zurückgreifende Hypothesen, wie die relative Einkommenshypothese, ab. Nimmt man im Rahmen der absoluten Einkommenshypothese an, daß unabhängig von der Höhe des Volkseinkommens - also auch bei einem Volkseinkommen von 0 - immer ein bestimmter „autonomer" Konsum C_a getätigt wird[1]), so ergibt sich die üblicherweise im Keynesianismus verwendete Konsumhypothese:

Der Konsum hängt ab von der Höhe des laufenden Einkommens

$$C = C_a + C\,(Y)$$

Bei proportionalem Zusammenhang zwischen Konsum- und Volkseinkommensänderung (wobei der Proportionalitätsfaktor kleiner als 1 ist) ergibt sich die keynesianische Konsumfunktion als:

$$C = C_a + bY,$$

wobei C und Y als in Geldeinheiten und in Gütereinheiten ausgedrückte Größen, interpretiert werden können, da das Preisniveau P zunächst als konstant angenommen wird. Damit reale und nominale Größen genau übereinstimmen, nehmen wir an, daß P = 1.

1) Dies ist auch gesamtwirtschaftlich denkbar, wenn Lagerbestände abgebaut oder Güter importiert werden können.

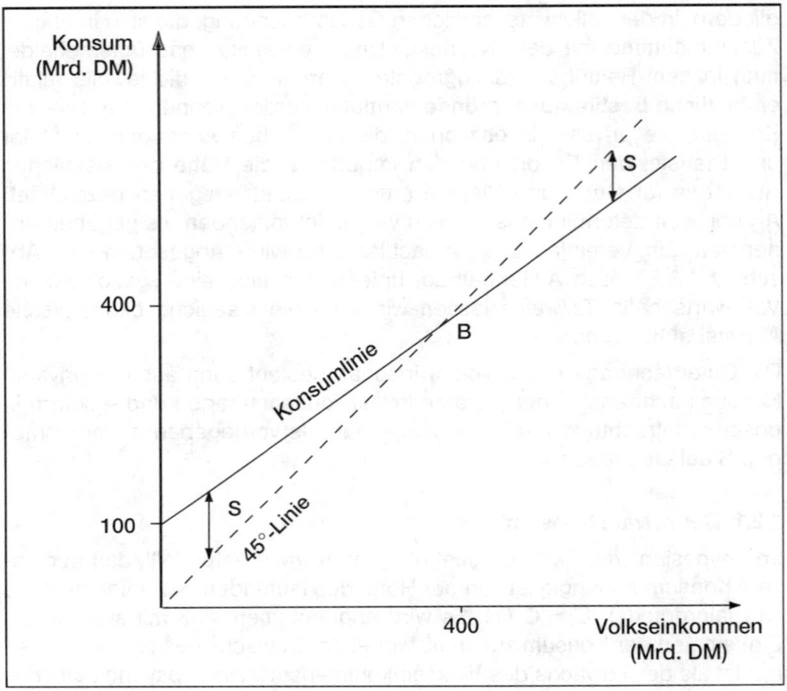

Abb. 12.1: Konsumfunktion

Beispiel:

$$C = 100 + 0{,}75\ Y.$$

Diese Konsumfunktion ist in Abbildung 12.1 aufgezeichnet.

Das Einkommen ist auf der waagerechten, der Konsum auf der senkrechten Achse eingetragen. Die ebenfalls eingezeichnete 45°-Linie ist eine Hilfslinie, die anzeigt, daß jeder Punkt auf dieser Linie den gleichen Abstand von beiden Achsen hat, und zwar senkrecht bzw. waagerecht gemessen. Mit Hilfe der 45°-Linie erscheint also das Volkseinkommen auch auf der senkrechten Achse und kann damit unmittelbar mit dem Konsum bei diesem Einkommen verglichen werden. So beträgt z. B. vom Punkt B der Abstand zur Einkommens- und zur Konsumachse gleicherweise 400, und dies bedeutet, daß bei einem Einkommen von 400 der Konsum ebenfalls 400 beträgt. Anders ausgedrückt, beträgt die Ersparnis bei diesem Einkommen gerade Null (Sparschwelle). Auch in den anderen Punkten der Zeichnung kann mit Hilfe der 45°-Linie unmittelbar die Ersparnis abgelesen werden. Der Leser erinnere sich, daß das Einkommen entweder konsumiert oder gespart wird:

$$Y = C + S.$$

Aus der Zeichnung kann man also den bei jeder Einkommenshöhe geplanten Konsum und die geplante Ersparnis (als vertikale Differenz zwischen 45°-Linie und Konsumlinie) der privaten Haushalte ablesen. Die geplante Ersparnis ist links von Punkt B negativ.

Sehr wichtig ist aber auch die Kenntnis der Zunahme des geplanten Konsums bei einer Zunahme des Volkseinkommens. Dies gibt uns die sog. Grenzkonsumquote (Grenzneigung zum Konsum, marginale Konsumquote) an: Die Grenzkonsumquote gibt an, um wieviel der Konsum steigen wird, wenn das Einkommen um eine Einheit steigt.

In unserem Beispiel beträgt die Grenzkonsumquote 0,75, was in Abb. 12.1 durch die Steigung der Konsumfunktion zum Ausdruck kommt. Das bedeutet, daß bei der angenommenen Konsumfunktion

$$C = 100 + 0{,}75\ Y$$

75 % des zusätzlichen Einkommens konsumiert und 25 % gespart werden. Analog zur Grenzkonsumquote kann man die **Grenzsparquote** definieren. Die Grenzsparquote gibt an, wieviel Prozent eines zusätzlichen Einkommens gespart werden. Die Grenzkonsumquote und die Grenzsparquote ergänzen sich zu 1 (0,75 + 0,25 = 1) bzw. zu 100 Prozent. Man kann das Einkommen – von Steuern und Schenkungen abgesehen – nur zum Konsum verwenden oder sparen. Steigt das Volkseinkommen z. B. um 100 Mrd. DM, so wird der Konsum um 75 Mrd. DM und die Ersparnis um 25 Mrd. DM zunehmen.

Grenzkonsum- und Grenzsparquote ergänzen sich zu 1

Die Annahme, daß der makroökonomische Konsum in der beschriebenen Weise allein vom Volkseinkommen bestimmt wird, stellt eine grobe Vereinfachung dar und soll deshalb durch einige Hinweise ergänzt werden.

Der Konsum wird beeinflußt:

Nicht das im Produktionsprozeß verdiente Leistungseinkommen steht dem Haushalt für Konsum und Ersparnis zur Verfügung, sondern das Leistungseinkommen, vermindert um die direkten Steuern (im wesentlichen Lohn- bzw. Einkommensteuer) und vermehrt um evtl. Transferzahlungen wie Renten- und Unterstützungszahlungen. Daher sagt man genauer, daß der Konsum vom **verfügbaren Einkommen** des privaten Haushalts abhängt (etwas unpräziser sagt man auch Nettoeinkommen) und entsprechend, daß der Gesamtkonsum einer Volkswirtschaft vom verfügbaren Einkommen der privaten Haushalte abhängt.

– vom verfügbaren Einkommen

Ein Haushalt, der plötzlich statt 25.000 DM im Jahr 100.000 DM pro Jahr verdient, wird nicht sofort die Konsumgewohnheit (Konsumstandard) der höheren Einkommensklasse übernehmen. Und umgekehrt wird man bei Einkommensminderungen ebenfalls nicht sofort den Konsumstandard ändern. Vorübergehende Einkommensschwankungen werden die Konsumgewohnheiten nicht so stark beeinflussen wie dauernde Veränderungen, weil man zunächst die erreichte Lebenshaltung beibehalten will.

– vom erreichten Konsumstandard

Werden steigende Preise erwartet, bedeutet dies einen Anreiz, geplante Konsumgüterkäufe, evtl. auch mit Hilfe aufgenommener Kredite, vorzuzie-

– von Preis- und Einkommenserwartungen

hen, um Güter zu kaufen, solange sie noch billig sind (Inflationsmentalität). Auf der anderen Seite bewirken erwartete Einkommensminderungen (z. B. bei befürchteter Krise und Arbeitslosigkeit) eine Abnahme der Konsumneigung. Man wird in solcher Situation eher die Spartätigkeit für künftige Notfälle erhöhen (Krisenmentalität).

– von der Verteilung des Volkseinkommens

Schließlich ist wesentlich, daß der Gesamtkonsum nicht nur von der Höhe des Volkseinkommens, sondern auch von der Verteilung des Volkseinkommens abhängt. Normalerweise ist ein Volkseinkommen so verteilt, daß relativ wenige Leute ein hohes Einkommen beziehen, einige ein mittleres Einkommen und sehr viele ein kleines Einkommen beziehen (vgl. Kapitel 26). Da man feststellen kann, daß Leute mit geringem Einkommen durchschnittlich eine höhere Grenzkonsumquote haben als Leute mit hohem Einkommen, wird eine Umverteilung des Volkseinkommens von den „Reichen" zu den „Armen" den Gesamtkonsum bei gegebener Höhe des Gesamteinkommens erhöhen. Da sich in der Realität die Einkommensverteilung nur langsam und wenig verändert, kann man in der kurzfristigen Analyse von einer gegebenen Einkommensverteilung ausgehen.

Weitere Bestimmungsgründe des Konsums seien nur aufgezählt, der Leser mag ihre Bedeutung an sich selbst überprüfen:

– das Vermögen
– die Kreditmöglichkeiten und -kosten
– die Verzinsung angelegter Ersparnisse

All die bisher erwähnten Faktoren beeinflussen das Konsumverhalten einzelner Haushalte und entsprechend die Abhängigkeit des Gesamtkonsums vom Volkseinkommen. Im folgenden wollen wir aus Gründen der

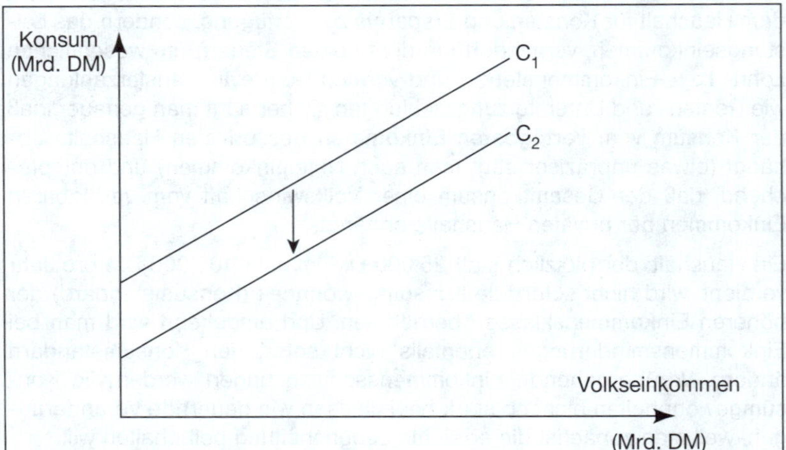

Abb. 12.2: Verschiebung der Konsumfunktion

einfachen Handhabung weiterhin mit einer Konsumfunktion arbeiten, in der der Konsum nur als vom Einkommen bzw. verfügbaren Einkommen abhängig angesehen wird. Eine Veränderung der erwähnten übrigen Faktoren bewirkt dann eine **Verschiebung** der Konsumfunktion. Es ist mithin streng zwischen einer Bewegung auf der Konsumkurve (bei sich veränderndem Einkommen, aber unveränderten sonstigen Einflußfaktoren) und einer Verschiebung der Konsumkurve (z. B. von C_1 nach C_2, bei Veränderung anderer Einflußfaktoren als des verfügbaren Einkommens) zu unterscheiden (vgl. Abb. 12.2).

Eine Bewegung auf der Konsumkurve ist streng zu unterscheiden von einer Verschiebung der Kurve

1.2.2 Private Investitionen

Als Investitionsausgaben können im weitesten Sinne sämtliche Ausgaben verstanden werden, die ein bestehendes Einkommen sichern bzw. zukünftige Einkommensmöglichkeiten erhöhen.

Definition von Investitionsausgaben

In diesem umfassenden Sinn wird der Investitionsbegriff selten in der Volkswirtschaftslehre verwendet. In Anlehnung an die Konventionen der volkswirtschaftlichen Gesamtrechnung beschränkt man ihn in der Regel auf Ausgaben, die Unternehmungen zwecks Erhaltung, Erweiterung oder Verbesserung ihres sachlichen Produktionsapparates tätigen. Anstatt von Investitionen spricht man gelegentlich auch von Akkumulation des Kapitals oder von Realkapitalbildung.

Da der Produktionsapparat einem Verschleiß durch Gebrauch unterliegt (Abschreibung) ist die Investition, die gerade diesen Kapitalverzehr ausgleicht, lediglich **Ersatzinvestition (oder Reinvestition).**

Die darüber hinausreichende Investition ist die **Nettoinvestition.** Ersatz- und Nettoinvestition bilden zusammen die **Bruttoinvestition.**

Verschiedene Investitionsbegriffe

Nettoinvestitionen können der bloßen Vergrößerung eines qualitativ unveränderten Produktionsapparates dienen **(Erweiterungsinvestitionen)** oder den Produktionsapparat in seiner Effizienz verbessern **(Rationalisierungsinvestitionen).** Allerdings können auch Ersatzinvestitionen der Rationalisierung dienen, die Gliederungskriterien überschneiden sich hier ein wenig.

Nach einem weiteren Gliederungskriterium unterscheidet man bei den Brutto- und Nettoinvestitionen zwischen **Anlage-** und **Lagerinvestitionen.** Anlageinvestitionen betreffen das Produktionspotential der Volkswirtschaft, sie können **Ausrüstungsinvestitionen** (Maschinen, maschinelle Anlagen, Fahrzeuge, Betriebs- und Geschäftsausstattung) oder **Bauinvestitionen** (Wohnbauten, gewerbliche Bauten, Straßen, Brücken) sein. Die Lagerinvestition besteht aus der Änderung der Bestände der Volkswirtschaft an nichtdauerhaften Produktionsmitteln und Halb- und Fertigfabrikaten der Betriebe.

Die folgende Abbildung 12.3 zeigt am Beispiel der gesamtwirtschaftlichen Investitionen der Unternehmen, daß die privaten Investitionen relativ stark schwanken, so daß man plastisch von **Investitionswellen** sprechen kann.

Um erkennen zu können, welche Faktoren die Investitionstätigkeit der Unternehmer beeinflussen, wollen wir prüfen, wann eine Investition für den Investor lohnend ist. Dabei wird sich zeigen, daß ein wichtiger Faktor der Marktzins ist.

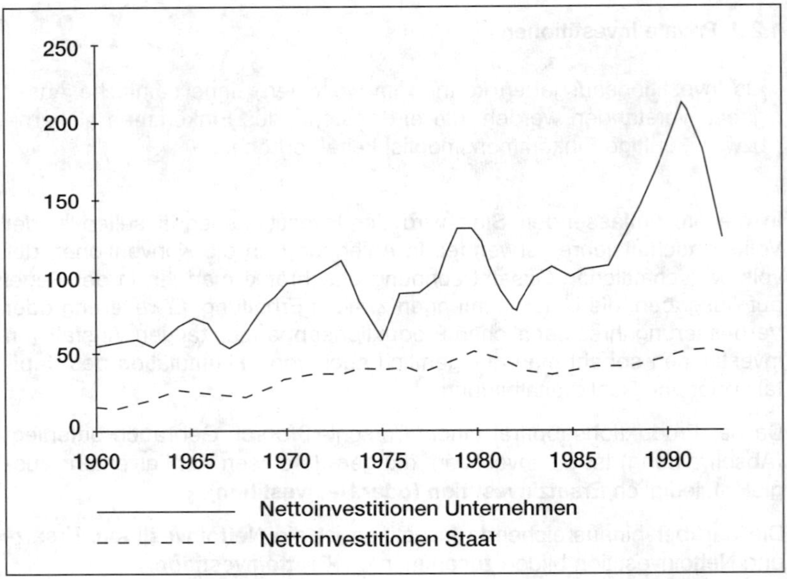

Abb. 12.3: Nettoinvestitionen von Unternehmen und Staat in Mrd. DM (früheres Bundesgebiet)

Quelle: Jahresgutachten des Sachverständigenrates 1994/95, S. 354

Bei jeder Investition entstehen zu Beginn Anschaffungs- oder Herstellungskosten (A), und üblicherweise erbringt jede Investition während ihrer Lebensdauer einen Strom von jährlichen Nettoeinnahmen (E) [Einnahmen minus Betriebsausgaben (ohne Abschreibungen)].

Beispiel für eine Wirtschaftlichkeitsüberlegung

Ein Beispiel stellt der Kauf einer Fotokopiermaschine dar, mit der der Investor gegen ein bestimmtes Entgelt pro angefertigter Fotokopie als selbständiger Unternehmer Kopierarbeiten übernehmen will. Am Anfang der Investition steht der Kauf der Maschine, der zu einem Preis von 5000 DM (Anschaffungsausgabe) erfolgen soll. Der Investor schätzt, daß das

Gerät eine wirtschaftliche und technische Lebensdauer[2]) von 4 Jahren haben wird und danach ohne Restkaufwert (aber auch ohne Kosten) ver schrottet wird. Während der vier Jahre seiner Lebensdauer werden mit Hilfe des Gerätes Nettoeinnahmen erzielt, die sich in jedem Jahr aus dem Umsatz (verkaufte Fotokopien mal Stückpreis) vermindert um die Betriebsausgaben für Papier, Strom, Raummiete, Reparaturen, Arbeitslohn und Ähnlichem, ergeben.

Investition als Auszahlungs- und Einzahlungsreihe

Bezeichnen wir die erwarteten Nettoeinnahmen der Betriebsjahre des Gerätes mit E_1, E_2, E_3 und E_4, so können wir die Investition schematisch wie folgt darstellen.

$-A$	$+E_1$	$+E_2$	$+E_3$	$+E_4$
(-5000)	(+1700)	(+1700)	(+1700)	(+1700)
0	1. Jahr	2. Jahr	3. Jahr	4. Jahr

Natürlich wird es für den Unternehmer im Einzelfall eine schwierige Aufgabe sein, die jährlichen Nettoeinnahmen und die wirtschaftliche Lebensdauer der Investition zu ermitteln. Da es sich um Zukunftsgrößen handelt, können sie je nach Art der Investition nur mit mehr oder weniger **Unsicherheit** geschätzt werden. Wir wollen die Unsicherheit zur Vereinfachung zunächst vernachlässigen und fragen, wann sich eine Investition unter diesen vereinfachten Bedingungen lohnt. Später berücksichtigen wir dann auch die Unsicherheit.

Damit wir nicht zwischen einer Kreditfinanzierung und einer Eigenfinanzierung zu unterscheiden brauchen, wollen wir annehmen, daß der Zinssatz für einen aufgenommenen Kredit dem Zinssatz entspricht, den man für eine Geldanlage im finanziellen Bereich – im folgenden repräsentiert durch den Wertpapiermarkt – erhält. Es soll also nur einen Marktzinssatz für finanzielle Aktiva in der Volkswirtschaft geben. Ferner sei angenommen, daß es jederzeit möglich ist, zum Marktzinssatz Kredite im gewünschten Umfang zu erhalten oder liquide Mittel anzulegen.

Prüfung der Wirtschaftlichkeit einer Investition

In unserem Beispiel wendet der Investor heute DM 5.000 (im Zeitpunkt 0) für den Kauf der Fotokopiermaschine auf. Er erhält – so wollen wir annehmen – **am Ende** jedes der vier Betriebsjahre der Maschine in einer Summe eine Nettoeinnahme von DM 1.700, insgesamt also DM 6.800. Damit ist die Summe der zukünftigen Nettoeinnahmen größer als die Anschaffungsausgabe. Dies ist zwar eine notwendige, nicht aber eine hinreichende Bedingung für die Wirtschaftlichkeit einer Investition. Es ist zu bedenken, daß z. B. DM 1.700, die nach vier Jahren dem Investor zufließen,

2) Man unterscheidet zwischen der technischen Lebensdauer einer Maschine, die angibt, wie lange sie technisch funktionsfähig sein wird, und der wirtschaftlichen Lebensdauer, die angibt, wie lange eine Maschine rentabel arbeitet. So sind z. B. Dampflokomotiven wirtschaftlich veraltet, aber technisch oft noch funktionsfähig.

heute nicht DM 1.700 wert sind, sondern nur einen **Barwert** (= Gegenwartswert) haben in Höhe des Betrages, der, heute angelegt, in vier Jahren mit Zins und Zinseszins auf DM 1.700 anwächst. Also sind die DM 1.700 über vier Jahre mit dem Marktzins abzuzinsen, ihr Gegenwartswert beträgt $\frac{1700}{(1+i)^4}$ wobei i den Marktzinssatz bezeichnet.

Entsprechende Überlegungen gelten für die nach drei, zwei und nach einem Jahr anfallenden Nettoeinnahmen. Der Gegenwartswert sämtlicher Nettoeinnahmen ist dann gegeben als:

$$\frac{1700}{(1+i)^1} + \frac{1700}{(1+i)^2} + \frac{1700}{(1+i)^3} + \frac{1700}{(1+i)^4}$$

Bei einem Marktzinssatz i per annum von z. B. 0,1 (10 %) ergibt dies:

$$1545 + 1405 + 1277 + 1161 = 5388.$$

Die Summe der abgezinsten (diskontierten) Nettoeinnahmen ist also mit DM 5.388 größer als die Anschaffungsausgabe von DM 5.000. Das aber bedeutet nichts anderes, als daß der Investor sich schlechter stehen würde, wenn er anstelle des Kaufes der Maschine das investierte Kapital vier Jahre mit Zins und Zinseszinsen in Wertpapieren anlegen würde. Denn der Gegenwartswert der Nettoeinnahmen (im Beispiel DM 5.388 – zinstragend auf dem Wertpapiermarkt angelegt) würde einen höheren Ertrag erbringen als die Wertpapieranlage des vor Investitionsbeginn verfügbaren Kapitals von DM 5.000. Das Kapital wird also bei Durchführung der **Realinvestition** höher verzinst als bei Anlage auf dem Wertpapiermarkt **(Finanzinvestition).**

Wir halten fest:

> Eine (Real-)Investition ist lohnend, wenn die Summe der auf den Ausgabezeitpunkt für das Investitionsobjekt abgezinsten Nettoeinnahmen (ihr „Gegenwartswert") größer ist als die Anschaffungsausgabe.

Kapitalwertmethode

Bezeichnet man die Differenz aus der Summe der abgezinsten Nettoeinnahmen und der Anschaffungsausgabe als den **Kapitalwert** der Investition, so kann man die obige Bedingung für die Vorteilhaftigkeit einer Investition auch folgendermaßen ausdrücken:

> Eine (Real-)Investition ist lohnend, wenn ihr Kapitalwert positiv (im Grenzfall Null) ist.

Investitionen sind marktzinsabhängig

Die obigen Überlegungen zeigen, daß der Kapitalwert einer Investition bei gegebener Höhe und zeitlichen Verteilung der Nettoeinnahmen und gegebener Anschaffungsausgabe von dem **Zinssatz** abhängt, mit dem die zukünftigen Nettoeinnahmen abgezinst werden müssen. Je höher dieser Zinssatz ist, desto geringer ist ceteris paribus der Kapitalwert. Im Beispiel ergibt sich ein negativer Kapitalwert, wenn man von einem Zinssatz von 14 % ausgeht. Die Realinvestition ist dann nicht lohnend, denn der Investor stünde sich besser, wenn er sein Kapital zu 14 % Zinsen auf dem Wertpapiermarkt anlegen würde.

Eine Investition ist also ceteris paribus um so eher lohnend, je niedriger der Marktzins ist.

Wir können unsere Überlegungen zur Wirtschaftlichkeit einer Investition noch in einer etwas anderen Weise ausdrücken, die für unsere weiteren Betrachtungen bedeutsam ist. Die zugrundeliegende Überlegung ist bei der Darstellung der Kapitalwertmethode schon angeklungen: Ein positiver Kapitalwert impliziert, daß die Verzinsung der Realinvestition größer ist als der zur Abzinsung der Nettoeinnahmen verwendete Zins. Ein negativer Kapitalwert zeigt an, daß die Verzinsung der Realinvestition kleiner ist als der zur Abzinsung der Nettoeinnahmen verwendete Zins. Ein Kapitalwert von Null zeigt also an, daß die Verzinsung (Rendite) der Realinvestition gleich ist dem zur Abzinsung der Nettoeinnahmen verwendeten Zins. Man kann also die Verzinsung **(Rendite)** der Realinvestition bestimmen, indem man den Zins sucht, der zu einem Kapitalwert der Investition von null führt. Man nennt diesen Zins auch den **internen Zins** oder in Anlehnung an KEYNES die **Grenzleistungsfähigkeit des Kapitals.** In unserem Beispiel ist der interne Zins r der Zins, der die Gleichung

Grenzleistungsfähigkeit des Kapitals

$$\frac{1700}{(1+r)^1} + \frac{1700}{(1+r)^2} + \frac{1700}{(1+r)^3} + \frac{1700}{(1+r)^4} = 5000$$

erfüllt. Auf die Beschreibung der rechnerischen Bestimmung des internen Zinses – die sehr kompliziert sein kann – soll hier nicht eingegangen werden. Im Beispiel kann man durch Probieren finden, daß der interne Zins ca. 13,5 % beträgt. Bei einem Marktzins von 10 % würde sich der Kauf der Fotokopiermaschine also lohnen, weil die Verzinsung, die mit dieser Realinvestition verbunden ist (13,5 %), höher ist als die auf dem Wertpapiermarkt erzielbare Verzinsung (10 %). Anstatt zu sagen, eine Investition ist lohnend, wenn ihr Kapitalwert größer als Null ist, kann man also – logisch äquivalent – formulieren:

Eine Realinvestition ist rentabel, wenn die Grenzleistungsfähigkeit des Kapitals größer ist als der Marktzins.

Auch in dieser Formulierung wird deutlich, daß sich ein bestimmtes Investitionsprojekt um so eher lohnt, je niedriger der Marktzins in der Volkswirtschaft ist. Hätte der Marktzins im Beispiel 14 % betragen, so wäre die Investition nicht rentabel gewesen.

Man kann sich nun vorstellen, daß es in einer Volkswirtschaft Realinvestitionen gibt, die eine hohe Grenzleistungsfähigkeit des Kapitals aufweisen (etwa in bestimmten Wachstumsbranchen) und Realinvestitionen mit niedriger interner Verzinsung (etwa in Problembereichen, wie im Steinkohlebergbau der BRD). Denkt man sich die möglichen Investitionen der Volkswirtschaft nach der Höhe der Grenzleistungsfähigkeit des Kapitals geordnet, so würde sich – nach Glättung der Kurve – tendenziell das in Abb. 12.4 aufgezeigte Bild ergeben:

Beträgt der Marktzinssatz z. B. i_0, so sind Investitionen in Höhe von I_0 rentabel; beträgt der Marktzins i_1, so sind Investitionen in Höhe von I_1 rentabel. Die Kurve in Abb. 12.4 stellt bei gegebenen zukünftigen Nettoeinnahmen die Investitionsfunktion

$$I = I\ (i)$$

der Volkswirtschaft dar. Die Funktion hat im Normalfall die Eigenschaft, daß die Investitionen mit zunehmendem Zins abnehmen.

Die obigen Überlegungen zur Wirtschaftlichkeit einer Investition und zur gesamtwirtschaftlichen Investitionsfunktion müssen noch in zwei Punkten ergänzt bzw. präzisiert werden:

(1) Wir haben bisher unterstellt, daß die Realinvestition in bezug auf die zukünftigen Einnahmen und Ausgaben keinem **Risiko** unterliegt. Das ist in der Realität nur bei wenigen Investitionen zutreffend.

Ein Investor wird sich aber bei einer risikobehafteten Investition im vornherein nicht damit zufrieden geben, daß seine Investition denselben (oder einen geringfügig höheren) Zinssatz erbringt, wie die sichere Wertpapieranlage. Er wird die Investition nur dann für lohnend halten, wenn sie ihm

Investitions-
funktion

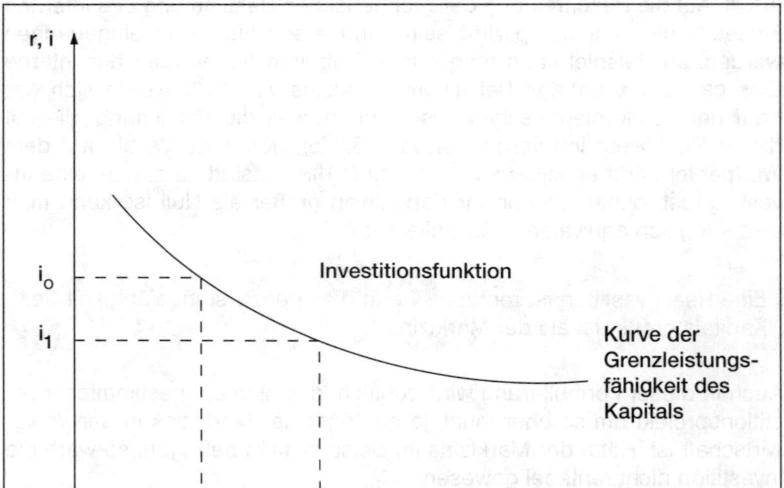

Abb. 12.4: Investitionsfunktion

vorausschauend zusätzlich zum Marktzins eine bestimmte Risikoprämie erbringt. Den Zins, den der Investor bei solchen mit Unsicherheit behafteten Investitionen mindestens erzielen will, nennt man **Kalkulationszinsfuß.** Er setzt sich aus dem Marktzins und einem Risikoaufschlag zusammen. Bei risikobehafteten Investitionen müssen zur Ermittlung des Kapitalwertes die zukünftig erwarteten Nettoeinnahmen mit dem Kalkulationszinsfuß abgezinst und mit der Anschaffungsausgabe verglichen werden bzw. muß der interne Zins mit dem Kalkulationszinsfuß verglichen werden. Da der Marktzins Bestandteil des Kalkulationszinsfußes ist, bleiben die Investitionen nach wie vor marktzinsabhängig. Jedem Marktzins wird bei Existenz von Unsicherheit allerdings ein geringeres Volumen an Investitionen als lohnend zugeordnet sein (Linksverschiebung der Investitionskurve): Um lohnend zu sein, muß eine Investition jetzt einen höheren Ertrag erbringen als bei Sicherheit, so daß bei einem gegebenen Marktzins weniger Investitionen wirtschaftlich sind. Außerdem werden gegebene prozentuale Veränderungen des Marktzinses bei Existenz eines Risikoaufschlages geringere Reaktionen hervorrufen, als dies ohne Unsicherheit der Fall sein wird (die Kurve in Abb. 13.4 wird also steiler), da der Marktzins jetzt nur einen, mit zunehmendem Risiko und Risikozuschlag abnehmenden Teil des Kalkulationszinsfußes ausmacht.

Bei risikobehafteten Investitionen ist der Kalkulationszinsfuß die relevante Bezugsgröße

Insbesondere bei relativ kurzfristigen und risikoreichen Investitionen ist es also vorstellbar, daß die Investitionen auf Marktzinsänderungen nur unwesentlich oder gar nicht (also unelastisch) reagieren.

Investitionen können zinsunelastisch sein

Der Fall zinsunelastischer Investitionen spielt in der keynesianischen Theorie eine wichtige Rolle.

Zinsunelastische Investitionen können auch dann vermutet werden, wenn in einer Phase wirtschaftlicher Rezession Maschinen und Anlagen der Volkswirtschaft nicht ausgelastet sind. In der Regel wird dann bei einer Zinssenkung erst die bessere Ausnutzung der vorhandenen Kapazitäten abgewartet, bevor neu investiert wird.

(2) Wir haben die Grenzleistungsfähigkeit einer Investition unter der Annahme bestimmter erwarteter zukünftiger Nettoeinnahmen ermittelt, auch wenn die **Erwartungen unsicher** sein konnten. Dementsprechend gilt die abgeleitete Investitionsfunktion auch nur für gegebene, erwartete zukünftige Nettoeinnahmen. Werden die Unternehmer z. B. in Erwartung eines Konjunkturaufschwunges oder einer Kostensenkung optimistischer, d. h. nehmen ihre Ertragserwartungen zu, so verschiebt sich die Kurve der Grenzleistungsfähigkeit des Kapitals nach oben (rechts).

Die Investitionsfunktion verschiebt sich mit den Ertragserwartungen

Die durch den Optimismus und Pessimismus der Unternehmer bedingte Instabilität der Investitionsfunktion ist ein weiteres wichtiges Element keynesianischer Theorie.

Ist die Investitionsfunktion dauerhaft stabil?

(3) Die in Abb. 12.4 dargestellte Investitionsfunktion gilt nur unter sehr speziellen Bedingungen von Periode zu Periode. Werden z. B. in der Periode O beim Zinssatz i_0 Investitionen im Umfang von I_0 durchgeführt, so sind die in der Volkswirtschaft bei diesem Zinssatz und den herrschenden Ertragserwartungen rentablen Investitionsmöglichkeiten wahrgenommen, und der Kapitalbestand hat sich entsprechend auf den optimalen Kapitalbestand erhöht. In den folgenden Perioden 1, 2 usw. würde die Nettoinvestition beim Zinssatz i_0 ceteris paribus null betragen. Nur bei einem Absinken des Zinssatzes, z. B. auf i_1, würden neue Investitionen im Umfang von $I_1 - I_0$ rentabel werden. Wenn man trotzdem in vielen makroökonomischen Modellen Periode für Periode von derselben Investitionsfunktion ausgeht, so wird damit implizit unterstellt, daß durch technischen Fortschritt und/oder Veränderungen der Erwartungen der Investoren von Periode zu Periode in dem vorgegebenen Umfang **neue rentable Investitionsobjekte** in der Volkswirtschaft realisierbar werden.[3])

Neben der beschriebenen Investitionshypothese, daß die Höhe der Investitionen vom Zins abhängt:

$$I = I(i),$$

spielt eine weitere Investitionshypothese in der keynesianischen Theorie eine Rolle: die sogenannte **Akzeleratorhypothese,** auch Akzeleratorprinzip genannt (vgl. auch Kapitel 27). In ihrer einfachen Form besagt diese Hypothese, daß die Investitionen von der Veränderung der Gesamtnachfrage N abhängen:

Akzelerator

$$I = f(\Delta N).$$

Bei einer Proportionalitätsbeziehung würde also gelten

$$I = v \cdot \Delta N,$$

wobei v den sogenannten **starren Akzelerator** angibt. Diese Investitionsfunktion ergibt sich, wenn in der Volkswirtschaft der benötigte Kapitalstock in proportionaler Beziehung zur Nachfrage (bzw. zum produzierten Sozialprodukt) steht:

$$K = v \cdot N$$
$$\Delta K = v \cdot \Delta N$$
$$I = v \cdot \Delta N.$$

Zentral an dieser Hypothese ist, daß sie von einer Veränderung der Investitionen ausgeht, wenn die **Änderungsbeträge** der Nachfrage zu- oder abnehmen. Angenommen, in der Vergangenheit erhöhte sich die Nachfrage Periode um Periode um 100. Bei einem Akzelerator von 3 bedeutet dies, daß die Nettoinvestitionen konstant 300 betrugen. Erhöht sich die Nachfrage jetzt in einer Periode um 80, so betragen die Nettoinvestitionen

3) Andere Erklärungen für zinsabhängige Investitionen wären Anpassungskosten und/oder Zeitverzögerungen bei der Anpassung des Kapitalstocks.

nur 240, sind also gesunken, obwohl die Nachfrage noch zugenommen hat.

Da die Investitionen eine wichtige Nachfragekomponente sind, folgt, daß die Akzeleratorhypothese zu relativ starken Nachfrageschwankungen führen kann. Und da – wie noch gezeigt wird – in der keynesianischen Theorie die Nachfrage eine zentrale Rolle für das Niveau der ökonomischen Aktivität spielt, kommt es über die Akzeleratorhypothese auch zu Schwankungen der ökonomischen Aktivität. Die Akzeleratorhypothese stellt deshalb häufig eine wichtige Annahme in keynesianischen Konjunkturmodellen dar (vgl. Kapitel 27). In den folgenden Ausführungen zur Einkommens- und Beschäftigungstheorie werden wir diese Hypothese aus Vereinfachungsgründen nicht verwenden.

Die Akzeleratorhypothese ist für die Erklärung konjunktureller Schwankungen bedeutsam

1.3 Güterangebot

Für das Güterangebot nehmen wir zunächst an, daß es sich immer der Güternachfrage anpaßt. Das ist plausibel in einer Volkswirtschaft, in der für die Unternehmer allein die vorhandene Nachfrage die Absatzmöglichkeiten begrenzt. Denkbar ist dagegen auch, daß die Unternehmer unter der Zielsetzung der Gewinnmaximierung (vgl. Kapitel 5) eine kleinere als die nachgefragte Gütermenge zu produzieren wünschen, weil die Produktionskosten zu hoch sind. Diesen Gesichtspunkt werden wir erst in Abschnitt 4 dieses Kapitels aufgreifen.

1.4 Gütermarktgleichgewicht

1.4.1 Das Grundprinzip

Entsprechend dem Gleichgewicht auf einem bestimmten Markt – etwa auf dem Markt für Fahrräder – kann man, in etwas abstrakterer Sicht, auch vom Gleichgewicht auf dem gesamtwirtschaftlichen Gütermarkt sprechen:

Gütermarktgleichgewicht besteht, wenn das geplante gesamtwirtschaftliche Güterangebot gleich ist der geplanten gesamtwirtschaftlichen Güternachfrage.

Der Zusatz **„geplant"** ist von Bedeutung, weil die Übereinstimmung des tatsächlichen Angebotes und der tatsächlichen Nachfrage nicht notwendig Gleichgewicht in dem Sinne impliziert, daß die beteiligten Wirtschaftseinheiten ihre Pläne erfüllen konnten und somit ceteris paribus keinen Anlaß sehen, in der kommenden Periode ihre Dispositionen zu ändern. Ist z. B. die geplante Nachfrage größer als das geplante Angebot, so werden die Anbieter die Fehlmenge vielleicht aus Lagerbeständen bereitstellen. Ceteris paribus werden sie dann trotz der Gleichheit von tatsächlichem Güterangebot und geplanter Güternachfrage in der nächsten Periode ihr geplantes Güterangebot erhöhen, wenn sich dieses allein an der

Im Gütermarktgleichgewicht stimmen Güterangebot und Güternachfrage überein

Nachfrage orientiert. Sofern im folgenden nichts anderes bemerkt wird, sind die Größen Konsum, Investition, Arbeitsangebot usw. immer als geplante (ex ante) Größen zu verstehen.

Wie dargestellt, besteht Gütermarktgleichgewicht, wenn die Güternachfrage gleich dem Güterangebot ist. Berücksichtigt man die Komponenten der Nachfrage, so herrscht Gütermarktgleichgewicht, wenn:

$$\text{Konsumgüternachfrage} + \text{Investitionsgüternachfrage} = \text{Güterangebot}$$
$$C + I = Y$$

Unter Berücksichtigung der Bestimmungsgründe von C und I gilt:

$$C(Y) + I(i) = Y$$

Diese Gleichung zeigt:

Wechselseitige Abhängigkeit zwischen Konsum und Volkseinkommen

- C hängt ab von Y, gleichzeitig bestimmt C aber Y. Die Abhängigkeit zwischen C und Y ist also wechselseitig.

Das Gütermarktgleichgewicht ist erst bestimmt, wenn der Zinssatz bestimmt ist

- Das Einkommen, bei dem Gleichgewicht auf dem Gütermarkt herrscht, ist erst bestimmt, wenn der Zins i und damit die Investition I feststehen; denn je kleiner i ist, desto größer ist gemäß unserer Investitionshypothese im Normalfall I und damit ceteris paribus die Nachfrage sowie das Y, bei dem Gleichgewicht auf dem Gütermarkt herrscht.

  Nun wird der Zinssatz in der keynesianischen Theorie in erster Linie auf dem Geldmarkt bestimmt. Da der Geldmarkt hier zunächst noch ausgeklammert ist, wollen wir für unsere weiteren Betrachtungen des Gütermarktgleichgewichtes zunächst unterstellen, daß der Zinssatz i und damit ceteris paribus die Investitionen I gegeben sind. Wir kennzeichnen das vorgegebene Niveau der Investitionen mit $\bar{I}$.

Das Güterangebot paßt sich der Güternachfrage vollkommen elastisch an

- Ist die Konsumfunktion gegeben und steht die Höhe der Investitionen fest, so ist die Gesamtnachfrage in der Volkswirtschaft in Abhängigkeit vom Sozialprodukt bestimmt. Diese Gesamtnachfrage bestimmt dann die Produktion Y, d. h., es wird angenommen, daß das Güterangebot sich – bei dem angenommenen konstanten Preisniveau – immer an die Nachfrage anpaßt. Diese Annahme ist später zu modifizieren, da Unternehmer eine nachgefragte Produktionsmenge nur anbieten werden, wenn die entsprechende Produktion für sie auch lohnend ist (vgl. Kap. 12.4.2).

Für $I = \bar{I}$ herrscht auf dem Gütermarkt Gleichgewicht, wenn

$$C(Y) + \bar{I} = Y,$$

d. h. wenn die Summe aus der Konsumnachfrage bei einem bestimmten Sozialprodukt und der privaten Investitionsnachfrage gleich ist dem produzierten und angebotenen Sozialprodukt.

Wir können das Gütermarktgleichgewicht anschaulich grafisch darstellen. Wir verwenden hierzu die schon bekannte Konsumfunktion $C = 100 + 0{,}75\,Y$ und unterstellen für $\bar{I}$ den Wert 100.

Die Konsumfunktion gibt uns die Konsumnachfrage an, die alternativen Sozialproduktsgrößen zugeordnet ist. Addiert man hierzu vertikal die als konstant angenommene Investitionsnachfrage, so ergibt sich die Gesamtnachfrage in der Volkswirtschaft bei alternativen Sozialproduktsgrößen.

Gleichgewicht besteht bei dem Volkseinkommen, bei dem genau die nachgefragte Gütermenge produziert wird.

Um das Sozialprodukt, das in der Abb. 12.5 auf der horizontalen Achse abgetragen ist, ebenfalls auf der senkrechten Achse der Grafik sichtbar zu machen, bedienen wir uns der 45°-Hilfslinie: Ein bestimmtes Y_0 der Abszisse wird durch die 45°-Linie senkrecht über Y_0 gespiegelt. Da Gleichgewicht auf dem Gütermarkt dann herrscht, wenn das Güterangebot der Güternachfrage entspricht, ergibt sich Gütermarktgleichgewicht im Schnittpunkt der C + I-Linie mit der 45°-Linie (Güterangebotskurve). Bei der angenommenen Konsumfunktion und der Investition von 100 beträgt das zugehörige Gleichgewichtssozialprodukt 800.

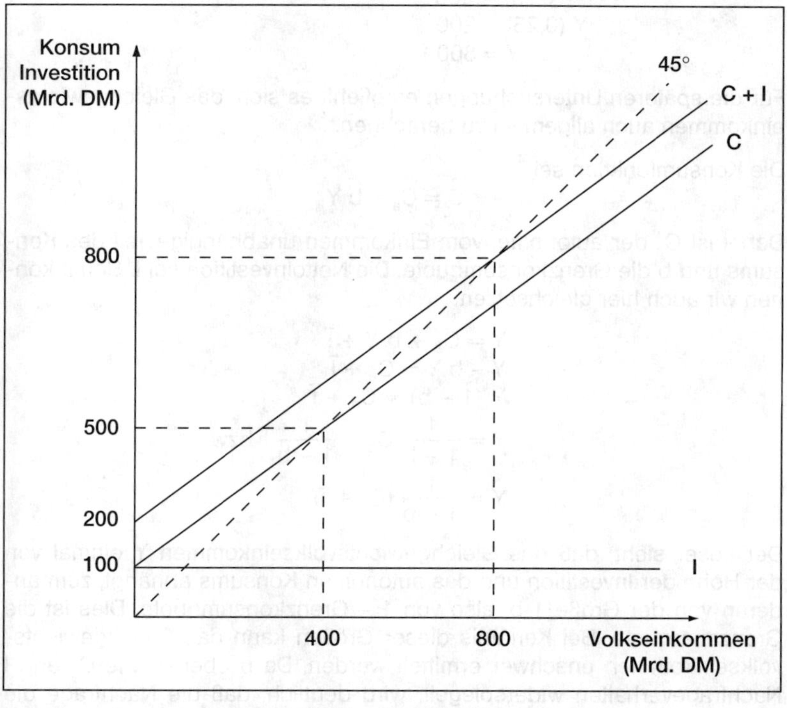

Grafische Bestimmung des Gleichgewichtsvolkseinkommens

Abb. 12.5: Die Bestimmung des Gleichgewichtseinkommens

Bei allen anderen Werten für das Sozialprodukt wäre die Nachfrage größer oder kleiner als das Volkseinkommen. So beträgt z. B. bei dem Volkseinkommen von 400 Milliarden DM die Gesamtnachfrage 500 Milliarden DM.

Man kann das Gleichgewichtsvolkseinkommen, wie in dem nachfolgenden Exkurs dargestellt, auch rechnerisch bestimmen. Der mathematisch nicht geschulte Leser kann diesen Abschnitt überschlagen.

Exkurs: Berechnung des Gleichgewichtsvolkseinkommens

Rechnerische Bestimmung des Gleichgewichtsvolkseinkommens

Gleichgewicht herrscht, wenn:

$$Y = C + I$$

Für C und I können wir nun einsetzen

$$C = 100 + 0{,}75\ Y \text{ und}$$
$$I = 100$$

Damit ergibt sich das Gleichgewichtseinkommen wie folgt:

$$\begin{aligned} Y &= 100 + 0{,}75\ Y + 100 \\ Y - 0{,}75\ Y &= 200 \\ Y\ (1 - 0{,}75) &= 200 \\ Y\ (0{,}25) &= 200 \\ Y &= 800 \end{aligned}$$

Für die späteren Untersuchungen empfiehlt es sich, das Gleichgewichtseinkommen auch allgemein zu berechnen.

Die Konsumfunktion sei

$$C = C_a + b\ Y$$

Dabei ist C_a der autonome, vom Einkommen unabhängige Teil des Konsums und b die Grenzkonsumquote. Die Nettoinvestition sei $\bar{I}$. Somit können wir auch hier gleichsetzen:

$$\begin{aligned} Y &= C_a + b\ Y + \bar{I} \\ Y - b\ Y &= C_a + \bar{I} \\ Y\ (1 - b) &= C_a + \bar{I} \\ Y &= \frac{1}{1-b}\ C_a + \frac{1}{1-b}\ \bar{I} \text{ bzw.} \\ Y &= \frac{1}{1-b}\ (C_a + \bar{I}) \end{aligned}$$

Die Höhe der gesamtwirtschaftlichen Nachfrage bestimmt die Höhe des Gleichgewichtsvolkseinkommens

Der Leser sieht, daß das Gleichgewichtsvolkseinkommen Y einmal von der Höhe der Investition und des autonomen Konsums abhängt, zum anderen von der Größe 1-b, also von 1 – Grenzkonsumquote. Dies ist die Grenzsparquote. Bei Kenntnis dieser Größen kann das Gleichgewichtsvolkseinkommen unschwer ermittelt werden. Da b ebenso wie C_a und $\bar{I}$ Nachfrageverhalten widerspiegelt, wird deutlich, daß die Nachfrage die Höhe des Gleichgewichtssozialprodukts bestimmt.

Das Gleichgewichtsvolkseinkommen darf nun nicht mit dem tatsächlich produzierten Volkseinkommen verwechselt werden. Es wäre **Zufall,** sollten die Unternehmen die beabsichtigte Nachfrage richtig vorausgesehen und damit gerade das Gleichgewichtsvolkseinkommen produziert haben. Im Normalfall werden die Unternehmen aus Unkenntnis der beabsichtigten Nachfrage beschließen, ein Volkseinkommen zu produzieren, das größer oder kleiner als die bei diesem Volkseinkommen beabsichtigte Nachfrage ist.

Bedeutung des Gleichgewichtsvolkseinkommens

Angenommen, die Unternehmen erwarten eine kleinere Nachfrage, als tatsächlich entfaltet wird. Sie erleben dann eine Überraschung; ihr Lagerbestand wird mehr als beabsichtigt abnehmen, oder sie können die Kaufwünsche der Nachfrager nicht befriedigen. Dies wird die Unternehmen veranlassen, ihre Produktionsbeschlüsse für die nächste Periode zu revidieren: Sie werden mehr produzieren und u. a. die Preise erhöhen. Ist dann die geplante Nachfrage immer noch größer als das Volkseinkommen, so werden die Unternehmen ihre Produktionspläne erneut revidieren, solange, bis sie das Gleichgewichtsvolkseinkommen erreicht haben. Dabei wird normalerweise die Beschäftigung zunehmen. Die Unternehmen produzieren mit Überstunden oder stellen neue Arbeitskräfte ein. Produzieren die Unternehmen andererseits mehr als nachgefragt wird, so werden sie ihre Produktion verringern, evtl. Kurzarbeit einführen oder Arbeitskräfte entlassen. Auch hier werden die Produktionspläne so lange revidiert, bis die niedrige Produktion auch nachgefragt wird, bis also Gleichgewicht erreicht ist.

Das System bewegt sich zum Gleichgewichtsvolkseinkommen hin, man sagt auch das Gleichgewicht sei **stabil.**

Das Gleichgewicht gibt (bei Stabilität) die **Richtung** und das Ziel der Veränderung des tatsächlichen Volkseinkommens an.

1.4.2 Berücksichtigung von staatlicher ökonomischer Aktivität sowie Exporten und Importen

Ohne Schwierigkeiten lassen sich staatliche ökonomische Aktivität und Güterlieferungen vom bzw. an das Ausland in die obigen Überlegungen einfügen.

Staatliche Ausgaben für Güter und Dienste erhöhen das Niveau der Nachfrage

Wenn der Staat Ausgaben für Güter und Dienste in einer bestimmten Höhe $\overline{A}_{St}$ tätigt, so tritt zu dem privaten Konsum und den privaten Investitionen eine weitere Nachfragekomponente hinzu. In der Abb. 12.5 würde sich die gesamte Nachfrage insoweit durch vertikale Addition von $\overline{A}_{St}$ ergeben, d. h., die Kurve der Gesamtnachfrage verschiebt sich um $\overline{A}_{St}$ nach oben. Allerdings ist zu berücksichtigen, daß der Staat nicht nur Ausgaben für Güter und Dienste tätigt, sondern auch Steuern erhebt und sogenannte Transferzahlungen wie Renten und Arbeitslosenunterstützung leistet. Zur Vereinfachung wollen wir bei den Steuern nur Einkommensteuern berücksichtigen und bei den Transfers Subventionen unberücksichtigt lassen. Steuern und Transfers bleiben nicht ohne Einfluß auf die Höhe

Wirkung von Einkommensteuern und Transfers auf den Konsum

der privaten Ausgaben. In unserem einfachen Modell nehmen wir an, daß nur der Konsum von der Höhe der direkten Steuern und der Transferzahlungen berührt wird, da nur dieser als einkommensabhängig angesehen wird. In der Realität kann man sich auch Wirkungen auf die private Investitionsnachfrage vorstellen.

Es ist plausibel anzunehmen, daß die insgesamt erhobenen Einkommensteuern mit steigendem Sozialprodukt Y zunehmen, während die zu leistenden Transferzahlungen mit zunehmendem Sozialprodukt (z. B. wegen der geringer werdenden Arbeitslosenunterstützung) abnehmen. Zur Vereinfachung denken wir uns im folgenden die bei einem bestimmten Sozialprodukt erhobenen Steuern schon um die bei diesem Einkommen vom Staat geleisteten Transfers gekürzt. Außerdem wird ein proportionaler Zusammenhang zwischen dem (Netto-)Steueraufkommen und dem Volkseinkommen unterstellt:

Lineare (Netto-) Steuerfunktion

$$T = t \cdot Y,$$

wobei T die Nettosteuern und t den Nettosteuersatz bezeichnen (vgl. zur Einkommensteuer Kapitel 14). Vermindern wir das Volkseinkommen um die (Netto-)Steuern, so erhalten wir das verfügbare Volkseinkommen Y^V. Da der private Konsum vom verfügbaren Einkommen der privaten Haushalte (vergleichbar mit dem Nettoeinkommen eines Haushalts) abhängt, ist bei Berücksichtigung der Steuern jedem Sozialprodukt ein niedrigerer privater Konsum zugeordnet als ohne Berücksichtigung der Steuern. Stellt man den Konsum nach wie vor in Abhängigkeit vom Sozialprodukt dar, so liegt die Konsumfunktion unterhalb derjenigen, die sich ohne Berücksichtigung der Steuern ergeben würde: Jedem Sozialprodukt entspricht ein niedrigeres verfügbares Einkommen und damit ein niedrigerer Konsum:

Gilt $C = a + bY^v$ und ist Y^v definiert als

$$Y^v = Y - t \cdot Y \text{ bzw.}$$

$$Y^v = (1 - t)\,Y,$$

so gilt

$$C = a + b\,(1 - t)\,Y.$$

Grafisch dreht sich die Konsumfunktion im Punkt A nach unten, wenn der Konsum – trotz existierender Steuern und Transfers – nicht in Abhängigkeit vom verfügbaren Einkommen Y^V, sondern in Abhängigkeit vom Volkseinkommen Y dargestellt wird (vgl. Abb. 12.6).

Betrachten wir nun, welche Modifikation unsere Überlegungen erfahren, wenn die Waren- und Dienstleistungsexporte und -importe berücksichtigt werden.

Die Importe erhöhen das gesamte im Inland verfügbare Güterangebot:

$$\text{Güterangebot} = Y + Im$$

Wenn wir Wechselkurse, Inlands- und Auslandspreise zur Vereinfachung als gegeben annehmen, so ist es sinnvoll, die Importe allein als von der

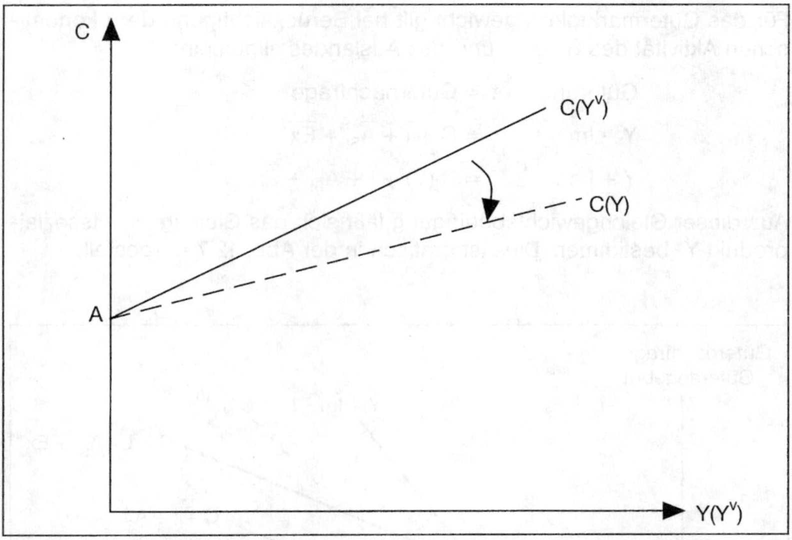

Abb. 12.6: Der Konsum in Abhängigkeit vom Volks- und vom verfügbaren Einkommen

Höhe der Güterproduktion im Inland, also von Y, abhängig anzusehen. Häufig geschieht dies in Form einer einfachen Proportionalitätsbeziehung:

Importe sind ceteris paribus abhängig vom Sozialprodukt

$$Im = m \cdot Y$$

Analog zur Konsumfunktion ist dabei m die sogenannte **marginale Importquote,** die angibt, wieviel die Importe zunehmen, wenn das Einkommen um eine Einheit steigt. Man kann sich dies einfach so vorstellen, daß zur Produktion eines größeren Sozialproduktes mehr Vorleistungen importiert werden müssen und mehr Direktimporte an Konsumgütern getätigt werden (z. B. Reisen ins Ausland).

Betrachtet man neben den einkommensabhängigen Importen auch einkommensunabhängige – sogenannte autonome – Importe, so ergibt sich die gesamte Importfunktion als:

Importfunktion

$$Im = Im_a + m \cdot Y$$

Auch für die Exporte ist zu überlegen, von welchen Bestimmungsgründen sie abhängen. Zu denken ist hier neben dem inländischen und den ausländischen Preisniveaus und den Wechselkursen an die Einkommensniveaus im Ausland. Zur Vereinfachung betrachten wir hier all diese Größen und damit den Export als vorgegeben und konstant: $Ex = \overline{EX}$, so daß die Gesamtnachfrage sich ergibt als

$$Y^n = C + \overline{I} + \overline{A}_{St} + \overline{Ex}.$$

Für das Gütermarktgleichgewicht gilt bei Berücksichtigung der ökonomischen Aktivität des Staates und des Auslandes allgemein:

$$\begin{aligned} \text{Güterangebot} &= \text{Güternachfrage} \\ Y + Im &= C + \bar{I} + \bar{A}_{St} + \overline{Ex} \\ Y + Im\,(Y) &= C\,(Y) + \bar{I} + \bar{A}_{St} + \overline{Ex} \end{aligned}$$

Aus dieser Gleichgewichtsbedingung läßt sich das Gleichgewichtssozialprodukt Y* bestimmen. Dies ist grafisch in der Abb. 12.7 dargestellt.

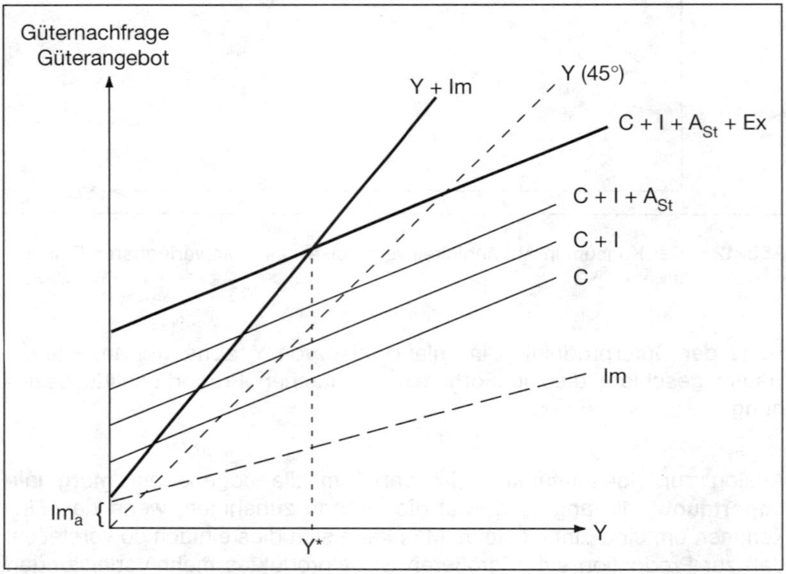

Abb. 12.7: Grafische Bestimmung des Gleichgewichtseinkommens (in der offenen Volkswirtschaft mit Staat)

Exkurs: Analytische Bestimmung des Gleichgewichtseinkommens

$$Y + Im = C + \bar{I} + \bar{A}_{St} + \overline{Ex}$$

Durch Einsetzen der Import-, Steuer- und Konsumfunktion ergibt sich:

$$Y + Im_a + m \cdot Y = C_a + b\,(Y\text{-}tY) + \bar{I} + \bar{A}_{St} + \overline{Ex}$$

und nach Auflösung nach Y:

$$Y = \frac{C_a + \bar{I} + \bar{A}_{St} + \overline{Ex} - Im_a}{1 + m - b\,(1\text{-}t)}$$

1.5 Multiplikatoranalyse

Wie verändert sich das Gleichgewichtsvolkseinkommen, wenn die autonome Nachfrage sich dauerhaft verändert?

Wir haben dargestellt, wie – bei alleiniger Berücksichtigung des Gütermarktes – das Gleichgewichtseinkommen bei gegebener Höhe der Investitionen, der Ausgaben des Staates für Güter und Dienste und der Exporte bestimmt wird. Ein für die keynesianische Theorie zentrales Charakteristikum wird deutlich, wenn wir uns fragen, wie sich das Gleichgewichtseinkommen verändert, wenn sich die als gegeben betrachteten Nettoinvestitionen (oder A_{St} oder Ex) **dauerhaft** um einen bestimmten Betrag verändern. Wir gehen dieser Frage für den Fall einer dauerhaften Erhöhung der Investitionsgüternachfrage nach; die Überlegungen gelten analog für den Fall einer Erhöhung der übrigen Komponenten der autonomen Nachfrage bzw. der Senkung einer Komponente der autonomen Nachfrage.

Zur Vereinfachung vernachlässigen wir im folgenden den Staat und das Ausland, was die Ergebnisse prinzipiell nicht berührt. Ausgangspunkt seien gegebene Nettoinvestitionen von 100 und die schon bekannte Konsumfunktion:

$$C = 100 + 0{,}75\ Y.$$

Das Gleichgewichtsvolkseinkommen beträgt also 800. Um wieviel verändert sich das Gleichgewichtsvolkseinkommen, wenn die beabsichtigten Nettoinvestitionen dauerhaft von z. B. 100 auf 200 steigen?

Intertemporale Verknüpfung der Variablen

Um den zeitlichen Ablauf des sich nun entwickelnden expansiven Prozesses darstellen zu können, wollen wir annehmen, daß die Unternehmer ihre Produktion der geplanten Nachfrage jeweils in der **nächsten Periode** anpassen, also mit der Verzögerung von einer Periode reagieren (sogenannter LUNDBERG-Lag). Abweichungen der erwarteten Nachfrage von der tatsächlichen sollen in der laufenden Periode durch Lagerbestandsänderungen ausgeglichen werden. Die Konsumenten richten ihren Konsum am Einkommen der laufenden Periode aus.

Abweichungen zwischen erwarteter und tatsächlicher Nachfrage werden über Lagerbestandsänderungen ausgeglichen

Der zeitliche Ablauf des durch die dauerhafte Erhöhung der geplanten Investitionen ausgelösten Prozesses ist in der obigen Tabelle 12.1 dargestellt. In der Ausgangsperiode 0 herrscht Gleichgewicht. Die geplante Gesamtnachfrage wird von dem geplanten und produzierten Sozialprodukt genau befriedigt. Ungeplante Größen (hier ungeplante Lagerinvestitionen) tauchen nicht auf. In Periode 1 kommt es zu einer dauerhaften Erhöhung der geplanten Investitionen gegenüber der Ausgangsperiode 0. Damit steigt die geplante Gesamtnachfrage. Die Zunahme der Gesamtnachfrage, die die Unternehmer nicht erwartet haben, wird von diesen deshalb nicht in dieser Periode in der Produktion berücksichtigt, sie befriedigen die unerwartete Mehrnachfrage aus Lagerbeständen (eine Alternative wären Preiserhöhungen und/oder Lieferfristen). In der nächsten, der zweiten Periode passen die Unternehmer ihre Produktion der geplanten Nachfrage der Vorperiode an und produzieren ein Sozialprodukt von 900; bei diesem gestiegenen Sozialprodukt planen die Haushalte aber – entsprechend der marginalen Konsumquote von 0,75 – einen zusätzlichen Konsum von 75, wodurch sich die geplante Nachfrage erneut erhöht. Die Produktion reagiert auf diese Nachfrageausweitung in der Periode 2 nicht, die unerwartete Mehrnachfrage von 75 wird annahmegemäß wieder aus Lagerbeständen gedeckt. In der Periode 3 produzieren die Unternehmer ein Sozialprodukt von 975, also ein gegenüber der Vorperiode um 75 gestiegenes Güterangebot. Aufgrund der Sozialproduktsteigerung kommt es erneut zu einer Konsumerhöhung, die dann in der nächsten Periode zu einer Produktionsausweitung und erneuten Konsumerhöhung führt usw.

Tabelle 12.1: Expansiver Multiplikatorprozeß

Periode	geplanter Konsum $C = 100 + 0{,}75\,Y$	geplante Investitionen $\bar{I} = 100$	geplante Gesamtnachfrage	produziertes Sozialprodukt	ungewollte Lagerinvestition
0	700	100	800	800	0
1	700	200	900	800	– 100
2	775	200	975	900	– 75
3	831,25	200	1031,25	975	– 56,25
4	873,25	200	1073,25	1031,25	– 42,0
5	904,94	200	1104,94	1073,25	– 31,69
6	928,71	200	1128,71	1104,94	– 23,77
.	.	.	.	.	.
.	.	.	.	.	.
.	.	.	.	.	.
∞	1000	200	1200	1200	0

Der Multiplikatorprozeß ist theoretisch nach unendlich vielen Perioden, praktisch im wesentlichen nach wenigen Perioden, abgeschlossen

Nach theoretisch unendlich vielen – praktisch nach einigen wenigen – Perioden werden die Unternehmer die beabsichtigte Nachfrage richtig schätzen und das Gleichgewichtsvolkseinkommen produzieren.

Das zunächst Überraschende des Multiplikatorprozesses liegt darin, daß eine dauerhafte Zunahme der Investitionsgüternachfrage um 100 eine Zunahme des Gleichgewichtsvolkseinkommens um 400 bewirkt, also um ein Vielfaches der ursprünglichen Erhöhung der Nachfrage. Der Grund hierfür liegt in der Einkommensabhängigkeit des Konsums: Erhöht sich die autonome Nachfrage, so steigt das Volkseinkommen sofort oder mit geringer Verzögerung. Das aber induziert Konsumerhöhungen und damit weitere Nachfrageerhöhungen.

Das Endergebnis des **Multiplikatorprozesses,** das neue Gleichgewichtsvolkseinkommen, können wir grafisch und rechnerisch ermitteln.

Eine Erhöhung der autonomen Nachfrage um einen bestimmten Betrag erhöht das Gleichgewichtssozialprodukt um ein Mehrfaches dieses Betrages

Wir addieren zur bisherigen Gesamtnachfrage die Erhöhung der Investitionsgüternachfrage Δ I und erhalten im Schnittpunkt mit der 45°-Linie das neue Gleichgewichtseinkommen.

(a) **grafische Ermittlung**

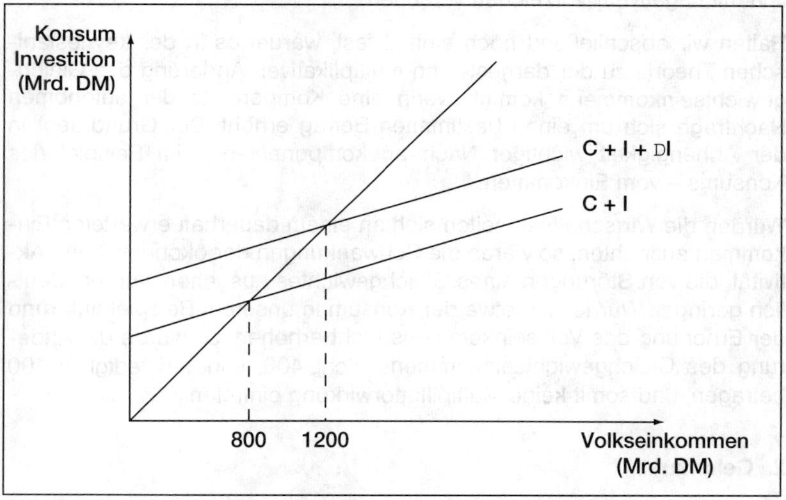

Abb. 12.8: Ermittlung des neuen Gleichgewichtsvolkseinkommens

(b) **rechnerische Ermittlung**

$$Y = C + I$$
$$C = 100 + 0{,}75\,Y$$
$$I = 200 \text{ (statt bisher 100)}$$
$$Y = 100 + 0{,}75\,Y + 200$$
$$Y\,(1-0{,}75) = 300$$
$$Y = 1200$$

Das Gleichgewichtsvolkseinkommen steigt gegenüber dem zuvor ermittelten Wert um 400.

Wir können die Änderung des Gleichgewichtseinkommens Δ Y bei einer dauerhaften Änderung der geplanten Nettoinvestition Δ I auch allgemein ermitteln.

$$\Delta Y = \frac{1}{1-b}\,\Delta I$$

Bei einer Änderung der beabsichtigten Nettoinvestition steigt das Gleichgewichtseinkommen also um das 1/(1-b)-fache der ursprünglichen Nachfrageerhöhung.

Ebenso wie das Gleichgewichtsvolkseinkommen bei einer dauerhaften Erhöhung der beabsichtigten Nettoinvestition um ein Vielfaches zunimmt, nimmt es bei einer dauerhaften Verringerung der beabsichtigten Nettoinvestition auch um ein Vielfaches ab. Der Multiplikatorprozeß wirkt kontraktiv ebenso wie expansiv. In den Berechnungen müßten wir Δ I lediglich mit negativem Vorzeichen versehen.

Entscheidend für die Entstehung von Multiplikatoreffekten ist die Abhängigkeit wichtiger Nachfragekomponenten vom laufenden Volkseinkommen

Halten wir abschließend noch einmal fest, warum es in der keynesianischen Theorie zu der dargestellten multiplikativen Änderung des Gleichgewichtseinkommens kommt, wenn eine Komponente der autonomen Nachfrage sich um einen bestimmten Betrag erhöht. Der Grund liegt in der Abhängigkeit wichtiger Nachfragekomponenten – im Beispiel des Konsums – vom Einkommen.

Würden die Wirtschaftseinheiten sich an einem dauerhaft erwarteten Einkommen ausrichten, so wären die Schwankungen der ökonomischen Aktivität, die von Störungen eines Gleichgewichtes ausgehen würden, deutlich geringer. Würde sich etwa der Konsum in unserem Beispiel aufgrund der Erhöhung des Volkseinkommens nicht erhöhen, so würde die Änderung des Gleichgewichtseinkommens nicht 400, sondern lediglich 100 betragen, und somit keine Multiplikatorwirkung eintreten.

2. Geldmarkt

Geld spielt in der keynesianischen Theorie eine bedeutsame Rolle

Der Geldmarkt spielt in der keynesianischen Theorie, anders als in der klassischen Theorie, in der Geld als wenig bedeutsam angesehen wurde (vgl. Kapitel 11), eine wichtige Rolle. Dies ist darin begründet, daß die keynesianische Theorie Geld auch als ein Aktivum ansieht, das der Vermögenshaltung dienen kann. Damit aber sind die dem SAYschen Theorem zugrundeliegenden Annahmen – daß jede Güterproduktion (jedes Einkommen) sich schließlich direkt oder indirekt (über den Zins) eine gleich hohe Nachfrage schafft – nicht mehr zwangsläufig erfüllt.

Auf dem Geldmarkt treffen Geldnachfrage und Geldangebot, beide prinzipiell als vom Zinssatz abhängig aufgefaßt, aufeinander.

2.1 Geldnachfrage

Fragestellung der Geldnachfragetheorie

Warum halten die Wirtschaftseinheiten Geld, das keinen (oder nur einen vernachlässigbaren) Zinsertrag erbringt, und welche Faktoren bestimmen die gewünschte Höhe der Geldhaltung?

Die Klassiker haben bei der Beantwortung dieser Frage nur die **Tauschmittelfunktion** des Geldes gesehen: Geld wird gehalten, weil man damit Güterkäufe tätigen will, aus denen Zahlungsverpflichtungen erwachsen, die in der Regel nicht durch gleichzeitige Zahlungseingänge aus Güterverkäufen erfüllt werden können. Um nicht zahlungsunfähig zu werden, ist es für eine Wirtschaftseinheit deshalb sinnvoll, eine sogenannte Transaktionskasse zu halten (nachzufragen). Das Volumen dieser Transaktionskasse steht in einer mehr oder weniger festen Relation zum gesamten Ausgabenvolumen und damit zum Einkommen einer Wirtschaftseinheit. KEYNES und die Keynesianer übernehmen diesen Bestimmungsgrund der Geldnachfrage. Es gilt also:

$$L_T = L_T(Y) \text{ bzw. } L_T = k\,Y,$$

wobei L_T die gewünschte Transaktionskasse und k einen Proportionalitätsfaktor ($k = \frac{1}{V}$, vgl. Kapitel 11) bezeichnet.

Gesamtwirtschaftlich sehen Keynesianer (wie die klassischen Nationalökonomen) die Nachfrage nach Transaktionskasse als proportional zum Sozialprodukt an.

Da die Wirtschaftseinheiten mit der Kassenhaltung auf Zinserträge verzichten, ist es plausibel anzunehmen, daß sie bezüglich der Kassenhaltung zu Transaktionszwecken um so „ökonomischer" verfahren, je höher die Zinssätze und damit die Opportunitätskosten der Kassenhaltung sind. Wir wollen diese Zinsabhängigkeit der Transaktionskasse im folgenden vernachlässigen.

Neben der Zahlungsmittelfunktion sieht KEYNES auch die Wertaufbewahrungsfunktion des Geldes

Eine wichtige Besonderheit der Theorie von KEYNES gegenüber der klassischen Theorie liegt darin, daß KEYNES Geld nicht nur in seiner Funktion als Tauschmittel, sondern auch in seiner Funktion als Wertaufbewahrungsmittel, als rational begründete **Form der Vermögenshaltung,** sieht. Damit kann die Geldhaltung nicht mehr unabhängig von anderen möglichen Formen der Vermögenshaltung und deren Erträgen gesehen werden. Neben dem Geld werden in der keynesianischen Theorie nur (homogene) Wertpapiere und Aktien als denkbare Formen der Vermögenshaltung betrachtet. Beide Aktiva stellen letztlich Ansprüche auf das Realvermögen der Volkswirtschaft dar und werden als vollständige Substitute in dem Sinne angesehen, daß ihre Ertragsraten nicht oder höchstens sehr kurzfristig voneinander abweichen können. Wir beschränken die folgende Argumentation deshalb auf die Vermögensobjekte Wertpapiere und Kasse. Bei den Wertpapieren soll es sich um langfristige Papiere handeln, für die ein fester Zinsbetrag auf den Nennbetrag gezahlt wird (Couponverzinsung), deren Kurs aber Schwankungen unterliegt. Bei einem solchen Wertpapier ändert sich die **Effektivverzinsung,** also der **Marktzins,** mit dem Kurs des Wertpapiers, wobei die **Beziehung zwischen Kurs und Zins gegenläufig ist:** Je höher (bei gegebener Couponverzinsung) der Kurs ist, desto niedriger ist die Effektivverzinsung des Wertpapiers und umgekehrt. Beträgt z. B. die feste Verzinsung auf den Nennbetrag von DM 100 DM 6, so entspricht dem bei einem Kurs des Wertpapiers von DM 90 ein Marktzins von $6\frac{2}{3}$ %; beträgt der Kurs dagegen

120, so ist der Effektivzins ceteris paribus 5 %. Dies drückt allgemein folgende Formel aus:

$$\text{Marktzins (Effektivzins)} = \frac{\text{Couponverzinsung} \cdot 100}{\text{Kurs}}$$

Erwartete Kursschwankungen des Wertpapiers sind in der keynesianischen Theorie der Grund für die mögliche Rationalität der (unverzinslichen) Kassenhaltung gegenüber der verzinslichen Wertpapierhaltung, da diese die Rendite (interne Verzinsung) des Wertpapiers beeinflussen. Es gilt:

$$r^{erw} = i + \frac{\Delta\ \text{Kurs}^{erw}}{\text{Kurs}} \times 100.$$

Geldhaltung kann günstiger sein als Wertpapierhaltung, wenn Kursverluste erwartet werden, die den Zinsertrag überkompensieren

Erwartet eine Wirtschaftseinheit eine Kurssenkung, die den Zinsertrag überkompensiert, so ist es für diese Wirtschaftseinheit zwecks Vermeidung eines Kapitalverlustes lohnend, ihr Vermögen nicht in Form von Wertpapieren, sondern in Form von Kasse **(„Spekulationskasse")** zu halten. Da die Wirtschaftseinheiten einer Volkswirtschaft in der Regel unterschiedliche Kurserwartungen haben, wird ein Teil der Wirtschaftseinheiten sein Vermögen als Kasse, ein Teil in Form von Wertpapieren halten. Je höher aber das Kursniveau des Wertpapiers ist, desto mehr Wirtschaftseinheiten werden ceteris paribus zu Baisse-Spekulanten und halten ihr Vermögen in Form von Spekulationskasse. Da Kurs und Marktzins sich gegenläufig entwickeln, wird also die Nachfrage nach Spekulationskasse mit sinkendem Zins (steigendem Kurs) zunehmen.

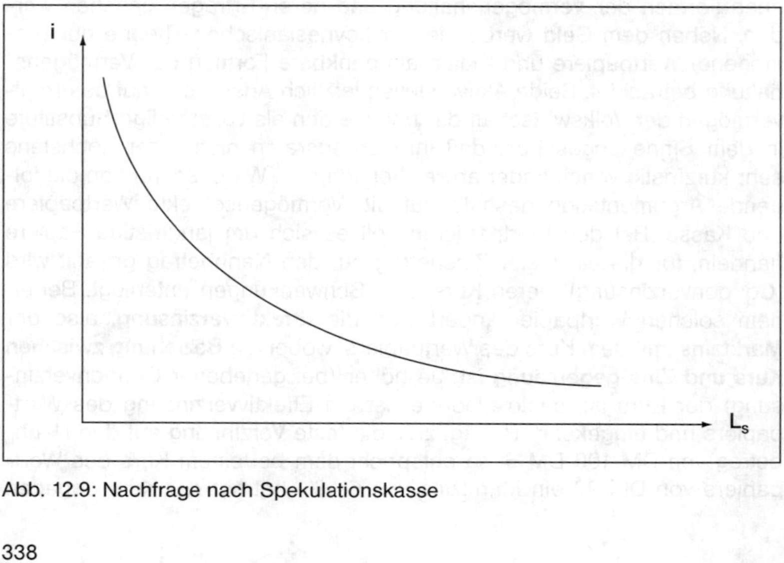

Abb. 12.9: Nachfrage nach Spekulationskasse

Es gilt die Nachfragekurve nach Spekulationskasse (auch eigentliche **Liquiditätspräferenzfunktion** genannt):

$$L_S = L_S\ (i),$$

die die Eigenschaft aufweist, daß die gewünschte Spekulationskasse mit sinkendem Zins zunimmt (vgl. Abb. 12.9).

Spekulative Geldhaltung ist kurs(-zins-) abhängig

Einen besonderen Stellenwert in der keynesianischen Theorie besitzt der mögliche Verlauf der Liquiditätspräferenzfunktion bei einem sehr niedrigen Zins: Bei den **gegebenen** (und als **unveränderlich**) angesehenen **Kurserwartungen** der Wirtschaftseinheiten ist ein Kursniveau (Zinsniveau) denkbar, bei dem praktisch sämtliche Wirtschaftseinheiten der Volkswirtschaft mit Kursverlusten rechnen und es deshalb vorziehen, ihr Vermögen in Form von Spekulationskasse zu halten. Diese Baisse-Spekulation macht einen weiteren Kursanstieg der Wertpapiere und damit eine weitere Zinssenkung in der Volkswirtschaft unmöglich **(Liquiditätsfalle).**

Liquiditätsfalle

Für die eigentliche Liquiditätspräferenzfunktion bedeutet dies, daß die Geldnachfrage bei dem entsprechenden Zins vollkommen elastisch wird; die Nachfragekurve nach Spekulationskasse wird in diesem Bereich zu einer Waagerechten.

Die KEYNESsche Spekulationskasse ist – wie eingangs dieses Abschnittes angedeutet – im Hinblick auf den von den Klassikern unterstellten Vollbeschäftigungsmechanismus bedeutsam. Wenn Vermögen auch in Form von (Zentralbank-)Geld gehalten wird, so ist nicht sichergestellt, daß Ersparnisse in voller Höhe auf den Wertpapiermarkt (allgemein: den Kreditmarkt) fließen und dort den Zinssatz so weit senken, bis die Investitionsnachfrage die durch die Ersparnis geschaffene Nachfragelücke füllt. Bei Existenz der Liquiditätsfalle wird dieser Mechanismus vollständig blockiert.

Die Gültigkeit des SAYschen-Theorems kann durch die Geldhaltung zu Vermögenszwecken in Frage gestellt werden

Zur Beurteilung der Relevanz dieser Argumentation ist jedoch die problematische Annahme bei der Ableitung der keynesianischen Spekulationskasse zu beachten, daß es keine kursstabilen zinstragenden Aktiva in der Volkswirtschaft gibt. Spar- und Terminguthaben z. B. sind aber solche ertragbringenden, sicheren Aktiva, und ihre Existenz macht eine Begründung der Spekulationskasse auf der Basis von Optimierungsmodellen (auch im Rahmen moderner Portfolio-Ansätze) unmöglich. Man muß dann auf den Aspekt der Unsicherheit im postkeynesianischen Sinn abstellen, um die spekulative Kassenhaltung plausibel zu machen.

Spekulative Geldhaltung ist bei Existenz sicherer ertragbringender Geldanlagen im Rahmen üblicher Optimierungsmodelle schwer zu begründen

Fassen wir zusammen:

In der keynesianischen Theorie hängt die Geldnachfrage (die Liquiditätspräferenz) vom Volkseinkommen und vom Zins ab:

$$L = L_T + L_S \text{ bzw.}$$
$$L = k\,Y + L_S(i) = L\ (Y, i).$$

Gesamte Geldnachfrage hängt vom Sozialprodukt und vom Zins ab

Für ein gegebenes Volkseinkommen $\overline{Y}$ ist die Geldnachfrage allein eine Funktion des Zinses.

2.2 Geldangebot und Geldmarktgleichgewicht

Nominale Geldmenge M ist exogen gegeben

Dem Wunsch der Wirtschaftseinheiten, Kasse zu halten (Geldnachfrage), steht das Geldangebot in der Volkswirtschaft gegenüber. Wie in Kapitel 18 erläutert, ist auch das Geldangebot zinsabhängig. Für unsere Überlegungen wollen wir jedoch vereinfachend unterstellen, daß das **nominale Geldangebot M** in der Volkswirtschaft durch die Zentralbank bestimmt und in seiner Höhe vorgegeben ist ($M = \overline{M}$).

Im Geldmarktgleichgewicht ist die nominale Geldnachfrage gleich dem nominalen Geldangebot bzw. die reale Geldnachfrage gleich dem realen Geldangebot

Gleichgewicht auf dem Geldmarkt herrscht, wenn die Geldnachfrage gleich dem Geldangebot ist. Da wir das Preisniveau konstant und gleich 1 gesetzt haben, sind die Angebots- und Nachfragegrößen gleichzeitig reale und nominale Größen. Da wir für unsere späteren Überlegungen das Preisniveau jedoch explizit als Variable benötigen, wollen wir hier zwischen realer und nominaler Geldnachfrage und zwischen nominalem und realem Geldangebot (nicht aber zwischen nominalem und realem Sozialprodukt) unterscheiden. Durch das Symbol $\overline{P}$ kennzeichnen wir das zunächst weiterhin als konstant angenommene Preisniveau. Wir gehen davon aus, daß L (Y, i) die reale Nachfrage nach Geld angibt. Gleichgewicht auf dem Geldmarkt herrscht dann, wenn die nominale Geldnachfrage dem fixierten nominalen Geldangebot entspricht:

$$\overline{P} \cdot L(Y, i) = \overline{M}$$

$$L(Y, i) = \frac{\overline{M}}{\overline{P}}$$

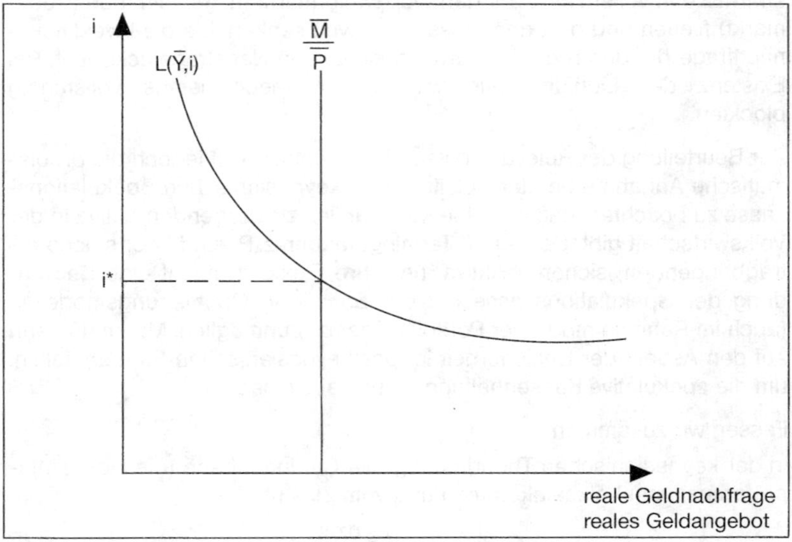

Abb. 12.10: Gleichgewicht auf dem Geldmarkt

Für das vorgegebene Preisniveau $\overline{P}$, die fixierte Geldmenge $\overline{M}$ und ein bestimmtes Sozialprodukt $\overline{Y}$ läßt sich aus der Gleichgewichtsbedingung für den Geldmarkt der Gleichgewichtszins i* bestimmen. Abb. 12.10 illustriert dies grafisch.

3. Gleichgewicht auf dem Güter- und Geldmarkt (IS-LM-System)

Unsere Überlegungen zum Güter- und Geldmarkt zeigen, daß die Lösung für das Gleichgewichtssozialprodukt Y* auf dem Gütermarkt nicht unabhängig ist von dem Zins (und damit von den geplanten Investitionen). Umgekehrt ist die Lösung für den Zins auf dem Geldmarkt nicht unabhängig von Y. Gleichgewichtssozialprodukt und Gleichgewichtszins lassen sich im keynesianischen System also nur gleichzeitig (simultan) bestimmen. Das impliziert, daß im keynesianischen – im Gegensatz zum klassischen – System der Geldmarkt Einfluß auf das realwirtschaftliche Geschehen (auf Y) hat. Ebenso ist der Zins ein gemischt monetär-reales Phänomen, ist also weder allein aus der realen noch allein aus der monetären Sphäre erklärbar.

Interdependenz zwischen dem monetären und dem realen Bereich der Volkswirtschaft

Die dargestellten Zusammenhänge werden in der keynesianischen Theorie üblicherweise in Form des HICKSschen IS-LM-Systems dargestellt, das nahezu zum Synonym dieser Theorie geworden ist. Dieses Modell soll im folgenden skizziert werden.

3.1 Gütermarktgleichgewichtskurve (IS-Kurve)

Betrachten wir noch einmal den Gütermarkt. Gleichgewicht herrscht, wenn

$$C(Y) + I(i) = Y.$$

Das Gleichgewichtssozialprodukt ist erst bestimmt, wenn i bestimmt ist. Man kann nun fragen, welche Gleichgewichtswerte für Y sich bei unterschiedlichen Zinssätzen ergeben. Anders ausgedrückt: Welcher Zusammenhang zwischen Sozialprodukt und Zins besteht bei Gleichgewicht auf dem Gütermarkt?

Die IS-Funktion gibt die Beziehung zwischen Zins und Sozialprodukt bei Gleichgewicht auf dem Gütermarkt an

Im Abschnitt 1.2 hatten wir für die Investitionen die Hypothese I = I (i) abgeleitet. Im Normalfall entsprechen dann einem fallenden Zinssatz zunehmende Investitionen. Also ist einem abnehmenden Zins – da die Investitionen zur Güternachfrage gehören – auf dem Gütermarkt im Normalfall eine zunehmende Güternachfrage zugeordnet und damit – da die Nachfrage das Niveau von Y* bestimmt – auch ein zunehmendes Gleichgewichtssozialprodukt Y*. Dieser Zusammenhang ist in der Abb. 12.11 im i, Y-Diagramm dargestellt. Die Gütermarktgleichgewichtskurve wird als IS-Kurve bezeichnet. Sie verläuft ceteris paribus (d. h. hier bei gegebener marginaler Konsumquote) um so flacher, je zinsempfindlicher die Investitionen sind.

Bleiben die Investitionen bei einer Zinssenkung unverändert, so hat der Geldmarkt (über den Zins) keinen Einfluß auf das Gütermarktgleichgewicht, da Zinssenkungen dann die Güternachfrage nicht beeinflussen. Die IS-Kurve ist dann eine Parallele zur i-Achse (vgl. Abb. 12.12).

Die IS-Kurve ist die Ortslinie aller Zins-Sozialproduktskombinationen, bei denen Gleichgewicht auf dem Gütermarkt besteht. Sie verläuft ceteris paribus um so flacher, je zinselastischer die Investitionen sind. Die bei vollkommen zinsunelastischen (bzw. bei sehr zinsunelastischen) Investitionen senkrecht (bzw. sehr steil) verlaufende IS-Kurve ist bedeutsam für keynesianische Positionen.

Im Normalfall ist die IS-Kurve negativ geneigt

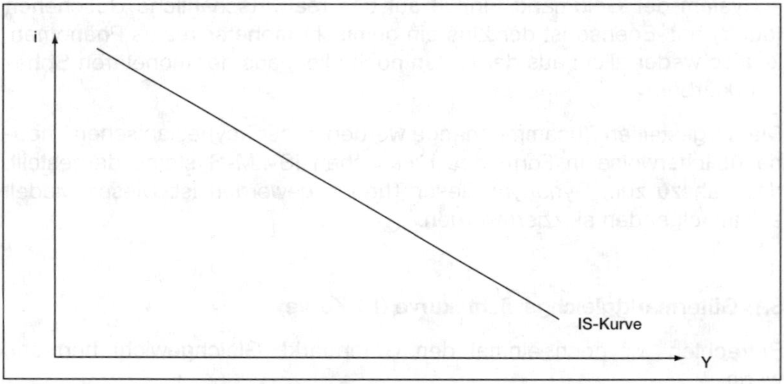

Abb. 12.11: IS-Kurve bei zinselastischen Investitionen

Bei zinsunelastischer Investitionsnachfrage verläuft die IS-Kurve senkrecht

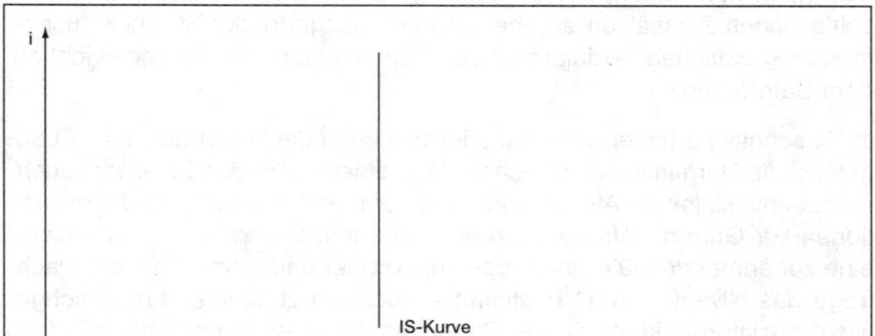

Abb. 12.12: IS-Kurve bei vollkommen zinsunelastischen Investitionen

Die Bezeichnung „IS-Kurve“ erklärt sich wie folgt:

$$C\ (Y) + I\ (i) = Y$$

ist die Gütermarktgleichgewichtsbedingung. Zieht man auf beiden Seiten der Gleichung C (Y) ab, so erhält man auf der linken Seite I (i) und auf der rechten Seite Y-C (Y). Y-C (Y) stellt aber den nicht für den Konsum geplanten Teil des Einkommens dar, also die geplante Ersparnis S (Y). Also läßt sich die Gütermarktgleichgewichtsbestimmung auch in der Form

I = S bedeutet Gütermarktgleichgewicht

$$I\ (i) = S\ (Y)$$

ausdrücken oder kurz I = S. Die Gütermarktgleichgewichtsbedingung ist also durch I = S charakterisiert, daher der Name IS-Kurve.

3.2 Geldmarktgleichgewichtskurve (LM-Kurve)

Geldmarktgleichgewicht herrscht, wenn die reale Geldnachfrage L dem realen Geldangebot $\frac{\overline{M}}{P}$ entspricht:

$$L\,(Y, i) = \frac{\overline{M}}{P}.$$

Es ist also zu überlegen, bei welchen Kombinationen von Sozialprodukt und Zins Gleichgewicht herrscht. Da bei einem sehr hohen Zins die Geldnachfrage nach Spekulationskasse sehr gering ist, muß im Gleichgewicht ein relativ großer Teil der realen Geldmenge als Transaktionskasse nachgefragt werden, was nur bei einem hohen Sozialprodukt der Fall ist. Umgekehrt ist bei einem kleinen Sozialprodukt die Nachfrage nach Transaktionskasse gering. Der für Spekulationszwecke verbleibende Teil der realen Geldmenge ist dann relativ groß und wird von den Wirtschaftseinheiten nur bei einem niedrigen Zins gewünscht (nachgefragt). Mithin geht im Geldmarktgleichgewicht ein hoher (niedriger) Zins mit einem hohen (niedrigen) Sozialprodukt einher. Abb. 12.13 zeigt eine solche Geldmarktgleichgewichtskurve (die natürlich keine Gerade sein muß), die wegen der zugrunde liegenden Gleichheit von L und $\frac{\overline{M}}{P}$ als LM-Kurve bezeichnet wird:

Die LM-Funktion gibt die Beziehung zwischen Zins und Sozialprodukt bei Gleichgewicht auf dem Geldmarkt an

Etwas plastischer kann man sich den geschilderten Zusammenhang wie folgt vorstellen: Das Sozialprodukt steigt und die Wirtschaftseinheiten benötigen mehr Kasse zur Durchführung ihrer Güterkäufe. Da die Geldmenge insgesamt unverändert bleibt, versuchen die Wirtschaftseinheiten sich zusätzliches Geld durch Verkauf anderer Aktiva (z. B. von Wertpapieren) zu beschaffen. Dadurch werden vermehrt Wertpapiere angeboten, die nur bei einem niedrigeren Kurs und damit einem höheren Zins nachgefragt werden.

Auf Besonderheiten im Verlauf der LM-Kurve, die sich bei Existenz der Liquiditätsfalle ergeben können, soll hier nicht eingegangen werden (vgl. aber Abschnitt 4).

Im Normalfall ist die LM-Kurve positiv geneigt

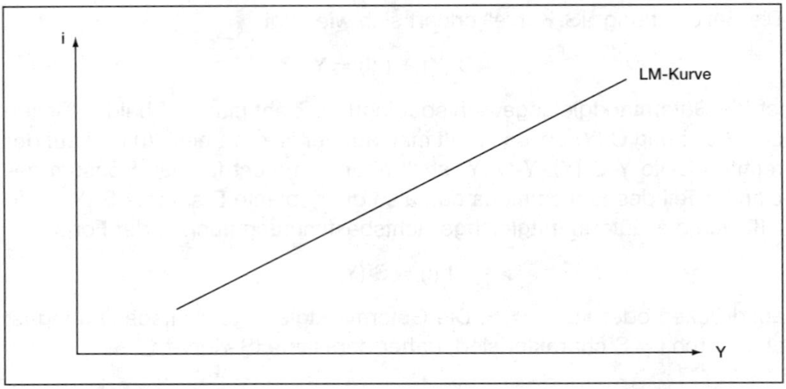

Abb. 12.13: LM-Kurve

Die LM-Kurve ist die Ortslinie aller Zins-Sozialproduktskombinationen, bei denen bei gegebener Geldmenge und gegebenem Preisniveau Gleichgewicht auf dem Geldmarkt besteht.

3.3 Simultanes Gleichgewicht auf dem Güter- und Geldmarkt

Es gibt sehr viele (strenggenommen unendlich viele) Kombinationen von i und Y, die zu einem Gütermarktgleichgewicht führen, die also auf der IS-Kurve liegen. Ebenso gibt es sehr viele (strenggenommen unendlich viele) Kombinationen von i und Y, die zu einem Gleichgewicht auf dem Geldmarkt führen, die also auf der LM-Kurve liegen. Zu gleichzeitigem (simultanem) Gleichgewicht auf dem Güter- und Geldmarkt führt aber nur eine i, Y-Kombination: die im Schnittpunkt von IS- und LM-Kurve.

Simultanes Gleichgewicht auf dem Geld- und Gütermarkt herrscht im Schnittpunkt von IS- und LM-Kurve beim Zinssatz i* und beim Sozialprodukt Y*. Da vorausgesetzt wird, daß sich das Güterangebot allein an der Güternachfrage orientiert und sich dieser vollständig anpaßt, kann man das IS-LM-Gleichgewicht auch als **nachfrageseitiges Gleichgewicht** und das Gleichgewichtssozialprodukt als **nachfrageseitiges Gleichgewichtseinkommen** bezeichnen.

Sind Gleichgewichtssozialprodukt und Gleichgewichtszins bestimmt, so ergeben sich auch die Gleichgewichtswerte für den Konsum und die Investition. Man braucht nur Y* in die Konsumfunktion und i* in die Investitionsfunktion einzusetzen.

3.4 Multiplikatoranalyse bei Berücksichtigung von Güter- und Geldmarkt

Wir wollen die Frage, wie die Multiplikatoranalyse zu modifizieren ist, wenn neben dem Gütermarkt auch der Geldmarkt berücksichtigt wird,

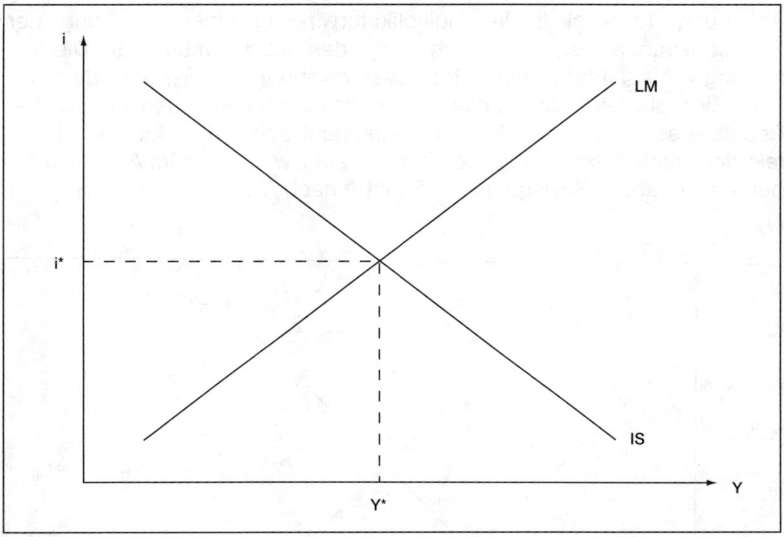

Abb. 12.14: IS-LM-Gleichgewicht

Simultanes Gleichgewicht auf dem Güter- und Geldmarkt herrscht nur bei der i*, *Y-Kombination im Schnittpunkt von IS- und LM-Kurve (nachfrageseitiges Gleichgewicht)

verbal und grafisch beantworten. Steigt eine Komponente der autonomen Nachfrage – z. B. die staatlichen Ausgaben für Güter und Dienste – so ergibt sich ein expansiver Prozeß:

Das Sozialprodukt steigt. Dies zeitigt Wirkungen auf dem Geldmarkt, denn zur zahlungsmäßigen Bewältigung des höheren Sozialproduktes wird mehr Transaktionskasse benötigt, ohne daß die Geldmenge steigt. Die Wirtschaftseinheiten versuchen sich die zusätzlich benötigte Kasse zu beschaffen, indem sie Wertpapiere verstärkt anbieten. Das erhöhte Wertpapierangebot kann nur untergebracht werden, wenn ein höherer Zins geboten wird. Das Zinsniveau in der Volkswirtschaft steigt. Dies hat Rückwirkungen (Feedback-Effekte) auf den Gütermarkt, denn zu einem höheren Zins gehören in der Regel niedrigere private Investitionen: Der expansive Prozeß wird abgeschwächt, es bleibt aber – abgesehen von dem extremen Fall einer senkrechten LM-Kurve – eine Erhöhung des Gleichgewichtssozialproduktes.

Bei Berücksichtigung des Geldmarktes sind die Multiplikatoreffekte einer Veränderung der autonomen Nachfrage schwächer als bei alleiniger Berücksichtigung des Gütermarktes. Das impliziert, daß die Wirtschaft insgesamt weniger sensibel auf exogene Ereignisse – z. B. eine Veränderung der Staatsausgaben, der Exporte oder der Ertragserwartungen (und damit einer Verschiebung der Investitionsfunktion) – reagiert.

Abbildung 12.15 stellt die Multiplikatorwirkung einer Erhöhung der Staatsausgaben bei Berücksichtigung des Geldmarktes dar. Die Erhöhung von A_{St} führt zu einer Rechtsverschiebung der IS-Kurve, da zu jedem Zinssatz jetzt ein höheres Gleichgewichtseinkommen gehört. Die Rechtsverschiebung der IS-Kurve entspricht dabei dem Multiplikatoreffekt der Staatsausgaben bei konstantem Zins, wie wir sie im Abschnitt 1.4 behandelt haben (Bewegung von Punkt A nach A').

Der Geldmarkt dämpft die Auswirkungen der Veränderungen exogener Größen auf das Gleichgewichtssozialprodukt

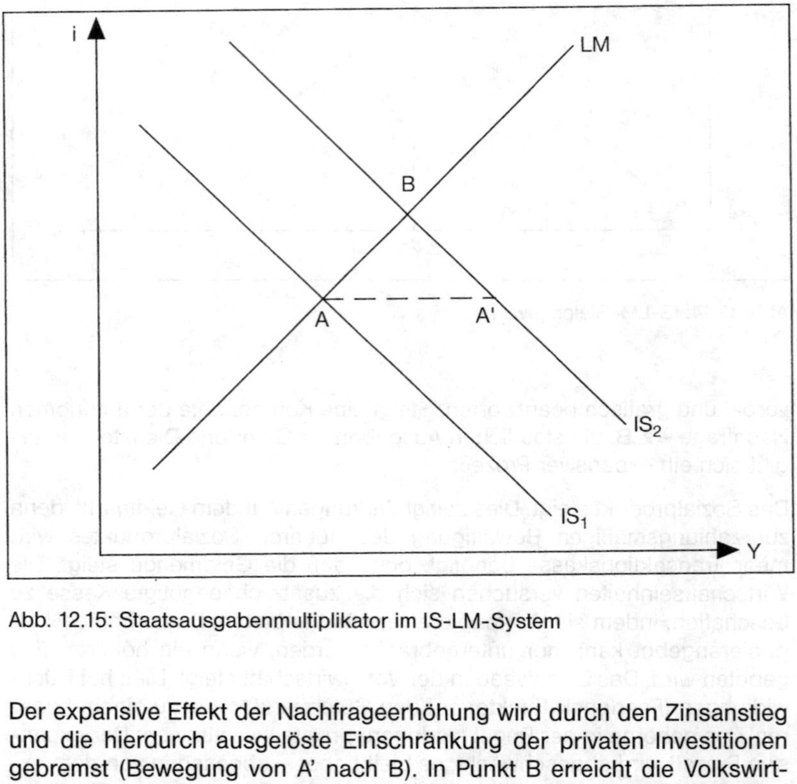

Abb. 12.15: Staatsausgabenmultiplikator im IS-LM-System

Der expansive Effekt der Nachfrageerhöhung wird durch den Zinsanstieg und die hierdurch ausgelöste Einschränkung der privaten Investitionen gebremst (Bewegung von A' nach B). In Punkt B erreicht die Volkswirtschaft bei einem höheren Sozialprodukt und höheren Zins ihre neue Gleichgewichtslage.

Crowding-out-Effekt über den Zins

Es sei darauf hingewiesen, daß sich im Zuge des geschilderten Prozesses eine Veränderung in der Zusammensetzung des Sozialproduktes ergibt. Da die Staatsausgaben für Güter und Dienste zunehmen und die privaten Investitionen abnehmen, kommt es zu einer Veränderung der Struktur des Sozialproduktes. Private Investitionen werden durch staatliche Investitionen verdrängt. Man spricht von einem **Verdrängungseffekt (Crowding-out)** privater Güter durch staatliche Güter über den Zinsmechanismus. Andere denkbare Formen des Crowding-out, die sich über die Berücksichtigung der Finanzierung der staatlichen Ausgaben ergeben können, werden in Abschnitt 4.4 behandelt.

3.5 Unterbeschäftigungsgleichgewicht im IS-LM-System

Wir wollen nun einen zentralen Punkt des traditionellen Keynesianismus, der in den bisherigen Ausführungen implizit enthalten ist, herausarbeiten. Wie gezeigt, ergibt sich durch die Nachfragesituation auf dem Gütermarkt und die Konstellation auf dem Geldmarkt ein bestimmtes Gleichgewichtssozialprodukt Y*. Bei der Erstellung dieses Sozialprodukts benötigt man bei gegebenem Produktionsapparat und gegebener Technik in der Volkswirtschaft eine bestimmte Menge an Arbeitskraft. Diese Menge an Arbeitskraft wird nur zufällig mit der angebotenen Menge an Arbeitskraft übereinstimmen, insbesondere ist es denkbar, daß die zur Produktion von Y* benötigte Arbeitsmenge kleiner ist als das Arbeitsangebot. Das ist die Konstellation des **keynesianischen Unterbeschäftigungsgleichgewichtes:** Auf dem Güter- und dem Geldmarkt herrschen Gleichgewicht, während auf dem Arbeitsmarkt ein Überangebot existiert.

Das IS-LM-Gleichgewicht ist im Prinzip mit jedem Beschäftigungsniveau vereinbar

Man könnte einwenden, daß die Bezeichnung Unterbeschäftigungsgleichgewicht unglücklich gewählt ist, da die Volkswirtschaft sich ja offensichtlich gerade nicht im Gleichgewicht befindet, da der Arbeitsmarkt nicht im Gleichgewicht ist. In der Tat hat diese Bezeichnung zu unnötigen Diskussionen geführt. Keynesianer haben diese Bezeichnung wohl aus zwei Gründen gewählt: einmal, weil in der frühen Interpretation der keynesianischen Theorie der Arbeitsmarkt nicht explizit in Erscheinung tritt, zum anderen – und dies ist der bedeutendere Aspekt –, weil die Situation des Unterbeschäftigungsgleichgewichts nach keynesianischer Auffassung recht lange Bestand haben kann, da der Güter- und Geldmarkt sich in einer Ruhelage befinden und auch auf dem Arbeitsmarkt wegen des als nach unten als nicht flexibel angenommenen Geldlohnsatzes (vgl. Abschnitt 4.2) keine Veränderung erfolgt.

Die obige Skizze des keynesianischen Unterbeschäftigungsgleichgewichts ist unpräzise, da die Situation auf dem Arbeitsmarkt nicht richtig deutlich wird. Insbesondere wird nichts über den herrschenden Reallohn ausgesagt, der auch im traditionellen keynesianischen Modell die Situation auf dem Arbeitsmarkt bestimmt.

Der Reallohn ist der Quotient aus Geld-(= Nominal-)Lohn und Preisniveau. Das Preisniveau haben wir bisher als gegeben angesehen und damit einer (expliziten oder impliziten) Annahme früher keynesianischer Modelle Rechnung getragen. Diese Annahme wird nun aufgegeben und statt dessen unterstellt, daß das Preisniveau selbst Ergebnis ökonomischer Zusammenhänge, insbesondere der Kosten- und Nachfragekonstellation in der Volkswirtschaft ist und deshalb aus dem Modell heraus (endogen) erklärt werden muß.

Das Preisniveau ist endogen bestimmt

Preisniveauänderungen haben Einfluß auf das IS-LM-Gleichgewicht

Die Nachfragekonstellation der Volkswirtschaft wird – im Zusammenhang mit der Zinsbestimmung auf dem Geldmarkt – durch die Konsumfunktion, die Investitionsfunktion und das Niveau der autonomen Nachfrage (A_{St}, Ex) bestimmt. Dem Niveau der Nachfrage entspricht ein bestimmtes (nachfrageseitiges) Gleichgewichtssozialprodukt, das sich aus der IS-LM-Analyse ergibt. Im oben dargestellten IS-LM-Modell ist allerdings unberücksichtigt geblieben, daß von Veränderungen des Preisniveaus Nachfragewirkungen ausgehen können. Dieser Zusammenhang wird im nachfolgenden Abschnitt 4.1 analysiert.

Geldlohn und technische Bedingungen bestimmen die Kostensituation und zusammen mit dem Preisniveau das Güterangebot bzw. die Arbeitsnachfrage

Die Kostensituation in der Volkswirtschaft wird bei gegebenen technischen Bedingungen der Produktion durch den Geldlohnsatz bestimmt. Geldlohnsatz und Preis bestimmen (bei unbeschränkten Absatzmöglichkeiten) die gewinnmaximierende Arbeitsnachfrage der Unternehmer, der ein bestimmtes gewinnmaximierendes Güterangebot entspricht (vgl. Kapitel 5). Das Angebotsverhalten der Produzenten kann deshalb über den Arbeitsmarkt in das Modell einbezogen werden. Dies geschieht in Abschnitt 4.2.

Angebot und Nachfrage bestimmen zusammen die Gleichgewichtsposition der Volkswirtschaft, wie sie sich aus dem keynesianisch-neoklassischen Modell ergibt. Dies wird im Abschnitt 4.3 analysiert.

4. Die keynesianisch-neoklassische Synthese („neoklassische Synthese“)

4.1 IS-LM-Gleichgewicht bei variablem Preisniveau

Bisher waren wir bei der Darstellung des IS-LM-Gleichgewichts von einem konstanten Preisniveau ausgegangen. Lassen wir diese Voraussetzung fallen, so ändern sich offenbar die Lösungen für ${}^{r}Y^*$ und i^* mit Änderungen des Preisniveaus. Ein Blick auf die Gütermarkt- und die Geldmarktgleichgewichtsbedingungen:

$$C({}^{r}Y) + I(i) = {}^{r}Y$$
$$L({}^{r}Y, i) = \frac{M}{P}$$

zeigt, daß das Preisniveau nur die Geldmarktgleichgewichtsbedingung verändert, da es nur hier als Variable auftaucht. Die Konsequenzen sind einfach: Verändert sich das Preisniveau, so verändert sich ceteris paribus die reale Geldmenge $\frac{M}{P}$. Hieraus ergeben sich in der Regel Zinswirkungen und aus diesen Zinswirkungen in der Regel Wirkungen auf die Investitionen und damit auf die Höhe der Nachfrage in der Volkswirtschaft. Man beachte, daß $Y = {}^{r}Y \cdot P$ das nominale Sozialprodukt bezeichnet und L, C und I **reale** – d. h. in Sozialprodukteinheiten ausgedrückte Größen sind.

Den Effekt der Wirkungen von Preisänderungen auf die reale Geldmenge, den Zins und schließlich auf das nachfrageseitige Gleichgewichtssozialprodukt bezeichnet man als **KEYNES-Effekt** (vgl. Kapitel 11). Abb. 12.16 verdeutlicht den Effekt einer Preisänderung zunächst auf dem Geldmarkt:

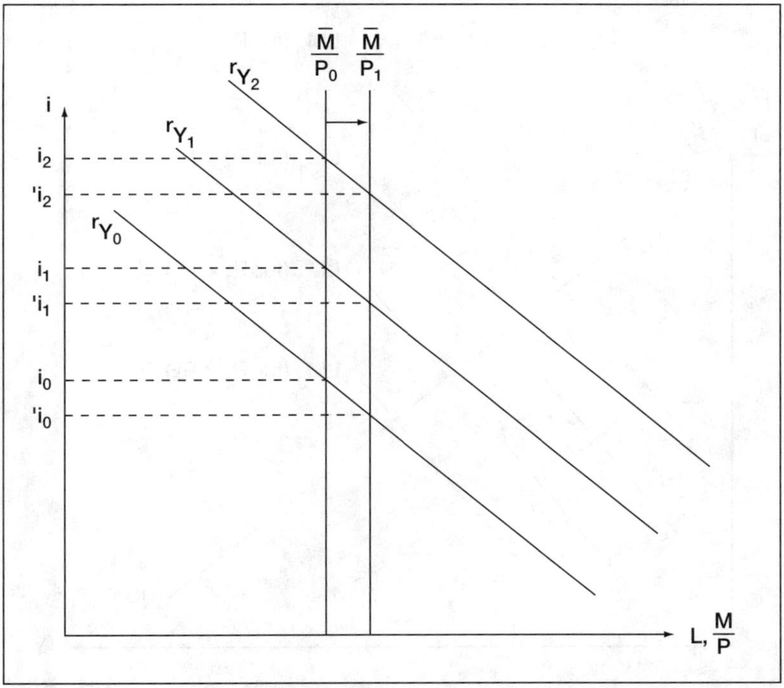

Abb. 12.16: Geldmarktgleichgewicht bei alternativen Sozialprodukten und realen Geldmengen

i_0, i_1, i_2 kennzeichnen den Gleichgewichtszins, der dem jeweiligen realen Sozialprodukt $^rY_0$, $^rY_1$, $^rY_2$ ($^rY_0 < {}^rY_1 < {}^rY_2$) zugeordnet ist, wenn die reale Geldmenge $\overline{M}/P_0$ beträgt. Bei einem niedrigeren P_1 steigt die reale Geldmenge und sinkt dementsprechend der $^rY_0$, $^rY_1$, $^rY_2$ zugeordnete Zinssatz $'i_0$, $'i_1$, $'i_2$. Mit anderen Worten: Die Preisniveausenkung verschiebt die LM-Kurve nach unten (rechts).

Abb. 12.17 verdeutlicht den **KEYNES-Effekt** im IS-LM-Diagramm. Die LM-Kurve, also die Beziehung zwischen Zinssatz und Gleichgewichtssozialprodukt, kann – wie in Abb. 12.16 dargestellt – nur bei vorgegebener nominaler Geldmenge und bei einem bestimmten Preisniveau gezeichnet werden. Die LM_0-Kurve in Abb. 12.17 gelte für das Preisniveau P_0. Sinkt nun das Preisniveau auf P_1, so steigt die reale Geldmenge, d. h., Gleichgewicht auf dem Geldmarkt ist bei einem gegebenen Zins mit einem höheren Sozialprodukt verbunden bzw. ein gegebenes Sozialprodukt ist mit einem niedrigeren Zins vereinbar: Die LM-Kurve verschiebt sich also nach rechts (unten), $^rY^*$ nimmt zu und i^* sinkt. Entsprechende Überlegungen gelten für die Preisniveaus P_2 ($P_2 < P_1$), P_3 ($P_3 <$, P_2) usw.

Der KEYNES-Effekt beschreibt die von Veränderungen des Preisniveaus über die Veränderungen der realen Geldmenge und den Zins ausgehenden Wirkungen auf das IS-LM-Gleichgewichtssozialprodukt

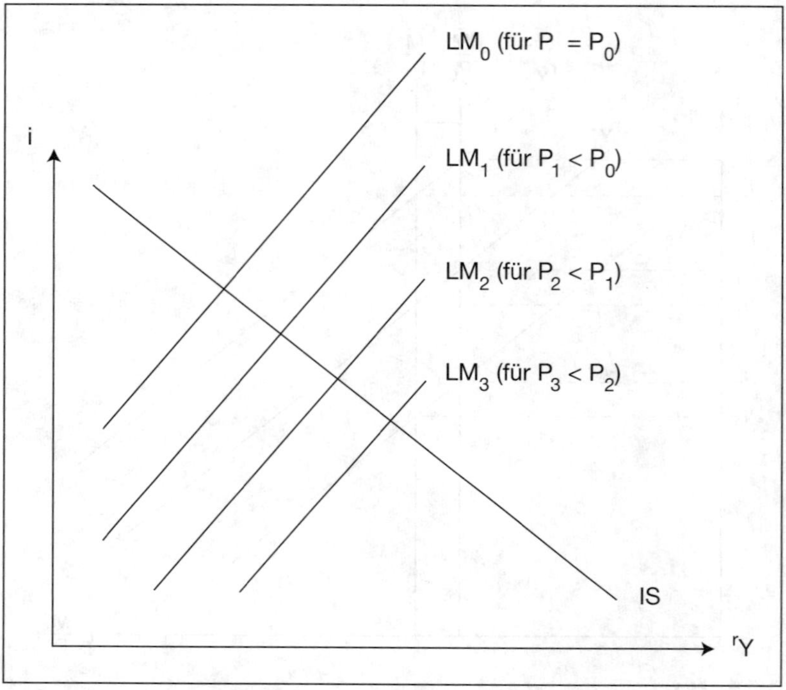

Abb. 12.17: Der KEYNES-Effekt im IS-LM-Diagramm

Bei unveränderter IS-Kurve, die ja von Veränderungen des Preisniveaus nicht berührt wird, führt also eine Abnahme des Preisniveaus zu einer Zunahme des nachfrageseitigen Gleichgewichtssozialproduktes. Die Kausalkette ist dabei

$$P \downarrow \text{ ---> } \frac{\overline{M}}{P} \uparrow \text{ ---> } i \downarrow \text{ ---> } I \uparrow \text{ ---> } Y \uparrow$$

Bei Wirksamwerden der Liquiditätsfalle und/oder bei zinsunelastischen Investitionen haben Preisniveauänderungen keine Wirkungen auf das IS-LM-Gleichgewichtssozialprodukt

Läßt man die Zwischenglieder der Kausalkette – reale Geldmenge, Zinssatz und Investitionen – weg, dann ergibt sich unmittelbar der Zusammenhang zwischen P und Y, den der KEYNES-Effekt beschreibt und der durch die gesamtwirtschaftliche Güternachfragekurve $^rY^n = {}^rY^n$ (P) wiedergegeben wird (vgl. Abb. 12.18).

Nur wenn die preisbedingte Veränderung der realen Geldmenge nicht auf die Nachfrage durchschlägt, weil

- die Zunahme der realen Geldmenge keine Wirkung auf den Zins hat (Liquiditätsfalle) und/oder
- die Zinssenkung die Investitionen nicht erhöht (vollkommen zinsunelastische Investitionen),

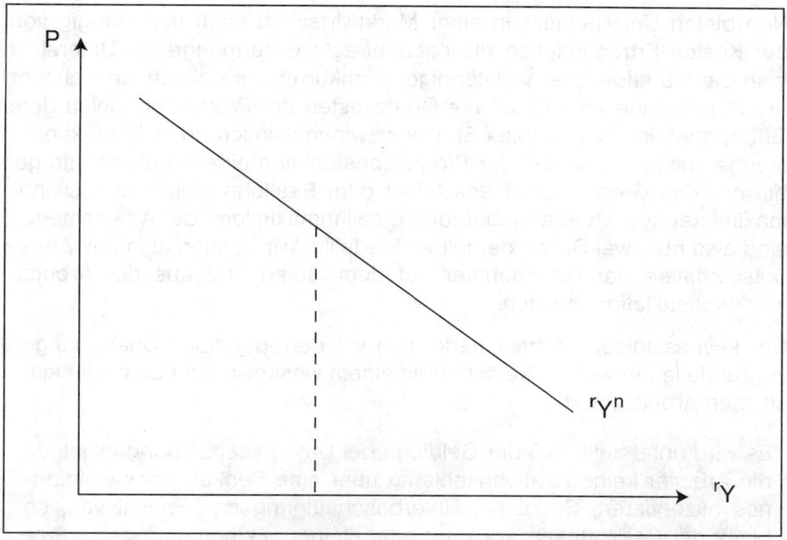

Abb. 12.18: Nachfrageseitiges Gleichgewichtssozialprodukt und Preisniveau

die obige Kausalkette also unterbrochen wird, ergeben sich keine Veränderungen des Gleichgewichtssozialprodukts. Die P – ^rY-Kurve in Abb. 12.18, auch **gesamtwirtschaftliche Nachfragekurve** genannt, verläuft dann parallel zur Preisachse (vgl. die gestrichelte Linie in Abb. 12.18). In dieser preisunelastischen Güternachfrage wird allgemein ein typisches Element – gelegentlich sogar das entscheidende Merkmal – keynesianischer Theorie gesehen.

Bei flexiblem Preisniveau entsprechen ceteris paribus Veränderungen des Preisniveaus Veränderungen der realen Geldmenge. Veränderungen der realen Geldmenge haben Zinswirkungen, die das Niveau der Nachfrage und damit das nachfrageseitige Gleichgewichtssozialprodukt beeinflussen. Der KEYNES-Effekt der Preisänderung auf das Gleichgewichtssozialprodukt bleibt nur aus, wenn die Liquiditätsfalle wirksam und/oder die Nachfrage vollkommen zinsunelastisch ist.

4.2 Arbeitsmarkt und Güterangebot

In unserem keynesianischen Modell hat bisher die Güterangebotsseite keine Rolle gespielt. Einfachen keynesianischen Modellen folgend hatten wir angenommen, daß sich das Angebot an Gütern (bei dem fixierten Güterpreis) vollständig an die Güternachfrage anpaßt. Wir haben deshalb auch von einem nachfrageseitigen Gleichgewicht gesprochen.

Eine gegebene Güternachfrage wird nur befriedigt, wenn das entsprechende Güterangebot für die Produzenten lohnend ist

Nun bieten Unternehmer in einer Marktwirtschaft nicht unabhängig von der Kosten-Ertragsrelation die nachgefragte Gütermenge an. Unterstellt man die Marktform der vollständigen Konkurrenz, so bieten sie vielmehr die Gütermenge an, bei der die Grenzkosten der Produktion gleich dem Güterpreis sind (vgl. Kapitel 5). Der gewinnmaximierenden Produktionsmenge entspricht gemäß der Produktionsfunktion eine Arbeitsnachfrage, bei der das Grenzprodukt der Arbeit dem Reallohn gleich ist. Gewinnmaximierendes Güterangebot und gewinnmaximierende Arbeitsmenge sind also nur zwei Seiten derselben Medaille. Wir können also das Angebotsverhalten der Unternehmer auf dem Gütermarkt aus der Arbeitsmarktkonstellation ableiten.

Der keynesianische Arbeitsmarkt, den wir den folgenden Überlegungen zugrunde legen wollen, weicht nur in einem wesentlichen Punkt vom klassischen Arbeitsmarkt ab:

Es wird ein nach unten nicht flexibler Geldlohn angenommen

Es wird unterstellt, daß der Geldlohn bei Unterbeschäftigung fix ist, da die Arbeiter keine Reallohnsenkung über eine Senkung des Geldlohnes akzeptieren. Steigt bei Unterbeschäftigung das Preisniveau, so bleibt der Geldlohnsatz konstant oder steigt um einen geringeren Prozentsatz als das Preisniveau, so daß der Reallohn abnimmt. Diese Reallohnsenkung „akzeptieren" die Arbeiter.[4]

Zur Vereinfachung der Analyse wird davon ausgegangen, daß das Arbeitsmarktangebot dem Bestand an Arbeitskraft N^a entspricht.

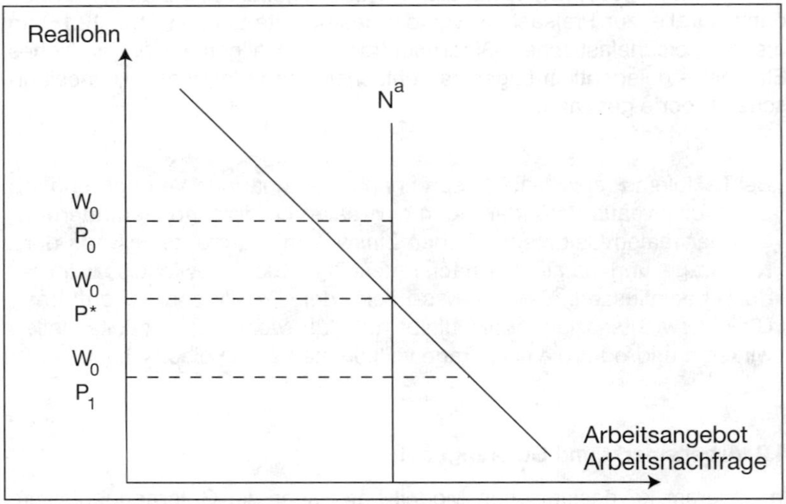

Abb. 12.19: Der Arbeitsmarkt bei festem Geldlohn

4) Begründet wird die „Akzeptanz" der über eine Preisniveausteigerung herbeigeführten Reallohnsenkung mit der Annahme, daß die Arbeiter den vollen Umfang der Preisniveausteigerung nicht erkennen. Sie unterliegen einer „Geldillusion".

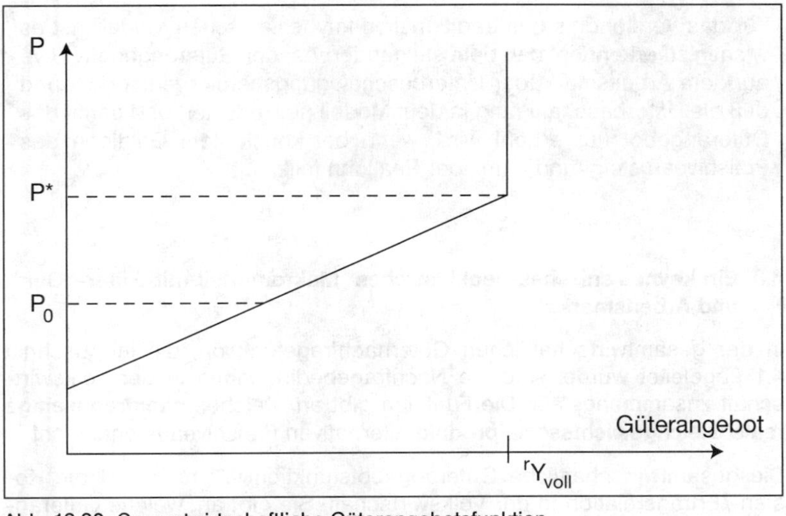

Abb. 12.20: Gesamtwirtschaftliche Güterangebotsfunktion

Abbildung 12.19 zeigt, daß bei gegebenem Geldlohn W_0 das Preisniveau über die Arbeitsnachfrage bestimmt. Je höher bei gegebenem Geldlohn W_0 das Preisniveau ist, desto niedriger ist der Reallohn und desto größer ist damit die Arbeitsnachfrage.

Bei festem Geldlohn fällt der Reallohn mit steigendem Preisniveau, wodurch das Güterangebot zunimmt

Oberhalb des Gleichgewichtsreallohnes $\frac{W_0}{P^*}$, also im Bereich unfreiwilliger Arbeitslosigkeit (z. B. beim Reallohn $\frac{W_0}{P_0}$), bewirkt eine Preiserhöhung eine Zunahme der Beschäftigung. Sinkt der Reallohn infolge einer Preissteigerung über P* hinaus unter $\frac{W_0}{P^*}$ (z. B. auf $\frac{W_0}{P_0}$), so nimmt zwar die Arbeitsnachfrage weiter zu, das Arbeitsangebot beschränkt aber die Beschäftigung auf das Niveau N^a.

Für das geplante Güterangebot folgt, daß es – z. B. ausgehend von einem niedrigen Preisniveau P_0 – mit steigendem Preisniveau (bei konstantem W_0) zunimmt, weil die höhere Produktion infolge des fallenden Reallohnes gewinnmaximierend wird. Die Zunahme des Güterangebots hält an, bis das Preisniveau den Wert P* erreicht hat. Bei weiteren Preissteigerungen bleibt das Güterangebot bei Vollbeschäftigungsniveau $^rY_{voll}$ konstant, weil bei gegebenem Arbeitsangebot die verfügbare Arbeitsmenge die Produktion begrenzt.[5]) Es ergibt sich die in Abb. 12.20 wiedergegebene **gesamtwirtschaftliche Güterangebotskurve:**

---

5) Nimmt das Arbeitsangebot mit fallendem Reallohn ab, so könnte man zu dem Schluß gelangen, daß bei $P < P^*$ das Güterangebot zurückgeht, weil jetzt das Arbeitsangebot die Produktion begrenzt. Dieser Schluß ist aber nur dann richtig, wenn man auch nach Erreichen der Vollbeschäftigung davon ausgeht, daß der Geldlohnsatz bei Preisniveausteigerung konstant bleibt. Die Analyse eines Konkurrenzmarktes würde dagegen zeigen, daß nach Erreichen der Vollbeschäftigung, bei einem jetzt nach oben flexiblen Geldlohnsatz, eine Preisniveauerhöhung über den Marktmechanismus zu einer prozentual gleich hohen Zunahme des Geldlohnsatzes führen würde. Somit bleiben der Reallohn, die Beschäftigungsmenge und das Güterangebot konstant.

Für das Verständnis des traditionellen keynesianischen Modells ist es wichtig zu erkennen, daß dem steigenden Ast der Güterangebotskurve auf dem Arbeitsmarkt der Unterbeschäftigungsbereich entspricht und daß die Unterbeschäftigung in dem Modell nur reduziert und damit das Güterangebot nur erhöht wird, wenn bei konstantem Geldlohn das Preisniveau steigt und damit der Reallohn fällt.

4.3 Ein keynesianisches-neoklassiches Makromodell mit Güter-, Geld- und Arbeitsmarkt

In der gesamtwirtschaftlichen Güternachfragefunktion, die in Abschnitt 4.1 abgeleitet wurde, sind die Nachfragebedingungen in der Volkswirtschaft zusammengefaßt. Die Funktion gibt an, welches **nachfrageseitige reale Gleichgewichtssozialprodukt** alternativen Preisniveaus entspricht.

Die gesamtwirtschaftliche Güterangebotsfunktion ${}^rY^a$ reflektiert die Kosten-/Ertragsrelation in der Volkswirtschaft. Sie gibt an, welche Güterangebotsmengen bei alternativen Preisniveaus für die Produzenten gewinnmaximierend sind, also **angebotsseitiges Gleichgewicht** bedeuten.

Gesamtwirtschaftliches Gleichgewicht herrscht bei dem Preisniveau, bei dem das angebotene Sozialprodukt gleich ist dem nachgefragten Sozialprodukt.

Abb. 12.21 zeigt die Bestimmung von Gleichgewichtssozialprodukt ${}^rY^{**}$ und Gleichgewichtspreisniveau P^{**}.

Gesamtwirtschaftliches (d. h. nachfrage- und angebotsseitiges Gleichgewicht) herrscht im Schnittpunkt von gesamtwirtschaftlicher Güterangebots- und Güternachfragekurve

Mit ${}^rY^{**}$ und P^{**} sind auch die Gleichgewichtswerte der übrigen Variablen des Modells bestimmt.

${}^rY^{**}$ in Abb. 12.21 ist nicht das Vollbeschäftigungssozialprodukt ${}^rY_{voll}$ sondern repräsentiert ein **keynesianisches Unterbeschäftigungsgleichgewicht:** Auf dem Güter- und Geldmarkt herrscht Gleichgewicht, da sich Punkt A auf der gesamtwirtschaftlichen Güternachfragekurve befindet; auf dem Arbeitsmarkt herrscht ein Angebotsüberschuß, da Punkt A auf dem positiv geneigten Ast der Güterangebotskurve liegt (vgl. Abschnitt 4.2). Der Zustand ist stabil, da der Geldlohnsatz nach unten fix ist.

Keynesianisches Unterbeschäftigungsgleichgewicht

Im Gegensatz zum IS-LM-Modell, in dem allein die Höhe der Nachfrage (unter Einbeziehung der Wirkung der Geldmarktkonstellation auf die Nachfrage) die Höhe des Sozialprodukts bestimmt, ist das Unterbeschäftigungsgleichgewicht im vollständigen keynesianischen System Resultat der Nachfrage- und Angebotsbedingungen in der Volkswirtschaft.

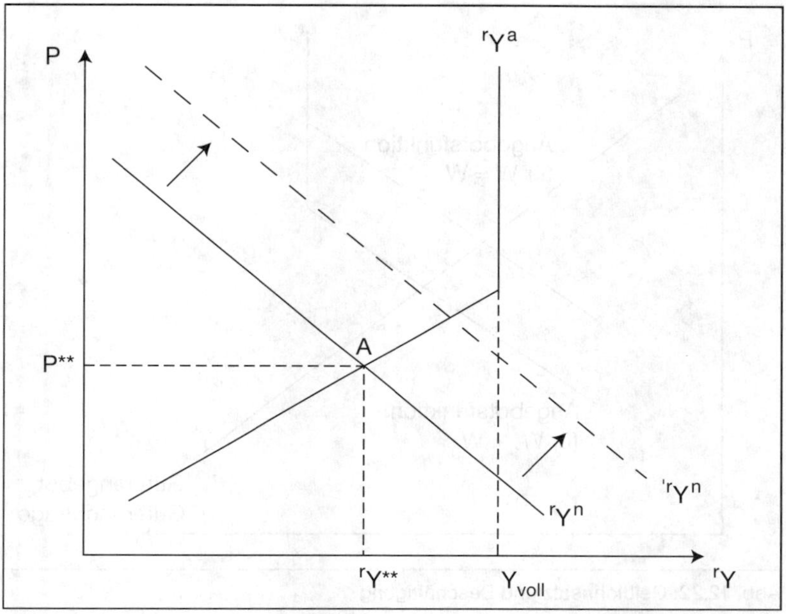

Abb. 12.21: Bestimmung von Gleichgewichtssozialprodukt und Gleichgewichtspreisniveau

Hieraus folgt:

Eine Zunahme der autonomen Nachfrage führt im neuen Gleichgewicht zu einem höheren Sozialprodukt

> (1) Steigt die Nachfrage in der Volkswirtschaft z. B. infolge einer Zunahme der Staatsausgaben, so verschiebt sich die gesamtwirtschaftliche Güternachfragekurve nach rechts (vgl. $'Y^n$ Abb. 12.21). Im neuen gesamtwirtschaftlichen Gleichgewicht sind Sozialprodukt und Preisniveau gegenüber der Ausgangssituation gestiegen.

Das auslösende Moment für die Rechtsverschiebung der gesamtwirtschaftlichen Güternachfragekurve ist dabei die dauerhafte Zunahme der Staatsausgaben, die zusammen mit Multiplikatoreffekten zur Rechtsverschiebung der IS-Funktion führt. Damit erhöht sich das jedem Preisniveau zugehörige nachfrageseitige Gleichgewichtssozialprodukt. Trotz jetzt unveränderter gesamtwirtschaftlicher Güterangebotskurve kommt es über den durch den Nachfrageanstieg induzierten Preisanstieg zu einer Ausdehnung der Produktion, da bei konstantem Geldlohn der Reallohn sinkt und so eine höhere Produktion lohnend macht.

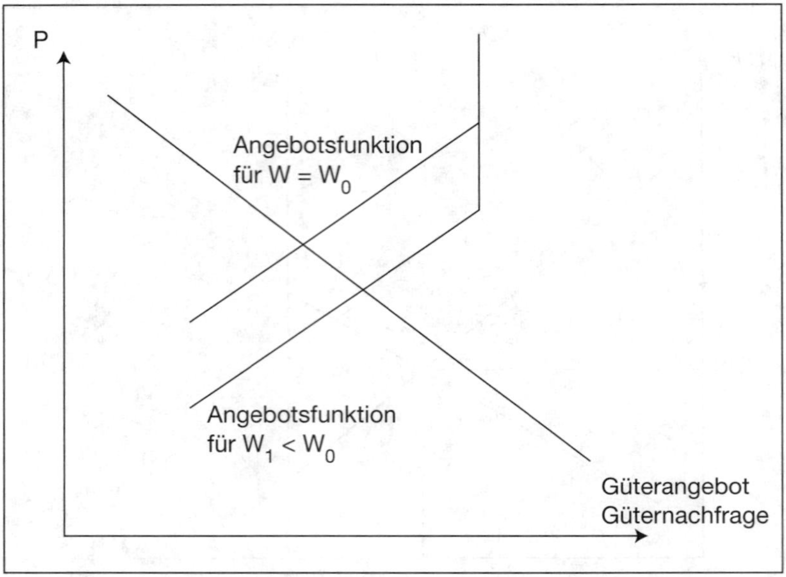

Abb. 12.22: Geldlohnsatz und Beschäftigung

Eine Senkung des Geldlohnsatzes führt im neuen Gleichgewicht zu einem höheren Sozialprodukt

(2) Wird der Geldlohnsatz auf einem niedrigeren Niveau fixiert, so verschiebt sich der geneigte Ast der Güterangebotskurve nach unten[6]). Im neuen gesamtwirtschaftlichen Gleichgewicht ist das Sozialprodukt größer, das Preisniveau jedoch kleiner als im Ausgangsgleichgewicht (vgl. Abb. 12.22).

Der Grund für die Verschiebung des elastischen Astes der Güterangebotskurve nach unten sind die bei sinkendem Geldlohn ceteris paribus prozentual entsprechend sinkenden Grenzkosten. Zwar kommt es hierdurch im neuen Gleichgewicht auch zu einer Senkung des Preisniveaus, diese ist jedoch geringer als die Geldlohnsenkung. Als Ergebnis sinkt also der Reallohn, wodurch die Ausdehnung des Güterangebots auf das neue Gleichgewichtsniveau für die Anbieter lohnend wird. Die höhere Produktion wird trotz unveränderter Güternachfragekurve auch abgesetzt, weil das sinkende Preisniveau die reale Geldmenge erhöht, wodurch der Zins gesenkt und die Nachfrage angeregt wird (KEYNES-Effekt).

6) Strenggenommen ist bei abnehmender Grenzproduktivität der Arbeit die Verschiebung der Güterangebotskurve nicht parallel, sondern sie dreht sich in ihrem fiktiven Schnittpukt mit der Abszisse nach unten rechts.

Die aufgezeigten Implikationen des keynesianisch-neoklassichen Modells rechtfertigen also prinzipiell sowohl eine keynesianischem Gedankengut nahestehende **Nachfragesteuerung** (Veränderung von A_{St}) als auch eine klassischem und neoklassischem Gedankengut entsprechende **angebotsorientierte Politik** (Kostensenkung durch Lohnzurückhaltung). Auch in bezug auf diese Ergebnisse ist die Bezeichnung klassisch-neoklassiches Modell zutreffend.

4.4 Vollbeschäftigung durch Nachfragesteuerung oder Lohnsenkung?

Die Neue Klassische Makroökonomik bezweifelt wegen der vermuteten Crowding-out-Effekte die Wirksamkeit der Nachfragesteuerung

Wie gezeigt, ergeben sich im keynesianischen neoklassischen Modell sowohl durch Erhöhung der Nachfrage als auch durch Senkung des Geldlohnsatzes beim Vergleich von Gleichgewichtszuständen expansive Effekte. In den letzten 15 Jahren wurden verstärkt Argumente vorgetragen, um die Ergebnisse des Modells zu relativieren. Vertreter der Neuen Klassischen Makroökonomik stellen dabei die Wirkungen der Nachfragesteuerung in Frage und unterstreichen die Wirksamkeit des Lohnmechanismus, während keynesianische Ökonomen die entgegengesetzte Position einnehmen.

Als zentrales Argument gegen die beschäftigungsfördernde Wirkung einer Erhöhung der staatlichen Ausgaben werden verschiedene Varianten des **Crowding-out-Argumentes** angeführt.

Direktes und indirektes Crowding-out

Zunächst unterscheidet man zwischen **direkten** und **indirekten** Verdrängungseffekten. Bei ersteren verdrängt der Staat direkt private Investitionen, etwa wenn eine Stadt notwendige Parkplätze im Umfeld eines Unternehmens baut, so daß eine (nahezu identische) geplante Investition des Privatunternehmens entfällt. Beim indirekten Crowding-out dagegen führen unterschiedliche Wirkungsketten zu einer Verdrängung privater durch staatliche Investitionen, wobei die konkurrierenden Investitionsobjekte in der Regel ganz unterschiedlich sind.

Transaktionskassen-Crowding-out im IS-LM-Modell

Wir haben im Rahmen des IS-LM-Modells schon eine erste Form des indirekten Crowding-out kennengelernt, das sogenannte **Transaktionskassen-Crowding-out.** Dies entsteht dadurch, daß es im Zuge eines durch die Fiskalpolitik induzierten expansiven Prozesses über eine verstärkte Geldnachfrage zu Transaktionszwecken (bei konstanter Geldmenge) zu einer Zinssteigerung kommt, die zinsreagible private Investitionen reduziert. Da hier die Zunahme der wirtschaftlichen Aktivität Voaussetzung für die Zinserhöhung ist, kann das neue Gleichgewichtssozialprodukt nicht kleiner sein als das vor der Erhöhung der Staatsausgaben.

Vermögens-Crowding-out

Eine weitere Form des indirekten Crowding-out ist das sogenannte **Vermögens-Crowding-out**[7]**)**, das im Zuge einer kreditfinanzierten Staatsausgabenerhöhung auftreten **kann.** Die relativ komplizierten Modellvarianten hierzu lassen sich wie folgt zusammenfassen: In der modernen Volkswirtschaftslehre spielt das Vermögen als Bestimmungsgröße für das Verhalten von Wirtschaftseinheiten eine wichtige Rolle. So wird z. B. häufig angenommen, daß der Konsum und die Geldnachfrage des privaten Sektors nicht nur vom laufenden Einkommen und vom Zins, sondern auch vom Vermögen des Sektors bestimmt werden. Unter dieser Prämisse führen Änderungen des privaten Vermögens zu Änderungen der Konsum- und der Geldnachfrage. Wie kommt es nun zu der Änderung des Vermögens des privaten Sektors im Zuge der kreditfinanzierten Staatsausgabenerhöhung? Private geben dem Staat Kredite zur Finanzierung seiner erhöhten Ausgaben, so daß Geld vom privaten Sektor an den Staat und Kreditforderungen gegenüber dem Staat (meist verbrieft in Form staatlicher Wertpapiere) an den privaten Sektor fließen.

Vermögen als Bestimmungsgröße von Konsum- und Geldnachfrage

Im Zuge der Durchführung der zusätzlichen Ausgaben gelangen die Geldmittel wieder in den Besitz des privaten Sektors (z. B. an Unternehmungen, die staatliche Aufträge durchführen), so daß dieser nunmehr zusätzlich die staatlichen Wertpapiere besitzt. Betrachtet man diesen zusätzlichen Wertpapierbestand als zusätzliches Vermögen des privaten Sektors, so kommt es zu der erwähnten Erhöhung der Konsum- und Geldnachfrage. Ist nun der expansive Effekt auf die Konsumnachfrage kleiner als der kontraktive Effekt, der sich über die erhöhte Geldnachfrage und der damit (bei unveränderter Geldmenge) einhergehenden Zinserhöhung durch die induzierte Abnahme der privaten Investitionen ergibt, so kommt es zum Vermögens-Crowding-out. Bei realistischer Einschätzung der relevanten Größenordnungen wird trotz eines solchen Vermögens-Crowding-out die staatliche Ausgabenpolitik zunächst expansiv wirken, da die Erhöhung der Nachfrage durch die Zunahme der staatlichen Ausgaben in aller Regel größer sein dürfte als der Nachfrage-Verdrängungseffekt des Vermögens-Crowding-out. Die zunächst resultierende Erhöhung des Sozialprodukts und die damit bei festen Steuersätzen verbundene Zunahme des Steueraufkommens dürfte in der Regel aber das Loch in den Staatsfinanzen nicht sofort schließen, so daß es in den Folgeperioden – bei jetzt unverändertem (wenn auch erhöhtem) Niveau der Staatsausgaben – zu weiterer Staatsverschuldung und damit zu einer weiteren Erhöhung des Vermögens des privaten Sektors mit (dem angenommenen) Vermögens-Crowding-out kommt. Das Sozialprodukt sinkt ceteris paribus von Periode zu Periode, so daß es schließlich sogar zu einem Absinken des Sozialprodukts unter das Niveau vor der Staatsausgabenerhöhung kommt.

Erhöhung des Vermögens des privaten Sektors im Zuge der staatsschuldtitelfinanzierten Staatsausgabenerhöhung

Positive Konsumänderung kann von Abnahme der Investitionen überkompensiert werden

Der Leser beachte genau die zentralen Voraussetzungen, an die diese Ergebnisse geknüpft sind:

7) Gelegentlich spricht man in der Literatur auch vom Portfolio-Crowding-out.

(1) staatsschuldtitelfinanzierte Ausgaben erhöhen das Vermögen des privaten Sektors.

(2) Das Vermögen wirkt positiv auf den privaten Konsum und auf die private Geldnachfrage.

(3) Der expansive Nachfrageeffekt der Vermögenszunahme über den privaten Konsum wird überkompensiert von dem negativen Nachfrageeffekt, der über die Wirkungskette: Erhöhung der Geldnachfrage, Zinssteigung, Abnahme der privaten Investitionen, ausgelöst wird.

Voraussetzungen für Vermögens-Crowding-out

Von diesen Voraussetzungen erscheint nur die zweite relativ unproblematisch. Entsprechend zweifelhaft ist die praktische Wirksamkeit des Vermögens-Crowding-out.

Kreditmarkt-Crowding-out

Überzeugender erscheint dagegen eine dritte Form des indirekten Crowding-out, die wir hier erwähnen wollen, die man als **Kreditmarkt-Crowding-out** bezeichnen könnte: Wenn der private Sektor verstärkt Kredite an den Staat gewährt, so wird dies bei einem ansonsten unverändertem Kreditangebot zu einem Anstieg der Kreditzinsen und damit ceteris paribus zu einer Abnahme der privaten Investitionen führen. Fraglich ist jedoch, ob dieser Effekt dazu führt, den expansiven Multiplikatoreffekt der staatlichen Ausgabenerhöhung zu neutralisieren oder sogar ins Gegenteil zu verkehren. Dieses Argument wirkt um so schwerer, als die Verbesserung der Auftragslage in der Wirtschaft als eine Folge der staatlichen Ausgaben die Ertragserwartungen der Investoren vermutlich erhöht und somit zu einer Rechtsverschiebung der Investitionsfunktion führen dürfte.

Die angesprochene Variabilität der Investitionsfunktion weist auf eine Form des Crowding-out hin, die eine Zwischenstellung zwischen direktem und indirektem Crowding-out einnimmt, das sogenannte **Erwartungs-Crowding-out,** bei dem die zusätzliche staatliche Verschuldung die Erwartungen der Wirtschaftseinheiten in bezug auf zukünftige Lohn- und Gewinnerzielungsmöglichkeiten negativ beeinflußt und damit die gegenwärtige Konsum- und Investitionsnachfrage bremst oder das Güterangebot vermindert.

Wie die praktische Beurteilung der aufgeführten Formen des Crowding-out eingestuft werden muß, kann letztendlich nur empirisch beurteilt werden. Die Ergebnisse entsprechender Untersuchungen sind – wie sollte es auch anders sein? – kontrovers, wobei die Arbeiten, die die Wirksamkeit des Crowding-out für die Bundesrepublik Deutschland skeptisch beurteilen, überwiegen. Die Autoren stimmen dem Urteil KROMPHARDTS zu, wenn dieser feststellt: „Für die Bundesrepublik Deutschland kann also das Fazit gezogen werden, daß bisher in den Zeiten, in denen eine expansive Fiskalpolitik verfolgt wurde, eine Verdrängung privater Nachfrage nicht – oder nur in geringem Umfange – aufgetreten ist, und diese Verdrängung hätte sich durch eine bessere Strukturierung der Fiskalpolitik und eine bessere Abstimmung zwischen Geld- und Fiskalpolitik wohl auch noch verringern lassen." (KROMPHARDT, J.: Arbeitslosigkeit und Inflation, Göttingen 1987, S. 169)

Die Neue Klassische Makroökonomik vertraut eher dem Lohnmechanismus

Anstelle einer Nachfragesteuerung fordern die klassischem Denken zugeneigten Ökonomen u.a. eine **Reaktivierung des Lohnmechanismus:** Wäre der Geldlohn nach unten flexibel, so würde er bei Unterbeschäftigung sinken und so lange zu einer Rechtsverschiebung des elastischen Teils der Güterangebotskurve führen, bis es zu einem Schnittpunkt zwischen Güternachfragekurve und dem senkrechten Ast der Güterangebotskurve kommt, und damit Vollbeschäftigung erreicht ist (vgl. Abb. 12.23).

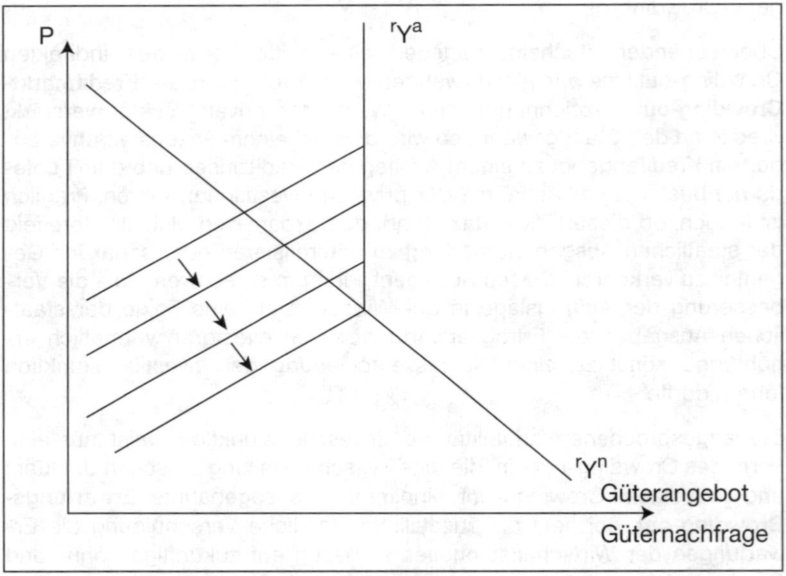

Abb. 12.23: Flexibler Lohn und gesamtwirtschaftliches Gleichgewicht

Keynesianer sind bezüglich der Beschäftigungswirkung von Lohnsenkungen sehr skeptisch. Sie verweisen:

Bei Keynesianern (und vor allem auch bei KEYNES selbst) ist die Wirksamkeit des Lohnmechanismus stets auf große Skepsis gestoßen. Wohl am verbreitetsten ist ein Argument, das sich auf ein Versagen des Preismechanismus infolge eines zu schwachen oder ganz ausbleibenden **KEYNES-Effektes** stützt. Wie in Abschnitt 4.1 dargelegt, führt eine als Folge einer Geldlohnsenkung eintretende Preissenkung dann nicht zu einer Erhöhung des nachfrageseitigen Gleichgewichtssozialproduktes, wenn die Liquiditätsfalle wirksam wird und/oder die Investitionen vollkommen zinsunelastisch sind. Geldlohnsenkungen führen dann, wie aus Abb. 12.24 ersichtlich, nicht zu einer Erhöhung des Sozialproduktes und der Beschäftigung. Ähnlich ist die Situation bei einem sehr schwach ausgeprägten KEYNES-Effekt.

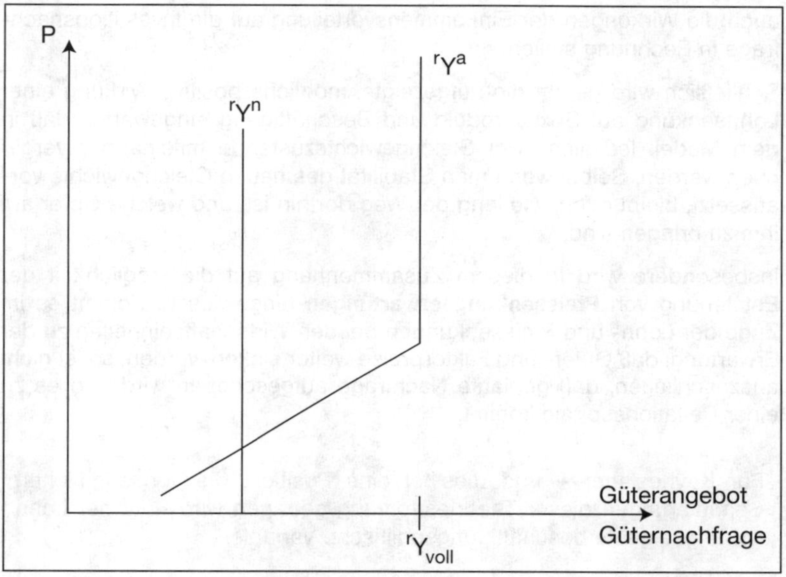

Abb. 12.24: Vollständige Ineffektivität einer Geldlohnsenkung bei fehlendem KEYNES-Effekt

– auf die Möglichkeit eines schwachen oder ganz ausbleibenden KEYNES-Effektes

Neoklassische Ökonomen führen gegen diese Argumentation den sog. **PIGOU-Effekt** (A. C. PIGOU, 1877–1959, britischer Ökonom, Gegenpol zu KEYNES in Cambridge) ins Feld. Nach dieser auch als **Realkasseneffekt** bekannten Hypothese hat eine Preissenkung über die sie begleitende Erhöhung des Realwertes der Kasse nicht nur einen Zinseffekt, sondern erhöht über das steigende Vermögen der Geldbesitzer die Konsumnachfrage. Sofern diese Hypothese zutrifft, wird die gesamtwirtschaftliche Güternachfragekurve flacher. Ein schwacher oder fehlender KEYNES-Effekt kann so kompensiert werden.

Alternativ oder ergänzend zu dem Argument einer preisunelastischen Güternachfragekurve wird von Keynesianern ein **Verteilungsargument** angeführt. In dem vorgestellten traditionellen keynesianischen Modell wird nicht zwischen einer Konsumfunktion für Lohneinkommensempfänger (mit einer vermutlich relativ hohen marginalen Konsumquote) und einer Konsumfunktion für Gewinneinkommensempfänger (mit einer vermutlich relativ niedrigen marginalen Konsumquote) unterschieden. Deshalb bleiben Einkommensumverteilungen, wie sie sich als Ergebnis einer Geldlohnsenkung ergeben können (Kaufkraftargument), in dem Modell ohne Wirkung auf das Niveau der Nachfrage.

– auf die Nichtberücksichtigung der Verteilungswirkungen einer Geldlohnsenkung

Vermutlich ist dieses Verteilungsargument zutreffend. Wenn man allerdings auf die Nachfragewirkungen der Verteilung abstellt, so muß man auch die Wirkungen der Einkommensverteilung auf die Investitionsnachfrage in Rechnung stellen.

Schließlich wird gegen die aufgezeigte, mögliche positive Wirkung einer Lohnsenkung auf Sozialprodukt und Beschäftigung eingewandt, daß in dem Modell lediglich zwei Gleichgewichtszustände miteinander verglichen werden. Selbst wenn man Stabilität des neuen Gleichgewichts voraussetzt, bleibt offen, wie lang der Weg dorthin ist, und welche Opfer auf ihm zu bringen sind.

– auf die gegenüber der Gleichgewichtsanalyse möglicherweise anderen Ergebnisse einer Verlaufsanalyse

Insbesondere wird in diesem Zusammenhang auf die Möglichkeit der Entstehung von **Preissenkungserwartungen** hingewiesen. Kommt es im Zuge der Lohn- und Preissenkungen bei den Wirtschaftseinheiten zu der Erwartung, daß Güter- und Faktorpreise weiter sinken werden, so ist nicht auszuschließen, daß geplante Nachfrage aufgeschoben wird und es zu einer Deflationsspirale kommt.

Für Keynesianer – und dies ist eine Position, die von sämtlichen Schattierungen dieser Theorieströmung getragen wird – ist der Lohn keine geeignete beschäftigungspolitische Variable.

Wir haben in diesem Kapitel das traditionelle keynesianische Modell und einige – das Grundmodell modifizierende – Argumentationsmuster kennengelernt. Es gibt ähnliche Modelle, die von etwas anderen Annahmen bezüglich des Arbeitsangebotes (Existenz sog. Geldillusion) ausgehen, die hier nicht behandelt werden. Vor allem in den letzten 15 Jahren haben sich aber auf keynesianischer Seite Denkrichtungen entwickelt, die den Kern KEYNESschen Denkens in dem traditionellen Modell nicht oder nur sehr partiell repräsentiert sehen: die Rationierungstheorie, der Post-Keynesianismus und der Neue Keynesianismus. Unter dem Begriff „Neuere Keynesianische Makroökonomik" werden wir diese keynesianischen Theorien im nächsten Kapitel vorstellen.

C. Arbeitsaufgaben

1) *Erläutern Sie die keynesianische Konsumhypothese.*
2) *Wie läßt sich bestimmen, ob eine Investition lohnend ist?*
3) *Welche Rolle spielt eine zinsunelastische Investitionsnachfrage im keynesianischen Modell?*
4) *Woraus ergibt sich die Instabilität der keynesianischen Investitionsfunktion, und welche Bedeutung hat diese?*
5) *Was besagt das Multiplikatorprinzip und wie ist es zu erklären?*

6) *Wie unterscheidet sich die keynesianische von der klassischen Geldnachfragetheorie, und welche Konsequenzen ergeben sich hieraus für das klassische Vollbeschäftigungspostulat?*

7) *Definieren Sie IS- und LM-Kurve und erläutern Sie ihren Verlauf.*

8) *Erläutern Sie die wesentlichen Unterschiede, die sich aus der Berücksichtigung des Geldmarktes für den Multiplikatoreffekt einer Erhöhung der Staatsnachfrage ergeben.*

9) *Welche Güterangebotshypothese ergibt sich im traditionellen keynesianischen Modell, wenn die Unternehmer Gewinnmaximierung betreiben? Welche Annahme bezüglich der Technik steht hinter dem steigenden Verlauf der Güterangebotskurve?*

10) *Warum sind Keynesianer skeptisch in bezug auf die Beschäftigungswirkung einer Geldlohnsenkung?*

Lösungsvorschläge für die Arbeitsaufgaben im „Übungsbuch zu Grundlagen und Probleme der Volkswirtschaft".

D. Literatur

Eine elementare, gut verständliche Einführung in das IS-LM-System bietet:

ROSE, K., Einkommens- und Beschäftigungstheorie. In: W. EHRLICHER u. a. (Hrsg.), Kompendium der Volkswirtschaftslehre, Bd. 1, 5. Aufl. 1975, S. 183–245.

Eine gut verständliche Lehrbuchdarstellung von IS-LM-Modell und keynesianisch-neoklassischem Modell findet sich bei:

W. CEZANNE, Allgemeine Volkswirtschaftslehre, München 1993, 11. und 12. Kapitel.

Weiterführend und didaktisch sehr gelungen ist der Beitrag von

J. SIEBKE, H. J. THIEME, Einkommen, Beschäftigung und Preisniveau. In: BENDER u. a., Vahlens Kompendium der Wirtschaftstheorie und Wirtschaftspolitik, Bd. 1, 5. Aufl. 1992, S. 87–174.

Ansonsten findet sich IS-LM Modell und das Modell der keynesianisch-neoklassischen Synthese in einer Vielzahl von Lehrbüchern. Die Darstellung ist oft aber über die jeweiligen Werke verstreut und daher meistens wenig übersichtlich.

Eine umfassende, den gegenwärtigen Stand der Theorie sehr gut spiegelnde Lehrbuchdarstellung bietet

Manfred NEUMANN, Theoretische Volkswirtschaftslehre I, 4. Aufl. München 1991.

13. Kapitel
Neuere Entwicklungen in der Einkommens- und Beschäftigungstheorie (Bestimmungsgründe der Beschäftigung, Teil 3)

A. Lernzielorientierte Leitfragen und Fragenkomplexe

Leitfrage:
Wie verändert die Berücksichtigung von relativ inflexiblen Preisen und von Marktungleichgewichten die Ergebnisse von makroökonomischen Gleichgewichtsmodellen?

- *Welches sind im Vergleich zur allgemeinen Gleichgewichtstheorie die entscheidenden Annahmen der Rationierungstheorie?*
- *Warum und wie verändert sich bei Marktungleichgewichten und Preisstarrheit die Entscheidungsbasis der Wirtschaftseinheiten?*
- *Welche Übertragungs- und Rückkoppelungseffekte ergeben sich in einem interdependenten Marktsystem, wenn an irgendeiner Stelle des Systems Mengenbeschränkungen auftreten?*
- *Wie erklärt die Rationierungstheorie keynesianische Unterbeschäftigung?*

Leitfrage:
Wie modifiziert die Berücksichtigung von Unsicherheit und oligopolistischer Preisfixierung die Aussagen der Beschäftigungstheorie?

- *Inwiefern begründet Unsicherheit die Absage an neoklassische Gleichgewichtsvorstellungen?*
- *Inwiefern verändert ein Preisfixiererverhalten die Bestimmungsgründe der Produktion?*
- *Wie lassen sich Instabilitäten des marktwirtschaftlichen Systems begründen?*

Leitfrage:
Was sind die zentralen Annahmen und Ergebnisse der Neuen Klassischen Makroökonomik?

- *Wie läßt sich die Stabilität des privaten Sektors einer Marktwirtschaft begründen?*
- *Was bestimmt die Höhe von Produktion und Beschäftigung?*
- *Welche Rolle spielt die Geldmenge?*
- *Welche Konsequenzen ergeben sich für die Wirtschaftspolitik?*

B. Sachanalyse

1. Neuere Entwicklungen der keynesianischen Beschäftigungstheorie

Die im letzten Kapitel vorgestellten gesamtwirtschaftlichen Modelle sind im Prinzip Gleichgewichtsmodelle, d. h. sie stellen auf den Zustand in der Volkswirtschaft ab, der realisiert wird, wenn die endogenen Variablen ihre markträumenden Gleichgewichtswerte erreicht haben. Im Modell der keynesianisch-neoklassischen Synthese gilt dabei die Besonderheit, daß obwohl sämtliche makroökonomischen Märkte in die Analyse einbezogen werden, der Geldlohnsatz als eine zentrale Preisvariable in Unterbeschäftigungssituationen als nicht voll flexibel (im Grenzfall als konstant) angenommen wird. Dadurch wird der Gleichgewichtsreallohn nicht realisiert und kann ein Unterbeschäftigungs„gleichgewicht" modelliert werden, das durch keynesianische Nachfragesteuerung beeinflußt werden kann.[1]) Auch der IS-LM Keynesianismus HICKS-HANSENscher Prägung sieht KEYNES im wesentlichen als Gleichgewichtstheoretiker: Sämtliche Märkte mit Ausnahme des (nicht explizit modellierten) Arbeitsmarktes sind im Gleichgewicht. Bei voll flexiblen Preisen (einschließlich Geldlohn und Zins) wird Vollbeschäftigung, ausgehend von einem Unterbeschäftigungszustand, nicht erreicht, wenn die Investitions- und/oder die Liquiditätsfalle im Wege stehen.

Der KEYNESIANISMUS hat sich insbesondere seit Ende der 50er Jahre in vielfältiger Weise weiterentwickelt, wobei die für unterschiedliche Varianten verwendeten Bezeichnungen sich zum Teil überschneiden. In diesem Buch kann nur ein kurzer Überblick über einige wichtige Weiterentwicklungen gegeben werden. Skizziert werden im folgenden die „Rationierungstheorie", der sog. Post-Keynesianismus und der „Neue Keynesianismus".

1.1 Rationierungstheorie

PATINKIN, CLOWER und LEIJONHUFVUD haben in den 60er Jahren die Grundlage für eine KEYNES-Interpretation gelegt, aus der sich dann in den 70er Jahren die Rationierungstheorie – u.a. auch unter dem Namen „Ungleichgewichtstheorie", „Makroökonomik bei nicht geräumten Märkten" und „Neue Makroökonomik" bekannt – entwickelt hat.

Charakteristisch für die Rationierungstheorie ist, daß sie:

(1) Von – im Betrachtungszeitraum – relativ inflexiblen Preisen ausgeht, während sich die Mengen der Marktsituation anpassen.

(2) Berücksichtigt, daß auch bei Nicht-Gleichgewichtspreisen Käufe und Verkäufe auf den Märkten durchgeführt werden, wobei die „kürzere" Marktseite das Transaktionsvolumen bestimmt und damit die „längere" Marktseite rationiert wird.

---

1) Auf dem Arbeitsmarkt, auf dem infolge der Fixierung des Geldlohnsatzes ein Überschußangebot, also unfreiwillige Arbeitslosigkeit besteht, kann von Gleichgewicht dabei nur in dem methodischen Sinne gesprochen werden, daß die gesamtwirtschaftliche Konstellation ohne wirtschaftspolitische Maßnahmen einen **Beharrungszustand** aufweist.

(3) Berücksichtigt, daß die von Rationierungen betroffenen Wirtschaftseinheiten ihre Wirtschaftspläne auf den rationierten und auf anderen Märkten ändern, wodurch es in dem interdependenten Marktsystem zu Übertragungs- und Rückkoppelungseffekten kommt.

1.1.1 Der Grundgedanke

In einem Marktsystem mit vollkommen flexiblen Preisen (Güterpreise, Lohnsätze und Zinssätze) gibt es unter bestimmten Bedingungen ein System von Preisen, bei dem Gleichgewicht auf sämtlichen Märkten der Volkswirtschaft herrscht. Nimmt man an, daß die Preise sehr schnell auf Ungleichgewichte reagieren, so ist es – sofern das System stabil ist – plausibel anzunehmen, daß sich die Gleichgewichtspreise bald einstellen und es so zu einer wechselseitigen Übereinstimmung der Wirtschaftspläne und der Kauf- und Verkaufstransaktionen der Wirtschaftseinheiten der Volkswirtschaft kommt. Dies ist die Welt des **WALRASianischen Gleichgewichtes,** in der die Preise in der Volkswirtschaft ein ausreichendes Signalsystem sind.

Den Hintergrund der Betrachtung bildet das allgemeine Gleichgewicht WALRASianischer Prägung

In der Realität moderner Industriegesellschaften sind Güter-, Faktor- und Aktivapreise – von Ausnahmen insbesondere auf den Finanzmärkten abgesehen – nicht so flexibel, daß sie in relativ kurzer Zeit ihre Gleichgewichtswerte erreichen. Trotzdem läuft der Wirtschaftsprozeß weiter, d. h. auch auf den im Ungleichgewicht befindlichen Märkten finden Käufe und Verkäufe statt. Abb. 13.1 verdeutlicht die hierdurch auf einem einzelnen Gütermarkt entstehende Situation:

Auf den bei fixen Preisen i. d. R. ungleichgewichtigen Märkten finden Transaktionen statt

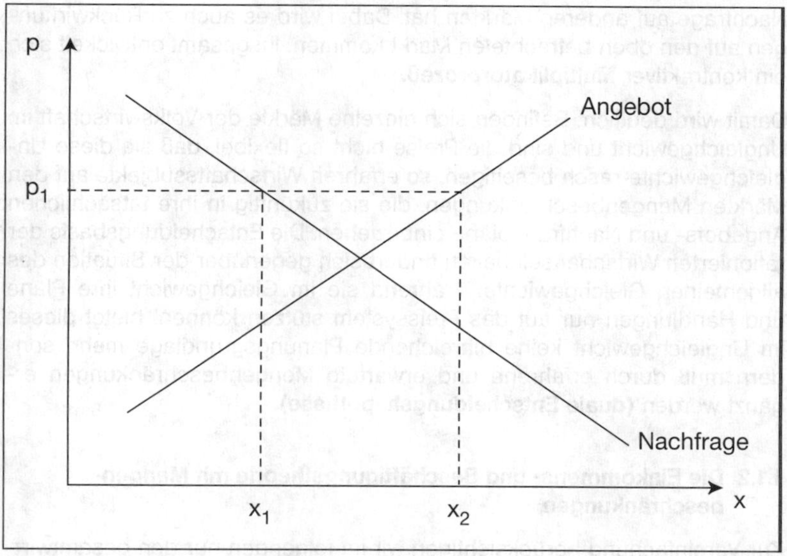

Abb. 13.1: Ungleichgewicht auf einem einzelnen Markt

Bei dem auf dem Markt herrschenden Preis p_1 wird auf der Grundlage dieses Preises und der Preise der übrigen Güter und Faktoren eine Angebotsmenge von x_2 und eine Nachfragemenge von x_1 geplant. Diese allein auf der Grundlage der herrschenden Preise bestimmten Angebots- und Nachfragemengen werden in der Rationierungstheorie auch als **„notionale"** oder „walrasianische" Angebots- oder Nachfragemengen bezeichnet. Bei den herrschenden Preisen wird auf dem Markt aber nur die Menge x_1 getauscht: Geplante (notionale) Verkäufe in Höhe von $x_2 - x_1$ können nicht durchgeführt werden, weil die Nachfrage das Angebot begrenzt. Man sagt, die Nachfrage **rationiert** das Angebot. Wenn die herrschenden Preise in einer solchen Situation als dauerhaft angesehen werden, so werden die Anbieter auf die Rationierung reagieren. Obwohl der Preis p_1 (und die sonstigen Preise in der Volkswirtschaft) ihnen eine notionale Angebotsmenge in Höhe von x_2 signalisieren, werden sie die absetzbare Menge x_1 in ihrem tatsächlichen Angebotsverhalten berücksichtigen und auf Dauer nur die tatsächliche Menge x_1 anbieten, sich auf dem Markt also mit der Menge anpassen. Diese Änderung der Verhaltensweise der Güteranbieter bleibt nicht ohne Rückwirkungen auf andere Märkte der Volkswirtschaft. Bei den herrschenden Preisen haben die Anbieter des obigen Marktes entsprechend der notionalen Güterangebotsmenge x_2 bestimmte notionale Nachfragemengen für Produktionsfaktoren geplant. Reduzieren sie nun ihr tatsächliches Güterangebot und die Güterproduktion auf die Menge x_1, so werden sie auch ihre tatsächlichen Nachfragemengen auf den Faktormärkten reduzieren. Dadurch werden die Anbieter der Produktionsfaktoren ihre notionalen Angebotsmengen nicht in vollem Umfang absetzen können, was wiederum Rückwirkungen auf die tatsächliche Nachfrage auf anderen Märkten hat. Dabei wird es auch zu Rückwirkungen auf den oben betrachteten Markt kommen. Insgesamt entwickelt sich ein kontraktiver **Multiplikatorprozeß.**

Können die Wirtschaftseinheiten ihre notionalen Pläne nicht realisieren, so ändern sie ihre Verhaltensweisen

In einem interdependenten Marktsystem kommt es zu Übertragungs- und Rückkoppelungseffekten (Multiplikatorprozessen)

Damit wird deutlich: Befinden sich einzelne Märkte der Volkswirtschaft im Ungleichgewicht und sind die Preise nicht so flexibel, daß sie diese Ungleichgewichte rasch beseitigen, so erfahren Wirtschaftssubjekte auf den Märkten Mengenbeschränkungen, die sie zukünftig in ihre tatsächlichen Angebots- und Nachfragepläne einbeziehen. Die Entscheidungsbasis der rationierten Wirtschaftseinheiten ändert sich gegenüber der Situation des allgemeinen Gleichgewichts: Während sie im Gleichgewicht ihre Pläne und Handlungen nur auf das Preissystem stützen können, bietet dieses im Ungleichgewicht keine hinreichende Planungsgrundlage mehr, sondern muß durch erfahrene und erwartete Mengenbeschränkungen ergänzt werden **(duale Entscheidungshypothese).**

1.1.2 Die Einkommens- und Beschäftigungstheorie mit Mengenbeschränkungen

Zur Vereinfachung berücksichtigen wir im folgenden nur den gesamtwirtschaftlichen Güter- und Arbeitsmarkt. Ferner unterstellen wir, daß das

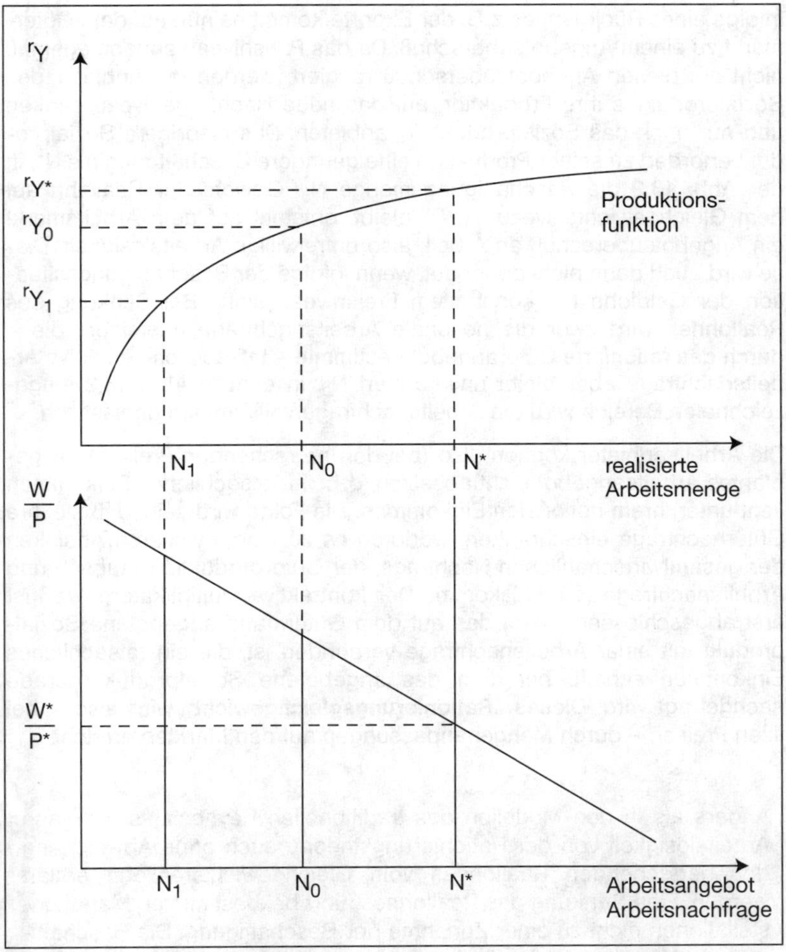

Abb. 13.2: Der Arbeitsmarkt bei gleichgewichtigem und ungleichgewichtigem Gütermarkt

Preisniveau der Volkswirtschaft und der Geldlohnsatz „eingefroren", also während der gesamten Betrachtungsperiode fix sind.

In der Volkswirtschaft herrscht in der Ausgangssituation Vollbeschäftigung: Bei dem herrschenden Preisniveau P* und dem Geldlohn W* wird der Arbeitsmarkt beim Gleichgewichtsreallohn W*/P* geräumt und mit der Beschäftigungsmenge N* das Vollbeschäftigungssozialprodukt ʳY* produziert und auch nachgefragt (vgl. Abbildung 13.2).

Sind die Güteranbieter rationiert, so werden sie das Güterangebot an die kleinere Güternachfrage anpassen und auch ihre tatsächliche Arbeitsnachfrage reduzieren. Es entsteht unfreiwillige Arbeitslosigkeit. Die tatsächliche Arbeitsnachfrage wird unabhängig vom Reallohn

Infolge eines Rückganges z. B. der Exporte kommt es nun auf dem Gütermarkt zu einem Angebotsüberschuß. Da das Preisniveau annahmegemäß nicht auf diesen Angebotsüberschuß reagiert, werden die Anbieter des Sozialproduktes ihre Produktion auf das neue Nachfrageniveau senken und nur noch das Sozialprodukt ${}^{r}Y_0$ anbieten. Das niedrigere Sozialprodukt erfordert zu seiner Produktion eine geringere Beschäftgung als N*, in der Abb. 13.2 die Beschäftigungsmenge N_0. Obwohl der Reallohn auf dem Gleichgewichtsniveau W*/P* bleibt, entsteht auf dem Arbeitsmarkt ein Angebotsüberschuß an Arbeit, also unfreiwillige Arbeitslosigkeit. Diese wird auch dann nicht abgebaut, wenn infolge der Beschäftigungssituation der Geldlohn bei konstantem Preisniveau sinkt. Bei Senkung des Reallohnes wird zwar die notionale Arbeitsnachfrage ansteigen, die – durch das rationierte Güterangebot bestimmte – tatsächliche effektive Arbeitsnachfrage aber bleibt unverändert N_0. In dem in Abb. 13.2 eingezeichneten Bereich wird die Arbeitsnachfrage vollkommen unelastisch.

Infolge des rationierten Arbeitsangebots wird die Güternachfrage eingeschränkt

Die Arbeitsanbieter können also (bei den herrschenden Preisen) ihr geplantes Arbeitsangebot nicht absetzen, d. h. ihr tatsächliches Einkommen liegt unter ihrem notionalen Einkommen. Die Folge wird sein, daß sie ihre Güternachfrage einschränken, wodurch es zu einem weiteren Absinken der gesamtwirtschaftlichen Nachfrage, der Güterproduktion (auf ${}^{r}Y_1$) und Arbeitsnachfrage (auf N_1) kommt. Der kontraktive Multiplikatorprozeß ist erst abgeschlossen, wenn das auf dem Gütermarkt angebotene Sozialprodukt mit einer Arbeitsnachfrage verbunden ist, die ein tatsächliches Einkommen schafft, bei dem das angebotene Sozialprodukt gerade nachgefragt wird. Dieses **„Rationierungsgleichgewicht“** wird also – bei fixen Preisen – durch Mengenanpassungen auf den Märkten erreicht.

Angebots- und Nachfragemengen auf den Märkten passen sich an, bis ein Rationierungsgleichgewicht erreicht ist

Anders als in den Modellen des traditionellen Keynesianismus kann Arbeitslosigkeit von der Rationierungstheorie auch ohne Abweichung des herrschenden Reallohnes vom Gleichgewichtsreallohn erklärt werden. Eine Senkung des Reallohnes führt bei bestimmten Marktkonstellationen nicht zu einer Zunahme der Beschäftigung. Die Beschäftigung kann dann nur durch eine Erhöhung des gesamtwirtschaftlichen Nachfrageniveaus erhöht werden.

Bei keynesianischer Arbeitslosigkeit ist eine Reallohnsenkung kein geeignetes Mittel zur Anhebung der Beschäftigung

Es sei hier erwähnt, daß die Rationierungstheorie sich nicht auf die Analyse des beschriebenen Falles **keynesianischer Arbeitslosigkeit** beschränkt. Neben der keynesianischen Arbeitslosigkeit – die durch eine Rationierungskonstellation gekennzeichnet ist, in der Unternehmer ihre notionale Produktion und Arbeitsanbieter ihr notionales Arbeitsangebot nicht absetzen können – werden auch andere Rationierungskonstellationen berücksichtigt. U. a. wird auch die „klassische Arbeitslosigkeit“ analysiert, bei der infolge eines zu hohen Reallohnes für die Unternehmer die Produktion der nachgefragten Gütermenge nicht rentabel ist – also ein Nachfrageüberschuß auf dem Gütermarkt existiert –, während der über dem Gleichgewichtsniveau liegende Reallohn auf dem Arbeitsmarkt das Arbeitsangebot rationiert, also unfreiwillige Arbeitslosigkeit erzeugt. Im Grenzfall fehlender Rationierung auf sämtlichen Märkten der Volkswirtschaft geht die Rationierungstheorie in die allgemeine Gleichgewichtstheorie über. Die Rationierungstheorie ermöglicht somit neben der traditionellen walrasianischen Gleichgewichtsanalyse die Analyse unterschiedlicher Ungleichgewichtssituationen („Regime“) auf den Märkten der Volkswirtschaft.

Die Rationierungstheorie bleibt im Kern Gleichgewichtstheorie

Trägt somit die Rationierungstheorie auch der von KEYNES betonten Bedeutung der effektiven Nachfrage für das Beschäftigungsniveau Rechnung, so wird sie gleichwohl selbst von einigen Keynesianern kritisiert. Nach Meinung dieser Kritiker akzeptiert die Rationierungstheorie grundsätzlich den Analyserahmen der walrasianischen Gleichgewichtstheorie. Zwar berücksichtigt sie hierbei die mögliche Existenz von Ungleichgewichten auf Märkten, gleichwohl bleibt das Gleichgewichtskonzept letztlich der relevante Bezugsrahmen: Auf makroökonomischer Ebene wird dies am Konstrukt des Rationierungsgleichgewichts deutlich, im mikroökonomischen Bereich an den lediglich um die Berücksichtigung von Mengenbeschränkungen erweiterten Gewinn- und Nutzenmaximierungskalkülen neoklassischer Prägung. Gleichgewichtsansätze vermögen nach Meinung dieser Keynesianer einem zentralen Phänomen der Wirtschaft, der Unsicherheit, nicht adäquat Rechnung zu tragen.

Im Vergleich zu dieser Kritik aus dem keynesianischen Lager sind die Einwände der Neoklassiker gegen die Rationierungstheorie fast moderat. In erster Linie wird kritisiert, daß die Rationierungstheorie keine theoretische Begründung für die angenommene Inflexibilität der Preise liefert, sondern diese einfach als „empirisch beobachtbares Phänomen“ der Theorie zugrunde legt. Ansonsten werden die Ergebnisse der Rationierungstheorie mit dem Hinweis aufgenommen, daß eine Marktwirtschaft mit nicht flexiblen Preisen selbstverständlich nicht reibungslos funktionieren könne und deshalb auch Unterbeschäftigung möglich werde. Skeptisch sind die Neoklassiker bezüglich des Konzeptes des Rationierungsgleichgewichtes, da ein Zustand, in dem die Wirtschaftseinheiten ihre notionalen Angebots- und Nachfragepläne nicht verwirklichen können, kein Gleichgewicht sein könne, sondern nach Veränderung strebe.

1.2 Post-Keynesianismus

Versuch größerer Realitätsnähe

Der Post-Keynesianismus besitzt nicht die formale Geschlossenheit der klassischen, keynesianischen und Neuen Klassischen Makroökonomik. Er ist auch nicht speziell als Makroökonomik im engeren Sinn zu bezeichnen, sondern versucht relativ allgemein eine größere Realitätsnähe ökonomischer Theorie durch den Einbezug historischer, institutioneller und wirtschaftssystemtypischer Gegebenheiten zu erreichen. Zentral für den Post-Keynesianismus ist die Absage an neoklassische Gleichgewichtsvorstellungen, er begreift sich vielmehr als Theorie des **permanenten Un-**

Absage an Gleichgewichtskonzeption

gleichgewichts. Ob die Post-Keynesianer sich zu Recht auf KEYNES berufen, mag hier offen bleiben, die vor allem in Cambridge (England) beheimateten Vertreter behaupten allerdings von sich, die wahren Sachwalter von KEYNES zu sein.

Zentrale Elemente des Post-Keynesianismus, der u.a. mit den Namen P. DAVIDSON, N. KALDOR, M. KALECKI, J. A. KREGEL, H. P. MINSKY, J. ROBINSON und G. L. S. SHACKLE verbunden ist, sind die beiden folgenden Theoriebausteine:

- Die **Unsicherheit** ökonomischer Entscheidungen, insbesondere unternehmerischer Investitionsentscheidungen, die zwar bereits von KEYNES betont wurde, im traditionellen Keynesianismus indes weitgehend verlorenging, sowie die Rolle der Zeit;
- Die Preisbildung durch oligopolistische Preisfixierer nach einem **Normalkostenprinzip.**

1.2.1 Unsicherheit und die Rolle der Zeit

Produktion und Investition ist auf die Zukunft ausgerichtet. Jede unternehmerische Entscheidung muß ihrem Kalkül erwartete zukünftige Preise und zukünftige Kaufs- und Verkaufskonstellationen zugrunde legen. „Der Unternehmer hat keine Wahl, als sich von seinen Erwartungen leiten zu lassen, wenn er überhaupt durch zeitbeanspruchende Verfahren produzieren will." (John Maynard KEYNES, Allgemeine Theorie der Beschäftigung, des Zinses und des Geldes, Berlin 1936, S. 41.) Diese Eingebundenheit in die historische Zeit hat zwei triviale, dennoch in ökonomischen Modellen der rechnerischen Handhabbarkeit zuliebe meist geopferte Konsequenzen: Die Vergangenheit ist irreversibel gegeben, und die Zukunft ist unsicher.

Rolle der Zeit

Da in der Zeit Rückwärtsbewegungen nicht möglich sind, ist nach dieser Sicht ein allgemeines Gleichgewicht, ein Zustand, in dem alle Größen *simultan* (zugleich) in Form einer allgemeinen Interdependenz voneinander abhängen, kein sinnvolles Abbild der Wirklichkeit. Wirtschaftspläne von Anbietern und Nachfragern können üblicherweise nicht gleichzeitig aufgestellt werden, weil immer dann, wenn ein Güterangebot vorherige Produktion voraussetzt, Entscheidungen über Investition und Produktion getroffen werden müssen, bevor die Nachfrager zwischen den Angeboten wählen können. Für das Marktsystem bedingt die Irreversibilität der Zeit vielmehr eine gegenseitige Abhängigkeit in Form einer zeitlichen Aufeinanderfolge, einer Dependenz. So beeinflußt z.B. der Zins die Investition, die Investition die Produktion, die Produktion die Geldnachfrage und danach erfolgt eine Rückkopplung (feed back) etwa in der Form, daß die Geldnachfrage den Zins beeinflußt und dieser wiederum die Investition. So sieht z.B. auch KEYNES den Anpassungsprozeß als einen Iterationsprozeß.

Abhängigkeit der Märkte in Form einer Dependenz

Bedeutung der Unsicherheit

Die Tatsache der Unsicherheit ist für KEYNES und die Post-Keynesianer von noch größerer Bedeutung als die Irreversibilität der Zeit. Unsicherheit ist dabei von Risiko zu unterscheiden. Bei **Risiko** unterliegen die Ereignisse einer mathematisch formulierbaren Wahrscheinlichkeitsverteilung, und das Spektrum der zukünftigen Ereignisse ist bekannt. Z. B. ist beim Würfeln bekannt, daß man jeweils eine Zahl von 1 bis 6 würfelt, und daß die Wahrscheinlichkeit, eine bestimmte Zahl zu würfeln, jeweils 1/6 beträgt. Bei **Unsicherheit** hingegen kennt man das Spektrum zukünftiger Ereignisse nicht genau und kann auch deshalb die Eintrittswahrscheinlichkeit nicht bestimmen. Man weiß nicht, wie die Welt in vier Jahren aussieht, wie dann der Dollarkurs sein wird, der Kupferpreis oder die Rentabilität von Atomkraftwerken, ob Krieg oder Frieden herrschen wird.

Permanente Ungleichgewichte

Auch die Unsicherheit begründet die Absage an neoklassische Gleichgewichtsvorstellungen, weil die Idee des Gleichgewichts davon ausgeht, daß die Marktteilnehmer bei gegebenen Umständen die für sie optimale Entscheidung treffen. Wenn sie aber im Zeitpunkt der Entscheidung die Ergebnisse ihrer Wahlhandlungen nicht kennen, ist von einer ständigen Revision der Wirtschaftspläne auszugehen. Ungleichgewichte im Sinne von Erwartungsirrtümern und Planrevisionen sind permanent zu erwarten.

Instabilitäten

Unsicherheit bedingt schließlich, daß Erwartungen und Einschätzungen künftiger Entwicklungen einem sehr raschen Wandel unterworfen sein können. Dies gilt besonders bei Entscheidungen, die weit in die Zukunft reichen, nicht leicht rückgängig zu machen sind und sich nicht auf Routineerfahrung stützen können, z. B. bei Investitionen in neue Produkte oder neue Technologien. Damit gelten für den Post-Keynesianismus insbesondere die Investitionsfunktionen $I = I(i)$, aber auch die Geldnachfragefunktion $L = L(i)$ als nicht stabil; der Zusammenhang zwischen Zins und Investitionsgüter- bzw. Geldnachfrage kann relativ rasch eine Verschiebung erfahren.

Starrheiten und Mengenanpassungen

Zur Minderung von Unsicherheiten dienen Verträge über Einkaufspreise, Verkaufspreise und Löhne u. a. In dieser Sicht sind mithin Preis- und Lohnstarrheiten aus der Interessenlage von Anbietern und Nachfragern, von Arbeitern und Unternehmern abgeleitet, also nutzentheoretisch fundiert. Damit sind Ungleichgewichtslagen und darauf folgende Mengenanpassungen die Regel.

Die besondere Rolle des Geldes

Zugleich begründet die Unsicherheit die besondere Rolle des Geldes, um Liquidität gerade für solche Zeiten zu sichern, in denen Güterverkäufe schwierig sein werden. Man muß jederzeit über Geld verfügen können, um alle auftretenden, aber meist nicht sicher bekannten Verpflichtungen abdecken zu können. Eine so begründete Präferenz für Liquidität ist dann in krisenhaften Zeiten allgemeiner Nachfrageschwäche besonders groß und weniger ausgeprägt, wenn – wie z. B. in Boomphasen – die Beschaffung von Liquidität durch Verkäufe von Gütern oder Arbeitskraft sicherer erscheint.

Betonung der Rolle von Finanzmärkten

Damit spielen Finanzmärkte wieder eine Rolle bei der Erklärung von Arbeitslosigkeit und Krise (vgl. auch Kapitel 27). Während eines Aufschwungs neigen Unternehmer dazu, verstärkt zu investieren und die Investitionen mit Krediten zu finanzieren, die Rückzahlung der Kredite erscheint zunächst unproblematisch. Mit steigender Fremdfinanzierung und abflachender Konjunktur beginnt das Vertrauen in die jederzeitige Kreditrückzahlung zu schwinden, und die Vorliebe für Liquidität nimmt zu. Diese steigende Präferenz für Geld bewirkt tendenziell eine Kaufzurückhaltung und umgekehrt einen Verkaufsdruck; man versucht, Vorräte und Lager abzubauen. Eine solche Entwicklung vermindert die erwartete Rentabilität von Neuinvestitionen und läßt den Zins ansteigen. Die Investitionstätigkeit sinkt. Bei relativ starren Löhnen und Preisen wird dann der Preismechanismus der Klassik durch den Einkommensmechanismus in Form des Multiplikatorprozesses ersetzt.

1.2.2 Normalkostenprinzip

Die Post-Keynesianer – KEYNES selbst hat sich um Preisbildungsprinzipien wenig gekümmert – ersetzen die klassische Preisbildung von Angebot und Nachfrage durch ein Preisfixiererverhalten von Oligopolisten (vgl. Kapitel 6, Abschnitt 3). Der große oligopolistische Sektor moderner Volkswirtschaften kalkuliert nach dieser Sicht die Preise so, daß auf die Stückkosten der Produktion, die bei *normaler* Kapazitätsauslastung entstehen, ein Gewinnaufschlag erhoben wird **(Normalkostenprinzip)**. Dieser Gewinnaufschlag wird so kalkuliert, daß er einerseits niedrig genug ist, um eine befriedigende Kapazitätsauslastung zu gewährleisten, und andererseits hoch genug ist, um genügend Gewinn zu erwirtschaften.

Zusätzliche Begründung für Starrheiten

Ein solches Preisbildungsprinzip ergibt mithin – neben der Unsicherheit – eine weitere Begründung für die beobachtbaren Preisstarrheiten: Preise hängen im wesentlichen von *normalen* Produktionskosten ab. Die Nachfrage und ihre Schwankungen spielen nur eine geringe Rolle.

Preisniveau hängt ab von Lohnsatz und Arbeitsproduktivität

Das beschriebene Preisbildungsprinzip kann auch die Überzeugung der Post-Keynesianer deutlich machen, wonach das Preisniveau eines modernen Industrielandes im wesentlichen vom allgemeinen Kostenniveau abhängt und der wichtigste Bestimmungsgrund des Kostenniveaus das Verhältnis zwischen Nominallöhnen und Arbeitsproduktivität ist. Nimmt man an, einziger Kostenfaktor sei der Lohn (tatsächlich ist er der wichtigste, indes spielen auch Zinsen, Kostensteuern und Importgüterpreise eine Rolle), so ergeben sich die Stückkosten der Produktion aus folgender Gleichung (vgl. Kapitel 5) allein als Lohnstückkosten:

$$\text{Lohnstückkosten} = \frac{\text{Lohnsatz}}{\text{Arbeitsproduktivität}}$$

Mithin hängt der Preis ab vom Lohnsatz, von der Arbeitsproduktivität und vom Gewinnaufschlag. Damit wird deutlich, daß technische Bedingungen der Produktion und die Verteilung der Einkommen auf Löhne und Gewinne von Bedeutung sind, nicht jedoch ein so anonymer Mechanismus wie Geldmengenänderungen, die als Bestimmungsgrund des Preisniveaus im System der klassischen und Neuen Klassischen Makroökonomie gelten.

Die Nachfrage bestimmt die Produktion

Schließlich ist der von einem Preisfixierer festgesetzte Preis im Regelfall ein **Ungleichgewichtspreis,** weil zu diesem nicht jede vom Unternehmer gewünschte Produktionsmenge abgesetzt werden kann. Vielmehr ist die Nachfrage „knapp", sie beschränkt die Verkäufe. Der Unternehmer muß dann Erwartungen über die Nachfrage bilden und seine Produktion an den Nachfrageerwartungen ausrichten. Damit wird im System des Post-Keynesianismus wieder deutlich hervorgehoben, daß die (erwartete) Nachfrage die Höhe von Produktion und Beschäftigung bestimmt.

Absage an laisser-faire

Da der Post-Keynesianismus kein in sich geschlossenes theoretisches System darstellt und gerade für den Bereich der Makroökonomik eher kritische als konstruktive Beiträge liefert, sind Konsequenzen für die Beschäftigungspolitik nicht eindeutig. Aufgrund der Betonung der Unsicherheiten und Instabilitäten des marktwirtschaftlichen Systems entfällt naturgemäß die klassische Maxime des „laisser-faire", die Überzeugung von der optimalen Selbststeuerungsfähigkeit der Marktwirtschaft. Aber über die Ausgestaltung einer wirksamen Beschäftigungspolitik besteht keine Einigkeit. Zum Teil befürworten Post-Keynesianer größere Kontrollen im Bereich der privaten Investitionen, der Finanzierung und der internationalen Kapitalströme, um die wichtigsten Quellen der Instabilitäten einzudämmen. Zum Teil befürworten sie auch die herkömmliche **keynesianische Globalpolitik** mit den Mitteln der Geld-, Fiskal- und Einkommenspolitik (vgl. dazu Kapitel 16).

1.3 Der Neue Keynesianismus

Die Vertreter dieses Theorieansatzes, u. a. O. J. Blanchard, St. Fischer, N. G. Mankiw, D. Romer versuchen, die in anderen keynesianischen Theorievarianten mikroökonomisch meist unfundiert gebliebenen starren Preise und/oder Löhne aus dem Optimierungsverhalten der Wirtschaftseinheiten abzuleiten und in einen gesamtwirtschaftlichen Zusammenhang zu stellen. Gemeinsam ist den Theorien dabei, daß sie von der Marktform der vollständigen Konkurrenz abweichen und unvollständige Information bzw. Elemente der unvollständigen Konkurrenz, z. B. in Form von Monopolen oder monopolistischer Konkurrenz, in die Analyse einbeziehen.

Effizienzlohntheorie, Insider-Outsider-Theorie und Menükosten-Modelle, die Unterbeschäftigung und ihre Persistenz zu begründen versuchen, können als Ergebnisse dieser Bemühungen hier nur genannt werden.

2. Neue Klassische Makroökonomik (Monetarismus)

Wiederaufleben klassischer Ideen

Nach einer relativ kurzen Epoche der Dominanz keynesianischen Denkens beginnen Anfang der 70er Jahre klassische Ideen wieder größeren Raum in Wirtschaftstheorie und überraschend schnell vor allem auch in der Wirtschaftspolitik zu beanspruchen. Diese Entwicklung ist auf das engste verknüpft mit der Entstehung des Monetarismus und ihr vielleicht auch gleichzusetzen. Dabei bildet der Monetarismus kein ganz geschlossenes Gedankengebäude; unterschiedliche Formulierungen mancher Hypothesen sind möglich. Häufig aufgegriffen wird die vom amerikanischen Nobelpreisträger James TOBIN vorgenommene Einteilung in Monetarismus vom Typ I und vom Typ II. Monetarismus I gilt als früher Monetarismus der 60er und 70er Jahre und ist im wesentlichen geprägt durch den in Chicago lehrenden amerikanischen Nobelpreisträger Milton FRIEDMAN. Monetarismus II gilt als schärfere, stringentere und von noch konservativerer Ideologie geprägte Fassung des Monetarismus und wird häufig **Neue Klassische Makroökonomik (NKM)** genannt. Wir neigen dazu, das gesamte System des Monetarismus Neue Klassische Makroökonomik zu nennen, auch um zum Ausdruck zu bringen, daß klassische Gedanken wieder aufgegriffen werden.

Wir verstehen unter NKM ein System, das auf folgenden zentralen Aussagen gründet:

Zentrale Bausteine der NKM

- Stabilität des privaten Sektors der Wirtschaft;
- Neoquantitätstheorie: Änderungen der Geldmenge sind dominierende Ursache der Änderung des Geldeinkommens;
- Phillipskurve, verknüpft mit bestimmten Erwartungshypothesen (insbesondere rationale Erwartungen), die als Ergebnis eine überwiegend preisunelastische gesamtwirtschaftliche Angebotsfunktion generiert;
- Absage an diskretionäre („von Fall zu Fall") Stabilisierungspolitik.

Die Bedeutung der Neuen Klassischen Makroökonomik für andere Problembereiche, etwa Zahlungsbilanz- und Wechselkurstheorie, wird hier nicht erläutert. Das ordnungspolitische Vorverständnis dieser neueren Ansätze kann hier nur genannt werden: Eine kapitalistische Marktwirtschaft – soweit wie möglich frei von staatlicher Einflußnahme – funktioniere am besten. Dies ist überwiegend gleichbedeutend mit der Überzeugung von der Stabilität des privaten Sektors.

2.1 Stabilität des privaten Sektors

Die Hypothese von der Stabilität des privaten Sektors der Wirtschaft besteht aus zwei Behauptungen:

- der private Bereich der Wirtschaft produziert keine sich selbst verstärkenden Schwankungen;

- das Anpassungsverhalten privater Wirtschaftssubjekte an von außen herangetragene Schocks und Ungleichgewichtslagen wirkt stabilisierend, d. h. es verringert Differenzen zwischen geplanten und realisierten Größen.

Ergänzt wird die Hypothese um die Überzeugung, daß die vom Staatssektor ausgehenden insbesondere monetären Impulse die dominante Ursache zyklischer Schwankungen der Produktion sind. In bemerkenswerter Klarheit wird diese Position von Karl BRUNNER, einem der führenden Monetaristen, formuliert: „Es wird behauptet, daß die Dynamik des privaten Sektors im Grunde sehr stabil ist ... Der private Sektor absorbiert Schocks und formt sie in eine stabilisierende Bewegung um. ... Die monetaristische Position argumentiert weiter, daß die Hauptinstabilitäten und Unsicherheiten des ökonomischen Prozesses auf das Verhalten des staatlichen Sektors zurückgehen. Die Unsicherheiten sind im besonderen den Steuer- und Ausgabenprogrammen sowie den Maßnahmen eingreifender Instanzen zuzurechnen. Die Instabilität ist vor allem der Geld-, Kredit- und Fiskalpolitik zuzuschreiben." (BRUNNER, Karl, „Die Monetaristische Revolution" der Geldtheorie, in: Peter KALMBACH [Hrsg.], Der neue Monetarismus, München 1973.)

Der private Sektor ist stabil

Hauptinstabilitäten durch den Staat

Dabei ist bemerkenswert, daß die Stabilitätshypothese als unbewiesene *Behauptung* eingeführt wird, doch läßt sie sich durch einige ergänzende Überlegungen untermauern.

(1) Langfristige Nutzenmaximierung unter Beachtung der Vermögensrestriktion

> Die Wirtschaftssubjekte versuchen unter Beachtung des ihre Aktivitäten letztlich beschränkenden Vermögens (Vermögensrestriktion), langfristig (im Grunde über ihr gesamtes Leben hinweg) einen größtmöglichen Nutzen aus ihrem wirtschaftlichen Handeln zu ziehen.

Weite Interpretation des Vermögensbegriffs

Das **Vermögen** wird in dieser auf FRIEDMAN zurückgehenden Sicht sehr weit interpretiert als Gegenwartswert aller zukünftigen Erträge der Einkommensquellen. Einkommensquellen sind hierbei:
- Realkapital (Maschinen, Anlagen, Grundstücke),
- Finanzkapital (Wertpapiere und Geld) und
- Humankapital (Gegenwartswert menschlicher Arbeit).

Als **Gegenwartswert** wird dabei der auf heute abgezinste Wert der zukünftigen Erträge verstanden. Dies soll für das Humankapital beispielhaft erläutert werden.

Angenommen, ein Mensch erwartet nach Abschluß seiner Berufsausbildung über 40 Jahre hinweg ein jährliches Einkommen von 50.000 DM.

Gegenwartswert des Humankapitals

Würde man diese Beiträge einfach addieren, so erhielte man den Wert von 2 Mio. DM. Da diese Einkommen überwiegend erst in weiter Zukunft anfallen, muß man sie jedoch noch abzinsen. So wie z. B. 50.000 DM zu 10 % verzinst in 10 Jahren einen Wert von 129.687 DM erreichen, haben umgekehrt 129.687 DM, die in 10 Jahren fällig sind, heute einen Wert von 50.000 DM. Zinst man entsprechend die zukünftigen Einkommen ab und addiert sie, so erhält man den Gegenwartswert des Humankapitals in obigem Beispiel zu

$$E_0 = \frac{50\,000}{(1+0{,}1)^1} + \frac{50\,000}{(1+0{,}1)^2} + \ldots + \frac{50\,000}{(1+0{,}1)^{50}} = 512\,362 \text{ DM}$$

Genauso ermittelt man den Gegenwartswert des Real- und Finanzkapitals und kann dann schließlich das Gesamtvermögen feststellen.

Ziel: optimale Verwendung des Vermögens

Das ökonomische Problem des Menschen besteht dann darin, die Verwendung seines Vermögens so zu strukturieren und zeitlich zu verteilen, daß der Gesamtnutzen maximal wird. Aus dieser Grundüberlegung kann das Angebot an Arbeit und die Nachfrage nach Konsumgütern, Wertpapieren, Geld und Freizeit abgeleitet werden.

Planung auch mit dem permanenten Einkommen

Statt jeweils mit dem gesamten Vermögen zu kalkulieren, kann das Wirtschaftssubjekt auch mit dem sogenannten permanenten Einkommen planen. Das **permanente Einkommen Y^P** entspricht dabei dem mit dem durchschnittlichen langfristigen Zinssatz i verzinsten Vermögen V

$$Y^P = i \cdot V$$

Für die praktische Analyse geht FRIEDMAN davon aus, daß das permanente Einkommen als das langfristige erwartete Durchschnittseinkommen interpretiert wird und daß dieses im wesentlichen aufgrund der in der Vergangenheit erzielten Einkommen geschätzt wird.

Eine solche – zutiefst ökonomische – Sicht menschlicher Planung hat entscheidende Bedeutung für den Grunddissens über die Stabilität bzw. Instabilität kapitalistischer Marktwirtschaften. Da die Nachfrage als vom Vermögen bzw. vom *permanenten* Einkommen abhängig gedacht wird, ist einsichtig, daß Änderungen des *laufenden* Einkommens nur eine geringe Auswirkung auf das Nachfrageverhalten haben. So ist die auf das Periodeneinkommen bezogene marginale Konsumquote im monetaristischen System wesentlicher kleiner als im KEYNESschen System. Von außen – etwa vom Staat oder Ausland – herangetragene Schwankungen der Nachfrage werden somit aufgefangen, verkleinert, stabilisiert; der KEYNESsche Multiplikatorprozeß entfällt weitgehend.

Kleine marginale Konsumquote

(2) Hohe Preisflexibilität und rasche Anpassung

Die Neue Klassische Makroökonomik glaubt, daß nutzenmaximierendes Verhalten von Anbietern und Nachfragern – also ein Verhalten, das ihren Interessen entspricht – dazu führt, daß Preise im Fall eines Ungleichgewichts relativ rasch geändert werden. So liege es z. B. im Interesse von Arbeitsanbietern, im Fall einer Arbeitslosigkeit mit den Lohnforderungen herunterzugehen, was in diesem Fall auch den Interessen der Arbeitsnachfrager entspricht.

Insgesamt wird unterstellt, daß sich Preise schneller anpassen als Mengen. Zugleich geht die Neue Klassische Makroökonomik davon aus, daß die Änderung relativer Preise sehr schnell zum Gleichgewicht zurückführt. Der Preismechanismus trägt erfolgreich die Last der Anpassung (Konzept der Markträumung über Preise).

Um Preisrelationen zu ändern, müssen sich oft nur Wachstumsraten der einbezogenen Preise unterschiedlich entwickeln: So reicht es, Arbeit im Verhältnis zu neuproduzierten Gütern billiger zu machen, wenn Geldlöhne weniger steigen als die Preise. Damit erweist sich gerade dieses Preisverhältnis als flexibler als häufig geglaubt wird.

(3) Rationale Erwartungen

Die Hypothese rationaler Erwartungen spielt im Konzept der Neuen Klassischen Makroökonomik eine zentrale Rolle, wenngleich ihre praktische Bedeutung per se eher gering zu sein scheint (vgl. auch Abschnitt 2.3).

Bei rationaler Erwartung sind systematische Irrtümer ausgeschlossen

Rationale Erwartungen liegen vor, wenn die Menschen die ökonomischen Zusammenhänge kennen und deshalb z. B. die Konsequenzen von ihnen bekannten wirtschaftspolitischen Maßnahmen voraussehen können. Mindestens wird vorausgesetzt, daß die Menschen die richtige Wahrscheinlichkeitsverteilung zukünftiger Ereignisse kennen, mithin niemals systematisch, sondern allenfalls zufällig irren.

Wirkungslosigkeit staatlicher Wirtschaftspolitik

Im Zusammenhang – und nur im Zusammenhang – mit der Vorstellung einer natürlichen Arbeitslosigkeit ergibt sich aus der Hypothese rationaler Erwartungen eine sehr wichtige politökonomische Konsequenz: Staatliche Wirtschaftspolitik ist dann wirkungslos **(These der Politikineffektivität)** und hat keinen Einfluß auf die realen Größen von Produktion und Beschäftigung. Dies liegt daran, daß in dieser Sicht Produktion und Beschäftigung von Angebot und Nachfrage auf dem Arbeitsmarkt abhängen, die wiederum nicht von staatlicher Wirtschaftspolitik beeinflußt werden können und – da die Wirtschaftssubjekte dies wissen – auch tatsächlich nicht beeinflußt werden. Mithin ergibt sich mit der Hypothese rationaler Erwartungen eine „Super-Stabilität": Bei externen Schocks entfällt sogar der (stabilisierende) Anpassungsprozeß, die Wirtschaft ist und bleibt im langfristigen Gleichgewicht.

In der Neuen Klassischen Makroökonomik wird mithin davon ausgegangen, daß – wenn Eingriffe staatlicher Stellen dies nicht verhindern – Arbeits-, Güter- und Geldmarkt ihre Gleichgewichtsposition einnehmen. Die

Gleichgewicht auf allen Märkten…

zentrale Bedeutung dieser Annahme soll noch einmal für den Arbeitsmarkt verdeutlicht werden (vgl. auch Kapitel 11.2.3):

und allenfalls natürliche Arbeitslosigkeit

Auf dem Arbeitsmarkt stellt sich der Reallohn ein, bei dem das geplante Arbeitsangebot der geplanten Arbeitsnachfrage entspricht. Bei diesem Reallohn finden also alle Arbeitswilligen und Arbeitsfähigen einen Arbeitsplatz, lediglich mangelnde Transparenz und mangelnde Flexibilität können ein gewisses Ausmaß an friktioneller und struktureller Arbeitslosigkeit begründen. Dieses Ausmaß wird auch **natürliche Arbeitslosigkeit** genannt (vgl. Kapitel 11), weil es die strukturellen Bedingungen auf dem Arbeitsmarkt reflektiert. Die natürliche Arbeitslosigkeit ist mithin nicht „naturgegeben“, sie kann vielmehr durch Maßnahmen zur Förderung von Transparenz und Flexibilität/Mobilität verringert werden.

2.2 Dominanz monetärer Impulse – Neoquantitätstheorie

Die Hypothese lautet: Änderungen der Geldmenge sind der wichtigste Bestimmungsgrund für Änderungen der wirtschaftlichen Aktivität, verstanden als nominelles Volkseinkommen (Sozialprodukt).

Parallelentwicklung von Geldmenge und Volkseinkommen

Diese Aussage wird durch empirische Studien untermauert, die eine enge Parallelentwicklung zwischen der Geldmenge und dem nominellen Volkseinkommen aufzeigen. Allerdings kann die Empirie keine Aussage über eine Kausalität treffen. So können auch Änderungen des nominellen Volkseinkommens die Ursache für Änderungen der Geldmenge sein oder eine dritte noch unbekannte Größe die Parallelität beider bewirken. Post hoc ergo propter hoc (= nach dem [Ereignis], also wegen dem [Ereignis]) ist jedenfalls keine gute ökonomische Erklärung.

Um Aussagen über die Richtung einer vermuteten Kausalität zu gewinnen, bedarf es einer Theorie. Diese wird in der sog. Neoquantitätstheorie entwickelt, einer Weiterentwicklung der klassischen Quantitätstheorie. Mit einer erweiterten Begründung wird in der Neoquantitätstheorie wiederum die Geldnachfrage im wesentlichen als vom Einkommen abhängig gesehen und so erklärt, daß Änderungen der Geldmenge in einem Übertragungsprozeß (Transmissionsmechanismus) letztlich das nominelle Volkseinkommen verändern müssen.

(1) Monetaristische Geldnachfragetheorie

Geld als ökonomisches Gut

In dieser auf FRIEDMAN zurückgehenden Sicht wird die Nachfrage nach Geld wie die Nachfrage nach jedem anderen Gut aus dem langfristigen intertemporalen Optimierungskalkül unter Beachtung der Beschränkung durch das Vermögen abgeleitet. FRIEDMAN geht von folgenden Vermögensarten aus:

- Geld
- festverzinsliche staatliche Wertpapiere (Bonds)

- Aktien (Ansprüche auf das existierende produktive Realvermögen der Volkswirtschaft)
- langlebige Konsumgüter (z. B. Autos, Fernsehgeräte)
- Humankapital (z. B. Ausbildung, Gesundheit).

Das in bestimmter Weise strukturierte Gesamtvermögen wird **Portfolio** genannt. Die Wirtschaftssubjekte versuchen nun, dieses Portfolio optimal zu gestalten, d. h. sie teilen ihr Gesamtvermögen so auf die einzelnen Vermögensarten auf, daß eine Umstrukturierung den Gesamtnutzen nicht mehr vergrößert. Dabei ist zu beachten, daß jede Anlageform spezielle Erträge erbringt, spezielle Risiken in sich birgt und jeweils zugleich den Verzicht auf die Erträge der anderen Anlageformen kostet **(Opportunitätskosten).**

Ziel: optimale Portfoliostruktur

Geld liefert nicht-pekuniäre Erträge in Form von Nutzen aus damit verbundener Sicherheit, Bequemlichkeit und Ansehen und möglicherweise auch pekuniäre Erträge bei allgemeinen Preissenkungen. Wenn man jedoch Geld hält, verzichtet man damit auf die Erträge der übrigen Anlageformen, z. B. auf die Verzinsung von Wertpapieren. Der Ertrag festverzinslicher Wertpapiere besteht im wesentlichen aus ihrer Couponverzinsung und möglicher Kurssteigerung; der Ertrag von Aktien aus ihrer Dividende und möglicher Kurssteigerung. Langlebige Konsumgüter geben Nutzungsströme ab. Die Investition in das Humankapital erbringt die Chance höherer Arbeitseinkommen in der Zukunft.

Umfassender theoretischer Ansatz zur Erklärung der Geldnachfrage …

FRIEDMANS Geldnachfragetheorie berücksichtigt prinzipiell die Erträge, Risiken und Präferenzen für die verschiedenen Möglichkeiten der Vermögenshaltung, doch wird die Theorie damit nur schwer anwendbar. In Einklang mit empirischen Untersuchungen hat FRIEDMAN dann seinen theoretischen Ansatz vereinfacht und die Einflußgrößen eliminiert, die praktisch-quantitativ von nur geringer Bedeutung schienen. Herausgekommen ist eine Geldnachfragetheorie, die der klassischen sehr ähnlich ist: Zinsen spielen bei der Geldnachfrage nur eine ganz geringe Rolle; und die reale Geldnachfrage L/P hängt ab vom permanenten Realeinkommen ${}^{r}Y^{P}$

… und praktische Vereinfachung

$$\frac{L}{P} = k \cdot {}^{r}Y^{P} \text{ bzw.}$$

$$L = k \cdot P \cdot {}^{r}Y^{P}$$

Dabei ist k der Kassenhaltungskoeffizient[2]). Die Geldnachfrage gilt als eine in wenigen Argumenten **stabile Funktion,** d. h. daß die Wirtschaftssubjekte unabhängig von der Zeit bei einer kleinen Anzahl von Variablen eine in der Höhe eindeutig bestimmte Geldmenge zu halten wünschen. Damit wird die Geldnachfrage als für die Zwecke praktischer Wirtschaftspolitik hinreichend prognostizierbar angesehen.

2) Abweichend vom 12. Kapitel wird die nominale Geldnachfrage hier mit L und die reale Geldnachfrage mit L/P bezeichnet.

(2) Transmissionsmechanismus

Ausgangspunkt des Transmissionsmechanismus, der aufzeigt, auf welchem Wege Änderungen der Geldmenge das nominelle Volkseinkommen beeinflussen, ist die Überlegung, daß alle Wirtschaftssubjekte ihr Vermögen – wie beschrieben – optimal aufgeteilt haben. Wird jetzt die Geldmenge erhöht, so ist dieses Gleichgewicht gestört. Die Menschen verfügen über mehr Geld, als sie aufgrund der jeweiligen Erträge halten wollen, und werden mit der überschüssigen Kasse andere Vermögensobjekte nachfragen. Diese werden mit zunehmender Nachfrage jeweils teurer. Ihre Ertragsraten nehmen damit ceteris paribus ab. Allmählich breitet sich die Welle der zusätzlichen Nachfrage über das gesamte Spektrum der Vermögensanlagen aus, bis ein neues Gleichgewicht erreicht ist. Idealtypisch kann man sich etwa nachstehende Abfolge von Substitutionsbeziehungen vorstellen, jeweils induziert über die Veränderung relativer Preise und Ertragsraten:

Geld	→ Wertpapiere
Wertpapiere	→ Aktien, langlebige Konsumgüter
Aktien, langlebige Konsumgüter	→ neuproduzierte Güter

Die Anpassungsvorgänge bedeuten mithin eine verstärkte Nachfrage *letztlich* nach neuproduzierten Gütern und Dienstleistungen. Eine Produktionsausweitung erfolgt aber nur dann, wenn freie Kapazitäten vorhanden sind, sonst steigen nur die Preise.

Der Anpassungsprozeß ist beendet, wenn die zusätzliche Geldmenge gerade gewünscht wird, wenn also das reale Volkseinkommen multipliziert mit dem Preisniveau sich prozentual so erhöht wie die Geldmenge.

$$\Delta M = \Delta L = k \cdot P \cdot {}^{r}Y^{P}$$

Ob dabei nur das Preisniveau P oder nur das Realeinkommen Y oder ihre multiplikative Verknüpfung steigt, kann aus der Geldnachfragetheorie nicht erklärt werden; dazu bedarf es zusätzlicher Überlegungen, die z. B. im Rahmen der Phillips-Kurven-Diskussion angestellt werden.

2.3 Phillipskurve

Die Phillipskurve ist eine vom Engländer A. W. PHILLIPS 1958 veröffentlichte, empirisch ermittelte Beziehung zwischen der prozentualen Preissteigerungsrate $\hat{p}$ (ursprünglich Lohnsteigerungsrate) und der Arbeitslosenquote u. PHILLIPS fand heraus, daß, wie Abb. 13.3 zeigt, mit zunehmender Preissteigerungsrate eine abnehmende Arbeitslosenquote einhergeht.

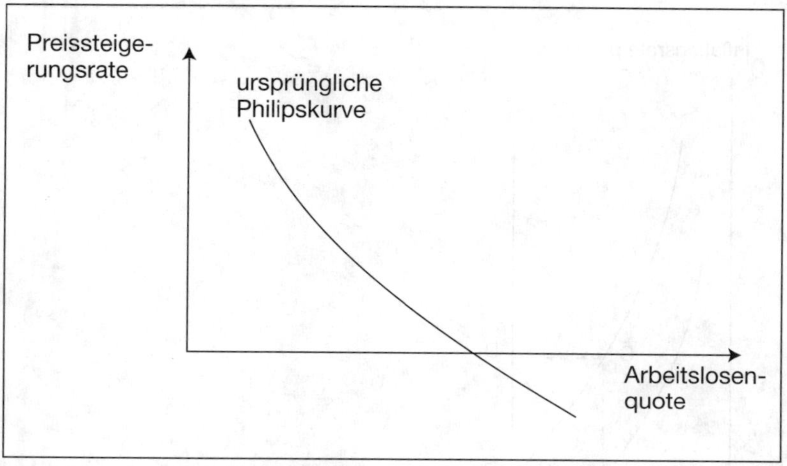

Abb. 13.3: Ursprüngliche Phillipskurve

Wahlmöglichkeit zwischen Inflation und Arbeitslosigkeit?

Die meisten Ökonomen der damaligen Zeit (so die späteren Nobelpreisträger SAMUELSON und SOLOW) verstanden die Phillipskurve als eine zeitlich invariante, **stabile Beziehung,** die eine **Wahlmöglichkeit** (einen **„trade-off")** zwischen Arbeitslosigkeit und Inflationsrate ermöglichte. Zum Ausdruck kam diese Auffassung z.B in dem bekannten Ausspruch des damaligen Bundeskanzlers Helmut SCHMIDT „lieber 5% Inflation als 5% Arbeitslosigkeit". Wegen ihrer wirtschaftspolitischen und theoretischen Bedeutung wurde die Philipskurvenbeziehung nachfolgend recht häufig empirisch überprüft, mit wechselndem, doch eher abnehmendem Erfolg.

M. FRIEDMAN und E. S. PHELPS kritisierten schon bald diese Sicht der Phillipskurve durch die Keynesianer in den 60er und zu Beginn der 70er Jahre. Aus ihrer Sicht ist der gesamtwirtschaftliche Arbeitsmarkt (wie im 11. Kapitel vorgestellt) durch ein reallohnabhängiges Arbeitsangebot und eine reallohnabhängige Arbeitsnachfrage charakterisiert. Arbeitsangebot und Arbeitsnachfrage stimmen beim gleichgewichtigen Reallohn (W/P)* überein, dem die gleichgewichtige Beschäftigung N* zugeordnet ist, die mit einer aus Marktunvollkommenheiten resultierenden **natürlichen Arbeitslosenquote u_n** verbunden ist. Nimmt man an, daß bei dieser natürlichen Arbeitslosenquote die Inflationsrate null beträgt, so ist damit ein erster Punkt der Phillipskurve gegeben. Angenommen nun die Regierung versucht die Volkswirtschaft durch eine expansive Nachfragepolitik, begleitet von einer Steigerung der Wachstumsrate der Geldmenge, auf eine Arbeitslosenquote unterhalb der natürlichen Rate zu bringen. Die Folge wird – bei zunächst unverändertem Güterangebot – das Entstehen einer positiven Inflationsrate sein. Zentrale Annahmen im FRIEDMAN/PHELPSschen Gedankengebäude sind nun, daß die Unternehmer die Preissteigerungsrate korrekt wahrnehmen, während die Arbeiter (also die Arbeitsan-

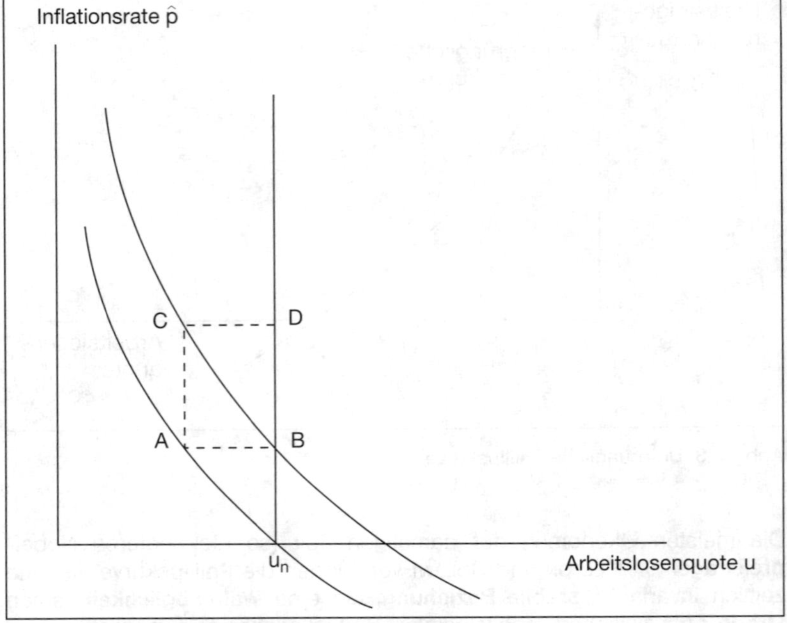

Abb. 13.4 Die FRIEDMAN/PHELPS Version der Phillipskurve

Erwartungsirrtum bei den Arbeitern

bieter) keine Preissteigerungen erwarten (oder die Preissteigerungsrate zumindest unterschätzen) und ihren Erwartungsirrtum erst mit der Zeit korrigieren (sog. adaptive Erwartungsbildung). Unter diesen Annahmen kommt es in der Volkswirtschaft unter Konkurrenzbedingungen zu einer prozentualen Geldlohnsatzsteigerung, die kleiner ist als die Preisniveausteigerung. Folglich sinkt der tatsächliche Reallohn, den die Unternehmer richtig einschätzen, während der von den Arbeitern erwartete Reallohn steigt, da sie die Preissteigerungsrate unterschätzen. Dadurch kommt es zu einer Ausdehnung von Arbeitsnachfrage **und** Arbeitsangebot, die realisierte Beschäftigung und die Produktion steigen.

Schar kurzfristiger PHILLIPS-Kurven

In Abbildung 13.4 würde die Volkswirtschaft von u_n zu Punkt A kommen, der durch eine positive tatsächliche Preissteigerungsrate und $u < u_n$ gekennzeichnet ist. Mit der Zeit werden aber die Arbeiter erkennen, daß sie sich bezüglich der Inflationsrate und des Reallohnes geirrt haben und ihre Erwartung über die Inflationsrate der tatsächlichen Inflationsrate anpassen. Sie werden über eine entsprechende Geldlohnsatzsteigerung eine Wiederherstellung des alten Reallohnes fordern und unter Wettbewerbsbedingungen am Arbeitsmarkt auch durchsetzen können, womit die Beschäftigung und die Arbeitslosenquote ebenfalls auf das alte Niveau zurückfällt. Gestiegen ist lediglich die tatsächliche und nun von allen

Wirtschaftseinheiten erkannte und erwartete Inflationsrate. Die Volkswirtschaft befindet sich in Punkt B der Abbildung 13.4. Will die Regierung nun erneut die Arbeitslosenquote unter ihr natürliches Niveau senken, so muß sie über eine entsprechende Nachfragepolitik und Erhöhung des Geldmengenwachstums erneut die Inflationsrate in die Höhe treiben. Unterschätzen die Arbeiter zunächst wieder die tatsächliche Inflationsrate und überschätzen sie ihren Reallohn, so kommt es erneut zu einer Ausdehnung der Produktion und zu einer Absenkung der Arbeitslosenquote unter das natürliche Niveau (Punkt C in Abb. 13.4). Passen die Arbeitsanbieter ihre Erwartungen schließlich wieder der Realität an, bewegt sich das System zu Punkt D.

Langfristig senkrechte PHILLIPS-Kurve

Man sieht, daß eine einmalige Erhöhung der Inflationsrate nur kurzfristig zu einer Beschäftigungsausweitung führt, mittel- und langfristig aber wirkungslos in bezug auf die realen Variablen Beschäftigung und Produktion bleibt. Anders ausgedrückt: Kurzfristig weist die Phillipskurve eine negative Steigung (und damit einen **trade-off** zwischen Inflationsrate und Arbeitslosenquote auf), langfristig ist die Phillipskurve eine Senkrechte.

Damit ist zugleich die Frage beantwortet, wie sich die Neoquantitätstheoretiker die Wirkungen einer Geldmengenexpansion vorstellen: das Nominaleinkommen steigt proportional zur Geldmengenerhöhung und setzt sich kurzfristig aus einer Erhöhung des realen Sozialproduktes und des Preisniveaus zusammen. Mittel- und langfristig aber bleibt zwar die Erhöhung des Nominaleinkommens, die aber jetzt nur auf eine Preissteigerung zurückzuführen ist.

Insel-Parabel

Zu denselben Ergebnissen gelangt man bei Verwendung der sog. Insel-Parabel. Hier täuschen sich Unternehmer und Arbeiter, indem sie allgemeine mit nur relativen Preisänderungen verwechseln. Erklärt wird ein solches Verhalten damit, daß Wirtschaftssubjekte zuerst Preisänderungen auf den Märkten bemerken, auf denen sie als Anbieter auftreten (ihren „Inseln“). Informationen auch über andere Preise einzuholen, erscheint ihnen zu kostspielig. Arbeiter erkennen also nur die Zunahme der Geldlöhne, Unternehmer sehen nur die Zunahme „ihres“ jeweiligen Güterpreises. Damit gehen Arbeiter mangels entsprechender Information von einer Reallohnzunahme, Unternehmer von einer Reallohnabnahme aus. Es wird mehr Arbeit angeboten und nachgefragt. Folglich kann eine expansive Geldpolitik, die zu steigenden Preisen und Löhnen führt, vorübergehend die natürliche Arbeitslosigkeit verringern, aber nur solange, wie die Akteure sich täuschen lassen.

Versuchen wir, die Relevanz der FRIEDMAN/PHELPSschen Argumentation abzuschätzen. Ist es wirklich die entscheidende Frage, ob man Arbeitslosigkeit durch Nachfragepolitik unter ihre natürliche Rate absenken kann? Unseres Erachtens nicht, es sei denn, man definiert tatsächlich auftretende Arbeitslosigkeit generell als natürliche Arbeitslosigkeit. Da letzteres wenig sinnvoll zu sein scheint, geht die FRIEDMAN/PHELPS-Argumentation an den realen Fragestellungen, vor die uns die Arbeitslosigkeit stellt, vorbei. Außerdem wirkt die ganze Argumentation insofern gekünstelt, als Informationen über die richtige Inflationsrate heutzutage problem- und kostenlos zu gewinnen sind.

Doch kommen wir zurück zur Phillipskurve, deren trade-off zwischen Inflation und Arbeitslosigkeit FRIEDMAN/PHELPS nur bei Auftreten von Erwartungsirrtümern bzw. unvollständiger Information kurzfristig zugestehen.

Im Fall rationaler Erwartungen lassen sich die Akteure von vornherein nicht täuschen, die Phillipskurve bleibt vertikal, und staatliche Wirtschaftspolitik bleibt wirkungslos. Es muß aber betont werden, daß staatliche Wirtschaftspolitik im System der Neuen Klassischen Makroökonomik auch nicht notwendig ist, weil der Arbeitsmarkt ohnehin im Gleichgewicht ist. Ein KEYNESsches Beschäftigungsproblem existiert nicht.

Veränderungen der Geldmenge bestimmen letztlich die Veränderungen des Preisniveaus

Wenn die Phillipskurve vertikal verläuft – und dies sollte in der Sicht der Neuen Klassischen Makroökonomik der Normalfall sein –, dann haben Veränderungen der Geldmenge nur einen Einfluß auf das Preisniveau, nicht auf die Beschäftigung.

Ein Blick in die Empirie

In Abbildung 13.5 sind für die Bundesrepublik die realisierten Kombinationen von Arbeitslosenquote (Abszisse) und Inflationsrate (Ordinate) für die Jahre 1951 bis 1994 abgetragen. Ohne die Anwendung ökonometrischer Analysetechniken läßt sich der von der PHILLIPSkurve ausgedrückte Zusammenhang zwischen Arbeitslosenquote und Inflationsrate in der Abbildung nicht eindeutig erkennen. Am ehesten plausibel wird ein solcher Zusammenhang noch für die 60er Jahre. Demnach lassen sich die Werte für 1959–70 als eine stabile PHILLIPSkurve interpretieren, wie sie von SAMUELSON und SOLOW formuliert wurde. Seit Beginn der 70er Jahre folgen die eingetragenen Werte aber einem anderen Muster. In den 70er Jahren stieg zunächst die Inflationsrate bei steigender Arbeitslosenquote (Stagflation) – ein Phänomen, das mit einer stabilen negativ geneigten PHILLIPSkurve nicht vereinbar ist. Die folgenden Phasen mit sinkender Inflationsrate erfolgten dann ohne eine Veringerung der Arbeitslosenquote, während die Phasen steigender Inflation die Beschäftigungslage höchstens geringfügig verbesserten. Im Trend zeigte sich, daß gleiche Inflationsraten mit steigenden Arbeitslosenquoten einhergehen können. Dieses Phänomen ist nicht nur mit einer stabilen PHILLIPSkurve à la SAMUELSON-SOLOW, sondern auch mit einer konstanten natürlichen Arbeitslosenquote in der Theorie von FRIEDMAN und PHELPS nicht vereinbar. Die Entwicklung der Werte kann zwar auch jeweils als Bewegungen auf unterschiedlichen kurzfristigen PHILLIPSkurven interpretiert werden. Jedoch erfolgen Verschiebungen der PHILLIPSkurven asymmetrisch, so daß die 80er und 90er Jahre innerhalb des PHILLIPSkurven-Konzeptes nur mit einer steigenden inflationsneutralen Arbeitslosenquote (NAIRU, vgl. Kapitel 11) erklären werden können.

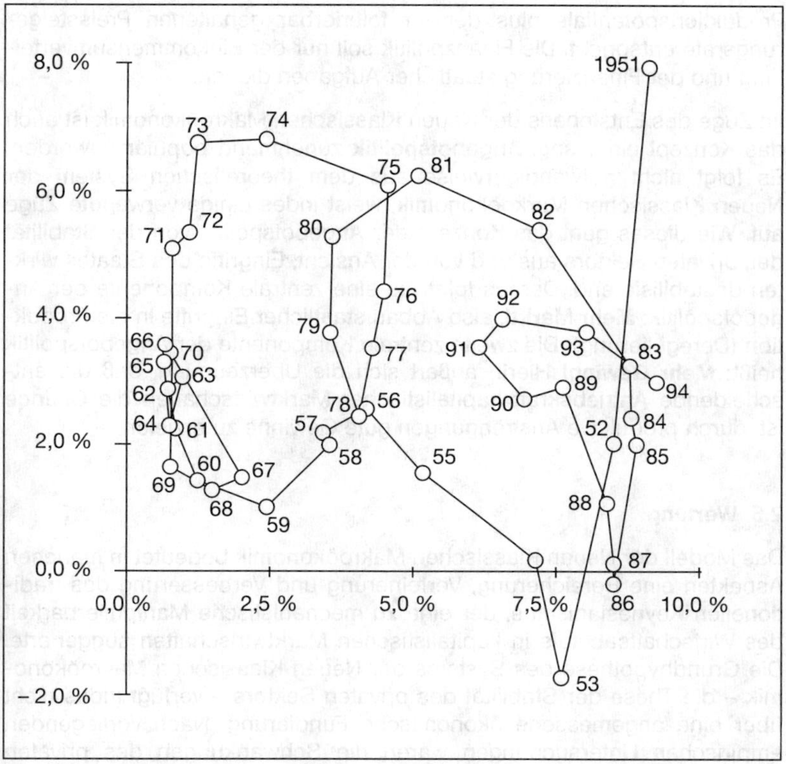

Abb. 13.5: Arbeitslosenquote und Inflationsrate für die Bundesrepublik Deutschland, 1951–1994

Quelle: Jahresgutachten des Sachverständigenrates 1994/95, eigene Berechnungen

2.4 Abkehr von aktiver Stabilisierungspolitik

Die Konsequenz für staatliche Wirtschaftspolitik, die sich aus dem System der Neuen Klassischen Makroökonomik ergibt, ist klar und einfach:

> Staatliche Wirtschaftspolitik zur Stabilisierung von Konjunktur und Beschäftigung ist nicht nur nicht notwendig, sondern auch eher von Schaden und bei rationalen Erwartungen wirkungslos.

Potentialorientierte Geldmengenpolitik

Konkret: Die Geldpolitik (vgl. zu ihren Instrumenten Kapitel 19) soll lediglich langfristige Preisniveaustabilität sichern, indem eine sogenannte **potentialorientierte Geldmengenpolitik** verfolgt wird. Danach soll die Geldmenge jährlich mit einer Rate zunehmen, die dem Wachstum des

Produktionspotentials plus der für tolerierbar gehaltenen Preissteigerungsrate entspricht. Die Finanzpolitik soll nur der Einkommensumverteilung und der Finanzierung staatlicher Aufgaben dienen.

Finanzpolitik nur zur Umverteilung und Finanzierung staatlicher Aufgaben

Im Zuge des Entstehens der Neuen Klassischen Makroökonomik ist auch das Konzept einer sog. **Angebotspolitik** zunehmend populär geworden. Es folgt nicht notwendigerweise aus dem theoretischen System der Neuen Klassischen Markoökonomik, weist indes einige verwandte Züge auf. Wie dieses geht das Konzept der Angebotspolitik von der Stabilität des privaten Sektors aus und von der Ansicht, Eingriffe des Staates wirkten destabilisierend. Daraus folgt die eine zentrale Komponente der Angebotspolitik: **Mehr Markt!,** also Abbau staatlicher Eingriffe in die Produktion (Deregulierung). Die zweite zentrale Komponente der Angebotspolitik heißt: **Mehr Gewinn!** Hierin äußert sich die Überzeugung, daß die entscheidende Antriebskraft kapitalistischer Marktwirtschaften die Chance ist, durch produktive Anstrengungen gute Gewinne zu erzielen.

Konzept der Angebotspolitik

2.5 Wertung

Das Modell der Neuen Klassischen Makroökonomik bedeutet in manchen Aspekten eine Bereicherung, Verfeinerung und Verbesserung des traditionellen Keynesianismus, der eine zu mechanistische Manipulierbarkeit des Wirtschaftsablaufs in kapitalistischen Marktwirtschaften suggerierte. Die Grundhypothese des Systems der Neuen Klassischen Makroökonomik – die These der Stabilität des privaten Sektors – verfügt indes nicht über eine angemessene ökonomische Fundierung. Nach vorliegenden empirischen Untersuchungen waren die Schwankungen des privaten Sektors in Zeiten geringer staatlicher Eingriffe deutlich größer als unter heutigen Bedingungen. Vor allem existiert kein markttheoretisch fundiertes Modell, welches die Aussage erlaubt, ein nutzenmaximierendes Anpassungsverhalten privater Wirtschaftssubjekte garantiere die Stabilität des privaten Sektors. Der zentrale Baustein der Neuen Klassischen Makroökonomik hat den Charakter einer Annahme, die nicht eigentlich sinnvoll ist in einem Modell, welches Probleme von Krisen und Arbeitslosigkeit klären soll.

Vielleicht ist der private Sektor langfristig stabil, aber „langfristig sind wir alle tot“ (KEYNES).

C. Arbeitsaufgaben

1) *Warum sind bei Ungleichgewichtssituationen auf den Märkten der Volkswirtschaft die allein auf den Preisen beruhenden Wirtschaftspläne nicht durchführbar?*
2) *Was besagt die duale Entscheidungshypothese?*
3) *Welche Übertragungs- und Rückkoppelungseffekte ergeben sich in einer aus einem Güter- und einem Arbeitsmarkt bestehenden Volkswirtschaft, wenn, ausgehend von einem Vollbeschäftigungsgleichgewicht, die Nachfrage abnimmt? (Gehen Sie bei der Beantwortung der Frage von den Annahmen der Rationierungstheorie aus.)*
4) *Was ist ein Rationierungsgleichgewicht, und wie stellt es sich ein?*
5) *Erläutern Sie die wirtschaftspolitischen Konsequenzen der keynesianischen Unterbeschäftigung.*
6) *Erklären Sie den Unterschied zwischen Risiko und Unsicherheit.*
7) *Erläutern Sie das Normalkostenprinzip.*
8) *Warum verläuft die Phillipskurve im System der Neuen Klassischen Makroökonomik im Regelfall vertikal? Unter welchen Voraussetzungen verliefe sie negativ geneigt?*
9) *Warum bleibt staatliche Wirtschaftspolitik im System der Neuen Klassischen Makroökonomik im Regelfall wirkungslos?*
10) *Welche Wirkungen haben Geldmengenänderungen im System der Neuen Klassischen Makroökonomik?*

Lösungsvorschläge für die Arbeitsaufgaben im „Übungsbuch zu Grundlagen und Probleme der Volkswirtschaft".

D. Literatur

Eine gut verständliche Einführung in die Rationierungstheorie und in den Post-Keynesianismus gibt

ROTHSCHILD, Kurt. W., Einführung in die Ungleichgewichtstheorie, Berlin u. a. 1981.

Zur Vertiefung der Rationierungstheorie eignet sich der Sammelband von

HAGEMANN, KURZ, SCHÄFER (Hrsg.), Die neue Makroökonomik, Frankfurt u. a. 1981.

Auch für den formal weniger versierten Leser gut verständlich ist dabei vor allem die Einleitung.

In den Neuen Keynesianismus führt ein:

HEUBES, Jürgen, Grundlagen der modernen Makroökonomie, München 1995, Kapitel II, Abschnitt 2.2.2.

Eine verständliche Darstellung der Theorie von KEYNES *und ihrer theoriegeschichtlichen Bedeutung gibt*

LANDMANN, Otto, Keynes in der heutigen Wirtschaftstheorie. In: BOMBACH, Gottfried, u. a. (Hrsg.), Der Keynesianismus I – Theorie und Praxis keynesianischer Wirtschaftspolitik, Berlin-Heidelberg-New York 1976, S. 133–210.

Der Monetarismus wird ausführlich dargestellt in

KALMBACH, Peter (Hrsg.) Der Neue Monetarismus, München 1973.

Die neue klassische Makroökonomik beschreibt kurz:

RAHMEYER, Fritz, Neue klassische Makroökonomie, in: Wirtschaftswissenschaftliches Studium (WiSt), Heft 4, April 1984, S. 170–176.

Eine Lehrbuchdarstellung auch der modernen Versionen der klassischen und keynesianischen Theorie findet man bei:

FELDERER, Bernhard; HOMBURG, Stefan, Makroöonomik und neue Makroökonomik, 6. Aufl., Berlin u. a. 1994 .

Die Probleme der Inflation und Arbeitslosigkeit werden unter Bezug auf die verschiedenen Theorien ausführlich analysiert bei:

KROMPHARDT, Jürgen, Arbeitslosigkeit und Inflation. Eine Einführung in die makroökonomischen Kontroversen, Göttingen und Zürich 1987.

Einen Einblick in neuere Entwicklungen in der Makroökonomik gibt

SCHELBERT, Heide, Neue Makroökonomik: Gegensätze und Gemeinsames. In: BOMBACH, G., u. a. (Hrsg.), Makroökonomie heute: Gemeinsamkeiten und Gegensätze, Tübingen 1983, S. 83–107.

14. Kapitel
Einnahmen und Ausgaben des Staates

A. Lernzielorientierte Leitfragen und Fragenkomplexe

Leitfrage:
Was sind die Grundprinzipien für die Erhebung und Verteilung der Staatseinnahmen in der Bundesrepublik Deutschland?

- *Welches sind die wesentlichen staatlichen Einnahmearten?*
- *Was sind Steuern, und wozu dienen sie?*
- *Wie sind die Steuereinnahmen auf Bund, Länder und Gemeinden verteilt?*
- *Welche relative Bedeutung haben die einzelnen Steuerarten?*
- *Was ist ein Steuertarif, und wann spricht man von einem proportionalen, progressiven und regressiven Tarif?*
- *Wie läßt sich ein progressiver Einkommensteuertarif begründen?*

Leitfrage:
Wie sind die Staatsaufgaben und -ausgaben in der Bundesrepublik Deutschland verteilt, und welche qualitativen und quantitativen Entwicklungen sind zu beobachten?

- *Wie ist die Verteilung der Staatsaufgaben und -ausgaben auf die Gebietskörperschaften geregelt?*
- *Welche Entwicklung zeigen die Staatsausgaben insgesamt, und wie ist diese Entwicklung zu erklären?*
- *Wie verteilen sich die Staatsausgaben auf einzelne Ausgabearten und auf die Gebietskörperschaften?*

B. Sachanalyse

1. Einführung

Wir haben den Staat bereits des öfteren in unsere Betrachtungen einbezogen. Schon in Kapitel 2 wurde ausführlich abgeleitet, daß in Marktwirtschaften dem Staat viele Aufgaben bei der Steuerung des Wirtschaftsprozesses übertragen sind. Zum Sektor Staat werden nach der Konvention der Volkswirtschaftlichen Gesamtrechnung zusammengefaßt:

- die **Gebietskörperschaften** (Bund, Länder, Gemeinden, Gemeindeverbände sowie der Lastenausgleichsfonds und das ERP-Sondervermögen) und
- die **Sozialversicherung** (insbesondere Renten-, Kranken-, Unfall-, Pflege- und Arbeitslosenversicherung).

Nicht zum Sektor Staat werden die staatlichen Unternehmen gezählt. Dabei ist bemerkenswert, daß der Staat – insbesondere aus ordnungspolitischen Gründen – in den vergangenen Jahren die Privatisierung von Staatsunternehmen bzw. ihm gehörenden Unternehmensbeteiligungen forciert betrieben hat. Der Bund war Ende 1992 noch an 215 Unternehmen beteiligt (Wert der Kapitalbeteiligungen: 11,6 Mrd. DM). Der Privatisierungsprozeß hat als Folge der deutschen Vereinigung im Jahre 1990 eine neue Dimension erreicht: Die noch von der früheren DDR-Über gangsregierung geschaffene Treuhandanstalt (Anstalt des öffentlichen Rechts unter Aufsicht des Bundesministers der Finanzen) hatte die in der Welt einmalige Aufgabe, die ehemals etwa 8000 volkseigenen Betriebe und Kombinate entweder zu verkaufen, zu sanieren oder – wenn die Nichtsanierungsfähigkeit festgestellt wurde – zu schließen. Diese Aufgabe wurde 1994 beendet.

2. Staatseinnahmen

Wichtige Einnahmearten des Staates

Beginnen wir mit den **Einnahmen,** über die jede staatliche Ebene verfügt, um ihre Aufgaben zu erfüllen. Es sind dies: Steuern, Kredite, Gebühren und Beiträge, Erwerbseinkünfte und sonstige Einnahmen (z.B. Münzeinnahmen, Strafgelder).

2.1 Steuern

Unter **Steuern** versteht man Zwangseinnahmen des Staates ohne spezielle Gegenleistung. Diese wird den Staatsbürgern vielmehr in allgemeiner Form gewährt, ohne daß eine genaue Zurechnung auf den einzelnen Steuerzahler möglich wäre. Grundsätzlich wird bei den Steuereinnahmen das Prinzip der Nichtzweckbindung angewendet, d.h., alle Steuereinnahmen dienen zur Finanzierung aller Ausgaben (Ausnahme: ein Teil des Mineralölsteueraufkommens fließt zweckgebunden in den Straßenbau). Hauptzweck der Steuererhebung durch den Staat ist in der Regel die

Einnahmeerzielung. Es können aber auch andere Ziele in den Vordergrund rücken, so daß die Einnahmeerzielung nur Nebenzweck ist. Beispielsweise kann die Steuerpolitik in den Dienst der konjunkturpolitischen Stabilisierung gestellt werden (vgl. Kapitel 12 und 16), oder man versucht, über steuerliche Maßnahmen zur Einkommens- und Vermögensumverteilung beizutragen (vgl. Kapitel 26). Der Zweck der Einnahmeerzielung kann ganz in den Hintergrund treten, wenn der Staat durch sehr hohe Steuersätze versucht, wie etwa bei Alkoholsteuern, gesundheitspolitische Ziele durchzusetzen: je geringer die Einnahmen, desto besser wird die angestrebte Zielsetzung verwirklicht (Prohibitionssteuern).

Zwecke der Steuererhebung

2.1.1 Wichtige Steuern in der Bundesrepublik

In der Bundesrepublik gibt es eine Vielzahl von Steuern. Da diese Steuern in sich häufig sehr kompliziert gestaltet sind, spricht man gelegentlich nicht zu Unrecht von einem Steuer„dschungel". Um Übersicht in die verwirrende Vielfalt zu bringen, haben sich in der Volkswirtschaftslehre gewisse **Gliederungen** der Steuern eingebürgert, die an gemeinsamen Merkmalen bzw. Unterschieden zwischen den einzelnen Steuern ansetzen.

Direkte und indirekte Steuern

Eine sehr alte, aber immer noch häufig verwendete Gliederung der Steuern ist die in direkte und indirekte Steuern. Dabei wird meistens darauf abgestellt, ob die Steuer überwälzbar ist, ob also derjenige, der die Steuer an das Finanzamt abführt, mit demjenigen identisch ist, der die wirtschaftliche Last der Steuer trägt. Steuern, bei denen von einer Überwälzbarkeit ausgegangen wird, heißen dann indirekte Steuern; Steuern, die nicht überwälzbar erscheinen, heißen direkte Steuern. Typisches Beispiel für eine direkte Steuer ist die Einkommensteuer, während die Mehrwertsteuer als Prototyp der indirekten Steuer gelten kann.

Gliederung der Steuern nach dem Steuergegenstand

Die Gliederung der Steuern in direkte und indirekte ist zu grob, um Übersicht in das Steuersystem (die Gesamtheit der Steuern) der Bundesrepublik bringen zu können. Wir beschäftigen uns deshalb mit einer etwas detaillierteren Gliederung der Steuern nach dem Steuergegenstand (auch Steuerobjekt genannt). Übersicht 14.1 zeigt eine solche Gliederung.

Hierzu einige Anmerkungen. Steuergegenstand bei den Einkommensteuern ist, wie der Name sagt, das Einkommen. Wichtig ist, daß bei der Besteuerung des Einkommens der persönlichen Leistungsfähigkeit des Besteuerten – durch Berücksichtigung z. B. des Familienstandes und der Einkommenshöhe (Steuerprogression) – Rechnung getragen wird. Das unterscheidet die Einkommensteuern von der Ertragsteuer, bei denen die persönlichen Umstände keine Berücksichtigung finden. Gelegentlich spricht man deshalb bei den Einkommensteuern auch von Personalsteuern (subjektive Steuern) und bei den Ertragsteuern von Real-(Sach)Steuern (objektive Steuern). In diesem Sinn sind die Vermögen-

Vermögensteuern

Erbschaftsteuer

steuern – deren Steuergegenstand der Vermögensbestand ist – Personalsteuern. Die Vermögensteuern sind von der Erbschaftsteuer abzugrenzen, die auf den Vermögensübergang kraft Vermächtnisses oder Erbrecht abzielt.

Verkehrsteuern

Verbrauchsteuern

Die Verkehrsteuern knüpfen an Waren- und Dienstleistungskäufe bzw. -verkäufe an. Die wichtigsten Verkehrsteuern sind die Mehrwert- und die Grunderwerbsteuer. Steuergegenstand bei den Verbrauchsteuern ist die Herstellung von Gütern. Ein und dasselbe Gut wird häufig mit einer Verbrauch- und einer Verkehrsteuer belegt, z. B. Bier mit der Biersteuer und

Art der Steuer[1])	Beispiele
Einkommensteuern	Einkommensteuer natürlicher Personen (Lohnsteuer, veranlagte Einkommensteuer), Körperschaftsteuer
Vermögensteuern	jährliche Vermögensteuer
Verkehrsteuern	Mehrwertsteuer Grunderwerbsteuer Versicherungsteuer
Verbrauchsteuern	Biersteuer Branntweinsteuer Kraftfahrzeugsteuer Tabaksteuer Kaffeesteuer Mineralölsteuer
Ertragsteuern	Gewerbesteuer Grundsteuer
Erbschaftsteuer	Erbschaftsteuer
Zölle	Tabakzoll Teppichzoll Eisen- und Stahlzoll

Übersicht 14.1: Das Steuersystem der Bundesrepublik

1) Durch das Finanzmarktförderungsgesetz v. 22. 2. 1990 sind die Börsenumsatzsteuer zum 1. 1. 1991 und die Gesellschaftssteuer sowie die Wechselsteuer zum 1. 1. 1992 abgeschafft worden. Im Zuge der Steuerharmonisierung in der EU sind Verbrauchsteuern wie die Teesteuer, Salzsteuer und die Zuckersteuer 1993 abgeschafft worden.

der Mehrwertsteuer. Verkehr- und Verbrauchsteuern haben gemeinsam, daß die wirtschaftliche Leistungsfähigkeit des Steuerträgers nicht berücksichtigt wird, sie sind also Realsteuern.

Zölle

Zölle sind an den Landesgrenzen erhobene Abgaben für die Ein-, Durch- und Ausfuhr von Waren. Praktische Bedeutung haben in der Bundesrepublik heute vor allem noch die Import-Zölle, obwohl auch diese wegen des früheren Wegfalls der innergemeinschaftlichen Zölle in der Europäischen Union an Bedeutung verloren haben. Häufig werden die Zölle zu den Verbrauchsteuern gerechnet. Sie fließen heute in voller Höhe als eigene Einnahmen in den Haushalt der Europäischen Union (EU).

Bedeutung einzelner Steuerarten

Tabelle 14.1 zeigt das Aufkommen der wichtigsten Steuern in der Bundesrepublik für die Jahre 1960, 1970, 1980 und 1994 in absoluten Beträgen und in Prozent des Gesamtsteueraufkommens.

Die Einkommensteuern dominieren

Die Analyse zeigt, daß die Einkommensteuern den größten Anteil an den Gesamtsteuereinnahmen sämtlicher Gebietskörperschaften aufweisen, gefolgt von der Mehrwertsteuer. In der zeitlichen Entwicklung zeigt sich, daß die Bedeutung der Einkommensteuern ständig zugenommen, die der Mehrwert- und anderer wichtiger Verkehr- und Verbrauchsteuern dagegen ständig abgenommen hat. Innerhalb der Einkommensteuern ragt die Lohnsteuer, die die Einkommen aus nichtselbständiger Arbeit belastet, heraus. Der Anteil der veranlagten Einkommensteuer ist erheblich zurückgegangen (1960: 13,1 %; 1994: 3,5 %), während der Anteil der Lohnsteuer von (1960) 11,8 % auf (1994) 36,3 % angestiegen ist.

2.1.2 Verteilung der Steuereinnahmen

Da die Möglichkeiten zur Erfüllung ihrer Aufgaben durch die verschiedenen staatlichen Ebenen von den ihnen zur Verfügung stehenden Mitteln abhängen, ist die Verteilung der einzelnen Steuern auf die Gebietskörperschaften von besonderem Interesse. Sie ist in Artikel 106 des Grundgesetzes geregelt. Die folgende Übersicht 14.2 zeigt die Ertragskompetenz der Steuern in der Bundesrepublik Deutschland. Dazu noch folgende Bemerkungen: Die Zölle besitzen als nationale Einnahmequelle praktisch keine Bedeutung mehr, da sie zu 100 % an die Europäische Union fließen. Einnahmen aus den Finanzmonopolen werden nur noch durch das Branntweinmonopol erzielt.

Die wichtigsten Steuern sind heute Gemeinschaftssteuern

Wie schon ausgeführt, sind die von ihrem Aufkommen her bedeutsamsten Steuern in der Bundesrepublik die Einkommen- und Körperschaftsteuer und die Mehrwertsteuer (einschließlich Einfuhrumsatzsteuer). Diese Steuern sind **Gemeinschaftsteuern.** Sie stehen – mit Ausnahme eines 15%igen (12%igen) Anteils der Gemeinden an der Lohn- und Einkommensteuer (der Zinsabschlagsteuer) – dem Bund und den Ländern als Gesamtheit zu. Am Aufkommen der Einkommen- (nach Abzug des Gemeindeanteils) und der Körperschaftsteuer sind der Bund und die Länder je zur Hälfte beteiligt. Die Anteile von Bund und Ländern an der Umsatz-

Tab. 14.1: Das Aufkommen wichtiger Steuern in der Bundesrepublik 1960–1994

	1960	1970	1980	1990	1994	1960	1970	1980	1990	1994[3])
	in Milliarden DM					in % des Steueraufkommens				
Steuern vom Einkommen	24,4	61,8	173,8	255,0	343,1	35,6	40,1	47,6	46,4	46,7
davon:										
Lohnsteuer	8,1	35,0	111,5	177,5	266,5	11,8	22,8	30,6	32,3	36,3
veranschlagte Einkommensteuer	8,9	16,0	36,7	36,5	25,5	13,1	10,4	10,1	6,6	3,5
Körperschaftsteuer	6,5	8,7	21,3	30,0	19,6	9,5	5,7	5,8	5,5	2,7
Kapitalertragsteuer	0,8	2,0	4,1	10,8	31,5	1,2	1,3	1,1	2,0	4,3
Umsatzsteuer	14,8	26,7	52,8	78,0	195,3	21,6	17,4	14,5	14,2	26,6
Einfuhrumsatzsteuer	1,3	11,3	40,5	69,5	40,4	1,9	7,4	11,1	12,6	5,5
Gewerbesteuer	6,7	10,7	27,0	38,7	42,3	9,9	7,0	7,4	7,0	5,8
Mineralölsteuer	2,6	11,5	21,3	34,6	63,8	3,9	7,5	5,8	6,3	8,7
Tabaksteuer	3,5	6,5	11,2	17,4	20,3	5,2	4,2	3,1	3,2	2,8
Kraftfahrzeugsteuer	1,4	3,8	6,5	8,3	14,.2	2,1	2,5	1,8	1,5	1,9
Grundsteuer	1,6	2,6	5,8	8,7	11,6	2,4	1,8	1,6	1,6	1,6
Vermögensteuer	1,1	2,8	4,6	6,3	6,6	1,6	1,9	1,3	1,2	0,9
Zölle	2,7	2,8	4,6	7,1	7,1	4,1	1,9	1,3	1,3	0,9
Branntweinmonopol	1,0	2,2	3,8	4,2	4,9	1,5	1,4	1,1	0,8	0,6
Lohnsummensteuer[1])	0,6	1,3	0,8	–	–	1,0	0,9	0,2	–	–
Biersteuer	0,7	1,1	1,2	1,3	1,8	1,0	0,8	0,3	0,2	0,2
insgesamt[2])	68,6	154,1	364,9	549,6	734,2	100,0	100,0	100,0	100,0	100,0

1) Die Lohnsummensteuer ist ab 1. 1. 1980 abgeschafft.
2) Die Differenz in Höhe von etwa 3 % (1990) zu 100 % wird durch das Aufkommen nicht genannter Steuern (Grunderwerbsteuer, Rennwett- und Lotteriesteuern, Wechselsteuer, Versicherungsteuer, Kapitalverkehrsteuern, Zuckersteuer, Kaffeesteuer usw.) geschlossen.
3) 1994 einschließlich der neuen Bundesländer.

Quelle: Statistisches Jahrbuch, verschiedene Jahrgänge, Monatsberichte der Deutschen Bundesbank, März 1995, S: 55*

Nach Artikel 106 des Grundgesetzes stehen zu

dem Bund

a) Bundessteuern:
Zölle
Kapitalverkehrsteuer
Versicherungsteuer
Wechselsteuer
Solidaritätszuschlag
Abgaben im Rahmen der Europäischen Gemeinschaften
Verbrauchsteuern mit Ausnahme der Biersteuer (Branntwein-, Schaumwein-, Zwischenerzeugnis-, Kaffee-, Tabak-, Mineralölsteuer)

b) Anteil an den Gemeinschaftsteuern:
Lohnsteuer und veranlagte Einkommensteuer (z. Z. 42,5 vH)
Nicht veranlagte Steuern vom Ertrag und Körperschaftsteuer (50 vH)
Umsatzsteuer – einschließlich Einfuhrumsatzsteuer –[1])

c) Anteil an der Gewerbesteuerumlage (50 vH)[2])

dem Bund und den Ländern gemeinsam

a) Gemeinschaftsteuern:
Lohnsteuer
Einkommensteuer
Körperschaftsteuer
Umsatzsteuer (einschl. Einfuhrumsatzsteuer)[1])

b) Gewerbesteuerumlage[2])

den Ländern

a) Ländersteuern:
Vermögensteuer
Erbschaftsteuer
Grunderwerbsteuer
Kraftfahrzeugsteuer
Biersteuer
Rennwett- und Lotteriesteuer
Feuerschutzsteuer
Spielbankabgabe

b) Anteil an den Gemeinschaftsteuern:
Lohnsteuer und veranlagte Einkommensteuer (z. Z. 42,5 vH)
Nicht veranlagte Steuern vom Ertrag und Körperschaftsteuer (50 vH)
Umsatzsteuer – einschl. Einfuhrumsatzsteuer –[1])

c) Anteil an der Gewerbesteuerumlage (50 vH)[2])

den Gemeinden

a) Gemeindesteuern:
Gewerbesteuer[2])
Grundsteuer
Örtliche Verbrauch- und Aufwandsteuer (z. B. Hundesteuer, Vergnügungssteuer)

b) Anteil an dem Aufkommen der Lohnsteuer und der veranlagten Einkommensteuer (15 vH)

c) Steuerzuweisungen durch Landesgesetzgebung

Anmerkungen:

1) Die Anteile von Bund und Ländern werden jeweils durch Bundesgesetz (mit Zustimmung des Bundesrates) festgesetzt. Sie betragen für 1993 und 1994 63 vH (Bund) und 37 vH (Länder). Zusätzlich gewährt der Bund finanzschwachen Ländern Ergänzungszuweisungen, deren Höhe sich bis einschließlich 1994 nach dem Umsatzsteueraufkommen bemißt. Ab 1995 sind die Anteile auf 56 vH (Bund) und 44 vH (Länder) festgelegt. Die gesetzlich festgelegte Verteilung der Mittel unter den Ländern bewirkt, daß die Erhöhung des Länderanteils größtenteils den neuen Ländern zugute kommt.

2) Der Bund und die Länder werden durch eine Umlage am Aufkommen der Gewerbesteuer beteiligt (Art. 106 Abs. 6 Sätze 4 und 5 GG). Bei ihrer Einführung im Jahr 1970 betrug die Umlage ca. 40 vH des Gewerbesteueraufkommens. Infolge der mehrfachen Absenkung des Umlagesatzes zum Ausgleich kommunaler Steuerausfälle sowie der Entwicklung der Gewerbesteuerhebesätze liegt ihr Anteil am Aufkommen aus der Gewerbesteuer seit 1984 bei knapp 15 vH.

Übersicht 14.2: Steuerertragskompetenz in der Bundesrepublik Deutschland

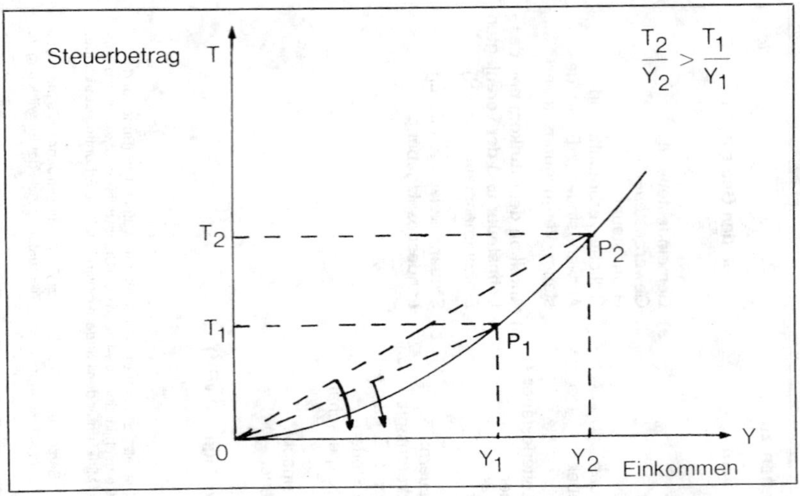

Abb. 14.1: Steuertarif mit direkter Progression

steuer werden durch ein Bundesgesetz, das der Zustimmung des Bundesrates bedarf, festgelegt. Seit 1995 beträgt der Bundesanteil 56 %, der der Länder 44 %. Der Anteil der Länder wurde um 7 Punkte erhöht, um dem hohen Finanzbedarf in den neuen Bundesländern Rechnung zu tragen. Eine Gemeinschaftssteuer ist auch die Gewerbesteuer, die zu ca. 15 % Bund und Ländern gemeinsam zu gleichen Teilen zusteht, während 85 % den Gemeinden zufließen.

Von allen Steuereinnahmen entfielen im Jahre 1994 auf den Bund 49,2 %, auf die Länder 33,4 % und auf die Gemeinden 12,2 %. Die restlichen 5,2 % des Gesamtsteueraufkommens flossen der Europäischen Union als eigene Einnahmen zu.

2.1.3 Das Ausmaß der steuerlichen Belastung: Der Steuertarif

Steuertarif und Steuerbemessungsgrundlage

Für die Berechnung der steuerlichen Belastung des einzelnen spielen Steuertarif und Steuerbemessungsgrundlage die entscheidende Rolle. Beim Steuertarif unterscheidet man drei Typen:

Drei Typen von Steuertarifen: progressive, proportionale und regressive

Man spricht von einem **progressiven Tarif**, wenn mit steigender Bemessungsgrundlage (z. B. das zu versteuernde Einkommen) die steuerliche Belastung stärker steigt als die Bemessungsgrundlage. Man kann auch sagen, daß der Durchschnittssteuersatz mit wachsender Bemessungsgrundlage zunimmt. Der Verdeutlichung dient Abbildung 14.1, in der auf der senkrechten Achse der Steuerbetrag T und auf der waagerechten Achse die Bemessungsgrundlage Y (z. B. Einkommen) abgetragen sind.

Der Tarif beginnt im Nullpunkt und steigt dann progressiv an. Die durchschnittliche Belastung im Punkt P2, die durch T2 : Y2 ermittelt wird, ist größer als im Punkt P1 (mit dem niedrigeren Einkommen Y1). Durchschnittssteuersatz

Beispiel:

Einkommen	Steuerbetraqg	Durchschnittsteuersatz
$Y_1 = 1.000,\text{– DM}$	$T_1 = 100,\text{– DM}$	$\frac{T_1}{Y_1} = t_1 = 10\,\%$
$Y_2 = 2.000,\text{– DM}$	$T_1 = 250,\text{– DM}$	$\frac{T_2}{Y_2} = t_2 = 12{,}5\,\%$

Tariftechnisch läßt sich die sogenannte **indirekte Progression** durch den Einbau eines Freibetrages in einen linearen Steuertarif erreichen. Wie man aus Abb. 14.2 ersehen kann, ist die durchschnittliche Belastung beim Einkommen Y2 höher als bei Y1.

Beispiel:

Einkommen	Steuerbetrag	Durchschnittsteuersatz
$Y_1 = 1.000,\text{– DM}$	$T_1 = 50,\text{– DM}$	$\frac{T_1}{Y_1} = t_1 = 5\%$
$Y_2 = 2.000,\text{– DM}$	$T_2 = 150,\text{– DM}$	$\frac{T_2}{Y_2} = t_2 = 7{,}5\%$

Freibetrag 500,– DM

Wie aus Abb. 14.2 ersichtlich, wird das den Freibetrag übersteigende Einkommen mit dem gleichen Steuersatz (z. B. 10 %) belastet. Bezogen auf das **Gesamteinkommen** ergibt sich dadurch eine Progression.

Ein **proportionaler Steuertarif** liegt vor, wenn die durchschnittliche steuerliche Belastung immer gleich hoch ist. Beispiel: bei der Mehrwertsteuer beträgt gegenwärtig die Belastung im Regelfall 15 %.

Sehr selten sind sogenannte **regressive Tarife,** bei denen mit wachsender Bemessungsgrundlage das Ausmaß der steuerlichen Belastung abnimmt. Das Extrem stellt eine Kopfsteuer dar, bei der jeder Staatsbürger unabhängig von seiner Einkommenshöhe einen bestimmten Steuerbetrag zu entrichten hat.

Grenzsteuersatz

Neben dem Durchschnittssteuersatz, an dessen Veränderung man den Tariftyp erkennen kann, spielt in der steuerpolitischen Diskussion der **Grenzsteuersatz** eine besondere Rolle. Er gibt an, wieviel Steuern man zusätzlich entrichten muß, wenn die Bemessungsgrundlage (z. B. das Einkommen) um eine Einheit steigt. Für höchste Einkommen wird der Grenzsteuersatz auch häufig **Spitzensteuersatz** genannt.

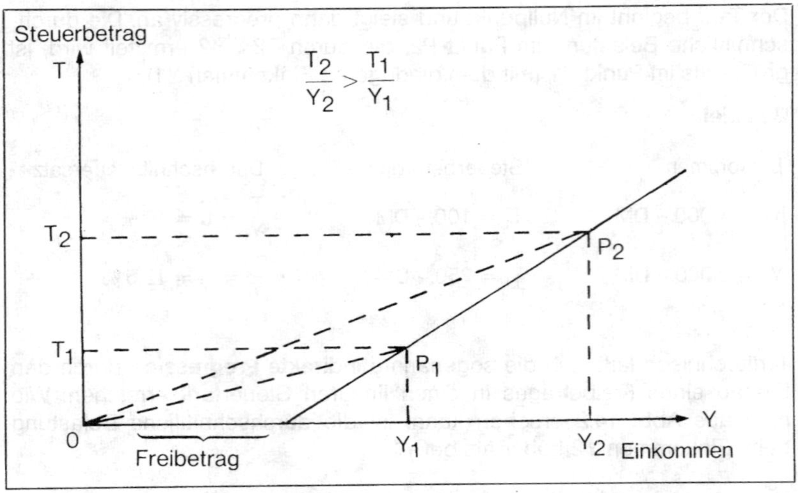

Abb. 14.2: Steuertarif mit indirekter Progression

Der Einkommensteuertarif in der Bundesrepublik

Wir erläutern die bisher verwendeten Begriffe am Beispiel des ab 1990[1]) geltenden Einkommensteuertarifs (Grundtabelle für Ledige) in der Bundesrepublik (vgl. auch Abb. 14.3).

Nach diesem Tarif:

- ist ein steuerpflichtiges Einkommen von 0 DM bis 5616 DM steuerfrei (5616 DM ist der sog. Grundfreibetrag)
- unterliegt ein steuerpflichtiges Einkommen von 5617 bis 8153 DM einem Grenzsteuersatz von 19 %, d. h., von 1 DM Mehrverdienst müssen 19 Pfennig an das Finanzamt abgeführt werden.

Der Einkommensteuertarif von 1990

Durch den Freibetrag (nur das darüber hinausgehende Einkommen wird besteuert) ergibt sich eine indirekte Progression: Bei einem steuerpflichtigen Einkommen von 5800 DM beträgt die Steuer 30 DM, der Durchschnittssteuersatz 30 : 5800, also 0,52 %; bei einem steuerpflichtigen Einkommen von 8000 DM beträgt die Steuer 451 DM, der Durchschnittssteuersatz 451 : 8000, also 5,6 %. Wegen des konstanten Grenzsteuersatzes spricht man auch von der **Linearzone** des Einkommensteuertarifs bzw. (wegen der indirekten Progression, die damit bei der Begriffsbildung ver-

1) Eine Steuertarifreform ist in der parlamentarischen Beratung. Aufgrund eines Urteils des Bundesverfassungsgerichts muß der Grundfreibetrag auf das Existenzminimum erhöht werden. Die Regierung hat in ihrem Gesetzentwurf einen Grundfreibetrag von 12.095 DM / 24.190 DM (Ledige/Verheiratete) vorgesehen. Im Einkommensbereich zwischen 12.000 DM bis 15.000 DM steigt der Grenzsteuersatz von 19,5 auf 29 %. In einer neuen Linearzone bleibt der Satz bis 43.400 DM mit 29 % konstant und klettert dann auf den Spitzensteuersatz von 53 % (Stand: Ende April 1995).

nachlässigt wird, allerdings nicht korrekt) vom Anfangsproportionalbereich;

- unterliegt ein steuerpflichtiges Einkommen von 8154 DM bis 120 041 DM einem Grenzsteuersatz von 19 % (bei 8154 DM) bis zu 53 % (bei 120 041). Infolge des linear steigenden Grenzsteuersatzes tritt hier neben die indirekte Progressionswirkung durch den Freibetrag eine direkte Progression: Der Durchschnittssteuersatz steigt von 5,9 % (bei 8154 DM) auf 33,9 % (bei 120 041 DM).
- ein steuerpflichtiges Einkommen von 120 042 DM und mehr unterliegt einem konstanten Grenzsteuersatz von 53 %. Der Durchschnittsteuersatz beginnt bei 33,9 % (bei 120 042 DM) und nähert sich mit steigendem steuerpflichtigen Einkommen immer mehr dem Grenzsteuersatz von 53 %. Bei einem steuerpflichtigen Einkommen von z. B. 450 000 DM beträgt der Durchschnittsteuersatz 47,9 %. Man spricht hier auch vom Endproportionalbereich (korrekter: von der **zweiten Linearzone**) des Tarifs.

Das Problem der Spitzenbelastung

In der politischen Auseinandersetzung ist der höchste Grenzsteuersatz, die sogenannte Spitzenbelastung, seit jeher stark umstritten. Sie betrug bei der Einkommensteuer bis Ende 1974 53 % (ohne Kirchensteuer und ohne Ergänzungsabgabe zur Einkommensteuer gerechnet). 1975 wurde die Spitzenbelastung auf 56 % angehoben.

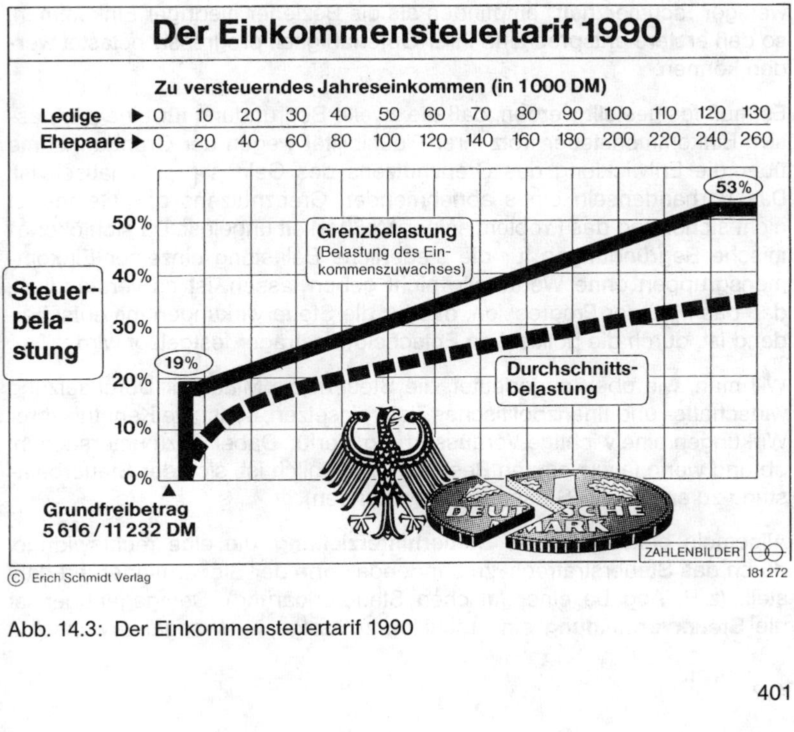

Abb. 14.3: Der Einkommensteuertarif 1990

Mit der 1990 in Kraft getretenen Steuertarifreform wurde der höchste Grenzsteuersatz wieder auf 53 % gesenkt.

Umstritten ist die **Spitzenbelastung** vor allem deswegen, weil es offenbar Grenzen der steuerlichen Belastbarkeit gibt. Würde man sie überschreiten, müßte man mit einer Einschränkung der Leistungsbereitschaft bei den Betroffenen rechnen. Würde der höchste Grenzsteuersatz z. B. 100 % betragen, so würde es sich allein aus finanziellen Gründen nicht mehr lohnen, mehr Einkommen zu erzielen, da jede zusätzliche verdiente Mark an den Staat abzuführen wäre, wenn man unter den Spitzensteuersatz fällt. Dabei ist indes zu beachten, daß bei hohem Einkommen durchaus **nicht-finanzielle Leistungsmotive** (Macht, Prestige) in den Vordergrund treten können, die die negativen Leistungsanreize infolge hoher Grenzsteuersätze abschwächen können.

In diesem Zusammenhang ist auf zwei Begründungen progressiver Einkommensteuertarife einzugehen.

Begründung der Einkommensteuerprogression

(1) Da „Reiche" wegen ihres in bezug auf ihr Einkommen geringen Konsums einen relativ geringen Anteil indirekter Steuern **(Regressionswirkung der indirekten Steuern)** zu tragen haben, sollen sie als Kompensation bei den direkten Steuern überproportional herangezogen werden.

(2) Unter der Voraussetzung eines abnehmenden Grenznutzens des Geldes (also desjenigen Nutzens, den eine zusätzlich verfügbare DM stiftet) werden die Reichen die Besteuerung zusätzlicher Einkommensteile als weniger „schmerzhaft" empfinden als die Bezieher niedriger Einkommen, so daß erstere entsprechend ihrer Opferfähigkeit progressiv belastet werden können.

Es muß festgestellt werden, daß die zweite Begründung für eine progressive Einkommensteuer trotz ihrer Plausibilität wegen der Grundannahme über die Entwicklung des Grenznutzens des Geldes problematisch ist. Das Vorhandensein eines abnehmenden Grenznutzens des Geldes ist nicht sicher und das Problem seiner Meßbarkeit ungelöst. Da sich ökonomische Begründungen für die steuerliche Belastung einzelner Einkommensgruppen ohne Werturteile nicht geben lassen, ist es verständlich, daß das Maß der Progression, das für die Steuerwirkungen mit entscheidend ist, durch die politischen Entscheidungsträger festgelegt wird.

Will man, wie oben angedeutet, die Steuern als Mittel zur Durchsetzung wirtschafts- und finanzpolitischer Ziele einsetzen, so ist die Kenntnis ihrer Wirkungen eine wichtige Voraussetzung hierfür. Dabei ist zu untersuchen, ob und wenn ja wie es den Besteuerten möglich ist, sich der Steuerbelastung zu entziehen (Steuerabwehrwirkungen).

Steuerhinterziehung

Steuervermeidung

Allgemein bekannt ist die **Steuerhinterziehung,** die eine rechtswidrige, durch das Steuerstrafrecht zu ahndende Form der Steuerminderung darstellt (z. B. Abgabe einer falschen Steuererklärung). Demgegenüber ist die **Steuervermeidung** eine rechtlich zulässige, u. U. sogar erwünschte

Form der Steuerminderung. Sie ist zu definieren als eine Einschränkung des steuerlichen Tatbestandes durch den Besteuerten (z. B. durch Einschränkung des Verbrauchs besteuerter Güter, durch Verlegung von Produktionsstätten in „Steueroasen", durch Änderung der Rechtsform von Unternehmen). Bei der **Steuereinholung** versucht der Steuerschuldner, eine wachsende steuerliche Belastung durch eine Steigerung seiner Leistung zu kompensieren. Ein „Zwang" zu einem solchen Verhalten kann vorliegen, wenn man einen erreichten Lebensstandard halten möchte oder wenn man laufende finanzielle Verpflichtungen in relativ großer Höhe zu erfüllen hat. Die wichtigste Steuerwirkung ist die **Steuerüberwälzung,** die man als den gelungenen Versuch des Steuerschuldners bezeichnen kann, ihm auferlegte Steuern im Preisbildungsprozeß auf andere Marktteilnehmer zu verlagern (seinen Nachfragern durch höhere Preise; seinen Lieferanten durch niedrigere Preise). Während man bei den sogenannten indirekten Steuern (Kostensteuern wie Verbrauchsteuern, Mehrwertsteuern usw.) allgemein die Überwälzbarkeit unterstellen kann, ist diese Steuerwirkung bei den direkten Steuern (insbesondere der Einkommensteuer) umstritten. Langfristig lassen sich aber auch hier Überwälzungsprozesse feststellen.

Steuereinholung

Steuerüberwälzung

Tab. 14.2: Abgabenquote im internationalen Vergleich (Steuern und Sozialabgaben in v. H. des BIP)

	1970	1980	1992[1])
Deutschland	32,9	38,2	40,0
Dänemark	40,4	45,5	48,9
Frankreich	35,1	41,7	43,7
Japan	19,7	25,4	30,2
Niederlande	36,7	44,7	46,7
Norwegen	39,3	47,1	46,7
Schweden	40,4	49,1	50,4
Schweiz	23,8	30,8	32,4
USA	29,2	29,3	29,8

1) 1992 einschließlich der neuen Bundesländer.
Quelle: Finanzbericht 1995, S. 343.

Bei der Erörterung der Frage nach dem Maß der steuerlichen Belastung wird immer wieder auf die gesamtwirtschaftliche **Steuerquote** und die gesamtwirtschaftliche **Abgabenquote** (Belastung durch Steuern und Sozialabgaben) im internationalen Vergleich hingewiesen. Hier zeigt sich (vgl. Tab. 14.2), daß die Belastung mit staatlichen Abgaben in Prozent des Bruttosozialproduktes in den skandinavischen Ländern sowie den Niederlanden und Frankreich gegenwärtig am höchsten, in Japan, der Schweiz und den USA am geringsten ist, während die Bundesrepublik einen Mittelplatz einnimmt. Doch bleiben solche Vergleiche wegen der un-

Gesamtwirtschaftliche Maße für die Steuerbelastung

terschiedlichen Berechnungsmethoden und der verschiedenen Steuer- und Sozialversicherungssysteme immer problematisch.

2.2 Andere staatliche Einnahmen

Andere staatliche Einnahmen haben eine geringe Bedeutung

Im Vergleich zu den Steuern haben die anderen Einnahmen der staatlichen Ebenen nur eine untergeordnete Bedeutung. Unter den Erwerbseinkünften versteht man die Einnahmen des Staates, die er durch eigene wirtschaftliche Tätigkeit erzielt (vgl. Abschnitt 1 dieses Kapitels). Seine Funktion als Hoheitsträger ist dabei also unbeachtlich. Da staatliche Betriebe zum Teil nicht am Ziel der Gewinnmaximierung orientiert sind, sondern durch das Prinzip der Kostendeckung soziale Belange Berücksichtigung finden sollen, ist die angesichts des großen öffentlichen Vermögens recht niedrige Einnahme aus wirtschaftlicher Tätigkeit verständlich. Während die Erwerbseinkünfte marktwirtschaftliche Einnahmen darstellen, haben **Gebühren** und **Beiträge** Zwangscharakter. Sie unterscheiden sich aber von den Steuern dadurch, daß der Staat eine spezielle Gegenleistung bietet. Beispiel für Gebühren: Gebühren bei der Ausstellung eines Reisepasses oder bei der Eheschließung; Beispiel für Beiträge: Straßenanliegerbeiträge. Während man sich der Zahlung von Gebühren durch Nichtinanspruchnahme der staatlichen Leistung „entziehen" kann, ist dies bei den Beiträgen nicht möglich. Daneben haben **Kredite,** die die öffentlichen Haushalte zur Deckung ihrer Defizite aufnehmen, erhebliche Bedeutung (vgl. Kap. 15, Abschnitt 2). Diese Kredite zählen ebenfalls zu den staatlichen Einnahmen.

3. Staatsausgaben

3.1 Verteilung der staatlichen Aufgaben

Aus den Einnahmen, die den verschiedenen Gebietskörperschaften zufließen, müssen die Staatsausgaben bestritten werden. Die Höhe der Staatsausgaben wird wesentlich bestimmt durch die von den staatlichen Ebenen wahrzunehmenden **Aufgaben.** Die Verteilung der Aufgaben ist ebenfalls im Grundsatz geregelt:

> Art. 30 (Funktion der Länder)
>
> Die Ausübung der staatlichen Befugnisse und die Erfüllung der staatlichen Aufgaben ist Sache der Länder, soweit dieses Grundgesetz keine andere Regelung trifft oder zuläßt.

Verteilung der staatlichen Aufgaben

In den Grundgesetzartikeln über die Gesetzgebung (Art. 70 ff) ist die Aufgabenverteilung genauer festgelegt. Nach Art. 73 hat der Bund die **ausschließliche Gesetzgebung** beispielsweise über auswärtige Angelegenheiten, Verteidigung, Zivilschutz, Währungs- und Geldwesen, Bundesbahn und Bundespost. Die **konkurrierende Gesetzgebung** hat der Bund über beispielsweise das Bürgerliche Recht und Strafrecht, die öffentliche

Fürsorge, Versorgung der Kriegsbeschädigten und Kriegshinterbliebenen, das Arbeitsrecht, die Regelung der Ausbildungsbeihilfen und die Förderung der wissenschaftlichen Forschung. Sofern also der Bund nicht die ausschließliche Gesetzgebung hat und sofern er im Bereich der konkurrierenden Gesetzgebung nicht tätig geworden ist, erfüllen die Länder alle staatlichen Aufgaben. Den Gemeinden muß dabei das Recht gewährleistet sein, alle Angelegenheiten der örtlichen Gemeinschaft im Rahmen der Gesetze in eigener Verantwortung zu regeln.

Obwohl die Länder grundsätzlich die staatlichen Aufgaben zu erfüllen haben, ist auch in der Bundesrepublik eine zunehmende Zentralisierung von Aufgaben beim Bund festzustellen. Bei bestimmten Aufgaben wirkt der Bund bei der Erfüllung von Aufgaben der Länder mit, wenn diese Aufgaben für die Gesamtheit bedeutsam sind und die Mitwirkung des Bundes zur Verbesserung der Lebensverhältnisse erforderlich ist. Derartige Vorhaben nennt man **Gemeinschaftsaufgaben.** Zu ihnen gehören der Ausbau und Neubau wissenschaftlicher Hochschulen, die Verbesserung der regionalen Wirtschaftsstruktur sowie die Verbesserung der Agrarstruktur und des Küstenschutzes (Art. 91 a Grundgesetz). Es ist darauf hinzuweisen, daß der Bund über die Gemeinschaftsaufgaben und sonstige Finanzzuweisungen Höhe und Struktur der Ausgaben der nachgeordneten Gebietskörperschaften z. T. nicht unwesentlich mitbestimmt. Dies ist gerade für die Diskussion evtl. auftretender Folgekosten von Bedeutung.

Aus der Verteilung der Aufgaben ergibt sich die Verteilung der Ausgaben nach Art. 104a Grundgesetz.

Verteilung der Staatsausgaben

Art. 104 a (Lastenverteilung)

(1) Der Bund und die Länder tragen gesondert die Ausgaben, die sich aus der Wahrnehmung ihrer Aufgaben ergeben, soweit dieses Grundgesetz nichts anderes bestimmt.

(2) Handeln die Länder im Auftrage des Bundes, trägt der Bund die sich daraus ergebenden Ausgaben.

3.2 Entwicklung der Staatsausgaben

Die Entwicklung der Staatsausgaben nach verschiedenen Aufgabenbereichen ist in Tabelle 14.3 dargestellt. Zur Erhöhung der Aussagekraft dieser Zahlen sind sie auf Prozent-Angaben umgerechnet. Zu Vergleichszwecken sind die Staatsausgaben pro Kopf der Bevölkerung sowie die **Staatsquote,** d. h. der Anteil der Staatsausgaben am Bruttosozialprodukt, angegeben. Es muß aber beachtet werden, daß die Ausgaben in laufenden Preisen ermittelt werden. In den Zahlen sind also Verzerrungen infolge von Preissteigerungen enthalten. Außerdem gibt es immer wieder Änderungen in der Statistik (z. B. die Einbeziehung der Sozialversicherung in die Staatsausgaben), die zu einer eingeschränkten intertemporalen Vergleichbarkeit führen (z. B. ändern sich die Anteilswerte in Tabelle 14.2 wegen der Ausgaben für die soziale Sicherung ab 1980 erheblich).

Besonders bemerkenswert ist das ständige Ansteigen aller Staatsausgaben, sowohl absolut wie auch relativ zum Sozialprodukt.

Seit der Wiedervereinigung sind die Ausgaben aller öffentlichen Haushalte weiter angestiegen. Sie beliefen sich im Jahre 1993 auf 1.688 Mrd. DM. Davon entfielen auf Personalausgaben 336 Mrd. DM, auf laufenden Sachaufwand 157,5 Mrd. DM, für laufende Zuschüsse 338 Mrd. DM, für Zinsausgaben 102,5 Mrd. DM, auf Sachinvestitionen 101 Mrd. DM sowie auf Finanzierungshilfen 83 Mrd. DM. Zusätzlich tätigten die Sozialversicherungsträger 668,5 Mrd. DM an Ausgaben. Von allen Ausgaben wurden 130 Mrd. DM über Kredite finanziert (vgl. Monatsberichte der DEUTSCHEN BUNDESBANK, Nr. 3 1995, S. 53*).

„Gesetz der wachsenden Ausdehnung der Staatstätigkeiten"

A. WAGNER[2]) hat aus dieser Beobachtung schon im vergangenen Jahrhundert ein „Gesetz der wachsenden Ausdehnung der Staatstätigkeiten" abgeleitet. Die Tendenz steigender Staatsausgaben setzt sich auch in der Gegenwart fort, weil dem Staat neue Aufgabengebiete zuwachsen (Umweltschutz, Bildungsreform, Ausbildungsförderung, Verbesserung der Infrastruktur, Finanzierung der Integration in der Europäischen Union). Selbst wenn die Aufgaben konstant blieben, würden die Ausgaben längerfristig wachsen, weil der Staat als Dienstleistungsbetrieb weniger Möglichkeiten für Rationalisierungen besitzt und die vom Staat ausgeübte Nachfrage (z. B. nach Bauleistungen) besonders starken Preissteigerungen gegenübersteht.

Die vorstehende Übersicht zur Entwicklung der Staatsausgaben ist nach Aufgabenbereichen aufgeschlüsselt. Andere Systematisierungen sind aus Zweckmäßigkeitsgründen und politisch-pragmatischen Gründen möglich. Dabei sind die Systematik nach **volkswirtschaftlichen Wirkungsmerkmalen** und die Systematik nach **Merkmalen einer Produktivitätsänderung** von besonderer Bedeutung.

Bei der Ordnung der Ausgaben nach **Wirkungsmerkmalen** im volkswirtschaftlichen Produktions- und Verteilungsprozeß wird zwischen **Verwaltungsleistungen** (Leistungsentgelte, Käufe, Realausgaben, Transformationsausgaben) und Geldleistungen (Transferzahlungen im weitesten Sinne) unterschieden. Bei ersteren handelt es sich um Entgelte für die Inanspruchnahme von Leistungen der Faktor- und Gütermärkte, die dann dem privaten Sektor nicht mehr zur Verfügung stehen. Beispiele sind Per-

2) ADOLPH WAGNER (1835–1917), deutscher Nationalökonom und Finanzwissenschaftler, führender Vertreter des Kathedersozialismus. Im Gegensatz zum strengen Wirtschaftsliberalismus traten die Kathedersozialisten als Sozialreformer für eine staatliche Sozialpolitik ein.

Tab. 14.3: Entwicklung der Staatsausgaben in der Bundesrepublik nach Aufgabenbereichen – in Milliarden DM (in Klammern: in % der Gesamtausgaben)

Rechnungsjahr	1961	1970	1980[1])	1991
Verteidigung	13,2 (13,9)	19,8 (10,1)	40,9 (5,5)	55,5 (3,8)
Öffentliche Sicherheit und Rechtsschutz	3,7 (3,9)	7,9 (4,0)	22,2 (3,0)	35,0 (2,4)
Schulen, Hochschulen, übriges Bildungswesen	8,2 (8,6)	24,8 (12,6)	73,0 (9,9)	107,8 (7,5)
Wissenschaft, Forschung, Entwicklung außerhalb der Hochschulen	1,4 (1,5)	2,8 (1,4)	9,7 (1,3)	15,0 (1,0)
Kulturelle Angelegenheiten	1,1 (1,1)	2,1 (1,1)	5,1 (0,7)	11,1 (0,8)
Soziale Sicherung	22,2 (23,3)	40,3 (20,5)	339,1 (45,7)	893,5 (61,9)
Gesundheit, Sport, Erholung	3,8 (4,0)	10,1 (5,2)	32,3 (4,4)	52,7 (3,7)
Wohnungswesen, Raumordnung	7,6 (8,0)	10,7 (5,5)	31,2 (4,2)	20,7 (1,4)
Wirtschaftsförderung	6,3 (6,6)	14,4 (7,3)	29,2 (3,9)	41,4 (2,9)
Verkehr und Nachrichtenwesen	6,9 (7,2)	17,6 (9,0)	31,3 (4,2)	37,0 (2,6)
Sonstige	20,9 (21,9)	45,7 (23,3)	126,6 (17,1)	173,2 (12,0)
insgesamt	95,3 (100,0)	196,3 (100,0)	741,3 (100,0)	1442,9 (100,0)
Vergleichsgrößen:				
Staatsausgaben pro Kopf (in DM)	1696	3194	12042	17830
Bruttosoialprodukt (in Mrd. DM)	332,6	675,7	1485,2	2882,0
Staatsquote = Anteil der Staatsausgaben am Bruttosozialprodukt	31,3 %	29,1 %	49,9 %	50,1 %

1) Ab 1974 einschließlich Sozialversicherung, der kommunalen Zweckverbände sowie Finanzvorfälle der Europäischen Gemeinschaften.
Ab 1979 einschließlich der kommunalen und staatlichen Krankenhäuser.
Quelle: Statistisches Jahrbuch für die Bundesrepublik Deutschland, verschiedene Jahrgänge.

Systematisierung staatlicher Ausgaben nach volkswirtschaftlichen Wirkungsmerkmalen

sonalausgaben (Beamte, Arbeiter und Angestellte des öffentlichen Dienstes) sowie Ausgaben für den laufenden Bedarf (Bürobedarf, Energie, Wartungskosten etc.) und für Investitionszwecke. Bei den **Transferzahlungen** ist demgegenüber eine unmittelbare Gegenleistung nicht erkennbar. Statt dessen handelt es sich um eine Umleitung von Kaufkraft ohne Schaffung zusätzlicher Einkommen. Dabei werden Transfers im engeren Sinne an private Haushalte (z. B. Sozialleistungen) ebenso einbezogen wie Pensionen und Zinszahlungen. Hinzu kommen noch Subventionen an Unternehmen (z. B. Zuschüsse für Umweltschutzmaßnahmen, Wettbewerbshilfen für die Werftindustrie etc.).

Allerdings ist die Zuordnung in diesem Schema nicht immer schlüssig: Erwirbt der Staat ein Grundstück, resultiert daraus keine Erhöhung des Volkseinkommens. Bei der Gewährung von BAföG als Darlehen wird eine Transferwirkung erst dann erzielt, wenn der Staat auf eine marktübliche Verzinsung verzichtet.

Insgesamt bietet diese Klassifikation zentrale Ansatzpunkte für eine wirkungsbezogene Beurteilung staatlicher Ausgaben in bezug auf die gesamtwirtschaftlichen Ziele, wobei die Nachfragewirkungen verschiedener staatlicher Ausgaben (Multiplikatoreffekte) von besonderer Bedeutung sind.

Systematisierung staatlicher Ausgaben nach Merkmalen einer Produktivitätsänderung

Bei der Gliederung staatlicher Ausgaben nach Merkmalen einer **Produktivitätsänderung** ist ähnlich wie zuvor zwischen Ausgaben für Güter und Dienste und Transferausgaben zu unterscheiden. **Die Ausgaben für Güter und Dienste** umfassen Investitionen zum Zwecke der Sachkapitalbildung (materielle Infrastruktur), Ausgaben zum Aufbau und zur Erhaltung immateriellen Kapitals (personelle Infrastruktur, Bildungsbereich) und für die institutionelle Infrastruktur (Beispiel: Ausgaben für das Rechtswesen). All diesen Ausgaben wird eine besondere Bedeutung in bezug auf gesamtwirtschaftliche Produktivitätssteigerungen beigemessen. Außerdem gehört zu dieser ersten Kategorie der **Staatsverbrauch,** d. h. laufende Sach- und Personalausgaben sowie Ausgaben für militärische Zwecke. Staatlichen Konsumausgaben wird kein besonderer Produktivitätsbeitrag zugesprochen.

Zu den **Transferausgaben** zählen die Sozialtransfers, die Zinszahlungen für öffentliche Schulden, die Subventionen und schließlich die Finanzinvestitionen (Kapitalbeteiligung bei öffentlichen Unternehmen). Auch von diesen Ausgaben wird kein unmittelbarer Beitrag zur Produktivitätssteigerung erwartet.

Problematisch ist dieser Ansatz aus folgenden Gründen:

(1) Das Ausmaß der „Produktivität" staatlicher Ausgaben ist nicht ohne weiteres bestimmbar. Es käme auf einen in der Praxis nicht durchführbaren Vergleich mit dem gesellschaftlichen Wert alternativer (privater) Güterverwendung an.

(2) Nach vorherrschender Meinung besitzen Konsumausgaben im Vergleich zu Investitionsausgaben des Staates eine geringere Wertigkeit. Selbst wenn man davon ausgeht, daß staatliche Konsumausgaben volkswirtschaftlich nicht immer sinnvoll sind, ist offenkundig, daß Investitionen für ihre volle Nutzung konsumtive Ausgaben (Folgekosten) nach sich ziehen. Je höher der staatliche Kapitalstock ist, um so höher müssen auch die laufenden Ausgaben (Konsumausgaben) veranschlagt werden.

(3) Es ist umstritten, welche Ausgaben des Staates investiven Charakter haben. Aus politischen Gründen ist man bemüht, den Investitionsbegriff sehr eng zu fassen. Dadurch soll die staatliche Kreditaufnahme begrenzt werden, die nach Art. 115 GG die Summe der im jeweiligen jährlichen Haushaltsplan veranschlagten Ausgaben für Investitionen nicht überschreiten darf. Insbesondere im Bildungsbereich führt dies zu unbefriedigenden Ergebnissen, da zwar Schul- und Hochschulbauten Investitionen darstellen, die Lehrer- und Professorengehälter dagegen als staatlicher Konsum klassifiziert werden. Von der Tätigkeit von Lehrern und Professoren dürfte jedoch im allgemeinen eine investive Wirkung – in Humankapital – ausgehen.

C. Arbeitsaufgaben

1) Erläutern Sie die folgenden Begriffe:

- *Steuern,*
- *Steuertarif,*
- *Erwerbseinkünfte*
- *Gemeinschaftsaufgaben.*

2) Nennen Sie wichtige Steuerarten, die in der Bundesrepublik Deutschland dem Bund zustehen, und solche, die den Ländern und Gemeinden zustehen. Halten Sie diese Aufteilung für sinnvoll? Mit welchen Argumenten würden Sie eine andere Verteilung befürworten?

3) Zeichnen Sie einen Steuertarif, der

- *proportional,*
- *progressiv,*
- *regressiv*

ist. Wie kann steuertechnisch aus einem proportionalen ein progressiver Tarif gemacht werden?

4) Erörtern Sie Ihnen bekannte Steuerabwehrwirkungen.

5) Welche Probleme wirft ein hoher Grenzsteuersatz auf?

6) Wie würden Sie eine progressive Einkommensteuer begründen?

7) *Die derzeitige Aufgabenverteilung zwischen Bund und Ländern wird mit dem föderativen Prinzip begründet. Welche Aufgaben würden Sie lieber anders zugeordnet sehen?*
8) *Ein steigender Anteil der Staatsausgaben am Sozialprodukt berührt das Verhältnis zwischen privatem und öffentlichem Konsum. Wie sehen und beurteilen Sie diesen Zusammenhang?*
9) *Wie läßt sich das langfristig zu beobachtende relative Wachstum der Staatsausgaben (gemessen als Prozentanteil am Sozialprodukt) erklären?*
10) *Erörtern Sie mögliche Systematisierungen öffentlicher Ausgaben.*

Lösungsvorschläge für die Arbeitsaufgaben im „Übungsbuch zu Grundlagen und Probleme der Volkswirtschaft"

D. Literatur

Einführende, mäßig umfangreiche Darstellungen des Gesamtgebietes der Finanzwissenschaft sind:

PEFFEKOVEN, Rolf, Einführung in die Grundbegriffe der Finanzwissenschaft, 3., überarb. Aufl., Darmstadt 1993

PETERSEN, Hans-Georg, Finanzwissenschaft I, 3. Aufl., Stuttgart u. a. O. 1993; Finanzwissenschaft II, Stuttgart u. a. O. 1988

ZIMMERMANN, Horst, HENKE, Klaus-Dirk, Finanzwissenschaft. Eine Einführung in die Lehre von der öffentlichen Finanzwirtschaft, 7., völlig überarb. u. erw. Aufl., München 1994.

Einen ausführlichen Überblick über die Steuern in der Bundesrepublik gibt die kostenlose Broschüre:

UNSERE STEUERN von A–Z, hrsg. vom Bundesminister der Finanzen, Reihe: Bürger-Informationen, Bonn 1993.

Einen knappen Überblick über die Finanzverfassung der Bundesrepublik gibt:

LAMPERT, Heinz, Die Wirtschafts- und Sozialordnung der Bundesrepublik Deutschland, 11. Aufl. München, Wien 1992.

Die möglichen Systematisierungen öffentlicher Ausgaben beschreibt

DICKERTMANN, Dietrich, Die Systematisierung öffentlicher Ausgaben nach volkswirtschaftlichen Merkmalen I u. II, das Wirtschaftsstudium (WISU), H. 2 u. 3 1991, S. 122–126 u. S. 190–194.

Über wichtige volkswirtschaftliche Grundlagen und Probleme der öffentlichen Finanzwirtschaften von Bund, Ländern und Gemeinden sowie die Finanzen der Europäischen Gemeinschaften informiert der FINANZBERICHT (jährlich), hrsg. v. Bundesminister der Finanzen.

15. Kapitel
Staatshaushalt und Staatsverschuldung – Grundlagen der sozialen Sicherung

A. Lernzielorientierte Leitfragen und Fragenkomplexe

Leitfrage:
Was ist ein Haushaltsplan, und welche Prinzipien sind bei seiner Aufstellung zu beachten?

- *Was versteht man unter einem Haushaltsplan?*
- *Welchen Kreislauf durchläuft ein Haushalt?*
- *Welche Prinzipien gelten für die Aufstellung des Haushaltsplanes?*
- *Welche Struktur weist der Bundeshaushaltsplan auf?*

Leitfrage:
Welche Probleme ergeben sich im Zusammenhang mit der Kreditfinanzierung eines Haushaltes?

- *Wie entwickelt sich die Staatsverschuldung in der Bundesrepublik?*
- *Gibt es juristische oder wirtschaftliche Grenzen der Staatsverschuldung?*

Leitfrage:
Nach welchen Grundprinzipien ist die soziale Sicherung in der Bundesrepublik gestaltet?

- *Warum ist soziale Sicherung notwendig?*
- *Sollte die Sicherung der Menschen durch Eigenvorsorge oder kollektive Vorsorge erfolgen?*
- *Welche Inhalte hat das Sozialprinzip?*

Leitfrage:
Durch welche wichtigen Bereiche läßt sich das System der sozialen Sicherung in der Bundesrepublik charakterisieren?

- *Wer gehört zum versicherten Personenkreis?*
- *Wie ist die Finanzierung geregelt?*
- *Welche Leistungen sind vorgesehen?*

B. Sachanalyse

1. Staatshaushalt

Die geplanten (erwarteten) Einnahmen sowie die geplanten (erwarteten) Ausgaben werden im Staatshaushaltsplan (Staatsbudget) gegenübergestellt. Bei den Gemeinden hat sich dafür der Begriff der Haushaltssatzung eingebürgert. Die nachträglich erfaßten Ist-Zahlen nach Ablauf der Haushaltsperiode (in der Regel ein Jahr, möglich sind aber auch zwei Jahre) werden in der Haushaltsrechnung der jeweiligen Gebietskörperschaft zusammengefaßt. Um demokratischen Erfordernissen zu genügen, müssen bei der Aufstellung der Haushaltspläne gewisse Prinzipien beachtet werden. Durch das Prinzip der Öffentlichkeit soll gewährleistet werden, daß sich alle Stadien des Haushaltskreislaufes im Lichte der Öffentlichkeit abspielen, so daß sich jeder interessierte Staatsbürger ein Bild davon verschaffen kann. Als Haushaltskreislauf bezeichnet man den gesetzlich vorgeschriebenen Weg des Haushaltes. Drei Phasen können unterschieden werden:

Begriffe Haushaltsplan, Haushaltssatzung, Haushaltsrechnung

Haushaltsgrundsätze

(1) Aufstellung des Haushaltsplanes;

(2) Vollzug;

(3) Kontrolle und Entlastung.

Phasen des Haushaltskreislaufes

In der ersten Phase geben zunächst die einzelnen Ministerien ihre Anforderungen an das Finanzministerium. Der Finanzminister prüft diese Voranschläge und erstellt - unter Berücksichtigung seiner finanziellen Möglichkeiten (die wesentlich durch Steuerschätzungen bestimmt sind) - den Haushaltsplanentwurf, der dem Kabinett vorgelegt wird. Das Bundeskabinett prüft den Entwurf, nimmt gegebenenfalls Korrekturen vor (wobei der Finanzminister nur durch den Bundeskanzler überstimmt werden kann) und gibt den Entwurf als Gesetzesvorlage an die gesetzgebenden Organe, also an den Bundestag und den Bundesrat, wobei das Haushaltsgesetz in der Regel nicht der Zustimmung des Bundesrates bedarf. Durch den Beschluß des Bundestages (nach vorausgegangenen „Lesungen“) erlangt die Vorlage Gesetzeskraft. Damit tritt der Haushaltsplan in seine zweite Phase ein. Beim Vollzug des Haushaltsplanes hat die Bundesregierung grundsätzlich die Aufgabe, den Beschluß des Gesetzgebers zu erfüllen (Bindung der Exekutive an die Legislative), allerdings muß die Bundesregierung die vorgesehenen Ausgaben nur dann tätigen, wenn besondere andere Gesetze (z.B. Besoldungsgesetze) sie dazu verpflichten. Haushaltsüberschreitungen bedürfen einer besonderen Legitimation. Die Kontrolle des Haushaltsplanes erfolgt als begleitende Kontrolle und als nachfolgende Kontrolle. Von besonderer Bedeutung ist die nachfolgende Kontrolle, die in erster Instanz vom Bundesrechnungshof durchgeführt wird, der einen Prüfungsbericht erstellt. Auf der Grundlage dieses Berichtes erfolgt die parlamentarische Kontrolle. Der Haushaltskreislauf endet mit der Entlastung der Regierung durch Bundestag und Bundesrat.

Prinzipien der Klarheit, Genauigkeit und Spezialität

Ähnlichen Zielen wie dem Grundsatz der Öffentlichkeit dienen auch die Haushaltsprinzipien der Klarheit und der Genauigkeit. Eine besondere Rolle hat der Grundsatz der Spezialität erlangt. Danach dürfen die bewilligten Ausgaben grundsätzlich nur in der bewilligten Höhe, nur für den vorgesehenen Zweck und nur in der vorgesehenen Periode ausgegeben werden. Um den Haushaltsvollzug – auch aus konjunkturpolitischen Gründen - nicht durch zuviel Formalismen zu starr werden zu lassen, gibt es von dem Budgetgrundsatz der Spezialität viele Ausnahmen.

Bundeshaushalt 1994

Abbildung 15.1 gibt einen zusammenfassenden Überblick über die Struktur des Bundeshaushaltes 1994. Die Abbildung zeigt, daß 1994 78,3 % der 480 Milliarden DM umfassenden Gesamtausgaben des Bundes durch Steuern finanziert werden; nur 7,3 % werden durch Erwerbseinkünfte des Bundes (z. B. durch Gewinne der Bundespost und Dividenden aus Industriebeteiligungen) und 14,4 % der Gesamtausgaben durch eine Nettokreditaufnahme (neuaufgenommene Kredite minus zurückgezahlte Kredite) finanziert. Bei den Ausgaben dominieren die Ausgaben für Arbeit und Soziales mit 27,1 %, gefolgt von den Aufwendungen für die Bundesschuld (14 %). Die Ausgaben für Verteidigung machen 10,2 % der Gesamtausgaben. Ob der Anteil der Ausgaben für Bildung, Wissenschaft und Forschung für ein vom Technologietransfer abhängiges Land wie der Bundesrepublik ausreichend ist, muß u. E. bezweifelt werden.

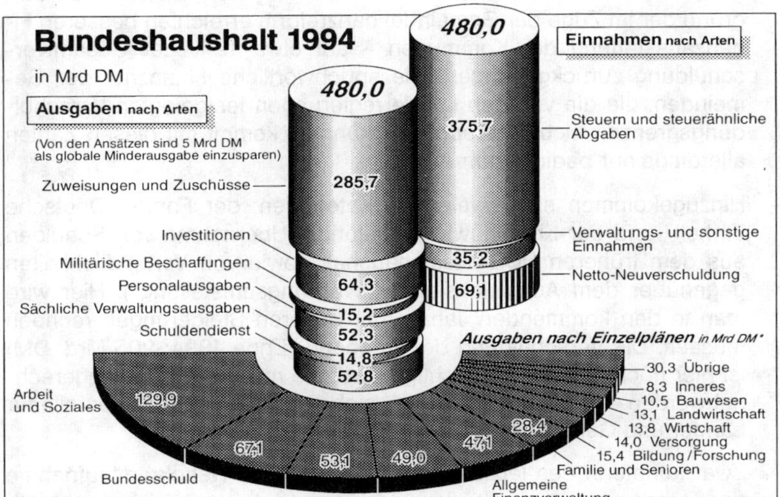

Abb. 15.1: Der Bundeshaushalt 1994

2. Staatsverschuldung

2.1 Entwicklung der öffentlichen Verschuldung

Verschuldung der Gebietskörperschaften

Bei der Planung der Staatseinnahmen und -ausgaben wird es nur selten zu einem in Einnahmen und Ausgaben ausgeglichenen Budget kommen. Ende der 50er Jahre wurden in den Bundeshaushalten Überschüsse erzielt, die auf Konten bei der Zentralbank gehalten wurden. Heute ist dagegen die Regel, daß der Staat Kredite aufnehmen muß, um seinen Haushalt auszugleichen. Aus Tabelle 15.1 geht die Höhe der Staatsverschuldung der staatlichen Ebenen in der Bundesrepublik Deutschland hervor.

Die Entwicklung der öffentlichen Verschuldung in der Bundesrepublik Deutschland zeigt einige bemerkenswerte Tendenzen.

- Sie ist im gesamten Zeitraum von 1950 bis 1994 gestiegen. Besonders stark war der Zuwachs im letzten Jahrzehnt: Von 1980 auf 1994 hat sich die Gesamtverschuldung mehr als verdreifacht.
- Der Anteil des Bundes an der Gesamtverschuldung hat auf über 50 % zugenommen, wenn man ihm die Fonds für „Deutsche Einheit" und den „Kreditabwicklungsfonds" zurechnet.
- Die Aufgabenverteilung und -verlagerung spiegelt sich auch in den Zahlen für die Länder wider. Ihr Anteilswert sank bis Mitte der 60er Jahre relativ stark, um dann wieder leicht anzusteigen.
- Die Verschuldung der Gemeinden hat Anfang der 70er Jahre ihren relativen Höhepunkt erreicht. Seitdem ist ihr Anteil – sicher auch aufgrund der im Zuge der Gemeindefinanzreform erreichten besseren Finanzausstattung der Kommunen – auf etwa 12 % der Gesamtverschuldung zurückgegangen. Die sprichwörtliche Finanznot der Gemeinden, die die von den Länderregierungen festgelegten Verschuldungsgrenzen nicht überspringen können, kommt mit diesen Zahlen allerdings nur bedingt zum Ausdruck.
- Hinzugekommen sind zwei neue Kategorien: der Fonds „Deutsche Einheit" und der Kreditabwicklungsfonds (Übernahme von Schulden aus dem früheren DDR-Staatshaushalt sowie von Verbindlichkeiten gegenüber dem Ausgleichsfonds „Währungsumstellung"). Hier wird man in den kommenden Jahren mit weiteren Steigerungen rechnen müssen. Die Verschuldung der Treuhand (Ende 1994: 205 Mrd. DM) ist hier noch nicht berücksichtigt. Auch sie muß dem Bund zugerechnet werden. Im übrigen reduzieren sich dadurch die Prozentanteile für Länder und Gemeinden.
- Zwar konnte in den letzten Jahren die jährliche Nettokreditaufnahme des Bundes verringert werden, doch wurde dies teilweise erst durch die dem Bund seit 1981 zugeflossenen Bundesbankgewinne möglich. Folgende Gewinnanteile wurden an den Bund abgeführt (in Milliarden DM): Von 1981 bis 1990 insgesamt 83,3; 1991: 8,3; 1992: 14,5; 1993:

13,1; 1994: 18,3; 1995: 10,2. Möglicherweise wurden durch die zum Teil reichlich geflossenen Bundesbankgewinne die Konsolidierungsbemühungen des Bundes unterlaufen.

2.2 Grenzen der Staatsverschuldung

In diesem Zusammenhang können wir kurz auf die Frage nach den Grenzen der Staatsverschuldung eingehen. Zunächst ist festzustellen, daß der Staat für jeden Kredit, den er aufnehmen möchte, eine gesetzliche Ermächtigung braucht, die in der Regel im Haushaltsplan enthalten ist und die auf Art. 115 des Grundgesetzes beruht:

Tab. 15.1: Verschuldung der Gebietskörperschaften in der Bundesrepublik Deutschland (Stand am Jahresende in Mrd. DM, bzw. in Prozent der Gesamtverschuldung)

Jahr	Gesamt	Bund	Länder	Gemeinden	Bundesbahn, ERP-Sondervermögen	Fonds Deutsche Einheit	Kreditabwicklungsfonds
1950	20,6	7,3	12,8	0,5	–	–	–
1955	40,9	17,9	15,5	4,7	2,8	–	–
1960	51,2	22,6	14,7	11,2	3,7	–	–
1965	82,5	33,0	17,0	25,8	6,7	–	–
1970	125,9	47,3	27,9	40,3	10,4	–	–
1975	250,8	108,5	67,0	68,8	6,5	–	–
1980	469,1	232,3	137,3	96,2	3,3	–	–
1985	760,2	390,8	247,4	113,7	8,3	–	–
1990	1.052,5	542,2	328,5	124,9	9,5	19,8	27,6
1994	1.653,7	712,5	469,6	181,0	99,3	89,2	102,4
1950	100	35,3	62,3	2,4	–	–	–
1955	100	43,6	37,9	11,4	7,1	–	–
1960	100	43,3	28,2	21,4	7,1	–	–
1965	100	39,8	21,0	31,1	8,1	–	–
1970	100	37,6	22,1	32,0	8,3	–	–
1975	100	43,3	26,7	27,4	2,6	–	–
1980	100	49,5	29,3	20,5	0,7	–	–
1985	100	51,4	32,5	15,0	1,1	–	–
1990	100	51,5	31,2	11,9	0,9	1,9	2,6
1994	100	43,1	28,4	10,9	6,0	5,4	6,2

Quelle: Monatsberichte der Deutschen Bundesbank, April 1995, S. 56 ff.
Ab 1990 einschließlich der ostdeutschen Länder und Gemeinden.
Die Angaben für die Gemeinden (1994) sind vorläufig.

> Art. 115, Abs. 1 GG: Die Aufnahme von Krediten sowie die Übernahme von Bürgschaften ..., die zu Ausgaben in künftigen Rechnungsjahren führen können, bedürfen einer ... Ermächtigung durch Bundesgesetz. Die Einnahmen aus Krediten dürfen die Summe der im Haushaltsplan veranschlagten Ausgaben für Investitionen nicht überschreiten; Ausnahmen sind nur zulässig zur Abwehr einer Störung des gesamtwirtschaftlichen Gleichgewichts.

Diese seit 1969 geltende Neufassung von Art. 115 GG stellte insoweit einen Fortschritt dar, als sie konjunkturpolitischen Erfordernissen bei der staatlichen Verschuldungspolitik **(situationsbezogene** Verschuldung) Rechnung trug. Institutionell-rechtliche Grenzen können aber jederzeit geändert werden, so daß eine Begrenzung der Staatsverschuldung von daher nicht erwartet werden kann.

Gegenwärtig sind in der Bundesrepublik die Grenzen der Staatsverschuldung nicht erreicht

Vielmehr hat die Frage nach den Grenzen der Staatsverschuldung nur dann einen Sinn, wenn man sie **ökonomisch** versteht. Zunächst einmal kann die Höhe der staatlichen Verschuldung in Beziehung zur Höhe des Sozialproduktes gesetzt werden. Steigt die Schuld in gleichem Maße wie das Sozialprodukt, bleibt die Belastung für die Volkswirtschaft als Ganzes gleich. Das mit steigendem Sozialprodukt ebenfalls – teilweise sogar überproportional – wachsende Steueraufkommen befähigt den Staat, die Zins- und Tilgungsleistungen **(Schuldendienst)** für die steigende Staatsschuld zu erbringen. Problematisch wäre die Staatsverschuldung nur, wenn sie wesentlich schneller als Sozialprodukt und Steueraufkommen wachsen würde. Dabei ist allerdings die jeweilige gesamtwirtschaftliche Lage zu beachten. Wenn die zusätzlichen Staatsschulden für die Bekämpfung einer Rezession eingesetzt werden, scheint eine staatliche Kreditnahme sogar geboten, um zusätzliche beschäftigungswirksame Staatsausgaben finanzieren zu können. Die Zins- und Tilgungszahlungen könnten aus dem nach erfolgreicher Bekämpfung des wirtschaftlichen Niedergangs wieder reichlicher fließenden Steueraufkommen geleistet werden. Erst, wenn infolge hoher Zinsen und Tilgungen die Freiheit der Budgetgestaltung merklich eingeengt würde, könnte die Grenze für weitere staatliche Kreditnahmen erreicht werden. Dies gilt eher für die nachgeordneten Gebietskörperschaften als für den Bund, der sich eigene Einnahmen (Steuern) leichter verschaffen kann. Im Bundeshaushalt 1994 sind Zinsen auf die Bundesschuld in Höhe von 67,1 Mrd. DM (gleich 14,4 % aller Ausgaben) veranschlagt worden. In den nächsten Jahren dürfte die Zinsquote weiter ansteigen und 20 % erreichen, eine insgesamt kritische Marke. Denn: Jede Mark, die für Zinsen ausgegeben werden muß, steht für andere Zwecke (Schulbau, Umweltschutz, Verwaltungsleistungen usw.) nicht zur Verfügung. Die Handlungsfähigkeit des Bundes wird zunehmend eingeschränkt.

Eine Grenze könnte auch dann gegeben sein, wenn durch die staatliche Kreditaufnahme private Investitionsgüternachfrage tendenziell verdrängt würde (vgl. 12. Kapitel). Hohe staatliche Kreditaufnahme führt c.p. zu steigenden Zinsen auf dem Kapitalmarkt. Wenn die privaten Investitionen zinselastisch sind, bedeutet der Zinsanstieg tendenziell einen Rückgang der privaten Investitionen. Die damit erneut angesprochene **Crowding-out-Hypothese** setzt allerdings voraus, daß die kreditfinanzierten Staatsausgaben eine niedrigere gesamtwirtschaftliche Produktivität aufweisen als die privaten Investitionen. Damit hängt die Antwort auf die Frage nach der Grenze der staatlichen Kreditaufnahme stark von der jeweiligen Verwendung der Kreditmittel ab.

Ein oft vorgebrachtes Argument besteht darin, daß es für den Staat deswegen keine Grenze der Staatsverschuldung gebe, weil er de facto – in den meisten Ländern auch de jure – selbst in unbegrenzter Menge Geld drucken könne. Das ist zwar juristisch richtig und möglich (auch wenn in der Bundesrepublik auf Grund der im Zuge der Finanzierung beider Weltkriege gemachten Erfahrungen der „Zugang" zur Notenbank erheblich erschwert wurde und von ihr prinzipiell nur **Kassenkredite** gewährt werden [bis 1994][1]) durften), da aber eine unbegrenzte Geldvermehrung einen inflatorischen Prozeß in Gang setzt, besteht hier eine ökonomische Grenze (vgl. Kapitel 25).

Innere und äußere Verschuldung

Bei der staatlichen Kreditaufnahme ist weiterhin die Unterscheidung zwischen **innerer** (gegenüber inländischen Gläubigern) und **äußerer Verschuldung** (gegenüber dem Ausland) von Bedeutung. Während bei der inneren Verschuldung der Schuldendienst in inländischer Währung zu leisten ist, ist die äußere Verschuldung meistens in ausländischer Währung aufgenommen worden, so daß der Schuldendienst in einem Geld (Devisen) zu bezahlen ist, das die Zentralbank des betreffenden Landes nicht selbst schaffen kann. Vielmehr muß er erst durch Exporte und/oder Kapitalimporte (vgl. Kapitel 21) verdient werden. Vor dieser Situation stehen viele Entwicklungsländer und Schwellenländer (internationale Schuldenkrise), während für die Bundesrepublik ein Anteil von etwa 33 % Auslandsschulden (z. T. auf DM lautend) „ungefährlich" ist. Bei der gegenwärtigen Pro-Kopf-Staatsschuld in der Bundesrepublik Deutschland in Höhe von etwa 20.520,– DM im Jahre 1994 (einschließlich der Treuhandanstalt: 23.000,– DM) besteht kein Anlaß zur Sorge. Im internationalen Vergleich schneidet die Bundesrepublik damit verhältnismäßig gut ab. Dabei ist allerdings zu berücksichtigen, daß sich im Zuge der Währungsreform von 1948 der Staat vom größten Teil seiner Verpflichtungen befreien konnte. Im übrigen kann darauf hingewiesen werden, daß es sich bei der Staatsverschuldung um Nominalzahlen handelt. Im Laufe des Geldentwertungsprozesses entledigt sich der Staat – bei sinkenden Realwerten – eines Teils seiner Verpflichtungen gewissermaßen von selbst.

1) Mit dem Inkrafttreten der 2. Stufe der europäischen Wirtschafts- und Währungsunion am 1. 1. 1994 ist die Kreditaufnahme öffentlicher Stellen bei der Zentralbank untersagt worden.

3. Grundlagen der sozialen Sicherung

Ein konstituierendes Element der Sozialen Marktwirtschaft ist das System der sozialen Sicherung. Die „Wechselfälle des Lebens" wie Krankheit, Unfall, Invalidität, Mutterschaft, Kinderreichtum, Arbeitslosigkeit, Alter oder Vermögensverluste können die materielle Grundlage für ein menschenwürdiges Leben gefährden. Entweder versiegen die Einkommensquellen (Alter, Arbeitslosigkeit, Vermögensverlust) oder die Ausgaben übersteigen die Finanzierungsmöglichkeiten (Kinderreichtum). In anderen Fällen (Krankheit, Unfall, Invalidität, Mutterschaft) werden oft beide Seiten des Haushaltsbudgets berührt: Es kommt zu Einkommensausfällen und zusätzlichen Ausgaben. Sozialleistungen setzen an dieser Stelle an. Sie haben die Aufgabe, die Existenz aller Bevölkerungskreise gegen allgemeine Lebensrisiken zu sichern. Da die Sozialleistungen zu etwa 40 % von den öffentlichen Gebietskörperschaften aufgebracht werden, erscheint es sinnvoll, diese staatliche Aufgabe im Zusammenhang mit staatlichen Einnahmen und Ausgaben zu skizzieren. Es kommt hinzu, daß die Sozialleistungen zu einem hohen Prozentsatz über staatliche Institutionen abgewickelt werden.

Soziale Sicherung und Sozialleistungen sind aus vielen Gründen notwendig

Dieser Abschnitt wird wie folgt gegliedert:

Wir wollen uns zunächst mit einigen Grundprinzipien der sozialen Sicherung auseinandersetzen (Abschnitt 3.1), um dann eine Kurzcharakteristik der bestehenden Institutionen zu geben (Abschnitt 3.2). Einige aktuelle Probleme schließen diesen Abschnitt ab (3.3).

3.1 Grundprinzipien der sozialen Sicherung

Wichtige Grundprinzipien der Daseinsvorsorge

Um die Bedarfsdeckung privater Haushalte auch in kritischen Lebenslagen sicherzustellen, bedarf es der Vorsorge. In einer Gesellschaft kann diese Sicherung grundsätzlich durch **Eigenvorsorge** nach dem **Individualprinzip** oder durch **kollektive Vorsorge** nach dem **Sozialprinzip** organisiert werden. Als Grundsätze des letzteren sind das Versicherungsprinzip, das Versorgungsprinzip und das Fürsorgeprinzip zu nennen (vgl. Abb. 15.2).

Das Individualprinzip reicht als Daseinsvorsorge oft nicht aus, …

Das **Individualprinzip** entspricht einer Leistungsgesellschaft, in der jeder die Freiheit haben soll, seine Lebensbedingungen selbst zu gestalten. Dies schließt die eigenverantwortliche Vorsorge für Notfälle (z. B. Krankheit, Arbeitslosigkeit, Invalidität) und Ereignisse des normalen Lebenszyklus (Familie, Kinder, Alter) mit ein, wobei die Vorsorge durch Ersparnisbildung oder den Abschluß von Versicherungen möglich ist. Da Sparen besonders bei Beziehern niedrigerer Einkommen als Sicherung nicht ausreichen dürfte, bietet bei Unsicherheit über den Eintritt des Vorsorgefalls und dessen finanzielle Folgen allein eine Versicherung vollen Risikoschutz. Je nach individueller Wahrscheinlichkeit für den Eintritt des Versicherungsfalls wird der Beitrag des einzelnen Versicherten zum Gesamtrisiko **(Äquivalenzprinzip)** festgelegt. Während für die meisten der ge-

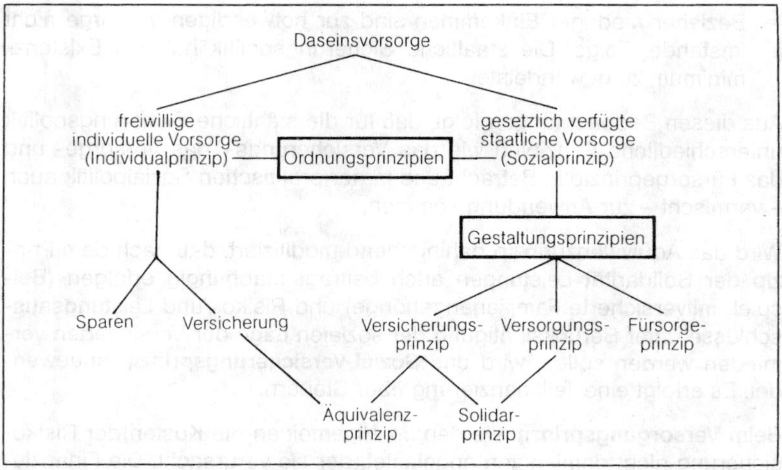

Abb. 15.2: Grundprinzipien der Daseinsvorsorge

Quelle: KATH, Dietmar, Art. Sozialpolitik, in: Vahlens Kompendium der Wirtschaftstheorie und Wirtschaftspolitik, Bd. 2, 5. Aufl., München 1992, S. 431.

nannten Risiken eine Versicherung infrage kommen dürfte, versagt dieses Prinzip z.B. bei konjunkturbedingter Massenarbeitslosigkeit und der Sicherung gegen Kriegsfolgen. In solchen Fällen ist eine kollektive Sicherung unabdingbar.

Das **Sozialprinzip** als Merkmal für eine staatliche Zwangsversicherung ist indes nicht nur durch nicht-versicherbare Risiken begründet, sondern auch durch unzureichende Bereitschaft und mangelnde Fähigkeit zu individueller Vorsorge. Die dem Staat dann zukommende distributive Aufgabe (sie hat teilweise auch allokativen Charakter) läßt sich durch folgende Beobachtungen kurz belegen:

… deshalb muß es durch das Sozialprinzip ergänzt werden

- Menschen neigen dazu, künftige Bedürfnisse und Einkommenserwartungen zu unterschätzen. Folge: Die zu geringe Eigenvorsorge muß durch staatlichen Vorsorgezwang ergänzt werden.
- Die Gesellschaft hat Interesse daran, die individuelle Erwerbsfähigkeit zu sichern, weil vom bestehenden Human-Kapital positive externe Effekte ausgehen. Folge: Z. B. Finanzierungsbeteiligung des Staates an Krankenhäusern, Durchführung von Rehabilitationsmaßnahmen.
- Die moderne Arbeitswelt birgt bestimmte Risiken in sich (Berufsunfälle, Zivilisationskrankheiten, technologisch bedingte Arbeitslosigkeit usw.), die nicht unbedingt von denen getragen werden, die von den damit verbundenen Wohlstandssteigerungen profitieren. Folge: Der Staat muß einen sozialen Ausgleich schaffen.

- Bezieher niedriger Einkommen sind zur notwendigen Vorsorge nicht imstande. Folge: Die staatliche Sicherungspolitik hat das Existenzminimum zu gewährleisten.

Aus diesen Beobachtungen folgt, daß für die staatliche Sicherungspolitik unterschiedliche Prinzipien wie das Versicherungs-, das Vorsorge- und das Fürsorgeprinzip in Betracht und in der praktischen Sozialpolitik auch – vermischt – zur Anwendung kommen.

Einzelprinzipien wie das ...

Wird das Äquivalenzprinzip dahingehend modifiziert, daß nach dem Prinzip der Solidarität Leistungen auch beitragsunabhängig erfolgen (Beispiel: mitversicherte Familienangehörige) und Risiko- und Leistungsausschlüsse unter Berücksichtigung der sozialen Lage der Versicherten vermieden werden sollen, wird das **Sozial-Versicherungsprinzip** angewendet. Es erfolgt eine Teilfinanzierung über Steuern.

Sozialversicherungsprinzip, ...

Beim **Versorgungsprinzip** werden im allgemeinen die Kosten der Risikosicherung nicht demjenigen angelastet, der sie verursacht. Die Finanzierung erfolgt aus Steuern und Abgaben. Beispiele dafür sind die Kriegsopferversorgung und der Lastenausgleich für Vertriebene. In anderen Ländern (z. B. Schweden und der ehemaligen DDR) ist das Versorgungsprinzip allgemeine Grundlage für das System der Sozialen Sicherung („Grundrente“, „Staatsbürgerversorgung“), wobei allen Staatsbürgern ohne Rücksicht auf individuelle Bedürftigkeit für den Versorgungsfall (Krankheit, Invalidität, Alter) aus Steuermitteln eine einheitliche Grundversorgung garantiert ist.

Versorgungsprinzip, ...

Das **Fürsorgeprinzip** läßt sich wie folgt beschreiben: Anlaß für Leistungen (Sozialhilfe) sind „spezielle Bedürftigkeiten“, d. h., ein menschenwürdiges Dasein soll auch dann möglich sein, wenn man – auch selbstverschuldet – in eine Notlage geraten ist. Es besteht ein Rechtsanspruch auf eine Transferzahlung (d. h. keine Rückzahlung), wenn die Bedürftigkeit nachgewiesen wird und unterhaltspflichtige Verwandte nicht herangezogen werden können. Sozialhilfe wird aus Steuern finanziert. Sie ist Aufgabe der Gemeinden und Städte.

Fürsorgeprinzip kommen kombiniert zur Anwendung

Neben diesen Grundprinzipien ist für das deutsche System das **Selbstverwaltungsprinzip** maßgebend, d. h., der Staat beschränkt sich auf die reine Rechtsaufsicht und überläßt die Durchführung der gesetzlichen Aufgaben der Selbstverwaltung, die auch als Ausdruck für eine indirekte parlamentarische Demokratie und die Mitbestimmung der Bürger angesehen werden kann.

3.2 Einrichtungen der sozialen Sicherung[2)]

Da es unmöglich ist, in einer Einführung alle Einzelheiten des Systems der Sozialen Sicherung zu beschreiben, wollen wir uns darauf beschränken, die klassischen Bereiche mit ihren wichtigsten Merkmalen zu skizzieren.

2) Stand: Mai 1995

Einen sehr guten Überblick über die Sozialleistungen in der Bundesrepublik gibt der Sozialbericht[3]) der Bundesregierung. Ihre Größenordnung und Struktur werden durch Tabelle 15.2 verdeutlicht, in der nach „Institutionen" gegliedert wird, wobei Institutionen im wesentlichen Träger der Sozialversicherung sind.

Tab. 15.2: Sozialleistungen nach Institutionen (in Mio. DM und in % des Bruttosozialprodukts)

	1960	1970	1980	1985	1987	1990p	1991p	1992p	1993s	1997s
Sozialbudget insgesamt . .	69,16	179,19	479,85	578,77	638,73	742,90	893,53	1005,32	1062,6	1205,9
Allgemeines System . . .	33,08	88,50	281,95	353,79	384,84	464,73	574,52	658,06	705,4	787,1
Rentenversicher. (RV) . .	19,59	52,22	142,57	175,22	185,84	229,22	262,63	290,08	317,7	383,7
– RV der Arbeiter	12,16	31,90	80,22	96,00	100,17	122,23	138,95	153,45	167,9	199,6
– RV der Angestellten . .	5,73	16,43	57,12	77,43	80,96	98,84	114,26	127,93	156,2	183,4
– Knappschaftliche RV .	2,63	6,13	13,.32	14,72	15,34	18,21	20,41	22,11	24,0	26,6
Krankenversicherung . .	9,66	25,64	90,07	114,40	125,37	152,27	183,46	210,86	209,7	242,5
Unfallversicherung	1,75	4,24	10,02	11,.65	12,23	13,63	15,72	17,82	18,9	21,7
Arbeitsförderung	1,21	3,88	23,10	39,38	45,51	51,82	87,81	111,76	131,9	112,1
Kindergeld	0,92	2,89	17,61	14,47	14,05	14,62	20,48	21,99	21,9	20,4
Erziehungsgeld	.	.	.	.	3,13	4,60	5,92	7,23	7,0	8,6
Sondersysteme	0,22	1,10	3,68	4,74	5,43	6,47	7,00	7,70	8,3	9,9
Altershilfe f. Landwirte . .	0,18	0,89	2,76	3,33	3,78	4,44	4,83	5,34	5,7	6,5
Versorgungswerke	0,05	0,20	0,92	1,41	1,65	2,03	2,18	2,37	2,6	3,4
Beamtenrechtl. System . .	9,61	24,03	46,33	52,43	57,22	63,78	68,78	71,80	73,7	82,4
Pensionen	6,78	15,83	32,95	36,96	39,56	43,79	46,27	48,23	49,2	54,2
Familienzuschläge	2,17	6,22	7,62	8,20	9,22	9,77	11,67	12,14	12,5	13,9
Beihilfen	0,65	1,98	5,77	7,27	8,44	10,23	10,85	11,44	11,9	14,3
Arbeitgeberleistungen . . .	4,96	18,80	45,29	53,79	61,62	73,39	83,12	88,70	90,3	100,6
Entgeltfortzahlung	3,00	12,50	28,22	27,76	31,73	37,52	45,05	48,43	48,6	54,0
Betriebl. Altersversorg. . .	1,19	3,05	8,10	13,13	15,51	19,55	21,24	22,33	23,1	26,1
Zusatzversorgung	0,34	1,73	5,88	8,73	9,63	11,05	11,61	12,47	13,1	14,7
Sonst. Arbeitgeberleist. . .	0,43	1,52	3,09	4,17	4,75	5,27	5,22	5,47	5,4	5,8
Entschädigungen	8,24	11,55	17,76	17,15	16,81	16,80	17,61	18,33	18,8	17,6
Soz. Entschädigung (KOV)	3,95	7,49	13,48	13,47	13,33	13,00	13,73	14,50	15,3	14,7
Lastenausgleich	2,03	1,78	1,71	1,39	1,22	1,10	1,02	0,91	0,8	0,6
Wiedergutmachung . . .	2,12	1,97	2,16	1,97	1,88	1,76	1,92	1,93	2,0	1,9
Sonst. Entschädigungen .	0,15	0,31	0,41	0,32	0,38	0,94	0,94	0,99	0,7	0,5
Soziale Hilfen und Dienste	2,76	12,15	43,89	49,84	56,45	65,68	83,64	93,10	97,5	129,7
Sozialhilfe	1,32	3,55	14,98	23,01	27,33	33,77	40,64	44,99	48,0	62,9
Jugendhilfe	0,60	2,10	8,92	10,27	11,34	14,21	21,15	23,27	24,5	42,9
Ausbildungsförderung . .	0,09	0,63	3,15	0,47	0,48	0,81	2,59	2,49	2,5	2,2
Wohngeld	0,00	0,66	2,01	2,71	4,03	3,90	4,92	7,42	7,3	5,3
Öffentl. Gesundheitsd. . .	0,31	0,76	1,67	1,91	2,06	2,40	3,13	3,29	3,5	4,0
Leist. z. Vermögensbild. .	0,45	4,46	13,17	11,47	11,21	10,59	11,21	11,65	11,7	12,4
Direkte Leistungen insges.	58,60	155,42	437,52	530,17	580,57	688,83	832,47	935,34	991,6	1124,6
Indirekte Leistungen . . .	10,55	23,77	42,33	48,60	58,16	54,08	61,06	69,98	71,0	81,3
Steuerl. Maßnahmen . . .	10,46	19,72	36,37	43,04	52,05	48,02	54,86	63,67	65,6	75,5
Vergünst. i. Wohnungsw. .	0,09	4,05	5,96	5,56	6,11	6,06	6,20	6,31	5,6	5,8

Differenzen in den Summen sind rundungsbedingt.

1) Bei der Summenbildung heben sich die Zahlungen der Institutionen untereinander (Verrechnungen) auf.

2) Ab 1990 (2. Halbjahr) einschl. neue Bundesländer. Angaben ab 1990 nur eingeschränkt mit den Vorjahren vergleichbar.

p = vorläufig

s = geschätzt

Quelle: Sozialbericht 1993, S. 253

---

3) Dieser, auch in seiner übersichtlichen Darstellungsweise vorbildliche Bericht wird vom Bundesministerium für Arbeit und Sozialordnung auf schriftliche Anfrage hin kostenlos abgegeben. Der Sozialbericht 1993 enthält auch Angaben über die neuen Bundesländer.

3.2.1 Die gesetzliche Rentenversicherung (GRV)

Die GRV umfaßt die Rentenversicherung der Arbeiter (ArV), der Angestellten (AnV) und die knappschaftliche Rentenversicherung für Bergleute. Die Träger der GRV sind Körperschaften des öffentlichen Rechts. Die GRV ist eine Pflichtversicherung, in der die wirtschaftlich unselbständigen Arbeitnehmer (einschl. Auszubildende) für das Alter und gegen Invalidität versichert sind. Auf Antrag können auch Selbständige innerhalb von zwei Jahren nach Aufnahme der selbständigen Tätigkeit der Pflichtversicherung beitreten. Versicherungsfrei sind bestimmte Nebentätigkeiten sowie Personengruppen, deren Altersversorgung anderweitig gesichert ist (z. B. Beamte). Die hohe Zahl von etwa 27 Millionen Versicherten zeigt, daß die GRV heute den Charakter einer Volksversicherung hat.

Der versicherte Personenkreis

Die Finanzierung

Die Finanzierung der GRV erfolgt durch Beitragszahlungen der Versicherten bzw. deren Arbeitgeber (jeweils hälftig) und aus Bundeszuschüssen, die weniger als 20 % der Gesamtausgaben der GRV ausmachen. Der Beitragssatz beträgt ab 1. 1. 1995 18,6 % des Bruttoarbeitsentgelts, wobei Beiträge jedoch nur bis zur Beitragsbemessungsgrenze (sie wird jährlich neu festgelegt; 1995 beträgt sie 7.800 DM pro Monat, in den neuen Bundesländern 6.400 DM) berechnet werden. Das bei der GRV praktizierte **Umlageverfahren** (bis zur Rentenreform von 1957 wurde ein **Kapitaldeckungsverfahren** angewendet) bedeutet, daß die Ausgaben jährlich durch entsprechende Einnahmen zu decken sind. Die Rentenversicherungsträger sind verpflichtet, eine Schwankungsreserve zur Liquiditätssicherung von mindestens einer Monatsausgabe vorzuhalten.

Der heutige Rentner erhält demnach sein Alterseinkommen im wesentlichen aus Beiträgen der abhängig Beschäftigten. Diese erwerben Rentenansprüche für die Zukunft, die von den dann Werktätigen zu erfüllen sind **(Generationenvertrag).**

Die Aufgaben und Leistungen der GRV bestehen im wesentlichen in

Die Leistungen

- der Gewährung von Renten an Versicherte und Hinterbliebene bei Invalidität, Alter bzw. Tod,
- der Erhaltung, Besserung und Wiederherstellung der Erwerbsfähigkeit der Versicherten (Rehabilitation) und
- der Förderung von Maßnahmen zur Verbesserung der gesundheitlichen Verhältnisse der Versicherten.

Der Leistungsumfang eines Alterssicherungssystems wird maßgeblich bestimmt durch die Zahl der Leistungsempfänger und die Altersgrenze. In der Bundesrepublik gibt es seit der Rentenreform 1972 die flexible Altersgrenze, nach der Versicherte mit 63 Jahren (Schwerbehinderte, Berufs- und Erwerbsunfähige mit 60 Jahren) in Rente gehen können. Während die „normale" Altersgrenze bei 65 Jahren liegt, gibt es bei Erfüllung bestimmter Voraussetzungen für Frauen und Arbeitslose auch die Möglichkeit, vorzeitig mit 60 Jahren in den Ruhestand zu gehen.

Neurenten werden grundsätzlich nach dem Arbeitsverdienst und der Versicherungsdauer bemessen. Dafür sind seit 1992 folgende Faktoren maßgebend:

(1) **Entgeltpunkte** (Ep) stellen die Berücksichtigung der individuellen Arbeits- und damit Beitragsleistung der Versicherten sicher. Ein Versicherungsjahr mit durchschnittlichem Arbeitsverdienst ergibt einen vollen Entgeltpunkt. Je länger die Lebensarbeitszeit und je höher das beitragspflichtige Einkommen, desto höher ist die Zahl der erworbenen Entgeltpunkte. Auch für bestimmte beitragsfreie Zeiten werden Entgeltpunkte angerechnet (Ersatzzeiten, Ausfall- bzw. Anrechnungszeiten, Zurechnungszeiten).

(2) Der **Zugangsfaktor** (Zf) bewirkt, daß sich die Entgeltpunkte vermindern oder erhöhen, je nachdem, ob die Rente vorzeitig oder erst später beansprucht wird.

Die Rentenformel zur Rentenberechnung

(3) Durch den **Rentenartfaktor** (Raf) wird die Art der zu gewährenden Rente berücksichtigt. Den vollwertigen Alters- und Erwerbsunfähigkeitsrenten (Faktor 1,0) stehen die Berufsunfähigkeitsrenten (Faktor 0,6667) und die Witwer- bzw. Witwenrenten (Faktor 0,6) gegenüber.

(4) Jährlich neu festgesetzt wird der **aktuelle Rentenwert** (aRw), der die persönlichen Faktoren mit der allgemeinen Einkommensentwicklung verknüpft. Er gibt an, welcher monatliche Rentenbetrag auf einen Entgeltpunkt – also ein Versicherungsjahr mit durchschnittlichem Einkommen – entfällt.

Durch multiplikative Verknüpfung **(Rentenformel)** läßt sich dann die Monatsrente berechnen:

(Ep x Zf) x Raf x aRW = Monatsrente.

Da sie an die allgemeine Einkommensentwicklung geknüpft ist, spricht man auch von der **dynamischen Rente.**

3.2.2 Die gesetzliche Krankenversicherung (GKV)

Der versicherte Personenkreis

Das Krankenversicherungssystem der Bundesrepublik ist gegliedert in eine gesetzliche und eine private Krankenversicherung. Etwa 90% der Bundesbürger gehören der GKV an, wobei im allgemeinen eine gesetzliche Pflichtmitgliedschaft (Pflichtversicherte) besteht. Dies gilt für Arbeiter, Angestellte, Rentner, Arbeitslose, Landwirte, Bergleute und bestimmte Selbständige. Versicherten, die ein höheres Einkommen als die Versicherungspflichtgrenze (sie ist zugleich die Beitragsbemessungsgrenze; für 1995: 5.850 DM, neue Bundesländer: 4.800 DM) erzielen, steht ein Wahlrecht zu: Sie können der GKV als freiwilliges Mitglied angehören oder sich privat versichern. Zu dem durch die GKV geschützten Personenkreis zählen neben den Mitgliedern auch deren ohne eigene Beiträge mitversicherten Familienangehörigen (Ehepartner, Kinder).

Für die GKV gibt es keinen einheitlichen Versicherungsträger. Sie gliedert sich vielmehr in verschiedene Kassenarten, zu denen vor allem gehören die

Zuständigkeit der Krankenkassen

- Allgemeinen Ortskrankenkassen (sie werden für örtliche Bezirke errichtet und umfassen in der Regel einen Landkreis oder eine kreisfreie Stadt),
- Betriebskrankenkassen (Unternehmen mit mindestens 450 versicherungspflichtigen Arbeitnehmern können eigene Betriebskrankenkassen errichten),
- Innungskrankenkassen (für die den Handwerksinnungen angehörenden Betriebe),
- Ersatzkassen (haben keinen gesetzlich zugewiesenen Mitgliederkreis. Aufnahmemöglichkeit besteht für versicherungspflichtige und berechtigte Personen, die zum Zeitpunkt der Aufnahme in dem Bezirk wohnen und zum zugelassenen Mitgliederkreis [z. B. als Angestellter nur für Ersatzkasse für Angestellte] gehören. Die Mitgliedschaft ist freiwillig; versicherungspflichtige Mitglieder einer Ersatzkasse werden von der gesetzlichen Mitgliedschaft in einer anderen gesetzlichen Krankenkasse befreit).

Insgesamt sind über 70 Mio. Mitglieder krankenversichert. Einschließlich der mitversicherten Familienangehörigen sind dies etwa 90 % der Gesamtbevölkerung.

Die Finanzierung

Die GKV finanziert sich hauptsächlich aus Beiträgen, die hälftig von den Arbeitnehmern und Arbeitgebern aufgebracht werden. Die Beitragssätze sind nicht gesetzlich fixiert, sondern werden von den einzelnen Kassen festgelegt. Daher kann es deutliche Beitragssatzunterschiede geben, die vor allem auf die unterschiedlichen Versichertenstrukturen der Kassen zurückzuführen sind. Die Beitragssätze liegen im Bundesdurchschnitt etwas über 13 %. Zusätzlich zahlen die Rentner Beiträge für die Krankenversicherung der Rentner, und die Bundesanstalt für Arbeit zahlt Beiträge für Arbeitslose. Der Bund leistet bestimmte Zuschüsse (z. B. für Mutterschaftsleistungen).

Die Leistungen

Bei den Leistungen der GKV ist zwischen **Sachleistungen** (ärztliche und zahnärtliche Behandlung, Arzneien, Heil- und Hilfsmittel, Zahnersatz usw. als Ausdruck für die Krankenpflege, neben die die Krankenhauspflege tritt, wobei der Prävention/Verhütung und Früherkennung von Krankheiten große Bedeutung zukommt) und **Geldleistungen** (Kranken-, Mutterschafts- und Sterbegeld) zu unterscheiden. Die meisten Leistungen sind **Regelleistungen.** Viele Kassen gewähren darüber hinaus **freiwillige zusätzliche Leistungen.**

3.2.3 Die gesetzliche Unfallversicherung (GUV)

Jeder Unternehmer ist Mitglied der für seinen Gewerbezweig zuständigen Berufsgenossenschaft. Unter „Beruf“ ist dabei der Wirtschafts- oder Gewerbezweig zu verstehen, dem die Unternehmer gleicher oder ähnlicher Betriebe angehören. Alle Arbeitnehmer sind gegen Arbeitsunfälle, Wegeunfälle und Berufskrankheiten versichert. Außerdem besteht Versicherungsschutz für alle Personen, die bei Not und Gefahr Hilfe leisten, ehrenamtlich in gemeinnützigen Organisationen arbeiten sowie Kinder im Kindergarten, Schüler und Studenten.

Mitglieder und Versicherte

Träger der Unfallversicherung sind für die gewerbliche Wirtschaft die selbstverwalteten Berufsgenossenschaften. Ihre wichtigste Aufgabe ist es, für die Verhütung von Arbeitsunfällen in den Betrieben zu sorgen. Die Einhaltung der Unfallverhütungsvorschriften wird durch „technische Aufsichtsbeamte“ der Unfallversicherungsträger überwacht.

Die Finanzierung der GUV erfolgt allein durch Beiträge der Unternehmer. Die Höhe dieser Beiträge richtet sich nach dem Grad der Unfallgefahr im jeweiligen Gewerbezweig und nach der Lohnsumme des einzelnen Unternehmens.

Die Finanzierung

Die wesentlichen Leistungen der GUV sind

Die Leistungen

- die Heilbehandlung zur Beseitigung oder Minderung der Folgen eines Unfalls bzw. einer Berufskrankheit,
- Verletztengeld (entspricht dem Krankengeld),
- Hilfen zur beruflichen Wiedereingliederung eines Unfallverletzten,
- die Gewährung von Versicherten- und Hinterbliebenenrenten.

3.2.4 Die Arbeitslosenversicherung (ALV)

Die ALV war ursprünglich darauf ausgerichtet, das Risiko der Arbeitslosigkeit – den Verlust des Arbeitsplatzes – abzudecken. Heute obliegt der Arbeitsverwaltung der gesamte Bereich der Arbeitsförderung, in den die ALV als früher eigenständiger Zweig des sozialen Sicherungssystems eingebettet ist. Träger ist die Bundesanstalt für Arbeit, deren Selbstverwaltungsorgane drittelparitätisch aus berufenen Vertretern der Arbeitnehmer, der Arbeitgeber und der öffentlichen Körperschaften zusammengesetzt sind. Die ALV ist ausschließlich eine Pflichtversicherung für alle Arbeiter und Angestellten. Selbständige, Beamte und Arbeitnehmer, die das 65. Lebensjahr vollendet haben, gehören nicht zum Versichertenkreis. Beitragsfreiheit besteht auch für Arbeitnehmer, die einer geringfügigen Beschäftigung nachgehen, denen eine Erwerbsunfähigkeitsrente zuerkannt ist oder die während der Schul- oder Hochschulausbildung beschäftigt sind.

Der versicherte Personenkreis

Die Finanzierung

Die Mittel für die Finanzierung der Leistungen der ALV werden durch Beiträge der Arbeitnehmer und Arbeitgeber – der Beitragssatz von 6,5 % (ab 1995, Bemessungsgrenze: 7.800 DM) wird ihnen hälftig zugerechnet – aufgebracht. Für spezielle Leistungen gibt es eine Umlagefinanzierung (z. B. für die Finanzierung der produktiven Winterbauförderung durch die Arbeitgeber des Baugewerbes; das Konkursausfallgeld wird von den Berufsgenossenschaften gezahlt). Bei Deckungslücken gewährt der Bund Darlehen oder Zuschüsse. Die Arbeitslosenhilfe (s. u.) wird allein vom Bund finanziert.

Die Leistungen

Zu den Aufgabenbereichen[4]) der Bundesanstalt für Arbeit gehören

- Sicherstellung des Lebensunterhalts durch Zahlung von Lohnersatzleistungen bei Arbeitslosigkeit (Arbeitslosengeld, Arbeitslosenhilfe, Schlechtwettergeld), bei Zahlungsunfähigkeit des Arbeitgebers (Konkursausfallgeld) und Kurzarbeit (Kurzarbeitergeld).
- Förderung der Arbeitsaufnahme durch Lohnkostenzuschüsse an Arbeitgeber und Mobilitätshilfen an Arbeitnehmer (z. B. Bewerbungskosten, Reisekosten, Umzugskosten, Arbeitsausrüstung) sowie Förderung von Arbeitsbeschaffungsmaßnahmen (Lohnkostenzuschüsse für zusätzliche Arbeiten im öffentlichen Interesse) und Förderung der ganzjährigen Beschäftigung in der Bauwirtschaft.
- Förderung der beruflichen Bildung sowie Arbeits- und Berufsförderung Behinderter (berufliche Rehabilitation).
- Arbeits- und Berufsberatung sowie Arbeits- und Ausbildungsstellenvermittlung.

Arbeitslosengeld

Auf **Arbeitslosengeld** hat jeder Versicherte Anspruch, der beim Arbeitsamt als arbeitslos gemeldet ist, Arbeitslosengeld beantragt hat, die Anwartschaft erfüllt hat (man muß innerhalb der letzten 3 Jahre mindestens 12 Monate beitragspflichtig beschäftigt gewesen sein; die Anspruchsdauer hängt von der Dauer der Beschäftigung ab) und der Arbeitsvermittlung zur Verfügung steht. Dabei ist von Bedeutung, daß der Arbeitslose bereit ist, zumutbare Beschäftigungen zu akzeptieren, wozu auch minderqualifizierte und minderbezahlte Tätigkeiten (im Einzelfall zu bestimmen) rechnen.

Die Höhe des Arbeitslosengeldes beträgt 67 % (bei Arbeitslosen mit Kindern) und 60 % (bei Arbeitslosen ohne Kinder) des letzten durchschnittlichen Nettoarbeitsverdienstes. Es ist – wie auch die Arbeitslosenhilfe – einkommensteuerfrei.

Wer arbeitslos ist – und wenn der Anspruch auf **Arbeitslosengeld** erschöpft ist, bzw. wer zuvor nur kurz (mindestens 150 Tage) beschäftigt

---

4) Der interessierte Leser sei auf die Vorschriften des Arbeitsförderungsgesetzes (AFG von 1969 mit späteren Änderungen) sowie auf die bei den Arbeitsämtern erhältlichen Informationen hingewiesen.

war – und bedürftig ist, erhält auf Antrag **Arbeitslosenhilfe.** Maßgeblich ist hier also die Bedürftigkeit (ähnlich wie bei der Sozialhilfe), die dann vorliegt, wenn das Einkommen oder Vermögen des Arbeitslosen oder seiner Familienangehörigen nicht für den Lebensunterhalt ausreichen.

Arbeitslosenhilfe

Sie beträgt für Arbeitslose mit Kindern 57 % und ohne Kinder 53 % des maßgeblichen pauschalierten Nettolohnes, wobei es keine Befristung in der Gewährung gibt (nach jeweils einem Jahr wird erneut geprüft).

3.2.5 Die gesetzliche Pflegeversicherung (GPV)

Nach jahrzehntelanger Diskussion ist im Jahre 1994 die gesetzliche Pflegeversicherung als **5. Säule** des Systems der sozialen Sicherung eingeführt worden. Sie tritt stufenweise in Kraft:

- die Beitragszahlung beginnt am 1. 1. 1995,
- die Leistungen zur häuslichen Pflege am 1. 4. 1995 (Stufe I),
- die Leistungen zur stationären Pflege am 1. 6. 1996 (Stufe II).

Der versicherte Personenkreis

Die GPV umfaßt die gesamte Bevölkerung und zwar nach dem Grundsatz: „Die Pflegeversicherung folgt der Krankenversicherung." Wer in der GKV Mitglied ist, wird versicherungspflichtig in der sozialen Pflegeversicherung, und zwar bei der Pflegekasse, die bei seiner Krankenkasse eingerichtet ist. Wer privat krankenversichert ist, wird in der privaten Pflegeversicherung versicherungspflichtig. Dies hat den Vorteil, daß ein einheitlicher Träger für die Pflege- und Krankenversicherung zuständig ist und der mit der Erfassung des versicherungspflichtigen Personenkreises verbundene Melde- und Kontrollaufwand auf ein Mindestmaß verringert wird.

Die Finanzierung

Die Ausgaben der Pflegeversicherung werden durch Beiträge und sonstige Einnahmen gedeckt. Der Beitragssatz beträgt ab 1. 1. 1995 1 % und ab 1. 7. 1996 1,7 % bezogen auf die monatliche Beitragsbemessungsgrenze in der GKV von 5.850 DM (1995; für die neuen Bundesländer 4.800 DM). Die Beiträge werden grundsätzlich von den Versicherten und den Arbeitgebern zur Hälfte aufgebracht. Bei Rentnern trägt der Rentenversicherungsträger die Hälfte des Beitrags, die Beiträge für Arbeitslose trägt die Bundesanstalt für Arbeit. Besonderheiten in der Beitragstragung der Arbeitnehmer ergeben sich nur, wenn in einem Bundesland die Kompensation zugunsten der Arbeitgeber nicht erbracht wird, d. h. kein Feiertag gestrichen wird (Sachsen). In diesem Fall tragen die Arbeitnehmer den Beitrag allein. Es wird erwartet, daß bei der GKV Einsparungen in Höhe von 3,5 Mrd. DM/Jahr, bei der Sozialhilfe sogar über 10 Mrd. DM/Jahr (ab 1997) möglich sind.

Die Leistungen

Die Leistungen gehen vom Grundsatz „Prävention und Rehabilitation vor Pflege" aus. Pflegeleistungen bei häuslicher Pflege können Pflegesachleistungen und Pflegegeld für selbstbeschaffte Pflegehilfen umfassen. Pflegebedürftige, die im häuslichen Bereich Pflege und Betreuung benötigen, erhalten Grundpflege und hauswirtschaftliche Versorgung (häusliche Pflege) als Sachleistung durch professionelle Pflegekräfte. Da mit zunehmendem Grad der Pflegebedürftigkeit auch der Umfang des Pflegebedarfs steigt, ist die Höhe des Gesamtwertes, den die Pflegeversicherung als Kosten übernimmt, nach dem Grad der Pflegebedürftigkeit gestaffelt: Stufe I: erhebliche Pflegebedürftigkeit bis zu 750 DM, Stufe II: Schwerpflegebedürftigkeit bis zu 1.800 DM, Stufe III: Schwerstpflegebedürftigkeit bis zu 2.800 DM. Bei selbstbeschafften Pflegehilfen kann Pflegegeld beansprucht werden (Stufe I: 400 DM, Stufe II: 800 DM, Stufe III: 1.300 DM). Alternativ können auch andere Hilfen finanziert werden (Tages- und Nachtpflege, Kurzzeitpflege etc.). Auch bei vollstationärer Pflege übernehmen die Pflegekassen (ab 1. 7. 1996) die pflegebedingten Kosten (bis zu 2.800 DM/Monat).

Die Funktionsfähigkeit der GPV muß noch unter Beweis gestellt werden. Schon jetzt scheint absehbar zu sein, daß die bisherige Finanzierungskonzeption unzureichend ist.

3.3 Probleme der sozialen Sicherung

Hohe Kosten des Systems der Sozialen Sicherung

Abschließend sollen einige Probleme der sozialen Sicherung angesprochen werden. Auffällig sind zunächst die absolut steigenden Sozialleistungen (Sozialbudget 1980: 478 Mrd. DM, 1993: 1.063 Mrd. DM) und die nach wie vor hohe Sozialleistungsquote (prozentuales Verhältnis von Sozialbudget zum Bruttosozialprodukt) von 30 %. 1993 betrugen die Sozialleistungen 13.083 DM pro Einwohner.

Im Vordergrund der Diskussion stehen mithin die hohen Kosten des Systems der Sozialen Sicherung. In bezug auf die Alterssicherung sind dafür insbesondere folgende Faktoren maßgebend:

- die Altersstruktur und
- die Beschäftigungslage.

Probleme der GRV: – die Bevölkerungsentwicklung

Zur Kennzeichnung der Altersstruktur ist festzustellen, daß die Lebenserwartung seit Beginn des Jahrhunderts fast ständig gestiegen ist – die Tendenz wird sich fortsetzen. Die Geburtenhäufigkeit ist seit Beginn der 70er Jahre stark gesunken; ein Geburtsjahrgang von Frauen im gebärfähigen Alter bringt weniger Mädchen zur Welt, als zur Bestandserhaltung der Bevölkerung notwendig wäre. Plastisch gemessen werden kann diese Entwicklung durch den sog. Altenlastquotienten bzw. den Jugendlastquotienten (Abb. 15.3). Der **Altenlastquotient** (Verhältnis der Personen mit einem Alter von 60 Jahren und mehr zur Bevölkerung im Alter von 20 bis 59 Jahren) dürfte von derzeit 36,1 auf mehr als das Doppelte (74,2) im Jahre 2030 ansteigen. Im gleichen Zeitraum würde sich dann der Anteil junger Menschen (19 Jahre und jünger), bezogen auf je 100 Personen zwischen 20 und 59 Jahren, auf etwa 35 verringern **(Jugendlastquotient).** Dieses Bild verbessert sich nur unwesentlich, wenn man die im Durchschnitt jüngere Bevölkerung in den neuen Bundesländern hinzunimmt.

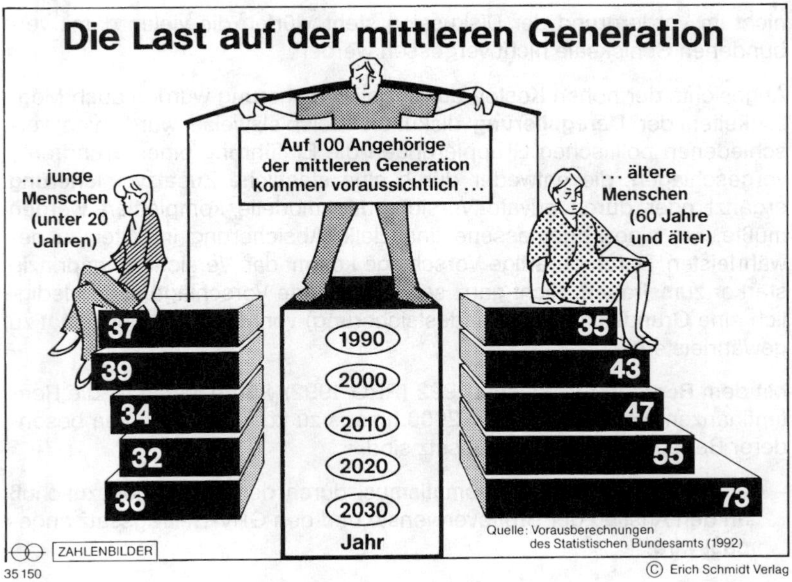

Abb. 15.3: Entwicklung des Jugendlast- und des Altenlastquotienten (1960–2030)

Der zweite wichtige Faktor für die Entwicklung der Rentenfinanzen ist die Beschäftigungslage und -entwicklung. Man kann feststellen, daß mehr Versicherte früher in Rente gehen - die normale Altersgrenze ist seit Einführung der flexiblen Altersgrenze 1972 praktisch zum Ausnahmefall geworden. Gleichzeitig beginnt die Erwerbsphase durch längere Ausbildungszeiten immer später. Eine gewisse Entlastung hat die starke Zunahme der Zuwanderung von Aussiedlern und 1989/1990 durch das Anwachsen der Zahl von Übersiedlern gebracht, was seinen Niederschlag in der Zahl der Erwerbspersonen gefunden hat (1985: 28,9 Mio.; 1993: 35,1 Mio.). Die anhaltend hohe Arbeitslosigkeit von etwa 3,5 Mio. Arbeitslosen verstärkt das Rentenproblem, da entsprechende Beitragszahlungen fehlen. Die Tatsache, daß die Arbeitslosenversicherung einen Teil der ausfallenden Beiträge übernimmt, verändert das Problem grundsätzlich nicht.

– die Beschäftigungslage und -entwicklung

Ein schwieriges Problem stellt die stark angestiegene **Sozialhilfe** dar. Wurden 1980 dafür 15 Mrd. DM ausgegeben, belief sich die Gesamtsumme 1993 auf etwa 48,9 Mrd. DM für 3,9 Mio. Personen, bei denen Bedürftigkeit festgestellt wurde. Darin zeigen sich neben gestiegenen Kosten für Heime und Asylbewerber sowie Aussiedler auch die Folgen der anhaltend hohen Arbeitslosigkeit (Problem der Langzeitarbeitslosen). Letztlich verbirgt sich hinter diesen Zahlen ein weiteres ungelöstes Problem unserer sozialen Sicherung: die Altersarmut. Auch wenn sie derzeit

Starker Anstieg der Kosten für Sozialhilfe

nicht im Vordergrund der Diskussion steht, dürfen die vielen damit verbundenen Schicksale nicht vergessen werden.

Angesichts der hohen Kosten der sozialen Sicherung wurden auch Möglichkeiten der **Deregulierung** diskutiert. Beispielsweise wurde von verschiedenen politischen Gruppierungen die Einführung einer Grundrente vorgeschlagen, die entweder durch eine staatliche Zusatzversicherung ergänzt oder durch private Versicherungsmodelle komplettiert werden müßte, um eine angemessene finanzielle Absicherung im Alter zu gewährleisten. Durch derartige Vorschläge kommt das Versicherungsprinzip stärker zum Tragen. Nicht ganz so weitgehende Vorschläge sehen lediglich eine Grundsicherung (Mindestsicherung) vor, die durch den Staat zu gewährleisten sei.

Mit dem **Rentenreformgesetz** 1992 (RRG 1992) wurde versucht, die Rentenfinanzen bis über das Jahr 2000 hinaus zu konsolidieren. Von besonderer Bedeutung in diesem Gesetz sind

Maßnahmen des Rentenreformgesetzes 1992

- die Einführung eines Automatismus, durch den der Bundeszuschuß an den Anstieg der Bruttoverdienste und den GRV-Beitragssatz angepaßt wird;
- die Anpassung der Renten an die durchschnittlichen Nettolöhne. Dadurch wird dem Prinzip der Solidarität zwischen den Generationen besser Rechnung getragen als die frühere bruttolohnbezogene Anpassung;
- die Anhebung der Altersgrenzen bis zur „normalen" Altersgrenze von 65 Jahren vom Jahre 2001 an;
- die Neuordnung bzw. Berücksichtigung beitragsfreier Zeiten einschließlich einer Erweiterung von Kindererziehungszeiten.

Maßnahmen des Gesundheits-Reformgesetzes 1989

In der Krankenversicherung war über Jahre hinweg eine überproportionale Ausgabensteigerung zu beobachten, die durch kurzfristig wirkende Kostendämpfungsmaßnahmen nicht mehr zu bremsen war (Leistungsausgaben der GKV 1960: 9 Mrd. DM; 1988: 128 Mrd. DM). **Das Gesundheits-Reformgesetz von 1989** (GRG) sowie das **Gesundheitsstrukturgesetz** (1993) haben eine grundlegende Überarbeitung des Rechts der GKV gebracht. Dazu gehören die Neuabgrenzung des versicherten Personenkreises (Begrenzung der Versicherungspflicht bei Studenten bis zum 14. Fachsemester, Einschränkung der Möglichkeiten der freiwilligen Versicherung usw.) und vor allem Neuregelungen beim Leistungsumfang – konkret: im wesentlichen Leistungsbegrenzungen und Zuzahlungspflichten z. B. im Bereich der zahnmedizinischen Versorgung, bei Arzneimitteln, zur stationären Vorsorge – und Rehabilitationsmaßnahmen sowie Krankenhausaufenthalten. Die stark umstrittenen Maßnahmen haben vorübergehend einen finanziellen Erfolg gebracht: Die Ausgaben sanken im Jahr 1989 erstmals, und zwar um 4,7 Mrd. DM gegenüber dem Vorjahr, so daß die Beitragssätze nicht weiter stiegen, teilweise sogar gesenkt werden konnten. In 1991/92 lag das Wachstum der Ausgaben wieder deutlich über dem der Einnahmen. Erneut waren Defizite in Milliardenhöhe die Folge. Durch das Gesundheitsstrukturgesetz von 1993 wurde dieser Entwicklung Einhalt geboten, so daß 1993 sogar ein Überschuß erzielt wurde und der durchschnittliche Beitragssatz stabilisiert wurde.

Insgesamt zeigen die durchgeführten Reformen den politischen Willen zur Konsolidierung des Systems der Sozialen Sicherung. Das Prinzip der Eigenvorsorge ist zu Lasten einer noch umfassenderen staatlichen Versorgungspolitik stärker betont worden. Ob dadurch indes die dem System innewohnende Dynamik gebrochen, den Rahmenbedingungen Rechnung getragen und somit eine Konsolidierung mit Tragfähigkeit erreicht worden ist, muß die Entwicklung der nächsten Jahre zeigen.

C. Arbeitsaufgaben

1) *Was verstehen Sie unter dem Haushaltsplan des Bundes?*
2) *Nennen Sie die einzelnen Phasen des Haushaltskreislaufes.*
3) *Welche Budgetgrundsätze kennen Sie?*
   Zu welchem Zweck hat man derartige Forderungen aufgestellt?
4) *Halten Sie die gegenwärtige Höhe der Staatsverschuldung in der Bundesrepublik Deutschland für „gefährlich"? Beurteilen Sie auf diesem Hintergrund die gelegentlich vorgebrachte Behauptung vom „Bankrott des Staates".*
5) *Aus welchen Gründen muß das Individualprinzip durch das Sozialprinzip ergänzt werden?*
6) *Inwieweit kann man unsere Form der Rentenversorgung als „Generationenvertrag" bezeichnen?*
7) *Stellen Sie kurz die Faktoren zur Rentenberechnung dar. Warum handelt es sich um eine dynamische Rente?*
8) *Was versteht man unter der Versicherungspflichtgrenze und unter der Beitragsbemessungsgrenze?*
9) *Mit welchen Problemen ist längerfristig in der Rentenversicherung zu rechnen?*
10) *Wie ist die Finanzierung der verschiedenen Zweige der sozialen Sicherung geregelt?*

Lösungsvorschläge für die Arbeitsaufgaben im „Übungsbuch zu Grundlagen und Probleme der Volkswirtschaft".

D. Literatur

Neben den zu Kapitel 14 einführenden Werken zur Finanzwissenschaft von PEFFEKOVEN, ZIMMERMANN/HENKE *und* PETERSEN *die auch über den Haushalt und die Staatsverschuldung informieren, sind folgende spezielle Titel anzuführen:*

Eine einfache Darstellung zum Problembereich Bundeshaushalt gibt: DER BUNDESHAUSHALT. Unser Geld, hrsg. vom Bundesminister der Finanzen, Reihe: Bürger-Informationen, Bonn 1995.

Speziell zum Haushaltsrecht des Bundes ist in der gleichen Reihe erschienen:

HAUSHALTSRECHT DES BUNDES, hrsg. vom Bundesminister der Finanzen, Reihe: Bürger-Informationen, Bonn 1990.

Über die aktuellen Probleme des Bundeshaushalts informiert der jährlich erscheinende

FINANZBERICHT, hrsg. vom Bundesminister der Finanzen.

Eine relativ ausführliche und gut verständliche Darstellung zum Problembereich Staatsverschuldung bieten:

LANG, Eva und KOCH, Walter A. S., Staatsverschuldung – Staatsbankrott? Würzburg, Wien 1980.

Über das Gebiet der Sozialleistungen informieren außerordentlich umfassend:

LAMPERT, Heinz, Lehrbuch der Sozialpolitik, 2. Aufl., Berlin, Heidelberg, New York 1991

PETERSEN, Hans-Georg, Sozialökonomik, Stuttgart, Berlin, Köln 1989.

Über den Stand der Sozialen Sicherung informieren

SOZIALBERICHT 1993, hrsg. vom Bundesminister für Arbeit und Sozialordnung, Bonn 1994

ÜBERSICHT ÜBER DAS SOZIALRECHT, hrsg. vom Bundesminister für Arbeit und Sozialordnung, 3., neubearb. u. erw. Aufl., Bonn 1994.

Eine breite und ausgewogene Sammlung von Texten enthält das Buch von

ADAM, Hermann, KEIM, Helmut, VIERENGEL, Heinz, Soziale Sicherung, Reihe Kontrovers, hrsg. von der Bundeszentrale für politische Bildung, Bonn 1988.

Zu empfehlen ist auch das Handbuch von

BÄCKER, Gerhard u. a., Sozialpolitik und soziale Lage in der Bundesrepublik Deutschland, 2., überarb. u. erw. Aufl., 2 Bde., Köln 1989

sowie der Übersichtsartikel von

KATH, Dietmar, Art. Sozialpolitik, in: Vahlens Kompendium der Wirtschaftstheorie und Wirtschaftspolitik, Bd. 2, 5. Aufl., München 1992, S. 405–457.

16. Kapitel
Der stabilitätsorientierte Einsatz staatlicher Einnahmen und Ausgaben (Fiskalpolitik)

A. Lernzielorientierte Leitfragen und Fragenkomplexe

Leitfrage:
Wie wirken die Instrumente der Fiskalpolitik, und welches sind ihre Wirkungsbedingungen?

- *Was versteht man unter Fiskalpolitik?*
- *Was versteht man unter antizyklischer Fiskalpolitik, und wie unterscheidet sie sich von einer staatlichen Parallelpolitik?*
- *Welche Hauptgruppen fiskalpolitischer Instrumente unterscheidet man?*
- *Was sind automatische Stabilisatoren, und wie wirken sie im Bereich staatlicher Einnahmen und Ausgaben?*
- *Worin liegen die besonderen Probleme des fiskalpolitischen Mitteleinsatzes?*

Leitfrage:
Welches sind die wesentlichen Bestimmungen des Stabilitätsgesetzes?

- *Welche Instrumente zur Beeinflussung des Wirtschaftsablaufes sind vorgesehen, um die gesamtwirtschaftlichen Ziele zu erreichen?*
- *Durch welche institutionellen Regelungen wird das ablaufpolitische Instrumentarium ergänzt?*

B. Sachanalyse

1. Definition der Fiskalpolitik

Begriff der Fiskalpolitik

Unter der **Fiskalpolitik** wollen wir das Bestreben des Staates verstehen, durch Veränderung der Staatseinnahmen und Staatsausgaben stabilisierend auf den Wirtschaftsablauf einzuwirken, insbesondere für Vollbeschäftigung und Preisstabilität zu sorgen.

Werden dabei im konjunkturellen Verlauf in der Depression expansive Maßnahmen (Erhöhung der Staatsausgaben, Senkung der Steuern) und in der Hochkonjunktur kontraktive Maßnahmen (Senkung der Staatsausgaben, Erhöhung der Steuern) angewendet, so spricht man von einer **antizyklischen Fiskalpolitik.** Bezieht man in solche expansiven bzw. kontraktiven Maßnahmen auch solche der Geld- und Kreditpolitik (vgl. Kapitel 19) ein, so spricht man von einer antizyklischen Wirtschaftspolitik.

Haushaltsausgleich und Parallelpolitik

Voraussetzung für die Durchführbarkeit der Fiskalpolitik ist das Abgehen von dem Grundsatz des jährlichen Haushaltsausgleichs, wonach die Ausgaben in etwa so groß sein sollen wie die Einnahmen (ohne Kredite). Die strikte Anwendung dieses Budgetgrundsatzes führt zur sogenannten **Parallelpolitik,** einem Verhalten des Staates, durch das die Konjunkturschwankungen nicht geglättet, sondern sogar noch verstärkt werden **(prozyklische Finanzpolitik).** Beispiel: Im Verlauf der Weltwirtschaftskrise stellten sich im deutschen Staatshaushalt Steuerausfälle ein. Um zu einem Budgetausgleich zu gelangen, wurden die Steuern erhöht und Staatsausgaben gekürzt. Durch diese Maßnahmen, die zu einer weiteren Verringerung der gesamtwirtschaftlichen Nachfrage beitrugen, wurde die Entwicklung noch verschärft. Erst durch die entgegengesetzte Haushaltspolitik, d. h. durch kräftige Verschuldung **(Budgetdefizite, deficit spending)** und entsprechend steigende Ausgaben, wurde eine nachhaltige Verbesserung erzielt.

2. Einnahmepolitische Mittel

Theoretische Grundlagen einer Fiskalpolitik mit Hilfe der Staatseinnahmen

Die theoretischen Grundlagen zum Verständnis der einnahmepolitischen Mittel des Staates (im wesentlichen also der antizyklischen Steuerpolitik) haben wir bereits im 12. Kapitel kennengelernt: Durch Veränderung der Steuern verändert sich das verfügbare Einkommen der Haushalte, wodurch sich Wirkungen auf den privaten Konsum und die privaten Investitionen ergeben können.

Voraussetzung für einen deutlichen konjunkturellen Impuls ist dabei, daß die dem Wirtschaftskreislauf durch eine Steueränderung zugeführten bzw. entzogenen Mittel nicht durch eine gegenläufige Veränderung der Staatsausgaben dem Kreislauf wieder entzogen bzw. zugeführt werden. Der Staat darf also eine durch eine Steuererhöhung erzielte Mehreinnahme nicht zur Finanzierung zusätzlicher Staatsausgaben verwenden, sondern muß die Mehreinnahme stillegen – etwa auf einem Sonderkonto bei der Deutschen Bundesbank, wie bei der Konjunkturausgleichsrücklage.

Nur indirekte Wirkungen von Steueränderungen auf die Nachfrage

Für die letztendliche Wirkung einer Steueränderung ist die Reaktion des privaten Sektors, also der privaten Haushalte und der Unternehmungen, von entscheidender Bedeutung, da Steueränderungen die Ausgabenentscheidungen der Privaten nur **indirekt** beeinflussen können. So ist es z. B. bei einer Steuersenkung denkbar, daß die in Unternehmungen und

Haushalten zusätzlich verfügbaren Einkommen nicht zu einer Erhöhung der Investitions- und Konsumnachfrage verwendet, sondern zur Rückzahlung von Krediten oder zur Bildung von finanziellen Reserven verwendet werden. Gerade im Falle von Steuersenkungen kann der Staat immer nur Verhaltensanreize geben, nicht aber Verhaltenszwänge ausüben. Aber auch durch eine Steuererhöhung muß sich kein spürbarer konjunktureller Effekt einstellen. Er bleibt aus, wenn die Haushalte ihr Konsumniveau – zumindest zeitweise – aufrechterhalten, indem sie Ersparnisse auflösen oder Kredite aufnehmen, und wenn die Unternehmungen wegen günstiger Gewinnaussichten trotz der Steuererhöhung – vielleicht auch in Anbetracht guter Überwälzungsmöglichkeiten – ihre Investitionen nicht einschränken.

Unterschiedliche Wirkungsverzögerung bei unterschiedlichen Steuern

Die steuerpolitischen Mittel unterscheiden sich nach der Schnelligkeit ihres Wirksamwerdens. Die Lohnsteuer, die im **Quellenabzugsverfahren**[1]) erhoben wird, läßt den betroffenen Steuerschuldner die Steueränderung zeitlich am ehesten bemerken. Bei der veranlagten Einkommensteuer kann es dagegen Jahre dauern, bis die Steueränderung fühlbar geworden ist, weil das Verfahren von der Abgabe der Steuererklärung bis zum endgültigen Steuerbescheid erhebliche Zeit beansprucht.

Politische Widerstände gegen Steueränderungen

Trotz der prinzipiell unbestrittenen ökonomischen Wirksamkeit steuerpolitischer Stabilisierungsinstrumente kann es nicht verwundern, daß sich die Finanzpolitiker dieser Mittel nur ungern bedienen. Es ist zu bedenken, daß Steuererhöhungen unpopulär sind und Wählerstimmen kosten können. Aber auch Steuersenkungen aus konjunkturpolitischen Gründen findet man selten. Wahrscheinlich möchte man die auf politischen Widerstand stoßende, gegebenenfalls notwendig werdende Erhöhung der Steuern zur Bekämpfung eines Booms im Laufe des Konjunkturzyklus vermeiden. Auch aus diesen Gründen (neben einnahmepolitischen: Man braucht die Einnahmen zur Erfüllung von Staatsaufgaben) hat man in der Bundesrepublik zu zeitlich begrenzt wirksamen Steuererhöhungen gegriffen, die zudem rückzahlbar waren (z. B. **Konjunkturzuschlag** zur Lohn-, Einkommen- und Körperschaftsteuer 1970/71). Diese sind aber nur dann zweckgerecht, wenn sie nicht durch Gegenreaktionen von seiten der Steuerschuldner unterlaufen werden können. Beispielsweise konnte der rückzahlbare Konjunkturzuschlag wie ein zeitweiliger Kredit an den Staat aufgefaßt werden, der keine spürbaren Einschränkungen der privaten Nachfrage mit sich brachte. Problematisch ist außerdem die Wahl des Zeitpunktes der Rückzahlung, der so gelegt werden müßte, daß sich keine prozyklischen Wirkungen auf den Konjunkturverlauf ergeben.

Zum Bereich einer antizyklischen Steuerpolitik gehört auch eine auf Beeinflussung der Investitionen zielende Veränderung der steuerlichen Ab-

1) D. h. die Steuer wird bereits dort erhoben und an das Finanzamt abgeführt, wo der Tatbestand, der Anlaß der Steuererhebung ist, gegeben ist – hier die Einkommensentstehung aus unselbständiger Arbeit.

Veränderung von Abschreibungen

schreibungsmöglichkeiten. Wenn es um konjunkturbelebende Maßnahmen geht, können Sonderabschreibungen oder zuvor nicht gestattete degressive Abschreibungen (d. h. Abschreibungen mit zunächst hohen und dann fallenden Jahresraten) zugelassen werden. Da Abschreibungen für die Unternehmen Kosten darstellen, läßt sich auf diese Weise eine zeitliche Verschiebung des Gewinns erreichen, der in diesem Falle in den ersten Jahren niedriger würde, woraus sich für das Unternehmen für die betreffenden Perioden eine geringere Steuerbelastung ergäbe.[2])

Die grundsätzliche Problematik in der Wirksamkeit einer Veränderung der Abschreibungsmöglichkeiten liegt darin, daß Unternehmen in der Rezession bei schlechten Gewinnaussichten auch dann nicht investieren werden, wenn die Abschreibungsmöglichkeiten verbessert werden. Investitionen, die nicht lohnend erscheinen, werden nach wie vor unterbleiben. Außerdem helfen Abschreibungserleichterungen nicht, wenn keine Gewinne erzielt werden, die durch Abschreibungen vermindert werden können. Aus diesen Gründen zieht man häufig Investitionsprämien den Abschreibungserleichterungen vor. Aber auch hier ergeben sich Probleme: Unternehmen kassieren die Prämien häufig für Investitionen, die sie ohnehin getätigt hätten, kaufen aber keine zusätzlichen Investitionsgüter **(„Mitnahmeeffekt“).**

Investitionsprämien

3. Ausgabepolitische Mittel

Während die Wirkungen der einnahmepolitischen Mittel stark von der Reaktion der Betroffenen abhängen, die Bürger in begrenztem Umfang reagieren können, sind die ausgabepolitischen Mittel (abgesehen von den staatlichen Unterstützungszahlungen) in ihrer Wirkung **direkter.** Der Staat kann durch Einschränkung oder Ausdehnung seiner Ausgaben für die verschiedensten Zwecke Impulse geben. Die Ausgaben des Staates für Güter und Dienste bestimmen die Höhe der Beschäftigung und damit das Sozialprodukt unmittelbar mit. Durch zusätzliche staatliche Aufträge läßt sich also - solange man nicht die These eines vollständigen Crowding-out akzeptiert (vgl. Kap. 12.4.4) – grundsätzlich ein wichtiger Beitrag zur Beseitigung einer Arbeitslosigkeit leisten. Dabei sind die in Kapitel 12 sowie Kapitel 27 erörterten Multiplikator- und Akzelerationswirkungen zu berücksichtigen. Durch Zahlung von Transfers (an private Haushalte) oder von Subventionen (an private Unternehmen) kann die Nachfrage ebenfalls gesteigert werden. Es muß aber darauf hingewiesen werden,

2) Ob diese Steuerersparnis endgültig ist – oder ob die eingesparten Steuern nur später, aber vollständig gezahlt werden müssen –, hängt bei einer progressiven Einkommensteuer davon ab, in welcher zeitlichen Verteilung die Gewinne anfallen: Sind die Gewinne am Anfang hoch, später niedriger, so vermeidet der Unternehmer endgültig Steuern, da er mit den hohen Gewinnen durch die hohen Abschreibungen nicht so stark in die Progression gerät. Ergibt sich keine endgültige Steuerersparnis (was der Regelfall sein dürfte, da erhöhte Abschreibungen in der Rezession, also bei niedrigen Gewinnen gewährt werden), so erhält das Unternehmen dadurch, daß es die Steuern erst später zu zahlen braucht, praktisch einen zinslosen Steuerkredit.

daß solche Maßnahmen nur unter politischen Schwierigkeiten rückgängig gemacht werden können.

Vor einer Überschätzung der staatlichen Möglichkeiten, über eine Variation von Staatsausgaben konjunkturelle Wirkungen zu erzielen, muß allerdings gewarnt werden.

Eingeschränkte Variierbarkeit staatlicher Ausgaben

Zum größten Teil sind die staatlichen Ausgaben durch gesetzliche Verpflichtungen festgelegt (z. B. die Gehälter von Beamten). Man schätzt die eigentliche Manövriermasse auf etwa 10 bis 20 % der staatlichen Gesamtausgaben. Darunter fallen vor allem staatliche Investitionsausgaben, die sich für einen konjunkturpolitischen Einsatz insofern besonders eignen, als sie durch geeignetes **timing** (Vorziehen oder Verschieben aus konjunkturellen Gründen) variiert werden können. Dabei müssen aber die folgenden Gesichtspunkte berücksichtigt werden:

Ein Großteil der Investitionen wird von den Gemeinden getätigt

(1) Der größte Teil konjunkturpolitisch bedeutsamer Investitionen wird von den Gemeinden durchgeführt, auf deren Entscheidungen die Länder und der Bund nur indirekte (meist über finanzielle Hilfen) Einflüsse ausüben können. Dabei kann die Befriedigung der kommunalen Bedürfnisse, z. B. der Bau eines Bürgerhauses oder die Ausbesserung einer dringend reparaturbedürftigen Straße, von der Kommune als unaufschiebbar angesehen werden, so daß Konflikte zwischen konjunkturpolitischen Erfordernissen und gemeindlichem Bedarf nicht ausgeschlossen sind.

Investitionen haben Wachstumseffekte

(2) Von den Investitionen der öffentlichen Hände, die oft Infrastrukturinvestitionen sind, hängt in starkem Maße das zukünftige wirtschaftliche Wachstum der Volkswirtschaft oder der betreffenden Region ab. Durch Verschieben oder gar durch Verhinderung von Investitionen kann sich langfristig eine unerwünschte Einengung der Wachstumsmöglichkeiten ergeben (vgl. Kapitel 28, Abschnitt 3).

(3) Politisch ist es zwar möglich und opportun, in der Depression die Staatsausgaben zu erhöhen und die Steuern zu senken, nicht aber in der Hochkonjunktur die Staatsausgaben zu senken und die Steuern zu erhöhen (Asymmetrie der „antizyklischen“ Fiskalpolitik).

4. Automatische Stabilisatoren

Wenn der Staat wiederholte Eingriffe in den Wirtschaftsablauf scheut, um antizyklisch zu wirken, kann er sogenannte automatische Stabilisatoren in das Steuer- und Ausgabensystem einbauen. Diese können auch zur Unterstützung antizyklischer Maßnahmen dienen.

Automatische Einnahmestabilisatoren

Bei **Steuern** liegt eine solche Stabilisierungswirkung immer dann vor, wenn die Steuererträge wegen des Steuertarifs auf Schwankungen des Sozialproduktes reagieren, ohne daß das Steuergesetz geändert wird. Besonders deutlich wird dies, wenn wir uns vergegenwärtigen, daß bei einem **progressiven Steuertarif** die Steuereinnahmen mit wachsender Bemessungsgrundlage immer stärker steigen. Auf den wichtigsten Fall der Einkommensteuer bezogen heißt dies, daß der Nettozuwachs beim Einkommen immer weniger stark ausfällt als der Bruttozuwachs. Aus konjunkturpolitischen Gründen ist diese Wirkung positiv zu beurteilen, längerfristig gesehen müssen eventuelle negative Wirkungen auf das Wachstum der Wirtschaft beachtet werden.

Auch bei **Staatsausgaben** sind automatische Stabilisierungswirkungen dann möglich, wenn die Staatsausgaben in der Hochkonjunktur zurückgehen und in Zeiten des Konjunkturabschwungs ansteigen, ohne daß dazu besondere gesetzliche Maßnahmen erforderlich werden. In diesem Zusammenhang wird immer wieder auf die antizyklischen Wirkungen hingewiesen, die von bestimmten Teilen unseres Sozialversicherungssystems (Transferausgaben) ausgehen. Beispielsweise würden in der Rezession oder gar in einer Depression die Unterstützungszahlungen aus der **Arbeitslosenversicherung** einer Verschärfung des wirtschaftlichen Abschwungs tendenziell entgegenwirken, da die Unterstützungsempfänger weiterhin eine kaufkräftige Nachfrage ausüben können. In Zeiten guter Beschäftigung werden kaum Zahlungen aus der Versicherung geleistet, vielmehr zahlen die Beschäftigten regelmäßig Versicherungsbeiträge ein.

Automatische Ausgaben-stabilisatoren

Man darf die genannten automatischen Stabilisatoren allerdings nicht überschätzen. Sie reichen nach keynesianischer Auffassung allein nicht aus, um Fehlentwicklungen im Konjunkturverlauf eines marktwirtschaftlichen Systems zu verhindern.

Es müssen weitere Mittel, darunter auch die der Geld- und Kreditpolitik, eingesetzt werden.

5. Das Stabilitätsgesetz

5.1 Grundsätzliches

Die auf der Grundlage der keynesschen Theorie gewonnene Erkenntnis, daß der Wirtschaftsablauf durch Veränderung der Staatseinnahmen und -ausgaben im Sinne bestimmter wirtschaftspolitischer Zielsetzungen beeinflußt werden kann, ist in der Bundesrepublik Deutschland 1967 erst relativ spät mit dem sog. **Stabilitätsgesetz** (Gesetz zur Förderung der Stabilität und des Wachstums der Wirtschaft, StabG) in politisch verbindliche Handlungsnormen umgesetzt worden. Und dies auch erst nach langen und harten Auseinandersetzungen mit mehr den Selbstheilungskräften der Volkswirtschaft vertrauenden Wirtschaftswissenschaftlern und Politikern. Mit dem Vordringen monetaristischen Gedankengutes sind die Grundideen des Stabilitätsgesetzes weitgehend verdrängt worden, und seine praktische Anwendung ist in den Hintergrund gerückt. Von Bedeutung sind heute noch die mittelfristige Finanzplanung und Institutionen wie der Finanzplanungsrat und der Konjunkturrat (vgl. Abschnitte 5.3 und 5.4.1).

§ 1 StabG legt fest:

> „Bund und Länder haben bei ihren wirtschafts- und finanzpolitischen Maßnahmen die Erfordernisse des gesamtwirtschaftlichen Gleichgewichtes zu beachten. Die Maßnahmen sind so zu treffen, daß sie im Rahmen der marktwirtschaftlichen Ordnung gleichzeitig zur Stabilität des Preisniveaus, zu einem hohen Beschäftigungsgrad und außenwirtschaftlichem Gleichgewicht bei stetigem und angemessenem Wirtschaftswachstum beitragen."

Zur Einhaltung bzw. Erreichung der in § 1 aufgeführten Ziele sind Bund **und** Länder direkt verpflichtet, ein wirtschaftspolitisch außerordentlich wichtiger Tatbestand, weil die Bundesländer bis dato in der Regel eher eine Parallelpolitik als eine antizyklische Fiskalpolitik betrieben hatten. Auch die Gemeinden und Gemeindeverbände sind nach dem StabG (§ 16) auf die Ziele Preisstabilität, Vollbeschäftigung, Wachstum und außenwirtschaftliches Gleichgewicht festgelegt.

Bund, Länder und Gemeinden werden auf die Ziele des § 1 verpflichtet

Durch diese Bestimmungen sowie durch die noch zu erörternden Vorschriften über den Mitteleinsatz, die mittelfristige Finanzplanung und die Schaffung des Konjunkturrates soll in der Finanzpolitik der Weg in Richtung auf einen **kooperativen Föderalismus** beschritten werden.

5.2 Instrumente des Stabilitätsgesetzes

Zur Erreichung der in § 1 festgelegten Ziele sieht das Stabilitätsgesetz einen umfangreichen Katalog von wirtschaftspolitischen Mitteln vor. Wir beginnen mit den „bremsend" wirkenden, den **kontraktiven (restriktiven) Maßnahmen.**

(1) Die durchgreifendste Maßnahme ist nach § 26 Nr. 3 die Heraufsetzung der Einkommen- und Körperschaftsteuern um höchstens 10 % (nicht der Einkommen- und Körperschaftsteuersätze!) für längstens ein Jahr. Hierdurch kann die (private) effektive Nachfrage mittelbar verringert werden.

Steuern

(2) Für die Beschränkung der Investitionsgüternachfrage ist die zeitweise Aussetzung der degressiven Abschreibung (d. h. Abschreibung mit fallenden Jahresraten) sowie der teilweise oder vollständige Wegfall von Sonderabschreibungen vorgesehen (§ 26 Nr. 3). Bei Anwendung dieser Maßnahmen steigt in den ersten Jahren ceteris paribus der zu versteuernde Gewinn, so daß in diesen Jahren höhere Steuern an das Finanzamt abzuführen sind.

Abschreibungen

(3) Außerdem können die Steuervorauszahlungen bei der Einkommensteuer, Körperschaftsteuer und Gewerbesteuer nach oben angepaßt werden (§§ 26 Nr. 1, Nr. 2; 27; 28 Nr. 1). Dadurch verringert sich der Vorteil der Steuerschuldner, die zur Einkommen- und Körperschaftsteuer veranlagt werden (zeitnähere Besteuerung).

Steuervorauszahlungen

Staatsausgaben

(4) Bei den Staatsausgaben setzt § 6 Abs. 1 an, der den Bundesfinanzminister nach einem entsprechenden Beschluß der Bundesregierung ermächtigt, den Vollzug öffentlicher Maßnahmen zu verzögern oder ihren Beginn aufzuschieben. Eventuell frei werdende Gelder müssen zur Schuldentilgung oder Stillegung bei der Deutschen Bundesbank verwendet werden. Durch diese Vorschrift hat der Staat die Möglichkeit, die effektive Gesamtnachfrage unmittelbar zu verringern.

Konjunkturausgleichsrücklage (KAR)

(5) Zur Abwehr einer die volkswirtschaftliche Leistungsfähigkeit übersteigenden Nachfrageausweitung sollen nach § 5 Abs. 2 Mittel zur zusätzlichen Tilgung von Schulden bei der Deutschen Bundesbank oder zur Zuführung an eine Konjunkturausgleichsrücklage (KAR) veranschlagt werden (**freiwillige** Maßnahme). Daneben kann die Bundesregierung nach § 15 durch Rechtsverordnung mit Zustimmung des Bundesrates anordnen, daß Bund und Länder ihren Konjunkturausgleichsrücklagen Mittel zuführen. Werden, wie unter Ziffer (1) erläutert, die Einkommensteuer und die Körperschaftsteuer erhöht, so müssen die Mehreinnahmen der KAR zugeführt werden **(obligatorische KAR).** Von dieser Maßnahme werden zwei Effekte erwartet:

- Gelder, die stillgelegt oder zur Schuldentilgung verwendet wurden, können vom Staat selbst nicht mehr nachfragewirksam ausgegeben werden **(Nachfrageeffekt).** Das ist dann wichtig, wenn die Steuereinnahmen des Staates in der Hochkonjunktur – nicht zuletzt wegen der beschriebenen automatischen Stabilisierungswirkung – stark steigen.
- Daneben erhofft man sich von der Stillegung der Gelder einen auf die Nachfrage indirekt dämpfend wirkenden Effekt **(Geldmengeneffekt,** vgl. Kapitel 17 und 18). Da die Schuldentilgung bei der Bundesbank vorgesehen ist, wie auch die KAR unverzinslich auf Konten bei der Bundesbank zu halten ist, wird den Kreditinstituten – wenn auch in geringem Maße – die Basis für zukünftige Kreditgewährung verkleinert. Die Mittel sind praktisch eingefroren.

Beschränkung der Kreditaufnahmemöglichkeiten

(6) Als verhältnismäßig schwerwiegendes Mittel muß die Beschränkung der Kreditaufnahmemöglichkeiten der verschiedenen öffentlichen Hände nach § 19 bis § 25 StabG angesehen werden. Für längstens ein Jahr kann die Bundesregierung durch Rechtsverordnung mit Zustimmung des Bundesrates festlegen, daß die betroffenen staatlichen Körperschaften Kredite nur bis zu einem Höchstbetrag aufnehmen dürfen, der mindestens 80 % der Summe ausmacht **(„Schuldendeckel"),** die sie im Durchschnitt der letzten fünf statistisch erfaßten Haushaltsjahre vor Erlaß der Rechtsverordnung als Haushaltskredite in Anspruch genommen haben (von dieser Möglichkeit wurde für das Haushaltsjahr 1971 mit einer Reduzierung der veranschlagten Kreditaufnahmen beim Bund um 1 Mrd. DM, bei den Ländern um 0,8 Mrd. DM Gebrauch gemacht). Bemerkenswert ist dabei, daß in diesen Komplex die Gemeinden ausdrücklich einbezogen werden, wobei durch eine Ausgleichsreserve von 10 % des Höchstbetrages den be-

sonderen Finanzierungsbedürfnissen der Kommunen Rechnung getragen werden soll. Die meisten der **expansiv** wirkenden Mittel entsprechen den kontraktiven mit umgekehrtem Vorzeichen:

(1) Die Einkommen- und Körperschaftsteuern können um bis zu 10 % für längstens ein Jahr ermäßigt werden.

Steuern

(2) Nicht symmetrisch läuft die Beeinflussung der Investitionsgüternachfrage. Hier kann allen Unternehmen ein **Investitionsbonus** (Investitionsprämie) in Höhe von bis zu 7,5 % der Anschaffungs- oder Herstellungskosten gewährt werden (§ 26 Nr. 3). Steuertechnisch wird dies durch einen Abzug von der Einkommen- bzw. Körperschaftsteuerschuld erreicht, so daß sich die Investitionskosten erheblich verringern. Mit dieser Vorschrift sind allerdings nur die Unternehmen begünstigt, die auch tatsächlich Steuern zahlen, d.h. die einen positiven Gewinn erwirtschaften. Möglicherweise werden durch den Investitionsbonus die ohnehin marktstarken Unternehmen noch mehr gefördert.

Investitionsbonus

(3) Die Anpassung der Steuervorauszahlungen (Einkommensteuer, Körperschaftsteuer, Gewerbesteuer) ist nachträglich nach unten möglich (§§ 26 Abs. 1, 2; 27; 28 Abs. 1).

Steuervorauszahlungen

(4) Wenn sich eine Abschwächung der allgemeinen Wirtschaftstätigkeit abzeichnet, die die Ziele des § 1 gefährden könnte, kann die Bundesregierung zusätzliche Ausgaben tätigen (§ 6 Abs. 2). Finanziert werden können solche Ausgaben durch Entnahmen aus der – wenn vorhandenen – Konjunkturausgleichsrücklage (§ 5, § 6 Abs. 2) oder durch zusätzliche Kredite, zu deren Aufnahme in Höhe von bis zu 5 Mrd. DM der Finanzminister über die im Haushaltsgesetz erteilten Ermächtigungen hinaus berechtigt ist. Solche zusätzlichen Ausgaben dürfen aber nur für Zwecke eingesetzt werden, die in der mittelfristigen Finanzplanung bereits enthalten sind **(Schubladenprogramm).**

Staatsausgaben

5.3 Mittelfristige Finanzplanung (Mifrifi)

Um die Haushaltswirtschaft von Bund, Ländern und Gemeinden nicht nur auf tagespolitische Unwägbarkeiten und Notwendigkeiten auszurichten, ist ihr eine **mehrjährige (5jährige) Finanzplanung** zugrunde zu legen. In diesem Rechenwerk müssen für einen fünfjährigen Zeitraum der Umfang und die Zusammensetzung der voraussichtlichen Ausgaben – gegliedert nach Aufgabenbereichen, d. h. orientiert am Funktionenplan – und ihre Finanzierung unter Berücksichtigung des gesamtwirtschaftlichen Leistungsvermögens dargestellt werden. Als Unterlagen für die mittelfristige Finanzplanung dienen die in den einzelnen Ministerien erarbeiteten Investitionsprogramme, die nach Dringlichkeit und Jahresabschnitten gegliedert sind.

Begriff und Inhalt der „Mifrifi“

Für den Bund wird der Finanzplan vom Bundesminister der Finanzen aufgestellt und begründet. Die Bundesregierung beschließt ihn. Er stellt ein

Handlungsprogramm der Regierung dar, das aber **keine Vollzugsverbindlichkeit** besitzt. Im übrigen ist der Finanzplan jährlich der Entwicklung anzupassen und fortzuschreiben, d. h., daß die Zahlen für das abgelaufene Haushaltsjahr gestrichen werden und daß eine Ergänzung um ein weiteres Jahr vorgenommen wird. Entsprechendes gilt für die Länder und die Gemeinden. Durch die mittelfristige Finanzplanung wird ein **timing,** d. h. ein zeitgerechter Einsatz der Staatsausgaben als konjunkturpolitisches Mittel erleichtert, weil die staatliche Einnahme- und Ausgabetätigkeit der nächsten Jahre bis zu einem gewissen Grade transparent ist, so daß sich konjunkturpolitische Mittel zeitlich besser einpassen lassen. Es ist insbesondere eine Orientierung an längerfristigen Entwicklungen und Notwendigkeiten möglich. Damit kann die mittelfristige Finanzplanung **Orientierungsgrundlage** für das Parlament und die private Wirtschaft sein. Man kann erkennen, wo die Regierung sachliche und zeitliche Prioritäten setzen will.

5.4 Koordinationsgremien

5.4.1 Der Konjunkturrat (§§ 18, 22 StabG)

Zusammensetzung und Aufgaben des Konjunkturrates

Der Konjunkturrat für die öffentliche Hand ist aufgrund des § 18 StabG gebildet worden. Ihm gehören neben den Bundesministern für Wirtschaft (Vorsitzender) und der Finanzen je ein Vertreter eines jeden Landes sowie vier Vertreter der Gemeinden und Gemeindeverbände an. Die Bundesbank hat das Recht, an den Beratungen teilzunehmen. Die Aufgaben dieses Gremiums bestehen in der Beratung

a. aller zur Erreichung der Ziele des § 1 erforderlichen konjunkturpolitischen Maßnahmen und
b. der Möglichkeiten zur Deckung des Kreditbedarfs der öffentlichen Haushalte.

Der Konjunkturrat hatte sich bald in einen eigentlichen Konjunkturrat (Aufgabengebiet a) und einen Konjunkturrat „Kredit" (Aufgabengebiet b) geteilt, wobei letzterem insbesondere die Aufstellung eines Zeitplans für die Kreditaufnahme durch die öffentlichen Hände oblag. Aus ihm ist später der **Ausschuß für Kreditfragen der öffentlichen Hand** als eigenständiges Gremium hervorgegangen.

Da die Beschlüsse des Konjunkturrates nur empfehlenden Charakter tragen, ist sein politisches Gewicht verhältnismäßig schwach. Zwar mögen seine Empfehlungen dazu beitragen, das Verständnis für eine konjunkturgerechte Wirtschafts- und Finanzpolitik zu verstärken, ebenso wie davon ein gewisser Handlungszwang ausgehen mag, letztlich aber dürften für die Handlungsweise der einzelnen Gebietskörperschaften doch die Eigeninteressen, die nicht selten mit parteipolitischen Überlegungen verbunden sind, maßgebend sein.

5.4.2 Konzertierte Aktion

Aufgaben und Probleme der Konzertierten Aktion

Als Konzertierte Aktion bezeichnet man das gleichzeitige aufeinander abgestimmte Verhalten der Gebietskörperschaften, Gewerkschaften und Unternehmensverbände nach § 3 StabG. Zu diesem Zweck stellt die Bundesregierung **Orientierungsdaten,** die insbesondere eine Darstellung des gesamtwirtschaftlichen Zusammenhangs im Hinblick auf die jeweils gegebene Situation enthalten sollen, zur Verfügung. Der Grundgedanke der Konzertierten Aktion beruht auf der Absicht, daß die beteiligten Gruppen ihre wechselseitige Abhängigkeit erkennen sowie ihre Ziele erläutern und insbesondere ihr preis- und lohnpolitisches Verhalten aufeinander abstimmen. Dies ist, wenn man beachtet, daß den Sozialpartnern in der Bundesrepublik die Tarifautonomie garantiert ist, gegenüber dem Zustand vor Verabschiedung des Stabilitätsgesetzes sicherlich ein Fortschritt. Die Bundesregierung hat sonst keine Möglichkeiten, auf die Entstehung der Einkommen im außerstaatlichen Bereich und damit auf die Verteilung von Ansprüchen an das Sozialprodukt unmittelbar Einfluß zu nehmen. Die Stabilisierungsfrage auf der Lohnseite bleibt damit weitgehend offen. Ein institutionalisiertes Gespräch ist aber immer noch besser als gar kein Gespräch. Trotzdem sind die ursprünglich in die Konzertierte Aktion gesetzten Erwartungen nicht erfüllt worden. Wegen der Verfassungsklage der Arbeitgeber in der Mitbestimmungsfrage wird die Konzertierte Aktion seit Herbst 1977 von den Gewerkschaften boykottiert.

6. Probleme der Fiskalpolitik

Die Fiskalpolitik ist aus den verschiedensten Gründen nicht selten skeptisch beurteilt worden. Verschiedene Ebenen der Kritik sollten dabei unterschieden werden:

(1) Eine grundsätzliche Ablehnung der Fiskalpolitik ergibt sich, wenn man an die **Stabiltität des privaten Sektors** der Volkswirtschaft glaubt (vgl. Kapitel 11 u. 13) und von staatlichen Interventionen nur eine Destabilisierung erwartet.

(2) Zwecklos ist Fiskalpolitik, wenn man die **Crowding-out-Hypothese** akzeptiert, also davon ausgeht, daß eine durch Ausgabe zusätzlicher Staatsschuldtitel finanzierte Staatsausgabenerhöhung letztendlich das Sozialprodukt nicht signifikant erhöht oder sogar senkt (vgl. Kapitel 12.4.4).

(3) Problematisch wird eine **antizyklische** Fiskalpolitik, wenn aus politischen Gründen eine symmetrische Durchführung dieser Politik, also eine kreditfinanzierte Erhöhung der Staatsausgaben (bzw. Senkung der Steuersätze) in der Depression und eine Schuldentilgung des Staates bei Senkung der Staatsausgaben (bzw. Erhöhung der Steuersätze) in der Hochkonjunktur nicht durchführbar ist oder nicht opportun erscheint. Für diese Möglichkeit sprechen die Erfahrungen mit der antizyklischen Fiskalpolitik in der Bundesrepublik Ende der 60er und zu Beginn der 70er Jahre. Sie impliziert, daß die Fiskalpolitik anstatt antizyklisch prozyklisch wirken kann.

Tab. 16.1: Zeitverzögerungen in der Wirtschaftspolitik

Zeitverzögerungen der Wirtschaftspolitik (total policy lag)						
Innenverzögerung (inside lag)					**Außenverzögerung** (outside lag)	
Handlungsverzögerung (policy preparation lag)				**Durchführungsverzögerung** (administrative, instrumental, intermediate lag)	**Wirkungsverzögerung** (policy effect lag)	
Erkennungsverzögerung (recognition lag)		**Aktionsverzögerung** (action lag)			**Reaktionsverzögerung** bei den Adressaten (reaction lag)	**Durchsetzungsverzögerung** bei den Adressaten (operational lag)
Diagnoseverzögerung (diagnostic lag)	Prognoseverzögerung (prognostic lag)	Planungsverzögerung (planning lag)	Entscheidungsverzögerung (decision lag)			
Wahrnehmung unerwünschter Zustände und Entwicklungen. Beschaffung von Informationen über die Problemaspekte sowie erklärungsrelevante Theorien und Anwendungsbedingungen. Erklärung der problematischen Sachverhalte (Ursachenanalyse).	Vorhersage der künftigen Entwicklung des Problems bei Verzicht auf wirtschaftspolitisches Handeln (Status-quo-Prognose). Entscheidung für ein bestimmtes Prognoseergebnis und Vergleich mit den politischen Zielsetzungen. Feststellung des Handlungsbedarfs.	Ermittlung alternativer Ziel-Mittel-Kombinationen (Wirkungsanalyse). Ableitung geeigneter Maßnahmen zur Erreichung vorgegebener Ziele (Programmierung). Prognose des sachlichen und zeitlichen Wirkungsablaufs vorgesehener Maßnahmen (Wirkungsprognose).	Entscheidung zwischen den von der Wirkungsanalyse aufgezeigten Handlungsalternativen. Definitive Festlegung bestimmter Zielwerte und Maßnahmen. Innerparteiliche, parlamentarische usw. Durchsetzung des Programms.	Rechtsverbindliche Ausgestaltung und praktische Durchführung der Maßnahmen. Beteiligung nachgeordneter Körperschaften, Ressorts, Behörden usw. sowie autonomer sozialer Gruppen (Tarifparteien, Berufsverbände), nationaler Entscheidungsträger (Bundesbank) und internationaler Institutionen (EG-Kommission, IWF, BIZ). Überwindung rechtlicher (Normenkontrollverfahren, Verfügungen) und tatsächlicher Widerstände (Boykott, Proteste).	Wahrnehmung geplanter oder ergriffener Maßnahmen und Beschaffung von Informationen. Feststellung der Betroffenheit durch die Maßnahmen. Prognose der sich durch die Maßnahmen möglicherweise ergebenden Vor- und Nachteile. Feststellung des Handlungsbedarfs und Entscheidung über zu ergreifende Maßnahmen. Vorbereitung des Maßnahmevollzugs (Antragstellung, Vertragsabschlüsse oder -kündigungen, Auftragserteilung).	Anweisung ausführender Betriebe, Abteilungen usw. durch die Unternehmensleitung. Arbeitsvorbereitung, Projektplanung, Koordination, Einkommens-, Vermögens- und Konsumdispositionen. Überwindung unternehmensinterner Widerstände, z. B. bei geplanten Entlassungen, Neueinstellungen, Überstunden, Rationalisierungsvorhaben. Überwindung unternehmensexterner Widerstände, z. B. bei Betriebsstillegungen und -erweiterungen, Neubauvorhaben, Umweltbelastungen.

Zeit ⟶

Quelle: H. BERG u. D. CASSEL, Theorie der Wirtschaftspolitik in: Vahlens Kompendium der Wirtschaftstheorie und Wirtschaftspolitik, Bd. 2, 5. Aufl., München 1992, S. 225.

(4) Die Gefahr einer prozyklischen Wirkung einer antizyklisch gedachten Fiskalpolitik ergibt sich auch, wenn die **Zeitverzögerungen** bei ihrem Einsatz lang und unkontrollierbar sind. Solche Zeitverzögerungen ergeben sich vor allem aus drei Gründen (vgl. Tabelle 16.1):

- Es vergeht Zeit, bis das Auseinanderdriften zwischen der wirtschaftspolitischen Situation und der Zielvorstellung erkannt wird (Erkennungs-Lag).
- Es vergeht Zeit, bis nach dem Erkennen der Handlungsnotwendigkeit die entsprechenden Maßnahmen geplant, beschlossen und durchgeführt werden (Handlungs-Lag).
- Es vergeht Zeit, bis die ergriffenen Maßnahmen auf die Zielgrößen, z. B. die Arbeitslosenquote und die Preissteigerungsrate, wirken (Wirkungs-Lag).

(5) Die Ablehnung einer antizyklischen Fiskalpolitik läßt Raum für eine **mittel- bis langfristig angelegte Fiskalpolitik,** die z. B. angesichts hartnäckiger Arbeitslosigkeit auf hohem Niveau durch eine dauerhafte Erhöhung der Staatsausgaben für Zukunftsaufgaben nachfrageseitig expansive Anstöße geben kann. Natürlich stößt auch eine solche Politik auf bestimmte Schwierigkeiten, wie z. B. die Verengung des Handlungsspielraums des Staates durch steigende Zinslasten. Solche Einwände verlieren an Gewicht, wenn man die wachstumsfördernde – und damit auch steuererhöhende – Wirkung und die Bedeutung des gesamtwirtschaftlichen Ziels Vollbeschäftigung hinreichend würdigt.

C. Arbeitsaufgaben

1) *Erläutern Sie folgende Begriffe:*
   - *Fiskalpolitik,*
   - *Parallelpolitik,*
   - *deficit spending,*
   - *degressive Abschreibung,*
   - *mittelfristige Finanzplanung,*
   - *Konzertierte Aktion.*
2) *Welches sind die wichtigsten Instrumente der Fiskalpolitik? Erläutern Sie diese kurz.*
3) *Erläutern Sie, wie eine Erhöhung der Steuern im Prinzip die Nachfrage der Haushalte beeinflussen kann. Wo liegen die Unsicherheiten in bezug auf die Wirksamkeit der Maßnahmen?*
4) *Inwiefern kann man sagen, daß die Veränderungen staatlicher Ausgaben direkter auf die Konjunktur wirken als Steueränderungen?*
5) *Diskutieren Sie die Erfolgsaussichten, über verbesserte Abschreibungsmöglichkeiten die Konjunktur anzukurbeln.*
6) *Beschreiben Sie die automatische Stabilisierungswirkung der Einkommensteuer.*

7) *Schildern Sie an einem Beispiel die Probleme, die durch Wirkungsverzögerungen fiskalpolitischer Mittel entstehen können.*

8) *Die Beschränkung der Kreditaufnahmemöglichkeit der öffentlichen Hände ist vor der Verabschiedung des Stabilitätsgesetzes heftig diskutiert worden. Worin sehen Sie die Vor- und Nachteile dieser Vorschrift des Stabilitätsgesetzes?*

9) *Erörtern Sie die Möglichkeiten einer kontraktiven Konjunkturpolitik nach dem Stabilitätsgesetz!*

10) *Worin liegen die grundsätzlichen Probleme einer keynesianischen Fiskalpolitik?*

Lösungsvorschläge für die Arbeitsaufgaben im „Übungsbuch zu Grundlagen und Probleme der Volkswirtschaft".

D. Literatur

Einen einfachen Überblick über die Konzeption der Fiskalpolitik geben:

SAMUELSON, Paul A., NORDHAUS, William D., Volkswirtschaftslehre Band I, 8. Aufl., Köln 1987, 19. Kapitel und

MCCONNEL, CAMPBELL, R., Volkswirtschaftslehre Band I, Köln 1975, Kapitel 14.

Eine kurze Darstellung zur Fiskalpolitik gibt:

HANSMEYER, Karl-Heinrich, Antizyklische Ausgabenpolitik, in: 25 Jahre Marktwirtschaft in der Bundesrepublik Deutschland, hrsg. von D. CASSEL u. a., Stuttgart 1972, S. 212–229.

Zur theoretischen Konzeption und zur Problematik der Fiskalpolitik informieren ausführlicher:

KROMPHARDT, Jürgen, Arbeitslosigkeit und Inflation, Göttingen und Zürich 1987

WAGNER, Helmut, Stabilitätspolitik. Theoretische Grundlagen und institutionelle Alternativen, 2. Aufl., München, Wien 1992

TEICHMANN, Ulrich, Grundriß der Konjunkturpolitik, 4., verb. u. erw. Aufl., München 1988.

Speziell zum Stabilitätsgesetz informiert kurz

HANSMEYER, Karl-Heinrich, Das Gesetz zur Förderung der Stabilität und des Wachstums der Wirtschaft, Das Wirtschaftsstudium (WISU), 2. Jg., 1973, S. 279–284 u. S. 331–335.

Empfehlenswert ist auch

PÄTZOLD, Jürgen, Stabilisierungspolitik, 5. Aufl., Bern, Stuttgart 1993,

der die Grundlagen nachfrage- und angebotsorientierter Wirtschaftspolitik umfassend und systematisch darstellt.

17. Kapitel
Begriffe, Institutionen und Märkte des Geldbereichs einer Volkswirtschaft

A. Lernzielorientierte Leitfragen und Fragenkomplexe

Leitfrage:
Welche Funktionen erfüllt das Geld, und welche begrifflichen Abgrenzungen ergeben sich hieraus?

- *Worin liegt die Bedeutung des Geldes als Recheneinheit, allgemeines Tauschmittel und Wertaufbewahrungsmittel?*
- *Worin liegt der Unterschied zwischen Waren- und Kreditgeld?*
- *Welches sind die Geldarten der heutigen Wirtschaft?*
- *Was versteht man unter der Geldmenge, und wie hat sie sich in der Bundesrepublik zahlenmäßig entwickelt?*

Leitfrage:
Welches sind die Grundstrukturen des Geldbereichs in der Bundesrepublik?

- *Welches sind die wichtigsten Wirtschaftseinheiten des Geldbereichs?*
- *Worin besteht die Haupttätigkeit einer Geschäftsbank?*
- *Welches sind die Hauptaufgaben der Deutschen Bundesbank?*
- *Worin liegen Vorteile und Problematik einer unabhängigen Zentralbank?*
- *Welche wichtigen Kreditmärkte bestehen in der Bundesrepublik?*

B. Sachanalyse

1. Funktionen des Geldes

1.1 Recheneinheit

Obwohl wir in den vorangegangenen Kapiteln vorrangig die güterwirtschaftliche Seite des Wirtschaftskreislaufes untersucht haben, haben wir uns eine Funktion des Geldes wiederholt zunutze gemacht, die Funktion des Geldes als **Recheneinheit:** Mit Hilfe des Geldes haben wir die produzierten Äpfel, Maschinen und Autos auf einen „Hauptnenner“ gebracht und sie damit vergleichbar, z. B. zum Sozialprodukt addierbar, gemacht.

Geld macht die Werte einer Volkswirtschaft unmittelbar vergleichbar

Die Funktion des Geldes als allgemeine Recheneinheit besteht also darin, daß sämtliche Werte der Volkswirtschaft in Geldeinheiten (z. B. in DM) ausgedrückt und damit addierbar und unmittelbar vergleichbar gemacht werden.

Die Verwendung von Geld als allgemeine Recheneinheit hat immense Vorteile. Dies wird deutlich, wenn man bedenkt, wieviel Tauschverhältnisse in einer Volkswirtschaft ohne allgemeine Recheneinheit bekannt sein müssen. Bei nur 20 Gütern müßte man zum Beispiel 190 Tauschverhältnisse kennen, um einen vollständigen Überblick über die Tauschmöglichkeiten zu haben. Man müßte nämlich wissen:

- Wieviel Mengeneinheiten von Gut 1 werden gegen 1 Mengeneinheit von Gut 2, 3, ..., 20 gehandelt,
- wieviel Mengeneinheiten von Gut 2 werden gegen 1 Mengeneinheit von Gut 3, 4, ..., 20 gehandelt,
- wieviel Mengeneinheiten von Gut 3 werden gegen 1 Mengeneinheit von Gut 4, 5, ..., 20 gehandelt,

.

.

- wieviel Mengeneinheiten von Gut 19 werden gegen 1 Mengeneinheit von Gut 20 gehandelt?

Bei Verwendung von Geld als allgemeine Recheneinheit benötigt man dagegen nur 20 Geldpreise, die genau dieselbe Information geben wie 190 reale Tauschverhältnisse. Wenn nämlich z.B. bekannt ist, daß Gut 1 5,– DM pro Mengeneinheit kostet und Gut 10 20,– DM pro Mengeneinheit, so ist zugleich bekannt, daß 1 Mengeneinheit von Gut 10 gegen 4 Mengeneinheiten von Gut 1 getauscht werden kann.

1.2 Allgemeines Tauschmittel

Eine weitere, wichtige Funktion des Geldes wird klar, wenn wir uns vor Augen halten, daß unsere Wirtschaft eine hochspezialisierte Tauschwirtschaft ist. Würde jede Wirtschaftseinheit die Güter, die sie benötigt, auch selbst herstellen und die Rohstoffe hierzu selbst produzieren, so brauchte man kein Geld: In einer nur aus Selbstversorgungseinheiten bestehenden Wirtschaft („geschlossene Hauswirtschaft“) findet kein Gütertausch statt. Sobald sich aber einzelne Wirtschaftseinheiten auf die Produktion bestimmter Güter spezialisieren – in der Annahme, daß sie im Austausch gegen diese Güter von anderen Wirtschaftseinheiten die ansonsten benötigten Güter erhalten – wird aus der geschlossenen Hauswirtschaft eine Tauschwirtschaft.

Würde eine solche arbeitsteilige Volkswirtschaft nur aus 2 Wirtschaftseinheiten bestehen, so könnte sie ohne Geld auskommen. Schon bei drei Wirtschaftseinheiten wird in einer arbeitsteiligen Wirtschaft der Naturaltausch sehr kompliziert, wie das folgende (von E. SCHNEIDER entlehnte) Beispiel zeigt: Eine Volkswirtschaft besteht aus 3 Wirtschaftseinheiten, einem Bauern, einem Müller und einem Schneider. Angenommen, der Bauer produziert Milch, der Müller Brot und der Schneider Kleidung. Der Bauer wünscht einen Teil seiner Tagesproduktion gegen Brot einzutauschen, der Müller möchte für einen Teil seines Brotes Kleidung erwerben, und der Schneider möchte für seine überschüssige Kleidung Milch haben.

Geld als Tauschmittel ist in einer hochgradig arbeitsteiligen Wirtschaft unentbehrlich

	möchte haben	bietet an
Bauer	Brot	Milch
Müller	Kleidung	Brot
Schneider	Milch	Kleidung

Man sieht, daß der Bauer seine Bedürfnisse nicht durch direkten Tausch mit dem Müller befriedigen kann. Das gleiche gilt für den Müller und den Schneider. In Form des Naturaltausches läßt sich der Tauschvorgang nur noch indirekt durchführen. Der Bauer, der eigentlich Brot erwerben möchte, muß sich zunächst Kleidung von dem Schneider besorgen und kann mit dieser beim Müller Brot erwerben. Das Beispiel zeigt sehr plastisch, daß schon ein Naturaltausch zwischen drei Wirtschaftseinheiten auf erhebliche Schwierigkeiten stößt. Bei einer größeren Zahl von Wirtschaftseinheiten – ganz zu schweigen von Millionen in unserer Volkswirtschaft – ließe sich ein solcher Naturaltausch praktisch nicht mehr durchführen.

Ohne Schwierigkeiten kann demgegenüber der Tausch vorgenommen werden, wenn sich die Tauschpartner eines **allgemein anerkannten Zahlungsmittels** bedienen. Im obigen Beispiel würde der Bauer seine überschüssige Milch gegen Geld an den Schneider verkaufen und sich für dieses Geld von dem Müller das gewünschte Brot kaufen. Die Zahl der beteiligten Wirtschaftseinheiten könnte beliebig erhöht werden – jeder Tausch ließe sich im Prinzip leicht durchführen. Es leuchtet ein, daß eine moderne Volkswirtschaft nur noch als Geldwirtschaft vorstellbar ist.

Entscheidende Vereinfachung des Tauschverkehrs durch Verwendung von Geld

1.3 Wertaufbewahrungsmittel

Wir haben festgestellt, daß in einer Geldwirtschaft an die Stelle des Naturaltausches Ware gegen Ware die Beziehung Ware – Geld – Ware tritt.

Dabei kann zwischen dem Verkauf und dem Kauf von Waren theoretisch ein beliebig langer Zeitraum liegen. Das Geld, das man für seine Waren

Geld als Wertaufbewahrungsmittel

erhalten hat, speichert praktisch die erbrachte Leistung bis zu dem gewünschten Zeitpunkt: Geld ist also auch **Wertaufbewahrungsmittel** – vorausgesetzt, es behält seinen Wert, d. h. verliert nicht ständig durch Preisniveausteigerungen an Kaufkraft. Ist Preisstabilität nicht gewährleistet, dann erhält man im Zeitpunkt des späteren Kaufs letztlich weniger Güter, als man selbst gegeben hat. Damit ist auch die Zahlungsmittelfunktion des Geldes gefährdet. Man sieht, wie gefährlich eine ständige Inflation für eine hochspezialisierte Volkswirtschaft ist (vgl. Kapitel 25).

Bedeutung der Preisstabilität

In einem gesunden Geldwesen erfüllt das Geld die genannten Funktionen als Recheneinheit, Tauschmittel und Wertaufbewahrungsmittel gleichzeitig.

In der Wirtschaftsgeschichte gibt es allerdings genügend Beispiele dafür, daß das Geld zumindest eine dieser Funktionen nicht ausübte. So wurde z. B. in der Zeit der großen deutschen Inflation nach dem Ersten Weltkrieg schließlich der Dollar zur Recheneinheit, die Mark Zahlungsmittel und Sachwerte oder fremde Währungen zum Wertaufbewahrungsmittel. Nach dem Zweiten Weltkrieg verlor die Mark in der Inflationszeit ihre Funktion als allgemeines Tauschmittel und wurde zeitweise im privaten Bereich durch eine „Zigarettenwährung“ abgelöst.

2. Erscheinungsformen des Geldes

Historisch sind die unterschiedlichsten Objekte als Geld verwendet worden

Die Funktionen des Geldes können im Prinzip von unterschiedlichen Objekten, die als Geld dienen, erfüllt werden. So haben in der Geschichte bestimmte Muschelarten, Felle, Salz, Vieh, Häute, Metalle, Banknoten, Scheidemünzen und Buchgeld – um nur die wichtigsten Erscheinungsformen des Geldes zu nennen – als Geld Verwendung gefunden. Aus den Funktionen des Geldes lassen sich jedoch bestimmte **technische Anforderungen** an ein diesen Funktionen gerecht werdendes Medium stellen: Teilbarkeit, Haltbarkeit, Austauschbarkeit, Seltenheit, schwere Fälschbarkeit und ähnliches. Es ist klar, daß die historisch beobachtbaren Formen des Geldes diesen Anforderungen - neben die als entscheidende weitere **ökonomische Anforderung** die Wertbeständigkeit des Geldes tritt – in unterschiedlichem Ausmaß gerecht werden.

Technische Anforderungen an das Geld

Ökonomische Anforderung an das Geld

Ordnet man die historische Vielfalt des Geldes nach seiner Stoffwertigkeit, so lassen sich zwei große Gruppen bilden:

- stoffwertiges Geld,
- stoffwertloses bzw. unterwertiges Geld.

Stoffwertiges Geld zeichnet sich dadurch aus, daß als Geld Güter Verwendung finden und der Geldwert durch den Warenwert des verwendeten Gutes bestimmt wird. Man spricht deshalb auch von **Warengeld.** Mit fortschreitender Entwicklung ist beim Warengeld eine Tendenz zum Metallgeld (insbesondere zu Gold- und Silbermünzen) zu beobachten, das die beschriebenen technischen Eigenschaften des Geldes weitgehend erfüllt. Beim stoffwertlosen bzw. unterwertigen Geld vollzieht sich eine Trennung zwischen dem Geldwert und dem Stoff-(Güter-)Wert. Da stoffwertloses Geld – worauf noch einzugehen sein wird – immer eine Forderung (meist gegenüber einer Bank) darstellt, wird es auch als **Kreditgeld** bezeichnet. Typische Erscheinungsformen des Kreditgeldes sind Banknoten, Scheidemünzen (= unterwertige Münzen) und Buchgeld (= Guthaben auf Girokonten).

Stoffwertiges und stoffwertloses (unterwertiges) Geld

Bei Banknoten ist entstehungsgeschichtlich zunächst eine volle Einlösepflicht in stoffwertiges Geld gegeben: Die ersten Banknoten entstanden, indem ungeprägtes oder geprägtes Edelmetall bei Goldschmieden hinterlegt wurde, die dafür auf wertgleiche Beträge lautende Depotscheine – die Banknoten – ausgaben. Historisch schließen sich teilgedeckte und schließlich ungedeckte Banknoten an. Eine wichtige Form des Kreditgeldes stellt heute das Buch- oder Giralgeld dar, das aus einer (auf Verlangen des Inhabers in Banknoten umtauschbaren) Sicht-Forderung gegenüber einer Bank besteht. Da diese Forderungen gegenüber Banken (Verbindlichkeit der Banken) nicht in Form einer Urkunde verbrieft werden, sondern nur in den Büchern der jeweiligen Bank erscheinen, erklärt sich der Name Buchgeld.

Banknoten

Buchgeld

3. Definition des Geldes

Notwendiges Kriterium für die Definition des Geldes ist die Tauschmittelfunktion:

> Zum Geld zählen solche Vermögensteile, die im Rahmen des nationalen Zahlungsverkehrs generell zur Erfüllung von Verbindlichkeiten akzeptiert werden.

Nach dieser Definition umfaßt Geld heute (vgl. Abb. 17.1)

- Banknoten
- Münzen
- Sichtguthaben bei Banken (= Buch- oder Giralgeld)

Geld		
Banknoten	Münzen	Sichtguthaben bei Banken (Buch- oder Giralgeld)

Abb. 17.1: Geldarten der heutigen Wirtschaft

Gesetzliche Zahlungsmittel

Beim Giralgeld könnten bezüglich der Zahlungsmittelfunktion Zweifel entstehen, da man mit Giralgeld – wie sich aus der Bezeichnung (Giro = Kreis) ableiten läßt – nur im Kreise bestimmter Wirtschaftssubjekte Zahlungen durchführen kann. Giralgeld kann also nicht „überall und zu jeder Zeit" als Zahlungsmittel verwendet werden. Giralgeld aus diesem Grund aus der Gelddefinition auszuschließen, würde jedoch bedeuten, nur die sog. gesetzlichen Zahlungsmittel Banknoten (unbeschränkt) und Münzen (bis zu bestimmten Höchstbeträgen: auf Pfennig lautende Münzen bis zu 5,– DM, auf Deutsche Mark lautende Münzen bis zu 20,– DM) als Zahlungsmittel anzusehen. Eine solche Einengung des Geldbegriffes erscheint wenig empfehlenswert: Giralgeld ist sehr weit verbreitet; ein Großteil der gesamtwirtschaftlichen Nachfrage wird mittels Buchgeld entfaltet.

Erweiterte Gelddefinitionen

Termingut-haben

Unter Betonung der Wertaufbewahrungsfunktion wird verschiedentlich eine weitergehende Definition des Geldes vorgeschlagen. In einem ersten Schritt wird die Einbeziehung der kurzfristigen Termineinlagen (für einen befristeten Zeitraum zur Verfügung gestellte Einlagen) gefordert. Für eine solche Erweiterung des Geldbegriffes spricht vor allem die Tatsache, daß Terminguthaben in der Regel die Funktion eines **temporären Kaufkraftaufbewahrungsmittels** übernehmen, also in einer sehr engen Austauschbeziehung zu den übrigen Geldformen stehen. Man kann deshalb weitgehend unterstellen, daß von diesem „Quasigeld" nahezu die gleichen Wirkungen auf die Wirtschaft ausgehen wie von Noten, Münzen und Sichtguthaben. Entsprechend diesen Überlegungen ist auch in der wirtschaftspolitischen Praxis eine steigende Berücksichtigung des Quasigeldes zu beobachten.

Sparguthaben

Über die Terminguthaben hinaus wird in einem zweiten Schritt auch die Einbeziehung der Sparguthaben mit dreimonatiger Kündigungsfrist in die Gelddefinition gefordert.

Die wissenschaftliche Diskussion ist hier aber noch nicht abgeschlossen. Für unsere Zwecke genügt es, in Erinnerung zu halten, daß es Abgrenzungsprobleme gibt. Wenn nichts anderes gesagt wird, werden wir im folgenden unter Geld immer Noten, Münzen und Sichtguthaben (also keine Termin- und Sparguthaben) verstehen.

4. Geldmenge (Geldvolumen)

Mit den Ausführungen über die Gelddefinition ist die Grundlage für die Darstellung der in der Bundesrepublik Deutschland verwendeten Geldmengenbegriffe gelegt. Die Deutsche Bundesbank – die für die entsprechenden Statistiken zuständig ist – unterscheidet zunächst drei Geldmengenbegriffe:

- die Geldmenge M 1
- die Geldmenge M 2
- die Geldmenge M 3

Die Definition der **Geldmenge M 1** (teilweise auch das Geldvolumen oder die Geldmenge „im engeren Sinn" genannt) knüpft an die oben erläuterte relativ enge Gelddefinition an, nach der als Geld nur Banknoten, Münzen und Sichtguthaben bei Banken angesehen werden. Die Geldmenge M 1 wird nun aber nicht einfach als der Gesamtbestand dieser Geldarten bei allen Wirtschaftssubjekten der Volkswirtschaft definiert, sondern der Kreis der berücksichtigten Wirtschaftssubjekte wird enger gezogen: Nur die Geldbestände der **Nichtbanken** (Produktionsunternehmungen, Bausparkassen, Versicherungen, private Haushalte, Staat) werden erfaßt, die Geldbestände der Geschäftsbanken scheiden also ebenso aus wie die Banknoten in den Tresoren der Deutschen Bundesbank. Der Grund hierfür ist in der Zielsetzung der Geldtheorie – innerhalb derer die Geldmenge eine zentrale Größe ist – zu sehen:

Die Geldmenge entspricht nicht dem Gesamtbestand an Geld bei sämtlichen Wirtschaftseinheiten der Volkswirtschaft

Es sollen die Wirkungen des Geldes auf die wichtigsten gesamtwirtschaftlichen Größen aufgezeigt werden.

Zusammenhang zwischen den Aufgaben der Geldtheorie und der Definition der Geldmenge

Für die konkrete Entwicklung von Preisniveau, Realeinkommen und Beschäftigung aber sind die Geldbestände des Bankensektors (zumindest unmittelbar) weniger bedeutsam, da die Banken kaum eine Güternachfrage entfalten. Mit einer ähnlichen Begründung wird ein weiterer Teil des Geldbestandes bei Nichtbanken nicht zur Geldmenge gerechnet: die Sichtguthaben staatlicher Stellen bei der Zentralbank (die diese dort früher kraft Gesetzes dort halten mußten). Es wird argumentiert, daß der Staat als Träger der Wirtschaftspolitik seine Entscheidungen über die Nachfrage nach Gütern nicht von seinem jeweiligen Geldbestand abhängig macht, sondern von der einzuschlagenden Wirtschaftspolitik. Zusammenfassend kann also festgehalten werden, daß die Geldmenge M 1 definiert ist als:

Zur Geldmenge gehören nicht:
- Banknoten (einschließlich Münzen) bei der Bundesbank und den Geschäftsbanken
- die Sichtguthaben des Staates bei der Bundesbank

Summe des Bestandes an Banknoten, Münzen und Sichtguthaben von Staat, privaten Haushalten und Produktionsunternehmungen abzüglich der Sichtguthaben des Staates bei der Zentralbank.

Geldmenge: M 1

Neben der Geldmenge M 1 weist die Deutsche Bundesbank in ihren Statistiken die Geldmengen M 2 und M 3 aus. M 2 umfaßt dabei zusätzlich zu M 1 die Terminguthaben (bis zu 4 Jahren), M 3 zusätzlich zu M 2 die Spareinlagen mit dreimonatiger Kündigungsfrist. Es gilt also:

M 1 = Noten und Münzen	+Sichtguthaben
M 2 = M 1	+Terminguthaben
M 3 = M 2	+Sparguthaben

Einen Überblick über die Geldmengenaggregate in der Bundesrepublik Deutschland liefert die Tabelle 17.1.:

Tab. 17.1: Entwicklung der Geldmenge in Deutschland 1985–1994 in Mrd. DM (Stand am Jahresende)

Jahr / Umfang in Mrd. DM	1985	1989	1994
Zentralbankmenge	203,7	271,0	280,9
M1	314,7	450,7	764,1
M2	552,5	776,6	1.282,7
M3	954,7	1.225,6	1.937,0

Quelle: Monatsberichte der Deutschen Bundesbank

Mit der Neuorientierung ihrer Geldpolitik im Jahre 1974 verwendete die Deutsche Bundesbank zunächst als das für ihre geldpolitischen Ziele relevante Aggregat die **Zentralbankgeldmenge.** Seit 1988 ist die Deutsche Bundesbank bei ihrer Zielvariablen für die Geldmenge (als Zielkorridor) zum Aggregat „M3" übergegangen. Abb. 19.2 in Kapitel 19 zeigt die jüngste Entwicklung dieser Zielgröße.

Seit einiger Zeit wird von der Deutschen Bundesbank ein neuer Geldvolumensbegriff in ihren laufenden Analysen berücksichtigt, nämlich die Geldmenge **M3 erweitert.** Diese enthält zusätzlich zu dem in der bisherigen Weise berechneten M3 die kurzfristigen, auf DM lautenden Euroeinlagen inländischer Nichtbanken, die bei Auslandsfilialen und Auslandstöchtern deutscher Banken unterhalten werden, außerdem die Bestände an kurzfristigen Bankschuldverschreibungen mit einer Laufzeit bis zu einem Jahr in der Hand inländischer Nichtbanken.

5. Wirtschaftseinheiten und Märkte des Geldbereichs in der Bundesrepublik Deutschland

5.1 Wirtschaftseinheiten

Finanzielle Unternehmungen

Zu den Wirtschaftseinheiten des Geldbereichs einer Volkswirtschaft wollen wir neben der Zentralbank (in der Bundesrepublik ist das die Bundesbank) alle solche Wirtschaftseinheiten zählen, deren Haupttätigkeit in der Aufnahme und Gewährung von Krediten liegt. Zu diesen finanziellen Unternehmungen gehören vor allem die Geschäftsbanken, auf die wir uns wegen ihrer herausragenden Bedeutung für den Geldbereich einer Volkswirtschaft im folgenden allein beschränken wollen. Bausparkassen, Träger der Sozialversicherung, private Versicherungen (intermediäre Finanzinstitute), die auch in erheblichem Umfang Kredite gewähren und aufnehmen, bleiben also unberücksichtigt.

5.1.1 Deutsche Bundesbank

Die Deutsche Bundesbank (Sitz: Frankfurt am Main) ist auf der Grundlage des Bundesbankgesetzes (BBankG) von 1957 aus der Bank deutscher

Länder hervorgegangen, die nach dem Krieg die Nachfolge der Deutschen Reichsbank angetreten hatte.

Die Bundesbank ist die Zentralbank der Bundesrepublik und als solche verantwortlich für die Geldpolitik in der Bundesrepublik.

Bundesbank ist Trägerin der Geldpolitik

Die zentrale Aufgabe der Bundesbank ist in § 3 BBankG festgelegt:

„Die Deutsche Bundesbank regelt mit Hilfe der währungspolitischen Befugnisse, die ihr nach diesem Gesetz zustehen, den Geldumlauf und die Kreditversorgung der Wirtschaft mit dem Ziel, die Währung zu sichern, und sorgt für die bankmäßige Abwicklung des Zahlungsverkehrs im Inland und mit dem Ausland."

Unter „Sicherung der Währung" wird dabei im allgemeinen zweierlei verstanden:

- die Sicherung der Geldwertstabilität im Inneren;
- die Sicherung der Stabilität des Außenwertes der Währung.

Ziel: Preisstabilität

Dabei steht die Sicherung der Geldwertstabilität im Inneren, also die Stabilität des inländischen Preisniveaus, im Vordergrund. Die Stabilität des Außenwertes der DM, das nachfolgende Ziel, ist z. B. vereinbar mit einer Aufwertung der DM, wenn im Ausland stärker inflationiert wird.

Neben der Verfolgung des Zieles der Geldwertstabilität ist die Bundesbank nach § 12 BBankG verpflichtet

„unter Wahrung ihrer Aufgabe die allgemeine Wirtschaftspolitik der Bundesregierung zu unterstützen. Sie ist ... von Weisungen der Bundesregierung unabhängig."

Unterstützung der Bundesregierung bei den übrigen gesamtwirtschaftlichen Zielen

Die Bundesbank hat also, soweit sie dadurch ihr Ziel Preisstabilität nicht gefährdet, die Bundesregierung bei der Erreichung der Ziele des § 1 Stabilitätsgesetz (vgl. Kapitel 16) zu unterstützen. Die Bundesregierung besitzt gegenüber der Bundesbank aber kein Weisungsrecht. Das oberste Organ der Bundesbank ist der Zentralbankrat: Er bestimmt die Währungs- und Kreditpolitik der Bank. Der **Zentralbankrat** besteht aus dem Präsidenten der Deutschen Bundesbank, dem Vizepräsidenten der Bank, den sonstigen Mitgliedern des Direktoriums und den Präsidenten der neun Landeszentralbanken (den Zweigniederlassungen der Bundesbank in den Bundesländern). Der Zentralbankrat tagt im allgemeinen 14täglich.

Bundesregierung hat kein Weisungsrecht gegenüber der Bundesbank

Organe der Bundesbank

Das „ausführende" Organ der Bundesbank ist das **Direktorium,** das für die Durchführung der Beschlüsse des Zentralbankrates verantwortlich ist. Es leitet und verwaltet die Bank. Das Direktorium besteht aus dem Präsidenten und dem Vizepräsidenten der Bundesbank sowie bis zu acht weiteren Mitgliedern, die eine besondere fachliche Eignung besitzen müssen. Der Präsident und der Vizepräsident sowie die weiteren Mitglieder des Direktoriums werden vom Bundespräsidenten auf Vorschlag der Bundesregierung bestellt. Die Präsidenten der Landeszentralbanken werden zwar ebenfalls vom Bundespräsidenten ernannt, das Vorschlagsrecht steht hier jedoch dem Bundesrat zu. Die Mitglieder von Zentralbankrat und Direktorium werden in der Regel auf 8 Jahre bestellt.

Unabhängigkeit der Zentralbank

Die – auch im internationalen Vergleich – große Unabhängigkeit der Bundesbank wird verschiedentlich kritisiert. Wie wir noch sehen werden, hat die Bundesbank erheblichen Einfluß auf das wirtschaftliche Geschehen. Einige Wissenschaftler sind z. B. der Meinung, daß die Bundesbank wesentlich die Krisen von 1967, 1975 und 1981 mit verursacht hat, indem sie – im Interesse der Preisstabilität z. T. gegen den Willen der Bundesregierung – die Konjunktur zu stark „gebremst" hat. Die Kritiker der Autonomie der Zentralbank werfen deshalb die Frage auf, ob es richtig sei, daß ein durch Bundesregierung und Parlament im Prinzip unkontrolliertes Gremium wie der Zentralbankrat auch gegen den Willen der gewählten Regierung solch weitgehende Entscheidungen treffen könne.

Argumente contra

Argumente pro

Dagegen wird argumentiert, ein flexibles und schnelles wirtschaftspolitisches Handeln der Bundesbank setze ihre Autonomie, die ja auch eine Loslösung von schwerfälligen parlamentarischen und bürokratischen Verfahrensformen beinhalte, geradezu voraus. Außerdem wird darauf hingewiesen, daß die gegenwärtige Stellung der Bundesbank wesentlich auf die schlechten Inflationserfahrungen in Deutschland (man denke an die beiden großen Inflationen von 1918–1923 und von 1945–1948) zurückzuführen sei. Der Staat konnte in der Vergangenheit die Reichsbank wiederholt praktisch beliebig zur Finanzierung seiner Ausgaben heranziehen: Die Reichsbank stellte dem Staat gegen Schuldtitel Reichsmark zur Verfügung, mit denen dieser die Rüstungs- bzw. Kriegsausgaben finanzierte. Soll das in Zukunft unmöglich gemacht oder zumindest erschwert werden, so braucht man eine autonome Bundesbank. Schließlich wird darauf hingewiesen, daß die Autonomie der Bundesbank faktisch ihre Grenzen hat. Es sei kaum vorstellbar, daß die Bundesbank über längere Zeiträume der Wirtschaftspolitik der Bundesregierung entgegenarbeiten könne, ohne daß sie hierdurch ihre Unabhängigkeit (durch Änderung des Bundesbankgesetzes) selbst gefährden würde.

Die Verknüpfung der Bundesbank mit der Umwelt und damit wichtige Aspekte der Rolle der Zentralbank werden deutlich, wenn man die auf ihre Grundstrukturen zurückgeführte Bilanz der Zentralbank (s. nächste Seite) betrachtet.

Die Position (1) enthält die Währungsreserven der Bundesbank, die dazu dienen, den Wechselkurs der Deutschen Mark zu stützen (vgl. hierzu Kapitel 21 und 22). Die Nettoauslandsforderungen ergeben sich, indem man von den Auslandsforderungen die Auslandsverbindlichkeiten abzieht. Zur Vereinfachung sehen wir im folgenden weitgehend von den außenwirtschaftlichen Verflechtungen ab.

Vereinfachte Bilanz der Deutschen Bundesbank	
(1) Gold und Nettoauslandsforderungen (2) Forderungen (= Kredite) an Geschäftsbanken (3) Forderungen (= Kredite) an Staat (4) Sonstige Vermögensteile (einschl. Realvermögen)	(5) Banknotenumlauf (6) Einlagen von (= Verbindlichkeiten gegenüber) Geschäftsbanken (7) Einlagen (= Verbindlichkeiten gegenüber dem Staat) (8) Sonstige Verbindlichkeiten (einschl. Reinvermögen)
Summe	= Summe

Die Forderungen an die Geschäftsbanken (2) und die Einlagen der Geschäftsbanken (6) bringen die besonderen Beziehungen zwischen den Geschäftsbanken und der Bundesbank zum Ausdruck: Die Geschäftsbanken können bei der Bundesbank Kredite aufnehmen, um in den Besitz von Zentralbankgeld zu gelangen (2). Außerdem sind die Banken kraft Gesetzes gehalten, in Höhe eines bestimmten Prozentsatzes ihrer Einlagen sog. Mindestreserven in Form unverzinslicher Sichtguthaben bei der Bundesbank (Giralgeld der Geschäftsbanken bei der Bundesbank) (6) zu halten. Die Bundesbank ist also quasi die **„Bank der Banken"**. Die Einlagen des Staates (7) weisen darauf hin, daß die Bundesbank auch Kassenhalterin des Staates ist.[1] Die Positionen Banknotenumlauf (5) und Einlagen von Geschäftsbanken (6) stellen von der Zentralbank geschaffenes Geld dar. Der hier erkennbare Bestand an Zentralbankgeld bei Geschäftsbanken und Nichtbanken (einschließlich Münzen, aber ohne Zentralbankgeld des Staates) wird häufig **monetäre Basis** oder **Geldbasis** genannt. Da Banknoten verbriefte Verbindlichkeiten der Zentralbank darstellen (auch wenn kein Recht auf Umtausch von Banknoten – etwa in Gold – besteht), stehen sie auf der rechten Seite der Bilanz der Bundesbank. Außer bei der Zentralbank erscheinen Banknoten bei keiner anderen inländischen Wirtschaftseinheit als Verbindlichkeiten. Das bringt das Notenmonopol der Bundesbank zum Ausdruck. § 14 Bundesbankgesetz bestimmt:

Bundesbank ist „Bank der Banken":
- sie gewährt den Geschäftsbanken Kredite
- die Geschäftsbanken halten Sichtguthaben bei der Bundesbank

Banknoten sind Verbindlichkeiten der Zentralbank

1) Bund und Länder waren bis 1994 nach dem Bundesbankgesetz verpflichtet, ihre flüssigen Mittel bei der Zentralbank zu halten. In gewissem Umfang – der in der Bundesrepublik Deutschland eng begrenzt war – war die Bundesbank auch Finanzierungsquelle für den Staat: Zur Überbrückung kurzfristig vorübergehender Auszahlungsüberschüsse konnte die Bundesbank bis 1994 Bund und Ländern in gewissem Umfang (dem Bund bis zu 6 Mrd. DM, den Flächenländern bis zu DM 40,– pro Einwohner, Stadtstaaten bis zu DM 80,– pro Einwohner) sogenannte Kassenkredite gewähren. Im Zuge der Vorbereitung der Errichtung der Europäischen Zentralbank sind diese Möglichkeiten aufgehoben worden.

Banknoten-monopol der Bundesbank

> „Die Deutsche Bundesbank hat das ausschließliche Recht, Banknoten im Geltungsbereich dieses Gesetzes auszugeben."

5.1.2 Geschäftsbanken

Tätigkeit einer Geschäfts-bank

Als Geschäftsbanken wollen wir solche Unternehmungen ansehen, deren kurzfristige Verbindlichkeiten in der Volkswirtschaft als Geld verwendet werden. Banken nehmen und gewähren Kredite, sind also vor allem Händler in Forderungen und Verbindlichkeiten. Neben der Kreditgewährung verkauft eine Bank bestimmte Dienstleistungen gegen Gebühren (z. B. die Dienstleistung Kontoführung). Wie für andere privatwirtschaftliche Unternehmungen ist auch für die Geschäftsbank die Gewinnmaximierung Ziel ihrer wirtschaftlichen Tätigkeit. Als wichtige Nebenbedingung ist dabei die Aufrechterhaltung der Zahlungsfähigkeit (Liquidität) zu beachten. Hauptquelle des Gewinns einer Bank ist der Unterschied zwischen den Zinsen, die sie für gewährte Darlehen erhält (Sollzinsen), und den Zinsen, die sie für selbst aufgenommene Gelder, insbesondere für Sicht-, Termin- und Spareinlagen, zahlt (Habenzinsen). Die gewährten Kredite der Geschäftsbanken sind teils verbrieft (d. h. es existiert ein Schulddokument), teils unverbrieft. Typisches Beispiel für unverbriefte Kredite sind die sog. Kontokorrentkredite (Kredite in Form von Kontoüberziehung), typische Beispiele für verbriefte Kredite sind Schuldverschreibungen.

Die Grundstruktur der Bilanz einer Geschäftsbank spiegelt die beschriebenen Geschäftstätigkeiten wider:

Vereinfachte Bilanz einer Geschäftsbank	
(1) Banknoten und Münzen (2) Guthaben bei der Bundesbank (3) Guthaben bei anderen Geschäftsbanken (4) Nettoauslandsforderungen (5) Wertpapiere (6) Kundenkredite (7) Sonstige Vermögensteile (einschl. Realvermögen)	(8) Einlagen von Nichtbanken – Sichteinlagen – Termineinlagen – Spareinlagen (9) Verbindlichkeiten gegenüber anderen Geschäftsbanken (10) Verbindlichkeiten gegenüber der Bundesbank (11) Sonstige Verbindlichkeiten (einschl. Reinvermögen)
Summe =	Summe

Mindest-reserven

Banknoten muß die Geschäftsbank halten, um auch dann sofort zahlungsfähig zu bleiben, wenn an einem bestimmten Tag die Auszahlungswünsche der Kunden größer sind als ihre Einzahlungen. Die Guthaben bei der Bundesbank (2) bestehen im wesentlichen (zu ca. 99 %) aus gesetzlich vorgeschriebenen Mindestreserven, doch halten die Geschäftsbanken in gewissem Umfang sogenannte Überschußreserven, die ebenfalls in (2) enthalten sind. Diese Überschußguthaben dienen einmal zur Abwicklung des Überweisungsverkehrs zwischen verschiedenen Geschäftsbanken, zum anderen als Reserve für plötzlich auftretende Bedarfe an Noten (Sichtguthaben bei der Bundesbank können jederzeit in Banknoten umgetauscht werden). Auch die Guthaben bei anderen Banken (3) haben – neben einer Verrechnungsfunktion – für die einzelne Bank vor allem die Aufgabe der Sicherung der Zahlungsfähigkeit (Liquiditätssicherung). Da uns im folgenden nur die Geschäftsbanken als Gesamtheit (das Geschäftsbanksystem) interessieren, sich innerhalb einer Volkswirtschaft aber die Guthaben der Geschäftsbanken gegeneinander aufrechnen lassen, können die Guthaben der Geschäftsbanken bei anderen Geschäftsbanken (und damit die Bankverbindlichkeiten untereinander) unberücksichtigt bleiben.

Überschuß-guthaben

Wertpapiere (5) dienen der Liquiditätssicherung und der Erzielung von Zinserträgen. Welche Funktion dabei überwiegt, hängt von der Art der Wertpapiere ab. Die höchsten Erträge unter den Vermögensteilen der Geschäftsbank erbringen die Kundenkredite. Diese sind aber für die Dauer ihrer Laufzeit praktisch völlig „illiquide", da sie weder vorzeitig zurückgefordert noch verkauft werden können. Die Einlagen der Nichtbanken bei den Geschäftsbanken (8) sind Verbindlichkeiten der Geschäftsbanken. Sie werden, wie schon erwähnt, in Sicht-, Termin- und Spareinlagen aufgegliedert, wobei das Unterscheidungsmerkmal in der zeitlichen Festlegung der Gelder liegt: über Sichteinlagen kann sofort, über Termin- und Spareinlagen nur unter Einhaltung bestimmter Fristen verfügt werden. Die Einlagen sind für die Geschäftsbanken besonders wichtig, da sie ihnen Zentralbankgeld zuführen, auf dessen Grundlage sie Kredite gewähren können (vgl. Kapitel 18).

5.2 Märkte des Geldbereichs

Die Märkte, auf denen Kredite aller Art angeboten und nachgefragt werden, nennt man **Kreditmärkte.** Man unterscheidet Märkte für kurz- und mittelfristige Kredite und Märkte für langfristige Kredite. Die Grenzen sind fließend.

Kreditmärkte

Der in unserem Zusammenhang wichtigste Kreditmarkt ist der sog. **Geldmarkt,** den wir deshalb näher betrachten wollen[1]). Zunächst ist anzumerken, daß die Bezeichnung „Geld"markt etwas irreführend ist, da der Geldmarkt sich nicht dadurch auszeichnet, daß hier auf dem Kreditwege Geld den Besitzer wechselt – das ist auf jedem Kreditmarkt der Fall. Die Besonderheit des Geldmarktes liegt vielmehr darin, daß auf diesem Markt Kreditgeschäfte nur zwischen Geschäftsbanken oder zwischen der Zen-

1) Dieser Geldmarkt ist nicht zu verwechseln mit dem in den Kapiteln 11–13.

tralbank und Geschäftsbanken (inzwischen sind auch Sozialversicherungsträger Marktpartner der Zentralbank) stattfinden.

Geldmarkt besteht aus: -dem Teilmarkt für Zentralbankgeld zwischen Geschäftsbanken

Der Geldmarkt besteht aus zwei Teilmärkten, die allerdings in enger Verbindung miteinander stehen.

Der **erste** Teilmarkt ist der Markt, auf dem Zentralbankgeld zwischen Geschäftsbanken gehandelt wird, und zwar zum Zwecke des Liquiditätsausgleichs: Der Markt bietet solchen Geschäftsbanken, bei denen kurzfristige Engpässe in der Zahlungsfähigkeit bestehen (Zentralbankgeldengpässe z. B. infolge unerwarteter Barabhebungen der Kunden), eine Refinanzierungsmöglichkeit und solchen Geschäftsbanken, die über Zentralbankgeldüberschüsse verfügen, eine zusätzliche Anlagemöglichkeit. Nach der Fristigkeit der gewährten Kredite unterscheidet man die Märkte für Tagesgeld (innerhalb eines Tages rückzahlbar), für tägliches Geld (täglich kündbar), Monatsgeld (innerhalb eines Monats rückzahlbar), Dreimonatsgeld usw. Die Bundesbank ist auf diesem Markt nicht vertreten.

– dem Teilmarkt für Geldmarktpapiere

Geldmarktpapiere

Die Bundesbank ist aber wesentlicher Marktpartner auf dem **zweiten** Teilmarkt des Geldmarktes, auf dem bestimmte verbriefte Forderungen, sog. **Geldmarktpapiere** gehandelt werden, die für die Offenmarktpolitik der Bundesbank eine wichtige Rolle spielen (vgl. Kapitel 19). Geldmarktpapiere sind kurzfristige Wertpapiere, bei denen die Bundesbank die tatsächliche Verzinsung bestimmt. Sie tut dies, indem sie ein Wertpapier, das z. B. in drei Monaten fällig ist und dann einen Rückzahlungsbetrag von 100 erbringt, zum Preise von 98, 97 oder dergleichen verkauft oder kauft (vgl. hierzu Kapitel 19). Die wichtigsten Geldmarktpapiere sind Schatzwechsel und unverzinsliche Schatzanweisungen. Schatzwechsel verbriefen eine kurzfristige Staatsschuld in Wechselform (Laufzeit 3 bis 6 Monate). An die Stelle der bei anderen Wertpapieren direkten Verzinsung tritt die Diskontierung, d. h. der Abzug des Zinsbetrages bis zur Fälligkeit durch den Ankäufer des Wechsels. Die Schatzanweisung ist eine kurz- bis mittelfristige Schuldverschreibung, die von Gebietskörperschaften vergeben wird. Kurzfristige Schatzanweisungen sind in der Regel „unverzinsliche" Schatzanweisungen, d. h. sie werden wie Schatzwechsel indirekt verzinst, indem der Rückzahlungsbetrag (Nennwert) über dem Kaufpreis liegt. Zum Geldmarkt rechnet die Bundesbank auch die von Unternehmen mit kurzfristiger Laufzeit begebenen DM-Commercial-Paper (CP).

Schatzwechsel und Unverzinsliche Schatzanweisungen

Geldmarktpapiere mit Ankaufzusage

Auf dem Markt für Geldmarktpapiere stehen sich einerseits die Bundesbank, andererseits die Geschäftsbanken und (seit einigen Jahren) Nichtbanken (vor allem die Träger der Sozialversicherungen) gegenüber. Zwei Kategorien von Geldmarktpapieren werden auf diesem zweiten Teilmarkt des Geldmarktes gehandelt: Geldmarktpapiere **mit Ankaufzusage** der Bundesbank (das sind sämtliche Schatzwechsel und ein Teil der unverzinslichen Schatzanweisungen) und Geldmarktpapiere **ohne Ankaufzusage** der Bundesbank (das sind besonders gekennzeichnete unverzinsliche Schatzanweisungen). Die erste Gruppe von Geldmarktpapieren kann von ihren Eigentümern jederzeit vor Fälligkeit an die Bundesbank zurückverkauft werden, und zwar zu einem Preis, der nur geringfügige Verluste (höchstens 1/4 Prozent pro Jahr) beinhaltet. Diese Papiere sind besonders liquide; nicht so liquide sind Geldmarktpapiere, für die keine Ankaufzusage der Bundesbank besteht. Da die Bundesbank für diese (weniger liquiden) Papiere aber eine höhere Verzinsung festsetzt, werden sie gleichwohl von den Geschäftsbanken gekauft. In den letzten Jahren hat die Bundesbank an Banken nur noch Titel ohne Ankaufzusage abgegeben, um den quasi-automatischen Zugang der Banken zu Zentralbankgeld zu unterbinden. Geldmarktpapiere ohne Ankaufzusage

Daß zwischen den beiden Teilmärkten des Geldmarktes eine enge Beziehung besteht, leuchtet unmittelbar ein, wenn man folgendes bedenkt: Keine Geschäftsbank wird sich auf dem einen Markt verschulden, solange sie dies auf dem anderen Markt billiger tun kann. Folglich wird eine enge Beziehung zwischen den zu zahlenden Zinsen auf beiden Teilmärkten bestehen.

Nach dieser verhältnismäßig ausführlichen Betrachtung des Geldmarktes noch ein kurzer Überblick über die sonstigen Kreditmärkte.

Auf dem Markt für kurz- und mittelfristige **Bankkredite** treten die Geschäftsbanken als Anbieter und die Nichtbanken als Nachfrager von Geld auf. Die wichtigsten Teilmärkte sind die Märkte für Kontokorrentkredite, für Wechselkredite und für Darlehen. Markt für Bankkredite

Auf dem Markt für **Bankeinlagen** treten die Geschäftsbanken als Nachfrager nach Zentralbankgeld auf, das sie als Grundlage für ihre Kreditgewährung benötigen. Anbieter des Zentralbankgeldes sind Nichtbanken, die ein Sicht-, Termin- oder Sparguthaben erwerben wollen. Markt für Bankeinlagen

Der Markt für **langfristige Kredite** besteht aus dem Kapitalmarkt und dem Markt für sonstige langfristige Kredite.

Auf dem **Kapitalmarkt** werden börsenfähige Schuldverschreibungen gehandelt, also Aktien (Aktienbörse), Industrie- und Staatsobligationen (Wertpapierbörse). Auf dem Kapitalmarkt dürfen nur solche privaten Unternehmungen Aktien und Industrieschuldverschreibungen herausbringen („emittieren“), die ganz besonders strengen Bestimmungen genügen. Kapitalmarkt

Auf dem **Markt für sonstige langfristige Kredite** werden insbesondere Hypothekenkredite u.ä. angeboten und nachgefragt. Hypothekenkredite

Die folgende Abbildung 17.2 gibt einen Überblick über die wichtigsten nationalen Geldmärkte der Bundesrepublik.

<table>
<tr><td colspan="6">Kreditmärkte</td></tr>
<tr><td colspan="4">Märkte für kurz- und mittelfristige Kredite</td><td colspan="2">Märkte f. langfrist. Kredite</td></tr>
<tr><td colspan="3">Geldmärkte</td><td rowspan="4">Märkte für Bankkredite und Bankeinlagen</td><td rowspan="4">Kapitalmärkte</td><td rowspan="4">Märkte für Hypothekenkredite</td></tr>
<tr><td rowspan="3">Märkte für Zentralbankgeld zwischen Geschäftsbanken</td><td colspan="2">Märkte für Geldmarktpapiere</td></tr>
<tr><td>mit</td><td>ohne</td></tr>
<tr><td colspan="2">Rückkaufzusage der Bundesbank</td></tr>
</table>

Abb. 17.2: Wichtige Kreditmärkte

C. Arbeitsaufgaben

1) *Definieren Sie folgende Begriffe:*
   - *Geld,*
   - *Geldmenge,*
   - *Mindestreserven,*
   - *Geldmarktpapiere.*
2) *Worin sehen Sie die Vorteile einer Geldwirtschaft gegenüber einer Tauschwirtschaft?*
3) *Wodurch sind der Geld- und der Güterbereich einer Volkswirtschaft im traditionellen Keynesianismus verknüpft?*
4) *Was sind gesetzliche Zahlungsmittel, und warum ist es unzweckmäßig, nur diese zum Geld zu rechnen?*
5) *Was ist die Aufgabe der Geldtheorie?*
6) *Beschreiben und diskutieren Sie kurz die verschiedenen Geldmengenkonzepte.*
7) *Welche Aufgaben hat die Deutsche Bundesbank?*
8) *Wie beurteilen Sie das im Bundesbankgesetz festgelegte Verhältnis zwischen Bundesbank und Bundesregierung?*
9) *Skizzieren Sie die Bilanz der Deutschen Bundesbank.*
10) *Skizzieren Sie die Bilanz einer Geschäftsbank.*

Lösungsvorschläge für die Arbeitsaufgaben im „Übungsbuch zu Grundlagen und Probleme der Volkswirtschaft".

D. Literatur

Über die Grundbegriffe und Institutionen im Geldbereich informiert

STOBBE, Alfred, Volkswirtschaftliches Rechnungswesen, 8., neu bearb. u. erw. Aufl., Berlin, Heidelberg, New York, 1994, 5. Kapitel, S. 193–235.

Die Geld- und Währungsordnung in der Bundesrepublik Deutschland stellt sehr knapp dar

LAMPERT, Heinz, Volkswirtschaftliche Institutionen, München 1980, Abschnitt 4.2.

Spezielle Stellung, Aufbau und Funktionsweise der Deutschen Bundesbank beschreibt kurz

BOCKELMANN, Horst, Die Deutsche Bundesbank, in: Das Wirtschaftsstudium (WISU), 9. Jahrgang (1980), S. 454–551, sowie ausführlicher:

DIE DEUTSCHE BUNDESBANK, Sonderdruck der Deutschen Bundesbank, Nr. 7, 6. Auflage 1993.

Kommentare zur Wirtschaftspolitik und Statistiken, insbesondere über das Geldwesen in der Bundesrepublik, finden sich in

MONATSBERICHTE der Deutschen Bundesbank, Frankfurt (laufend)
GESCHÄFTSBERICHTE der Deutschen Bundesbank, Frankfurt (erscheinen jährlich Anfang Mai).

Schließlich werden die Grundbegriffe des Geldwesens in der Regel in den Büchern über Geldtheorie und -politik erklärt. Eine geeignete Darstellung geben z. B.:

DUWENDAG, Dieter, u. a., Geldtheorie und Geldpolitik, 4. Aufl., Köln 1993, 1. Kapitel.

Hingewiesen sei auch auf das Kompendium bankstatistischer Fachbegriffe, das am Ende dieses Buches enthalten ist.

18. Kapitel
Geldversorgung der Wirtschaft

A. Lernzielorientierte Leitfragen und Fragenkomplexe

Leitfrage:
Wie kommt Geld in Umlauf?

- *Durch welche Vorgänge gelangt Zentralbankgeld von der Zentralbank zu anderen Wirtschaftseinheiten?*
- *Wie erwirbt man Giralgeld einer Geschäftsbank?*
- *Welche Arten der Giralgeldschöpfung müssen unterschieden werden?*

Leitfrage:
Kann beliebig viel Geld in Umlauf gebracht werden?

- *Gibt es Grenzen der Geldschöpfung für die Zentralbank?*
- *Sind die Banknoten in der Bundesrepublik „gedeckt"?*
- *In welchem Umfang kann eine einzelne Geschäftsbank Kredite gewähren?*
- *Sind die Sicht-, Termin- und Spareinlagen bei Geschäftsbanken „gedeckt"?*
- *Sind die Geschäftsbanken als Ganzes (das Geschäftsbankensystem) bloße Geldvermittler?*
- *Warum kann das Geschäftsbankensystem als Ganzes mehr Kredite gewähren, als es Zentralbankgeld besitzt?*

Leitfrage:
Wieviel Geld bieten die Geschäftsbanken an, und wieviel fragen Haushalte und Produktionsunternehmungen nach?

- *Wovon hängt es ab, ob die Geschäftsbanken ihre Kreditgewährungsmöglichkeiten auch voll ausnutzen wollen?*
- *Warum halten Haushalte und Produktionsunternehmungen Vermögen in Form von unverzinslichem Geld?*
- *Wovon hängt die Geldnachfrage der Haushalte und Produktionsunternehmungen ab?*

Leitfrage:
Wie wirkt Geld auf den realen Bereich der Volkswirtschaft?

B. Sachanalyse

1. Geldschöpfung und Geldvernichtung

Wir haben im vorangegangenen Kapitel unter anderem geklärt, was unter Geld zu verstehen ist, welche Funktionen es ausübt, welche Geldmengenkonzepte zu unterscheiden sind und wie der Geldsektor in der Bundesrepublik Deutschland aufgebaut ist. Der Leser hat sich vielleicht schon die Frage gestellt, wie Geld eigentlich in Umlauf kommt, wie es also in den Kreislauf gelangt bzw. aus dem Kreislauf verschwindet. Das ist die Frage nach der Geldschöpfung und der Geldvernichtung.

Münzregal und Münzgewinn

Wir haben im Rahmen des Geldmengenkonzeptes M1 die Geldarten Banknoten, Münzen und Sichtguthaben (bei den Geschäftsbanken und der Zentralbank) unterschieden. Das Recht zur Prägung von Münzen, das **Münzregal,** hat in der Bundesrepublik der Bund (Artikel 73 GG). Da der Nennwert der Münzen im allgemeinen wesentlich über den Kosten der Herstellung liegt, erzielt der Bund häufig einen **Münzgewinn.** Der Bund darf jedoch nicht beliebig viele Münzen prägen. In Umlauf gebracht werden die Münzen in der Bundesrepublik durch die Bundesbank: In Höhe des Nennwertes der Münzen erhält der Bund von der Bundesbank Zentralbankgeld; die Bundesbank gibt die Münzen gegen Zentralbankgeld an die Geschäftsbanken. Da die in Umlauf gebrachten Münzen mengenmäßig eine untergeordnete Rolle spielen (1994 für 14,7 Mrd. DM), wollen wir sie im folgenden unberücksichtigt lassen.

Beschäftigen wir uns zunächst mit der Geldschöpfung und Geldvernichtung durch die Zentralbank.

1.1 Zentralbankgeld

Wie kommt Zentralbankgeld in Umlauf?

Zentralbankgeld besteht aus Banknoten und Zentralbankengiralgeld (Sichtguthaben bei der Zentralbank). Wie gelangt Zentralbankgeld in die Hände von Unternehmungen, Haushalten und Geschäftsbanken?

Ein Teil des Geldes ist im Zuge der Währungsreform in Umlauf gekommen, als private Haushalte im Umtausch gegen Altgeld ein „Kopfgeld" von 60,– DM erhielten, Unternehmungen – ebenfalls im Umtausch gegen Altgeld – 60,– DM pro Beschäftigten an Übergangshilfe erhalten konnten und die Geschäftsbanken in einem bestimmten Verhältnis Reichsbankgeld in das neue Zentralbankgeld umtauschen konnten. Auch die Gebietskörperschaften erhielten etwas Zentralbankgeld. Da es sich hier um einen einmaligen Grundstock handelte und das so in den Verkehr gekommene Geld nur einen geringen Prozentsatz der derzeitigen Zentralbankgeldmenge ausmacht, wollen wir diese Art der Zentralbankgeldschöpfung im folgenden nicht weiter berücksichtigen.

Wir erleichtern uns das Verständnis der Zentralbankgeldschöpfung und -vernichtung (so wie sie sich praktisch tagtäglich in der Bundesrepublik vollzieht), wenn wir zunächst einige Vorgänge betrachten, durch die Zentralbankgeld geschaffen wird, und uns klarmachen, wie diese Vorgänge die Bilanzen der beteiligten Wirtschaftseinheiten beeinflussen:

Kauf von Wertpapieren durch die Zentralbank

(1) Die Zentralbank kauft von einer Produktionsunternehmung Staatsschuldverschreibungen (also Wertpapiere) im Werte von 50. Dieser Vorgang schlägt sich wie folgt in den Bilanzen der beteiligten Wirtschaftseinheiten nieder.[1])

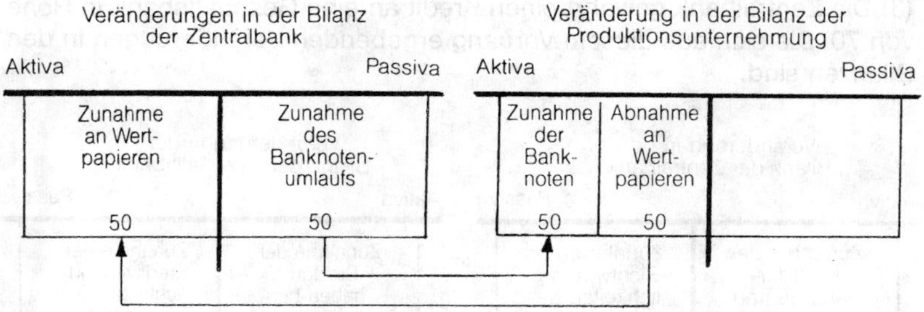

Durch den Kauf der Wertpapiere sind Banknoten, also Zentralbankgeld, in Höhe von 50 an den Nichtbankensektor geflossen. Die Geldmenge hat sich um 50 erhöht. Eine Zentralbankgeldschöpfung in derselben Höhe würde erfolgen, wenn die Zentralbank nicht mit Noten, sondern mit einem Sichtguthaben zahlen würde.

(2) Die Zentralbank kauft von einer Geschäftsbank Devisen (Sichtguthaben bei ausländischen Banken) im Werte von 30 und zahlt mit Banknoten.

Kauf von Devisen durch die Zentralbank

In der Bilanz der Geschäftsbank und der Zentralbank ergeben sich folgende Veränderungen:

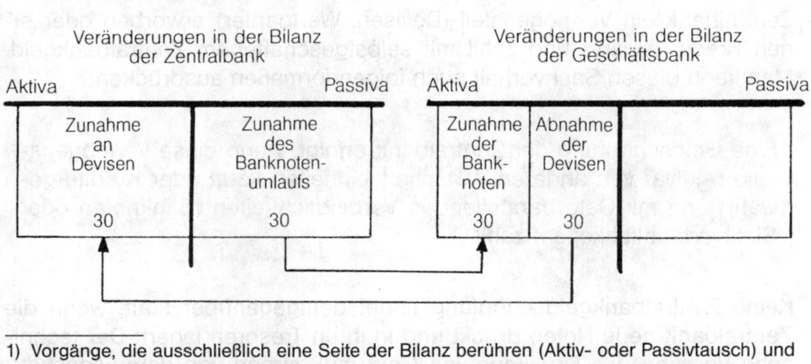

1) Vorgänge, die ausschließlich eine Seite der Bilanz berühren (Aktiv- oder Passivtausch) und damit die Bilanzsumme unverändert lassen, werden aus Gründen der Anschaulichkeit nebeneinander verbucht.

Durch den Kauf der Devisen ist Zentralbankgeld im Werte von 30 an die Geschäftsbank geflossen. Diese Zentralbankgeldschöpfung würde sich auch dann ergeben, wenn die Zentralbank durch Bereitstellung eines Sichtguthabens zahlen würde. Die Geldmenge ändert sich durch den Devisenverkauf der Geschäftsbank unmittelbar nicht, da wir die Zentralbankgeldbestände der Geschäftsbanken nicht zur Geldmenge zählen (vgl. Kapitel 17). (Mittelbar kann sich später auch eine Erhöhung der Geldmenge ergeben, wenn die Geschäftsbank z. B. einer Unternehmung einen Kredit gewährt.) Geldschöpfung und Erhöhung der Geldmenge müssen also nicht zusammenfallen.

Kreditgewährung der Zentralbank

(3) Die Zentralbank gewährt einen Kredit an eine Geschäftsbank in Höhe von 70. Die sich aus diesem Vorgang ergebenden Veränderungen in den Bilanzen sind:

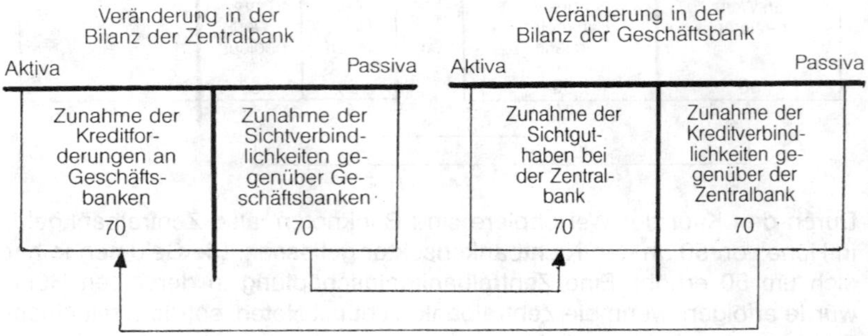

Der Erwerb der Kreditforderung durch die Zentralbank hat zu einer Zentralbankgeldschöpfung in Höhe von 70 geführt. Dies würde auch dann gelten, wenn die Zentralbank den Kredit direkt in Noten auszahlen würde. Wie bei Vorgang (2) erhöht sich die Geldmenge unmittelbar nicht.

Was ist das Gemeinsame an diesen Vorgängen? In jedem Fall hat die Zentralbank ein Vermögensteil (Devisen, Wertpapier) erworben oder einen Kredit gewährt und zahlt mit selbstgeschaffenem Zentralbankgeld. Man kann diesen Sachverhalt auch folgendermaßen ausdrücken:

Zentralbankgeldschöpfung

Eine Geldschöpfung der Zentralbank erfolgt, wenn diese Vermögensteile (Aktiva) von anderen Wirtschaftseinheiten kauft oder Kredite gewährt und mit Geld darstellenden Verbindlichkeiten (Banknoten oder Sichtverbindlichkeiten) zahlt.

Keine Zentralbankgeldschöpfung findet demgegenüber statt, wenn die Zentralbank neue Noten druckt und in ihren Tresoren lagert: Der technische Vorgang des Druckens von Geld muß streng von dem wirtschaftlichen Vorgang des Inumlaufbringens des Geldes getrennt werden!

Der Vorgang der Zentralbankgeldvernichtung braucht hier nicht gesondert anhand von Beispielen dargestellt zu werden: Man braucht sich den obigen Devisen- und Wertpapierkauf der Zentralbank nur als Verkauf bzw. die Kreditgewährung nur als Kreditrückzahlung vorzustellen.

Eine Geldvernichtung durch die Zentralbank erfolgt also, wenn die Zentralbank Vermögensteile an andere Wirtschaftseinheiten verkauft oder Kredite zurücknimmt und dabei ihre Verbindlichkeiten (Banknotenumlauf oder Sichtverbindlichkeiten) vermindert.

Zentralbank-geldvernichtung

Zentralbankgeld kann also nur neu geschaffen bzw. vernichtet werden durch Vorgänge, an denen die Zentralbank selbst beteiligt ist, d. h. durch Vorgänge zwischen der Zentralbank und anderen Sektoren der Volkswirtschaft. Sofern die Zentralbank zu entsprechenden Käufen oder Verkäufen bzw. Kreditgewährungen nicht verpflichtet ist, ist klar, daß sie auch die absolute Kontrolle über die Zentralbankgeldmenge ausüben kann.

Voraussetzungen für die Kontrolle der Zentralbankgeldmenge durch die Zentralbank

Sofern Zentralbankgeld durch eine Kreditgewährung der Zentralbank geschaffen wird, erfolgt bei Rückzahlung der Kredite automatisch eine Geldvernichtung. Da ein nicht unwesentlicher Teil der Zentralbankgeldmenge durch Kreditgewährungen der Zentralbank in Umlauf kommt, setzt also schon die Konstanthaltung der Zentralbankgeldmenge eine immer neue Kreditgewährung der Zentralbank voraus.

1.2 Geschäftsbankengiral(buch-)geld

Geschäftsbankengiralgeld besteht aus Sichtguthaben bei Geschäftsbanken, stellt also eine Forderung gegenüber Kreditinstituten dar. Wie entsteht eine solche Forderung, d. h. wie wird Geschäftsbankengiralgeld geschaffen? Wir wollen die Vorgänge für eine einzelne Geschäftsbank betrachten.

Wie entstehen Sichtguthaben bei Geschäftsbanken?

Die **erste** Form der Giralgeldschöpfung bzw. -vernichtung sieht die Geschäftsbank in einer relativ passiven Rolle: Ein Haushalt oder eine Unternehmung bringt Banknoten zur Bank (hebt Banknoten ab) und erhält ein entsprechendes Sichtguthaben bei der Bank (und vermindert sein Sichtguthaben entsprechend). Man spricht hier von **passiver Giralgeldschöpfung** bzw. **-vernichtung.** In den Bilanzen der beteiligten Wirtschaftseinheiten ergeben sich im Falle einer Einzahlung eines Kunden Y bei seiner Bank X folgende Veränderungen:

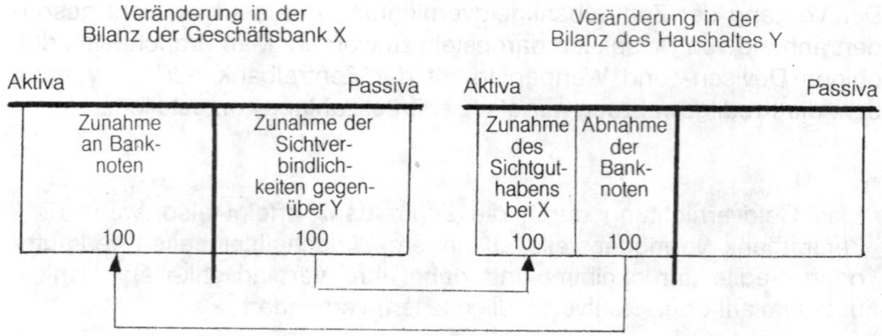

Passive Giralgeldschöpfung erfolgt durch
– Einzahlung von Banknoten

Zur passiven Giralgeldschöpfung einer einzelnen Bank gehören ferner Zu- und Abgänge auf Sichtguthaben im Zuge des Überweisungsverkehrs oder Umbuchungen von Termin- oder Sparguthaben auf Sichtguthaben und umgekehrt. Für das Bankensystem insgesamt entfällt die Giralgeldschöpfung im Rahmen des nationalen Überweisungsverkehrs, da hier zunehmenden Sichtguthaben bei einer Bank abnehmende Sichtguthaben bei einer anderen Bank gegenüberstehen.

– Zugänge im Überweisungsverkehr

Entsprechende Überlegungen gelten für die passive Giralgeldvernichtung. Letztlich verändert sich auch hier nur die Struktur der Geldmenge.

Umbuchungen auf Sichtguthaben

Für unsere Zwecke bedeutsamer ist die **zweite** Form der Geldschöpfung durch eine Geschäftsbank, bei der die Bank einen sehr viel stärkeren Einfluß auf das Zustandekommen der Geldschöpfung nehmen kann: die **aktive Giralgeldschöpfung.**

Aktive Giralgeldschöpfung durch:

Eine aktive Giralgeldschöpfung („aktiv", weil die Geschäftsbank hier selbst die Entscheidung trifft, ob die Giralgeldmenge zunimmt oder nicht) durch eine Geschäftsbank findet statt, wenn die Geschäftsbank ein Vermögensteil von einer Nichtbank kauft oder einen Kredit gewährt und durch Einräumung eines Sichtguthabens (das Geld darstellt) zahlt. Der wichtigste Fall der aktiven Giralgeldschöpfung ist der der Gewährung von Kundenkrediten durch die Bank. Bilanzmäßig schlägt sich dieser Vorgang wie folgt nieder (zur Vereinfachung nehmen wir an, daß die Geschäftsbanken im Zeitpunkt ihrer Kreditgewährung und nicht erst bei Inanspruchnahme des Kredites ein entsprechendes Sichtguthaben zur Verfügung stellen).

– Kundenkredite

– Kauf von Wertpapieren

Andere Beispiele für eine aktive Giralgeldschöpfung der Geschäftsbank sind der Ankauf von Wertpapieren (einschließlich Handelswechsel).

Allgemein erfolgt eine aktive Giralschöpfung der Geschäftsbank, wenn sie Vermögensteile (Aktiva) von anderen Wirtschaftseinheiten kauft oder Kredite gewährt und mit Geld darstellenden Verbindlichkeiten (Sichtverbindlichkeiten) zahlt.

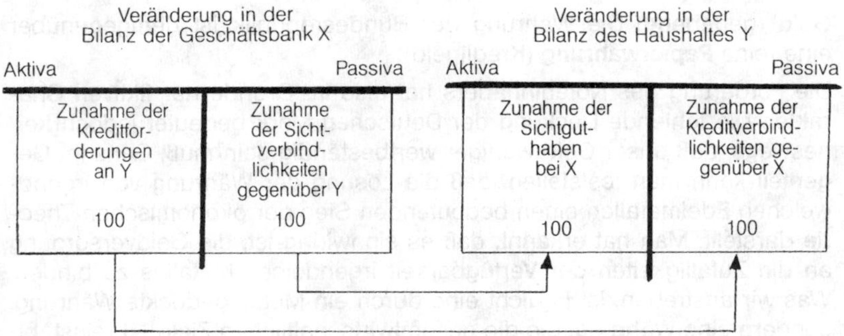

2. Grenzen der Geldschöpfung

Wieviel Geld kann die Zentralbank in Umlauf bringen?

Nach der Frage, wie Geld geschaffen bzw. vernichtet wird, ist zu untersuchen, welche Bedingungen erfüllt sein müssen, damit die Zentralbank bzw. die einzelne Geschäftsbank Geld schaffen kann.

2.1 Das Geldschöpfungspotential der Zentralbank

Keine direkten gesetzlichen Grenzen für die Zentralbankgeldschöpfung in der Bundesrepublik

Nur indirekte Grenze der Zentralbankgeldschöpfung, die sich aus den gesetzlich festgelegten Zielen der Zentralbank ergibt

Kommen wir zunächst zur Zentralbank. Woraus „finanziert" die Zentralbank ihre Geldschöpfung, und gibt es Grenzen für die Geldschöpfungsmöglichkeit der Zentralbank? Als erstes ist hier festzustellen, daß es keinerlei direkte gesetzliche Grenzen für die Zentralbankgeldmenge in der Bundesrepublik Deutschland gibt. Es könnte indes wirtschaftliche Grenzen geben. Doch wie schafft die Zentralbank Geld? Zum Beispiel, wie wir gesehen haben, indem sie Kredite an Geschäftsbanken gewährt. Sofern die Geschäftsbanken solche Kredite wünschen bzw. der Zentralbank andere Vermögensteile zum Ankauf zur Verfügung stehen, gibt es offenbar keine direkte wirtschaftliche Grenze der Zentralbankgeldschöpfung. Die Zentralbank zahlt ja mit einem Geld, das sie selbst schafft; sie zahlt mit ihren Verbindlichkeiten, und zwar mit Verbindlichkeiten, die nie eingefordert werden können, da sie keinerlei Umtauschpflicht (etwa in Gold) unterliegen. Trotzdem gibt es eine **indirekte Grenze** für die Geldschöpfung der Zentralbank. Wie ausgeführt, hat die Zentralbank die gesetzliche Aufgabe, für Preisstabilität in der Volkswirtschaft zu sorgen und – sofern mit dieser Aufgabe vereinbar – die Bundesregierung bei der Erreichung der übrigen gesamtwirtschaftlichen Ziele zu unterstützen. Eine indirekte Grenze für die Geldschöpfung der Zentralbank würde sich dementsprechend z. B. ergeben, wenn eine Ausweitung der Zentralbankgeldmenge zu starken Preissteigerungen führen würde.

Die Bedeutung einer „Deckung" der Banknoten

In engem Zusammenhang mit den Grenzen der Geldschöpfung steht das immer wieder aufgeworfene Problem der **„Deckung"** der Banknoten. Historisch hat es eine Eintauschpflicht von Geldnoten gegen Edelmetall durch die Zentralbank und damit eine Deckungspflicht in Höhe eines bestimmten Prozentsatzes des inländischen Notenumlaufes (i. d. R. durch

Gold) gegeben[2]). Die Währung der Bundesrepublik ist demgegenüber eine reine **Papierwährung** (Kreditgeld).

Die Geldversorgung muß sich nicht an der Verfügbarkeit über ein Edelmetall, sondern an der Preisniveaustabilität orientieren

Die Forderung des Noteninhabers hat also im Grunde nur fiktiven Charakter. Die fehlende Deckung der Deutschen Mark bedeutet jedoch keineswegs, daß unser Geld weniger wertbeständig sein muß. Ganz im Gegenteil kann man feststellen, daß die Lösung der Währung von irgendwelchen Edelmetallen einen bedeutenden Sieg der ökonomischen Theorie darstellt. Man hat erkannt, daß es sinnwidrig ist, die Geldversorgung an die Zufälligkeiten der Verfügbarkeit irgendeines Metalles zu binden. Was wir anstreben, ist ja nicht eine durch ein Metall gedeckte Währung, sondern eine Währung, die die gesamtwirtschaftlichen Ziele – Preisstabilität, Vollbeschäftigung, Wachstum usw. – zu erreichen hilft. Die Geldversorgung muß deshalb in den Dienst dieser Ziele gestellt werden, sich an diesen Zielen ausrichten. Eine Deckungsvorschrift, ein Automatismus kann hier bei **vernünftiger Wirtschaftspolitik** nur hinderlich sein.

Deckungsvorschriften können geändert werden

Andererseits muß zugestanden werden, daß die vollständige Lösung von Deckungsvorschriften auch Gefahren birgt. Dann nämlich, wenn keine ökonomische Einsicht besteht, wenn also z. B. eine verantwortungslose Zentralbank der Preisentwicklung keinerlei Beachtung schenkt und inflatorisch wirkende Ausgabensteigerungen des Staates ohne Bedenken durch Ankauf von Staatspapieren finanziert. In solchen Fällen bietet eine reine Papierwährung keinerlei automatische Bremsen gegen eine zügellose Inflationspolitik, eine Deckungsvorschrift erscheint mithin auf den ersten Blick vorteilhaft. Der Fehler liegt in solchen Fällen aber nicht in der deckungslosen Papierwährung, sondern in der Kurzsichtigkeit der Wirtschaftspolitiker. Außerdem ist es eine Illusion zu glauben, Deckungsvorschriften könnten die Kurzsichtigkeit von Wirtschaftspolitikern entscheidend bremsen. Die Erfahrung zeigt, daß Deckungsregeln – wenn sie unbequem wurden – abgeschafft oder so verändert wurden, daß auch sie keine wirksame Bremse mehr gegen inflationäre Entwicklungen darstellten.

2.2 Das Geldschöpfungspotential der Geschäftsbanken

2.2.1 Die Grenzen der Geldschöpfung einer einzelnen Bank

Wie sieht es mit der Geldschöpfungsmöglichkeit einer Geschäftsbank aus?

Wieviel Giralgeld kann eine einzelne Geschäftsbank schaffen?

Gesetzliche Grenzen bestehen (abgesehen von einigen Vorschriften zur Absicherung der Bankkunden, auf deren Einhaltung das BUNDESAUFSICHTSAMT FÜR DAS KREDITWESEN achtet) nicht. Gibt es wirtschaftliche Grenzen der Giralgeldschöpfungsfähigkeit der Geschäftsbank?

2) So hieß es im Bankgesetz vom 14. März 1875: „Die Reichsbank ist verpflichtet, für den Betrag ihrer im Umlauf befindlichen Banknoten jederzeit mindestens ⅓ in kursfähigem deutschen Gelde (deutsche Goldstücke, Reichsscheidemünzen aus Silber, Reichsscheidemünzen aus Kupfer und Nickel, Taler) … oder in Gold in Barren oder ausländischen Münzen, das Pfund fein zu 1392 Mark gerechnet, … in ihren Kassen als Deckung bereitzuhalten."

Um diese Frage beantworten zu können, muß man sich klarmachen, was passiert, wenn eine Geschäftsbank ihre Sichtverbindlichkeiten erhöht. Sofern es sich um eine passive Geldschöpfung handelt, entstehen keine Probleme: Die Bank kann ihre Sichtverbindlichkeiten beliebig ausdehnen, ohne daß sie in Schwierigkeiten geraten kann (gesamtwirtschaftlich ist dies unbedenklich, da die Geldmenge – und damit letztlich die Kaufkraft – durch diesen Vorgang nicht verändert wird). Das ist anders bei der aktiven Giralgeldschöpfung, wie der praktisch bedeutsamste Fall der Kreditgewährung zeigt. Im Zuge einer Kreditgewährung nehmen die Kredite an Nichtbanken und die (Geld darstellenden) Sichtverbindlichkeiten um denselben Betrag zu. Kann die Bank die Kreditgewährung beliebig lange fortsetzen? Nein! Im Gefolge der Kreditgewährung ergeben sich in aller Regel Verluste an Zentralbankgeld, also Verluste an einem Geld, das die Geschäftsbank nicht selbst schaffen kann: Der Kredit wird vom Kunden in Anspruch genommen, d.h. entweder in bar abgefordert oder für Überweisungen verwendet. Wenn der Zahlungsempfänger nicht zufällig Kunde derselben Bank ist (wovon wir hier zur Vereinfachung ausgehen wollen), verliert also die kreditgebende Bank in Höhe des Kredites Zentralbankgeld. Also muß die kreditgewährende Geschäftsbank über einen entsprechenden Betrag an freiem Zentralbankgeld verfügen oder sie muß sich das entsprechende Zentralbankgeld jederzeit beschaffen können.

Keine Begrenzung bei der passiven Giralgeldschöpfung

Direkte wirtschaftliche Grenzen der aktiven Giralgeldschöpfung der einzelnen Bank durch ihr verfügbares Zentralbankgeld

Der Bestand an freiem Zentralbankgeld und die Möglichkeiten, sich kurzfristig Zentralbankgeld beschaffen zu können („potentielles" Zentralbankgeld), begrenzen also die aktive Geldschöpfungsmöglichkeit der einzelnen Bank.

Vielleicht stellt sich der Leser an dieser Stelle die Frage, wie die Geschäftsbanken überhaupt an das Zentralbankgeld gelangen, auf dessen Grundlage sie Kredite gewähren und damit aktiv Geld schaffen können. Im Grunde haben wir diese Frage schon verschiedentlich beantwortet: Die Geschäftsbanken erhalten Zentralbankgeld durch die Zentralbank (insbesondere auf dem Wege der Kreditgewährung) und durch die Einlagen von Bankkunden. Die Tatsache, daß die Geschäftsbanken Zentralbankgeld auch von der Zentralbank erhalten können, deckt den weit verbreiteten Irrtum auf, die Geschäftsbanken könnten nur Kredite gewähren, wenn in entsprechendem Umfang von Sparern auf Bankkonten gespart würde. Grundsätzlich kann die Zentralbank den Geschäftsbanken in jedem beliebigen Umfang Zentralbankgeld zur Verfügung stellen. In der Praxis wird die Zentralbank Kredite aber nur dann gewähren, wenn gesamtwirtschaftlich dadurch kein Schaden entsteht.

Quellen des Zentralbankgeldes der Geschäftsbanken

Betrachten wir die zweite wichtige Zentralbankgeldquelle der Geschäftsbanken, die Kundeneinlagen, etwas näher. Auf diese Einlagen müssen die Geschäftsbanken Mindestreserven halten, die einen Bruchteil des ihnen durch die Einlagen zugeflossenen Zentralbankgeldes ausmachen. Das verbleibende „freie“ Zentralbankgeld behalten die Banken nicht in ihren Kassen, sondern sie gewähren davon in erheblichem Umfang Kredite oder erwerben andere verzinsliche Anlagen, um so den Inhabern von insbesondere Spar- und Termineinlagen einen Zins zahlen zu können. Nur einen kleinen Prozentsatz des Zentralbankgeldes, das den Geschäftsbanken durch Einlagen der Kunden zufließt, halten sie zur Liquiditätssicherung, also um plötzliche Auszahlungswünsche von Einlegern erfüllen zu können. Die Einlagen der Kunden sind also eine wesentliche – wenn auch nicht die einzige – Quelle für die Kreditgewährung der Geschäftsbanken.

Sind Bankeinlagen sicher?

Sind deshalb die Einlagen der Kunden bei den Geschäftsbanken nicht sicher? Sicher sind die Bankeinlagen zwar nicht in dem Sinn, daß die Geschäftsbanken ohne jede Schwierigkeit zu jedem Zeitpunkt sämtlichen denkbaren Auszahlungswünschen ihrer Kunden nachkommen könnten, da sie ja auf der Grundlage der Kundeneinlagen Kredite gewährt haben. Allerdings würde die Zentralbank ihnen im Falle eines sog. **„Runs“** auf die Banken – also eines durch eine Krisensituation geschürten, plötzlichen und umfassenden Auszahlungswunsches der Einleger – zur Hilfe kommen und den Geschäftsbanken sofort auf dem Kreditwege Noten in dem notwendigen Umfang zur Verfügung stellen. Und das wäre volkswirtschaftlich auch das einzig Vernünftige, denn die Geldmenge - also das Kaufkraftpotential - der Volkswirtschaft wird durch eine Umwandlung von Geschäftsbankengiralgeld in Banknoten überhaupt nicht verändert, und der Umtausch von Spar- und Terminguthaben in Banknoten würde nur dann Schaden anrichten, wenn dadurch eine über die volkswirtschaftlichen Produktionsmöglichkeiten hinausgehende Kaufaktivität eingeleitet würde.

Es kommt nicht darauf an, daß die Geschäftsbanken im vollen Umfang ihrer Einlagen Noten in den Kassen oder Sichtguthaben bei der Zentralbank halten. Es kommt nur darauf an, daß die Geldmenge, bestehend aus Noten, Münzen und Giralgeld, den gesamtwirtschaftlichen Erfordernissen entspricht. Um dies sicherzustellen, hat die Zentralbank eine Reihe von Instrumenten, die wir im 19. Kapitel noch im einzelnen kennenlernen werden.

2.2.2 Die Grenzen der Geldschöpfung des Geschäftsbankensystems

Die Tatsache, daß die einzelne Bank nur so viel Kredite gewähren und damit Giralgeld schaffen kann, wie sie selbst an freiem (und potentiellem) Zentralbankgeld besitzt, wird häufig dahingehend **falsch** interpretiert, auch die Banken zusammen, also das Geschäftsbankensystem, könnte nicht mehr an Krediten gewähren, als es an freiem Zentralbankgeld zur Verfügung hat. Man begreift dann die Kreditgewährung auch des gesamten Bankensystems letztlich als bloße „Geldvermittlung“ (die Einlagen der

Banken werden weitergeleitet). Daß diese Vorstellung falsch ist, wollen wir uns anhand eines einfachen Beispiels klarmachen.

Zur Vereinfachung wird angenommen, daß die Einlagen der Geschäftsbanken nur aus Sichteinlagen bestehen, von Termin- und Spareinlagen wird also abgesehen. Außerdem wird unterstellt, daß Kredite nur auf der Grundlage von freiem Zentralbankgeld gewährt werden, potentielles Zentralbankgeld wird also nicht berücksichtigt.

Ein Beispiel

Angenommen, eine Geschäftsbank 1 verfügt in Form eines Überschußguthabens bei der Zentralbank über freies Zentralbankgeld in Höhe von 1000:

Ausgangssituation:

überschüssiges Zentralbankgeld

Bank 1

Aktiva	Passiva
Überschußguthaben bei der Zentralbank 1000	

Die Geschäftsbank 1 kann dann zusätzliche Kredite ebenfalls in Höhe von 1000 gewähren, indem sie dem Kreditnehmer A ein Sichtguthaben von 1000 zur Verfügung stellt. Wir wollen annehmen, daß die Geschäftsbank 1 (und die übrigen betrachteten Banken 2, 3, 4 ...) ihren Kreditspielraum in vollem Umfang ausnutzen will und kann, also einen Kredit von 1000 an einen Kunden A gewährt:

Kreditgewährung an den Kunden A

(Wir sehen hier noch von einer Mindestreserveverpflichtung ab.)

Bank 1

Aktiva	Passiva
Kredit an A 1000	Sichtverbindlichkeiten gegenüber A (Giralgeld) 1000
Zentralbankgeldreserve für Kredit an A 1000	

Der Kreditnehmer A wird über den Kredit verfügen, z.B. eine Überweisung zugunsten seines Lieferanten B bei der Geschäftsbank 2 leisten. Diese Überweisung führt einmal dazu, daß das Sichtguthaben des A bei der Bank 1 erlischt und ein gleich hohes Sichtguthaben des B bei der Bank 2 entsteht. Zum anderen vermindert sich der Zentralbankgeldbestand der Geschäftsbank 1 um 1000, während sich der Zentralbankgeldbestand der Geschäftsbank 2 um 1000 erhöht (Überweisungen zwischen verschiedenen Geschäftsbanken kann man sich – unter Vernachlässigung technischer Details – letztlich als über die Zentralbank abgewickelt vorstellen. Bei der angenommenen Überweisung wird die Zentralbank die Geschäftsbank 1 mit 1000 belasten und der Geschäftsbank 2 dafür 1000 gutschreiben[3]):

Inanspruchnahme des Kredites durch A (Überweisung an B)

Bank 1

Aktiva	Passiva
Kredit an A 1000	

Zunahme des Guthabens bei der Zentralbank (Zentralbankgiralgeld) durch Überweisung

Bank 2

Aktiva	Passiva
Zusätzliches Guthaben bei der Zentralbank 1000	Sichtverbindlichkeit gegenüber B 1000

Der Zahlungsempfänger B wird einen Teil dieses Guthabens bei seiner Bank - sagen wir ⅓ in bar abheben (die Geschäftsbank 2 verwandelt zu diesem Zweck 333,3 ihres neuerworbenen Guthabens bei der Zentralbank in Noten um), den Rest wird B als Sichtguthaben auf seinem Konto belassen. Die Bank 2 hat durch den Vorgang also letztlich zusätzliches Zentralbankgeld in Höhe von 666,7 erhalten. Dieses Zentralbankgeld steht aber nicht vollständig zur Kreditgewährung zur Verfügung. Wie wir gesehen haben (vgl. Kapitel 17), muß jede Bank auf ihre Einlagen einen bestimmten Prozentsatz Mindestreserven halten, d. h. in Höhe dieses Betrages wird Zentralbankgeld gebunden. Da die Geschäftsbank 2 zusätzliche Einlagen in Höhe von 666,7 hat, muß sie hierauf – bei einem angenommenen Mindestreservesatz von 25 % – Mindestreserven in Höhe von 166,67 halten. 666,67–166,67 = 500 stehen also für die Kreditgewährung an den Kunden C zur Verfügung. Bank 2 gewährt diesen Kredit:

---

3) In der Praxis dienen dem Überweisungsverkehr zwischen „gleichartigen" Geschäftsbanken, wie zwischen Sparkassen oder zwischen genossenschaftlichen Banken, die jeweiligen Zentralinstitute (Girozentrale bzw. Zentralkasse). Die Überweisungen werden über Guthaben der Mitgliedsbanken bei dem Zentralinstitut abgewickelt. Diese Guthaben bei dem Zentralinstitut haben für die einzelne Bank praktisch die Funktion von Zentralbankgeld.

Barabhebung von B und Bildung von zusätzlichen Mindestreserven

Bank 2

Aktiva	Passiva
Überschuß-guthaben (freies Zentral-bankgeld) 500	Sichtver-bindlichkeiten gegenüber B
Mindest-reserven 166 2/3	666 2/3

Kreditwährung an C

Bank 2

Aktiva	Passiva
Kredit an C 500	Sichtver-bindlichkeiten gegenüber C 500
Zentralbank-geldreserve für Kredit-gewährung an C 500	Sichtver-bindlichkeiten gegenüber B
Mindest-reserven für Sichtverb. gegenüber B 166 2/3	666 2/3

Insgesamt sind auf der Basis eines Überschußguthabens des gesamten Bankensystems von 1000 (das ursprünglich bei der Bank 1 konzentriert war) bereits jetzt zusätzliche Kredite in Höhe von 1000 + 500 = 1500 gewährt worden. Die Geldmenge hat sich um denselben Betrag erhöht: Der Bankkunde B hat zusätzlich Noten in Höhe von 333,3 und zusätzliches Giralgeld in Höhe von 666,7. Der Kreditnehmer C besitzt 500 zusätzliches Giralgeld.

Damit ist der Prozeß noch nicht beendet. C wird über den Kredit verfügen, dadurch wird der Geschäftsbank 3 Zentralbankgeld zufließen:

Inanspruchnahme des Kredits durch C (Überweisung an D)

Bank 2

Aktiva	Passiva
Kredit an C 500	Sichtverbindlichkeiten gegenüber B 666 2/3
Mindestreserven (Sichtguthaben) 166 2/3	

Zunahme des Guthabens von Bank 3 bei der Zentralbank (durch Überweisung)

Bank 3

Aktiva	Passiva
Zusätzliches Guthaben bei der Zentralbank 500	Sichtverbindlichkeiten gegenüber D 500

Ein Teil hiervon wird in bar abgehoben, ein Teil wird als Mindestreserve gebunden.

Barabhebung von D und Bildung von Mindestreserven

Bank 3

Aktiva	Passiva
Überschußguthaben 250	Sichtverbindlichkeiten gegenüber D 333 1/3
Mindestreserven 83 1/3	

In Höhe des Restbetrags von 250 kann die Geschäftsbank 3 einen weiteren Kredit gewähren usw.

Wichtig ist, daß das Bankensystem als Ganzes ein Vielfaches des verfügbaren Betrages an freiem Zentralbankgeld an Krediten gewähren und damit die Geldmenge vergrößern kann. Das Geschäftsbankensystem ist im Rahmen der Kreditgewährung keineswegs nur Geldvermittler. Sein Geld- und Kreditschöpfungsspielraum hängt – wie das Beispiel zeigt – vom Mindestreservesatz, den Barabflüssen und der freien Zentralbankgeldmenge ab. Das Geld- und Kreditschöpfungspotential ist um so größer, je niedriger der Mindestreservesatz und die Barabflüsse und je größer die freie Zentralbankgeldmenge ist.

Die durch eine solche **multiple Geldschöpfung** des Bankensystems finanzierte Nachfrage nach Gütern kann unerwünschte Wirkungen auf das gesamtwirtschaftliche Geschehen ausüben. Unter anderem deshalb hat man die Geschäftsbanken der Kontrolle durch die Zentralbank unterworfen: Man hat die Zentralbank mit Instrumenten zur Regelung der Kredit- und Geldschöpfungsmöglichkeit der Geschäftsbanken ausgestattet. Wir werden dieses Instrumentarium im Kapitel 19 näher untersuchen.

Die Geschäftsbanken sind nicht nur Geldvermittler, sondern sie können eigenes Geschäftsbankengiralgeld schaffen

Die vorangegangene Analyse des multiplen Giralgeldschöpfungsprozesses ging von den Zentralbankgeldbeständen (genauer dem **freien Zentralbankgeld)** der Geschäftsbanken aus. Eine solche Betrachtungsweise ist realistisch. Hier wird der Kreditgewährungsspielraum der Geschäftsbanken bei gegebener Verbreitung des bargeldlosen Zahlungsverkehrs (bei gegebenen „Zahlungssitten") und gegebenen Mindestreservebestimmungen letztlich durch die **Zentralbankgeldmenge** der Volkswirtschaft bestimmt. Bei gegebenen Zahlungssitten ist mit der Zentralbankgeldmenge auch der Teil an Zentralbankgeld bestimmt, der den Geschäftsbanken (als Mindestreserve oder als Überschußguthaben) zur Verfügung steht und auf dessen Basis sie letztlich Kredite gewähren und damit Giralgeld schaffen können. In diesem Sinne sprechen die Monetaristen von der Zentralbankgeldmenge der Volkswirtschaft als **Geldbasis** (monetäre Basis), eine Größe, der sie zentrale Bedeutung für die Steuerung der gesamten Geldmenge einer Volkswirtschaft zumessen.

Die Geldbasis

Nun muß allerdings daran erinnert werden, daß Geschäftsbanken an zusätzliches Zentralbankgeld gelangen können – die Geldbasis also vergrößern können –, indem sie Geldmarktpapiere an die Zentralbank verkaufen oder zusätzliche Kredite bei der Zentralbank aufnehmen. Strenggenommen ist also das Kredit- und Geldschöpfungspotential der Geschäftsbanken etwas größer als bisher unterstellt, wenn man das **„potentielle" Zentralbankgeld** der Geschäftsbanken, das aus ihrem Bestand an Handelswechseln (bis zu einer bestimmten Grenze, den unausgenutzten Rediskontkontingenten, vgl. Kapitel 19) und aus dem Bestand an Geldmarktpapieren mit Ankaufzusage der Zentralbank besteht, mit berücksichtigt. Man betrachtet dann das Geld- und Kreditschöpfungspotential

Das Geldschöpfungspotential der Geschäftsbanken basiert auf freien und potentiellem Zentralbankgeld auf der Basis der sog. **freien Liquiditätsreserven** (freies Zentralbankgeld plus jederzeit beschaffbares Zentralbankgeld). Es ist aber zu beachten, daß die Geldmarktpapiere (mit Rückkaufzusage) und die jederzeit realisierbaren Verschuldungsmöglichkeiten der Geschäftsbanken bei der Zentralbank in der Bundesrepublik quantitativ weit hinter den Bestand an Zentralbankgeld zurücktreten und insofern für den Geld- und Kreditgewährungsspielraum verhältnismäßig unbedeutend sind. Wir behandeln deshalb das soeben grob definierte Konzept der freien Liquiditätsreserven und das sich auf dieser Grundlage ergebene Geld- und Kreditschöpfungspotential der Geschäftsbanken hier nicht im Detail.

3. Geldangebot, Geldnachfrage und Geldmenge

Im vorangegangenen Abschnitt ist die Geldschöpfungsfähigkeit, also das Geldschöpfungspotential der Geschäftsbanken, untersucht worden. Die Grenze der Geldschöpfungsmöglichkeit der Geschäftsbanken sagt aber nichts Genaues darüber aus:

Unterschied zwischen – Geldschöpfungspotential – Geldangebot – Geldnachfrage – Geldmenge

- wieviel Geld die Banken über Kredite den Nichtbanken tatsächlich anbieten werden, d. h. wieviel Geld im Nichtbankensektor untergebracht werden soll **(Geldangebot);**
- wieviel Geld die Nichtbanken halten wollen, d. h. wie groß der gewünschte Geldbedarf ist **(Geldnachfrage);**
- welche Geldmenge tatsächlich im Nichtbankensektor untergebracht wird, d. h. welcher Geldbestand sich auf Grund des Zusammenwirkens von Geldangebot und Geldnachfrage tatsächlich ergibt.

Das Geldschöpfungspotential bildet nur die Obergrenze für das Geldangebot, die Geldmenge und die verwirklichbare Geldnachfrage.

3.1 Geldangebot

Das Geldschöpfungspotential wird nur bei Inanspruchnahme der gesamten Liquiditätsreserven ausgenutzt

Wie kommt es zum Geldangebot? Wie wir gesehen haben, indem die Geschäftsbanken in irgendeiner Form Schuldtitel der Nichtbanken (Kontokorrentverschuldung, Darlehensverschuldung, Wechselverschuldung, Wertpapierverschuldung) nachfragen und dafür Geld anbieten. Das Geldangebot hängt also eng mit dem Kreditangebot zusammen. Kauft eine Geschäftsbank Schuldtitel, so schlägt sich dies in ihrer Bilanz nieder: Die Kreditgewährung nimmt zu. Das Geldschöpfungspotential der Geschäftsbanken wird nun nur dann vollständig ausgenutzt, wenn die Geschäftsbanken sämtliche freien Reserven für die Kreditgewährung (in welcher Form auch immer) **einsetzen.** Je mehr die Geschäftsbanken auch solche Vermögensteile halten, deren Erwerb zu keiner Erhöhung der Kredite von Nichtbanken führt (Banknoten, Sichtguthaben bei der Zentralbank, bei der Zentralbank gekaufte Geldmarktpapiere), um so weniger wird das vorhandene Geldschöpfungspotential ausgenutzt. Wie groß das Geldangebot in einer Volkswirtschaft (bei gegebener Zentralbankgeldmenge, gegebenen Zahlungssitten und Mindestreservevorschriften) ist, hängt also davon ab, wie die Geschäftsbanken die linke Seite ihrer Bilanz gestalten wollen. In der Untersuchung der Bestimmungsgründe dieser Aufteilung liegt der Kern der **Geldangebotstheorie.**

Bestimmungsgründe des Geldangebotes

Die Bestände an Banknoten der Geschäftsbanken und ihrer Sichtguthaben bei der Zentralbank werden praktisch – bei gegebenem Einlagevolumen und Zahlungsgewohnheiten – vollständig bestimmt durch die Mindestreservebestimmungen in der Volkswirtschaft sowie durch Erfordernisse, die sich aus der Durchführung des Zahlungsverkehrs ergeben. Der Entscheidungsspielraum der Geschäftsbanken in bezug auf ihr Geldangebot bezieht sich also in erster Linie darauf, welche Aufteilung zwischen von der Zentralbank gekauften Geldmarktpapieren und der Kreditgewährung sie anstreben: Halten sie Überschußguthaben oder kaufen sie Geldmarktpapiere bei der Zentralbank, so geht das auf Kosten ihrer Kreditgewährung.

Wovon hängt es nun ab, ob die Banken (bei gegebenem Mittelaufkommen in Form von Einlagen) anteilsmäßig viele oder wenige Kredite gewähren? Entscheidend sind Ertrags-, Liquiditäts- und Risikoüberlegungen.

Ertrags-, Liquiditäts- und Risikoüberlegungen

Da die Kreditgewährung die ertragbringendste Anlageform der Geschäftsbanken ist, werden sie versuchen, die Kreditgewährung (sofern die Kreditwünsche der Nichtbanken dies zulassen) auszudehnen. Daneben müssen Liquiditätsgesichtspunkte bedacht werden. Bei plötzlichen Zentralbankgeldabflüssen – etwa infolge einer spürbaren Erhöhung der gewünschten Bargeldhaltung bei den Nichtbanken – muß für die Geschäftsbanken sofort Zentralbankgeld verfügbar sein. Keine Bank kann es sich leisten, bei einem Auszahlungswunsch eines ihrer Kontoinhaber auch nur den Eindruck zu erwecken, daß sie diesem Wunsch nicht nachkommen kann. Die Banken werden also in gewissem Umfang freie Liquiditätsreserven halten. Ob sie das „Polster" an nicht oder niedriger verzinslichen Vermögensteilen nun reichlicher oder weniger reichlich bemessen, wird bei gegebenem Risiko davon abhängen

Kredite bringen die höchsten Erträge

- wie groß der Zinsunterschied zwischen Krediten und sonstigen Vermögensanlagen ist;
- wie die Möglichkeiten und die Zinskosten einer eventuell notwendig werdenden Zentralbankgeldbeschaffung sind.

Zinsunterschiede und Kosten der Refinanzierung

Und schließlich ist das Risiko einer Nichtrückzahlung gewährter Kredite zu kalkulieren.

Das Kredit- und damit das Geldangebot der Geschäftsbanken wird (immer unter sonst gleich bleibenden Umständen) im Rahmen der Kreditgewährungsmöglichkeiten der Banken zunehmen, wenn

Kreditangebot nimmt ceteris paribus zu mit
- steigenden Zinsen für gewährte Kredite
- sinkenden Zinsen für Alternativanlagen
- sinkenden Refinanzierungskosten

- die Verzinsung für gewährte Kredite steigt,
- die Verzinsung für liquide Anlagen sinkt,
- die Kosten der Refinanzierung bei der Zentralbank abnehmen und die Möglichkeiten der Verschuldung bei der Zentralbank zunehmen.

Entsprechende Überlegungen gelten für eine Abnahme des Geldangebotes.

Geldangebot in Abhängigkeit von den Kreditzinsen

Geht man nun davon aus, daß die Verzinsung von Geldmarktpapieren, der Umfang und die Kosten einer Refinanzierung der Banken und die verfügbaren Mittel (aus Kundeneinlagen und Zentralbankkrediten) der Geschäftsbanken gegeben sind, so hängt das Geldangebot der Banken – innerhalb der durch das Geldschöpfungspotential gegebenen Grenzen – also ab von der Verzinsung für gewährte Kredite. Wir können also – entsprechend der Angebotskurve für ein Gut – eine Geldangebotskurve zeichnen, die prinzipiell den in Abbildung 18.1 angegebenen Verlauf aufweisen wird:

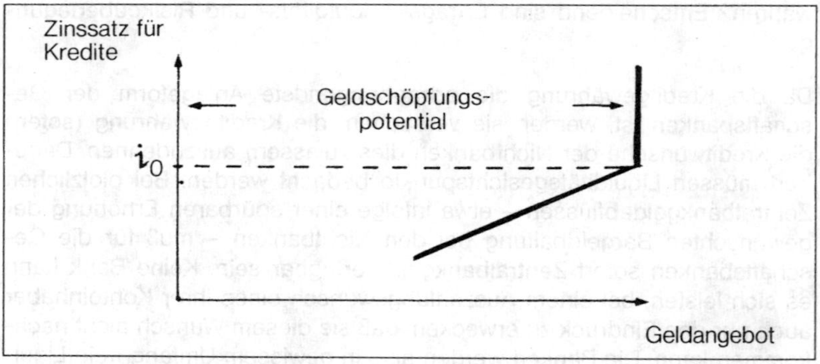

Abb. 18.1: Das Geldangebot

Unterhalb eines Zinssatzes io (dessen Höhe hier keine Rolle spielen soll) nutzen die Geschäftsbanken nicht ihren gesamten Kreditgewährungsspielraum aus, da es sich bei einem so niedrigen Zins für gewährte Kredite für sie lohnt, einen Teil ihrer verfügbaren Mittel in Liquiditätsreserven anzulegen.

3.2 Geldnachfrage

Geldnachfrage ist der gewünschte Geldbestand der Nichtbanken

Unter Geld„nachfrage" versteht man den gewünschten Geldbestand der Nichtbanken, der sich aus Geldbeständen zusammensetzt, über die die Nichtbanken bereits verfügen, und Geld, das sie auf dem Kreditwege nachfragen. Die Bestimmungsgründe der Geldnachfrage können hier nur gestreift werden. Es geht um die Frage, warum und in welchem Umfang Nichtbanken Geld – also nicht verzinsliche Vermögensteile – halten; warum also z. B. ein Haushalt Banknoten behält oder ein Guthaben auf einem Girokonto hält, anstatt die entsprechenden Beträge etwa auf ein Sparkonto einzuzahlen und Zinserträge zu erzielen. Vgl. zu den Theorien der Geldnachfrage Kapitel 11 und Kapitel 12. Wir folgen hier im wesentlichen der KEYNESschen Theorie.

Zwei „Motive" für die Geldhaltung stehen im Vordergrund:

Motive der Geldhaltung

- Geld wird gehalten (und damit nachgefragt), um fälligen Zahlungsverpflichtungen nachkommen zu können (Tauschmittelfunktion);

- als Form der Vermögensanlage (Wertaufbewahrungsfunktion).

Geldnachfrage für Tauschzwecke ist abhängig vom
- Einkommen und Vermögen
- Zins

Die Nachfrage nach Geld als Tauschmittel wird nun um so größer sein, je mehr Güterkäufe geplant werden. Die Nachfrage nach Geld ist damit abhängig vom Einkommen und vom Vermögen des einzelnen bzw. der Volkswirtschaft. Sind Einkommen und Vermögen gegeben, so wird der für **Transaktionszwecke** angestrebte Kassenbestand aber auch davon abhängen, wie hoch die erzielbare Verzinsung für andere Anlageformen ist: Steigen z. B. die Sparzinsen oder die Wertpapierzinsen, so werden die Nichtbanken im allgemeinen ihre Kassenhaltung „ökonomisieren", d. h. ihr Vermögen möglichst lange und im größtmöglichen Umfang in verzinslicher Form halten. Schon aus diesen Überlegungen läßt sich eine Zinsabhängigkeit der Geldnachfrage ableiten.

Zinsabhängigkeit der Geldnachfrage zwecks Vermögenshaltung

Die Zinsabhängigkeit der Geldnachfrage wird verstärkt, wenn man die Geldhaltung zum **Zwecke der Vermögenshaltung** mit berücksichtigt: Bei Ungewißtheit über die Ertrags- und Kursentwicklung anderer Anlageformen (z. B. Aktien) werden Nichtbanken – quasi „sicherheitshalber" – einen Teil ihres Vermögens in Geldform halten wollen. Dabei wird der Anteil des Geldes am Gesamtvermögen einer Wirtschaftseinheit ceteris paribus mit steigender Verzinsung dieser anderen Vermögensanlagen abnehmen, da dem Haushalt immer größere Zinserträge entgehen (sog. Alternativkosten oder Opportunitätskosten der Kassenhaltung).

Insgesamt kann also festgehalten werden, daß die Geldnachfrage der Nichtbanken **zinsabhängig** ist. Sie nimmt bei gegebenem Einkommen und Vermögen mit steigendem Zins ab. Abbildung 18.2 gibt eine grafische Darstellung dieses Sachverhaltes.

Verschiebungen der Geldnachfragekurve durch Sozialproduktsänderungen

Steigt das Einkommen oder das Vermögen, so verschiebt sich die Kurve nach rechts, nimmt das Einkommen oder Vermögen ab, so verschiebt sich die Kurve nach links.

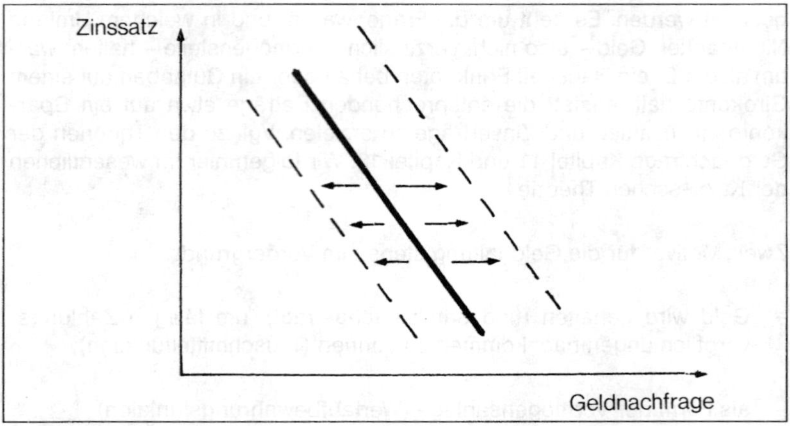

Abb. 18.2: Geldnachfrage

3.3 Geldmenge

Bezüglich der Angebots- und Nachfragekonstellation für Geld ergibt sich damit Abbildung 18.3.

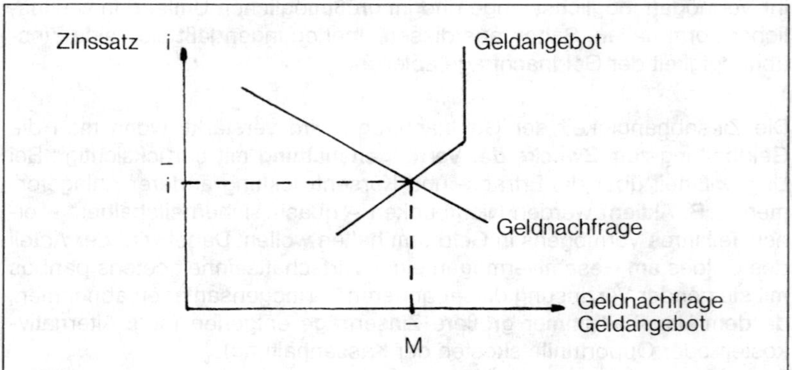

Abb. 18.3: Angebot und Nachfrage von Geld

Gleichgewichtsgeldmenge und Gleichgewichtszins

M ist die Geldmenge, die in der betrachteten Volkswirtschaft bei gegebenem Gesamtmittelaufkommen der Geschäftsbanken (insbesondere bei gegebenem Zentralbankgeldbestand in der Volkswirtschaft) und gegebenem Einkommen und Vermögen der Nichtbanken gehalten wird. Diese Geldmenge wird beim Zinssatz i gehalten, bei dem Angebot und Nachfrage nach Geld einander entsprechen (Gleichgewicht).

4. Geldwirkungen

In den Kapiteln 17 und 18 ist schwerpunktmäßig die technische Seite des Geldes behandelt worden und weniger über die **„Wirkungen"** des Geldes auf die Volkswirtschaft diskutiert worden. Der letztgenannte Problemkreis betrifft einmal die **„Produktivität"** des Geldes. Es geht darum, die Vorteilhaftigkeit der Verwendung von Geld für die einzelne Wirtschaftseinheit und die gesamte Volkswirtschaft aus ökonomischen Rationalitätskalkülen abzuleiten. Diese Überlegungen haben bis heute noch keine überzeugenden Ergebnisse geliefert und würden auch den Rahmen dieses Buches sprengen.

Ein zweiter Aspekt der Wirkungen des Geldes betrifft die Bedeutung der **Höhe der** (wie auch immer definierten) **Geldmenge** für das volkswirtschaftliche Geschehen. Diese Frage ist bzw. wird in den entsprechenden makroökonomischen Modellen (z. B. im Kapitel 11, 12, 13 und 26) behandelt und braucht hier nicht gesondert thematisiert zu werden.

C. Arbeitsaufgaben

1) *Beschreiben Sie Möglichkeiten, die die Deutsche Bundesbank besitzt, um Banknoten in Umlauf zu bringen!*
2) *Warum sind zur Aufrechterhaltung einer bestimmten Geldbasis ständig Aktivitäten der Bundesbank notwendig?*
3) *Warum kann eine einzelne Bank im allgemeinen nicht mehr Kredit gewähren, als sie freies Zentralbankgeld (bzw. freie Liquiditätsreserven) besitzt?*
4) *Besteht in der Bundesrepublik Deutschland eine Deckungspflicht für Banknoten? Wie beurteilen Sie diese Regelung?*
5) *Kann man das Bankensystem in bezug auf seine Kreditgewährung als bloßen Geldvermittler ansehen? Begründen Sie Ihre Antwort.*
6) *Beschreiben Sie den multiplen Geldschöpfungsprozeß anhand eines Beispiels. Gehen Sie dabei von einem Überschußguthaben des Geschäftsbankensystems (konzentriert bei der Bank 1) in Höhe von 1000, einem Mindestreservesatz von 25 % und einer Barabzugsquote von 10 % aus.*
7) *Wovon hängt es ab, ob das Geldangebot der Geschäftsbanken ihrem Geldschöpfungspotential entspricht oder nicht?*
8) *Was versteht man unter der Geldnachfrage, und wie ist diese spezifiziert*
   - *im klassischen Modell,*
   - *in der traditionellen keynesianischen Theorie?*
9) *Welche Wirkung hat eine Veränderung der Geldmenge im klassischen Modell?*

10) *Wodurch könnte die im traditionellen Keynesianismus verbreitete Skepsis gegenüber positiven Beschäftigungseffekten einer Erhöhung der Geldmenge begründet werden?*

Lösungsvorschläge für die Arbeitsaufgaben im „Übungsbuch zu Grundlagen und Probleme der Volkswirtschaft".

D. Literatur

Eine umfassende, sehr konzise Darstellung der Probleme des Geldbereiches einer Volkswirtschaft gibt:

KATH, Dietmar, Geld und Kredit, in: Vahlens Kompendium der Wirtschaftstheorie und Wirtschaftspolitik, Band 1, 5. Aufl., München 1992, Beitrag D, S. 175 ff.

Gut verständlich ist:

ISSING, Otmar, Einführung in die Geldtheorie, 9. Aufl., München 1993.

Gut zu lesen ist immer noch das ältere Lehrbuch von

SCHNEIDER, Erich, Einführung in die Wirtschaftstheorie III. Teil, Geld, Kredit, Volkseinkommen und Beschäftigung, 12. Aufl., Tübingen 1973, I. und II. Kapitel.

Eine problemorientierte Einführung, die sich auch auf die monetären Institutionen der Bundesrepublik bezieht, ist

DUWENDAG, Dieter, u.a., Geldtheorie und Geldpolitik, 4. Aufl., Köln 1993,

und stärker modelltheoretisch ausgerichtet ist das Lehrbuch von

JARCHOW, Hans-Joachim, Theorie und Politik des Geldes, I. Geldtheorie, 8. Aufl., Göttingen 1990.

Umfassend, modern und theoretisch anspruchsvoll ist das Lehrbuch von

FUHRMANN, Wilfried, Geld und Kredit. Prinzipien monetärer Makroökonomie, 2. Aufl., München 1987.

19. Kapitel
Geldpolitische Instrumente der Deutschen Bundesbank

A. Lernzielorientierte Leitfrage und Fragenkomplex

Leitfrage:
Welches sind die wichtigsten geldpolitischen Instrumente in der Bundesrepublik Deutschland, und wie wirken sie?

- *Welche Maßnahmen beinhalten die Diskont- und die Lombardpolitik?*
- *Wie wirkt eine Diskontsatzerhöhung auf andere Zinssätze der Volkswirtschaft?*
- *Wie wirkt sich eine Veränderung der Rediskontkontingente aus?*
- *Was ist Offenmarktpolitik, und wie ist ihre spezifische Ausgestaltung in der Bundesrepublik?*
- *Wie wirkt die Offenmarktpolitik auf weitere Größen des Geldbereichs?*
- *Was sind Mindestreserven, und welche Funktion haben sie?*
- *Wie wirkt eine Veränderung des Mindestreservesatzes auf andere Größen des Geldbereichs?*
- *Sind Wirkungen geldpolitischer Maßnahmen auf den güterwirtschaftlichen Bereich sichergestellt?*

B. Sachanalyse

1. Vorbemerkungen

Wie wir gesehen haben, erkennen Monetaristen und Keynesianer grundsätzlich die wichtige Rolle des Geldes für das güterwirtschaftliche Geschehen an. Da auch die Geschäftsbanken – also überwiegend privatwirtschaftliche Unternehmungen mit der Zielsetzung Gewinnmaximierung – Geld schaffen können, plädieren beide Gruppen für eine Kontrolle der Geldmenge durch die Zentralbank. Aus ihrer speziellen Position ergeben sich indes unterschiedliche Auffassungen über die Rolle der Zentralbank und damit deren Instrumentarium. Die **Monetaristen** fordern eine Geldmengensteuerung der Zentralbank in Form einer quasi automatischen und relativ konstanten Erhöhung der Geldbasis um den Prozentsatz des erwarteten realen Wirtschaftswachstums oder des Wachstums des realen Produktionspotentials (sog. **potentialorientierte Geldmengenpolitik)** plus

Die Geldschöpfungsfähigkeit der Geschäftsbanken macht eine Geldmengensteuerung durch die Zentralbank unentbehrlich

Unterschiedliche Auffassungen über die Rolle und das Instrumentarium der Zentralbank

der für unvermeidlich gehaltenen Preissteigerungsrate. Instrumente der Zentralbank, die hierüber hinausgehend eine an konjunkturpolitischen Erfordernissen ausgerichtete („diskretionäre") Geldpolitik erlauben, lehnen sie im Prinzip ab. Die **Keynesianer** setzen sich demgegenüber für eine Geldpolitik zum Zwecke der Konjunktursteuerung ein und fordern dementsprechend Instrumente der Zentralbank. Für sie ist Geldpolitik vor allem auf den Zinssatz als Steuerungsgröße ausgerichtet. Das im folgenden zu besprechende geldpolitische Instrumentarium der Deutschen Bundesbank ist noch von der keynesianischen Auffassung geprägt. Allerdings hat die Deutsche Bundesbank mit ihrer seit 1974 praktizierten Ankündigung des Geldmengenziels jeweils für das kommende Jahr eine deutliche Hinwendung zum Monetarismus vollzogen. Dies zeigt sich inzwischen auch in der Anwendung des geldpolitischen Instrumentariums.

Wie dargelegt (vgl. Kapitel 17, Abschnitt 6.1.1) hat die Deutsche Bundesbank primär die Aufgabe, die Währung zu sichern. Daneben soll sie die Bundesregierung bei der Erreichung von Vollbeschäftigung, außenwirtschaftlichem Gleichgewicht und angemessenem Wirtschaftswachstum unterstützen. Zur Erreichung dieser Aufgaben stehen der Bundesbank nach dem Bundesbankgesetz eine Reihe von Instrumenten zur Verfügung, von denen hier

- die Diskont- und Lombardpolitik
- die Offenmarktpolitik
- die Mindestreservepolitik

untersucht werden sollen.

2. Diskont- und Lombardpolitik (Refinanzierungspolitik)

Wie schon verschiedentlich erwähnt, gewährt die Bundesbank als „Bank der Banken" den Geschäftsbanken bestimmte Kredite, den Diskont- und den Lombardkredit. Die Festsetzung der Kosten und der Voraussetzungen für die Gewährung dieser Refinanzierungskredite ist Teil der Refinanzierungspolitik der Bundesbank.

Die Refinanzierungspolitik besteht aus der Festsetzung der Bedingungen und des Umfangs von Bundesbankkrediten an die Geschäftsbanken

2.1 Begriff und Ausgestaltung der Diskontpolitik

Um den Begriff „Diskontkredit" besser erklären zu können, müssen wir zunächst kurz die Diskontierung eines Wechsels erläutern. Für unsere Zwecke genügt es dabei, unter einem Wechsel eine besonders verbriefte Forderung zu verstehen. Wenn ein Unternehmer Waren gegen einen Wechsel verkauft hat, so besteht für ihn im allgemeinen die Möglichkeit, diesen Wechsel an seine Bank zu verkaufen und sich dadurch bereits vor Fälligkeit des Wechsels Geld zu verschaffen. Die Geschäftsbank zahlt ihm dabei jedoch nicht den vollen Betrag aus, auf den der Wechsel ausgestellt ist, sondern zieht hiervon, da sie den vollen Betrag selbst erst zu einem späteren Zeitpunkt (bei Fälligkeit des Wechsels) erhält, einen bestimmten Zinsbetrag ab. Diesen Vorgang bezeichnet man als **„Wechseldiskontierung"**. Da der Kunde der Geschäftsbank in jedem Fall für den Wechselbetrag haftet, stellt die Wechseldiskontierung eine besondere Form eines Kredites dar. Wirtschaftlich wird durch die Wechseldiskontierung meist ein Handelsgeschäft finanziert und damit gefördert.

Ebenso wie der obige Warenverkäufer kann auch die Geschäftsbank zu einem bestimmten Zeitpunkt den Wunsch haben oder vor der Notwendigkeit stehen, sich bei der Zentralbank zu refinanzieren, sich also Zentralbankgeld zu beschaffen. Eine Möglichkeit hierzu besteht darin, die Wechsel, die sie selbst von Kunden erworben hat, ihrerseits bei der Zentralbank zum Diskont (eigentlich zum „Re"diskont) einzureichen, sofern die Wechsel den Anforderungen der Bundesbank genügen.

Die Gesamtheit der Bedingungen, die die Zentralbank für einen Wechseldiskont stellt, machen die Diskontpolitik der Zentralbank aus.

In der Bundesrepublik besteht die Diskontpolitik

- erstens in der Festsetzung des Diskontsatzes, d. h. des Zinses, den die Bundesbank den Geschäftsbanken bei der Diskontierung berechnet;
- zweitens in der Bestimmung der qualitativen Anforderungen, die die Bundesbank an Wechsel, die sie rediskontiert, stellt (Abgrenzung des rediskontfähigen Materials);
- drittens in der Festsetzung der Rediskontkontingente, d. h. der Höchstbeträge, bis zu denen die Bundesbank Wechsel von den einzelnen Banken rediskontiert.

Diskontpolitik besteht aus:
- Festsetzung des Diskontsatzes
- Abgrenzung des rediskontfähigen Wechselmaterials
- Festsetzung der Rediskontkontingente

2.1.1 Diskontsatz

Kosten des Diskontkredites

Der **Diskontsatz** (auch die Bankrate genannt) als **erster Leitzins** ist der auf das Jahr bezogene Zinssatz, den die Bundesbank bei der Berechnung des Abzugsbetrages im Rahmen der Wechseldiskontierung zugrunde legt: Beträgt der Diskontsatz zum Beispiel 6 % und ist ein in zwei Monaten fälliger Wechsel auf einen Schuldbetrag von 1000 DM ausgestellt, so zahlt die Bundesbank 990 DM für den Wechsel. Der Diskontsatz wird relativ häufig geändert: Seit Bestehen der Bundesrepublik im Durchschnitt etwa zweimal jährlich. Der niedrigste Diskontsatz wurde im Januar 1959 auf 2,75 %, der höchste im Juli 1992 auf 8,75 % festgelegt. Tabelle 19.1 gibt einen Überblick über die Höhe von Diskont- und Lombardsatz in der Bundesrepublik von 1969 bis 1995.

Bisherige Obergrenze 8,75%, bisherige Untergrenze 2,75%

2.1.2 Rediskontfähiges Wechselmaterial

Qualitative Voraussetzungen des Kredits

Die Bundesbank kauft nicht alle Wechsel an, die ihr angeboten werden. Im Bundesbankgesetz ist als Regel festgelegt, daß es sich um Handelswechsel handeln muß, aus denen drei als zahlungsfähig bekannte Verpflichtete haften und die innerhalb von 3 Monaten (vom Tage des Ankaufs an gerechnet) fällig sind. Als Handelswechsel kauft die Bundesbank solche Wechsel, die auf Grund von Warenlieferungen oder von Dienstleistungen zwischen Unternehmen begeben worden sind.

2.1.3 Rediskontkontingente

Umfang des Kredits

Die Deutsche Bundesbank kauft auch an sich rediskontfähige Wechsel nicht in unbegrenztem Unfang an, sondern setzt bestimmte Obergrenzen, sog. **Rediskontkontingente,** fest. Der Gesamtumfang der Rediskontkontingente betrug Ende 1994 65,5 Mrd. DM. Dieses Gesamtkontingent wird nach bestimmten Kriterien („haftendes Eigenkapital") auf die einzelnen Geschäftsbanken aufgeteilt und den einzelnen Geschäftsbanken mitgeteilt.

2.2 Begriff und Ausgestaltung des Lombardkredites

Die Bundesbank kann den Geschäftsbanken neben dem Diskontkredit auch verzinsliche Kredite gegen Verpfändung bestimmter Wertpapiere, sogenannte Lombardkredite, gewähren.

Lombardkredit ist ein Plankredit

Die **Lombardpolitik** besteht in der Festlegung bzw. Veränderung des Umfangs und der Bedingungen für den Wertpapierpfandkredit.

Lombardpolitik besteht aus: Festsetzung des Lombardsatzes Abgrenzung der lombardfähigen Wertpapiere Festsetzung der Lombardkontingente

Wie bei der Diskontpolitik lassen sich auch bei der Lombardpolitik 3 Teilaspekte unterscheiden:

- erstens die Festsetzung des Lombardsatzes, d.h. des Zinssatzes, zu
- dem diese Kredite gewährt werden;
- zweitens die Abgrenzung des beleihbaren Wertpapiermaterials;
- drittens die Festlegung von Obergrenzen, bis zu denen Lombardkredite vergeben werden.

Ein wichtiger Unterschied zwischen dem Diskontkredit und dem Lombardkredit liegt in der Funktion, die die Bundesbank den beiden Kreditarten zuweist: Während der Diskontkredit durchaus auch die Aufgabe hat, den Banken eine Kreditausweitung zu ermöglichen und im Rahmen der oben aufgezeigten Grenzen quasi automatisch vergeben wird, sollen Lombardkredite nur kurzfristige Liquiditätsanspannungen bei den Geschäftsbanken überbrücken helfen. Aus dieser spezifischen Funktion erklären sich die besonderen Bedingungen des Lombardkredites.

2.2.1 Lombardsatz

Der Lombardsatz **(zweiter Leitzins)** liegt immer über dem Diskontsatz, um den stärkeren Ausnahmecharakter dieses Kredites zu betonen. Lange Zeit betrug der Abstand zwischen Diskont- und Lombardsatz 1 %-Punkt,

Tab. 19.1: Diskont- und Lombardsatz der Deutschen Bundesbank von 1969 bis 1995 sowie Sonderzins bei Unterschreitung des Mindestreserve-Solls*)

% p.a.

Gültig ab	Diskontsatz 1)	Lombardsatz	Gültig ab	Diskontsatz 1)	Lombardsatz	Gültig ab	Diskontsatz 1)	Lombardsatz 2)
1969 21. März	3	4	1977 15. Juli	3 ½	4	16. Dez.	3 ½	5 ½
18. April	4	5	16. Dez.	3	3 ½			
20. Juni	5	6				1989 20. Jan.	4	6
11. Sept.	6	7 ½	1979 19. Jan.	3	4	21. April	4 ½	6 ½
5. Dez.	6	9	30. März	4	5	30. Juni	5	7
			1. Juni	4	5 ½	6. Okt.	6	8
1970 9. März	7 ½	9 ½	13. Juli	5	6			
16. Juli	7	9	1. Nov.	6	7	1990 2. Nov.	6	8 ½
18. Nov.	6 ½	8						
3. Dez.	6	7 ½	1980 29. Febr.	7	8 ½	1991 1. Febr.	6 ½	9
			2. Mai	7 ½	9 ½	16. Aug.	7 ½	9 ¼
1971 1. April	5	6 ½	19. Sept.	7 ½	3) 9	20. Dez.	8	9 ¾
14. Okt.	4 ½	5 ½						
23. Dez.	4	5	1982 27. Aug.	7	8	1992 17. Juli	8 ¾	9 ¾
			22. Okt.	6	7	15. Sept.	8 ¼	9 ½
1972 25. Febr.	3	4	3. Dez.	5	6			
9. Okt.	3 ½	5				1993 5. Febr.	8	9
3. Nov.	4	6	1983 18. März	4	5	19. März	7 ½	9
1. Dez.	4 ½	6 ½	9. Sept.	4	5 ½	23. April	7 ¼	8 ½
						2. Juli	6 ¾	8 ¼
1973 12. Jan.	5	7	1984 29. Juni	4 ½	5 ½	30. Juli	6 ¾	7 ¾
4. Mai	6	8				10. Sept.	6 ¼	7 ¼
1. Juni	7	3) 9	1985 1. Febr.	4 ½	6	22. Okt.	5 ¾	6 ¾
			16. Aug.	4	5 ½			
1974 25. Okt.	6 ½	8 ½				1994 18. Febr.	5 ¼	6 ¾
20. Dez.	6	8	1986 7. März	3 ½	5 ½	15. April	5	6 ½
						13. Mai	4 ½	6
1975 7. Febr.	5 ½	7 ½	1987 23. Jan.	3	5			
7. März	5	6 ½	6. Nov.	3	4 ½	1995 31. März	4	6
25. April	5	6	4. Dez.	2 ½	4 ½			
23. Mai	4 ½	5 ½						
15. Aug.	4	5	1988 1. Juli	3	4 ½			
12. Sept.	3 ½	4 ½	29. Juli	3	5			
			26. Aug.	3 ½	5			

* Sonderzins bei Unterschreitung des Mindestreserve-Solls: 3 % p.a. über Lombardsatz; seit 1. Januar 1951 unverändert. — **1** Bis 31. Juli 1990 zugleich Zinssatz für Kassenkredite. — **2** Ab 1. August 1990 bis 31. Dezember 1993 zugleich Zinssatz für Kassenkredite; ab 1. Januar 1994 werden keine Kassenkredite mehr gewährt. — **3** Lombardkredit zum Lombardsatz ist den Kreditinstituten in folgenden Zeiten grundsätzlich nicht zur Verfügung gestellt worden: vom 1. Juni 1973 bis einschl. 3. Juli 1974; vom 20. Februar 1981 bis einschl. 6. Mai 1982.

Quelle: Monatsbericht der Deutschen Bundesbank, April 1995, S. 43*

in den letzten Jahren betrug er teilweise jedoch bis zu 2%-Punkte, von Dezember 1969 bis März 1970 sogar 3%-Punkte. Absolut gesehen schwankte der Lombardsatz zwischen 3,25% im Januar 1959 und 9,75% (Dez. 1991–Sept. 1992). Er wird in der Regel zusammen mit dem Diskontsatz verändert (vgl. Tab. 19.1).

2.2.2 Abgrenzung des beleihbaren Wertpapiermaterials

Beleihbares Wertpapiermaterial

Das Bundesbankgesetz enthält einen Katalog von Wertpapieren, die die Bundesbank grundsätzlich beleihen darf, sowie prozentuale Grenzen der Beleihbarkeit für die einzelnen Arten von Wertpapieren. Die Bundesbank kann aber sowohl den Kreis der beleihbaren Papiere einengen, als auch die Beleihungsgrenzen unterhalb der im Bundesbankgesetz fixierten Höchstsätze festlegen.

2.2.3 Lombardkontingente

Warngrenze für Lombardkredite

Genau fixierte Höchstbeträge, bis zu denen eine Bank Lombardkredite erhalten kann, existieren im Gegensatz zum Wechselkredit nicht. In Normalzeiten existiert trotzdem eine „Warngrenze" die bei 20% der Rediskontkontingente liegt. Darüber hinausgehende Kreditanträge der Geschäftsbanken unterliegen einer besonders scharfen Prüfung durch die Bundesbank. Entsprechend der Funktion des Lombardkredites weicht die Bundesbank von dieser Regelung je nach Lage ab: In Zeiten besonderer Liquiditätsanspannung gewährt sie auch über die Warngrenze hinausgehende Kredite, und umgekehrt wird bisweilen kein Kredit gewährt. Dieser Politik des „Schließens des Lombardfensters" hat sich die Deutsche Bundesbank – damals vor allem aus zahlungsbilanzpolitischen Gründen – im Frühjahr 1981 mehrfach bedient. Bei sehr hohem Zinsniveau in den USA war es für die deutschen Geschäftsbanken lohnend, sich relativ billig bei der Bundesbank zu refinanzieren und das Geld in den USA anzulegen. Um andererseits Zahlungsschwierigkeiten bei Geschäftsbanken zu vermeiden, gewährte die Bundesbank wiederholt Sonderlombardkredite, allerdings zu höheren Zinssätzen (zwischen 10 und 13%).

2.3 Wirkungsweise von Diskont- und Lombardpolitik

Da sowohl der Diskont- als auch der Lombardkredit Refinanzierungskredite der Geschäftsbanken bei der Zentralbank sind, wirkt die Veränderung ihrer Kosten und Bedingungen im Prinzip in gleicher Richtung. Die Wirkungsweise beider Politiken soll deshalb hier am Beispiel der Diskontpolitik erläutert werden.

Diskontsatzpolitik ist das klassische Instrument der Zentralbank

Das klassische (und lange Zeit auch einzige) Mittel der Zentralbankpolitik ist die Veränderung des Diskontsatzes. Wie wirkt sich eine Veränderung, zum Beispiel eine Erhöhung des Diskontsatzes, aus (vgl. Übersicht 19.1)?

Wirkungsweise der Diskontpolitik

Mit der Erhöhung des Diskontsatzes wird die Verschuldung der Geschäftsbanken bei der Bundesbank teurer. Diese Verteuerung des Zentralbankkredites wird allerdings nur dann nennenswerte Wirkung zeigen können, wenn die Geschäftsbanken nicht auf andere, billigere Zentralbankgeldquellen zurückgreifen können.

Die Wirkungen der Diskontsatzerhöhung vollziehen sich dann über ihre Auswirkungen auf die übrigen Zinssätze der Volkswirtschaft (Diskontsatzpolitik ist also Zinspolitik).

Enge Beziehung zwischen Diskontsatz und Sollzinsen der Geschäftsbanken

Obwohl seit 1967 die Zinssätze für gewährte Bankkredite und Einlagen der Banken nicht mehr gesetzlich gebunden sind und damit eine automatische Koppelung an den Diskontsatz nicht mehr besteht, ist eine enge Beziehung zwischen den Zinssätzen bestehen geblieben. Viele Kreditverträge enthalten Gleitklauseln, durch die der zu zahlende Zins auch für schon gewährte Kredite durch den jeweiligen Diskontsatz plus einen bestimmten Aufschlag bestimmt wird. Bankkredite werden also durch die Diskontsatzerhöhung teurer (Sollzinsen steigen). Die Zinserhöhung bleibt nicht auf die Sollzinsen der Banken beschränkt. Da die Finanzierung des bestehenden Kreditvolumens über Diskontkredite teurer geworden ist, werden die Banken versuchen, ihre Kreditgewährung stärker als bisher aus Einlagen ihrer Kunden zu finanzieren. Sie werden ihre steigende Nachfrage nach Bankeinlagen jedoch nur befriedigt sehen, wenn sie den Anlegern höhere Zinsen auf Einlagen zahlen. Die Habenzinsen (z. B. die Sparzinsen) steigen also, allerdings nicht so stark wie die Sollzinsen (Kreditzinsen) der Geschäftsbanken. Dafür fallen sie bei einer Senkung der Sollzinsen auch nicht im selben Ausmaß. Steigt der Ertrag von in Spar- und Termineinlagen angelegten Geldern, so verbessert sich der Ertrag dieser Anlagen im Verhältnis zur Geldanlage auf dem Kapitalmarkt. Die sich daraus ergebende Verlagerung von Mitteln auf den Markt für Bankeinlagen wird auch den Zins auf dem Kapitalmarkt erhöhen. Wir sehen, daß sich die Erhöhung des Diskontsatzes schließlich auf die übrigen Kreditmärkte überträgt und die Zinsen dort ebenfalls ansteigen läßt (vgl. Übersicht 19.1). Tendenziell steigen dabei erfahrungsgemäß die Zinsen für kurzfristige Kredite stärker als die für langfristige und die Zinsen für gewährte Kredite der Banken stärker als die Zinsen für Bankeinlagen.

Bankeinlagen werden höher verzinst (Habenzinsen steigen)

Kapitalmarktzinsen steigen

Abbildung 19.1 zeigt die parallele Entwicklung wichtiger Zinssätze in der Bundesrepublik Deutschland.

Die Parallelität in der Entwicklung der Zinssätze, die in Abbildung 19.1 zum Ausdruck kommt, ist allerdings nicht allein auf die soeben beschriebenen Wirkungszusammenhänge zurückzuführen. Da die Zentralbank neben den schon erwähnten flankierenden Maßnahmen auf dem Geldmarkt im Zuge einer „bremsenden" Politik auch ansonsten auf eine Verteuerung und Verknappung von Krediten hinarbeiten wird, sind weitere, richtungsgleiche Einflußfaktoren wirksam.

Bisher haben wir nur die Wirkungen einer Diskontsatzerhöhung untersucht. Da eine Diskontsatzsenkung weitgehend einfach mit umgekehr-

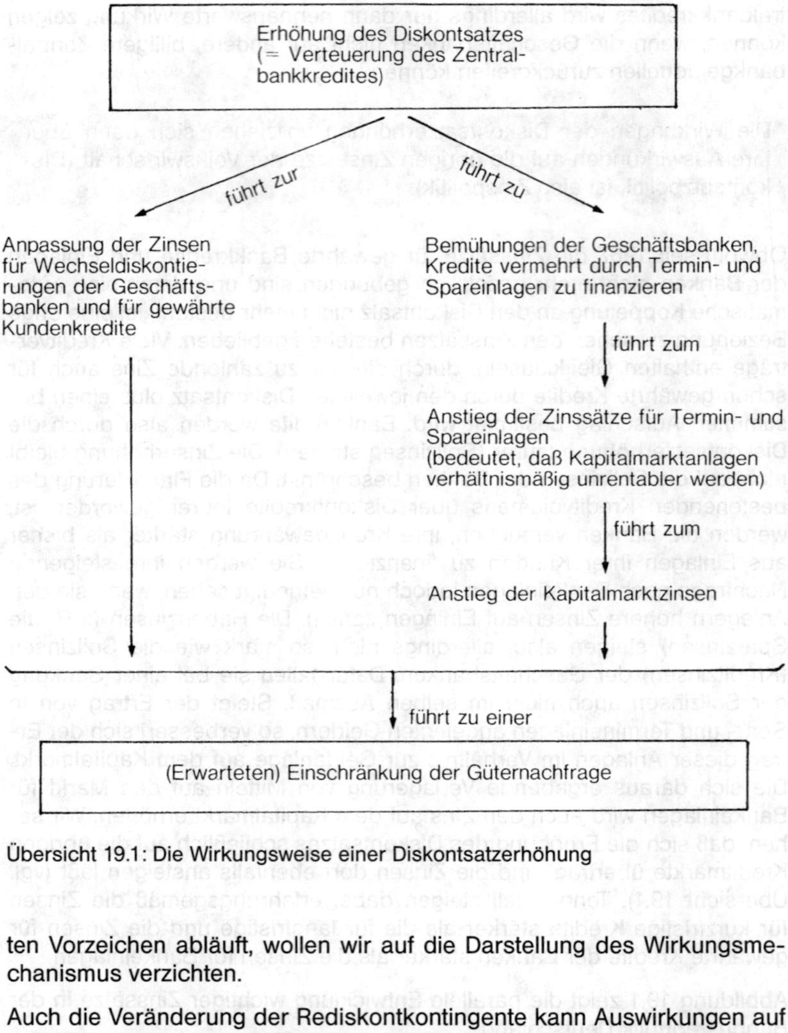

Übersicht 19.1: Die Wirkungsweise einer Diskontsatzerhöhung

ten Vorzeichen abläuft, wollen wir auf die Darstellung des Wirkungsmechanismus verzichten.

Wirkungen einer Verminderung des Geldangebots

Auch die Veränderung der Rediskontkontingente kann Auswirkungen auf den Geldbereich der Volkswirtschaft und von dort auf das güterwirtschaftliche Geschehen haben.

Freie Liquiditätsreserven nehmen ab durch Liquiditätseffekt

Weitere Wirkungen durch Zinseffekte

Die unausgenutzten Rediskontkontingente zählen zu den freien Liquiditätsreserven der Geschäftsbanken. Nehmen die freien Liquiditätsreserven durch eine Verminderung der Rediskontkontingente ab, so wird das Aufteilungsverhältnis der Vermögensteile und Schulden, das die Banken für richtig halten, gestört. Da ihre Kreditmöglichkeiten bei der Zentralbank eingeschränkt sind, werden die Geschäftsbanken im allgemeinen in ihrer Kreditgewährung vorsichtiger sein und damit ihr Geldangebot tendenziell vermindern. Dieser durch die Einschränkung der Bankenliquidität bewirk-

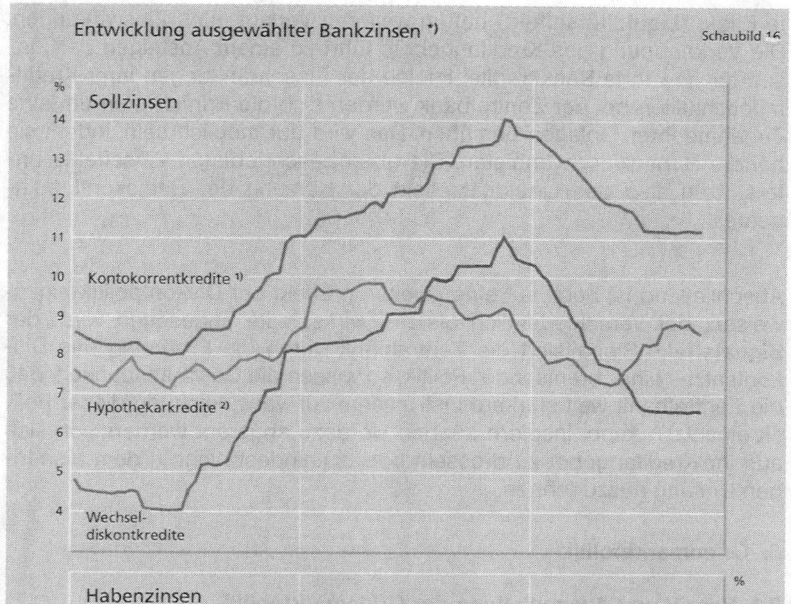

* Seit Januar 1991 einschl. der Sätze in den neuen Bundesländern. — 1 Unter 1 Mio DM. — 2 Durchschnittlicher Effektivzins für Hypothekarkredite auf Wohngrundstücke zu Festzinsen auf 10 Jahre. — 3 Umlaufsrendite. — 4 Mit vereinbarter Laufzeit von 1 Monat bis einschl. 3 Monate, Beträge von 100 000 DM bis unter 1 Mio DM. — 5 Bis Ende Juni 1993 Spareinlagen mit gesetzlicher Kündigungsfrist; ohne bonifizierte Spareinlagen und Sondersparformen.

Deutsche Bundesbank

Abb. 19.1: Die Entwicklung ausgewählter Bankzinsen in der Bundesrepublik von 1987–1995

Quelle: Geschäftsbericht der Deutschen Bundesbank für das Jahr 1994, S. 96

te Effekt **(Liquiditätseffekt)** hat im weiteren Verlauf auch Zinswirkungen. Die Verknappung des Kreditangebots führt zu einem Ansteigen der Zinsen für gewährte Bankkredite. Infolge der Einschränkungen ihrer Kreditmöglichkeiten bei der Zentralbank werden sich die Banken nun um eine Zunahme ihrer Einlagen bemühen. Das wird nur möglich sein, indem sie höhere Habenzinsen anbieten. Die oben beschriebenen Zinseffekte unterstützen also den Liquiditätseffekt der Kürzung der Rediskontkontingente.

Signaleffekt einer Diskontsatzerhöhung

Abschließend ist noch auf einen weiteren Effekt der Diskontpolitik hinzuweisen, der verschiedentlich als der wirksamste angesehen wird: der **Signaleffekt.** Signalisiert die Zentralbank durch die Erhöhung des Diskontsatzes eine „bremsende" Politik, so wissen die Geschäftsbanken, daß die Zentralbank weit stärkere Instrumente zur Verwirklichung dieser Politik einsetzen kann. Insofern können sie dazu angeregt werden, von sich aus ihr Kreditangebot zu drosseln oder zumindest nicht in dem bisherigen Umfang auszudehnen.

3. Offenmarktpolitik

3.1 Begriff und Ausgestaltung der Offenmarktpolitik

Offenmarktpolitik: An- und Verkauf von Wertpapieren durch die Zentralbank

Unter der Offenmarktpolitik der Zentralbank versteht man den An- und Verkauf von Wertpapieren gegen Zentralbankgeld durch die Zentralbank. Offenmarktkäufe bzw. -verkäufe der Zentralbank führen also zu einer Zentralbankgeldschöpfung bzw. -vernichtung.

Die folgende kontenmäßige Darstellung macht das Grundprinzip der Offenmarktpolitik für den Fall einer kontraktiven Offenmarktpolitik (Verkauf von Wertpapieren durch die Zentralbank) deutlich:

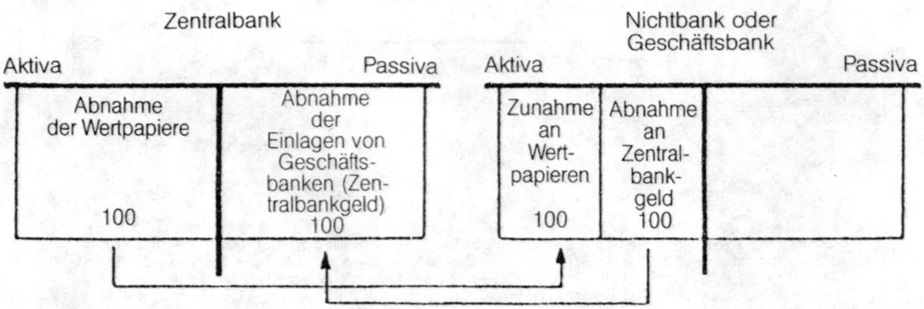

Offenmarktkäufe bzw. verkäufe führen zu einer Zentralbankgeldschöpfung bzw. -vernichtung

Der Begriff „Offen"marktpolitik ist historisch zu erklären, weil der Markt, auf dem in England ursprünglich Offenmarktgeschäfte durch An- und Verkauf von langfristigen Staatspapieren betrieben wurde, sämtlichen Interessenten „offen" stand – im Gegensatz zum Geldmarkt, zu dem nur bestimmte Personengruppen Zugang hatten.

Offenmarktpolitik wird in verschiedenen Ländern in recht unterschiedlicher Form betrieben. Wir beschränken uns hier auf die Offenmarktpolitik, wie sie von der Bundesbank **zur Regulierung des Geldmarktes** durchgeführt wird.

Zum Geldmarkt rechnet neben dem Austausch von Zentralbankguthaben zwischen den Geschäftsbanken auch der Handel mit Geldmarktpapieren (im wesentlichen Schatzwechsel und unverzinsliche Schatzanweisungen – sog. U-Schätze –) sowie der Abschluß von kurzfristigen Offenmarktgeschäften mit Rückkaufsvereinbarung (Wertpapierpensionsgeschäfte).

Offenmarktpolitik mit Finanzierungspapieren

Geldmarktpapiere entstehen zum einen aus der Kreditaufnahme öffentlicher Haushalte (z. B. Bund, Länder, Bahn, Post) zur Deckung kurzfristiger öffentlicher Kreditbedarfe. Sie werden **Finanzierungspapiere** genannt. Bei den U-Schätzen (wie die Schatzwechsel Diskontpapiere) ist zwischen solchen, die in die Geldmarktregulierung einbezogen sind (d. h. sie können jederzeit gegen Zentralbankgeld an die Bundesbank zurückgegeben werden), und den sog. N-Titeln (prinzipiell kein Rückkauf vor Fälligkeit mit entsprechend höherer Verzinsung wegen des niedrigeren Liquiditätsgrades) zu unterscheiden. Eine Erhöhung der Bankenliquidität im Sinne eines erleichterten Zugangs der Banken zu zusätzlichen Zentralbankguthaben tritt bei der Emission von Finanzierungspapieren somit nur dann ein, wenn diese in die Geldmarktregulierung einbezogen sind und von Banken erworben werden. Durch einen Rückgang des Umlaufs solcher Papiere wird die Bankenliquidität verringert. In den letzten Jahren sind an Banken nur noch Titel ohne Ankaufs- bzw. Rücknahmezusage abgegeben worden. Die Bundesbank wollte damit den „quasiautomatischen" Zugang der Banken zu Zentralbankguthaben unterbinden. Für Schatzwechsel und U-Schätze setzt die Bundesbank Abgabesätze (früher auch Ankauf- bzw. Rücknahmesätze) fest, die sie je nach Geldmarktentwicklung und ihren geldpolitischen Absichten variiert.

Offenmarktpolitik mit Mobilisierungs- bzw. Liquiditätspapieren

Um der Bundesbank auch unabhängig von den Finanzbedarfen des Staates die Möglichkeit zu bieten, Schatzwechsel und U-Schätze zu Zwecken der Offenmarktpolitik abzugeben, bestimmt das Bundesbankgesetz (§ 42), daß der Bund verpflichtet ist, der Bundesbank auf Verlangen ihre aus der Währungsreform 1948 stammende Ausgleichsforderung gegen den Bund in Höhe von etwa 8 Mrd. DM ganz oder zum Teil in Schatzwechsel oder U-Schätze umzuwandeln. Man nennt die so geschaffenen Papiere **Mobilisierungspapiere.** Sollten sie im Falle einer kontraktiven Politik nicht ausreichen, hat die Bundesbank seit dem Stabilitätsgesetz (1967) die Möglichkeit, sog. Liquiditätspapiere vom Bund zu verlangen, die praktisch eine Verdoppelung der ursprünglichen „Offenmarktmunition" darstellen. Faktisch handelt es sich bei Mobilisierungs- und **Liquiditätspapieren** um Emissionen der Bundesbank, dem Bund fließt kein zusätzliches Zentralbankgeld zu. Beide Papiere (mit Geldmarktregulierung) werden seit Jahren nur noch an ausländische Stellen und die Bundespost abgegeben. Die Banken verfügen praktisch auch über keine Papiere ohne Ankaufzusage mehr.

Zunehmende Bedeutung haben in den vergangenen Jahren **Offenmarktgeschäfte mit Rückkaufsvereinbarung** erlangt. Seit Juni 1979 erwirbt die Bundesbank von mindestreservepflichtigen Kreditinstituten gegen Zentralbankgeld lombardfähige festverzinsliche Wertpapiere **(Kassageschäft)** unter der Bedingung, daß die Papiere gleichzeitig per Termin **(Termingeschäft)** zurückgekauft werden **(Wertpapierpensionsgeschäfte).** Die Laufzeit variiert zwischen 13 und 63 Tagen, wobei Fristen von 28 und 35 Tagen besonders häufig sind. Die früher nach dem gleichen Verfahren durchgeführten Wechselpensionsgeschäfte (für 10 Tage) werden seit 1982 nicht mehr zur Steuerung des Geldmarktes eingesetzt, da die Geschäftsbanken keine nennenswerten Bestände an zentralbankfähigen Wechseln – über die Rediskontkontingente hinaus – halten. Pensionsfähig sind neben lombardfähigen festverzinslichen Wertpapieren auch Schatzanweisungen und unverzinsliche Schatzanweisungen von Bund, Ländern, Bundesbahn und Bundespost mit einer Restlaufzeit von bis zu einem Jahr. Ende 1988 ist die Bundesbank auch dazu übergegangen, ihre Wertpapierpensionsgeschäfte um Geschäfte mit kürzeren Fristen zu ergänzen. Dabei werden nur am Geldmarkt aktive Banken angesprochen. Sie werden taggleich abgewickelt **(Schnelltender** von 2–10 Tagen), während die üblichen Pensionsgeschäfte einen Tag nach der Ausschreibung zugeteilt werden. Als sich im Herbst 1992 die kurzfristige Liquiditätslücke der Banken aufgrund hoher Devisenankäufe im Rahmen des EWS stark verkleinert hatte, hat die Bundesbank die Laufzeit auch bei ihren regulären Wertpapierpensionsgeschäften auf 14 Tage verkürzt. Dies soll ihr ein flexibles Reagieren auf kurzfristige Veränderungen der Bankenliquidität erlauben.

Von besonderer Bedeutung sind heute die Wertpapierpensionsgeschäfte

Varianten des Tenderverfahrens

Im allgemeinen wendet die Bundesbank bei Wertpapierpensionsgeschäften das **Tenderverfahren** (Ausschreibungs- bzw. Versteigerungsverfahren) an. Beim **Mengentender** werden von der Bundesbank feste Konditionen (fester „Pensionssatz" als **dritter Leitzins)** vorgegeben, die Banken bestimmen die Beträge an Zentralbankgeld, die sie haben möchten. Entsprechend der liquiditätspolitischen Vorstellung **(Akzeptanzvolumen)** der Bundesbank werden die Gebote mit einer einheitlichen Zuteilungsquote gekürzt, wenn die Banken zuviel Zentralbankgeld wünschen. Beim **Zinstender** müssen die Banken auch den Zinssatz nennen, zu dem sie Pensionsgeschäfte abzuschließen bereit sind. Die Zuteilung erfolgt entweder zu einem einheitlichen Satz (holländisches Verfahren, bis Herbst 1988) oder zu den individuellen Bietungssätzen der Banken (amerikanisches Verfahren: Preisdifferenzierung, ab Herbst 1988 vorrangig angewendet). Gegebenenfalls muß auch hier zugeteilt werden, wobei die Bieter mit den höchsten Zinssätzen vorrangig bedient werden.

Die revolvierend (d. h. mit wiederholter Anschlußfinanzierung) eingesetzten Wertpapierpensionsgeschäfte sind zu einem wichtigen Instrument der **dauerhaften** Zentralbankgeldbereitstellung (Refinanzierung der Geschäftsbanken) – neben dem Wechselrediskont – geworden. Demgegenüber hat die Refinanzierung über den Lombardkredit, dem früher eine maßgebliche „Pufferfunktion" bei der Überbrückung von kurzfristigen Zentralbankgeldbedarfen zukam, weitgehend an Bedeutung verloren.

Offenmarktgeschäfte der Bundesbank mit **langfristigen** Staatspapieren kommen hin und wieder vor, treten aber an Bedeutung weit hinter den Handel mit Geldmarktpapieren zurück. Sie sind allerdings nur zur Regelung des Geldmarktes erlaubt.

3.2 Wirkungsweise der Offenmarktpolitik

Wirkungsweise einer bremsenden (kontraktiven) Offenmarktpolitik

Zur Darstellung der Wirkungsweise der „klassischen" Offenmarktpolitik (wir beschränken uns wieder auf den kontraktiven Aspekt) ist es zweckmäßig, Käufe zwischen der Bundesbank und den Geschäftsbanken und Käufe zwischen der Bundesbank und Nichtbanken zu unterscheiden.

Kontraktive Offenmarktpolitik mit Geschäftsbanken mittels Geldmarktpapieren ohne Ankaufzusage

Beginnen wir mit dem Verkauf von Geldmarktpapieren an das Geschäftsbankensystem (kontraktive Offenmarktpolitik mit Geschäftsbanken).

Wir gehen davon aus, daß die Aufteilung auf die verschiedenen Vermögensanlagen in der Ausgangssituation den Wünschen der Geschäftsbanken (auf der Grundlage der herrschenden Zinssätze für die verschiedenen Anlageformen) entspricht. Die Bundesbank kann den Geschäftsbanken nur dann Wertpapiere verkaufen, wenn sie den Kurs hinreichend senkt und damit die tatsächliche Verzinsung der Papiere erhöht. Die Zentralbank wird deshalb ihre kontraktive Politik durch eine entsprechende Erhöhung ihrer Abgabesätze für Geldmarktpapiere einleiten. Sie kann die entsprechende Kurssenkung ohne weiteres durchführen, da sie nicht auf Gewinnerzielung angewiesen ist. Die Geschäftsbanken werden zu dem günstigen Kurs zusätzliche Geldmarktpapiere kaufen wollen. Sie können dies kurzfristig nur, indem sie ihre Zentralbankguthaben entsprechend abbauen.

Die Zentralbank ist nicht auf Gewinnerzielung angewiesen

Damit ergeben sich in den Bilanzen folgende Änderungen:

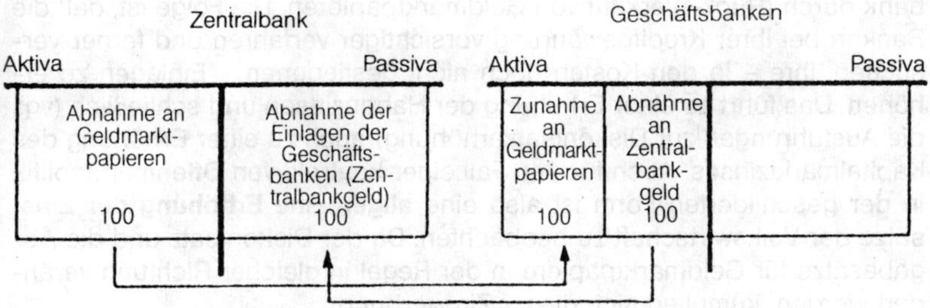

Der Vorgang ist von einer Abnahme der Zentralbankgeldmenge (Geldbasis) begleitet. Die bisherigen Veränderungen in der Struktur der Bankbilanz und in der Struktur der Liquiditätsreserven sind jedoch nicht endgültig. Da sich im Verhältnis zu den Zinserträgen für Geldmarktpapiere die Erträge sämtlicher Vermögensanlagen verschlechtert haben, werden die Banken schon bald versuchen, auch die Bestände der übrigen Vermögensteile entsprechend den neuen Ertragsrelationen zu vermindern und dabei die Zentralbankguthaben wieder entsprechend zu erhöhen.

Abnahme der Zentralbankgeldmenge

Im Endeffekt wird sich eine – den Wünschen der Geschäftsbanken bei den neuen Zinsrelationen entsprechende – Zusammensetzung der Vermögensteile ergeben, bei der mit Ausnahme der Geldmarktpapiere die Bestände sämtlicher Vermögensteile vermindert sind, darunter auch die gewährten Kredite.

Geldangebot (Kredite) der Geschäftsbanken vermindert sich, Sollzinsen steigen

Technisch wird der Abbau der Kredite sich dabei so vollziehen, daß auslaufende Kredite nicht in gleichem Umfang erneuert werden. Das Ergebnis des geschilderten Anpassungsprozesses besteht also in einer Verminderung des Kreditangebotes und damit des Geldangebotes der Geschäftsbanken, die tendenziell von einer Steigerung der Sollzinsen begleitet sein wird.

Weitere Zinswirkungen:

– auf dem Geldmarkt

Ähnlich wie bei der Erhöhung des Diskontsatzes werden weitere Zinserhöhungen in der Volkswirtschaft nicht ausbleiben. Dies gilt vor allem für den Markt für Zentralbankgeldüberschüsse zwischen den Geschäftsbanken. Infolge der Erhöhung der Abgabesätze für Geldmarktpapiere wird keine Geschäftsbank mehr bereit sein, etwa Dreimonatsgeld zu einem Zins anzubieten, der unter dem von der Zentralbank festgesetzten Zins für Geldmarktpapiere liegt. Entsprechend wird das Angebot auf dem Markt für Zentralbankgeld zurückgehen und der Zins steigen. Dies zeigt, daß der Zinssatz auf dem gesamten Geldmarkt durch die Zentralbank gut gesteuert werden kann.

– auf dem Markt für Bankeinlagen

– auf dem Kapitalmarkt

Das Anziehen des Zinssatzes auf dem Markt für Zentralbankgeldüberschüsse zwischen Geschäftsbanken in Verbindung mit der Erhöhung der Abgabe- und Ankaufssätze verteuert die Refinanzierung bei der Zentralbank durch (Rück-)Verkauf von Geldmarktpapieren. Die Folge ist, daß die Banken bei ihrer Kreditgewährung vorsichtiger verfahren und ferner versuchen, ihre – in den Kosten noch nicht gestiegenen – Einlagen zu erhöhen. Das führt zu einer Erhöhung der Habenzinsen und schließlich (vgl. die Ausführungen zur Diskontsatzerhöhung) auch zu einer Erhöhung des Kapitalmarktzinses. Auch für den Fall einer kontraktiven Offenmarktpolitik in der geschilderten Form ist also eine **allgemeine Erhöhung der Zinssätze** der Volkswirtschaft zu beobachten. Da der Diskontsatz und die Abgabesätze für Geldmarktpapiere in der Regel in gleicher Richtung verändert werden, kumuliert sich dieser Zinsverbund.

Der oben beschriebene Prozeß einer Verminderung des Kredit- und Geldangebotes der Banken erfolgt deshalb bei einer Offenmarktpolitik mit Geldmarktpapieren ohne Rückkaufzusage **zwangsläufiger,** die resultierende Verminderung des Geldangebotes dürfte entsprechend größer sein. Die Geschäftsbanken können eine restriktive Politik der Bundesbank – durch Rückverkauf der Papiere – nicht leicht unterlaufen. Dies zu erreichen, war die Absicht der Bundesbank, als sie vor einigen Jahren erstmals Geldmarktpapiere ohne Rückkaufzusage in größerem Umfang anbot. Die Zinswirkungen des Verkaufs weniger liquider Geldmarktpapiere an die Geschäftsbanken entsprechen im Prinzip den oben für Geldmarktpapiere mit Rückkaufzusage beschriebenen Zinswirkungen und brauchen deshalb nicht wiederholt zu werden.

Offenmarktpolitik mit Nichtbanken

- Geldbasis sinkt

- Liquiditätsreserven nehmen ab

Welche Änderungen ergeben sich, wenn die Bundesbank die kurzfristigen Papiere nicht an Geschäftsbanken, sondern an Nichtbanken verkauft? Nach wie vor sinkt die Geldbasis. Flüchtig gesehen scheint es so, als wenn die Geschäftsbanken von dem Vorgang nicht berührt würden. Bei genauerer Betrachtung zeigt sich jedoch, daß sich auch in diesem Fall Zentralbankgeldabflüsse bei den Geschäftsbanken ergeben werden: Die Nichtbanken werden die Wertpapierkäufe nur zum Teil mit Banknoten bezahlen, die sie eigenen Beständen entnehmen. Der (bei den Zahlungsgewohnheiten der Nichtbanken in der Bundesrepublik) größere Teil wird entweder bei den Geschäftsbanken abgehoben oder per Überweisung über die Banken an die Bundesbank gezahlt. In jedem Fall verlieren die Geschäftsbanken Zentralbankgeld, wenn auch nicht ganz so viel, wie wenn sie die Papiere selbst kaufen würden. (Einen Teil bezahlen die Nichtbanken ja mit eigenen Banknotenbeständen; außerdem nehmen die Einlagen und damit die Mindestreserveverpflichtungen ab.) Dafür werden die Geschäftsbanken aber auch nicht Eigentümer der Geldmarktpapiere (auch wenn sie diese für ihre Kunden aufbewahren), die Liquiditätsreserven der Geschäftsbanken nehmen ab.

4. Mindestreservepolitik

4.1 Begriff und Ausgestaltung der Mindestreservepolitik

Definition der Mindestreserven und der Mindestreservepolitik

Gemäß § 16 des Bundesbankgesetzes kann die Bundesbank verlangen, daß die Geschäftsbanken in Höhe eines bestimmten Prozentsatzes (des Mindestreservesatzes) ihrer Einlagen von inländischen Nichtbanken und von Ausländern unverzinsliche Sichtguthaben bei ihr halten. Die Ausübung dieses Rechtes der Bundesbank ist Gegenstand der Mindestreservepolitik. Zentrale Handlungsgröße für die Mindestreservepolitik ist der Mindestreservesatz.

Hat z. B. eine Bank Einlagen in Höhe von 500 und beträgt der (als Dezimalzahl geschriebene) Mindestreservesatz 0,20, so ergibt sich die zu haltende Mindestreserve (MR) als:

$$MR = 0{,}20 \cdot 500 = 100$$

Veränderung in der Bilanz einer Geschäftsbank

Mindestreserven 100	
	Einlagen 500

Wird der Mindestreservesatz erhöht, z. B. von 20 % auf 30 %, so nimmt die zu haltende Mindestreserve bei unverändertem Einlagenvolumen zu:

$$MR = 0{,}30 \cdot 500 = 150$$

Wird der Mindestreservesatz herabgesetzt, z. B. von 20 % auf 10 %, so nimmt die zu haltende Mindestreserve bei unverändertem Einlagenvolumen ab:

$$MR = 0{,}10 \cdot 500 = 50$$

Der Bedarf der Geschäftsbanken an Zentralbankgeld steigt (fällt) also proportional mit dem Mindestreservesatz. Stellt die Zentralbank nicht das notwendige Zentralbankgeld bereit, so muß das Einlagenvolumen (durch Verminderung der Kreditgewährung) eingeschränkt werden: Bei Nichteinhaltung der Mindestreservepflicht kann die Bundesbank auf den fehlenden Betrag einen Sonderzins erheben, der bis zu 3 % über dem jeweiligen Lombardsatz liegt. Außerdem muß eine erhebliche und wiederholte Nichteinhaltung der Mindestreservepflicht durch eine Geschäftsbank (von der Bundesbank) der Bankenaufsicht gemeldet werden.

In der Praxis gibt es in der Bundesrepublik nicht einen Mindestreservesatz, sondern eine Reihe von Mindestreservesätzen. Die Unterscheidungen beziehen sich auf

Eine Reihe von Mindestreservesätzen

- den Mindestreservesatz für Sichteinlagen, den für Termin- und den für Spareinlagen.
- den Mindestreservesatz auf Einlagen von Inländern und den Mindestreservesatz auf Einlagen von Ausländern.

Tabelle 19.2 gibt einen Überblick über die Mindestreservesätze von 1986 bis 1995. Für die Reservesätze gibt es gesetzliche Höchstgrenzen. Sie betragen für Einlagen von Gebietsfremden 100 %, sonst für Sichtverbindlichkeiten 30 %, für Termingelder 20 % und für Spareinlagen 10 %.

Wir werden im folgenden mit einem **durchschnittlichen Mindestreservesatz** arbeiten.

Zielsetzung der Mindestreservepolitik

Wichtig ist, daß die Mindestreserven nicht die Aufgabe haben, die Zahlungsfähigkeit der Geschäftsbanken zu sichern, auch wenn sie dies faktisch – in bestimmten Grenzen – natürlich tun. Aufgabe der Mindestreserven ist es, im Sinne der Zielsetzungen der Bundesbank auf den Geldbereich der Volkswirtschaft einwirken zu können.

4.2 Wirkungsweise der Mindestreservepolitik

Ein erster Eindruck von der Wirkungsweise einer Veränderung des Mindestreservesatzes ergibt sich, wenn man die Auswirkungen auf das Geldschöpfungspotential der Geschäftsbanken betrachtet.

Tab. 19.2: Mindestreservesätze der Bundesbank von 1986 bis 1995

% der reservepflichtigen Verbindlichkeiten

	Reservepflichtige Verbindlichkeiten gegenüber Gebietsansässigen					Reservepflichtige Verbindlichkeiten gegenüber Gebietsfremden		
	Sichtverbindlichkeiten							
	Progressionsstufe[1])							
	1	2	3					
gültig ab:	bis 10 Mio DM	über 10 bis 100 Mio DM	über 100 Mio DM	befristete Verbindlich-keiten	Spar-einlagen	Sicht-verbind-lichkeiten	befristete Verbind-lichkeiten	Spar-einlagen
1986 1. Mai	6	9	11	4,5	3,75	11	4,5	3,75
1987 1. Febr.	6,6	9,9	12,1	4,95	4,15	12,1	4,95	4,15
1993 1. März	6,6	9,9	12,1	2	2	12,1	2	2
1994 1. März[2])		5		2	2	5	2	2
1995 1. Aug.		2		2	1,5	2	2	1,5

1 Für die ersten 10 Mio DM an reservepflichtigen Verbindlichkeiten gilt der Satz der Progressionsstufe 1, für die nächsten 90 Mio DM der Satz der Progressionsstufe 2 und für die über 100 Mio DM hinausgehenden der Satz der Progressionsstufe 3. — 2 Ab 1. März 1994 sind die Progressionsstufen bei den Sichtverbindlichkeiten gegenüber Gebietsansässigen sowie die noch bestehende Differenzierung der Reservesätze nach Verbindlichkeiten gegenüber Gebietsansässigen und Gebietsfremden entfallen.

Quelle: Monatsberichte der Deutschen Bundesbank, Januar 1995 S. 41*

Wirkungen auf das Geldschöpfungspotential

Das Geldschöpfungspotential nimmt bei einer Erhöhung des Mindestreservesatzes ab und bei einer Senkung des Mindestreservesatzes zu.

Wirkungen auf die freien Liquiditätsreserven und die Geldbasis

Neben dem Geldschöpfungspotential verändert sich bei einer Reservesatzänderung das Volumen der freien Liquiditätsreserven der Geschäftsbanken, während die Geldbasis unverändert bleibt.

Nun wissen wir, daß eine Verminderung des Geldschöpfungspotentials nicht zwangsläufig gleichbedeutend sein muß mit einer Abnahme des Geldangebotes und der Geldmenge (vgl. Kapitel 17, 18). Die Geschäftsbanken nutzen in der Regel den maximalen Geldschöpfungsspielraum nicht aus; andernfalls müßten sie ihre gesamten Reserven für die Kreditgewährung einsetzen. Verfügen die Geschäftsbanken aber über freie Liquiditätsreserven, so können sie theoretisch eine Mindestreserveerhöhung auffangen, indem sie (falls in entsprechendem Umfang vorhanden) die freien Liquiditätsreserven abbauen. Wird ein solches Vorgehen aber typisch und von Dauer sein? Zur Beantwortung dieser Frage greifen wir wieder auf unsere Überlegungen zur bestmöglichen Aufteilung des Vermögens der Banken auf verschiedene Anlageformen zurück.

Zusätzliches Zentralbankgeld wird als Mindestreserve benötigt

Entspricht die Aufteilung des Vermögens in der Ausgangssituation (also vor der Erhöhung des Mindestreservesatzes) den Wünschen der Banken, so wird dieses „Gleichgewicht" durch die Erhöhung des Mindestreservesatzes empfindlich gestört: Die Banken benötigen zusätzliches Zentralbankgeld als Mindestreserven. Einen Teil des zusätzlich benötigten Zentralbankgeldes werden sie aus ihren Überschußguthaben decken können; allerdings wird dieser Teil nicht sehr erheblich sein, da die Geschäftsbanken in der Bundesrepublik Deutschland erfahrungsgemäß durchschnittlich Überschußguthaben von weniger als 1 % ihrer Mindestreserven halten. Kurzfristig müssen die Banken sich deshalb refinanzieren, und zwar im wesentlichen in Form von Diskont- und Lombardkrediten. Die so erzwungene Umstrukturierung der Vermögensanlage entspricht nicht den Wünschen der Geschäftsbanken: Da die Verzinsung der einzelnen Vermögensanlagen zunächst unverändert geblieben ist, werden die Geschäftsbanken (als Folge der Verminderung der für verzinsliche Anlagen insgesamt zur Verfügung stehenden Mittel) tendenziell sämtliche Vermögensanlagen um einen gleichen Prozentsatz kürzen wollen. Sie werden folglich auch ihr Kreditangebot verringern, indem sie auslaufende Kredite nicht erneut anbieten. Das Geldangebot und die Geldmenge vermindern sich bei gleichzeitiger Zunahme des Sollzinssatzes.

Tendenziell prozentual gleiche Verminderung sämtlicher Vermögensanlagen

Geldmenge nimmt ab: Sollzinsen steigen

Die Zinssteigerung wird sich auf das gesamte Zinsgefüge der Volkswirtschaft übertragen:

Übertragung der Zinssteigerung für Bankkredite auf weitere Zinssätze

- Auf dem Markt für Zentralbankgeldüberschüsse zwischen Geschäftsbanken steigen die Zinsen infolge der durch die Mindestreserveerhöhung auftretenden zusätzlichen Nachfrage;

- infolge ihrer Zentralbankgeldknappheit werden die Banken versuchen, zusätzliche Einlagen auf sich zu ziehen und deshalb höhere Habenzinsen anbieten;
- die Banken werden ihr Engagement auf dem Kapitalmarkt einschränken, d.h. weniger Kapitalmarktpapiere nachfragen. Außerdem wirkt die größere Attraktivität der Bankeinlagen in Richtung auf einen Abzug von bisher auf dem Kapitalmarkt angelegten Geldern von Haushalten und Unternehmungen. Die Wertpapierkurse werden fallen, und folglich wird die tatsächliche Verzinsung der Papiere (der Kapitalmarktzins) zunehmen;
- wenn die Bundesbank ihren restriktiven Kurs auch im Bereich der Zinsen unterstützen will, so wird sie auch den Pensionssatz und den Diskontsatz erhöhen.

Vergleichsweise starke Wirkung einer Reservesatzerhöhung

Verläuft der Anpassungsvorgang bei den Geschäftsbanken insofern ähnlich wie bei einer Erhöhung des Diskontsatzes, so ist die Stärke der Wirkung einer Reservesatzänderung unvergleichlich größer. Die Mindestreservesatzänderung ist ein sehr grob wirkendes Instrument der Zentralbank, das zudem fühlbar die Gewinnsituation der Geschäftsbanken verändert und sämtliche Banken – unabhängig von ihrer Liquiditätssituation – trifft.

Keine Berücksichtigung der individuellen Liquiditätssituation der Geschäftsbanken

Die Mindestreserven sind also ein zentraler Hebel, mit dem die Bundesbank die Geldschöpfung und Kreditgewährung der Geschäftsbanken unter Kontrolle halten kann.

5. Geldpolitik in monetaristischer Sicht

Wie eingangs dieses Kapitels angedeutet, war das geldpolitische Instrumentarium der Bundesbank (und bis Mitte der 70er Jahre deutlich auch die Handhabung dieses Instrumentariums) auf eine „fallweise“ einsetzende, keynesianisch orientierte Geldpolitik ausgerichtet. Gegen eine solche Politik haben die Monetaristen erhebliche Bedenken vorgetragen: Abgesehen von vorübergehenden Auswirkungen auf den Auslastungsgrad der Produktionsfaktoren Arbeit und Kapital, die zudem wegen der Wirkungsverzögerungen schwer zu kalkulieren seien, habe eine Geldschöpfung über das Wachstum der Güterproduktion hinaus lediglich inflationäre Wirkungen. Daher plädieren die Monetaristen für einen Verzicht auf eine diskretionäre Geldpolitik. Ihre Kritik richtet sich dabei besonders gegen die Mindestreservepolitik mit ihren einschneidenden Wirkungen für Geschäftsbanken und die kreditsuchende Wirtschaft. Monetaristen treten für eine der Wirtschaft im voraus erkennbare Geldpolitik ein, die möglichst wenig Erschütterungen in den als krisenfest eingeschätzten privaten Sektor der Volkswirtschaft bringt. Konkret favorisieren sie eine Geldmengensteuerung über eine Regulierung der Zentralbankgeldmenge

Unkontrollierbare Wirkungen geldpolitischer Maßnahmen

Geldmengensteuerung über Regulierung der Zentralbankgeldmenge

durch die Bundesbank. Eine solche Politik setzt natürlich voraus, daß die Bundesbank die Zentralbankgeldmenge in der Volkswirtschaft fest in der Hand hat. Dem steht die Existenz „potentiellen" Zentralbankgeldes in den Händen der Geschäftsbanken, das diese jederzeit – auch gegen den Willen der Bundesbank – in Zentralbankgeld umwandeln können, entgegen. Folglich fordern die Monetaristen, daß dieses Polster der Geschäftsbanken an automatischen Verschuldungsmöglichkeiten bei der Zentralbank (Rediskontkontingente) und an Geldmarktpapieren mit Ankaufzusage möglichst klein gehalten wird.

Geldmengenwachstum (M3) als Zielgröße der Bundesbank

Die Bundesbank hat in den letzten 20 Jahren mehrere dieser Forderungen in die Tat umgesetzt. Seit 1974 verkündet sie jeweils zur Jahreswende ihr Geldmengenziel. Zielgröße war bis 1987 das Wachstum der Zentralbankgeldmenge, seit 1988 ist Zielgröße die Zunahme von M3, wobei üblicherweise eine Bandbreite vorgegeben wird. Abb. 19.2 zeigt diesen Zielkorridor für die Jahre 1993 bis 1995. In etwa der Hälfte der Jahre wurde das Ziel erreicht, in den anderen Jahren wurde das angestrebte Geldmengenwachstum überschritten, was die Tatsache belegt, daß die Bundesbank den komplexen Geldschöpfungsprozeß nicht völlig beherrscht. Bemerkenswert ist weiterhin, daß die Mindestreservesätze nur im Februar 1987, sowie im März 1993, im März 1994 und im August 1995 variiert wurden (die letzten Senkungen der Mindestreserven bedeuteten bereits eine Vorbereitung der Bundesbank auf das Europäische Währungssystem und die Schaffung der Europäischen Zentralbank. Die Bundesbank betrachtet die Mindestreserve weiterhin als unverzichtbares geldpolitisches Instrument, das sie auch in die europäische Geldpolitik einbringen möchte) – die Bundesbank bedient sich bei der Steuerung der Geldmenge zunehmend flexiblerer Instrumente **(Feinsteuerung),** durch die sie auf die Entwicklung des Geldmarktes und damit die Geldmenge einwirkt. Beispielhaft seien hier noch einmal die Offenmarktpolitik, insbesondere die Wertpapierpensionsgeschäfte erwähnt.

6. Beeinflussung der Güternachfrage durch geldpolitische Mittel

Blockierung des Übertragungsmechanismus geldpolitischer Impulse auf Produktion und Beschäftigung

Bisher wurde die Wirksamkeit geldpolitischer Maßnahmen nur im Geldbereich untersucht. Die Frage lautete: Wie berührt eine bestimmte Maßnahme der Bundesbank das Geldangebot (Kreditangebot) und die Zinssätze der Volkswirtschaft? Bei der Darstellung des Übertragungsmechanismus geldlicher Impulse auf das güterwirtschaftliche Geschehen (vgl. Kapitel 18) haben wir uns schon – wenn auch allgemein – mit der weitergehenden Frage beschäftigt, wie der Geldimpuls schließlich auf die Nachfrage nach Gütern und Diensten durchschlägt: Wir haben dabei darauf hingewiesen, daß der Übertragungsmechanismus (zumindest nach Meinung der Keynesianer) blockiert sein kann. Für eine geldpolitische Maßnahme bedeutet dies, daß sie letztlich unwirksam in bezug auf die gesamtwirtschaftlichen Ziele sein kann. So zeigen Zinserhöhungen im Rahmen einer kontraktiven Diskont- und Offenmarktpolitik keine Wirkung auf Produktion und Beschäftigung, wenn die Nachfrage nach Gütern im

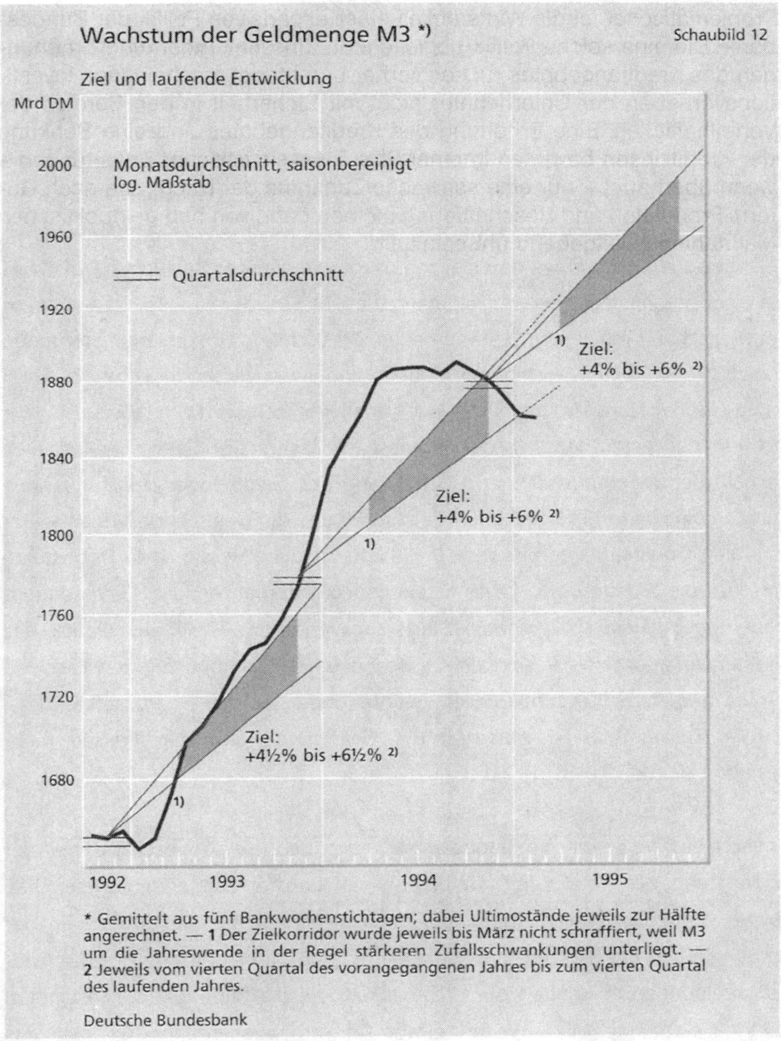

Abb. 19.2: Ziel und laufende Entwicklung der Geldmenge M3
Quelle: Geschäftsbericht der Deutschen Bundesbank 1994, S. 79

Boom besonders wenig auf Zinsänderungen reagiert. Wirksamer ist hier eher eine Einschränkung des Kreditangebotes der Geschäftsbanken, zu der diese bei einer hinreichend stark „bremsenden" Politik der Bundesbank schließlich gezwungen werden können. Wer einfach keine Kredite bekommt, kann gegebenenfalls nicht investieren oder Konsumgüter nachfragen.

Problematischer ist die Wirksamkeit einer expansiven Politik der Bundesbank. Die eine solche Politik begleitenden Zinssenkungen und Erhöhungen des Kreditangebotes rücken vorher unrentabel erscheinende Investitionsvorhaben der Unternehmer nicht mit Sicherheit in den Bereich der Vorteilhaftigkeit. Eine Erhöhung des Kreditangebotes und eine Senkung der Kreditzinsen bewirken in einer Phase pessimistischer Erwartungen – wenn überhaupt – nur eine schwache Zunahme der Nachfrage nach Gütern. Produktion und Beschäftigung bleiben dann von den geldpolitischen Maßnahmen weitgehend unbeeinflußt.

C. Arbeitsaufgaben

1) *Welche Geldpolitik empfehlen die Keynesianer, welche die Monetaristen?*
2) *Angenommen, Sie nehmen heute einen Wechsel über 1000 DM, fällig in 3 Monaten, in Zahlung. Welchen Betrag schreibt Ihnen Ihre Bank für den Wechselkredit gut, wenn sie Wechsel zu 10 % pro Jahr diskontiert?*
3) *Welche Bestandteile hat die Diskontpolitik? Erläutern Sie diese kurz.*
4) *Erläutern Sie, ob und wie sich eine Diskontsatzerhöhung auf andere Zinssätze der Volkswirtschaft überträgt.*
5) *Was verstehen Sie allgemein unter Offenmarktpolitik?*
6) *Welche Bedeutung haben Wertpapierpensionsgeschäfte?*
7) *Wie wirken Offenmarktgeschäfte der Bundesbank mit Geschäftsbanken?*
8) *Nehmen Sie Stellung zu folgendem Satz: „Mindestreserven haben vor allem die Aufgabe, die Zahlungsfähigkeit der Geschäftsbanken sicherzustellen.“*
9) *Beschreiben Sie den Anpassungsprozeß der Geschäftsbanken an eine Erhöhung der Mindestreservesätze.*
10) *Welche geldpolitische Konzeption verfolgt die Deutsche Bundesbank und wie versucht sie, sie umzusetzen?*

Lösungsvorschläge für die Arbeitsaufgaben im „Übungsbuch zu Grundlagen und Probleme der Volkswirtschaft“.

D. Literatur

Eine ausführliche und gut lesbare Darstellung aller geldpolitischen Instrumente der Deutschen Bundesbank enthält der Band von

DICKERTMANN, Dietrich und SIEDENBERG, Axel, Instrumentarium der Geldpolitik, 5. Aufl., wisu-texte, Düsseldorf 1994, Kapitel IV.

Im Kapitel V gehen die Autoren auf Effizienzprobleme der Geldpolitik ein.

Stärker empirisch und praktisch-politisch orientiert unter Einschluß einer Analyse der Bundesbankpolitik seit 1974 ist

BECKH, Susanne, Das Instrumentarium der Deutschen Bundesbank seit dem Übergang zur Geldmengensteuerung, Berlin 1990.

Die praktische Geldpolitik sowie ihre Effizienzprobleme behandeln

ISSING, Ottmar, Einführung in die Geldpolitik, 5., überarb. Aufl., München 1993

JARCHOW, Hans-Joachim, Theorie und Politik des Geldes, II. Geldmarkt, Bundesbank und geldpolitisches Instrumentarium, 6. Aufl., UniTaschenbücher Bd. 346, Göttingen 1992, Kapitel III.

In der Broschüre

Die DEUTSCHE BUNDESBANK, Geldpolitische Aufgaben und Instrumente, Sonderdrucke der Deutschen Bundesbank Nr. 7, 6. Auflage 1993

werden die geldpolitischen Instrumente gut dargestellt.

Ausführliches Zahlenmaterial und aktuelle geldpolitische Analysen enthalten die

Monatsberichte der DEUTSCHEN BUNDESBANK (laufend),

die, wie auch die Sonderdrucke und Geschäftsberichte, kostenlos abgegeben werden.

20. Kapitel

Bedeutung und Bestimmungsgründe des internationalen Handels

A. Lernzielorientierte Leitfragen und Fragenkomplexe

Leitfrage:
Welche Vorteile bietet der internationale Handel den beteiligten Ländern?

- *Welche Bedeutung hat der internationale Handel für die Bundesrepublik?*
- *Wie begründet sich die Vorteilhaftigkeit des Außenhandels?*
- *Welche Argumente sprechen für Freihandel, welche Argumente für Protektionismus?*

Leitfrage:
Wovon hängt der internationale Handel eines Landes ab?

- *Welche Funktion hat der Wechselkurs?*
- *Wie wirkt eine Änderung der Wechselkurse auf den Außenhandel?*
- *Welche Rolle spielen Unterschiede in der Preisentwicklung der Länder für ihren Außenhandel?*
- *Welchen Einfluß üben Änderungen des Volkseinkommens auf den Außenhandel aus?*

B. Sachanalyse

1. Bedeutung des internationalen Handels für die Bundesrepublik

Der internationale Handel, auch Außenhandel genannt, ist für die Bundesrepublik von zentraler Bedeutung. Wie Tabelle 20.1 zeigt, machen die Exporte gegenwärtig über 30 % des Bruttosozialproduktes aus, d. h. die Bundesrepublik ist stark exportabhängig. Auf der anderen Seite wird auch deutlich, daß sie in hohem Maße von Importen abhängig ist: Der Anteil der Importe am Bruttosozialprodukt beträgt gegenwärtig ebenfalls über 30 %. Daneben sei erwähnt, daß die Bundesrepublik im Welthandel vor den USA den 1. Rang einnimmt; kein anderes Land der Welt exportiert in der Regel so viel wie die Bundesrepublik.[1]

Starke Exportabhängigkeit

Hoher Anteil am Welthandel

1) Solche Rangordnungen werden sehr stark auch vom jeweiligen Dollar/DM-Wechselkurs beeinflußt, da die Anteile am Weltexport in Dollar berechnet werden

Tab. 20.1: Entwicklung des Außenhandels[1]) der Bundesrepublik absolut (in Mrd. DM) und in Relation zum Bruttosozialprodukt in jeweiligen Preisen

	1985	1988	1989	1990	1991	1992	1993	1994
Außenhandel								
1 Ausfuhr (fob)	537	568	641	662	666	671	628	685
2 Einfuhr (cif)	464	440	506	557	644	638	566	611
3 **Saldo**	**73**	**128**	**135**	**105**	**22**	**33**	**62**	**74**
Ergänzungen zum Warenverkehr								
4	–2	–3	–4	–4	–4	–4	–7	–4
Dienstleistungen								
5 Einnahmen	91	85	96	104	109	107	105	102
6 Ausgaben	89	95	103	115	126	138	146	152
7 **Saldo**	**2**	**–10**	**–7**	**–11**	**–17**	**–31**	**–41**	**–50**
Erwerbs- und Vermögenseinkommen								
8 Einnahmen	45	59	81	101	119	122	127	125
9 Ausgaben	37	53	60	74	89	99	108	122
10 **Saldo**	**8**	**6**	**21**	**27**	**30**	**23**	**19**	**3**
Laufende Übertragungen								
11 **Saldo**	**–31**	**–34**	**–37**	**–39**	**–63**	**–55**	**–57**	**–61**
Leistungsbilanz								
12 **Saldo**	**50**	**87**	**107**	**78**	**–32**	**–34**	**–24**	**–38**
Komponenten des Außenbeitrags[2])								
13 Exporte (1+5+8)	673	712	818	867	894	900	860	912
14 in % des BSP	36,7	33,8	36,4	35,4	33,5	31,9	30,3	30,9
15 Importe (2+6+9)	590	588	669	746	859	875	820	885
16 in % des BSP	32,2	27,9	29,8	30,5	32,2	31,0	28,9	30,1

1) Ab 03/1990 einschließlich Waren- und Dienstleistungsverkehr der neuen Bundesländer. Abweichungen durch Rundung.
2) Ohne „Ergänzungen zum Warenverkehr."

Quelle: Monatsberichte der Deutschen Bundesbank, eigene Berechnungen

Traditionell weist die Bundesrepublik hohe Überschüsse in der Handels- bzw. Leistungsbilanz auf.

Während ein – wenn auch reduzierter – Überschuß in der Handelsbilanz geblieben ist, ist die Leistungsbilanz seit 1991 defizitär. Das „Umschlagen" des Leistungsbilanzsaldos von einem positiven Saldo für 1989 von DM 107 Mrd. auf den Negativsaldo für 1991 von DM –32 Mrd. und die näherungsweise Konstanz dieses Negativsaldos bis einschließlich 1994 ist überwiegend als **vereinigungsbedingt** anzusehen. So nahmen, bei relativer Konstanz der Warenexporte, die Warenimporte von DM 440 Mrd. 1988 schon 1989 auf DM 506 Mrd. zu und steigerten sich dann bis 1991 auf den Rekordwert von fast DM 644 Mrd. Aber auch die Dienstleistungen (ohne Faktoreinkommen vom und ans Ausland) haben sich stark defizitär entwickelt. Betrug der Ausgabenüberschuß 1988 noch DM 10 Mrd., so erhöhte sich dieser für 1994 auf DM 50,8 Mrd, wozu der Reiseverkehr mit einer Zunahme seines Defizits um ca. DM 22. Mrd. erheblich beitrug. Zum Negativsaldo der Leistungsbilanz hat auch die Entwicklung der Nettofaktoreinkommen vom Ausland beigetragen. Während der Saldo der Erwerbs- und Vermögenseinkommen aus dem Ausland 1989 noch DM 21 Mrd. ausmachte, sank er für 1994 auf ganze 3 Mrd. DM. Erheblich bestimmt wurde diese Entwicklung durch die gewaltig gestiegenen Zinszahlungen des Bundes auf öffentliche Anleihen an das Ausland, die von DM 8,7 Mrd. 1989 auf DM 30,6 Mrd. 1990 gestiegen sind. Hierin spiegelt sich die Tatsache wieder, daß der Staat seine Defizite in ganz erheblichem Umfang durch Kreditaufnahme im Ausland (von Ausländern gekaufte Anleihen) finanziert hat. War der Wert der Wertpapierneuverschuldung der öffentlichen Stellen 1989 mit DM 16,6 Mrd. wohl noch im Rahmen des üblichen, so stieg diese 1991 auf DM 45,9 Mrd., 1992 auf DM 72,1 Mrd. und 1993 sogar auf das Rekordniveau von DM 159 Mrd.

Einen Beitrag zur Entwicklung des Leistungsbilanzsaldos leisteten schließlich auch die geleisteten laufenden Übertragungen, die von DM 59 Mrd. im Jahre 1988 auf DM 92 Mrd. 1994 angestiegen sind, wobei die laufenden Übertragungen des Staates an die Europäische Union von 26 Mrd. auf 43 Mrd. zugenommen haben.

Zentrale Bestimmungsgründe dieser Entwicklung sind eng mit dem Transformationsprozeß in den neuen Bundesländern verbunden und werden im Laufe der Zeit vermutlich an Bedeutung verlieren. Allerdings muß sich die Bundesrepublik wohl darauf einrichten, daß die Zeit der enormen Leistungsbilanzüberschüsse erst einmal vorbei ist.

Starke Handelsverflechtungen mit westlichen Industrieländern

Tabelle 20.2 zeigt mit einem Überblick über unsere wichtigsten Handelspartner, daß sich der Außenhandel der Bundesrepublik im wesentlichen mit wichtigen westlichen Industrienationen und hier vor allem mit den EU-Partnern und den USA vollzieht. Der Handel mit Entwicklungsländern ist relativ gering.

Bundesrepublik als Exporteur hochwertiger Industriegüter

Abhängigkeit von Rohstoffimporten

Schließlich gibt Tabelle 20.3 einen Überblick über die Güterstruktur unseres Außenhandels. Sie zeigt eine erhebliche Differenzierung innerhalb der Warengruppen zwischen Einfuhr und Ausfuhr. Die Bundesrepublik erzielt ihren Außenhandelsüberschuß vor allem bei Investitionsgütern und hat erhebliche Importüberschüsse bei Grundstoffen (Zeile 1 bis 3). Stark verallgemeinert kann man sagen: Die Bundesrepublik liefert an den Weltmarkt technologisch hochwertige Investitions- und Konsumgüter und ist stark von importierten Rohstoffen abhängig.

Tab. 20.2: Die Handelspartner der Bundesrepublik

	Früheres Bundesgebiet					Deutschland Gesamt			
	1950	1960	1970	1980	1990	1991	1992	1993	1994
					Einfuhr				
insgesamt (in Mrd. DM)	**11,4**	**42,7**	**109,6**	**341,4**	**550,6**	**643,9**	**637,6**	**566,5**	**611,1**
					in %				
EG-Länder	39,6	39,5	51,5	48,6	52,1	52,0	52,0	46,3	55,4
darunter									
Belgien/Luxemburg	3,6	5,7	9,5	7,2	7,2	7,1	7,0	5,9	6,1
Frankreich	6,1	9,4	12,7	10,7	11,8	12,0	12,0	11,3	11,1
Großbritannien	4,3	4,6	3,9	6,7	6,7	6,6	6,8	6,0	6,2
Italien	4,5	6,1	9,9	7,9	9,4	9,3	9,2	8,1	8,4
Niederlande	11,0	8,5	12,1	11,5	10,2	9,7	9,6	8,2	8,2
Österreich	1,6	2,7	2,1	2,9	4,3	4,2	4,4	4,8	4,8
Schweiz	3,1	3,8	3,0	3,6	4,2	3,9	4,0	4,4	4,4
USA	15,2	14,0	11,0	7,5	6,7	6,6	6,6	7,3	7,3
Japan	0,3	0,7	1,9	3,1	6,0	6,2	6,0	6,3	5,6
Westliche Industrieländer	73,3	72,8	79,8	74,4	82,5	81,4	81,4	78,0	·
Mittel- u. Osteuropa[1])	3,1	4,8	4,0	5,1	5,4	5,1	5,5	6,5	·
OPEC[2])	4,9	6,8	6,3	11,0	2,6	2,3	2,4	2,6	2,1
Übrige Entwicklungsländer	18,6	15,3	9,8	9,4	9,5	9,3	8,7	10,2	·
Ostasiatische Schwellenländer[3])	·	·	0,8	1,2	·	·	3,3	3,8	3,7
					Ausfuhr				
insgesamt (in Mrd. DM)	**8,4**	**47,9**	**125,3**	**350,3**	**642,8**	**665,8**	**671,2**	**628,4**	**685,3**
					in %				
EG-Länder	48,9	40,3	49,8	51,1	54,5	54,1	54,4	48,3	57,7
darunter									
Belgien/Luxemburg	8,1	6,0	8,2	7,8	7,4	7,3	7,4	6,7	6,7
Frankreich	7,3	8,8	12,4	13,3	13,0	13,1	13,0	11,8	12,0
Großbritannien	6,4	4,5	3,6	6,5	8,5	7,6	7,7	7,8	8,0
Italien	5,9	5,9	8,9	8,5	9,3	92,	9,3	7,3	7,6
Niederlande	13,9	8,8	10,6	9,5	8,4	8,4	8,3	7,4	7,5
Österreich	3,7	5,1	4,5	5,5	5,7	5,9	6,0	6,3	5,8
Schweiz	5,9	6,2	6,1	5,7	6,0	5,7	5,3	5,7	5,4
USA	5,7	7,9	9,1	6,1	7,3	6,3	6,4	7,6	7,9
Japan	0,4	1,0	1,6	1,1	2,7	2,5	2,2	2,5	2,6
Westliche Industrieländer	80,5	76,3	83,6	79,3	85,4	82,7	81,9	78,5	·
Mittel- u. Osteuropa[1])	4,3	4,8	4,3	5,5	4,3	5,6	5,6	6,9	·
OPEC[2])	2,5	3,8	2,9	6,5	2,8	3,2	3,4	3,0	2,6
Übrige Entwicklungsländer	12,4	14,8	9,0	8,3	7,3	7,7	8,1	9,8	·
Ostasiatische Schwellenländer[3])	·	·	1,0	2,4	·	·	2,6	3,2	3,5

[1]) Ehemals: Staatshandelsländer.
[2]) Algerien, Gabun, Indonesien, Irak, Iran, Katar, Kuwait, Libyen, Nigeria, Saudi-Arabien, Venezuela und Vereinigte Arabische Emirate.
[3]) Hong Kong, Singapur, Südkora und Taiwan

Quelle: Institut der deutschen Wirtschaft, Zahlen zur wirtschaftlichen Entwicklung der Bundesrepublik Deutschland, 1994

Tab. 20.3: Ein- und Ausfuhr der Bundesrepublik nach Warengruppen in % der Gesamteinfuhr bzw. der Gesamtausfuhr

	Früheres Bundesgebiet				**Deutschland Gesamt**		
	1960	1970	1980	1990	1991	1992	1993
				Einfuhr			
insgesamt (in Mrd. DM)	**42,7**	**109,6**	**341,4**	**550,6**	**643,9**	**637,5**	**544,1**
				in %			
Erzeugnisse der Land-, Forst- und Jagdwirtschaft	.	13,6	8,0	5,6	5,3	5,2	4,8
Nahrungs- und Genußmittel	8,5	8,2	6,1	5,9	5,8	6,4	6,1
Bergbauliche Erzeugnisse	11,3	9,3	17,8	5,6	5,8	5,6	6,3
darunter Erdgas, Erdöl etc.	4,5	5,7	15,8	4,8	5,0	4,8	5,5
Erzeugnisse des Grundstoff- und Produktionsgütergewerbes	29,0	29,9	27,4	25,6	22,9	22,4	21,3
darunter							
Chemische Erzeugnisse	5,6	7,4	7,8	9,8	9,0	9,0	8,8
Mineralölerzeugnisse	2,0	2,4	5,5	2,6	2,6	2,1	2,1
Erzeugnisse des Investitionsgüter produzierenden Gewerbes	11,1	22,4	22,9	37,8	40,9	41,0	40,7
darunter							
Elektrotechnische Erzeugnisse	2,1	5,3	6,1	10,0	10,1	10,2	10,8
Maschinenbauerzeugnisse	4,9	6,0	4,8	6,7	6,7	6,8	6,0
Straßenfahrzeuge	1,4	4,4	4,7	9,2	11,2	11,0	10,3
Erzeugnisse des Verbrauchsgüter produzierenden Gewerbes	10,2	13,5	15,4	17,2	17,5	17,5	18,6
darunter							
Textilien und Bekleidungen	7,5	8,3	8,2	9,2	8,7	9,0	9,7
				Ausfuhr			
insgesamt (in Mrd. DM)	**47,9**	**125,3**	**350,3**	**642,8**	**665,8**	**671,2**	**603,5**
				in %			
Erzeugnisse der Land-, Forst- und Jagdwirtschaft	0,9	1,3	1,1	1,0	1,2	1,2	1,0
Nahrungs- und Genußmittel	1,8	2,4	4,5	4,1	4,5	4,6	4,8
Bergbauliche Erzeugnisse	5,4	2,3	2,3	0,5	0,6	0,5	0,4
Erzeugnisse des Grundstoff- und Produktionsgütergewerbes	29,3	27,0	27,2	23,5	23,1	22,3	23,0
darunter							
Chemische Erzeugnisse	12,4	13,4	13,2	13,0	13,0	12,7	13,4
Eisen und Stahl	9,2	6,4	5,3	3,5	3,3	3,0	2,9
Erzeugnisse des Investitionsgüter produzierenden Gewerbes	52,1	54,2	51,4	56,5	56,1	57,1	56,7
darunter							
Maschinenbauerzeugnisse	18,9	19,3	16,4	15,8	15,3	15,0	15,5
Straßenfahrzeuge	12,5	14,5	15,1	18,0	16,6	18,0	16,8
Elektrotechnische Erzeugnisse	8,5	9,7	9,8	11,4	11,9	11,9	12,5
Erzeugnisse des Verbrauchsgüter produzierenden Gewerbes	9,3	11,2	11,5	12,7	12,8	12,7	12,6
darunter							
Textilien und Bekleidungen	4,0	5,0	4,8	5,1	5,1	5,1	5,0

Quelle: Institut der chemischen Wirtschaft, Zahlen zur wirtschaftlichen Entwicklung der Bundesrepublik Deutschland, 1994

2. Begründung und Erklärung des internationalen Handels

2.1 Vorteile der weltweiten Arbeitsteilung insgesamt

Der internationale Handel wird durch die Vorteile der Arbeitsteilung begründet

Der internationale Handel ermöglicht, die Vorteile einer weltweiten **Arbeitsteilung** zu realisieren, wie ADAM SMITH vor über 200 Jahren erkannte.

> „Bei jedem klugen Hausvater ist es eine Regel, niemals etwas im Hause machen zu lassen, was ihn weniger kosten würde, wenn er es kaufte. Dem Schneider fällt es nicht ein, seine Schuhe zu machen, sondern er kauft sie vom Schuhmacher; dem Schuhmacher fällt es nicht ein, sich seine Kleider zu machen, sondern er beschäftigt den Schneider, und dem Landmann fällt es nicht ein, sich eines oder das andere zu machen, sondern er setzt jene beiden Handwerker in Nahrung. Alle diese Leute finden es in ihrem Interesse, ihren Gewerbefleiß ganz auf diejenige Art anzuwenden, in der sie etwas vor ihrem Nachbarn voraus haben, und dann ihren übrigen Bedarf mit einem Teile ihres eigenen Erzeugnisses oder, was dasselbe ist, mit dem Preis eines seines Teiles zu kaufen.
>
> Was aber in der Handlungsweise einer Familie Klugheit ist, das kann in der eines großen Reiches wohl schwerlich Torheit sein. Wenn uns ein fremdes Land mit einer Ware wohlfeiler versehen kann, als wir sie selbst zu machen imstande sind, so ist es besser, daß wir sie ihm mit einem Teile vom Erzeugnis unseres eigenen Gewerbefleißes, in welchem wir vor dem Auslande etwas voraushaben, abkaufen."
>
> A. SMITH, Der Reichtum der Nationen, 2. Band, 1776.

Letztlich begründen unterschiedliche Preise die Vorteile des Außenhandels

Ein entscheidender Grund für die Vorteilhaftigkeit des internationalen Handels ist also die Unterschiedlichkeit der Produktionskosten und letztlich die Unterschiedlichkeit der Preise für die Güter in den einzelnen Ländern. Eine genaue Betrachtung zeigt, daß nicht nur absolute Preisvorteile – Land 1 produziert Gut A billiger als Land 2 – sondern auch relative (komparative) Preisvorteile – Land 1 produziert Gut A im Verhältnis zu Gut B billiger als Land 2 – einen Außenhandel vorteilhaft machen (Theorem des komparativen Konstenvorteils von David RICARDO). Dies liegt daran, daß der Wechselkurs relative Preisvorteile in absolute Preisvorteile umsetzt (vgl. dazu Abschnitt 2.4). Zu fragen ist an dieser Stelle daher zunächst nach den Ursachen (relativer) Preisvorteile.

Neben preislichen Vorteilen spielt die Produktdifferenzierung in der neuen Außenhandelstheorie eine zunehmende Rolle für die Begründung der intraindustriellen Außenhandelsströme (vgl. hierzu Abschnitt 2.3)

2.2 Preisdifferenzen als Ursache internationaler Handelsströme

Letztlich lassen sich die Ursachen relativer Preisunterschiede auf drei Bestimmungsfaktoren zurückführen:

- Unterschiede im Produktionsverfahren;
- Unterschiede in der Ausstattung mit Produktionsfaktoren (Faktorausstattung);
- Unterschiede im Nachfrageverhalten.

2.2.1 Unterschiede im Produktionsverfahren

Auf Unterschiede im Produktionsverfahren im weitesten Sinne lassen sich folgende Begründungen des Außenhandels zurückführen.

Unterschiedliche Verfügbarkeit

Die unterschiedliche Ausstattung der Länder mit natürlichen Ressourcen wie Boden, Klima und Rohstoffen begründet, daß manche Länder einige Produkte nicht selbst herstellen können, sondern auf den Import angewiesen sind. Typische Beispiele sind Erdöl und mineralische Rohstoffe wie Chrom, Nickel, Zinn usw. sowie tropische Agrarprodukte wie z. B. Kaffee und Bananen.

Unterschiedliche natürliche Produktionsbedingungen

Auch wenn manche Länder die gleichen Produkte produzieren können, so begründet doch die unterschiedliche Ausstattung mit Ressourcen Kostenunterschiede in der Produktion. So ist es teurer, Steinkohle in der Bundesrepublik abzubauen als in den USA, weil die Abbautiefen ganz unterschiedlich sind, und so ist es sicher teurer, Getreide in Norwegen zu produzieren als in Frankreich.

Technologische Lücke

Ähnlich wie bei unterschiedlicher natürlicher Verfügbarkeit kann es eine unterschiedliche technologische Verfügbarkeit, sogar technologische Verfügbarkeitsmonopole geben. Nicht alle Länder verfügen über einen technologischen Entwicklungsstand, der es ihnen erlauben würde, technologisch hochwertige Produkte, z. B. EDV-Geräte oder Flugzeuge, selbst zu produzieren. Diese müssen daher bei Bedarf importiert werden.

Größenersparnisse der Produktion

Der Außenhandel erweitert die Märkte, schafft größere Märkte. Diese Ausdehnung bietet die Möglichkeit, die Vorteile der **Massenproduktion,** die economies of scale (vgl. Kapitel 7), verstärkt zu nutzen. Mit der Zunahme der Produktionsmenge geht eine Annäherung an die mindestoptimale Betriebsgröße (MOB) einher. Damit wird die Vorteilhaftigkeit der Spezialisierung ganz allgemein begründet: Auch wenn im Ausgangszustand „beide

Vorteilhaftigkeit der Spezialisierung generell

Länder beide Produkte" zu genau den gleichen absoluten und relativen Preisen produzieren könnten, lohnt eine Spezialisierung der Länder auf die Produktion jeweils eines Gutes, weil dann die Kostenvorteile der Massenproduktion genutzt werden. Es ist in einem solchen Fall allerdings nicht bestimmt, welches Land sich auf welche Produktion spezialisiert. Möglicherweise sind hierzu Vereinbarungen notwendig.

2.2.2 Unterschiede in der Faktorausstattung

Auch wenn – dies sei einmal angenommen – die Länder für das jeweils gleiche Produkt die gleichen technischen Produktionsbedingungen aufweisen, also die gleiche Produktionsfunktion haben, kann sich der internationale Tausch lohnen. Dies ist dann der Fall, wenn die Länder unterschiedlich mit Produktionsfaktoren ausgestattet sind und wenn die Produktionsfunktionen sich zwar nicht zwischen den Ländern, aber zwischen den Produkten unterscheiden. Ein Beispiel soll dies klarmachen. Land 1 ist reich mit Kapital und wenig mit Arbeit ausgestattet, während Land 2 umgekehrt reich mit Arbeit und wenig mit Kapital ausgestattet ist.

Unterschiedliche Faktorproportionen…

Diese unterschiedlichen Faktorproportionen führen zu unterschiedlichen Faktorpreisproportionen: Im kapitalreichen Land 1 wird Kapital relativ zur Arbeit billig sein, während im arbeitsreichen Land Arbeit im Verhältnis zum Kapital billig sein wird. Es unterscheiden sich mithin die Faktorpreise Lohn und Zins in ihren Proportionen. Es gibt dann z. B. in Land 1 einen Lohn von 30,00 DM pro Stunde und einen Realzins von 10,00 DM je Kapitaleinheit und im Land 2 einen Lohn von 1000 Drachmen und einen Realzins von 500 Drachmen. Mithin ist

führen zu unterschiedlichen Faktorpreisproportionen …

$$\frac{30{,}00\ \text{DM}}{10{,}00\ \text{DM}} > \frac{1000\ \text{Dr}}{500\ \text{Dr}} \quad (3 > 2)$$

Es gebe nun auch zwei Güter, von denen das eine kapitalintensiv produziert wird – z. B. Maschinen – und das andere arbeitsintensiv produziert wird – z. B. Möbel. Aufgrund der unterschiedlichen Faktorpreisproportionen produziert mithin das kapitalreiche Land Maschinen im Verhältnis zu Möbeln billiger als das arbeitsreiche Land. Es gilt:

$$\text{Land 1: } \frac{\text{Maschinenpreis}}{\text{Möbelpreis}} < \text{Land 2: } \frac{\text{Maschinenpreis}}{\text{Möbelpreis}}$$

… und zu unterschiedlichen Güterpreisproportionen

Es unterscheiden sich mithin schließlich auch die Güterpreisproportionen, und diese Unterschiedlichkeit begründet die Vorteilhaftigkeit des Handels:

> Relativ kapitalreiche Länder werden kapitalintensive Produkte exportieren und arbeitsreiche Produkte importieren, während relativ arbeitsreiche Länder arbeitsintensive Produkte exportieren und kapitalintensive Produkte importieren.

Dies ist der Inhalt des **Faktorproportionen-Theorems** von HECKSCHER und OHLIN, das also z. B. erklären kann, warum Deutschland Werkzeugmaschinen exportiert und spanischen Sekt importiert.

Man kann die Palette der betrachteten Produktionsfaktoren schließlich erweitern und differenzieren:

Erweiterung des Faktorproportionentheorems

> „Das bodenreiche Land exportiert das bodenintensiv produzierte Gut (landwirtschaftliches Produkt). Oder: Das rohstoffreiche Land exportiert das rohstoffintensiv hergestellte Produkt. Oder: Das umweltreiche Land exportiert das umweltintensiv produzierte Gut. Und: Das mit landschaftlicher Schönheit reichlich ausgestattete Land exportiert das landschaftsintensive Produkt (Tourismus). Das humankapitalreiche Land exportiert das humankapitalintensive Produkt. Schließlich (weniger faßbar): Das innovationsfreudige Land exportiert das innovationsintensive Produkt (neues Produkt). Entscheidend ist also für die Heckscher-Ohlin-Aussage, die Faktorreichlichkeit eines Landes mit der Faktorintensität der Produktion zu kombinieren.“ (SIEBERT, Horst, Außenwirtschaft, 1989, S. 51).

Spezialisierung auf Güter in unterschiedlichen Phasen des Produktzyklus

In diesem Zusammenhang steht die Erklärung des Außenhandels durch den **Produktzyklus der Güter.** Jedes neue Produkt wird in der Regel nach seiner Markteinführung einen Zyklus durchlaufen, der durch drei Stadien gekennzeichnet ist: die Innovationsphase, die Ausreifungsphase und die Standardisierungsphase. Die Innovation setzt zunächst eine hohe technologische Qualifikation voraus (sie ist „intelligenzintensiv“), dies ist die Domäne hochentwickelter Industrienationen; die Ausreifungsphase erfordert eine eher kapitalintensive Produktion auf mittlerem technologischen Niveau, dies ist eher die Domäne für mittlere Industrienationen; und die Standardisierungsphase ist eher Domäne der Entwicklungsländer im Stadium der Industrialisierung (Schwellenländer). Diese Grundlinie der Erklärung gilt auch für jeweils einzelne Produkte, nicht nur für Ländergruppen. So wird nicht ein hochentwickeltes Land jeweils alle Innovationen hervorbringen, sondern die Länder werden sich auch hier spezialisieren.

2.2.3 Unterschiede im Nachfrageverhalten

Schließlich kann das unterschiedliche Nachfrageverhalten in den Ländern – auch bei gleichen Produktionsverfahren und gleicher Faktorausstattung – Preisunterschiede begründen, die dann wiederum einen Außenhandel lohnend erscheinen lassen.

Wichtig ist zu erkennen, daß diese verschiedenen Erklärungen in der Regel kombiniert anzuwenden sind. Sie begründen insgesamt eine substantielle Vorteilhaftigkeit des Außenhandels, und zwar – anders als auf den ersten Blick zu vermuten ist – für alle Länder, auch für Länder, die für alle Güter Preisvorteile bzw. Preisnachteile aufweisen. Das zeigt das Theorem der komparativen Kosten.

2.3 Produktdifferenzierung als Bestimmungsgrund von internationalen Handelsströmen

Beobachtet man den Handel zwischen ähnlichen Volkswirtschaften (Kultur, pro-Kopf-Einkommen, geographische Nähe), so stößt man auf das Phänomen, daß ein Großteil der Handelsströme zwischen zwei Ländern sich auf Güter derselben Güterklasse, z. B. auf Automobile oder Uhren bezieht, wobei für jede Güterklasse internationale Güterströme in beiden Richtungen fließen. Man spricht vom intraindustriellen Handel. Dieser Handel kann offenbar nicht durch Preisvorteile eines Landes erklärt werden, da dann der Handelsstrom nur in eine Richtung fließen würde. Eine plausible Erklärung ergibt sich, wenn man davon ausgeht, daß Produktdifferenzierung besteht. In diesem Fall besitzen die Anbieter Preissetzungsspielräume, da die Käufer in den Produkten einer Güterklasse, z. B. den Personenkraftwagen einer bestimmten Klasse, unterschiedliche Güter sehen. Der Grund hierfür können vom Nachfrager wahrgenommene tatsächliche oder vermeintliche Qualitätsunterschiede sein, z. B. weil er etwa einem bestimmten Markennamen besonders zugeneigt ist („Ein Alfa Romeo ist etwas anders als ein BMW"). In diesem Fall ist es rational, wenn Güter im Ausland selbst dann gekauft werden, wenn die Preise im Ausland nicht niedriger, sondern gleich oder sogar höher sind. Geht man nun realistischerweise davon aus, daß die Vorlieben (Präferenzen) für die Güter bei unterschiedlichen Personen unterschiedlich sind, so ist es leicht vorstellbar, daß z. B. ein Haushalt A des Inlandes sich für ein ausländisches Automobil entscheidet, während ein Haushalt B des Auslandes ein inländisches Automobil vorzieht.

Nur der Vollständigkeit halber sei erwähnt, daß sich intraindustrieller Handel auch durch die Existenz von Transportkosten bei besonderer räumlicher Verteilung der Anbieter in beiden Ländern erklären läßt.

2.4 Das Theorem der komparativen Kosten (Ricardo)

Das Theorem der komparativen Kosten

Eines der berühmtesten klassischen ökonomischen Theoreme, das Theorem der komparativen Kosten, das 1817 von dem Engländer David Ricardo (1772–1823) entwickelt wurde, begründet, daß sich ein internationaler Güteraustausch auch dann für zwei Länder lohnt, wenn eines der beiden Länder *alle* Produkte billiger produzieren kann als das andere Land. Wichtig ist nur, daß die Produktionskosten*relationen* in den Ländern unterschiedlich sind.

Ein Beispiel für unterschiedliche Produktionskostenrelationen

Ein einfaches Beispiel soll diesen Gedanken erläutern. 2 Länder, die Bundesrepublik und Italien, produzieren nur Stahl und Rindfleisch. Der Einfachheit halber sei angenommen, daß die Produktionskosten allein durch die Arbeitsstunden bestimmt werden, die zur Produktion der Produkte benötigt werden. Man kann dann die Produktionsmöglichkeiten beider Länder wie in Abb. 20.1 für einen 12-Stunden-Arbeitstag in Form der Transformationskurven (vgl. Kapitel 1) einzeichnen. Sie sind hier verein-

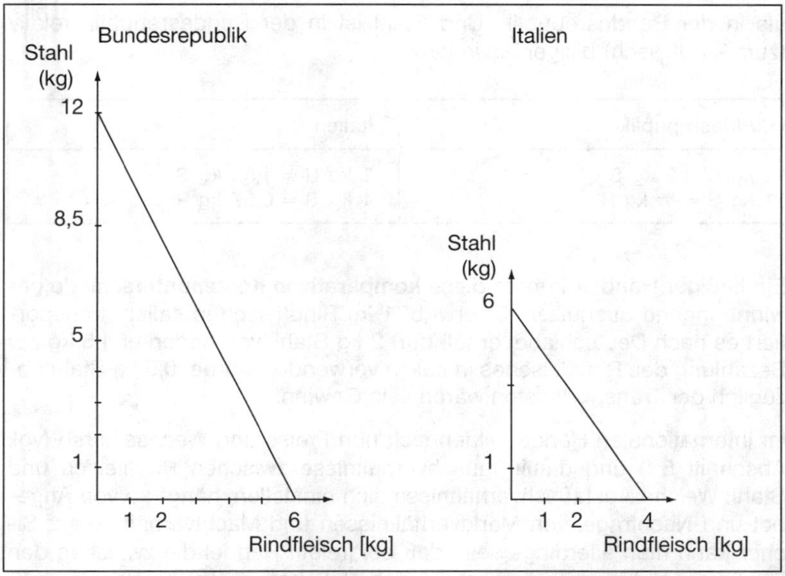

Abb. 20.1: Die Produktionsmöglichkeiten (Transformationslinien) für die Bundesrepublik und Italien für einen 12-Stunden-Arbeitstag

fachend linear gezeichnet, ohne daß dies an der Argumentation etwas ändert.

Die Transformationslinien unseres einfachen Beispiels in Abb. 20.1 spiegeln folgende Produktionsmöglichkeiten wider:

In der Bundesrepublik benötigt man zur Produktion von 1 kg Stahl 1 Arbeitsstunde, zur Produktion von 1 kg Rindfleisch 2 Arbeitsstunden, also kann die Bundesrepublik pro Arbeitstag 12 kg Stahl oder 6 kg Rindfleisch oder Mischungen, z. B. 6 kg Stahl und 3 kg Rindfleisch, produzieren. Wichtig ist, daß 1 kg mehr Rindfleisch den Verzicht auf 2 kg Stahl erfordert: 1 kg Rindfleisch kostet also 2 kg Stahl und umgekehrt kostet 1 kg Stahl ½ kg Rindfleisch. Dies sind die **internen** deutschen Tauschverhältnisse.

In Italien benötigt man zur Produktion von 1 kg Stahl 2 Arbeitsstunden und zur Produktion von 1 kg Rindfleisch 3 Arbeitsstunden, also kann Italien pro Arbeitstag 6 kg Stahl oder 4 kg Rindfleisch oder Kombinationen davon produzieren. 1 kg Rindfleisch mehr kostet Italien den Verzicht auf die Produktion von 1,5 kg Stahl. 1 kg Rindfleisch kostet also 1,5 kg Stahl. Und 1 kg Stahl kostet 0,67 kg Rindfleisch. Dies sind die **internen** italienischen Tauschverhältnisse. Während also absolut gesehen sowohl Stahl als auch Rindfleisch in der Bundesrepublik mit weniger Arbeitsaufwand produziert werden kann, ist Rindfleisch in Italien relativ (zum Stahl) billiger als in der Bundesrepublik. Und Stahl ist in der Bundesrepublik relativ (zum Rindfleisch) billiger als in Italien.

Bundesrepublik	Italien
1 kg R = 2 kg S 1 kg S = ½ kg R	1 kg R = 1,5 kg S 1 kg S = 0,67 kg R

Gewinnmöglichkeiten bei komparativen Kostenunterschieden

Ein findiger Händler könnte diese **komparativen Kostenunterschiede** gewinnbringend ausnutzen. Er erwirbt 1 kg Rindfleisch in Italien, transportiert es nach Deutschland, erhält dort 2 kg Stahl, von denen er 1,5 kg zur Bezahlung des Rindfleisches in Italien verwenden würde. 0,5 kg Stahl abzüglich der Transportkosten wären sein Gewinn.

Im internationalen Handel bilden sich nun Preise und Wechselkurse (vgl. Abschnitt 5.1) und damit Tauschverhältnisse zwischen Rindfleisch und Stahl. Welche Austauschverhältnisse sich einstellen, hängt ab von Angebot und Nachfrage, von Marktverhältnissen und Machtverhältnissen: Sicher kann man allerdings sein, daß bei freiem Handel die zwischen den Ländern geltenden (externen) Tauschrelationen zwischen den inländischen (internen) Tauschrelationen liegen müssen. In unserem Beispiel muß das externe Tauschverhältnis von Rindfleisch und Stahl zwischen dem italienischen und deutschen internen Tauschverhältnis liegen, also zwischen

$$1\,R = 1{,}5\,S \text{ und } 1\,R = 2\,S,$$

weil sich sonst der Tausch für eines der beiden Länder nicht lohnt. Nehmen wir an, die Tauschrelation liege in der Mitte:

$$1\,R = 1{,}75\,S.$$

Spezialisierung ist vorteilhaft

In diesem Fall brächte eine Spezialisierung der Produktion auf das jeweils relativ billigere Produkt beiden Ländern einen Vorteil:

- Deutschland produziert 12 kg Stahl und tauscht davon z. B. 3,5 kg gegen 2 kg Rindfleisch;
- Italien produziert 4 kg Rindfleisch und tauscht davon z. B. 2 kg gegen 3,5 kg Stahl.

Beide Länder erreichen damit durch Spezialisierung und Tausch einen Punkt außerhalb ihrer Transformationskurve (Punkt P in Abb. 20.1), also einen Punkt, den sie bei alleiniger Selbstproduktion nicht hätten erreichen können.

Drücken wir diesen Sachverhalt unter Verwendung von Geldpreisen und Wechselkursen aus. Es gelte z. B. 1 Arbeitsstunde = 1 DM bzw. 1000 Lire.

Dann gelten folgende Preise:

Bundesrepublik	Italien
1 kg R = 2 DM 1 kg S = 1 DM	1 kg R = 3000 Lire 1 kg S = 2000 Lire

Wenn jetzt ein Wechselkurs von 1 DM = 1000 Lire festgesetzt wäre, wäre in der Bundesrepublik alles billiger als in Italien, sowohl in DM als auch in Lire ausgedrückt. Dies würde dazu führen, daß Italien DM-Devisen nachfragen würde und mit steigender DM-Nachfrage würde die DM aufgewertet, z. B. auf 1 DM = 1750 Lire.

Dann würden folgende Lire-Preise gelten,

Bundesrepublik	Italien
1 kg R = 2 DM = 3500 Lire 1 kg S = 1 DM = 1750 Lire	1 kg R = 3000 Lire 1 kg S = 2000 Lire

Der Wechselkurs verwandelt komparative in absolute Preisvorteile

und der Außenhandel würde sich für beide Länder lohnen: Italien exportiert Rindfleisch, und die Bundesrepublik exportiert Stahl. So setzt der Wechselkurs komparative Preisvorteile in absolute Preisvorteile um.

2.5 Die Vorteilhaftigkeit des internationalen Handels

Fassen wir noch einmal zusammen. Der internationale Handel erlaubt – und zwar für alle Länder – eine Ausweitung der Produktions- und Konsummöglichkeiten. Dies ist begründet im wesentlichen in der Realisierung von absoluten und relativen Produktionskostenvorteilen und in der Realisierung der Vorteile der Massenproduktion.

Freihandel verstärkt den Wettbewerb

Hinzu kommt ein Faktor von möglicherweise noch größerer Bedeutung: Der freie internationale Handel verstärkt den Wettbewerb zwischen den Anbietern und bietet damit ein Mehr an Wachstumsdynamik.

Monopolrenten werden abgebaut, und die Neigung zu Produkt- und Prozeßinnovation wird verstärkt. Und schließlich werden die Kaufmöglichkeiten der Konsumenten mit steigendem Produktsortiment erweitert. Dies alles begründet also einen freien Außenhandel, doch sind damit möglicherweise auch Nachteile verbunden, die im folgenden kurz diskutiert werden sollen.

3. Freihandel oder Protektionismus?

Unter **Freihandel** verstehen wir einen völlig unbehinderten internationalen Güteraustausch; der **Protektionismus** ist eine Politik der Einfuhrbeschränkung und Exportförderung zum Schutz bzw. zur Unterstützung der einheimischen Produktion. Ihre Instrumente sind im wesentlichen Zölle, Kontingente[2]) und nichttarifäre Handels- hemmnisse (vgl. Abschnitt 4 dieses Kapitels).

Die Freihandelsidee verkörpert den klassischen Wirtschaftsliberalismus

Die Freihandelsidee ist die beherrschende Idee des klassischen Wirtschaftsliberalismus: Die Vorteile der Arbeitsteilung würden am besten im freien Wettbewerb unabhängiger Produzenten und Konsumenten realisiert, Eingriffe des Staates seien nur von Nachteil.

In der Tat wird kaum bestritten, daß Freihandel die Gesamtproduktion der Welt bei gegebener Ausstattung mit Produktionsfaktoren maximiert. Fraglich ist nur,

Freihandel garantiert nicht die optimale Entwicklung der Produktionsstruktur der Länder und garantiert nicht die „gerechte" Verteilung des Überschusses

- ob der Freihandel die Entwicklung der Produktivkräfte der einzelnen Länder optimal fördert und
- ob die Verteilung des resultierenden Überschusses nach den Regeln des freien Wettbewerbs unseren Gerechtigkeitsvorstellungen entspricht.

In unserem gewählten Beispiel würde sich Italien der Freihandelsidee folgend auf die Produktion von Rindfleisch und die Bundesrepublik auf die Produktion von Stahl spezialisieren.

Da zwar der Bedarf an Stahl im Zuge der Industrialisierung laufend wächst, die Nachfrage nach Rindfleisch hingegen eine natürliche Grenze erreichen wird, hätte diese Arbeitsteilung für Italien langfristig die nachteilige Konsequenz, daß die Nachfrage nach seinem Exportgut stagniert, seine Importwünsche hingegen laufend steigen würden.

Dieses Beispiel gilt allgemein: Langfristig würden die Anbieter von landwirtschaftlichen Produkten (Bananen, Kakao, Kaffee usw.) im Welthandel gegenüber den Anbietern der Industrieprodukte verlieren, wie die bisherige Entwicklung des Welthandels deutlich zeigt. Die Nachfrage nach Industrieprodukten und deren Preise stiegen weitaus schneller als die Nachfrage nach landwirtschaftlichen Gütern und Rohstoffen und deren Preise. Weil auf die Dauer nur eine Steigerung der Arbeitsproduktivität durch Mechanisierung und Industrialisierung eine Zunahme des materiellen Wohlstandes bewirken kann, müssen alle Länder die Entwicklung einer heimischen Industrie anstreben. Hier kommt dann das sogenannte **Schutzzoll- bzw. Erziehungszollargument** zum Tragen, als dessen Begründer allgemein der deutsche Nationalökonom FRIEDRICH LIST (1789–1846) gilt. Schutzzölle oder Importquoten sollen für eine gewisse Zeit der Entwicklung der heimischen Industrie Schutz vor der erdrückenden Konkurrenz der entwickelten ausländischen Industrienationen bieten. So ist der Industrialisierungsprozeß in Deutschland im 19. Jahrhundert durch das Mittel des Schutzzolles erleichtert worden, der den

Zölle zum Schutz der heimischen Industrie

2) Weitere Eingriffe sind denkbar, wie z.B. Exportsubventionen oder staatliche Außenhandelsmonopole, sollen hier indes nicht behandelt werden.

Konkurrenzkampf mit der entwickelteren englischen Industrie zu bestehen half.

Wenn man also zugestehen muß, daß Freihandel die Entwicklung der Produktivkräfte unterentwickelter Länder nicht von sich aus fördert, so ist doch andererseits zu fragen, ob man die heimische Industrie nicht durch andere Mittel als Schutzzölle, z. B. durch Subventionen und Planungshilfen, besser fördern könnte.

Weitere Argumente gegen Freihandel

Es gibt einige weitere Gründe, die dem Prinzip des Freihandels entgegengehalten werden; sie sollen hier nur aufgezählt werden:

- Bestimmte Wirtschaftszweige sollen geschützt werden, um im Falle eines Krieges lebens- und verteidigungsfähig zu bleiben (Landwirtschaft, Erdöl, Eisen, Stahl usw.);
- extreme Spezialisierungen der Wirtschaftsstruktur eines Landes sind im Interesse langfristiger Stabilität zu vermeiden (ein Land, das nur Kaffee exportiert, ist auf Gedeih und Verderb von der Entwicklung der Kaffeepreise auf dem Weltmarkt abhängig);
- Importzölle auf Luxusgüter sind für unterentwickelte Länder zum einen ein Mittel, die Staatseinnahmen zu erhöhen, zum anderen ein Mittel, den Devisenabfluß zu beschränken.

Im allgemeinen wird vor allem den bisher unterentwickelten Ländern ein Schutz vor Anwendung des reinen Freihandelsprinzips zugestanden; keinesfalls gilt diese Rechtfertigung für Schutzzölle bzw. Importkontingente zugunsten einiger Wirtschaftszweige hochentwickelter Nationen.

Schutzzölle allenfalls für unterentwickelte Länder

Trotzdem werden heimische Wirtschaftszweige auch entwickelter Länder immer wieder vor der Konkurrenz billiger Auslandsprodukte geschützt. Dies ist eine sehr kurzsichtige Politik, die vergißt, daß

- andere Länder „Vergeltungsmaßnahmen“ einführen werden, bis schließlich der freie Welthandel erstickt,
- die Einnahmen, die andere Länder aus dem Export ihrer Produkte erzielen, wiederum für Importe unserer Güter ausgegeben werden können,
- der Schutz heimischer Industriezweige vor der Auslandskonkurrenz schließlich die Verbraucher in Form höherer Preise für diese Güter bezahlen läßt.

Der Leser wird erkennen, daß letztlich meist zwischen Effizienz und sozialer Gerechtigkeit abzuwägen ist: Freier Wettbewerb und Welthandel sind effizient, bieten aber den Schwachen keinen Schutz vor Ausbeutung und keine Gewähr für eine langfristig optimale Entwicklung ihrer Wirtschaftsstruktur.

4. Instrumente der Außenhandelspolitik

Viele Länder versuchen, entsprechend diesen Überlegungen, ihren Außenhandel zu kontrollieren, zu beeinflussen. In Marktwirtschaften werden hierzu im wesentlichen Zölle erhoben oder Kontingente eingeführt oder nichttarifäre Handelshemmnisse eingebaut.

Zölle

Zölle sind Abgaben, die beim grenzüberschreitenden Warenverkehr vom Staat erhoben werden. Heute gibt es praktisch nur noch Einfuhrzölle (Importzölle). Sie haben entweder das Ziel, dem Staat Einnahmen zu verschaffen (Finanzzoll) oder einen einheimischen Wirtschaftszweig vor ausländischer Konkurrenz zu schützen (Schutzzoll). Meist lassen sich beide Motive kaum trennen.

Kontingente

Um heimische Wirtschaftszweige vor ausländischer Konkurrenz zu schützen, werden bisweilen auch Kontingente festgesetzt. **Kontingente** sind mengenmäßige Beschränkungen des grenzüberschreitenden Warenverkehrs, fast immmer Einfuhr(Import)kontingente. Es sind nicht marktkonforme Mittel, weil sie den Preismechanismus außer Kraft setzen.

Handels-
verträge

Ein weiteres Instrument, den Außenhandel zu beeinflussen, sind **Handelsverträge** zwischen den Ländern. Solche Abkommen sind z. B. die von den Europäischen Gemeinschaften mit assoziierten **AKP-Staaten** (Entwicklungsländer **A**frikas, der **K**aribik und des **P**azifischen Raumes) abgeschlossenen Verträge (vgl. Kapitel 30).

Schließlich soll das sog. **Dumping** angesprochen werden. Dumping liegt vor, wenn ein Produkt im Ausland zu Preisen verkauft wird, die nicht die Produktionskosten decken.

Dumping

Von wesentlicher und stark zunehmender Bedeutung sind auch die Handelshemmnisse, die durch administrative Anforderungen entstehen. Bei diesen sogenannten **nichttarifären Handelshemmnissen** handelt es sich z. B. um Erschwernisse im Abfertigungs- und Genehmigungsverfahren, um die Vorgabe von technischen Standards, um Herkunfts- oder Gesundheitszertifikate und zunehmend um Selbstbeschränkungsabkommen.

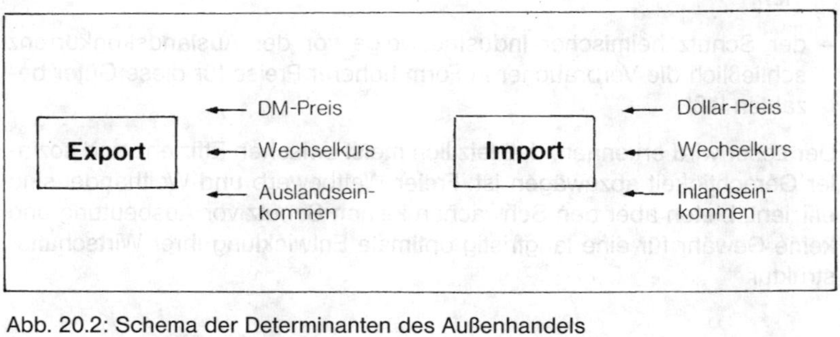

Abb. 20.2: Schema der Determinanten des Außenhandels

5. Mechanismen der Gestaltung der Leistungsbilanz

Wir haben den internationalen Handel bisher im wesentlichen mit unterschiedlichen Preisrelationen erklärt. Diese werden ihrerseits von gesamtwirtschaftlichen Entwicklungen bestimmt, von denen das inländische Preisniveau und der Wechselkurs von zentraler Bedeutung sind. Von zusätzlich bestimmendem Einfluß sind die jeweiligen Volkseinkommen der Länder. Abb. 20.2 zeigt diese Zusammenhänge in schematischer Form für den Export und Import eines Landes.

5.1 Wechselkurs und Außenhandel (Wechselkursmechanismus)

So wie die Güter in der Regel einen in Geld ausgedrückten Preis haben, so haben auch die Währungen der verschiedenen Länder ihren Preis, ausgedrückt in der Währung eines anderen Landes. Der Preis, zu dem zwei Währungen ausgetauscht werden, ist der **nominale Wechselkurs.**

Der Wechselkurs verknüpft die Preise zwischen Inland und Ausland

Der Preis (Wechselkurs) des Dollars ist z. B. 1 Dollar = 2,00 DM, der Preis (Wechselkurs) der DM beträgt dann 1 DM = 0,5 Dollar.

Der nominale Wechselkurs verknüpft die in jeweils einheimischer Währung ausgedrückten Preise der in den verschiedenen Ländern produzierten Güter und Dienste, er macht die Preise international vergleichbar.

Kostet ein Auto in der Bundesrepublik 10.000 DM und ein anderes Auto in den USA 4.000 Dollar, so kann man die Preise erst nach Kenntnis des Wechselkurses vergleichen: Ist 1 Dollar = 2,00 DM, so ist der in DM ausgedrückte Preis des US-Autos 8.000 DM, also geringer als der Preis des deutschen Autos.

Eine Wechselkursänderung verschiebt die internationalen Preisrelationen

Bei einer Änderung des Wechselkurses erfahren auch die Preisrelationen zwischen Inland und Ausland eine Verschiebung. Dabei ist zwischen **Auf-** und **Abwertung** zu unterscheiden. Sinkt z. B. der Wechselkurs von 1 Dollar = 2 DM auf 1 Dollar = 1,80 DM, so hat die DM eine Aufwertung, der Dollar eine Abwertung erfahren. Die DM ist mehr wert geworden, wie man sich an der umgekehrten Notierung verdeutlichen kann: Der DM-Kurs ausgedrückt in Dollar steigt von 1 DM = 0,50 Dollar steigt auf 1 DM = 0,5556 Dollar. Wenn umgekehrt der Preis des Dollars, ausgedrückt in DM, steigt (z. B. von 1 Dollar = 2 DM auf 1 Dollar = 2,20 DM), so wird der Dollar aufgewertet, die DM abgewertet.

Wirkungen einer Aufwertung der DM

Untersuchen wir nun, wie eine Aufwertung der DM (z. B. von 1 Dollar = 2 DM auf 1 Dollar = 1,80 DM) auf den deutschen Ex- und Import wirkt.

Bei einer Aufwertung der DM werden ausländische Güter in DM gerechnet billiger, deutsche Güter in Auslandwährung gerechnet teurer

Unter der Voraussetzung, daß die jeweiligen Inlandspreise, in Inlandswährung ausgedrückt, konstant bleiben, daß also der Dollar-Preis der US-Güter und der DM-Preis der deutschen Güter unverändert bleiben, werden bei einer Aufwertung der DM

- die Preise der US-Güter, in DM gerechnet, sinken;
- die Preise der deutschen Güter, in Dollar gerechnet, steigen.

Ein amerikanisches Auto, das in den USA 5.000 Dollar kostet, hatte vor der Aufwertung einen DM-Preis von 10.000 DM, nach der Aufwertung einen Preis von 9.000 DM. Umgekehrt war der Dollar-Preis eines deutschen Autos, das in Deutschland 10.000 DM kostet, vor der Aufwertung 5.000 Dollar, nach der Aufwertung 5.556 Dollar. Da – von einigen Sonderfällen abgesehen – ein Gut, dessen Preis sinkt, vermehrt nachgefragt wird, erfährt die mengenmäßige Nachfrage der Bundesrepublik Deutschland nach US-Gütern eine Zunahme. Die Import**menge** der Bundesrepublik steigt also. Umgekehrt wird die **mengenmäßige** Nachfrage der USA nach den deutschen Gütern abnehmen, weil ihr Dollar-Preis gestiegen ist. Die Exportmenge der Bundesrepublik wird bei der Aufwertung also abnehmen.

Bei einer Aufwertung steigt die Importmenge und sinkt die Exportmenge des aufwertenden Landes

> Diese Änderung der Preisrelationen zwischen den beteiligten Ländern und die dadurch hervorgerufene Änderung der internationalen Güterströme ist die wesentliche Wirkung einer Wechselkursänderung.

Veränderung des Wertes der Güterströme

Für eine Geldwirtschaft ist nun die durch eine Wechselkursänderung hervorgerufene Veränderung des **Wertes** von Export und Import ebenso wichtig wie die Kenntnis der rein mengenmäßigen Zusammenhänge. Der Wert der Güterströme bestimmt sich durch die Größe Menge x Preis, die sich unter Umständen gegenläufig entwickeln können. Dabei kann man als Preis einmal den DM-Preis, zum andern den Dollar-Preis wählen, also entweder den DM-Wert oder den Dollar-Wert der Güterströme bestimmen. Wir wollen uns darauf beschränken, die Veränderung des Dollar-Wertes von Export und Import bei einer Aufwertung und einer Abwertung der DM zu ermitteln.

Bei einer Aufwertung der DM steigt der Dollar-Wert des deutschen Imports während der Dollar-Wert des deutschen Exports steigen oder sinken kann

Bei einer Aufwertung der DM steigt die Importmenge, während der Dollar-Preis konstant bleibt[3]); also steigt bei einer Aufwertung der Dollar-Wert des deutschen Imports.

Anders ist die Entwicklung des Dollar-Wertes des deutschen Exports. Die Exportmenge sinkt, während der Preis der deutschen Exportgüter, ausgedrückt in Dollar, steigt. Entscheidend für den Dollar-Wert des deutschen Exports ist dann die direkte Preiselastizität der US-Nachfrage nach deut-

3) Auf Grund der gestiegenen Nachfrage könnte der Dollar-Preis auch steigen; wir unterstellen jedoch eine gewisse Preisstarrheit, wie sie auf oligopolistischen Märkten häufig zu beobachten ist, oder sich bei vollständig elastischem Güterangebot (horizontale Angebotskurve) ergibt.

schen Gütern. Ist diese Elastizität absolut größer als 1 (d.h. bei einer 1%igen Preiserhöhung sinkt die nachgefragte Menge um mehr als 1%), so sinkt das Produkt aus Menge x Dollar-Preis, es sinkt also der Dollar-Wert des deutschen Exports.

Wirkungen einer Abwertung der DM

Eine Abwertung der DM hat folgende Wirkungen auf den Dollar-Wert der Ex- und Importe: Unter der Voraussetzung jeweils konstanter Inlandspreise in Inlandswährung werden

- die Preise der US-Güter, in DM ausgedrückt, steigen;
- die Preise der deutschen Güter, in Dollar ausgedrückt, sinken.

Die Importmenge Deutschlands sinkt also, während der Importpreis in Dollar konstant bleibt, folglich sinkt der Dollar-Wert des deutschen Imports.

Bei einer Abwertung sinkt die Importmenge und steigt die Exportmenge des abwertenden Landes …

Die deutsche Exportmenge steigt, weil die deutschen Güter für die USA billiger geworden sind, der Dollar-Preis des Exports sinkt. Auch hier ist wieder die Preiselastizität der US-Nachfrage nach deutschen Gütern entscheidend: Ist diese Elastizität größer als 1, so steigt der Dollar-Wert des deutschen Exports bei einer Abwertung der DM; ist die Elastizität kleiner als 1, so sinkt der Dollar-Wert des Exports.

…und sinkt der Importwert in Dollar, während der Exportwert in Dollar steigen oder sinken kann

Von einigen Sonderfällen abgesehen, kann man also davon ausgehen, daß bei einer Aufwertung (Abwertung) der DM der Dollar-Wert des deutschen Imports zunehmen (abnehmen) wird. Nicht sicher dagegen ist die Reaktion des Exportwertes in Dollar. Es spricht allerdings einiges dafür, daß die Nachfrage nach Gütern anderer Länder eine Preiselastizität hat, die (absolut) größer als 1 ist. Begründet wird diese Ansicht mit der starken Konkurrenz auf dem Weltmarkt. In diesem Fall wird bei einer Aufwertung (Abwertung) der DM der Dollar-Wert des deutschen Exports abnehmen (zunehmen). Es resultiert dann insgesamt eine **„normale Reaktion“** der Güter- und Dienstleistungsbilanz auf Wechselkursänderungen.

Die normale Reaktion der Leistungsbilanz

Die kompliziert anmutenden Überlegungen, die exemplarisch nur die Beziehungen zwischen zwei Ländern herausgegriffen haben, wobei die USA auch für den Rest der Welt stehen können, sollen die Grundeinsicht belegen, daß Änderungen der Preisrelationen den internationalen Gütertausch wesentlich beeinflussen. In der Regel wird eine Aufwertung (Abwertung) eines Landes zu einer Abnahme (Zunahme) des Wertes seiner Exporte und zu einer Zunahme (Abnahme) des Wertes seiner Importe führen.

Normalerweise wird bei einer Aufwertung der DM der Wert des deutschen Exports abnehmen, der DM-Wert des deutschen Imports zunehmen. Bei einer Abwertung ist es umgekehrt

Ohne darauf einzugehen, sei bemerkt, daß dies sowohl für den Dollar-Wert als auch für den DM-Wert der betrachteten Ströme gilt.

Die Wirkungen einer Wechselkursänderung sind in Abbildung 20.3 noch einmal schematisch zusammengefaßt. Dabei steht Vw für den deutschen Export und den US-Import und Boeing für den US-Export und den deutschen Import; Pfeile geben die Änderungsrichtung an, ein · bedeutet Konstanz.

Aufwertung der DM					
VW-Preis DM	·	Nachfrage	↓	DM-Wert	↓
VW-Preis $	↑	der USA		Dollar-Wert	↑ · ↓
Boeing-Preis DM	↓	Nachfrage	↑	DM-Wert	↑ · ↓
Boeing-Preis $	·	Deutschlands		Dollar-Wert	↑
Abwertung der DM					
VW-Preis DM	·	Nachfrage	↑	DM-Wert	↑
VW-Preis $	↓	der USA		Dollar-Wert	↑ · ↓
Boeing-Preis DM	↑	Nachfrage	↓	DM-Wert	↑ · ↓
Boeing-Preis $	·	Deutschlands		Dollar-Wert	↓

Abb. 20.3: Schema der Wirkungen einer Wechselkursänderung[4])

Damit wird deutlich, daß die jeweiligen Nachfrageelastizitäten von zentraler Bedeutung für die Wirkung von Wechselkursänderungen auf die Leistungsbilanz sind. Daher spricht man auch vom **Elastizitätsansatz.**

Einige Ergänzungen

Der Grundeinsicht müssen jedoch einige Ergänzungen angefügt werden:

(1) Beim Vergleich der Preisrelation von Inland zu Ausland müssen Transportkosten und etwaige Zölle berücksichtigt werden.

Nicht immer werden Wechselkursänderungen zu entsprechenden Preisänderungen führen

(2) Keineswegs werden generell die durch eine Wechselkursänderung bewirkten Preisänderungen voll auf den Angebotspreis durchschlagen. Wird die DM z.B. aufgewertet von bisher 1 Dollar = 2 DM auf 1 Dollar = 1,80 DM, so „müßte" der deutsche Exporteur den Dollar-Preis eines deutschen Autos, das 10.000 DM kostet, von 5.000 Dollar auf 5.556 Dollar erhöhen, um weiterhin den gleichen DM-Preis zu erzielen. Es ist nun häufig zu beobachten, daß Exporteure bei einer Aufwertung ihren Auslandspreis nicht um den Prozentsatz der Wechselkursänderung erhöhen, weil sie konkurrenzfähig bleiben wollen. Gerade bei der auch im internationalen Handel häufigsten Marktform des Oligopols sind Zielsetzungen und Verhaltensweisen zu beobachten, die eine der Wechselkursänderung entsprechende Preisänderung oft ausschließen:

- die Erhaltung eines bestimmten Marktanteils;
- die Erzielung eines zur aufgebauten Vertriebs- und Serviceorganisation vernünftigen Absatzverhältnisses;
- die Vermeidung von Preiskämpfen;

4) Die konstanten Inlandspreise in der jeweiligen Inlandswährung stellen – von Sonderfällen abgesehen – eine vereinfachende Annahme dar.

- die Erzielung eines bestimmten Gesamtgewinns, unabhängig von der Zusammensetzung dieses Gewinns aus Auslands- und Inlandsgeschäft. Umgekehrt geben Importeure die Preisänderung für die importierten Güter oft auch nicht an den Verbraucher weiter, sondern behalten den Aufwertungsgewinn für sich.
- Schließlich ist darauf hinzuweisen, daß nicht nur Preisdifferenzen den internationalen Handel beeinflussen, sondern daß auch unterschiedliche Qualität, Serviceleistungen, verschiedene Lieferfristen, Zahlungsbedingungen etc. von ganz wesentlichem Einfluß sind; und Rechnungen werden häufig in einer allgemein akzeptierten Währung ausgestellt (fakturiert), z.B. in Dollar. Dann wird eine Wechselkursänderung nicht die Nachfrage (das Angebot) der USA, sondern den Gewinn des deutschen Exporteurs (Importeurs) beeinflussen. Ein Beispiel hierfür ist die Abrechnung des Airbus. Nachfolgend sind allerdings auch hier Mengenreaktionen zu erwarten.

Die unter (2.) gemachten Ausführungen weisen darauf hin, daß für die Wettbewerbsfähigkeit der inländischen Unternehmen gegenüber dem Ausland nicht allein der nominale Wechselkurs w von Bedeutung ist, sondern letztlich das Preisverhältnis zwischen Auslands- und Inlandsgütern. Bezeichnet man mit P^a das Preisniveau im Ausland in Auslandswährung und mit P das Preisniveau im Inland in Inlandswährung, so kann man beide Preisniveaus über den nominalen Wechselkurs vergleichbar machen. Das in Inlandswährung ausgedrückte ausländische Preisniveau ergibt sich, indem man P^a mit dem nominalen Wechselkurs w multipliziert. Das Preisverhältnis zwischen Inland und Ausland wird dann gegeben durch:

Der reale Wechselkurs bestimmt die Wettbewerbsfähigkeit

$$w^r = \frac{w \cdot P^a}{P}$$

Dieses in einer einheitlichen Währung ausgedrückte Preisniveau zwischen Ausland und Inland bezeichnet man als den **realen Wechselkurs.** Steigt dieser, so werden Auslandsgüter im Verhältnis zu Inlandsgütern teurer, d.h. ceteris paribus steigt die **durchschnittliche Wettbewerbsfähigkeit** der inländischen Unternehmen. Man drückt diesen Sachverhalt auch aus, indem man sagt, der reale Wechselkurs der heimischen Währung steigt. Auf die Deutsche Mark bezogen bedeutet dies, die DM **wertet real** ab.

5.2 Preisänderung und Außenhandel (Preismechanismus)

Wenn eine Änderung der Preisrelationen durch Änderung des nominalen Wechselkurses den internationalen Handel beeinflußt, dann muß dies – wie die Ausführungen zum realen Wechselkurs gezeigt haben – auch für eine Veränderung der nationalen Preise gelten. Nehmen wir zur Illustration eine inflationäre Preissteigerung in den USA und Preisstabilität für die Bundesrepublik Deutschland an. Dies bedeutet eine allgemeine Dollar-

Beispiel: Inflation in USA und Preisstabilität in der Bundesrepublik

Preissteigerung der US-Güter bei Konstanz der DM-Preise der deutschen Güter. Bei einem gegebenen konstanten Wechselkurs werden daher die US-Güter, in DM ausgedrückt, teurer, die nachgefragte Menge der US-Güter sinkt. Wenn wir annehmen, daß die Nachfrageelastizität der Bundesrepublik nach US-Gütern größer als 1 ist, wird der Importwert der Bundesrepublik abnehmen, wobei es gleichgültig ist, ob wir in Dollar oder DM rechnen. Für die USA bedeutet das umgekehrt eine Abnahme ihres Exportwertes.

Die deutschen Güter werden – wegen der Preisstabilität –, in Dollar gerechnet, relativ billiger als die US-Güter. Die mengenmäßige Nachfrage nach deutschen Gütern in den USA wird zunehmen, der Preis konstant bleiben – sowohl in Dollar als auch in DM gerechnet –, d. h. der deutsche Export (gleichbedeutend mit dem US-Import) wird zunehmen.

Unter der Voraussetzung, daß alles übrige gleichbleibt, insbesondere der Wechselkurs und die Höhe der Volkseinkommen, kann man folgende Grundeinsicht formulieren:[5])

Steigt das Preisniveau eines Landes schneller als das eines anderen Landes, dann werden die Exporte des preisstabileren Landes zunehmen, seine Importe dagegen abnehmen, die Exporte des relativ inflationären Landes abnehmen, seine Importe dagegen zunehmen.

5.3 Volkseinkommensänderung und Außenhandel (Einkommensmechanismus)

Unter der Voraussetzung konstanter Preise und konstanter nominaler Wechselkurse wollen wir untersuchen, wie Exportänderungen das Volkseinkommen und wie Volkseinkommensänderungen den Außenbeitrag und damit ceteris paribus die Leistungsbilanz beeinflussen.

Exporte sind eine Komponente der gesamtwirtschaftlichen Nachfrage, und sie wirken genau wie die übrigen Komponenten auf die Höhe des Volkseinkommens (vgl. Kapitel 13, Abschnitt 1.3.2).

Exorte wirken wie alle anderen Komponenten der gesamtwirtschaftlichen Nachfrage auf die Höhe des Volkseinkommens

Steigen die Exporte (Nachfrage des Auslandes), so steigt auch das Volkseinkommen. Steigen die Exporte um einen Betrag Δ Ex, so erhöht sich das Gleichgewichtseinkommen um den Betrag

$$\Delta Y = \frac{1}{1 - b} \cdot \Delta Ex,$$

wobei b (vgl. Kapitel 12) die Grenzkonsumquote bezeichnet.

Die erhöhte Nachfrage des Auslandes trifft zunächst die Exportgüterindustrie, führt hier zu höheren Einkommen und breitet sich über den Multiplikatorprozeß auf alle Bereiche der Wirtschaft aus.

---

5) Die Änderung des Preisniveaus muß sich allerdings gleichmäßig auf alle Industrien, insbesondere auch auf die Exportindustrie, erstrecken.

Ähnlich wie der private Konsum hängt auch der Import eines Landes vom Volkseinkommen ab. Mit steigendem Volkseinkommen steigt also auch die Importgüternachfrage. Diese Tatsache modifiziert die Ergebnisse des Multiplikatorprozesses. Ein Teil der zusätzlich geschaffenen Nachfrage fließt jetzt ins Ausland ab, kann also im Inland nicht zu einer Produktionsausdehnung führen. Damit ist die Multiplikatorwirkung einer Nachfrageerhöhung in einer offenen Volkswirtschaft geringer als in einer geschlossenen Volkswirtschaft.

Importe bedeuten einen Abfluß gesamtwirtschaftlicher Nachfrage in das Ausland

Festzuhalten bleibt, daß eine Erhöhung der Exporte – aus welchen Gründen sie auch immer erfolgt – zu einer Erhöhung des Volkseinkommens des betreffenden Landes führt. Auf der anderen Seite bewirkt ein steigendes (sinkendes) Volkseinkommen einen Anstieg (Abnahme) der Importe. Die Exporttätigkeit eines Landes wird durch Veränderungen des Volkseinkommens dagegen unmittelbar nicht berührt.

Wir haben damit die grundsätzlichen Mechanismen kennengelernt, die im internationalen Handel wirksam sind:

- den Wechselkursmechanismus,
- den Preismechanismus und
- den Einkommensmechanismus

Der Wechselkursmechanismus, der Preismechanismus und der Einkommensmechanismus beeinflussen den Außenhandel

6. Die Terms of Trade (Das reale Austauschverhältnis)

Die **„terms of trade“** geben an, welches Importvolumen im Austausch gegen eine Einheit Exportgüter erworben werden kann. In unserem einfachen Rindfleisch-/Stahlbeispiel ergeben sich bei der externen Tauschrelation

$$1 \text{ kg Rindfleisch} = 1{,}75 \text{ kg Stahl}$$

folgende terms of trade:

Italien erhält für 1 kg exportiertes Rindfleisch $4/7$ kg Stahl, die Bundesrepublik muß für $7/4$ kg importiertes Rindfleisch 1 kg Stahl exportieren.

Ein weiteres Beispiel soll den Begriff terms of trade unter Berücksichtigung von Preisen und Wechselkursen erläutern.

Angenommen, die Bundesrepublik Deutschland exportiere als einziges Gut Autos im Wert von 10.000 DM und importiere als einziges Gut Apfelsinen aus Spanien zum Preis von: 100 kg Apfelsinen = 2.000 Peseten. Bei einem Wechselkurs von 100 Peseten = 5 DM kosten also 100 kg Apfelsinen = 100 DM. Nun kann man berechnen, wieviel kg Apfelsinen man für ein deutsches Auto bekommt:

$$\frac{10\,000 \text{ DM/Auto}}{100 \text{ DM/100 kg Apfelsinen}} = \frac{100 \cdot 100 \text{ kg Apfelsinen}}{1 \text{ Auto}}$$

Die Bundesrepublik erhielte also 10.000 kg Apfelsinen für 1 Auto. Das reale Austauschverhältnis hängt mithin von den jeweiligen Preisen der Güter und vom Wechselkurs ab.

In der Praxis werden nun nicht nur zwei, sondern sehr viele Güter international getauscht. Man muß daher bei der Berechnung des realen Austauschverhältnisses mit Indizes arbeiten. Die terms of trade, genauer gesagt die terms of trade auf Güterbasis, die sog. commodity terms of trade, werden berechnet als Quotient aus Preisindex der Exporte und Preisindex der Importe in heimischer Währung:

$$\text{terms of trade} = \frac{\text{Preisindex der Exporte}}{\text{Preisindex der Importe}}$$

Damit ist der Wert der terms of trade für sich genommen weniger aussagekräftig als seine Veränderungen. Steigen z.B. die Preise der Exportgüter stärker als die Preise der Importgüter, dann spricht man von einer Verbesserung der terms of trade. Entwicklungsländer sind häufig von einer Abnahme der terms of trade gegenüber Industrieländern betroffen. Die Entwicklungsländer erhalten dann für ihre Produkte immer weniger industrielle Güter. (Vgl. zur Illustration Tabelle 30.3 im Kapitel 30, Abschnitt 10.2).

C. Arbeitsaufgaben

1) *Erläutern Sie folgende Begriffe:*
   - *Wechselkurs*
   - *Aufwertung, Abwertung*
   - *Terms of Trade*
   - *Zölle, Kontingente.*

2) *Erläutern Sie das Faktorproportionentheorem von Heckscher/Ohlin.*

3) *Erläutern Sie den Kern des Theorems der Komparativen Kosten von Ricardo.*

4) *Warum bietet der internationale Handel die bessere Ausschöpfung der Größenvorteile der Produktion?*

5) *Es wird behauptet, daß der Wettbewerb durch den internationalen Handel steigt. Im Zuge der europäischen Integration kommt es aber eher zu einer Konzentration, nationale Unternehmen werden durch multinationale Unternehmen verdrängt. Ist das ein Widerspruch?*

6) *Überlegen Sie, wie eine Aufwertung (wie eine Abwertung) der DM auf den Dollar-Wert der deutschen Exporte und Importe wirken wird.*

7) *Wie wird sich langfristig der Außenhandel eines Landes entwickeln, das bei festen Wechselkursen mehr Stabilität im Innern erreicht als andere Länder?*

8) *Wie wird sich eine Erhöhung des Volkseinkommens – etwa infolge erhöhter interner Investitionstätigkeit – auf den Außenhandel eines Landes auswirken?*

9) *Aus welchem Grunde sind die Beschäftigungswirkungen (gemessen an der Größe des Multiplikators) einer Erhöhung der Staatsausgaben in einer offenen Wirtschaft geringer als in einer geschlossenen Wirtschaft?*

10) *Warum könnte die Exportindustrie der Bundesrepublik bei einer Aufwertung der DM in einen „Gewinndruck" geraten?*

Lösungsvorschläge für die Arbeitsaufgaben im „Übungsbuch zu Grundlagen und Probleme der Volkswirtschaft".

D. Literatur

Üblicherweise wird die Außenwirtschaftslehre in einen realwirtschaftlichen und einen monetären Bereich geteilt. Wir haben versucht, diese Trennung zu überwinden, wenngleich Kapitel 20 sich doch überwiegend mit realwirtschaftlichen Problemen befaßt. Entsprechend ergänzen sich die Literaturhinweise von Kapitel 20 und 21. Im übrigen sind leicht verständliche Werke zu diesem Bereich selten.

Einen Überblick über die realwirtschaftliche Theorie des Außenhandels gibt

BENDER, Dieter, Art. Außenhandel in: Vahlens Kompendium der Wirtschaftstheorie und Wirtschaftspolitik, Bd. 1, 5. Auflage, München 1992, S. 417–474,

und den entsprechenden Überblick über die monetären Aspekte der internationalen Wirtschaftsbeziehungen gibt

WILLMS, Manfred, Art. Währung, in: Vahlens Kompendium der Wirtschaftstheorie und Wirtschaftspolitik, Bd. 1, 4. Auflage, München 1990, S. 219–263.

Beide Artikel sind konzis und setzen wirtschaftstheoretische Grundkenntnisse voraus. Dies gilt auch für die beiden Handbuchartikel von

HESSE, Helmut, Art. Außenhandel I: Determinanten, in Handwörterbuch der Wirtschaftswissenschaft – HdWW, Bd. 1, hrsg. von Willi ALBERS u. a. Stuttgart, Tübingen, Göttingen 1977, S. 364–388 *und*

HEMMER, Hans-Rimbert, Art. Außenhandel II: Terms-of-trade, in: Handwörterbuch der Wirtschaftswissenschaft – HdWW, Bd. 1, hrsg. von Willi ALBERS u. a. Stuttgart, Tübingen, Göttingen 1977, S. 388–403.

Die Standardwerke zur Außenwirtschaftslehre, die allerdings fundierte wirtschaftstheoretische Kenntnisse voraussetzen, sind

ROSE, Klaus, Theorie der Außenwirtschaft, 10. überarbeitete Auflage, Vahlens Handbücher der Wirtschafts- und Sozialwissenschaften, München 1989
und
SIEBERT, Horst, Außenwirtschaft, 6. Auflage, Stuttgart 1994.

Eine verständliche Einführung, die eher geringe Vorkenntnisse voraussetzt, ist

GLASTETTER, Werner, Außenwirtschaftspolitik. Eine problemorientierte Einführung, mit einem Kompendium außenwirtschaftlicher Fachbegriffe, Köln 1975, Teile C bis E.

Speziell die Probleme des Protektionismus werden erörtert im III. Kapitel des Buches von

GLISMANN, Hans-Hinrich u. a., Weltwirtschaftslehre I, Außenhandels- und Währungspolitik, 4. Auflage, 1992.

21. Kapitel
Funktionsweise verschiedener Währungssysteme

A. Lernzielorientierte Leitfrage und Fragenkomplexe

Leitfrage:
Welche Möglichkeiten ergeben sich für die Gestaltung internationaler Währungssysteme

- *Was versteht man unter Konvertibilität und Devisenbewirtschaftung?*
- *Wie bilden sich Wechselkurse in einem System frei flexibler Wechselkurse?*
- *Welche zentralen Probleme entstehen in einem System fester Wechselkurse?*
- *Wie werden Zahlungsbilanzungleichgewichte finanziert?*
- *Wie werden Zahlungsbilanzungleichgewichte beseitigt?*
- *Worin liegen die Vorteile flexibler Wechselkurse?*
- *Worin liegen die Vorteile fester Wechselkurse?*
- *Warum werden innerhalb der EG feste Wechselkurse angestrebt?*
- *Welches sind die Grundprobleme einer Währungsunion?*

B. Sachanalyse

Der internationale Handel braucht eine Wirtschafts- und Geldordnung

Wie der nationale Handels- und Zahlungsverkehr braucht auch der internationale Handels- und Zahlungsverkehr eine Wirtschafts- und Geldordnung. Es muß ein **internationales Währungssystem** existieren, das die Bezahlung der Güter in verschiedenen Währungen ermöglicht und zugleich mit einem Mindestmaß an Regeln eine ordnungsgemäße Durchführung des internationalen Tausches aufrecht erhält. Insbesondere muß beachtet werden, daß der internationale Handel auf Gegenseitigkeit beruhen sollte. Genauso wie keine Familie auf die Dauer mehr ausgeben kann als sie verdient, kann kein Land auf die Dauer mehr importieren als exportieren. Im folgenden werden wir nach einem kurzen Überblick über die möglichen Währungssysteme die **Grundtypen** erläutern: Das Währungssystem mit festen und das Währungssystem mit frei flexiblen Wechselkursen und die Währungsunion.

Wie freizügig soll der internationale Handel sein?

1. Währungspolitische Alternativen

Um dem Leser einen Überblick über die verschiedenen Währungssysteme zu geben, sollen die währungspolitischen Alternativen zunächst schematisch zusammengestellt werden. Die **erste Grundentscheidung** bezieht sich auf die Freizügigkeit des internationalen und Geldverkehrs: Freie Konvertibilität (Konvertierbarkeit) der Währungen gegenüber einem System der Devisenbewirtschaftung. Bei **freier Konvertibilität der Währungen** können

Freie Konvertibilität

- Inländer die Währung ihres Landes unbeschränkt in andere Währungen umtauschen **(Inländerkonvertibilität)** und
- Ausländer die in ihrem Besitz befindlichen Devisen in jede andere Währung umtauschen **(Ausländerkonvertibilität).**

Von diesem Ideal völliger Freizügigkeit gibt es abgestufte Abweichungen: So kann die Konvertibilität auf bestimmte Zwecke (etwa Zahlungen im Rahmen des Güterverkehrs) beschränkt werden, sie kann sich nur auf bestimmte Länder beziehen (z. B. Sterlingblock) oder auf bestimmte Personen (z. B. Ausländer).

Devisenbewirtschaftung

Von **Devisenbewirtschaftung** spricht man im allgemeinen, wenn die Konvertibilität der Währungen aufgehoben ist und die Devisen per Ablieferungspflicht und Zuteilung mengenmäßig von einer Behörde bewirtschaftet werden. Wir werden das System der Devisenbewirtschaftung hier nicht im einzelnen erläutern, da es außerhalb marktwirtschaftlicher Grundsätze liegt. Es sei nur erwähnt, daß das System der Devisenbewirtschaftung den freien internationalen Handel außerordentlich behindert, es führt zu immer weitergehenden Beschränkungen und endet meist im zweiseitigen (bilateralen) Tausch. (Der Leser denke an die Devisenbewirtschaftung in Deutschland von 1933 bis zur Einführung der Konvertibilität 1958.) Viele Entwicklungsländer glauben heute noch, durch Devisenbewirtschaftung knappe ausländische Währungen besser einsetzen zu können. Da ihre Währungen oft überbewertet sind, kommt es dann regelmäßig zu Schwarzmärkten.

Die **zweite Grundsatzentscheidung** bezieht sich darauf, ob man feste oder flexible Wechselkurse oder Zwischenformen einführen möchte. Mithin können wir folgende Übersicht aufstellen.

I. Währungssystem mit freier Konvertibilität der Währungen
   (1) Währungssystem mit festen (unveränderlich festen) Wechselkursen (z. B. Goldwährung)
   (2) Währungssystem mit stufenflexiblen Wechselkursen (Wechselkurse) sind grundsätzlich fest, können aber von Fall zu Fall geändert werden
   (3) Flexible Wechselkurse mit Eingreifen der Währungsbehörde (managed floating, schmutziges floating)
   (4) Frei flexible Wechselkurse

II. Devisenbewirtschaftung

2. Währungssystem mit flexiblen Wechselkursen

2.1 Der Devisenmarkt

Die Höhe der nominalen Wechselkurse bestimmt sich auf dem **Devisenmarkt**[1]**)** durch Angebot und Nachfrage von Devisen. **Devisen** sind dabei in der Regel Sichtguthaben von Nichtbanken bei ausländischen Geschäftsbanken, also z. B. Dollarguthaben eines deutschen Exporteurs bei einer amerikanischen Geschäftsbank. Der Einfachheit halber wollen wir auch hier nur die Bestimmung des Wechselkurses zweier Währungen, der DM und des Dollars, untersuchen.

Der Wechselkurs bestimmt sich auf dem Devisenmarkt durch Angebot und Nachfrage

Wer sind nun die Anbieter von und die Nachfrager nach Dollars? Die Dollarnachfrage wird entfaltet von den Importeuren von Gütern und Diensten, die in Dollar bezahlt werden und von den Käufern von auf Dollar lautenden Forderungen. Das Angebot an Dollars rührt her von den Exporteuren von Gütern und Diensten und Verkäufern von auf Dollar lautenden Forderungen. Sehen wir vom Kapitalverkehr ab, so können wir sagen, daß die Dollarnachfrage vom Dollarwert der Güterimporte und das Dollarangebot vom Dollarwert der Güterexporte abhängen.

Importeure fragen Dollars nach, Exporteure bieten Dollars an

Wir haben bereits festgestellt, daß bei einer Aufwertung der DM (der nominale Wechselkurs w sinkt [2])) der Dollarwert des deutschen Imports zunehmen wird; folglich wird mit sinkendem w die nachgefragte Menge von Dollars steigen. Dies ist in Abb. 21.1 durch den uns schon aus der Ableitung der Bestimmungsgründe der Nachfrage nach Gütern (vgl. Kapitel 4) bekannten Verlauf der Nachfragekurve ausgedrückt. Der Exportwert wird hingegen mit einer Aufwertung der DM normalerweise (genauer: bei elastischer Exportnachfrage) abnehmen; folglich wird im Normalfall das Angebot an Dollars mit sinkendem Wechselkurs sinken. Damit können wir das Angebot an Dollars als eine steigende Kurve zeichnen.

Mit sinkendem Wechselkurs steigt die Dollarnachfrage und sinkt das Dollarangebot

Die Preisbildung auf dem Devisenmarkt – einem der vollkommensten Märkte der Welt – vollzieht sich nach den Regeln der Preisbildung bei vollständiger Konkurrenz (zum Begriff der vollständigen oder vollkommenen Konkurrenz vgl. Kapitel 6, 4. Abschnitt). Wir tragen in einer Zeichnung die Angebots- und Nachfragekurven für Dollars in Abhängigkeit vom Preis des Dollars ein (z. B. 1 Dollar = 2,– DM; 1 Dollar = 3,– DM; allgemein: 1 Dollar = w DM).

Preisbildung auf dem Devisenmarkt

1) Gelegentlich wird der Devisenmarkt auch als Zahlungsbilanz im Marktsinne bezeichnet. Es handelt sich hierbei um eine ex-ante-Betrachtung im Gegensatz zur Zahlungsbilanz im statistischen Sinne (ex-post-Betrachtung, vgl. Kap. 10).

2) Wenn nichts anderes gesagt wird, ist im folgenden mit dem Wechselkurs stets der nominale Wechselkurs gemeint.

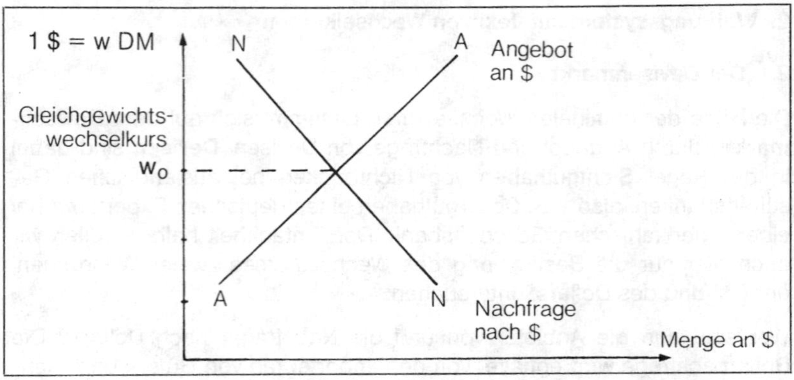

Abb. 21.1: Angebot und Nachfrage auf dem Devisenmarkt

Bei frei flexiblen Wechselkursen ist die Zahlungsbilanz im Marktsinn immer ausgeglichen

Im Schnittpunkt von Angebot und Nachfrage ergibt sich der **nominale Gleichgewichtswechselkurs,** der sich täglich auf den Devisenmärkten einstellt.

Dies ist die charakteristische Eigenschaft eines Währungssystems mit frei flexiblen Wechselkursen: Ohne Eingreifen einer staatlichen Stelle gibt es immer einen Wechselkurs, der die geplante Nachfrage nach Devisen und das geplante Angebot von Devisen ausgleicht.

2.2 Automatische Stabilisierung der Zahlungsbilanz

Wie wirkt eine Importsteigerung?

Fragen wir uns, was geschehen wird, wenn die Bundesrepublik Deutschland aufgrund einer Geschmacksänderung, aufgrund einer Mißernte oder

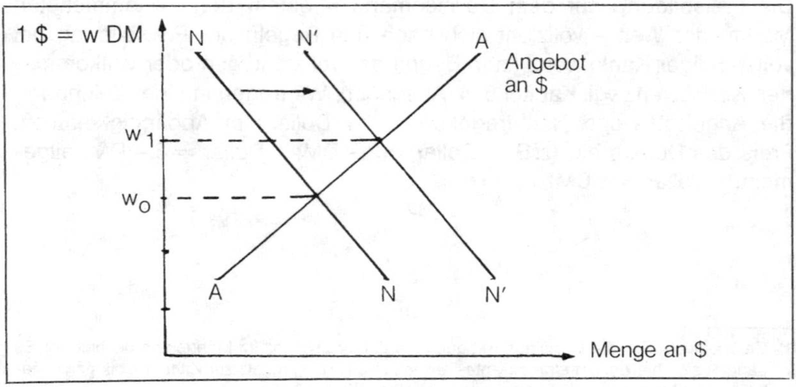

Abb. 21.2: Veränderung des Gleichgewichtswechselkurses bei einer Verschiebung der Devisennachfrage

aufgrund starker inländischer Preissteigerungen ihre Importe ausweiten möchte. Die Nachfrage nach Dollars zur Bezahlung dieser Importe wird steigen, d. h. die Nachfragekurve verschiebt sich nach rechts (von NN nach N'N' in Abb. 24.2). Bleibt die Angebotskurve unverändert, so ergibt sich folgende Situation:

Der Gleichgewichtswechselkurs ist auf w_1 gestiegen, d. h. die DM hat eine Abwertung erfahren. Nun wissen wir bereits, daß bei einer Abwertung (die DM wurde „billiger") die Nachfrage der Ausländer nach deutschen Gütern zunehmen wird, die Exportwerte der Bundesrepublik Deutschland also steigen. Andererseits wird der Dollar „teurer", die Bundesrepublik schränkt den Wert ihre Importe ein. Auf diese Weise sorgt der gestiegene Wechselkurs wieder für einen Ausgleich von Angebot und Nachfrage.

Automatische Stabilisierung der „Zahlungsbilanz"

Im Grunde ändert sich daran nichts, wenn wir auch Angebot und Nachfrage nach Devisen für den Kapitalverkehr in die Betrachtung einbeziehen. Beim Kapitalverkehr ist zwischen Kapitalexporten und Kapitalimporten zu unterscheiden. Ein Kapitalexport (Kapitalimport) liegt dann vor, wenn inländische (ausländische) Wirtschaftssubjekte ausländische (inländische) Aktiva erwerben. Beispiele für Aktiva sind Kapitalgüter (Erwerb einer Fabrik oder einer Kapitalbeteiligung) oder Forderungen (z. B. Wertpapiere). Wenn die Bundesrepublik im Ausland investieren will, zu diesem Zweck mehr Dollars nachfragt, steigt der Wechselkurs, bis wieder Gleichgewicht herrscht. Der sogenannte **Wechselkursmechanismus** ist nichts anderes als der Preismechanismus auf dem Devisenmarkt. In diesem Sinn spricht man von einer automatischen Stabilisierung der „Zahlungsbilanz". Genauer gesehen müssen dabei einige üblicherweise gegebene Bedingungen gelten, insbesondere soll die Exportnachfrage elastisch sein und die Spekulation nicht destabilisierend wirken.

2.3 Bestimmungsgründe des flexiblen Wechselkurses

Einflußfaktoren des Marktverhaltens

Generell kann die bisher gemachte Feststellung, der Wechselkurs werde durch Angebot und Nachfrage auf dem Devisenmarkt bestimmt, aufrecht erhalten werden. Es ist allerdings zu fragen, welche Faktoren dieses Marktverhalten ihrerseits beeinflussen. Hierzu sind eine Fülle von Erklärungen entwickelt worden, von denen wir die wichtigsten skizzieren wollen.

Zunächst kann man nach dem Motiv von Angebot und Nachfrage zwischen Arbitrage und Spekulation unterscheiden.

Arbitrage

Wechselkursarbitrage liegt vor, wenn bestehende Kursdifferenzen zwischen Währungen – z. B. der Dollar-DM-Wechselkurs ist in Frankfurt ein anderer als in London – dadurch ausgeglichen werden, daß die Währung am „billigen" Platz gekauft wird und am „teuren" Platz verkauft wird. Solche Arbitragegeschäfte werden von Devisenhändlern im großen Umfang getätigt.

Zinsarbitrage liegt vor, wenn die Marktteilnehmer Zinsdifferenzen zwischen Inland und Ausland nutzen, um Geld dort anzulegen, wo es die höchste Rendite erbringt. Dabei muß allerdings das Wechselkursrisiko berücksichtigt werden. Ist z. B. der Zins in Spanien höher als in Deutschland, so würde es sich lohnen, sein Geld in spanischen Wertpapieren anzulegen, aber nur dann, wenn der entsprechende Zinsgewinn nicht durch einen erwarteten Kursverlust beim Rücktausch von Pesetas in DM aufgezehrt wird. Solche möglichen Kursverluste stellen das Wechselkursrisiko einer Geldanlage in ausländischer Währung dar.

Spekulation

Devisenspekulation liegt vor, wenn Marktteilnehmer Devisen kaufen bzw. verkaufen, um aus den erwarteten Wechselkursänderungen Gewinne zu realisieren. Grundlage der Devisenspekulation sind also die subjektiven Kurserwartungen.

Arbitrage- und Spekulationsgeschäfte können und werden häufig auch gleichzeitig auf zwei verschiedenen Märkten getätigt, dem Kassamarkt und dem Terminmarkt.

Auf dem **Kassamarkt** werden die Geschäfte sofort erfüllt, man kauft z. B. 1 000 Dollars „heute" gegen 2 000 DM.

Auf dem **Terminmarkt** werden Geschäfte abgeschlossen bei denen die Konditionen „heute" festgelegt werden, der Umtausch indes erst später (per Termin), z. B. in drei Monaten erfolgt. So kann z. B. der im obigen Beispiel genannte Zinsarbitrageur, der sein Geld heute in spanischen Wertpapieren angelegt hat, die am Fälligkeitstag erwarteten Pesetas bereits heute zum heute gültigen Terminkurs verkaufen. Auf diese Weise schaltet er das oben genannte Wechselkursrisiko aus. Generell ist es üblich, daß Exporteure und Importeure auch von Gütern und Dienstleistungen solche Kurssicherungsgeschäfte tätigen.

Fundamentalfaktoren …

Arbitrage- und Spekulationsgeschäfte spielen eine Rolle bei der Wechselkursbestimmung; sie werden überlagert von tiefergehenden Ursachen, von den sog. **Fundamentalfaktoren.** Sehr häufig wird dabei unterschieden zwischen den Bestimmungsfaktoren des Wechselkurses, die sich auf Güterströme beziehen und Bestimmungsfaktoren des Wechselkurses, die sich auf Kapitalströme beziehen.

Inflationsratenunterschiede …

Die **Kaufkraftparitätentheorie** (in ihrer heute eher akzeptierten relativen Version) besagt: Die Änderung des nominalen Wechselkurses wird bestimmt durch die Differenz der Inflationsraten zweier Länder. Der einfache Grundgedanke sei für den Zwei-Länder-Fall erläutert: Wenn in Italien die Güterpreise jährlich um 10 Prozent steigen, während in der Bundesrepublik die Güterpreise aber jährlich nur um 3 Prozent steigen, dann werden die Güter in Italien relativ teurer als in der Bundesrepublik. Dies führt zu einer verstärkten (verminderten) Nachfrage nach deutschen (italienischen) Produkten und damit zu einer verstärkten (verminderten) Nachfrage nach DM (Lira). Die DM wertet dann gegenüber der Lira auf. Es ist einleuchtend, daß diese Erklärung sich nur auf Wechselkursänderungen beziehen kann, die auf Ströme international handelbarer Güter zurückzuführen sind.

In einer einfachen Version (ohne Berücksichtigung von Transportkosten, Informationskosten, Steuern und Zöllen) besagt diese relative Kaufkraftparitätentheorie, daß der Wechselkurs sich genau um die Inflationsratendifferenz verändert. Im obigen Beispiel würde die DM also gegenüber der Lira jährlich um 7 Prozent aufwerten – der Preis der Lira in DM würde um ca. 7 Prozent abnehmen. In diesem Fall würde die Kaufkraft der DM gegenüber Italien keine Änderung erfahren: Zwar steigen die Preise in Italien schneller als in Deutschland, aber gleichzeitig bekommt man für die DM entsprechend mehr Lire (die Lira ist billiger geworden). Man sagt dann, daß der reale Wechselkurs konstant geblieben ist. Der reale Wechselkurs (vgl. auch Kapitel 20) stellt also auf den Vergleich der realen Kaufkraft zweier Währungen ab, der reale Wechselkurs eines Landes ist gleich seinem nominalen Wechselkurs multipliziert mit dem Verhältnis der Auslandspreise zu den Inlandspreisen. Der reale Wechselkurs ist von entscheidender Bedeutung für die Weltbewerbsfähigkeit eines Landes. Wie häufig in der Ökonomik sind Änderungen aussagekräftiger als Zustände: Eine reale Wechselkursänderung ist gleich der nominalen Wechselkursänderung, bereinigt um die Inflationsratendifferenz zwischen Ausland und Inland. Im obigen Beispiel:

reale Wechselkursänderung = nominale Wechselkursänderung (– 7 %)
+ Inflationsrate in Italien (+ 10 %)
– Inflationsrate in Deutschland (– 3 %)
= 0 % (Der reale Wechselkurs bleibt konstant).

Die letzte Aussage läßt sich formal leichter ableiten. Wenn definitionsgemäß gilt:

$$w^r = \frac{w\,P^a}{P},$$

so gilt (für kleine Änderungen näherungsweise)

$$\hat{w}^r = \hat{w} + \hat{p}^a - \hat{p}.$$

Dabei bezeichnen die mit ^ gekennzeichneten Größen Änderungsraten.

Die Kaufkraftparitätentheorie muß ergänzt werden um eine Erklärung der durch Kapitalbewegungen beeinflußten Wechselkurse. Hier spielt die Zinsparitätentheorie eine zentrale Rolle. Die **Zinsparitätentheorie** besagt, daß der Wechselkurs – bei gegebener Erwartung über den zukünftigen Wechselkurs – von der Zinsdifferenz zwischen zwei Ländern abhängt. Auch hier empfiehlt sich eine Formulierung in Änderungsraten: Steigt der Zinssatz im Ausland relativ zum Zinssatz im Inland, dann wird Kapital ins Ausland abfließen und die heimische Währung wird abgewertet. Wenn also z. B. – ausgehend von einem Portfolio-Gleichgewicht (gleichgewich-

…und Zinsdifferenzen

tige Geldanlage unter Berücksichtigung von Zinsen und erwarteten Kursänderungen) – die Zinsen in einem Land, z. B. in Spanien steigen, dann lohnt ceteris paribus eine Umschichtung der Geldanlagen zugunsten einer Anlage in spanischen Pesetas sofern nicht eine Abwertung der Peseta erwartet wird, die den Zinsvorteil ausgleicht. Die spanische Währung wird mithin verstärkt nachgefragt, sie erfährt eine Aufwertung und die DM eine Abwertung.

Rolle der Erwartung

Beide Erklärungen – die Kaufkraftparitätentheorie und die Zinsparitätentheorie – sind stets kombiniert anzuwenden. Hinzu kommt die Erkenntnis, daß der aktuelle Wechselkurs immer auch nachhaltig von dem in Zukunft erwarteten Wechselkurs beeinflußt wird. In diese **Erwartungsbildung** gehen Informationen aus der Vergangenheit und Informationen über erwartete künftige Entwicklungen der Fundamentalfaktoren ein, genauer sogar Erwartungen bezüglich der Erwartungen der anderen Marktteilnehmer. Wenn in Spanien die Zinsen steigen, dann ist zu erwarten, daß die Masse der Marktteilnehmer erwartet, daß die Peseta aufwertet. Mithin wird die Nachfrage nach Pesetas verstärkt, um an der erwarteten Wertsteigerung zu partizipieren. Die Peseta wertet dann tatsächlich auf.

3. Währungssystem mit festen Wechselkursen

3.1 Finanzierung eines Zahlungsbilanzungleichgewichts

In einem Währungssystem mit festen Wech selkursen entsteht das Liquiditäts- und das Korrekturproblem

Hat man sich – aus Gründen, die noch erläutert werden – für feste Wechselkurse entschieden, so können für die Länder eines solchen Währungssystems zwei zentrale Probleme entstehen:

- das Problem, Zahlungsbilanzungleichgewichte zu finanzieren (ein **Liquiditätsproblem);**
- das Problem, Zahlungsbilanzungleichgewichte zu korrigieren, zu beseitigen (ein **Korrekturproblem).**

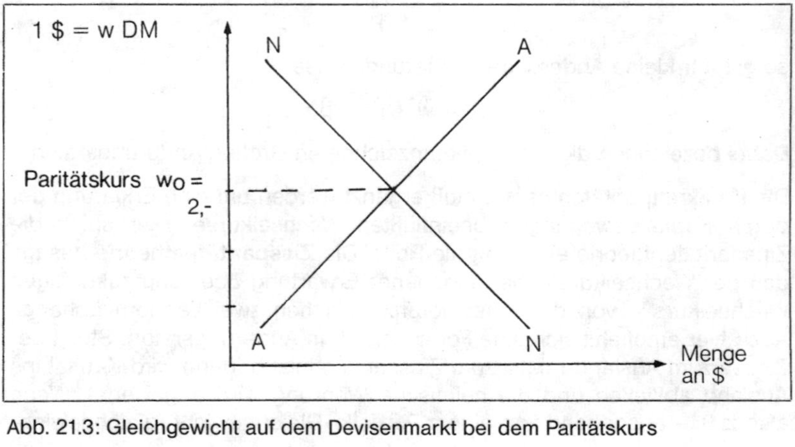

Abb. 21.3: Gleichgewicht auf dem Devisenmarkt bei dem Paritätskurs

Diese Probleme entstehen immer dann, wenn die Höhe des festgesetzten nominalen Wechselkurses dem freien Spiel der marktwirtschaftlichen Kräfte nicht entspricht. Dies soll anhand der Abbildungen 21.3 und 21.4 verdeutlicht werden. Der vom Staat festgesetzte Wechselkurs **(Paritätskurs)** sei w_0, z. B. 1 Dollar = 2,– DM. Damit sich der festgesetzte Wechselkurs auch am Markt einstellt, müßten Angebot und Nachfrage an Dollars bei dem Wechselkurs w_0 gerade gleich groß sein (vgl. Abb. 21.3).

In diesem Fall herrscht bei dem festgesetzten Wechselkurs Gleichgewicht zwischen Angebot und Nachfrage nach Dollars. Man spricht dann von einem **Gleichgewicht in der Zahlungsbilanz (auf dem Devisenmarkt),** wenn sich geplantes Angebot und geplante Nachfrage nach Devisen beim Paritätskurs ausgleichen, ohne daß staatliche Stellen

Zahlungsbilanzgleichgewicht

- auf dem Devisenmarkt mit Käufen bzw. Verkäufen von Devisen eingreifen,
- den Zahlungsverkehr beschränken oder
- ausgleichende Kredit- und Handelsgeschäfte vornehmen.

Etwas ungenauer könnte man auch sagen: Zum Paritätskurs müssen Angebot und Nachfrage nach Dollars dem freien Spiel der marktwirtschaftlichen Kräfte entspringen und gleich groß sein.

Zahlungsbilanzdefizit

Wenn sich in Abb. 21.4, ausgehend von einem Devisenmarktgleichgewicht, die Nachfragekurve nach rechts von N_1N_1 nach N_2N_2) verschiebt, entsteht beim Paritätskurs bei unverändertem Angebot ein Nachfrageüberhang. Zum Kurs von 1 Dollar = 2 DM werden mehr Dollars nachgefragt als angeboten.

Zahlungsbilanzdefizit

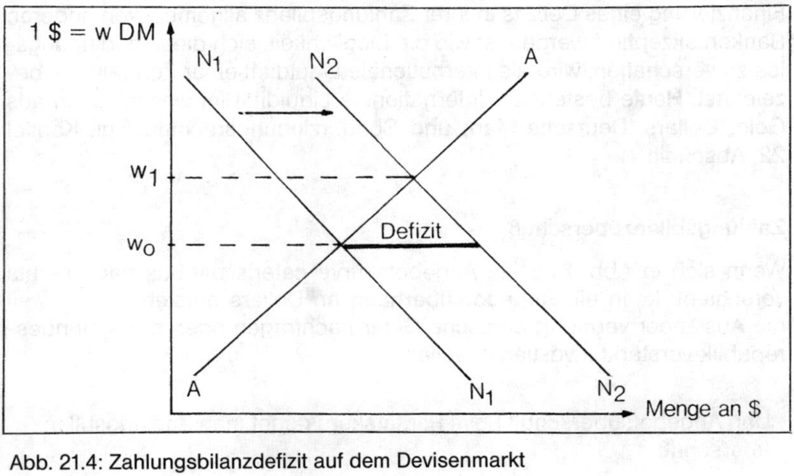

Abb. 21.4: Zahlungsbilanzdefizit auf dem Devisenmarkt

Diesen Devisennachfrageüberschuß beim Paritätskurs bezeichnet man als Zahlungsbilanzdefizit.

Bei einem Zahlungsbilanzdefizit muß das Devisenangebot erhöht werden

Ohne Eingreifen der Währungsbehörde (Zentralbank) würde der Wechselkurs von w_0 auf w_1 steigen. Um dies zu verhindern – es sind ja feste Wechselkurse und freie Konvertibilität vereinbart –, muß die Zentralbank den **Nachfrageüberhang** beseitigen. In Höhe des Zahlungsbilanzdefizits, in Höhe der „Dollarlücke", muß sie Dollars zusätzlich anbieten; sie muß das Defizit finanzieren. Aus der Zeichnung sieht man, daß die Zentralbank das Dollarangebot um den Betrag des Defizits erhöhen muß. Das Problem liegt nun darin, daß keine Zentralbank über einen unbegrenzten Bestand an Devisen verfügt, daß sie also **auf Dauer** ein Defizit nicht finanzieren kann. Man beachte, daß die Zentralbank nicht in DM, nicht in heimischer Währung zahlen kann, die sie ja unbegrenzt schaffen könnte. Dieses Problem der Zentralbank, bei einem Zahlungsbilanzdefizit Auszahlungen in einem Geld leisten zu müssen, das sie nicht selbst schaffen kann und von dem sie nur über einen begrenzten Bestand verfügt, nennt man das **Liquiditätsproblem.**

Keine Zentralbank kann ein Zahlungsbilanzdefizit auf die Dauer finanzieren

Außerdem ergibt sich durch die Intervention der Zentralbank eine Wirkung auf die inländische Geldmenge: Die Zentralbank verkauft Dollar gegen Deutsche Mark, wodurch sich die inländische Geldmenge um das Produkt aus Dollarangebot der Zentralbank und dem Wechselkurs verringert, da z. B. inländische Importeure die Dollars gegen Deutsche Mark erwerben.

Geldmengeneffekt

Das Geld, das eine Zentralbank dazu verwenden kann, ein solches Defizit zu finanzieren, nennt man ihre **Währungsreserven** oder ihren **Bestand an internationaler Liquidität.** Beziehen wir ihre Kreditmöglichkeiten, die sie ohne jede Bedingung in Anspruch nehmen kann, mit ein, so können wir definieren: Der Bestand einer Zentralbank an Zahlungsmitteln, die zur Finanzierung eines Defizits in ihrer Zahlungsbilanz allgemein von anderen Banken akzeptiert werden, sowie die Möglichkeit, sich diese bedingungslos zu verschaffen, wird als internationale Liquidität einer Zentralbank bezeichnet. Heute besteht die internationale Liquidität im wesentlichen aus Gold, Dollars, Deutsche Mark und Sonderziehungsrechten (vgl. Kapitel 22, Abschnitt 1).

Internationale Liquidität

Zahlungsbilanzüberschuß

Wenn sich in Abb. 21.5 die Angebotskurve ceteris paribus nach rechts verschiebt, kann ein **Angebotsüberhang** an Dollars entstehen, z. B. weil die Ausländer vermehrt deutsche Güter nachfragen oder in der Bundesrepublik verstärkt investieren wollen.

Den Angebotsüberschuß beim Paritätskurs nennt man Zahlungsbilanzüberschuß.

In dieser Situation muß die deutsche Zentralbank – um ein Absinken des Wechselkurses von w_0 nach w_2 (eine Aufwertung der DM) zu vermeiden – die Nachfrage nach Dollars um den Betrag der „Lücke“ ausdehnen. Sie kauft Dollars und gibt dafür DM, wodurch sich ihr Bestand an Dollars und die inländische Geldmenge erhöhen. Da die Zentralbank selbst DM unbegrenzt schaffen kann, entsteht für sie im Falle eines Zahlungsbilanzüberschusses kein Liquiditätsproblem. Diese **Asymmetrie des Liquiditätsproblems** ist von großer praktischer Bedeutung: Länder mit einem Zahlungsbilanzdefizit (Defizitländer) stehen vor der Notwendigkeit, über kurz oder lang – je nach Höhe ihres Bestandes an internationaler Liquidität – ihr Defizit beseitigen zu müssen, während sich für Überschußländer diese Notwendigkeit nicht zwingend ergibt.

Der Zwang zur Korrektur eines Zahlungsbilanzungleichgewichtes ist für Defizitländer viel größer als für Überschußländer

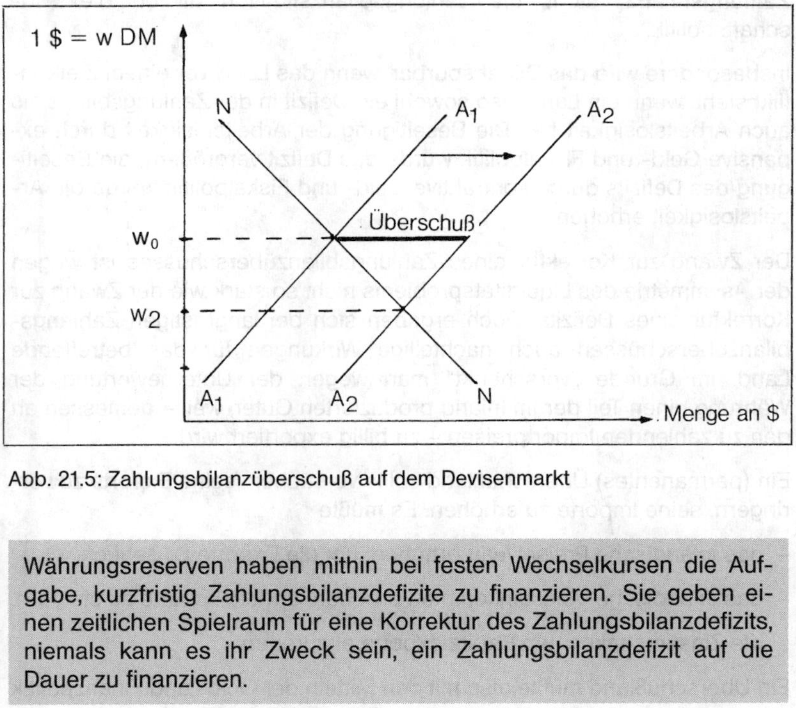

Abb. 21.5: Zahlungsbilanzüberschuß auf dem Devisenmarkt

Währungsreserven haben mithin bei festen Wechselkursen die Aufgabe, kurzfristig Zahlungsbilanzdefizite zu finanzieren. Sie geben einen zeitlichen Spielraum für eine Korrektur des Zahlungsbilanzdefizits, niemals kann es ihr Zweck sein, ein Zahlungsbilanzdefizit auf die Dauer zu finanzieren.

Aufgabe der Währungsreserven

3.2 Korrektur eines Zahlungsbilanzungleichgewichts

In einem Währungssystem mit festen Wechselkursen muß ein Zahlungsbilanzungleichgewicht mit den Mitteln der Wirtschaftspolitik beseitigt werden.

Ein Defizitland muß versuchen, seine Exporte zu fördern und seine Importe zu vermindern. Die grundsätzliche Zielrichtung seiner Politik besteht in:

Kontraktive interne Wirtschaftspolitik bei einem Defizit

- einer relativen Senkung des inländischen Preisniveaus, um die Exporte zu fördern,
- einer relativen Abnahme des Volkseinkommens, um die vom Volkseinkommen abhängigen Importe zu drosseln.

Außerdem kann das Defizitland durch restriktive Geldpolitik den Zins anheben und dadurch Kapitalimporte anregen (allerdings auf Kosten der Investitionen und damit der Beschäftigten).

Ein Defizitland muß also mit den Mitteln der Geld- und Fiskalpolitik eine **kontraktive interne Wirtschaftspolitik** betreiben: Die Geldmenge verringern, den Zinssatz erhöhen, die Staatsausgaben senken und/oder die Steuern erhöhen. Man sagt, daß ein Defizitland unter dem **„Diktat der Zahlungsbilanz“** steht, die Zahlungsbilanzsituation diktiert die Wirtschaftspolitik.

Zielkonflikt bei Defizit und Arbeitslosigkeit

Insbesondere wird das Diktat spürbar, wenn das Land vor einem Zielkonflikt steht, wenn ein Land also sowohl ein Defizit in der Zahlungsbilanz als auch Arbeitslosigkeit hat. Die Beseitigung der Arbeitslosigkeit durch expansive Geld- und Fiskalpolitik würde das Defizit vergrößern, die Beseitigung des Defizits durch kontraktive Geld- und Fiskalpolitik würde die Arbeitslosigkeit erhöhen.

Der Zwang zur Korrektur eines Zahlungsbilanzüberschusses ist wegen der Asymmetrie des Liquiditätsproblems nicht so stark wie der Zwang zur Korrektur eines Defizits. Doch ergeben sich bei langfristigen Zahlungsbilanzüberschüssen auch nachteilige Wirkungen für das betreffende Land. Im Grunde „verschenkt“ man wegen der Unterbewertung der Währung einen Teil der im Inland produzierten Güter, weil – gemessen an den zu zahlenden Importpreisen – zu billig exportiert wird.

Expansive interne Wirtschaftspolitik bei einem Überschuß

Ein (permanentes) Überschußland sollte versuchen, seine Exporte zu verringern, seine Importe zu erhöhen. Es müßte

- das inländische Preisniveau erhöhen, um die Exporte zu senken
- das inländische Volkseinkommen erhöhen, um die Importe zu steigern,
- die Zinsen senken, um Kapitalexporte anzuregen.

Zielkonflikt bei Inflation und Überschuß

Ein Überschußland müßte also mit den Mitteln der Geld- und Finanzpolitik eine **expansive interne Wirtschaftspolitik** einleiten: Die Geldmenge erhöhen, den Zinssatz senken, die Staatsausgaben erhöhen, die Steuern senken.

Auch für das Überschußland kann sich ein Zielkonflikt ergeben, wenn es gleichzeitig inflationäre Preissteigerungen zu verzeichnen hat. Nur mehr Inflation würde den Zahlungsbilanzüberschuß abbauen, mehr Inflation widerspricht indes dem Ziel der Preisstabilität. (Der Leser erinnere sich an die Situation der Bundesrepublik bis zum Jahre 1971).

Im folgenden Schema sind die Überlegungen noch einmal zusammengefaßt.

Defizit	Überschuß
– Beseitigung durch kontraktive Geld- und Fiskalpolitik – Zielkonflikt bei Arbeitslosigkeit	– Beseitigung durch expansive Geld- und Fiskalpolitik – Zielkonflikt bei Inflation

3.3 Goldwährung

Die Goldwährung als Beispiel für ein System fester Wechselkurse

Das hier beschriebene Währungssystem mit **festen Wechselkursen** war in der Form der **Goldwährung** die internationale Währungsordnung vor dem 1. Weltkrieg und zum Teil auch nach dem 1. Weltkrieg (etwa von 1924–1931). Der Wert der einzelnen Währungen war in Gold fixiert **(Goldparität),** z. B. 1 Reichsmark = 0,359 Gramm Gold und 1 englisches Pfund = 7,18 Gramm Gold. Hieraus ergab sich durch einfache Rechnung (7,18 : 0,359) der Wechselkurs 1 Pfund = 20 Reichsmark, der so lange fest blieb, wie die Goldparitäten unverändert blieben. Auf weitere Einzelheiten wird hier nicht eingegangen. Wesentlich ist nur, daß dieses System, wie jedes System fester Wechselkurse, nur dann funktioniert, wenn die Länder bei Zielkonflikten bereit sind, dem Ausgleich der Zahlungsbilanz Priorität vor den binnenwirtschaftlichen Zielen einzuräumen. Ist man hierzu nicht bereit, hat also das binnenwirtschaftliche Ziel der Vollbeschäftigung bzw. Preisstabilität Vorrang, dann muß vom Prinzip der unveränderlich festen Wechselkurse oder vom Prinzip nur marktwirtschaftlicher Eingriffe abgegangen werden.

Priorität für den Ausgleich der Zahlungsbilanz

Im Falle von Zielkonflikten muß dann entweder der Wechselkurs geändert werden – das Defizitland muß abwerten, das Überschußland muß aufwerten – oder es müssen mit den Mitteln der Devisenbewirtschaftung Export und Import so kontrolliert werden, daß die Zahlungsbilanz rechnerisch ausgeglichen ist.

4. Feste oder flexible Wechselkurse?

Vorteile flexibler Wechselkurse

a) Bei flexiblen Wechselkursen ist die Zahlungsbilanz immer ausgeglichen, es gibt weder Probleme mit der Finanzierung eines Defizites noch Probleme der Zahlungsbilanzkorrektur. Inwieweit flexible Wechselkurse akzeptiert werden, hängt wesentlich davon ab, wie stark die Veränderungen des Wechselkurses sind und welche realen Auswirkungen diese zeigen.

Binnenwirtschaftspolitik wird autonomer und effizienter

b) Ein Land mit flexiblen Wechselkursen kann den binnenwirtschaftlichen Zielen Preisstabilität, Vollbeschäftigung und Wachstum Priorität einräumen, es steht nicht unter dem Diktat der Zahlungsbilanz. Allerdings muß es die Veränderungen des nominalen Wechselkurses hinnehmen. Außerdem läßt sich zeigen, daß die Binnenwirtschaftspolitik bei flexiblen Wechselkursen in der Regel eine höhere Effizienz in bezug auf die Zielerreichung aufweist. Dies leuchtet unmittelbar ein, weil z. B. eine expansive Beschäftigungspolitik im Inland bei flexiblen Wechselkursen nicht über ein Zahlungsbilanzdefizit zu einer Abnahme der inländischen Geldmenge und damit einem gegenläufigen Bremseffekt führt.

Übertragung der Auslandsinflation wird teilweise oder ganz vermieden

c) Als wichtiges Argument für flexible Wechselkurse wird auch angeführt, daß diese die Übertragung einer Auslandsinflation auf das Inland abschwächen oder ganz vermeiden. Wie gezeigt, führt ein Zahlungsbilanzüberschuß durch die Intervention der Zentralbank bei festen Wechselkursen zu einer Erhöhung der inländischen Geldmenge, wodurch sich das inländische Preisniveau erhöhen kann. Da die Zentralbank bei flexiblen Wechselkursen keine Interventionspflicht hat, entfällt dieser Effekt, sofern sie tatsächlich nicht am Devisenmarkt aktiv wird. Außerdem wird bei flexiblen Wechselkursen der sogenannte **internationale Preiszusammenhang** in der Regel unterbrochen oder abgeschwächt:

Bei festen Wechselkursen überträgt sich eine ausländische Preissteigerung unmittelbar auf die inländischen Importgüterpreise, wobei die Stärke des Zusammenhanges von den Angebots- und Nachfrageelastizitäten auf Export- und Importgütermärkten abhängt. Bei flexiblen Wechselkursen wird die Auslandsinflation zumindest mittelfristig im allgemeinen zu einer Aufwertung der heimischen Währung führen, wodurch – abhängig vom Grad der Aufwertung – der Preisübertragungseffekt vermindert oder ganz vermieden wird. Als Kehrseite dieses Zusammenhanges ergibt sich allerdings, daß in Ländern, die wegen hoher Inflationsraten permanent abwerten, der Inflationsprozeß durch die abwertungsbedingten Preissteigerungen der Importgüter verschärft wird – ein Effekt, der von Befürwortern flexibler Wechselkurse letztlich allerdings nicht dem Wechselkurssystem, sondern einer inflatorischen inländischen Geldpolitik zugeschrieben wird.

Währungswettbewerb bietet die Chance zu Preisstabilität

d) Generell besteht bei flexiblen Wechselkursen ein **Währungswettbewerb.** Die Währung des preisstabilen Landes wertet tendenziell auf, die Währung des Inflationslandes wertet tendenziell ab. Dies führt zu steigender Akzeptanz der wertstabilen Währung, die zunehmend internationale Reservewährung wird, die zunehmend Recheneinheit im internationalen Zahlungsverkehr wird und bisweilen sogar nationale Zahlungsmittel verdrängt. Generell besteht eine Tendenz, der wertstabilen Währung nachzueifern. Dies ist ganz deutlich in Europa zu beobachten, wo die Länder ihre Geldpolitik zunehmend an der geldwertstabilen Geldpolitik der deutschen Bundesbank ausrichten (Österreich, Niederlande, Frankreich, Belgien und partiell auch die Schweiz). In diesem Sinne bietet der Währungswettbewerb die **Chance** zu dauerhafter Preisstabilität.

Nachteile flexibler Wechselkurse

Auf der anderen Seite gibt es eine Reihe, allerdings z. T. umstrittener, Argumente gegen flexible (und für feste) Wechselkurse.

Unsichere Kalkulationsgrundlage?

(a) Zum einen wird gesagt, daß sich aus der Beweglichkeit der Wechselkurse eine unsichere Kalkulationsgrundlage für Exporteure, Importeure und Investoren ergibt, die den freien Handel behindert. Dies kann nicht ganz von der Hand gewiesen werden (der Leser denke z. B. an die stark vom Wechselkurs des US-$ abhängige Entscheidung über eine VW-Direktinvestition in den USA), doch ist folgendes festzustellen:

- nicht nur Wechselkurse, sondern praktisch alle Preise schwanken in nicht vorhersehbaren Ausmaßen, ohne daß der Handel behindert wird;
- Kursrisiken können durch Devisentermingeschäfte ausgeschaltet werden (man kann die Dollars, die man in 3 Monaten erhält und deren zukünftiger Kurs unbekannt ist, schon jetzt zu einem festen Preis verkaufen, und man kann die Dollars, die man in Zukunft braucht, ebenfalls schon heute zu einem festen Preis kaufen). Immerhin verbleiben die Kosten der Absicherung des Wechselkursrisikos (Kurssicherungskosten) und die Kosten der Informationsbeschaffung. Außerdem gibt es keine Terminmärkte für langfristige Kontrakte;
- es läßt sich empirisch nicht nachweisen, daß flexible Wechselkurse den internationalen Handel behindern.

(b) Bei starken Wechselkursschwankungen entstehen erhebliche Beschäftigungsschwankungen in den Exportindustrien der Länder. Diese Gefahr darf in der Tat nicht verkannt werden.

Beschäftigungsschwankungen in der Exportindustrie

(c) Schließlich wird gesagt, daß flexible Wechselkurse die Inflation fördern. Dies Argument ist insoweit richtig, als bei flexiblen Wechselkursen jedes Land soviel Inflation machen kann, wie es will (sofern es die resultierenden Währungsabwertungen akzeptiert), während bei festen Wechselkursen die Notwendigkeit, Zahlungsbilanzdefizite (die ja bei einer Inflation zu erwarten sind) mit knappen Währungsreserven zu finanzieren, eine Inflationsbremse sein kann. Wenn man der Meinung ist, daß die Länder zu Preisstabilität „erzogen" werden sollen und können, sind feste Wechselkurse vorzuziehen. Wobei vorausgesetzt werden muß, daß bei festen Wechselkursen nicht in allen Ländern gleicherweise Inflation betrieben wird.

Inflationsfördernd?

(d) Feste Wechselkurse haben eine Integrationsfunktion. Sie üben einen gewissen Druck aus, die nationale Wirtschaftspolitik der einzelnen Länder zu koordinieren. Denn wenn feste Wechselkurse vereinbart sind und die Länder verschiedene binnenwirtschaftliche Ziele verfolgen – ein Land Preisstabilität, das andere Land inflationäres Wachstum etc. –, entstehen permanent Zahlungsbilanzprobleme.

Mangelnde Integration?

Damit wird deutlich, daß abzuwägen ist vor allem zwischen der Souveränität nationaler Wirtschaftspolitik auf der einen Seite und einer (erzwungenen) Marktintegration auf der anderen Seite. Unwiderruflich feste Wechselkurse bieten die Chance einer größtmöglichen Marktintegration, indem sie die mit flexiblen Wechselkursen verbundenen Kosten der Unsicherheit, die Kosten der Kurssicherung und der Informationsbeschaffung eliminieren. Auf der anderen Seite steht der Verzicht auf eine autonome nationale Wirtschaftspolitik. Dieser Verlust an nationaler Souveränität mag per se als Nachteil bewertet werden, aus ökonomischer Sicht ist er

Vorteile der Marktintegration versus Verzicht auf Autonomie

nur dann ein Nachteil, wenn damit die Erreichung der gesamtwirtschaftlichen Ziele Vollbeschäftigung und Preisniveaustabilität erschwert wird. Dies soll am Beispiel regional begrenzt fester Wechselkurse, also für eine Währungsunion näher untersucht werden, denn die Frage, ob feste oder flexible Wechselkurse, wird sinnvollerweise nicht global, sondern regional begrenzt, zu beantworten sein.

5. Währungsunion

Eine Währungsunion ist gekennzeichnet durch

- unwiderrufliche feste Wechselkurse,
- uneingeschränkte Konvertibilität der Währungen und
- Freiheit des Kapital- und Zahlungsverkehrs.

Währungsunion gleichbedeutend mit Einheitswährung

Im Endeffekt ist dies ökonomisch gleichbedeutend mit einer Einheitswährung. Die zu einer Währungsunion zusammengeschlossenen Länder müssen völlig auf eine autonome Geldpolitik und weitgehend auf eine autonome Wirtschaftspolitik überhaupt verzichten, sie stehen, wie ausgeführt, unter dem Diktat der Zahlungsbilanz.

Beispiel

Dies soll noch einmal an einem Beispiel demonstriert werden. Es sei angenommen, daß, ausgehend von einem Zustand gleichgewichtiger Handelsbeziehungen im 2-Länder-Fall, das Land A eine höhere Inflationsrate aufweist als das Land B. Damit steigt der Import von Land A = Export von Land B, und es sinkt der Import von Land B = Export von Land A. Dies führt zu steigender (sinkender) Nachfrage nach der Währung des Landes B (des Landes A) und begründet einen entsprechenden Aufwertungsdruck (Abwertungsdruck) auf die Währung von Land B (Land A). Da in einer Währungsunion eine Abfederung der Wettbewerbseffekte der unterschiedlichen Inflationsraten über eine Änderung der Wechselkurse nicht möglich ist, bleiben die Preisdifferenzen zunächst erhalten und die Güter strömen weiterhin vom „billigen“ Land in das „teure“ Land. Im „billigen“ Land steigt die Produktion und die Beschäftigung, während im „teuren“ Land Produktion und Beschäftigung zurückgehen.

Der Markt sorgt für eine Angleichung der Politik

Was sind die Folgen? Wenn das „teure“ Land nicht eine Antiinflationspolitik und/oder das „billige“ Land nicht eine Inflationspolitik betreibt, werden die Marktkräfte auf einen solchen Ausgleich hinsteuern. Wenn im „billigen“ Land Produktion und Beschäftigung zunehmen, übt dies einen Druck auf die Preise nach oben aus, während im „teuren“ Land die sinkende Produktion und Beschäftigung einen Preisdruck nach unten ausüben.

Das Resultat ist, jedenfalls im Prinzip, eine durchschnittliche Inflationsrate; und diese Inflationsrate ist für Land A niedriger und für Land B höher als gewollt. In diesem Sinne muß mithin auf eine autonome Wirtschaftspolitik verzichtet werden.

Das Beispiel zeigt darüber hinaus, daß es für Land B schwieriger geworden ist, das Ziel der Preisstabilität zu erreichen, während es für das Land A schwieriger geworden ist, Vollbeschäftigung zu erreichen. In diesem Sinne erschwert eine Währungsunion die Erreichung der gesamtwirtschaftlichen Ziele, wenn divergierende Zielvorstellungen bestehen. Hinzu kommt, daß der Verzicht auf den beschriebenen Währungswettbewerb eben die Chance vergibt, durch Währungswettbewerb dauerhafte Preisniveaustabilität zu erreichen.

Eine Währungsunion erschwert die Erreichung divergierender Ziele

Damit wird deutlich, daß eine Währungsunion nicht generell vorteilhaft ist, vielmehr müssen einige Bedingungen erfüllt sein, damit eine Währungsunion zufriedenstellende Ergebnisse zeitigt. Das ist die Frage nach dem optimalen Währungsraum.

6. Optimaler Währungsraum

Im Prinzip bilden solche Länder einen optimalen Währungsraum, bei denen entweder

- die Wettbewerbsfähigkeit relativ gleichartig ist, so daß ein Ausgleich über den Wechselkurs nicht notwendig wäre und/oder
- andere Ausgleichmechanismen existieren, die eine Wechselkursanpassung ersetzen könnten.

Die Wettbewerbsfähigkeit wird überwiegend – wie auch im vorangegangenen Beispiel – durch die Divergenz der Inflationsraten bestimmt. Und die Inflationsraten werden im wesentlichen real durch die Entwicklung der Nominallöhne im Verhältnis zur Entwicklung der Arbeitsproduktivität bestimmt bzw. monetär durch die Geldpolitik. Mithin eignen sich solche Länder gut für eine Währungsunion, die in diesem Bereich eine relativ konforme Entwicklung kennzeichnet, die also eine gleichartige Lohnpolitik und/oder Geldpolitik betreiben.

Wenn die Wettbewerbsfähigkeit divergiert und Wechselkursanpassungen ausgeschlossen sind, kommt es – wie im beschriebenen Beispiel – zu einer Unterbeschäftigung im „teuren“ Land. Dies ist dann ökonomisch tolerierbar, wenn die Produktionsfaktoren Arbeit und Kapital so mobil sind (Faktormobilität), daß sie der regionalen Nachfrageverlagerung folgen. Arbeit und Kapital strömen dann aus dem „teuren“ Land in das „billige“ Land. Während der Faktor Kapital generell relativ mobil ist, existiert die notwendige Mobilität des Faktors Arbeit nur in Ausnahmefällen. Ein solcher Ausnahmefall war ansatzweise die Währungsunion der Bundesrepublik mit der ehemaligen DDR: Die Wirtschaft der DDR war nicht konkurrenzfähig, Wechselkursanpassungen waren ausgeschlossen, aber eine gewisse Wanderung der Arbeitskräfte von Ost nach West konnte das Ausmaß an Arbeitslosigkeit in der ehemaligen DDR mindern.

Eine Währungsunion ist vor allem politisch zu bewerten

Abschließend ist zu betonen, daß eine Währungsunion praktisch vor allem politisch zu werten ist: Eine Währungsunion erzwingt den Verzicht auf eine autonome nationale Wirtschaftspolitik, und dies wird dann per se positiv zu bewerten sein, wenn auch eine politische Union gewollt ist. Dies war ganz deutlich im Fall der „Wiedervereinigung" Bundesrepublik–DDR, und dies wird deutlich im Zuge der europäischen Integration.

C. Arbeitsaufgaben

1) *Erläutern Sie folgende Begriffe:*
   - *Zahlungsbilanzüberschuß, Zahlungsbilanzdefizit,*
   - *Währungsreserven, internationale Liquidität,*
   - *Konvertibilität,*
   - *Zahlungsbilanzgleichgewicht,*
   - *Währungsunion.*
2) *Welches sind die zentralen Probleme in einem Währungssystem mit festen Wechselkursen?*
3) *Welche Maßnahmen können in einem Währungssystem mit festen Wechselkursen zur Korrektur eines Zahlungsbilanzdefizites (Zahlungsbilanzüberschusses) ergriffen werden?*
4) *In welchen wirtschaftspolitischen Situationen entstehen Konflikte zwischen binnenwirtschaftlichen und außenwirtschaftlichen Zielen? Schildern Sie den Einsatz der entsprechenden wirtschaftspolitischen Instrumente und begründen Sie die Konfliktsituationen.*
5) *Erläutern Sie die Funktionsweise eines Währungssystems mit flexiblen Wechselkursen.*
6) *Welche Folgen ergeben sich für die Zahlungsbilanz, wenn ein Land – z. B. weil die heimischen Rohstoffvorräte erschöpft sind – in Zukunft mehr Rohstoffe importieren muß*
   a) in einem System mit festen Wechselkursen?
   b) in einem System mit flexiblen Wechselkursen?
7) *Welche Folgen ergeben sich für ein Land, das im Inland ständig höhere Preissteigerungsraten als seine Umwelt zu verzeichnen hat*
   a) bei festen Wechselkursen?
   b) bei flexiblen Wechselkursen?
8) *Diskutieren Sie die Vorteile und Nachteile fester und flexibler Wechselkurse.*
9) *Kann in einer Währungsunion ein Land dauerhaft mehr Inflation zulassen als seine Partnerländer?*
10) *Welche Grundbedingungen müssen in einem optimalen Währungsraum erfüllt sein?*

Lösungsvorschläge für die Arbeitsaufgaben im „Übungsbuch zu Grundlagen und Probleme der Volkswirtschaft“.

D. Literatur

Eine gute Einführung in den Problemkreis bietet

SCHÄFER, Wolf, Währungen und Wechselkurse, Würzburg, Wien 1981,

allerdings ist das verwendete Zahlenmaterial teilweise veraltert.

Einführende, problemorientierte Darstellungen finden sich bei

HARDES u. a., Volkswirtschaftslehre – problemorientiert, 19. Auflage, Tübingen 1995, 6. Kapitel

sowie

GLISMANN, Hans H. u. a., Weltwirtschaftslehre, I. Außenhandels- und Währungspolitik, 3. Auflage Göttingen 1986.

Einen präzisen Überblick verschafft

WILLMS, Manfred, Währung, in: Vahlens Kompendium der Wirtschaftstheorie und Wirtschaftspolitik, Band 1, 4. Auflage München 1990, S. 219–263.

Die Lektüre setzt Vorkenntnisse voraus.

Deutschsprachige Standardwerke zur monetären Außenwirtschaftstheorie sind

JARCHOW, Hans-Joachim und RÜHMANN, Peter, Monetäre Außenwirtschaft

I. Monetäre Außenwirtschaftstheorie, 3. Auflage Göttingen 1991
II. Internationale Währungspolitik, 3. Auflage, Göttingen 1993

ROSE, Klaus, SAUERHEIMER, Karlhans, Theorie der Außenwirtschaft, 10. Auflage München 1989

SIEBERT, Horst, Außenwirtschaft, 5. Auflage Stuttgart 1991.

Diese Werke setzten sämtlich formale Kenntnisse voraus. Dies gilt zwar im Prinzip auch für

WILLMS, Manfred, Internationale Währungspolitik, München 1992,

jedoch ist das Buch sehr übersichtlich geschrieben und hat zudem den Vorteil, monetäre Außenwirtschaftstheorie- und -politik simultan zu beschreiben.

22. Kapitel
Internationale Währungsordnung

A. Lernzielorientierte Leitfragen und Fragenkomplexe

Leitfrage:
Welche Rahmenbedingungen setzt das Währungssystem des Internationalen Währungsfonds?

- *Welches waren die Ziele des Abkommens von Bretton Woods?*
- *Welche Kreditmöglichkeiten sieht der Internationale Währungsfonds vor?*
- *Welche prinzipielle Bedeutung haben die Sonderziehungsrechte?*
- *Wie werden Leistungsbilanzdefizite in der Regel finanziert?*
- *Welche Bedeutung haben Fremdwährungsmärkte?*
- *Wie wird das Wechselkurssystem geregelt?*

Leitfrage:
Welche Rahmenbedingungen setzt das Europäische Währungssystem?

- *Welches sind die Ziele des europäischen Währungssystems?*
- *Welche Bedeutung hat die europäische Währungseinheit (ECU)?*
- *Wie wird das Wechselkurssystem geregelt?*
- *Welche Kreditmöglichkeiten sind im europäischen Währungssystem für die beteiligten Länder vorgesehen?*

Leitfrage:
Was sind die Grundstrukturen und Grundprobleme der Europäischen Wirtschafts- und Währungsunion (EWWU)?

- *In welchen Stufen soll die EWWU erreicht werden?*
- *Welche Rolle spielt die Unabhängigkeit der Zentralbank?*
- *Inwiefern ergänzt die EWWU das Binnenmarktprogramm?*

B. Sachanalyse

Eine internationale Währungsordnung muß vor allem zwei Dinge regeln: das Wechselkurssystem und – jedenfalls wenn feste Wechselkurse vorgesehen sind – die Möglichkeiten und Modalitäten der Finanzierung und

Korrektur von Zahlungsbilanzungleichgewichten. Dementsprechend stehen diese Punkte im Mittelpunkt der folgenden Analyse der internationalen Währungsordnung. Für die Bundesrepublik sind folgende Ordnungen bestimmend:

- Das Währungssystem des Internationalen Währungsfonds (IWF),
- das Europäische Währungssystem (EWS) und
- die Perspektive der geplanten Europäischen Währungsunion.

1. Das Währungssystem des Internationalen Währungsfonds (IWF)

1.1 Vorbemerkungen

Bretton Woods System

Der Internationale Währungsfonds – eine internationale Organisation mit Sitz in Washington D. C. – ist in der Konferenz von Bretton Woods (1944) begründet worden. Daher heißt dieses Währungssystem auch Bretton Woods-System. Mitglieder sind mittlerweile so gut wie alle Länder der Welt, mit Ausnahme der Schweiz und einiger Länder des ehemaligen Ostblocks. Die Bundesrepublik ist 1952 beigetreten.

Das IWF System sah ursprünglich prinzipiell feste Wechselkurse vor, genauer: feste Wechselkurse mit einer kleinen Schwankungsbreite von ursprünglich ±1 Prozent, später ± 2,25 Prozent um den festgelegten Kurs, die Parität. 1973 wurden diese Wechselkursbestimmungen aufgehoben. Seitdem ist den Mitgliedern die Wechselkursregelung freigestellt (vgl. Abschnitt 1.7.).

Damit die Mitglieder des IWF-Systems diese ursprünglich vorgesehenen festen Wechselkurse auch durch entsprechende Interventionen am Devisenmarkt halten konnten, sind eine Reihe von Kreditgewährungsmöglichkeiten geschaffen worden, die auch heute noch gültig und wichtig sind.

1.2 Kreditmöglichkeiten im IWF-System

1.2.1 Quoten

Kreditgewährung im Rahmen der Quoten

Jedes Mitgliedsland erhält eine **Quote,** die bei Beginn der Mitgliedschaft aus primär wirtschaftlichen Größen wie Sozialprodukt, Anteil am Welthandel und Währungsreserven errechnet wird. In Höhe der Quote ist ein sog. Subskriptionsbeitrag einzuzahlen. Dabei sind 25 % der Quote in Sonderziehungsrechten (vgl. Abschnitt 1.2.3 dieses Kapitels) (früher in Gold), in konvertiblen Devisen oder mit Zustimmung des Fonds auch in eigener Währung einzuzahlen, die restlichen 75 % in Landeswährung. In Höhe der „echten“ Finanzierungsleistungen aus der Subskription (Sonderziehungsrechte, Gold und Fremdwährungen zuzüglich der vom IWF in der Landeswährung abgerufenen und verwendeten Beträge) hat das Mitgliedsland jederzeit und ohne Auflage das Recht, IWF-Mittel in Anspruch zu nehmen. Dieses Ziehungsrecht in der sogenannten **Reservetranche** (Reserveposition) stellt keine Kreditgewährung des IWF dar.

Über die Reserveposition hinaus kann jedes Mitglied **vier Kredittranchen** von je 25 % der Quote für die Gewährung von Zahlungsbilanzkrediten in Anspruch nehmen. Das ist der normale Rahmen für die Kreditgewährung des IWF.

Die Quoten, die auch das Stimmrecht der Mitglieder festlegen, werden im Abstand von spätestens fünf Jahren überprüft und an den veränderten Finanzierungsbedarf (Überprüfung der Quotensumme) sowie an das veränderte wirtschaftliche Gewicht der Mitglieder (Überprüfung des Quotengefüges) angepaßt. Nach der letzten Ende 1991 beschlossenen Quotenregelung wird die Quotensumme um rund 50 % auf 136,7 Mrd. SZR (= rund 300 Mrd. DM) erhöht. Die folgende Tabelle 22.1 gibt einen Überblick über die Quoten einiger Länder. Danach hat die Bundesrepublik zusammen mit Japan die zweitgrößte Quote.

Quoten-anpassung

Tab. 22.1: Quoten der fünf größten und kleinsten IWF-Mitglieder nach der Durchführung der Erhöhung vom 30. 06. 1992

	in Mio. SZR	in % des IWF-Kapitals
USA	26.526,80	18,3000
Bundesrepublik	8.241,50	5,7000
Japan	8.241,50	5,7000
Frankreich	7.414,60	5,1000
Großbritannien	7.414,60	5,1000
zusammen:	**57.839,00**	**39,9000**
Sao Tomé und Principe	5,50	0,0041
Malediven	5,50	0,0041
Tonga	5,50	0,0034
Bhutan	4,50	0,0031
Kiribati	4,00	0,0027
zusammen:	**24,50**	**0,0174**

Quelle: IWV-Survey, August 1994, S. 7

Zur Charakterisierung der Quoten sei darauf hingewiesen, daß der Fonds im Rahmen dieser Bestimmungen kein Geld schaffen kann – wie z. B. eine Bank –, sondern nur das Geld ausleihen kann, das die Mitglieder eingezahlt haben (Prinzip des Devisenpools).

Prinzip des Devisenpools

1.2.2 Auffüllen der Währungsbestände des Fonds (Replenishment)

Braucht der Fonds für seine Kreditgewährung mehr Mittel, als ihm aus den Subskriptionszahlungen der Mitglieder zur Verfügung stehen, kann er sie sich auf folgende Weise beschaffen: Jedes Mitgliedsland ist verpflichtet, seine Währung dem IWF gegen SZR innerhalb bestimmter Grenzen zu verkaufen. Ferner können Kredite bei den Mitgliedern aufgenommen werden. Darüber hinaus ist im IWF-Übereinkommen die Möglichkeit vorgesehen, mit Zustimmung des Landes, dessen Währung dabei verwendet wird, Kredite auch aus anderen Quellen (internationalen Finanzmärkten) aufzunehmen. Mit den **Allgemeinen Kreditvereinbarungen (AKV)** zwischen der Zehnergruppe [1]), der Schweiz und dem Fonds steht dem Fonds seit 1962 eine ständige multilaterale Kreditlinie zur Verfügung, die ursprünglich nur zur Finanzierung von Zahlungsbilanzhilfen an Mitglieder der Zehnergruppe, seit 1983 jedoch auch für andere Länder eingesetzt werden kann.

1.2.3 Sonderziehungsrechte

Grundprinzip

In der Erkenntnis, daß der Bestand und die Verteilung der internationalen Liquidität wie die inländische Geldmenge einer bewußten Kontrolle unterliegen sollten, vereinbarten die Mitglieder des IWF auf der Konferenz von Rio de Janeiro 1967, eine neue Art internationaler Liquidität zu schaffen, die **Sonderziehungsrechte (SZR).**

Schaffung einer neuen Form internationaler Liquidität

Das Grundprinzip ist dabei folgendes: Die Mitglieder schaffen durch den Fonds ein internationales Buchgeld, verteilen dieses Geld unter sich und verpflichten sich, dieses Geld zur Erfüllung von Verbindlichkeiten zu akzeptieren. Jedes Land erhält Ziehungsrechte zugeteilt, in deren Rahmen es von anderen Ländern die benötigten Devisen erhalten kann. Die Bundesrepublik erhält z. B. SZR und kann dafür z. B. von den USA Dollar erwerben. Die USA erhalten dafür die SZR, die sie im Bedarfsfall ihrerseits zum Erwerb von Francs, Lira etc. verwenden können. Die SZR sind also „so gut wie Devisen“.

Hierzu einige technische Einzelheiten:

- Durch Beschluß der Mitglieder des IWF wird für je fünf Jahre festgesetzt, wieviel SZR geschaffen werden sollen. Dieser Betrag wird den Mitgliedern in jährlichen Raten proportional zu ihren Quoten zugeteilt.
- Die SZR sind nur Zahlungsmittel zwischen den Zentralbanken, Privatleute können sie nicht erwerben und mit ihnen nicht bezahlen.

Technische Details

- Die Inanspruchnahme der SZR muß nicht wieder rückgängig gemacht werden; es ist also kein Kredit im eigentlichen Sinne, allerdings müssen für die Inanspruchnahme Zinsen gezahlt werden. Der Zinssatz entspricht dem Durchschnittsniveau der Geldmarktzinsen in den USA, Frankreich, Großbritannien, Japan und der Bundesrepublik (Im August 1994: 4,33 %).

1) USA, Bundesrepublik Deutschland, Großbritannien, Frankreich, Italien, Japan, Kanada, Niederlande, Belgien, Schweden, auch G-10 genannt.

- Die SZR-Bestände können in voller Höhe verwendet werden. Die frühere Vorschrift zur Aufrechterhaltung eines durchschnittlichen Mindestbestandes von 30 % der zugeteilten SZR ist im Mai 1981 abgeschafft worden, um den Reservecharakter zu betonen.

Das Revolutionäre an dieser Erfindung ist die Tatsache, daß die vermutlichen Gläubigerländer sich verpflichtet haben, dieses Geld zu akzeptieren, ohne daran Bedingungen zu knüpfen. Die Ankaufsverpflichtung eines Landes endet an der **Annahmegrenze:** Sie ist erreicht, wenn der SZR-Bestand eines Landes das Dreifache der eigenen kumulativen (Netto-)Zuteilung beträgt, d. h., wenn die Bundesrepublik SZR in Höhe von 2 Mrd. DM erhält, braucht sie nur maximal 6 Mrd. DM an andere Länder gegen SZR auszuzahlen.

Der Wert des Sonderziehungsrechtes wird auf der Basis eines Währungskorbes nach der Wechselkursentwicklung der 5 wichtigsten Weltwährungen ermittelt. Als Grundlage für die Festlegung der Gewichte der einzelnen Währungen im SZR-Korb dient der Anteil des betreffenden Landes am Weltexport von Waren und Dienstleistungen sowie das Ausmaß, in dem die jeweilige Währung von anderen Ländern als Reservewährung gehalten wird. Die Korbgewichte werden für fünf Jahre festgelegt. Seit 1. 1. 1991 gelten die folgenden Gewichte (Anteile) im Währungskorb: US-Dollar 40 %, D-Mark 21 %, Yen 17 %, französischer Franc und Pfund Sterling je 11 %. Die Tabelle 22.2 gibt einen Überblick über die Entwicklung des Wertes der fünf Korbwährungen bezogen auf 1 SZR, also des Preises einer Einheit SZR in der jeweiligen Währung. Wert der SZR

Tabelle 22.2: Die Entwicklung der fünf Korbwährungen

Die Entwicklung der fünf Korbwährungen seit 1984					
Zeitraum	US-Dollar/ 1 SZR	DM/ 1 SZR	FFr/ 1 SZR	100 Yen/ 1 SZR	Pfund Sterling/1 SZR
1984	1,025	2,917	8,954	2,435	0,771
1985	1,015	2,989	9,123	2,422	0,791
1986	1,173	2,547	8,125	1,977	0,800
1987	1,293	2,324	7,772	1,870	0,791
1988	1,343	2,360	8,005	1,723	0,756
1989	1,281	2,409	8,177	1,768	0,783
1990	1,356	2,192	7,387	1,964	0,764
1991	1,368	2,271	7,717	1,843	0,776
1992	1,408	2,199	7,455	1,784	0,.802
1993	1,396	2,308	7,907	1,553	0,931
1994	1,431	2,323	7,948	1,463	0,936

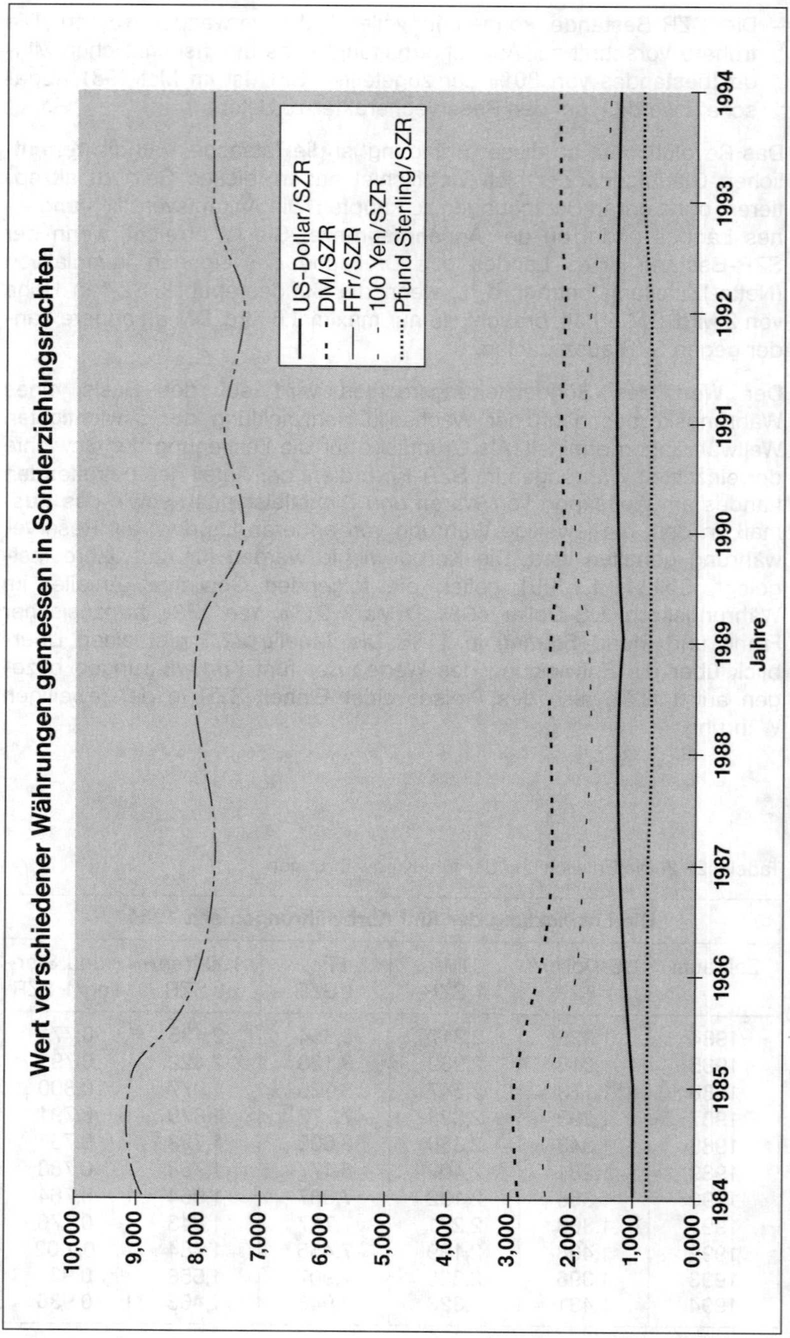

Wert verschiedener Währungen gemessen in Sonderziehungsrechten
US-Dollar/SZR
DM/SZR
FFr/SZR
100 Yen/SZR
Pfund Sterling/SZR
10,000
9,000
8,000
7,000
6,000
5,000
4,000
3,000
2,000
1,000
0,000
1984
1985
1986
1987
1988
1989
1990
1991
1992
1993
1994
Jahre

Das Ziel des IWF ist es, SZR zur bevorzugten Recheneinheit und zum Hauptreservemedium im Weltwährungssystem zu machen. Bis dahin ist der Weg noch weit, doch zeigt sich, daß die relativ große Wertbeständigkeit der SZR diese zunehmend als Recheneinheit und Wertmaßstab attraktiv macht.

1.2.4 Zusätzliche Kreditfazilitäten

Seit Bestehen des IWF sind die **vier Kredittranchen** von je 25 % der Quote der normale Rahmen für die Gewährung von Zahlungsbilanzkrediten. Verschiedene Sonderprobleme veranlaßten den IWF, einige zusätzliche Kreditmöglichkeiten zu gewähren, um Länder mit besonders schwierigen Finanzierungsproblemen von einer dann zu befürchtenden Kettenreaktion von Zahlungs- und Handelsrestriktionen abzuhalten.

Differenzierte Möglichkeiten zusätzlicher Kreditgewährung

Im Rahmen der **Erweiterten Fondsfazilität** (seit 1974) können Länder zur Behebung besonders hartnäckiger außen- und binnenwirtschaftlicher Strukturverzerrungen Kredite mit einer Laufzeit von 4–10 Jahren erhalten. Derartige Ziehungen sind auf 68 % (jährlich) der Quote (oder kumulativ bis 300 %) begrenzt.

Die 1963 eingeführte **Fazilität zur kompensierenden Finanzierung von Exporterlösausfällen** gestattet die Gewährung von Sonderkrediten, wenn die Exporterlöse eines Landes überwiegend ohne eigenes Verschulden spürbar gesunken sind.

1969 schuf der IWF eine weitere spezielle Ziehungsmöglichkeit, die **Fazilität zur Finanzierung von Rohstoff-Ausgleichslagern** (buffer stocks) für die Länder, die Einzahlungen bei internationalen Rohstofflagern (Zinn, Kakao, Zucker, Kautschuk) zu leisten haben. Diese Ziehung darf maximal 35 % der Quote betragen.

Weitere Fazilitäten sind im Laufe der Zeit nach Bedarf geschaffen und auch wieder aufgehoben worden. Von besonderer Bedeutung sind heute vor allem noch die **Strukturanpassungsfazilität,** die Entwicklungsländern mit besonders niedrigem Einkommen finanzielle Mittel zu einem besonders niedrigen Zins zur Verfügung stellt und die erweiterte **Strukturanpassungsfazilität,** die ähnliche Ziele und Konditionen hat. In Anbetracht der großen Probleme, denen Rußland und die übrigen Staaten der früheren Sowjetunion gegenüberstehen, hat der IWF im April 1993 die **Systemtransformationsfazilität** eingerichtet. Sie ist eine temporäre Fazilität, die bis Ende 1994 in Kraft war. Die Rückzahlungsfrist beträgt 4,5–10 Jahre. Das maximale Volumen liegt bei 50 % der Quote.

Bedingungen der Kreditgewährung

Ziehungen in der ersten Kredittranche und im Rahmen der kompensierenden Finanzierung von Exporterlösausfällen sowie der Buffer-stock-Fazilität sind praktisch ohne Auflagen verfügbar. Das kreditsuchende Land muß nur in allgemeiner Form nachweisen, daß es bemüht ist, seine Zahlungsbilanzschwierigkeiten zu beheben. Übersteigt die beabsichtigte Ziehung die erste Kredittranche, so kann sie nur nach einem besonderen Prüfungs- und Rechtfertigungsverfahren erfolgen. Der Fonds stellt an das betreffende Land konkrete Anforderungen und wirtschaftspolitische Bedingungen **(Konditionalität).** Bei der Abfassung von solchen Stabilisierungsprogrammen – oft im Zusammenwirken mit der Weltbank (Strukturanpassungsprogramme) - werden sowohl Ursachen und voraussicht - liche Dauer der Zahlungsbilanzschwierigkeiten als auch die wirtschaftspolitischen Gegebenheiten des betreffenden Landes berücksichtigt.

Allerdings greift der IWF mit oft rigorosen Stabilisierungsprogrammen in das Wirtschaftsleben der Defizitländer ein.

Alle Kredite des IWF sind prinzipiell zu Marktkonditionen zu verzinsen. Entwicklungsländern mit niedrigem Volkseinkommen können Zinssubventionen und Sonderkonditionen gewährt werden.

1.3 Rolle des Goldes

Gold war Zahlungsmittel unter Zentralbanken

Gold, das früher das internationale Zahlungsmittel und die internationale (und nationale) Recheneinheit schlechthin war, spielte zunächst auch im IWF-System eine zentrale Rolle. Bis Ende der 60er Jahre war Gold der Hauptbestandteil der Währungsreserven der Zentralbanken und konnte zu einem Verrechnungspreis von 35 US-Dollar pro Unze Feingold zur Finanzierung von Zahlungsbilanzdefiziten verwendet werden. Dies war bis 1971 der offizielle Währungsgoldpreis zu dem die US-Zentralbank anderen Zentralbanken auch Dollars gegen Gold eintauschte. Daneben existierte ein Preis des Goldes für industrielle Zwecke (Warengoldpreis), der sich auf dem Goldmarkt nach Angebot und Nachfrage einstellt. Dieser Warengoldpreis war seit 1968 beträchtlich höher als der Währungsgoldpreis.

Gold war Recheneinheit

Gold diente im IWF-System auch als Recheneinheit. Der Paritätswert der Währung jedes Mitgliedes wurde in Gold oder in US-Dollars im Gewicht und in der Feinheit vom 1. Juli 1944 ausgedrückt. Da für diesen Dollar die Beziehung 35 US-Dollar = 1 Unze Feingold galt, waren letztlich alle Währungen der Welt über ihre Goldparität miteinander verknüpft. Der Leser beachte, daß Gold in diesem Sinne nur Recheneinheit war, kein Privatmann konnte zur Goldparität Gold von den Zentralbanken kaufen.

Gold ist heute nur noch Wertaufbewahrungsmittel

Mittlerweile ist indes das Gold als Recheneinheit abgeschafft, es gibt weder eine offizielle Gold-Dollar-Parität noch eine offizielle Gold-SZR-Parität. Gold ist für die Währungsbehörden nur noch Wertaufbewahrungsmittel, es kann von diesen auf dem freien Markt nach ihrem Belieben ge- oder verkauft werden.

1.4 Reservewährungen im IWF-System

Dominierende Stellung des US-Dollars

Reservewährungen sind nationale Währungen, die wegen ihrer Bedeutung und wegen ihrer erwarteten Wertstabilität von den Zentralbanken als internationale Liquidität gehalten werden und die in der Regel von anderen Zentralbanken akzeptiert werden. Nach wie vor ist der US-Dollar die wichtigste Reservewährung. Die Weltwährungsreserven bestehen zu rund 60 % aus US-Dollar. Die Reservewährung Nr. 2 ist die DM mit einem Volumen von 160,9 Mrd. Dollar (ca. 19 %), dann folgt der japanische Yen mit 92 Mrd. Dollar (rund 10 %).[2])

Die dominierende Rolle des US-Dollars erklärt sich aus der Stellung der USA als Wirtschaftsmacht Nr. 1 in der Welt, aus der Leistungsfähigkeit ihrer Finanzmärkte und auch aus der ehemals bestehenden Goldkonvertierbarkeit des US-Dollars (vgl. Abschnitt 1.3). Die bis 1978 und erneut in den 80er Jahren zu beobachtenden hohen Zahlungsbilanzdefizite der USA sorgten und sorgen dafür, daß der Dollar als Reservewährung auch reichlich vorhanden war und ist.

Bedeutende Rolle der DM

Daß die DM Reservewährung Nr. 2 wurde, ist mit ihrer langjährigen Wertstabilität (Aufwertung praktisch bis heute) und der großen Bedeutung der Bundesrepublik im Welthandel zu erklären. Eine solche Position als Reservewährung ist für das betreffende Land nicht unproblematisch: So ist z. B. bei Abwertungstendenzen der DM damit zu rechnen, daß die ausländischen Währungsbehörden „aus der DM aussteigen" und durch das entsprechend erhöhte DM-Angebot auf den Devisenmärkten die Abwertungstendenzen verstärken.

1.5 Währungsreserven und Auslandsposition der Deutschen Bundesbank

Abschließend sollen die besprochenen Komponenten der internationalen Liquidität am Beispiel der Deutschen Bundesbank quantifiziert werden.

Überwiegend bestehen die Währungsreserven der Bundesbank aus Gold und Devisen

Tabelle 22.3 zeigt in der 1. Zeile den Goldbestand der Deutschen Bundesbank, bewertet zu Einstandspreisen, also zu den einstmals gezahlten Einkaufspreisen. Der gegenwärtige Marktwert würde mithin ein Vielfaches betragen. Die Devisen in Zeile 2 sind überwiegend Guthaben (Devisen) von US-Dollar bei ausländischen Banken. Die Reservetranche gibt an, in welchem Umfang die Bundesbank bedingungslos einen Kredit vom IWF erhalten kann. Der Betrag in Zeile 4 gibt die Sonderziehungsrechte an, die die Bundesbank im Rahmen der laufenden Zuteilungen erhalten hat. Davon hat sie Sonderziehungsrechte im Wert von 1.012 Mio. DM in Anspruch genommen, also Sonderziehungsrechte gegen die Annahme von anderen Währungen abgegeben. Daneben hat die Bundesbank sonstige Kredite an das Ausland vergeben. Dieser Betrag besteht vor allem aus Krediten an die Weltbank. In Zeile 7 sind die Forderungen an das EWI (Europäisches Währungsinstitut, vgl. Abschnitt 2) ausgewiesen. Die starke Zunahme dieser Position resultiert aus Einzahlungen an den EFWZ (Europäischer Fonds für währungspolitische Zusammenarbeit, vgl. Abschnitt 2), die aufgrund von Spannungen im europäischen Währungsge-

2) Quelle: Bank für internationalen Zahlungsausgleich BIZ, 64. Jahresbericht, Juni 1994

füge notwendig wurden. Die Summe dieser Posten ergibt die Forderungen der Bundesbank an das Ausland (Zeile 8). Zieht man hiervon die Auslandsverbindlichkeiten ab, ergibt sich in Zeile 10 die Nettoauslandsposition der Deutschen Bundesbank in Höhe von 91.774 Mio. DM.

Tab. 22.3: Währungsreserven der Deutschen Bundesbank
(Stand am Jahresende in Mio. DM)

Die Nettoauslandsposition der Deutschen Bundesbank			
(Stand am Jahresende in Mio. DM)	1990	1992	1994
1. Gold	13.688	13.688	13.688
2. Devisen und Sorten	64.517	85.845	60.209
3. Reservetranche	4.565	6.842	6.242
4. zugeteilte SZR	2.573	2.687	2.738
5. erworbene/in Anspruch genommene SZR	235	–1.330	–1.012
6. Kredite und sonstige Forderungen an das Ausland (vor allem an die Weltbank)	2.423	2.608	2.360
7. Forderungen an das EWI (bis 1993 EFWZ)	18.445	33.619	31.742
8. Summe der Positionen 1–7	106.446	143.959	115.967
9. Auslandsverbindlichkeiten	52.259	26.506	24.192
10. Nettoauslandsposition der Deutschen Bundesbank	54.188	117.453	91.774

Quelle: Monatsbericht der Bundesbank, April 1995, Tabelle 72

Insgesamt zeigt Tabelle 22.3 einmal die relativ geringe Bedeutung der durch internationale Institutionen geschaffenen internationalen Liquidität für die Bundesbank und die beachtliche Höhe der Währungsreserven. Zum anderen spiegeln sich in der starken Veränderung der Währungsreserven und vor allem der Forderungen gegenüber dem Europäischen Währungsinstitut die Spannungen im EWS wider, die seit 1992 aufgetreten sind.

1.6 Finanzierung der Leistungsbilanzdefizite

Zum überwiegenden Teil werden Leistungsbilanzdefizite durch Geschäftsbanken finanziert

Abgesehen von Schenkungen existieren nur zwei Möglichkeiten für die Finanzierung von Leistungsbilanzdefiziten: Man bezahlt die Defizite durch früher einmal aufgehäufte Devisenreserven oder man verschuldet sich im Ausland bzw. bei internationalen Organisationen. Bemerkenswert ist, daß die sog. offizielle Verschuldung, d. h. die Verschuldung direkt zwischen zwei Staaten oder einem Staat und einer internationalen Organisation (wie etwa dem IWF) eine vergleichsweise untergeordnete Rolle spielt. Quantitativ weitaus bedeutsamer ist die Finanzierung durch die internationalen Finanzmärkte, also durch die Geschäftsbanken, wobei hier allerdings exakte Zahlen nie vorliegen. Insgesamt wird das Volumen der Nettofinanzierung auf den internationalen Märkten für Ende 1993 auf 5.180 Mrd. US-Dollar geschätzt (64. Jahresbericht der BANK FÜR INTERNATIONALEN ZAHLUNGSAUSGLEICH [BIZ], 1993/4, S. 105).

Bedeutende Rolle der Fremdwährungsmärkte

Eine besondere Rolle spielen hier **Fremdwährungsgeschäfte,** das sind finanzielle Transaktionen, die in einer Währung getätigt werden, die nicht die Landeswährung der Beteiligten ist. Z. B. verleiht eine Bank in Hongkong Dollarguthaben an eine Bank in Italien, oder eine englische Bank verleiht DM-Guthaben an eine Unternehmung in Frankreich usw. Marktteilnehmer sind Zentralbanken und Geschäftsbanken, die hier als Kreditgeber und/oder Kreditnehmer auftreten, sowie öffentliche Körperschaften und größere Firmen, die naturgemäß vorwiegend als Kreditnehmer auftreten. Die Laufzeit der Kredite liegt normalerweise unter einem Jahr, Kreditsicherheiten werden nicht vereinbart.

Fremdwährungsmärkte unterliegen faktisch keinen Kontrollen

Wesentlich ist, daß die Fremdwährungsmärkte den Reglementierungen durch die Zentralbanken der Länder nicht unterliegen. So kann dank des Wegfalls von Mindestreservesätzen mit einer wesentlich geringeren Spanne zwischen Soll- und Habenzinsen als auf den nationalen Märkten gearbeitet werden, was diesen Markt sowohl für Kreditanbieter als auch für Kreditnachfrager so attraktiv macht. Bedenklich ist, daß dieser Markt aufgrund der mangelnden Kontrollen ein Eigenleben entfalten und damit die Ziele der Geldpolitik der einzelnen Länder schwerer realisierbar machen kann. Insbesondere werden die von diesem Markt vermutlich ausgehenden inflationären Tendenzen gefürchtet. Andererseits sorgen die Fremdwährungsmärkte für einen **internationalen Liquiditätsausgleich** und übernehmen so eine wichtige Funktion.

Inflationsgefahr

Arten von Fremdwährungsmärkten

Diese Fremdwährungsmärkte kann man geographisch abgrenzen. So spricht man z. B. vom **Euromarkt** als der Gesamtheit der Finanztransaktionen, die die Geschäftsbanken europäischer Länder in jeweils ausländischer Währung gegenüber Ausländern eingehen oder vom Offshoremarkt als entsprechendem Markt für die Geschäftsbanken, die in diesem Bereich residieren. Zusätzlich kann man nach den gehandelten Währungen differenzieren. So spricht man z. B. vom Euro-Dollar-, Euro-DM- oder Euro-Yen-Markt usw. Ein Euro-Yen-Geschäft ist dann z. B. eine Ausleihung von Yen-Guthaben einer deutschen Geschäftsbank an eine belgische Geschäftsbank. Schließlich kann man auch nach der Fristigkeit des gehandelten Geldes unterscheiden in Fremdwährungs**geld**märkte, auf denen kurzfristige Kredite vergeben werden und Fremdwährungs**kapital**märkte, auf denen langfristige Anleihen gehandelt werden. Diese Abgrenzung ist jedoch problematisch, da die Unterscheidung zwischen kurzfristigen und langfristigen Anleihen immer schwieriger vorzunehmen ist.

Von spezieller Bedeutung sind die hier geschilderten Transaktionen für die Entwicklungsländer, die in der Regel große Schwierigkeiten haben, ihre Importe zu finanzieren. Hier entstand in den letzten 20 Jahren ein

Verschuldung der Entwicklungsländer

enormes Ausmaß an internationaler Verschuldung bei öffentlichen und bei privaten Gläubigern. Tabelle 22.4 gibt einen Überblick über die Auslandsverschuldung der Entwicklungsländer.

Die Gesamtverschuldung (ohne Verbindlichkeiten gegenüber dem IWF) lag 1993 bei 1.386 Mrd. US-Dollar. Welche gewaltigen Finanzierungsprobleme der Schuldendienst aufwirft, zeigen die letzten Zeilen der Tabelle:

durchschnittlich 33,2 Prozent ihrer Exporte müssen die 15 am stärksten verschuldeten Entwicklungsländer für den Schuldendienst (Verzinsung und Tilgung) aufwenden.

Eine dauerhafte Lösung ist noch nicht in Sicht. Zahlreiche **Umschuldungen** haben bisher vor allem eine temporäre Erleichterung der Schuldenlast bewirkt. Die wichtigsten Elemente eines Umschuldungspakets sind: a) die Dauer der Tilgungsphase, b) die Anzahl tilgungsfreier Jahre und c) die Höhe des Zinssatzes. Die Umschuldungen der von Regierungen gewährten Kredite finden meist im sogenannten **„Pariser Club"** statt,

Tab. 22.4: Auslandsverschuldung der Entwicklungsländer

Auslandsschulden der Entwicklungsländer ohne Verbindlichkeiten beim IWF						
Zeitpunkt	1985		1990		1993	
	absolut in Mrd. US-$	in % der Gesamtverschuldung	absolut in Mrd. US-$	in % der Gesamtverschuldung	absolut in Mrd. US-$	in % der Gesamtverschuldung
insgesamt	944	100,00 %	1276	100,00 %	1386	100,00 %
Afrika	144	15,32 %	223	17,48 %	229	16,52 %
Asien	249	26,49 %	364	28,53 %	455	32,83 %
Europa u. Nahost	179	19,04 %	266	20,85 %	292	21,07 %
Lateinamerika	188	20,00 %	424	33,23 %	448	32,32 %
15 größten Schuldner	418	44,47 %	507	39,73 %	511	36,87 %

Schuldendienstquote (Zinsen und Tilgung) in % der Güter- und Dienstleistungsexporte			
Zeitpunkt	1985	1990	1993
insgesamt	20,9	14,2	14,1
Afrika	27,5	23,3	33,4
Asien	14,1	8,8	7,2
Europa und Nahost	11,8	13,9	12,8
Lateinamerika	41,8	25,9	32,3
15 größten Schuldner	40,9	25,6	33,2

Quelle: Internationaler Währungsfond, entnommen aus Internationale Wirtschaftszahlen 1994, Institut der Deutschen Wirtschaft, Köln 1994

während kommerzielle, von Banken gewährte Kredite meist im sogenannten **„Londoner Club“** umgeschuldet werden.

1.7 Wechselkurssystem

Bis 1973 bestanden zwischen den Mitgliedern des IWF im Prinzip feste Wechselkurse. Dieses System hatte sich indes nicht bewährt. Die Länder waren nicht bereit, sich dem Diktat der Zahlungsbilanz zu unterwerfen, d. h. ihre interne Wirtschaftspolitik der Stabilität des Wechselkurses unterzuordnen. Andererseits neigten sie dazu, die dann notwendige Wechselkursänderung durch eine Vielzahl von Kontrollen hinauszuschieben, bis der Druck der Spekulation eine Änderung unausweichlich machte. Schließlich gingen die Länder dann 1973 isoliert oder in Gruppen zu flexiblen Wechselkursen über.

Seit 1973 Übergang zu flexiblen Wechselkursen

Nach einer Periode, in der faktisch keine Regeln bestanden, hat der IWF in der 2. Änderung seines Abkommens 1976 eine Neufassung der Bestimmungen über das Wechselkurssystem beschlossen. Danach ist den Mitgliedern ab April 1978 die Art der Wechselkursregelung grundsätzlich freigestellt, ausgeschlossen ist nur eine Bindung an das Gold. Eine Manipulation der Wechselkurse, die einem Land unfaire Wettbewerbsvorteile verschafft, ist zu vermeiden.

Neue Bestimmungen über das Wechselkurssystem

Daraus haben die Länder unterschiedliche Konsequenzen gezogen. 36 Länder haben ihre Währung an den US-Dollar gebunden, 14 Länder der Franc-Zone in Afrika an den französischen Franc, etwa ebenso viele an die SZR, und die Länder der Europäischen Gemeinschaft haben untereinander feste Wechselkurse, gegenüber dem Rest der Welt flexible Wechselkurse vereinbart (vgl. Abschnitt 2).

Ganz frei flexibel sind Wechselkurse allerdings wohl nirgends gewesen. Generell wird eine Politik des **„managed“ Floating** betrieben, d. h., die Währungsbehörden nehmen Einfluß auf den Kurs, der sich im Prinzip am Markt bildet. So wird häufig eine Aufwertung der heimischen Währung im Interesse der Arbeitsplatzerhaltung in der Exportindustrie durch Käufe fremder Währungen zu verhindern versucht. Man spricht dann auch von einem **schmutzigen Floaten,** weil das freie Spiel marktwirtschaftlicher Kräfte nicht zur Entfaltung kommt.

2. Das Europäische Währungssystem (EWS)

2.1 Vorgeschichte und Zielsetzung des EWS

Anfang der siebziger Jahre beschlossen die EG-Mitgliedstaaten, die Gemeinschaft bis 1980 zu einer Wirtschafts- und Währungsunion fortzuentwickeln (WERNER-Plan). Dieses ehrgeizige Vorhaben konnte nicht verwirklicht werden, führte aber zur Konzeption einer stabilen Währungszone in Europa. 1972 wurde der **europäische Wechselkursverbund** („Währungsschlange“) geschaffen. Die Mitglieder gaben ab 1973 ihre Wechselkurse gegenüber dem Dollar frei und vereinbarten feste, nur innerhalb einer kleinen Schwankungsbreite veränderliche Wechselkurse zwischen den

Block floating

beteiligten Währungen. 1979 wurde der Wechselkursverbund zum Europäischen Währungssystem (EWS) erweitert.

EWS ist symmetrischer als das System von Bretton Woods

Das EWS basiert ähnlich wie das System von Bretton Woods, auf prinzipiell festen, aber im Bedarfsfall anpassungsfähigen Wechselkursen und einem System des Währungsbeistandes für die Finanzierung von Zahlungsbilanzdefiziten. Das EWS ist aber wesentlich symmetrischer aufgebaut, weil im Fall von Zahlungsbilanzungleichgewichten sowohl Defizit- als auch Überschußländer zur Intervention verpflichtet sind und weil eine dem US-Dollar vergleichbare Sonderstellung einer Währung im Rahmen des EWS nicht existiert.

Zwei Zielsetzungen standen bei der Gründung des EWS im Vordergrund:

Ziele des EWS:
– Impulse für den europäischen Integrationsprozeß

- Man wollte dem ins Stocken geratenen europäischen Integrationsprozeß neue Impulse geben. Dabei hoffte man, daß der einem System fester Wechselkurse (bei Konvertibilität der Währungen) innewohnende Zwang zur Annäherung der nationalen Wirtschaftspolitiken sich förderlich auf die Integration Europas auswirken werde.

– Beseitigung vermeintlicher Mängel flexibler Wechselkurse

- Angesichts der permanenten Abwertung des Dollars in den siebziger Jahren wollte man in Europa eine Zone währungspolitischer Stabilität mit festen Wechselkursen schaffen, die den Unternehmen für den innergemeinschaftlichen Handel eine feste Rechen- und Kalkulationsgrundlage geben sollte.

2.2 Merkmale des EWS

Zu den Bausteinen des EWS gehören vor allem die europäische Währungseinheit (ECU = european currency unit), das Interventionssystem, der Abweichungsindikator, das Kreditsystem und der Europäische Fonds für Währungspolitische Zusammenarbeit (EFWZ). Die Aufgaben des EFWZ werden seit dem 1. Januar 1994 von dem Europäischen Währungsinstitut (EWI) wahrgenommen.

Der ECU – die europäische Währungseinheit

Die **europäische Währungseinheit** ist der zentrale Punkt des EWS. Sie ist Bezugsgröße für die Wechselkurse, Indikator für Wechselkursabweichungen, Rechnungsgröße im Interventions- und Kreditsystem bei Zahlungsbilanzungleichgewichten zwischen den Mitgliedsländern, Zahlungsmittel und Reserveeinheit der EWS-Zentralbanken. Die **ECU ist als Währungskorb** definiert, der sich aus bestimmten festen Beträgen der Währungen der Mitgliedsstaaten der EG zusammensetzt. Im Zeitraum von 1979 (Gründung des EWS) bis 1989 (Aufnahme der Peseta und des Escudos in den Währungskorb) wurden die Korbbeträge im Zuge der periodischen Überprüfung (alle fünf Jahre) angepaßt. Die in Tabelle 22.5, Spalte 4 ausgewiesenen Korbbeträge (bspw. 0,6242 für die DM) werden von nun an nicht mehr verändert. Mit dem Inkrafttreten des Vertrages über die Europäische Union (1. November. 1993) entfiel die periodische Überprüfung. Die Zusammensetzung des Korbes – Bestand und Anteile der Währungen - ist durch den Vertrag über die Europäische Union festgeschrieben worden. Die Währungen von Beitrittsländern, wie z.B. Österreich, Finnland und Schweden, die am 1. Januar 1995 der Europäischen Union beigetreten sind, werden deshalb nicht mit in den Korb aufgenommen. Sofern die Länder am EWS teilnehmen, werden ECU-Leitkurse festgelegt.

Feste Zusammensetzung des Währungskorbes

Tab. 22.5: Zusammensetzung des ECU

Zusammensetzung des ECU-Korbes			
Währung	ab 13. März 1979	ab 17. Sept. 1984	ab 21. Sept. 1989
Deutsche Mark	0,8280	0,7190	0,6242
Pfund Sterling	0,0885	0,0878	0,0878
Französischer Franc	1,1500	1,3100	1,3320
Italienische Lira	109,0000	140,0000	151,8000
Holländischer Gulden	0,2860	0,2560	0,2198
Belgischer Franc	3,6600	3,7100	3,3010
Luxemburgischer Franc	0,1400	0,1400	0,1300
Dänische Krone	0,2170	0,2190	0,1976
Irisches Pfund	0,0076	0,0087	0,0086
Griechische Drachme	...	1,1500	1,4400
Spanische Peseta	...	...	6,8850
Portugiesischer Escudo	...	...	1,3930

Quelle: Deutsche Bundesbank, Statistisches Beiheft zum Monatsbericht, Februar 1995, Devisenkursstatistik, S. 83

Wert des ECU

1 ECU ist also gleich: 1 ECU = 0,6242 DM + 1,332 FF + 1,3930 Esc

Der Tageswert eines ECU, ausgedrückt in der Währung eines Mitgliedslandes (z. B. in DM), ergibt sich hieraus, indem man die jeweiligen 11 Fremdwährungsbeträge über ihre Wechselkurse mit der Währung dieses (zwölften) Mitgliedslandes (z. B. der Bundesrepublik) in Inlandswährung (z. B. in DM) umrechnet und dann die zwölf Währungskorbbeträge addiert. Man spricht hier vom **ECU-Tageskurs in DM.** Tabelle 22.6 zeigt die

Tab. 22.6: Jahresdurchschnittswerte der drei stärksten Korbwährungen

Jahresdurchschnitt der ECU-Tageskurse der jeweiligen Währungen			
Zeitraum	DM/ECU	FFr/ECU	Pfund Sterling/ECU
1990	2,052	6,914	0,714
1991	2,051	6,973	0,701
1992	2,020	6,848	0,738
1993	1,936	6,634	0,780
1994	1,925	6,583	0,776

Quelle: Deutsche Bundesbank, Statistisches Beiheft zum Monatsbericht, Februar 1995, Devisenkursstatistik, S. 62

Entwicklung durchschnittlicher ECU-Tageskurse der drei stärksten Korbwährungen.

Da es sich beim EWS um ein System fester Wechselkurse (mit Bandbreite) handelt, muß der Wechselkurs zwischen den einzelnen Ländern (der Leitkurs) festgesetzt werden. Im EWS geschieht dies über die ECU, indem für jede Währung ein **ECU-Leitkurs** festgelegt wird.

Tabelle 22.7 zeigt den aktuellen Stand der ECU-Leitkurse und ihre wichtigsten Veränderungen seit 1979. So gilt für die DM der Leitkurs 1 ECU = 1,94964 DM. Aus den ECU-Leitkursen der einzelnen Währungen ergibt sich dann der bilaterale Leitkurs zwischen den nationalen Währungen **(Paritäten-Gitter).** Gilt also 1 ECU = 1,94964 DM und 1 ECU = 6,53883 FF, so ist 1,94964 DM = 6,53883 FF und daraus folgt 1 DM = 3,35386 FF bzw. 1 FF = 0,29816 DM.

Tab. 22.7: ECU-Leitkurse

Die Entwicklung der Leitkurse im EWS seit 1979				
1 ECU =	13. 3. 1979 Beginn des EWS	6. 10. 1990 Vollmitgliedschaft Großbritanniens	14. 5. 1993 Öffnung der Bandbreiten	Änderung in Prozent (+ Abwertung der nationalen Währung / – Aufwertung der nationalen Währung)
DM	2,50164	2,05586	1,94964	–22,07 %
FFr	5,79831	6,89509	6,53883	+12,77 %
hfl	2,72077	2,31643	2,19672	–19,26 %
Lit (5)	1148,15	1538,24	1793,19	+56,18 %
b/lfr	39,4582	42,4032	40,2123	+ 1,91 %
dkr	7,08592	7,84195	7,43679	+ 4,95 %
Ir£	0,662638	0,767417	0,808628	+22,03 %
Pta (1)	...	133,631	154,25	...
£ (4)	0,663247	0,696904	0,786749	+18,62 %
Dr (3)	...	205,311	264,513	...
Esc (2)	...	178,735	192,854	...
S (6)	...	...	13,7167	...

Quelle: Deutsche Bundesbank, Statistisches Beiheft zum Monatsbericht, Februar 1995, Devisenkursstatistik, S. 66 ff.

(1) Spanien nimmt seit dem 19. 06. 1989 am Wechselkursmechanismus des EWS teil. Die Aufnahme in den Währungskorb erfolgte am 21. 09. 1989.

(2) Der Escudo wurde am 21. 09. 1989 in den Währungskorb aufgenommen. Am Wechselkursmechanismus des EWS nimmt Portugal seit dem 06. 04. 1992 teil.

(3) Griechenland nimmt bisher am Wechselkursmechanismus des EWS nicht teil. In den Währungskorb wurde die Drachme am 17. 09. 1984 aufgenommen. Die Leitkurse haben fiktiven Charakter.

(4) Die Teilnahme Großbritanniens am Wechselkursmechanismus wurde am 17. 09. 1992 vorläufig suspendiert. Der Leitkurs vom 14. 05. 1993 hat fiktiven Charakter.

(5) Die Teilnahme Italiens am Wechselkursmechanismus wurde am 17. 09. 1992 vorläufig suspendiert. Der Leitkurs vom 14. 05. 1993 hat fiktiven Charakter.

(6) Österreich nimmt seit dem 09. 01. 1995 am Wechselkursmechanismus des EWS teil.

Mit Hilfe der Definition des Währungskorbes (vgl. Tabelle 22.5) und den Leitkursen der im Korb enthaltenen Währungen lassen sich die **Gewichte der einzelnen Währungen** bestimmen. Wie oben gezeigt, läßt sich der Wert eines ECU ausdrücken als:

$$1 \text{ ECU} = 0{,}6242 \text{ DM} + 1{,}332 \text{ FF} + \ldots 0{,}130 \text{ lfr}$$

Unter Verwendung der Leitkurse können die einzelnen Währungsbeträge in ECU umgerechnet werden.

Die Bestimmung der sog. Korbgewichte aus Anteil am Währungskorb und ECU-Leitkurs

$$1 \text{ ECU} = \frac{0{,}6242}{1{,}9496} \text{ ECU}_{DM} + \frac{1{,}332}{6{,}53883} \text{ ECU}_{FF} + \ldots + \frac{0{,}130}{40{,}2123} \text{ ECU}_{lfr}$$

$$\longleftrightarrow$$

$$1 \text{ ECU} = 32{,}02\,\% \text{ ECU}_{DM} + 20{,}37\,\% \text{ ECU}_{FF} + \ldots + 0{,}32\,\% \text{ ECU}_{lfr}$$

Veränderung der Korbgewichte durch Leitkursanpassungen

Durch diese einfache Umrechnung erhält man die sogenannten Korbgewichte. Es ist offensichtlich, daß bei konstanten Korbanteilen (bspw. 0,6242 DM) Leitkursveränderungen eine **Änderung der Korbgewichte** herbeiführen. Tabelle 22.8 mit den dazugehörigen Kuchendiagrammen zeigt wie stark sich die Zusammensetzung des ECU durch Leitkursanpassungen seit 1989 geändert hat.

Tabelle 22.8: Veränderungen in der Zusammensetzung des ECU (Korbgewichte)

Zusammensetzung des ECU-Korbes				
Währung	ab 21. September 1989	Gewicht in Prozent	14. 05. 1993 Anpassung der Leitkurse	Gewicht in Prozent
Deutsche Mark	0,6242	30,36 %	1,94964	32,02 %
Pfund Sterling	0,08784	12,60 %	0,786749	11,16 %
Französischer Franc	1,332	19,32 %	6,53883	20,37 %
Italienische Lira	151,8	9,87 %	1793,19	8,47 %
Holländischer Gulden	0,2198	9,49 %	2,19672	10,01 %
Belgischer Franc	3,301	7,78 %	40,2123	8,21 %
Luxemburgischer Franc	0,13	0,31 %	40,2123	0,32 %
Dänische Krone	0,1976	2,52 %	7,43679	2,66 %
Irisches Pfund	0,008552	1,11 %	0,808628	1,06 %
Griechische Drachme	1,44	0,70 %	264,513	0,54 %
Spanische Peseta	6,885	5,15 %	154,25	4,46 %
Portugiesischer Escudo	1,393	0,78 %	192,854	0,72 %

Quelle: Deutsche Bundesbank, Statistisches Beiheft zum Monatsbericht, Februar 1995, Devisenkursstatistik, S. 83

Bandbreite der ECU-Kurse

Die Zentralbanken der einzelnen Mitgliedsländer sind verpflichtet, durch **Interventionen** die Wechselkurse ihrer Währung in einer bestimmten Bandbreite zu halten. **Bandbreite** bedeutet, daß die täglich an den nationalen Devisenbörsen ermittelten Marktkurse von den bilateralen Leitkur-

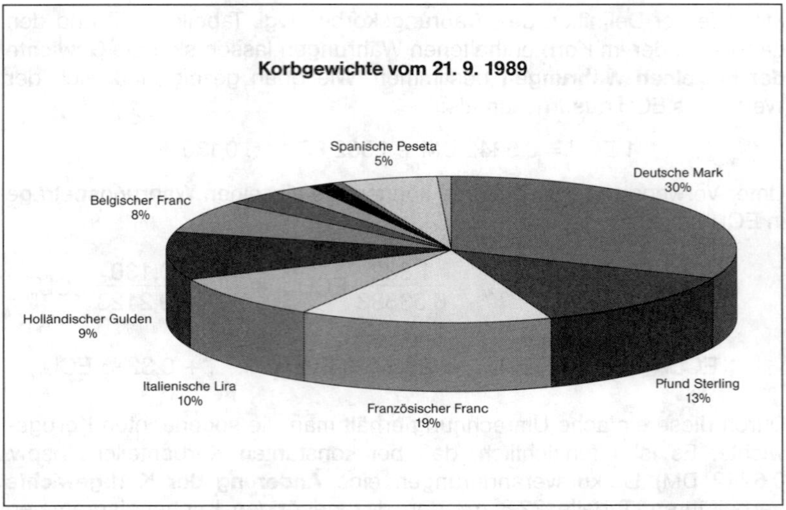
Korbgewichte vom 21. 9. 1989
Spanische Peseta
5%
Deutsche Mark
30%
Belgischer Franc
8%
Holländischer Gulden
9%
Italienische Lira
10%
Französischer Franc
19%
Pfund Sterling
13%

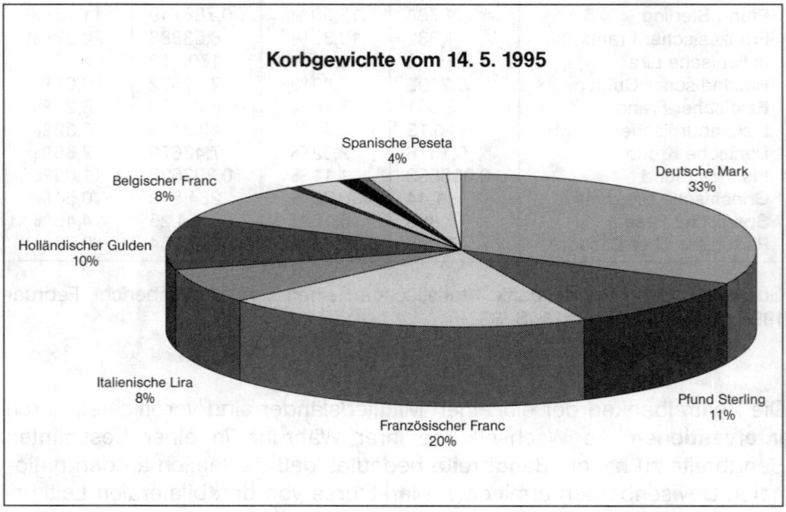
Korbgewichte vom 14. 5. 1995
Spanische Peseta
4%
Deutsche Mark
33%
Belgischer Franc
8%
Holländischer Gulden
10%
Italienische Lira
8%
Französischer Franc
20%
Pfund Sterling
11%

sen maximal um einen bestimmten Prozentsatz, z.B. ± 2,25 Prozent, nach oben oder unten abweichen dürfen. Stößt eine Währung an den oberen **Interventionspunkt** im Verhältnis zu einer anderen Währung (z. B. die DM im Verhältnis zum belgischen Franc), so ist die eine Zentralbank (Bundesbank) verpflichtet, die andere Währung aufzukaufen, während die andere Zentralbank (belgische Währungsbehörde) die erste Währung (DM) abgeben muß. Es sind also **immer zwei Zentralbanken** gleichzeitig zur Intervention verpflichtet.

Bilaterale Interventionspflicht zur Wechselkursstabilisierung

Die ursprüngliche Regelung sah vor, daß die täglich an den nationalen Devisenbörsen ermittelten Marktkurse von den bilateralen Leitkursen **maximal um ± 2,25 Prozent** nach oben oder unten abweichen dürfen. Eine Ausnahmeregelung bestand zunächst für die italienische Lira, die bis zum 5. Januar 1990 in einer Bandbreite von ± 6 Prozent schwanken durfte. Analog wurde diese erweiterte Bandbreite von ± 6 Prozent für das britische Pfund und für die spanische Peseta als Übergangsregelung bei der ersten Teilnahme zugelassen. Erhebliche Spannungen im Währungsgefüge des EWS und daraus resultierende Interventionspflichten der teilnehmenden Zentralbanken führten dazu, daß die Schwankungsbreite am 27. Mai 1993 auf **± 15 Prozent erhöh**t wurde. Trotz dieser enormen Bandbreite wurde die Teilnahme Italiens und Großbritannien am Wechselkursmechanismus vorübergehend suspendiert.

Die ursprünglich engen Bandbreiten, wurden 1993 aufgegeben

Das auf dem Gitter bilateraler Leitkurse und bilateraler Interventionspunkte basierende Wechselkurssystem wird ergänzt durch den sogenannten **Abweichungsindikator,** durch den die ECU auch im Rahmen des Interventionssystems unmittelbar von Bedeutung wird. Der Abweichungsindikator mißt die Abweichung des täglich errechneten ECU-Wertes jeder Währung von ihrem ECU-Leitkurs. Weicht der ECU-Tageswert einer Währung um 75 % (oder mehr) von der maximal zulässigen Abweichung ab, so werden von dem Land bestimmte Maßnahmen erwartet. Hierzu gehören vor allem:

Das Erreichen des Abweichungsindikators sollte bestimmte Maßnahmen auslösen

- **intramarginale Interventionen** (Stützung der eigenen Währung durch die Zentralbank, ohne daß sie dazu aufgrund des Systems bilateraler Interventionspunkte bereits verpflichtet wäre. Diese Interventionen finden im allgemeinen statt, wenn die entsprechende Währung die 75 % Grenze erreicht. Da man innerhalb der Bandbreite ist, spricht man von intramarginaler Intervention)
- **interne währungspolitische Maßnahmen** (z. B. der Einsatz geld- und kreditpolitischer Instrumente)
- **und Änderungen der Leitkurse** (ist nur möglich, wenn zwischen den Mitgliedsstaaten Einstimmigkeit herbeigeführt wird).

Im Vertragssystem des EWS wurden die Beistands- und Kreditsysteme des Europäischen Wechselkursverbundes erheblich erweitert. Dazu zählen:

- Die **sehr kurzfristige Finanzierung,** die zur Finanzierung obligatorischer und intramarginaler Interventionen dient. Als Kredite zählen auch die Fremdwährungsbeträge, die eine Teilnehmerzentralbank zur Stützung einer Partnerwährung ankauft. Die sehr kurzfristige Finanzierung ist betragsmäßig nicht begrenzt. Kredite müssen in der Regel innerhalb von 45 Tagen zurückgezahlt werden. Zur Rückzahlung von Krediten können auch ECU-Guthaben verwendet werden, die die Mitgliedsländer durch Einzahlung von 20 % ihrer Gold- und Devisenbestände beim EFWZ erworben haben. Allerdings braucht eine Gläubigerzentralbank nur 50 % einer Kreditrückzahlung in ECU zu akzeptieren. Die Rückzahlungsmöglichkeit in ECU deutet auch auf die Verrechnungsfunktion hin, die die ECU im Rahmen des Kreditsystems des EWS besitzt.

Bestandteile des Beistands- und Kreditsystems

- Der **kurzfristige Währungsbeistand,** der zur Überbrückung vorübergehender Zahlungsbilanzschwierigkeiten dient. Die Laufzeit beträgt 3 Monate mit der Möglichkeit einer zweimaligen Verlängerung.
- Der **mittelfristige Währungsbeistand,** der ebenfalls zur Bewältigung von Zahlungsbilanzschwierigkeiten eingesetzt werden kann. Er ist jedoch mit wirtschaftspolitischen Auflagen verbunden (Laufzeit 2–5 Jahre).

Die ECU ist alleinige **Rechengröße** für alle Operationen im Rahmen des Interventions- und Kreditmechanismus des EWS, die über den **Europäischen Fonds für währungspolitische Zusammenarbeit (EFWZ)** bzw. seiner Nachfolgerin, dem **Europäischen Währungsinstitut,** abgewickelt und verbucht werden. Zur Schaffung eines ECU-Anfangsbestandes haben die am EWS beteiligten Notenbanken je 20 % ihrer Dollar- und Goldreserven auf den EFWZ übertragen.

Seit 1987 auch die „private" Verwendung der ECU

Seit Mitte 1987 ist auch in der Bundesrepublik, wie vorher schon in den anderen EG-Ländern, die Eröffnung von ECU-Konten bei Banken und die Aufnahme bestimmter ECU-Kredite zugelassen worden. Die **private Verwendung der Europäischen Währungseinheit** wird damit der von Fremdwährungen gleichgestellt. Insgesamt hat die Bedeutung des ECU im privaten Geld- und Kapitalverkehr stark zugenommen.

Leitkurs-anpassungen

Wenn die Paritäten durch Interventionen nicht mehr gehalten werden können oder sollen, ist im EWS eine **Anpassung der Leitkurse** möglich. Diese erfordert das Einverständnis aller beteiligten Länder. Solche Leitkursanpassungen **(Realignments)** waren in der Aufbauphase des EWS relativ häufig. In der Zeit von **1987 bis 1992** wurden innerhalb des EWS **keine Leitkursanpassungen** vorgenommen. Dieses Festhalten an den Leitkursen war nicht unbedingt Ausdruck einer verbesserten Konvergenz der Wirtschaftspolitiken, sondern **oftmals politisch motiviert.** Viele Volkswirte sind heute der Meinung, daß die EWS-Krise von 1992 vor allem auf das politische Festhalten an den Leitkursen zurückgeführt werden kann. (Zu der EWS-Krise vergleiche Abschnitt 2.3.2)

Die stabile Phase des EWS von 1987 bis 1992

DM als Ankerwährung im EWS

Sowohl für die stabile Phase des EWS als auch die für die Krise im EWS spielte die **Stabilitätspolitik der Bundesbank** eine wichtige Rolle; die DM gilt – inoffiziell – als eine **„Ankerwährung"** im EWS, d. h. als eine Währung, an der die Stabilität der anderen Währungen „verankert" ist.

Insgesamt bleiben allerdings **beträchtliche Diskrepanzen** in den gesamtwirtschaftlichen Rahmenbedingungen bestehen, insbesondere die Leistungsbilanzsalden und Finanzierungssalden der öffentlichen Haushalte der EG-Mitgliedsstaaten weisen erhebliche und z. T. sogar zunehmende Unterschiede auf. Insofern ist eine Angleichung der nationalen Wirtschaftspolitiken **(Konvergenz der Wirtschaftspolitik)** noch nicht erreicht (vgl. Tabelle 22.10, S. 583).

Angleichung der nationalen Wirtschaftspolitik noch nicht erreicht

2.3 Die Europäische Wirtschafts- und Währungsunion (EWWU)

2.3.1 Der Delors-Bericht

Am 28. 7. 1988 setzte der Europäische Rat eine Expertengruppe ein, die die Aufgabe hatte, konkrete Etappen zur **Verwirklichung einer EG-Wirtschafts- und Währungsunion** zu prüfen und zu konzipieren. Diese Expertengruppe unter dem Vorsitz des Präsidenten der EG-Kommission, Delors, legte darauf im April 1989 einen Drei-Stufen-Plan zur Errichtung der EWWU vor, den sog. **Delors-Bericht.**

Dieser Delors-Bericht hat die Diskussion um die europäische Integration intensiviert. Seine Vorschläge lassen sich wie folgt zusammenfassen:

Elemente des Delors-Berichts

1. Stufe

Stärkere Koordination der Wirtschafts- und Währungspolitik der Mitgliedsländer.

- Volle Teilnahme aller Mitgliedsländer am Europäischen Währungssystem und völlige Kapitalverkehrsfreiheit.
- Weniger Wechselkursanpassungen im System.

2. Stufe

- Einrichtung eines europäischen Zentralbanksystems.
- Schrittweise Übertragung nationaler Befugnisse auf Gemeinschaftsebene.
- Verringerung der Wechselkursbandbreiten.

3. Stufe

- Übergang zu unwiderruflich festen Wechselkursen und schließlich
- Ablösung der nationalen Währungen durch eine Gemeinschaftswährung.
- Ende der nationalen Souveränität in der Währungspolitik.

Tabelle 22.9 gibt einen detaillierten Einblick in die geplanten Maßnahmen.

Tab. 22.9: Die drei Phasen zum Aufbau der Wirtschafts- und Währungsunion

Phase 1: Stärkere Abstimmung der nationalen Wirtschafts- und Währungspolitiken innerhalb des bestehenden institutionellen Rahmens
Maßnahmen im Bereich der Wirtschaftspolitik
• Vollendung des Binnenmarktes • Verstärkung der gemeinschaftlichen Wettbewerbspolitik • Verringerung bestehender Disparitäten durch Haushaltskonsolidierung in den betreffenden Ländern sowie eine wirksamere Struktur- und Regionalpolitik (Reform der Strukturfonds und Verdoppelung der verfügbaren Mittel) • Revision der Konvergenzentscheidung von 1974 zur Verbesserung der wirtschaftlichen Koordinierung: – Schaffung eines Systems der multilateralen Überwachung auf der Basis von Indikatoren – Koordinierung der Haushaltspolitik durch unverbindliche Richtlinien • Empfehlung des Rates der Wirtschafts- und Finanzminister (Ecofin) zur Koordinierung der Wirtschaftspolitik
Maßnahmen im Bereich der Währungspolitik
• Vollständige Liberalisierung des grenzüberschreitenden Handels mit Finanzdienstleistungen sowie des Kapitalverkehrs innerhalb der Europäischen Gemeinschaft • Intensivierung der Kooperation und Koordinierung • Größere Autonomie der nationalen Notenbank soll in Erwägung gezogen werden • Teilnahme aller EG-Währungen am Wechselkursmechanismus des EWS zu gleichen Bedingungen • Vermeidung von Paritätsänderungen im EWS durch Rückgriff auf andere Anpassungsmechanismen • Beseitigung aller Hindernisse für die private Verwendung der ECU • Größere Kompetenz für den Ausschuß der Zentralbankpräsidenten durch Änderung der Ratsentschließung von 1964: Formulierung von Empfehlungen zur Geld- und Wechselkurspolitik; Konsultationen vor nationalen geldpolitischen Entscheidungen, zum Beispiel bei der Festlegung von Geld- und Kreditmengenzielen • Möglicherweise: Errichtung eines Europäischen Reservefonds zur Kontrolle der Wechselkursentwicklung im EWS sowie zur stärkeren Abstimmung der nationalen Geldpolitiken

[1] Bericht zur Wirtschafts- und Währungsunion in der Europäischen Gemeinschaft, vorgelegt vom Ausschuß zur Prüfung der Wirtschafts- und Währungsunion am 17. April 1989.

noch Tab. 22.9

Phase 2:	Einrichtung grundlegender Gemeinschaftsorgane für die Wirtschafts- und Währungsunion; schrittweise Übertragung von Aufgaben und Kompetenzen auf diese Institutionen

Maßnahmen im Bereich der Wirtschaftspolitik

- Überprüfung und Ergänzung der in Phase 1 durchgeführten Maßnahmen in den Bereichen:
  Binnenmarkt, gemeinschaftliche Wettbewerbspolitik, Struktur- und Regionalpolitik
- Erhöhung der Mittel für Strukturpolitik sowie für Forschungs- und Infrastrukturinvestitionen
- Intensivierung der in Phase 1 begonnenen Koordination makroökonomischer Politiken:
  1. Mittelfristige Rahmenplanung für wirtschaftliche Schlüsselziele
  2. Ausarbeitung von Verfahren zur Überwachung und Korrektur der wirtschaftlichen Entwicklung
  3. Festlegung von unverbindlichen Regeln über Umfang und Finanzierung staatlicher Budgetdefizite
  4. Einheitliches Auftreten bei internationalen Organisationen
- Entscheidungsfindung durch Mehrheitsvotum bei bestimmten Fragen
- Verstärkung der Aktivitäten bestehender Gemeinschaftsorgane (Europäisches Parlament, Ministerrat, Währungsausschuß und Kommission)

Maßnahmen im Bereich der Währungspolitik

- Einrichtung des Europäischen Zentralbankensystems (EZBS), Übernahme der Funktionen des Europäischen Fonds für währungspolitische Zusammenarbeit, des Ausschusses der Zentralbankpräsidenten und der in Phase 1 geschaffenen Institutionen
- Intensivierung der Koordination der Geldpolitiken durch Leitlinien des Rates des Europäischen Zentralbankensystems
- Schrittweiser Übergang von Entscheidungsbefugnissen von den nationalen Instanzen auf den Rat des EZBS. Zusammenlegung eines Teils der nationalen Währungsreserven für Devisenmarktinterventionen entsprechend den Leitlinien des EZBS-Rats. Wahrnehmung von Regulierungsfunktionen im Bereich der Bankenaufsicht durch das EZBS, um die für eine gemeinsame Geldpolitik erforderliche Mindestharmonisierung des geldpolitischen Instrumentariums zu erreichen
- Verengung der Bandbreiten im EWS, Leitkursanpassungen sollen als Anpassungsmechanismus nur noch in Ausnahmefällen verwendet werden

noch Tab. 22.9

Phase 3: Vollständige Übertragung nationaler Kompetenzen im wirtschaftspolitischen und währungspolitischen Bereich auf die Gemeinschaftsorgane
Maßnahmen im Bereich der Wirtschaftspolitik
• Weiterer Ausbau der gemeinschaftlichen Struktur- und Regionalpolitik bei noch bestehenden Disparitäten • Gemeinschaftliche Wettbewerbspolitik • Einführung bindender Regeln und Verfahren im makroökonomischen und haushaltspolitischen Bereich; Übertragung der Entscheidungsbefugnisse auf den Ministerrat • In Zusammenarbeit mit dem Europäischen Parlament entscheidet der Ministerrat: 1. über erforderliche Vorgaben für die Planung der nationalen öffentlichen Haushalte 2. über Änderungen der Finanzausstattung der Gemeinschaft zur Aufstockung von Strukturhilfen an Mitgliedstaaten 3. über die Bindung der Strukturhilfen an Auflagen, die intensive Anpassungsbemühungen bei betreffenden Ländern gewährleisten sollen • Repräsentation der EG-Staaten in internationalen Wirtschaftsorganisationen durch Organe der Gemeinschaft Maßnahmen im Bereich der Währungspolitik
• Unwiderrufliche Fixierung der Wechselkurse im EWS • Einheitliche Geld- und Währungspolitik durch das Europäische Zentralbankensystem • Zusammenlegung der nationalen Währungsreserven beim Europäischen Zentralbankensystem; Devisenmarktinterventionen in alleiniger Verantwortung des EZBS-Rates • Abschließend Übergang zu einer einheitlichen Gemeinschaftswährung

Quelle: Jahresgutachten des Sachverständigenrates 1989/90, S. 40

2.3.2 Die erste Phase der Integration und der Vertrag über die Europäische Union

Die erste Stufe (Phase) der EWWU dauerte vom **1. Juli 1990 bis zum 1. Januar 1994.** In dieser Zeit ist die europäische Integration im Bereich der allgemeinen Wirtschaftspolitik einen großen Schritt vorangekommen, während sie in den Bereichen der Währungspolitik und der **„politischen Union"** an ihre Grenzen gestoßen ist und sogar große Rückschritte hinnehmen mußte. In diese Zeit fallen drei für die europäische Integration zentrale Ereignisse, die sich nicht unabhängig voneinander betrachten lassen:

- Der Vertrag über die Europäische Union[3]) (Februar 1992)
- Die Vollendung des Binnenmarktes (1. Januar 1993)
- Veränderung der Leitkurse (14. Mai 1993) und Erweiterung der Bandbreiten im EWS (2. August 1993)

Mit Beginn der ersten Phase standen die verstärkte **Kooperation und Konvergenz** in den Bereichen der Finanz- und der Geldpolitik sowie die Vollendung des Binnenmarktes im Vordergrund der europäischen Integration.

Die Vollendung des Binnenmarktes und die Grenzen der „negativen Integration"

Aufgrund der Tatsache, daß man sich von der **Vollendung des Binnenmarktes** Wachstumsimpulse und eine verbesserte Wettbewerbsposition versprach, wurden bei dem Abbau von Hindernissen des Waren- und Kapitalverkehrs zu Beginn der 90er Jahre große Fortschritte gemacht. In dem Zeitraum von 1986 (Einheitliche Europäische Akte) bis 1992 wurden rund 300 Richtlinien zur Angleichung nationaler Vorschriften beschlossen und ratifiziert. Seit 1993 besteht in Westeuropa tatsächlich ein fast **unbehinderter Wirtschaftsverkehr** über alle nationalen Grenzen hinweg. Gleichzeitig stieß man damit an die Grenzen der **„negativen Integration"**. Von negativer Integration spricht man, wenn es allein um die Beseitigung von Handelshemmnissen und Wettbewerbsverzerrungen geht. So erfolgreich die negative Integration mit den rechtlichen Mitteln des Europäischen Gerichtshofes und der Kommission war, so wenig Fortschritte gab es bei der **„positiven Integration"**. Wenn es darum ging positive, also gestaltende Regelungen auf politischer Ebene zu finden, zeigte sich, daß „unter der Einstimmigkeitsregelung immer **das langsamste Schiff die Geschwindigkeit des Geleitzuges bestimmt"** (F. W. Scharpf, S. 86, Wirtschaftsdienst, Februar 1995).

Das veränderte politische Umfeld und der Wunsch nach einer politischen Union

Diese Problematik bei der Errichtung des gemeinsamen Marktes führte zu der Einsicht, daß die Wirtschafts- und Währungsunion durch eine **Politische Union** ergänzt werden müsse. Verstärkt wurde diese Einsicht durch die tiefgreifenden politischen und wirtschaftlichen Veränderungen in den Staaten Ost- und Mitteleuropas und den daraus resultierenden Erwartungen dieser Staaten an die Europäische Union.

Die Einbindung des wiedervereinigten Deutschlands in den europäischen Integrationsprozeß

Der Vertrag über die europäische Union

Ein bedeutender Faktor war zudem die **Wiedervereinigung Deutschlands.** Eine wesentliche Aufgabe europäischer Politik zu Beginn der 90er Jahre war es, das vereinigte Deutschland dauerhaft und verläßlich in den Prozeß der europäischen Integration einzubinden. Vor diesem Hintergrund fanden im **Dezember 1991 in Maastricht** die Regierungskonferenzen über die **Wirtschafts- und Währungsunion** und über die Politische Union statt. Die Ergebnisse dieser beiden Konferenzen wurden integriert und im Februar 1992 als **„Vertrag über die Europäische Union"** von den europäischen Regierungschefs unterzeichnet.

---

3) Der Vertragstext ist im Bulletin des Presse- und Informationsamtes der Bundesregierung vom 12. 2. 1992 abgedruckt.

Der Vertrag von Maastricht besteht im wesentlichen aus drei Komponenten (vgl. Kapitel 23):

Die drei „Pfeiler“ des Vertrages von Maastricht

1. Regelungen über die **Wirtschafts-, Währungs- und Sozialunion**
2. Regelungen bezüglich einer **gemeinsamen Außen- und Sicherheitspolitik**
3. Bestimmungen für die engere Zusammenarbeit in den **Bereichen Justiz und Inneres.**

Trotz der im Hinblick auf die Politische Union getroffenen Vereinbarungen steht die Errichtung einer Wirtschafts- und Währungsunion im Mittelpunkt des Vertragswerkes.

Intensivierung der wirtschaftspolitischen Zusammenarbeit vor allem im Hinblick auf die Konvergenzkriterien

Die Regelungen bezüglich der Wirtschaftsunion kann man dahingehend zusammenfassen, daß es zu einer **Intensivierung der wirtschaftspolitischen Zusammenarbeit kommen soll.** Nach Art 103 des EG-Vertrages ist Wirtschaftspolitik als eine Angelegenheit von gemeinsamem Interesse anzusehen. Die Gemeinschaft legt die **Grundzüge der Wirtschaftspolitik** fest, überwacht die Einhaltung dieser Grundzüge und spricht Empfehlungen beziehungsweise Tadel bei der Nichteinhaltung aus. Neu ist, daß von der dritten Stufe der Integration an auch Sanktionen finanzieller Art verhängt werden können. Der geänderte EG-Vertrag verpflichtet die Mitgliedsstaaten im Falle von **„Konvergenzdefiziten“** Reformprogramme aufzulegen, um Fortschritte im Hinblick auf die Preisniveaustabilität und die Gesundung der öffentlichen Finanzen zu gewährleisten. Dabei handelt es sich nicht um bloße Absichtserklärungen, sondern um **internationale Verpflichtungen.**

Konvergenzkriterien und Zeitplan für die Währungsunion

Im Bereich der Währungsunion nennt der Maastrichter Vertrag als Ziele **feste Wechselkurse,** die in eine **einheitliche Währung** münden sowie die damit verbundene Durchführung einer **einheitlichen Geld- und Währungspolitik, die der Preisstabilität verpflichtet ist.** Zur Erreichung dieses Zieles sind ein Zeitplan und Kriterien für den Beitritt zur Währungsunion verabschiedet worden. Im einzelnen gilt, daß nur solche Länder der Währungsunion beitreten dürfen, die folgende Kriterien erfüllen:

1. Die **Inflationsrate** des betreffenden Landes darf maximal um 1½ Prozentpunkte größer sein als die durchschnittliche Inflationsrate der 3 preisstabilsten Länder.
2. Die **Nettoneuverschuldung** des betreffenden Landes darf 3 %, die **gesamte Staatsschuld** darf 60 % des Bruttoinlandsproduktes nicht übersteigen.
3. Das **Zinsniveau** des betreffenden Landes darf maximal 2 Prozentpunkte über dem Durchschnitt der drei preisstabilsten Länder liegen.
4. Die jeweilige nationale Währung muß sich in den vergangenen zwei Jahren **innerhalb der engen Bandbreite** (bei Vertragsabschluß ± 2,25 %) ohne Spannungen bewegt haben.

Tabelle 22.10 zeigt den Stand dieser Konvergenzkriterien in den Mitgliedsstaaten der EU am Ende des Jahres 1993.

Tabelle 22.10 Konvergenzfortschritte in der Europäischen Union

WWU-Kriterium erfüllt

Land	Veränderung der Verbraucherpreise gegen Vorjahr in %				Finanzierungssaldo der öffentlichen Haushalte in % des BIP[1])	
	1992		1993		1992	1993
	WWU-Schwellenwert[2])					
	3,6	3,9	2,8	3,1	– 3	– 3
Belgien	2,4	2,4	2,8	2,8	– 6,9	– 7,4
Dänemark	2,1	2,1	1,3	1,3	– 2,6	– 4,4
Deutschland	[3]) 4,0	[3]) 4,0	[3]) 4,2	[3]) 4,2	– 2,6	– 3,3
Frankreich	2,4	2,4	2,1	2,1	– 3,9	– 5,9
Griechenland	15,9	15,9	14,4	14,4	–13,2	–15,4
Großbritannien	3,7	3,7	1,6	1,6	– 5,9	– 7,6
Irland	3,1	3,1	1,4	1,4	– 2,2	– 3,0
Italien	5,1	5,1	4,5	4,5	– 9,5	–10,0
Luxemburg	3,2	3,2	3,6	3,6	– 2,5	– 2,5
Niederlande	3,7	3,7	2,1	2,1	– 3,5	– 4,0
Portugal	8,9	8,9	6,5	6,5	– 5,2	– 8,9
Spanien	5,9	5,9	4,6	4,6	– 4,6	– 7,2

Land	Rendite langfristiger öffentlicher Anleihen in %				Bruttoschuldenstand der öffentlichen Haushalte in % des BIP[1])	
	1992		1993		1992	1993
	WWU-Schwellenwert[2])					
	10,6	10,9	9,2	9,5	60	60
Belgien	8,7	8,7	7,2	7,2	131,9	138,4
Dänemark	8,9	8,9	7,2	7,2	73,4	78,5
Deutschland	7,9	7,9	6,5	6,5	44,8	48,9
Frankreich	8,6	8,6	6,8	6,8	39,2	44,9
Griechenland	[4]) 21,7	[4]) 21,7	[4]) 21,2	[4]) 21,2	106,7	113,6
Großbritannien	9,1	9,1	7,5	7,5	47,3	53,2
Irland	9,1	9,1	7,7	7,7	91,6	92,9
Italien	13,4	13,4	11,4	11,4	108,0	115,8
Luxemburg	7,9	7,9	6,9	6,9	7,3	10,0
Niederlande	8,2	8,2	6,3	6,3	79,7	83,1
Portugal	[5]) 15,4	[5]) 15,4	[5]) 12,5	[5]) 12,5	63,5	69,5
Spanien	12,2	12,2	10,2	10,2	48,8	55,6

Quellen: Europäische Kommission und nationale Statistiken. – **1** In der Abgrenzung der Volkswirtschaftlichen Gesamtrechnungen (einschl. Sozialversicherungen). – **2** Die Inflationsrate darf diejenige der – höchstens drei – preisstabilsten Länder um nicht mehr als 1,5 Prozentpunkte übersteigen. Die Rendite langfristiger öffentlicher Anleihen darf diejenige der – höchstens drei – preisstabilsten Länder um nicht mehr als 2 Prozentpunkte übersteigen. Die nachfolgenden Schwellenwerte für die Inflationsrate und die Rendite beziehen sich jeweils auf das stabilste und das drittstabilste Mitgliedsland. Die Erfüllung der Kriterien wird an beiden Schwellenwerten gemessen. – **3** Alte Bundesländer. – **4** Zwölfmonatsschatzwechsel. – **5** Umlaufsrendite variabel verzinslicher öffentlicher Anleihen.

Anmerkung: Der Vertrag dürfte davon ausgehen, daß die Schwellenwerte hinsichtlich Inflationsrate und Rendite in der Regel auf der Basis des preisstabilsten Mitgliedslandes zu ermitteln sind. Abweichungen von dieser Regel wären folglich nur gerechtfertigt, wenn der Stabilitätserfolg des „besten" Landes auf außergewöhnlichen Umständen beruhen würde (wie etwa extremen Unterschieden im Konjunkturverlauf). In solchen Fällen könnte ein am drittstabilsten Land orientierter Schwellenwert die weicheste denkbare Alternative darstellen.

Quelle: Deutsche Bundesbank Geschäftsbericht 1993

Die **erste Überprüfung,** welche Länder diese Kriterien erfüllen, findet 1996 statt. Wenn die Mehrheit der Länder diesen Test nicht besteht, werden die Konvergenzkriterien 1998 erneut überprüft. Die dann erfolgreichen Länder werden vom **1. 1. 1999** unwiderruflich zu einer **Währungsunion** zusammengeschlossen.

Das Vertragswerk enthält über die angesprochenen Punkte hinaus eine Vielzahl von Regelungen, die sich auf die Wirtschafts- und Währungsunion beziehen, hier aber im einzelnen nicht dargestellt werden können.

Probleme beim Ratifizierungsprozeß

Nach der Unterzeichnung des Vertrages über die Europäische Union durch die Regierungschefs sollte der **Ratifizierungsprozeß** (Verabschiedung durch die nationalen Parlamente oder durch Volksentscheid) bis Ende 1992 abgeschlossen sein. Der Ratifizierungsprozeß zeigte jedes die Schwierigkeiten einer „Integration von oben". In Großbritannien, Dänemark und Frankreich konnte der Vertrag nur mit knapper Mehrheit verabschiedet werden. **Großbritannien und Dänemark** haben sich dabei **Sonderrechte** einräumen lassen, insbesondere bleibt es diesen Ländern überlassen, zu entscheiden, ob sie gegebenenfalls an der Währungsunion teilnehmen. Dänemark hat inzwischen seine Nichtteilnahme an der Währungsunion bekanntgegeben. Trotz der Schwierigkeiten und Verzögerungen ratifizierten alle Mitgliedsländer die Beschlüsse von Maastricht, so daß der **Vertrag über die Europäische Union** am 1. November 1993 in Kraft treten konnte. Am 1. Januar 1995 sind Finnland, Norwegen, Österreich und Schweden der Europäischen Union beigetreten. Beitrittsländer müssen das Vertragswerk **grundsätzlich uneingeschränkt** akzeptieren.

Bis 1992 große Erfolge im EWS

Unterschiedliche Inflationsraten führen zu Spannungen im EWS

Der reale Anpassungsbedarf löst die Krise im September 1992 aus

Pfund und Lira werden von der Teilnahme am EWS suspendiert

Zeitgleich zu dem Ratifizierungsprozeß kam es zu großen Spannungen im EWS, die den Erfolg von Maastricht und den Fortschritt der Integration in Phase 1 in Frage stellten. Der DELORS-Bericht sieht vor, daß in Phase 1 alle Mitgliedsländer zu gleichen Bedingungen am Wechselkursmechanismus teilnehmen. Um dieser Anforderung gerecht zu werden, wurden die Bandbreite der Lira auf ± 2,25% gesenkt und das britische Pfund sowie der portugiesische Escudo in den Wechselkursmechanismus des EWS aufgenommen. Damit waren alle Währungen, bis auf die Drachme, aktiv im Währungsverbund vertreten und es bestanden lediglich für Pfund, Escudo und Peseta erweiterte Bandbreiten (± 6%) zur Erleichterung des Einstieges in den Wechselkursmechanismus. Besonders problematisch an dieser Konstellation war, daß sich seit der letzten Leitkursanpassung vom 12. Januar 1987 **starke Spannungen im EWS** aufgestaut hatten. Durch die unterschiedlichen Entwicklungen der Inflationsraten hatten verschiedene Währungen gegenüber der DM real aufgewertet. Wegen der **Fixierung der nominalen Wechselkurse** entstand so ein **realer Anpassungsbedarf** und somit ein starkes Spannungsgefüge im Wechselkursverbund. Vor dem Hintergrund dieser Spannungen wurden die Probleme bei der Ratifizierung des Maastrichter Vertrages zum Auslöser von Spekulationswellen gegen verschiedene EWS-Währungen. Vor allem der **Französische Franc,** das **britische Pfund** und die **italienische Lira** gerieten zunehmend unter Abwertungsdruck. Obwohl die Zentralbanken alle Instrumente einsetzten und so massiv wie nie zuvor intervenierten – innerhalb weniger Tage erhöhten sich durch Ankauf der Fremdwährungen die Nettowährungsreserven der Bundesbank um 60 % – konnten die Wechselkurse nicht in den vorgesehen Bandbreiten gehalten werden. Am 17. September 1992 wurden das britischen Pfund und die italienischen Lira vorläufig von der **Teilnahme am Wechselkursmechanismus suspendiert.**

Durch diese Krise wurde das **Vertrauen in die Stabilität und das Funktionieren des EWS** erheblich geschädigt. Dieser Vertrauensverlust führte dazu, daß im Verlauf des Jahres 1993 auch Währungen von Ländern unter Druck gerieten, deren **fundamentale Wirtschaftsdaten eine dauerhafte Änderung der Wechselkurse nicht rechtfertigten.** Da aufgrund nationaler Ziele der Zentralbanken kaum eine Möglichkeit bestand, diesen Spekulationswellen durch zinspolitische Beschlüsse zu begegnen, versuchte man durch verstärkte Devisenintervention der Lage Herr zu werden. Dabei trat das alte Problem auf, daß bei massiver Intervention die Devisenreserven sehr schnell aufgebraucht sind und eine übermäßige Liquidität im Bankensektor in Kauf genommen werden muß. Im Juni 1993 zeigte es sich, daß das EWS nicht mehr in der Lage war, die **Spekulationswellen** mit dem verfügbaren **geld- und interventionspolitischen Instrumentarium abzuwehren.** Um die Spekulation an den Devisenmärkten zu beenden, beschlossen die Finanzminister und die EG-Zentralbankpräsidenten die geltenden **Bandbreiten** mit Wirkung vom **2. August 1993 auf ± 15 %** zu erweitern. Lediglich zwischen den Niederlanden und Deutschland bleibt im bilateralen Verhältnis die enge Bandbreite erhalten. **De facto sind damit die Wechselkurse freigegeben worden.**

Der Vertrauensverlust zieht weitere Spekulationswellen nach sich, die nicht auf realen Ungleichgewichten basieren

Seit August 1993 bestehen im EWS de facto flexible Wechselkurse

Der DELORS-Bericht sieht vor, daß bei dem Übergang von Phase 1 auf Phase II die Bandbreiten im EWS verengt werden sollten, und daß Leitkursanpassungen nur noch in Ausnahmefällen möglich sein sollten. Unter diesem Gesichtspunkt wird deutlich, daß die **Krise des EWS einen großen Rückschritt für den Integrationsprozeß** hin zu einer Währungsunion darstellt.

2.3.3 Die zweite Phase der Integration

Mit dem **Inkrafttreten des Maastrichter Vertrages** am 1. November 1993 war der Weg für die zweite Phase (Stufe) der Integration frei. Am deutlichsten wurde dies durch die Errichtung des **Europäischen Währungsinstitutes (EWI)** mit Sitz in Frankfurt am Main. Das EWI übernimmt die Funktion des „Ausschuß der EG-Notenbankgouverneure" und des EFWZ. Neben diesen Aufgaben hat das EWI im wesentlichen die Funktion, die **dritte Stufe der Währungsunion** vorzubereiten. Es soll die Instrumente und Verfahren entwickeln, die zur Durchführung einer einheitlichen europäischen

Mit der Gründung des Europäischen Währungsinstitutes beginnt die zweite Stufe der Integration

Aber alle geld- und währungspolitischen Kompetenzen verbleiben bei den nationalen Zentralbanken

Geld- und Währungspolitik erforderlich sind. Bis zum 31. 12. 1996 soll das EWI den regulatorischen, organisatorischen und logistischen Rahmen vorgeben, der erforderlich ist, damit das Europäische System der Zentralbanken (ESZB) seine Aufgaben wahrnehmen kann. Bis zu diesem Zeitpunkt **verbleiben alle geld- und währungspolitischen Kompetenzen bei den nationalen Zentralbanken.** Damit ist das im DELORS-Plan vorgegebene Ziel, daß schon in Stufe zwei schrittweise die Kompetenzen auf das ESZB übertragen werden, nicht erreicht worden.

Fortschritte bei der institutionellen Integration als Folge des Vertrages von Maastricht

Dennoch gibt es Fortschritte bei dem institutionellen Prozeß der Integration zu verzeichnen:

- **Belgien, Frankreich und Spanien** haben ihren Zentralbanken, die bisher von den Weisungen der Regierungen abhängig waren, eine größere Handlungsfreiheit eingeräumt.
- Mit Beginn der zweiten Stufe trat außerdem ein **automatisches Prüfungs- und Anpassungsverfahren** in Kraft. Auslöser für dieses Verfahren sind die Konvergenzkriterien zur Verschuldung der Mitgliedsländer. Bei **übermäßiger Verschuldung** eines Mitgliedsstaates spricht der Rat Empfehlungen aus. Finanzielle Sanktionen aufgrund übermäßiger Verschuldung sind jedoch erst in der dritten Stufe möglich. Gemäß des geänderten EG-Vertrages sind die **Mitgliedsstaaten verpflichtet, im Falle von Konvergenzdefiziten mehrjährige Reformprogramme aufzulegen.**
- Seit 1. Januar 1994 gilt das **Verbot von Kreditgewährung der Zentralbanken** an den Staat. Aufgrund dieser Regelung ist den nationalen Zentralbanken (und später der Europäischen Zentralbank) die Vergabe von Buchkrediten an die öffentliche Hand und der Erwerb neuemittierter öffentlicher Schuldtitel untersagt.
- Mit Inkrafttreten des EU-Vertrages wird die Bestimmung wirksam, daß **weder die Gemeinschaft für Verbindlichkeiten** der Mitgliedsstaaten, **noch ein Mitgliedsstaat für Verbindlichkeiten eines anderen Mitgliedsstaates haften muß.**

2.3.4 Grundprobleme der EWWU

Wie gezeigt (vgl. Kapitel 21, Abschnitt 5) setzt eine Währungsunion zwangsläufig **den Verzicht auf eine eigenständige nationale Geldpolitik** voraus und erfordert in den übrigen Bereichen der Wirtschaftspolitik eine weitgehende Übereinstimmung **(Konvergenz),** damit die unwiderruflich fixierten Wechselkurse auch **weitgehend Gleichgewichtswechselkurse** bleiben. Die oben dargestellte Krise des EWS 1992/93 belegt diese Aussage eindrucksvoll. Ob es zu einer solchen weitgehenden ökonomischen Integration kommt, kann hier nicht beurteilt werden. Dies setzt jedenfalls einen **sehr starken politischen Gestaltungswillen** voraus, der z. Zt. nicht generell erkennbar ist.

Wenn aber eine Währungsunion geschaffen werden sollte, dann gilt es darauf hinzuwirken, daß die gemeinsame Wirtschaftspolitik die gesamtwirtschaftlichen Ziele **Vollbeschäftigung, Geldwertstabilität und Wachstum** verfolgt. Die Europäische Gemeinschaft hat versucht, diese Ziele umzusetzen. Das von der Europäischen Kommission **im Dezember 1993 vorgelegte Weißbuch** (Wachstum, Wettbewerbsfähigkeit, Beschäftigung – Herausforderungen der Gegenwart und Wege ins 21. Jahrhundert) wurde vom Europäischen Rat zur **Grundlage eines Aktionsprogramms** gemacht. Ob sich entsprechende Erfolge einstellen, bleibt abzuwarten, aber positiv ist jedenfalls, daß mit diesem Aktionsprogramm die Bekämpfung der Arbeitslosigkeit und die Förderung des Wachstums wichtige Bestandteile der Grundzüge der Wirtschaftspolitik in der Europäischen Union geworden sind.

Ein weiteres Problem ist die Ausrichtung der gemeinsamen Geldpolitik an dem **Ziel der Geldwertstabilität.** Auch wenn ein Ziel von Maastricht eine einheitliche Geldpolitik ist, die der Geldwertstabilität verpflichtet ist, bleibt offen, wie groß der **Unterschied zwischen de jure und de facto** sein wird. Insbesondere von deutscher Seite wird befürchtet, daß das Ziel der Geldwertstabilität von dem **System der Europäischen Zentralbanken nicht so konsequent verfolgt** werden könnte, wie von der Bundesbank. Die Tatsache, daß bis zur Erreichung der dritten Stufe alle geld- und währungspolitischen Kompetenzen bei den nationalen Zentralbanken verbleiben, ist vor allem auf die deutsche Verhandlungsposition zurückzuführen.

Inwieweit wird das System der Europäischen Zentralbanken tatsächlich an dem Ziel der Geldwertstabilität ausgerichtet sein?

Der Stabilitätserfolg der Deutschen Bundesbank wird weitgehend auf die **international einzigartige Absicherung ihrer Unabhängigkeit** zurückgeführt. Aufgrund dieser Unabhängigkeit konnte sie sich den Wünschen von Regierungen entziehen, die Geldpolitik zur Finanzierung der Defizite im Staatshaushalt und/oder zur Stimulierung der Beschäftigung einzusetzen. Beides wirkt in der Regel inflationär.

Bedeutung der Unabhängigkeit der Zentralbank

„Vor diesem Hintergrund kommt der Unabhängigkeit der Europäischen Zentralbank maßgebliche Bedeutung zu. Das Erfordernis der Unabhängigkeit hat dabei mehrere Aspekte:

- **Funktionelle Unabhängigkeit:** Sie bedeutet, daß keine Verpflichtung besteht, eine den Geldwert gefährdende Beschäftigungs- und Defizitpolitik der EG oder einzelner Mitgliedsländer zu unterstützen.
- **Personelle Unabhängigkeit:** Sie bedeutet, daß die Mitglieder des Europäischen Zentralbankrats nicht direkt von den europäischen Regierungschefs ernannt werden, sondern aus den Zentralbankgremien der einzelnen Länder gewählt werden. Sie beinhaltet außerdem eine lange Laufzeit der Dienstverträge.
- **Instrumentelle Unabhängigkeit:** Sie bedeutet, daß die Europäische Zentralbank im Rahmen ihrer Offenmarktpolitik nicht verpflichtet ist, Staatsschuldtitel aufzukaufen oder von außen vorgegebene Wechselkursziele durch eine entsprechende Interventionspolitik auf den Devisenmärkten zu verfolgen.

Aspekte der Unabhängigkeit der Zentralbank

– **Finanzielle Unabhängigkeit:** Sie bedeutet, daß die Europäische Zentralbank über einen eigenen Haushalt verfügt, der von einer unabhängigen Wirtschaftsprüfungsgesellschaft und nicht vom Parlament kontrolliert wird. Sie impliziert darüber hinaus, daß die Verteilung des Zentralbankgewinns kein Verhandlungsgegenstand ist, sondern automatisch gemäß dem Anteil der einzelnen Länder am Sozialprodukt der EG erfolgt." (Willms, Manfred, Europäische Zentralbank, in: Wirtschaftswissenschaftliches Studium, Heft 4, 1991, S. 157)

Wie in Abschnitt 2.3.3 angeführt, konnten im Hinblick auf diese Punkte Fortschritte gemacht werden. Bis zur Errichtung einer Europäischen Zentralbank, die diesen Anforderungen genügt, verbleiben noch viele Probleme, die es zu lösen gilt. Mit der Entscheidung, das EWI in Frankfurt am Main anzusiedeln, haben die europäischen Mitgliedsländer **Kompromißbereitschaft und Entgegenkommen** in bezug auf die deutsche Position gezeigt.

Eine **enge Anlehnung der Ausgestaltung der Europäischen Zentralbank** an die **institutionellen Gegebenheiten und geldpolitische Zielsetzung der Bundesbank** könnte ein wichtiges Signal dafür sein, daß eine zukünftige Europäische Zentralbank, in ähnlich starker Weise wie bisher die Deutsche Bundesbank, **der Stabilitätspolitik verpflichtet** ist. Die Glaubwürdigkeit und das Vertrauen in den Prozeß der europäischen Integration könnten darüber gestärkt und so ein großer Fortschritt erreicht werden.

Eine abschließende oder zusammenfassende Bewertung des europäischen Integrationsprozesses ist nicht ohne weiteres möglich. Auf der einen Seite wurden im Bereich der **negativen Integration große Fortschritte** gemacht, andererseits geht die **positive Integration nur langsam voran.** Hinzu kommt, daß der **währungspolitische Integrationsprozeß** durch die Krise des EWS ins Stocken geraten ist.

Der Wegfall des Wechselkurses löst reale Anpassungsprozesse aus

Das Hauptproblem einer Währungsunion besteht darin, daß der **Wegfall des nominalen Wechselkurses als Anpassungsinstrument** dazu führt, daß **reale Anpassungsprozesse** ausgelöst werden, die im allgemeinen mit Freisetzungseffekten auf der Faktorebene (Arbeit und Kapital) verbunden sind. Diese **Anpassungslasten** auf dem Weg zu mehr Konvergenz verteilen sich nicht gleichmäßig auf die Mitgliedsländer, sondern sind vor allem von den **Schwachwährungsländern** zu tragen **(Stabilisierungskrisen).**

Die Stabilität und das Erreichen einer Währungsunion hängen vor allem davon ab, ob der politische Wille zu einem geeinten Europa vorhanden ist

Um trotz dieser Probleme den Bestand einer Währungsunion zu sichern, muß der politische Wille in allen Mitgliedsländern vorhanden sein, für eine gleichmäßige Verteilung der Anpassungslasten zu sorgen. Ein solche Lastenverteilung ist nur mit Hilfe von **positiver, gestaltender Integration** möglich. Fortschritte in diesem Bereich sind in erster Linie davon abhängig, inwieweit die Regierungen der einzelnen Nationalstaaten bereit sind, nationale Kompetenzen an das Europäische Parlament abzutreten, um so den Weg für eine wirkliche gemeinsame Politik freizumachen.

C. Arbeitsaufgaben

1) *Erläutern Sie folgende Begriffe:*

   Reservewährung

   Quoten beim IWF

   Sonderziehungsrecht

   schmutziges Floaten

   europäische Währungseinheit (ECU)

2) *Erläutern Sie, warum die Bereitstellung von Kreditmöglichkeiten für die beteiligten Länder eines Währungssystems zur Erreichung eines freien Handels- und Zahlungsverkehrs von wesentlicher Bedeutung ist.*
3) *Welche Möglichkeiten hat ein Land im Rahmen des IWF-Systems, sein Zahlungsdefizit zu finanzieren?*
4) *Beschreiben Sie die Konzeption der Sonderziehungsrechte.*
5) *Die Sonderziehungsrechte werden gratis verteilt und berechtigen zur Finanzierung von Zahlungsbilanzdefiziten. Wer bezahlt die entsprechenden Güterlieferungen dann tatsächlich?*
6) *Welche Probleme begründen Fremdwährungsmärkte für die Wirtschaftspolitik der beteiligten Länder?*
7) *Was unterscheidet das Europäische Währungssystem vom Bretton-Woods-System, in welchen Punkten besteht Übereinstimmung?*
8) *Warum ist das System fester Wechselkurse im Rahmen des Bretton-Woods-Systems letztlich gescheitert?*
9) *Was ist das Grundproblem für das Funktionieren einer Währungsunion?*
10) *Welches sind die Vorzüge einer Währungsunion?*

Lösungsvorschläge für die Arbeitsaufgaben im „Übungsbuch zu Grundlagen und Probleme der Volkswirtschaft".

D. Literatur

Eine gutverständliche Einführung in den Problemkreis, allerdings mit inzwischen zum Teil veraltetem Zahlenmaterial, gibt

SCHÄFER, Wolf, Währungen und Wechselkurse, Würzburg, Wien 1981.

Einen knappen Überblick über das gesamte Gebiet der Außenwirtschaftspolitik einschließlich der Welthandelsordnung gibt

BERG, Hartmut, Außenwirtschaftspolitik, In: Vahlens Kompendium der Wirtschaftstheorie und Wirtschaftspolitik Band 2, 4. Auflage, München 1990, S. 455–497.

Umfassend ist das Lehrbuch zur internationalen Währungspolitik von

JARCHOW, Hans Joachim, RÜHMANN, Peter, Monetäre Außenwirtschaft, II. Internationale Währungspolitik, 3. Auflage, Göttingen 1989.

Sehr empfehlenswert ist auch das Lehrbuch von

WILLMS, Manfred, Internationale Währungspolitik, München 1992.

Über die institutionelle Ausgestaltung so gut wie aller relevanten Organisationen, also einschließlich IWF und EWS, informiert umfassend der kostenlos erhältliche Sonderdruck der Bundesbank

DEUTSCHE BUNDESBANK, Internationale Abkommen im Bereich von Währung und Wirtschaft, Sonderdruck Nr. 3, 4. Auflage.

Zusammenfassend über die Erfahrung mit festen Wechselkursen im EWS und IWF-System bzw. über die Erfahrungen mit flexiblen Wechselkursen informiert kurz

- OHR, Renate, Alte und neue Erfahrungen mit festen Wechselkursen, in: Wirtschaftswissenschaftliches Studium (WiST), Heft 10, Oktober 1990, S. 509–512
- ORESZAT, Beate, Zwanzig Jahre flexible Wechselkurse: Erfahrungen und Entwicklungen, in: Wirtschaftsdienst, Februar 1993, S. 104–108.

Detaillierter speziell über die Erfahrungen mit dem EWS informiert

- MONATSBERICHT der Deutschen Bundesbank, November 1989, Wechselkursentwicklung im Europäischen Währungssystem, S. 30–38
- MONATSBERICHT der Deutschen Bundesbank, August 1993, Die jüngsten geld- und währungspolitischen Beschlüsse im Europäischen Währungssystem, S. 30–38
- BENDER, Dieter, Das Ende der EWS-Illusion, in: Wirtschaftsstudium (WiSu), Februar 1994, S. 91–92.

Zu der Entwicklung im Bereich der europäischen Integration geben folgende Texte einen guten Überblick:

- GESCHÄFTSBERICHT der Deutschen Bundesbank 1993, Internationale geld- und währungspolitische Zusammenarbeit, S. 90–105
- SCHARPF, Fritz W., Europa nach Maastricht: Markt ohne Demokratie?, in: Wirtschaftsdienst Februar 1995, S. 85–93.

Eine kritische Betrachtung der Entwicklung im Bereich der Europäischen Integration nach Maastricht liefern folgende Beiträge:

- MÖSCHEL, Werner, Europäische Integration am Wendepunkt? Perspektiven nach Maastricht?, in: Wirtschaftswissenschaftliches Studium (WiSE), Heft 3, März 1994, S. 123–131
- POMMEREHNE, Werner W., Warum die Europäische Währungsunion verfrüht ist, in: Wirtschaftswissenschaftliches Studium (WiSt), Heft 2, Februar 1994.

23. Kapitel
Grundlagen der Europäischen Union

A. Lernzielorientierte Leitfrage und Fragenkomplexe

Leitfrage:
Was sind die Grundstrukturen der Europäischen Union

- *Was war das ursprünglich tragende Motiv der europäischen Integration?*
- *Was sind die Formen und Wirkungen einer regional begrenzten Integration?*
- *Mit welchen zentralen Problemen einer Integration ist zu rechnen?*
- *Was sind die wesentlichen Entscheidungsgremien der EU?*
- *Über welche wesentlichen Einnahmearten verfügt die EU?*
- *Was sind die zentralen Ausgabenbereiche der EU?*
- *Was sind die Regelungsprinzipien und Probleme der EU-Agrarpolitik?*
- *Was sind die Grundelemente der EU-Strukturpolitik?*

B. Sachanalyse

1. Der Weg zur europäischen Einheit

1.1 Der Weg zur Zollunion

Die geschichtlichen Erfahrungen Europas begründeten den Wunsch nach einer europäischen Einheit. Nach dem Versuch einer Friedenssicherung durch einen Zusammenschluß europäischer Völker bereits kurz nach dem 1. Weltkrieg – zu nennen wäre hier die Gründung des Völkerbundes, die Paneuropa-Bewegung oder die von Aristide Briand und Gustav Stresemann entwickelte Initiative zur Bildung eines europäischen Staatenbundes – konzentrierten sich einige europäische Staaten nach dem 2. Weltkrieg erneut auf die politische Einigung.

Ursprüngliches Ziel war die politische Einheit

So trat 1952 die Europäische Gemeinschaft für Kohle und Stahl (EGKS „Montanunion“) durchaus auch mit dem politischen Ziel in Kraft, die Ressourcen der Rüstungsproduktion der nationalen Verantwortung zu entziehen. Und 1952 unterzeichneten die sechs EGKS-Staaten Belgien, Bundesrepublik Deutschland, Frankreich, Italien, Luxemburg und die Niederlande einen Vertrag zur Errichtung einer Europäischen Verteidigungsgemeinschaft (EVG) und planten die Gründung einer Europäischen Politischen Gemeinschaft.

Hindernisse auf dem Weg zu diesem ehrgeizigen Ziel – z. B. lehnte die französische Nationalversammlung die Ratifizierung des EVG-Vertrages ab – bewirkten dann eine Ausrichtung zunächst auf die *wirtschaftliche* Integration.

Zunächst Realisierung einer Zollunion der sechs

So wurden am 25. März 1957 in Rom die „Römischen Verträge" zur Gründung einer Europäischen Wirtschaftsgemeinschaft (EWG) und einer Europäischen Atomgemeinschaft (EAG, Euratom) von Belgien, der Bundesrepublik Deutschland, Frankreich, Italien, Luxemburg und den Niederlanden unterzeichnet. Kernstück war die Errichtung einer Zollunion und die Realisierung eines gemeinsamen Marktes. Die Zollunion der sechs konnte 1968 vorzeitig realisiert werden. Parallel dazu wurden die ursprünglich getrennten Institutionen von EGKS, Euratom und EWG mit dem Fusionsvertrag vom 8. 4. 1965 seit 1967 zu den Europäischen Gemeinschaften (EG) verschmolzen.

Diese großen Integrationserfolge konnten auch deshalb erzielt werden, weil das kräftige Wirtschaftswachstum Probleme des Strukturwandels milderte und weil der bei dem relativ gleichen Entwicklungsstand der sechs Gründungsmitglieder resultierende intra-industrielle Außenhandel nicht zum Erliegen ganzer Wirtschaftszweige führte.

1.2 Der Weg zum Binnenmarkt

Fehlentwicklungen der EG

Neben Erfolgen gab es auch eine Reihe von Mißerfolgen und Fehlentwicklungen. Ab etwa 1970 wurde der Außenhandel zunehmend durch nicht-tarifäre Handelshemmnisse erschwert, die Integrationserfolge begannen zu schwinden. Zudem zeigte sich, daß der Versuch, national schon sehr stark regulierte Bereiche – Landwirtschaft, Banken, Versicherungen, Verkehr, Telekommunikation – zu harmonisieren, und zwar auf dem Wege einer perfekten Harmonisierung im Detail, scheitern mußte. Als schwerwiegender wirtschaftspolitischer Fehler hat sich insbesondere die 1959 getroffene Entscheidung erwiesen, die Agrarmärkte mit einem System von Marktordnungen zu regulieren. Dies führte zu einer gigantischen Fehlallokation der Ressourcen und damit zu erheblichen Akzeptanzverlusten für die EG. Insgesamt war die Phase von etwa 1970 bis 1985 von zahlreichen Fehlversuchen gekennzeichnet, die Integration zu einer Wirtschafts- und Währungsunion voranzubringen. Die Mißerfolge waren vor allem darin begründet, daß die beteiligten Länder mehrheitlich nicht bereit waren, auf autonome nationale Wirtschaftspolitik zu verzichten. Es war Zeit für neue Initiativen.

Im Juni 1985 beschließen die europäischen Staats- bzw. Regierungschefs nach deutsch-französischem Druck eine Erweiterung der Römischen Verträge. Im Dezember 1985 wird daraufhin die **„Einheitliche Europäische Akte“** (EEA) verabschiedet, die im Juli 1987 in Kraft tritt.

Neue Initiative: EEA

Die EEA beinhaltet wichtige Weiterentwicklungen der EG:

- eine neue Zielsetzung „Binnenmarkt '92“,
- ein partiell revidiertes Abstimmungsverfahren,
- eine Fortschreibung und Ergänzung der begleitenden Politikbereiche (z. B. Sozialpolitik, Umweltpolitik, Währungspolitik),
- eine neue Gesamtorganisation in Form der Europäischen Politischen Zusammenarbeit (EPZ).

Die ökonomisch zentralen Elemente der fortschreitenden Integration, nämlich den Binnenmarkt '92 und eine Erweiterung und Vertiefung der begleitenden Politikbereiche, beschreiben wir in Kapitel 24.

1.3 Der Weg zur Europäischen Union

Parallel mit der Schaffung des Binnenmarktes '92, der inzwischen in wesentlichen Elementen realisiert ist, wurden weitere Anstrengungen unternommen, um die europäische Integration voranzutreiben. Am 7. 2. 1992 wurde in Maastricht der Vertrag über die „Europäische Union“ (EU) unterzeichnet, der am 1. 11. 1993 in Kraft trat. Nach diesem „Vertrag von Maastricht“ stützt sich die europäische Integration künftig auf drei Säulen:

Drei Säulen der europäischen Integration

- Den Ausbau der Europäischen Gemeinschaft, bisher im wesentlichen bestehend aus den ökonomischen Kernelementen Zollunion, Gemeinsame Agrarpolitik, Strukturpolitik und Binnenmarkt, zu einer Wirtschafts- und Währungsunion (Säule 1);
- Bestimmungen über eine „Gemeinsame Außen- und Sicherheitspolitik“ (Säule 2) sowie
- Bestimmungen über eine „Zusammenarbeit in den Bereichen Justiz und Inneres“ (Säule 3).

Zentraler ökonomischer Bereich der Europäischen Union (EU) ist Säule 1, die Europäische Gemeinschaft (EG)[1]. Ihre Kompetenzen sind deutlich erweitert worden; wichtigste Ergänzung ist ein Stufenplan, nach dem bis Anfang 1999 der Übergang zur Wirtschafts- und Währungsunion erfolgen soll (vgl. hierzu detailliert Kapitel 22). Daneben werden in Säule 1 eine Reihe von Vertragsergänzungen formuliert:

---

1) Mit der Entwicklung der EWG zur EU ergeben sich terminologische Probleme. Im historischen Kontext verwenden wir die seinerzeit gebräuchliche Bezeichnung EWG bzw. EG, sonst die neue Bezeichnung EU. Der alte EWG-Vertrag (EWGV) ist zum EG-Vertrag (EGV) geworden. Die EG (Europäische Gemeinschaft) existiert noch als Teil der EU, die EWG (Europäische Wirtschaftsgemeinschaft) existiert nicht mehr.

- Die Schaffung einer Unionsbürgerschaft (Art. 8 a–e EGV), z. B. mit allgemeinem Aufenthaltsrecht und Wahlrecht zu kommunalen Körperschaften am Wohnort,
- das Subsidiaritätsprinzip der Tätigkeit der Gemeinschaft (Art. 3 b EGV),
- die Einführung eines eigenständigen Regionalorgans „Ausschuß der Regionen", der die politische Perspektive für einen dreistufigen Aufbau der Gemeinschaft öffnet (Art. 198 a–c),
- die Stärkung der Kompetenzen der Europäischen Gemeinschaft (Art. 137–138 e, 189–191 EGV),
- die Schaffung neuer Kompetenzen in der Bildungs- und Kulturpolitik (Art. 126–128 EGV) und
- die Schaffung neuer Befugnisse und Aufgaben in zahlreichen Bereichen der Wirtschaft (vgl. dazu Kapitel 24, Abschnitt 3).

Deutlich werden damit eine Vertiefung der wirtschaftlichen Integration und ein Einstieg in die politische Integration schon in Säule 1, der Europäischen Gemeinschaft.

Für die zweite und dritte Säule, die ausschließlich Elemente einer politischen Integration vorsehen, ist bisher das Verfahren der Zusammenarbeit der Regierungen außerhalb der Organe der EU vorgesehen. Sie sind also nicht in die Entscheidungsebenen der Gemeinschaft eingebunden und müssen daher eher als politisches Programm interpretiert werden. Wir gehen darauf nicht weiter ein.

1.4 Die regionale Erweiterung der europäischen Integration

Gründungsmitglieder der EWG, die am 1. 1. 1958 in Kraft getreten ist, waren die Bundesrepublik Deutschland, Belgien, Frankreich, Italien, Luxemburg und die Niederlande. 1973 sind Dänemark, Irland und Großbritannien beigetreten (Norderweiterung), 1981 ist Griechenland beigetreten, 1986 folgten Spanien und Portugal (Süderweiterung). Schließlich sind seit 1995 Österreich, Finnland und Schweden Mitglieder der Gemeinschaft.

Die EU der mittlerweile 15 Mitgliedstaaten bildet mit einem Bruttoinlandsprodukt von rund 6000 Mrd. ECU und mit rund 371 Mio. Einwohnern den größten in sich geschlossenen Markt der Welt. Allerdings entspricht das BIP pro Kopf mit rund 16 000 ECU nicht ganz dem Niveau von Japan oder den USA, den beiden anderen geschlossenen Wirtschaftsblöcken der Welt.

Ein nicht unwesentliches Integrationshemmnis der EU ist die Sprachenvielfalt. Die elf Amtssprachen der EU sind: Dänisch, Deutsch, Griechisch, Spanisch, Französisch, Italienisch, Niederländisch, Portugiesisch, Finnisch, Schwedisch und Englisch. Das heißt, daß alle von der Kommission nach außen gehenden Vorlagen in alle Amtssprachen übersetzt werden müssen. Im internen Gebrauch begnügt sich die Kommission mit den drei Amts- und Umgangssprachen Französisch, Englisch und Deutsch. Originaltexte werden im wesentlichen in Französisch verfaßt.

Der Prozeß der europäischen Integration ist nicht abgeschlossen. Weitere Beitritte, insbesondere eine Osterweiterung, sind zu erwarten. Zur Zeit liegen folgende offizielle Beitrittsanträge vor: Türkei (1987), Malta (1990), Zypern (1990), Schweiz (1992, derzeit zurückgestellt), Ungarn (1994) und Polen (1994). Des weiteren sind zahlreiche Assoziierungsvereinbarungen mit osteuropäischen Staaten geschlossen worden. Im Prinzip kann jeder europäische Staat beantragen, Mitglied der Gemeinschaft zu werden. Der Europäische Rat hat am 11./12. Juni 1993 die Voraussetzungen für eine Mitgliedschaft formuliert: „Als Voraussetzung für die Mitgliedschaft muß der Beitrittskandidat eine institutionelle Stabilität als Garantie für demokratische und rechtsstaatliche Ordnung, für die Wahrung der Menschenrechte sowie die Achtung und den Schutz von Minderheiten verwirklicht haben; sie erfordert ferner eine funktionsfähige Marktwirtschaft sowie die Fähigkeit, dem Wettbewerbsdruck und den Marktkräften innerhalb der Union standzuhalten. Die Mitgliedschaft setzt ferner voraus, daß die einzelnen Beitrittskandidaten die aus einer Mitgliedschaft erwachsenden Verpflichtungen übernehmen und sich auch die Ziele der Politischen Union sowie der Wirtschafts- und Währungsunion zu eigen machen können." (EU-informationen 1/1995).

2. Chancen und Risiken einer regional begrenzten Integration von Märkten

Weltweiter Freihandel konnte nicht realisiert werden

Die weltweiten Ordnungen des Währungssystems (IWF) und des Handelssystems (GATT) sind nicht in der Lage, weltweiten Freihandel zu gewährleisten. Zu groß sind die Unterschiede der Länder in bezug auf wirtschaftspolitische Zielvorstellungen und wirtschaftliche Leistungskraft. Anders formuliert: Der optimale Währungsraum (vgl. Kapitel 21) umfaßt jedenfalls nicht die ganze Welt. Daher lag es nahe, eine regional begrenzte Integration anzustreben, wie dies vor allem im Rahmen der EG erfolgreich praktiziert wurde.

2.1 Integrationsformen

Zwischen den beiden Extremen – völlige Autarkie und vollkommener weltweiter Freihandel – gibt es folgende Formen der Integration.

Präferenzzone: Zollabbau für bestimmte oder alle Produktgruppen für bestimmte Länder (z. B. das Allgemeine Präferenzsystem der EU).

Freihandelszone: Zollfreiheit innerhalb der Zone, Außenzölle, aber nicht gemeinsame Außenzölle (z. B. die EFTA, die European Free Trade Association, die 1960 gegründet wurde).

Zollunion: Beseitigung der Binnenzölle, gemeinsamer Außenzoll, Verteilung der Außenzolleinnahmen auf die Mitglieder (z. B. EWG).

Bisweilen wird auch der Abbau anderer Handelshemmnisse (z.B. Kontingente) in die Definition einbezogen.

Die Konzepte „Gemeinsamer Markt“ und „Binnenmarkt“ sind wissenschaftlich nicht eindeutig definiert, aber durch die Praxis der EG hinlänglich deutlich geworden.

Gemeinsamer Markt: Setzt freien Handel von Gütern und Dienstleistungen voraus sowie eine uneingeschränkte Mobilität der Produktionsfaktoren Arbeit und Kapital (Freihandel plus Faktormobilität).

Binnenmarkt: Ein Binnenmarkt ist im Prinzip ein gemeinsamer Markt mit höherer Qualität, also ein gemeinsamer Markt mit völliger Freizügigkeit (auch für Nichterwerbstätige), ohne Grenzkontrollen und mit einer gewissen Einheitlichkeit der Produktionsbedingungen.

Wirtschaftsunion: Gemeinsamer Markt, verbunden mit einer Koordinierung und Harmonisierung der Wirtschaftspolitik (Stabilitäts-, Wettbewerbs-, Wachstums- und z. T. auch Verteilungspolitik), z. T. in Form integrierter Institutionen wie z. B. in Form einer gemeinsamen Kartellbehörde oder einer gemeinsamen Zentralbank.

Währungsunion: Unwiderruflich feste Wechselkurse, verbunden mit uneingeschränkter und irreversibler Konvertibilität der Währungen, sowie völliger Freiheit des Kapitalverkehrs. Die Währungsunion kann dann mit einer Einheitswährung verknüpft sein.

Die intensivste Integrationsform ist die völlige, auch politische Verschmelzung der Mitgliedsstaaten in Form eines Bundesstaates, die mit der EU auch langfristig angestrebt wird.

2.2 Integrationseffekte

Vorteile der Integration

Die Vorteile einer Integration sind allgemein die Vorteile einer Annäherung an den Freihandel, also die Vorteile des Freihandels selbst. Diese Vorteile sind in Kapitel 20 dargestellt worden. Es sind zusammenfassend

- die Kostenvorteile der Spezialisierung auf die jeweils relativ oder sogar absolut billigsten Produktionen der Länder;
- die zunehmende Ausschöpfung der Größenersparnisse der Produktion (economies of scale) und
- die Zunahme des Wettbewerbs.

Regional begrenzte Integration begründet Auf- und Abschließungseffekte

Bei einer regional begrenzten Integration der Märkte in Form einer Zollunion oder einer (regional begrenzten) Wirtschafts- und Währungsunion ist allerdings zusätzlich zu beachten, daß der Freihandel ja nur innerhalb der Region etabliert wird, gegenüber dem Rest der Welt aber meist eine verstärkte Abschottung praktiziert wird. Hier entstehen sog. Aufschließungs- bzw. Abschließungseffekte.

Von einem **Aufschließungseffekt** (trade creating effect) spricht man, wenn der zunehmende Freihandel im Integrationsraum dazu führt, daß sich Produktionen von Standorten mit höheren Realkosten zu Standorten mit niedrigeren Realkosten verlagern. Statt daß die Bundesrepublik selbst ein Automobil vom Typ Citroen 2CV produziert, wird dieses billiger importiert, während umgekehrt Frankreich den VW-Käfer billiger importiert, statt selbst zu produzieren. Dies Beispiel ist nicht zufällig auf Produkte der gleichen Branche bezogen. Allgemein gilt, daß die Aufschließungseffekte gerade bei einem intraindustriellen Tausch groß sind, bei einem Tausch, bei dem sich die Sortimente der Integrationspartner überschneiden (beide produzieren Automobile sogar in der gleichen Klasse). Kleiner sind die Aufschließungseffekte bei einem interindustriellen Tausch, einem Tausch zwischen Produkten verschiedener Industrien (Automobile gegen Textilien). Dies erklärt zu einem Teil die großen Integrationserfolge der EWG im Rahmen der Zollunion der sechs Kernstaaten, die ja überwiegend ähnliche Produktionssortimente aufwiesen.

Aufschließungseffekte sind groß bei intraindustriellem Tausch

Von einem **Abschließungseffekt** (trade diverting effect) spricht man, wenn die relative Abschottung des Integrationsraumes vom Rest der Welt dazu führt, daß sich Produktionen von Standorten niedriger Realkosten außerhalb der Region zu Standorten höherer Realkosten im Integrationsraum verlagern. Statt daß die EU Bananen oder Rindfleisch billig importiert, wird infolge des Außenzolls diese Produktion an teure Standorte innerhalb der EU verlagert. Ein Abschließungseffekt bedeutet eine nicht-effiziente Produktion und damit Wohlfahrtsverluste, und zwar sowohl für den Integrationsraum als auch für den „Rest der Welt".

Abschließungseffekt bedeutet Effizienzverlust

Per saldo ist dann entscheidend, welche Effekte überwiegen. Unter welchen Umständen die positiven Effekte überwiegen, kann modelltheoretisch abgeleitet werden. Wir wollen uns mit dem Hinweis begnügen, daß für die EG ganz sicher die Aufschließungseffekte überwogen haben, auch weil die EG schrittweise erweitert worden ist und die Außenzölle weiter gesenkt worden sind.

2.3 Integrationsprobleme

Die Probleme einer (regional begrenzten) Integration sind im wesentlichen die folgenden:

Ungleiche Verteilung der Wohlfahrtsgewinne

Die Verteilung der Wohlfahrtsgewinne innerhalb der EU wird vermutlich ungleich sein, insbesondere werden auch die Entwicklungschancen der Länder ungleich verteilt sein. Daher sind heftige Auseinandersetzungen im Bereich der Verteilungspolitik (EU-Strukturfonds: Regional-, Sozial- und Agrarfonds) und im Bereich der Industriepolitik die Regel.

Hohe Anpassungskosten

Die Integration als „Angebotsschock" begründet z. T. erhebliche Anpassungskosten, nämlich den Verlust von Humankapital (Arbeitslosigkeit oder Wertverlust von Qualifikationen), den Verlust von Finanz- bzw. Realkapital bei Produktionsstillegungen und den Verlust von Regelungskompetenzen für nationale Bürokratien mit den entsprechenden Abwehrreaktionen.

Wohlfahrtsverschlechterung für den Rest der Welt möglich

Eine Wohlfahrtsverschlechterung für den „Rest der Welt" ist nicht ausgeschlossen, weil durch den Abschließungseffekt der Handel zwischen der EU und dem Rest der Welt zumindest relativ zurückgehen wird (der Außenhandelsanteil mit der übrigen Welt wird sinken). Allerdings wird überwiegend erwartet, daß infolge der intraregionalen Wachstumseffekte der Integration das Sozialprodukt und damit die Importe der EU so stark zunehmen, daß zwar der Außenhandelsanteil, aber nicht das Außenhandelsvolumen mit dem Rest der Welt sinken wird.

Verzicht auf autonome nationale Wirtschaftspolitik

Schließlich verbleibt als Grundproblem jeder Integration der teilweise oder völlige Verzicht auf eine eigenständige nationale Wirtschaftspolitik (Konvergenz). Dies ist jedenfalls dann ein Problem, wenn Standards, Normen oder Regelungen resultieren, die den nationalen Wertvorstellungen nicht entsprechen. Man denke beispielsweise an Umweltschutznormen, an Inflationsraten oder Arbeitnehmerschutzvorschriften. Wie diese Konvergenz erreicht wird, ist auch eine Frage der geschaffenen Institutionen der Integration.

3. Das institutionelle System der EU

EU als Staatenverbindung besonderer Art

Die EU ist eine Staatenverbindung von besonderer Art, die sich in kein herkömmliches System völkerrechtlich einordnen läßt. Man gewinnt einen ersten Überblick über die EU mit einer Beschreibung ihrer Organe.

Die Hauptorgane der EU sind

- die Kommission
- der Rat (Ministerrat)
- das europäische Parlament und
- der europäische Gerichtshof.

Daneben existieren einige Nebenorgane, wie z. B. der Wirtschafts- und Sozialausschuß oder der Ausschuß der Regionen. Übergeordnet ist der Europäische Rat der Staats- und Regierungschefs der 15 Mitgliedstaaten. Die folgende Abb. 23.1 gibt einen Überblick über die Hauptorgane der EU.

Kommission ist Motor der EU und Hüterin der Verträge

3.1 Die Kommission

Die Kommission ist „der Motor der EU" und „Hüterin der Verträge". Sie ist damit das entscheidende Exekutivorgan, sie

- führt die Gemeinschaftspolitik auf der Grundlage der Ratsbeschlüsse oder in direkter Anwendung des EU-Vertrages durch (Exekutivaufgaben);
- sie sorgt für die Einhaltung der Regeln und der Grundsätze des Gemeinsamen Marktes (Kontrollaufgaben);
- sie macht Vorschläge für eine Fortentwicklung der Gemeinschaft. Dabei hat die Kommission das Monopol, Beschlußvorlagen für den Rat zu entwickeln (Initiativaufgaben).

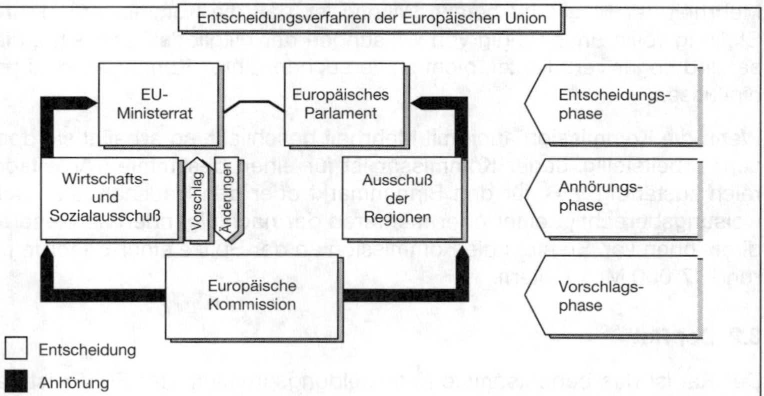

Im **Europäischen Rat** treffen sich die Staats- und Regierungschefs der Mitgliedstaaten. Auf diesen „EU-Gipfeln" werden die Leitlinien der Unionspolitik festgelegt. Die Beschlüsse des Europäischen Rates sind oft Aufträge an das wichtigste gesetzgebende Organ, den **Rat der Europäischen Union** (Ministerrat). Hier treffen sich die nationalen Fachminister und beschließen die „europäischen Gesetze". Die Vorschläge für die „Unionsgesetze" werden von der **Europäischen Kommission,** der europäischen Verwaltung, erarbeitet und dem Ministerrat vorgelegt. Das **Europäische Parlament** beteiligt sich an der Ausarbeitung der Rechtsakte der Union. Es hat allerdings noch nicht die gleichen Einflußmöglichkeiten wie nationale Parlamente. Der **Europäische Gerichtshof** sorgt dafür, daß EU-Recht auch eingehalten wird. Klagen können sowohl die Mitgliedstaaten und EU-Organe als auch Bürger und Unternehmen. Der **Wirtschafts- und Sozialausschuß** ist ein beratendes Gremium, in dem die wichtigsten gesellschaftlichen Gruppen vertreten sind. Der **Ausschuß der Regionen** berät Rat und Kommission in allen Fragen von regionalem Interesse. Schließlich überwacht der **Europäische Rechnungshof** die Haushaltsführung der Union.

Mitglieder der Europäischen Kommission	Mitglieder im Europäischen Parlament	Stimmen im Rat (Mehrheitsentscheidung)	Stimmen im Rat (qualifizierte Mehrheit)	Mitglieder im Wirtschafts- und Sozialausschuß	Mitglieder im Ausschuß der Regionen	
1	25	5	5	12	12	Belgien
1	16	3	3	9	9	Dänemark
2	99	10	10	24	24	Deutschland
1	25	5	5	12	12	Griechenland
2	64	8	8	21	21	Spanien
2	87	10	10	24	24	Frankreich
1	15	3	3	9	9	Irland
2	87	10	10	24	24	Italien
1	6	2	2	6	6	Luxemburg
1	31	5	5	12	12	Niederlande
1	21	4	4	12	12	Österreich
1	25	5	5	12	12	Portugal
1	16	3	3	9	9	Finnland
1	22	4	4	12	12	Schweden
2	87	10	10	24	24	Großbritannien

Abb. 23.1: Die Hauptorgane der EU

Spezielle Befugnisse hat die Kommission im Bereich der Wettbewerbspolitik – Überwachung des Kartellverbots, der Mißbrauchsaufsicht, der Fusionskontrolle sowie der Kontrolle staatlicher Beihilfen (Art. 85 bis 93 EGV). Hervorzuheben ist schließlich die Verwaltung der EU-Haushalte und der verschiedenen angegliederten Fonds und Programme.

Kommissare sind unabhängig von Weisungen

Die Kommission besteht gegenwärtig aus 20 Mitgliedern, davon stellen die fünf großen Mitgliedstaaten je zwei, die sieben kleinen je einen Kommissar. Diese Kommissare werden von den Regierungen der Mitgliedstaaten im gegenseitigen Einvernehmen ernannt, ihre Amtszeit beträgt fünf Jahre, eine Wiederernennung ist zulässig. Beschlüsse werden mit Mehrheit der Mitglieder gefaßt. Wichtig ist, daß die Kommissare in ihrer Stellung völlig unabhängig von Weisungen der Mitgliedsländer sind, diese sind sogar verpflichtet, nicht zu versuchen, „ihre" Kommissare zu beeinflussen.

Arbeitsteilige Aufgabenerfüllung

Wenn die Kommission auch mit Mehrheit beschließt, so arbeitet sie doch sehr arbeitsteilig. Jeder Kommissar ist für einen bestimmten Arbeitsbereich zuständig, z. B. für den Binnenmarkt oder den Haushalt, und steht weisungsberechtigt einer oder mehreren der nachfolgenden 22 Generaldirektionen vor. So steht die Kommission an der Spitze einer Behörde mit rund 17 000 Mitarbeitern.

3.2 Der Rat

Der Rat ist gesetzgebendes Organ

Der Rat ist das bedeutsamste Entscheidungsgremium der EU. Er ist das gesetzgebende Organ, genauer, er beschließt die ihm von der Kommission vorgelegten Rechtsakte. Daneben hat der Rat einige Initiativrechte und einige Kontrollrechte, insgesamt ist er das politische Entscheidungszentrum.

Die Mitglieder des Rates sind Vertreter der Regierungen der Mitgliedstaaten, in der Regel also Minister. Daher heißt der Rat auch Ministerrat. Je nach Sachstand werden die entsprechenden Fachminister entsandt, für Agrarfragen die Agrarminister oder für Finanzfragen die Finanzminister usw.

Der Rat erläßt unterschiedliche Rechtsakte, vor allem Verordnungen und Richtlinien.

Verordnungen

Verordnungen sind „europäische Gesetze", sie gelten unmittelbar und in allen Teilen verbindlich für die Mitgliedstaaten bzw. für Personen, und sie haben Vorrang vor nationalem Recht.

Richtlinien

Richtlinien legen die zu erreichenden Ziele fest, überlassen den Mitgliedstaaten aber die Form und die Mittel der Durchsetzung. Sie legen damit den Gesetzesrahmen fest, der innerhalb einer in der Richtlinie festgelegten Frist – in der Regel ein bis zwei Jahre – in nationales Recht umgesetzt sein muß. Auch hier gilt der Vorrang vor nationalem Recht.

Der Rat entscheidet je nach Aufgabenbereich entweder mit Mehrheit, mit qualifizierter Mehrheit oder einstimmig auf der Basis von insgesamt 87 Stimmen. Für die Schaffung des Binnenmarktes entscheidet der Rat einstimmig bei Beschlüssen über Steuern, über die Freizügigkeit und über Arbeitnehmerrechte (Art. 100 a, 2 EGV), in allen anderen Fällen mit qualifizierter Mehrheit, d. h. mit mindestens 62 von 87 Stimmen. Dabei haben die großen Länder Deutschland, Frankreich, Italien und das Vereinigte Königreich je 10 Stimmen; Spanien 8; die Niederlande, Belgien und Portugal je 5; Österreich und Schweden je 4; Dänemark, Finnland und Irland je 3 und Luxemburg 2 Stimmen. D. h., ein Beschluß kann z. B. gegen die Stimmen zweier großer Länder durchgesetzt werden, nur mindestens drei Länder können einen Beschluß verhindern, der eine qualifizierte Mehrheit erfordert. Diese Möglichkeit von Mehrheitsentscheidungen gilt als wesentlicher Fortschritt im Beschlußverfahren zum Binnenmarktziel.

Unterschiedliche Abstimmungsverfahren

Mehrheitsentscheidungen erleichtern das Beschlußverfahren im Binnenmarktprogramm

Wenn den Beschlüssen von Kommission oder Rat nicht gefolgt wird, so gibt es gegenüber Mitgliedstaaten nur geringe Sanktionsmöglichkeiten, eigentlich nur den politischen Druck. Gegenüber juristischen und natürlichen Personen können Geldbußen verhängt werden, diese werden nach jeweiligem nationalem Recht vollstreckt. Über Gerichtsvollzieher verfügt die EU selbst nicht.

3.3 Das Europäische Parlament

Das Europäische Parlament (EP) hat immer noch relativ beschränkte Befugnisse, auch wenn seine Mitwirkungsrechte am Entscheidungsverfahren im Laufe der Zeit kontinuierlich ausgeweitet worden sind. Das Ergebnis ist eine ungewöhnlich komplizierte Palette von Beteiligungsverfahren für jeweils festgelegte Politikfelder. Die Beteiligungsformen sind

Anhörungs- und Kontrollbefugnisse des Parlaments

- Unterrichtung des EP,
- Anhörung des EP,
- das Verfahren der Zusammenarbeit,
- das Verfahren der Zustimmung und
- das Mitentscheidungsverfahren.

Mitwirkung beim Haushalt

Im Prinzip ist das Parlament überwiegend ein Kontrollorgan für die Integrationspolitik von Rat und Kommission. Daneben ist das Parlament in das Gesetzgebungsverfahren in unterschiedlicher Weise eingebunden. Im Grundsatz kommt die Gesetzgebung in einem Dreiecksprozeß zustande, das heißt, die Kommission schlägt vor und der Rat entscheidet, nachdem er das Parlament angehört hat. In einer Reihe von Bereichen – insbesondere Binnenmarkt, Forschung, transeuropäische Netze, Bildung, Kultur und Gesundheit – kann das Parlament allerdings auch gleichberechtigt mit dem Rat Verordnungen und Richtlinien erlassen. Bei bestimmten Entscheidungen von großer Bedeutung, wie z. B. der Beitritt neuer Mitglieder, kann der Rat erst nach Zustimmung des Parlaments Stellung nehmen. Schließlich ist das Parlament an der Ernennung der Kommission beteiligt.

Eine zentrale Befugnis ist schließlich ist seine Beteiligung bei der Beschlußfassung über den Haushalt. Bei den nicht obligatorischen Ausgaben, die sich also nicht zwingend aus dem Gemeinschaftsrecht ergeben – das sind vor allem Ausgaben für die Regional- und Sozialpolitik sowie Forschungspolitik und Entwicklungshilfe, die insgesamt rund 44 Prozent der Gesamtausgaben ausmachen – hat das Parlament nach einem komplizierten Verfahren die letzte Entscheidung.

Das Europäische Parlament besteht aus 626 Abgeordneten, die auf fünf Jahre direkt gewählt werden. Über die Zusammensetzung informiert Abb. 23.1. Die Abgeordneten entscheiden unabhängig und sind nicht weisungsgebunden.

3.4 Der Europäische Gerichtshof

Der Europäische Gerichtshof (EuGH) hat die Aufgabe, die Wahrung des Rechts bei Auslegung und Anwendung der EG-Verträge und der erlassenen Normen zu sichern. Der EuGH kann von allen angerufen werden, die für die Anwendung des EG-Rechts verantwortlich sind – also EU-Organe und Mitgliedstaaten – oder die als juristische oder natürliche Personen von Entscheidungen der Gemeinschaft unmittelbar betroffen sind. Wichtig ist der Vorrang des EG-Rechts vor nationalem Recht, auch der Vorrang vor nationalem Verfassungsrecht, und damit auch der Vorrang der Entscheidungen des EuGH vor allen nationalen Gerichten.

Vorrang des EU-Rechts vor nationalem Recht

Der EuGH mit Sitz in Luxemburg besteht aus 13 Richtern, die von sechs Generalanwälten unterstützt werden. Sie werden einvernehmlich auf sechs Jahre von den Regierungen der Mitgliedstaaten ernannt. Er ist nach seiner Stellung das unabhängigste EU-Organ und nach seiner Rechtsprechung entscheidend für die dynamische Entwicklung der Gemeinschaft. Ein von zwölf Richtern gebildetes Gericht erster Instanz ist dem EuGH seit 1989 beigeordnet.

3.5 Der Europäische Rat

Europäischer Rat als ranghöchstes Entscheidungsgremium…

Der Europäische Rat besteht aus den Staats- bzw. Regierungschefs der 15 Mitgliedstaaten und dem Präsidenten der Kommission, er wird unterstützt durch die Außenminister und ein Mitglied der Kommission. Er tagt mindestens zweimal jährlich **(„Gipfeltreffen“)**, dabei geht der Vorsitz alle sechs Monate an ein anderes EU-Land über. Dieser Europäische Rat ist das ranghöchste Entscheidungsgremium der EU; er gibt dem europäischen Aufbauwerk allgemeine politische Impulse und hat konkrete Aufgaben bei der Umsetzung der Außen- und Sicherheitspolitik sowie der Wirtschafts- und Währungsunion.

…gibt Impulse für die politische Einheit Europas

Der Europäische Rat sollte nicht mit dem Europarat verwechselt werden. Der Europarat – bestehend aus den 15 EU-Mitgliedstaaten und weiteren 14 europäischen Staaten – hat das Ziel, die Einheit in ganz Europa zu festigen. Seine Beschlüsse haben den Charakter von Empfehlungen. Die Mitgliedstaaten müssen Rechtsstaatlichkeit, Grundfreiheiten und Menschenrechte garantieren.

3.6 Weitere Organe der EU

Neben diesen fünf zentralen Organen gibt es eine Reihe weiterer Organe.

Der **Europäische Rechnungshof** kontrolliert die Rechtmäßigkeit und die Wirtschaftlichkeit der EU-Haushaltsführung.

Der **Wirtschafts- und Sozialausschuß** berät Kommission und Rat bei ihrer Entscheidungsfindung. In ihm sind 222 Vertreter der wirtschaftlichen und sozialen Gruppen (Gewerkschaften, Arbeitgeberverbände, Verbraucherverbände usw.) zusammengeschlossen.

Der **Ausschuß der Regionen** setzt sich ebenfalls aus 22 Mitgliedern zusammen, die die lokalen und regionalen Gebietskörperschaften vertreten. Der Auschuß muß vor der Annahme von Beschlüssen, die regionale Interessen berühren, gehört werden und kann auch von sich aus Stellungnahmen abgeben.

Die **Europäische Zentralbank** wird 1997 oder spätestens 1999 im Rahmen der Wirtschafts- und Währungsunion gemeinsam mit einem europäischen System der Zentralbanken errichtet und mit der Ausgabe und der Verwaltung einer einheitlichen Währung (ECU) betraut. Seit 1994 wird ihre Arbeit durch das **Europäische Währungsinstitut** in Frankfurt am Main vorbereitet.

Die **Europäische Investitionsbank** gewährt Darlehen und Bürgschaften zur Schaffung neuer Arbeitsplätze, für Vorhaben von gemeinsamem Interesse und für Entwicklungsprojekte.

Daneben gibt es eine Fülle von Verbänden, Organen und Ausschüssen, die hier nicht erwähnt werden können.

Insgesamt ist die Europäische Union eine wenig demokratisch legitimierte Organisation. Die Exekutive (die Kommission) und die Legislative (der Rat) handeln, ohne direkt durch Wahlen oder Parlamente legitimiert zu sein, und das einzige Organ, das aus allgemeinen unmittelbaren Wahlen hervorgeht – das Europäische Parlament – spielt im Entscheidungsprozeß nur eine nachgeordnete Rolle.

Die EU-Institutionen sind demokratisch wenig legitimiert

4. Der Haushalt der EU

Die EU verfügt anders als andere internationale Organisationen, über eine, wenn auch begrenzte Finanzautonomie. Sie hat eigene Haushaltseinnahmen und verfügt autonom über die Ausgaben.

Begrenzte Finanzautonomie

4.1 Einnahmen

Die EU finanziert sich aus eigenen Einnahmen. Das sind

- **Zölle:** Die Europäische Gemeinschaft ist eine Zollunion. Sie erhebt einen gemeinsamen Zolltarif für Einfuhren aus Drittländern. Die daraus entstehenden Einnahmen fließen in den Haushalt der Gemeinschaft – 1994 rund 11,4 Milliarden ECU.

- **Agrarabschöpfungen:** Diese besondere Form der Zölle wird erhoben, wenn landwirtschaftliche Erzeugnisse aus Drittländern in die Gemeinschaft eingeführt werden, deren Preise unter denen liegen, die in der Gemeinschaft gelten. Damit sollen die Unterschiede zwischen den Weltmarkt- und EU-Preisen ausgeglichen und so die gemeinsame Agrarpolitik nach außen abgesichert werden (vgl. Abschnitt 5.3). Zu den Agrareinnahmen wird auch die Zucker- und Isoglukose-Abgabe gerechnet. Sie belief sich 1994 auf 1,1 Milliarden ECU, die Abschöpfungen machten 0,9 Milliarden ECU aus.

- **Mehrwertsteuer-Eigenmittel:** Diese Einnahmeart ist die größte Finanzierungsquelle der Europäischen Gemeinschaft. Auf sie entfielen im Haushaltsjahr 1994 mit 36,4 Milliarden ECU rund 53 Prozent der Gesamteinnahmen. Dabei ist diese Einnahmeart dadurch begrenzt, daß der Abrufsatz von 1995 bis 1999 schrittweise von 1,4 % auf 1 % der Mehrwertsteuer-Bemessungsgrundlage – das ist etwa der Endverbrauch – gesenkt werden muß. Zugleich ist bestimmt, daß die Mehrwertsteuer-Bemessungsgrundlage des jeweiligen Mitglieds 50 % seines Bruttosozialprodukts nicht übersteigen darf[2]). Mit dieser Regelung soll der unterschiedlichen wirtschaftlichen Leistungskraft der Länder – ärmere Länder haben einen eher höheren Verbrauchsanteil am Bruttosozialprodukt – Rechnung getragen werden.

- **Einnahmen auf der Grundlage des Bruttosozialprodukts (BSP-Eigenmittel):** Weil diese Einnahmen nicht ausreichten und weil sie nicht die unterschiedlichen Entwicklungsniveaus der Länder berücksichtigen, hat der Europäische Rat 1988 eine weitere Einnahmequelle beschlossen, die BSP-Eigenmittel. Dabei handelt es sich um eine veränderliche Hilfsgröße, die die restliche Einnahmelücke im EU-Haushalt finanzieren soll. Bemessungsgrundlage ist das Bruttosozialprodukt der Mitgliedstaaten, und der Steuersatz ergibt sich aus der zu deckenden Haushaltslücke. Mit den BSP-Eigenmitteln wird eine Besteuerung nach der Leistungsfähigkeit erreicht.

Um eine gewisse Ausgabendisziplin zu erreichen, wurde 1988 beschlossen, eine Gesamtobergrenze für Zahlungsermächtigungen einzuführen. Diese Gesamtobergrenze bezieht sich auf Anteile am Bruttosozialprodukt.

---

2) Hierfür gibt es unterschiedliche Übergangsfristen: Für Mitgliedstaaten mit einem Pro-Kopf-BSP von weniger als 90 % des Gemeinschaftsdurchschnitts gilt diese Regelung ab 1995, für die anderen Länder wird sie bis 1999 in Kraft gesetzt.

Für 1993 bis 1999 ist der Anstieg der Obergrenze von 1,2 % auf 1,27 % festgesetzt worden.

Gesamtobergrenze für Zahlungsermächtigungen

Tab. 23.1 gibt einen Überblick über die Struktur und Entwicklung der Einnahmen.

Tab. 23.1: Einnahmen des EU-Haushalts in Mio. ECU

	1980	1985	1990	1994[1])
Insgesamt	16.065,7	28.406,1	46.469,1	68.354,6
Zölle	5.905,8	8.310,1	10.285,1	11.359,4
Agrarabschöpfungen	1.535,4	1.121,7	1.056,1	921,1
Zucker- und Isoglukoseabgaben	466,9	1.057,4	819,6	1.118,0
Mehrwertsteuereigenmittel	7.258,5	15.218,9	28.967,8	36.392,5
BSP-Eigenmittel	–	–	284,5	19.725,5
Sonstiges	899,1	2.698,0	5.056,1	–1.161,8

[1]) Soll

Quelle: Internationale Wirtschaftszahlen 1995, Institut der deutschen Wirtschaft

In Tabelle 23.1 wird zum einen eine erhebliche Zunahme der Einnahmen deutlich – die sich von 1980 bis 1994 mehr als vervierfacht haben – und zum anderen eine Strukturveränderung in Richtung BSP-Eigenmittel erkennbar. Mittlerweile machen die BSP-Eigenmittel mehr als 20 % der Einnahmen aus.

Deutliche Einnahmesteigerung

Sonstige Einnahmen sind z. B. Beiträge neuer Mitgliedstaaten, die sie während einer Übergangsfrist abführen, solange sie noch nicht das EU-Mehrwertsteuersystem anwenden, oder Regierungsvorschüsse oder Steuern für die Dienstbezüge des Personals der EU.

4.2 Ausgaben

In den Ausgabenpositionen der EU dominiert die Landwirtschaft. 1994 beanspruchte sie mit knapp 36 Milliarden ECU 52,4 % der Gesamtausgaben, vor allem für Marktregulierungen (vgl. Abschnitt 5.3).

Dominierende Ausgaben für die Landwirtschaft

Daneben spielt die Strukturpolitik mit gut 20 Milliarden ECU und einem Anteil von gut 30 % eine bedeutsame Rolle.

Im Bereich Forschung entfällt der größte Teil der Mittel auf die Finanzierung des Rahmenprogramms für Forschung und technologische Entwicklung. Dazu zählen Informations-, Kommunikations- und Biotechnologie, technologische Grundlagenforschung und Anwendung neuer Technologien, Informatik und Telekommunikation im Verkehrswesen, Energie und Meeresbodenforschung.

Tabelle 23.2: Ausgaben des EU-Haushalts in Mio. ECU

	1980	1985	1990	1994[1])
Insgesamt	16.290,4	28.098,7	43.324,8	68.354,6
Agrargarantie-ausgaben	11.283,2	19.725,9	24.979,5	35.787,0
Strukturpolitik und Fischerei	2.484,1	3.958,9	10.368,1	21.528,8
Bildung, Sozial-maßnahmen	36,6	77,7	334,3	539,5
Energie, Umwelt, Binnenmarkt	61,7	196,9	309,3	642,7
Forschung	249,8	510,6	1.429,4	2.555,4
Entwicklungshilfe und Zusammen-arbeit	508,9	1.084,7	1.255,1	3.347,3
Verschiedenes	846,4	1.248,0	2.381,0	320,0
Verwaltung	819,7	1.296,0	2.298,1	3.633,9

[1]) Soll

Quelle: Internationale Wirtschaftszahlen, Institut der deutschen Wirtschaft

Schließlich wird rund 3,3 Mrd. ECU für die Entwicklungshilfe und die Zusammenarbeit mit Drittländern ausgegeben, und die Verwaltung verbraucht 3,6 Mrd. ECU. Die Bundesrepublik ist der bedeutsamste Nettozahler der EU: Ihr Nettobeitrag zum EU-Haushalt beläuft sich für 1993 auf 23,1 Milliarden DM (Angaben der Bundesbank), das sind knapp 19 % des Ausgabevolumens der EU.

5. Agrarpolitik der EU

Die Gemeinsame Agrarpolitik beansprucht rund zwei Drittel des EU-Haushalts und ist damit quantitativ der bedeutsamste Bereich der EU-Wirtschaftspolitik. Zugleich stand die Agrarpolitik der EU für lange Jahre im Zentrum der politischen Diskussion und der öffentlichen Aufmerksamkeit.

5.1 Begründung staatlicher Regulierung des Agrarsektors

Strukturdefizite der Agrarproduktion

Traditionell wird die Landwirtschaft, nicht nur im Rahmen der EU, relativ stark reguliert und geschützt. Dies liegt vor allem an folgenden Strukturdefiziten der landwirtschaftlichen Produktion:

– Landwirtschaftliche Produkte sind inferiore Güter mit sehr geringer Einkommenselastizität der Nachfrage, d. h. die Nachfrage nach landwirtschaftlichen Produkten steigt mit steigendem Einkommen, wenn überhaupt, nur noch sehr gering.

- Die Nachfrage nach landwirtschaftlichen Produkten ist sehr wenig preiselastisch, d. h. Preisänderungen verändern die Nachfrage kaum. Dies bedeutet auch, daß umgekehrt eine Veränderung der Angebotsmenge zu relativ starken Preisänderungen führt (vgl. Kapitel 4 und 6).
- Dies würde in Verbindung mit den im Durchschnitt erheblichen Produktionssteigerungen der Landwirtschaft einen anhaltenden und kräftigen Verfall der Agrarpreise bewirken, (ruinöser Preisverfall), der verteilungspolitisch nicht zu akzeptieren ist.

Gefahr eines ruinösen Preisverfalls

Hinzu kommt sicher, daß in vielen Ländern eine nationale Deckung des Bedarfs an Lebensmitteln angestrebt wird (Nahrungsmittelautarkie) und daß in vielen Ländern Europas die Landwirtschaft die Haupterwerbsquelle der Bevölkerung ist. Mithin kann als Konsens gelten, daß die Landwirtschaft nicht allein dem Prinzip der wettbewerblichen Selbststeuerung unterworfen werden sollte, fraglich sind nur die geeigneten Schutzmaßnahmen.

5.2 Ziele und Grundstruktur der EU-Agrarpolitik

Explizit sieht der EG-Vertrag auch für die Landwirtschaft einen Gemeinsamen Markt vor. Dies war allerdings deswegen besonders schwer zu erreichen, weil nationale Märkte im Marktsinne nicht bestanden, vielmehr eine **gemeinsame Regulierungspolitik** zu entwickeln war. Diese gemeinsame Regulierungspolitik besteht im wesentlichen aus einem System von sog. **Agrarmarktordnungen** (die, wie es treffend heißt, mit Markt nichts und mit Ordnung nur wenig gemein haben). Ihre Grundelemente sind

- Schutz vor der Konkurrenz des Weltmarktes durch Agrarabschöpfungen (im Prinzip flexible Zölle)
- Garantiepreise für die Erzeuger, die in der Regel über den Gleichgewichtspreisen liegen (Intervention).

Für rund 70 Prozent aller landwirtschaftlichen Produkte gelten das Garantiepreissystem und der Schutz vor der Weltmarktkonkurrenz: Getreide, Zucker, Milchprodukte, Rind-, Schweine und Schaffleisch, einige Obst- und Gemüsesorten sowie Tafelwein. Für einige Produkte wie Geflügel, Eier, Blumen und einige Obst- und Gemüsesorten gilt nur der Schutz vor billigen Importen. Insgesamt sind etwa 95 Prozent der landwirtschaftlichen Produktion geschützt. Im einzelnen unterscheiden sich die Regelungen für die jeweiligen Produkte ein wenig, die Grundstruktur ist indes gleich.

Rund 95 Prozent der Agrarproduktion sind geschützt

5.3 Funktionsweise von Intervention und Agrarabschöpfung

Die Preise für landwirtschaftliche Produkte bilden sich, ebenso wie die Preise für andere Waren, grundsätzlich nach Angebot und Nachfrage. Droht der Erzeugerpreis allerdings ein bestimmtes Niveau zu unterschreiten, so greifen bei Agrarprodukten, die in eine gemeinsame Marktordnung einbezogen sind, preisstützende Maßnahmen. Zu Beginn eines Wirtschaftsjahres setzt der Agrarministerrat die institutionellen Preise fest. Besondere Bedeutung kommt dabei dem **Richtpreis** (agrarpolitisch gewünschter Erzeugerpreis) und dem – meist deutlich niedrigeren – **Interventionspreis** zu. Für eine Reihe von Agrarprodukten (z. B. Getreide) bildet der Interventionspreis die Untergrenze des Binnenpreisniveaus, da die Interventionsstellen jede angebotene Menge zu diesem Preis ankaufen müssen. Bei anderen Erzeugnissen (z. B. Schweinefleisch) greifen flexiblere Interventionsmechanismen wie Beihilfen für private Lagerhallen, Verarbeitungsbeihilfen oder ähnliches.

Preisstützung durch Intervention

Dieses Preisstützungssystem führt in der Regel zu erheblichen Überschüssen der landwirtschaftlichen Produktion. Diese Überschüsse werden aufgekauft, gelagert, verwertet oder vernichtet. Finanziert wird dies im Rahmen des EU-Haushalts durch den „Europäischen Ausrichtungs- und Garantiefonds für die Landwirtschaft“ (EAGFL). 1992 kostete dies 63,1 Milliarden DM, das waren 53,3% der Gesamtausgaben der EU. Besonders teuer ist die Intervention bei Fetten und Eiweißpflanzen (13,6 Mrd. DM), bei Fleisch, Eiern und Geflügel (13,1 Mrd. DM), bei Getreide und Reis (11,2 Mrd. DM) und bei Milch und Milcherzeugnissen (8 Mrd. DM, alle Angaben laut Statistischem Jahrbuch für das Ausland 1994, S.135).

Schutz vor der Weltmarktkonkurrenz

Um die europäische Landwirtschaft vor billigen Importen zu schützen, gibt es neben den internen Regelungen einen umfassenden Außenschutz für den Agrarbereich. Je nach Marktordnung besteht der Außenschutz aus variablen **Abschöpfungen** oder Zöllen oder einer Kombination aus beidem. Mit Hilfe der variablen Abschöpfungen wird der Einfuhrpreis auf den Schwellenpreis, der in etwa dem Richtpreis entspricht, hochgeschleust. Damit wird erreicht, daß die Importgüter im Inland nicht unter dem Richtpreis angeboten werden können; die EU-Agrarproduktion ist mithin wirksam vor der Weltmarktkonkurrenz geschützt.

Spiegelbildlich zu den Abschöpfungen als Einfuhrhemmnis praktiziert die EU **Exporterstattungen** als Ausfuhrsubventionen. Damit wird der Unterschied zwischen den hohen EU-Preisen und den niedrigen Weltmarktpreisen ausgeglichen: Der Exporteur erhält bei Lieferungen in Gebiete außerhalb der EU also den Weltmarktpreis plus Exporterstattung und steht sich damit etwa so wie bei Verkäufen innerhalb der Gemeinschaft.

Nachteile für Agrarproduzenten außerhalb der EG

Dieses System ist für Agrarproduzenten außerhalb der EU, sofern ihnen nicht Sonderkonditionen eingeräumt werden wie im Rahmen des Allgemeinen Präferenzsystems oder der Abkommen von Lomé (vgl. Kapitel 30), außerordentlich nachteilig. Es verwehrt ihnen einerseits die bei einem

Freihandel möglichen Absatzmärkte in der Gemeinschaft und übt andererseits durch die subventionierten Exporte einen erheblichen Druck auf die Weltmarktpreise aus, schmälert also sowohl die erzielbaren Preise als auch die erzielbaren Absatzmengen. In den Verhandlungsrunden des GATT zur Liberalisierung des Welthandels spielt diese Problematik stets eine zentrale Rolle.

5.4 Bewertung

Das beschriebene Preisstützungssystem ist sehr teuer, der EU-Haushalt wird durch seine Finanzierung so stark belastet, daß für andere notwendige Aufgaben z. B. im Bereich der Struktur- und Regionalpolitik nur wenige Mittel übrig bleiben. Das Preisstützungssystem ist zudem aus mehreren Gründen ineffizient und auch verteilungspolitisch kaum zu vertreten:

Hohe Kosten der Preisstützung

- Ein großer Teil der Ausgaben wird für die Folgen der Preisstützung verwendet, für die Kosten von Aufkauf, Verwaltung und Lagerhaltung, für Exporterstattungen, Beihilfen für inferiore Verwendung (z. B. Verfütterung von zuvor kostspielig produziertem Milchpulver an Kälber) oder für die Vernichtung. Damit wird das eigentliche Ziel – Erhöhung der Erzeugereinkommen – weitgehend verfehlt. So wird geschätzt, daß den Landwirten nur rund 20 Prozent der Agrarmarktausgaben zufließen.

Ineffizienz der Preisstützung

- Das Preisstützungssystem führt im wesentlichen zu einer Anhebung der sog. Bodenrente, des Einkommens, das speziell dem Boden und damit dem Bodeneigentümer zugerechnet wird. Das System stützt mithin das Einkommen der Bodeneigentümer, und bei weitem nicht alle Landwirte sind Bodeneigentümer. Die Vorteile fließen also eher den Großgrundbesitzern zu als den kleinen Pächtern.

Vorteile eher für Großgrundbesitzer

- Das Preisstützungssystem führt zu Marktordnungspreisen, die weit über den Weltmarktpreisen liegen. Die EU-Preise übersteigen die Weltmarktpreise um bis zu 400 Prozent. Damit zahlt nicht nur der Steuerzahler, sondern zusätzlich der Verbraucher für die Preisstützung.

Hohe Verbraucherpreise

- Schließlich stellt die induzierte Überproduktion eine erhebliche und völlig unnötige Belastung der Umwelt dar.

Belastung der Umwelt

- Und generell verzerrt jeder Eingriff in den Preismechanismus die optimale Verteilung der Produktivkräfte. Die Wirkungen lassen sich indes kaum quantifizieren.

5.5 Reformbestrebungen

Aus ökonomischer Sicht wird häufig für produktionsneutrale Transfers (direkte Einkommenshilfen) plädiert. Diese sollten den Landwirten, bei völliger Freigabe der Preisbildung, unabhängig von ihrer Produktionsmenge gezahlt werden, etwa pro Hektar oder pro Person. Dies würde sowohl die Funktionsfähigkeit des Wettbewerbs wiederherstellen, als auch die gewaltigen Kosten der Intervention vermeiden. Allerdings würden

Landwirte damit zu „Sozialhilfeempfängern“ degradiert, und dieser Statusverlust läßt eine solche Lösung politisch eher unwahrscheinlich erscheinen. Faktisch kombiniert die EU in ihren zahlreichen Agrarreformen folgende Anpassungsmaßnahmen:

- Beschränkungen der Abnahmegarantie durch Festsetzung von Produktionsquoten (z. B. „Milchquote“),
- Senkung der Interventionspreise,
- Ausgleich der Einkommensverluste der Bauern verstärkt durch direkte Einkommenshilfen,
- Subvention von Verminderungen der Produktionskapazitäten. Dabei geht es um die Stillegung von Teilflächen landwirtschaftlicher Betriebe (Flächenstillegung), die Förderung der Beendigung landwirtschaftlicher Erwerbstätigkeit (Vorruhestand) sowie die Verringerung des Bestands an Vieh (Abschlachtprämien),
- verstärkte Förderung umweltfreundlicher Produktionsmethoden (z. B. Extensivierung).

Verminderung der Produktionskapazitäten

Begrenzung des Anstiegs der Agrarausgaben

Schließlich wird versucht, den Anstieg der Marktordnungsausgaben gesondert dadurch zu begrenzen, daß per Beschluß die jährliche Steigerungsrate dieser Ausgaben 74 Prozent der jährlichen Wachstumsrate des Bruttosozialprodukts der EG nicht überschreiten darf **(Agrarleitlinie).**

Kontrollprobleme

Generell verursachen sowohl die Agrarmarktordnungen als auch die praktischen Anpassungsänderungen erhebliche Kontrollprobleme. Erinnert sei nur an den Exportsubventionsbetrug oder an den Schlachtprämiensubventionsbetrug (zum Beweis für das Abschlachten von Kühen mußte ein Ohr vorgelegt werden, seitdem gab es in einigen Ländern der Gemeinschaft auffallend viele Kühe mit nur einem Ohr).

6. Regionale Strukturpolitik der EU

Ungleiche Verteilung der Wohlfahrtsgewinne als Kernproblem

Kernprobleme einer wirtschaftlichen Integration sind die ungleiche Verteilung der Wohlfahrtsgewinne zwischen ihren Mitgliedsregionen und deren ungleiche Entwicklung. Daher wird die regionale Strukturpolitik der EU von zentraler Bedeutung für den Integrationsprozeß bleiben. Die EU will regionale Unterschiede in der Gemeinschaft mit finanziellen Mitteln verringern. Die Fördermittel für die Regionen werden im wesentlichen aus den drei „alten“ Strukturfonds bereitgestellt:

- Europäischer Fonds für Regionale Entwicklung: Förderung gewerblicher Investitionen mit Arbeitsplatzeffekten, Infrastrukturinvestitionen und Maßnahmen zur Erschließung des Entwicklungspotentials von Regionen (EFRE),
- Europäischer Sozialfonds: Förderung berufsbildender Maßnahmen, Existenzgründungen und Arbeitsplatzbeschaffung (ESF),

– Europäischer Ausrichtungs- und Garantiefonds für die Landwirtschaft – Abt. Ausrichtung: Umstrukturierung von Agrarregionen, Flächenstillegungen und Umweltschutz (EAGFL-Ausrichtung).

Hinzu kommen seit 1993

– das Finanzinstrument für die Ausrichtung der Fischerei: Strukturfindung im Fischereisektor (FIAF) und
– der Kohäsionsfonds: Dieser unterstützt die Länder Griechenland, Irland, Portugal und Spanien bei ihren Vorbereitungen zur Wirtschafts- und Währungsunion.

Diese Fonds sind das Hauptinstrument der **Kohäsions- und Konvergenzpolitik** der Gemeinschaft nach Art. 130 a–e EGV. Das finanzielle Volumen beträgt für den Zeitraum 1994 bis 1999 insgesamt 141 Milliarden ECU, zusätzlich 15,5 Milliarden ECU für den Kohäsionsfonds in den Jahren 1993 bis 1999. Tabelle 23.3 zeigt die geplante zeitliche Aufteilung.

Tab. 23.3: Volumen der EU-Strukturpolitik in Mrd. ECU

	1994	1995	1996	1997	1998	1999	Total
Struktur- und Fischereifonds	20,1	21,5	22,7	24,0	25,7	27,4	141,5
davon Ziel-1-Mittel	13,2	14,3	15,3	16,4	17,8	19,3	96,3
Kohäsionsfonds	1,8	2,0	2,3	2,5	2,6	2,6	13,7

[1]) Verpflichtungsermächtigungen

Quelle: Amtsblatt der EG, Nr. L 193 vom 31. 7. 1993; EG-informationen, Nr. 1/1993

Sieben Entwicklungsziele

Mit diesen Mitteln werden die folgenden sieben Entwicklungsziele verfolgt. Davon haben drei Ziele einen räumlichen Bezug:

– **Ziel Nr. 1:** Wirtschaftliche Anpassung der Regionen mit Entwicklungsrückstand. Das ist das zentrale „Ziel Nr. 1“. In diesem Rahmen werden Gebiete gefördert, deren BIP pro Einwohner unter 75 % des Gemeinschaftsdurchschnitts liegt.
– **Ziel Nr. 2:** Wirtschaftliche Umstellung von Industriegebieten mit rückläufiger Entwicklung. Diese Gebiete weisen einen Rückgang der Zahl der Erwerbstätigen in der Industrie sowie eine Arbeitslosenquote und einen Anteil der in der Industrie beschäftigten Erwerbstätigen auf, der über dem entsprechenden Durchschnitt liegt.
– **Ziel Nr. 5 b:** Wirtschaftliche Diversifizierung strukturschwacher ländlicher Gebiete. Dies betrifft Gebiete mit einem niedrigen wirtschaftlichen

und sozialen Entwicklungsstand, die mindestens zwei der folgenden Kriterien erfüllen: hoher Anteil der in der Landwirtschaft beschäftigten Personen, niedriges Einkommensniveau in der Landwirtschaft, geringe Bevölkerungsdichte oder starke Abwanderungstendenzen.

Folgende Ziele wurden für die gesamte Union formuliert:

- Im Rahmen von **Ziel Nr. 3** sollen die Langzeitarbeitslosigkeit bekämpft und die Eingliederung in das Erwerbsleben von Jugendlichen sowie von Personen, die von Ausschluß aus dem Arbeitsmarkt bedroht sind, erleichtert werden.
- **Ziel Nr. 4** betrifft die Anpassung der Arbeitskräfte an die Prozesse des industriellen Wandels sowie an Veränderungen der Produktionssysteme durch Maßnahmen zur Bekämpfung der Arbeitslosigkeit.
- **Ziel Nr. 5 a** ist – im Rahmen der Gemeinsamen Agrarpolitik – auf die Anpassung der Agrar- und Fischereistrukturen ausgerichtet.

Die genannten Ziele finden auch auf die neuen Mitgliedstaaten der Europäischen Union Anwendung. Für die sehr gering besiedelten Regionen der nordischen Beitrittsländer wurde darüber hinaus ein weiteres Ziel **(Ziel Nr. 6)** formuliert.

Der Katalog förderungswürdiger Maßnahmen umfaßt Infrastrukturprojekte aller Art – so z. B. den Bau von Straßen und Häfen, Beihilfen für Unternehmensinvestitionen, Ausbildung, Weiterbildung, Qualifizierung, Förderung des Fremdenverkehrs durch den Bau von Hotels, Werbekampagnen sowie die Erschließung landwirtschaftlicher Ressourcen über Vermarktungshilfen und Hilfen zur Änderung des Anbauprogramms oder zur Verringerung der Bodenerosion. Die Höhe der Beteiligung (Interventionssätze) der EU an solchen Strukturfördermaßnahmen liegt in der Regel zwischen 25 und 75 Prozent. Dabei muß nach dem Prinzip der „Additionalität" eine Mitfinanzierung durch entsprechende nationale Fördermittel erfolgen.

In Deutschland gehören z. B. alle neuen Bundesländer zu den Ziel-1-Gebieten; hier ist eine finanzielle Hilfe von 13,64 Milliarden ECU für den Zeitraum 1994 bis 1999 vorgesehen. Daneben erhält Deutschland Hilfen vor allem im Bereich der Ziele 5 a und 5 b (EU-Nachrichten, Dokumentation Nr. 2, 1994).

Wirksamkeit der Strukturpolitik ist fraglich

In welchem Umfang die Strukturpolitik das Einkommensgefälle in der Gemeinschaft verringert, kann kaum gesagt werden. Auf jeden Fall ist das Wohlstandsgefälle in der EU nach wie vor erheblich: In der reichsten Region der Gemeinschaft (Groningen) ist das Pro-Kopf-Einkommen 4,6mal so hoch wie in der ärmsten (Voreio Aigaio/Griechenland). Irland und Spanien konnten ihre relative Position beim Vergleich der Pro-Kopf-Einkommen verbessern, für Griechenland und Portugal gilt dies nicht (vgl. iw-trends, Heft 4/1992).

C. Arbeitsaufgaben

1) *Klären Sie folgende Begriffe:*
   - *Zollunion*
   - *Währungsunion*
   - *Wirtschaftsunion*
   - *Gemeinsamer Markt*
   - *Agrarabschöpfungen*
   - *Richtpreis*
   - *Interventionspreis*
2) *Grenzen Sie die Aufschließungseffekte von den Abschließungseffekten ab, und bringen Sie Beispiele.*
3) *Was sind die Probleme einer (regional begrenzten) Integration?*
4) *Inwiefern sind die Entscheidungsgremien der EU demokratisch wenig legitimiert?*
5) *Warum hat man die Einnahmeart „Mehrwertsteuer – Eigenmittel" durch Einnahmen auf der Grundlage des Bruttosozialprodukts ergänzt?*
6) *Warum wird der Agrarbereich in so gut wie allen Ländern staatlich reguliert?*
7) *Was bedeuten Agrarabschöpfungen und Exportsubventionen für Agrarproduzenten aus Nicht-EU-Staaten?*
8) *Was ist Funktion und Ergebnis des Interventionspreissystems der EU?*
9) *Wie müßte eine grundlegende Reform der EU-Agrarpolitik aussehen?*
10) *Warum ist eine regionale Strukturpolitik in der EU besonders wichtig, und was sind die wesentlichen Elemente der EU-Strukturpolitik?*

Lösungsvorschläge für die Arbeitsaufgaben im „Übungsbuch zu Grundlagen und Probleme der Volkswirtschaft".

D. Literatur

über die Entwicklung der europäischen Integration und die Institutionen der Gemeinschaft informieren kurz die Beiträge im Schwerpunktheft der Zeitschrift

WIRTSCHAFTSWISSENSCHAFTLICHES STUDIUM (WiSt), 18. Jg., Heft 7, Juli 1989, Der Europäische Binnenmarkt. Entwicklungsstand und Gestaltungsbedarf *sowie ausführlich*

Weindl, Josef, Europäische Gemeinschaft (EU), 2. Auflage, München/ Wien 1994 *und*

Röttinger, Moritz; Weyringer, Claudia (Hrsg.), Handbuch der europäischen Integration, Wien 1991 *und kurz*

Siebert, Horst; Koop, Michael J., Europa zwischen Wettbewerb und Harmonisierung, in: Wirtschaftswissenschaftliches Studium (WiSt), 23. Jg., 1994, S. 611–616.

Nützlich sind die von der „Bundeszentrale für politische Bildung" oder vom „Presse- und Informationsamt der Bundesregierung" (jeweils in Bonn) herausgegebenen Informationsbroschüren, die über die Funktionsweise der verschiedenen Institutionen und Politikbereiche Auskunft geben, so z. B. neben manchen anderen

Europa. Gemeinschaft, Partner, Ziele, herausgegeben vom Presse- und Informationsamt der Bundesregierung, *oder*

Europa 2000 – Schritte zur Europäischen Union.

Wichtig ist auch der Vertragstext selbst:

Der Neue EG-Vertrag auf der Grundlage des Vertrages über die Europäische Union.

Speziell zur Integrationsproblematik allgemein sei empfohlen:

Berg, Hartmut, Europäische Integration: Ziele – Methoden – Erfahrungen. Perspektiven, in: Berg, Hartmut u. a. (Hrsg.), Märkte in Europa, Stuttgart 1990, S. 1–96, *und*

Padoa-Schioppa, Tommaso, Effizienz, Stabilität und Verteilungsgerechtigkeit, Wiesbaden 1988.

Speziell zum Agrarmarkt sei empfohlen

Schrader, Jörg-Volker, EG-Agrarreform und GATT-Vereinbarungen, Kiel 1993.

Speziell zur regionalen Strukturpolitik sei empfohlen

Thomas, Ingo P., Finanzausgleich und Kohäsion in der Europäischen Union, in: Die Weltwirtschaft, Heft 4, 1994, S. 472–491

und speziell zum Haushalt informiert

Busch, Berthold, Der EG-Haushalt, Köln 1990.

Aktuell und generell informieren die Publikationen der EU-Kommission, insbesondere die EU-Nachrichten *(wöchentlich),* EU-Informationen *(ca. alle zwei Monate),* EU-Nachrichten/Dokumentation *(ca. monatlich) sowie der monatliche Brief* Europa ohne Grenzen.

24. Kapitel
Der Binnenmarkt und begleitende Politikbereiche

A. Lernzielorientierte Leitfragen und Fragenkomplexe

Leitfrage:
Was sind die Prinzipien der Integrationspolitik?

- *Was ist Inhalt und Ergebnis der funktionellen Integration?*
- *Was ist Inhalt und Ergebnis der institutionellen Integration?*
- *Was sind zweckmäßige Ebenen der Integrationspolitik?*
- *Welche Integrationspolitik ist im EG-Vertrag angelegt?*

Leitfrage:
Was sind die Grundstrukturen des Binnenmarktprogramms Europa '92?

- *Was ist das neue Ziel der Integration?*
- *Wie ist das neue Abstimmungsverfahren geregelt?*
- *Warum existieren Grenzkontrollen, und wie werden sie beseitigt?*
- *Was ist der „neue Ansatz" zur Harmonisierung technischer Normen?*
- *Welche Aspekte behindern die Freizügigkeit, und wie wird Freizügigkeit prinzipiell hergestellt?*
- *Welche Probleme bereitet die Harmonisierung der Steuern?*

Leitfrage:
Was sind die Grundelemente der begleitenden Politikbereiche?

- *Was sind Grundelemente und Grundprobleme der EU-Sozialpolitik?*
- *Was sind Grundelemente und Grundprobleme der EU-Umweltpolitik?*
- *Was sind Grundelemente und Grundprobleme der EU-Industriepolitik?*
- *Was sind die Grundelemente der EU-Wettbewerbspolitik?*

B. Sachanalyse

Der „Binnenmarkt", der ökonomische Kernbereich der Gemeinschaft, ist formal seit dem 1. 1. 1993 realisiert. Allerdings ist das Binnenmarkt-Programm eher als ein fortwährender Prozeß zur Begründung eines umfassenden Freihandels zu sehen und wird daher von uns ausführlich beschrieben. Neben dem eigentlichen Binnenmarkt-Programm sind im EG-Vertrag eine Reihe wichtiger Politikbereiche definiert, die entsprechend ihrer ökonomischen Bedeutung kurz erläutert werden sollen.

1. Theorie der Integrationspolitik

1.1 Integrationsverfahren

Im Zuge des Integrationsprozesses müssen Behinderungen des Handels abgebaut werden und grundlegende Politikbereiche harmonisiert werden. Um dieses Ziel zu erreichen, können zwei unterschiedliche Verfahren angewendet werden, die funktionelle oder die institutionelle Integration.

Funktionelle Integration als Harmonisierung durch Wettbewerb

Als **funktionelle Integration** bezeichnet man die Harmonisierung durch Wettbewerb. Ein Wettbewerb der Produktionen, der Normen und Regeln, der Standorte und der Wirtschaftssysteme stellt das Harmonisierungsergebnis über den Markt her, die Harmonisierung ist damit die Folge des Wettbewerbs. Daher spricht man auch von **ex-post-Harmonisierung.** Sehr plastisch wird dieser umfassende Wettbewerb von Herbert GIERSCH beschrieben:

Wettbewerb der Standorte

„Der internationale Wettbewerb ist ein Wettbewerb auch der Produktionsstandorte und der Arbeitsplätze an diesen Orten. Städte konkurrieren mit Städten, Regionen mit Regionen, Steuersysteme mit Steuersystemen. Ähnliches gilt für die Systeme der sozialen Sicherheit mit ihren Leistungen auf der einen Seite, ihren Zwangsabgaben auf der anderen Seite. Wo viel geboten wird an öffentlichen Gütern und Leistungen im Vergleich zu dem, was die Behörden dafür an Steuern und Abgaben verlangen, ist man attraktiv für die international mobilen Ressourcen, für das Humankapital wie für die Sachinvestitionen. Was zählt, ist das Preis-Leistungsverhältnis. Dieser Standortwettbewerb wird in den öffentlichen Bereich hineinwirken, vor allem als Triebkraft beim Ansiedeln und Gründen neuer Unternehmen“ (Frankfurter Allgemeine Zeitung vom 8. 10. 1988).

So steht auch die Wirtschaftspolitik selbst im Wettbewerb, der Wettbewerb entscheidet über die Akzeptanz z. B. einer Steuerpolitik, einer Stabilitätspolitik, einer Lohnpolitik oder einer Umweltpolitik.

Institutionelle Integration als Harmonisierung durch Politik

Als **institutionelle Integration** bezeichnet man die Harmonisierung durch eine gemeinsam verfolgte Politik. Hier werden Normen, Regeln, Politiken und Institutionen vor dem Einsetzen wettbewerblicher Anpassungsprozesse harmonisiert. Daher spricht man auch von einer **ex-ante-Harmonisierung.** Die bisherige Integrationspolitik der EG stellt eine Kombination der beiden Integrationsverfahren dar: Die Errichtung der Zollunion war eine funktionelle Integration (durch Wettbewerb), die Konzeption z. B. des gemeinsamen Agrarmarktes war eine Form der institutionellen Integration (durch gemeinsame Politik).

Entsprechend der liberalen Grundposition der herrschenden Wirtschaftswissenschaft wird oft argumentiert, daß der Wettbewerb am besten geeignet sei, das jeweils optimale Niveau einer Harmonisierung zu entdecken, während umgekehrt keine staatliche Instanz vorab wissen könne, was das Harmonisierungsoptimum im – ja jeweils zeitlich offenen – dynamischen Integrationsprozeß sei. Dies kann allerdings nur als Grundsatz, nicht aber generell gelten.

Grundsätzlich gilt der Wettbewerb zwar als „optimales Entdeckungsverfahren“ (vgl. Kapitel 8), aber in einigen nicht unerheblichen Ausnahmebereichen kann der Wettbewerb nicht optimal funktionieren. Es sind dies die Fälle des sog. **Marktversagens,** also kurz zusammengefaßt die Bereiche der Produktion öffentlicher Güter und externer Effekte, der Gefahrenschutz für Arbeitnehmer und Konsumenten (mangelnde Transparenz) sowie der Schutz des Wettbewerbs selbst (bei kontinuierlich sinkenden Stückkosten oder bei wettbewerbsbeschränkenden Praktiken [vgl. Kapitel 2]). Für diese Ausnahmebereiche wird grundsätzlich die Notwendigkeit gesehen, zu prüfen, ob der Markt durch staatliche Eingriffe ergänzt oder ersetzt werden sollte. Dies kann letztlich immer nur im Einzelfall entschieden werden.

Wettbewerb als optimales Entdeckungsverfahren mit Ausnahmen

1.2 Integrationsebenen

Ist entschieden, daß eine staatliche Regulierung sinnvoll ist, muß überlegt werden, auf welcher hierarchischen Ebene der Gemeinschaft reguliert werden sollte: auf der Gemeinschaftsebene, auf der Ebene der nationalen Mitgliedstaaten, auf regionaler Länderebene oder lokaler Gemeindeebene. Grundsätzlich wird bei der Beantwortung dieser Frage das **Subsidiaritätsprinzip** akzeptiert. Es besagt, daß bei gleich guter Aufgabenerfüllung die jeweils untere Ebene vorrangig mit der Aufgabe betraut werden sollte. Man muß dann, wiederum im Einzelfall, prüfen, ob das Ausmaß der jeweils die einzelne Ebene überschreitenden Effekte so groß ist, daß sich eine Regelung auf der höheren Ebene empfiehlt. Für die EU-Integration ist mithin jeweils das Ausmaß an grenzüberschreitenden Effekten zu prüfen.

Vorrangig Aufgabenerfüllung durch die untere Ebene

1.3 Anwendungsbeispiele

Umweltschäden sind typische Beispiele für externe Effekte („Drittwirkungen“), der Markt stellt dem Verursacher Umweltschäden in der Regel nicht adäquat in Rechnung. Sind die Umweltschäden erheblich, wie z.B. im Bereich der Luft- und Bodenverschmutzung durch Kraftwerke, Kraftfahrzeuge und Industrieproduktionen, dann müssen staatliche Schutzvorschriften erlassen werden (z. B. die „Technische Anleitung Luft“). Ist darüber hinaus das Ausmaß an grenzüberschreitenden Effekten nicht klein, wie z. B. bei Kraftwerken, dann sollten die Schutzvorschriften auf Gemeinschaftsebene erlassen werden.

Gemeinschaftsregelung bei grenzüberschreitenden Effekten

Arbeitnehmerschutzvorschriften werden erlassen, um Arbeitnehmer vor Gefahren zu schützen, die sie selbst nicht erkennen können (mangelnde Transparenz) oder die sie aufgrund ihrer schwachen Position nicht abwehren können. So hat die EG z. B. eine Maschinen-Richtlinie erlassen, die die grundlegenden Sicherheitsanforderungen an Maschinen definiert. Dies gemeinschaftsweit festzulegen, erscheint sinnvoll, weil Maschinen als Güter des internationalen Handels in großem Umfang Grenzen überschreiten. Ähnliches gilt für Spielzeug. Hier müssen die Kinder davor geschützt werden, durch Spielzeug verletzt zu werden. Entsprechend ist eine Spielzeugrichtlinie erlassen worden (vgl. Abschnitt 2.3).

Es muß allerdings betont werden, daß die EG keineswegs generell nach diesen Grundprinzipien harmonisiert hat. Vor allem in der Vergangenheit scheint der Umfang der Harmonisierungen eher zufällig und ad hoc bestimmt worden zu sein, und vor allem wurde zuviel und zuviel im Detail harmonisiert.

1.4 Integrationspolitik im EG-Vertrag

Grundsatz der Harmonisierung durch Wettbewerb mit Ausnahmen

Im EG-Vertrag ist, vor allem in Art. 30, mit dem Recht auf freien Warenverkehr grundsätzlich eine funktionelle Harmonisierung (durch Wettbewerb) angelegt. Diese Wettbewerbsfreiheit findet allerdings die in Art. 36 aufgelisteten Grenzen. Dort heißt es: Die Bestimmungen über den freien Warenverkehr stehen „Einfuhr-, Ausfuhr- und Durchfuhrverboten oder -beschränkungen nicht entgegen, die aus Gründen der öffentlichen Sittlichkeit, Ordnung und Sicherheit, zum Schutz der Gesundheit und des Lebens von Menschen, Tieren oder Pflanzen, des nationalen Kulturguts von künstlerischem, geschichtlichem oder archäologischem Wert oder des gewerblichen und kommerziellen Eigentums gerechtfertigt sind. Diese Verbote oder Beschränkungen dürfen jedoch weder ein Mittel zur willkürlichen Diskriminierung noch eine verschleierte Beschränkung des Handels zwischen den Mitgliedstaaten darstellen." Dieser interpretationsbedürftige Sachverhalt ist vom EuGH unter anderem durch seine Entscheidung im Urteil „Cassis de Dijon" (20. 2. 1979) und im Fall des deutschen Reinheitsgebots für Bier (12. 3. 1987) präzisiert worden. Danach können nur „zwingende Erfordernisse" im Bereich der in Art. 36 genannten Gründe den Import von Gütern beschränken, die in einem anderen Land rechtmäßig in Verkehr gebracht worden sind. Und diese zwingenden Erfordernisse z. B. des Gesundheits- und Verbraucherschutzes wurden im Fall des deutschen Bieres nicht gesehen. Entsprechend darf der Import von z. B. belgischem Bier, das nach belgischem Recht gebraut worden ist, aber nicht dem deutschen Reinheitsgebot entspricht, nicht mehr beschränkt werden. Auch eine verschleierte Beschränkung des Handels – etwa durch eine entsprechende Kennzeichnungsverordnung für Importbiere, die für Importbiere vor allem die Bezeichnung „Einfachbier" oder „Schankbier" vorsieht – wäre nicht zulässig.

Beispiel Reinheitsgebot für Bier

Damit kann also im Grundsatz von der funktionellen Integration ausgegangen werden. Es gilt prinzipiell die gegenseitige Anerkennung nationaler Vorschriften auch beim grenzüberschreitenden Handel, und der Wettbewerb wird entscheiden, welche Vorschriften sich am Markt durchsetzen. Analog zum Besteuerungsprinzip beim grenzüberschreitenden Handel wird das Prinzip der Anerkennung nationaler Vorschriften auch generell **Ursprungslandprinzip** genannt (vgl. Abschnitt 2.9):

Was im Ursprungsland rechtens ist, bleibt rechtens auch beim Grenzübertritt in das Bestimmungsland.

So wird immer sehr genau zu prüfen sein, ob Importbeschränkungen nicht eine verschleierte Beschränkung des Freihandels darstellen, wie z. B. im Falle der zeitweiligen Importbeschränkung für britisches Rindfleisch. Im Prinzip geht die Gemeinschaft eben davon aus, daß z. B. Rindfleisch, das in Großbritannien verzehrt werden darf, auch in allen anderen Ländern der Gemeinschaft als nicht gesundheitsgefährdend gilt.

Bedarf an einer institutionellen Integration (durch gemeinsame Politik) besteht mithin, zusätzlich zu den bisher genannten Gründen, bei Vorliegen der in Art. 36 genannten Ausnahmegründe.

2. Das Binnenmarktprogramm Europa '92

2.1 Zielsetzung, Abstimmungsverfahren und Weißbuch

Neue Legaldefinition

In Art. 7 a EG-Vertrag heißt es: „Die Gemeinschaft trifft die erforderlichen Maßnahmen, um bis zum 31. Dezember 1992 (...) den Binnenmarkt schrittweise zu verwirklichen. Der Binnenmarkt umfaßt einen Raum ohne Binnengrenzen, in dem der freie Verkehr von Waren, Personen, Dienstleistungen und Kapital gemäß den Bestimmungen dieses Vertrages gewährleistet ist."

Konstitutiv für den Binnenmarkt sind nach dieser neuen Legaldefinition also die sogenannten vier Freiheiten:

- die Freiheit des Warenverkehrs,
- die Freiheit des Personenverkehrs,
- die Freiheit des Dienstleistungsverkehrs und
- die Freiheit des Kapitalverkehrs.

Während die früheren Beschlüsse zur Integration meist folgenlos blieben – so sollte die Wirtschafts- und Währungsunion lt. Ratsbeschluß vom 22. 3. 1971 eigentlich 1980 schon realisiert sein –, wurde jetzt zusammen mit der Terminfestsetzung in der Erklärung zu Art. 7 a der „feste politische Wille" bekundet, den Binnenmarkt zu realisieren.

Neues Abstimmungsverfahren

Für den bisherigen Fortschritt ist ohne Zweifel das ebenfalls neu beschlossene Abstimmungsverfahren für das Binnenmarktprogramm bestimmend gewesen. Statt, wie vordem, Einstimmigkeit der Ratsbeschlüsse vorzusehen (Art. 100), reichte nun die qualifizierte Mehrheit von 54 der insgesamt 76 Stimmen für die Annahme von Binnenmarktvorlagen (Art. 100 a, Absatz 1); mit Ausnahme der Bestimmungen über Steuern, über Freizügigkeit und über die Rechte der Arbeitnehmer (Art. 100 a, Absatz 2/vgl. Kapitel 23, Abschnitt 3).

Festlegung der Maßnahmen im Weißbuch

Förderlich war sicher auch die Festlegung der notwendigen Harmonisierungsmaßnahmen in einem Weißbuch. Das **Weißbuch** der Kommission an den Europäischen Rat **„Vollendung des Binnenmarktes“** entstand nach entsprechenden Wünschen des Europäischen Rates an die Kommission und wurde im Juni 1985, also vor der Abstimmung über die EEA, veröffentlicht. In diesem Weißbuch wurden Programm und Zeitplan der für die Vollendung des Binnenmarktes notwendigen Maßnahmen festgelegt.

Insgesamt handelt es sich um 282 zu verabschiedende Rechtsakte, die sich nach der Systematik des Weißbuches wie folgt gliedern:

- Beseitigung der materiellen Schranken (Grenzkontrollen);
- Beseitigung der technischen Schranken und
- Beseitigung der steuerlichen Schranken.

In detaillierter Gliederung können folgende Bereiche unterschieden werden:

- Beseitigung der Grenzkontrollen;
- Technische Harmonisierung und Normung;
- Liberalisierung des öffentlichen Auftragswesens;
- Freizügigkeit der Arbeitnehmer und Selbständigen;
- Freier Dienstleistungsverkehr;
- Freier Kapitalverkehr;
- Schaffung geeigneter Rahmenbedingungen für die industrielle Zusammenarbeit;
- Beseitigung der Steuerschranken.

Diese Bereiche sollen im folgenden wenigstens in ihren Grundzügen beschrieben werden.

2.2 Beseitigung der Grenzkontrollen

Sichtbarstes Zeichen und unverzichtbarer Bestandteil eines Binnenmarktes ist die Abschaffung der Grenzkontrollen („Europa ohne Grenzen“). Will man Grenzkontrollen beseitigen, so ist zweckmäßigerweise zunächst nach deren Ursachen zu fragen. Diese Ursachen sind vielfältiger Natur, es waren und sind im wesentlichen:

Ursachen der Grenzkontrollen

- Unterschiedliche Tier- und Pflanzenschutzvorschriften und Kontrollverfahren;
- Unterschiede in Mehrwert- und spezieller Verbrauchsteuerbelastung (vgl. Abschnitt 2.9);
- Unterschiede in der Asylpolitik, der Visumpolitik, der Bekämpfung von Kriminalität und Terrorismus (z. B. die Kontrolle des Erwerbs und des Führens von Waffen) sowie des Drogenhandels;
- Kontrolle bilateraler Einfuhrkontingente einzelner Länder gegenüber Drittländern nach Art. 115 EG-Vertrag;
- Kontrolle im gewerblichen Güterverkehr (Transportgenehmigungen, Einhaltung von Schutzvorschriften wie z. B. Fahrtenschreiber und technischen Daten);
- Kontrolle von Abfalltransporten (radioaktive und andere Abfälle) und
- die Statistik des Warenverkehrs setzt zur Überprüfung Kontrollen voraus.

Prinzip: Beseitigung der Kontrollursachen oder Verlagerung der Kontrollen in das Inland

Will man Grenzkontrollen abschaffen, dann müssen entweder die genannten Kontrollursachen beseitigt werden oder, wenn dies nicht gelingt, die notwendig bleibenden Kontrollen von der Grenze in das Inland verlagert werden. Entsprechend ist die EG vorgegangen. Die bilateralen Einfuhrkontingente wurden schrittweise aufgehoben, und es wird versucht, die Unterschiede in der Steuerbelastung abzubauen (vgl. dazu Abschnitt 2.9 in diesem Kapitel).

Im Bereich der Personenkontrolle wird geprüft, inwieweit die Grenzkontrollen durch verstärkte Kontrollen im jeweiligen Inland ersetzt werden können, und im Bereich der Kontrolle von Tier- und Pflanzenschutzvorschriften wird angestrebt, die Kontrolle auf das Herkunftsland zu verlagern.

Problembereiche der Grenzkontrollen

Mit dem Bereich Tier- und Pflanzenschutz sowie Personenkontrolle sind die Punkte genannt, die den Abbau der Grenzkontrollen besonders erschweren. Die Abschaffung der Personenkontrolle ist gegenwärtig noch nicht generell erreicht. Außerhalb des rechtlichen Rahmens der EU ist allerdings im **Schengener Abkommen** (Schengen I, 1985; Schengen II, 1990) die Abschaffung der Personenkontrollen an den Grenzen vereinbart. Diesem Abkommen, ursprünglich von Frankreich, Belgien, Luxemburg, den Niederlanden und Deutschland vereinbart, sind mittlerweile auch Spanien, Italien, Portugal und Griechenland beigetreten – mit unterschiedlichen Realisierungsfristen. Im übrigen sind Grenzkontrollen für Güter und Dienstleistungen weitestgehend abgeschafft.

2.3 Technische Harmonisierung und Normung

In jedem Mitgliedsland gibt es eine Fülle von Normen – in Deutschland z. B. etwa 20000 Industrienormen (DIN) – und zahlreiche Vorschriften von Berufsgenossenschaften, Unfallverhütungsvorschriften oder Gesetze für die Produktion und Vermarktung von Lebensmitteln usw. Die Fülle der Unterschiedlichkeit der Normen behindert den grenzüberschreitenden Handel, entweder direkt, weil ein Land den Import von Produkten beschränkt, die nicht den nationalen Normen entsprechen, oder indirekt, weil Geräte und Schnittstellen nicht zueinander passen. Eine Harmonisierung könnte hier erhebliche Vorteile erbringen: Der Handel würde ausgeweitet, und der Wettbewerb könnte intensiviert werden, wenn der Schutz durch nationale Normen entfällt. Zugleich wären die economies of scale bei der Produktion größerer Stückzahlen zu realisieren.

Normen als Handelshemmnisse

Im einzelnen geht es um die Harmonisierung von

- **Normen,** das sind einheitliche, nicht rechtsverbindliche Festlegungen von Größen, Begriffen, Formen usw., meist durch private Normeninstitutionen;
- **technischen Vorschriften,** das sind rechtsverbindliche Anforderungen des Gesetzgebers, die meist die Gesundheit des Verbrauchers und Arbeitnehmers schützen sollen (Verbraucher- und Arbeitnehmerschutz) oder die Umwelt betreffen (Umweltschutz) und
- **Zulassungsverfahren,** das sind Verfahren, die die Zulassung von Produkten, von Produktionsmethoden und Kontrollmethoden regeln.

Allerdings wird nicht alles harmonisiert. Grundsätzlich gilt auch in diesem Bereich das Ursprungslandprinzip. Wie z. B. bei Bier, Kaffeesahne, Nudeln und Wurst hat der EuGH entschieden, daß die Grenzen für Produkte geöffnet werden müssen, auch wenn sie den jeweiligen nationalen Vorschriften nicht entsprechen. Es wird nur dort eine Harmonisierung angestrebt, wo aus wichtigen Gründen ein einheitliches Schutzniveau für alle EU-Bürger sinnvoll erscheint und/oder wenn der Handel wegen der in Art. 36 aufgeführten Gründe beschränkt werden darf.

Mit dem sogenannten **„Neuen Ansatz“** wird seit 1984 ein neues Konzept der Harmonisierung verfolgt, nämlich

Neues Harmonisierungskonzept

- Festlegung nur grundlegender, allgemeiner Normen und in der Regel nur in den wichtigen Bereichen von Gesundheit, Sicherheit und Umwelt und
- Regelung technischer Details durch europäische Normungsinstitute.

Diese europäischen Normungsinstitute – CEN = Comité Européen de Normalisation und CENELEC = Comité Européen de Normalisation Electrotechnique – sind privatrechtliche Organisationen mit Sitz in Brüssel, die nach den Vorgaben der EU-Kommission Spezifikationen für die Produkte gemäß den festgelegten Grundanforderungen ausarbeiten. Produkte, die nach diesen Normen (die übrigens auch in den EFTA-Ländern anerkannt werden) hergestellt sind, können dann ohne Hindernisse innerhalb der EU vertrieben werden. Die Normen sind allerdings nicht zwingend vorgeschrieben. Wer als Hersteller nach anderen Normen produziert, trägt dann aber die Beweislast, daß sein Produkt den entsprechenden EU-Richtlinien entspricht.

Als gute Beispiele für eine Harmonisierung nach dem „Neuen Ansatz" gelten die Maschinen-Richtlinie 89/392 vom 14. 6. 89, Abl. Nr. L 183 vom 14. 6. 89 und die Spielzeug-Richtlinie 88/378 vom 3. 5. 88, Abl. Nr. L 187 vom 16. 7. 88, die in der Tat nur grundlegende Anforderungen für die Sicherheit von Maschinen und von Spielzeug festlegen.

2.4 Liberalisierung des öffentlichen Auftragswesens

Öffentliche Aufträge umfassen Warenlieferungen, Dienstleistungsaufträge und Baumaßnahmen kommunaler, regionaler und nationaler Körperschaften sowie öffentlicher Unternehmen mit Monopolcharakter. Ihr Auftragswert entspricht rund 12 bis 15 Prozent des Bruttoinlandsprodukts der EU. Davon wird bislang nur ein Bruchteil grenzüberschreitend vergeben. Um Transparenz der Nachfrage und Chancengleichheit der Anbieter wie auf einem Binnenmarkt herzustellen, hat sich die EG bemüht, das „System der Hoflieferanten" zu liberalisieren. Die entsprechenden Richtlinien über die Verfahren bei der Vergabe öffentlicher Liefer-, Dienstleistungs- und Bauaufträge sind inzwischen alle erlassen. Grundsätzlich ist damit bei öffentlichen Aufträgen eine EU-weite Ausschreibung im EU-Amtsblatt vorgeschrieben, wenn bei Lieferaufträgen 0,4 Mill. ECU und bei Bauaufträgen 5 Mill. ECU überschritten werden.

Fehlender Wettbewerb bei öffentlichen Aufträgen

Man erwartet, daß mit einer solchen Liberalisierung erhebliche Kosteneinsparungen möglich werden, daß der Wettbewerb zu deutlichen Preissenkungen führt und daß schließlich langfristig wiederum economies of scale realisiert werden können. Voraussetzung ist allerdings eine wirksame Kontrolle.

2.5 Freizügigkeit

Wesentliches Ziel der EU ist es, die Freizügigkeit aller Bürger (Arbeitnehmer und Selbständige, Nichterwerbstätige, Rentner und Studenten) formal und materiell zu garantieren. Mobilitätshemmnisse sind vor allem unterschiedliche nationale Befähigungsnachweise bei Berufen und unterschiedliche nationale Sozialleistungen. So kann ein deutscher Schornsteinfeger nicht ohne weiteres in Portugal als Schornsteinfeger arbeiten, oder ein deutscher Bafög-Student wird nicht automatisch eine entsprechende Unterstützung seines Studiums in Frankreich erhalten. Entsprechend konzentrierten sich die Liberalisierungsbemühungen der EG ein-

Mobilitätshemmnisse vor allem Berufsbefähigungsnachweise und Sozialleistungen

mal auf eine Harmonisierung der Berufsbefähigungsnachweise und zum anderen auf die Regelung der grenzüberschreitenden Gewährung von Sozialleistungen.

Ziel ist die wechselseitige Anerkennung aller Berufsbefähigungsnachweise

Nach der mühsamen Prozedur, die Niederlassungsfreiheit von Architekten (dies hat 18 Jahre gedauert), Hebammen, Friseuren und Apothekern zu ermöglichen, stellt die **„Allgemeine Regelung zur Anerkennung der Hochschuldiplome,** die eine mindestens dreijährige Berufsbildung abschließen" einen Durchbruch dar (Richtlinie 89/48, vom 21. 12. 88 Abl. Nr. L 19 vom 24. 1. 1989, Inkrafttreten 3. 1. 91). Anschließend hat die Kommission eine „zweite allgemeine Regelung zur Anerkennung beruflicher Befähigungsnachweise" vorgelegt, die eine relativ weitgehende wechselseitige Anerkennung aller Berufsbefähigungsnachweise vorsieht. Damit wird dann eine wesentliche materielle Behinderung der Freizügigkeit von Erwerbstätigen beseitigt.

Anforderungen im sozialen Bereich

Für den sozialen Bereich hat der EuGH eine Reihe von grundlegenden Entscheidungen gefällt und folgende Anforderungen definiert:

- Ein Ortswechsel darf nicht zum Verlust von Ansprüchen führen, die jemand gegenüber Trägern der Sozialversicherung erworben hat;
- Beschäftigungs- und Versicherungszeiten werden anerkannt, ohne Rücksicht darauf, wo sie erworben worden sind;
- Nationales Recht darf nicht um den Preis einer Diskriminierung nach Staatsangehörigkeit durchgesetzt werden.

Freizügigkeit ohne Sozialtourismus

Vor diesem Hintergrund bemüht sich die Kommission um Regelungen, die dem Gebot der Freizügigkeit entsprechen, einen Sozialtourismus jedoch vermeiden. So liegt zwar noch keine abschließende Regelung für das allgemeine Aufenthaltsrecht aller Bürger vor, aber im Prinzip wird für alle Personengruppen (Nichterwerbstätige, Rentner und Studenten) der Nachweis ausreichender Existenzmittel und entsprechender Krankenversicherungen verlangt (Richtlinie 90/364 EWG; Amtsblatt L 180/26 vom 13. 7. 1990).

2.6 Beseitigung der technischen Schranken im Dienstleistungssektor

Schwierige Harmonisierung bei unterschiedlicher nationaler Regulierung

Hier geht es um die Harmonisierung in den Sektoren Banken, Versicherungen, Wertpapiergeschäfte, Verkehr und Telekommunikation. Die Harmonisierung in diesen Bereichen war generell recht schwierig, weil der Marktzugang und die jeweiligen Produktionsbedingungen in allen Ländern relativ stark, aber unterschiedlich reguliert waren. Dies soll für den Bereich der Banken und Versicherungen exemplarisch verdeutlicht werden.

Banken und Versicherungen verkaufen ein sensibles, wenig transparentes und im Verbraucherinteresse zu schützendes Gut. Banken verwalten und verzinsen z. B. bei ihnen angelegte Guthaben (Sparguthaben, Terminguthaben, Wertpapiere ...), und für den Verbraucher muß gewährleistet werden, daß das Geld „sicher" ist. Versicherungen verkaufen eine Risikoabsicherung, und es muß sichergestellt werden, daß die Versicherung nicht gerade dann Konkurs macht, wenn man die Leistungen beanspruchen will. Zu diesem Zweck existieren – in jedem Land unterschiedliche – Vorschriften über die Durchführung und Kontrolle solcher Geschäfte: Eigenkapitalmindestsätze, Kreditgewährungsgrundsätze, Informationspflichten gegenüber der Aufsichtsbehörde oder Marktzugangsbedingungen. Und das Problem ist, daß jedes Land natürlich gerade seine Vorschriften für sinnvoll hält und den Regelungen anderer Länder mißtraut.

Notwendigkeit des Verbraucherschutzes

Im **Bankenbereich** ist inzwischen – mit dem Ziel eines freien Finanzdienstleistungsverkehrs und der Niederlassungsfreiheit von Banken – recht weitgehend liberalisiert und harmonisiert worden. Die grundlegenden Prinzipien der **Bankenrechtsharmonisierung** sind:

- **Einmalzulassung:** Eine einmal in einem Land zugelassene Bank kann mit dieser Zulassung im gesamten EU-Gebiet tätig werden.
- **Heimatkontrolle:** Das Heimatland mit dem Verwaltungssitz des Mutterinstituts übernimmt die Kontrolle über alle Tätigkeiten der Bank im gesamten EU-Gebiet. Geldpolitik (z. B. Festsetzung der Diskontsätze) bleibt indes vorerst nationale Aufgabe.
- **Mindestharmonisierung:** Damit obige Prinzipien von den Ländern akzeptiert werden, bedarf es einer Harmonisierung der nationalen Bankenregulierungen im Bereich der Kreditgewährungsgrundsätze und im Bereich der Informationspflicht.

Mindestharmonisierung

Und diese Mindestharmonisierung ist inzwischen weitgehend erreicht. Wichtige Richtlinien sind erlassen, so z. B. die Eigenkapital-Richtlinie. Danach muß in jedem Land gewährleistet sein, daß acht Prozent der Risiko-Aktiva (Kredite) durch Eigenkapital gedeckt sind. In der Bundesrepublik galt zuvor – bei allerdings anderer Definition des Eigenkapitals – eine Quote von 5,6 Prozent. Seit dem 1. 1. 1993 können Banken ihre Dienstleistungen EU-weit anbieten, ohne sich jeweils unterschiedlichen nationalen Regeln anpassen zu müssen.

Umfangreicher Verbraucherschutz im Versicherungsbereich

Auch für den **Versicherungsbereich** wird ein solcher freier Dienstleistungsverkehr angestrebt, aber dies wird nicht so schnell realisierbar sein. Das Versicherungswesen gilt spätestens seit einem entsprechenden Urteil des EuGH vom 4. 12. 1986 als ein im Hinblick auf den Verbraucherschutz sehr sensibler Bereich. Der Verbraucher bedarf hier eines relativ umfangreichen Schutzes, weil die Transparenz über Leistung und Gegenleistung im Bereich der Lebens-, Kranken- und Kfz-Versicherung gering ist. Daher muß vor einer entsprechenden Harmonisierung z. B. der Allgemeinen Versicherungsbedingungen und der Vorschriften über technische Reserven die Kontrolle durch das jeweilige Tätigkeitsland beibehalten werden.

Dienstleistungsfreiheit bei kommerziellen Großrisiken

Nur in der Versicherung gegen kommerzielle Großrisiken besteht schon das Prinzip der Heimatlandkontrolle und damit die grenzüberschreitende Dienstleistungsfreiheit, weil man davon ausgeht, daß Großunternehmen, die hier die Versicherungsnehmer sind, in der Lage sind, sich genügend Transparenz über die Bonität und die Qualität zu verschaffen.

Im **Telekommunikationsbereich** müssen die meisten Mitgliedstaaten der EU bis zum 1. 1. 1998 ihre Infrastruktur (Netze) und alle Telekommunikationsdienste, inklusive des allgemeinen Telefonverkehrs, dem Wettbewerb öffnen (Aufhebung des Netzmonopols und des Sprachdienstmonopols). Schon jetzt bereiten sich zahlreiche Unternehmen der Telekommunikations- und anderer Branchen mit Diensten, die auf eine europäische Verbreitung zugeschnitten sind, auf diese Liberalisierung vor.

2.7 Liberalisierung des Kapitalverkehrs

Der Kapitalverkehr umfaßt kurz-, mittel- und langfristige Kreditgeschäfte, Transaktionen in (kurzfristigen) Geldmarktpapieren und Transaktionen in (langfristigen) Kapitalmarktpapieren einschließlich Emission und Handel von Wertpapieren (Aktien, Obligationen usw.). Davon zu unterscheiden ist der diese autonomen Transaktionen quasi als Reflex begleitende Zahlungsverkehr.

Liberalisierung des Kapitalverkehrs mit Ausnahmen

Die Liberalisierung des Kapitalverkehrs ist am 24. 6. 1988 mit Wirkung vom 1. Juli 1990 beschlossen worden (Richtlinie 88/361, Abl. Nr. L 178 vom 8. 7. 88). Seit 1993 ist der Kapitalverkehr in der Gemeinschaft vollständig liberalisiert. Ergänzend soll auch der Zahlungsverkehr durch eine europäische Clearing-Zentrale anstelle des bislang praktizierten Korrespondenzbankensystems erleichtert werden.

Freier Kapitalverkehr notwendig für Währungsunion und Binnenmarkt

Die Liberalisierung des Kapitalverkehrs gilt als Markstein auf dem Weg zum Binnenmarkt und zur Währungsunion. Eine Währungsunion setzt freien Kapitalverkehr voraus, und ein Binnenmarkt ohne freien Kapitalverkehr macht keinen Sinn. Es liegt ja gerade in der ökonomischen Logik eines Binnenmarktes, daß das Kapital, allein beeinflußt von relativen Kapitalknappheiten und erwarteten Kapitalproduktivitäten, unbehindert einer optimalen Verwendung zugeführt wird.

2.8 Förderung der Kooperation von Unternehmen

Unterschiedliche Regelungen des Unternehmensverfassungsrechts (Gesellschaftsrecht) sind entscheidend dafür, daß die Unternehmenskooperation in der Gemeinschaft in vielen Bereichen gering ist. Um hier die grenzüberschreitende Zusammenarbeit zu verbessern, wird auf folgenden Feldern harmonisiert:

- bei bestehenden gesellschaftsrechtlichen Regelungen (z. B. einheitliche Struktur der Aktiengesellschaft),

- bei der Konzipierung neuer Rechtsformen supranationalen Zuschnitts (z. B. die Europa-AG) und
- bei grenzüberschreitenden Fusionen.

Diese Maßnahmen sollen die europaweite Kooperation kleiner und mittlerer Unternehmen (KMU) und die europäische multinationale Unternehmung **(„Euro-Multi")** fördern, nicht die nationale Großunternehmung. Die bisher erreichten Harmonisierungen sind allerdings relativ bescheiden. So gibt es einige Richtlinien zur Harmonisierung der Rechnungslegung und Publizität (Bilanz-Richtlinien in Form der 4. und 7. gesellschaftsrechtlichen Richtlinie) sowie zur Gründung und Spaltung von Aktiengesellschaften. Die einzige supranationale Rechtsform, die bisher geschaffen worden ist, ist die **Europäische Wirtschaftliche Interessenvereinigung (EWIV).** Dabei handelt es sich um eine unbedeutende Kooperationsform für kleine und mittlere Unternehmen mit maximal 500 Arbeitnehmern.

Supranationale Rechtsform EWIV

2.9 Beseitigung der Steuerschranken

Die europäische Integration erfordert auch eine gewisse Harmonisierung der verschiedenen nationalen Steuersysteme. Dabei ist vorab zu unterscheiden zwischen einer Harmonisierung der indirekten Steuern – das sind hier die Mehrwertsteuer und die speziellen Verbrauchsteuern – und der direkten Steuern – das sind hier im wesentlichen die Steuern vom Einkommen und Vermögen (vgl. Kapitel 14).

Dabei ist der Harmonisierungsdruck für die indirekten Steuern wesentlich größer, weil nur diese Grenzkontrollen bedingen. Entsprechend ist in Art. 99 EG-Vertrag auch nur eine Harmonisierung der indirekten Steuern gefordert, soweit dies für den Binnenmarkt notwendig ist. Daher wird im folgenden primär auf die indirekten Steuern Bezug genommen. Eine Harmonisierung der direkten Steuern erscheint weniger dringlich, zugleich wesentlich schwieriger, wenn nicht die Harmonisierung durch den Wettbewerb der Steuersysteme im Rahmen der Standortentscheidungen von Unternehmern und Arbeitnehmern angestrebt wird.

Harmonisierungsdruck ist groß bei indirekten Steuern

2.9.1 Probleme einer Harmonisierung der indirekten Steuern

Bei der geplanten Harmonisierung der indirekten Steuern geht es um folgende Zielkomplexe, die allerdings nicht gleichzeitig realisiert werden können:

Zielkomplexe

- Wettbewerbsneutralität,
- Abbau von Grenzkontrollen,
- Konstanz der Verteilung der Steuereinnahmen aus dem grenzüberschreitenden Handel auf die Länder und
- Minimierung der Auswirkung auf nationale Steuereinnahmen.

Meist ist Wettbewerbsneutralität das vorrangige Ziel. Um nämlich zu verhindern, daß Produzenten aus einem Land mit hohen Steuersätzen Wettbewerbsnachteile gegenüber Produzenten aus Niedrigsteuerländern haben, wird das Bestimmungslandprinzip angewendet.

Bestimmungslandprinzip

Das **Bestimmungslandprinzip** ist das gängige Prinzip der Besteuerung des Außenhandels, es wurde und wird z. Zt. noch auch innerhalb der EU praktiziert. Nach diesem Prinzip werden die Steuervorschriften des Landes angewendet, in das die Güter eingeführt (und in der Regel auch verbraucht) werden. Das bedeutet, daß die Exporte im Exportland nicht versteuert werden, aber daß das Importland „an der Grenze" eine Einfuhrsteuer erhebt, die der inländischen Belastung entspricht. Im Fall der Umsatzsteuer[1]) wird also eine Einfuhrumsatzsteuer erhoben.

Wettbewerbsneutralität, aber Kontrollen bei Bestimmungslandprinzip

Dieses Verfahren hat den Vorteil, daß die importierten Güter steuerlich wie im Inland erzeugte und verkaufte Güter behandelt werden, der Wettbewerb wird mithin nicht durch unterschiedliche nationale Steuersätze verzerrt (Wettbewerbsneutralität). Zugleich fließt das Steueraufkommen dem Land des Letztverbrauchs zu, was in der Regel so gewollt ist. Der gravierende Nachteil ist, daß beim Bestimmungslandprinzip eine bürokratische Kontrolle des Imports notwendig ist, die üblicherweise an der Grenze vorgenommen wird.

Ursprungslandprinzip

Verzicht auf Kontrollen, aber Wettbewerbsverzerrungen bei Ursprungslandprinzip

Da nun im Zuge des Binnenmarktprogramms Grenzkontrollen abgeschafft werden, kann das Bestimmungslandprinzip in der seinerzeit gültigen Form nicht mehr angewendet werden. Die Alternative ist das Ursprungslandprinzip. Nach dem **Ursprungslandprinzip** werden die Steuervorschriften des Landes angewendet, in dem die Güter produziert wurden. Es wird also der Export besteuert, der Import bleibt steuerfrei; im Endergebnis ist damit die importierte Ware im Importland mit der Steuer des Exportlandes belastet. Dies hat den Vorteil, daß auf eine bürokratische Kontrolle des Außenhandels verzichtet werden kann, aber den gravierenden Nachteil der Wettbewerbsverzerrung bei unterschiedlichen Steuersätzen. Hinzu kommt, daß die Steuer im Produktionsland, nicht im Verbrauchsland anfällt, was steuerpolitisch mehrheitlich nicht gewollt ist, auf jeden Fall aber zu einer Veränderung der Verteilung des Steueraufkommens aus dem Außenhandel führen würde, wenn das Bestimmungslandprinzip durch das Ursprungslandprinzip ersetzt würde. Länder mit Exportüberschüssen wie die Bundesrepublik würden begünstigt, Länder mit Defiziten in der Handelsbilanz würden benachteiligt.

Veränderung der Verteilung der Steuereinnahmen

Mit der Einführung des Ursprungslandprinzips würde ein Wettbewerb der Standorte mit dem Parameter Höhe und Umfang der Besteuerung einsetzen, sicher mit einem Druck auf eine Harmonisierung nach unten.

---

1) Die üblicherweise Mehrwertsteuer genannte Steuer wird amtlich als Umsatzsteuer bezeichnet. Hier werden beide Bezeichnungen synonym verwendet.

Daher spricht vieles für eine **ex-ante-Harmonisierung** der Besteuerung. Dies war und ist auch das Konzept der Kommission, die im Prinzip Bandbreiten für die Steuersätze vorsah.

Konzept der Kommission

Eine solche ex-ante-Harmonisierung würde, wenn die Bandbreiten genügend klein sind, bei Anwendung des Ursprungslandprinzips Wettbewerbsverzerrungen vermeiden und zugleich Grenzkontrollen überflüssig machen. Aber eine solche ex-ante-Harmonisierung wird nicht leicht herbeizuführen sein. Dies liegt daran, daß eine Angleichung der Steuersätze die Autonomie nationaler Wirtschaftspolitik in einem ganz zentralen Bereich beschränkt („the power to tax is the power to govern") und daß im Bereich der Steuerharmonisierung einstimmig beschlossen werden muß. Außerdem unterscheiden sich die historisch gewachsenen Steuersysteme der Länder zu sehr voneinander, als daß eine schnelle Harmonisierung erwartet werden könnte. Dabei ist daran zu denken, daß Steuern ja nicht nur den Zweck haben, dem Staat Einnahmen zu erbringen, sondern häufig auch Produktion und Konsum beeinflussen sollen:
So verfolgt die Alkoholsteuer in Dänemark und Schweden ganz dezidiert gesundheitspolitische Ziele, und die Mineralölsteuer z. B. ist Instrument der Verkehrs- und Umweltpolitik.

Probleme der Harmonisierung der Besteuerung

Schließlich bleibt das Problem – selbst wenn eine Harmonisierung der Besteuerung gelingen sollte – der Veränderung der Verteilung der Steuereinnahmen aus dem grenzüberschreitenden Handel, denn beim Übergang zum Ursprungslandprinzip würde die Steuer im Produktionsland anfallen, nicht im Verbrauchsland. Dies begünstigt die Länder mit einem Leistungsbilanzüberschuß wie traditionell die Bundesrepublik.

Angesichts dieser schwierigen Problemlage hat die EU folgende Übergangsregelungen bis zum 31. 12. 1996 beschlossen:

- Es bleibt beim Bestimmungslandprinzip.
- Grenzkontrollen entfallen und werden durch nationale Kontrollen ersetzt (Meldung an die nationalen Finanzämter im Rahmen der Umsatzsteuer-Erklärung).
- Für grenzüberschreitende Einkäufe durch Privatpersonen gilt das Ursprungslandprinzip (mit einigen Ausnahmen); Grenzkontrollen entfallen.
- Damit der Wettbewerb im „privaten Außenhandel" allerdings nicht zu sehr verzerrt wird, werden Mindeststeuersätze eingeführt.
- Der Mindeststeuersatz für den Normalsatz der Mehrwertsteuer beträgt 15 Prozent; daneben sind zwei ermäßigte Mehrwertsteuersätze von mindestens 5 Prozent erlaubt, Nullsätze können aber vorläufig beibehalten werden.

2.9.2 Perspektiven einer Harmonisierung der direkten Steuern

Direkte Steuern als Faktor der Standortwahl

Da Steuern vom Einkommen ein wichtiger Bestimmungsfaktor bei der Standortwahl von Unternehmen und letztlich auch Arbeitnehmern sind, können unterschiedliche Belastungen durch direkte Steuern die optimale Allokation der Ressourcen behindern. Insbesondere ist dabei an die Besteuerung der Einkommen von Unternehmen im Rahmen der Körperschaftsteuer zu denken. Entsprechende Harmonisierungsbemühungen der EU-Kommission sind inzwischen allerdings aufgegeben worden. Einerseits ist eine Harmonisierung in diesem Bereich noch wesentlich schwieriger als bei indirekten Steuern – es geht dabei weniger um die anzuwendenden Steuersätze als um die entsprechende Bemessungsgrundlage Unternehmenseinkommen –, und andererseits ist es sinnvoll, hier stärker auf eine ex-post-Harmonisierung der Steuersysteme durch den allgemeinen Standortwettbewerb zu setzen. Im allgemeinen wird ein **Steuersenkungswettlauf** mit den damit verbundenen Gefahren für eine solide Haushaltspolitik erwartet. Denn wenn die Ausgaben nicht gekürzt werden, steigt die Staatsverschuldung.

Harmonisierung durch Standortwettbewerb

Ein spezielles Problem liegt in der **Besteuerung von Zinserträgen,** weil nach der Liberalisierung des Kapitalverkehrs und der schrittweisen Annäherung an unveränderlich feste Wechselkurse hier bereits kleine Besteuerungsunterschiede zu erheblichen Kapitalwanderungen führen können.

Auch hier geht es nicht nur um eine Harmonisierung der Steuersätze, sondern ebenfalls um das Veranlagungsverfahren – Quellenabzug bzw. Veranlagung – und um die Kontrollmethoden – Bankgeheimnis vs. Kontrollmitteilung. Eine Einigung ist auch hier schwierig.

2.10 Ausblick

Integrationsprozeß als ein offenes Verfahren mit großer Dynamik

Der Integrationsprozeß ist ein offenes, ein vermutlich nie, aber jedenfalls nicht sehr bald abgeschlossenes Verfahren. Die Erfahrungen der Vergangenheit zeigen, daß die Bereitschaft der Mitgliedstaaten, bei stark divergierenden Interessen Kompromisse einzugehen, gering ist. Andererseits hat die Integration eine sich selbst tragende Dynamik entwickelt, die für viele Beobachter überraschend ist.

Die EG-Kommission hatte Mitte 1990 ihre Aufgabe erfüllt und alle 282 Maßnahmen des Weißbuches in Form von Vorschlägen präsentiert; der Ministerrat hat 268 Maßnahmen verabschiedet (Stand vom 28. 10. 1994). Diese Maßnahmen sind zum größten Teil bereits, soweit erforderlich, in nationales Recht umgesetzt worden. Einen großen Umsetzungsstau gibt es in Griechenland (48) und Deutschland (43), relativ klein ist dieser Stau in Frankreich (5) und Dänemark (8) (EU-Nachrichten Nr. 47/1994).

Die Vorteile des Binnenmarktes sind im **Cecchini-Bericht** „Europa '92 – Der Vorteil des Binnenmarktes“ quantifiziert worden. Darin werden beachtliche Wachstums- und Beschäftigungseffekte für den Zeitraum 1993 bis 1998 in Aussicht gestellt:

Wachstumseffekte des Binnenmarktes

- ein reales Bruttosozialprodukt der Gemeinschaft, das annahmegemäß um (mindestens) 4,5 v. H., also um etwa 400 Mrd. DM, über dem Niveau des Sozialproduktes liegen wird, welches man bei Fortschreiben des Status quo, also ohne eine Verwirklichung eines Binnenmarktes bis zum 31. 12. 1992, für möglich erachtet; ferner

Beschäftigungseffekte des Binnenmarktes

- eine Zunahme der Beschäftigung um 1,8 Mio.; schließlich eine deutlich geringere Inflationsrate, reduzierte Haushaltsdefizite und ein verbesserter Außenbeitrag durch gestärkte internationale Wettbewerbsfähigkeit.

Dies soll durch die Beseitigung der beschriebenen materiellen, technischen und steuerlichen Schranken erreicht werden.

Binnenmarktprogramm als Wachstumsprogramm

Die Zahlen mögen die Größenordnung der Vorteile treffen oder auch nicht, letztlich lassen sich die Effekte der Integration nicht quantifizieren. Ohne Zweifel aber ist das Binnenmarktprogramm ein gewaltiges Wachstumsprogramm, das all die beschriebenen Vorteile der Integration (vgl. Kapitel 23, Abschnitt 2) realisieren sollte. Weil es ein Wachstumsprogramm ist, muß es sich indes auch mit den Argumenten der **Wachstumskritik** auseinandersetzen – Zerstörung der Umwelt, Kritik der Arbeitsteilung und Kritik des materialistischen Wohlfahrtskonzeptes sind vor allem zu nennen.

3. Begleitende Politikbereiche

3.1 Überblick

Zollunion, gemeinsamer Agrarmarkt, regionale Strukturpolitik, Binnenmarkt und Wirtschafts- und Währungsunion sind die zentralen Bereiche der Wirtschaftspolitik der EU. Daneben gibt es zahlreiche weitere Politikbereiche, in denen die Integration, insbesondere seit der Vertrags-Erweiterung durch die Einheitliche Europäische Akte (EEA) und den Vertrag von Maastricht, vorangetrieben werden soll. Das sind vor allem folgende ökonomisch relevante Felder (vgl. Art. 3 EG-Vertrag):

Weitere Felder der Integration

- Sozialpolitik,
- Umweltpolitik,
- Industriepolitik (einschließlich Forschungs- und Energiepolitik sowie Ausbau transeuropäischer Netze),
- Wettbewerbspolitik,
- Handelspolitik,
- Verkehrspolitik,
- Entwicklungspolitik sowie
- Gesundheits- und Verbraucherpolitik.

Wir können diese Bereiche nicht alle darstellen, sondern greifen hier die zentralen Felder Soziales, Umwelt, Industrie und Wettbewerb heraus. Der Bereich Entwicklungspolitik der EU wird im 30. Kapitel mit dem Abkommen von Lomé beschrieben.

Insgesamt unterliegen die vorgesehenen begleitenden Politikbereiche anderen, meist strengeren Entscheidungsvorschriften als das Binnenmarktprogramm. Daher sind hier größere Verzögerungen im Integrationsprozeß wahrscheinlich.

3.2 Sozialpolitik

3.2.1 Aktivitäten der EU

Die Aktivitäten der EU im Bereich der Sozialpolitik zielen im Kern darauf ab, ein Ziel zu verwirklichen, das der Europäische Rat im Juni 1988 formuliert hat: „…, daß der Binnenmarkt so konzipiert werden muß, daß er der gesamten Bevölkerung der Gemeinschaft zugute kommt." Wesentliche Aspekte dieser Politik sind:

Elemente der EU-Sozialpolitik

- **Verbesserungen des Arbeitnehmerschutzes.** Zahlreiche Richtlinien und Verordnungen zur Verbesserung der Arbeitsbedingungen und des gesundheitlichen und sicherheitsmäßigen Schutzes von Arbeitnehmern sind verabschiedet.
- **Sozialer Dialog.** Seit 1985 bemüht sich die Kommission, die Europäischen Verbände der Arbeitgeber (UNICE) und Arbeitnehmer (Europäischer Gewerkschaftsbund, EGB) an der Diskussion um wirtschafts- und sozialpolitische Fragen mitwirken zu lassen. Gemeinsame Stellungnahmen gibt es z. B. zur Unterrichtung und Anhörung der Arbeitnehmer bei der Einführung neuer Technologien. Durch die institutionelle Verankerung dieses Dialogs im EG-Vertrag (Art. 118 b) sollen die Sozialpartner bei Planungs- und Korrekturmaßnahmen im sozialen Bereich stärker herangezogen werden.

Sozialcharta als Aktionsprogramm

- **Sozialcharta.** Die Sozialcharta, genauer die „Gemeinschaftscharta der sozialen Grundrechte der Arbeitnehmer", ist im Dezember 1989 vom Europäischen Rat gebilligt worden. Sie hat den Charakter eines unverbindlichen Aktionsprogramms, auf dessen Basis die Kommission ihrerseits ein sozialpolitisches Aktionsprogramm konzipiert hat (Rats-Dok. Nr. 6660/89). Kernpunkte sind:
- Recht auf Freizügigkeit,
- Recht auf Beschäftigung und Arbeitsentgelt,
- Recht auf Verbesserung der Lebens- und Arbeitsbedingungen,
- Recht auf sozialen Schutz,
- Recht auf Koalitionsfreiheit und Tarifverhandlungen,
- Recht auf Berufsausbildung,

- Recht auf Gleichbehandlung von Männern und Frauen,
- Recht auf Unterrichtung, Anhörung und Mitwirkung der Arbeitnehmer,
- Recht auf Gesundheitsschutz und Sicherheit am Arbeitsplatz,
- Recht auf Kinder- und Jugendschutz,
- Rechte der älteren Menschen,
- Rechte der Behinderten.

Stärkung der sozialen Dimension durch den Vertrag von Maastricht

Mit dem Vertrag von Maastricht sollte die soziale Dimension der Gemeinschaft verstärkt werden (Art. 2 und 3 EG-Vertrag). Die wesentlichen sozialpolitischen Vereinbarungen finden sich jedoch nicht im Vertragstext selbst, sondern in den Anlagen. Das „Protokoll über Sozialpolitik" sieht vor, daß elf Mitgliedstaaten (Stand 1994) „Organe, Verfahren und Mechanismen des Vertrages in Anspruch nehmen", um auf dem durch die Gemeinschafts-Charta der sozialen Grundrechte von 1989 vorgezeichneten Weg weiterzugehen. Großbritannien ist nicht beteiligt. Sozialpolitische Entscheidungen mit verpflichtendem Charakter werden demnach in Zukunft ohne Großbritannien gefaßt werden und dort auch keine Gültigkeit haben.

Nachfolgend hat die Kommission eine Strategie für die Entwicklung der Sozialpolitik der Gemeinschaft formuliert, zunächst in Form des „Grünbuchs über die europäische Sozialpolitik" (November 1993) und anschließend in Form des „Weißbuchs zur europäischen Sozialpolitik" (Juli 1994). Hier sollen insbesondere die Vorschläge des alten sozialpolitischen Aktionsprogramms von 1989 realisiert werden.

Die Sozialpolitik wird im wesentlichen durch den **Europäischen Sozialfonds (ESF)** finanziert; sein Volumen beträgt 40 Mrd. ECU (1993 bis 1999). Vorrangig werden die Mittel eingesetzt, um Langzeitarbeitslosigkeit und Jugendarbeitslosigkeit zu bekämpfen.

3.2.2 Grundprobleme der EU-Sozialpolitik

Abwägen zwischen funktioneller und institutioneller Integration

Im Grunde geht es hier um das immer gleiche Problem der Abwägung zwischen den Vor- und Nachteilen einer funktionellen Integration durch Wettbewerb und einer institutionellen Integration durch politisch formulierte Mindeststandards.

Der Wettbewerb trägt immer dann zur Erosion eines sozialen Schutzes bei, wenn die Kosten dieses sozialen Schutzes nicht durch eine entsprechende Produktivität der Arbeitsprozesse am Markt verdient werden. Die Konsequenz ist doppelt zwiespältig:

Gefahr des Abweichens sozialer Standards...

- Die Gewerkschaften in Ländern mit hohem Produktivitäts- und Schutzniveau befürchten ein „social dumping", ein Aufweichen sozialer Standards durch den Import billiger Produkte, durch den Zustrom billiger Arbeitskräfte und durch die Abwanderung der Unternehmen in Billiglohnländer, während die Arbeitgeberseite den Wettbewerbsdruck ebenfalls befürchten muß, aber zugleich die verstärkte internationale Konkurrenz als willkommenes Argument benutzt, um sozialpolitischen Forderungen Widerstand entgegensetzen zu können.

- Umgekehrt ist es in Ländern mit geringem Produktivitäts- und Schutzniveau. Die Arbeitgeberseite befürchtet gemeinschaftsweite soziale Mindeststandards, die für weniger entwickelte Länder nicht finanzierbar wären und sie ihres potentiellen Wettbewerbsvorteiles – Billigproduktion – berauben würden. Gewerkschaften müssen ebenfalls einen Anstieg der Arbeitslosigkeit befürchten, aber zugleich sind gemeinschaftsweit formulierte Mindeststandards willkommene Argumente im Kampf um bessere Arbeitsbedingungen und soziale Rechte.

… oder nichtfinanzierbarer Mindeststandards

Aus wirtschaftswissenschaftlicher Sicht spricht sehr viel für die Formulierung und Durchsetzung sozialer Mindeststandards, aber nicht auf Gemeinschaftsebene, sondern auf Ebene von Staaten oder Regionen. Der Wettbewerb muß die Chance haben, die finanzierbaren Standards zu finden.

3.3 Umweltpolitik

3.3.1 Aktivitäten der EU

Hoher Rang des Umweltschutzes

Im EG-Vertrag wird dem Umweltschutz formal ein bedeutender Rang zuerkannt. Ziel der Umweltpolitik der Gemeinschaft sind

- Erhaltung und Schutz der Umwelt sowie Verbesserung ihrer Qualität,
- Schutz der menschlichen Gesundheit,
- umsichtige und rationelle Verwendung der natürlichen Ressourcen,
- Förderung von Maßnahmen auf internationaler Ebene zur Bewältigung regionaler oder globaler Umweltprobleme (Art. 130 r, Abs. 1 EG-Vertrag).

Dabei wird ein hohes Niveau des Umweltschutzes angestrebt.

Artikel 130 r Abs. 2 legt die Grundsätze der umweltpolitischen Tätigkeit der Gemeinschaft fest. Dies sind:

Grundsätze der Umweltpolitik

- das Vorsorgeprinzip,
- die Bekämpfung der Belastung an der Quelle,
- das Verursacherprinzip.

Und die Erfordernisse des Umweltschutzes sind Bestandteile der anderen Politiken der Gemeinschaft (Art. 130 r, Absatz 2).

Entgegen einer wohl weitverbreiteten Auffassung ist die EU auch praktisch im Umweltbereich keineswegs nur untätig. In bisher **fünf Aktions-**

programmen für den Umweltschutz, die die EG seit 1973 verabschiedet hat, sind zahlreiche Richtlinien verabschiedet worden. Die wichtigsten sind:

- „**Wasser:** Die Wasserschutzrichtlinie von 1976 teilt Schadstoffe in eine Schwarze und Graue Liste ein. 129 besonders gefährliche Stoffe, deren Einleitung ins Wasser einer Genehmigung bedarf, stehen auf der Schwarzen Liste. Allerdings wurden bislang nur für 13 von ihnen (etwa Quecksilber, Cadmium, DDT) Grenzwerte festgelegt. Für Stoffe der Grauen Liste gelten weniger strenge Maßstäbe. Daneben gibt es Richtlinien über Grund- und Trinkwasser sowie Badegewässer. Sie stellen jeweils bestimmte Qualitätsanforderungen an diese Wasserarten.

Wasserschutz

- **Luft:** Die wichtigen Richtlinien über Autoabgase und Großfeuerungsanlagen wurden vom Ministerrat stark verwässert. Für Kleinwagen (unter 1,4 Liter Hubraum) gelten ab 1. Oktober 1992 für neu zugelassene Modelle neue Grenzwerte, die über den strengen US-Normen liegen. Die Verringerung der SO_2-Emissionen aus Großfeuerungsanlagen erfolgt in drei Stufen: 40 Prozent Reduzierung bis 1993, 60 Prozent bis 1998 und schließlich 70 Prozent bis 2003. Daneben gibt es noch Richtlinien über Luftqualitätsnormen für Schwefeldioxid, Blei und Stickstoffdioxid.

Schutz der Luft

- **Chemikalien:** Nach einer Richtlinie von 1979 müssen vom Hersteller von Chemikalien Grundinformationen und eine Risikobewertung vorgelegt werden. Das Manko: Vor 1979 in Umlauf gebrachte Chemikalien werden von der Richtlinie nicht betroffen. Die nach dem Dioxin-Unfall im italienischen Seveso benannte Seveso-Richtlinie regelt die Notfallplanung und -reaktion im Falle eines größeren Industrieunfalls.

Risikobewertung

Notfallplanung

- **Umweltverträglichkeitsprüfung:** Die Richtlinie verlangt, daß neue Projekte, wie zum Beispiel Kraftwerke, Stahlhütten, Chemiefabriken, Straßen oder Flugplätze, einer Umweltverträglichkeitsprüfung unterzogen werden. Ein solches Gesetz gab es bislang in der Bundesrepublik Deutschland nicht. Bonn ist bei der Umsetzung in nationales Recht in Verzug." (Wirtschaftswoche vom 10. 3. 1989, S. 46.)

Wettbewerb vermutlich untauglich

Inzwischen sind mehr als 200 Richtlinien und Verordnungen im Bereich des Umweltschutzes erlassen worden. Nach der Einschätzung der EU bestehen vor allem beim Gewässerschutz und in der Luftreinhaltung noch größere Lücken (EU-Nachrichten 21/1994, S. 4). Neugeschaffen wurde die **Europäische Umweltagentur,** die beratende Funktionen auf dem Gebiet des Umweltschutzes hat und vor allem Umweltdaten sammelt (Sitz in Kopenhagen).

3.3.2 Grundprobleme einer EU-Umweltpolitik

Grundproblem einer Umweltpolitik der EU ist der Tatbestand, daß das Binnenmarkt-Programm und zahlreiche weitere Programme der EU primär Wachstumsprogramme sind. Und Wachstum ist zwar nicht notwendigerweise mit zunehmender Umweltzerstörung verbunden, aber realistischerweise muß damit gerechnet werden, daß eine wachstumsfixierte Wirtschaftspolitik entscheidend zur Umweltzerstörung beiträgt.

Studie „Umwelt und der Binnenmarkt“: düstere Prognose für den Umweltschutz

In einer von der für Umweltschutz zuständigen Generaldirektion der EG-Kommission in Auftrag gegebenen Studie „Umwelt und der Binnenmarkt“ (Task-Force-Bericht 1989) kommen 14 unabhängige Wirtschaftswissenschaftler aus allen EG-Ländern zu düsteren Prognosen für den Umweltschutz in der Gemeinschaft. Sie sehen insbesondere die Gefahr einer Zunahme der Schadstoffe in der Luft. Konkret werden ein Anstieg des Schwefeldioxid- Ausstoßes aus Kohlekraftwerken um 12 bis 14 Prozent und der Stickoxid-Emissionen von Autos um 8 bis 9 Prozent vorausgesagt. Der grenzüberschreitende Lastwagenverkehr werde um 30 bis 50 Prozent zunehmen und die Lücke zwischen Abfallmenge und umweltkonformer Deponie-Kapazität werde sich drastisch verschärfen.

Geforderter Maßnahmenkatalog

In der Studie, die auf eine Initiative der Umweltminister von 1988 zurückgeht, wird zugleich eine für alle zwölf Mitgliedstaaten geltende **Fünf-Punkte-Strategie zum Umweltschutz** gefordert. Ungeachtet der Anstrengungen der Gemeinschaft, das Steuersystem zu harmonisieren, plädieren die Experten für **Umweltabgaben** oder -steuern. Es sollte den Mitgliedstaaten überlassen bleiben, ob diese Instrumente zur Erreichung bestimmter Umweltziele eingesetzt werden. Konkret wird eine Steuerung des Energieverbrauchs durch eine Brennstoffsteuer befürwortet.

Die Einführung neuer umweltfreundlicher Produkte und Technologien soll ermutigt und zugleich sollen alle Maßnahmen vermieden werden, die zu einem Anstieg der Schadstoffe in der Luft führen. Ferner dürfe die Erhöhung der Mittel für den EG-Strukturfonds für benachteiligte Regionen nicht zu einer Zerstörung der Umwelt in diesen Gebieten führen.

In Einklang mit den Erörterungen von Abschnitt 1 dieses Kapitels sind **Schutzstandards auf Gemeinschaftsebene** (fort)zuentwickeln, wenn Umweltschäden grenzüberschreitenden Charakter aufweisen. Im übrigen sollten wettbewerbliche Anpassungsprozesse geprüft werden. Allerdings ist doch sehr fraglich, ob der Wettbewerb die richtigen Umweltstandards finden kann. Umweltschutzauflagen sind in der Regel teuer und verschlechtern die Wettbewerbsfähigkeit von Standorten und/oder Produkten, und es muß bezweifelt werden, daß genügend umweltbewußte Verbraucher bereit und in der Lage sind, die jeweils umweltschonenderen, aber auch teureren Produkte zu kaufen.

Und jedes Land ist zwar berechtigt, für seine Produktionen strengere Umweltvorschriften zu erlassen, als gemeinschaftsweit beschlossen (positive Selbstdiskriminierung), aber es ist vermutlich (dies bedürfte jeweils einer Klärung durch den EuGH) nicht gestattet, den Import von Produkten zu beschränken, die weniger umweltschonend hergestellt sind. Daher wäre im Wettbewerbsprozeß eine Erosion des Umweltschutzes sehr wahrscheinlich.

3.4 Industriepolitik

Begriff und Inhalt einer Industriepolitik sind in Wissenschaft und Politik normativ und deskriptiv heftig umstritten. Wir fassen darunter an dieser Stelle die Bemühungen der Gemeinschaft zusammen, die industrielle Wettbewerbsfähigkeit der Länder der EU zu stärken und Wachstum und Beschäftigung zu fördern. Dies ist Teil des zentralen Weißbuches der Kommission von 1993 „Wachstum, Wettbewerbsfähigkeit, Beschäftigung – Herausforderung der Gegenwart und Wege ins 21. Jahrhundert“. Darin wird ein Bündel von Strategien und Vorhaben entwickelt; zentral ist der geplante **Auf- und Ausbau transeuropäischer Netze,** dem im EG-Vertrag ein eigener Abschnitt vorbehalten ist (Art. 129 b–d). Aus normativer Sicht ist anzumerken, daß sich Industriepolitik über Eingriffe in unternehmerische Entscheidungen mit dem in Deutschland herrschenden Verständnis von Markt und Wettbewerb nicht verträgt, daß aber Infrastruktur-Investitionen staatlicher Institutionen sinnvoll erscheinen.

Transeuropäische Netze

Zentrale Bausteine der mittelfristig geplanten transeuropäischen Netze der Verkehrs-, Telekommunikations- und Energie-Infrastruktur sind:

- Eisenbahnnetz, insbesondere für Hochgeschwindigkeitszüge,
- Straßennetz, insbesondere in den ärmeren Randgebieten,
- Binnenwasserstraßen-Netz,
- Netz für den kombinierten Verkehr auf Schiene, Wasser und Straße,
- Netz für den Energietransport,
- Telekommunikationsnetze für einen gemeinsamen Informationsraum.

Die Kosten für den Ausbau dieser Netze beziffert die Kommission auf 400 Mrd. ECU bis 1999 (Weißbuch 1993, S. 36 f.). Die Finanzierung ist noch nicht geklärt, die Kommission erwartet, daß zwei Drittel der Gelder aus nationalen und/oder privaten Quellen fließen. Eine Liste von 14 vorrangigen Verkehrsprojekten und acht vorrangigen Energieprojekten ist auf der Tagung des Europäischen Rates am 9. und 10. 12. 1994 in Essen beschlossen worden, darunter eine Hochgeschwindigkeits-Bahnstrecke Nürnberg–Erfurt–Halle/Leipzig–Berlin (EU-Nachrichten, Dokumentation 12/1994, S.23).

3.5 Wettbewerbspolitik

Schließlich soll die Wettbewerbspolitik der EU kurz beschrieben werden, die im Zuge der Binnenmarktintegration eine zentrale Rolle spielt und entsprechend gestaltet worden ist.

Kartellverbot

Notwendigkeit supranationaler Wettbewerbspolitik

Die EU und der Binnenmarkt erfordern eine supranationale Wettbewerbspolitik, weil die relevanten Märkte in aller Regel nicht auf den heimischen Wirtschaftsraum beschränkt sind. In Art. 85 EG-Vertrag ist, ähnlich wie im deutschen Kartellrecht, ein Kartellverbot verankert und aufeinander abgestimmtes Verhalten verboten. Und Art. 86 EG-Vertrag verbietet marktbe-

Art der Wettbewerbsbeschränkung	Regelung
Kartellbildung und formlos aufeinander abgestimmtes Verhalten	*Verbotsprinzip:* ,,Mit dem Gemeinsamen Markt unvereinbar und verboten sind alle Vereinbarungen zwischen Unternehmen ... und aufeinander abgestimmte Verhaltensweisen, welche den Handel zwischen Mitgliedstaaten zu beeinträchtigen geeignet sind und eine Verhinderung, Einschränkung oder Verfälschung des Wettbewerbs innerhalb des Gemeinsamen Marktes bezwecken oder bewirken" (Art. 85 Abs. 1 EWG-Vertrag). *Ausnahmen:* ,,Die Bestimmungen des Absatzes 1 können für nicht anwendbar erklärt werden auf Vereinbarungen ... zwischen Unternehmen, Beschlüsse ... von Unternehmensvereinigungen und aufeinander abgestimmte Verhaltensweisen, die unter angemessener Beteiligung der Verbraucher an dem entstehenden Gewinn zur Verbesserung der Warenerzeugung oder -verteilung oder zur Förderung des technischen oder wirtschaftlichen Fortschritts beitragen, ohne daß den beteiligten Unternehmen a) Beschränkungen auferlegt werden, die für die Verwirklichung dieser Ziele nicht unerläßlich sind, oder b) Möglichkeiten eröffnet werden, für einen wesentlichen Teil der betreffenden Waren den Wettbewerb auszuschalten" (Art. 1 Abs. 3 EWG-Vertrag).
Mißbrauch einer marktbeherrschenden Stellung	*Mißbrauchskontrolle:* ,,Mit dem Gemeinsamen Markt unvereinbar und verboten ist die mißbräuchliche Ausnutzung einer beherrschenden Stellung auf dem Gemeinsamen Markt oder auf einem wesentlichen Teil desselben durch ein oder mehrere Unternehmen, soweit dies dazu führen kann, den Handel zwischen Mitgliedstaaten zu beeinträchtigen" (Art. 86 EWG-Vertrag).
Zusammenschlußkontrolle	*Anmeldepflicht* für Zusammenschlußvorhaben bei ,,gemeinschaftsweiter Bedeutung". Diese gilt als gegeben bei einem Gesamtumsatz aller beteiligten Unternehmen von mehr als 5 Mrd. ECU und einem gemeinschaftsweiten Gesamtumsatz von mindestens zwei beteiligten Unternehmen von jeweils mehr als 250 Mio. ECU. (Art. 1 Abs. 2 VO 4064/89). *Untersagungskriterium:* ,,Zusammenschlüsse, die eine beherrschende Stellung begründen oder verstärken, durch die wirksamer Wettbewerb im Gemeinsamen Markt oder in einem wesentlichen Teil desselben behindert wird, sind für unvereinbar mit dem Gemeinsamen Markt zu erklären" (Art. 2 Abs. 2 VO 4064/89). *Prüfungskriterien:* Bei ihrer Entscheidung berücksichtigt die Kommission: ,,a) die Notwendigkeit, im Gemeinsamen Markt wirksamen Wettbewerb aufrechtzuerhalten und zu entwickeln, insbesondere im Hinblick auf die Struktur aller betroffenen Märkte und den tatsächlichen oder potentiellen Wettbewerb der innerhalb oder außerhalb der Gemeinschaft ansässigen Unternehmen; b) die Marktstellung sowie die wirtschaftliche Macht und die Finanzkraft der beteiligten Unternehmen, die Wahlmöglichkeiten der Lieferanten und Abnehmer, ihren Zugang zu den Beschaffungs- und Absatzmärkten, rechtliche oder tatsächliche Marktzutrittsschranken, die Entwicklung des Angebots und der Nachfrage bei den jeweiligen Erzeugnissen und Dienstleistungen, die Interessen der Zwischen- und Endverbraucher sowie die Entwicklung des technischen und wirtschaftlichen Fortschritts, sofern diese dem Verbraucher dient und den Wettbewerb nicht behindert" (Art. 2 Abs. 1 VO 4064/89). *Kompetenzen der Wettbewerbsbehörden der Mitgliedstaaten:* Die Kommission kann einen angemeldeten Zusammenschluß zur Überprüfung an die zuständigen Behörden eines Mitgliedstaates verweisen; Voraussetzung ist, daß ihr dieser Mitgliedstaat zuvor mitgeteilt hat, daß der Zusammenschluß ,,eine beherrschende Stellung zu begründen oder zu verstärken droht, durch die wirksamer Wettbewerb auf einem Markt in diesem Mitgliedstaat, der alle Merkmale eines gesonderten Marktes aufweist, erheblich behindert würde, unabhängig davon, ob dieser einen wesentlichen Teil des Gemeinsamen Marktes ausmacht oder nicht ... Ist die Kommission der Auffassung, daß ... ein solcher gesonderter Markt und eine solche Gefahr bestehen, a) so behandelt sie entweder selbst den Fall, um auf dem betreffenden Markt wirksamen Wettbewerb aufrechtzuerhalten oder wiederherzustellen oder b) verweist sie den Fall an die zuständige Behörde des betreffenden Mitgliedstaates, damit die Wettbewerbsvorschriften dieses Mitgliedstaates angewendet werden" (Art. 9 VO 4064/89).

Abb. 24.1: Übersicht über das Wettbewerbsrecht der EU

Quelle: BERG, Hartmut, Wettbewerbspolitik, in: Vahlens Kompendium der Wirtschaftstheorie und Wirtschaftspolitik, Band 2, 5. Auflage, München 1992, S. 297

herrschenden Unternehmen eine mißbräuchliche Ausnutzung ihrer Stellung, „soweit dies dazu führen kann, den Handel zwischen Mitgliedstaaten zu beeinträchtigen". Es fehlte aber bis 1990 die Möglichkeit einer Fusionskontrolle, die ja gerade für die Binnenmarktintegration von besonderer Bedeutung ist.

Mißbrauchsaufsicht

Mit der Verabschiedung einer **Fusionskontrollverordnung** im Dezember 1989 ist diese Lücke geschlossen worden. Seitdem sind – ähnlich wie im deutschen Kartellrecht – gemeinschaftsweite Zusammenschlüsse verboten, die eine marktbeherrschende Stellung begründen oder verstärken und den Wettbewerb behindern. Abb. 24.3 enthält die genauen Vorschriften. Die gemeinschaftsweite Bedeutung ergibt sich nach den drei folgenden Kriterien:

Fusionskontrolle

- Die beteiligten Unternehmen erzielen einen Gesamtumsatz von mehr als 5 Mrd. ECU;
- mindestens zwei der Unternehmen erzielen einen gemeinschaftsweiten Umsatz von jeweils mehr als 250 Mio ECU;
- die Unternehmen erzielen jeweils nicht mehr als zwei Drittel ihres gemeinschaftsweiten Umsatzes in einem Mitgliedstaat (⅔-Regel).

C. Arbeitsaufgaben

1) *Welche Grundüberlegung sollte die Entscheidung zwischen institutioneller und funktioneller Integration fundieren?*
2) *Welche Grundüberlegung sollte die Entscheidung über die hierarchische Ebene einer institutionellen Integration fundieren?*
3) *Wie würden Sie die bisherige Integrationspolitik der EU unter Verwendung der Begriffe institutioneller vs. funktioneller Integration charakterisieren?*
4) *Welche Art der Integrationspolitik ist grundsätzlich im EG-Vertrag und der Rechtsprechung des EuGH angelegt?*
5) *Welche Rolle spielt das Abstimmungsverfahren im Integrationsprozeß?*
6) *Beschreiben Sie die Probleme und die gewählten Integrationsprinzipien der Harmonisierung im Bankenbereich.*
7) *Was sind die jeweiligen Vor- und Nachteile der Besteuerungsprinzipien Bestimmungslandprinzip und Ursprungslandprinzip unter integrationspolitischem Aspekt?*
8) *Was befürchten, was erhoffen die Tarifparteien eines hochentwickelten Landes von der EU-Sozialpolitik?*
9) *Warum ist zu vermuten, daß der fortschreitende EU-Integrationsprozeß für den Umweltschutz eher schädliche Folgen haben wird?*
10) *Warum ist eine Fusionskontrolle auf Gemeinschaftsebene wichtig, und wie sehen die grundlegenden Vorschriften aus?*

Lösungsvorschläge für die Arbeitsaufgaben im „Übungsbuch zu Grundlagen und Probleme der Volkswirtschaft“.

D. Literatur

Im Zuge der Diskussion um Europa '92 und die Europäische Union wurden und werden eine Reihe vom Büchern herausgegeben, die sich bemühen, den Komplex der europäischen Integration in seinen vielfältigen Formen zu beschreiben. Zu nennen sind vor allem

WEINDL, Josef, Europäische Gemeinschaft (EU), 2. Auflage, München/ Wien 1994

MICKEL, Wolfgang W., Handlexikon der Europäischen Union, Köln 1994

DICHTL, Erwin (Hrsg.), Schritte zum Europäischen Binnenmarkt, München 1990

OPPERMANN, Thomas und MOERSCH, Erich-Wolfgang, Europa-Leitfaden. Ein Wegweiser zum Europäischen Binnenmarkt 1992, Regensburg 1989

MAYER, Otto G., SCHARRER, Hans-Eckart und SCHMAHL, Hans-Jürgen, Der europäische Binnenmarkt. Perspektiven und Probleme, Hamburg (Weltarchiv) 1989

BERG, Hartmut, Hans Günther MEISSNER, Wolfgang B. SCHÜNEMANN, Märkte in Europa, Stuttgart 1990.

Über Probleme einer Harmonisierung der Umsatzsteuersysteme informiert

THEISEN, René, Das Umsatzsteuersystem im Europäischen Binnenmarkt, in: Wirtschaftswissenschaftliches Studium (WiSt), 22. Jg. (1993), S. 75–79 und S. 125–129.

Über die Sozialpolitik der EU informiert das Themenheft

Europäische Sozialpolitik, EU-Informationen, Nr. 4, 1994.

Die Industriepolitik der EU beschreibt

KLODT, Henning, Europäische Industriepolitik nach Maastricht, in: Die Weltwirtschaft, 1992, Heft 3, S. 263–273.

Die Weiterentwicklung der EG nach dem Vertrag von Maastricht beschreiben

BUSCH, Berthold, Die EG nach 1992, Köln 1992

und die jährlichen Gesamtberichte der Kommission, zuletzt für das Jahr 1994

„Gesamtbericht über die Tätigkeit der Europäischen Gemeinschaften", Luxemburg 1995.

Von zentraler Bedeutung für die wirtschaftspolitische Strategie der Gemeinschaft ist das

„Weißbuch: Wachstum, Wettbewerbsfähigkeit, Beschäftigung", Europäische Kommission, Luxemburg 1993.

Die positiven Wirkungen des Binnenmarktes beschreibt

CECCHINI, Paolo, Europa ’92. Der Vorteil des Binnenmarktes, Baden-Baden 1988.

Dieses Buch ist das Endprodukt eines umfassenden Forschungsprogramms über die „Kosten der Nichtverwirklichung Europas“, das von der EG-Kommission initiiert wurde.

Schließlich gibt die kostenlos erhältliche Publikation

EUROPA 1992 – Die Binnenmarktliste, hrsg. vom Europäischen Parlament 1992

einen Überblick über den Stand der Integration.

25. Kapitel
Ursachen und Wirkungen inflationärer Prozesse und Möglichkeiten zu ihrer Bekämpfung

A. Lernzielorientierte Leitfragen und Fragenkomplexe

Leitfrage:
Was versteht man unter einer Inflation, und welche Erscheinungsformen sind zu unterscheiden?

- *Was bedeutet „Inflation"?*
- *Wie wird die Inflation gemessen?*
- *Welche Entwicklung zeigt die Inflationsrate in der Bundesrepublik?*
- *Welches sind die wichtigsten Erscheinungsformen der Inflation?*

Leitfrage:
Woher kommt der Inflationsimpuls, und durch welche Faktoren wird die Inflation in Gang gehalten?

- *Was versteht man unter einer Nachfrage-, was unter einer Angebotsinflation?*
- *Worin liegt der auslösende Impuls einer Nachfrageinflation?*
- *Was ist das auslösende Moment der Lohndruckinflation?*
- *Was ist eine Gewinndruckinflation, und wie läßt sich ihr auslösender Impuls erklären?*
- *Kann man konkrete Preissteigerungsprozesse ohne weiteres als Angebots- oder Nachfrageinflation identifizieren?*
- *Wie erklären Monetaristen die Inflation?*

Leitfrage:
Wie wirkt die Inflation auf wichtige gesamtwirtschaftliche Größen, und welche wirtschaftspolitischen Konsequenzen ergeben sich hieraus?

- *Welche Vorstellungen bestehen bezüglich der Beschäftigungswirkungen der Inflation?*
- *Wie werden die Einkommens- und Vermögensverteilung durch die Inflation verändert?*
- *Wie wirkt sich die Inflation auf das Wachstum aus?*

- *Welches ist die herkömmliche Therapie gegen eine Nachfrageinflation, und wie ist diese zu beurteilen?*
- *Welche Lösungsmöglichkeiten des Problems der Angebotsinflation ergeben sich im Rahmen einer staatlichen Einkommenspolitik?*
- *Rechtfertigen offensichtliche Nachteile eines Lohn- und Preisstopps einen generellen Verzicht auf dieses Anti-Inflationsinstrument?*

B. Sachanalyse

1. Was ist Inflation?

Unter Inflation versteht man im allgemeinen eine über einen längeren Zeitraum zu beobachtende Zunahme des Preisniveaus.

Anhaltende Preisniveausteigerungen

Man spricht also nur von Inflation, wenn das Preisniveau in der betreffenden Volkswirtschaft steigt. Das Ansteigen einzelner Preise genügt nicht, die Preise müssen im Durchschnitt, unter Berücksichtigung der Bedeutung der Güter, steigen. Nun gibt es das – durch einen Preisindex gemessene – Preisniveau einer Volkswirtschaft nicht, sondern eine Vielzahl von Preisindizes (und damit Preisniveaus).

Preisindex für die Lebenshaltung als Maßgröße für die Inflation

Meistverwendete Maßgröße für die Inflation ist der **Preisindex für die Lebenshaltung aller privaten Haushalte.** Zu seiner Berechnung ermittelt man die Entwicklung der Ausgaben des Durchschnittshaushaltes für einen statistisch ermittelten repräsentativen Warenkorb einer Basisperiode. Zur Zeit gilt die Basisperiode 1985: Der Durchschnittshaushalt umfaßte 1985 2,3 Personen mit monatlichen Verbrauchsausgaben in Höhe von 3.105 DM. Der Preisindex z. B. für 1991 ergibt sich nun, indem man die für den Erwerb des repräsentativen Warenkorbs 1991 erforderlichen Ausgaben in Beziehung setzt zu den im Basisjahr (1985) erforderlichen Ausgaben für den gleichen Warenkorb. Der Preisindex für 1991 gibt dann an, was der Durchschnittshaushalt 1991 im Vergleich zu 1985 zahlen müßte, wenn er 1991 die gleichen Mengen kaufen würde wie 1985. Und die monatlich veröffentlichte – meist auch als Inflationsrate bezeichnete – Preissteigerungsrate gibt an, um wieviel Prozent der repräsentative Warenkorb im Vergleich zum Vorjahresmonat teurer bzw. billiger geworden ist.

Das jeweils verwendete Basisjahr wird in der Regel für einen längeren Zeitraum (meist 5 Jahre) beibehalten, weil Änderungen erhebliche statistische Umrechnungen notwendig machen. Je weiter nun aber das interessierende Jahr vom Basisjahr entfernt ist, desto weniger werden die Verbraucher tatsächlich im Durchschnitt die Mengen des repräsentativen Warenkorbes kaufen. Es gibt neue Produkte und neue Verbrauchsgewohnheiten. Diese werden normalerweise auch von der Entwicklung der

Preisstruktur beeinflußt: Im Regelfall werden die relativ am teuersten gewordenen Produkte weniger nachgefragt. Damit reagiert der Verbraucher rational auf die Veränderung der Preisstruktur. Der in mehrjährigen Abständen neu ermittelte repräsentative Warenkorb eines neuen Basisjahres trägt solchen strukturellen Verschiebungen dann Rechnung.

Bisweilen wird auch der **Preisindex für das Bruttosozialprodukt** als Maßgröße für die Inflation verwendet. Zu seiner Ermittlung setzt man das nominelle Sozialprodukt, z. B. für das Jahr 1991, in Beziehung zu dem Geldwert, den die Gütermengen des Jahres 1991 im Basisjahr 1985 (bei den damals herrschenden Preisen) gehabt hätten.

Es ist üblich, nur Preissteigerungen von einer gewissen Dauer als Inflation anzusehen. Damit bleiben z.B. saisonale Preissteigerungen außerhalb der Betrachtung.

Definitionsprobleme

Eine gewisse Problematik der oben verwendeten Inflationsdefinition liegt darin, daß sie ein Ansteigen des Preisniveaus voraussetzt. Nach überwiegendem Sprachgebrauch redet man aber auch von einer („zurückgestauten") Inflation, wenn die Preise in einer Volkswirtschaft durch staatliche Verordnung „eingefroren" werden, also mit dem Ziel einer Bekämpfung der Inflation ein allgemeiner Preisstopp verordnet wird. Da in diesem Fall die Inflation nicht an der Veränderung des inländischen Preisniveaus gemessen werden kann, bieten sich als Auswege die Entwicklung der Schwarzmarktpreise oder des Außenwertes der Währung (Dollar-Kurs) an.

Lohn- und Preisstopp

2. Arten der Inflation

Unter Zugrundelegung bestimmter Kriterien werden zahlreiche Arten der Inflation unterschieden. Insbesondere unterscheidet man:

- nach der Stärke der Preissteigerung („Grad der Inflation") die **schleichende** und die **galoppierende Inflation;** nach der Dauer der Preissteigerungen die **temporäre** und die **permanente** („säkulare") Inflation;
- nach ordnungspolitischen Aspekten die **offene** und die **zurückgestaute** Inflation;
- nach der Ursache der Inflation die **Nachfrage-** und die **Angebotsinflation** sowie – als besondere Form der Nachfrageinflation – die monetär verursachte Inflation.

Es leuchtet ein, daß die Unterscheidung „schleichend" und „galoppierend" nur etwas willkürlich getroffen werden kann, indem man z.B. die schleichende Inflation auf Preissteigerungen bis zu 10% begrenzt. Man kann auch beliebige Zwischenstufen bilden, etwa die „trabende" Inflation.

Tabelle 25.1 gibt einen Überblick über die Entwicklung der Inflationsrate in der Bundesrepublik Deutschland von 1981–1994 gemessen durch den Preisindex für die Lebenshaltung. Bemerkenswert ist dabei die Abnahme des Preisniveaus im Jahre 1986. Hierfür war vor allem der drastische Rückgang der Importgüterpreise verantwortlich. Daneben ist ein deutlicher Rückgang der Inflationsrate von 1981 bis 1986 zu beobachten. Eine solche **Abnahme der Inflationsrate** bezeichnet man als **Disinflation.** Dies ist nicht zu verwechseln mit einer Deflation, die einen absoluten Rückgang des Preisniveaus darstellt. Von 1987 bis 1993 nahm die Inflationsrate wieder zu. 1994 konnte eine leichte Abschwächung verzeichnet werden. Die hier nicht verzeichneten Inflationsraten für Ostdeutschland lagen zunächst deutlich höher (1992 +11,2 %, 1993 +8,8 %), haben seit 1994 aber etwa das westdeutsche Niveau erreicht.

Tab. 25.1: Die Entwicklung der Inflationsrate[1]) in Westdeutschland von 1981–1994

Jahr	1981	1982	1983	1984	1985	1986	1987	1988	1989	1990	1991	1992	1993	1994
Veränderung gegenüber Vorjahr in %	+ 6,3	+ 5,2	+ 3,3	+ 2,4	+ 2,0	– 0,1	+ 0,2	+ 1,3	+ 2,8	+ 2,7	+ 3,5	+ 4,0	+ 4,2	+ 3,0

[1]) Preisindex für die Lebenshaltung aller privaten Haushalte.
Quelle: Monatsberichte der Deutschen Bundesbank

3. Erklärung der Inflation

Im Zusammenhang mit den Ursachen der Inflation werden seit Anfang der 50er Jahre gemeinhin zwei Arten der Inflation unterschieden, die Nachfrage- und die Angebotsinflation. Was genau unter einer Nachfrage- und einer Angebotsinflation verstanden wird, ist nicht ganz einheitlich definiert. Wir treffen folgende Unterscheidung:

- von einer Nachfrageinflation wollen wir sprechen, wenn der erste Anstoß (der Impuls) für die Preiserhöhung von der Nachfrageseite ausgeht, und
- von einer Angebotsinflation sprechen wir, wenn der Impuls für die Preissteigerung von der Angebotsseite (insbesondere von Löhnen und Gewinnen) ausgeht.

Wir sprechen also auch dann von einer Nachfrageinflation, wenn nach einer durch eine Nachfrageerhöhung ausgelösten Preiserhöhung die Löhne von den Tarifpartnern, den Marktkräften folgend, den Preisen angepaßt werden, obwohl hier Kosten- (Angebots-)Elemente in den Inflationsprozeß eingreifen. Ebenso sprechen wir von einer Angebotsinflation, wenn z. B. nach einer durch die Marktmacht der Gewerkschaften erzwungenen (die Produktivitätszuwächse überschreitenden) Lohnerhöhung die Preise steigen und auf Grund der Einkommenswirkungen von Lohn- und Preissteigerungen die Nachfrage reagiert.

Nicht sinnvoll ist es, wenn man den Begriff der Nachfrageinflation – was gelegentlich geschieht – nur auf Preissteigerungsvorgänge beschränkt, die während des gesamten Prozesses bei konstanten Löhnen ausschließlich durch Nachfragesteigerungen hervorgerufen werden. Entsprechendes gilt für die Angebotsinflation. Es gibt dann praktisch keine reine Nachfrage- bzw. Angebotsinflation, und die Unterscheidung zwischen beiden Inflationsarten wäre ziemlich überflüssig. Jede durch Nachfragesteigerungen verursachte Preissteigerung hat normalerweise im weiteren Wirtschaftsablauf Rückwirkungen auf die Löhne; und jede auf dem Arbeitsmarkt durch Marktmacht durchgesetzte Lohnsteigerung hat im allgemeinen im weiteren Verlauf Nachfragewirkungen.

3.1 Nachfrageinflation

Die Nachfrageinflation ist die älteste der modernen Inflationserklärungen. Sie setzt bei der **inflatorischen Lücke** – der überschüssigen Güternachfrage über das Angebot bei Vollbeschäftigung – an und erklärt den Impuls zur Preisniveausteigerung aus diesem **Nachfrageüberhang** (Angebotslücke). Da bei Vollbeschäftigung kurzfristig keine Ausdehnung der Produktion möglich ist, bewirkt die überschüssige Güternachfrage allein eine Preissteigerung: Trotz ihrer erhöhten Ausgaben erhalten die Nachfrager genauso viel Güter wie bisher, die Preissteigerung „absorbiert" die zusätzliche monetäre Nachfrage. Abbildung 25.1 verdeutlicht diese Zusammenhänge. Die Grafik zeigt auch, daß eine nachfrageverursachte Preissteigerung schon vor Erreichen der Vollbeschäftigung möglich ist, z. B. als Folge branchenbezogener Engpässe.

Inflationsimpuls: Inflatorische Lücke

Die vorausgesetzte Nachfrageerhöhung zeigt sich in der Verschiebung der Nachfragekurve nach rechts: Bei jedem Preis wird mehr Sozialprodukt nachgefragt. Sie führt zu der Preiserhöhung von P_0 auf P_1 bei konstantem Sozialprodukt.

Wie läßt sich das **Fortbestehen der Inflation** erklären? Eine einfache – aber rein formale – Erklärung wäre die, zu unterstellen, daß die Nachfrage nach Gütern trotz der Preiserhöhung auf ihrem erhöhten realen Niveau verbleibt: In der betrachteten ersten Periode haben die Nachfrager in ihrer Gesamtheit ja keine zusätzlichen Güter erhalten. Wenn sie weiterhin mehr Güter nachfragen, als das mit dem Sozialprodukt vereinbar ist und ihre Ausgaben entsprechend erhöhen können, so ergibt sich in der zweiten Periode dieselbe Situation wie in der ersten: Einem Güterangebot in Höhe des Sozialprodukts steht eine größere Nachfrage gegenüber – das Preisniveau steigt erneut.

Fortbestand der Inflation

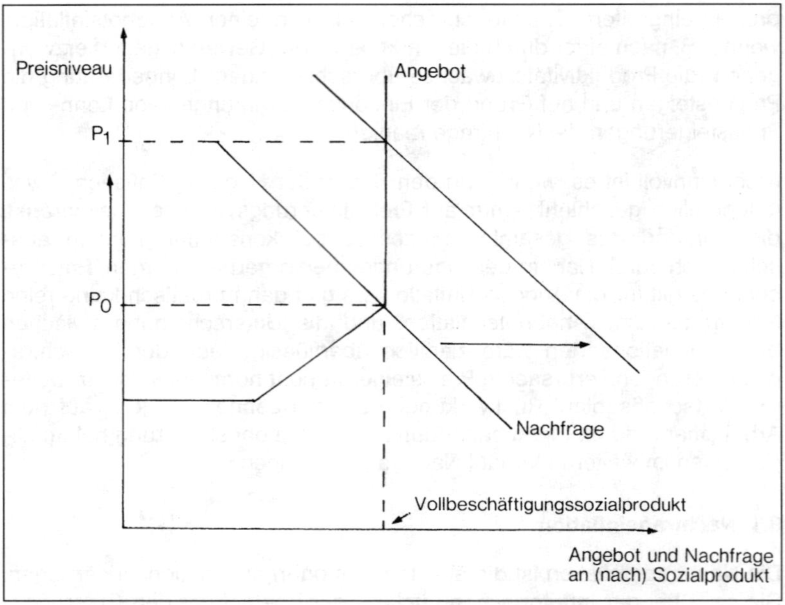

Abb. 25.1: Der Inflationsimpuls bei der Nachfrageinflation

Wie kann es zu einer solchen Situation kommen?

Entscheidend für diesen Ablauf ist, daß die Nachfrager ihre Ausgaben entsprechend erhöhen können und wollen. Das kann und wird häufig bei den privaten Investoren der Fall sein, wenn sie gute zukünftige Gewinnchancen sehen. Wie aber ist es bei den Haushalten? Die Unternehmerhaushalte haben im Zuge der Preissteigerung ihr Geldeinkommen „automatisch“ steigern können. Anders die Nicht-Unternehmerhaushalte. Doch gehen diese leer aus? Je höher die überschüssige Nachfrage auf dem Gütermarkt ist, um so höher wird die Nachfrage nach Arbeitskraft werden. Es entsteht eine Überschußnachfrage auf dem Arbeitsmarkt, die es den Gewerkschaften – ohne Ausnutzung einer Machtposition – leicht macht, Tariflohnerhöhungen in Höhe der Preissteigerungen durchzusetzen. Die Haushalte (zumindest die Lohn- und Gewinnempfänger) können ihre reale Nachfrage aufrechterhalten. Tun sie dies auch und gilt dasselbe für den Staat und für das Ausland (Exporte), so bleibt die Gesamtnachfrage auf einem über dem Sozialprodukt liegenden Niveau. Der Inflationsprozeß kann weiterlaufen: Überschußnachfrage – Preissteigerung – Gewinnsteigerung – Lohnsteigerung – Überschußnachfrage – Preissteigerung usw.

Nachfragedruck auf dem Arbeitsmarkt

Wird dieser Prozeß ohne staatliche Eingriffe unterbrochen? Im allgemeinen ja, denn einige Gruppen der Volkswirtschaft werden ihr Einkommen nicht im gleichen Umfang steigern können, wie die Preise steigen (Empfänger von nichtdynamisierten Renten, Zinseinkommensempfänger, Stipendienempfänger). Diese Gruppen werden ihre Güternachfrage einschränken müssen. Eine Verminderung der Güternachfrage ist bei ständig steigenden Preisen und festen Wechselkursen auch vom Ausland zu erwarten, es sei denn, die Preise steigen dort in gleichem Umfang oder sogar stärker.

Wie kann die Nachfrageinflation zum Stillstand kommen?

Natürlich könnte der Preissteigerungsprozeß auch dadurch gestoppt werden, daß der Staat seine Nachfrage aus wirtschaftspolitischen Gründen in einer derartigen Situation einschränkt, so daß schließlich ein Ausgleich zwischen Sozialprodukt und Güternachfrage erreicht werden kann.

Ein „Zusammenbrechen" des Inflationsprozesses wird sich auch dann ergeben, wenn die Zentralbank die Geldbasis nicht oder nicht im notwendigen Umfang erhöht, so daß die Geldmenge nicht entsprechend ausgeweitet werden kann. Zwar besitzen die Geschäftsbanken, wie wir im 18. Kapitel gesehen haben, durchaus einen gewissen Spielraum in bezug auf die Bereitstellung von Krediten und Geld; es erscheint aber unrealistisch anzunehmen, daß dieser Spielraum ausreichend ist, um einen langfristigen Inflationsprozeß zu „finanzieren". Erhöht die Zentralbank die Geldbasis nicht oder nicht in ausreichendem Umfang, so können z. B. die Investoren Kredite für geplante Investitionen nicht erhalten. Der inflationäre Prozeß wird gebremst.

Inflationsbegrenzende Wirkung der Geldmenge

Eine Erhöhung der Geldbasis ist also eine notwendige Bedingung für einen langanhaltenden Prozeß der Nachfrageinflation.

Allgemein kann der Inflationsimpuls – die zusätzliche Güternachfrage – im Prinzip von den privaten Haushalten, den Unternehmungen, dem Staat oder dem Ausland ausgehen. Ist die Zunahme der Nachfrage auf eine Zunahme der Exporte (etwa infolge stärker steigender Preise und Einkommen im Ausland) zurückzuführen, so ergibt sich eine **erste Erscheinungsform** der **importierten Inflation:** Die Inflation wird durch die Nachfrage aus dem Ausland ins Inland hereingetragen. Ist die inflatorische Lücke auf eine inländische Nachfragekomponente zurückzuführen, so spricht man von einer **hausgemachten** Nachfrageinflation.

Importierte Inflation durch steigende Exporte

Hausgemachte Nachfrageinflation

3.2 Angebotsinflation

Preiserhöhungen können, wie im 6. Kapitel gezeigt, nicht nur von der Nachfrageseite ausgehen, sondern auch von der Angebotsseite. Zu Preissteigerungen, die von der Angebotsseite ausgehen, kommt es, wenn Kostensteigerungen über die Preise an die Nachfrage weitergegeben werden, oder wenn Anbieter einen höheren Gewinnaufschlag durchsetzen. Damit sind die beiden Grundtypen der Angebotsinflation – die **Kostendruck-** und die **Gewinndruckinflation** – aufgezeigt. Wenn es zu Preissteigerungen bei wirtschaftlicher Stagnation kommt, spricht man auch von **Stagflation** (Stagnation + Inflation).

3.2.1 Kostendruckinflation

Kostensteigerungen können gesamtwirtschaftlich gesehen folgende Ursachen haben (vgl. Kapitel 5):

Gründe für Kostensteigerungen

- eine über dem Prozentsatz der Produktivitätssteigerung liegende Lohnsatzerhöhung;
- eine Zunahme der Preise für importierte Vorprodukte;
- eine Zunahme der Kapitalkosten (Zinskosten), die über die Zunahme der Kapitalproduktivität hinausgeht;
- eine Zunahme der Kostensteuern;
- zunehmende Stückkosten bei abnehmender Kapazitätsauslastung.

Wir wollen hier auf die Kapital- und Steuerkosten sowie auf eine Zunahme der Stückkosten infolge abnehmender Kapazitätsauslastung nicht eingehen und uns auch bezüglich der Importpreise auf wenige Bemerkungen beschränken. Statt dessen wollen wir uns ausführlicher mit dem vieldiskutierten Fall der Lohndruckinflation beschäftigen.

Importierte Inflation durch steigende Importpreise

Zunächst kurz zu den Kostenerhöhungen infolge steigender Importpreise für Rohstoffe und Zwischenprodukte. Steigen die Preise für importierte Rohstoffe und Zwischenprodukte, so haben wir es wieder mit einer vom Ausland ausgehenden Form der Inflation zu tun: eine **zweite Variante der importierten Inflation.**

Im Gegensatz zu den Preiserhöhungen bei importierten Gütern können die Preissteigerungen von im Inland produzierten Roh- und Zwischenprodukten gesamtwirtschaftlich für die Inflationsanalyse unberücksichtigt bleiben, da die Kosten für diese Produkte sich aus den Kosten für Löhne, Zinsen, Steuern und importierte Vorprodukte zusammensetzen.

Wie im 5. Kapitel gezeigt, bleiben die Lohnkosten pro Stück, gesamtwirtschaftlich also die Lohnkosten pro Einheit des Sozialprodukts, konstant, wenn der Lohnsatz und die Arbeitsproduktivität um denselben Prozentsatz zunehmen:

Lohnstückkosten

$$\text{Lohnstückkosten} = \frac{\text{Lohnsatz} \cdot \text{Arbeitsstunden}}{\text{Sozialprodukt}} = \frac{\text{Lohnsatz}}{\dfrac{\text{Sozialprodukt}}{\text{Arbeitsstunden}}}$$

Als Kostensteigerung wirkt sich folglich nur eine über die prozentuale Zunahme der Arbeitsproduktivität hinausgehende prozentuale Erhöhung des Lohnsatzes aus. Der Prozentsatz, um den sich die Lohnstückkosten erhöhen, ist dabei (annähernd) gleich der Differenz zwischen der prozentualen Lohnsatz- und der Produktivitätserhöhung: Nimmt der Zähler eines Bruches um 10 % zu, der Nenner um 6 %, so nimmt der Wert des Bruches (näherungsweise) um 4% zu[1]).

Veränderung der Lohnstückkosten bei Lohnsatz- und Produktivitätsänderungen

Das folgende Beispiel verdeutlicht diesen Zusammenhang. Angenommen, die Lohnstückkosten betragen vor der Lohnerhöhung 5,– DM, wobei der Lohnsatz 10,– DM pro Arbeitsstunde und die Arbeitsproduktivität zwei Stück pro Arbeitsstunde beträgt:

$$\text{Lohnstückkosten} = \frac{\text{Lohnsatz}}{\text{Arbeitsproduktivität}} = \frac{10}{2} = 5$$

Steigt nun der Lohnsatz um 10 % (von 10 auf 11) und die Arbeitsproduktivität infolge technischen Fortschritts um 6 % (von 2 auf 2,12), so betragen die neuen Lohnstückkosten 11:2,12 = 5,189. Das entspricht einer prozentualen Zunahme der Lohnstückkosten um 3,77 %, also annähernd um 4%[2]).

Preiswirkungen einer aggressiven Lohnpolitik

Erzwingen die Gewerkschaften – mit dem Ziel einer Erhöhung des Anteils der Löhne am Volkseinkommen (vgl. hierzu Kapitel 26) – eine über der prozentualen Produktivitätssteigerung liegende Erhöhung des Geldlohnsatzes, so steigen die Lohnstückkosten. Damit wird von der Kostenseite ein Anstoß zu Preissteigerungen gegeben, wenn die Unternehmer nicht bereit sind, eine entsprechende Minderung ihrer Gewinne hinzunehmen. Das wird deutlich, wenn die Unternehmer eine Lohnstückkosten-Kalkulation durchführen. Es gilt dann:

$$\text{Preis} = \text{Lohnstückkosten } (1 + \text{Aufschlagsatz})$$

Steigen die Lohnstückkosten also im obigen Beispiel um 4 %, so steigt auch das Preisniveau bei konstantem Aufschlagsatz für Gewinne und sonstige Kosten um (annähernd) 4 %.

Lohnsteigerungen bei Unterbeschäftigung durch Marktmacht

Zu fragen ist, wie es in einer durch Stagnation oder sogar durch Rückgang der Produktion gekennzeichneten Situation überhaupt zu einer Steigerung der Löhne kommen kann. Auf dem Arbeitsmarkt wird in einer solchen Situation keine überschüssige Nachfrage nach Arbeitskraft bestehen, sondern vielmehr ein Überschußangebot an Arbeit. Marktkräfte können folglich die Lohnerhöhung nicht bewirken. Als Erklärung bietet

---

1) Ganz exakt ist die prozentuale Veränderung der Lohnstückkosten gegeben durch die prozentuale Erhöhung des Lohnsatzes (bezogen auf den alten Lohnsatz) multipliziert mit dem Verhältnis zwischen alter und neuer Produktivität und vermindert um die prozentuale Produktivitätserhöhung (bezogen auf die neue Produktivität). Da die sich ergebenden Abweichungen minimal sind, gehen wir im folgenden von der einfacheren, oben angegebenen Formel aus.

2) Man erhält gemäß dem in der vorangegangenen Fußnote angegebenen Verfahren den genauen Prozentsatz von 3,77 %, wenn man rechnet:

$$10 \cdot \frac{2}{2{,}12} - \frac{0{,}12}{2{,}12} \cdot 100 = 3{,}77\%$$

sich nur die Marktmacht der Anbieter, in diesem Fall der Gewerkschaften, an. Setzen diese auf Grund ihrer Monopolsituation (sie vertreten ja die Arbeitnehmer bei den Lohnverhandlungen [vgl. Kapitel 26]) in einer Stagnationsphase Lohnsteigerungen durch, so geben sie den Anstoß, den Impuls zu Preissteigerungen. Man spricht deshalb von einer **Lohndruckinflation.**

Inflationsimpuls

Eine Inflation ist aber nicht dadurch hinreichend erklärt, daß man den auslösenden Faktor herausarbeitet. Darüber hinaus sind die Kräfte zu beschreiben, die die Inflation in Gang halten. Bei der Lohndruckinflation könnte man eine permanente Inflation folgendermaßen erklären: Auf die (über die Produktivitätserhöhung hinausgehende) Lohnerhöhung reagieren die Unternehmer mit prozentual gleichen Preiserhöhungen, die bei unverändertem Geldwert der Güternachfrage (monetäre Nachfrage) zu einem Rückgang von Produktion und Beschäftigung führen würden (von Y_0 auf Y_1, vgl. Abb. 25.2).

Lohn-Preis-Spirale

Nun stellen die Löhne gleichzeitig Einkommen der Arbeitnehmerhaushalte dar und Teile der Preise Gewinne. Geht man realistischerweise davon aus, daß Produktion und Beschäftigung kurzfristig konstant sind, so bedeutet die Lohn- und Preiserhöhung, daß die Lohn- und Gewinneinkommen in der Volkswirtschaft um den Prozentsatz der Lohnerhöhung zunehmen. Arbeitnehmer und Unternehmer sind also in der Lage, ihre Ausgaben für Güter so zu steigern, daß sie bei gleicher Kaufneigung die gleiche Gütermenge nachfragen wie vor der Lohn- und Preiserhöhung (und zusätzlich eine durch eine Produktivitätssteigerung bedingte Produktionssteigerung, von der wir im folgenden zur Vereinfachung absehen). Auf Abb. 25.2 bezogen bedeutet dies, daß sich die Nachfragekurve so nach oben verschiebt, daß sie die Angebotskurve bei der alten Produktionsmenge Y_0 schneidet (gestrichelte Nachfragekurve). Gütermäßig hat sich weder für die Unternehmer noch für die Arbeitnehmer etwas verändert, lediglich das Preisniveau ist durch den gescheiterten Umverteilungsversuch der Gewerkschaften gestiegen. Versuchen die Gewerkschaften trotzdem erneut, durch Lohnerhöhungen die Lohnquote zu erhöhen, so wiederholt sich der geschilderte Prozeß. Es kommt zu der berühmten **Lohn-Preis-Spirale.**

Inflationshemmende Faktoren

Zwei Faktoren könnten den so beschriebenen Fortgang der Inflation (abgesehen vom Lohn- und Preisstopp) jedoch unterbrechen oder zumindest bremsen: **eine Verminderung der Nachfrage nach Gütern** und eine **unveränderte** oder nicht schnell genug steigende **Geldmenge.**

Mögliche Nachfrageeinschränkungen

Bei der Einschätzung der Nachfrageentwicklung muß man die unterschiedlichen Bestandteile der Nachfrage berücksichtigen: die Konsumgüternachfrage der privaten Haushalte, die Investitionsgüternachfrage der Unternehmer, die staatliche Nachfrage nach Gütern und die Exportnachfrage des Auslandes. Sieht man von möglichen Umverteilungswirkungen der Preissteigerungen zwischen verschiedenen Gruppen der Haushalte (z. B. eine zeitweise Veränderung der Lohnquote infolge der zeitlichen Folge von Lohn- und Preissteigerungen) ab, so besteht kein Grund, dauerhaft von einer Abnahme der Nachfrage nach Konsum- und Investitionsgütern auszugehen: Lohn- und Gewinneinkommen steigen ja – wie aufgezeigt – um denselben Prozentsatz, so daß das Realeinkommen von Unternehmer- und Arbeitnehmerhaushalten (ohne Produktivitätssteigerung) unverändert bleibt. Schwieriger ist die Frage zu beantworten, wie sich die staatliche Nachfrage und die Auslandsnachfrage entwickeln. Bei Preissteigerungen im Inland und festen Wechselkursen werden die Exporte mengenmäßig abnehmen, sofern die Preise im Ausland nicht ebenfalls entsprechend steigen. Bei flexiblen Wechselkursen wird die Wirkung wesentlich geringer sein (vgl. Kap. 21). Wie der Staat seine Güternachfrage verändert, kann allgemein nicht gesagt werden.

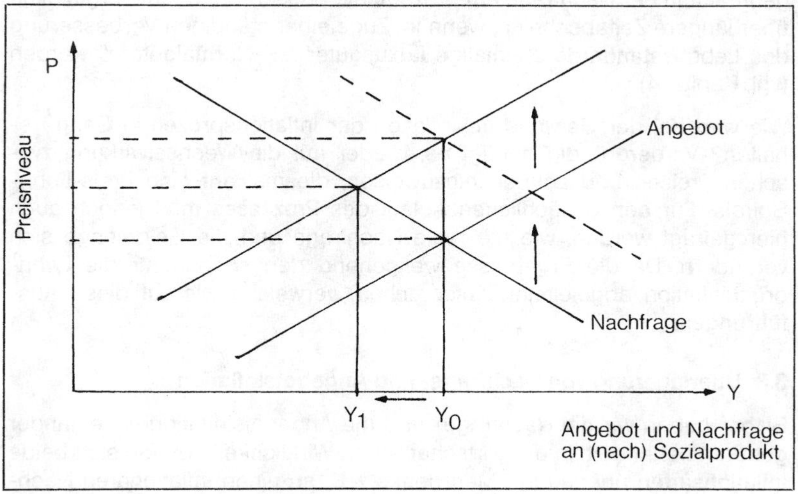

Abb. 25.2: Lohndruckinflation

Eine Begrenzung für den Preissteigerungsprozeß ergibt sich auch bei diesem Verlauf der Lohndruckinflation durch die Geldmenge, wenn diese konstant gehalten oder nicht wenigstens annähernd entsprechend den Preissteigerungen ausgeweitet wird. Wir können hier die über die begrenzende Wirkung der Geldmenge bei der Nachfrageinflation gemachten Aussagen übernehmen.

3.2.2 Gewinndruckinflation

Definition der Gewinndruckinflation

Wenden wir uns nun der zweiten bedeutsamen Form der Kosteninflation, der **Gewinndruckinflation,** zu. Entsprechend der Lohndruckinflation spricht man von einer Gewinndruckinflation, wenn die Unternehmer unter Ausnutzung von Marktmacht die Gewinnaufschläge mit dem Ziel erhöhen, den Gewinnanteil am Volkseinkommen zu erhöhen. Vorausgesetzt, daß die Unternehmer ihren Preissteigerungsspielraum in der Vergangenheit voll ausgenutzt haben, ist eine Erhöhung der Gewinnspanne bei konstanter oder rückläufiger Nachfrage nur möglich, wenn ihre Marktmacht zunimmt. Eine Zunahme der Marktmacht kann sich auf zwei Wegen ergeben: Einmal kann der Wettbewerb, zum anderen kann die direkte Preiselastizität der Nachfrage abnehmen. Die Abnahme des Wettbewerbs kann ihrerseits verschiedene Gründe haben, die wir im 7. und 8. Kapitel diskutiert haben. In einer Phase der wirtschaftlichen Stagnation oder sogar abnehmender Produktion sind eine abnehmende Zahl der Konkurrenten infolge von Konkursen und Zusammenschlüssen sowie wettbewerbsbeschränkende Absprachen plausibel erscheinende Ursachen. Eine abnehmende Preiselastizität – also eine geringer werdende prozentuale Mengenreaktion der Nachfrage auf prozentuale Preiserhöhungen – ergibt sich über längere Zeitabschnitte, wenn im Zuge einer ständigen Verbesserung des Lebensstandards ehemalige Luxusgüter zu „Normalgütern“ werden (vgl. Kapitel 4).

Zunahme von Marktmacht durch Abnahme des Wettbewerbs und/oder abnehmende Preiselastizität der Nachfrage

Wie wird bei der Gewinndruckinflation der Inflationsprozeß in Gang gehalten? Vordergründig genügt es, wieder auf die Wechselwirkung zwischen Preisen und Löhnen hinzuweisen, diesmal auf eine Preis-Lohn-Spirale. Für den tatsächlichen Ablauf des Prozesses muß jedoch auch hier gefragt werden, wie die reale Nachfrage und die Geldmenge sich verändern. Da die Ergebnisse weitgehend den soeben für die Lohndruckinflation abgeleiteten entsprechen, verweisen wir auf diese Ausführungen.

Preis-Lohn-Spirale

3.3 Überlagerung von Nachfrage- und Angebotsinflation

Bisher haben wir die Nachfrage- und die Angebotsinflation voneinander getrennt behandelt. In der wirtschaftlichen Wirklichkeit können sich beide Inflationsarten überlagern: Man denke z. B. an einen inflationären Nachfrageüberhang, der gekoppelt ist mit einer die Markttendenz übersteigenden Lohnerhöhung.

Nachfrage- und Angebotsinflation können zwar theoretisch nach dem auslösenden Impuls klar voneinander abgegrenzt werden, in der Praxis kann der auslösende Impuls aber nur selten klar ausgemacht werden.

In der wirtschaftlichen Wirklichkeit beobachten wir im allgemeinen Preis- und Lohnsteigerungen, die sich mehr oder weniger gleichzeitig vollziehen und wo nur schwer gesagt werden kann, was das auslösende und was das reagierende Element in einem Inflationsprozeß ist. Als Indiz kann tendenziell dienen, wie sich Realprodukt und Beschäftigung entwickeln. Nehmen beide zu – steigt also die monetäre Nachfrage hinreichend –, so wird man es im allgemeinen mit einer Nachfrageinflation zu tun haben. Nehmen beide tendenziell ab (oder sinkt zumindest die Wachstumsrate des Sozialproduktes), so spricht dies für eine Angebotsinflation.

3.4 Monetaristische Inflationserklärung

Aus monetaristischer Sicht gilt:

„Inflation ist verbunden mit und letztlich ursächlich abhängig von einer erheblich über der Wachstumsrate der realen Produktion liegenden Zuwachsrate des Geldangebots – wobei die Differenz zwischen beiden Raten die Inflationsrate ist." (H. G. JOHNSON, Inflation – Theorie und Politik, München 1975, S. 110.)

Impuls: übermäßige Erhöhung der Geldmenge

Monetaristen sehen also in einer übermäßigen Vermehrung der Geldmenge, ermöglicht durch eine entsprechende Zunahme der Zentralbankgeldmenge, die eigentliche Ursache der Inflation.

Der Wirkungszusammenhang zwischen Geldmengen- und Preiserhöhungen

Wie kommt es aber von einer Geldmengenerhöhung zur Preiserhöhung? Wir haben den Übertragungsmechanismus geldpolitischer Impulse auf zentrale makroökonomische Größen bereits kennengelernt und können uns deshalb hier auf eine kurze Zusammenfassung beschränken. Die erhöhte Geldmenge stört das Gleichgewicht der Vermögensanlage der Wirtschaftseinheiten und führt zunächst zu einer erhöhten Nachfrage nach Wertpapieren (Substitution von Geld durch Wertpapiere). Die steigende Nachfrage erhöht die Preise (Kurse) für Wertpapiere, was – bei gegebener Nominalverzinsung – gleichbedeutend ist mit einer Abnahme ihrer tatsächlichen Verzinsung. Bei unveränderten Preisen und Erträgen des Realvermögens wird deshalb eine Substitution von Forderungen durch Realvermögen lohnend, wodurch die Konsum- und Investitionsgüternachfrage zunimmt. Diese Nachfrageerhöhungen führen dann zu Preissteigerungen. Dieser Preissteigerungsprozeß kommt zum Stillstand, wenn die Preise so gestiegen sind, daß die zusätzliche Geldmenge gerade als Transaktionskasse nachgefragt wird.

Auch im Rahmen des monetaristischen Erklärungsansatzes der Inflation müssen neben dem auslösenden Impuls die tragenden Kräfte eines Inflationsprozesses aufgezeigt werden. Die Monetaristen gehen hier von einer sich fortwährend wiederholenden exzessiven Geldmengenvermehrung aus, die die Währungsbehörden durchführen oder zulassen, um eine politisch unerwünschte Beschäftigungskrise, die durch eine Einschränkung des Geldmengenwachstums mit der entsprechenden Einschränkung der Güternachfrage hervorgerufen würde, zu vermeiden.

Es wird deutlich, daß die monetaristische Erklärung der Inflation nicht fundamental von der oben beschriebenen Nachfrageinflation abweicht. Der Unterschied besteht vor allem darin, daß die Monetaristen eine allein im Güterbereich der Volkswirtschaft begründete Nachfragesteigerung

(z. B. infolge gestiegener Gewinnerwartungen der Unternehmungen oder zunehmender Staatsansprüche an das Sozialprodukt) nicht als Inflationsursache ansehen, sondern eine entsprechende Geldmengenerhöhung vorgelagert sehen.

Da aber in beiden Theorien die Zunahme der Geldmenge eine notwendige Bedingung für einen anhaltenden Inflationsprozeß darstellt, sind die Ansichten der Monetaristen und der Theoretiker der keynesianischen Nachfrageinflation im Ergebnis nicht sehr konträr.

Importierte Inflation durch Geldmengenerhöhung bei Zahlungsbilanzüberschüssen und festen Wechselkursen

Die vorgegangenen Ausführungen sollen durch eine Anmerkung ergänzt werden: Bei festen Wechselkursen führen Zahlungsbilanzüberschüsse automatisch zu einer Zunahme der Geldmenge, da die Zentralbank den Devisenüberschuß beim Paritätskurs ankaufen und den Exporteuren dafür heimisches Geld (z. B. DM) zahlen muß (vgl. Kapitel 21). In einem System fester Wechselkurse braucht die Zunahme der Geldmenge also nicht durch eine bewußte Politik herbeigeführt zu werden, sondern kann sich aus der außenwirtschaftlichen Situation ergeben. Wir haben es hier mit einer **dritten Variante der importierten Inflation** (vgl. Abschnitte 3.1 und 3.2.1 dieses Kapitels) zu tun, eine Variante, die in einem System flexibler Wechselkurse ihre Bedeutung verliert.

3.5 Inflation als Verteilungskampf

Inflation als Verteilungskampf

Über mögliche Überlagerungen angebots- und nachfrageseitig angeregter Preissteigerungen hinaus lassen sich die Nachfrage- und die Angebotsinflation auf eine **gemeinsame Ursache** zurückführen: den Versuch der verschiedenen Gruppen der Volkswirtschaft, das reale Sozialprodukt zu ihren Gunsten umzuverteilen. Der Unterschied liegt nur darin, daß der Verteilungskampf bei der

Erhöhte Ausgaben

- Nachfrageinflation um die Verwendung des Sozialprodukts durch erhöhte Ausgaben geführt wird, so daß die Summe der Ansprüche an das Sozialprodukt größer ist als das Sozialprodukt selbst; während der Verteilungskampf bei der

Erhöhte Löhne und Preise

- Angebotsinflation über die Einkommensentstehungsseite durch Lohn- und Preiserhöhungen geführt wird.

Besänftigungsfunktion von Preissteigerungen

In beiden Fällen aber führt der Verteilungskampf zu Preissteigerungen, die häufig von der staatlichen Wirtschaftspolitik bewußt hingenommen werden, weil sie einen mit letzter Konsequenz geführten Verteilungskampf vermeiden, indem sie ihn auf die Preisebene verlagern und hier entschärfen. Preissteigerungen übernehmen die Funktion „sozialer Besänftigung".

4. Wirkungen der Inflation

Bisher haben wir die mit inflationären Prozessen verbundenen Wirkungen auf zentrale gesamtwirtschaftliche Größen unberücksichtigt gelassen. Die Kenntnis dieser Wirkungen ist jedoch unerläßlich, wenn man die Notwendigkeit einer Anti-Inflationspolitik richtig einschätzen will. Dabei sind diese Wirkungen sehr vielschichtig und je nach Bedingungskonstellation unterschiedlich. Wichtig erscheint, neben den Kosten und Nutzen einer Inflation auch Kosten und Nutzen einer Inflationsbekämpfung zu berücksichtigen.

4.1 Beschäftigungswirkungen

Fördert Inflation die Beschäftigung?

Gleichermaßen verbreitet wie umstritten ist die Vermutung, eine leichte Inflation fördere die Beschäftigung.

Vereinfacht stellt man sich diesen Zusammenhang folgendermaßen vor: Bei Arbeitslosigkeit erhöht der Staat seine Nachfrage, um über die Multiplikator- und Akzeleratorwirkung (vgl. Kapitel 12) ein höheres Sozialprodukt und eine höhere Beschäftigung zu erreichen. Je mehr man sich der Vollbeschäftigung nähert, desto eher treten in einzelnen Bereichen Produktionsengpässe und damit Kostensteigerungen auf, die die Preise ansteigen lassen. Schließlich können geringfügige Verbesserungen der Beschäftigungslage nur noch durch stark steigende Inflationsraten erkauft werden. Immerhin aber ermöglicht die Inkaufnahme einer höheren Inflationsrate nach dieser Auffassung eine höhere Beschäftigung, d. h. eine geringere Arbeitslosigkeit. Diese Auffassung von einer **Substitutionsmöglichkeit zwischen Arbeitslosigkeit und Inflationsrate** („mehr Arbeitslosigkeit bedeutet weniger Inflation, weniger Arbeitslosigkeit bedeutet mehr Inflation") ist heute in der Volkswirtschaftslehre sehr umstritten. Wir können hier auf diese Frage, die unter dem Stichwort „Phillips-Kurve" diskutiert wird, nicht detailliert eingehen (vgl. Kapitel 13). Häufig ist indes eine zunehmende (abnehmende) Inflationsrate nur die Begleiterscheinung einer expansiven (kontraktiven) Konjunkturpolitik und nicht die eigentliche Ursache einer zunehmenden oder abnehmenden Beschäftigung.

4.2 Wirkungen auf die Einkommens- und Vermögensverteilung

Zeitlich begrenzte Umverteilungswirkungen?

Mit dem Argument, daß bei der Nachfrage- und Gewinndruckinflation der Preisanstieg dem Lohnanstieg zeitlich vorausgeht, wird verschiedentlich eine Benachteiligung der Lohnempfänger abgeleitet. Umgekehrtes soll bei der Lohndruckinflation gelten. Unseres Erachtens wird man eine solche Umverteilungswirkung nur kurzfristig bejahen können. Sobald man sich an die Inflation gewöhnt hat, werden bei der Nachfrage- und Gewinndruckinflation die Preissteigerungen in den Lohnsteigerungen und bei der Lohndruckinflation die Lohnsteigerungen in den Preissteigerungen vorweggenommen. Abgesehen hiervon ist die Existenz eines zeitlichen Nachhinkens der Löhne – auch nur vorübergehend – in der Praxis kaum nachweisbar. Es leuchtet ein, daß der Zeitpunkt, in dem mit der Betrachtung begonnen wird, von entscheidender Bedeutung dafür ist, ob sich ein zeitliches Nachhinken der Lohnänderung im Verhältnis zur Preisänderung ergibt oder ob die Lohnänderung zeitlich vorweggeht. Anders ausgedrückt:

Die zeitliche Folge von Lohn- und Preiserhöhungen und damit die Frage, ob eine Preis-Lohn- oder eine Lohn-Preis-Spirale vorliegt, kann praktisch nicht fixiert bzw. beantwortet werden.

Umverteilungswirkungen bei Rentnern

Eine negative Verteilungswirkung der Inflation wird häufig bei Rentenempfängern gesehen. Dies könnte dann der Fall sein, wenn die Renten sich nicht oder erst mit nennenswerter zeitlicher Verzögerung den inflationären Einkommenssteigerungen anpassen. In der Bundesrepublik ist eine Anpassung der Neurenten an die allgemeine Einkommensentwicklung durch die sog. „dynamische Rentenformel" sichergestellt. Auch die Altrenten sind in der Vergangenheit durch die Rentenanpassungsgesetze stets der Entwicklung der Neurenten und damit der allgemeinen Einkommensentwicklung angepaßt worden. Trotzdem werden die Rentner bei zunehmender Inflationsrate insofern benachteiligt, als die Anpassung zeitverzögert erfolgt. Bei abnehmender Inflationsrate haben die Rentner hingegen einen Vorteil. Außerdem bleiben Rentner von der durch die Inflation bedingten Verschärfung der Steuerlast bei einer progressiven Einkommensteuer weitgehend verschont.

Eine echte Benachteiligung von Einkommensempfängern im Inflationsprozeß ergibt sich nur bei denen, deren Einkommen weniger stark steigen als die Preise, die sie zahlen müssen.

Eine Benachteiligung von Vermögensbesitzern im Inflationsprozeß ergibt sich bei denen, deren nominales Nettovermögen langsamer zunimmt als das Preisniveau und entsprechend umgekehrt.

Schuldner profitieren, Gläubiger verlieren bei Preissteigerungen

So profitiert bei Preissteigerungen im allgemeinen der Schuldner und verliert der Gläubiger, da der Güterwert der Schuld (der Forderung) mit zunehmender Inflationsrate und Zeitdauer abnimmt. Dies gilt allerdings nur, wenn es dem Gläubiger nicht gelingt, einen entsprechenden Inflationszuschlag auf den Zins durchzusetzen. Da Kleingläubiger (also kleine Sparer) einen solchen Inflationszuschlag häufig nicht für sich geltend machen können, gehören sie zu den eindeutigen Verlierern der Inflation – ein sozialpolitisch bedenkliches Ergebnis. In diesem Zusammenhang sei angemerkt, daß ältere Personen in der Bundesrepublik im allgemeinen Nettogläubiger und jüngere Personen eher Nettoschuldner sind, so daß die Inflation eine Umverteilung zwischen den Generationen bewirkt. Unmittelbar einsichtig ist die Umverteilungswirkung der Inflation zwischen Geld- und Sachvermögensbesitzern. Geldvermögen (Forderungen) verliert im Preissteigerungsprozeß im Gegensatz zum Sachvermögen real an Wert.

Sachvermögensbesitzer gewinnen gegenüber Geldvermögensbesitzern

Eine weitere Verteilungswirkung der Inflation ergibt sich aus einem progressiven Einkommensteuer-Tarif. Ein real unverändertes Einkommen wird wegen der Gültigkeit des Nominalwertprinzips („Mark = Mark") bei steigenden Preisen und Nominaleinkommen einer immer stärker werdenden prozentualen steuerlichen Belastung unterworfen (vgl. Kapitel 14, Abschnitt 2.1.3). Die Tatsache, daß der Staat infolge der „kalten Progression" auch real ständig höhere Steuereinnahmen empfängt, sagt indes noch nichts darüber, ob er zu den Gewinnern oder zu den Verlierern der Inflation gehört. Hierzu muß sowohl berücksichtigt werden, wie sich der Realwert der staatlichen Forderungen und Verbindlichkeiten verändert, als auch, wie sich die staatlichen Ausgaben im Zuge der Inflation entwickeln. Häufig steigen die Preise der vom Staat gekauften Güter überdurchschnittlich (Baupreise) und gleichen damit den staatlichen Inflationsgewinn bei den Steuern aus oder überkompensieren diesen sogar.

4.3 Wirkungen auf das Wachstum

Am wenigsten sind derzeit die Wirkungen der Inflation auf das Wachstum erforscht.

Positive Wachstumswirkungen können sich aus Verteilungswirkungen der Inflation ergeben, wenn etwa als Folge einer Erhöhung der Gewinne im Inflationsprozeß die Investitionen zunehmen oder die Unternehmensverschuldung real abnimmt.

Mögliche positive Wachstumswirkungen

Andererseits verzerrt die Inflation die knappheitsbedingten Preisrelationen einer Volkswirtschaft, da nicht sämtliche Preise um denselben Prozentsatz steigen. Insbesondere bei hohen und stark schwankenden Inflationsraten ergibt sich damit eine steigende Unsicherheit von Erwartungen, und die vom Preismechanismus gelieferten Informationen veralten schnell. Beides verursacht höhere Transaktionskosten – Kosten der Risikominimierung und der Informationsbeschaffung. Ferner ergibt sich insbesondere bei zunehmenden Inflationsraten häufig eine **Flucht in die Sachwerte:** Grundstücke und Häuser („Betongold") werden gekauft, um dem Wertverlust der Geldhaltung zu entgehen. Kurz: die Preisstruktur wird erneut verzerrt (Grundstücke und Häuser werden unnötig knapp und teuer), und knappe Produktionsfaktoren der Volkswirtschaft werden fehlgeleitet, weil das Geld seine Wertaufbewahrungsfunktion verliert. Daher neigen die meisten Ökonomen zur Ansicht, eine Inflation mit hohen oder stark schwankenden Preissteigerungsraten beeinflusse das Wachstum überwiegend negativ.

Negative Wachstumswirkungen: Verzerrung der Preisrelationen und Flucht in die Sachwerte

5. Antiinflationspolitik

Eine erfolgversprechende Wirtschaftspolitik zur Bekämpfung der Inflation muß an den Ursachen ansetzen und darf die Kosten einer Antiinflationspolitik – in der Regel eine vorübergehende Zunahme der Arbeitslosigkeit – nicht außer acht lassen.

5.1 Bekämpfung der Nachfrageinflation

Bei einem als Nachfrageinflation angesehenen Preissteigerungsprozeß wird naturgemäß eine Beschränkung der gesamtwirtschaftlichen Nachfrage durch die Mittel der staatlichen Wirtschaftspolitik anzustreben sein. Mithin wird üblicherweise eine restriktive Finanz- und Geldpolitik gefordert, wobei Monetaristen das Schwergewicht auf die Verringerung der Wachstumsrate der Geldmenge, Keynesianer auf die Verminderung der Staatsausgaben und die Erhöhung der einkommensabhängigen Steuern legen.

Problematik einer konjunkturorientierten Nachfragesteuerung

Eine solche „Bremspolitik" erscheint jedoch bei genauerer Betrachtung nicht unbedenklich. Eingeschränkt werden vor allem wachstumsfördernde staatliche und private Investitionen, wodurch das zukünftige Wachstum (die Produktivitätssteigerung) vermindert wird. Die evtl. kurzfristig erfolgreiche Stabilisierung des Preisniveaus wird folglich mit einem Wachstumsverlust und damit letztlich – sofern ein Nachfrageüberhang erhalten bleibt – mit einer säkularen schleichenden Inflation bezahlt.

Sinnvoller erscheint es, Übersteigerungen der Nachfrage vorbeugend zu bekämpfen und auf eine Verstetigung der wirtschaftlichen Entwicklung hinzuwirken.

Es wird also eine langfristige, sich von ihrer Orientierung am Konjunkturzyklus lösende Konzeption der Nachfragesteuerung gefordert.

5.2 Bekämpfung der Kosteninflation

Wenn die Inflation Ausdruck des Kampfes zwischen den gesellschaftlichen Gruppen um die Erhöhung oder Verteidigung ihres Anteils am Volkseinkommen ist, so ist es logisch, daß die Wirtschaftspolitik versucht, diesen Verteilungskampf zu entschärfen oder aber seine Wirkungen so gering wie möglich zu halten. Damit ist vor allem die sog. **Einkommenspolitik** angesprochen. Als Einkommenspolitik bezeichnet man Maßnahmen zur Beeinflussung der Einkommen (Löhne, Zinsen und Gewinne) mit dem Ziel der Preisniveaustabilisierung oder der Korrektur der Einkommensverteilung. Wesentliche Instrumente sind – bei Tarifautonomie – Empfehlungen und Appelle.

Einkommenspolitik

Konzertierte Aktion

Durch das Stabilitätsgesetz ist die Einkommenspolitik in der Bundesrepublik in Form der **„Konzertierten Aktion"** (vgl. auch Kapitel 16, Abschnitt 5.4.2) in gewissem Umfang institutionalisiert. Den Tarifpartnern soll in der

Konzertierten Aktion – in allerdings unverbindlichen Gesprächen unter Beteiligung des Staates – ein stabilitätsgerechtes Verhalten nahegelegt werden, indem in Form von **Lohnleitlinien** Obergrenzen für stabilitätskonforme Lohnsteigerungen vorgelegt werden. Wichtig ist, daß sich die vorgeschlagenen Obergrenzen für die Lohnsatzerhöhungen am Produktivitätsfortschritt der Volkswirtschaft orientieren. Zugrunde liegt das Konzept der sog. **produktivitätsorientierten Lohnpolitik**[3]) (vgl. Kapitel 5 und 26).

Allerdings führt auch eine konsequente Verfolgung der produktivitätsorientierten Lohnpolitik nicht mit Sicherheit zur Preisstabilität: Die Produktivitätsfortschritte in den einzelnen Branchen sind unterschiedlich, während die in den Tarifabschlüssen vereinbarten Lohnsatzsteigerungen verhältnismäßig einheitlich sind. Orientiert sich die Lohnpolitik jetzt an der durchschnittlichen Produktivitätssteigerung, so führen entsprechende Lohnsteigerungen in den wachstumsstarken Branchen zu einer Abnahme der Lohnstückkosten. Aufgrund der in einer oligopolistisch strukturierten Volkswirtschaft weitgehend zu beobachtenden Preisstarrheit nach unten, bleiben die Preise in den wachstumsstarken Branchen jedoch unverändert, während die Kostensteigerung in den Branchen mit geringer Produktivitätssteigerung zur Preissteigerung führt.

Bei Preisstarrheit nach unten gibt es auch bei produktivitätsorientierter Lohnpolitik Preissteigerungen

Generell müssen die Erfolgsaussichten der „Konzertierten Aktion" skeptisch beurteilt werden: Zum einen ist festzustellen, daß sie asymmetrisch nur auf eine Beeinflussung der Löhne abstellt; es gibt Lohnleitlinien, aber keine Preisleitlinien. Unter anderem wegen dieser Unsicherheit über die zukünftige Preisentwicklung sind Gewerkschaften nicht ohne weiteres bereit, der Empfehlung der „Konzertierten Aktion" zu folgen. Zum anderen darf nicht vergessen werden, daß die „Konzertierte Aktion" eben nur Empfehlungen aussprechen kann, am Grundsatz der Tarifautonomie aber nicht rüttelt. Seit langem wird die „Konzertierte Aktion" in der Bundesrepublik auch nicht mehr praktiziert.

Inkaufnahme von Arbeitslosigkeit?

Mithin bleibt auch zur Bekämpfung einer Angebotsinflation im Prinzip nur eine restriktive Geld- und Finanzpolitik, die über eine Beschränkung der gesamtwirtschaftlichen Nachfrage Preis- und Lohnerhöhungsspielräume verkleinert. Dabei muß gesehen werden, daß eine Bekämpfung einer Angebotsinflation mit den Mitteln der Geld- und Fiskalpolitik ein langfristiger Prozeß ist, der zunächst im wesentlichen Arbeitslosigkeit und Firmenzusammenbrüche bewirkt. Folge ist also zunächst die sog. **„Antiinflationsrezession":** Preisstabilität muß mit Arbeitslosigkeit und Wachstumseinbußen erkauft werden. Beispielhaft sei auf die Rezessionen 1974/75 und 1992/93 in der Bundesrepublik hingewiesen.

---

3) Genaugenommen handelt es sich bei den Lohnleitlinien nicht um das Konzept der produktivitätsorientierten Lohnpolitik, sondern – weitergehend – um eine kostenniveauneutrale Lohnpolitik, die auch die Veränderung anderer Kostenelemente berücksichtigt. Zur Vereinfachung beschränken wir uns hier auf den wichtigsten Kostenfaktor Lohn und damit auf die produktivitätsorientierte Lohnpolitik.

Langfristig wird es sinnvoller sein, eine Inflation bereits in der Anfangsphase zu bekämpfen. Hierzu bedarf es einer permanenten Antiinflationspolitik, die vor allem

- eine Stärkung der Marktposition der Verbraucher vorsieht, damit Preiserhöhungen nur schwierig durchzusetzen sind;
- eine Wettbewerbspolitik betreibt, die einen echten – auch Preiswettbewerb – zwischen den Anbietern garantiert und die Entstehung von Marktmacht von Anbietern verhindert;
- eine Verteilungspolitik versucht, die die Schärfe von Verteilungskonflikten vermindert.

C. Arbeitsaufgaben

1) *Erläutern Sie folgende Begriffe:*
   - *Inflation,*
   - *Preisindex,*
   - *offene und zurückgestaute Inflation,*
   - *schleichende und galoppierende Inflation,*
   - *Konzertierte Aktion.*
2) *Von welcher Preissteigerungsrate an würden Sie von Inflation sprechen?*
3) *Warum ist es in der Praxis schwierig, zwischen einer Lohn-Preis- und einer Preis-Lohn-Spirale zu unterscheiden?*
4) *Diskutieren Sie den Standpunkt der Monetaristen, daß eine zu starke Zunahme der Geldmenge die Inflation erklärt.*
5) *Wie gefährdet die Inflation die Geldfunktionen?*
6) *Beschreiben Sie die Wirkungen der Inflation auf die Einkommensverteilung und die Vermögensverteilung.*
7) *Zeigen Sie, wie eine prozentuale Lohnsteigerung unter den gegenwärtigen Bedingungen einer Marktwirtschaft auf die Preise wirkt, wenn sie die prozentuale Produktivitätssteigerung übersteigt.*
8) *Nennen und beschreiben Sie kurz die verschiedenen Arten der importierten Inflation.*
9) *Was versteht man unter einer produktivitätsorientierten Lohnpolitik?*
10) *Warum ist eine konjunkturorientierte staatliche Nachfrageregulierung zur Bekämpfung der Inflation problematisch?*

Lösungsvorschläge für die Arbeitsaufgaben im „Übungsbuch zu Grundlagen und Probleme der Volkswirtschaft“

D. Literatur

Als systematische Einführung kann der Aufsatz von

ISSING, Otmar, Inflationstheorie – Systematischer Überblick über Inflationsbegriffe und Inflationsursachen, in: Wirtschaftswissenschaftliches Studium (WiSt), 3. Jg. (1974), S. 453–459

dienen. Eine Übersicht bietet, knapp gefaßt

CEZANNE, Wolfgang, Inflationstheorien – ein Überblick, in: Wirtschaftswissenschaftliches Studium (WiSt), 20. Jg. (1991), S. 56–62

und ausführlicher

ISSING, Otmar, Einführung in die Geldtheorie, 9. Auflage, München 1993, 7. Kapitel.

Eine gut verständliche Einführung in die Inflationstheorie bietet

WAGNER, Helmut, Inflation, Würzburg 1983.

Ein leicht verständlicher Aufriß der Inflationsproblematik, ausgehend von der These, daß Inflation nicht nur ein ökonomisches, sondern ein politisch-gesellschaftliches Phänomen ist, findet sich bei

KOBLITZ, Horst Georg, Inflation – Preis unserer Demokratie? Die Inflation in der Konfliktgesellschaft, Freiburg, Würzburg 1978.

Einen neueren theoretischen Überblicksartikel über Inflation, der auch ein Kapitel über Inflation in sozialistischen Planwirtschaften enthält, hat

CASSEL, Dieter, Art. Inflation, in: Vahlens Kompendium der Wirtschaftstheorie und Wirtschaftspolitik, Bd. 1, 5. Aufl., München 1992, S. 265–321,

verfaßt.

Neue Erkenntnisse bietet

RIESE, Hajo, Theorie der Inflation, Tübingen 1986.

Der Band von

WOLL, Artur (Hrsg.), Inflation. Definitionen, Ursachen, Wirkungen und Bekämpfungsmöglichkeiten, München 1979

enthält wichtige Beiträge verschiedener Autoren.

Verschiedene Konzepte zur Bekämpfung von Inflation (und Arbeitslosigkeit) werden ausgewogen dargestellt von

KROMPHARDT, Jürgen, Arbeitslosigkeit und Inflation. Eine Einführung in die makroökonomischen Kontroversen, Göttingen 1987.

Über die Berechnung des Preisindex für die Lebenshaltung informiert

STOBBE, Alfred, Volkswirtschaftliches Rechnungswesen, 7., rev. Aufl., Berlin 1989, Kapitel 7.

Über das Phänomen der Disinflation informiert kurz

Issing, Otmar, Disinflation. Kosten und Nutzen der Inflationsbekämpfung. in: Wirtschaftswissenschaftliches Studium (WiSt), 14. Jg., 1985, H. 1, S. 9–14.

26. Kapitel
Einkommens- und Vermögensverteilung

A. Lernzielorientierte Leitfragen und Fragenkomplexe

Leitfrage:
Mit welchen Fragestellungen beschäftigt sich die Einkommensverteilungstheorie?

- *Worin besteht der Unterschied zwischen der Primär- und der Sekundärverteilung des Einkommens?*
- *Was wird mit der funktionalen Einkommensverteilung beschrieben?*
- *Was wird mit der personellen Einkommensverteilung beschrieben?*
- *Welche besondere Rolle spielt die Lohnquote?*
- *Ist bei einer „gerechten" Einkommensverteilung die Einkommensgleichheit, die Bedarfsgerechtigkeit oder die Leistungsgerechtigkeit als Kriterium anzuwenden?*

Leitfrage:
Welche Erfolgsaussicht haben Maßnahmen zur Einkommensumverteilung?

- *Welche Chancen hat eine „expansive" Lohnpolitik?*
- *Welches sind die Wirkungen einer staatlichen Umverteilung mittels Steuern und Transfers?*
- *Welche Verteilungswirkungen können von öffentlichen Gütern ausgehen?*

Leitfrage:
Was ist das Vermögen und welche Möglichkeiten zur Vermögensumverteilung gibt es?

- *Warum sind die Definition und die Bewertung des Vermögens zentrale Punkte jeder verteilungspolitischen Diskussion?*
- *Nach welchen Gesichtspunkten läßt sich die Verteilung des Vermögens darstellen?*
- *Umverteilung der Vermögensbestände oder der Vermögenszuwächse?*

B. Sachanalyse

1. Vorbemerkungen

Im volkswirtschaftlichen Produktionsprozeß werden die Produktionsfaktoren Arbeit und Kapital (einschl. Boden), die sich im Besitz bestimmter Personen und Personengruppen befinden, eingesetzt. Durch das Zusammenwirken der Produktionsfaktoren werden Güter produziert. Gleichzeitig erzielen die an der Produktion beteiligten Faktoren und damit deren Eigentümer Einkommen, die es den Einkommensempfängern gestatten, Konsumgüter zu kaufen oder (durch Sparen) Vermögen zu bilden. Die Darstellung und Analyse der Verteilung des volkswirtschaftlichen Einkommens auf die Produktionsfaktoren bzw. ihre Besitzer ist Gegenstand dieses Kapitels (vgl. Abb. 26.1). Zwei Teilaspekte können dabei unterschieden werden:

Die Fragestellungen der Einkommensverteilungstheorie

(1) Welches Einkommen erzielen die an der Produktion des Sozialprodukts beteiligten **Produktionsfaktoren**, und wie ist die Verteilung auf die Faktoren zu erklären?

(2) Wie sind die Einkommen auf die einzelnen **Personen- oder Haushaltsgruppen** verteilt, und wie ist diese Verteilung zu erklären?

Es würde den Rahmen dieser Einführung übersteigen, auch nur die Grundlagen der Einkommensverteilungstheorie, die die Bestimmungsgründe der Einkommensverteilung aufzuzeichnen versucht, darzustellen. Wir wollen deshalb so vorgehen, daß wir nach der Klärung einiger Grundbegriffe die Frage nach einer „gerechten" Einkommensverteilung aufwerfen, uns anschließend mit der tatsächlichen Einkommensverteilung in der Bundesrepublik beschäftigen und dann untersuchen, wie die Möglichkeiten einer Einkommensumverteilung in einer Marktwirtschaft zu beurteilen sind. Einige Bemerkungen zur Vermögensverteilung schließen dieses Kapitel ab.

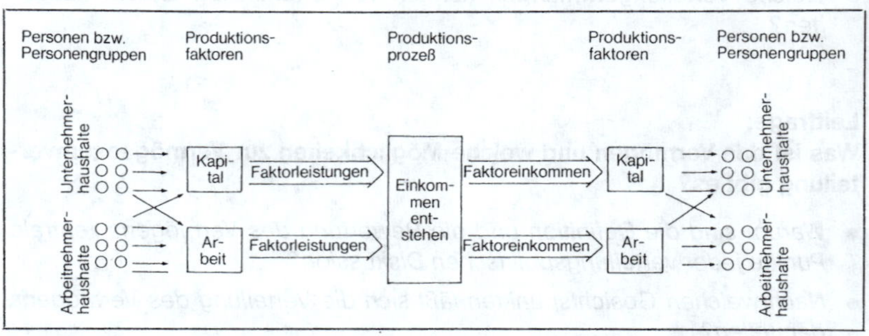

Abb. 26.1: Der Prozeß der Einkommensentstehung und Einkommensverteilung

2. Grundbegriffe der Einkommensverteilung

2.1 Einkommensentstehung

Mit der Abgabe von Faktorleistungen – d. h. im Zuge der Durchführung von Produktionsprozessen – entstehen Einkommensansprüche der Eigentümer der Faktoren; z.B. erwirbt ein Arbeitnehmer einen Anspruch auf eine Lohnzahlung. Die Höhe des Einkommensanspruchs bzw. des auf seiner Grundlage gezahlten Einkommens ergibt sich als Produkt aus der Menge der abgegebenen Faktorleistungen (z. B. der Arbeitsstunden) und dem Faktorpreis (z. B. dem Stundenlohn). Um den Prozeß der Einkommensentstehung richtig zu verstehen, muß man sich nun klarmachen, daß sowohl die verkauften (eingesetzten) **Faktormengen** als auch ihre **Preise** in einer Marktwirtschaft **auf Märkten bestimmt** werden:

Einkommensentstehung in der Marktwirtschaft

- Wird ein Faktor aufgrund der marktmäßigen Gegebenheiten in großen Mengen nachgefragt und angeboten, so wird viel von diesem Faktor im Produktionsprozeß eingesetzt.
- Der Preis eines Faktors wird um so höher sein, je knapper das Faktorangebot im Verhältnis zur Faktornachfrage ist.

Das ist jedenfalls das Grundprinzip. In der Praxis kommt es auf dem wohl wichtigsten Faktormarkt, dem Arbeitsmarkt, infolge der besonderen Marktstruktur (zweiseitiges Monopol zwischen den Tarifpartnern) zeitweise zu Ergebnissen, die nicht oder nur teilweise den Angebots- und Nachfragebedingungen entsprechen. Wird dabei ein Lohn vereinbart, der über dem Gleichgewichtslohnsatz liegt (bei dem das Angebot und die Nachfrage nach Arbeit einander entsprechen), so kann dies eine Ursache für Arbeitslosigkeit sein. Langfristig ist indes zu beobachten, daß die Marktgegebenheiten trotz der Marktmacht der Tarifpartner ihren Niederschlag in den vereinbarten Konditionen finden.

2.2 Primäre und sekundäre Einkommensverteilung

Als **primäre** Einkommensverteilung bezeichnet man jene Verteilung des Volkseinkommens, die sich unmittelbar aus dem Produktionsprozeß ergibt, ohne daß der Staat in die Verteilung eingreift.

Die primäre Einkommensverteilung ergibt sich unmittelbar aus dem Produktionsprozeß

Demgegenüber zeigt die **sekundäre** Einkommensverteilung die Verteilung des verfügbaren Einkommens auf die einzelnen Einkommensbezieher bzw. die privaten Haushalte, wie sie sich nach der Umverteilung durch den Staat (durch direkte Steuern, Renten, Arbeitslosenunterstützung, Mietbeihilfen, Kindergeld und ähnliche Übertragungen) ergibt. Beispiel: Angenommen, ein Arbeitnehmer erzielt ein Bruttoeinkommen von 3200 DM im Monat (einschließlich Lohnsteuern, Arbeitnehmer- und Arbeitgeberanteil zur Sozialversicherung), so ist dies sein Einkommen, das er im Rahmen der Primärverteilung erzielt. Zieht man hiervon die Lohnsteuern sowie die gesamten Sozialversicherungsbeiträge ab und addiert das Kindergeld, die Wohnbeihilfe u. ä., so erhält man das Einkommen des Haus-

Die sekundäre Einkommensverteilung ergibt sich nach der Umverteilung durch den Staat

halts nach der Umverteilung durch den Staat. Die Unterscheidung zwischen primärer und sekundärer Einkommensverteilung entspricht im einzelwirtschaftlichen Bereich also weitgehend dem Unterschied zwischen dem Bruttoeinkommen und dem **verfügbaren Einkommen.**

2.3 Funktionale und personelle Einkommensverteilung

Funktionale Einkommensverteilung zeigt die Verteilung der Einkommen auf die Produktionsfaktoren Arbeit und Kapital

An der Erstellung des Sozialproduktes sind die verschiedenen Produktionsfaktoren (Kapital [einschließlich Boden] und Arbeit) beteiligt. Die Verteilung des Volkseinkommens auf diese Produktionsfaktoren bezeichnet man als **funktionale Einkommensverteilung.**

Die Produktionsfaktoren befinden sich im Eigentum der handelnden Wirtschaftseinheiten. Man kann deshalb auch die Verteilung des Volkseinkommens auf diese Wirtschaftssubjekte oder Gruppen von Wirtschaftssubjekten, unabhängig davon, durch den Einsatz welcher Produktionsfaktoren diese Einkommen entstanden sind, betrachten. Man beschäftigt sich dann mit der **personellen Einkommensverteilung.**

Die personelle Einkommensverteilung zeigt die Verteilung der Einkommen auf Personen oder Personengruppen

Das folgende Beispiel mag den Unterschied zwischen der funktionalen und der personellen Einkommensverteilung verdeutlichen: Angenommen, das Volkseinkommen von 100 verteilt sich im Verhältnis 60 zu 40 auf die Produktionsfaktoren Arbeit und Kapital. Damit ist die funktionale Einkommensverteilung bestimmt. Es sei weiter angenommen, daß die Gruppe der Arbeitnehmerhaushalte ein Arbeitseinkommen von 60 und ein Kapitaleinkommen von 10 (z. B. aus Dividenden) empfängt und die Unternehmerhaushalte[1]) ein Kapitaleinkommen von 30 beziehen. Damit ist die personelle Einkommensverteilung der Volkswirtschaft gegeben: Arbeitnehmerhaushalte 70, Unternehmerhaushalte 30.

2.4 Lohnquote und ihre verteilungspolitische Bedeutung

Definition der Lohn- und Gewinnquote

Wir haben schon verschiedentlich von der **Lohnquote** gesprochen, die wir definiert haben als Anteil der Löhne am gesamten Volkseinkommen. Der Lohnquote steht die **Gewinnquote** gegenüber, die den Anteil der Gewinne am Volkseinkommen angibt. Wenn man (etwas vereinfachend) unterstellt, daß das Volkseinkommen nur aus Löhnen und Gewinnen besteht, so müssen die Lohn- und die Gewinnquote sich zusammen zu 1 (bzw. 100 Prozent) ergänzen:

$$\text{Volkseinkommen} = \text{Löhne} + \text{Gewinne}$$

$$\frac{\text{Volkseinkommen}}{\text{Volkseinkommen}} = \frac{\text{Löhne}}{\text{Volkseinkommen}} + \frac{\text{Gewinne}}{\text{Volkseinkommen}} = 1$$

1) In diesem einfachen Modell sei davon abgesehen, daß auch Unternehmer- bzw. Selbständigenhaushalte Arbeitseinkommen beziehen können.

Eine Aufgliederung des Volkseinkommens in Löhne und Gewinne wird in der Volkswirtschaftlichen Gesamtrechnung (vgl. Kapitel 9 und 10) nicht genau in dieser Form vorgenommen. Aufgegliedert wird das Volkseinkommen in **„Einkommen aus unselbständiger Arbeit“** (Löhne und Gehälter) und in **„Einkommen aus Unternehmertätigkeit und Vermögen“** (Zins- und Mieteinkommen, kalkulatorischer Unternehmerlohn – ein fiktives Entgelt für die Arbeitsleistung von Selbständigen – und Gewinn im engeren Sinn), für deren Anteile am Volkseinkommen sich aber trotzdem die Namen Lohn- und Gewinnquote eingebürgert haben.

Statistisch erfaßte Verteilung ist nur bedingt funktional

Die Verteilung des Volkseinkommens auf Einkommen aus unselbständiger Arbeit und auf Einkommen aus Unternehmertätigkeit und Vermögen kann man nur mit gewissen Vorbehalten als funktional bezeichnen, da die Einkommen aus unselbständiger Arbeit nur annähernd die Einkommen des Produktionsfaktors Arbeit und die Einkommen aus Unternehmertätigkeit und Vermögen nur annähernd das Einkommen des Faktors Kapital wiedergeben. Der Vorbehalt bezieht sich vor allem darauf, daß die Einkommen aus Unternehmertätigkeit und Vermögen auch Einkommen des Produktionsfaktors Arbeit enthalten, nämlich den Wert der von Selbständigen (und unbezahlten, aber mithelfenden Familienangehörigen) geleisteten Arbeit. Will man eine die echte funktionale Verteilung wiedergebende Maßgröße erhalten, so muß man die Zahlen für die Einkommen aus unselbständiger Arbeit und aus Unternehmertätigkeit und Vermögen entsprechend korrigieren. Dazu zieht man von dem Einkommen aus Unternehmertätigkeit und Vermögen ein dem Lohneinkommen der Arbeitnehmer entsprechendes Arbeitseinkommen der Selbständigen (kalkulatorischer Unternehmerlohn) ab und schlägt dies dem Einkommen aus unselbständiger Tätigkeit zu (vgl. dazu die Arbeitseinkommensquote in Tabelle 26.1).

Lohnquote als verteilungspolitische Zielgröße?

Die Verteilung des Volkseinkommens auf Einkommen aus unselbständiger Arbeit und auf Einkommen aus Unternehmertätigkeit und Vermögen repräsentiert auch keine personelle Einkommensverteilung, da sie nicht angibt, welchen Einkommensanteil die Unselbständigen und die Selbständigen insgesamt am Volkseinkommen haben. Auch Unselbständige erzielen in nicht unerheblichem Umfang Vermögenseinkommen (Zinsen, Dividenden, Mieten). Daher ist es nicht unproblematisch, wenn in der verteilungspolitischen Diskussion die Entwicklung der Lohnquote als Maßgröße für die Ermittlung des Anteils der Einkommen der Arbeitnehmer am Volkseinkommen angesehen wird.

Ein weiterer Grund dafür, daß die Entwicklung der Lohnquote kein geeigneter Maßstab für die Entwicklung des Anteils der Einkommen der Arbeitnehmer am Volkseinkommen ist, liegt darin, daß die Lohnquote unberücksichtigt läßt, auf wieviel Arbeitnehmer sich das Einkommen aus unselbständiger Arbeit verteilt. Dieses Argument wäre nur dann gegenstandslos, wenn die Zahl der Arbeitnehmer im Zeitablauf unverändert bliebe. Dies ist jedoch nicht der Fall, wenn die Zahl der Arbeitslosen steigt

Bei der bereinigten Lohnquote geht man von einem unveränderten zahlenmäßigen Verhältnis zwischen Selbständigen und Unselbständigen aus

oder wenn der Anteil der Arbeitnehmer an den Erwerbstätigen steigt. Die Veränderung in der Struktur der Beschäftigung, also im zahlenmäßigen Verhältnis zwischen Selbständigen und Arbeitnehmern, wird berücksichtigt, wenn die sog. **„bereinigte" Lohnquote** berechnet wird, die auf der Grundlage der Beschäftigungsstruktur eines Basisjahres ermittelt wird.

Einkommensunterschiede innerhalb der beiden großen Gruppen werden nicht sichtbar

Eine Orientierung der verteilungspolitischen Diskussion an der Lohnquote ist noch aus einem anderen Grunde problematisch: Bei der Gegenüberstellung der beiden großen Aggregate „Einkommen aus Unternehmertätigkeit und Vermögen" und „Einkommen aus unselbständiger Arbeit" lassen sich die erheblichen Einkommensunterschiede zwischen den einzelnen zu derselben Gruppe gehörigen Erwerbstätigen nicht erkennen. So stehen beispielsweise Arbeitnehmern mit kleinen und mittleren Einkommen die abhängig beschäftigten Führungskräfte (z. B. der Vorstandsvorsitzende einer großen Aktiengesellschaft) gegenüber, deren Einkommen meist sogar erheblich höher ist als das des größten Teils der Selbständigen.

3. Gerechte Einkommensverteilung

Nach diesen mehr begrifflichen Klärungen wollen wir uns nun mit der Frage der gerechten Einkommensverteilung auseinandersetzen.

Zunächst sei betont, daß die Frage, welche Einkommensverteilung gerecht ist, wissenschaftlich nicht beantwortet werden kann, jede Antwort stellt ein Werturteil dar.

Exkurs:
Grenzproduktivitätstheorie der Verteilung

Wir wollen die Feststellung, daß jedes Verteilungsurteil letztlich eine Wertung darstellt, zunächst kurz an der sog. „Grenzproduktivitätstheorie" des Lohnes erläutern, von der einige Volkswirte meinten und meinen, diese Theorie liefere einen objektiv gerechten Verteilungsschlüssel. Wenn ein Unternehmer wirtschaftlich kalkuliert, so wird er von einem Produktionsfaktor, z. B. vom Faktor Arbeit, so lange mehr einsetzen, wie der Mehreinsatz seinen Gewinn erhöht. Umgekehrt wird er den Einsatz des Faktors einschränken, wenn dies seinen Gewinn erhöht. Wie lange wird ein Unternehmer den Einsatz des Produktionsfaktors Arbeit ausdehnen, d. h. mehr Arbeitskräfte einstellen wollen? Der Unternehmer wird den Einsatz eines Faktors so lange ausdehnen, wie der zusätzliche Umsatz (Ertrag), den er hierdurch erzielt, größer ist als die Ausgabe für den Faktor. Auf eine Arbeitsstunde bezogen: Der Arbeitseinsatz wird solange ausgedehnt, wie der Wert des zusätzlichen Produktes einer Arbeitsstunde größer ist als der Lohnsatz pro Stunde. Eine entsprechende Überlegung gilt für jeden Faktor, insbesondere auch für den Faktor Kapital. Nennt man nun das mit seinem Preis bewertete zusätzliche Produkt einer zusätzlichen Mengeneinheit eines Produktionsfaktors „Wert des Grenzproduktes des Faktors", so erzielt der Unternehmer offenbar einen größtmöglichen Gewinn, wenn er von jedem Faktor so viel einsetzt, bis der Wert seines Grenzproduktes (im Grenzfall) gleich ist dem Preis des Produktionsfaktors. Auf die Arbeitskraft bezogen: Es wird so lange ein zusätzlicher Arbeiter eingestellt, wie der Wert des von ihm zusätzlich hergestellten Produktes größer ist als der Lohn des Arbeiters. Aus dieser Regel für die gewinnmaximierende Einsatzmenge der Produktionsfaktoren haben einige Grenzproduktivitätstheoretiker eine simple Verteilungsnorm gemacht: Wenn der Faktor mit dem Wert seines Grenzproduktes entlohnt würde, dann sei die Bewertung leistungsgerecht, der Faktor erhielte dann ja genau das, „was er geschaffen habe". Der Fehler in dieser Argumentation ist offensichtlich: Der Wert des Grenzproduktes eines Produktionsfaktors sagt, wenn mehrere Faktoren an der Produktion beteiligt sind, nichts über den Beitrag, den der einzelne Produktionsfaktor insgesamt zur Produktion leistet. Diesen Beitrag zu isolieren, ist ein logisch nicht zu lösendes Problem: Wenn die Produktion ohne die anderen Faktoren nicht möglich ist, so ist es auch nicht möglich, die Leistung des einen Faktors zu bestimmen. Den Wert des Grenzproduktes als Verteilungsschlüssel zu bestimmen, ist zwar möglich, es bleibt aber eine willkürliche Wertung.

3.1 Verteilungsnormen

Die anerkannte Norm für die Verteilung ist **Verteilungsgerechtigkeit.** Allerdings ist dieser Begriff ohne nähere Bestimmung inhaltsleer. Gerechtigkeit heißt, Gleiches gleich zu behandeln. Was aber als gleich anzusehen ist, bleibt umstritten. Meist werden verschiedene Konzepte der Leistungsgerechtigkeit und der Bedarfsgerechtigkeit diskutiert.

Die Forderung nach Verteilungsgerechtigkeit ist – ohne nähere Bestimmung – eine Leerformel

3.1.1 Leistungsgerechtigkeit

Nach dieser Norm soll das Einkommen der für die Gesellschaft erbrachten Leistung entsprechen. Damit erhebt sich das Problem, die Leistung zu messen. Vielfach wird argumentiert, in einer wettbewerblich organisierten Marktwirtschaft entspreche die **erbrachte Leistung** dem Marktentgelt. Dahinter steht der Gedanke, daß die Gütermärkte einer Volkswirtschaft über Preise und Gewinne die Signale geben, welche kaufkräftigen Bedürfnisse in der Volkswirtschaft existieren, daß auf dieser Grundlage die zur Erstellung der entsprechenden Produkte notwendigen Faktorleistungen nachgefragt werden und daß so die Faktorpreise bei gegebenen Faktorangebotsmengen widerspiegeln, wie knapp und wertvoll die jeweiligen Faktorleistungen für die Gesellschaft sind.

Wie wird die Leistung gemessen?

Diese Argumentation erweist sich als problematisch. Es ist bei der in modernen Industriegesellschaften üblichen Verbundproduktion nicht möglich, den Beitrag einer bestimmten Leistung zum Produktionsergebnis separat zu erfassen. So ist es z. B. im Rahmen der Bierproduktion nicht

Die Leistung ist in der Verbundproduktion nicht zu messen

möglich, den Leistungsbeitrag des Braumeisters, des Buchhalters oder des Arbeiters in der Flaschenabfüllanlage zu erfassen und zu messen. Damit entpuppt sich die Aussage, die Einkommen in einer Marktwirtschaft entsprächen der Leistung, als Tautologie. Und die Norm der Leistungsgerechtigkeit bleibt inhaltsleer (vgl. oben: Exkurs zur Grenzproduktivitätstheorie).

Neben dieser grundsätzlichen Problematik ist auch in speziellen Fällen die Gleichsetzung von Marktentgelt und Leistung überaus fragwürdig:

- Es gibt zahlreiche gesellschaftsförderliche Leistungen, die nicht über den Markt gehen (z. B. Kinderbetreuung, Hausfrauentätigkeit usw.).
- Der Markt bewertet erbrachte Leistungen nicht immer nach „gesellschaftsdienlichen" Kriterien. Man denke an externe Effekte, wie sie in Divergenzen zwischen der unternehmensbezogenen Gewinn- und Verlustrechnung und der gesellschaftsbezogenen Nutzen-Kosten-Rechnung zum Ausdruck kommen können – bekannt sind die Beispiele aus der Umweltdiskussion. Oder der Markt „honoriert" Leistungen, wo sie individuell gar nicht vorliegen (z. B. stellt die beim Verkauf eines privaten Grundstückes realisierte Wertsteigerung – bedingt durch öffentliche Infrastrukturmaßnahmen – keine Leistung des Grundstückseigentümers dar).
- Bei fehlendem oder unzureichendem Wettbewerb spiegelt das Marktergebnis häufig weniger die Leistung als die wirtschaftliche Macht wider.

Neben der im Sinne eines „Outputs" erbrachten Leistung wird im Rahmen der Leistungsgerechtigkeit auch die Beanspruchung des Individuums, das **persönliche Opfer** im Sinne eines „Inputs" als Verteilungsmaßstab diskutiert. Gesichtspunkte wie die physische oder psychische Belastung bei der Leistungserstellung treten dann in den Vordergrund. Das Lohngefüge innerhalb einzelner Industrien und Betriebe in der Bundesrepublik ist wesentlich durch solche **Anforderungskriterien** bestimmt. Es bedarf keiner weiteren Ausführungen, daß diese Verteilungsnorm häufig zu anderen Ergebnissen führen wird als das Marktleistungskriterium: Eine marktmäßig kaum honorierte Leistung kann für den Leistungsträger mit erheblichen Belastungen verbunden sein.

Leistungsbestimmung durch Anforderungskriterien

3.1.2 Bedarfsgerechtigkeit

Nach diesem Konzept liegt Verteilungsgerechtigkeit vor, wenn alle Individuen die gleiche Wohlfahrtsposition erreichen. Als Wohlfahrt bezeichnet man dabei – ohne genau definieren zu können – die Befriedigung durch soziale und ökonomische Faktoren. Diese Norm wird in einfacher Weise mit der Gleichheit der Menschen begründet: Weil die Menschen gleich sind, soll auch ihr Wohlfahrtsniveau gleich sein.

Begründung der Gleichheit

Diese Norm führt zu einer gleichmäßigen Einkommensverteilung **(Egalitätsprinzip),** wenn das Wohlfahrtsniveau für jeden Menschen in gleicher

Weise vom Einkommen abhängt (identische Nutzenfunktion). Ist dies nicht der Fall, so wäre die unterschiedliche Dringlichkeit der Bedürfnisse der Menschen zu berücksichtigen. Dies ist allerdings wegen der prinzipiellen Unmöglichkeit, Bedürfnisse und Nutzen interpersonell zu vergleichen, nicht zu praktizieren. Mithin bleibt strenggenommen auch die Norm der Bedarfsgerechtigkeit praktisch inhaltsleer.

3.2 Verteilungsgerechtigkeit

Die Ausführungen haben gezeigt, daß der Begriff der Verteilungsgerechtigkeit unterschiedlich interpretiert werden kann. Allerdings scheint uns die Norm der Bedarfsgerechtigkeit sinnvoller als die der Leistungsgerechtigkeit zu sein.

Verringerung der Ungleichheit wird überwiegend als Verbesserung interpretiert

Und wenn auch über den Endzustand einer gerechten Einkommensverteilung wenig Konkretes gesagt wird, so scheint doch weitgehend Übereinstimmung darin zu bestehen, daß eine größere Gleichmäßigkeit der Verteilung als bisher eine Verbesserung der Situation darstellt.

Die Ablehnung der Leistungsgerechtigkeit als **Norm** für die Verteilung darf nicht zu dem Schluß führen, Einkommensunterschiede könnten ohne Folgen für die Gesamtwirtschaft beseitigt werden. Vielmehr sind in einer kapitalistischen Marktwirtschaft – allerdings auch in anderen Wirtschaftssystemen – Einkommensunterschiede als Leistungsanreizsysteme und als Lenkungsinstrument **funktional notwendig.** Die Einkommen sind in dieser Sicht nicht deswegen unterschiedlich, weil die Menschen eine unterschiedliche Leistung erbringen, sondern um die Menschen zu höherer Leistung anzuspornen. In diesem Sinn bietet unser Wirtschaftssystem Karrieren mit Risiko. Einige wenige Menschen nur erreichen Spitzenpositionen, die Spitzenpositionen sind aber so dotiert, daß viele sich anstrengen und hohe Leistungen erbringen, um sie zu erreichen.

Funktionale Notwendigkeit von Einkommensunterschieden

4. Einkommensverteilung in der Bundesrepublik

4.1 Lohnquote

Daß die Lohnquote trotz der bereits geäußerten Bedenken auch heute noch eine bedeutsame Rolle in der politischen Diskussion spielt, mag insbesondere zwei Gründe haben:

- Die im Vergleich zu anderen Verteilungszahlen schnelle statistische Verfügbarkeit dieser Quote;
- die Bequemlichkeit, die Verteilungsdiskussion anhand einer einzigen und leicht verständlichen Maßgröße zu führen.

Tabelle 26.1 zeigt die Entwicklung der Lohnquote in der Bundesrepublik Deutschland seit 1950:

Tab. 26.1: Die Entwicklung der Lohnquote (Westdeutschland)

Jahr	Bruttolohnquote		Arbeits-einkommens-quote[3])	Anteil der Arbeitnehmer an den Erwerbstätigen
	unbereinigt[1])	bereinigt[2])		
1950	58,2	71,0	*	68,4
1955	59,7	67,5	*	74,1
1960	59,7	65,0	80,1	77,2
1965	65,3	67,3	80,7	80,9
1970	68,0	68,0	81,5	83,4
1975	73,1	71,5	84,9	85,3
1980	73,5	70,2	83,2	87,4
1985	73,0	68,7	82,4	88,6
1990	69,6	65,0	77,9	89,4
1991	70,1	65,3	78,3	89,5
1992	71,1	66,2	79,4	89,5
1993	72,5	67,6	80,5	89,3

* = Keine Angaben verfügbar. p) = vorläufig

[1]) Bruttoeinkommen aus unselbständiger Arbeit in v. H. des Volkseinkommens.

[2]) Unbereinigte Bruttolohnquote korrigiert um die Veränderungen in der Beschäftigtenstruktur gegenüber dem Basisjahr 1970.

[3]) Verhältnis aus gesamtwirtschaftlichen Arbeitseinkommen (Summe der Bruttoeinkommen aus unselbständiger Arbeit (Inländerkonzept) und dem kalkulatorischen Arbeitseinkommen der selbständig Erwerbstätigen einschl. der mithelfenden Familienangehörigen) zum Volkseinkommen.

Quelle: Handbuch einkommens-, vermögens- und sozialpolitischer Daten, Loseblattsammlung, Köln, lfd. Ergänzung. Sachverständigenrat zur Begutachtung der gesamtwirtschaftlichen Entwicklung, JG 1994/95, S. 85, 102.

Zur Entwicklung der Lohnquote und der relativen Verteilungsposition der Arbeitnehmer

Dabei ist zu sehen, daß die **unbereinigte Bruttolohnquote** bis 1980 auf 73,5 % ansteigt (den höchsten Wert erreichte sie 1982 mit 76,9 %), dann aber wieder abfällt und seit Anfang der 90er Jahre erneut zunimmt. Ein ähnliches Bild zeigt die **bereinigte Lohnquote** (bereinigt deswegen, weil man bei ihrer Berechnung von einer konstanten Beschäftigtenstruktur – hier dem Basisjahr 1970, das deswegen auch gleiche Quoten aufweist – ausgeht), deren Anstieg sich bis 1975 vollzieht (71,5 %) und seitdem abgenommen hat. Ein Anstieg der bereinigten Lohnquote bedeutet, daß der durchschnittliche Lohn im Verhältnis zum durchschnittlichen Einkommen aller Erwerbstätigen angestiegen ist und vice versa. Dies zeigt folgende Umrechnung:

$$\text{Lohnquote} = \frac{L}{Y} \text{ wird erweitert mit } \frac{A}{A} \cdot \frac{E}{E}$$

Dabei bedeutet A die Zahl der Arbeiter und E die Zahl der Erwerbstätigen insgesamt.

$$\frac{L}{Y} = \frac{L}{Y} \cdot \frac{A}{A} \cdot \frac{E}{E}$$

$$= \frac{A}{E} \cdot \frac{E}{A} \cdot \frac{L}{Y} = \frac{A}{E} \cdot \frac{L}{A} \cdot \frac{E}{Y}$$

Daraus folgt:

$$\frac{L}{Y} = \frac{A}{E} \cdot \frac{\frac{L}{A}}{\frac{Y}{E}}$$

Da bei der bereinigten Lohnquote der Anteil der Arbeiter an den Erwerbstätigen ($\frac{A}{E}$) fiktiv konstant gehalten wird, bedeutet ihr Anstieg, daß der durchschnittliche Lohn des Arbeiters ($\frac{L}{A}$) im Verhältnis zum durchschnittlichen Einkommen aller Erwerbstätigen ($\frac{Y}{E}$) gestiegen ist.

Im übrigen schwankt die Lohnquote im Konjunkturverlauf: Sie sinkt im Aufschwung, da hier die Unternehmereinkommen der allgemeinen Einkommensentwicklung vorauseilen. Sie steigt im Abschwung, da die Arbeitnehmer in dieser Phase des Konjunkturzyklus den Rückstand wieder aufholen (Lohn-Lag).

Die Arbeitseinkommensquote als Maßgröße für die funktionale Einkommensverteilung

Wie ausgeführt, ist die Lohnquote nur eine unvollkommene Maßgröße für die funktionale Einkommensverteilung, da sie bestimmte – im ökonomischen Sinn – Arbeitseinkommen nicht enthält. Dem trägt die in der vorletzten Spalte von Tabelle 26.1 ausgewiesene **Arbeitseinkommensquote**[2]) Rechnung.

4.2 Personelle Einkommensverteilung

Einkommens- und Verbrauchsstichproben

Darstellungen zur personellen Einkommensverteilung in der Bundesrepublik basieren meist zum einen auf der Einkommens- und Verbrauchsstichprobe (EVSt) und zum anderen auf den Modellrechnungen des Deutschen Instituts für Wirtschaftsforschung (DIW) in Berlin. Die EVSt ist eine in fünfjährigem Rhythmus durchgeführte Stichprobenerhebung privater Haushalte auf freiwilliger Basis. Die Stichprobe umfaßt etwa 0,2 % aller Haushalte. Nicht erfaßt sind dabei Ausländer, Anstaltshaushalte und Haushalte mit hohem Einkommen (bei der vorletzten EVSt von 1988 Einkommen ab 25000 DM im Monat)[3]). Das DIW erstellt seine Verteilungsrechnung unter Verwendung auch weiterer Daten wie volkswirtschaftliche Gesamtrechnung, Steuerstatistik, Mikrozensus usw.

Einkommensschichtung nach sozialen Gruppen

Einen guten Einblick in die Schichtung der Einkommen der Haushalte geben die Tabellen 26.2 und 26.3. Dabei wird nach den ausgewiesenen so-

---

2) Zur Berechnung der Arbeitseinkommensquote sei der interessierte Leser auf das Gutachten 1990/91 des SACHVERSTÄNDIGENRATES ZUR BEGUTACHTUNG DER GESAMTWIRTSCHAFTLICHEN ENTWICKLUNG, Stuttgart 1990. S. 84ff. u. S. 311ff. hingewiesen.

3) Die Ergebnisse der letzten EVSt von 1992 liegen noch nicht vor. Die amtliche Statistik ist, durch die Wiedervereinigung bedingt, etwas in Verzug geraten. Da sich Einkommensverteilungen nicht rasch ändern, bieten auch die Daten von 1988 einen guten Einblick in die Einkommensstrukturen.

zioökonomischen Gruppen differenziert und eine Schichtung sowohl der Bruttoerwerbs- und Vermögenseinkommen (vor der Umverteilung; Tab. 26.2) und der verfügbaren Einkommen (nach der Umverteilung; Tab. 26.3) ausgewiesen. Damit ist vor allem das Ausmaß der Ungleichheit innerhalb der Gruppen und der Gesamtbevölkerung zu ersehen. So erhielten z. B. 27,0 % der Gesamtbevölkerung vor der Umverteilung ein Einkommen unter 1000,– DM, während z. B. 0,8 % ein Einkommen über 25 000,– DM erzielen; nach der Umverteilung waren dann nur noch 2,0 % der Bevölkerung in der Einkommensklasse unter 1000,– DM und nur noch 0,4 % erhielten mehr als 25 000,– DM. Damit wird indirekt auch das erhebliche Ausmaß an Umverteilung durch Steuern und Sozialleistungen deutlich. Dies wird grafisch durch Abbildung 26.2 veranschaulicht.

Mittelwerte

Die Unterschiede in den Einkommen der sozialen Gruppen, die ebenfalls aus den Tabellen 26.2 und 26.3 zu erschließen wären, werden besonders deutlich in Tabelle 26.4. Dort sind die Mittelwerte der Einkommen der Gruppen ausgewiesen, wiederum differenziert nach Bruttoeinkommen und verfügbarem Einkommen.

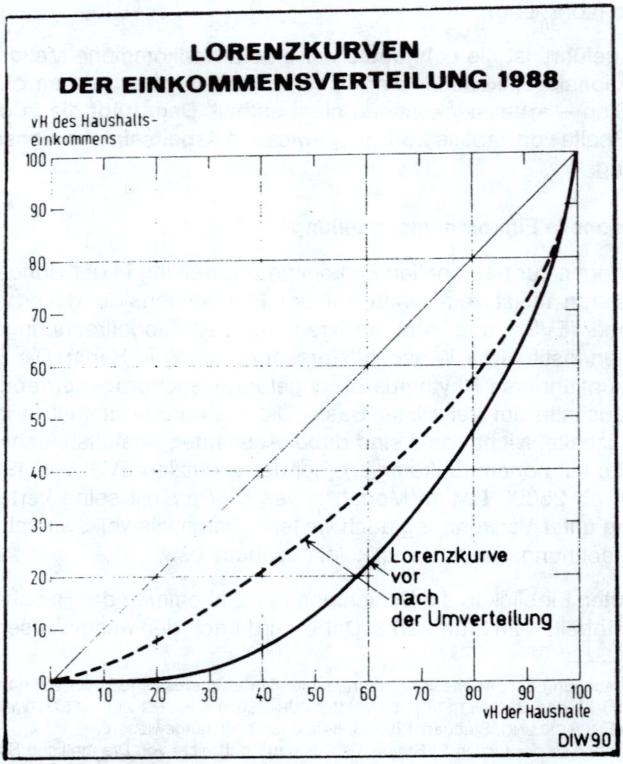

Abb. 26.2: Lorenzkurven der Einkommensverteilung 1988
Quelle: DIW-Wochenbericht 22/1990, S. 313

Tab. 26.2: Einkommensschichtung nach der Höhe des Bruttoerwerbs1) – und Vermögenseinkommens in sozialer Gruppierung 1988. Angaben in v.H. der jeweiligen Gruppe

Monatliches Haushalts-einkommen von ... bis unter ... DM	Haushalte von								Insgesamt
	Selbständigen in / außerhalb der Landwirtschaft		Ange-stellten	Beamten	Arbeitern	Rentnern	Versor-gungsemp-fängern d. öffentl. Dienstes	Arbeits-losen-haus-halte[2)]	
unter 1000	0,0	0,0	0,0	0,0	0,0	62,5	60,1	62,4	27,0
1 000 ... 2 000	0,0	0,0	0,1	0,7	0,9	18,0	18,1	21,7	8,2
2 000 ... 3 000	8,5	0,0	2,7	7,6	6,7	14,0	14,8	11,6	8,6
3 000 ... 4 000	17,9	0,0	8,7	16,0	17,5	4,5	6,3	4,2	8,9
4 000 ... 5 000	12,6	0,1	12,9	15,1	18,3	0,5	0,5	0,1	8,1
5 000 ... 6 000	15,9	0,5	15,2	15,5	16,9	0,3	0,2	0,0	8,3
6 000 ... 7 000	15,6	1,4	15,3	13,8	12,5	0,1	0,0	0,0	7,2
7 000 ... 8 000	12,4	2,7	13,3	10,7	9,1	0,0	0,0	0,0	5,8
8 000 ... 9 000	8,8	4,3	10,4	7,5	6,6	0,0	0,0	0,0	4,5
9 000 ... 10 000	4,4	6,4	7,4	5,1	4,7	0,0	0,0	0,0	3,4
10 000 ... 11 000	3,2	27,5	7,8	5,1	4,2	0,0	0,0	0,0	4,6
15 000 ... 20 000	0,6	23,9	4,5	2,2	2,3	0,0	0,0	0,0	3,0
20 000 ... 25 000	0,0	19,2	1,7	0,8	0,4	0,0	0,0	0,0	1,6
25 000 und mehr	0,0	14,1	0,0	0,0	0,0	0,0	0,0	0,0	0,8
zusammen	100,0	100,0	100,0	100,0	100,0	100,0	100,0	100,0	100,0

1) Einschließlich Einkommen aus Wohnungsvermietung ohne unterstellte Sozialbeiträge und ohne nicht entnommene Gewinne der Unternehmen ohne eigene Rechtspersönlichkeit.
2) Empfänger von Arbeitslosengeld oder -hilfe.

Tab. 26.3: Einkommensschichtung nach der Höhe des verfügbaren Einkommens in sozialer Gruppierung 1988. Angaben in v.H. der jeweiligen Gruppe

Monatliches Haushalts-einkommen von … bis unter … DM	Haushalte von								Insgesamt
	Selbständigen in / außerhalb der Landwirtschaft		Ange-stellten	Beamten	Arbeitern	Rentnern	Versor-gungsemp-fängern d. öffentl. Dienstes	Arbeits-losen-haus-halte2)	
unter 1000	0,0	0,0	0,0	0,0	0,0	4,1	0,4	14,9	2,0
1 000 … 2 000	1,2	0,0	1,6	0,6	6,9	29,3	2,7	37,0	13,9
2 000 … 3 000	16,5	0,0	17,9	12,4	38,7	30,9	24,7	24,2	26,3
3 000 … 4 000	22,1	0,1	35,2	28,0	31,8	26,1	30,4	18,7	27,8
4 000 … 5 000	20,9	1,4	17,3	21,1	8,8	5,8	19,4	3,9	10,3
5 000 … 6 000	18,5	2,8	11,5	16,0	6,1	2,6	13,1	1,3	6,7
6 000 … 7 000	12,1	5,0	7,4	9,9	3,9	0,8	6,3	0,0	4,0
7 000 … 8 000	4,7	8,8	4,6	5,7	2,1	0,2	2,3	0,0	2,6
8 000 … 9 000	2,4	11,1	2,6	3,5	1,0	0,1	0,7	0,0	1,7
9 000 … 10 000	1,5	11,4	1,1	1,9	0,5	0,0	0,0	0,0	1,1
10 000 … 11 000	0,3	23,4	0,5	0,9	0,2	0,0	0,0	0,0	1,6
15 000 … 20 000	0,0	18,0	0,1	0,0	0,0	0,0	0,0	0,0	1,1
20 000 … 25 000	0,0	10,7	0,0	0,0	0,0	0,0	0,0	0,0	0,6
25 000 und mehr	0,0	7,2	0,0	0,0	0,0	0,0	0,0	0,0	0,4
zusammen	100,0	100,0	100,0	100,0	100,0	100,0	100,0	100,0	100,0

Quelle: Wochenberichte des DIW, Wochenbericht 22/1990, S. 304 ff.

Tab. 26.4: Mittelwerte der Einkommensschichtung sozialer Haushaltsgruppen 1988 vor und nach der Umverteilung in DM je Haushalt und Monat. Quelle: Wochenberichte des DIW, Wochenbericht 22/1990, S. 312.

	Haushalte von: Selbständigen in der Landwirtschaft	Selbständigen außerhalb der Landwirtschaft	Angestellten	Beamten	Arbeitern	Arbeitslosen[1]	Rentnern[2]	Pensionären	Privathaushalte insgesamt
Schichtung der Haushalte nach der Höhe des Bruttoerwerbs- und -vermögenseinkommens									
Modalwert[3]	3 333	9 705	6 027	5 182	3 843	.	.	.	.
Median[4]	5 685	16 501	6 685	5 681	5 391	.	.	.	3 702
Arithmetisches Mittel	5 877	17 752	7 466	6 262	6 028	.	.	.	4 858
Schichtung der Haushalte nach der Höhe des verfügbaren Einkommens									
Modalwert[3]	3 798	9 037	3 751	3 793	2 720	1 425	2 167	3 583	3 171
Median[4]	4 493	11 999	3 872	4 426	3 111	1 950	2 513	3 719	3 265
Arithmetisches Mittel	4 665	13 618	4 365	4 777	3 474	2 178	2 628	3 942	4 024

[1]) Empfänger von Arbeitslosengeld oder -hilfe. — [2]) Einschließlich sonstiger Personen, die überwiegend von laufenden Übertragungen oder Vermögenseinkommen leben. — [3]) Häufigste Besetzung der Einkommensskala. — [4]) Obere Einkommensgrenze für die Hälfte der Haushalte.
Quelle: Berechnungen des DIW unter Verwendung amtlicher Statistiken.

Quelle: Wochenberichte des DIW, Wochenbericht 22/1990, S. 312

Beschränken wir die Interpretation auf die Bruttoeinkommen (obere Hälfte der Tabelle 26.4). Danach betrug das durchschnittliche (arithmetisches Mittel) Einkommen aller Haushalte im Jahre 1988 4858,– DM, und die Hälfte aller Haushalte hatte ein Einkommen unter (bzw. über) 3702,– DM (Median). Im Vergleich dazu betrug das Durchschnittseinkommen der Selbständigen 5877,– DM bzw. 17 752,– DM, und z.B. Arbeiterhaushalte hatten ein Durchschnittseinkommen von 6028,– DM. Diese Ungleichheit verringert sich, wenn man die Verteilung der verfügbaren Einkommen betrachtet (untere Hälfte der Tabelle).

Unterschiedliche Größe der Haushalte

Bei der Würdigung all dieser Zahlen ist vor allem zu berücksichtigen, daß es sich um Haushaltseinkommen handelt, nicht um Einkommen pro Kopf. Diese Haushalte sind gruppenspezifisch unterschiedlich groß: Selbständige Haushalte umfassen im Durchschnitt mehr Personen als andere Haushalte; am kleinsten sind die Rentnerhaushalte. Daneben ist zu berücksichtigen, daß die Haushalte im Regelfall Einkommen aus mehreren Quellen beziehen, klassifiziert wird nach der sozialen Stellung der Bezugsperson.

5. Strategien zur Veränderung der Einkommensverteilung

5.1 Institutionelle Gegebenheiten: Tarifvertrag, Tarifparteien und Arbeitskampf

Arbeits- und Tarifvertrag

Die Beschäftigung eines Arbeitnehmers erfolgt in der Bundesrepublik aufgrund eines zwischen Arbeitgeber und Arbeitnehmer abgeschlossenen Arbeitsvertrages. In dem **Arbeitsvertrag** verpflichtet sich der Arbeitnehmer, seine Arbeitskraft dem Arbeitgeber unter dessen Leitung und Anweisung gegen ein vereinbartes Entgelt zur Verfügung zu stellen. Der Inhalt des Arbeitsvertrages kann indes nicht völlig frei bestimmt werden, sondern muß den Vorschriften des Arbeitsrechtes entsprechen und (zum Schutz des Arbeitnehmers) teilweise oder vollständig die Regelungen des Tarifvertrages berücksichtigen. Wir können hier nur auf den Tarifvertrag näher eingehen.

Ein **Tarifvertrag** ist ein Vertrag zwischen einer Arbeitnehmervertretung (Gewerkschaft) und einem Arbeitgeber (beim Firmentarifvertrag) bzw. einer Vereinigung von Arbeitgebern (beim Verbandstarifvertrag). Gemäß dem Tarifvertragsgesetz regelt der Tarifvertrag die Rechte und Pflichten der Tarifvertragsparteien und enthält Rechtsvorschriften, die den Inhalt, den Abschluß und die Beendigung von Arbeitsverhältnissen sowie betriebliche und betriebsverfassungsrechtliche Fragen regeln können. Die Tarifpartner schließen den Tarifvertrag ohne staatliche Einmischung ab. Diese **Tarifautonomie** wird aus Art. 9 Absatz III Grundgesetz abgeleitet:

Tarifautonomie

> „Das Recht, zur Wahrung und Förderung der Arbeits- und Wirtschaftsbedingungen Vereinigungen zu bilden, ist für jedermann und für alle Berufe gewährleistet.“

Im Tarifvertrag werden die Lohn- und Gehaltstarife und die sonstigen Arbeitsbedingungen festgelegt. Man unterscheidet zwischen dem längerfristigen **Manteltarifvertrag,** der die auf längere Zeit festgeschriebenen Regelungen (wie z. B. Grundsätze der Urlaubsgewährung, Mehr-, Spät- und Sonntagsarbeit, Kündigungsschutz für ältere Arbeitnehmer und ähnliches) enthält, und dem meist kurzfristigeren (häufig auf 12 Monate befristeten) **Lohn- und Gehaltstarifvertrag,** der die Vergütungsregelungen enthält. Der Tarifvertrag gilt im vollen Umfang zunächst nur für die Mitglieder der Gewerkschaften und für den bzw. die Arbeitgeber, die an der Tarifvereinbarung beteiligt sind (beim Verbandstarifvertrag: die Mitglieder des Arbeitgeberverbandes). Aufgrund des arbeitsrechtlichen Grundsatzes „gleicher Lohn für gleiche Leistung" kommen auch die nicht-organisierten Arbeitnehmer in den Genuß tarifvertraglich vereinbarter Mindestbedingungen. Bei Vorliegen besonderer Voraussetzungen kann der Bundesarbeits-(bzw. der Landesarbeits-)Minister auf Antrag der Tarifparteien die Regelungen des Tarifvertrages auch für die nichtbeteiligten Arbeitgeber des entsprechenden Bereichs als verbindlich erklären. Diese **Allgemeinverbindlichkeitserklärung** ist die Ausnahme, verbreitet ist sie im Baugewerbe.

Geltungsbereich des Tarifvertrages

Der Schutzcharakter des Tarifvertrages für den einzelnen Arbeitnehmer kommt deutlich in der Tatsache zum Ausdruck, daß vom Tarifvertrag abweichende Vereinbarungen im Arbeitsvertrag, die für den einzelnen Arbeitnehmer günstiger sind als die Regelungen des Tarifvertrages, zulässig sind.

Der Tarifvertrag hat Schutzcharakter für den Arbeitnehmer

Über den Abschluß eines neuen Tarifvertrages verhandeln Gewerkschaften und Arbeitgeber zunächst frei. Scheitern die Tarifverhandlungen, so wird in der Regel versucht, durch ein auf die Erhaltung des Arbeitsfriedens gerichtetes **Schlichtungsverfahren** zu einer Einigung zu kommen. Für das Schlichtungsverfahren benennen Arbeitgeber und Gewerkschaft in der Regel eine gleich große Zahl von Beratern, denen ein unparteiischer Schlichter, auf den sich die Tarifparteien einigen müssen, vorsitzt. Gelingt der Einigungsversuch nicht, so kann die Schlichtungsstelle ihrerseits einen Einigungsvorschlag machen (Schlichtungsspruch). Wird diesem nicht von beiden Tarifpartnern zugestimmt, so sind die Tarifverhandlungen endgültig gescheitert, da es eine Zwangsschlichtung durch staatliche Stellen in der Bundesrepublik nicht gibt. Mit dem Scheitern der Verhandlungen erlischt die im Tarifvertrag festgelegte Friedenspflicht (derzufolge Gewerkschaft und Arbeitgeberverband auf die Einhaltung der Tarifvereinbarungen drängen müssen). Damit wird ein Arbeitskampf möglich.

Das Verfahren bei Neuabschluß eines Tarifvertrages

Keine Zwangsschlichtung

Unter welchen Voraussetzungen kommt es zum Arbeitskampf?

Das Recht zum Arbeitskampf wird allgemein aus dem oben zitierten Grundgesetzartikel über die Koalitionsfreiheit abgeleitet. Diese Auslegung ist durch den im Rahmen der Notstandsgesetzgebung dem Artikel 9 Absatz III hinzugefügten Satz 3 des Grundgesetzes indirekt bestätigt worden, der besagt, daß Notstandsmaßnahmen sich nicht gegen Arbeitskämpfe richten dürfen.

Streik und Aussperrung

Als Arbeitskampfmaßnahmen werden in der Bundesrepublik der Streik und die Aussperrung angewendet. Die Rechtmäßigkeit des Streiks ist dabei unbestritten. Zur Durchsetzung von Forderungen der Gewerkschaft bezüglich Arbeitsbedingungen und Arbeitsentgelt kann er nach einer Urabstimmung in den Betrieben mit mindestens 75% Stimmenmehrheit der gewerkschaftlich organisierten Arbeitnehmer beschlossen werden. Für die Lohnausfälle während eines Streiks werden aus der Gewerkschaftskasse Streikgelder, die nach der Höhe der Beitragssätze gestaffelt sind, an die streikenden Gewerkschaftsmitglieder gezahlt. Die Inanspruchnahme von Arbeitslosenunterstützung ist nicht möglich. Durch das „Gesetz zur Sicherung der Neutralität der Bundesanstalt für Arbeit bei Arbeitskämpfen" von 1986 wurde der umstrittene § 116 des Arbeitsförderungsgesetzes (AFG) von 1969 dahingehend ergänzt, daß mittelbar arbeitskampfbetroffene Arbeitnehmer außerhalb des fachlichen Geltungsbereichs des umkämpften Tarifvertrags immer Arbeitslosen- bzw. Kurzarbeitergeld erhalten. Mittelbar betroffene Arbeitnehmer außerhalb des räumlichen, aber innerhalb des fachlichen Geltungsbereichs erhalten im allgemeinen Arbeitslosen- bzw. Kurzarbeitergeld, es sei denn, es handelt sich um einen „Stellvertreterarbeitskampf", d. h. wenn der Arbeitskampf stellvertretend auch für die Änderung der Arbeitsbedingungen der mittelbar betroffenen Arbeitnehmer geführt wird und der Arbeitslose deshalb als beteiligt angesehen wird.

Rechtmäßigkeit von Aussperrungen

Verschiedentlich reagieren die Arbeitgeber auf Schwerpunktstreiks (die nur einzelne Betriebe oder Gebiete des Tarifvertragsgebietes betreffen) mit **Aussperrungen,** d. h. durch Ausschließung von Arbeitnehmern von der Arbeit und vom Bezug des Arbeitsentgeltes. Die Aussperrung ist zulässig, fällt aber unter das **Gebot der Verhältnismäßigkeit.** Wenn zum Beispiel der Streik auf weniger als 25 % der Arbeitnehmer eines Tarifgebietes beschränkt ist, erscheint eine Abwehraussperrung nicht unverhältnismäßig, wenn sie ihrerseits nicht mehr als ein Viertel der Arbeitnehmer dieses Tarifgebietes erfaßt. Außerdem ist sowohl die positive wie auch die negative **Koalitionsfreiheit** zu beachten. Auf den Arbeitskampf bezogen heißt dies, daß eine Aussperrung, die gezielt nur die Mitglieder einer streikenden Gewerkschaft erfaßt, nicht organisierte Arbeitnehmer jedoch verschont, rechtswidrig ist.

Organisationsformen der Gewerkschaften: Industrieverband - Berufsverband

Abschließend kurz einige Hinweise auf die Organisation der Gewerkschaften und Arbeitgeberverbände in der Bundesrepublik. Die **Gewerkschaften** sind heute überwiegend nach dem sog. **„Industrieverbandsprinzip"** gebildet, d. h. alle organisierten Arbeitnehmer in einem bestimmten Industriezweig, z. B. der Metallindustrie, gehören der Industriegewerkschaft „Metall" an, unabhängig davon, welchen Beruf sie in ihrem Betrieb ausüben, ob als Dreher, Anstreicher oder Tischler („Ein Betrieb, eine Gewerkschaft"). Früher (insbesondere vor dem Ersten Weltkrieg) dominierte das Berufsgruppenprinzip, d. h. es gab z. B. eine Gewerkschaft der Dreher, Schneider usw. Das Berufsgruppenprinzip bestimmt heute z. B. noch die gewerkschaftliche Organisation in Großbritannien.

Wichtigste Dachorganisation der Gewerkschaften ist in der Bundesrepublik der Deutsche Gewerkschaftsbund (DGB), in dem insgesamt 16 Einzelgewerkschaften zusammengefaßt sind. Daneben sind die Deutsche Angestelltengewerkschaft, der Christliche Gewerkschaftsbund und der Deutsche Beamtenbund von Bedeutung.

Deutscher Gewerkschaftsbund

Spitzenorganisation der **Arbeitgeberverbände,** die ebenfalls überwiegend nach dem Industrieverbandsprinzip organisiert sind, ist die Bundesvereinigung der Deutschen Arbeitgeberverbände (BDA).

Bundesvereinigung der Deutschen Arbeitgeberverbände

Mitglieder der Bundesvereinigung der Deutschen Arbeitgeberverbände sind 47, nach Wirtschaftszweigen gebildete Arbeitgeberorganisationen (Fachverbände) sowie 12 auf Landesebene bestehende Arbeitgeberverbände (Landesverbände). Die Mitglieder wählen über ihre Vertreter den Präsidenten und weitere Mitglieder des Präsidiums. Die Bundesvereinigung hat die Aufgabe, die gemeinschaftlichen sozial- und gesellschaftspolitischen Belange der Mitglieder, die über den Bereich eines Landes oder eines Wirtschaftszweiges hinausgehen, zu wahren.

5.2 Expansive (aggressive) Lohnpolitik der Gewerkschaften

Als „expansiv" („aggressiv" oder „aktiv") bezeichnet man eine Lohnpolitik der Gewerkschaften, die Lohnerhöhungen durchzusetzen versucht, die über der Erhöhung der durchschnittlichen Arbeitsproduktivität plus Inflationsrate liegen und damit auf eine Erhöhung der Lohnquote zielen.

Produktivitätsorientierte Lohnpolitik

Die expansive Lohnpolitik ist mithin vor dem Hintergrund der **„produktivitätsorientierten Lohnpolitik"** zu sehen. Dieses Konzept sieht einen Anstieg der Löhne im Durchschnitt in einem Ausmaß vor, der dem Anstieg der gesamtwirtschaftlichen Arbeitsproduktivität – gemessen als Produktionsmenge pro Erwerbstätigem – entspricht. Sinn dieser Lohnformel ist es, durch eine vorrangige Orientierung der Lohnentwicklung am gesamtwirtschaftlichen Produktivitätszuwachs einen Anstieg des Kostenniveaus und von der Kostenseite negative Auswirkungen auf Preisniveau und Beschäftigungsstand zu unterbinden.

Zur Veranschaulichung dieses Zusammenhangs dienen die folgenden Gleichungen:

$$\text{Lohnquote} = \frac{\text{Lohnsumme}}{\text{Volkseinkommen}} = \frac{\text{Arbeitsstunden} \cdot \text{Lohnsatz}}{\text{Reales Sozialprodukt} \cdot \text{Preisniveau}}$$

Nach dem Preisniveau aufgelöst ergibt sich:

$$\text{Preisniveau} = \frac{\text{Lohnsatz}}{\text{Arbeitsproduktivität} \cdot \text{Lohnquote}}$$

Hieraus folgt:

- steigen der Lohnsatz und die Arbeitsproduktivität um den gleichen Prozentsatz, so bleibt das Preisniveau bei unveränderter Lohnquote konstant;
- steigt der Lohnsatz um einen höheren Prozentsatz als die Arbeitsproduktivität, so nimmt das Preisniveau bei konstanter Lohnquote um den Prozentsatz der aggressiven Lohnsatzsteigerung zu;
- verändern sich Lohnsatz, Arbeitsproduktivität und Lohnquote, so kann man zeigen, daß folgende Beziehung gilt: Prozentuale Preissteigerung ist gleich prozentuale Lohnerhöhung minus prozentuale Zunahme der Arbeitsproduktivität minus prozentuale Zunahme der Lohnquote. Steigt also die Lohnquote, so kann der Lohnsatz um einen höheren Prozentsatz steigen als die Produktivität, ohne daß das Preisniveau zunimmt. Das wird einsichtig, wenn man bedenkt, daß in diesem Fall die aggressive Lohnerhöhung nicht vollständig durch eine Preiserhöhung ausgeglichen wird, sondern zumindest zum Teil auf Kosten der Gewinnquote geht.

Konstante Lohnquote bei produktivitätsorientierter Lohnpolitik

Wichtig ist, daß die produktivitätsorientierte Lohnpolitik von einer konstanten Lohnquote ausgeht, die Einkommensverteilung also als gegebene, nicht zu verändernde Größe hinnimmt. Sie zementiert den Status quo in bezug auf die durch die Lohnquote gemessene Einkommensverteilung.

Zudem ermöglicht die produktivitätsorientierte Lohnpolitik nur mit Blick auf die Lohnstückkosten Preisstabilität. Andere Bestimmungsgründe der gesamtwirtschaftlichen Stückkosten – Zinsen, Abschreibungen, Veränderungen der Kapazitätsauslastung, Kostensteuern und Veränderungen der terms of trade – bleiben unberücksichtigt. Daher hatte der Sachverständigenrat das Konzept der **„kostenniveauneutralen Lohnpolitik“** entwickelt. Dieses Konzept sieht vor, die Löhne gerade so steigen zu lassen, daß das gesamtwirtschaftliche Kostenniveau konstant bleibt. Wenn also z. B. die Kostenbelastung durch indirekte Steuern steigt, dürften die Löhne entsprechend weniger als die Produktivität steigen usw. Dieses Konzept findet allerdings keine explizite Anwendung mehr.

Nach dieser Darstellung über zentrale Konzepte der Lohnpolitik seien abschließend kurz die Erfolgsaussichten einer Umverteilung durch die Lohnpolitik erörtert.

Chancen einer aggressiven Lohnpolitik

In der Volkswirtschaftslehre ist man sich weitgehend einig, daß eine aggressive Lohnpolitik der Gewerkschaften bei marktwirtschaftlichen Gegebenheiten höchstens kurzfristig die Einkommensverteilung zugunsten der Arbeitnehmer verbessern kann, während mittelfristig die Einkommensverteilung nicht verändert wird. So schreibt Carl Föhl in seinem Gutachten über die kreislaufanalytische Untersuchung der Vermögensbildung:

„Die Lohnpolitik ist verteilungsunwirksam, ganz gleich, ob sich die Nominalerhöhung prozentual im Rahmen des Produktivitätsanstieges hält oder nicht ... Übersteigt die Nominallohnerhöhung prozentual den Produktivitätsanstieg, so steigen die Güterpreise um die Differenz der prozentualen Anstiege der beiden Größen. Werden die Löhne beispielsweise bei einem Produktivitätsanstieg von 5 % um 8 % erhöht, so steigen die Preise unter sonst vergleichbaren Umständen um 3 %" (CARL FÖHL, Kreislaufanalytische Untersuchungen der Vermögensbildung, Gutachten, hergestellt im Auftrage des Bundeswirtschaftsministeriums, Tübingen 1964, S. 77).

Zu demselben Ergebnis kommt der Sachverständigenrat zur Begutachtung der gesamtwirtschaftlichen Entwicklung:

„Der Sachverständigenrat sieht für die beteiligten Gruppen nur geringe Chancen, durch Ausübung von Marktmacht auf den Arbeits- und Gütermärkten die volkswirtschaftlichen Anteile der Arbeitseinkommen oder der Besitzeinkommen auf längere Sicht zu beeinflussen. Insofern bleiben Verteilungskämpfe, die unter Ausnutzung von Marktmacht ausgetragen werden, funktionslos .... Derartige Verteilungskämpfe (können) kurzfristig Änderungen der Verteilungsquoten erreichen, die nachfolgend einsetzenden Anstrengungen der jeweils anderen Seite, diese kurzfristigen Verteilungsgewinne wieder zu korrigieren, wirken sich destabilisierend auf Konjunktur und Preisniveau aus" (SACHVERSTÄNDIGENRAT ZUR BEGUTACHTUNG DER GESAMTWIRTSCHAFTLICHEN ENTWICKLUNG, Jahresgutachten 1972, S. 141).

Hinzu kommt folgendes: Führt eine aggressive Lohnpolitik infolge einer rückläufigen Investitionstätigkeit in der Volkswirtschaft zur Unterbeschäftigung, so kann die Situation eintreten, daß die Arbeitnehmer trotz gestiegener Lohnquote insgesamt ein geringeres Lohneinkommen erzielen als vor der Lohnerhöhung. Das wird dann der Fall sein, wenn die prozentuale Lohnerhöhung kleiner ist als der prozentuale Rückgang der Beschäftigung. Ohne hiermit die mögliche Berechtigung des Umverteilungszieles in Frage stellen zu wollen, wird überwiegend bezweifelt, daß eine aggressive Lohnpolitik angesichts der in unserer Volkswirtschaft vorfindbaren Bedingungen – vor allem angesichts der Preissetzungsmacht der Unternehmen – eine sinnvolle Umverteilungsstrategie ist.

5.3 Staatliche Umverteilung

5.3.1 Steuern und Transfers

Staatliche Umverteilung durch direkte Steuern, insbesondere durch eine progressive Einkommensteuer und Transfers, zielt darauf ab, die Verteilung der verfügbaren Einkommen (sekundäre Einkommensverteilung) gleichmäßiger zu gestalten als die Verteilung der Bruttoeinkommen (primäre Einkommensverteilung).

Tabelle 26.5 zeigt das Ausmaß der staatlichen Umverteilung für die Haushalte in sozialer Gruppierung für 1992. Insgesamt führt das deutsche Transfersystem dazu, daß die verfügbaren Einkommen der Bezieher von Leistungseinkommen gleichmäßiger als ihre Bruttoerwerbs- und Vermögenseinkommen verteilt sind. Betrachtet man die Umverteilung zwischen den sozialen Gruppen, treten die größten Umverteilungswirkungen zwischen Angestellten- und Arbeiterhaushalten einerseits und Rentnerhaushalten andererseits auf. Hieran zeigt sich der dominierende Einfluß des sozialen Alterssicherungssystems (zur Gesamtwirkung vgl. auch Abb. 26.2).

Problem der Überwälzung der Einkommensteuer

Fraglich ist allerdings, ob nicht einzelne Elemente des Umverteilungssystems überwälzt werden. So bewirkt die progressive Einkommensteuer ohne Zweifel eine gleichmäßigere Verteilung der Netto- als der Bruttoeinkommen, da die Bezieher hoher Einkommen eine größere Steuerabzugsquote (höherer Durchschnittssteuersatz, vgl. Kapitel 14, Abschnitt 2.1.3) aufweisen als die Bezieher niedriger Einkommen. Die entscheidende Frage ist jedoch, ob diese Verteilung der Nettoeinkommen auch effektiv gleichmäßiger ist als die, die sich ohne Existenz der progressiven Einkommensteuer einstellen würde. Das würde dann nicht der Fall sein, wenn es den Empfängern hoher Einkommen, in der Regel also den Gewinneinkommensempfängern, gelänge, die von ihnen erhobenen Einkommensteuern auf die Preise ihrer Produkte zu überwälzen, so daß die primäre Einkommensverteilung um diese überwälzten Steuern „aufgebläht" würde. Werden solche Gewinnbestandteile durch die Erhebung der Einkommensteuer abgeschöpft, so stehen sich diese Einkommensempfänger letztlich so, als ob die Steuer gar nicht erhoben worden wäre.

Ob dies auch nur teilweise in Wirklichkeit der Fall ist, kann nicht mit Bestimmtheit entschieden werden, da die Untersuchungen zu diesem Fragenkomplex z. T. widersprüchlich sind.

Indirekte Steuern

Die indirekten Steuern üben formell keinen Einfluß auf die Einkommensverteilung aus. Sofern sie, was allgemein angenommen werden kann, von den Unternehmern auf die Preise überwälzt werden, belasten sie nicht die Unternehmergewinne und lassen die primäre Einkommensverteilung unberührt. Auch die sekundäre Einkommensverteilung berühren sie nicht, wenn man diese rein formal als die Verteilung der Nettoeinkommen ansieht. Um zu einem realistischen Urteil zu kommen, muß bei den indirekten Steuern allerdings die Einkommensverwendung mit in die Betrachtung einbezogen werden. Die Haushalte tragen die indirekten Steuern aus ihrem Nettoeinkommen in dem Augenblick, indem sie die Güter, deren Preise um die indirekten Steuern erhöht sind, erwerben. Bei konstanten Nominaleinkommen ergibt sich dann ein kleineres Realeinkommen. Berücksichtigt man, daß die Empfänger niedrigerer Einkommen einen

Tab. 26.5: Einkommensverteilung und -umverteilung nach sozialen Haushaltsgruppen 1992 – in Mrd. DM

	Haushalte von: Selbständigen in der Landwirtschaft	Selbständigen außerhalb der Landwirtschaft	Angestellten	Beamten	Arbeitern	Arbeitslosen[2])	Rentnern[3])	Pensionären	Privathaushalte insgesamt
Bruttoerwerbs- und -vermögenseinkommen									
Bruttoeinkommen aus unselbständiger Arbeit[4])	7,9	41,7	688,7	137,8	500,6	8,4	57,0	5,3	1.427,4
Bruttoeinkommen aus Unternehmertätigkeit[5])	13,4	283,0	20,4	4,7	22,1	1,4	59,4	5,3	409,8
Vermögenseinkommen	2,6	35,0	41,6	9,3	21,7	1,1	65,5	6,2	183,0
+ Empfangene laufende Übertragungen									
Renten[6]) und öffentliche Pensionen	0,6	3,5	5,2	0,9	6,3	0,6	218,8	40,0	275,9
Arbeitslosenversicherung[6]), Arbeitslosenhilfe[6]) und Sozialhilfe	0,2	0,2	5,5	0,4	10,2	17,8	14,1	0,6	49,0
Gesetzliches Kindergeld	0,6	1,6	5,3	1,8	6,9	0,6	1,0	0,1	17,9
Sonstige laufende Übertragungen[6])[7])	2,4	26,8	29,0	12,5	15,4	2,3	75,7	10,9	174,9
– Geleistete laufende Übertragungen									
Direkte Steuern	1,8	67,6	108,6	26,2	68,6	1,1	16,1	5,9	295,8
Sozialbeiträge zur									
Rentenversicherung[6])	1,2	6,9	93,6	5,3	75,1	1,1	12,1	0,9	196,1
gesetzlichen Krankenversicherung[6])	1,1	8,0	56,3	3,7	47,7	0,8	19,0	0,8	137,5
Arbeitslosenversicherung[6])	0,4	2,4	32,1	0,8	26,0	0,3	3,7	0,3	66,0
Sonstige Sozialbeiträge[6])	0,5	3,0	9,4	0,9	9,9	0,2	21,4	0,2	26,5
Sonstige laufende Übertragungen[7])[8])	3,5	25,5	50,3	15,9	45,3	2,1	28,7	4,8	176,1
= Verfügbares Einkommen	19,2	278,4	425,4	114,5	310,5	26,5	409,6	55,6	1.639,7

1) Abweichungen in den Summen durch Rundung der Zahlen. – 2) Empfänger von Arbeitslosengeld oder -hilfe. – 3) Einschließlich sonstiger Personen, die überwiegend von laufenden Übertragungen oder Vermögenseinkommen leben. – 4) Ohne unterstellte Sozialbeiträge. – 5) Einschließlich Einkommen aus Wohnungsvermietung, ohne nichtentnommene Gewinne der Unternehmen ohne eigene Rechtspersönlichkeit. – 6) Ohne Sozialbeiträge des Staates für Empfänger sozialer Leistungen. – 7) Einschließlich Übertragungen zwischen Privathaushalten sowie zwischen Privathaushalten, Anstaltsbevölkerung und privaten Organisationen ohne Erwerbszweck. – 8) Einschließlich Konsumentenkreditzinsen.

Quelle: DIW-Wochenbericht 45/1994, S. 771

weit höheren Anteil ihres Einkommens konsumieren als die Bezieher höherer Einkommen, so ist die relative Belastung der Einkommensschwachen durch die indirekten Steuern stärker **(Regressionswirkung der indirekten Steuern in bezug auf das Einkommen).**

5.3.2 Öffentliche Güter

Realtransfers

Einen weiteren wichtigen Bestimmungsgrund für die Einkommensverteilung stellen die öffentlichen Güter dar, die von den unterschiedlichen Gruppen der Bevölkerung in verschiedenem Ausmaß in Anspruch genommen werden (sog. **Realtransfers**). Vermindern oder erhöhen öffentliche Güter (wie innere und äußere Sicherheit, öffentliches Straßennetz, Bildungseinrichtungen u. ä.) die Unterschiede in der Sekundärverteilung?

Auch hier kann eine endgültige Antwort nicht gegeben werden, da die wissenschaftlichen Untersuchungen über diese Frage bisher zu keinem abschließenden Ergebnis geführt haben. Dies liegt z. T. daran, daß die Konsumenten ihre Präferenzen beim Konsum öffentlicher Güter nicht offenlegen müssen (das Ausschlußprinzip des Marktes gilt hier nicht) und insofern Maßstäbe für ihren individuellen Konsum weitgehend fehlen.

5.4 Einkommensumverteilung durch Umverteilung des Eigentums am Produktivvermögen

Die für die Einkommensverteilung in einer Marktwirtschaft maßgeblichen Faktoren wie Intelligenz, Vermögen, Ausbildung, Beziehungen, körperliche und psychische Robustheit und Flexibilität (wobei die genannten Faktoren zum Teil nicht voneinander unabhängig sind) sind ungleichmäßig auf die Einkommensbezieher verteilt. Das gilt in besonderem Maße für einen der wichtigsten Faktoren, das Vermögen, insbesondere das Produktivvermögen. Eine gewisse Umverteilung des Vermögens bzw. des Vermögenszuwachses muß deshalb innerhalb einer Strategie der Einkommensumverteilung eine zentrale Rolle einnehmen, weil damit auch die personelle Einkommensverteilung verändert werden kann. Die diesbezüglichen Möglichkeiten werden deshalb zusammen mit der Beschreibung der bestehenden Vermögensverteilung in der Bundesrepublik im nächsten Abschnitt gesondert dargestellt.

6. Vermögensverteilung

6.1 Vermögensverteilung in der Bundesrepublik Deutschland

Vermögensbegriff

Grundprobleme von Vermögensrechnungen sind die Abgrenzung des **Vermögensbegriffs** (was gehört alles zum Vermögen; sind z. B. das Gebrauchsvermögen der Haushalte, das Arbeitsvermögen, das „Know-how“ der Unternehmungen und die Bodenschätze einzubeziehen?) und die **Bewertung** der Vermögensteile. Diese Probleme werden hier nicht näher erörtert.

Neben der Höhe des Vermögens einer Volkswirtschaft ist seine Verteilung

- auf verschiedene Vermögensarten,
- auf die Sektoren Private Haushalte, Staat und Ausland und
- innerhalb des Sektors Private Haushalte von besonderem Interesse.

Dies insbesondere deshalb, weil einmal aus dem Vermögen in erheblichem Umfang Einkommen fließen, zum anderen, weil bestimmte Vermögenskomponenten, die unter dem Begriff des Produktivvermögens zusammengefaßt werden, den Eigentümer mit einer gewissen Verfügungsmacht über andere Produktionsfaktoren, insbesondere über den Faktor Arbeit, ausstatten.

Vermögen als Einkommensquelle

Obwohl das statistische Material vor allem in bezug auf die Vermögensverteilung unzureichend ist, wollen wir versuchen, einen gewissen Einblick in die Vermögensverteilung der Bundesrepublik Deutschland zu gewinnen. Dabei sind wir gezwungen, auf einige ältere Darstellungen zurückzugreifen. Neuere Einblicke – insbesondere in das Geldvermögen – bietet die vorletzte Einkommens- und Verbrauchsstichprobe von 1988.

Verteilung des Volksvermögens nach Kriterien wie…

Bei der **Aufteilung des Volksvermögens nach der Reproduzierbarkeit** zeigte sich 1970 folgendes Bild[4]). Von dem geschätzten gesamten Volksvermögen von 2995,4 Mrd. DM entfielen

- 72 % auf reproduzierbares Sachvermögen (Gebäude, öffentliche Tiefbauten, Maschinen, Anlagen, Vorräte).
- 26 % auf nicht-reproduzierbares Realvermögen (Grundstücke). Dabei sind Rohstoffe und sonstige Umweltvermögen nicht berücksichtigt.
- 2 % auf Nettoforderungen gegenüber dem Ausland (Geldvermögen). Sie können von Jahr zu Jahr deutlich variieren.

Reproduzierbarkeit…

Teilt man das **Volksvermögen nach der wirtschaftlichen Verwendung** (1970) auf, so zeigt sich, daß

- 41 % Produktivvermögen (Bauten, Ausrüstungen, Maschinen, Vorräte, Wohnungen von Wohnungsbauunternehmen),
- 25 % Wohnungen,
- 19 % staatliches Hoheitsvermögen (z.B. Straßen) als nicht direkt im Produktionsprozeß eingesetztes Vermögen und
- 14 % landwirtschaftliches Vermögen

darstellen.

Wirtschaftlicher Verwendung,…

Betrachtet man dagegen die **Aufteilung der Ansprüche auf das volkswirtschaftliche Realvermögen nach Sektoren,** so ergibt sich folgendes Bild:

…Ansprüchen gesamtwirtschaftlicher Sektoren

---

4) Vgl. W. ENGELS, H. SABLOTNY, D. ZICKLER, Das Volksvermögen. Seine Verteilungs- und sozialpolitische Bedeutung, Frankfurt/M. 1974, S. 93 ff.

- 67 % besitzen private Haushalte (wobei zu beachten ist, daß sich letztlich auch alle Unternehmen im Eigentum von privaten Haushalten befinden),
- 31 % besitzt der Staat und
- 2 % ausländische Wirtschaftseinheiten.

Wir haben schon mehrfach darauf hingewiesen, daß bei Interpretationen derartiger Zahlen Vorsicht geboten ist: Neben unterschiedlichen Vermögensbegriffen gibt es Probleme bei der Erfassung und Bewertung einzelner Vermögensteile.

Durchschnittliches Vermögen nach Haushaltsgruppen

Von Interesse für die Charakterisierung der Vermögensverteilung ist weiterhin das durchschnittliche Vermögen verschiedener Haushaltstypen. Für 1973 liegen Zahlen von H. MIERHEIM, L. WICKE[5]) vor:

- Durchschnittsvermögen pro Arbeitnehmerhaushalt 63 698 DM;
- Durchschnittsvermögen pro Nichterwerbstätigen-Haushalt 58 916 DM;
- Durchschnittsvermögen pro Landwirte-Haushalt 305 250 DM;
- Durchschnittsvermögen pro Selbständigen-Haushalt 480 182 DM.

Bedeutsam ist auch die Verteilung des Vermögens der Haushalte auf Arbeitnehmer, Nichterwerbstätige, Landwirte und Selbständige und die unterschiedliche Zusammensetzung ihres Vermögens (vgl. Tabelle 26.6).

Es zeigt sich, daß von allen Haushalten die Selbständigen den bei weitem größten Anteil am Produktivvermögen aufweisen (88 % des gesamten Produktivvermögens aller Haushalte), während bei den Arbeitnehmerhaushalten das Haus- und Grundvermögen (44 % des gesamten Haus- und Grundvermögens) überwiegt. In bezug auf die Nettovermögensposition sind diese beiden Gruppen mit einem Anteil von jeweils etwa 35 % ausgeglichen. Bei weiteren Interpretationen dieser Zahlen ist jedoch zu berücksichtigen, daß die absolute Anzahl der Haushalte in den einzelnen Gruppen stark divergiert: Bei den Arbeitnehmern sind es knapp 12 Millionen, denen bei den Selbständigen nur etwa 1,57 Millionen gegenüberstehen.

Einkommens- und Verbrauchsstichprobe 1988

Die Verteilung ausgewählter Vermögensbestände, insbesondere des Geldvermögens, wird in 5jährigem Abstand durch die Einkommens- und Verbrauchsstichprobe (EVSt) durch das Statistische Bundesamt ermittelt.[6]) Nach den bis jetzt vorliegenden Daten der vorletzten EVSt von 1988 ergibt sich folgendes Bild: Von den 24,7 Mio. Haushalten hatten 22,5 (gleich 91 %) ein Bruttogeldvermögen in mindestens einer Vermögensform, während 2,2 Mio. Haushalte (8,8 %) über kein Geldvermögen

5) H. MIERHEIM, L. WICKE, Die personelle Vermögensverteilung, Tübingen 1978, S. 264

6) Wegen unterschiedlicher Berichtskreise, wegen Erfassungs- und Zuordnungsfehlern sowie wegen der Nichterfassung bestimmter Geldvermögensbestände (Bargeld und Giralgeld; Guthaben bei Lebensversicherungsunternehmen) sind die im Rahmen der EVSt ausgewiesenen Vermögensbestände deutlich niedriger als die von der Deutschen Bundesbank veröffentlichten Zahlen.

Tab. 26.6: Die absoluten und prozentualen Vermögensbestände verschiedener Typen von Haushalten 1973 (in Mrd. DM bzw. %)

Soziale Stellung des Haushaltsvorstands	Zahl der Haushalte in 1000	Geldvermögen		Haus- und Grundvermögen		Produktivvermögen		Bruttogesamtvermögen		Kredite		Nettogesamtvermögen		Anteil der jeweiligen Gruppe am gesamten Nettogesamtvermögen
		absolut	in % von (8)	absolut	in % von (8)	absolut	in % von (8)	absolut	in % von (8)	absolut	in % von (8)	absolut	in % von (8)	
	(1)	(2)	(3)	(4)	(5)	(6)	(7)	(8)	(9)	(10)	(11)	(12)	(13)	(14)
Arbeitnehmer	11754	236,6	25,7	672,4	72,8	14,2	1,5	923,3	100	158,8	17,2	764,4	82,8	35,3
Nichterwerbstätige	7599	161,9	33,5	311,3	64,5	9,5	2,0	482,7	100	25,1	5,3	457,6	94,7	21,2
Landwirte	621	19,9	10,0	172,9	86,6	6,9	3,4	199,7	100	10,0	5,0	189,7	95,0	8,8
Selbständige	1567	231,5	28,3	366,3	44,8	219,4	26,9	817,2	100	66,6	8,1	750,6	91,9	34,7
alle Haushalte	21541	649,9	26,8	1522,9	62,9	250,0	10,3	2422,9	100	260,5	10,8	2162,3	89,2	100,0

Quelle: H. MIERHEIM u. L. WICKE, Die personelle Vermögensverteilung in der Bundesrepublik Deutschland, Tübingen 1978, S. 188 f. u. 212 f.

verfügten. Als Geldvermögen wird erfaßt der Bestand an Sparguthaben, an Bankguthaben, an Wertpapieren und einigen sonstigen Posten wie Terminguthaben und Berlindarlehen; nicht aber Bargeld, Geld auf Girokonten und Guthaben bei Lebensversicherungen.

Zum Jahresende 1988 hatten die Haushalte ein durchschnittliches Nettogeldvermögen (Guthaben abzüglich der Verpflichtungen wie Hypotheken, Konsumentenkredite usw.) von 25 673,– DM. Tabelle 26.7 zeigt Höhe und

Tab. 26.7: Höhe und Struktur der Geldvermögen privater Haushalte am 31. 12. 1988

Gegenstand der Nachweisung	Durchschnittl. Bruttogeldvermögen je Haushalt[3]	davon entfielen auf: Sparguthaben	Bausparguthaben	Wertpapiere	Sonstiges Geldvermögen	Durchschnittliche(s): Kreditverpflichtungen	Nettogeldvermögen
	DM	%				DM	
Haushalte insgesamt	25673	42,6	16,0	35,2	6,2	2225	23448
Soziale Stellung der Bezugsperson							
Landwirt	51491	34,6	16,1	40,6	8,7	5033	46458
Selbständiger[4]	49119	28,6	16,3	41,1	14,0	4273	44846
Beamter	31207	37,2	31,9	25,5	5,4	2995	28212
Angestellter	26899	38,4	21,5	33,3	6,8	3139	23760
Arbeiter	18450	49,5	25,1	21,9	3,5	3144	15306
Arbeitsloser	9280	45,1	18,3	33,2	3,4	2523	6757
Nichterwerbstätiger	25140	47,9	6,3	40,9	4,9	756	24384
Alter der Bezugsperson							
unter 35 Jahre	16130	38,9	32,6	22,0	6,6	3289	12841
35—45 Jahre	23831	37,1	27,2	28,3	7,4	3975	19856
45—55 Jahre	28872	39,3	18,7	35,5	6,5	2960	25912
55—65 Jahre	30646	45,1	11,5	37,4	6,0	1396	29250
65—70 Jahre	33824	44,5	6,9	43,2	5,4	806	33017
70 Jahre und älter	25583	49,4	3,9	41,5	5,2	287	25296
Monatliches Haushaltsnettoeinkommen von . . . bis unter . . . DM[5]							
unter 1200	8465	58,9	6,9	30,6	3,6	953	7512
1200— 1600	13446	54,5	9,5	32,0	4,0	1135	12311
1600— 2000	17769	51,5	11,6	33,0	3,9	1792	15977
2000— 2500	22583	49,4	14,0	31,6	5,0	2009	20574
2500— 3000	27085	45,9	17,8	32,7	3,6	2439	24646
3000— 4000	31608	41,8	20,6	33,0	4,6	2923	28684
4000— 5000	41111	36,7	18,7	36,9	7,7	3355	37756
5000— 8000	55710	30,5	18,2	41,4	9,5	3762	51948
8000—25000	114308	23,3	10,7	48,4	17,6	6422	107886

1 Ohne Bestände an Bargeld und auf Girokonten, ohne Guthaben bei Lebensversicherungsunternehmen sowie ohne sonstige Forderungen
2 Ohne Haushalte von Ausländern sowie ohne Haushalte mit einem monatlichen Haushaltsnettoeinkommen von 25000 DM und mehr und ohne Personen in Anstalten und Gemeinschaftsunterkünften
3 Im Durchschnitt aller Haushalte
4 Gewerbetreibender, freiberuflich Tätiger
5 Selbsteinstufung der Haushalte in vorgegebene Einkommensgruppen im Januar 1988; ohne Haushalte von Landwirten

Quelle: M. EULER, Die Geldvermögen privater Haushalte in der Bundesrepublik im Jahre 1988, Sparkasse H. 4/1991, S. 156

Struktur der Geldvermögen privater Haushalte am 31. 12. 1988 nach sozialer Stellung der Bezugsperson (Haushaltsvorstand), Alter der Bezugsperson und monatlichem Haushaltseinkommen. Dabei zeigt sich, daß

- Landwirte und Selbständige die höchsten Nettogeldvermögen besitzen (vor allem in Form von Wertpapieren), während es bei den Arbeitslosen erwartungsgemäß am niedrigsten ist,
- Ältere insgesamt „reicher" sind als Jüngere (bei hohen Wertpapierbeständen und niedrigem Bausparguthaben für ältere Bezugspersonen),
- die Nettogeldvermögen deutlich mit dem Haushaltseinkommen ansteigen.

So wichtig und aufschlußreich die Aufteilung des vorhandenen Vermögens nach sozio-ökonomischen Merkmalen auch ist, von besonderer Bedeutung ist für die sozialwissenschaftliche Diskussion die Frage der personellen Vermögensverteilung.

Die Erkenntnisse, die die EVSt zu diesem Thema beitragen kann, sind vor allem deshalb begrenzt, weil Haushalte mit besonders hohem monatlichen Haushaltsnettoeinkommen (25 000,– DM und mehr) nicht einbezogen sind (nach vorsichtigen Schätzungen handelt es sich um etwa 40 000 bis 60 000, d. h. 0,2 bis 0,4 % aller westdeutschen Haushalte), man hier aber besonders hohe Vermögensbestände vermuten kann.

Tab. 26.8: Höhe und Verteilung des Brutto- und Nettogeldvermögens privater Haushalte am 31. 12. 1988

Haushalte mit Brutto- bzw. Nettogeldvermögensbeständen von ... bis unter ... DM je Haushalt	Haushalte mit Bruttogeldvermögen[3] 1000	%	Haushalte mit Nettogeldvermögen[3] 1000	%	Durchschnittliches Bruttogeldvermögen je Haushalt[3] DM	Durchschnittliches Nettogeldvermögen je Haushalt[3] DM	Anteil der Bruttogeldvermögensbestände[3] am Gesamtvermögen %	Anteil der Nettogeldvermögensbestände[3] am Gesamtvermögen %
unter 2500	3260	14,5	4528	20,1	1000	– 4671	0,5	– 3,6
2500— 5000	2436	10,8	2133	9,5	3563	3567	1,4	1,3
5000— 7500	1900	8,4	1695	7,5	6067	6067	1,8	1,8
7500— 10000	1567	7,0	1419	6,3	8618	8615	2,1	2,1
10000— 15000	2577	11,4	2368	10,5	12175	12160	5,0	4,9
15000— 20000	1939	8,6	1828	8,1	17162	17189	5,3	5,4
20000— 25000	1355	6,0	1280	5,7	22110	22125	4,7	4,8
25000— 30000	1005	4,5	958	4,3	27062	27089	4,3	4,4
30000— 35000	844	3,7	805	3,6	31962	31989	4,3	4,4
35000— 40000	976	4,3	949	4,2	36524	36517	5,6	5,9
40000— 50000	1154	5,1	1115	5,0	44326	44326	8,1	8,5
50000— 75000	1668	7,4	1620	7,2	59786	59752	15,7	16,6
75000—100000	742	3,3	715	3,2	85545	85607	10,0	10,5
100000—200000	847	3,8	825	3,7	133723	133815	17,9	18,9
200000 und mehr	241	1,1	235	1,0	352238	351206	13,4	14,1
Zusammen	22511	100	22474	100	28151	25998	100	100

1 Ohne Bestände an Bargeld und auf Girokonten, ohne Guthaben bei Lebensversicherungsunternehmen sowie ohne sonstige Forderungen

2 Ohne Haushalte von Ausländern sowie ohne Haushalte mit einem monatlichen Haushaltsnettoeinkommen von 25 000 DM und mehr und ohne Personen in Anstalten und Gemeinschaftsunterkünften

3 Im Durchschnitt aller Haushalte mit Brutto- bzw. Nettogeldvermögen

Quelle: M. EULER, Die Geldvermögen privater Haushalte, 1991, S. 157.

Tabelle 26.8 zeigt die Schichtung (Verteilung auf Vermögensgrößenklassen) des Brutto- und Nettogeldvermögens. Knapp 3,3 Mio. Haushalte (14,5% aller Haushalte) besaßen Ende 1988 ein Bruttogeldvermögen von weniger als 2500,– DM. Je Haushalt ergab sich ein Durchschnitt von 1000,– DM. Auf diese Haushalte entfiel nur 0,5 % des gesamten Bruttovermögens. Für das Nettogeldvermögen ergab sich in dieser Vermögensgrößenklasse – wegen hoher Kreditverpflichtungen – sogar ein negativer Wert. Anders dagegen in der höchsten Vermögensgrößenklasse: Nur 241 000 Haushalte (1,1 % aller Haushalte) verfügten über ein Bruttogeldvermögen von 200 000,– DM und mehr, d. h. auf sie entfielen 13,4 % des gesamten Bruttogeldvermögens.

Besonders plastisch läßt sich dies durch die Lorenz-Kurve verdeutlichen, die erneut – gegenüber 1983 – „bauchiger" geworden ist, d. h. eine zunehmende Ungleichverteilung signalisiert. Im übrigen ist diese Tendenz schon in früheren Jahren erkennbar gewesen und hat sich 1988 fortgesetzt (Abb. 26.5).

6.2 Maßnahmen zur Veränderung der Vermögensverteilung

Ziele der Vermögenspolitik

Die Vermögenspolitik hat im wesentlichen das Ziel, die persönliche materielle Freiheit gleichmäßiger zu verteilen. Gerade der Liberalismus betont

Verteilung des Bruttogeldvermögens[1] privater Haushalte[2]
Ende 1983 und Ende 1988
Ergebnis der Einkommens- und Verbrauchsstichproben

Vermögensgrößenklassen	1983 Haushalte kumuliert	1983 Vermögen kumuliert	1988 (Größenklasse wie 1983) Haushalte kumuliert	1988 (Größenklasse wie 1983) Vermögen kumuliert
unter 2500	12,9	0,7	14,5	0,5
2500— 5000	25,8	2,5	25,3	1,9
5000— 7500	34,9	4,7	33,7	3,7
7500— 10000	43,0	7,5	40,7	5,8
10000— 15000	55,8	13,8	52,1	10,8
15000— 20000	64,6	19,9	60,7.	16,1
20000— 25000	71,1	25,7	66,7	20,8
25000— 30000	76,1	31,2	71,2	25,1
30000— 35000	80,2	36,5	74,9	29,4
35000— 40000	83,2	41,0	79,2	35,0
40000— 50000	87,8	49,1	84,3	43,1
50000— 75000	93,6	63,2	91,7	58,8
75000—100000	96,2	72,0	95,0	66,8
100000—200000	99,0	86,8	98,8	86,7
200000 und mehr	100	100	100	100

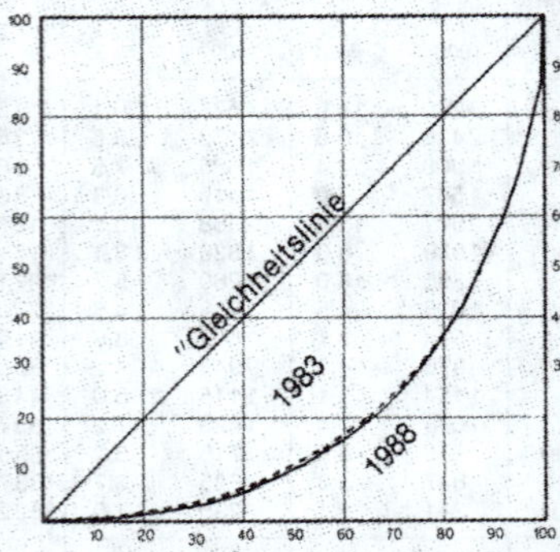

1 Sparguthaben, Bausparguthaben, Wertpapierbestände und sonstiges Geldvermögen (Festgelder, Berlindarlehen u. ä.)
2 Ohne Haushalte von Ausländern sowie ohne Haushalte mit einem monatlichen Haushaltsnettoeinkommen von 25000 DM und mehr und ohne Personen in Anstalten und Gemeinschaftsunterkünften.

Abb. 26.3: Die Verteilung des Bruttogeldvermögens privater Haushalte 1983

Quelle: M. EULER, Die Geldvermögen privater Haushalte, 1991, S. 158 und 1988

die Bedeutung des Privateigentums als Fundament persönlicher Freiheit. Eine gleichmäßigere Verteilung soll die individuellen Entfaltungsspielräume, die Lebenschancen sozial gerechter verteilen. Daneben soll die Vermögenspolitik zu einer Dekonzentration wirtschaftlicher Macht führen – hier spielt die Verteilung des Produktivvermögens eine hervorgehobene Rolle – und die Institution des Privateigentums in der kapitalistischen Marktwirtschaft legitimieren.

Privateigentum als Fundament persönlicher Freiheit

Eine gleichmäßigere Verteilung des Vermögens könnte durchgeführt werden über eine direkte Enteignung oder mittels entsprechend wirkender Steuern, insbesondere der **Vermögen- und Erbschaftsteuer.** Will man ohne Eingriff in bestehende Eigentumsverhältnisse die Vermögensverteilung ändern, so kann man das nur, indem man an den **Vermögenszuwächsen** ansetzt und die weniger Vermögenden an diesen Zuwächsen beteiligt. Da Vermögenszuwächse in der Regel aber nur dadurch erzielt werden, daß Einkommensteile gespart werden, müßte eine solche Vermögensumverteilungspolitik auch an den Einkommen ansetzen.

6.2.1 Eingriff in bestehende Eigentumsverhältnisse

Enteignung

Eine direkte Enteignung als Mittel einer Vermögensumverteilungspolitik wird in den meisten westlichen Ländern abgelehnt. Als Umverteilungsmaßnahme für bestehendes Vermögen wird jedoch – wenn auch in verschiedenen Ländern in recht unterschiedlichem Umfang – auf die Vermögen- und Erbschaftsteuer zurückgegriffen.

Vermögen- und Erbschaftsteuer

Vermögen- und Erbschaftsteuern knüpfen am Vermögen an, wobei die Vermögensteuer an der Existenz des Vermögens ansetzt, während die Erbschaftsteuer auf den Vermögensübergang durch Tod abstellt.

In einer Marktwirtschaft, die das Privateigentum bejaht, muß eine auf Umverteilung des Vermögens im Rahmen dieser Wirtschaftsordnung abzielende Politik die Funktion des Privatvermögens berücksichtigen. Damit sind von vornherein Grenzen für die Vermögensumverteilung durch Steuern gegeben: Weder eine Vermögen- noch eine Erbschaftsteuer darf die Anreizwirkung, die vom Privateigentum erwartet wird, beseitigen oder über Gebühr einschränken.

Unter diesem Gesichtspunkt erscheint die Erbschaftsteuer graduell besser für eine Umverteilung bestehenden Vermögens (in bestimmten Grenzen) geeignet, da der Erblasser selbst von der Steuer nicht belastet wird und von daher weniger zu Ausweichreaktionen, wie vermindertes unternehmerisches Engagement und Kapitalflucht ins Ausland, neigen wird. Hinzu kommt, daß der Erbe in der Regel keine eigenen Verdienste für den Vermögenserwerb geltend machen kann. Es kann aber nicht übersehen werden, daß der Wegfall oder die erhebliche Einschränkung eines im Erbrecht fortgesetzten Privateigentums negative Anreizwirkungen zeigen dürfte.

Kaum Umverteilung bestehenden Vermögens durch Vermögen- und Erbschaftsteuer

In der Bundesrepublik sind derzeit weder die Vermögensteuer noch die Erbschaftsteuer so ausgestaltet, daß sie eine nennenswerte Vermögensumverteilung bewirken könnten. Der jährliche Steuersatz beträgt bei der Vermögensteuer 0,5% des steuerpflichtigen Vermögens für natürliche Personen und 0,6% für Körperschaften, wobei Freibeträge und Freigrenzen dazu führen, daß Vermögensteuer praktisch erst von einem über 70.000 DM[7]) (bei natürlichen Personen) bzw. über 100.000 DM (bei Unternehmen) liegenden Vermögen an gezahlt werden muß. Die Erbschaftsteuer ist nach dem Verwandtschaftsgrad und der Höhe des vererbten Vermögens gestaffelt. In der praktisch wichtigsten niedrigsten Steuerklasse I (Ehegatten und Kinder des Erblassers) greift der Spitzensteuersatz von 35 % erst bei einem Vermögen von 100 Millionen DM. Wesentlich wirksamer greift demgegenüber z. B. der britische Spitzensteuersatz von 80 % bei der Erbschaftsteuer.

6.2.2 Umverteilung der Vermögenszuwächse

Bei den hier zu betrachtenden Maßnahmen handelt es sich zunächst um solche staatlichen Aktivitäten, die die Bruttofaktoreinkommen der Haushalte, also die primäre Einkommensverteilung, unverändert lassen. Es handelt sich um **Sparförderungsmaßnahmen** in Form von Steuervergünstigungen oder Prämien für den Sparvertrag.

Sonderausgaben gem. § 10 Einkommensteuergesetz

Bestimmte Sparverträge, die sog. Vorsorgeaufwendungen können bis zu einer Höchstgrenze als Sonderausgaben vom Einkommen abgesetzt werden. Dadurch vermindert sich die Steuerlast des betreffenden Sparers, so daß er einen Teil der Ersparnis aus der Steuerersparnis leisten kann. Allerdings müssen die begünstigten Aufwendungen für längere Zeit festgelegt werden. Die durch § 10 Einkommensteuergesetz begünstigten Sparformen sind die Beitragszahlungen an Lebensversicherungen und an Bausparkassen.

Erhöhte Abschreibungen gem. § 10 e Einkommensteuergesetz

Der private Wohnungsbau wird durch die erhöhte Abschreibungsmöglichkeit nach § 10 e Einkommensteuergesetz (der frühere § 7 b) unterstützt. In den ersten 8 Jahren können 5 % der Herstellungskosten vom Einkommen abgesetzt werden. Für den Bauherrn bedeutet dies eine endgültige Steuerersparnis, da der Nutzungswert der eigenen Wohnung seit 1987 bei der Ermittlung der Einkünfte grundsätzlich nicht mehr anzusetzen ist.

Weiterhin ist eine Förderung nach dem Wohnungsbau-Prämiengesetz möglich. Eine Prämie von 10 % wird Ledigen (Verheirateten) bis zu einem steuerbaren Einkommen von 27 000,– DM (54 000,– DM) gewährt, allerdings ist nur ein Jahresbetrag von 936,– DM prämienbegünstigt für Bausparleistungen bzw. für Aufwendungen zum Bau oder Kauf einer Wohnung. Die frühere Gewährung von Sparzulagen beim Kontensparen

7) Für zusammenveranlagte Ehegatten ist der Freibetrag 140000 DM und für jedes Kind weitere 70 000 DM.

(Sparbuch) und bei Lebensversicherungsverträgen ist inzwischen entfallen.

Des weiteren kann es sich um Maßnahmen zur **Erhöhung der Faktoreinkommen** der Arbeitnehmer handeln.

Im Vordergrund des Interesses stehen hier zwei Maßnahmen:

- der Investivlohn,
- die Ertragsbeteiligung.

Unter dem **Investivlohn** versteht man den Teil des Lohnes, der aufgrund der Vereinbarung zwischen den Tarifpartnern oder einer gesetzlichen Regelung den Arbeitnehmern nicht zur freien Verfügung ausgehändigt wird, sondern in irgendeiner Form und für eine bestimmte Zeit gespart werden muß. Die heute wichtigste Form des Investivlohnes stellen die nach dem „5. Gesetz zur Förderung der Vermögensbildung der Arbeitnehmer" (936-DM-Gesetz) vorgesehenen vermögenswirksamen Leistungen dar. Diese vermögenswirksamen Leistungen des Arbeitgebers werden mit einer 20%igen Sparzulage des Staates gefördert, wenn sie zu einem Eigentumserwerb von Produktivkapital der Wirtschaft führen. Zu denken ist hier an Aktien, Beteiligungen, Genossenschaftsanteile Wertpapierkaufverträge usw. In die gleiche Richtung zielt im übrigen die steuerbegünstigte Überlassung von Vermögensbeteiligungen nach § 19 a Einkommensteuergesetz.

Wird die Umverteilung nach dem Investivlohnkonzept gelingen?

Wir gehen davon aus, daß der Investivlohn in voller Höhe die Produktivitätszunahme übersteigt, da diese in der Regel für normale Lohnerhöhungen ausgeschöpft wird. Der Investivlohn wird deshalb in Höhe der zusätzlichen Belastung als zusätzliche Kostenbelastung angesehen. Investivlohn wird als zusätzliche Kostenbelastung angesehen

Wir gehen davon aus, daß die Unternehmer die Preise um den Prozentsatz der zusätzlichen Kostenbelastung erhöhen, um die Gewinnquote aufrechtzuerhalten. Tun sie dies, so hängt der weitere Verlauf – und damit die Frage, ob die Umverteilung gelingt – von der Veränderung der gesamtwirtschaftlichen Nachfrage nach Gütern ab, zunächst also insbesondere von dem Konsumverhalten der Arbeitnehmerhaushalte. Hier sind zwei Möglichkeiten zu unterscheiden:

- Verlagern die Haushalte nur ihre Ersparnisse, d. h. erhöhen sie die bisherigen Konsumausgaben um den Betrag des (zwangsweise) gesparten Investivlohnes, so bleibt die reale Nachfrage unverändert und damit vermutlich auch die gesamte volkswirtschaftliche Güternachfrage. Die Preiserhöhung (die Überwälzung der zusätzlichen Kosten) wird den Unternehmern in diesem Fall voll gelingen, die Beschäftigung wird unverändert bleiben, ebenso die Einkommensverteilung. Zusätzliches Vermögen in Arbeitnehmerhand wird nicht gebildet. Verlagerung der Ersparnis

Zusätzliche Ersparnisse

– Versuchen die Arbeitnehmerhaushalte, den Investivlohn zusätzlich zu sparen, um zusätzliches Vermögen zu bilden, so müssen sie ihre Güternachfrage bei steigenden Preisen einschränken, da das bisherige Geldeinkommen bei dem erhöhten Preisniveau – ohne Einschränkung der Gesamtersparnis (bisherige Ersparnis plus Investivlohn) – die Aufrechterhaltung des bisherigen Konsums nicht zuläßt. Schränken die Haushalte aber ihre Nachfrage ein, so wird die Beschäftigung tendenziell sinken, was dazu führen kann, daß die Unternehmer, um keine allzu großen Absatzeinbußen zu erleiden, die Preissteigerungen wenigstens z. T. wieder zurücknehmen oder gar nicht erst im Umfang der Kostenerhöhung durchführen. Die Umverteilung gelingt dann zumindest teilweise, allerdings auf Kosten der Gewinne und auf Kosten von Unterbeschäftigung. Dadurch können die Investitionen gefährdet werden, wodurch die Beschäftigung weiter absinken kann. In einer solchen Situation ist die Reaktion des Staates zu bedenken. Füllt der Staat die entstandene Nachfragelücke durch zusätzliche Staatsnachfrage wieder auf das Vollbeschäftigungsniveau auf, so beseitigt er damit die Arbeitslosigkeit, gibt den Unternehmern aber gleichzeitig Gelegenheit, die Kostenerhöhung voll durch Preiserhöhungen zu kompensieren. Der Status quo in der Verteilung wird wieder hergestellt – bei Vollbeschäftigung, aber bei gestiegenem Preisniveau. Bleiben die Arbeitnehmerhaushalte trotzdem auf einem niedrigeren Konsumniveau, so sparen sie real mehr als vorher, bilden also Vermögen, aber nur dadurch, daß sie selbst den „Gürtel enger schnallen“.

Ein Beispiel

Wir wollen diese Ausführungen an einem Beispiel verdeutlichen. Vor der Einführung des Investivlohnes wird in einer Volkswirtschaft ein nominelles Sozialprodukt in Höhe von 160 erzeugt, das sich auf 100 Löhne und 60 Gewinne verteilt. Das Preisniveau beträgt 1 und damit das Realeinkommen (wie das Nominaleinkommen) 160. Die Arbeitnehmerhaushalte sparen von ihrem Lohneinkommen 20. Es wird nun ein Investivlohn von 10 eingeführt; die Lohnkostenerhöhung von 10 % veranlaßt die Unternehmer, die Preise ebenfalls um 10 % heraufzusetzen.

Verlagern die Haushalte nun nach der Einführung des Investivlohnes nur ihre Ersparnis, so werden sie statt 80 jetzt 90 konsumieren wollen. Diese Erhöhung der geldmäßigen Nachfrage erleichtert es den Unternehmern, eine Preissteigerung von 10 % durchzuführen.

Damit ergibt sich folgende Situation: Die Haushalte konsumieren nach Einführung des Investivlohnes in Höhe von 90 (bei einem Preisniveau von 1,1), gütermäßig konsumieren sie also praktisch nach wie vor 80. Das nominelle Sozialprodukt ist auf 176 angewachsen, wovon den Arbeitnehmerhaushalten jetzt 110 und den Unternehmerhaushalten 66 zufließen. Die Lohnquote beträgt nach wie vor 62,5 %. Die Ersparnis der Haushalte bleibt real nahezu unverändert.

Was passiert, wenn die Arbeitnehmerhaushalte versuchen, den Investivlohn zusätzlich zu ihrer bisherigen Ersparnis von 20 zu sparen? Sie sparen dann 30 bei einem Geldkonsum von 80. In dieser Situation ist es für die Unternehmer schwieriger, die Preiserhöhung von 10 % durchzusetzen, es sei denn, sie nehmen erhebliche Nachfragerückgänge in Kauf. Wir wollen annehmen, daß deshalb im Durchschnitt nur eine Preiserhöhung von 5% durchgeführt wird. Die Arbeitnehmerhaushalte konsumieren dann real 80 : 1,05 = ca. 76. Das nominelle Sozialprodukt beträgt 168, das sich auf 110 Löhne und 58 Gewinne verteilt. Die Lohnquote steigt also von 62,5 % auf 65,5 %. Das Absinken des realen Konsums (und evtl. der Investitionen) führt aber im folgenden zu einer Abnahme des realen Sozialproduktes und damit zu zunehmender Arbeitslosigkeit. Dies wird nur verhindert, wenn der Staat die reale Nachfrage insgesamt nach wie vor auf dem Niveau von 160 hält. Dann aber wird es den Unternehmern eher gelingen, auch eine Preiserhöhung von 10 % durchzusetzen. Bleiben die Arbeitnehmerhaushalte trotzdem real bei ihrer höheren Ersparnis (und damit bei ihrem niedrigeren realen Konsum), so bilden sie jetzt zwar Vermögen, aber aus der eigenen Substanz und bei Preissteigerungen in Höhe des prozentualen Investivlohnes.

Vermögensumverteilung über einen Investivlohn erscheint unwahrscheinlich

Es scheint also, als ob bei der gegebenen Kompetenzverteilung in der Marktwirtschaft – Investitions-, Preis- und Beschäftigungsentscheidungen durch die Unternehmer, Lohnentscheidungen durch Unternehmer und Gewerkschaften – die Arbeitnehmer mittels eines Investivlohnes nur auf Kosten von Unterbeschäftigung, oder aber auf Kosten einer realen Konsumeinschränkung die Verteilung zu ihren Gunsten ändern und damit zusätzliches Vermögen bilden können.

Wenn das aber so ist, dann ist der Investivlohn offenbar überflüssig: Denn um zum Zwecke einer zusätzlichen Vermögensbildung zusätzlichen Konsumverzicht zu leisten, ist der Investivlohn nicht erforderlich.

Eine **Ertrags- oder Gewinnbeteiligung** der Arbeitnehmer ist in vielfältiger Ausgestaltung denkbar. Sie kann einmal Ergebnis eines Tarifvertrages sein, freiwillig von den Unternehmern gewährt werden oder gesetzlich vorgeschrieben werden. Ferner kann sie sich auf den Betrieb, in dem der Arbeitnehmer beschäftigt ist, beziehen oder die Form einer überbetrieblichen Gewinnbeteiligung annehmen. Schließlich kann sie unmittelbar an die Berechtigten oder an einen zwischengeschalteten Fond abgeführt werden, an dem die Arbeitnehmer dann Anteilsrechte erwerben.

In welcher Form die Ertragsbeteiligung auch gestaltet wird, immer stellt sie für den Unternehmer zusätzliche Kosten dar, so daß sie in ihrer Wirkung ebenso einzuschätzen ist wie der Investivlohn. Zu einem ähnlichen Ergebnis kommt der SACHVERSTÄNDIGENRAT ZUR BEGUTACHTUNG DER GESAMTWIRTSCHAFTLICHEN ENTWICKLUNG, wenn er feststellt:

Auch die Ertragsbeteiligung wird als zusätzliche Kostenbelastung angesehen

Vermögensumverteilungswirkungen einer Ertragsbeteiligung sind ähnlich zu beurteilen wie die des Investivlohnes

„Alle Versuche, die Arbeitnehmer am Gewinn zu beteiligen, drohen an zwei Gefahren zu scheitern. Die eine Gefahr besteht in der Überwälzung ... Die Unternehmer werden diese Beträge als Kosten behandeln und sie in den Preisen zu überwälzen versuchen. ... Dies wird ihnen um so eher gelingen, je weniger von den zusätzlichen Arbeitnehmereinkommen gespart wird. Die zweite Gefahr ist der Rückgang der Investitionsneigung. Werden etwa die Beträge ganz oder großenteils von den Arbeitnehmern zusätzlich gespart, so ist die Überwälzung in den Preisen für die Unternehmer ... nicht mehr so leicht. Auch wenn den Unternehmern das von den Arbeitnehmern gesparte Kapital wieder angeboten wird, hat sich doch ihr Einkommen und damit ihre Eigenkapitalrendite vermindert. Der Ertragswert der Investitionen ist also gesunken. Als Folge davon geht die Investitionsneigung zurück.“[8)]

Ertrags- und Haftungsbeteiligung

Als Ausweg schlägt der Sachverständigenrat eine Ertragsbeteiligung mit gleichzeitiger Haftungsbeteiligung der Arbeitnehmer bei Verlusten vor. Unter dieser Voraussetzung könnte die Eigenkapitalverzinsung und damit die Investition der Unternehmer auch ohne Überwälzung der Kostensteigerung auf die Preise konstant bleiben.

---

8) SACHVERSTÄNDIGENRAT ZUR BEGUTACHTUNG DER GESAMTWIRTSCHAFTLICHEN ENTWICKLUNG, Jahresgutachten 1972, S. 162. Anders als der Sachverständigenrat sind einige Volkswirte allerdings der Meinung, daß eine Ertragsbeteiligung, die die Finanzierungsmittel der Unternehmer für eine Selbstfinanzierung unangetastet läßt, von den Unternehmern nicht unbedingt mit einer Preiserhöhung beantwortet werden würde.

C. Arbeitsaufgaben

1) *Klären Sie folgende Begriffe:*
   - *primäre – sekundäre Einkommensverteilung*
   - *funktionale – personelle Einkommensverteilung.*
2) *Was verstehen Sie unter der Lohn- und Gewinnquote?*
   Was meint man, wenn man von der „bereinigten" Lohnquote spricht?
3) *Beurteilen Sie die Sinnhaftigkeit der Lohnquote als Maßstab und Zielgröße für die Einkommensverteilung!*
4) *Wie würden Sie sich eine gerechte Einkommensverteilung vorstellen?*
5) *Beurteilen Sie die Wirkungen staatlicher Transferzahlungen und Steuern.*
6) *Was verstehen Sie unter einer produktivitätsorientierten Lohnpolitik?*
   Wie wirkt sie auf die Einkommensverteilung?
7) *Was verstehen Sie unter einer aggressiven Lohnpolitik?*
8) *Welche wichtigen Vermögensteile bleiben bei einer Vermögensverteilungsrechnung üblicherweise unberücksichtigt?*
9) *Welche Gesichtspunkte könnten es rechtfertigen, dem Produktivvermögen eine besondere Rolle in der verteilungspolitischen Diskussion einzuräumen?*
10) *Diskutieren Sie den Zusammenhang zwischen Einkommens- und Vermögensverteilung und zwischen Vermögens- und Einkommensverteilung.*

Lösungsvorschläge für die Arbeitsaufgaben im „Übungsbuch zu Grundlagen und Probleme der Volkswirtschaft".

D. Literatur

Verteilungstheorie mit dem Schwerpunkt auf der funktionellen Einkommensverteilung und der Verteilungspolitik behandelt aktuell und umfassend

KÜLP, Bernhard, Verteilungstheorie und -politik, 3. Auflage, Stuttgart 1994

während das Buch von

BLÜMLE, Gerold, Theorie der Einkommensverteilung. Eine Einführung, Berlin, Heidelberg, New York 1975

die personelle Einkommensverteilung in den Vordergrund der Untersuchung stellt.

Eine Einführung, die es versteht, ökonomische mit politischen und sozialen Aspekten der Verteilungsproblematik zu verbinden, ist das Buch von

ROBERTS, Charles, Verteilungstheorie und Verteilungspolitik. Eine problemorientierte Einführung mit einem Kompendium verteilungstheoretischer und -politischer Begriffe, Köln 1980.

Übersichtlich und knapp sind die Aufsätze von

ALBERS, Willi, Art. Einkommensverteilung II: Verteilungspolitik, In: Handwörterbuch der Wirtschaftswissenschaft, Bd. 2, hrsg. von Willi ALBERS u. a., Stuttgart, Tübingen, Göttingen 1980, S. 285–315

LAMPERT, Heinz, Verteilungspolitik, In: Wirtschaftswissenschaftliches Studium (WiSt), 10. Jg., München, Frankfurt a. M. 1981, S. 71–77

ZERCHE, Jürgen und SCHMALE, Ingrid, Ansätze der Verteilungspolitik, In: Wirtschaftswissenschaftliches Studium (WiSt), 9. Jg., München, Frankfurt a. M. 1980, S. 463–468.

Aus der Fülle der Veröffentlichungen zu Einzelproblemen seien erwähnt

BORCHERT, Manfred, Zur Problematik der Lohnquote. In: Wirtschaftswissenschaftliches Studium (WiSt), 2. Jg., München, Frankfurt a. M. 1973, S. 549–554

MOLITOR, Bruno, Das Konzept einer „Kostenniveau-neutralen" Lohnpolitik, In: Das Wirtschaftsstudium (WISU), 3. Jg., Tübingen, Düsseldorf 1974, S. 271–275.

Eine Fülle von statistischen Angaben zum Volkseinkommen und seiner Verteilung enthält

BRETSCHNEIDER, Joachim, HUSMANN, Jürgen, SCHNABEL, Fritz, Handbuch einkommens-, vermögens- und sozialpolitischer Daten, Tabellen und Kommentare, Loseblattsammlung, Köln, lfd. Jahrgänge .

Die Regelung der Arbeitsbeziehungen in der Bundesrepublik stellen umfassend dar

ADAMY, Wilhelm, STEFFEN, Johannes, Handbuch der Arbeitsbeziehungen, Schriftenreihe der Bundeszentrale für politische Bildung, Band 215, Bonn 1985.

Das Umverteilungssystem der Bundesrepublik wird umfassend analysiert von der

TRANSFER-ENQUÊTE-KOMMISSION, Das Transfersystem in der Bundesrepublik Deutschland, Stuttgart u. a. 1981.

Einführungen in die Vermögenspolitik geben

ANDERSEN, Uwe, Einführung in die Vermögenspolitik, München 1976

BOETTCHER, Erik u. a., Vermögenspolitik im sozialen Rechtsstaat, Tübingen 1985 und

MÜCKL, Wolfgang J., Vermögenspolitik, in: Wirtschaftswissenschaftliches Studium (WiSt), 16. Jg. (1987), S. 229–233.

An Handbuchartikeln, die den wissenschaftlichen Stand komprimiert wiedergeben, sind zu nennen

FOLKERS, Cay, Art. Vermögen I: Struktur und Verteilung, in: Handwörterbuch der Wirtschaftswissenschaft, hrsg. von Willi ALBERS u. a., Bd. 8, Stuttgart, Tübingen, Göttingen 1980, S. 265–282

MOLITOR, Bruno, Art. Vermögen II: Vermögenspolitik in: Handwörterbuch der Wirtschaftswissenschaft, hrsg. von Willi ALBERS u. a., Bd. 8, Stuttgart, Tübingen, Göttingen, 1980, S. 282–299.

Die Bedeutung des Vermögens für die Einkommensverteilung analysiert

KÜLP, Bernhard, Der Einfluß der Vermögensbildung auf die Einkommensverteilung, in: Der volkswirtschaftliche Sparprozeß, hg. von Werner EHRLICHER, Berlin 1985, S. 317–332.

Von grundlegender Bedeutung sind die empirischen Untersuchungen von

MIERHEIM, Horst, WICKE, Lutz, Die personelle Vermögensverteilung, Tübingen 1978

und

KRELLE, Wilhelm, SIEBKE, Jürgen, Vermögensverteilung und Vermögenspolitik in der Bundesrepublik Deutschland. Ein Überblick, in: Zeitschrift für die gesamte Staatswissenschaft, Bd. 139, H. 3, Tübingen 1973.

27. Kapitel
Konjunktur und Krise

A. Lernzielorientierte Leitfragen und Fragenkomplexe

Leitfrage:
Was sind konjunkturelle Schwankungen, und wie kann man sie beschreiben?

- *Wie ist der Konjunkturzyklus zu beschreiben?*
- *Welche wirtschaftlichen Größen spiegeln den Konjunkturzyklus wider?*
- *Kann man Konjunkturschwankungen vorhersagen?*

Leitfrage:
Wie lassen sich Schwankungen der gesamtwirtschaftlichen Aktivität erklären?

- *Ist eine gleichgewichtige Entwicklung der wirtschaftlichen Aktivität möglich?*
- *Warum haben expansive und kontraktive Entwicklungen die Tendenz, sich zunächst selbst zu verstärken?*
- *Wie kommt es zu einer Umkehrung der wirtschaftlichen Entwicklung, vom Aufschwung zum Abschwung und vom Abschwung zum Aufschwung?*
- *Welche Rolle spielt der „Pionierunternehmer" im Konjunkturzyklus?*
- *Sind Konjunkturschwankungen auf staatliche Eingriffe in den Wirtschaftsprozeß zurückzuführen?*

B. Sachanalyse

Die Existenz von Schwankungen der ökonomischen Aktivität ist empirisch kaum bestreitbar. Unterschiedlich sind dagegen die Auffassungen darüber, ob solche Schwankungen heute noch hinreichend regelmäßig sind, um von zyklischen Schwankungen sprechen zu können, und welches die Ursachen für beobachtbare Schwankungen der ökonomischen Aktivität sind. Dieser Problembereich soll im folgenden Kapitel näher diskutiert werden.

1. Das Erscheinungsbild der Konjunktur

Das Wachstum des Sozialprodukts schwankt relativ regelmäßig

Die Wirtschaft steht niemals still. Praktisch alle wirtschaftlichen Größen erfahren im Zeitablauf Änderungen. Auch die Höhe des Sozialprodukts und seiner Komponenten – privater Konsum, private Investitionen, Staatsausgaben und Exporte – erfuhren in der Vergangenheit große und überraschend regelmäßige Änderungen. Besonders deutlich werden die Schwankungen der Entwicklung des Sozialprodukts, wenn wir seine Wachstumsraten abbilden. Diese Wachstumsraten geben die prozentuale Veränderung der Höhe des realen Sozialprodukts gegenüber dem Vorjahr an. In der folgenden Abbildung 27.1 sind die Wachstumsraten für die Bundesrepublik Deutschland (West) für die Jahre 1950–1994 aufgezeichnet.

Die Darstellung zeigt, daß – mit Ausnahme der Jahre 1967, 1975, 1982 und 1993 stets eine Zunahme des Sozialprodukts zu verzeichnen, diese

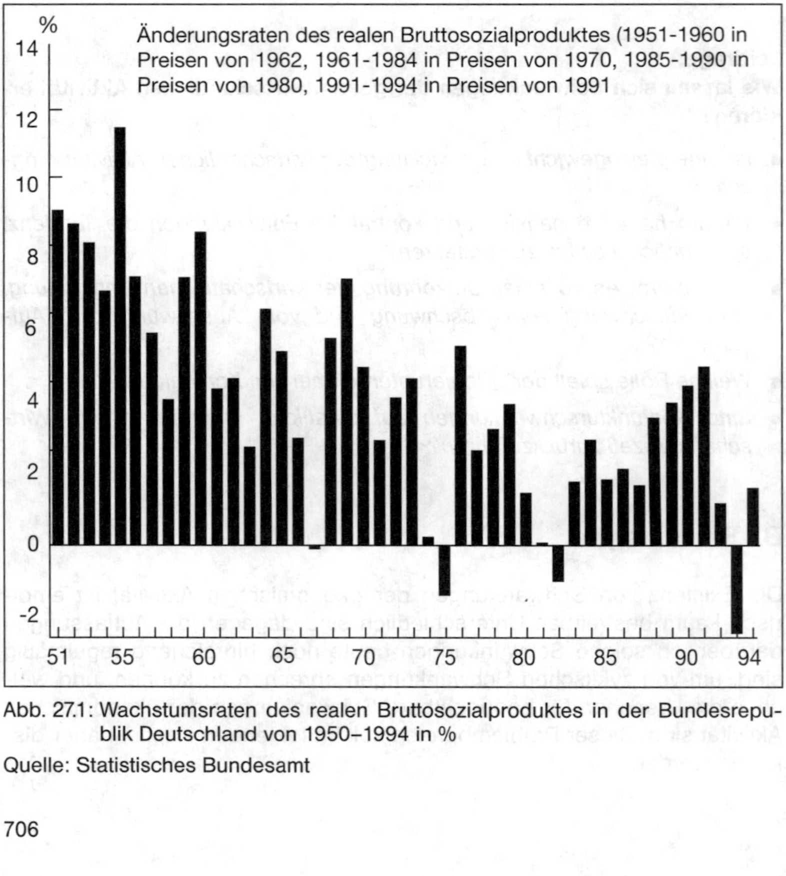

Abb. 27.1: Wachstumsraten des realen Bruttosozialproduktes in der Bundesrepublik Deutschland von 1950–1994 in %

Quelle: Statistisches Bundesamt

Zunahme indes sehr unregelmäßig war. Folgende Feststellung gilt allgemein für Marktwirtschaften:

(a) Langfristig ist eine anhaltende Zunahme des Sozialprodukts und des gesamtwirtschaftlichen Produktionspotentials in allen Ländern zu beobachten **(Trend).**

(b) Um diesen Trend sind Veränderungen des Sozialprodukts und **Schwankungen im Auslastungsgrad** des gesamtwirtschaftlichen Produktionspotentials mit einer gewissen Regelmäßigkeit zu beobachten.

Schematisch läßt sich dies wie folgt darstellen:

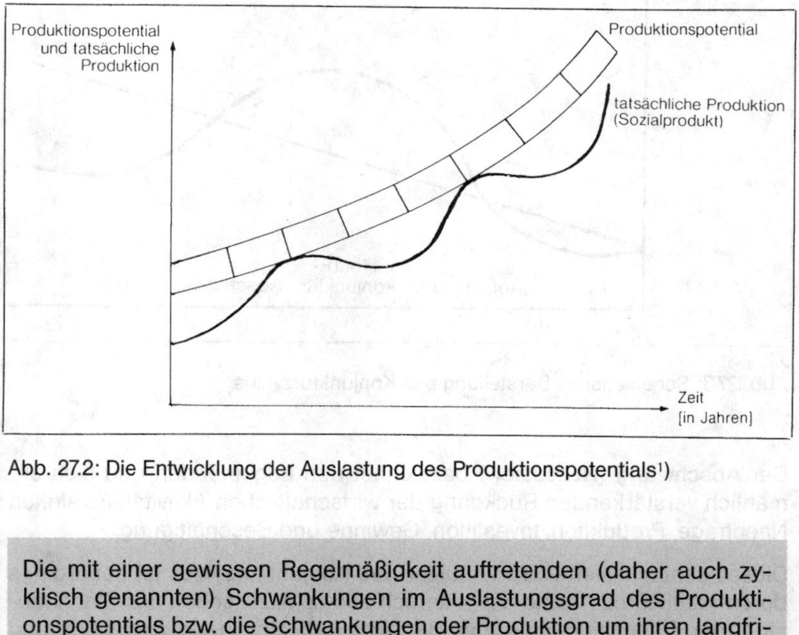

Abb. 27.2: Die Entwicklung der Auslastung des Produktionspotentials[1])

Die mit einer gewissen Regelmäßigkeit auftretenden (daher auch zyklisch genannten) Schwankungen im Auslastungsgrad des Produktionspotentials bzw. die Schwankungen der Produktion um ihren langfristigen Trend bezeichnen wir als **Konjunkturzyklen.**

Konjunkturzyklen sind Schwankungen im Auslastungsgrad des Produktionspotentials

Obwohl kein Konjunkturzyklus dem anderen gleicht, läßt sich doch ein **Grundmuster des Konjunkturverlaufs** angeben:

Phasen des Konjunkturzyklus

Die **Krise (Depression)** ist durch starke Arbeitslosigkeit und geringe Kapazitätsauslastung gekennzeichnet, das Vertrauen in die wirtschaftliche Entwicklung und die Bereitschaft, Investitionen zu tätigen, sind gering.

---

1) Das Produktionspotential weist eine gewisse Bandbreite auf, um anzudeuten, daß es nicht exakt bestimmbar ist.

Der **Aufschwung (Expansion)** manifestiert sich in einer erst langsamen, dann sich beschleunigenden Zunahme der Produktion, der Verkäufe, der Gewinne. Die Arbeitslosigkeit nimmt in der Regel ab, und das Vertrauen in die wirtschaftliche Entwicklung steigt. Mit zunehmender Kapazitätsauslastung wird auch die Investitionstätigkeit wieder zunehmen.

Die **Hochkonjunktur (Boom)** ist durch beginnende Engpässe in den verschiedenen Industrien, große Investitionstätigkeit und zunehmende Preissteigerungen gekennzeichnet.

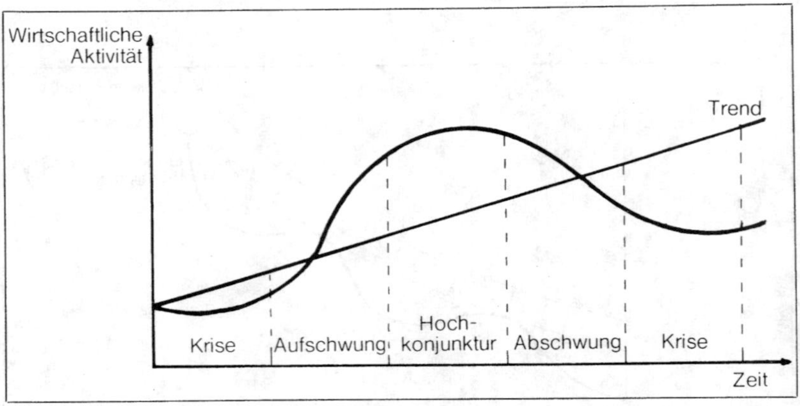

Abb. 27.3: Schematische Darstellung des Konjunkturzyklus

Der **Abschwung (Rezession)** bezeichnet den beginnenden und sich allmählich verstärkenden Rückgang der wirtschaftlichen Aktivität. Es sinken Nachfrage, Produktion, Investition, Gewinne und Beschäftigung.

Dieses schematisierte Grundmuster des Konjunkturzyklus ist neuerdings durch relativ große sektorale Unterschiede (z. B. zwischen der Stahlindustrie, der Chemieindustrie, der Bauwirtschaft etc.) gekennzeichnet, und die Grenzen zwischen den einzelnen Konjunkturphasen sind fließend.

Länge des Konjunkturzyklus

Wie lange dauert normalerweise ein Konjunkturzyklus? Diese Frage ist nicht generell zu beantworten, da man Konjunkturzyklen ganz verschiedener Länge unterscheidet. Häufig beobachtet werden Zeiträume von 3 bis 5 Jahren, in denen alle Phasen des Auf- und Abschwungs durchlaufen werden. So ist der Konjunkturrhythmus der Bundesrepublik Deutschland gekennzeichnet durch die Krisen von 1949, 1954, 1958, 1962/63, 1967, 1971, 1975, 1981, 1987 und 1992/93, also durch eine Zyklusdauer von 4 bis 6 Jahren (vgl. Abb. 27.1).

2. Konjunkturindikatoren

Einige Konjunkturindikatoren

Die einzelnen Phasen des Konjunkturzyklus werden von den Veränderungen einer Vielzahl ökonomischer Größen reflektiert, von denen wir im folgenden einige aufzeigen wollen.

(a) Der Konjunkturverlauf wird definitionsgemäß durch die Schwankungen des Sozialproduktes und dessen Entwicklungstrend beschrieben. Da das Sozialprodukt die Konjunktur direkt, d. h. ohne zeitliche Verzögerungen, mißt, spricht man auch von einem **Präsensindikator.** Typische Präsensindikatoren sind auch die industrielle Produktion und die Kapazitätsauslastung.

(b) Als weiterer Konjunkturindikator wird die Situation auf dem Arbeitsmarkt angesehen. Allerdings reagiert der Arbeitsmarkt mit deutlicher zeitlicher Verzögerung – es handelt sich um einen sogenannten **Spätindikator.** Wichtig als Spätindikator sind die Preise, die den konjunkturellen Entwicklungen nur sehr verzögert folgen.

(c) Da die Höhe der Nachfrage die Höhe des Sozialprodukts bestimmt, muß die Veränderung der Nachfrage den Konjunkturverlauf bestimmen. Weil die geplante Nachfrage statistisch nicht direkt ermittelt wird, wählen wir als Nachfrageindikator die Reichweite der Auftragsbestände (Zahl der Monate, für die Aufträge vorhanden sind). Abb. 27.4 zeigt den Aufschwung bis 1990 und den Abschwung in den Jahren 1991 bis 1993. Die Auftragsbestände gelten als typischer **Frühindikator.**

(d) Das Grundmuster des Konjunkturverlaufs zeigt sich in einer Vielzahl weiterer Größen, die wir hier nur erwähnen wollen. Bei genauer Betrachtung der Produktionsschwankungen zeigt sich:

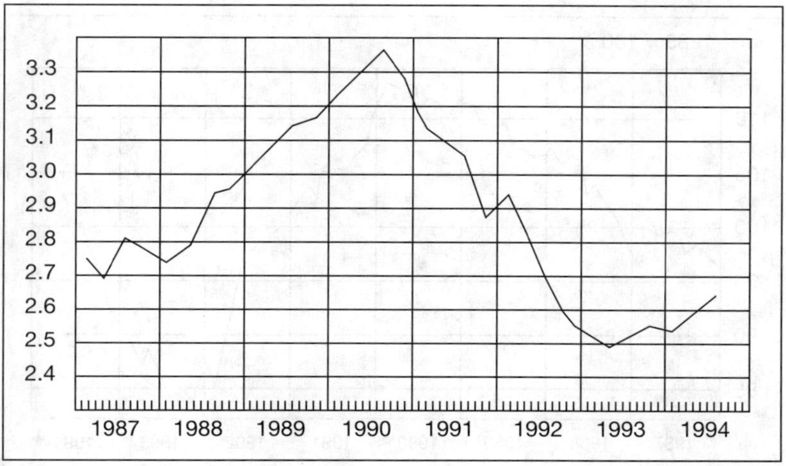

Abb. 27.4: Reichweite der Auftragsbestände in der Industrie

Quelle: Ifo-Wirtschaftskonjunktur, Heft 12, 1994

- Die Investitionsgüterproduktion schwankt stärker als die Konsumgüterproduktion;
- im Bereich der Investition verändert sich die Höhe der Vorratsinvestition stärker als die Bau- und Ausrüstungsinvestition;
- im Konsumgüterbereich schwankt die Produktion langlebiger Konsumgüter (Autos, Kühlschränke, Waschmaschinen usw.) stärker als die Produktion der Güter des täglichen Bedarfs;
- im monetären Bereich verändern sich Zinssätze und Aktienkurse parallel zum Konjunkturverlauf;
- schließlich schwanken die Einkommen der Bevölkerung und am stärksten die einbehaltenen Gewinne der Unternehmer.

(e) Als letzte Gruppe der Indikatoren wollen wir ein mehr psychologisches Element, das sogenannte **Geschäftsklima,** beschreiben. Wie die theoretischen Erörterungen zeigen, bestimmt die Erwartung der Unternehmer die Höhe der Produktionsbeschlüsse. Gemäß dieser Erkenntnis hat das IFO-INSTITUT FÜR WIRTSCHAFTSFORSCHUNG in München einen Fragebogen entwickelt, der regelmäßig von rund 200 000 Unternehmen ausgefüllt und vom ifo-Institut ausgewertet wird. Hier wird gefragt, wie die Unternehmer

(1) die gegenwärtige Geschäftslage beurteilen,
(2) die Veränderung gegenüber dem Vormonat beurteilen,
(3) welche Erwartungen sie für die nächsten sechs Monate haben.

Aus den Antworten wird ein Index für das Geschäftsklima für verschiedene Wirtschaftsbereiche errechnet. Abbildung 27.5 zeigt diesen Geschäftsklima-Index.

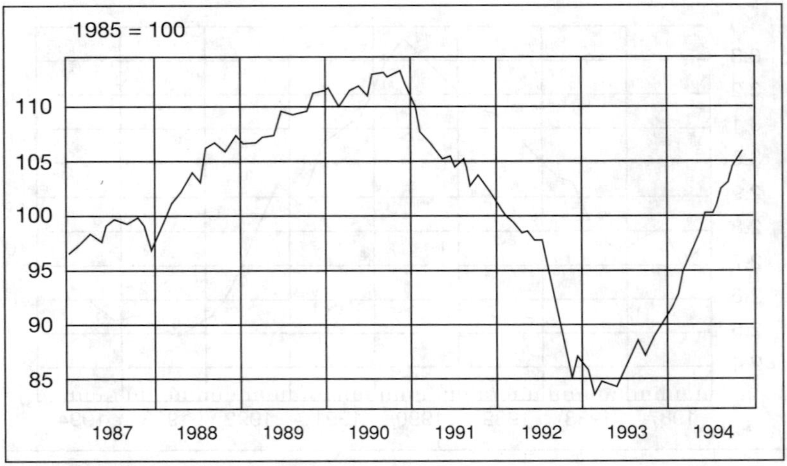

Abb. 27.5: Entwicklung des Geschäftsklimas
Quelle: ifo-Wirtschaftskonjunktur, Heft 12, 1994

Seit langem versucht man, Indikatoren zu finden, die zur Vorhersage künftiger Entwicklungen dienen können, ähnlich wie ein Barometer durch Anzeige von Luftdruckveränderung künftige Gut- bzw. Schlechtwetterperioden vorhersagen kann. Allerdings sind diese Versuche bisher kaum von Erfolg gekrönt. Man mag erwarten, daß der ifo-Indikator „Geschäftsklima" der tatsächlichen Entwicklung des Sozialprodukts ein wenig vorangeht, mithin als ein solches Barometer dienen könnte. Bei genauer Betrachtung des ifo-Index sind jedoch eine Reihe kleinerer Schwankungen festzustellen. Für einen Prognostiker ist es praktisch unmöglich, diese kleinen, bisweilen zufälligen Schwankungen von der Hauptbewegungsrichtung vorausschauend abzugrenzen. Daher ist auch dieser ifo-Indikator für Prognosezwecke nur sehr bedingt geeignet.

Gibt es ein Konjunkturbarometer?

Grundsätzlich muß man bedenken, daß der Wirtschaftsprozeß sich nicht nach Gesetzen richtet, die etwa denen der Physik oder Astronomie vergleichbar sind. Das Wirtschaftsgeschehen folgt allenfalls Gesetzmäßigkeiten, deren Richtung erkennbar ist. Niemals aber ist die Ursache-Wirkungs-Relation exakt berechenbar. Daher sind die Vorhersagen der Volkswirte nicht unfehlbar, aber meist zutreffender als die von Kartenlegerinnen (SAMUELSON).

Zur Problematik von Prognosen

3. Erklärung des Konjunkturzyklus

3.1 Grundmuster der Erklärungen

Die Erklärungen des Konjunkturzyklus sind zahlreich, doch sie stellen nicht unbedingt Gegensätze dar, vielmehr setzen die Vertreter bestimmter Theorien meist nur unterschiedliche Schwerpunkte. Der Leser erinnere sich an die Erläuterungen in der Einleitung, die gezeigt haben, wie schwierig es ist, eindeutige Erklärungen zu finden. Daher müssen oft mehrere Erklärungen akzeptiert werden. Wir werden uns aber bemühen, den Zusammenhang der verschiedenen Theorien sichtbar werden zu lassen. Um dem Leser die Einordnung der verschiedenen Erklärungsansätze zu erleichtern und den roten Faden sichtbar werden zu lassen, sei zunächst das Grundmuster der Erklärungen beschrieben.

Erklärungen des Konjunkturzyklus sind zahlreich

Beobachtete Konjunkturschwankungen vollziehen sich im Rahmen einer wachsenden Wirtschaft, also in einer Wirtschaft, in der der Produktionsapparat (Kapitalstock) durch Nettoinvestitionen laufend verbessert und erweitert wird. Wenn wir auch erst im 28. Kapitel die Probleme des Wachstums erörtern, so müssen wir hier doch vor dem Hintergrund einer wachsenden Wirtschaft argumentieren, weil die Schwankungen der wirtschaftlichen Aktivität zum großen Teil durch das Wachstum hervorgerufen werden. Wir beziehen Veränderungen des Produktionsapparates in die Analyse ein und machen hier eine mittelfristige Analyse.

Konjunkturschwankungen im Rahmen einer wachsenden Wirtschaft

Der notwendige Kapitalstock hängt von der Höhe der Produktion ab

Es ist denkbar, daß sich eine Volkswirtschaft störungsfrei entwickelt, d. h. z. B. jährlich konstant um 5 % wächst. Auf Grund der **Labilität der Investitionen** ist ein solches gleichgewichtiges Wachstum allerdings sehr unwahrscheinlich. Der „gleichgewichtige Wachstumspfad“ ist, bildlich gesprochen, sehr schmal, und bei Abweichungen von diesem Pfad verstärken sich erfahrungsgemäß zunächst die Abweichungen, schwächen sich dann aber ab und führen schließlich zu einer Umkehrung, die allerdings wieder über das Ziel hinausschießt. Es ist also die Vorstellung eines Korridors angemessen, innerhalb dessen sich die Schwankungen der wirtschaftlichen Aktivität zunächst verstärken, schließlich aber eine Umkehrung erfahren. Man kann auch sagen, daß zunächst destabilisierende Elemente, schließlich aber stabilisierende Elemente überwiegen.

Will man diese Schwankungen innerhalb des Korridors erklären, so ist es zweckmäßig, sich daran zu erinnern, daß die Produktionstätigkeit der Unternehmen einerseits von der gesamtwirtschaftlichen Nachfrage der Privaten, andererseits von Löhnen, Zinsen und Preisen abhängt und daß schließlich die wirtschaftliche Aktivität des Staates einen großen Einfluß auf den Ablauf des Wirtschaftprozesses ausübt. Es muß dann geklärt werden, warum diese Größen zyklisch schwanken.

3.2 Wachstum auf des Messers Schneide

Zwischen der Höhe des Volkseinkommens und des zu seiner Produktion notwendigen Bestandes an Maschinen und Anlagen, dem sogenannten Kapitalstock, besteht ein relativ fester Zusammenhang. So wie der Maschinenbestand einer Fabrik von der Höhe der durchschnittlichen jährlichen Produktionsmenge abhängt, so hängt auch der Kapitalstock eines Landes von der durchschnittlichen jährlichen Gesamtproduktion ab. Das Verhältnis von Kapitalstock zu jährlicher Produktionsmenge bezeichnet man als **Kapitalkoeffizient.**

$$\text{Kapitalkoeffizient } (k) = \frac{\text{Kapitalstock } (K)}{\text{Volkseinkommen } (Y)}$$

Dabei gilt, daß der Kapitalstock praktisch immer größer ist als die jährliche Produktion. Dies wird plausibel, wenn man bedenkt, daß sich kaum eine Maschine innerhalb eines Jahres amortisiert. In modernen Volkswirtschaften kann ein Kapitalstock im Werte von 1000,– DM jährlich etwa Güter im Werte von 250,– bis 500,– DM produzieren, d. h. der Kapitalkoeffizient liegt in solchen Volkswirtschaften zwischen 2 und 4[2]).

Eine Investition erhöht Kapitalstock und Nachfrage

Wenn nun investiert wird, dann erhöht sich der Kapitalstock um den Betrag der Nettoinvestition, also um den Teil der Gesamtinvestition, der den Ersatz verbrauchter Maschinen übersteigt, und die **Produktionskapazität** nimmt nach Maßgabe des Kapitalkoeffizienten zu. Ist der Kapitalkoeffizient $k = 2$, wovon wir im folgenden ausgehen wollen, dann erhöht sich die Produktionskapazität um die Hälfte der Nettoinvestition. Zugleich stellt die Bruttoinvestition eine Komponente der gesamtwirtschaftlichen **Nachfrage**

2) Für die Bundesrepublik Deutschland liegt der Kapitalkoeffizient derzeit bei 2,8. Vgl. Zahlen zur wirtschaftlichen Entwicklung der Bundesrepublik Deutschland 1995, Institut der deutschen Wirtschaft.

dar, deren Auswirkung auf die Höhe des Volkseinkommens durch das Multiplikatorprinzip beschrieben wird (vgl. Kapitel 12).

Investitionen haben also einen Kapazitäts- und einen Nachfrageeffekt, und das entscheidende Problem für die konjunkturelle Entwicklung liegt darin, daß Kapazitäts- und Nachfrageeffekt sich normalerweise nicht zur gleichen Zeit in gleicher Höhe entfalten.

Ein Beispiel für ein ungleichgewichtiges Wachstum

Wählen wir zur Illustration ein einfaches Beispiel: Die Konsumfunktion sei C = 0,8 Y, und jährlich wird ein Betrag von 100 investiert. (Wir sehen hier von einem Verschleiß der Maschinen ab, so daß Bruttoinvestition = Nettoinvestition ist, und vernachlässigen zur Vereinfachung die wirtschaftliche Aktivität des Staates und des Auslands.) Dieser Konstellation entspricht ein Gleichgewichtsvolkseinkommen von $Y = \frac{1}{1-b} = \frac{100}{0,2} = 500$, und bei einem Kapitalkoeffizienten von k = 2 erfordert die Produktion des Gleichgewichtsvolkseinkommens einen Kapitalstock von 1000. Der Leser wird merken, daß ein solches kurzfristiges Gleichgewicht nicht von Dauer sein kann, weil Kapitalstock und Produktionskapazität laufend zunehmen, die Nachfrage und mithin die Produktion aber konstant bleiben. Dies zeigt Tabelle 27.1.

Tab. 27.1: Entwicklung des Kapitalstocks und des Volkseinkommens bei konstanter Nettoinvestition

Periode	Kapitalstock	Kapazität	Volkseinkommen	Nettoinvestition	Konsum	„Lücke"
0	1.000	500	500	100	400	0
1	1.100	550	500	100	400	– 50
2	1.200	600	500	100	400	–100
.	.	.	.	.	.	.
.	.	.	.	.	.	.
.	.	.	.	.	.	.

Die in der Tabelle dargestellte Entwicklung ist in der Praxis undenkbar: Unternehmen investieren nicht, wenn eine „Lücke" zwischen Nachfrage und Produktionskapazität klafft, die zudem von Jahr zu Jahr zunimmt. Damit erhebt sich die Frage, ob es überhaupt eine Möglichkeit gibt, den Kapazitäts- und Einkommenseffekt einer Investition in Einklang zu bringen.

Wir wollen diese Frage zunächst allgemein beantworten und anschließend anhand einiger Tabellen illustrieren.

Wenn im Ausgangsgleichgewicht, in dem das Angebot an Sozialproduktsgütern gleich der Nachfrage nach dem Sozialprodukt ist, eine Nettoinvestition I vorgenommen wird, so erhöht sich die Produktionskapazität der Volkswirtschaft um $\frac{1}{k} \cdot I$. Die Nachfrage muß um denselben Betrag, also ebenfalls um $\frac{1}{k} \cdot I$ steigen, damit keine unausgenutzten Kapazitäten entstehen, die die Unternehmen zu einer Verminderung ihrer Investitionen veranlassen würden. Aus Kapitel 12 wissen wir, daß das produzierte und angebotene Sozialprodukt, das im Gleichgewicht der Nachfrage nach Sozialproduktsgütern entspricht, bei gegebenem Konsumverhalten der Haushalte (d.h. bei gegebener Konsumfunktion) allein durch die Höhe der Investitionen bestimmt wird. Läßt man, wie in der obigen Konsumfunktion $C = 0{,}8\ Y$, den autonomen Konsum unberücksichtigt, so bestimmt sich das Gleichgewichtseinkommen und damit die Nachfrage im Gleichgewicht gemäß der Formel:

$$\text{Nachfrage} = \text{Produziertes Sozialprodukt}$$

$$= \frac{1}{1-b} \cdot \text{Nettoinvestition.}$$

Verändert sich die Nettoinvestition, so verändern sich Gleichgewichtsproduktion und Gleichgewichtsnachfrage wie in der Multiplikatoranalyse gezeigt:

Veränderung der Nachfrage = Veränderung des produzierten Sozialproduktes

$$\Delta N = \frac{1}{1-b} \cdot \Delta I$$

Damit die Kapazitäten immer ausgelastet sind, muß bei einer Nettoinvestition von I die Nachfrage um $\frac{1}{k} \cdot I$ steigen. Das ist der Fall, wenn

$$\frac{1}{k} \cdot I = \frac{1}{1-b} \cdot \Delta I$$

Daraus ergibt sich:

$$\frac{1}{1-b} \cdot k = \frac{I}{\Delta I} \quad \text{bzw. als Kehrwert}$$

$$\frac{1-b}{k} = \frac{\Delta I}{I} = \text{Wachstumsrate von I.}$$

Wann herrscht gleichgewichtiges Wachstum?

Die zusätzlichen, durch eine Nettoinvestition geschaffenen Kapazitäten werden also nur dann durch eine entsprechende Nachfrage ausgefüllt, wenn die Investitionen ständig mit einer Rate wachsen, die gleich ist der Grenzsparquote (1-b) geteilt durch den Kapitalkoeffizienten k. Es herrscht dann **gleichgewichtiges Wachstum.**

Ist also z. B. die Grenzkonsumquote $b = 0{,}8$ und der Kapitalkoeffizient $k = 2$, so ergibt sich eine gleichgewichtige Wachstumsrate von

$$\frac{0{,}2}{2} = 0{,}1 = 10\,\%$$

Die Investitionen müßten also jährlich um 10 % wachsen, damit nie eine Lücke zwischen Produktionskapazität und Nachfrage klafft.

Die folgenden Tabellen illustrieren dieses Ergebnis. Wir gehen dabei, wie bisher, von einer Grenzkonsumquote von 0,8 und einem Kapitalkoeffizienten von 2 aus.

Tab. 27.2: Gleichgewichtiges Wachstum

Periode	Kapitalstock	Kapazität	Volkseinkommen	Nettoinvestition	Konsum	„Lücke"
0	1.000	500	500	100	400	0
1	1.100	550	550	110	440	0
2	1.210	605	605	121	484	0
3	1.331	665,5	665,5	133,1	532,4	0
.	.	.	.	.	.	.
.	.	.	.	.	.	.
.	.	.	.	.	.	.

Alle Größen müssen bei den angenommenen Werten von Grenzkonsumquote und Kapitalkoeffizient also jährlich um 10 % wachsen, damit die Lücke zwischen Nachfrage und Kapazität immer Null ist.

Der Leser kann sich vorstellen, daß es bloß ein Zufall sein kann, wenn tatsächlich alle Größen mit der gleichen gleichgewichtigen Rate wachsen. Jede kleine Abweichung bringt den Prozeß aus dem Gleichgewicht, man spricht sehr plastisch von einem **„Wachstum auf des Messers Schneide"**. Dies zeigt Tabelle 27.3, die im Prinzip eine Fortsetzung von Tabelle 27.2 ist. Nur wird jetzt angenommen, daß in Periode 4 die Investition nicht mehr um 10 %, sondern nur um gut 5 % von 133,1 auf 140 wächst und dann jährlich mit 5 % zunimmt; die Konsumfunktion bleibt $C = 0{,}8\,Y$.

Wachstum auf des Messers Schneide

Tab. 27.3: Ungleichgewichtiges Wachstum

Periode	Kapitalstock	Kapazität	Volkseinkommen	Nettoinvestition	Konsum	„Lücke"
4	1.464	732	700	140	560	– 32
5	1.604	802	735	147	588	– 67
6	1.751	876	770	154	616	–106
7	1.905	953	809	162	647	–144
.	.	.	.	.	.	.
.	.	.	.	.	.	.
.	.	.	.	.	.	.

Tabelle 27.3 zeigt, daß das Unterschreiten der gleichgewichtigen Wachstumsrate sofort zu einer Lücke zwischen Nachfrage und Produktionskapazität führt und daß diese Lücke im Zeitablauf zunimmt. Es entsteht die paradoxe Situation, daß Überkapazitäten entstehen, weil zu wenig neue Kapazität geschaffen (sprich investiert) wurde. Das Gegenteil würde eintreten, wenn die tatsächliche Wachstumsrate einmal größer als die gleichgewichtige Wachstumsrate sein sollte. In diesem Fall würde die vorhandene Kapazität nicht mehr ausreichen, weil zuviel neue Kapazität errichtet (sprich investiert) werden soll.

Investitionsparadoxon

Abweichungen vom Pfad des gleichgewichtigen Wachstums verstärken sich zunächst

Der Pfad des gleichgewichtigen Wachstums gleicht also insoweit einer Gratwanderung, bei der eine Abweichung vom rechten Weg sich **selbst verstärkt.** Solche Entwicklungen – wie z. B. in Tabelle 27.3 dargestellt – laufen in der Praxis indes nicht endlos in dieser Form weiter. Wie schon in Abschnitt 3.1 dieses Kapitels angedeutet, gibt es Mechanismen, die verhindern, daß die Abweichung vom Gleichgewichtspfad zu einem Absturz führt, die also eine Umkehrung einer einmal eingetretenen Entwicklung des Volkseinkommens bewirken. Mit einigen besonders bedeutsamen Mechanismen dieser Art,

Mögliche Umkehrmechanismen

- der Verbindung von Multiplikator- und Akzelerationsprinzip,
- dem Beharrungsvermögen des Konsums und
- den Schwankungen der Gewinne,

wollen wir uns im folgenden beschäftigen. Daneben ist das aktive Eingreifen des Staates in den Wirtschaftsablauf geeignet, eine Abweichung vom „rechten Pfad" zu korrigieren oder hervorzurufen.

3.3 Verbindung von Multiplikator- und Akzelerationsprinzip

Offenbar ist die in Tabelle 27.1 bzw. 27.3 dargestellte Entwicklung auf die Dauer undenkbar: Unternehmen führen keine Kapazitätserweiterung durch, wenn die vorhandenen Kapazitäten nicht ausgelastet sind. Hier ist daran zu erinnern, daß zwischen der Höhe des Volkseinkommens und des zu seiner Produktion notwendigen Kapitalstocks eine relativ feste Beziehung besteht. Wenn das Volkseinkommen zunimmt, dann muß auch der Kapitalstock zunehmen (wenn vorher die Kapazitäten ausgelastet waren), und wenn das Volkseinkommen abnimmt, dann wird auch der gewünschte Kapitalstock abnehmen. Nun ist die Veränderung des Kapitalstocks gerade die Nettoinvestition, so daß wir formulieren können: Die gewünschte Nettoinvestition (I) hängt ab von der Veränderung des Volkseinkommens (ΔY):

$$I = f(\Delta Y)$$

Dies ist die Aussage des **Akzelerationsprinzips** („Beschleunigungsprinzips").[3] Wir haben im 12. Kapitel gesagt, daß das Akzelerationsprinzip nicht allein zur Erklärung der Investitionstätigkeit herangezogen werden kann, daß auch Zinsen, Gewinne, Erwartungen usw. eine wesentliche Rolle spielen. Da wir aber nicht alle Faktoren gleichzeitig berücksichtigen können, beschränken wir uns hier modellhaft auf das Akzelerationsprinzip.

Der entscheidende Punkt des Akzelerationsprinzips ist ein wenig verwirrend: Die Nettoinvestition hängt ab von der **Veränderung** des Volkseinkommens, und wenn die Veränderung zunimmt, nimmt die Nettoinvestition zu, und wenn die Veränderung abnimmt, nimmt die Nettoinvestition ab. Ein Beispiel soll dies klarmachen:

Die Nettoinvestition hängt von der Veränderung des Volkseinkommens ab

Steigt das Volkseinkommen um 100, dann beträgt die erwünschte Nettoinvestition 200 (bei einem Kapitalkoeffizienten von 2); steigt das Volkseinkommen nur um 50, dann ist die erwünschte Nettoinvestition 100, sie hat also abgenommen.

Wenn umgekehrt das Volkseinkommen um 100 sinkt, dann ist die erwünschte Nettoinvestition –200, sinkt das Volkseinkommen nur um 50, dann ist die erwünschte Nettoinvestition –100, also zwar weiterhin negativ, aber sie hat zugenommen (–100 ist ja größer als –200). Steigt das Volkseinkommen also mit abnehmender Wachstumsrate, so sinkt die Nettoinvestition, und sinkt das Volkseinkommen mit abnehmender Rate, so steigt die Nettoinvestition.

Dieser Zusammenhang ist ein Mechanismus, der zusammen mit dem Multiplikatorprinzip die zyklischen Schwankungen der wirtschaftlichen Aktivität erklären kann. Man kann sich dies etwa folgendermaßen vorstellen:

Das Akzelerationsprinzip kann zusammen mit dem Multiplikatorprinzip die zyklischen Schwankungen der wirtschaftlichen Aktivität erklären

> Steigt das Volkseinkommen in der Aufschwungphase, so erfolgt nach dem Akzelerationsprinzip eine Erhöhung der Investitionsgüternachfrage, die nach dem Multiplikatorprinzip eine Erhöhung der Konsumausgaben bewirkt. Dieser Prozeß wird sich zunächst „aufschaukeln", weil eine Erhöhung der Investition die Konsumausgaben steigert und dies dann wiederum zu einer Zunahme der Investitionstätigkeit führt usw.

---

[3]) Eine spezielle Akzelerationsbeziehung läßt sich aus der Bestimmungsgleichung für den Kapitalkoeffizienten herleiten:

$$k = \frac{\text{Kapitalstock}}{\text{Volkseinkommen}}$$

daraus folgt:
Kapitalstock = k · Volkseinkommen; daraus folgt
Veränderung des Kapitalstocks = k · Veränderung des Volkseinkommens
bzw. $I = k \cdot \Delta Y$
Hier wird der Kapitalkoeffizient zum Akzelerator.

Da das Multiplikatorprinzip aber mit abnehmender Beschleunigung funktioniert (der Leser denke an das Beispiel des Autos, das bei durchgedrücktem Gaspedal die Endgeschwindigkeit mit abnehmender Beschleunigung erreicht), werden die Investitionsausgaben nach dem Akzelerationsprinzip irgendwann abnehmen. Die Verringerung der Investitionsausgaben führt dann nach dem Multiplikatorprinzip zu einer Abnahme des Volkseinkommens, die ihrerseits eine weitere Verringerung der Investition und schließlich sogar eine negative Nettoinvestition bewirkt. Der Prozeß verstärkt sich zunächst in der Abschwungphase, doch schließlich verlangsamt sich der Rückgang der wirtschaftlichen Aktivität, und dies erhöht nach dem Akzelerationsprinzip bereits wieder die Investitionstätigkeit.

Die nachfolgend wiedergegebene Computer-Simulation (vgl. Tabelle 27.4) zeigt zyklische Schwingungen, die durch den Akzelerator-Multiplikator-Prozeß hervorgerufen werden können. Folgende Annahmen liegen der Rechnung zugrunde:

- Es existieren nur die Nachfragekomponenten privater Konsum und private Investitionen.
- Der private Konsum besteht nur aus dem einkommensabhängigen (induzierten) Konsum (C^i), vom autonomen Konsum wird abgesehen. Der laufende Konsum hängt ab vom Volkseinkommen der Vorperiode (sog. ROBERTSON-Lag).
- Die privaten Investitionen setzen sich zusammen aus Investitionen, die unabhängig von Niveau und der Veränderung der Nachfrage sind („autonome" Investitionen I^a), und aus Investitionen, die sich als Reaktion auf die Veränderung der Konsumnachfrage zwischen der laufenden und der Vorperiode ergeben („induzierte" Investitionen I^i).
- Das Güterangebot befriedigt in jeder Periode die Güternachfrage.
- Ausgehend von einem Gütermarktgleichgewicht in Periode 1 erhöhen sich in der Periode 2 einmalig die autonomen Investitionen, sinken aber in Periode 3 wieder auf ihr Ursprungsniveau ab.

Die relevanten Vorgänge seien für die Tabelle 27.4, in der sich Konjunkturzyklen mit abnehmender Schwingungsbreite ergeben, kurz beschrieben.

In Periode 1 (t = 1) herrscht ein Gleichgewichtseinkommen (= Gleichgewichtssozialprodukt) von 2000, das in Höhe von je 1000 konsumtiv und investiv verwendet wird. In Periode 2 ergibt sich (aus hier nicht untersuchten Gründen) eine einmalige Erhöhung der autonomen Investitionen auf 1500 (vgl. Spalte 6). Die damit verbundene Erhöhung der Nachfrage erhöht in derselben Periode das Sozialprodukt (vgl. Spalte 7). Die Sozialproduktserhöhung von 500 in Periode 2 erhöht in der Periode 3 den Kon-

Tab. 27.4: Zyklische Entwicklung des Sozialprodukts mit abnehmenden Schwingungen bei einer Grenzkonsumquote von 0,5 und einem Akzelerator von 1,5

t	$C_t^i - C_{t-1}^i$	C_t^i	$I_t^i - I_{t-1}^i$	I_t^i	I_t^a	Y_t
(1)	(2)	(3)	(4)	(5)	(6)	(7)
1	0	1000	0	0	1000	2000
2	0	1000	0	0	1500	2500
3	250	1250	375	375	1000	2625
4	63	1313	−281	94	1000	2406
5	−109	1203	−258	−164	1000	2039
6	−184	1020	−111	−275	1000	1744
7	−147	872	54	−221	1000	1651
8	−47	825	151	−70	1000	1755
9	52	878	148	78	1000	1956
10	100	978	72	151	1000	2129
11	86	1064	−21	129	1000	2194
12	33	1097	−81	49	1000	2146
13	−24	1073	−85	−36	1000	2037
14	−54	1018	−46	−82	1000	1937
15	−50	968	7	−75	1000	1893
16	−22	947	42	−33	1000	1914
17	10	957	48	16	1000	1973
18	29	986	28	44	1000	2030
19	29	1015	−1	43	1000	2058
20	14	1029	−22	21	1000	2050
21	−4	1025	−27	−6	1000	2019
22	−16	1010	−17	−23	1000	1986
23	−16	993	−1	−25	1000	1968
24	−9	984	11	−13	1000	1971
25	1	985	15	2	1000	1987
26	8	994	10	12	1000	2006
27	9	1003	2	14	1000	2017
28	5	1008	−6	8	1000	2017
29	0	1008	−8	0	1000	2008
30	−4	1004	−6	−6	1000	1998
31	−5	999	−1	−8	1000	1991
32	−3	995	3	−5	1000	1990
33	0	995	5	0	1000	1995
34	2	997	4	3	1000	2001
35	3	1000	1	4	1000	2005
36	2	1002	−1	3	1000	2005
37	0	1003	−3	0	1000	2003
38	−1	1002	−2	−2	1000	2000
39	−2	1000	−1	−2	1000	1998
40	−1	999	1	−2	1000	1997
41	0	998	1	0	1000	1998
42	1	999	1	1	1000	2000
43	1	1000	1	1	1000	2001
44	1	1001	0	1	1000	2002
45	0	1001	−1	0	1000	2001
46	0	1001	−1	0	1000	2000
47	0	1000	0	−1	1000	1999
48	0	1000	0	−1	1000	1999

sum um 250 (vgl. Spalte 2 und 3). Außerdem bewirkt die Erhöhung des Konsums zwischen Periode 2 und Periode 3 wegen der Wirksamkeit des Akzeleratorprinzips induzierte Investitionen in Höhe des 1,5fachen der Konsumänderung, also von 375 (vgl. Spalte 5). Da die zusätzlichen autonomen Investitionen in Periode 3 wieder entfallen, beträgt die Nachfrageänderung insgesamt 125 (250 + 375 – 500), wodurch das produzierte Sozialprodukt von 2500 auf 2625 steigt (vgl. Spalte 7). Die Sozialproduktsänderung in Periode 3 führt in Periode 4 zu einer erneuten Zunahme der Konsumnachfrage, die sich aber nur noch auf (aufgerundet) 63 beläuft. Wegen dieser Abnahme der Konsumänderung beträgt die induzierte Investition in Periode 4 nur (abgerundet) 94. Gegenüber Periode 3 ergibt sich damit insgesamt ein Nachfragerückgang, so daß das Sozialprodukt abnimmt. Diese Abnahme des Volkseinkommens induziert in Periode 5 eine Abnahme des Konsums usw.

In Abhängigkeit von den Werten, die für die Grenzkonsumquote und den Akzelerator angenommen werden, ergeben sich die in den Tabellen 27.4 dargestellten zyklischen Schwankungen des Sozialproduktes.

3.4 Beharrungsvermögen der Konsumausgaben

Die Abweichungen vom rechten Pfad werden geringer, wenn es Ausgaben gibt, die im Aufschwung langsamer wachsen und im Abschwung langsamer sinken als das Volkseinkommen. Gelegentlich reagieren die Exporte in dieser Weise, sehr häufig die Konsumausgaben der privaten Haushalte.

Stabilisierungswirkung durch starre Konsumgewohnheiten

Zum einen sind die Konsumgewohnheiten der Verbraucher von einem gewissen **Beharrungsvermögen** geprägt: Bei steigendem Einkommen werden die Konsumausgaben in der Regel nicht sofort proportional erhöht, es braucht vielmehr eine gewisse Zeit, sich auf einen neuen Lebensstandard einzustellen. So wird man sich z. B. vernünftigerweise erst in Ruhe umsehen und die bisherige Wohnung kündigen, bevor man sich ein Haus kauft; so wird man die alten Möbel vielleicht noch eine Zeitlang nutzen, bevor man sich bessere kauft usw. Umgekehrt braucht es ebenfalls eine gewisse Zeit, seine Ausgaben bei einem Einkommensrückgang einzuschränken; zunächst wird der durchschnittliche Haushalt versuchen, seinen Lebensstandard durch verringertes Sparen bzw. durch Rückgriff auf sein Vermögen aufrechtzuerhalten.

Zum anderen sind die Konsumausgaben im Konjunkturzyklus deshalb relativ starr, weil die **Verteilung** des Volkseinkommens auf Löhne und Gewinne eine Änderung erfährt. Löhne schwanken im Konjunkturzyklus weniger stark als die Gewinne: Im Aufschwung hinken die Löhne hinter der Gewinnentwicklung her (Lohn-Lag), im Abschwung ist es umgekehrt. Dies liegt im wesentlichen daran, daß Löhne in Tarifvereinbarungen für einen Zeitraum von meist einem Jahr festgelegt werden und daß Gewerkschaften die im Aufschwung steigenden Gewinne nicht vorhersehen können. Wenn sich dann hinterher herausstellt, daß die Gewinne stärker gestiegen sind als die Löhne, versuchen die Gewerkschaften dies im nächsten Tarifvertrag zu berücksichtigen, hinken aber bei weiter steigenden Gewinnen zunächst weiter hinterher. Umgekehrt versuchen Gewerkschaften im Abschwung ein einmal erreichtes Lohnniveau zu halten. Da Lohnempfänger im Durchschnitt einen größeren Anteil ihres Einkommens für Konsumzwecke ausgeben als Gewinnempfänger, wird auch aus diesem Grund die Konsumnachfrage im Aufschwung langsamer steigen und im Abschwung langsamer sinken als das Volkseinkommen.

Ein solches verzögertes Steigen bzw. Sinken der Konsumausgaben bewirkt, daß sich die Entwicklung der Investitionsausgaben nach dem Akzelerationsprinzip umkehrt: Im Aufschwung beginnen sie eher zu fallen, im Abschwung eher zu steigen.

3.5 Schwankungen der Gewinne

Während das Beharrungsvermögen der Konsumausgaben die Umkehrung auf Grund des Akzelerationsprinzips beschleunigt, kann die Entwicklung von Löhnen, Zinsen, Preisen und letztlich Gewinnen für die Investitionstätigkeit einen Umkehrmechanismus eigener Art begründen, sozusagen einen Gewinn-Akzelerator. Hier gehen wir also auf die Gewinnabhängigkeit der Investitionen ein. Warum schwanken die Gewinne?

Preise verändern sich unterschiedlich

Einmal können im Aufschwung, wenn sehr viele Firmen eine Kapazitätserweiterung planen, die Investitionsgüterpreise stärker steigen als die Konsumgüterpreise. (Die Konsumausgaben weisen ja ein gewisses Beharrungsvermögen auf.) Damit sinken (bzw. steigen weniger rasch) die Gewinne in der Konsumgüterindustrie, wodurch die Investitionen in diesem Bereich der Volkswirtschaft gebremst werden können.

Zinsen und …

Zum anderen können im Aufschwung die Zinsen auf Grund der starken Kreditnachfrage steigen, die Finanzierungskosten nehmen zu und die Gewinne geraten unter Druck, wenn höhere Zinskosten nicht in den Preisen weitergegeben werden können. Auch hier können sich negative Auswirkungen auf die Investitionen ergeben.

… Löhne verändern sich

Schließlich können am Ende der Aufschwungphase Arbeitskräfte knapp werden und die Gewerkschaften Lohnerhöhungen leichter durchsetzen: Die Gewinnzunahme verlangsamt sich, und damit vermindert sich die Investitionsbereitschaft.

Eine Reihe von Faktoren kann mithin begründen, daß die Gewinnerhöhungen der ersten Aufschwungphasen – und damit die Investitionen – eine Verlangsamung erfahren.

Tritt eine solche Verlangsamung erst einmal auf, so kann sie sich sehr leicht selbst verstärken: Weiter steigende Zinsen und Löhne lassen die Gewinnspanne schrumpfen, schließlich wird die gewinnabhängige Investitionstätigkeit eingeschränkt und die Abschwungphase eingeleitet. Im

Abschwung verläuft die Entwicklung im Prinzip umgekehrt: Investitionsgüterpreise sinken im Verhältnis zu den relativ starren Konsumgüterpreisen, Zinsen sinken, und Lohnerhöhungen sind schließlich schwerer durchsetzbar. Diese Entwicklung kann den Abschwung bremsen und nach Überwindung der Krise wieder zum Aufschwung führen.

3.6 Schumpeters Konjunkturerklärung

Joseph A. SCHUMPETER (1883–1950) unterschied zwischen der **Invention** (Erfindung, Entdeckung und Entwicklung neuer Güter, neuer Prozesse oder neuer Methoden) und der **Innovation** (kommerzielle Verwertung der Erfindungen in den Unternehmen). Während die Inventionen gleichmäßig erfolgen, werden sich Innovationen in zyklischen Schwankungen ausbreiten. Der Grund liegt darin, daß die Menschen von Natur aus konservativ sind und zögern, neue Methoden zu übernehmen, solange sie nicht erprobt sind. Einige mutige „Pionierunternehmer" sind hingegen bereit, neue Inventionen zu erproben und der Entwicklung den Weg zu weisen. Als Lohn winken ihnen hohe „Pioniergewinne". Dadurch angelockt, folgen die anderen Unternehmer (Imitation). Es beginnt eine zunehmende Investitionstätigkeit, die über den Multiplikatorprozeß bis hin zum Boom führt.

Innovationen durch den Pionierunternehmer

Das Ende des Aufschwunges ist dann erreicht, wenn die neuen Anlagen erstellt sind und die Investitionstätigkeit wieder nachläßt. Dann wird die Nachfrage sinken. Die Preise und Gewinne aus den neuen Anlagen gehen zurück. Eine allgemein pessimistische Stimmung breitet sich aus, und die Wirtschaft gleitet in Abschwächung und Rezession. Der Motor der wirtschaftlichen Entwicklung und des technischen Fortschritts ist zugleich die Kraft, die die zyklischen Schwankungen der wirtschaftlichen Aktivität in Marktwirtschaften entstehen läßt.

Nachahmer bremsen die Gewinnentwicklung

3.7 Staatliche Wirtschaftspolitik

In den vorangehenden Abschnitten dieses Kapitels sind einige Mechanismen beschrieben worden, die konjunkturelle Bewegungen hervorrufen können. Damit ist jedoch die kontroverse Frage, ob eine Marktwirtschaft notwendig solchen konjunkturellen Schwankungen unterliegt, nicht beantwortet. Wie im 13. Kapitel beschrieben, setzt die Neue Klassische Makroökononomik auf die Stabilität des privaten Sektors. In der Realität zu beobachtende Zyklen sind nach dieser Auffassung in erster Linie auf staatliche Eingriffe in den Wirtschaftsprozeß zurückzuführen **(Interventionszyklen).** Diese Auffassung wird in dem nachfolgenden Zitat näher beschrieben, in dem angenommen wird, daß der Zyklus mit steigenden Preisen beginnt:

Zyklische Bewegungen in der Marktwirtschaft?

„Schließlich wird die steigende Inflationsrate als unerträglich empfunden, was zu kontraktiven Maßnahmen veranlaßt. Diese drosseln jedoch nur die Erlöse der Unternehmungen, nicht aber ihre Kosten, da die Faktorpreise

– insbesondere die Löhne – nach unten hin starr sind. Sobald aber die Kosten nicht mehr gedeckt werden, bleibt nur der Ausweg, die Beschäftigung zurückzunehmen. Diese einsetzende Arbeitslosigkeit ändert die Erwartungen der Bürger, die nun vorsichtig disponieren, was sich in erhöhter Kassenhaltung niederschlägt. Beide Verhaltensweisen lassen den Geldkreislauf schrumpfen und verletzen das Vollbeschäftigungspostulat, so daß das wirtschaftspolitische Instrumentarium bald wieder expansiv eingesetzt werden muß, um die Arbeitslosigkeit zu absorbieren. Die Expansionsmaßnahmen lassen aber erst dann die Konjunktur anspringen, wenn die Bürger erneut ihre Erwartungen geändert haben: Von ihrer zurückhaltenden Ausgabendisposition lassen sie erst ab, wenn ein gewisser Beschäftigungsanstieg sichtbar geworden ist. Im Verlauf des Abbaus ihrer überhöhten Kassenbestände weitet sich dann die Gesamtnachfrage schnell aus, bis schließlich der nicht aufgelöste inflationäre Kostensockel der voraufgegangenen Talfahrt überspült wird und die Wirtschaft auf breiter Front expandiert. Das verstärkt dann erneut den Inflationstrend, bis das Spiel von neuem beginnt.

Was somit die praktische Wirtschaftspolitik betrifft, hat der Keynesianismus einen „neuen Konjunkturzyklus" kreiert: Die Inflation zu bekämpfen, erfordert das „Stop", die drohende Arbeitslosigkeit zu vermeiden oder die eingetretene abzubauen, das „Go". Dadurch kommt ein künstlicher Zyklus mit zwangsläufiger Abfolge zustande, den man schlicht als Interventionszyklus bezeichnen kann." (BESTERS, Hans, „Keynes im Licht der Erfahrungen der Nachkriegszeit". Wirtschaftsdienst, 1976, Heft VII, S. 335.)

Interventionszyklen

Nun ist unzweifelhaft, daß die Politik der Nachfragesteuerung zur Vermeidung konjunktureller Ausschläge zunehmend skeptisch beurteilt wird: „Im Rückblick auf die im Zeichen der nachfrageorientierten Stabilitätspolitik stehenden 60er und 70er Jahre erscheinen die praktischen Ergebnisse der Globalsteuerung wenig ermutigend: Das wiederholte ‚stop and go' hat in der Bundesrepublik Deutschland wie anderswo nicht zu mehr Stabilität, sondern offenbar zum Aufschaukeln von Inflation und Arbeitslosigkeit geführt. ... Diese Entwicklung geht auf eine Reihe von Konstruktionsfehlern der antizyklischen Nachfragesteuerung zurück, die auch von keynesianisch orientierten Ökonomen gesehen werden:

– Die theoretisch postulierte Rückführung des zur Rezessionsbekämpfung herbeigeführten Anstiegs von Staatsausgaben- und Staatsschuldenquote stieß praktisch auf politischen Widerstand. Das zyklusdurchschnittliche Anwachsen der Defizitquote ließ den staatlichen Schuldendienst zu Lasten der Investitionsausgaben anwachsen. Die aufkommenden Zweifel an der Wiederholbarkeit der antizyklischen Therapie, verbunden mit der Erwartung künftiger Steuererhöhungen, dämpfte die Ausgabeneigung der Privaten, so daß zusätzlicher fiskalpolitischer Handlungsbedarf entstand.

Probleme der Nachfragesteuerung

– Stabilitätspolitisch primär an den Komponenten der volkswirtschaftlichen Gesamtnachfrage anzusetzen, wurde fragwürdig, als strukturelle

Probleme, nicht aber Anzeichen einer allgemeinen Nachfrageschwäche in den Vordergrund rückten. Unzureichender Strukturwandel und nachlassende Wachstumsdynamik bedeuteten, daß sich die Erfolgsaussichten für die Nachfragesteuerung verschlechtern mußten und die Lösung der angebotsseitigen Probleme verzögert wurde.

– Die antizyklische Geld- und Fiskalpolitik lief Gefahr, die Wirtschaft entgegen der eigenen Absicht zu destabilisieren, sobald Haushalte und Unternehmer ihre Inflations- und Politikillusion verloren und immer weniger nach jenem Verhaltensmuster auf expansive und kontraktive Maßnahmen reagierten, das der theoretischen Wirkungsanalyse der Globalsteuerung zugrunde liegt.

– Schließlich erwiesen sich in einer Zeit, in der Anpassungsfähigkeit besonders gefordert war, Größe und Beharrungsvermögen des Staatssektors als schwere Hypothek, während die von der öffentlichen Neuverschuldung über das jeweils geldpolitisch induzierte Maß hinaus hochgehaltenen (Real-)Zinsen privatwirtschaftliche Investitionen erschwerten, die doch Voraussetzung für eine rasche Umstrukturierung des Produktionsapparates waren. Mehr noch, die Unternehmen legten ihre Eigenmittel, statt sie zu investieren, in renditeträchtigen Staatsschuldtiteln an." (CASSEL, D.: Beschäftigungs- und Stabilitätspolitik. In: Bundesministerium für innerdeutsche Beziehungen, Materialien zum Bericht zur Lage der Nation im geteilten Deutschland 1987, Bonn 1987, S. 81)

Richtig an dieser Einschätzung ist sicher die konstatierte asymmetrische Anwendung der Fiskalpolitik (d. h. die Erhöhung der Staatsausgaben in die Krise, nicht aber ihre Senkung im Boom) und ihre Unfähigkeit, Strukturprobleme zu lösen. Zusätzlich sind die Probleme des richtigen „Timings" der Ausgaben und des Crowding-out zu beachten. Damit ist jedoch kein abschließendes Urteil über die keynesianische Nachfragesteuerung gesprochen und vor allem keine Aussage darüber gemacht, ob die von staatlichen Eingriffen ungestörte wirtschaftliche Aktivität in einer Marktwirtschaft stabil verläuft. Wenn dies nicht der Fall ist – und die Autoren sind, u.a. weil es schon vor mehr als 100 Jahren auch ohne keynesianische Eingriffe in den Wirtschaftsprozeß tiefgreifende Konjunkturzyklen gegeben hat, dieser Meinung –, so stellt sich die Frage, ob, und wenn ja, wie der Staat hier regulierend eingreifen kann. Seit Beginn der 80er Jahre ist ein mehr mittelfristiges Konzept populär und zur Anwendung gekommen, das die Wachstums- und Effizienzbedingungen der Produktion verbessern will: die **Angebotspolitik.** Die Grundsätze einer solchen Politik sind z. B. im Jahreswirtschaftsbericht 1984, S. 83, formuliert:

– „ordnungspolitische Neubesinnung auf die Grundsätze der Sozialen Marktwirtschaft, insbesondere verläßliche und widerspruchsfreie wirtschaftspolitische Rahmenbedingungen, Stärkung der Leistungs- und Risikobereitschaft, Sicherung des Wettbewerbs und Verringerung bürokratischer Hemmnisse;

- Wiederherstellung der finanzpolitischen Handlungsfähigkeit des Staates, Konsolidierung der öffentlichen Finanzen, Rückführung des Staatsanteils, qualitative Verbesserung der Ausgabenstruktur und eine leistungsfreundlichere Besteuerung; Angebotspolitik

- eine Sozialpolitik, die sich von den Grundsätzen sozialer Gerechtigkeit, Solidarität und Subsidiarität leiten läßt und die Finanzierbarkeit der sozialen Sicherungssysteme dauerhaft gewährleistet; sowie

- intensives Bemühen um europäische und weltwirtschaftliche Konzertierung und Kooperation zur Verbesserung der Rahmenbedingungen für eine Ausweitung des Welthandels und die Bekämpfung der Arbeitslosigkeit."

Aber obwohl keynesianische Nachfragesteuerung seit Mitte der 70er Jahre nicht mehr und Angebotspolitik spätestens seit Beginn der 80er Jahre in der Bundesrepublik Deutschland praktiziert wird, sind deutliche konjunkturelle Ausschläge nach wie vor beobachtbar und ist die Arbeitslosigkeit, von der sicher nur ein Teil struktureller Natur ist, auf hohem Niveau verblieben. Es stellt sich die Frage, ob eine richtig praktizierte, d. h. mittelfristig orientierte „verstetigte" Nachfragesteuerung, ggf. begleitet von Arbeitszeitverkürzungen, nicht einen Beitrag zur Lösung dieser Probleme liefern könnte.

Wichtig wäre sicher eine beschäftigungsorientierte Wachstumspolitik, wie sie z. B. das Weißbuch der EU-Kommission vorsieht (vgl. Kapitel 24, Abschnitt 3.4), das neue Wachstumsfelder für die Staaten der Gemeinschaft erschließt. Dies ist eine Strategie, die Elemente von Angebotspolitik und Nachfragepolitik verbindet.

C. Arbeitsaufgaben

1) *Erläutern Sie folgende Begriffe: Konjunkturzyklus, Innovation, Kapitalkoeffizient.*

2) *Kennzeichnen Sie die Phasen eines typischen Konjunkturzyklus.*

3) *Welche wirtschaftlichen Größen schwanken parallel zum Konjunkturzyklus?*

4) *Welche Komponenten der Gesamtnachfrage sind den stärksten Schwankungen ausgesetzt?*

5) *Ist gleichgewichtiges Wachstum möglich? Welche Bedingung besteht für gleichgewichtiges Wachstum?*

6) *Versuchen Sie, den kombinierten Multiplikator/Akzelerationsprozeß zu skizzieren.*

7) *Wie entwickeln sich die Konsumausgaben im Zyklus?*

8) *Inwiefern kann die Gewinnentwicklung ein zyklisches Schwanken der wirtschaftlichen Aktivität erklären?*

9) *Inwiefern kann man sagen, daß der Staat Verursacher von Konjunkturschwankungen ist?*

10) *Erörtern Sie kurz Ihnen bekannte Konjunkturindikatoren.*

Lösungsvorschläge für die Arbeitsaufgaben im „Übungsbuch zu Grundlagen und Probleme der Volkswirtschaft".

D. Literatur

Einen einfachen Einblick in die Probleme des Konjunkturzyklus geben:

ASSENMACHER, Walter, Lehrbuch der Konjunkturtheorie, 3. Auflage, München 1987

SAMUELSON, Paul A., NORDHAUS, William D., Volkswirtschaftslehre Band I, 8. Aufl., Köln 1987, 14. Kapitel.

Eine umfassende Darstellung des Konjukturverlaufs, der Konjunkturtheorie und auch der Konjunkturpolitik geben:

DAHL, Dieter, Volkswirtschaftslehre, 8. Aufl., Wiesbaden 1993, 7. Teil

PÄTZOLD, Jürgen, Stabilisierungspolitik, 5. Auflage, Bern u. a. 1993.

Die verschiedenen Erklärungen des Konjunkturzyklus und seine Indikatoren sind konzis dargestellt von:

TEICHMANN, Ulrich, Grundriß der Konjunkturpolitik, 4., verb. u. erw. Aufl., München 1988, 1.–3. Kapitel.

Zu verschiedenen Stabilitätskonzeptionen vgl.

FRIEDRICH, H., Grundkonzeptionen der Stabilisierungspolitik, 2. Aufl., Opladen 1986.

Eine sorgfältige Analyse des Instabilitätsproblems und der wirtschaftspolitischen Antworten hieraus findet der Leser bei:

KROMPHARDT, Jürgen, Arbeitlosigkeit und Inflation, Göttingen und Zürich 1987.

Einen ausführlichen Überblick über die konjunkturelle Lage in der Bundesrepublik gibt jeweils das

JAHRESGUTACHTEN DES SACHVERSTÄNDIGENRATES ZUR BEGUTACHTUNG DER GESAMTWIRTSCHAFTLICHEN ENTWICKLUNG, Stuttgart,

das jährlich im Dezember erscheint.

28. Kapitel
Bedeutung und Sicherung des Wachstums

A. Lernzielorientierte Leitfrage und Fragenkomplexe

Leitfrage:
Was ist Wachstum, und welche Probleme sind mit dem wirtschaftlichen Wachstum verbunden?

- *Was ist Wachstum?*
- *Wie wird Wachstum gemessen?*
- *Wie ist Wachstum zu beurteilen?*
- *Welche Rolle spielen Investitionen und technischer Fortschritt im Wachstumsprozeß?*
- *Wie kann Wachstum durch staatliche Wirtschaftspolitik beeinflußt werden?*
- *Welcher Zusammenhang besteht zwischen Gegenwartskonsum und Wachstum?*
- *Kann Wachstum Kosten in Form von Umweltschäden verursachen?*
- *Welche Strukturwandlungen treten im Wachstumsprozeß auf?*
- *Gibt es Grenzen des Wachstums?*

B. Sachanalyse

1. Begriff des wirtschaftlichen Wachstums

Im allgemeinen versteht man unter **wirtschaftlichem Wachstum** eine **anhaltende Zunahme des gesamtwirtschaftlichen Produktionspotentials.** Das Produktionspotential wird begrenzt durch den vorhandenen Bestand der Produktionsfaktoren Arbeit, Kapital, technisches Wissen und Boden und bildhaft in Form der Transformationskurve (vgl. Kapitel 1, Abschnitt 1.2) erfaßt. Wachstum kann also mit einer Verschiebung der Transformationskurve nach „Nordosten" beschrieben werden. Der SACHVERSTÄNDIGENRAT ZUR BEGUTACHTUNG DER GESAMTWIRTSCHAFTLICHEN ENTWICKLUNG hat schon früh ein Konzept zur Messung des Produktionspotentials, also der volkswirtschaftlichen Produktionsmöglichkeiten, entwickelt und seitdem immer weiter verbessert.

Da die tatsächliche Produktion, abgesehen von konjunkturellen Krisen, langfristig den Produktionsmöglichkeiten entspricht, kann man auch die Zunahme des Sozialprodukts als Maßgröße für das Wachstum ansehen. Dies entspricht dem Vorgehen in der Praxis. Unter Verwendung der Maßgröße Sozialprodukt unterscheidet man dann häufig folgende Begriffe:

- nominelles Wachstum: Zunahme des Sozialprodukts, bewertet zu Gegenwartspreisen;
- reales Wachstum: Zunahme des Sozialprodukts, bewertet zu konstanten Preisen einer Basisperiode;
- Nullwachstum: Konstanz des realen Sozialprodukts.

Zusätzlich wird oft die Veränderung des Sozialprodukts pro Kopf der Bevölkerung berechnet, und man unterscheidet dann:

- intensives Wachstum: Zunahme des Sozialprodukts pro Kopf;
- extensives Wachstum: Zunahme des Sozialprodukts, aber keine Zunahme des Sozialprodukts pro Kopf.

Tabelle 28.1. gibt in der ersten Spalte einen Überblick über die Wachstumsraten in der Bundesrepublik von 1950 bis heute. Nach sehr hohen Wachstumsraten in den 50er Jahren ist das Wachstum zu Beginn der 80er Jahre auf durchschnittlich 1–2 % zurückgegangen. Gegen Ende der 80er Jahre ist es – auch aufgrund des europäischen Integrationsprozesses und der deutschen Vereinigung – wieder deutlich angestiegen.

2. Begründung und Kritik des Wachstums

2.1 Begründung des Wachstumsziels

Im Gesetz zur Förderung der Stabilität und des Wachstums der Wirtschaft (vom 8. Juni 1967) ist das Wachstumsziel in § 1 enthalten:

§ 1

Bund und Länder haben bei ihren wirtschafts- und finanzpolitischen Maßnahmen die Erfordernisse des gesamtwirtschaftlichen Gleichgewichts zu beachten. Die Maßnahmen sind so zu treffen, daß sie im Rahmen der marktwirtschaftlichen Ordnung gleichzeitig zur Stabilität des Preisniveaus, zu einem hohen Beschäftigungsstand und außenwirtschaftlichem Gleichgewicht bei stetigem und angemessenem **Wirtschaftswachstum** beitragen.

Wirtschaftliches Wachstum wird in der Regel mit folgenden Argumenten begründet:

- Erhöhung des wirtschaftlichen Wohlstands der Menschen in Form von privatem und/oder öffentlichem Konsum;
- Sicherung oder Steigerung des Arbeitsplatzangebots;
- Erleichterung der Umverteilung von Einkommen und Vermögen;
- Legitimation der Ungleichheit einer kapitalistischen Marktwirtschaft.

Dabei ist richtig, daß die Produktion von mehr Gütern und Dienstleistungen es den Menschen ermöglicht, ihre materiellen Bedürfnisse besser zu befriedigen. Vordringlich ist in vielen Ländern der Welt die Deckung elementarer Grundbedürfnisse, in den entwickelten Industrienationen geht es eher um eine größere Auswahl für die Konsumenten, um Freizeitaktivitäten, kulturelle Bedürfnisse oder Maßnahmen zur Erhaltung der Umwelt.

Wachstum erhöht den Lebensstandard

Richtig ist auch, daß eine wachsende Wirtschaft unter sonst gleichen Bedingungen die Nachfrage nach Arbeitsleistungen erhöht. Allerdings bleiben die Bedingungen üblicherweise nicht konstant. Wachstum ist in der Regel mit einer Zunahme der Arbeitsproduktivität verbunden. In diesem Fall muß die Wachstumsrate des Sozialprodukts die Wachstumsrate der Arbeitsproduktivität übersteigen, damit es zu einer Mehrnachfrage nach Arbeit kommt. Anderenfalls sinken die Arbeitsnachfrage und das Arbeitsvolumen, es kommt dann zu Arbeitslosigkeit. Die Lücke zwischen Wachstum der Produktion und Wachstum der Produktivität kann durch Arbeitszeitverkürzungen geschlossen werden. Nur unter der Bedingung konstanter Arbeitszeit muß die Produktion so wachsen wie die Produktivität, um die Nachfrage nach Arbeit konstant zu halten. Tabelle 28.1 zeigt, daß immer dann, wenn das reale Bruttosozialprodukt langsamer gewachsen ist als die Arbeitsproduktivität je Erwerbstätigen, die Zahl der Erwerbstätigen abgenommen hat.

Wachstum sichert Arbeitsplätze

Die beiden restlichen Begründungen für Wirtschaftswachstum erweisen sich eher als Zirkelschluß. Sicher ist es richtig, daß Wachstum eine Umverteilung erleichtert, weil Widerstände gegen eine Umverteilung von Zuwächsen erfahrungsgemäß kleiner sind als Widerstände gegen eine Umverteilung bestehender Einkommen und Vermögen. Auf der anderen Seite ist die Ungleichheit in der Verteilung im wesentlichen mit dem Argument des Leistungsanreizes begründet: Eine kapitalistische Marktwirtschaft benötigt den Leistungsanreiz unterschiedlicher Einkommen, um Wachstum herbeizuführen.

Zirkelschluß

2.2 Wachstumskritik

Die Wachstumskritik muß klar trennen zwischen der Kritik am Sozialprodukt als Maßgröße für das Wachstum und der Kritik am Konzept eines möglicherweise richtig gemessenen Wachstums.

Zur Kritik des Sozialprodukts als Wohlfahrtsindikator vgl. Kapitel 10. Die hier wesentlichen Argumente seien noch einmal zusammengestellt:

Das Sozialprodukt weist als Wohlfahrtsindikator Mängel auf

- es wird in der Regel nur die Produktion erfaßt, die einen Marktpreis hat, nicht der weite Bereich der Nicht-Markt-Produktionen;
- es werden generell allenfalls die Kosten des Inputs in die Produktion wohlfahrtsrelevanter Güter erfaßt, nicht aber der Output an wohlfahrtsrelevanten Gütern. So wird im Sozialproduktskonzept z. B. die Produktion von Waschmitteln, von Arzneimitteln oder Lärmschutzwänden verbucht, nicht aber die wohlfahrtsrelevante Sauberkeit, Gesundheit oder Ruhe. Dies führt zu erheblicher Verzerrung, weil damit systematisch die Nachteile einer industrialistischen Produktion unterschätzt werden, die in vielen Fällen nur den Charakter einer Produktion zur Reparatur von Schäden hat. Man spricht dann von **Kontraproduktivität**, wenn die Produktion von Gütern und Dienstleistungen allenfalls das vor der Produktion bestehende Niveau an Bedürfnisbefriedigung aufrecht erhält;
- und schließlich wird der bei der Produktion anfallende Verbrauch an Umweltkapital (z. B. Rohstoffe, Luft, Wasser, Landschaft) und Humankapital (Bestand an Gesundheit und Fähigkeiten) nicht als Abschreibung, also nicht negativ erfaßt, wie es richtigerweise sein müßte (vgl. zum Problembereich Umweltschäden Kapitel 29).

Wachstum wird also durch die Zunahme des realen Sozialprodukts nicht „richtig“ gemessen. Aber selbst wenn es gelänge – was zu bezweifeln ist –, die konzeptionellen Meßprobleme zu lösen, so bliebe immer noch fraglich, ob ein „richtig“ gemessenes Wachstum die Wohlfahrt der Menschen erhöht.

Kritik am Industrialismus

Die Kritik am Konzept des Wachstums ist im wesentlichen eine Kritik an der industrialistischen Produktionsweise und den ihr zugrunde liegenden Postulaten.

Das Ziel ist eine maximale materielle Wohlfahrt – übrigens im Kapitalismus wie auch im Sozialismus. Dieses Ziel geht indes von einem sehr engen, vermutlich zu engen materialistischen Wohlfahrtskonzept aus: Wie ERICH FROMM[1]) es ausgedrückt hat, ist damit das „Haben“ die herrschende Existenzweise der Gesellschaft, nicht das „Sein“, das allein zur eigentlichen Entfaltung der menschlichen Fähigkeiten führt. Die maximale materielle Wohlfahrt soll durch maximalen Konsum erreicht werden. Auch dies ist zumindest unsicher:

Kritik des Konsums

- die Befriedigung durch Arbeit wird nicht berücksichtigt, Arbeit wird fälschlicherweise nur als Arbeitsleid gedacht;
- Wünsche entwickeln sich häufig schneller als die Produktion;
- die zum Konsum zur Verfügung stehende Zeit ist begrenzt;
- es gibt Güter, deren Wert als Statussymbol in ihrer Knappheit liegt;
- es gibt Güter, die – wie z. B. das Auto oder Reisen – mit steigendem Konsum zu Beeinträchtigungen („Verstopfungen“) führen;

---

1) FROMM, Erich, Haben oder Sein, 8. Auflage, München 1981.

- und schließlich führt die Auffassung, durch Konsum allein Bedürfnisse befriedigen zu können, zu Ersatzbefriedigung (man befriedigt z. B. das Bedürfnis nach sozialer Wertschätzung durch den Erwerb von Statussymbolen) und damit zu Frustration.

Kritik der Arbeitsteilung

Schließlich ist für einen maximalen Konsum eine maximale Produktion erforderlich, die ihrerseits wiederum eine weitestgehende Arbeitsteilung bedingt. Mit zunehmender Arbeitsteilung wird menschliche Arbeit indes zunehmend **fremdbestimmt** (grob gesprochen ist die Arbeit fremdbestimmt, wenn man das, was man produziert, nicht konsumiert, und was man konsumiert, nicht produziert). Arbeitsteilung setzt damit ein System von Leistungsanreizen, Kontrollen und hierarchischen Strukturen voraus, Arbeit wird zunehmend monoton und ihrer Funktionen entkleidet.

Tab. 28.1: Entwicklung des Sozialprodukts, der Erwerbstätigen, der Arbeitszeit, der Arbeitsproduktivität und des Realeinkommens in der Bundesrepublik (Westdeutschland) von 1950 bis 1993.

Jahr	Reales Bruttosozialprodukt[1])	Erwerbstätige[2])	Arbeitszeit je Erwerbstätigen	Arbeitsvolumen[3])	Arbeitsproduktivität je Stunde[4])	Arbeitsproduktivität je Erwerbstätigen[5])	Verfügbares reales Einkommen[6])
Jährliche Veränderungen in v. H.							
1950/55	+9,5	+2,7	–1,0	+1,7	+7,7	+6,6	
1955/60	+6,5	+1,5	–1,0	+0,6	+5,9	+4,9	
1961/64	+4,8	+0,2	–0,7	–0,5	+5,3	+4,5	} +5,4
1964/69	+4,3	–0,3	–1,1	–1,3	+5,7	+4,6	
1969/73	+4,2	+0,6	–1,2	–0,7	+4,9	+3,6	+5,3
1973/76	+1,4	–1,7	–0,6	–2,2	+3,7	+3,1	+2,4
1976/80	+3,0	+0,7	–1,2	–0,5	+3,6	+2,3	+2,8
1981	+0,0	–0,7	–1,1	–1,8	+1,7	+1,0	+0,2
1982	–1,0	–1,7	–0,5	–2,1	+1,1	+1,3	–2,1
1983	+1,8	–1,5	–0,4	–1,8	+3,7	+3,6	–0,1
1984	+3,0	+0,1	–0,1	–0,0	+3,0	+2,9	+1,8
1985	+1,9	+0,7	–1,4	–0,6	+2,6	+1,2	+1,4
1986	+2,3	+1,4	–0,7	+0,7	+1,6	+0,9	+4,0
1987	+1,5	+0,7	–0,7	–0,4	+1,6	+1,0	+4,1
1988	+3,7	+0,8	+0,1	+0,0	+2,8	+2,9	+3,0
1989	+3,8	+1,4	–1,1	+0,6	+3,0	+1,9	+1,7
1990	+4,5	+2,5	–1,7	+1,8	+3,7	+1,9	+5,4
1991	+4,9	+1,7	+1,6	+1,6	+2,9	+1,9	+2,6
1992[7])	+1,2	+0,5	+1,7	+1,7	–0,1	+0,7	+3,3
1993	–2,3	–1,6	–1,4	–3,0	+1,2	–0,3	k. A.

1) Bruttosozialprodukt in konstanten Preisen; 2) Inländerkonzept; 3) Gesamtzahl der geleisteten Arbeitsstunden; 4) Bruttosozialprodukt in konstanten Preisen je geleistete Arbeitsstunde; 5) Bruttoinlandsprodukt in konstanten Preisen je Erwerbstätigen; 6) deflationiert mit dem Preisindex des privaten Verbrauchs; 7) Zahlen ab 1992 vorläufig.

Quelle: Jahresgutachten des Sachverständigenrates, laufend; Geschäftsbericht der Deutschen Bundesbank, laufend; Eigene Berechnungen.

Damit sind wichtige negative Begleiterscheinungen eines Wirtschaftswachstums aufgezeigt. Eine generelle Abwägung der Wünschbarkeit von Wirtschaftswachstum kann hier nicht gegeben werden. Allerdings sollte bei aller Wachstumskritik nicht vergessen werden, daß für die weitaus meisten Bewohner der Erde die Freiheit von materieller Not ein unerreichtes Ziel ist. Wir gehen im folgenden davon aus, daß Wachstum ein sinnvolles Ziel der Wirtschaftspolitik ist.

3. Bestimmungsgründe des Wachstums: Investitionen und technischer Fortschritt

Das Wissen um die Bestimmungsgründe des Wachstums ist keineswegs vollständig, doch können einige einfache Überlegungen angestellt werden. Die Produktionsmöglichkeiten einer Gesellschaft hängen ab von Menge und Qualität der vorhandenen Produktionsfaktoren Kapital, technisches Wissen, Arbeit und natürliche Ressourcen, wie in Abbildung 28.1 dargestellt.

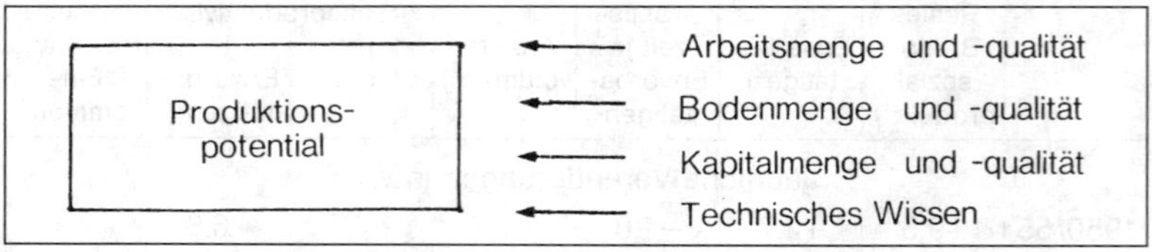

Abb. 28.1: Die Bestimmungsgründe des Wachstums

Da der Bestand an natürlichen Ressourcen gegeben ist und eine Bevölkerungsvermehrung zur Förderung des Wachstums ausgeschlossen wird – letztlich soll ja das Sozialprodukt pro Kopf erhöht werden –, bleiben Kapitalstock und technisches Wissen, das seinerseits die Qualität von Kapital und Arbeit bestimmt, die entscheidenden Bestimmungsgründe des wirtschaftlichen Wachstums.

Technischer Fortschritt

Das **technische Wissen** vermehrt sich durch den technischen Fortschritt. Sichtbar wird der technische Fortschritt in der

- Produktinnovation (Erstellung neuartiger Güter) und
- Prozeßinnovation (Anwendung neuartiger Produktionsmethoden).

Produktinnovation

Dabei trägt die **Produktinnovation** ganz wesentlich zur Steigerung der materiellen Wohlfahrt bei. Der Leser denke z.B. an Geschirrspülmaschinen, Farbfernseher, PC's, CD-Spieler, Surfbretter etc. Nur sind die Vorteile der Produktinnovation mengenmäßig nicht erfaßbar.

Prozeßinnovation

Die Vorteile der **Prozeßinnovation** sind prinzipiell leicht zu erfassen. Die Prozeßinnovation erlaubt, bei gleichbleibendem Einsatz der Produktionsfaktoren Arbeit, Kapital und Boden eine größere Gütermenge zu erstellen oder eine gleiche Gütermenge mit einem geringeren Faktoreinsatz produzieren zu können. Der Leser denke an computergesteuerte Drehbänke, an die bessere Ausnutzung der Energie in Fahrzeugen usw.

Der **Kapitalstock** vergrößert sich durch Investitionen (Kapitalakkumulation), und bei gegebener Arbeitsbevölkerung und gegebenem Stand des technischen Wissens wird eine Vergrößerung des Kapitalstocks die Produktionsmöglichkeiten erhöhen: Mit mehr Kapital kann ein höheres Sozialprodukt erzeugt werden. Es steigt die mögliche Produktion pro Kopf der Erwerbstätigen und damit die mögliche Güterversorgung pro Kopf.

Je mehr investiert wird, desto schneller wächst die Wirtschaft

Nicht sicher ist, ob es einen proportionalen Zusammenhang zwischen der Erhöhung des Kapitalbestandes und der Erhöhung der Produktionsmöglichkeiten gibt. In diesem Zusammenhang ist an das Ertragsgesetz (vgl. Kapitel 5) zu denken, also an die Möglichkeit, daß die zusätzliche Produktivität des Kapitals mit wachsendem Einsatz abnimmt. Dies würde bedeuten, daß unter sonst gleichen Umständen eine Nettoinvestition im Werte von 1000,– DM nicht mehr wie zur Zeit eine zusätzliche jährliche Produktion von etwa 300–400 DM ermöglicht, sondern eine kleinere. Es würde immer teurer, die künftigen Produktionsmöglichkeiten zu erhöhen. Bisher aber hat der technische Fortschritt offenbar dazu beigetragen, daß abnehmende Grenzerträge in nennenswertem Umfang noch nicht zu beobachten waren.

Technischer Fortschritt und Kapitalakkumulation bewirken beide eine Erhöhung der Arbeitsproduktivität, erhöhen also die durchschnittliche Produktion pro Arbeitsstunde.

Zunahme der Arbeitsproduktivität erbringt mehr Güter oder/und mehr Freizeit

Und hohe Arbeitsproduktivität ist die Basis für die Erhöhung des materiellen Lebensstandards oder für die Verlängerung der Freizeit, also Verkürzung der Arbeitszeit, Verlängerung des Urlaubs oder Herabsetzung des Rentenalters.

Damit wird ein Aspekt der Kapitalakkumulation und des technischen Fortschritts sichtbar, der nicht immer positiv bewertet wird: die **mögliche Freisetzung von Arbeitskräften.** Wenn der Produktivitätszuwachs nicht für eine Mehrproduktion von Gütern genutzt wird, weil die Nachfrage das Produktionspotential nicht ausschöpft, dann werden die Produktivitätszuwächse dazu benutzt, die gleiche Produktionsmenge mit weniger Arbeit zu produzieren. Investitionen sind dann nicht mehr Erweiterungsinvestitionen, sondern **Rationalisierungsinvestitionen.** Die beiden Möglichkeiten, Produktivitätszuwächse zu nutzen, gilt es klar zu erkennen:

Erhöhung der Arbeitsproduktivität
- Erhöhung der Produktionsmenge bei gleicher Beschäftigung
- Abnahme der Beschäftigung bei gleicher Produktionsmenge

In der Praxis werden meist beide Möglichkeiten kombiniert: Der Leser denke z. B. an die Verkürzung der Arbeitszeit und die Zunahme der Realeinkommen in der Bundesrepublik von 1950 bis 1990 (vgl. Tabelle 28.1).

Wenn die Verringerung der durchschnittlich notwendigen Arbeitszeit im Zuge von Kapitalakkumulation und technischem Fortschritt die Bevölkerung eines Landes auch langfristig dem Traum vom Paradies näherrückt, so bedeutet die Arbeitslosigkeit als *unfreiwillige* Verringerung der Arbeitszeit für den einzelnen Menschen doch Rückgang seines Lebensstandards und psychische Not. Arbeit ist der Wert, der Selbstachtung und Selbstbewußtsein der Arbeiter trägt, wie es der katholische Sozialwissenschaftler OSWALD VON NELL-BREUNING formulierte. Wenn die Nachfrage das Produktionspotential langfristig nicht ausschöpft, wäre es mithin notwendig, die Arbeitszeit für alle zu verringern, nicht aber Überstunden und Arbeitslosigkeit zugleich zu haben. Auf Kapitalakkumulation und technischen Fortschritt zu verzichten, wäre indes so lange nicht sinnvoll, wie Freizeit einen größeren Wert hat als Arbeit an sich.

Infrastrukturinvestitionen

Wesentliche Vorbedingung für die Investitionstätigkeit privater Unternehmer ist die **Infrastruktur,** auch Sozialkapital genannt, die in der Regel vom Staat bereitgestellt werden muß. Sehr weit gefaßt beinhaltet der Begriff Infrastruktur

- die **institutionelle Infrastruktur** als Summe der gesellschaftlichen Normen, Einrichtungen und Verfahrensweisen wie: Rechtsordnung, Verwaltung, Eigentumsordnung, Berufsordnung etc.;
- die **materielle Infrastruktur** als Teil des Kapitalstocks einer Volkswirtschaft, der aus noch zu erörternden Gründen von der öffentlichen Hand bereitgestellt wird und insbesondere Vorleistungen für Produktion und Konsum erbringt, wie: Verkehrswesen, Kommunikationsnetze, Energieversorgung, Wasserversorgung, Bildungseinrichtungen usw.;
- die **personelle Infrastruktur,** die im wesentlichen die Qualifikation der Menschen beinhaltet, wie: Gesundheit, Ausbildungsstand, Leistungsmotivation usw.

Infrastrukturinvestitionen sind für das Wachstum einer Volkswirtschaft von grundlegender Bedeutung, da sie z.T. Voraussetzung, z.T. notwendige Begleiterscheinung des Wachstumsprozesses sind. Sollen z. B. an der schleswig-holsteinischen Westküste neue Produktionsanlagen entstehen, so müssen zuvor Verkehrswege, allgemeine Kommunikationsmöglichkeiten und Energieversorgung bereitgestellt werden. Zudem müssen gesunde und ausgebildete Arbeitskräfte vorhanden sein, und begleitend muß für den Bau von Krankenhäusern, Schulen und Kindergärten gesorgt werden.

4. Ansatzpunkte einer Wachstumspolitik

Nach den Ausführungen über die notwendigen Wachstumserfordernisse – Erhöhung des Kapitalstocks einschließlich Infrastruktur und technischer Fortschritt – erhebt sich die Frage, wie der Staat in einer marktwirtschaftlichen Ordnung Wachstum beeinflussen kann. Grundsätzlich fällt dem Staat dabei die Aufgabe zu

- im privaten Bereich ein wachstumskonformes Verhalten der Menschen zu fördern, und
- selbst die notwendige Infrastruktur zu errichten und durch Förderung von Wissenschaft und Forschung das technische Wissen voranzutreiben.

Stabilisierungspolitik

Wachstumsförderlich ist eine erfolgreiche Stabilisierungspolitik des Staates, die Inflation und Krisen verhindert. In der Krise werden ja Produktionsmöglichkeiten nicht genutzt und insbesondere die für das Wachstum notwendigen Erweiterungsinvestitionen eingeschränkt. Und in der Inflation besteht die Gefahr der Fehlsteuerung des Wirtschaftsprozesses (vgl. Kapitel 25, Abschnitt 4.3). Allgemein kann man sagen, daß eine stetige, von Investoren vorausschaubare Wirtschaftspolitik dazu beiträgt, Unsicherheiten und Reibungsverluste bei Anpassungsprozessen zu vermindern und damit wachstumsfördernd wirkt.

Es sollte an dieser Stelle indes angemerkt werden, daß diese Argumente nicht unumstritten sind, es gibt z. B. auch die Vorstellung von wachstumsförderlichen „Reinigungskrisen", doch neigt offenbar die Mehrheit der Wirtschaftswissenschaftler dazu, eine stetige Politik für wachstumsfördernd zu halten.

Wettbewerbspolitik

Außerordentlich bedeutsam für den Wachstumsprozeß ist eine erfolgreiche Wettbewerbspolitik, insbesondere der Abbau von Marktzutrittsschranken, der die Unternehmen dauernd einem Konkurrenzkampf unterwirft, der Produkt- und Prozeßinnovation erzwingt und Strukturwandlungen der Wirtschaft beschleunigt. Weiterhin ist eine Politik wachstumsfördernd, die die Mobilität von Arbeit und Kapital erhöht, doch dürfen die negativen Aspekte einer erzwungenen Mobilität der Arbeitsbevölkerung nicht übersehen werden.

Vermögenspolitik

Wesentliche Vorbedingung einer erfolgreichen Wachstumspolitik ist schließlich eine Vermögenspolitik, die die Vermögenszuwächse gleichmäßig verteilt. Dies ist notwendig, damit Wachstum nicht allein zur „Vermögensbildung in Unternehmerhand" führt, was auch erhebliche Widerstände gegen wirtschaftliches Wachstum hervorrufen würde.

Abbau von Eingriffen in den Wettbewerb (Deregulierung)

Ganz generell muß schließlich geprüft werden, inwieweit Beschränkungen der grundsätzlichen Freiheitsrechte, die eine Marktwirtschaft begründen, durch bürokratische Verordnungen notwendig sind. Zum einen werden verstärkt Vorschläge zur Öffnung von Märkten gemacht. Diese Vorschläge laufen darauf hinaus, den Wettbewerb in regulierten Märkten wiederherzustellen. So gibt es eine Fülle von regulierenden Vorschriften und Marktzutrittsschranken z. B. im Post- und Fernmeldebereich, im Verkehrssektor, im Energie- und Versorgungsbereich oder im Gesundheitswesen. Der

Abbau von Regulierungsvorschriften – die sog. **Deregulierung** – soll dem dynamischen Wettbewerb mehr Spielraum verschaffen.

Freizonen zur Belebung der wirtschaftlichen Aktivität

Zum anderen werden Zonen **freier Wirtschaftsaktivität** (Freizonen) als Mittel zur Belebung der Investitionstätigkeit verstärkt diskutiert. Dabei geht es darum, Unternehmern und z. T. auch Arbeitnehmern in bestimmten Regionen zu erlauben, ihre Aktivitäten frei von bestimmten, sonst geltenden Vorschriften und Zugangsbarrieren zu entfalten. Z. B. ist der **Offshore-Markt** eine Zone freier Aktivität für Banken. Diese unterliegen dann nicht den nationalen Steuer-, Bankaufsichts- und Kreditregelungen. Beispiele sind Panama, die Cayman-Inseln oder Singapur. Analog dazu haben die USA und Japan auf eigenem Territorium Offshore-Zentren errichtet. Zu denken ist weiter an Produktions-, Export- oder Versicherungsfreizonen. Eine große Rolle spielen solche Freizonen indes nicht.

Bereitstellung der Infrastruktur durch den Staat

Im Bereich seiner Produktion hat der Staat schließlich die Aufgabe, die notwendige Infrastruktur bereitzustellen und das Bildungswesen zu fördern. Infrastrukturinvestitionen können in der Regel nicht der privaten Unternehmerinitiative überlassen werden, weil

- die privatwirtschaftliche Rentabilität von Infrastrukturinvestitionen oft unsicher ist (z. B. Wasserstraßen);
- der oft gewaltige Kapitalbedarf von Privaten nicht aufgebracht werden kann (z. B. Eisenbahnverkehrsnetz);
- das private Einziehen von Gebühren oft mit großen Kosten verbunden wäre (z. B. Straßen);
- insbesondere im Bereich der institutionellen Infrastruktur (Rechtsordnung, Verwaltung …) öffentliche Güter produziert werden, die unteilbar letztlich allen Mitgliedern der Gesellschaft zufließen; Nichtkäufer können mithin von ihrer Nutzung nicht ausgeschlossen werden;
- insbesondere im Bereich der personalen Infrastruktur Güter produziert werden, die wegen der sozialen Gerechtigkeit gratis oder unter ihren Kosten abgegeben werden sollen (z. B. Bildung und Gesundheit).

Förderung des technischen Fortschritts

Spezielle Bedeutung gewinnt die „Produktion“ des technischen Fortschritts, gerade für ein Land wie die Bundesrepublik, dessen Export von technisch hochwertigen Produkten getragen wird. Sieht man einmal davon ab, daß man technischen Fortschritt importieren kann (durch Patente, Lizenzen und „Know-how“, das mit vielen Formen des Kapitalimports verbunden ist, man denke z.B. an das Volkswagenwerk in Brasilien), so ist davon auszugehen, daß der technische Fortschritt von den Aufwendungen für Forschung und Entwicklung (F & E) und dem Ausbau des Bildungswesens abhängt. Der technische Fortschritt erscheint dann in gewisser Weise gestaltbar, aber man muß zugeben, daß das Wissen um diese Zusammenhänge nicht sehr groß ist. Es gibt Untersuchungen, die zeigen, daß der Beitrag von Forschungs- und Bildungsinvestitionen für das wirtschaftliche Wachstum größer ist als der Beitrag von Investitionen in Sachkapital wie Maschinen und Anlagen. Generell wird heute die Vorteilhaftigkeit und Notwendigkeit einer staatlichen Forschungs- und Bildungspolitik anerkannt, insbesondere im Bereich der Grundlagenforschung und der allgemeinen Bildung.

Große Bedeutung von Forschungs- und Bildungsinvestitionen

Grundlagenforschung gehört zu den Gütern, die mit Hilfe öffentlicher Mittel bereitgestellt werden müssen, weil ihre Vorteile als öffentliche Güter letztlich allen Mitgliedern der Gesellschaft zufließen.

Unumstritten ist auch die Aufgabe des Staates, **Bildungspolitik** zu betreiben, also Ausbildungsstätten, Schulen, Universitäten usw. zu errichten und zu fördern. Das vermehrte Wissen der Bevölkerung wird dann in zweifacher Weise von Vorteil sein: Einmal ist jede Bildung ein Wert an sich und kann als ein Konsumgut betrachtet werden; zum anderen wird vermehrtes Wissen zur Förderung des technischen Fortschritts beitragen, ist also ein Investitionsgut mit erheblichen positiven externen Effekten. Damit steht die staatliche Bildungspolitik vor der Wahl, Bildung als wirtschaftliche Investition oder als Konsumgut mit Eigenwert zu fördern.

Bildung als Investitionsgut

Zum einen müßte man den Bedarf der Wirtschaft an beruflicher Bildung abschätzen und diesen Bedarf als Grundlage für den Ausbau des Bildungswesens heranziehen. Das Problem, daß man den Bedarf nur sehr ungenau und nicht langfristig im voraus ermitteln kann, wird im Ansatz dadurch zu lösen versucht, daß man die Flexibilität und Mobilität der Arbeitsbevölkerung (z. B. Arbeitsförderungsgesetz) zu erhöhen trachtet.

Bildung als Konsumgut

Der zweite mögliche Ansatz geht davon aus, den zweckgerichteten Charakter der Bildungspolitik durch eine an der individuellen Neigung orientierte Bildungspolitik zu ersetzen. Damit würde sich das Mischungsverhältnis zwischen Bildung als Berufsvorbildung und Bildung als Konsumgut verschieben. Man darf allerdings nicht übersehen, daß die Bildung als Konsumgut – so notwendig sie für eine sinnvolle Freizeitgestaltung auch sein mag – erhebliche gesellschaftliche Kosten verursachen wird.

5. Sonstige Vorbedingungen und Antriebskräfte des Wachstums

Motivation von Investoren und Sparfähigkeit

Welche geheimnisvollen Kräfte haben das Rad des Fortschritts im Europa des 18. Jahrhunderts in Gang gesetzt? Wir wollen hier nur zwei Punkte hervorheben, die die Bedeutung der Motivation von Investoren in Marktwirtschaften und die Sparfähigkeit der Bevölkerung betonen, und abschließend einige Punkte stichwortartig auflisten.

MAX WEBER (deutscher Sozialwissenschaftler, 1864–1920) argumentierte, daß die **calvinistische Ethik** („innerweltliche Askese"), die die Akkumulation von Reichtum mit göttlichem Gnadenerweis verband und zugleich den Konsum des erworbenen Reichtums verbot, den gewaltigen wirtschaftlichen Aufschwung hervorgerufen habe.

Der Pionierunternehmer als Motor der Entwicklung

Josef Alois Schumpeter (1883–1950) hielt den dynamischen Pionierunternehmer in der Marktwirtschaft für den Motor der wirtschaftlichen Entwicklung. Pionierunternehmer führen bahnbrechende Neuerungen ein, neue Produkte bzw. neue Verfahren, oder erobern neue Märkte. Der Pionierunternehmer oder Bahnbrecher kommt zeitweilig in den Genuß eines Wettbewerbsvorteils gegenüber seinen Konkurrenten. Je höher nun seine Pioniergewinne sind, desto eher und zahlreicher werden Nachahmer angelockt, die den Bahnbrecher unterbieten (vgl. Kapitel 8, Abschnitte 2 und 3). In dynamischer Sicht besteht der Wettbewerb hier aus der Abfolge von Innovationen und Imitationen. (Große Innovationswellen waren etwa: Eisenbahnbau, Elektrifizierung, Automobilbau, Automation, Mikroelektronik, und jetzt Multimedia.) Es ist die Chance, für eine gewisse Zeit gute Gewinne machen zu können, die den Fortschritt fördert.

Zusammenfassend kann man mit Giersch eine illustrative Liste von Vorbedingungen und Antriebskräften des Wachstums im Europa des 18. und 19. Jahrhunderts aufstellen.[2])

Vorbedingungen

- Ein funktionsfähiges Transportsystem bildete zusammen mit einer auf Rechtssicherheit bedachten Privatrechtsordnung die Grundlage für eine zunehmende Arbeitsteilung und die räumliche Integration der Märkte.
- Ein entwickeltes Kreditsystem ermöglichte finanziell das Entstehen und Wachsen leistungsstarker Unternehmen.
- Ein ausreichendes Angebot an geeigneten Arbeitskräften war Vorbedingung für den produktiven Einsatz von Kapital in mechanisierten Produktionsprozessen.
- Ein aufgeklärtes Bürgertum mit Leistungsbewußtsein und Sinn für technischen Fortschritt sorgte für ein hinreichendes Angebot an Unternehmerinitiative.

Antriebskräfte

- die protestantische, speziell die calvinistische Ethik,
- der Erwerb von Fähigkeiten im Zuge der Spezialisierung durch Arbeitsteilung,
- die Zuwanderung ethnischer und religiöser Minderheiten,
- die Verminderung übermäßigen Bevölkerungsdrucks durch Auswanderung nach Übersee,
- die Erhöhung der sozialen Mobilität und der Wettbewerbsintensität durch Demokratisierung und Liberalisierung,

2) H. Giersch, Konjunktur- und Wachstumspolitik, Wiesbaden 1977, S. 17 f.

- die wirtschaftliche Anwendung und die Ausweitung des technischen Wissens und
- die Erschließung neuer Absatz- und Beschaffungsmärkte.

6. Kosten des Wachstums

6.1 Opportunitätskosten des Wachstums in Form entgangenen Gegenwartskonsums

Wachstum erfordert – wie bereits herausgestellt wurde – private und öffentliche Investitionen. Will man aus einem gegebenen Sozialprodukt mehr investieren, so müssen die nichtinvestiven Komponenten der gesamtwirtschaftlichen Nachfrage der gleichen Periode entsprechend reduziert werden: Es muß gespart werden. (Der Leser denke an die volkswirtschaftliche Transformationskurve, Kapitel 1, Abschnitt 1.2.) Wenn man also heute z.B. auf möglichen Konsum verzichtet, also spart, und mehr investiert, wird man das Produktionspotential für die Zukunft erhöhen und damit einen höheren Konsum in der Zukunft ermöglichen. Abbildung 28.2 zeigt diese Wahlmöglichkeit. Zwei Volkswirtschaften realisieren bei gleicher Ausgangsposition Y_0 unterschiedliche Wachstumsraten; dabei ist die Investitionsquote für die zukunftsorientierte Gesellschaft II („Japan") höher als für die gegenwartsorientierte Gesellschaft I („Großbritannien").

Wachstum durch Konsumverzicht

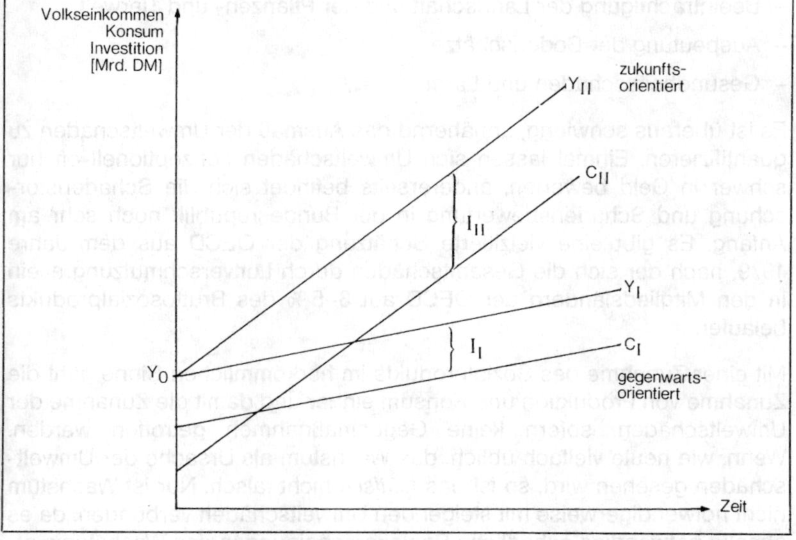

Abb. 28.2: Unterschiedliches Wachstum bei unterschiedlicher Investitionsquote

Konflikt zwischen Gegenwarts- und Zukunftskonsum

Jede Gesellschaft hat also zu entscheiden, ob sie einen höheren Gegenwartskonsum oder einen höheren Konsum in der Zukunft vorzieht. Letztlich ist dies ein Problem der Aufteilung der Lasten innerhalb einer Generation und zwischen den Generationen. Eine Gesellschaft, die heute notwendige Wachstumsinvestitionen unterläßt, beschneidet damit die Konsummöglichkeiten ihrer Nachfolger. Wenn die Bundesregierung im Interesse der Stabilität notwendige Infrastrukturinvestitionen (z. B. im Verkehrswesen, im Bildungsbereich) verschiebt, und wenn sie auf der anderen Seite im Zuge einer geplanten Steuerreform etwa aus verteilungspolitischen Gründen auf Staatseinnahmen verzichten will, so kann dies zu einer Anhebung des Gegenwartskonsums auf Kosten der Investitionen führen.

Optimales Wachstum

Im Prinzip fordert man, daß der entgangene Nutzen aus dem Verzicht auf Gegenwartskonsum durch den zusätzlichen Nutzen aus dem höheren Zukunftskonsum gerade aufgewogen wird **(optimales Wachstum).** Das richtige „Mischungsverhältnis" zu finden, erweist sich praktisch als unmöglich. Man sieht hieran jedoch, daß jedenfalls maximales Wachstum nicht das Ziel einer vernünftigen Wirtschaftspolitik sein kann.

6.2 Umweltschäden

Der Katalog der Belastungen der Umwelt ist im Zuge der wirtschaftlichen Entwicklung ständig größer geworden. Er enthält im wesentlichen folgende Schäden:

- Verschlechterung der Qualität von Luft, Wasser und Boden,
- Beeinträchtigung der Landschaft und der Pflanzen- und Tierwelt,
- Ausbeutung der Bodenschätze,
- Gesundheitsschäden und Lärm.

Es ist überaus schwierig, annähernd das Ausmaß der Umweltschäden zu quantifizieren. Einmal lassen sich Umweltschäden konzeptionell oft nur schwer in Geld bewerten, andererseits befindet sich die Schadensforschung und Schadensbewertung in der Bundesrepublik noch sehr am Anfang. Es gibt eine vielzitierte Schätzung der OECD aus dem Jahre 1979, nach der sich die Gesamtschäden durch Luftverschmutzung allein in den Mitgliedsländern der OECD auf 3–5 % des Bruttosozialprodukts belaufen.

Wachstum ist nicht notwendigerweise mit Umweltschäden verbunden

Mit einer Zunahme des Sozialprodukts im herkömmlichen Sinne geht die Zunahme von Produktion und Konsum einher und damit die Zunahme der Umweltschäden, sofern keine Gegenmaßnahmen getroffen werden. Wenn, wie heute vielfach üblich, das Wachstum als Ursache der Umweltschäden gesehen wird, so ist das *faktisch* nicht falsch. Nur ist Wachstum nicht notwendigerweise mit steigenden Umweltschäden verbunden, da es absolut notwendige schädliche Begleiterscheinungen des Wachstums offenbar nicht gibt. Insofern ist die Forderung nach einem Nullwachstum etwas voreilig: Nicht die Wachstumsraten bestimmen die Umweltschäden, sondern das Ausmaß, in dem Technologien im Produktionsprozeß eingesetzt werden, die innerbetrieblich Kosten sparen, dafür aber die Allgemeinheit mit den anfallenden Kosten belasten. Daraus folgt auch, daß Wachstum zwar Umweltschäden mit sich bringen kann, daß es aber auch von der Rechtsordnung abhängt, inwieweit sie zugelassen werden. Andererseits ist nicht zu verkennen, daß hohe Wachstumsraten einen Umweltschutz ermöglichen, der nicht zu Lasten des privaten oder öffentlichen Konsums geht. (Zur Umweltpolitik vgl. Kapitel 29.)

Hohe Wachstumsraten ermöglichen Umweltschutzmaßnahmen

7. Strukturwandel als Begleiterscheinung des Wachstums

Wirtschaftliches Wachstum ist mit **Strukturänderungen** verbunden. Dabei kann man die Strukturänderungen fast beliebig vieler Größen betrachten, denn die meisten Größen lassen sich in Einzelbestandteile zerlegen, deren Anteile an der Gesamtgröße einer Veränderung unterliegen, z. B. Einkommensstruktur, Bevölkerungsstruktur, Struktur der Staatsausgaben usw. Wir beschränken uns auf die Produktionsstruktur und die Preisstruktur.

Wandel der Produktionsstruktur

Betrachten wir zunächst den Wandel der **Produktionsstruktur.** Darunter versteht man den Produktionsanteil der Sektoren oder Branchen am Sozialprodukt. Man kann beobachten, daß die Produktionsanteile von Landwirtschaft und Rohstoffproduktion im Wachstumsprozeß laufend abnehmen, während der Anteil der Dienstleistungen kontinuierlich zunimmt. Der Anteil der Industrieproduktion steigt in weniger entwickelten Gesellschaften im Zuge des Wachstums an, beginnt aber bei einer hohen industriellen Entwicklungsstufe wieder abzunehmen.

Oft wandeln sich die Strukturen, wenn die wirtschaftlichen Aktivitäten auf Hindernisse, auf Beschränkungen stoßen. Wenn Arbeit knapp und teuer ist, wird rationalisiert. Wenn Boden knapp ist, werden Hochhäuser gebaut, wenn die Nachfrage knapp ist (zurückgeht), muß sich das Angebot ändern usw.

Bisher sind die Hauptursachen des Wandels der Produktionsstruktur in der unterschiedlichen Entwicklung der Nachfrage zu sehen.

Unterschiedliche Einkommenselastizitäten der Nachfrage

Mit steigendem Einkommen steigt die Nachfrage nach Gütern und Dienstleistungen nicht gleichmäßig (vgl. Kapitel 4, Abschnitt 4.3). So sinkt mit steigendem Einkommen der Anteil der Ausgaben für Nahrungsmittel, insbesondere Grundnahrungsmittel (Kartoffeln, Brot usw.), und es steigt der Anteil der Ausgaben für hochwertige Konsumgüter. Plastisch wird dies durch die Nachfragewellen, die in der Bundesrepublik seit 1948 zu beobachten waren, zum Ausdruck gebracht: Freßwelle, Bekleidungswelle, Wohnungswelle, Autowelle, Reisewelle und Freizeitwelle.

Veränderung der Preisrelation

Auch Veränderungen der Preisrelationen bewirken eine Verschiebung der Nachfragestruktur. So wurde lange Zeit die Steinkohle durch das billigere Erdöl verdrängt oder inländische Textilien durch billige ausländische ersetzt. Da sich auf lange Sicht die Produktion nach der Nachfrage ausrichten muß – es werden keine Güter produziert, für die keine Nachfrage besteht, für die keine Nachfrage geschaffen wird oder für deren Befriedigung andere Güter, die niedrigere Preise haben, zur Verfügung stehen –, bestimmt die Veränderung der Nachfrage die Wandlung der Produktionsstruktur.

Mit dem Wandel der Produktionsstruktur entsteht ein schwieriges Entscheidungsproblem:

Problem des Wandels der Produktionsstruktur

Ein absoluter oder auch nur relativer Rückgang der Produktion einer Branche oder einer Region bedeutet soziale Härten für die dort Beschäftigten. Ein Teil verliert den Arbeitsplatz oder muß mit relativ niedrigeren Löhnen vorlieb nehmen. Daraus ergibt sich oft die Notwendigkeit, den erlernten Beruf zu wechseln und/oder die sozialen Bindungen an den bisherigen Heimatort aufzugeben.

Wird indes die überkommene Wirtschaftsstruktur durch staatliche Hilfe konserviert (etwa durch Erhaltungssubventionen – im Gegensatz zu den – in Abhängigkeit von der jeweiligen Zielsetzung – ggf. sinnvolleren Anpassungssubventionen), so bedeutet dies ein Hemmen des Wirtschaftswachstums und eine erhöhte steuerliche Belastung der Allgemeinheit.

Wandel der Preisstruktur

Die **Preisstruktur** – also die Preisrelationen zwischen verschiedenen Sektoren – wird langfristig durch die unterschiedlichen Möglichkeiten, durch Einsatz von Kapital und technischem Wissen die Arbeitsproduktivität zu erhöhen, verändert. Dabei gilt die unterschiedliche Entwicklung der Arbeitsproduktivität als Kriterium für die klassische Dreiteilung der Wirtschaft (vgl. auch Kapitel 10, Abschnitt 2.1) in den

- primären Sektor,
- sekundären Sektor,
- tertiären Sektor.

Unterschiedliche Entwicklung der Arbeitsproduktivität in den Sektoren

Der primäre Sektor ist gekennzeichnet durch mittelmäßige Produktivitätsfortschritte; im wesentlichen ist hier zur Zeit der Sektor Landwirtschaft zu finden.

Der sekundäre Sektor umfaßt Wirtschaftsbereiche mit großen Produktivitätsfortschritten; praktisch den industriellen Bereich.

Im tertiären Sektor findet man die Bereiche mit relativ geringen oder gar keinen Produktivitätssteigerungen. Er umfaßt bisher den Dienstleistungsbereich einschließlich staatlicher Dienstleistungen (Handel, Verwaltung, Ausbildung, freie Berufe, einige Handwerksbetriebe). Die Herstellung dieser Dienstleistungen kann man, jedenfalls nach bisherigen Erfahrungen, nicht in dem Maße mechanisieren wie etwa die industrielle Produktion. So ist eine Produktivitätssteigerung eines Richters, eines Friseurs, eines Lehrers oder eines Kellners durch Mehreinsatz von Maschinen schwer vorstellbar. Durch den Einsatz neuer Technologien (z. B. elektronische Datenverarbeitung) zeichnet sich jedoch in den letzten Jahren auch im tertiären Sektor eine neue Entwicklung ab, ja zum Teil hat sich schon ein beträchtlicher Strukturwandel vollzogen.

Tab. 28.2 zeigt sehr deutlich den Trend zur Dienstleistungsgesellschaft. Der Dienstleistungssektor trägt einen immer größer werdenden Anteil zum Wirtschaftswachstum bei. 1989 betrug der Anteil der Dienstleistungen an der Bruttowertschöpfung bereits 58,3 %, nach 49,1 % im Jahre 1970.

Trend zur Dienstleistungsgesellschaft

Tab. 28.2: Entwicklung der Beiträge des primären, sekundären und tertiären Sektors an der Bruttowertschöpfung von 1970 bis 1989 (in %)

Jahr	Bruttowertschöpfung Mrd. DM	Anteil in % an der Bruttowertschöpfung in konstanten Preisen (Basis 1980)		
		primärer Sektor	sekundärer Sektor	tertiärer Sektor
1970	1080,6	2,6	48,3	49,1
1975	1200,6	2,4	45,2	52,4
1980	1422,9	2,1	44,4	53,5
1985	1521,5	2,2	41,7	56,1
1989	1697,1	2,1	39,6	58,3

Quelle: Statistisches Bundesamt, Fachserie 18, Reihe 1.3

8. Theorien über die langfristige Entwicklung

Schon immer scheint die Menschheit der Alptraum eines drohenden Weltuntergangs oder zumindest die Vorstellung von einem Ende des Wachstums geplagt zu haben, wie folgender kurzer Überblick über die wichtigsten langfristigen Entwicklungsprognosen zeigt.

8.1 Ertragsgesetz

Nach dem Ertragsgesetz müssen die Ertragszuwächse abnehmen, wenn ein Produktionsfaktor bei Konstanz der übrigen Faktoren laufend zunimmt (vgl. Kapitel 5). Da – so die klassische Auffassung – die Bevölkerung wächst, der Boden aber konstant bleibt, wird das zusätzliche Produkt, das eine wachsende Bevölkerung erstellen kann, immer kleiner, weil eben immer mehr Menschen die gleiche Bodenfläche bebauen. Schließlich wird das Grenzprodukt so klein, daß zusätzliche Menschen nicht mehr ernährt werden können: Das Wachstum der Bevölkerung findet dann seine Grenze in der beschränkten Nahrungsmittelproduktion. Eine

Stagnation

weitere Entwicklung wäre dann nicht mehr möglich, die Menschheit erreichte den sogenannten **stationären Zustand.**

Ähnliche Überlegungen lassen sich auf den Produktionsfaktor Kapital übertragen. Kapital wird – bei heute im wesentlichen konstanter Bevölkerungszahl und bei konstantem Einsatz des Produktionsfaktors Boden – vermehrt eingesetzt. Bei Gültigkeit des Ertragsgesetzes führt dies zu abnehmenden Grenzerträgen des Kapitals, bis sich schließlich im Endzustand Investitionen nicht mehr lohnen. Auch dies mündet dann in einen stationären Zustand. Dabei wird keineswegs ein solcher stationärer Zustand generell als Übel gesehen, einem Stillstand können auch positive Seiten zugeschrieben werden („Das Rad des Ixion steht still", SCHOPENHAUER).

8.2 Natürliche Grenzen des Wachstums

Das 1972 erschienene Buch „Die Grenzen des Wachstums"[3]) löste eine weltweite Wachstums- und Umweltdiskussion aus. Zentrale Gedanken der Studie sind:

Raumschiff Erde

(a) die Vorstellung vom „Raumschiff Erde" mit einer Reihe natürlicher Wachstumsgrenzen:

– begrenzter Lebensraum für eine wachsende Bevölkerung,

– begrenzte Rohstoffreserven,

– begrenzte Absorption von Umweltschäden;

Zunehmendes Wachstum

(b) die Vorstellung von einem exponentiellen (zunehmenden) Wachstum der entscheidenden Größen des Systems wie Bevölkerung, Umweltverschmutzung und Rohstoffverbrauch, die mit zunehmender Geschwindigkeit ihre Grenzen erreichen.

Die 1980 erschienene und ebenfalls stark diskutierte Studie „Global 2000"[4]) kommt in wesentlichen Punkten zu ähnlichen Prognosen. Wir stützen uns im folgenden auf beide Berichte, die immer noch aktuell sind.

Wachstumsgrenze Nahrungsmittelproduktion und Lebensraum

Die Einwohnerzahl der Erde hat 5,5 Mrd. überschritten. Sie wächst gegenwärtig mit etwa 1,7 % pro Jahr, verdoppelt sich also alle 40 Jahre. Um nur das derzeitige Pro-Kopf-Einkommen aufrechtzuerhalten, müssen in jeder Generation die Produktion und die gesamte Infrastruktur um 100 % zunehmen. Wächst die Bevölkerung weiterhin mit 1,7 % pro Jahr, dann entfällt in 500 Jahren auf jeden Quadratmeter Boden ein Bewohner. Es ist eine Binsenweisheit, daß die Zahl der Menschen, die auf dem Raumschiff

3) MEADOWS, D. u. a.; Die Grenzen des Wachstums. Bericht des Club of Rome zur Lage der Menschheit, Stuttgart 1972.
4) GLOBAL 2000. Der Bericht an den Präsidenten, Frankfurt/M. 1980.

Erde Platz haben, beschränkt ist. Wie groß aber die mögliche Bevölkerungszahl ist, bleibt ungewiß. Die Studie „Global 2000“ geht davon aus, daß gegen Ende des 21. Jahrhunderts die Weltbevölkerung mit 30 Mrd. Menschen die äußerste Grenze der Belastbarkeit der Erde erreicht. Dabei erscheint es unsicher, ob die notwendige Steigerung der Nahrungsmittelproduktion angesichts der benötigten Menge an künstlichem Dünger, der beschleunigten Bodenerosion und dem Verlust an natürlicher Bodenfruchtbarkeit erreicht werden kann.

Wachstumsgrenze Rohstoffreserven

Wird der Verbrauch von Rohstoffen in Zukunft mit der gleichen Rate wachsen wie bisher, dann werden die wichtigsten, nicht erneuerbaren Rohstoffe in kurzer Zeit verbraucht sein. Die Berechnungen des „Club of Rome“ zeigen, daß, ausgehend von den heute bekannten Rohstoffreserven, sehr viele Rohstoffe innerhalb der nächsten 30 Jahre verbraucht sein werden (u. a. Aluminium, Kupfer, Gold, Blei, Erdöl, Silber, Zinn, Zink). Ähnliche Berechnungen werden in der Studie „Global 2000“ angestellt.

Nach Ansicht vieler Wissenschaftler sind diese Perspektiven jedoch zu pessimistisch:

Die vorhandenen Reserven sind unbekannt. Auch optimistische Schätzungen haben sich nach kurzer Zeit schon oft als pessimistisch erwiesen. So wird z. B. immer wieder auf die Möglichkeit einer Rohstoffgewinnung aus dem Meer hingewiesen.

Auf der Nachfrageseite ist zu überlegen, ob der Verbrauch von Rohstoffen in Zukunft mit der gleichen Rate wächst. Der Preismechanismus kann durch steigende Preise bei Rohstoffknappheit für Substitution knapper Rohstoffe sorgen (Erdöl durch Nuklearenergie oder Sonnenenergie), er kann zu einem sparsamen Verbrauch führen und die Wiederverwendung von Rohstoffen **(„recycling“)** lohnend machen. Schließlich werden mit steigenden Preisen immer schwierigere Abbaumethoden rentabel (z. B. Schieferöl in den USA).

Außerdem ist darauf hinzuweisen, daß das Wachstum in Zukunft zunehmend von der Expansion des tertiären Sektors getragen sein wird, der relativ wenig Rohstoffe verbraucht.

Wachstumsgrenze Umweltverschmutzung

Die Wachstumsgrenze Umweltverschmutzung ist ebenfalls nicht bekannt. Man weiß nicht, welche Schadstoffmengen man der Umwelt aufladen kann, ohne daß das ökologische Gleichgewicht der Umwelt schwer geschädigt wird. Es ist unbekannt, wieviel Kohlendioxyd oder Abwärme man freisetzen kann, ohne daß sich das Klima der Erde unwiderruflich verändert, oder wieviel Radioaktivität, wieviel Schwefel- und Stickoxyde oder Schädlingsbekämpfungsmittel Pflanzen, Tiere und Menschen aufnehmen

Die Hauptprobleme

können, ohne daß die Lebensprozesse unwiderruflich zerstört werden. „Global 2000“ führt aus: „Die vielleicht schwerwiegendste Umweltentwicklung wird in der zunehmenden Verschlechterung und dem Verlust von für die Landwirtschaft wesentlichen Ressourcen bestehen. Zu dieser Gesamtentwicklung gehören: Bodenerosion, Nährstoffverlust und Verdichtung der Böden; zunehmende Versalzung sowohl von künstlich bewässerten Böden als auch des für die Bewässerung verwendeten Wassers; Verlust von hochwertigem Ackerland aufgrund der Stadtausdehnung; Ernteschäden aufgrund zunehmender Luft- und Wasserknappheiten ...“ (Global 2000, S. 77 ff.).

8.3 SCHUMPETERS These von der „Stagnation der kapitalistischen Entwicklung“

Schließlich gibt es eine Reihe von psychologisch argumentierenden Stagnationstheorien, von denen wir uns SCHUMPETERS These herausgreifen wollen.

Der Pionierunternehmer stirbt aus

Der Unternehmer als Eigentümer, der Pionierunternehmer, verliert seine Funktion als Wegbereiter des Fortschritts. An seine Stelle tritt der Unternehmer als bezahlter Angestellter (Manager), der nicht mehr den Pioniergeist der frühen Unternehmer-Eigentümer aufweist. Der technische Fortschritt wird zunehmend organisiert und entpersonalisiert und verliert damit einen Teil seiner Dynamik.

Auch das Eigentum verliert seine Funktion als Leistungsanreiz; das Eigentum wird gestückelt und in Aktien und Anteilsscheinen dematerialisiert, der Eigentümer der Aktien weist nicht mehr den Kampfeswillen und Verantwortungsgeist auf wie sein Vorgänger im 19. Jahrhundert. SCHUMPETER glaubt also, daß die Entwicklung zum Managertum und gestückelten Großkapital die Antriebskräfte des Unternehmertums erlahmen läßt.

Ohne alle Entwicklungsprognosen und Stagnationstheorien im einzelnen kritisch zu würdigen, muß darauf hingewiesen werden, daß ein Großteil der Theorien weder die Rolle des technischen Fortschritts noch die bei auftretenden Wachstumshindernissen sich in der Regel ergebenden Strukturwandlungen berücksichtigt.

C. Arbeitsaufgaben

1) *Erklären Sie folgende Begriffe:*
   - *extensives bzw. intensives Wachstum*
   - *reales Wachstum*
   - *Infrastruktur*
   - *primärer, sekundärer, tertiärer Sektor.*
2) *Diskutieren Sie das Wachstumsziel (erörtern Sie mögliche Vor- und Nachteile).*
3) *Inwiefern sind Infrastrukturinvestitionen für das Wachstum bedeutsam, und warum muß der Staat diese Investitionen durchführen?*
4) *Geben Sie Beispiele für die Bedeutung des technischen Fortschritts für das Wachstum von Volkswirtschaften.*
5) *Welche Bedeutung hat Bildung für das Wachstum einer Volkswirtschaft wie die der Bundesrepublik Deutschland?*
6) *Warum ist der Wachstumsprozeß durch gleichzeitigen Strukturwandel gekennzeichnet? Welcher Art ist dieser Strukturwandel?*
7) *Inwiefern kann man Wachstum als ein Verteilungsproblem zwischen Generationen interpretieren?*
8) *Wie kann der Staat das Wachstum fördern?*
9) *Skizzieren Sie die Grundgedanken der Studie „Grenzen des Wachstums".*
10) *Welche Vorbedingungen und Antriebskräfte haben zum Wachstum im vorigen Jahrhundert beigetragen? Sind diese Faktoren heute noch von Bedeutung?*

Lösungsvorschläge für die Arbeitsaufgaben im „Übungsbuch zu Grundlagen und Probleme der Volkswirtschaft".

D. Literatur

Für eine erste Information sind zwei Aufsätze von

PREISER, Erich, Wirtschaftspolitik heute. Grundprobleme der Marktwirtschaft, 2. Aufl. München 1969, Kap. III (Investitionen und wirtschaftliches Wachstum. Wirtschaftliches Wachstum als Fetisch und Notwendigkeit.)

immer noch nützlich.

Einen Überblick verschaffen

HARDES, Heinz-Dieter, RAHMEYER, Fritz, SCHMID, Alfons, Volkswirtschaftslehre, eine problemorientierte Einführung, 18. überarb. Aufl., 1993, 3. Kapitel

HENRICHSMEYER, Wilhelm, GANS, Oskar, EVERS, Ingo, Einführung in die Volkswirtschaftslehre, 8., verb. Aufl., Stuttgart 1980, Kapitel 10

SIEBERT, Horst, Einführung in die Volkswirtschaftslehre, 10. Auflage, Stuttgart u. a. 1991, Kapitel 23

WOLL, Artur, Allgemeine Volkswirtschaftslehre, 11. Auflage, München 1993, Kapitel 16.

Ausführlicher informieren

TEICHMANN, Ulrich, Wachstumspolitik, München 1987

FREY, René L., Wachstumspolitik, Grundwissen Ökonomik, Stuttgart 1979

GIERSCH, Herbert, Konjunktur- und Wachstumspolitik in der offenen Wirtschaft, Allgemeine Wirtschaftspolitik, 2. Bd., Wiesbaden 1977, 8. Kapitel

KROMPHARDT, Jürgen, Wachstum und Konjunktur, 2. Auflage, Göttingen 1977.

Besonders kritisch mit klassischen und neoklassischen Lehrmeinungen setzen sich

ROBINSON, Joan, EATWELL, John, Einführung in die Volkswirtschaftslehre, München 1974 (Buch 2: Kapitel 4, 6 und 9; Buch 3: Kapitel 1, Abschnitt 4)

auseinander.

Eine umfassende Kritik am Industrialismus üben

STRASSER, Johano, TRAUBE, Klaus, Die Zukunft des Fortschritts, 2. Aufl., Bonn 1981.

Die Studie von

MEADOWS, Dennis, u. a., Die Grenzen des Wachstums. Bericht des Club of Rome zur Lage der Menschheit, Stuttgart 1972 (16. Auflage 1994)

löste eine intensive Diskussion über das wirtschaftliche Wachstum aus.

Die Diskussion wurde fortgesetzt vor allem in der Studie

Global 2000. Der Bericht an den Präsidenten. Deutsche Ausgabe Frankfurt 1980, Original USA.

Einen Überblick über die Komplexe der Wachstumstheorie vermittelt

WOLF, Holger C., Wachstumstheorien im Widerstreit. Konvergenz oder Divergenz, in: Wirtschaftswissenschaftliches Studium (WiSt), 23. Jg. (1994), S. 187–193.

29. Kapitel
Ziele und Instrumente der Umweltpolitik

A. Lernzielorientierte Leitfragen und Fragenkomplexe

Leitfrage:
Was ist Umwelt, und warum ist die Umwelt bedroht?

- *Ist die Umwelt ein öffentliches Gut?*
- *Was sind externe Effekte?*
- *Sind Ökologie und Wachstum Gegensätze?*
- *Warum sind Umweltprobleme eine internationale Angelegenheit?*

Leitfrage:
Wie kann Umweltschutz praktiziert werden?

- *Welche umweltpolitischen Ziele werden verfolgt?*
- *Welche umweltpolitischen Prinzipien gibt es?*
- *Welche umweltpolitischen Instrumente werden eingesetzt?*
- *Was sind Umweltabgaben, Umweltauflagen, Umweltlizenzen?*
- *Welche Bestandteile umfaßt die staatliche Umweltpolitik?*

B. Sachanalyse

1. Einführung

Traditionell wurden in der Volkswirtschaftslehre die drei Produktionsfaktoren Arbeit, Kapital und Boden unterschieden. Natur und Umwelt spielten keine Rolle, sie waren einmal **„freie Güter"**, für die kein Preis gezahlt werden mußte, da sie im Überfluß vorhanden waren. Dies hat sich im Laufe der wirtschaftlichen Entwicklung bis heute grundlegend geändert. Natur und Umwelt gehören zu den **„knappen" Gütern,** die im Produktions- und Konsumprozeß verbraucht werden. Und dennoch: Es ist bisher nicht gelungen, für ihre Inanspruchnahme ein angemessenes, umfassendes Preissystem zu entwickeln und politisch durchzusetzen. Für das Überle-

Umwelt ist heute ein knappes Gut

ben der Menschheit bleibt allerdings nicht mehr viel Zeit, die Probleme des wachsenden Umweltverbrauchs zu lösen.

Der **Begriff Umwelt** wird in der öffentlichen und politischen Diskussion nicht immer einheitlich verwendet. Wir halten die vom RAT VON SACHVERSTÄNDIGEN FÜR UMWELTFRAGEN vorgeschlagene Definition für zweckmäßig:

„Unter Umwelt (wird) der Komplex der Beziehungen einer Lebenseinheit zu ihrer spezifischen Umgebung verstanden. Umwelt ist stets auf Lebewesen oder - allgemeiner gesagt – biologische Systeme bezogen und kann nicht unabhängig von diesen existieren oder verwendet werden. Geht man vom Lebewesen (meistens dem Menschen) aus, so steht eine räumlich-strukturelle Betrachtung im Vordergrund. Dazu wird in der Regel das Gesamtsystem Umwelt in Teilsysteme, die Ökosysteme, untergliedert. Der Ort eines bestimmten, räumlich fixierten Ökosystems heißt Ökotop." (Umweltgutachten 1987, S. 15)

Funktionen der Umwelt

Diese recht umfassende Definition wird operationaler, wenn man die Umwelt als natürtliche Ressource erfaßt, die umfangreiche Nutzungen in verschiedener Form zuläßt:

- **Umwelt als Konsumgut.** Die Umwelt versorgt die Menschen mit lebenswichtigen Gütern wie Luft und Wasser und bietet Erholung und Freizeitaktivitäten.
- **Umwelt als Produktionsfaktor.** Die Umwelt liefert Rohstoffe, die als Input in den Produktionsprozeß eingehen, wie Wasser, Bodenschätze oder Energie, und sie umfaßt den Boden als Produktionsfläche.
- **Umwelt als Aufnahmemedium für Schadstoffe.** Schadstoffe wie Abwässer, Müll, Strahlungen oder Disprodukte, wie Lärm und Überhitzungen, werden von der Umwelt aufgenommen und zum Teil absorbiert.

Bei diesen Umweltgütern versagt der Preismechanismus, der grundsätzlich die optimale Allokation knapper Ressourcen gewährleistet, weil Umweltgüter per se keinen Preis haben. Daher bedarf es des Umweltschutzes und der Umweltpolitik. Diese Aspekte sollen im folgenden näher beleuchtet werden, wobei zunächst auf die Ursachen und Kosten der Umweltbelastungen, dann auf umweltpolitischen Ziele und Prinzipien sowie auf umweltpolitische Instrumente eingegangen werden soll.

2. Ursachen für Umweltbelastungen

Warum kommt es zu einer Überbelastung der Umwelt? Es können im wesentlichen zwei Kategorien von Ursachen ausgemacht werden:
- Entwicklungsbedingte Ursachen und
- sozio-ökonomische Ursachen.

2.1 Entwicklungsbedingte Ursachen

Bei den entwicklungsbedingten Ursachen ist das **Bevölkerungswachstum** von entscheidender Bedeutung. Im Jahre 1950 betrug die Weltbevölkerung 2 Milliarden, 1994 hatte sie sich auf 5,5 Milliarden erhöht. Zur Jahrtausendwende wird sie bereits mehr als 7 Milliarden betragen. Nach dem US-Bericht Global 2000 ist für das Jahr 2030 mit einer Erdbevölkerung von etwa 10 Milliarden zu rechnen. Es ist einleuchtend, daß sich aus dieser Entwicklung erhebliche Umweltprobleme ergeben. Denn zum einen muß die Nahrungsmittelproduktion durch intensive Bodennutzung sowie eine Ausdehnung der Anbaufläche erhöht werden. Gefahren wie Erosion, Verkarstung, Versalzung, Zunahme von Düngemitteln und der Einsatz von Schädlingsbekämpfungsmitteln sind die Folge. Mit der steigenden Produktion von landwirtschaftlichen Erzeugnissen – aber auch von industriellen Fertigwaren – geht ein steigender Energieverbrauch einher. Und schließlich entstehen auch mehr Abfälle und Schadstoffe, deren ordnungsgemäße Entsorgung immer schwieriger wird.

Bevölkerungswachstum führt zu intensiverer Bodennutzung

Mit dem Bevölkerungswachstum eng verknüpft ist das Problem der **Zunahme von städtischen Ballungszentren.** In Entwicklungsländern konnte die Landflucht bisher nicht erfolgreich eingedämmt werden. Durch räumliche Zusammenballung der Bevölkerung werden die **Umweltmedien** (Luft, Wasser, Boden) immer stärker beansprucht – weitere Umweltbelastungen und -gefährdungen sind die Folge.

Wenn auch das Wirtschaftswachstum nicht notwendig Umwelt verbraucht, so hat doch faktisch das **Wirtschaftswachstum** zu erheblichen Umweltbelastungen beigetragen. Dies gilt sowohl für den primären Sektor (im landwirtschaftlichen Bereich wurde das natürliche Ökosystem massiv verändert: Errichtung von Monokulturen; Einsatz von Schädlingsbekämpfungsmitteln, die in die Nahrungskette gelangen; Einsatz von Düngemitteln mit negativen Folgen für die Gewässerqualität usw.), den sekundären Sektor (hoher Energieverbrauch; Abbau natürlicher – nicht ersetzbarer – Rohstoffe; Folgeerscheinungen durch Industrieanlagen und Straßen wie Lärm- und Schadstoffbelastung; Industrieabfälle, Abgase und Abwässer usw.), aber auch für den tertiären Sektor (steigender Energieverbrauch von Dienstleistungsunternehmen; Folgen der sog. „weißen Industrie", des Tourismus, wobei z. B. an Veränderungen des Ökosystems der Alpen zu denken ist). Das Wachstum wurde getragen durch **technischen Wandel**, der sich durch Änderungen der Produktionsprozesse und in den Konsumgewohnheiten negativ auf die Umwelt ausgewirkt hat. Als Beispiele seien hier nur genannt: die Verwendung von Phosphaten in Waschmitteln, von Stickstoffdünger in der landwirtschaftlichen Produktion, von Einwegflaschen und Verpackungsmaterialien beim Konsum. Es scheint aber nicht ausgeschlossen, daß ein gestiegenes Umweltbewußtsein Tendenzen zu einer Umkehr dieser umweltbeeinträchtigenden Entwicklung erkennen läßt.

Wirtschaftswachstum führte in allen Sektoren zu stärkerer Umweltbeanspruchung…

…und dazu hat auch der technische Wandel beigetragen

2.2 Sozioökonomische Ursachen

Produktion und Verbrauch von Umweltgütern werden nicht durch den Preismechanismus gesteuert, weil Umweltgüter in der Regel keinen Preis haben. Dies liegt daran, daß Umweltgüter partiell öffentliche Güter sind, für sie kann das **Marktausschlußprinzip** nicht oder nur unvollkommen angewendet werden, weil Eigentumsrechte nicht definiert und durchgesetzt werden können bzw. sollen (vgl. Kapitel 2, Abschnitt 4). Dies gilt vor allem für Luft, sauberes Wasser und zum Teil für die Umwelt als Aufnahmemedium für Schadstoffe. Zum Teil sind Umweltgüter innerhalb engerer Grenzen zudem durch Nicht-Rivalität gekennzeichnet, was bedeuten würde, daß Preise auch nicht sinnvoll wären. Ganz überwiegend jedoch unterliegen die Umweltgüter der Konsum-Rivalität: Ihre Nutzung durch ein Wirtschaftssubjekt beeinträchtigt die Nutzungsmöglichkeiten anderer.

Umweltgüter als öffentliche Güter

Die Nutzung der Umweltgüter verursacht in der Regel **negative externe Effekte** bzw. externe Kosten (vgl. Kapitel 2, Abschnitt 4). Darunter versteht man die Kosten, die der Gesellschaft insgesamt entstehen, ohne daß sie im (internen) betrieblichen Rechnungswesen oder der (internen) Wirtschaftsrechnung der privaten bzw. öffentlichen Haushalte als Kosten auftauchen (Luftverschmutzung durch Industrie- und Autoabgase, Verschlechterung der Trinkwasserqualität, Verringerung des Wohnwerts und der Wohnqualität durch Straßenverkehrs- oder Fluglärm usw.). Da diese Kosten zusätzlich zu den privaten Kosten anfallen, bezeichnet man sie auch als **soziale Zusatzkosten.**

Bedeutung externer Kosten

Weil und insoweit für Umweltgüter Preise nicht zu zahlen sind und weil soziale Zusatzkosten privat nicht entgolten werden, gehen der Verbrauch der Umweltgüter und die entsprechenden Nutzeneinbußen anderer nicht in das Entscheidungskalkül des Umweltverbrauchers ein: Umweltgüter werden mithin exzessiv genutzt. Auch die Preise von Gütern, die umweltverbrauchend produziert werden, sind zu niedrig. Kurz: Es fehlt der private Zwang zu sparsamer Verwendung von Umweltgütern.

Preise für Umweltverbrauch sind zu niedrig

3. Kosten der Umweltbelastungen

Kosten der Umweltbelastung sind schwierig zu erfassen und zu bewerten. Lutz Wicke erstellt seit 1986 eine prinzipiell vollständige Schadensbilanz für die Bundesrepublik. Für 1992 werden Schadenskosten von über 200 Mrd. DM ermittelt. Das sind rund 6,8 Prozent des Bruttosozialprodukts (vgl. Tab. 29.1). Allerdings beruhen diese Angaben zum Teil auf Schätzungen.

Schadenskosten von rund 6,8 % des BSP

Etwas leichter sind die Ausgaben zur Beseitigung entstandener Umweltschäden zu errechnen. Das Statistische Bundesamt, das seit einiger Zeit umweltökonomische Gesamtrechnungen (UGR) erstellt, ermittelt für 1992 Aufwendungen für Umweltschutz-Maßnahmen des Staates und des Produzierenden Gewerbes von 37,5 Mrd. DM (Wirtschaft und Statistik, Heft 11, 1994, S. 874). Im allgemeinen liegt der Anteil der Umweltschutz-Aus-

Tab. 29.1: Die ökologische Schadensbilanz der Bundesrepublik Deutschland 1992 – in Mrd. DM –

Schadenspositionen	Schadenskosten 1984 (alte Bundesländer) Nach *Wicke* (1986)	Schadenskosten 1992 (alte Bundesländer)	Schadensschätzung 1992 (neue Bundesländer)	Schadenskosten Deutschland (z. T. geschätzt 1992)
1. *Luftverschmutzung*	rd. 48 Mrd. DM	über 25 Mrd. DM	über 12 Mrd. DM	über 37 Mrd. DM
div. Einzelpositionen (Preise 1994)				
– Gesundheitsschäden	über 2,3–5,8	ca. 5,4	über 2,7	über 8,1
– Materialschäden	über 2,3	ca. 2,8	über 1,4	über 4,2
– Waldschäden	über 5,5–8,8	über 5,5	über 2,8	über 8,3
2. *Gewässerverschmutzung*	über 17,6 Mrd. DM	rd. 10 Mrd. DM	über 12,5 Mrd. DM	über 22,5 Mrd. DM
darunter: Kosten der Trink- und Brauchwasserversorgung	über 9,0	1,7		
3. *Bodenbelastung*	weit über 5,2 Mrd. DM	ca. 50,5 Mrd. DM (28,3–72,4)	über 36,7 Mrd. DM	über 87,2 Mrd. DM
Schadens-, Ausweich-, Vermeidungs- sowie Planungs- u. Überwachungskosten (Preise 1988) bei:				
– Art- und Biotopbeschädigung		4,0– 4,3		
– Abbau von Rohstoffen		0,2– 0,7		
– Nahrungsmittelproduktion		2,6– 3,9		
– Abfallablagerung und Altlasten (darin Altlastensanierung)	(– 1,7)	14,0–17,5 (3–10)	(3–19)	
– Grundwasser		3,9– 6,7		
4. *Lärm*	über 32,7 Mrd. DM	29,5 Mrd. DM	5 Mrd. DM	34,5 Mrd. DM
darunter: Zahlungsbereitschaft zur Vermeidung von (Preise 1989)				
– Straßenlärm		12,8		
– Schienenlärm		5,3		
– Fluglärm		0,4		
– Industrie- und Gewerbelärm		5,2		
Kosten des Lärms am Arbeitsplatz (Lärmschwerhörigkeit, Herz-Kreislauf-Krankheiten ohne Produktivitätsverringerung)				
5. *Kosten unterlassenen Naturschutzes*	über 1,0 Mrd. DM	3,4 Mrd. DM	1,7 Mrd. DM	5,1 Mrd. DM
6. *Vermeidungskosten globaler und länderübergreifender Umweltschäden (-katastrophen)*		15 Mrd. DM	2 Mrd. DM	17 Mrd. DM
– Kosten CO-Minderung/-reduzierung				über 15
– West-Ost-Umweltkooperation				1
– Beitrag Tropenwaldrettung				1
Gesamtschadenskosten (Summe Pos. 1 bis 6):	über 103,5 Mrd. DM	über 133,4 Mrd. DM	über 69,9 Mrd. DM	über 203,5 Mrd. DM
7. *Übergreifende Umweltbelastungskosten:*				
– Freizeit und Erholung		9,2 Mrd. DM		
– Psychosoziale Kosten (Preise 1988)		40–65 Mrd. DM		
– Nachfrage nach (Zahlungsbereitschaft für verbesserte Umweltqualität) (Preise 1988)		40–94,4 Mrd. DM		
– Volkswirtschaftliche Umweltschutzaufwendungen (Preise 1988)		32 Mrd. DM		

Quelle: L. Wicke, Umweltökonomie, 4. Aufl., München 1993, S. 113 f.

gaben am BIP 1994 zwischen 1,1 Prozent (Frankreich) und 1,9 Prozent (Dänemark); Westdeutschland erreicht einen Anteil von 1,7 Prozent (iwtrends, Heft 2, 1994, S. 51). Indes sagen solche Zahlen nichts über die damit erreichte Umweltqualität aus, der Zustand einer unbelasteten Umwelt als Referenzlinie kann praktisch nicht mehr beschrieben werden.

4. Umweltpolitische Ziele und Prinzipien

4.1 Ziele der Umweltpolitik

Umweltschutz als öffentliche Aufgabe

Mit dem Umweltprogramm 1971 der Bundesregierung ist die Umweltpolitik zu einer **eigenständigen öffentlichen Aufgabe** erklärt worden. Dem generellen Ziel „Schutz der natürlichen Lebensgrundlagen" wird damit der gleiche politische Rang eingeräumt wie anderen öffentlichen Aufgaben (Sicherheit, Bildung, soziale Sicherung). In der Regierungserklärung vom 18. 3. 1987 ist die Absicht bekräftigt worden, den Umweltschutz als Staatsziel grundgesetzlich zu verankern. 1994 ist das Grundgesetz entsprechend um Art. 20 a ergänzt worden: „Der Staat schützt auch in Verantwortung für die künftigen Generationen die natürlichen Lebensgrundlagen im Rahmen der verfassungsmäßigen Ordnung durch die Gesetzgebung und nach Maßgabe von Gesetz und Recht durch die vollziehende Gewalt und die Rechtsprechung."

Welches sind nun konkret die Ziele der Umweltpolitik? Dabei geht es um alle Maßnahmen, die darauf gerichtet sind, die Umwelt so zu erhalten bzw. zu verbessern, daß

- bestehende Umweltschäden vermindert und beseitigt werden,
- Schäden für Mensch und Umwelt abgewehrt werden,
- Risiken für Menschen, Tiere und Pflanzen, Natur und Landschaft, Umweltmedien und Sachgüter minimiert werden,
- Freiräume für die Entwicklung der künftigen Generationen sowie Freiräume für die Entwicklung der Vielfalt von wildlebenden Arten sowie Landschaftsräumen erhalten bleiben und erweitert werden.

Prinzip der Nachhaltigkeit

Insbesondere der Schutz künftiger Generationen wird zunehmend wichtig. Das Prinzip der „Nachhaltigkeit" **(sustainable development)** als Leitvorstellung für wirtschaftliche Entwicklung ist erstmalig 1987 von der Weltkommission für Umwelt und Entwicklung im Brundtland-Bericht formuliert worden. Nachhaltige Entwicklung wird dort definiert als eine „Entwicklung, die die Bedürfnisse der Gegenwart befriedigt, ohne zu riskieren, daß künftige Generationen ihre eigenen Bedürfnisse nicht befriedigen können."

Um spätere Generationen bei der Umweltqualität und Versorgung mit natürlichen Ressourcen nicht schlechter zu stellen, soll der "natürliche

Kapitalstock“ konstant gehalten werden. Dazu sollen folgende Regeln in der wirtschaftlichen Praxis beachtet werden:

Erhalt des natürlichen Kapitalstocks

- Der Abbau nicht erneuerbarer Ressourcen ist nur dann erlaubt, wenn späteren Generationen der Zugriff auf Alternativen ermöglicht wird. Es müssen also gleichzeitig zum Ressourcenverbrauch neue Techniken bspw. für die nachhaltige Nutzung regenerativer Quellen erschlossen werden.
- Die Emissionen in Luft und Wasser sowie die Deponierung von Abfällen dürfen die Aufnahmefähigkeit der Natur nicht überschreiten.
- Erneuerbare Ressourcen wie Biomasse dürfen nur soweit genutzt werden, wie ihre Regenerationsrate nicht überschritten wird.

Solche recht allgemein gehaltenen Formulierungen werden dann in unterschiedlicher Weise konkretisiert. So wird seit der Umweltkonferenz des Jahres 1992 in Rio de Janeiro die umweltpolitische Diskussion in vielen Ländern von der Zielsetzung dominiert, den Ausstoß an Kohlendioxyd (CO_2) und anderen sogenannten Treibhausgasen zu mindern und damit einen Beitrag zum Klimaschutz zu leisten. Der damals verabschiedeten **Klimarahmenkonvention**, die am 21. März 1994 in Kraft trat, haben sich inzwischen alle großen Industrienationen angeschlossen. Die Konvention legt unter anderem das Ziel fest, den Ausstoß von Kohlendioxyd und anderen Treibhausgasen in den Industrieländern bis zum Jahr 2000 auf das Niveau von 1990 zurückzuführen. Die Bundesregierung hat sich dieses Ziel nicht nur zu eigen gemacht, sondern darüber hinausgehende Anstrengungen angekündigt. Sie beabsichtigt, die Emission von CO_2 in Deutschland bis zum Jahre 2005 um 25 bis 30 Prozent des Ausstoßes im Ausgangsjahr 1987 zu senken. Daneben gibt es zahlreiche weitere Konkretisierungen für einzelne Umweltbereiche, auf die wir hier nicht eingehen.

Verringerung des Ausstoßes an Treibhausgasen

Aus ökonomischer Sicht geht es nicht um maximalen Umweltschutz, sondern um **optimale Umweltqualität.** Diese ist erreicht, wenn die Summe der externen Kosten der Umweltschäden und der Kosten der Schadensbeseitigung minimiert wird. Wenn also die Kosten einer Schadensbeseitigung größer sind als die Kosten der Umweltschäden selbst, würde sich aus ökonomischer Sicht eine Schadensbeseitigung nicht lohnen.

4.2 Prinzipien der Umweltpolitik

Die Durchsetzung der Umweltpolitik beruht in der Bundesrepublik auf mehreren grundlegenden Prinzipien, deren Bedeutung größtenteils auf die Ursachen für Umweltbelastungen zurückzuführen ist. Zu ihnen gehören das

- Verursacherprinzip,
- Kooperationsprinzip,
- Vorsorgeprinzip und
- Gemeinlastprinzip.

Das Verursacherprinzip ist umweltpolitische Leitlinie

Alle umweltpolitischen Maßnahmen, die sich am **Verursacherprinzip** – gewissermaßen der umweltpolitischen Leitlinie – orientieren, zielen darauf ab, die bisher als externe Kosten (soziale Zusatzkosten) entstandenen Umweltschäden von Konsum und Produktion möglichst vollständig den Umweltschädigern (Verursachern) anzulasten – aus externen Kosten werden dann interne Kosten bzw. die Kosten werden internalisiert. Zu den Instrumenten, die dies erreichen helfen sollen, gehören z. B. Umweltabgaben, Umweltauflagen in Form von Geboten oder Verboten, Verfahrens- und Produktnormen usw. Auch wenn grundsätzlich die Anwendung dieses Prinzips – wo immer möglich – befürwortet werden kann, zeigen sich bei seiner praktischen Durchsetzung doch einige Probleme und Grenzen.

Probleme gibt es bei der Identifizierung des Verursachers, …

Es ist nicht immer möglich, den Verursacher der Umweltbelastungen genau zu identifizieren. Das liegt einmal daran, daß es **kumulative Wirkungen** gibt (wessen Tropfen bringt das Faß zum Überlaufen?), zum anderen können auch **Wirkungsketten** entstehen, die es nahezu unmöglich machen, entstandene Schäden zuzurechnen, so daß eine Kostenaufteilung unmöglich ist (Beispiel: bei Kraftfahrzeugen gibt es eine fahrzeugbezogene, d.h. emissionsbezogene Verursacherkette, an der der Fahrzeugbetreiber, der Hersteller und der Verkäufer von umweltbelastendem Treibstoff beteiligt sind).

… der Feststellung des Umfangs seiner Umweltbelastung,

Außerdem gibt es Fälle, in denen die **Verursacher** und deren Anteile an der Umweltbelastung **unbekannt** sind oder bei denen die anzulastende Höhe der Umweltkosten nicht berechenbar ist. Es kann auch sein, daß Umweltschäden bereits in der Vergangenheit verursacht worden sind oder durch ausländische Wirtschaftssubjekte hervorgerufen werden.

… der administrativen Durchsetzung

Und schließlich ist die **Durchsetzung** des Verursacherprinzips **administrativ häufig schwierig,** da Kontrollfunktionen von der staatlichen Verwaltung nicht effizient ausgeübt werden können (z. B. die Überwachung von individuell verursachten Belastungen im Verkehrsbereich). Aus diesen Gründen muß immer dann, wenn das Verursacherprinzip nicht angewendet werden kann, auf andere Prinzipien zurückgegriffen werden.

Mitverantwortung und Mitwirkung der Betroffenen

Beim **Kooperationsprinzip** handelt es sich um einen Ansatz, der die Mitverantwortlichkeit und Mitwirkung der Betroffenen von umweltbeeinträchtigenden Aktivitäten (Straßenbau, Errichtung von Kraftwerken, Bau von Müllverbrennungsanlagen usw.) und die Beteiligung bei vorgesehenen umweltschützenden Maßnahmen hervorhebt. Wenigstens theoretisch kann bei Anwendung dieses Prinzips ein ausgewogenes Verhältnis zwischen individuellen Freiheiten und gesellschaftlichen Bedürfnissen erreicht werden. Es stellt ein Leitbild für die Gestaltung von umweltpolitischen Entscheidungsprozessen dar, wobei die frühzeitige Einbindung der Betroffenen besonders wichtig ist.

Beispiele sind Branchenabkommen, bei denen zwischen der Umweltbehörde und einer Branche oder einzelnen Branchenmitgliedern ein Umweltschutzziel festgelegt wird, das in einem bestimmten Zeitraum erreicht werden soll (Beispiel: Abkommen mit der Glasindustrie über mehr Altglasrecycling). Wenn sich die Mitglieder einer Branche zum Unterlassen von umweltschädigenden Aktivitäten verpflichten, spricht man von einem **Selbstbindungsabkommen** (Verzicht auf die Verwendung von FCKW). Wenn sie bereit sind, umweltfreundliche Aktivitäten durchzuführen, liegt ein **Selbstverpflichtungsabkommen** vor.

Der Maxime „Vorbeugen ist besser als Heilen" folgt das Vorsorgeprinzip

Beim **Vorsorgeprinzip** geht es darum, umweltpolitische Maßnahmen so zu treffen, daß möglichst von vornherein Gefahren für die Umwelt vermieden werden. Damit wird angestrebt, die natürliche Lebensgrundlage der Menschen schonend in Anspruch zu nehmen, so daß nicht nur das Wohlbefinden und die Gesundheit der Menschen jetzt gesichert, die Leistungsfähigkeit des Naturhaushaltes erhalten, Schäden an Kultur- und Wirtschaftsgütern vermieden werden, sondern auch zukünftigen Generationen eine möglichst intakte Umwelt hinterlassen wird (sustainable development). Dies ist deswegen von besonderer Bedeutung, weil Menschen tendenziell dazu neigen, Gegenwartsgüter höher zu bewerten als Zukunftsgüter. Dieses „Fehlverhalten" kann durch Anwendung des Vorsorgeprinzips korrigiert werden.

Das Gemeinlastprinzip - die öffentliche Hand übernimmt Umweltschäden – sollte nur komplementär greifen

Wegen der komplexen Problemlage kann es zu Situationen kommen, in denen keines der bisher erörterten Prinzipien so richtig greift. In solchen Fällen sind Maßnahmen nach dem **Gemeinlastprinzip** vorzusehen, d.h. daß die öffentliche Hand anstelle der Verursacher Umweltbelastungen durch den direkten oder indirekten Einsatz öffentlicher Mittel zu verringern versucht. In unserer individualistisch-marktwirtschaftlich orientierten Wirtschaftsordnung sollte indes dem Gemeinlastprinzip bestenfalls ein komplementärer Charakter zukommen. Es als alleinige Strategie zu verfolgen, würde – nicht nur wegen begrenzt einsetzbarer Finanzmittel des Staates – wenig Erfolg verheißen. Im allgemeinen unterliegen Maßnahmen, die nach dem Gemeinlastprinzip (z.B. Finanzierungsanreize für umweltfreundliche Investitionen, Finanzhilfen, Steuervergünstigungen, zinsverbilligte Darlehen usw.) durchgeführt werden, keiner marktmäßigen Bewertung. Somit besteht die Gefahr, daß die eingesetzten Ressourcen nicht unbedingt in die umweltpolitisch am meisten erwünschten Verwendungen gelenkt werden. Daher ist von der Bundesregierung schon im Umweltbericht 1976 die Auffassung vertreten worden, daß die öffentliche Hand nur dann mit den Kosten für die Beseitigung von Umweltschäden belastet werden sollte, wenn die Verursacher nicht festgestellt werden können oder wenn akute Notstände beseitigt werden müssen.

5. Umweltpolitische Instrumte

5.1 Überblick

Unter umweltpolitischen Instrumenten werden alle Maßnahmen des Staates verstanden, die eingesetzt werden, um die umweltpolitischen Ziele zu erreichen. Die vielfältigen Instrumente können danach systematisiert werden,

Mögliche Systematisierungen umweltpolitischer Instrumente

(a) an welchem der in Abschnitt 4 erörterten Prinzipien sie sich hauptsächlich orientieren,

(b) ob sie mit öffentlichen Einnahmen oder Ausgaben oder mit keinem von beiden verbunden sind,

(c) ob sie eher marktkonform oder nicht-marktkonform sind,

(d) an welcher Stelle sie im ökologisch-ökonomischen Kreislaufsystem ansetzen.

Die folgende Übersicht 29.1 stellt eine Verknüpfung der Aspekte (a) und (b) dar. Der Buchstabe V steht für Verursacherprinzip, der Buchstabe G für Gemeinlastprinzip. Das Kooperationsprinzip ist unter den nicht-fiskalischen Instrumenten angesprochen, während das Vorsorgeprinzip implizit bei all den Maßnahmen, die einen präventiven Charakter haben, enthalten ist.

Übersicht 29.1: Überblick über umweltpolitische Instrumente
Quelle: L. WICKE, Umweltökonomie, 3. Aufl., München 1991, S. 166

Das wichtigste nicht-marktkonforme Instrument stellen die Umweltauflagen (Gebote/Verbote) dar. Sie sind als nicht-fiskalische Maßnahmen das klassische umweltpolitische Instrument, bei dem der staatliche Einfluß vergleichsweise sehr groß ist. Dagegen zeigen die meisten der übrigen Instrumente deutlich marktbezogene Bezüge.

5.2 Nicht-fiskalische Instrumente

Bei **Umweltauflagen** soll der Verursacher durch Einhaltung der Auflagen gezwungen werden, die Umweltbelastungen und externe Kosten zu verringern. Bei Verboten wird das umweltschädigende Verhalten völlig unterbunden (Beispiel: DDT-Verbot), bei Geboten können bestimmte Umweltbelastungen noch zugelassen sein. Als Ansatzpunkte kommen **Emissionen** (Festlegung von Grenzwerten im Sinne höchstzulässiger Schadstoffmengen, wie sie z. B. nach der Technischen Anleitung Luft [TA-Luft] für luftverunreinigende Stoffe festgelegt sind), der **Produktionsprozeß** (Verbot der Verwendung bestimmter, die Umwelt stark belastender Roh- oder Betriebsstoffe; Festlegung der Anwendung einer bestimmten Technologie im Sinne einer Prozeßnorm – Heizungsanlagen müssen einen bestimmten Wirkungsgrad haben) oder die **Produktion** selbst (Begrenzung der Produktionsmengen für besonders schadstoffintensiv produzierte Güter – wichtig z. B. bei Smog-Situationen – oder Produktionsverbote) in Betracht.

Ansatzpunkte für nicht-fiskalische Maßnahmen

Die Vorteile von Auflagen werden in ihrer schnellen Wirksamkeit, ihrer größeren Reaktionssicherheit in bezug auf den angestrebten Erfolg sowie ihrer prinzipiell größeren Praktikabilität gesehen. Die Nachteile liegen vor allem darin, daß die verfolgten Umweltschutzziele nicht notwendigerweise mit den niedrigsten Kosten erreicht werden, daß es möglicherweise zu Wettbewerbsverzerrungen kommen kann, daß die Unternehmen sich mit den rechtlich vorgegebenen Normen zufriedengeben, obwohl noch mehr möglich wäre, insbesondere dann, wenn es neue wissenschaftlich-technische Erkenntnisse gibt, die administrativ noch nicht durchgesetzt sind.

Vor- und Nachteile von Auflagen

Auch die Änderung von **rechtlichen Rahmenbedingungen** kann positive Effekte bewirken, wenn z. B. an die obligatorische Einführung von **Umwelthaftpflichtversicherungen,** an die Verschärfung privatrechtlicher **Umwelthaftung** sowie die wirkungsvollere **Umweltkontrolle und -berichterstattung** gedacht wird.

In der wissenschaftlichen Diskussion spielt die Einführung von **Umweltlizenzen** eine große Bedeutung. Der Staat betrachtet sich als Eigentümer der Umweltmedien und legt fest, bis zu welchem Grade die Absorptionsfähigkeit der Umwelt durch Emittenten genutzt werden darf. Bis zur Höhe dieser Nutzungsmöglichkeiten werden Umweltzertifikate („Verschmutzungszertifikate“) an interessierte Emittenten kostenpflichtig abgegeben. Diese erhalten damit das Recht, die Umweltmedien entsprechend zu belasten. Diese marktbezogene Strategie wird z. B. seit dem 1. 1. 1995 in

Andere nicht-fiskalische Maßnahmen

den USA zur Begrenzung von Schwefeldioxyd-Emissionen durchgeführt (vgl. FAZ 28. 12. 94). Es ist auch denkbar, die mit dem Verkauf von Umweltlizenzen erzielten Einnahmen von seiten des Staates zu umweltschutzfördernden Maßnahmen einzusetzen. Dann liegen die im folgenden Abschnitt erörterten fiskalischen Instrumente vor.

5.3 Fiskalische Instrumente

Bei den fiskalischen Instrumenten handelt es sich um Maßnahmen, die entweder mit öffentlichen Ausgaben oder mit öffentlichen Einnahmen durchgesetzt werden.

Zu den umweltpolitischen Instrumenten mit **öffentlichen Ausgaben** rechnen (a) umweltverbessernde Aktivitäten öffentlich-rechtlicher Institutionen (z. B. durch Finanzierung umweltverbessernder Maßnahmen wie Fernwärmeausbau und umweltfreundlicher Verkehrswegebau, aber auch Lärmschutzmaßnahmen, Gewässersanierung und die kommunalen Entsorgungsmaßnahmen), (b) die Induzierung umweltverbessernder privater Aktivitäten durch Umweltschutzsubventionen und die Förderung umweltrelevanter Forschungs- und Entwicklungsvorhaben sowie (c) die Finanzierung des institutionellen Umweltschutzes (Umweltbundesamt, Umweltverbände). Die Möglichkeiten sind sehr vielfältig – auf Einzelheiten können wir hier nicht eingehen.

Bei den umweltpolitischen Instrumenten mit **öffentlichen Einnahmen** geht es vor allem um Umweltlizenzen und Umweltabgaben. Auf die **Umweltlizenzen** sind wir schon kurz eingegangen. Vom Staat – unter Beachtung von politisch vorgegebenen Umweltqualitätsstandards – verkaufte Lizenzrechte könnten z. B. an einer Börse gehandelt werden. Die Vorteile dieses Ansatzes werden vor allem darin gesehen, daß die Einhaltung der politisch festgelegten maximalen Emissionsmenge sichergestellt ist, daß wegen der Lizensierung nur die effizientesten Vermeidungsmaßnahmen ergriffen werden und daß es sich um eine marktkonforme Lösung handelt.

Vor- und Nachteile von Umweltlizenzen

Auch wenn Umweltlizenzen ein theoretisch brauchbares Instrument darstellen, ist ihre Einführung wegen einiger Nachteile in kurzer Frist nicht zu erwarten. Durch Lizenzen können Marktzutrittsschranken errichtet werden, die Monopolisierungstendenzen fördern würden. Außerdem gibt es ein emotionales Gegenargument: Lizenzen bedeuten den Verkauf von Umwelt, und wie kann man eines unserer wertvollsten Güter verkaufen? Dabei wird allerdings übersehen, daß mit der staatlich erteilten Genehmigung einer Anlage (z. B. Kohlekraftwerk) immer noch Umweltbelastungen eintreten, ohne daß dafür etwas bezahlt wird und ohne daß Anreize für den Verschmutzer bestehen, die Umweltbelastungen zu verringern.

Bei **Umweltabgaben** handelt es sich um ein Instrument, bei dem mittels der Erhebung von Abgaben Anreize und/oder Finanzierungsmöglichkeiten geschaffen werden sollen, um gesetzte umweltpolitische Normen und Ziele zu erreichen. So wird in der Bundesrepublik zum Beispiel das Konzept einer kombinierten CO_2-/Energiesteuer diskutiert, das auch die Europäische Kommission empfohlen hat. Mit ihr sollen der allgemeine Energieverbrauch und zusätzlich die Kohlendioxyd-Emissionen besteuert werden. Ihr Ziel besteht vor allem in der Verringerung von Emissionen im Sinne einer Anreizfunktion.

Vor- und Nachteile von Umweltabgaben

Dabei wird mit folgenden Vorteilen von Umweltabgaben gerechnet: Die Abgaben sind volkswirtschaftlich effizient, da die jeweils induzierte Umweltqualität mit den geringsten Kosten erreicht wird. Durch Abgaben wird die Vermeidung von Umweltverschmutzung honoriert, was einerseits den Gewinn steigert und andererseits umwelttechnische Fortschritte fördert. Die Abgaben betreffen Unternehmen aller Größenklassen gleichmäßig. Schließlich handelt es sich grundsätzlich um ein marktkonformes Instrument. Dem stehen indes auch einige Nachteile gegenüber: Es ist zu erwarten, daß im politischen Entscheidungsprozeß Kräfte wirksam werden, die zu einer zu niedrigen Abgabenhöhe führen. Unterschiedlichen regionalen Erfordernissen kann damit nur bedingt Rechnung getragen werden. Hinzu kommt, daß die Abgaben an Ergebnisse von Schadstoffmessungen gekoppelt werden müßten und daß auch die Geldentwertung bei der Festlegung der Tarife berücksichtigt werden müßte. Schließlich ist mit Abgabenwiderstand seitens der Belasteten zu rechnen. Bereits jetzt ist erkennbar, daß sich die Industrie dagegen ausspricht, mit dem Argument, Umweltabgaben seien unmarktwirtschaftlich und vor allem im nationalen Alleingang wettbewerbsverzerrend.

5.4 Marktorientierte Instrumente

Welche Zielrichtung wird mit marktorientierten Instrumenten verfolgt?

Seit mehreren Jahren wird im politischen und wissenschaftlichen Raum diskutiert, inwieweit in das bestehende umweltrechtliche Instrumentarium stärker **marktorientierte Elemente** eingebaut werden können und sollen. Das Hauptmerkmal einer marktorientierten Umweltpolitik besteht darin, daß für die Wirtschaftssubjekte, die sich umweltfreundlich verhalten, ein monetärer oder sonstiger Anreiz gegeben ist. Dabei soll die Möglichkeit geschaffen werden, in umweltpolitisch notwendigen Grenzen flexibel zu agieren, um sich – auch unter Kostengesichtspunkten – auf die Erfordernisse des Umweltschutzes einzustellen. Ganz im marktwirtschaftlichen Sinn soll der Eigennutz für den Umweltschutz mobilisiert werden, z. B. durch die Einführung umfassender Haftungsregeln. Möglicherweise ergibt sich mit diesem Ansatz die Perspektive, die Soziale Marktwirtschaft fortzuentwickeln.

Wichtige Vorgehensweisen sind die folgenden:

Arten von marktorientierten Instrumenten

- Über verbesserte Informationen und Anreize wird versucht, das freiwillige umweltfreundliche Verhalten der Marktteilnehmer zu erhöhen (höheres Umweltbewußtsein, umweltbewußte Unternehmensführung, Schaffung von Benutzervorteilen für umweltfreundliche Produkte und Verfahrensweisen).

- Über Umweltabgaben bzw. Umweltlizenzen wird das Gewinninteresse der Unternehmen gestärkt. Unternehmen, die mehr Schadstoffe reduzieren, als nach Auflagen notwendig, werden nachträglich belohnt. Wenn Umwelthaftpflichtversicherungen nach dem Risiko gestaffelt sind, werden Versicherungskosten aufgrund umweltfreundlicher Produktion verringert.
- Umweltschutzvereinbarungen, z. B. im Sinne von Branchenabkommen, in denen sich Wirtschaftszweige zu einem bestimmten umweltfreundlichen Verhalten verpflichten.

Sicherlich ist es noch verfrüht, die Effizienz dieser marktorientierten Instrumente zu beurteilen – einen systematischen und umfassenden Einsatz gibt es bisher noch nicht. Vielmehr dürfte auf absehbare Zeit der Einsatz verschiedener Instrumente – im Sinne eines möglichst konsistenten Instrumente-Mix – notwendig sein.

6. Globale Umweltprobleme

Eine besondere Schwierigkeit der Umweltpolitik besteht darin, daß zahlreiche Umweltschäden internationale bzw. globale Dimensionen annehmen, insbesondere Luftverschmutzung, Gewässerverschmutzung und Klimaverschlechterung allgemein. Hier sind im Prinzip alle Länder in unterschiedlichem Umfang Verursacher und Geschädigte zugleich. Notwendig wären hier weltweit geltende Standards der Umweltpolitik, um Wettbewerbsverzerrungen zu vermeiden. Das Problem ist, daß es aber auf globaler Ebene keine Instanz gibt, die Umweltpolitik durchsetzen könnte, und daß die Länder in unterschiedlichem Maße über Mittel verfügen, Umweltschutzmaßnahmen zu finanzieren. Daher müssen die entwickelten Industrienationen eine Vorreiterrolle in den Anstrengungen zum Schutz der Umwelt übernehmen.

C. Arbeitsaufgaben

1) *Was versteht man unter Umwelt, und welche wichtigen Funktionen sollte die Umwelt erfüllen?*
2) *Worin sehen Sie die Hauptursachen des Umweltproblems?*
3) *Warum sind Schätzungen der Kosten von Umweltbelastungen so schwierig?*
4) *Erörtern Sie wichtige Ziele der Umweltpolitik.*
5) *Warum kann man das Verursacherprinzip als allgemeine umweltpolitische Leitlinie bezeichnen?*
6) *Aus welchen Gründen muß das Verursacherprinzip durch andere Prinzipien ergänzt werden?*
7) *Nennen Sie mögliche Ansatzpunkte für die Systematisierung umweltpolitischer Instrumente.*
8) *Worin liegt die Bedeutung nicht-fiskalischer Instrumente?*
9) *Erörtern Sie die Vor- und Nachteile von Umweltlizenzen und Umweltabgaben.*
10) *Was versteht man unter marktorientierten Instrumenten?*

Lösungsvorschläge für die Arbeitsaufgaben im „Übungsbuch zu Grundlagen und Probleme der Volkswirtschaft“.

D. Literatur

Einen kurzen Überblick zur Umweltökonomie geben

ENDRES, Alfred, STAIGER, Brigitte, Umweltökonomie, in: Wirtschaftswissenschaftliches Studium (WiSt), 23. Jg. (1994), S. 218–223

HARTWIG, Karl-Hans, Umweltökonomie, in: Vahlens Kompendium der Wirtschaftstheorie und Wirtschaftspolitik, Bd. 2, 5. Auflage, München 1992, S. 123–162.

Deutschsprachige Lehrbücher zur Umweltökonomie sind

ENDRES, Alfred, Umweltökonomie, Darmstadt 1994

FREY, Bruno, Umweltökonomie, 3. Auflage, Göttingen 1993

SIEBERT, Horst , Economics of the Environment, 3. Auflage, Berlin 1992

WEIMANN, Jochen, Umweltökonomik, 2. Auflage, Berlin 1991

WICKE, Lutz, Umweltökonomie, 4. Auflage, München 1993.

Eine Dokumentation zum Umweltschutz im internationalen Vergleich bietet die Zeitschrift iw-trends in Heft 1 und 2, 1994.

Zahlenmaterial und wichtige Überblicke bieten

RAT DER SACHVERSTÄNDIGEN FÜR UMWELTFRAGEN, Umweltgutachten 1974, 1978, 1987 und 1994, sowie eine Reihe von Sondergutachten

UMWELTBUNDESAMT, Jahresberichte, Berlin, laufende Jahrgänge

BUNDESMINISTERIUM FÜR UMWELT, Berichte, Bonn, laufende Jahrgänge

OECD, Environment Data Compendium, Paris 1993.

Das Statistische Bundesamt plant eine neue Fachserie 19 „Umwelt".

Zu den ökologischen und sozialen Folgekosten äußert sich umfassend

LEIPERT, Christian, Die heimlichen Kosten des Fortschritts. Wie Umweltzerstörung das Wirtschaftswachstum fördert, Frankfurt am Main 1989.

Der Versuch, eine Verbindung zwischen den verschiedenen im Umweltschutz tätigen Disziplinen zu finden, wird in dem Band unternommen

FAULSTICH, Martin, LORBER, Karl Erich (Hrsg.), Ganzheitlicher Umweltschutz, Stuttgart 1990.

Die Möglichkeit, steuerliche Maßnahmen im Umweltschutz einzusetzen, diskutiert

WILHELM, Sighard, Ökosteuern. Marktwirtschaft und Umweltschutz, München 1990.

30. Kapitel
Probleme der Entwicklungsländer

A. Lernzielorientierte Leitfrage und Fragenkomplex

Leitfrage:
Welche Probleme stehen einer wirtschaftlichen Entwicklung entgegen, und wie sind sie zu lösen?

- *Wie ist ein Entwicklungsland zu beschreiben?*
- *Warum ist die wirtschaftliche Entwicklung verschiedener Länder so ungleichmäßig verlaufen?*
- *Welche Grundtatbestände setzt ein Entwicklungsprozeß voraus?*
- *Welche Überlegungen leiten die Investitionsentscheidungen in Entwicklungsländern?*
- *Welche Rolle könnte die Landwirtschaft und die ländliche Industrialisierung im Entwicklungsprozeß spielen?*
- *Welche Bedeutung hat der Staat im Entwicklungsprozeß?*
- *Warum und in welcher Form ist Entwicklungshilfe zu leisten?*
- *Was sind Strukturanpassungsprogramme (SAP)?*

B. Sachanalyse

1. Was ist ein Entwicklungsland?

„Die Länder, in denen die durch die moderne Industrie hervorgerufenen Vor- und Nachteile fehlen, werden allgemein als unterentwickelt bezeichnet."

JOAN ROBINSON, JOHN EATWELL, Einführung in die Volkswirtschaftslehre, München 1974, S. 448.

Entwicklung wird mit dem Maßstab moderner Industriestaaten beurteilt

Eine solche einfache Definition sagt nicht sehr viel, sie deutet indes darauf hin, daß wir den Zustand der Unterentwicklung von der Warte der modernen Industriegesellschaft aus beurteilen. Der Frage, ob eine Entwicklung der Entwicklungsländer etwa nach dem Muster der USA überhaupt wünschenswert ist, können wir uns hier nicht zuwenden. Das Elend und die Unterdrückung breitester Bevölkerungsschichten in den Entwicklungsländern läßt indes eine Entwicklung, die zumindest das Hungerproblem beseitigt und die Grundrechte der Menschen verwirklicht, als die Weltaufgabe Nr. 1 erscheinen.

Einkommen pro Kopf als Maßstab

Häufig wird, wenn man sich überhaupt auf ein einziges Kriterium beschränken will, das Einkommen pro Kopf der Bevölkerung als Maßstab für die Einteilung in entwickelte und unterentwickelte Länder gewählt. Folgende Tabelle 30.1 gibt einen groben Überblick über die gewaltigen Einkommensunterschiede der Länder der Erde.

Tab. 30.1: Einkommensunterschiede der Länder der Welt – 1993 –

Einkommensgruppe in US$	Anzahl der Länder	Bevölkerung		Bruttosozialprodukt		
		in Mio	in v. H. der Weltbevölkerung	in Mrd. US$	Anteil am Weltsozialprodukt in v. H.	pro Kopf der Bevölkerung in US$
695 u. weniger	59	3.094	56,0	1.165	4,8	376
696–2.785	69	1.099	19,9	1.635	6,7	1.488
2.786–8.625	43	498	9,0	2.153	8,9	4.323
8.626 u. mehr	38	834	15,1	19.304	79,6	23.146
Gesamt	209	5.525	100,0	24.257	100,0	4.390

Quelle: Weltbank-Atlas 1994, S. 20

Die Problematik eines solchen Maßstabes ist im wesentlichen schon erörtert worden (vgl. Kapitel 10, Kapitel 28). Der internationale Vergleich der Einkommen pro Kopf ist insofern nicht besonders aussagekräftig, als der Anteil der marktgerichteten Produktion an der Gesamtproduktion sehr unterschiedlich ist. Gerade in Entwicklungsländern wird ein Großteil der Produktion insbesondere im Bereich der ländlichen Subsistenzwirtschaft nicht über den Markt verkauft und erscheint daher auch nicht im Bruttosozialprodukt. Hinzu kommt die – statistisch oft ebenfalls nicht erfaßte – Produktion im sich dynamisch entwickelnden informellen Sektor. Um diesem Manko wenigstens teilweise zu begegnen, ist im Jahre 1990 erstmals veröffentlichten „Human Development Report" des UN-Entwicklungsprogramms ein **Index der menschlichen Entwicklung** vorgeschlagen worden. Darin werden für jedes Land drei Größen – die Kaufkraft des Pro-Kopf-Einkommens, die durchschnittliche Lebenserwartung bei der Geburt und die Alphabetisierungsrate – zu einem Indexwert gebündelt. Unter 173 Ländern, für die der Index 1994 berechnet wurde, nimmt Kanada den ersten, die Republik Guinea den letzten Platz ein. Unter den Ländern der

Index der menschlichen Entwicklung

Dritten Welt gibt es einige, die einen höheren Grad an Lebensqualität aufweisen, als nach wirtschaftlichen Maßstäben zu erwarten wäre. Beispielsweise nimmt Sri Lanka nach dem Pro-Kopf-Einkommen den 128., nach dem Index der menschlichen Entwicklung den 90. Rang ein.

Noch anschaulicher als ein solch eindimensionaler oder drei Kriterien umfassender Maßstab ist ein Katalog von Merkmalen, die ein Entwicklungsland im allgemeinen aufweist und die zugleich Einblick in die Vielfalt der Probleme geben. Meist werden folgende Punkte genannt:

Merkmals-Katalog der Unterentwicklung

- ein hoher Prozentsatz der Bevölkerung ist unterernährt;
- die Ersparnis und die Investitionen sind gering;
- die Arbeitsproduktivität ist gering;
- die Geburtenrate ist hoch (~ 4 %), die Sterberate ist ebenfalls relativ hoch (~ 1,5%), und als Differenz ergibt sich eine hohe Bevölkerungswachstumsrate von 2 bis über 3 %;
- die Infrastruktur ist unterentwickelt (Rechtsordnung, Verwaltung, Bildung, Gesundheit, Verkehrswege, Energieversorgung, Kommunikationsmittel etc.);
- ein hoher Anteil der Bevölkerung ist in der Landwirtschaft tätig (50–80 %);
- der Anteil der Industrieproduktion am BIP ist niedrig;
- die Verteilung der Einkommen und Vermögen ist sehr ungleichmäßig;
- die Verteilung der Wirtschaftskraft auf die Regionen ist sehr ungleichmäßig; es stehen sich modernste industrialisierte Bereiche und unterentwickelte Regionen gegenüber (z. B. São Paulo und Nordostbrasilien). Modernste Verfahren und steinzeitliche Methoden werden zur gleichen Zeit angewendet (z. B. Flugzeug und Maultier). Eine solche ungleichmäßige Entwicklung wird **Dualismus** genannt.
- Der Anteil am Welthandel ist gering.

Es ist nicht in jedem Fall zweifelsfrei möglich, ein Land zur Gruppe der Entwicklungsländer oder zur Gruppe der entwickelten Länder zu zählen. Die Vereinten Nationen setzen als Maßstab das Pro-Kopf-Einkommen der Bevölkerung. Wenn das jährliche Einkommen der Bevölkerung eines Landes nicht mehr als 25 % des Einkommens der hochentwickelten Länder beträgt, gilt ein Land als Entwicklungsland. Die entscheidende Grenze liegt zur Zeit etwa bei 695 US-Dollar.

Die Weltbank und der Entwicklungshilfeausschuß (Development Assistance Committee – DAC) bei der Organisation für wirtschaftliche Zusammenarbeit und Entwicklung (Organization for Economic Cooperation and Development – OECD) zählen auch Albanien, Griechenland, Malta, die Türkei und Zypern zu den Entwicklungsländern. Es gibt demnach keine einheitliche „Liste“ der Entwicklungsländer. Gegenwärtig nehmen etwa 160 Länder und Territorien Entwicklungshilfeleistungen in Anspruch.

Kategorien von Entwicklungsländen

Um den Unterschieden innerhalb der Gruppe der Entwicklungsländer Rechnung zu tragen, wurde in der UNO 1971 der Begriff der „am wenigsten entwickelten Länder“ **(least developed countries – LDC)** eingeführt, um auf den Entwicklungsstand der ärmsten Länder hinzuweisen.

Die Einordnung in diese Gruppe erfolgt derzeit nach den Schwellenwerten der folgenden drei Größen:

- bis zu 695 $ Bruttoinlandsprodukt pro Kopf
- bis zu einem 10%igen Anteil der industriellen Produktion am Bruttoinlandsprodukt und bis zu
- einer Alphabetisierungsquote von unter 20 % der Altersgruppe über 15 Jahre.

Dazu gehören 47 Länder, insbesondere die Länder der Sahelzone und einige asiatische Länder wie Afghanistan, Bangladesh, Jemen, Laos und Nepal. Aus Lateinamerika kommt noch Haiti hinzu. In diesen Ländern leben über 10 % der Weltbevölkerung.

Der UN-Ausschuß für Entwicklungplanung hat festgestellt, daß die genannten Kriterien nicht mehr ausreichen. Als LDC sollen vielmehr jene Niedrigeinkommensländer definiert werden, die an langfristiger Armut durch Wachstumshemmnisse und besonders an einem niedrigen Niveau von „human resource development“ und/oder gravierenden Strukturschwächen leiden. Die Messung der Armut eines Landes soll weiterhin anhand des Pro-Kopf-BIPs (Durchschnitt der drei letzten Jahre) stattfinden. Für die Messung von „human resource development“ soll der **„Augmented Physical Quality of Life Index“** (APQLI) herangezogen werden. Er besteht aus Lebenserwartung, Kalorienversorgung, Einschulungsrate sowie Alphabetisierungsrate der Erwachsenen. Wirtschaftliche Diversifizierung kann durch einen **„Economic Diversification Index“** (EDI) gemessen werden, der die Anteile der Industrie am BIP, die Beschäftigtenzahl in der Industrie, den Stromverbrauch pro Kopf und die Ausrichtung der Exporte zugrundelegt. Darüber hinaus schlägt das Komitee vor, daß nur Länder mit maximal 75 Mio. Einwohnern als LDC infrage kommen.

Entwicklungsländer weisen z.T. große Unterschiede auf

Entwicklungsländer mit einem relativ fortgeschrittenen Entwicklungsstand werden als Schwellenländer (oder: newly industrializing countries – NIC) bezeichnet. Ihre wirtschaftliche Eigendynamik dürfte es ihnen erlauben, die Strukturmerkmale der typischen Entwicklungsländer mehr und mehr zu überwinden, was sich vor allem im Pro-Kopf-Einkommen, aber auch anderen Kriterien ausdrückt. Dennoch hält die gesellschaftliche und soziale mit der wirtschaftlichen Entwicklung oft nicht Schritt. Wichtig ist, zu erkennen, daß es letztlich das typische Entwicklungsland kaum gibt und Entwicklungsländer im einzelnen große Unterschiede aufweisen (man vergleiche z. B. Indien und Kuwait, Mexiko und Burundi, Portugal und Togo). Wir wollen im folgenden dennoch global über die Probleme der Entwicklungsländer berichten, von denen man sagen kann, daß sie für eine große Zahl der Länder typisch sind. Soziologische Probleme sowie politische und geographische Aspekte können hier nicht eingehend beschrieben werden. Wir erörtern im wesentlichen nur ökonomische Probleme, wollen damit aber nicht zum Ausdruck bringen, daß sie allein bedeutsam sind.

2. Die Ursachen der Unterentwicklung

Zunächst sei daran erinnert, daß die geheimnisvollen Kräfte, die den gewaltigen Aufschwung der heutigen Industrienationen letztlich bewirkt haben, schwer zu bestimmen sind (vgl. Kapitel 28).

Dementsprechend unsicher sind Erklärungen, warum viele Länder in Armut und Unterentwicklung leben. Wir werden dennoch einige plausibel erscheinende Gründe anführen.

2.1 Teufelskreise der Armut

Wenig Sparmöglichkeiten

„Entwicklungsländer sind arm, weil sie arm waren." Es gibt einleuchtende Gründe dafür, daß ein Land, das arm ist, auch arm bleiben wird. Das niedrige Einkommen erlaubt keine Ersparnis. Man ist gezwungen, das gesamte Einkommen zu Konsumzwecken zu verwenden. Kann nicht gespart werden, so stehen auch keine Ressourcen zur Investition zur Verfügung. Erst die Investition ermöglicht eine nachhaltige Steigerung der Arbeitsproduktivität und eine Mehrproduktion in der Zukunft, aus der dann die Ersparnis fließen könnte.

Marktenge

Hinzu kommt, daß bei den niedrigen Einkommen nur wenig kaufkräftige Nachfrage entfaltet werden kann, so daß es für private Unternehmer selten lohnt, zu investieren. Wer z. B. eine Schuhfabrik errichten will, kann nicht mit Gewißheit davon ausgehen, daß die Menschen über genügend Einkommen verfügen, um sich Schuhe kaufen zu können. Ein solches Einkommen wird ja erst geschaffen, wenn es genügend Arbeitsplätze gibt. Außerdem ist die Monetarisierung im Sinne der Verfügbarkeit über liquide Mittel in den ländlichen Regionen oft nicht sehr weit fortgeschritten – ein weiterer Grund für enge Märkte.

Zudem stehen kaum Mittel zur Errichtung einer leistungsfähigen Infrastruktur, die Ausbildung und zur Erhaltung der Gesundheit der Bevölkerung zur Verfügung.

Bevölkerungsprobleme

Letztlich erschwert die Bevölkerungsentwicklung eine Zunahme der Produktion pro Kopf: Wenn trotz aller Schwierigkeiten ein Entwicklungsprozeß in Gang kommt, führt dieser meist gleichzeitig zu einer Vermehrung der Bevölkerung, die dann den produzierten Überschuß wieder konsumiert. Doch bleibt der Hinweis, daß auch z. B. Deutschland einmal arm war und sich dennoch entwickelt hat. Diese Zusammenhänge erklären also nicht alles.

Sehr heftig wird diskutiert, ob es dem gegenwärtigen Weltwirtschaftssystem anzulasten ist, daß die wirtschaftliche Entwicklung der Länder so ungleichmäßig verlaufen ist. Viele Autoren sind der Meinung, das gegenwärtige Weltwirtschaftssystem trage neokolonialistische Züge, die Abhängigkeit („dependencia“) der Entwicklungsländer von den Industrienationen sei die wichtigste Ursache ihrer Unterentwicklung.

Demgegenüber wird eingewendet, daß unterschiedliche Merkmale der Länder die Unterentwicklung begründen, wie Klima, Lebenseinstellung etc. (Abschnitt 2.3). Es spricht vieles für die Vermutung, daß beides zur gegenwärtigen Ungleichheit beigetragen hat.

2.2 Die Ausbeutung der Entwicklungsländer

Wenn einige Länder sich schneller entwickeln als andere, erhalten oder gewinnen sie die militärische und wirtschaftliche Macht, andere Länder auszubeuten. Der Leser denke z. B. an die gewaltige Ausplünderung vieler Länder, die ihrer Rohstoffe (insbesondere Silber und Gold) und ihrer Produktionsfaktoren (Sklavenhandel) beraubt wurden.

In der Epoche des Freihandels wurde die Wirtschaftsstruktur der Entwicklungsländer auf die Interessen der Industriestaaten zugeschnitten. Es entwickelten sich sogenannte **Extraktionsindustrien** wie z. B. Bergbau und Plantagenwirtschaft (Monokulturen). Damit werden zwar Gewinne erzielt, die jedoch nur wenigen Eigentümern zufließen.

Vorteile der internationalen Arbeitsteilung fließen auch heute noch überwiegend den Industriestaaten zu

Auch heute ist es so, daß die Vorteile des internationalen Handels überwiegend den entwickelten Ländern zufließen, die Industrieprodukte exportieren, während die Einnahmen aus dem Rohstoffexport der Entwicklungsländer relativ zurückbleiben. Hinzu kommt, daß gegen das System des Freihandels, das als prinzipieller Bestandteil der gegenwärtigen Ordnung gesehen wird, insofern verstoßen wird, als die geringen Exporte der Entwicklungsländer an verarbeiteten Gütern häufig erheblichen Zöllen und Importquoten der Industrieländer unterworfen sind. Die protektionistisch wirkenden europäischen Agrarmarktordnungen im Rahmen der Europäischen Union mit hohen Subventionen für die europäische Landwirtschaft behindern Agrarimporte aus Entwicklungsländern. Gerade auf diesem Sektor haben viele Entwicklungsländer komparative Kostenvorteile, die jedoch nicht zum Zuge kommen.

Die Bemühungen um Entwicklung haben in den letzten Jahrzehnten zu einer hohen Außenverschuldung der Entwicklungsländer geführt. Sie sind heute gezwungen, beträchtliche Teile ihrer Exporterlöse für den Schuldendienst aufzubringen, Ressourcen, die für die eigene Entwicklung fehlen.

2.3 Es fehlen die Antriebskräfte

Es wird argumentiert, daß die calvinistische Ethik (MAX WEBER, 1864–1920), die die Anhäufung von Reichtum mit göttlichem Gnadenerweis gleichsetzte, zugleich aber den Konsum des Reichtums verbot („innerweltliche Askese"), ein Motor der wirtschaftlichen Entwicklung gewesen ist. Sicherlich kann nicht die gesamte Entwicklung der heutigen Industrienationen mit der calvinistischen Ethik begründet werden – es gibt ebenso dynamische und asketische Basken, Juden, katholische Schotten und japanische Samurais - doch zeigt die Erklärung, worauf es ankommt.

Von zentraler Bedeutung für den Entwicklungsprozeß einer Volkswirtschaft ist die
- Ersparnis und die
- Investition in produktive Tätigkeiten.

Es muß Menschen geben, die Betriebe aufbauen und die erwirtschafteten Mehrprodukte nicht für Luxuskonsum verwenden, sondern produktiv investieren. Kurzum, die wirtschaftliche Entwicklung braucht den Typ des dynamischen Pionierunternehmers, oder, sofern er nicht vorhanden ist, die Hand des Staates, die Ersparnis und Investition fördert und durchsetzt.

Hemmnisse der Entwicklung

Nun gibt es eine Reihe von Argumenten, die begründen, warum es den dynamischen Pionierunternehmer in Entwicklungsländern selten gibt:
- Häufig führen Religion (z. B. Hinduismus) und Weltanschauung (z. B. der spanischen „caballeros") dazu, daß das Streben nach materiellem Reichtum oder die physische Arbeit verachtet wird;
- häufig ist das Gewinnstreben zwar entwickelt, aber auf die „falschen" Geschäftszweige gerichtet, auf Handel und Spekulation („Basarkapitalismus");
- Gemeineigentum an Grund und Boden und die Geborgenheit in einer Großfamilie verschütten häufig die Anreize, durch individuelle Anstrengung vorwärtszukommen;
- traditionelle Verhaltensweisen begleiten jede Neuerung mit Argwohn (der Leser denke z. B. an das fortschrittsfeindliche europäische Mittelalter oder die fundamentalistischen Moslems).

Von großer Bedeutung für die Antriebskräfte ist sicher das Klima – angesichts der Tatsache, daß die entwickelten Industrienationen ganz überwiegend in gemäßigten Klimazonen liegen. Schließlich ist die Form der Aneignung des (geringen) Überschusses durch Großgrundbesitzer, Geldverleiher oder eine korrupte Funktionärsklasse ein ganz entscheidender Grund dafür, daß der Entwicklungsprozeß nicht in Gang kommt. Wenn die herrschende Klasse den Überschuß nicht dazu verwendet, im eigenen Land Industrien aufzubauen, sondern Luxuskonsum entfaltet oder Gold und Auslandsguthaben erwirbt, dann kann sich der Einkommensbildungsprozeß nicht entfalten.

2.4 Vergleich mit der Entwicklung heutiger Industrienationen

Ein Vergleich mit der Entwicklung der heutigen Industriestaaten macht deutlich, daß ein Entwicklungsprozeß – neben Kapitalakkumulation und Erhöhung des Ressourcenverbrauchs (insbesondere Energie) auch mit Neuerungen auf geistigen und politischen Ebenen einhergeht. Mit der wirtschaftlichen Entwicklung waren in Europa neue philosophische und naturwissenschaftliche Erkenntnisse gereift, war die Einsicht in die Gestaltbarkeit der Lebensbedingungen entwickelt, waren Nationalstaaten errichtet worden und hatte der **Merkantilismus** (Wirtschaftsordnung im Europa des 16. bis 18. Jahrhunderts mit der Betonung von staatlicher Macht [Exportförderung]) eine gewisse institutionelle, materielle und personelle Infrastruktur geschaffen. Es gab eine Rechtsordnung, eine funktionierende Verwaltung, ein Steuersystem, einen Kapitalmarkt, es gab Verkehrswege und eine staatliche Wirtschaftspolitik. Schließlich fehlte damals der sog. **Demonstrationseffekt** des Konsumstandards reicher Völker. Der Wunsch, das Konsumniveau reicher Länder zu erreichen, ist nicht geeignet, den Sparwillen zu fördern. Und Coca-Cola-Fabriken sind für eine wirtschaftliche Entwicklung sicher weniger förderlich als Düngemittel- oder Zementfabriken.

3. Ökonomische Grundbedingungen wirtschaftlicher Entwicklung

Soll das Elend der Bevölkerung in Entwicklungsländern vermindert werden, dann muß die Produktion pro Kopf erhöht werden. Wenn der Mensch im Produktionsprozeß nur den Boden und seine Arbeitskraft einsetzt, kann er unter günstigen Bedingungen seinen Lebensunterhalt produzieren. Bei steigender Bevölkerungszahl und begrenztem Boden führt indes das Gesetz vom abnehmenden Ertragszuwachs zu Hunger und Armut.

Nur der Einsatz von Kapital und technischem Wissen – bei gegebenen natürlichen Ressourcen – vermag die Produktion pro Kopf nachhaltig zu steigern.

Grundvoraussetzungen der Entwicklung

Welche Grundvoraussetzungen müssen erfüllt sein, damit Kapitalgüterproduktion ermöglicht wird? Dies kann man sich an Hand eines einfachen Beispieles klarmachen: Der Bauer, der eine Sense schmieden lassen will, muß dem Schmied mindestens soviel Nahrungsmittel zur Verfügung stellen, daß der Schmied sich ernähren kann. Der Bauer muß also einen Nahrungsmittelüberschuß produzieren, er muß mehr produzieren, als er selbst braucht. Dies gilt generell. Nur wenn die in der Produktion von Nahrungsmitteln eingesetzten Arbeitskräfte mehr produzieren, als sie selbst verbrauchen, können andere Arbeitskräfte ernährt werden, die Kapitalgüter produzieren (Sensen, Düngemittel, Bewässerungsanlagen,

Produktion eines Überschusses

Landmaschinen etc.). Wenn dieser Entwicklungsprozeß einmal in Gang gekommen ist, kann er sich selbst verstärken: Mehr Maschinen erhöhen die Produktion pro Arbeitskraft. Der größere Überschuß ermöglicht eine Zunahme der Kapitalgüterproduktion, deren Einsatz wiederum die Produktion pro Kopf erhöht. Wichtig ist, daß ein solcher Entwicklungsprozeß nicht dadurch zum Scheitern verurteilt wird, daß die Bevölkerung sich noch schneller vermehrt als die Kapitalgüterproduktion. Und genauso wichtig ist, daß die Kapitalgüterproduktion nicht vorschnell durch vermehrte Konsumgüterproduktion, die nicht lebensnotwendig ist, ersetzt wird.

Produktion von Kapitalgütern

Bevölkerungsexplosion muß vermieden werden

Fassen wir die Grundbedingungen einer Entwicklung aus eigener Kraft zusammen:

- Es muß ein Überschuß produziert werden;
- dieser Überschuß muß gespart werden;
- die Ersparnis muß investiert werden;
- die Investition muß produktiv sein;
- die Produktion muß international verkaufbar sein.

4. Die Sparmöglichkeiten

Die Sparmöglichkeiten von Menschen, die am Rande des Existenzminimums leben, sind Null. Nun leben nicht alle Bewohner der Entwicklungsländer am Rande des Existenzminimums, die Gruppe der Wohlhabenderen kann sparen. Doch meist ist die Neigung der wohlhabenden Familien, freiwillig zu sparen, gering. Oft werden die hohen Einkommen für Luxuskonsum verschwendet.

Es erweist sich also als notwendig, daß der Staat die gesamtwirtschaftliche Sparbildung fördert.[1]) Hierzu gibt es eine Reihe von Möglichkeiten.

Eine **erste** Möglichkeit besteht darin, daß der Staat einen Teil seiner Einnahmen (Steuern, Zölle, Gewinne öffentlicher Unternehmen) für Investitionen zur Verfügung stellt. Doch besteht für Entwicklungsländer meist das Problem, erst ein effizientes und gerechtes Steuersystem aufzubauen. Einkommensteuern sind mangels leistungsfähiger Finanzverwaltung und hoher Analphabetenquoten kaum einzuziehen, es fehlt an einer entwickelten Geldwirtschaft und Buchhaltung.

Ersparnis des Staates

Einkommensteuern?

Daher bilden die Einnahmen aus indirekten Steuern (Verbrauchsteuern) und Zöllen die Haupteinnahmequelle des Staates in Entwicklungsländern, weil solche Steuern und Zölle relativ einfach zu erheben sind. Von großem Nachteil ist allerdings, daß Verbrauchsteuern und Zölle regressiv wirken, d. h. eher die Bezieher kleiner Einkommen belasten.

Verbrauchsteuern und Zölle

1) Sofern die Macht im Staat von wenigen sparwilligen Familien, Stämmen usw. ausgeübt wird, dürfte die Förderung der individuellen Ersparnis kein sehr erfolgversprechender Weg sein.

Zwangssparen durch Inflation

Eine **zweite** häufig gewählte Möglichkeit ist das Zwangssparen durch inflationäre Preissteigerungen. Der Staat finanziert die Investitionsausgaben durch Kredite bei der Zentralbank. Sofern dann die gesamtwirtschaftliche Nachfrage das Produktionspotential übersteigt, steigen die Preise. Bei konstantem Nominaleinkommen können die Verbraucher real gesehen weniger kaufen. Dies ist eine einfache und bequeme Art, Staatsausgaben zu finanzieren. (Der Leser erinnere sich z. B. an die Kriegsfinanzierung im 3. Reich.) Der Nachteil liegt in den schädlichen Wirkungen der Inflation (vgl. Kapitel 25, Abschnitt 4).

Direkte Preis- und Mengenplanung

Eine **dritte** Möglichkeit der staatlich gelenkten Ersparnisbildung ist die direkte Preis- und Mengenplanung, z. B. die Zwangsablieferung landwirtschaftlicher Erzeugnisse zu staatlich sehr niedrig festgesetzten Preisen, eine Methode, die in besonders rigoroser Form die Anfänge der Entwicklung der früheren UdSSR kennzeichnete.

Welche Formen die Ersparnis auch immer annimmt und auf welchem Wege sie gefördert wird, letztlich ist wichtig, daß von der gesamten Produktion der Volkswirtschaft ein Teil nicht für Konsumzwecke verwendet wird, also gespart wird. Doch ist es mit dem „heroisch-asketischen" Sparentschluß allein nicht getan, es muß produktiv investiert werden, nicht in „Pyramiden", sondern z. B. in Bewässerungsanlagen, nicht in „Gold", sondern z. B. in Kunstdüngerfabriken.

Eine sehr direkte Möglichkeit, Produktivkapital zu schaffen, wurde zeitweilig in **China** gewählt. Die unterbeschäftigten Arbeitskräfte wurden eingesetzt, um praktisch allein mit Menschenkraft Bewässerungssysteme, Straßen, Wohnbauten, Lagerhäuser etc. zu schaffen. Wenn eine solche Produktionsmethode auch nicht sehr „fortschrittlich" ist, so bietet sie doch eine Möglichkeit, die vorhandenen Arbeitskräfte, die ja in jedem Fall ernährt werden müssen, sinnvoll einzusetzen. Ähnliche Modelle werden in Afrika mit Programmen **„food for work"** durchgeführt.

5. Investitionsentscheidungen

Investitionen sind der Motor der wirtschaftlichen Entwicklung, sie schaffen Produktionskapazitäten und Einkommen. Eine große Schwierigkeit, der Entwicklungsländer gegenüberstehen, liegt darin, die durch Ersparnis geschaffenen Investitionsmöglichkeiten auszuschöpfen. Es muß dafür gesorgt werden, daß überhaupt investiert wird und daß in den richtigen Bereichen investiert wird.

5.1 Investitionsstrategien

Vom Bedarf her gesehen gibt es in Entwicklungsländern Investitionsprojekte in Überfülle: in der Infrastruktur, in der Landwirtschaft, in der Bauwirtschaft, in der Agroindustrie (ländliche Industrialisierung) etc. Es fehlt hingegen oft an der privaten Rentabilität von Investitionen. Ein Unternehmer, der eine Fabrik errichten will, sagen wir eine Schuhfabrik, weiß nicht, ob gleichzeitig genügend andere Industrien geschaffen werden, die die Einkommen produzieren, die das Bedürfnis nach Schuhen auch in kaufkräftige Nachfrage umwandeln. D. h. der einheimische Markt ist oft zu eng, als daß sich private Investitionen lohnen. Und um auf dem Weltmarkt verkaufen zu können, müssen erst Absatzwege gefunden werden. Vertriebsorganisationen müßten erst aufgebaut werden, und schließlich muß das Produkt auch auf dem Weltmarkt konkurrenzfähig sein.

Die private Rentabilität fehlt

Marktenge

Zum anderen fehlt es oft an der Versorgung mit Vorleistungen und Produktionsfaktoren, möglicherweise gibt es keine Lederfabrik, die Schuhleder herstellt, oder es gibt keine ausgebildeten Arbeiter, die Schuhe produzieren können. Schließlich fehlt es häufig an der Infrastruktur, z. B. an Straßen, Kommunikationsnetzen und Energieversorgung. All dies macht deutlich, wie schwierig es ist, die Investitionstätigkeit privater Unternehmer in Gang zu setzen.

Komplementärfaktoren fehlen

Es scheint, daß – genauso wie die Ersparnisbildung – auch die Investitionstätigkeit staatlich beeinflußt werden muß. Eine vieldiskutierte Möglichkeit, den Einfluß des Staates zu beschränken, ist die **Strategie des ungleichgewichtigen Wachstums.** Die Grundidee ist, den Entwicklungsprozeß durch Ungleichgewichte, durch Engpässe und Überschüsse zu stimulieren, insbesondere die mangelhafte Motivation privater Unternehmer zu forcieren. Wenn der Staat z. B. eine Zementfabrik errichtet, entsteht Nachfrage nach Energie, nach Rohstoffen, nach Zementsäcken etc. Es entsteht ein „Druck“, die notwendigen Produktionsfaktoren zu produzieren. Man spricht hier von einer **Rückwärtskopplung.** Zugleich entsteht die Notwendigkeit, für den Absatz von Zement zu sorgen, evtl. den Wohnungsbau zu fördern oder Betonfertigteile zu produzieren **(Vorwärtskopplung).** Private Investoren werden sozusagen mit der „Nase“ auf mögliche Investitionsprojekte gestoßen. Die Strategie des ungleichgewichtigen Wachstums ist vor allem dann sinnvoll, wenn es nicht möglich ist, die Entwicklung gleichzeitig in allen Sektoren in Gang zu bringen, „wenn die Truppen nur für eine Attacke auf einzelne Stellungen ausreichen, nicht für den Angriff auf breiter Front“.

Strategie des ungleichgewichtigen Wachstums

5.2 Auswahl der Investitionsprojekte

Die Investitionsplanung steht schließlich vor großen Problemen im Hinblick auf die Auswahl der Investitionsprojekte. Es muß entschieden werden, in welchen **Bereichen** (in Bergbau oder Landwirtschaft, in Schwerindustrie oder Infrastruktur), welche **Technik** zur Anwendung kommen (moderne kapitalintensive oder einfache arbeitsintensive Verfahren) und in welchen **Regionen** des Landes investiert werden soll. Dabei kommt dem Staat heute weitgehend nur noch eine ordnungspolitische Bedeutung zu: Er hat funktionsfähige und stabil-verläßliche Rahmenbedingungen für private Unternehmen zu schaffen.

Die Wahl des Einsatzverhältnisses der Produktionsfaktoren Arbeit, Kapital und Boden sollte nach dem **Prinzip der Wirtschaftlichkeit** so erfolgen,

Wahl der Technik

daß knappe Produktionsfaktoren so sparsam wie möglich eingesetzt werden, reichliche Produktionsfaktoren hingegen auch reichlich eingesetzt werden. Da in Entwicklungsländern Kapital knapp, Arbeit hingegen reichlich vorhanden ist, sollten möglichst **arbeitsintensive Verfahren** gewählt werden. Das bedeutet aber, daß die Verfahren, die in den Industrienationen unter dem Druck hoher Reallöhne entwickelt werden, für Entwicklungsländer häufig nicht angemessen sind. Entwicklungsländer müßten also entweder veraltete Techniken anwenden oder sich auf solche Produktionszweige beschränken, die generell arbeitsintensiv sind (z. B. Anfertigen von Bekleidung).

Auswahl der Projekte muß eine Vielzahl von Anforderungen beachten

Letztlich muß die Auswahl der Investitionsprojekte die Probleme von Entwicklungsländern möglichst umfassend berücksichtigen. Zu schaffende Produktionsstätten müssen also ein ganzes Bündel von Eigenschaften aufweisen, die etwa folgendermaßen zusammengefaßt werden können.

Wünschenswerte Merkmale der Produktionsstätten:

- Hohe Arbeitsintensität
- Starke Vorwärts- und Rückwärtskopplungseffekte
- Einsatz einheimischer Produktionsfaktoren
- Einfache Produktionsmethoden, die die technischen Fähigkeiten der Bevölkerung berücksichtigen und ohne permanente Auslandshilfe anwendbar sind (angepaßte Technologien)
- Die Produktion sollte sich auf die Grundbedürfnisse der Menschen konzentrieren: Nahrungsmittel, Kleidung, Unterkunft
- Die Produkte sollten knappe Devisen sparen, also notwendige Importe ersetzen
- Um die Landflucht zu bremsen und das explosionsartige Anwachsen der Großstädte mit unvorstellbaren Slums zu stoppen, sollte in ländlichen Regionen investiert werden.

Betrachtet man diesen Katalog, so wird deutlich, daß die Entwicklung der Landwirtschaft und die ländliche Industrialisierung das Konzept ist, das viele der obigen Forderungen erfüllt. Diesen Erkenntnissen wird durch die von der WELTBANK, dem BUNDESMINISTERIUM für WIRTSCHAFTLICHE ZUSAMMENARBEIT und ENTWICKLUNG und anderen entwicklungspolitischen Institutionen deklarierte **Politik der Armutsbekämpfung** Rechnung getragen. Sie ist Voraussetzung für eine „sozial gerechte" und damit stabile friedliche Entwicklung.

6. Landwirtschaft und ländliche Industrialisierung

Vorweg sei betont, daß die Entwicklung der Landwirtschaft nur ein erster Schritt in der wirtschaftlichen Entwicklung sein kann, doch ist dies der

Schritt vom Verhungern zum Überleben. Armutsbekämpfung erfordert auch, daß Handwerk und Gewerbe gefördert werden. Durch den Aufbau privatwirtschaftlicher Strukturen werden Arbeitsplätze geschaffen. Zu einem solchen Entwicklungspotential gehört auch die ländliche Industrialisierung.

6.1 Entwicklung der Landwirtschaft

Die Möglichkeiten, die landwirtschaftliche Produktion zu steigern, sind vorhanden. Doch scheinen die Probleme nicht kleiner zu sein.

Die Entwicklung neuer Mais-, Reis- und Weizensorten, die drei- bis fünffachen Hektarertrag bringen sowie die Möglichkeit von durchschnittlich zwei Ernten pro Jahr, beflügelten die Hoffnung, das Hungerproblem binnen kurzem lösen zu können. Man sprach von der **„Grünen Revolution"**. Doch knüpft sich der Anbau der „Wundersorten" an die Voraussetzung eines „Düngungs- und Bewässerungsmanagements", das die Bauern zunächst überfordert (und deren ökologische Folgen zunehmend gesehen werden). Um den Anbau zu ermöglichen, müssen Kredite gewährt werden (funktionierender Agrarkredit), und es muß dafür gesorgt werden, daß eine Mehrproduktion vermarktet werden kann und den unmittelbaren Produzenten zugute kommt, nicht den Großgrundbesitzern und nicht den Geldverleihern (Verteilungsproblem). Neue Sorten

Die Möglichkeiten einer besseren Bodennutzung durch Bewässerung und Düngung mit Pflanzennährstoffen werden bisher nicht ausgeschöpft. So verbraucht Japan mehr Kunstdünger als Indien, obwohl seine Anbaufläche 25mal kleiner ist. Düngung und Bewässerung

Oft wären andere Produktionsmethoden erforderlich. So ist die ungeplante Weidewirtschaft in Gebieten mit geringer Bevölkerungsdichte wirtschaftlich, nicht aber z. B. in Asien. So schätzt man z. B., daß nur 20 % des Landes bei Anbau von Futterfrüchten mehr Vieh ernähren kann als die traditionelle Beweidung auf der Dorfallmende. Neue Produktionsmethoden

Alle solche Verbesserungen, die hier im einzelnen nicht erörtert werden sollen, setzen indes eine Reihe struktureller Reformen voraus: Notwendigkeit struktureller Reformen

- Eine Landreform muß die Pächter vor Ausbeutung schützen;
- Kredite zur Einführung der neuen Methoden müssen gewährt werden;
- landwirtschaftliche Beratung muß über die Kombinationsmöglichkeiten von Düngung, Bewässerung und Schädlingsbekämpfung aufklären;
- es müssen Bezugs-, Produktions- und Absatzorganisationen aufgebaut werden;
- die Lagerhaltung zu verbessern bietet große Möglichkeiten, die Wirtschaftlichkeit zu erhöhen;
- eine Vermarktung der Produkte muß geregelt werden.

Politische (Landreform), technische und finanzielle Probleme stehen also einer raschen Entwicklung der Landwirtschaft im Wege. Ansatzpunkte zu ihrer Lösung werden in der Einführung funktionierender Preissysteme und institutionellen Reformen im staatlichen Bereich gesehen.

6.2 Ländliche Industrialisierung

Das Konzept der ländlichen Industrialisierung hatte schon früh Eingang in die entwicklungspolitische Strategie internationaler Organisationen und einzelner Länder, z. B. der Bundesrepublik gefunden.

Ziel ist es, Arbeitsplätze auf dem Lande zu schaffen, die Landflucht zu stoppen und die Produktion in kleinen und mittleren Unternehmen (KMU) zu erhöhen. Zu denken ist hier z. B. an folgende Bereiche:

Verarbeitung landwirtschaftlicher Produkte

- Betriebe, die landwirtschaftliche Produkte verarbeiten, z. B. Schlachtereien, Molkereien, Konservenfabriken, Getreidemühlen, Zuckerfabriken, Baumwollgewinnung, Holzgewinnung und -verarbeitung etc.;

Produktion von Produktionsmitteln

- Betriebe, die Produktionsmittel produzieren, die in der Landwirtschaft gebraucht werden, z. B. Futtermittel, Düngemittel, Kleingeräte (Spaten, Hacken etc.), Zement, Ziegel, Kisten, Säcke und alle Arten von Reparaturbetrieben;

Produktion einfacher Konsumgüter

- Betriebe, die Konsumgüter produzieren, die auf dem regionalen Markt abgesetzt werden können, z. B. Textilien, Schuhe, Mäntel, Backwaren, Getränke, Seife, Töpfe usw. und wiederum Reparaturbetriebe.

Damit wäre ein erster Schritt getan, die ländliche Bevölkerung in den Entwicklungsprozeß einzubeziehen. Die Hoffnung wird gehegt, daß damit die Landbevölkerung mit den Möglichkeiten einer Entwicklung vertraut gemacht wird, daß allmählich eine Verbesserung der Verwaltung und vielleicht auch des politischen Systems erreicht wird und damit die Grundlage für eine stabile Entwicklung geschaffen wird. Indes setzen solche Konzepte den ernsthaften Willen der politischen Entscheidungsträger voraus, Dezentralisierung und Dekonzentration politischer Macht (auch die Verfügbarkeit über eigene Einnahmen auf nachgeordneten staatlichen Ebenen) zu betreiben.

7. Das Bevölkerungsproblem

So unsicher und wenig steuerbar der Entwicklungsprozeß ist, so sicher ist, daß sein Erfolg in Frage gestellt ist, wenn es nicht gelingt, den Wettlauf mit der Vermehrung der Bevölkerung zu gewinnen. Bei Bevölkerungswachstumsraten von 2–3 % in Entwicklungsländern verdoppelt sich die Bevölkerung alle 23–35 Jahre. Der Produktionsapparat müßte sich also ebenfalls ca. alle 30 Jahre verdoppeln, um nur das gegenwärtige äußerst niedrige Konsumniveau aufrechtzuerhalten. Hieraus wird unmittelbar einsichtig, wie wichtig eine wirksame Geburtenkontrolle und Familienplanung ist. Angesichts der hohen sozialen und ökonomischen (Kinder sichern oft die Altersversorgung der Eltern) Wertschätzung, die Kinder gerade in Entwicklungsländern genießen, wird aber auch deutlich, wie schwierig eine Geburtenkontrolle sein wird.

Gelingt die Familienplanung nicht, kann man nur hoffen, daß sich die statistische Beobachtung, die in Industriestaaten eine abnehmende Geburtenrate mit steigendem Pro-Kopf-Einkommen feststellte, auch in absehbarer Zeit in Entwicklungsländern wiederholt.

8. Die Rolle des Staates

Welch bedeutsame Rolle der Staat im Entwicklungsprozeß spielen muß, ist teilweise schon angeklungen:

- Der Staat muß stabile Rahmenbedingungen für privatwirtschaftliche Aktivitäten (Geldordnung, Rechtsordnung etc.) schaffen;
- der Staat muß die Infrastruktur bereitstellen;
- der Staat muß die Sparbildung „erzwingen";
- der Staat muß Investitionen fördern und lenken;
- der Staat muß Bevölkerungspolitik betreiben.

Anhängern einer „reinen" Marktwirtschaft sei entgegengehalten, daß man die Marktwirtschaft als Ziel und als Mittel der Wirtschaftspolitik trennen kann. Der Staat besitzt die Schlüsselrolle, um die gesellschaftlichen und institutionellen Wachstumshindernisse zu überwinden, die in der Motivationsstruktur der Bevölkerung, der mangelnden privaten Rentabilität vieler notwendiger Infrastrukturinvestitionen und der subjektiven Ungewißheit über Komplementärinvestitionen begründet sind. Notwendig erscheint indes in der Anfangsphase der wirtschaftlichen Entwicklung die Lenkung im staatlichen Bereich und die Förderung von wirtschaftlichen Aktivitäten im privaten Bereich.

Der Staat kann eine Schlüsselfunktion haben

Die Gefahren staatlicher Planung sollen nicht vergessen werden: Eine korrupte, schlecht ausgebildete Planungsbürokratie kann den Entwicklungsprozeß nicht besser steuern, als der „Markt" es kann.

Es sei betont, daß es hier nicht um eine generelle Entscheidung zwischen Kapitalismus und Sozialismus, zwischen Marktwirtschaft und zentraler Verwaltungswirtschaft geht. Es geht allein darum, in der Epoche weltweiten Hungers und Unfreiheit Mittel zu finden, die diesen Zustand am schnellsten überwinden. Und es ist weithin anerkannt, daß die Anfänge einer Industrialisierung massive Eingriffe des Staates voraussetzen, wie im merkantilistischen Zeitalter in Europa.

Staatliche Planung am Anfang einer Entwicklung?

9. Weltwirtschaftsordnung

Seit Jahren üben die Entwicklungsländer Kritik an der bestehenden Ordnung der Weltwirtschaft. Sie sehen in den vergangenen und gegenwärti-

Kritik der Entwicklungsländer

gen Formen der internationalen Arbeitsteilung, also insbesondere in den marktwirtschaftlichen Austauschbedingungen, die Hauptursache für ihre geringe wirtschaftliche Entwicklung. Seit einiger Zeit werden auch konkrete ökonomische Forderungen erhoben, die auf den Versammlungen verschiedener Gremien der Vereinten Nationen artikuliert wurden (z.B. Konferenzen der UNCTAD – United Nations Conference on Trade and Development und den GATT – General Agreement on Tariffs and Trade -Verhandlungsrunden).

Forderungen der Entwicklungsländer

Die Forderungen lassen sich in folgenden Punkten zusammenfassen:

- Die Kopplung der Preise von Rohstoffen, die oft den Hauptanteil der Exporterlöse von Entwicklungsländern ausmachen, an die Preise der Industriegüterproduktion;
- die Stabilisierung der Exporterlöse;
- die Erhöhung des Anteils der Entwicklungsländer an der Weltindustrieproduktion von derzeit etwa 11% auf 25 % im Jahre 2000.

Die Umverteilung der Weltproduktion

Letztlich wird eine **Umverteilung** der bisher im wesentlichen vom Marktmechanismus gesteuerten Verteilung der weltwirtschaftlichen Produktion angestrebt. Es ist also im Prinzip ein Verteilungsproblem, das uns im Rahmen nationaler Volkswirtschaften schon begegnet ist (vgl. Kapitel 26). Und die Frage, die in solchem Zusammenhang immer wieder diskutiert wird, ist die Abwägung zwischen marktkonformen Maßnahmen und nichtmarktkonformen Maßnahmen. Auf jeden Fall soll das Verteilungsergebnis geändert werden, fraglich ist nur, ob dabei der Marktmechanismus selbst außer Kraft gesetzt werden soll. Letztlich geht es um die Entscheidung, Preise zu fixieren (nichtmarktkonforme Maßnahme) oder Subventionen und Ausgleichszahlungen zu leisten. Werden Preise fixiert, die nicht Gleichgewichts-Knappheitspreise sind, so führt dies zu einer falschen Verteilung knapper Produktionsmittel, Preise verlieren ihre Steuerungsfunktion. Abschreckendes Beispiel ist der EU-Agrarmarkt, der die Einkommen der Landwirte über die Preisfixierung landwirtschaftlicher Produkte stabilisiert.

Preisfixierung oder Subventionen?

9.1 Die Koppelung der Rohstoffpreise an die Preise der Industriegüterproduktion (Indexierung)

Seit langem haben sich die realen Austauschverhältnisse (terms of trade) für die meisten Entwicklungsländer verschlechtert, d. h. bildlich gesprochen, die Entwicklungsländer bekommen immer weniger Kunstdünger, Traktoren, Maschinen etc. für die exportierte Tonne Kaffee, Kakao, Kupfer, Zinn etc. Nach Berechnungen der Weltbank haben sich die realen Austauschverhältnisse in den letzten Jahren sehr unterschiedlich entwickelt, wobei in erster Linie die afrikanischen Länder mit niedrigem Einkommen negativ betroffen waren (vgl. Tabelle 30.2). Diese Entwicklung begründet das Drängen auf Änderung.

Notwendigkeit einer Abhilfe

Direkte Preisindexierungen haben eine Reihe von Nachteilen, insbesondere den, daß damit auch die rohstoffexportierenden Industrienationen (USA, Rußland) begünstigt würden, zugleich die rohstoffarmen Entwicklungsländer doppelt belastet würden, die dann sowohl teure Industrieprodukte als auch teure Rohstoffe importieren müßten. Demgegenüber hat die Subventionierung den Vorteil, daß sie gezielt den armen Entwicklungsländern zugute kommen könnte.

9.2 Stabilisierung der Exporterlöse durch Rohstoffabkommen

Fast alle Entwicklungsländer leiden unter **Devisenknappheit,** und für sehr viele Entwicklungsländer resultieren weit über 50 % ihrer Deviseneinnahmen aus dem Export von Rohstoffen, häufig eines einzigen Rohstoffes (z. B. Ghana [Kakao], Uganda [Kaffee], Zambia [Kupfer], Ruanda [Kaffee] usw.). Bedenkt man die z. T. gewaltigen Preisschwankungen solcher Produkte, so wird deutlich, wie wichtig die Stabilisierung und Steigerung der Exporterlöse aus Rohstoffen für viele Länder ist. Ihr Wohl und Wehe hängt von den Zufälligkeiten der Preisentwicklung ihres Exportgutes ab.

Rohstoffabkommen sollen hier Abhilfe schaffen. Dabei bestehen die Möglichkeiten,

- Preise zwischen Liefer- und Empfängerländern zu vereinbaren;
- Fonds zu errichten, die bei Überangebot Rohstoffe aufkaufen und damit den Preis stützen und bei Übernachfrage Rohstoffe aus dem Lager verkaufen;
- Exportquoten zu vereinbaren und damit das Angebot zu beschränken und den Preis auf hohem Niveau zu stabilisieren (dies ist etwa das Prinzip der OPEC).

Die Abkommen von Lomé als ein Modell der Entwicklungshilfe

Die Funktionsweise solcher Abkommen sei beispielhaft an den Abkommen von Lomé I (1975), II (1979), III (1985) und IV (1. 3. 1990–28. 2. 1999) skizziert, die bisweilen als Europas Modell zur Lösung des Nord-Süd-Gefälles bezeichnet wurden. Integraler Bestandteil dieser Abkommen ist das System für die Stabilisierung der Ausfuhrerlöse landwirtschaftlicher Produkte **(STABEX).** Es läßt sich am besten mit einer Versicherung gegen schlechte Jahre vergleichen. Das Stabex-System findet nur dann Anwendung, wenn die Erlöse aus dem Export eines jeweiligen Produktes mindestens 5 % der Gesamterlöse der Warenausfuhr eines bestimmten Landes ausmachen. Dieser Prozentsatz ist die sogenannte **Abhängigkeitsschwelle,** d. h. die grundlegende Voraussetzung für die Anwendung des Stabex-Systems. Diese Abhängigkeitsschwelle verringert sich auf 1 % für diejenigen AKP-Staaten, die am wenigsten entwickelt sind, keinen direkten Zugang zum Meer haben oder Inselstaaten sind. Die frühere zweite Voraussetzung, nach der nur Exporte in Länder der EG einbezogen wurden, ist mit Lomé IV deutlich gelockert worden. Unter welchen Voraussetzungen werden nun Garantieleistungen aus dem Stabex-System gezahlt? Für je-

Tab. 30.2: Entwicklung des Handels und der Terms of Trade 1965–1992 (durchschnittliche jährliche Veränderung in %)

Ländergruppen und Indikator	1965–90	1980–90	1990	1991	1992[a]
Länder mit niedrigem und mittlerem Einkommen[b]					
Importvolumen	4,4	0,8	8,1	9,4	7,2
Exportvolumen	3,1	3,9	4,7	8,0	5,8
Terms of Trade	1,3	−3,6	2,7	−3,6	−2,1
Afrika südlich der Sahara[c]					
Importvolumen	1,1	−4,1	2,6	2,4	3,2
Exportvolumen	1,6	2,3	10,5	9,1	5,6
Terms of Trade	−0,7	−5,3	2,6	−11,9	−5,1
Asien					
Importvolumen	6,4	7,1	6,5	16,5	9,4
Exportvolumen	7,9	9,7	8,3	13,1	11,2
Terms of Trade	−0,5	−1,6	−0,1	1,6	−2,8
Europa[b]					
Importvolumen	4,1	2,5	2,4	−15,0	−0,8
Exportvolumen	6,1	3,8	−2,5	−12,9	0,5
Terms of Trade	−1,7	0,5	−10,7	10,4	0,0
Naher Osten und Nordafrika					
Importvolumen	7,1	−4,0	19,1	−0,3	8,1
Exportvolumen	−0,5	−1,8	5,2	24,6	−2,1
Terms of Trade	5,7	−7,4	20,8	−17,0	−2,5
Lateinamerika und Karibik					
Importvolumen	1,4	−2,5	10,2	15,4	11,7
Exportvolumen	1,6	2,9	−2,9	5,0	5,6
Terms of Trade	0,8	−3,0	6,3	−6,2	−1,7
Nachrichtlich					
Weltexportvolumen	4,9	4,2	4,3	3,0	4,6

Anmerkung: Die Handelsvolumen werden in konstanten Preisen und Wechselkursen von 1987 berechnet, die Terms of Trade als Verhältnis zwischen Export- und Importpreisen.
n. v. = nicht verfügbar
a Geschätzt
b Ohne die Republiken der früheren Sowjetunion
c Ohne die Republik Südafrika

Funktionsweise des STABEX-Systems

des Produkt und jedes AKP-Land wird jährlich ein **Referenzniveau** ermittelt, das dem Durchschnitt der Exporterlöse in den vorangegangenen 6 Jahren (bei Nichtberücksichtigung der 2 Jahre mit besonders positiven Ergebnissen) entspricht. Die Differenz zwischen dem Referenzniveau und den tatsächlichen Exporterlösen des Anwendungsjahres wird um 4,5 % des Referenzniveaus (bei den am wenigsten entwickelten AKP-Staaten um 1 %) verringert. Der sich ergebende Betrag ist der **Transferbetrag.**

Weitere Merkmale des Systems und Anwendungsmodalitäten

Die Zahl der unter das System fallenden Erzeugnisse bzw. Nebenerzeugnisse wurde inzwischen auf 49 erhöht, wobei die Möglichkeit besteht, weitere tropische Agrarerzeugnisse während der Laufzeit des Abkommens aufzunehmen. Der Großteil der für die Wirtschaft der AKP-Staaten wichtigen Agrargrunderzeugnisse (mit Ausnahme der unter die gemeinsame Agrarpolitik fallenden Produkte) ist nunmehr in das System miteinbezogen.

Die AKP-Staaten können ihre Transfer-Anträge entweder bei Erlöseinbußen für eine Produktgruppe oder für ein einzelnes Produkt stellen.

Die Berechnungen werden in ECU durchgeführt, um z. B. Verzerrungen infolge von Abwertungen zu vermeiden. Verbesserungen dürfte auch die vereinbarte enge Kooperation bei der Erstellung der Datenbasis bringen.

Die **Finanzmittel** für das System zur Stabilisierung der Ausfuhrerlöse betragen 12 Mrd. ECU für die Zeit bis 1995. Berücksichtigt man die längere Vertragsdauer, so stellt sich die Frage, ob diese Mittel auch ausreichen werden, nachdem sich bei Lomé III erneut das Problem unzureichender Mittel gezeigt hatte.

Als **Ziele** werden die Unterstützung der Entwicklungsanstrengungen der AKP-Staaten, der wirtschaftliche und soziale Fortschritt ihrer Bevölkerung und die Sicherung der Kaufkraft ihrer Menschen genannt. Zur Verwirklichung dieser Ziele müssen die transferierten Mittel in den Sektor fließen, der den Transfer auslöste, oder zwecks Diversifizierung in andere geeignete Sektoren gelenkt werden und der wirtschaftlichen und sozialen Entwicklung zugute kommen. Über die Verwendung der Transfers und ihre Kontrolle wird zwischen dem betreffenden Land und der Kommission eine Vereinbarung getroffen. Damit soll zum Erfolg der Anpassungsprozesse beigetragen werden.

Das System für die Bergbauerzeugnisse (SYSMIN)

Während das System für die Stabilisierung der Ausfuhrerlöse von Lomé I den Ländern, die landwirtschaftliche Rohstoffe erzeugen, stabilere Einkommen und damit mehr Sicherheit sowohl für ihre Volkswirtschaft als auch für ihre Erzeuger garantierte, hatten die Länder, die Bergbauerzeugnisse (abgesehen von Eisenerz, das unter das System fiel) produzieren, weiterhin mit negativen Entwicklungen ihrer Wirtschaft, wie massiven Preis- oder Produktionsrückgängen, zu kämpfen.

Unter diesem Mißverhältnis litten die AKP-Länder vor allem deshalb so stark, weil die internationalen Verhandlungen über die Stabilisierung der Rohstoffpreise – beispielsweise der Kupferpreise – bisher so gut wie keine positiven Ergebnisse erbracht haben.

Erlösstabilisierung für Bergbauerzeugnisse

Da die Verhandlungspartner von Lomé I das **Problem der Preisschwankungen** nicht lösen konnten, suchten sie nach Möglichkeiten, wenigstens die Auswirkungen dieser Preisbewegungen abzumildern und generell das Bergbaupotential der AKP-Länder zu erhalten. Mit dem in Lomé II eingeführten und seitdem in verbesserter Form beibehaltenen System sollen ähnliche Ziele erreicht werden wie mit dem System für die Stabilisierung der Ausfuhrerlöse landwirtschaftlicher Produkte, jedoch – wegen der unterschiedlichen Produktions- und Vermarktungsverfahren bei Erzen – auf anderen Wegen.

Dieses System für die Bergbauerzeugnisse, kurz als **SYSMIN** bezeichnet, ist mit Mitteln in Höhe von 480 Mill. ECU für die Laufzeit von Lomé IV ausgestattet. Es findet auf die wichtigsten von den AKP-Ländern exportierten Bergbauerzeugnisse wie Kupfer, Kobalt, Phosphate, Mangan, Bauxit, Aluminiumoxyd, Zinn, Eisenerz (Schwefelkiesabbrände und agglomerierte Eisenerze), Uran und Gold Anwendung.

Funktionsweise und Finanzierung von SYSMIN

Für das System für die Bergbauerzeugnisse gibt es eine **Abhängigkeitsschwelle** (von 15 %, für die am wenigsten entwickelten AKP-Staaten, Binnen- und Inselstaaten 10 %) und eine Auslöseschwelle (von 10 %). Für Länder, die die Abhängigkeitsschwelle von 15 % für ein einzelnes Produkt nicht erreichen, gilt als Ausnahme eine Exportabhängigkeit von Bergbauerzeugnissen insgesamt von mindestens 20 % (bzw. von 12 % für die LDC). Damit wird der Kreis der berechtigten Länder (bisher vor allem Sambia und Zaire) erheblich erweitert.

Es soll der Gefahr entgegengewirkt werden, daß ein AKP-Land nicht mehr in der Lage ist, seine Produktionsanlagen und Ausfuhrkapazitäten auf normalem Wege zu erneuern oder zu erhalten (wegen nicht mehr von ihm kontrollierbarer Umstände und falls es sich um eine im übrigen lebensfähige und wirtschaftliche Produktion handelt). Es muß somit ein „Störfall" auftreten, der entweder lokale (beispielsweise Katastrophen) oder wirtschaftliche (Preisstürze) Ursachen hat. Aber es muß eine wesentliche Schädigung vorliegen, d. h. ein Rückgang der Produktions- und Ausfuhrkapazitäten um mindestens 10 % oder ein Sinken der entsprechenden Exporterlöse um 10 %. Wenn diese Bedingungen erfüllt sind – was im gemeinsamen Einvernehmen von Gemeinschaft und AKP-Staat festgestellt wird –, so besteht Anspruch auf Finanzhilfe. Diese wird jedoch nicht in Form eines Budgettransfers gewährt, sondern grundsätzlich als Finanzierung von Vorhaben und Programmen, die das jeweilige AKP-Land vorschlägt, um die negativen Auswirkungen der Störungen im Bergbaubereich auf seine Wirtschaft zu beheben. Die Finanzhilfen werden als Subvention vergeben, wobei das betreffende Land die Mittel als Kredit an die jeweiligen Unternehmen weiterleitet. Der zurückfließende Schuldendienst fließt in einen Fonds, der für weitere Projekte/Programme eingesetzt wird.

Vorteile des Abkommens

Zusammenfassend lassen sich die wichtigsten **Vorteile** des Systems der Erlösstabilisierung nennen:

- Es setzt den Marktmechanismus nicht außer Kraft, weil es die Weltmarktpreise nicht beeinflußt, sondern nur die entsprechenden Exporterlöse,
- es leistet gezielt Hilfe an Entwicklungsländer und hier bevorzugt an die ärmsten Entwicklungsländer.

Grundsätzlich ist aber wieder auf die einleitenden Bemerkungen zur Frage „Preisfixierung oder Subvention?" zurückzukommen. Wenn Rohstoffabkommen, welcher Art auch immer, keinen Wert an sich haben, sondern nur ein Vehikel des Mitteltransfers sind, bleibt immer zu bedenken, daß direkte Hilfeleistungen (Zuschüsse, Kredite) billiger sind. Sie verursachen weniger Verwaltungsaufwand und sie tragen nicht zu einer Fehlallokation der Ressourcen bei.

9.3 Erhöhung des Anteils an der Weltindustrieproduktion

Das Ziel, den Anteil der Entwicklungsländer an der Weltindustrieproduktion von 11 % auf 25 % zu erhöhen, ist nach heutiger Einschätzung nicht erreichbar. Es wäre nur nach gewaltigen Strukturveränderungen, die als nicht realisierbar angesehen werden müssen, möglich.

Anzustreben wäre eine **verstärkte Arbeitsteilung,** die nicht nur den Entwicklungsländern, sondern auch den Industrienationen Vorteile brächte. Die kurzfristigen Probleme, die damit allerdings in den Industrienationen befürchtet werden (Arbeitslosigkeit), bewirken, daß den Entwicklungsländern der Prozeß der Eingliederung in die weltwirtschaftliche Arbeitsteilung nicht erleichtert wird.

Abbau der Handelshemmnisse

Hier müßten auf jeden Fall die bestehenden Handelshemmnisse abgebaut werden. Die Märkte der Industrieländer müssen für die Produkte der Entwicklungsländer geöffnet werden. Die **Zollpräferenzen** – etwa im EU-Bereich – sollten konsequent ausgeweitet werden. Der Zollschutz im Halb- und Fertigwarenbereich (tarifäre Handelshemmnisse) muß beseitigt werden, und Importbelastungen für landwirtschaftliche Produkte wären abzubauen. Außerdem muß das Augenmerk verstärkt auf die Abschaffung **nichttarifärer Handelshemmnisse** (wie z. B. administrative Vorschriften, Einfuhrgenehmigungen, Einhaltung technischer Standards usw.) gerichtet werden, deren protektionistische Wirkung die von Zöllen teilweise sogar übersteigt.

Als Verfechter von Marktwirtschaft und Freihandel müßten die Industrienationen der Beseitigung bestehender Handelshemmnisse zustimmen, doch die Realität zeigt, daß die Bereitschaft dazu angesichts eigener Arbeitslosigkeit gering ist. Welche Erfolge sich nach der im Frühjahr 1994 abgeschlossenen Uruguay-Runde des GATT einstellen werden, bleibt abzuwarten.

10. Entwicklungshilfe

Die bisherigen Ausführungen sollten gezeigt haben, daß

- Kapital für die wirtschaftliche Entwicklung notwendig ist und daß
- die Möglichkeiten der Entwicklungsländer, aus eigener Kraft Kapital zu bilden, gering sind.

Begründung für Entwicklungshilfe?

In welchem Umfang daraus folgend Entwicklungshilfe geleistet werden sollte, ist eine Frage, die nur mit Werturteilen beantwortet werden kann. So gibt es etwa folgende extreme Positionen:

- Jedes Land ist seines eigenen Glückes Schmied und für sich selbst allein verantwortlich;
- jedes Land ist seines eigenen Glückes Schmied, aber es sollte die Gleichheit der Startchancen gegeben sein;
- jeder Mensch der Erde, in welchem Land er auch wohnt, hat das Recht auf die Befriedigung menschlicher Grundbedürfnisse (Nahrung, Kleidung, Wohnung und Ausbildung);
- alle Menschen sind gleich und sollten wirtschaftlich gleich gestellt werden.

Die offiziellen Deklarationen – etwa der Weltbank – lassen sich im wesentlichen der dritten Position zuordnen. Es wird gefordert, daß die Industrienationen Entwicklungshilfe in Höhe von 1 % des Bruttosozialprodukts leisten, davon 0,7 % öffentliche Hilfe, zum größten Teil in Form verlorener Zuschüsse (Internationale Entwicklungsstrategie der Vereinten Nationen).

Diese UNO-Resolution wurde zwar von vielen Industrienationen gebilligt – auch von der Bundesrepublik –, jedoch bisher nur von den wenigsten Ländern (Schweden, Norwegen, Dänemark) erfüllt, wie Tabelle 30.3 zeigt. 1993 beliefen sich die gesamten Nettoauszahlungen an Entwicklungsländer und multilaterale Organisationen auf 55,9 Mrd. US-Dollar.

Konzentration auf die Bekämpfung der Armut der Ärmsten

Vor dem Hintergrund dieser Zahlen – und die Neigung zur Entwicklungshilfe scheint sich insbesondere nach der Demokratisierung der osteuropäischen Länder und dem dort bestehenden hohen Kapitalbedarf eher noch zu verringern – liegt das Problem der Entwicklungshilfe darin, Ziele zu konkretisieren und die Entwicklungshilfe so einzusetzen, daß sie sich auf die Bekämpfung der Armut der ärmsten Bewohner der Erde konzentriert. Wichtig ist dabei die Struktur der Produktion und die institutionellen Formen ihrer Steuerung: Werden Rüstungs-, Luxuskonsumgüter oder Grundnahrungsmittel produziert, und wie werden die privaten Güter verteilt? Es müßte also ein massiver Einfluß auf das „Was“ und „Für Wen“ der Produktion genommen werden. Und hier liegt bei Beachtung des Souveränitätsprinzips der Nationen die grundlegende Verantwortung bei den Entwicklungsländern selbst. Auch mit einem Pro-Kopf-Einkommen von 500 $ können bei vernünftiger Produktionsstruktur und Verteilung der

Tab. 30.3: Bi- und multilaterale öffentliche Entwicklungszusammenarbeit der DAC-Länder (Nettoauszahlungen, absolut und in % vom BSP)

Länder	1980		1991		1992		1993	
	Mio. US$	% des BSP	Mio. US$	% des BSP	Mio. US$	% des BSP	Mio. US$	% des BSP
Australien	667	0,48	1.050	0,38	973	0,35	953	0,35
Österreich	178	0,23	547	0,34	556	0,30	544	0,30
Belgien	595	0,5	831	0,41	865	0,39	808	0,39
Kanada	1.075	0,43	2.604	0,45	2.515	0,46	2.374	0,45
Dänemark	481	0,74	1.200	0,96	1.392	1,02	1.340	1,04
Finnland	110	0,22	930	0,78	644	0,62	355	0,46
Frankreich	4.162	0,63	7.386	0,62	8.270	0,63	7.915	0,63
Deutschland	3.567	0,44	6.890	0,40	7.572	0,39	6.937	0,37
Irland	30	0,16	72	0,19	69	0,16	81	0,20
Italien	683	0,15	3.347	0,30	4.122	0,34	3.043	0,31
Japan	3.353	0,32	10.952	0,32	11.151	0,30	11.258	0,26
Niederlande	1.630	0,97	2.517	0,88	2.753	0,86	2.525	0,82
Neuseeland	72	0,33	100	0,25	97	0,26	98	0,25
Norwegen	486	0,87	1.178	1,13	1.273	1,16	1.014	1,01
Schweden	962	0,78	2.116	0,90	2.460	1,03	1.769	0,98
Schweiz	253	0,24	863	0,36	1.139	0,46	793	0,33
Großbritannien	1.854	0,35	3.201	0,32	3.217	0,31	2.908	0,31
Vereinigte Staaten	7.138	0,27	11.262	0,20	11.709	0,20	9.721	0,15
DAC insgesamt	27.296	0,37	58.560	0,34	62.633	0,34	55.941	0,37

Quelle: Journalisten-Handbuch Entwicklungspolitik 1995, hrsg. v. Bundesministerium für wirtschaftliche Zusammenarbeit und Entwicklung, Bonn 1995, S. 50

Güter die **Grundbedürfnisse** befriedigt werden. Dabei kommt einer funktionierenden staatlichen Verwaltung **(good governance)** große Bedeutung zu.

Eine Gesamtbewertung staatlicher Entwicklungshilfe ist nicht möglich. Wie Tabelle 30.3 zeigt, ist der geleistete Ressourcentransfer beträchtlich. Allerdings profitieren davon auch die Geberländer: Gewährte Kredite werden z. B. zum Kauf von Maschinen des Geberlandes verwendet. Schätzungen der Rückflüsse (Rückflußquote) belaufen sich für die Bundesrepublik auf 60 %. Außerdem darf nicht übersehen werden, daß manche Hilfeleistungen auch kontraproduktive sind, vor allem, wenn sie die Eigeninitiative lähmen oder – wie z. B. bei Nahrungsmittellieferungen – die Preise für landwirtschaftliche Produkte so weit nach unten drücken, daß eine Eigenproduktion nicht mehr lohnend erscheint.

Letztlich ist auch zu prüfen, auf welchem Wege Entwicklungshilfe sinnvollerweise zu leisten ist: In Form von bilateraler oder multilateraler Zusammenarbeit (finanzielle Zusammenarbeit [FZ]: Gewährung von Krediten und/oder Zuschüssen; technische Zusammenarbeit [TZ]: Vermittlung von technischen, wirtschaftlichen und organisatorischen Kenntnissen und Fähigkeiten; personelle Zusammenarbeit [PZ]: Aus- und Fortbildung,

Förderung von Existenzgründungen) oder in Form erleichterter und verbesserter Austauschbedingungen („Aid or Trade" = Hilfe oder Handel?).

Begründung und Inhalt der SAP

Seit Anfang der 80er Jahre hat die Weltbank – oft in Zusammenarbeit mit dem IWF – in einer Reihe von Entwicklungsländern **Strukturanpassungsprogramme (SAP)** finanziert und durchgeführt. Sie sind primär darauf ausgerichtet, die makroökonomischen Ungleichgewichte (Zahlungsbilanzdefizite, Staatshaushaltsdefizite) der betreffenden Länder zu beseitigen. Sie sind ordnungspolitisch motiviert – die Einführung liberal-marktwirtschaftlicher Elemente in den Produktionsprozeß gehört zum Standardkatalog der Maßnahmen. Die starke Betonung der Allokationseffizienz gerät allerdings häufig in Konflikt mit den stark sozialpolitisch determinierten Zielsystemen der Entwicklungländer. Die Erfahrungen mit der ersten Generation von SAP hat dazu geführt, daß begleitende Programme zur sozialen Abfederung (die soziale Dimension der Strukturanpassung) notwendig wurden.

Wichtige **Reformbereiche** sind:

- Die Reform der **öffentlichen Finanzen** mit dem Ziel der Wiederherstellung des Budgetgleichgewichts (Steuerreformen wie z.B. die Einführung der Mehrwertsteuer, Reform der Steuerverwaltung, Reform des öffentlichen Dienstes und Personalabbau, Kürzung von Staatsausgaben etc.)
- Die Reform **staatlicher Unternehmen,** die ihre hohen Defizite aus dem Staatshaushalt decken konnten und die lediglich eine Beschäftigungsfunktion hatten. Die Sanierung, Privatisierung und Liquidation öffentlicher Unternehmen führen zu einem Anstieg der offenen Arbeitslosigkeit. Auch die Banken sind Gegenstand von Restrukturierungsmaßnahmen.
- In der **Landwirtschaft** werden marktwirtschaftliche Preissysteme eingeführt und Subventionen auf landwirtschaftliche Produktionsmittel, Saatgut, Düngemittel usw. abgeschafft.
- **Preiskontrollen** werden beseitigt und Investitionsanreize für private Unternehmen geschaffen.
- Im **außenwirtschaftlichen Bereich** wird im allgemeinen eine Abwertung der heimischen Währung durchgeführt, die von der Beseitigung von Handelsbeschränkungen begleitet wird. Mengenzölle werden durch Wertzölle ersetzt.

In einer Reihe von Ländern (z. B. Ghana) wurden mit SAP bemerkenswerte Erfolge erzielt. Nachteilig ist ihre relativ kurze Dauer von etwa 3 Jahren, so daß meistens Anschlußprogramme aufgelegt werden müssen. In so kurzer Dauer lassen sich früher oft zentralverwaltungswirtschaftlich orientierte Länder und Staatsbürokratien nicht in marktwirtschaftliche Systeme transformieren. Die Entwicklungshemmnisse (vgl. Abschnitt 2) bleiben oft bestehen. Hinzu kommt, daß die Programme an Auflagen geknüpft sind, die von den betreffenden Regierungen nicht leicht zu erfüllen sind. Ein weiterer Nachteil besteht in der Rückzahlungspflicht der für die SAP aufgenommenen Kredite. Die bisherige Orientierung der SAP schließt große Teile der Bevölkerung von positiven Effekten der Neuorientierung aus – sie haben mit stark gesunkenen Realeinkommen fertig zu werden. Ob mit dieser Politik eine nachhaltige Entwicklung den betreffenden Ländern eingeleitet werden konnte, wird sich erst im nächsten Jahrtausend zeigen. Wichtig für ihren Erfolg wäre nicht nur eine durchgreifende institutionelle Reform der gesamten staatlichen Verwaltung, sondern auch, daß der ökonomische Liberalisierungsprozeß von einer Demokratisierung im gesellschaftlich-politischen Bereich begleitet wird.

Die Reformansätze werden nicht durchweg positiv beurteilt

C. Arbeitsaufgaben

1) *Erläutern Sie folgende Begriffe:*
   - *Teufelskreis der Armut,*
   - *ungleichgewichtiges Wachstum,*
   - *Dualismus*
2) *Welche Merkmale werden im allgemeinen einem Entwicklungsland zugeordnet?*
3) *Warum ist eine nachhaltige wirtschaftliche Entwicklung ohne Kapitalbildung nicht möglich?*
4) *Welche Möglichkeiten zur Steigerung der Ersparnis stehen Entwicklungsländern zur Verfügung?*
5) *Welche Kriterien sollten zur Bewertung alternativer Investitionsprojekte in Entwicklungsländern herangezogen werden?*
6) *Welche Aufgaben sollte Ihrer Meinung nach der Staat im Entwicklungsprozeß übernehmen?*
7) *„Die Abhängigkeit der Entwicklungsländer von den Industrienationen im Rahmen der gegenwärtigen weltwirtschaftlichen Arbeitsteilung ist alleinige Ursache der Unterentwicklung." Nehmen Sie Stellung zu diesem Satz.*
8) *Welche Forderungen werden von den Entwicklungsländern an die Weltwirtschaftsordnung gestellt?*
9) *Welche Probleme entstehen bei einer Preisgarantie für Rohstoffe und landwirtschaftliche Produkte?*
10) *Skizzieren Sie die Hauptelemente des Systems für die Stabilisierung der Exporterlöse landwirtschaftlicher Produkte (Stabex).*

Lösungsvorschläge für die Arbeitsaufgaben im „Übungsbuch zu Grundlagen und Probleme der Volkswirtschaft".

D. Literatur

Eine umfassende und verständliche Darstellung der wirtschaftstheoretischen und -politischen Grundlagen der Wirtschaftsprobleme der Entwicklungsländer enthält der Band von:

HEMMER, Hans-Rimbert, Wirtschaftsprobleme der Entwicklungsländer. Eine Einführung, 2., neubearb. u. erw. Aufl. München 1988.

Unverzichtbar ist das achtbändige Werk von

NOHLEN, Dieter, NUSCHELER, Hans (Hrsg.), Handbuch der Dritten Welt, Band 1: Grundprobleme – Theorien – Strategien, 3. Aufl., Bonn 1993. Die anderen Bände sind folgenden Regionen gewidmet: Bd. 2: Südamerika, Bd. 3: Mittelamerika und Karibik, Bd. 4: Westafrika und Zentralafrika, Bd. 5: Ostafrika und Südafrika, Bd. 6: Nordafrika und Naher Osten, Bd. 7: Südasien und Südostasien, Bd. 8: Ostasien und Ozeanien.

Wichtige Stichworte zu entwicklungspolitischen Themen finden sich in

NOHLEN, Dieter (Hrsg.), Lexikon Dritte Welt, vollst. überarb. Neuausg., Reinbek/Hamburg 1993.

Wegen der Anschaulichkeit sind zu Unterrichtszwecken gut einsetzbar:

ENTWICKLUNGSLÄNDER, Informationen zur politischen Bildung, H. 221, 1988.
DATTA, Asit (Hrsg.), Projektwoche Dritte Welt, Unterrichtseinheiten für die Sekundarstufe I, 2. Aufl., Weinheim, Basel, 1990.

Speziell für Afrika ist zu empfehlen:

MICHLER, Walter, Weißbuch Afrika, 2., überarb. u. erw. Aufl., Berlin, Bonn 1991.

Zu Fragen der Demokratisierung in Afrika ist empfehlenswert

KOCH, Walter A.S. (Hrsg.), Ökonomische Aspekte der Demokratisierung in Afrika, Reihe Afrika-Studien, Bd. 123, Köln, München 1994.

Die von der WELTBANK *publizierten Weltentwicklungsberichte (jährlich) enthalten grundlegende Analysen der wichtigsten weltwirtschaftlichen und entwicklungspolitischen Probleme (mit vielen Statistiken).*

Der Jahresbericht 1993 zur Entwicklungspolitik der Bundesregierung, hrsg. vom BUNDESMINISTERIUM FÜR WIRTSCHAFTLICHE ZUSAMMENARBEIT UND ENTWICKLUNG, *Bonn 1994 (jährlich),*
enthält neben der entwicklungspolitischen Konzeption der Bundesregierung eine Fülle von Informationen und Tabellen zu aktuellen entwicklungspolitischen Problemen.

Vom BUNDESMINISTERIUM FÜR WIRTSCHAFTLICHE ZUSAMMENARBEIT UND ENTWICKLUNG *in Bonn werden in loser Folge Materialien und Dokumente zur Entwicklungspolitik (Nr. 80: Förderung von Frauen in Entwicklungsländern, 1990; Nr. 81: Sektor- und sektorübergreifende Konzepte, 1990; Nr. 82: Lomé IV, 1991 Umwelt und Entwicklung 1992; Nr. 87: Die Auslandsverschuldung der Entwicklungsländer 1994) sowie das Journalistenhandbuch 1995, Bonn 1995 (jährlich) herausgegeben.*

Sachregister